中国循环经济年鉴

(2014)

总第 7 卷

张 勇 主编

北 京
冶 金 工 业 出 版 社
2015

内容简介

为全面记载我国循环经济的发展历程，促进经济发展方式的转变，建设资源节约型和环境友好型社会，由国家发展和改革委员会副主任张勇主编、国家发展和改革委员会资源节约和环境保护司组织编辑出版大型典籍《中国循环经济年鉴》。

《中国循环经济年鉴 2014》主要载述2013年重要论述，国家相关法律法规、政策文件、规划方案，科技支撑、试点示范，国务院各部委局、重点行业与各省（区、市）、试点单位循环经济发展状况、经验、成效，专题报告、大事记以及有关数据资料，内容丰富、详实，图文并茂，具有权威性、可靠性和较高的实用价值。

《中国循环经济 2014》可作为各级党政机关、企事业单位、高等院校、科研院所专家学者及有关人员在进行决策与规划制定、科研、教学、管理等的重要依据和查考、借鉴。

图书在版编目（CIP）数据

中国循环经济年鉴. 2014 / 张勇主编. -- 北京：冶金工业出版社，2015.5

ISBN 978-7-5024-6860-6

Ⅰ. ①中… Ⅱ. ①张… Ⅲ. ①自然资源－资源经济学－中国－2014－年鉴 Ⅳ. ①F124.5－54

中国版本图书馆CIP数据核字(2015)第016571号

出版人：谭学余

地址：北京北河沿大街嵩祝院北巷39号，邮编100009

电话：(010) 64027926　电子信箱：yjcbs@cnmip.com.cn

责任编辑：曾　媛　美术编辑：孔令刚　版式设计：孔令刚

责任校对：张　之

ISBN 978-7-5024-6860-6

冶金工业出版社出版发行；各地新华书店经销；廊坊市长岭印务有限公司印刷

2015年5月第1版，2015年5月第1次印刷

889mm×1230mm　1/16；40彩；33印张；1465千字；页数：532页

380.00元

冶金工业出版社投稿电话：（010）64027932　投稿信箱：tougao@cnmip.com.cn

冶金工业出版社发行部电话：（010）64044283　传真：（010）64027893

冶金书店地址：北京东四西大街46号（100010）　电话：（010）65289081(兼传真)

（本书如有印装质量问题，本社发行部负责退换）

推进生态文明建设，必须全面贯彻落实党的十八大精神，以邓小平理论、“三个代表”重要思想、科学发展观为指导，树立尊重自然、顺应自然、保护自然的生态文明理念，坚持节约资源和保护环境的基本国策。坚持节约优先、保护优先、自然恢复为主的方针，把生态文明建设融入经济建设、政治建设、文化建设、社会建设各方面和全过程。着力树立生态观念、完善生态制度、维护生态安全、优化生态环境，形成节约资源和保护环境的空间格局、产业结构、生产方式、生活方式。

要正确处理好经济发展同生态环境保护的关系，牢固树立保护生态环境就是保护生产力、改善生态环境就是发展生产力的理念，更加自觉地推动绿色发展、循环发展、低碳发展，决不以牺牲环境为代价去换取一时的经济增长，决不走“先污染后治理”的路子。

——习近平在中央政治局第六次集体学习时的讲话

紧紧围绕建设美丽中国深化生态文明体制改革，加快建立生态文明制度，健全国土空间开发、资源节约利用、生态环境保护的体制机制，推动形成人与自然和谐发展现代化建设新格局。

建设生态文明，必须建立系统完整的生态文明制度体系，实行最严格的源头保护制度、损害赔偿制度、责任追究制度，完善环境治理和生态修复制度，用制度保护生态环境。

——《中共中央关于全面深化改革若干重大问题的决定》

以“循环经济十年回顾与展望”为主题的“2014中国循环经济发展论坛”在北京举行

2013年11月30日，中国循环经济协会在京成立

2013年3月，在由联合国区域发展中心等主办的“第四届亚洲3R区域论坛上，各国对中国探索循环经济发展典型模式做出的成绩予以肯定，提高资源产出率、实施园区循环化改造等具有中国特色的推动3R的举措和理念被普遍接受

2013年9月，国家发改委组织开展国家级循环经济示范城市(县)创建工作正式启动

2013年3月，国家发改委启动第二批国家级再制造试点

2013年，农业部“美丽乡村”创建活动在全国广大农村开展

2013年6月，全国节能宣传周和全国首个“低碳日”活动在全国开展

甘肃省循环经济强势发展，成为全省三大经济增长点之一

《中国循环经济年鉴》编辑委员会

彭介林　黑龙江省发展和改委员会副主任
周　强　上海市发展和改革委员会秘书长
李　强　江苏省经济和信息化委员会副主任
赵旭东　山东省人民政府节约能源办公室副主任
宋迪维　江西省发展和改革委员会副主任
童名让　湖南省发展和改革委员会副主任
潘文峰　广西壮族自治区发展和改革委员会副主任
林　敏　海南省工业和信息化厅副厅长
代永波　四川省发展和改委员会副主任
张吉兵　贵州省发展和改革委员会副主任
孙本拉　西藏自治区发展和改革委员会副主任
陈　江　甘肃省发展和改革委员会副主任
王景雄　青海省发展和改革委员会副主任
范宏明　宁夏回族自治区经济和信息化委员会副主任
牛晓萍　新疆维吾尔自治区发展和改革委员会副主任
刘军国　新疆建设兵团发展和改革委员会副主任
赵永勃　大连市发展和改革委员会副主任
李振军　青岛市发展和改委员会副主任
谯运清　贵阳市生态文明建设委员会总经济师

编委会委员

陆冬森　国家发展和改革委资源节约与环境保护司循环经济发展处处长
赵怀勇　国家发展和改革委资源节约与环境保护司循环经济发展处调研员
幺　新　国家发展和改革委资源节约与环境保护司循环经济发展处副处长
王文元　工业和信息化部节能与综合利用司综合利用处处长
冯　波　国家环保部科技标准司技术处处长
李　波　农业部科技教育司资源环境处处长
梁志君　商务部流通业发展司节能环保处处长
崔　燕　中国物资再生协会行业研究部主任
李永亮　中国石油和化学工业协会产业发展部处长
朱建荣　中国煤炭加工利用协会副秘书长
管建军　中国拆船协会
金　涌　中国工程院院士
王志轩　中国电力企业联合会秘书长。
王吉位　中国循环经济协会副会长兼秘书长
诸大建　同济大学可持续发展与管理研究所所长

齐建国　中国循环经济与环境评估预测中心主任
周宏春　国务院发展研究中心社会发展研究部室主任
杨春平　国家发改委循环经济研究中心主任
季昆森　安徽省循环经济研究院院长
程会强　国务院发展研究中心资源与环境政策研究所所长助理
季昆森　安徽省循环经济研究院院长
韩　冰　北京现代循环经济研究院副院长
芶在坪　北京现代循环经济研究院副院长
刘兴利　北京现代循环经济研究院原院长
王林森　北京现代循环经济研究院原副院长
侯　静　《中国循环经济年鉴》编辑部副主任
徐怡珊　中国环境监测总站高级工程师
张玉梅　北京市发展和改革委员会资源节约和环境保护处处长
田国栋　天津市发展和改革委员会环资气候处处长
黄建梅　河北省发展和改革委员会环资处调研员
侯秉让　山西省发展和改革委员会资源节约和环境保护处处长
迟瑞平　内蒙古自治区发展和改革委员会资源节约和环境保护处处长
吕继辉　吉林省发展和改革委员会资源节约和环境保护处处长
张力扬　黑龙江省发展和改革委员会资源节约和环境保护处处长
倪前龙　上海市发展和改革委员会资源节约和环境保护处处长
韩兵祥　江苏省经济和信息化委员会节能与综合利用处副调研员
史佩钊　山东省经济和信息化委员会循环经济与清洁生产处处长
洪小波　江西省发展和改革委员会资源节约和环境保护处处长
谭怀生　湖南省发展和改革委员会资源节约和环境保护处处长
吴万洲　广西壮族自治区发展和改革委员会资源节约和环境保护处处长
王秀好　海南省工业和信息化厅节能与资源综合利用处处长
曾义平　四川省发展和改革委员会资源节约和环境保护处处长
王代良　贵州省发展和改革委员会资源节约和环境保护处处长
索朗卓嘎　西藏自治区发展和改革委员会资源节约和环境保护处处长
王社宁　甘肃省发展和改革委员会资源节约和环境保护处处长
黄建雄　青海省发展和改革委员会资源节约和环境保护处处长
麦欣甫　宁夏回族自治区经济和信息化委员会节能与综合利用处处长
马　缨　新疆维吾尔自治区发展和改革委员会资源节约和环境保护处处长
张晓青　新疆建设兵团发展和改革委员会资源节约和环境保护处处长
成英俊　大连市发展和改革委员会资源节约和环境保护处处长
崔云鹤　北京市东城区青少年科技馆副馆长

《中国循环经济年鉴》编辑部

编辑部地址：北京市东城区北三环东路37号华仕隆国际公寓B座410室

邮　　编：100029

电　　话：（010）84119310（兼传真）

电子邮箱：gzp1616@126.com

编辑说明

一、《中国循环经济年鉴》是全面记载我国循环经济历史的大型典籍类工具书，坚持以毛泽东思想、邓小平理论和“三个代表”重要思想为指导，贯彻落实科学发展观，推动循环经济发展和生态文明建设。

二、《中国循环经济年鉴》从2008年出版发行以来，受到了各方面的欢迎和赞许，给了我们继续努力编辑出版《中国循环经济年鉴》以巨大鼓舞和鞭策。

三、《中国循环经济年鉴 2014》内容是2013年中国循环经济的发展状况，采用文章、条目、报表和图片相结合的体例。

四、《中国循环经济年鉴 2014》具有一些明显特点，如载入的事件、信息、数据、资料、图片等都来自官方和公开出版物，具有权威性、真实性；内容比较全面、系统、完整，从中央到地方，以至企业、园区、各个行业、领域，言论、重大活动和事件、法规、政策、科技、典型案例，多层次、全方位，涉及循环经济的方方面面，丰富、翔实；收录了反映我国循环经济的图片，具有较强的可视性、生动性和可读性。

五、《中国循环经济年鉴 2014》载入了循环经济试点单位实践经验，从而增加了交流和借鉴的价值。

六、《中国循环经济年鉴 2014》在编辑出版过程中，得到了国务院有关部委（局），各省、市、自治区、计划单列市，国家各重点行业及其协会、循环经济试点单位的大力支持，在此深表感谢！

七、《中国循环经济年鉴》编辑部设在北京现代循环经济研究院。

八、由于缺乏经验和水平所限，存在的疏漏乃至错误，敬请不吝指正。

Preface

The Chinese Circular Economy Yearbook is a large-sized reference book to comprehensively record recycle economy history in our country. It was edited with Mao Zedong Thought, Deng Xiao-Ping Theory and the Important Thought of Three Represents as guidance to implement Scientific Outlook on Development and to serve the recycle economy promotion.

Since Chinese Circular Economy Yearbook is published for the first time in 2008, it is always welcomed and praised. Those compliments strongly encourage us to keep making endeavors to edit Chinese Circular Economy Yearbook.

The Chinese Circular Economy Yearbook 2014 records the development of Chinese Circular Economy in 2013 with the text mode combining with articles, entries, forms and pictures.

The Chinese Circular Economy Yearbook 2014 has some distinct characteristics, such as all the affairs, information, data, materials and pictures inside coming from official resources or publications with authority and reality; It is comprehensive, systematic and full content covers from the central government to local government and enterprises, industrial parks, every industries, areas, speeches, important events and affairs, laws, policies, sciences and typical cases; It involves in every aspects of the recycle economy from different levels and all orientations; It collects nearly 600 pictures portraying the recycle economy in our country and hence it is interesting to see and read.

The Chinese Circular Economy Yearbook 2014 records experiences from recycle economy experimental units which enhances its reference value.

During the edition of the Yearbook, it is highly appreciated for the strong support from the ministries and commissions of the State Department, every province, cities, municipalities and cities specifically designated in the state plan, Guiyang City, the Development and Reform Commission of Xinjiang Production and Construction Corps of CPLA, every national important industries and their associations, recycle economy experimental units.

The newsroom of the Yearbook is located in Beijing Modern Recycle Economy Academy (010-84119310, gzp1616@126.com).

Due to limited experiences and level, please don’t hesitate to let us know if there’s any omission and error.

目　录

重要论述

中共中央总书记、国家主席
习近平重要论述

与参加博鳌亚洲论坛2013年年会企业家代表座谈时的讲话

我们确定了“两个一百年”的奋斗目标，中国将把推动发展的着力点转提高质量和效益上来，下大力气推进绿色发展、循环发展、低碳发展。

（2013年4月8日）

在海南省考察时的讲话

保护生态环境就是保护生产力，改善生态环境就是发展生产力。良好生态环境是最公平的公共产品，是最普惠的民生福祉。青山绿水、碧海蓝天是建设国际旅游岛的最大本钱，必须倍加珍爱、精心呵护。他希望海南处理好发展和保护的关系，着力在“增绿”、“护蓝”上下功夫，为全国生态文明建设当个表率，为子孙后代留下可持续发展的“绿色银行”。

（2013年4月8日～4月10日）

在天津市考察时的讲话

生态城要兼顾好先进性、高端化和能复制、可推广两个方面，在体现人与人、人与经济活动、人与环境和谐共存等方面作出有说服力的回答，为建设资源节约型、环境友好型社会提供示范。

在中共中央政治局第六次集体学习时的讲话

生态环境保护是功在当代、利在千秋的事业。要清醒认识保护生态环境、治理环境污染的紧迫性和艰巨性，清醒认识加强生态文明建设的重要性和必要性，以对人民群众、对子孙后代高度负责的态度和责任，真正下决心把环境污染治理好、把生态环境建设好，努力走向社会主义生态文明新时代，为人民创造良好生产生活环境。

建设生态文明，关系人民福祉，关乎民族未来。党的十八大把生态文明建设纳入中国特色社会主义事业五位一体总体布局，明确提出大力推进生态文明建设，努力建设美丽中国，实现中华民族永续发展。这标志着我们对中国特色社会主义规律认识的进一步深化，表明了我们加强生态文明建设的坚定意志和坚强决心。

推进生态文明建设，必须全面贯彻落实党的十八大精神，以邓小平理论、“三个代表”重要思想、科学发展观为指导，树立尊重自然、顺应自然、保护自然的生态文明理念，坚持节约资源和保护环境的基本国策，坚持节约优先、保护优先、自然恢复为主的方针，着力树立生态观念、完善生态制度、维护生态安全、优化生态环境，形成节约资源和保护环境的空间格局、产业结构、生产方式、生活方式。

要正确处理好经济发展同生态环境保护的关系，牢固树立保护生态环境就是保护生产力、改善生态环境就是发展生产力的理念，更加自觉地推动绿色发展、循环发展、低碳发展，决不以牺牲环境为代价去换取一时的经济增长。

国土是生态文明建设的空间载体。要按照人口资源环境相均衡、经济社会生态效益相统一的原则，整体谋划国土空间开发，科学布局生产空间、生活空间、生态空间，给自然留下更多修复空间。要坚定不移加快实施主体功能区战略，严格按照优化开发、重点开发、限制开发、禁止开发的主体功能定位，划定并严守生态红线，构建科学合理的城镇化推进格局、农业发展格局、生态安全格局，保障国家和区域生态安全，提高生态服务功能。要牢固树立生态红线的观念。在生态环境保护问题上，就是要不能越雷池一步，否则就应该受到惩罚。

节约资源是保护生态环境的根本之策。要大力节约集约利用资源，推动资源利用方式根本转变，加强全过程节约管理，大幅降低能源、水、土地消耗强度，大力发展循环经济，促进生产、流通、消费过程的减量化、再利用、资源化。

要实施重大生态修复工程，增强生态产品生产能力。良好生态环境是人和社会持续发展的根本基础。人民群众对环境问题高度关注。环境保护和治理要以解决损害群众健康突出环境问题为重点，坚持预防为主、综合治理，强化水、大气、土壤等污染防治，着力推进重点流域和区域水污染防治，着力推进重点行业和重点区域大气污染治理。

只有实行最严格的制度、最严密的法治，才能为生态文明建设提供可靠保障。最重要的是要完善经济社会发展考核评价体系，把资源消耗、环境损害、生态效益等体现生态文明建设状况的指标纳入经济社会发展评价体系，使之成为推进生态文明建设的重要导向和约束。要建立责任追究制度，对那些不顾生态环境盲目决策、造成严重后果的人，必须追究其责任，而且应该终身追究。要加强生态文明宣传教育，增强全民节约意识、环保意识、生态意识，营造爱护生态环境的良好风气。

（2014年 5 月 2 4 日）

致生态文明贵阳国际论坛2013年年会的贺信

走向生态文明新时代，建设美丽中国，是实现中华民族伟大复兴的中国梦的重要内容。中国将按照尊重自然、顺应自然、保护自然的理念，贯彻节约资源和保护环境的基本国策，更加自觉地推动绿色发展、循环发展、低碳发展，把生态文明建设融入经济建设、政治建设、文化建设、社会建设各方面和全过程，形成节约资源、保护环境的空间格局、产业结构、生产方式、生活方式，为子孙后代留下天蓝、地绿、水清的生产生活环境。

保护生态环境，应对气候变化，维护能源资源安全，是全球面临的共同挑战。中国将继续承担应尽的国际义务，同世界各国深入开展生态文明领域的交流合作，推动成果分享，携手共建生态良好的地球美好家园。

（2013年7月18日）

中共中央政治局第八次集体学习时的讲话

要保护海洋生态环境，着力推动海洋开发方式向循环利用型转变。要下决心采取措施，全力遏制海洋生态环境不断恶化趋势，让我国海洋生态环境有一个明显改观，让人民群众吃上绿色、安全、放心的海产品，享受到碧海蓝天、洁净沙滩。要把海洋生态文明建设纳入海洋开发总布局之中，坚持开发和保护并重、污染防治和生态修复并举，科学合理开发利用海洋资源，维护海洋自然再生产能力。要从源头上有效控制陆源污染物入海排放，加快建立海洋生态补偿和生态损害赔偿制度，开展海洋修复工程，推进海洋自然保护区建设。

（2013年7月30日）

中共中央政治局常委、国务院总理
李克强重要论述

全国人大第十八次代表大会结束后会见记者时的谈话

要打造中国经济的升级版，就包括在发展中要让人民呼吸洁净的空气，饮用安全的水，食用放心食品。一段时期以来，北京、实际上中国东部比较大范围出现雾霾天气，我和大家一样，心情都很沉重。对这一长期积累形成的问题，我们要下更大的决心，以更大的作为 去进行治理。特别是对重点地区，已经查明的人为因素，要限期治理，对于水污染、土地污染的状况，要摸清底数，进行坚决的整治。

绿水青山贫穷落后不行，但殷实富裕环境恶化也不行。我们需要进一步创新发展理念，推动科学发展。一是不能再欠新账，包括提高环保的门槛；二是加快还旧账，包括淘汰落后产能等。我们不能以牺牲环境来换取人民并不满意的增长，不论是污染的状况、食品问题，还是治理和处置的效果，都要公开、透明，让公众、媒体能够充分、有效地加以监督，这也是形成一种倒逼机制，来硬化企业和政府的责任，也可以增强人们自身的防护意识。

（2013年3月17日）

主持国务院常务会议部署大气污染防治

国务院总理李克强１４日主持召开国务院常务会议，部署大气污染防治十条措施，研究促进光伏产业健康发展。

会议认为，大气污染防治既是重大民生问题，也是经济升级的重要抓手。我国日益突出的区域性复合型大气污染问题是长期积累形成的。治理好大气污染是一项复杂的系统工程，需要付出长期艰苦不懈的努力。当前必须突出重点、分类指导、多管齐下、科学施策，把调整优化结构、强化创新驱动和保护环境生态结合起来，用硬措施完成硬任务，确保防治工作早见成效，促进改善民生，培育新的经济增长点。

会议确定了防治工作十条措施。一是减少污染物排放。全面整治燃煤小锅炉，加快重点行业脱硫脱硝除尘改造。整治城市扬尘。提升燃油品质，限期淘汰黄标车。二是严控高耗能、高污染行业新增产能，提前一年完成钢铁、水泥、电解铝、平板玻璃等重点行业“十二五”落后产能淘汰任务。三是大力推行清洁生产，重点行业主要大气污染物排放强度到2017年底下降30％以上。大力发展公共交通。四是加快调整能源结构，加大天然气、煤制甲烷等清洁能源供应。五是强化节能环保指标约束，对未通过能评、环评的项目，不得批准开工建设，不得提供土地，不得提供贷款支持，不得供电供水。六是推行激励与约束并举的节能减排新机制，加大排污费征收力度。加大对大气污染防治的信贷支持。　　　　加强国际合作，大力培育环保、新能源产业。七是用法律、标准“倒逼”产业转型升级。制定、修订重点行业排放标准，建议修订大气污染防治法等法律。强制公开重污染行业企业环境信息。公布重点城市空气质量排名。加大违法行为处罚力度。八是建立环渤海包括京津冀、长三角、珠三角等区域联防联控机制，加强人口密集地区和重点大城市PM2.5治理，构建对各省（区、市）的大气环境整治目标责任考核体系。九是将重污染天气纳入地方政府突发事件应急管理，根据污染等级及时采取重污染企业限产限排、机动车限行等措施。十是树立全社会“同呼吸、共奋斗”的行为准则，地方政府对当地空气质量负总责，落实企业治污主体责任，国务院有关部门协调联动，倡导节约、绿色消费方式和生活习惯，动员全民参与环境保护和监督。

会议指出，要围绕稳增长、调结构，陆续出台扩内需的举措，打造中国经济“升级版”。光伏产业是新能源产业的重要发展方向，我国光伏产业已具有相当国际竞争力，但受全球光伏市场低迷、国内市场应用不足等影响，目前出现生产经营困难，必须支持光伏产业走出困境并健康发展。要在努力巩固国际市场的同时，用改革的办法，发挥市场机制作用，着力激发国内市场有效需求，推动产业创新升级。一是加强规划和产业政策引导，促进合理布

局，重点拓展分布式光伏发电应用。二是电网企业要保障配套电网与光伏发电项目同步建设投产，优先安排光伏发电计划，全额收购所发电量。三是完善光伏发电电价支持政策，制定光伏电站分区域上网标杆电价，扩大可再生能源基金规模，保障对分布式光伏发电按电量补贴的资金及时发放到位。四是鼓励金融机构采取措施缓解光伏制造企业融资困难。五是支持关键材料及设备的技术研发和产业化，加强光伏产业标准和规范建设。 六是鼓励企业兼并重组、做优做强，抑制产能盲目扩张。 （2013年6月14日）

主持召开国务院常务会议研究部署加快发展节能环保产业

会议要求，加快发展节能环保产业，既要有政策支持，更要创新机制，鼓励引导社会资本包括民间资本积极参与。一要推动节能环保和再生产品消费。政府公务用车、公交车要率先推广使用新能源汽车，同步完善配套设施。到2015年，使高效节能产品市场占有率提高到50%以上。二要提升产业技术装备水平。推动高效锅炉、高效电动机等领域节能技术装备升级。加快大气、水、土壤等污染治理技术装备研发推广。加大关键共性技术攻关，提高自主创新能力。发展壮大合同能源管理等节能环保服务业。三要加快节能环保重点工程建设，完善污水管网等城镇环境基础设施，开展绿色建筑行动。四要营造有利的市场和政策环境，健全法规标准，完善价格、收费和土地政策。五是加大中央预算内投资和节能减排专项资金支持力度，继续安排国有资本经营预算支出支持重点企业实施节能环保项目。 （2013年7月12日）

主持召开国务院常务会议部署加强城市基础设施建设

会议确定以下重点任务：一是加强市政地下管网建设和改造。完善城镇供水设施，提升城市防涝能力。二是加强污水和生活垃圾处理及再生利用设施建设，“十二五”末，城市污水和生活垃圾无害化处理率分别达到85%和90%左右。三是加强燃气、供热老旧管网改造。到2015年，完成8万公里城镇燃气和近10万公里北方采暖地区集中供热老旧管网改造任务。四是加强地铁、轻轨等大容量公共交通系统建设，增强城市路网的衔接连通和可达性、便捷度。加快在全国设市城市建设步行、自行车“绿道”。五是加强城市配电网建设，推进电网智能化。六是加强生态环境建设，提升城市绿地蓄洪排涝、补充地下水等功能。 （2013年7月31日）

在2013年夏季达沃斯论坛上的讲话

中国30多年的改革发展，可以说走过了西方发达国家几百年走过的路。所以，环境等许多问题在短时间内集中地在中国反映，这是一个特殊的现象。如果我们要总结一些发达国家走过的历史，确实可以用“先污染后治理”来形容。

中国不愿意也不能走“先污染后治理”的老路。因为我们过去的绿水青山是祖宗留下的，未来美丽的环境是子孙后代应当享受的，当代人要有责任感。同时，中国的基本国情除了人口多，还有就是环境承载能力脆弱。我们的人均耕地面积、人均水资源占有量，都远远低于世界平均水平。我们没有这个能力去继续走高投入、高排放乃至于高污染的路子。

实现现代化，是中国１３亿人的共同意志、强烈愿望，不可逆转。但是，我们必须“在发展中保护，在保护中发展”，走出一条中国特色的现代化道路。所以，中国政府要坚定走绿色发展道路。同时，要铁腕出击来整治现有的污染，不再欠“新账”，并且要多还“老账”。我们要从直接影响人的健康的大气、水、土壤入手，加大整治的力度，坚决淘汰落后产能。

今后一段时间内，要在京津冀地区减少8000万吨煤的消耗，因为它是污染源之一。另一方面，我们要大力发展节能环保产业，发展服务业。节能环保产业在中国是一个大市场，它既可以改善环境的质量，又可以为各国企业家在中国创新发展提供巨大的商机。

我们要在全社会倡导节约、绿色、低碳。走一条新路需要有新的理念，要有新的生产方式，也要有新的生活方式。

（2013年9月10日）

主持召开国务院常务会议部署推进一批重大生态工程

2013年12月18日，国务院总理李克强主持召开国务院常务会议，部署推进青海三江源生态保护、建设甘肃省国家生态安全屏障综合试验区、京津风沙源治理、全国五大湖区湖泊水环境治理等一批重大生态工程。强调始终把建设生态文明、保护生态环境放在突出位置，严守生态保护红线，坚持在保护中发展、在发展中保护，让当代人受益，为中华民族永续发展奠定坚实基础。

中共中央政治局常委、全国政协主席
俞正声重要论述

出席太湖文化论坛第二届年会开幕式并讲话

当今世界，气候变化、能源资源安全、生物多样性保护等全球性资源环境问题的挑战日益严峻，绿色发展、循环经济日益成为世界发展的重要趋势。把一个什么样的地球留给我们的子孙后代，是世界各国人民共同关注的重大课题。本次论坛以“加强国际合作，建设生态文明”为主题，具有重要意义。

第一，树立尊重自然、保护自然的生态文明理念。第二，加大环境保护和生态建设的力度。第三，营造全社会共同参与生态文明建设 的格局。第四，构筑生态文明建设的全球伙伴关系。

中国政府历来高度重视节约资源和保护环境，积极探索具有本国特色的生态文明发展道路，取得了显著成绩。但我们也清醒地知道，中国经济发展和环境保护方面仍存在许多问题，有的还相当严重，水污染事件增多、空气污染加重、许多地区环境污染比较突出等等。

俞正声表示，中共十八大首次把生态文明建设列入中国特色社会主义建设总体布局，提出了大力推进生态文明建设、建设美丽中国、实现中华民族永续发展的总体要求。我们将坚持节约资源和保护环境的基本国策，着力推进绿色发展、循环发展、低碳发展，为人民创造良好生产生活环境，为全球生态安全作出贡献。

中国生态文明建设是开放的、包容的、共赢的。中国政府一贯支持国际生态环境合作，积极参与相关全球气候谈判、国际环境发展等全球性会议，在推进南北合作的同时，与发达国家在环境保护、气候变化、能源资源等领域形成了制度化合作机制。

我们将认真履行国际环境公约，按照共同但有区别的责任原则、公平原则、各自能力原则，承担应尽的国际义务。我们欢迎世界各国政府、国际机构、企业家参与中国生态环境建设。我们愿与国际社会携手并肩，为建设一个生态良好的地球家园而努力奋斗。

（2013年5月18日）

中共中央政治局常委、国务院副总理
张高丽重要论述

大力推进生态文明 努力建设美丽中国

党的十八大把生态文明建设纳入中国特色社会主义事业五位一体总布局。党的十八届三中全会通过《中共中央关于全面深化改革若干重大问题的决定》（以下简称《决定》），提出紧紧围绕建设美丽中国深化生态文明体制改革，加快建立生态文明制度，健全国土空间开发、资源节约利用、生态环境保护的体制机制，推动形成人与自然和谐发展现代化建设新格局。《决定》关于生态文明建设的新思想、新论断、新要求，充分表明了以习近平同志为总书记的党中央高度重视推进生态文明建设，决心团结带领全国各族人民努力建设美丽中国、走向社会主义生态文明新时代，为全面建成小康社会、不断夺取中国特色社会主义新胜利、实现中华民族伟大复兴的中国梦而奋斗。

一、推进生态文明建设的重大意义

生态文明是人类文明发展到一定阶段的产物，是反映人与自然和谐程度的新型文明形态，体现了人类文明发展理念的重大进步。建设生态文明，不是要放弃工业文明，回到原始的生产生活方式，而是要以资源环境承载能力为基础，以自然规律为准则，以可持续发展、人与自然和谐为目标，建设生产发展、生活富裕、生态良好的文明社会。

我国经济正处于增长速度换挡期、结构调整阵痛期叠加阶段。我们用几十年的时间走过了西方国家几百年的发展历程，在经济社会发展取得巨大成就的同时，各种矛盾和问题也开始集中显现。我们党把握规律，审时度势，及时作出大力推进生态文明建设的战略决策，对建设中国特色社会主义具有重大现实意义和深远历史意义。

第一，推进生态文明建设是保持我国经济持续健康发展的迫切需要。一直以来，人口多、底子薄、发展不平衡是我国的基本国情。现在还应看到，能源资源相对不足、生态环境承载能力不强也已成为我国的基本国情。经过30多年快速发展，粗放的发展方式已难以为继。2012年，我国经济总量约占全球的11.5%，却消耗了全球21.3%的能源、45%的钢、43%的铜、54%的水泥；原油、铁矿石对外依存度分别达到56.4%和66.5%，排放的二氧化硫、氮氧化物总量已居世界第一。我们必须更加自觉地推动绿色发展、循环发展、低碳发展，加快转变经济发展方式，改变资源消耗大、环境污染重的增长模式，努力走出一条代价小、排放低、效益好、可持续的发展路子。

第二，推进生态文明建设是坚持以人为本的基本要求。坚持以人为本，首先要保障好人民群众的身心健康。人民群众过去“求温饱”，现在“盼环保”，希望生活的环境优美宜居，能喝上干净的水、呼吸上清新的空气、吃上安全放心的食品。民之所望，施政所向。我们必须下大气力解决突出的环境问题，不断改善人民群众生产生活条件，以实际效果取信于民。

第三，推进生态文明建设是实现中国梦的重要内容。拥有天蓝、地绿、水净的美好家园，是每个中国人的梦想，是中华民族伟大复兴的中国梦的重要组成部分，美丽中国正是承载着这一美好愿景。必须把生态文明建设放在突出地位，融入经济、政治、文化、社会建设的各方面和全过程，推动形成人与自然和谐发展现代化建设新格局。

第四，推进生态文明建设是实现中华民族永续发展的必然选择。生态文明既关系民生福祉，也关系民族未来。大自然哺育了我们的祖先，给予了我们生存与发展条件，还将养育我们的子孙后代。“既要金山银山，更要绿水青山”，我们要在发展经济的同时，把资源利用好、环境治理好、生态保护好，切实维护大自然对人类的永续供养能力，让大自然能够更好地休养生息，给子孙后代留下更大的发展空间。

第五，推进生态文明建设是应对全球气候变化的必由之路。当前气候变化已成为全球面临的重大挑战，维护生态安全日益成为全人类的共同任务。中国已与世界紧密联系在一起，我们必须同国际社会一道积极应对气候变化，尽自己所能承担应尽的责任和义务，大力推进生态文明建设，有效控制温室气体排放，更好地彰显负责任大国形象，为全人类的可持续发展作出贡献。

二、我国生态文明建设面临的形势

立足战略全局，运用底线思维，注重宏观思考，准确把握国内外形势，全面认识我国生态文明建设的成就和存在的问题，才能激发强烈的忧患意识和责任意识，进一步坚定信心，推动生态文明建设不断取得新进展。

（一）世界生态环境保护的趋势

处于大发展、大变革、大调整之中的当今世界，在生态环境保护方面也呈现不少值得高度重视的新态势、新特征。

一是生态环境保护已成为各国追求可持续发展的重要内容。一系列具有里程碑意义的纲领性文件和国际公约相继问世，标志着全世界对走可持续发展之路、实现人与自然和谐发展已达成共识，生态环境与经济、社会一起成为可持续发展不可或缺的三大支柱。目前，国际社会正努力建立一套完整的、可量化的可持续发展目标，进一步提高生态环境在各国发展决策中的地位。

二是生态环境保护已成为国际竞争的重要手段。在经济全球化大背景下，各国对生态环境的关注和对自然资源的争夺日趋激烈，其背后伴随着巨大的经济利益、政治利益和发展权益之争。一些发达国家为维持既得利益，保持全球竞争的领先地位，通过设置环境技术壁垒，打生态牌，要求发展中国家承担超越其发展阶段的生态环境责任。

三是绿色发展已成为全球可持续发展的大趋势。国际金融危机爆发以来，许多国家希望通过绿色发展，既保护生态环境，又推动经济复苏，进入强劲可持续增长轨道。近几年，一些主要经济体纷纷实施“绿色新政”，采取一系列环境友好型政策，努力把绿色经济培育成为新的增长引擎，确立新的经济发展模式，积极应对气候变化的影响。

（二）我国生态文明建设取得的成就

我们党历来高度重视环境保护和生态建设。以毛泽东同志为核心的党的第一代中央领导集体，提出了“全面规划、合理布局，综合利用、化害为利，依靠群众、大家动手，保护环境、造福人民”的32字环保方针。以邓小平同志为核心的党的第二代中央领导集体，把环境保护确定为基本国策，强调要在资源开发利用中重视生态环境保护。以江泽民同志为核心的党的第三代中央领导集体，将环境与发展统筹考虑，把可持续发展确定为国家发展战略，提出推动整个社会走上生产发展、生活富裕、生态良好的文明发展道路。以胡锦涛同志为总书记的党中央，把节约资源作为基本国策，把建设生态文明确定为国家发展战略和全面建成小康社会的重要目标，强调发展的可持续性，把生态文明建设纳入中国特色社会主义事业五位一体总布局。以习近平同志为总书记的新一届中央领导集体，积极推进生态文明建设的理论创新和实践探索，明确提出走向社会主义生态文明新时代，建设美丽中国，是实现中华民族伟大复兴的中国梦的重要内容，强调良好生态环境是最公平的公共产品，是最普惠的民生福祉，要正确处理经济发展同生态环境保护的关系，牢固树立保护生态环境就是保护生产力、改善生态环境就是发展生产力的理念，更加自觉地推动绿色发展、循环发展、低碳发展，决不以牺牲环境为代价去换取一时的经济增长。刚刚闭幕的十八届三中全会通过的《决定》明确提出，要紧紧围绕建设美丽中国深化生态文明体制改革，加快建立生态文明制度。在一代又一代的接力探索中，我国生态文明建设理论不断丰富发展，成为中国特色社会主义理论的重要组成部分。

在这些重要理论和战略思想指导下，我国在生态文明建设方面采取一系列重大举措，初步建立了能源资源节约、生态环境保护的制度框架和政策体系，资金投入力度持续加大，节能减排、循环经济和生态环境保护工作不断加强，取得了明显成效。过去五年全国财政用于节能环保投入累计达1.14万亿元；2012年我国单位国内生产总值能耗比五年前下降17.2%，化学需氧量、二氧化硫排放总量分别减少15.7%和17.5%；全国万元工业增加值用水量比十年前减少一半以上；全国城市污水处理率提高到87.3%，火电脱硫比例提高到90%以上；森林覆盖率不断提高，牧区草原质量出现好转，沙漠化土地面积持续减少。

（三）我国生态文明建设存在的主要问题

正确认识新时期我国生态文明建设面临的形势，要坚持“两点论”，既要看到成绩，更要看到问题，清醒认识发展阶段不可避免会遇到的问题，高度重视我国生态环境总体恶化的趋势尚未根本扭转。主要表现在：一是能源资源约束强化。人多地少、水资源紧张的问题日益突出，保障能源和重要矿产资源安全的难度越来越大。二是环境污染比较严重。我国相当部分的城市达不到新的空气质量标准。今年春天中东部地区特别是京津冀及周边地区出现较大面积、较长时间、较高污染雾霾天气。东北部分城市秋季也出现严重雾霾天气，影响人民群众的生产生活和身体健康，再次凸显了我国大气污染形势的严峻性。全国江河水系、地下水污染和饮用水安全问题不容忽视，有的地区重金属、土壤污染比较严重。三是生态系统退化问题突出。我国森林覆盖率不高，水土流失、沙漠化土地、退化草原面积比较大，自然湿地萎缩，河湖生态功能退化，生物多样性呈现下降趋势。四是国土开发格局不够合理。总体上存在生产空间偏多、生态空间和生活空间偏少等问题，一些地区由于盲目开发、过度开发、无序开发，已经接近或超过资源环境承载能力的极限。五是应对气候变化面临新的挑战。我国温室气体的排放总量大，减排任务繁重艰巨。六是环境问题带来的社会影响凸显。一些企业违法排污造成环境污染，群众和社会反响比较大。

我国生态环境存在的问题，有着历史的、自然的原因和过程，与我国国情和发展阶段密切相关，是在发展过程中遇到的矛盾和问题，也与我们思想认识和工作不够到位、体制不够健全有关。有的地方在发展中片面追求速度，以牺牲生态环境为代价，换取一时经济增长；相关法律、政策和考核体系还不能适应生态文明建设的要求。我们必须不断加大工作力度，坚决遏制生态环境恶化趋势，使生态环境逐步改善、不断优化。同时也要清醒认识到，解决生态环境问题不可能毕其功于一役，需要经过较长时期艰苦不懈的努力。欧洲的莱茵河重见清澈，英国伦敦摘掉“雾都”帽子，美国洛杉矶的光化学烟雾治理，都经历了数十年时间。我国仍处于并将长期处于社会主义初级阶段，发展是第一要务，发展仍是解决我国所有问题的关键，而我国底子不厚、财力不强、技术水平不高一时难以改变，因此治理环境污染、推进生态文明建设既要坚定信心，也不能急于求成，既要打攻坚战，也 要打持久战，需要统一思想认识，坚定不移地积极稳妥推进。

三、推进生态文明建设的基本思路和主要任务

党中央、国务院高度重视生态文明建设，对推进生态文明建设作出了一系列重要部署。党的十八届三中全会对深化生态文明体制改革提出了明确要求，强调必须建立系统完整的生态文明制度体系，健全自然资源资产产权制度和用途管制制度，划定生态保护红线，实行资源有偿使用制度和生态补偿制度，改革生态环境保护管理体制，必将为加强生态文明建设提供强大动力。我们要认真学习、深刻领会，以抓铁有痕、踏石留印的作风，坚定信心，求真务实，真抓实干，务必抓出成效。

推进生态文明建设，总体上要把握六个重要原则：一是坚持把改革创新作为推进生态文明建设的基本动力。健全国土空间开发、资源节约利用、生态环境保护的体制机制，以最严格的制度、最严密的法制，为生态文明建设提供可靠保障。二是坚持尊重自然、顺应自然、保护自然的基本理念。始终牢记破坏自然就是损害人类自己，保护自然就是保护人类自己。把人类活动控制在自然能够承载的限度内，实现人与自然和谐发展。三是坚持在发展中保护、在保护中发展的基本要求。发展是解决我国所有问题的关键，保护则是实现可持续发展的关键，两者同等重要、不可偏废，要走出一条经济发展与生态保护“双赢”的道路。四是坚持节约优先、保护优先、自然恢复为主的基本方针。在资源利用上把节约放在首位，在环境改善上把保护放在首位，在生态建设上以自然恢复为主，从源头上扭转生态环境恶化趋势。五是坚持绿色发展、循环发展、低碳发展的基本路径。把推动绿色、循环、低碳发展作为转方式、调结构、上水平的重要抓手，加快形成节约资源和保护环境的空间格局、产业结构、生产方式、生活方式，全面增强可持续发展能力。六是坚持政府主导、企业主体、多方参与、全民行动的基本工作格局。政府要发挥引导、支持和监督作用，企业要积极承担重要责任和义务，每个人都要养成自觉保护生态环境的良好习惯。

推进生态文明建设，在工作安排上要坚持“两手抓”，一手抓节能降耗和当前群众反映强烈的大气、水及土壤等污染治理，加大工作力度，制定和实施治理行动计划，成熟一个、推出一个、落实一个，不断取得成效；一手抓生态文明制度建设，着眼全局，加强顶层设计和总体规划，形成有利于资源节约和环境保护的制度安排和利益导向，确保完成“十二五”生态文明建设各项指标，到2020年初步形成与全面建成小康社会相适应的生态文明。

（一）以主体功能定位为依据，加快优化国土空间开发格局

国土是生态文明建设的空间载体。要根据我国国土空间多样性、非均衡性、脆弱性特征，按照人口资源环境相均衡、经济社会生态效益相统一的原则，统筹人口、经济、国土资源、生态环境，科学谋划开发格局，促进生产空间集约高效、生活空间宜居适度、生态空间山清水秀。

一是坚定不移实施主体功能区战略。严格按照主体功能区定位推动发展，完善与主体功能区规划相配套的法规和政策，加强规划实施监督，在推动科学发展中形成各功能区的区域特色和竞争的比较优势。

二是大力提高城镇化集约智能绿色低碳水平。城镇化蕴含着巨大的需求潜力，只要规划好、布局好、建设好，就可以有效促进集约开发、均衡协调发展。但城镇也是消耗能源资源、排放温室气体的主体，未来我国将有一亿以上的农村人口逐步定居城镇，能源资源保障和生态环境保护压力很大。因此，从编制规划到建设管理的全过程、各方面，都要融入生态文明理念，积极推广绿色建筑标准、设计、建设，大力发展绿色交通，注意适当添绿留白，同时实施严格的用地、用水、用能节约管理，加强环境污染防治。

三是大力建设海洋强国。我国是海洋大国，保护海洋、经略海洋不仅涉及我国发展空间，也涉及国家战略安全。要确定和守住不再破坏生态平衡、不再影响生态功能、不再改变基本属性、已受损的生态系统不再退化的“四

不”开发底线。沿海地区不能仅向海洋索取，更要加强海洋生态环境保护。要实施最严格的围填海管理和控制政策，对已遭到破坏的海洋区域进行生态整治和修复，努力使海洋生态环境逐步得到改善。

（二）以调整优化产业结构为抓手，有效减轻经济活动对资源环境带来的压力

从源头上缓解经济增长与资源环境之间的矛盾，必须抓好转方式、调结构、促转型，加快形成有利于生态文明建设的现代产业体系。

一是下大决心化解产能过剩。要严控增量，各级政府和主管部门必须按中央要求，严禁核准产能严重过剩行业新增产能项目，违规项目尚未开工建设的不准开工，正在建设的项目一律停工。要逐步消化存量，有压减的指标和时间表，按照尊重规律、分业施策、多管齐下、标本兼治的原则，消化一批，转移一批，整合一批，淘汰一批，充分发挥市场机制作用和政府引导作用，逐步化解产能过剩矛盾。

二是加快推进产业转型升级。既要有压，也得有增，在压增中转型升级，培育新的经济增长点。要大力发展战略性新兴产业、先进制造业，改造提升传统产业，推动服务业特别是现代服务业发展壮大。节能环保产业是重要的战略性新兴产业，是我国经济新的增长点，发展空间巨大。要通过深化改革，探索新机制、新方法，在更大范围、更广领域吸引更多社会资本参与到节能环保领域中。

三是充分发挥科技创新对生态文明建设的支撑作用。科技创新具有特别重要的意义，要坚持实施创新驱动发展战略，推动我国经济发展更多依靠科技进步、劳动者素质提高和管理创新，减轻对生态环境的压力。积极运用高技术对农业、工业、服务业进行生态化改造，通过清洁生产实现资源节约、环境保护。加大技术研发力度，努力攻克大气污染控制、水体污染治理、废弃物资源化利用等关键技术，支撑生态文明建设，培育产业竞争新优势。

四是大力发展循环经济。循环经济是对“大量生产、大量消费、大量废弃”传统增长方式和消费模式的根本变革，能够实现资源永续利用，源头预防环境污染，有效改善生态环境，促进经济发展与资源、环境相协调。要按照“减量化、再利用、资源化，减量化优先”的原则，以提高资源产出率为目标，推进生产、流通、消费各环节循环经济发展，加快构建覆盖全社会的资源循环利用体系。实施好循环经济“十百千”示范行动，建设一批资源综合利用、产业园区循环化改造、再生资源回收体系、“城市矿产”基地、再制造产业化等循环经济示范工程，加大推广力度，推动资源循环利用产业做大做强。

（三）以全面加强资源节约为突破口，推动资源利用方式转变

节约资源是保护生态环境的根本之策。必须在全社会、全领域、全过程都加强节约，采取有力措施大幅降低能源、水、土地等资源消耗强度，努力用合理的资源消耗支撑经济社会发展。

一是狠抓节能减排降低消耗。“十二五”期间我国单位国内生产总值能源消耗要降低16%，主要污染物排放总量要显著减少，化学需氧量、二氧化硫排放分别减少8%，氨氮、氮氧化物排放分别减少10%，这是硬任务、硬指标，必须确保完成。做好节能减排工作要抓主要领域，盯重点企业，实施重大工程。要加快完善重点行业、重点产品能效标准和污染物排放标准，推行能效领跑者制度，切实把能效提上去，把排放降下来。深入推进万家企业节能低碳行动和重点污染源治理行动，继续推进节能改造、节能技术产业化示范、城镇污水垃圾处理设施及配套管网建设等节能减排重点工程。

二是狠抓水资源节约利用。利用率低、浪费严重是我国水资源紧张的重要原因。要实施最严格的水资源管理制度，严把水资源开发利用控制、用水效率控制、水功能区限制纳污“三条红线”，加快建设节水型社会。大力发展节水农业，着力提高工业用水效率，重点推进高用水行业节水技术改造，加强城市节水工作。积极推进污水资源化处理，提高再生水利用水平。同时继续发展海水淡化和利用。

三是狠抓矿产资源节约利用。目前，我国矿产资源总回收率和共伴生矿产资源综合利用率比国外先进水平低20个百分点左右。要建立健全覆盖勘探开发、选矿冶炼、废弃尾矿利用全过程的激励约束机制，引导所有环节的生产企业自觉节约利用各种资源，进一步提高开采回采率、选矿回收率、综合利用率，提高废弃物的资源化水平。

四是狠抓土地节约集约利用。我国人均耕地资源严重不足，必须按照控制总量、严控增量、盘活存量的原则，推进土地节约集约利用。要坚持最严格的耕地保护制度，严守18亿亩耕地红线和粮食安全底线。科学确定新增建设用地规模、结构和时序，健全用地标准，从严控制各类建设用地。进一步盘活存量建设用地，加大力度清理闲置土地。强化用地节地责任考核，切实做到节约每一寸土地。

（四）以加强污染治理为着力点，切实提高生态环境质量和水平

当前，大气、水和土壤等突出的污染问题已经到了不治不行、刻不容缓的地步，必须重点突出、重拳出击、重

典治污、力求实效。

一是坚决治理大气污染。党中央、国务院把加强大气污染防治作为改善民生的重要着力点，作为建设生态文明的具体行动，及时研究出台了《大气污染防治行动计划》，明确提出经过5年努力，全国空气质量总体改善，重污染天气较大幅度减少；京津冀、长三角、珠三角等区域空气质量明显好转。力争再用5年或更长时间，逐步消除重污染天气，全国空气质量明显改善。京津冀及周边地区是全国大气污染防治的重中之重，国务院专门部署这一区域大气污染防治工作，提出的治理措施更严、政策力度更大、目标设置更高，并与六个省区市政府签订了大气污染防治目标责任书。各地区、各部门要认真贯彻中央重要决策部署，积极落实各项政策措施，把环境治理同经济结构调整结合起来，同创新驱动发展结合起来，突出抓好重污染城市治理、能源结构调整、机动车污染减排、高污染行业及重点企业治理、冬季采暖期污染管控等重点工作，努力走出一条以治理污染促进科学发展、转型升级、民生改善，环境效益、经济效益和社会效益“多赢”的新路子。要密切跟踪《大气污染防治行动计划》执行情况，督促各地落实目标责任，明确时间表和路线图，全力以赴打好这场攻坚战和持久战。当前有关部门和地区要加强协调联动，特别是北方地区要做好应对冬季极端污染天气的工作，保护人民群众的身体健康。总之，我们要下大决心，尽最大力气，狠抓落实，让人民群众看到变化、见到成效。

二是大力治理水污染。我国不仅存在资源型缺水、工程型缺水，而且污染型缺水也较严重。要加强饮用水保护，全面排查饮用水水源地保护区、准保护区及上游地区的污染源，强力推进水源地环境整治和恢复，不断改善饮用水水质。要积极修复地下水，划定地下水污染治理区、防控区和一般保护区，强化源头治理、末端修复。大力治理地表水，进一步提高生活污水的处理能力和工业污水的排放标准，对企业污水超标排放“零容忍”，继续加强对重点水域、重点流域综合治理。

三是加紧治理土壤污染。土壤是食品安全的第一道防线。要着力控制污染源，严格执行高毒、高残留农药使用的管理规定，在抓好现有重污染企业达标排放的同时，对土壤环境保护优先区域实行更加严格的环境准入标准，禁止新建有色金属、化工医药、铅蓄电池制造等项目。要强化重点区域土壤污染治理，搞好土壤污染环境风险管理，经评估认定对人体健康有影响的污染地块要及时治理，防止污染扩散。调整严重污染耕地用途，有序实现耕地休养生息。

四是切实保护生态系统。良好美丽、功能强大的自然生态系统是生态文明的重要标志。要在重要生态功能区、陆地和海洋生态环境敏感区、脆弱区划定并严守生态红线，下决心退出一部分人口和产业，降低经济活动强度。要大力构建以青藏高原生态屏障、黄土高原—川滇生态屏障、东北森林带、北方防沙带和南方丘陵山地带为主体的“两屏三带”生态安全屏障，稳定和扩大退耕还林、退牧还草范围，继续实施天然林保护以及荒漠化、石漠化和水土流失综合治理等工程，逐步恢复生态系统。加强防灾减灾体系建设，最大限度减轻自然灾害造成的损失。

五是积极应对气候变化。我国已经向世界承诺，到2020年，单位国内生产总值二氧化碳排放比2005年下降40%—45%，非化石能源占一次能源消费的比重达到15%左右，森林面积比2005年增加4000万公顷，森林蓄积量比2005年增加13亿立方米。我们必须抓紧研究国家应对气候变化长远规划，狠抓任务落实，确保如期兑现承诺。同时，要坚持共同但有区别的责任原则、公平原则、各自能力原则，积极参与推动建立公平合理的应对气候变化国际制度。

（五）以健全法律法规、创新体制机制为核心，加快生态文明制度建设建设生态文明，是一场涉及生产方式、生活方式、思维方式和价值观念的革命性变革，必须按照十八届三中全会的精神，加快推进生态文明体制改革，实行最严格的源头保护制度、损害赔偿制度、责任追究制度，完善环境治理和生态修复制度，用制度保护生态环境。

一是进一步健全促进生态文明建设的法律法规。要加快“立改废”进程，尽快完善生态环境、土地、矿产、森林、草原等方面保护和管理的法律制度，全面清理修订现有法律法规中与生态文明建设要求不一致的内容，研究制定生物多样性保护、土壤污染防治、核安全等法律法规。与此同时，要改革生态环境保护管理体制，建立和完善严格监管所有污染物排放的环境保护管理制度，独立进行环境监管和行政执法，提高执法工作的权威性。对造成生态环境损害的责任者严格实行赔偿制度，依法追究刑事责任。

二是进一步完善发展成果考核评价体系。管理必须有标准。要按照生态文明建设要求，将资源消耗、环境损害、生态效益指标全面纳入地方各级党委政府考核评价体系并加大权重。对限制开发区域和生态脆弱的国家扶贫开发工作重点县取消地区生产总值考核。要对已有的自然资源和生态保护、环境影响评价、节能评估审查、土地和水资源管理等制度规定，进行全面修订完善。要加强监督、严格奖惩，使各项制度成为硬约束。对领导干部实行自然资源资产离任审计，建立生态环境损害责任终身追究制。

三是进一步健全市场体制机制和经济政策。对水流、森林、山岭、草原、荒地、滩涂等自然生态空间进行统一确权登记，形成归属清晰、权责明确、监管有效的自然资源资产产权制度。健全国家自然资源资产管理体制，统一行使全民所有自然资源资产所有者职责。加快自然资源及其产品价格改革，全面反映市场供求、资源稀缺程度、生态环境损害成本和修复效益。坚持使用资源付费和谁污染环境、谁破坏生态谁付费原则，逐步将资源税扩展到占用各种自然生态空间。坚持谁受益、谁补偿原则，完善对重点生态功能区的生态补偿机制，推动地区间建立横向生态补偿制度。发展环保市场，推行节能量、碳排放权、排污权、水权交易制度，建立吸引社会资本投入生态环境保护的市场化机制，推行环境污染第三方治理。

（六）以促进绿色、低碳消费为重点，加快形成推进生态文明建设的良好社会氛围生态文明建设需要全社会共同努力，良好的生态环境也为全社会所共享。必须加强宣传教育，引导全社会树立生态理念、生态道德，构建文明、节约、绿色、低碳的消费模式和生活方式，把生态文明建设牢固建立在公众思想自觉、行动自觉的基础之上，形成生态文明建设人人有责、生态文明规定人人遵守的良好风尚。

一是加快培养生态文明意识。公众的生态文明意识提高了，也就有了参与的动力和积极性，但意识的培养并非一朝一夕，需要长期的教育引导。要建立制度化、系统化、大众化的生态文明教育体系，做好国情认知教育，普及环境科学和环境法律知识，大力宣传环境污染和生态破坏的危害性，让群众认识到改善生态环境质量的紧迫性、艰巨性和长期性，充分理解和支持生态文明建设，为生态环境持续改善奠定广泛、坚实的社会基础。要努力使生态文明成为主流价值观并在全社会普及，通过让生态文明知识理念进课本、进课堂、进校园，提高青少年对节约资源、保护环境重要性认识，树立正确的生态价值观和道德观。

二是积极倡导绿色生活方式。推进生态文明建设，必须改变不合理的消费方式。当前，要以落实中央八项规定为契机，坚决反对享乐主义、奢靡之风，引导居民合理适度消费，鼓励购买绿色低碳产品，使用环保可循环利用产品，深入开展反食品浪费等行动，使节约光荣、浪费可耻的社会氛围更加浓厚。

三是有效发挥公众监督作用。公众对生态环境的监督最直接、最有效。要主动及时公开环境信息，提高透明度，更好落实广大人民群众的知情权、监督权，积极发挥新闻媒体和民间组织作用，自觉接受舆论和社会监督。

生态文明建设功在当代、利在千秋，关系到中华民族生存发展和伟大复兴，任务艰巨繁重而又光荣。“锲而不舍，金石可镂。”我们要在以习近平同志为总书记的党中央坚强领导下，全面贯彻落实党的十八大和十八届三中全会精神，大力推进生态文明建设，努力建设美丽中国，为全面建成小康社会、实现中华民族伟大复兴的中国梦而不懈奋斗！

赴山西、新疆调研时的谈话

要以治理突出污染问题为切入点，综合施策，重拳出击，区域联动，狠抓落实，为人民群众创造一个较好的工作生活环境。

中西部地区是我国重要的战略发展空间和增长点，要积极发展优势特色产业，大力推进绿色发展、循环发展、低碳发展，加强煤、油、气、水、土地等资源的节约集约利用，把资源优势转化为经济优势。

（2013年4月6～9日）

在2013成都《财富》全球论坛上的演讲

我们将始终不渝地坚持发展是硬道理的战略思想，促进经济持续健康发展；加快转变经济发展方式，大力调整优化经济结构；深入实施区域发展总体战略，加快中西部地区开发开放；加强资源环境生态保护，努力建设天蓝地绿水净的美好家园；高度关注民生，不断提高人民物质文化生活水平；全面深化改革开放，做到改革不停顿、开放

不止步。

要有效化解产能过剩，强化增量管理，严禁核准产能过剩行业新增产能项目，坚决停建违规在建项目，有效遏制高消耗高污染行业盲目扩张。

我们将下大决心，通过艰苦的、长期的、不懈的努力，以治理雾霾、治理PM2.5为切入点，特别是在京津冀、长三角、珠三角地区，实施有效的行动计划，综合施策，区域联动，带动全国的治理工作，并逐步开展饮用水、土壤等环境综合整治，为人民群众创造良好的生产生活环境，为应对全球气候变化作出应有贡献。

人类文明和中国发展，与生态环境息息相关。经济社会发展了，生态环境也得保护好，这才是真水平，这才是对人民群众高度负责。

人类在发展中也付出了沉痛的代价，比如有些国家相继发生的八大公害事件，这都是惨痛的教训。中国在发展中也面临着环境污染问题，比如雾霾，有的地区比较严重。我们要建设美丽中国，必须把环境生态保护放在重要位置，高度重视，而且要采取有效措施，扎实进行环境治理。（2013年6月7日）

与省部级领导干部经济转型升级研讨班学员座谈时的谈话

转型升级要保护生态环境，实现绿色发展：“经济发展、环境保护都是转型升级的内在要求。严重的破坏环境以后再改就很难了，更不要说雾霾、地下水和土壤（污染）。所以，我们应该要在保护中发展，在发展中保护。特别是要把生态环境放在重要位置，要低碳、绿色、循环的发展，不能是高消耗、高污染、破坏资源环境的发展，这样对不起子孙后代。”（2013年9月8日）

会见参加国合会2013年年会的主要外宾讲话

中国作为世界上最大的发展中国家，高度重视环境与发展问题，把节约资源和保护环境作为基本国策，坚持在保护中发展、在发展中保护，不断取得新进展。中国将进一步树立保护生态环境就是保护生产力，改善生态环境就是发展生产力的理念，更加自觉推动绿色发展、循环发展、低碳发展，把生态文明建设融入整个现代化建设之中，努力建设美丽中国。

保护生态环境必须依靠制度。刚刚闭幕的中国共产党十八届三中全会对深化生态文明体制改革作出了明确部署。中国将加快构建系统完整的生态文明制度体系，健全自然资源资产产权制度和用途管制制度，划定生态保护红线，实行资源有偿使用制度和生态补偿制度，改革生态环境保护管理体制。这些对于推动形成人与自然和谐发展现代化建设新格局具有重大意义。

中共中央政治局委员、国务院副总理
马凯重要论述

坚定不移推进生态文明建设

党的十八大把生态文明建设放在突出地位，纳入中国特色社会主义事业总体布局，这是我们党又一次重大理论创新和实践深化，具有重大的现实意义和深远的历史意义。

一、深入理解生态文明的内涵

深入理解和准确把握生态文明的内涵，是推进生态文明建设的重要前提。生态是自然界的存在状态，文明是人类社会的进步状态，生态文明则是人类文明中反映人类进步与自然存在和谐程度的状态。生态文明与物质文明、精神文明、政治文明等一样，都是历史范畴，伴随人类文明的发展经历着由低级向高级不断演进的过程。

人与自然的关系自人类诞生就客观地存在着，但人类提出“生态文明”的概念，则是随着人们处理与自然界关系的实践不断发展、认识不断升华的产物。人类本身是自然界的产物，其一经产生便与自然发生关系，并在人类社会生产力发展的不同阶段呈现出不同特点。

在原始社会，大约距今400万年左右，人类进入石器时代，劳动工具简陋，只能被动地依赖自然、顺从自然，从自然界获取很少的资源，维持着自身极低水平的生存和繁衍，人口规模和平均寿命都很低。这一阶段，人类主要生产方式就是捕猎和采摘，对自然的利用能力极为低下，其破坏作用也很小，没有也不可能产生生态危机，人与自然维持着以人对自然的完全被动服从为特征的天人混沌一体的共存关系。

在农业社会，大约距今八九千年左右，人类进入新石器时代，随着劳动工具的改进，生产力水平有了进步；大约距今5000年左右，人类进入青铜器时代，人类主动利用自然、开发资源的能力增强，相应地对自然有所破坏，局部地区甚至还较严重；同时，随着人口规模不断扩大，在当时的生产力水平下，局部地区出现过人口增长超过资源承载能力的状况，乃至引发争夺资源的战争。但从总体上看，人类开发利用自然的能力仍然低下，对自然的破坏也很有限；相对于人口规模和消费水平，资源环境还有较大容量，没有出现全面性的生态危机。这一阶段，人与自然维持着以局部性、阶段性不和谐但整体相对平衡为特征的融洽关系。

到了工业社会，距今300年左右，人类进入机器时代，科技进步加快，大工业生产迅猛发展，人类利用自然、改造自然的能力空前增强，创造了前所未有的巨大物质财富，人口数量大幅增加、人均寿命大幅提升、人们的生活水平大幅改善，工业化的这些成果都是历史的进步；但同时传统工业化道路也使得人与自然的矛盾越来越尖锐，自然资源日趋匮乏，环境污染日渐严重，生态系统恶化加剧，人类生存和发展面临生态危机的重大威胁，人与自然的关系全面紧张，变得很不和谐。

上世纪六七十年代以来，随着西方工业化国家环境公害事件频发，以及两次世界石油危机，引起了人类对传统工业化道路弊端的警醒。民间环保组织纷纷涌现，环保运动此起彼伏。有识之士不断发出呼吁，1962年出版的《寂静的春天》和1972年发表的《增长的极限》就是其重要代表。1992年联合国环境与发展大会发表《里约宣言》和《21世纪议程》，提出要走可持续发展道路，保护地球生态系统。与此同时，一些中外学者陆续提出并使用了“生态文明”的概念。可见，“生态文明”的理念是工业社会发展到一定阶段、人与资源环境矛盾日益尖锐的产物，是人们对人与自然的关系特别是传统工业化增长模式导致越来越严重的生态危机进行深刻反思的结果。

我们党历来高度重视生态问题。上世纪80年代就提出了绝不能走“先污染、后治理”的老路，1983年中央将环境保护确定为基本国策；1994年中国政府首次提出把可持续发展战略纳入经济社会发展长远规划；2002年党的十六大提出“走新型工业化道路”，推动整个社会走上生产发展、生活富裕、生态良好的文明发展道路；2003年党的十六届三中全会提出科学发展观，强调“统筹人与自然的和谐发展”；2007年党的十七大把“建设生态文明”作为实现全面建设小康社会的五大目标之一，并首次将人与自然和谐，建设资源节约型、环境友好型社会写入党章；2012年党的十八大则把“生态文明建设”纳入中国特色社会主义事业“五位一体”总体布局，系统阐述了加强生态

文明建设的总体要求、重点任务和正确路径。可以说，“生态文明”的概念虽然不是我们党首先提出的，但揭示其本质、丰富其内涵，把它作为执政理念上升为国家战略在全社会加以推行，则是我们党前无古人的创举。

生态文明的核心问题是正确处理人与自然的关系。人与自然的关系是人类社会最基本的关系。一方面，人类与其他生物一样源于自然而产生、赖于自然而存在和发展，自然界是人类社会产生、存在和发展的基础和前提，因此人类绝不是可以任意支配自然的“主宰”；另一方面，人类与其他生物相比又有不同，人类可以通过社会实践活动有目的地利用自然、改造自然，不断改进人类的生存和发展方式，并创造着人类自身的文明，因此人类也绝不是只能被动适应自然的“奴仆”。大自然本身是极其富有和慷慨的，但同时又是脆弱和需要平衡的；人口数量的增长和人类生活质量的提高不可阻挡，相应地人类对自然界的影响也不断扩大，但人类归根结底也是自然的一部分，人类活动不能超过自然界容许的限度，即不能使大自然出现不可逆转地丧失自我修复的能力，否则必将危及人类自身的生存和发展。生态文明所强调的就是要处理好人与自然的关系，获取有度，既要利用又要保护，促进经济发展、人口、资源、环境的动态平衡，不断提升人与自然和谐相处的文明程度。

生态文明的本质要求是尊重自然、顺应自然和保护自然。尊重自然，就是要从内心深处老老实实地承认人是自然之子而非自然之主宰，对自然怀有敬畏之心、感恩之情、报恩之意，绝不能有凌驾于自然之上的狂妄错觉。顺应自然，就是要使人类的活动符合而不是违背自然界的客观规律。当然，顺应自然不是任由自然驱使，停止发展甚至重返原始状态，而是在按客观规律办事的前提下，充分发挥人的能动性和创造性，科学合理地开发利用自然。保护自然，就是要求人类在向自然界获取生存和发展之需的同时，要呵护自然、回报自然，把人类活动控制在自然能够承载的限度之内，给自然留下恢复元气、休养生息、资源再生的空间，实现人类对自然获取和给予的平衡，多还旧账，不欠新账，防止出现生态赤字和人为造成的不可逆的生态灾难。

生态文明的特征。在空间维度上，生态文明是全人类的共同课题。人类只有一个地球，生态危机是对全人类的威胁和挑战，生态问题具有世界整体性，任何国家都不可能独善其身，必须从全球范围考虑人与自然的平衡。在时间维度上，生态文明是一个动态的历史过程。人类发展的各个阶段始终面临人与自然关系这一永恒难题，生态文明建设永无止境。人类处理人与自然的关系就是一个不断实践、不断认识的解决矛盾的过程，旧的矛盾解决了，新的矛盾又会产生，循环往复，促进生态文明不断从低级向高级阶段进步，从而推动人类社会持续向前发展。建设生态文明，就是要求人们要自觉地与自然界和谐相处，形成人类社会可持续的生存和发展方式。

我们党所追求的生态文明，就是要按照科学发展观的要求，走出一条低投入、低消耗、少排放、高产出、能循环、可持续的新型工业化道路，形成节约资源和保护环境的空间格局、产业结构、生产方式和生活方式；它是人类社会与自然界和谐共处、良性互动、持续发展的一种高级形态的文明境界，其实质是要“建设以资源环境承载力为基础、以自然规律为准则、以可持续发展为目标的资源节约型、环境友好型社会”。这种高级形态的生态文明，是中国特色社会主义的本质要求和理性选择。社会主义制度和价值观的确立，摒弃了传统工业社会一切为了资本增值的观念，树立了一切为了人（包括当代和后代）的全面发展的观念，加之社会主义国家政府不是简单的“守夜人”，可以自觉地按照客观规律弥补市场经济的不足，从而使高级形态的生态文明不但成为发展的必需，而且成为经过努力可以实现的选择。

二、充分认识推进生态文明建设的战略重要性与现实紧迫性

生态文明建设是关系我国全面建成小康社会、实现社会主义现代化和中华民族伟大复兴全方位全过程的一项神圣事业，我们必须从全局和战略高度，充分认识生态文明建设的战略重要性与现实紧迫性。

坚定推进生态文明建设是缓解资源环境压力，保持我国经济社会持续健康发展的现实需要。当今世界，全球性的生态难题不断增多，能源危机、淡水危机、气候异常、物种灭绝等等此起彼伏，在我国也有所反映。由于高投入、高消耗、高污染的传统发展方式没有根本改变，我国在经济快速增长的同时，也付出了很高的代价，人口、资源、环境的矛盾日益突出，对我国发展的制约日益增大。一是资源约束趋紧。我国人口众多，资源相对不足，淡水、耕地、森林、煤炭、石油、铁矿石、铝土矿等，很多重要资源人均占有量低于世界平均水平。改革开放以来，随着我国工业化、城镇化快速发展，以及发展方式粗放，消耗大、浪费多，能源、资源供给矛盾变得十分突出。随着我国工业化、城镇化的进一步发展，未来一段时期内，各类能源、资源的人均消费量还要增加，能源、资源对于经济社会发展的瓶颈约束将更加明显，粮食安全、能源安全、淡水安全全面临严重挑战。二是环境污染严重。我国传统的发展方式导致主要污染物排放量过大，有的超过了环境容量，水、土壤、空气污染加重的趋势尚未得到根本遏制。饮用水安全受到威胁，有些地方农村人口还未喝上安全饮用水，部分城镇人口饮用水源水质不合格。土壤污染面积扩大，重金属、持久性有机物污染加重。京津冀、长三角、珠三角地区及部分大中城市大气污染问题突出，部分城市空气污染严重，雾霾等极端天气增多，环境污染给人民群众身心健康带来严重危害。三是生态系统退化。森林生态系统质量不高，草原退化、水土流失、土地沙化、地质灾害频发、湿地湖泊萎缩、地面沉降、海洋自然岸线减少等问题十分严峻。全国近80%以上草原出现不同程度的退化，水土流失面积占国土总面积37%，海洋自然岸线不足42%。资源开采和地下水超采造成土地沉陷和破坏。生物多样性锐减，濒危动物达258种，濒危植物达354种，濒危或接近濒危状态的高等植物有4000—5000种，生态系统缓解各种自然灾害的能力减弱。四是气候变化问题突出。温室气体排放总量大、增速快。上述情况表明，我国的资源、环境和生态系统已难以承载传统的发展方式，只有大力推进生态文明建设，努力走绿色循环低碳发展道路，才能从根本上缓解资源环境瓶颈制约，为我国经济社会持续健康发展奠定坚实基础。

坚定推进生态文明建设是维护代际公平，实现中华民族世世代代永续发展的必然要求。大自然是整个人类的生命支持系统，不仅在久远的过去哺育了我们的祖先，还要养育我们以及我们的子孙后代直至遥远的未来。在历史长河中，我们每一代人都是宇宙的匆匆过客，是资源、环境的临时托管人。联合国曾提出这样一句寓意深刻的话来警告世人，“我们不只是继承了父辈的地球，而且是借用了儿孙的地球”。考虑生态的代际公平，既要注重当代人的福祉，也要顾及后代人的利益，不能“吃祖宗饭，断子孙路”。我们没有权利为了满足我们这一代的需要，剥夺子孙后代满足他们需要的权利，更不能让子孙后代承担我们过度使用资源和破坏环境的恶果。只有大力推进生态文明建设，才能维护资源环境对人类的长远供养能力，使后代具有生存和发展的公平机会，实现中华民族的永续发展和中华文明的代代相传。

坚定推进生态文明建设是坚持以人为本，不断满足人民群众日益增长的物质文化需要的内在要求。改革开放以来，我国城乡居民的物质文化生活水平有了很大提高，老百姓需求内容在不断升级变化；不仅要满足其对农产品、工业品和服务的需求，还要满足其对生态产品越来越迫切的需求。对人民群众日益增长的生态产品需求满足程度，日益成为衡量人民生活水平和质量的一个重要标志。生态环境的质量已经成为影响人们生活幸福的重要指标，生态产品短缺已经成为制约我国民生建设的“短板”，成为影响人民群众幸福感的制约因素。在城市，群众热切期盼的“舌尖上的安全”、清洁空气、洁净饮水、良好气候、优美环境等优质生态产品和健康需求还不能得到有效满足；在农村，生存条件简陋、环境脏乱差的问题还比较突出，相当一部分人喝不上干净水。大力推进生态文明建设，让老百姓喝上干净的水、呼吸新鲜的空气、享用绿色的植被，吃上放心的食物、生活在宜居的环境中，满足城乡广大人民群众的生态产品需求，是全面建成小康社会的应有之义。这既是我们党以人为本、执政为民理念的具体体现，也是对人民群众生态产品需求日益增长的积极回应，还是提高人民福祉，建设美丽中国、幸福中国的目的所在。

坚定推进生态文明建设是中国特色社会主义理论的重大发展。党的十八大将生态文明建设纳入中国特色社会主义事业总体布局，表明了我们党对中国特色社会主义规律认识的不断深化。经济建设、政治建设、文化建设、社会建设和生态文明建设是一个有机的整体。经济建设是中心和基础，政治建设是方向和保障，文化建设是灵魂和血脉，社会建设是支撑和归宿，生态文明建设是根基和条件，它们相辅相成、相互促进，共同构筑起中国特色社会主义事业的全局。应该指出，生态文明建设是其他建设的自然载体和环境基础，并渗透、贯穿于其他建设之中而不可或缺，一切发展建设都应以不损害生态环境为底线。如果生态文明建设缺失或滞后，那么，由于经济发展与人口、资源、环境关系失衡，经济建设将不可持续；由于一部分当代人与另一部分当代人以及当代人与后代人关系失衡，政治建设和文化建设也将有失公平和偏颇；由于生存和发展条件恶化，以保障和改善民生为宗旨的社会建设也是难以实现的。当然，生态文明建设也离不开经济建设、政治建设、文化建设和社会建设。“五位一体”建设中国特色社会主义，就要五个建设一起抓，五个轮子一起转。这样，才能正确处理人与人、人与自然的关系，形成人与自然和谐相处、经济社会协调发展的现代化建设新格局，努力走向社会主义生态文明的新时代。这不仅是对中国特色社会主义理论的完善、丰富和重大发展，也是对人类文明形态和文明理念、道路认识的升华，不仅是对中国的发展有重大而深远的意义，而且是对人类文明的重要贡献。

我们一定要增强忧患意识和危机意识，以对国家和人民高度负责、对子孙后代高度负责、对中华民族高度负责的精神，下大决心以壮士断腕的气魄抓紧抓好生态文明建设。

三、推进生态文明建设的基本原则和重点任务

党的十八大对生态文明建设作出了全面部署，明确要求要把生态文明融入经济建设、政治建设、文化建设、社会建设各方面和全过程，加快建设资源节约型、环境友好型社会，努力建设美丽中国，实现中华民族永续发展，并

为全球生态安全作出贡献。

建设生态文明必须坚持以科学发展观为指导，遵循以下重要原则。一是坚持把尊重自然、顺应自然、保护自然作为本质要求，着力提高资源利用效率和生态环境质量，形成人与自然和谐发展的现代化建设新格局。二是坚持把节约优先、保护优先、自然恢复为主作为基本方针，着力推进绿色发展、循环发展、低碳发展，形成节约资源和保护环境的空间格局、产业结构、生产方式、生活方式。三是坚持把以人为本、可持续地满足人民群众日益增长的物质文化需要作为出发点和落脚点，坚持生态文明建设为了人民，生态文明建设依靠人民，为人民创造良好生产生活环境，为子孙后代留下天蓝、地绿、水净的美好家园。四是坚持把改革开放和科技创新作为根本动力，建立和完善生态文明制度体系，形成生态文明建设长效机制。当前和今后一个时期，推进生态文明建设必须突出抓好重点工作。

切实推进主体功能区战略实施，优化国土空间开发格局。国务院已颁布《全国主体功能区规划》，实施好这一规划，有利于整体把握和系统推进生态文明建设。当前要加强顶层设计，逐步建立和完善与之相配套的法律法规和政策，加快形成人口、资源、环境相协调的国土空间开发格局。一是加强规划实施监督。推动各地区按照主体功能定位完善区域规划，厘清中央、省、市、县各自的责任。国务院各部门根据规划精神落实相关工作，加强规划实施的监督检查，进一步统筹人口分布、经济布局、国土利用，使规划落到实处。二是完善政策保障。加快落实促进主体功能区建设的财税、投资、产业、土地等政策，中央要加大对农产品主产区、中西部地区、贫困地区、重点生态功能区、自然保护区等的均衡性转移支付力度，增强限制开发和禁止开发区域的政府公共服务保障能力，促进区域协调发展。三是构建科学合理的“三大战略格局”。把生态文明建设融入新型城镇化发展的全过程，形成功能定位明晰、产业布局合理、体现区位优势特色，与资源环境承载能力相适应的城镇化格局。促进农业区域化布局、专业化生产和规模化经营，保障全国耕地数量、质量和农产品供给，形成既体现我国主要农产品向优势产区集中的新变化，又结合我国农业自然资源现实状况和特点的农业发展格局。切实保护好关系国家生态安全的区域，恢复和提升重点生态功能区的生态功能，形成以森林植被为主体、林草结合的国土生态安全格局。四是坚持陆海统筹协调。强化海洋大国意识，把握好陆地空间与海洋国土空间统一性，以及海洋系统的相对独立性，处理好陆地开发与海洋开发以及海岸带保护的关系。加快发展现代海洋产业，不断壮大海洋经济实力，保护好海洋生态环境，增强多样化海洋生态产品供给能力，坚决维护国家海洋权益，建设海洋强国。

加快转变经济发展方式，促进生产方式转型。只有加快转变发展方式，才能从源头上减少资源消耗过度和污染排放问题，从根本上缓解经济增长与资源、环境之间的矛盾。一是调整产业结构。大力发展服务业和战略性新兴产业，提高其在国民经济中的比重。坚决抑制高耗能、高排放行业过快增长，加快淘汰落后产能，促进产业向优势企业集中，推动过剩产能向海外有序转移。二是节约集约利用资源。从破解资源约束出发，加强全方位全过程资源节约和综合利用，大幅降低能源、水、土地消耗强度，有效控制用水总量，合理开发矿产资源，严格管制土地用途。推动能源生产和消费革命，大力发展新能源和可再生能源，控制能源消费总量，保障国家能源安全。三是推行绿色循环低碳的生产方式。各行各业都要按照节约资源、保护环境的要求实现生产方式的根本转变，工业生产要彻底抛弃高投入、高污染的粗放式增长模式，持续推动节能减排，按照减量化、再利用、资源化的原则，推行清洁生产，发展循环经济。农业生产要积极发展生态农业和有机农业，稳定提高农业综合生产能力，保障粮食安全。大幅度降低农药、化肥使用量，改善农业生态环境。

合理引导消费行为，形成文明生活方式。消费行为和生活方式看似小事，实则是全社会的大问题，每时每刻都会对资源环境产生直接影响，同时也会间接影响生产方式。我们每个人都要从自己做起，从一点一滴做起。一是树立健康的消费理念。持续开展资源短缺、环境脆弱的国情宣传和深度教育，强化全体国民的环保理念和生态意识，引导人们自觉节约每一滴水、每一度电、每一张纸、每一粒粮，在全社会形成节约光荣、浪费可耻的新风尚，使节约资源和保护环境成为13亿中国人的主流价值观。二是形成合理的消费行为。倡导绿色消费、集约消费，引导人们理性消费、科学消费，形成节俭办事、减少污染、有益健康的生活方式。加强城乡公共服务能力建设，运用价格手段调节引导居民绿色居住和出行，扩大节能、低碳、环保的绿色产品消费。执行强制性的节能标准，推进可再生能源、环保材料的广泛应用。加强绿色低碳社区建设，鼓励个人、家庭和单位遏制浪费现象和不文明行为。三是创造整洁的生活环境。大力扶持绿色交通，推广天然气、沼气、太阳能、风能等清洁能源，减少机动车尾气、工业排放和建筑扬尘，推行垃圾分类回收和循环利用，改造地下排污管网，提高危险废弃物集中处理能力，绿化、美化、净化生活环境。特别要加强农村环境治理，实施乡村清洁工程，推行“户集、村收、镇运、集中处理”的垃圾处理方式，深入实施秸秆禁烧和综合利用，建设“居住集中化、环境生态化、服务功能化”的农村新社区。

着力加强生态保护与修复，营造良好生态环境。生态既要保护又要修复，要加大对已遭到破坏生态的修复和对生态脆弱地区的投入，促进形成自然生态和人居环境的良性循环。一是加强监测预防。加大环境监测力度，实行严格的环境质量控制标准，强化监督手段，为污染防治奠定基础。加强气象、地质、地震灾害监测预警预报和信息发布系统建设，完善防灾减灾体系，提高防御能力。二是加强自然生态系统保护。推进天然林资源保护，巩固和扩大退耕还林还草、退牧还草等成果，保护好林草植被和河湖、湿地，加强野生动植物和生物多样性保护。加强水源地保护，加快病险水库水闸除险加固、农田水利等重点工程建设，加快实施搬迁避让。扎实推进城乡造林绿化工作，构建重要生态屏障，提高生态系统稳定性。三是实施重大生态修复工程。加快解决损害群众健康的水、土壤、大气污染等突出环境问题。推进荒漠化、石漠化、水土流失综合治理。加强重点流域和区域水污染防治、生态脆弱河湖和地区水生态修复与治理。加大治理重金属污染和土壤污染的力度。通过多种手段有效控制温室气体排放。四是增强生态产品生产供给能力。生态产品直接惠及百姓，要大力加强林地、水源、湿地、草原等绿色生态资源的保护，增强生态产品供给能力。

大力推进科技进步，支撑生态文明建设。解决资源环境面临的问题，归根结底要靠科技进步，不断提高资源利用效率、污染物排放的控制能力和废弃物的资源化利用能力。一是加快重点技术创新。在跟踪国际新技术新进展的基础上，加强基础研究和应用研究，重点在节能技术、清洁能源技术、循环经济技术方面取得突破，力争抢占国际新技术竞争的制高点。积极发展先进煤电、核电等重大装备制造核心技术，主要耗能领域的节能关键技术、重污染行业清洁生产集成技术等，使主要工业产品单位能耗指标和排放指标达到或接近世界先进水平。适应国际发展潮流，突破城市群大气污染控制、非常规污染物控制、废弃物等资源化利用的关键技术，减少排放并节约排放空间。二是加大先进技术推广应用。加强技术创新和应用推广的有机衔接，建立以企业为主体的产学研合作机制。制定配套政策，促进太阳能、风能、生物质能源等可再生能源低成本、规模化开发利用。运用价格调节、加速折旧、财政补贴等措施加快落后产能技术的淘汰更新，促进节能产业、资源循环利用产业、环保产业、可再生能源产业等绿色产业发展，使企业从技术的转化和应用中获利，使人们广泛享受到科技进步带来的生态效益。

不断创新体制机制，完善生态文明制度。推进生态文明建设是个长期的过程，依赖于一个规范的、长期的、稳定的制度环境，形成“硬约束”的长效机制。一是深化资源性产品价格改革。合理调整资源性产品价格，引导资源节约利用。创新资源性产品价格形成机制，优化水电、核电及可再生能源发电定价机制，完善居民阶梯电价改革方案，有序推进竞价上网和输配电价改革。继续探索价格形成机制改革试点，完善政府、企业、消费者共同参与协商的定价机制。二是加大资源环境税费改革。按照价、税、费、租联动机制，适当提高资源税税负，加快开征环境税，完善计征方式。积极探索运用税费手段提高环境污染成本，降低污染排放。三是健全资源补偿和交易制度。按照谁开发谁保护、谁受益谁补偿的原则，加快建立生态补偿机制，研究设立国家生态补偿专项资金，推行资源型企业可持续发展准备金制度。培育节能量和碳排放量第三方核证机构，鼓励企业积极参与节能量交易和碳交易。健全水权制度，开展水权交易，规范水权转让。深化排污权有偿使用和交易制度改革。四是完善统计评价体系。建立体现生态文明要求的目标体系，把资源消耗、环境损害、生态效益纳入经济社会发展评价体系。强化领导干部的生态文明意识，根据主体功能区定位探索设立不同的考核目标，增加生态文明相关指标权重，逐步完善干部考核任用制度。五是加强法律法规建设。健全生态环境保护责任追究制度和环境损害赔偿制度。加强环境监管，完善信息公开与公众参与制度，健全最严格的环境执法体系，提高环境违法成本，依靠强有力的法制调节和规范社会行为。

文论

代表国务院作关于国民经济和社会发展计划执行情况的报告（节录）

徐绍史

我受国务院委托，向全国人大常委会报告今年以来国民经济和社会发展计划执行情况，请审议。

一、计划执行的基本情况

资源性产品价格改革加快推进。按照反映市场供求状况、资源稀缺程度和体现生态环保补偿等的要求，多项重要资源性产品价格改革出台实施。成品油价格形成新机制运转顺利，重点电煤价格与市场煤价格完全并轨，脱硝电价实施范围由14个省份扩大到全国所有燃煤机组；非居民用天然气价格调整方案平稳出台，天然气价格与可替代能源比价关系逐步理顺；销售电价分类结构改革方案发布实施，每年将减少居民生活和农业生产电费支出约30亿元。

工业转型升级积极推进。高技术产业、战略性新兴产业快速发展，支撑了工业生产平稳运行，促进了工业结构加快调整。前7个月，规模以上工业增加值增长9.4%，其中高技术产业增长11.5%；生物医药、航空航天、通信设备制造等战略性新兴产业增速均在13%以上，风电、光伏发电等非化石能源新增发电装机占同期全部新增装机的比重达到55.5%。传统产业调整改造扎实推进，钢铁、电解铝、水泥等行业淘汰落后产能工作进展顺利，又有一批落后产能退出市场。企业效益恢复性增长，规模以上工业企业利润由去年同期下降2.7%转为增长11.1%。节能减排效果继续显现，上半年单位国内生产总值能耗、化学需氧量、二氧化硫、氨氮、氮氧化物排放量均呈下降趋势。

服务业发展继续加快。服务业的快速发展，对促进产业转型升级、稳定和扩大就业发挥了重要作用。上半年，第三产业增加值增长8.3%，增幅同比提高0.5个百分点，占国内生产总值的比重达到45.3%，比上年同期提高1.6个百分点；旅游、文化等服务业发展势头良好，国内旅游收入增长13%，全国电影票房收入增长36.2%；研究开发、咨询设计等高技术服务业快速发展，软件业务收入达到1.39万亿元，增长24.5%；服务业新型业态发展迅猛，电子商务交易额达到5万亿元，增长45.3%，快递业务量增长60.6%；服务外包执行金额增长39.5%，新增从业人员40.6万人。

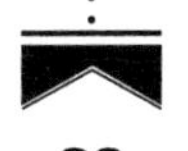

环境保护和生态建设继续加强。生态环境问题是重大民生问题，今年以来各项工作力度不断加大。在抓紧实施重点区域大气污染防治“十二五”规划的同时，国务院专门研究部署进一步加强大气污染防治工作，确定了减少污染物排放、严控高污染行业新增产能、大力推行清洁生产、建立区域联防联控机制，以及将重污染天气纳入地方政府突发事件应急管理等十条措施，目前各项目标任务和相关配套政策正在抓紧落实。重点流域水污染防治、重金属污染综合防治等规划加快实施，农村环境连片整治取得积极进展。天然林资源保护二期工程、石漠化综合治理、京津风沙源治理和重点防护林体系建设等工程扎实推进。

三、下半年需要重点抓好的工作

三是大力推进结构调整。落实完善促进服务业发展的各项政策，深入推进服务业综合改革试点，加快实施“宽带中国”战略，抓紧做好4G牌照发放准备工作，鼓励企业利用公共信息资源开展信息服务，大力发展电子商务。加快传统产业调整改造，抓紧制定出台化解产能过剩总体方案，坚决遏制产能严重过剩行业盲目扩张。强化创新驱动，实施战略性新兴产业重大工程，促进产业集聚发展。大力改善企业发展环境，落实好金融支持实体经济的各项政策，努力缓解企业生产经营困难，认真执行暂免征收部分小微企业增值税和营业税等扶持小微企业发展的各项措施，鼓励大型优势企业加快兼并重组，并以产业链为纽带，带动中小企业协同发展。实施好区域发展总体战略和主体功能区战略，积极稳妥推进以人为核心的新型城镇化，统筹谋划和推进相关改革，提升城市可持续发展能力。深入推进集中连片特困地区扶贫攻坚。

四是扎实推进资源节约和生态环境保护。强化节能减排目标责任，合理控制能源消费总量，努力减少主要污染物排放。加快发展节能环保产业，结合实施节能减排重点工程和发展循环经济，大力提高节能环保技术装备、产品和服务水平，继续扎实推进工业、建筑、交通运输和公共机构等重点领域节能减排。着力解决突出环境问题，落实好防治大气污染的各项措施，加大细颗粒物污染治理力度，加快构建大气环境整治目标责任考核体系；加强水污染、农村面源污染、重金属污染等治理；做好天然林资源保护和重点防护林体系建设，推进荒漠化、石漠化和水土流失治理，加强良好湖泊生态环境保护，切实提高生态环境质量和水平。

（徐绍史：国家发展和改革委员会主任，2013年8月28日，在第十二届全国人民代表大会常务委员会第四次会议）

加强节能减排促进大气污染防治工作

解振华

当前，我国节能减排形势严峻，雾霾防治形势逼人。党中央、国务院和中央领导同志对节能减排和大气污染防治工作高度重视，做出了一系列重要指示和全面部署。国家发展改革委作为经济综合部门，同时也是节能减排工作协调部门、节能主管部门，在加强节能减排、配合支持环保等部门促进大气污染防治中要采取积极措施，着力推进相关工作的落实。各地发展改革（经信）部门要在地方党委、政府领导下，尽职履责，强力推进节能减排工作，积极配合环保部门落实《大气污染防治行动计划》的各项政策措施，做好相关工作。

今年以来，国家发展改革委按照党中央、国务院的统一部署，进一步加强节能减排综合协调，推动出台防治大气污染的配套措施，在化解过剩产能、完善环保电价、推动油品质量升级、支持燃煤工业锅炉节能改造、实施新能源及节能汽车推广补贴政策、实施百项能效标准推进工程及天然气增供等方面做了大量工作。

全国发展改革系统一定要从加快生态文明建设的战略高度，认真抓好2014年节能减排工作，确保实现“十二五”节能减排目标，促进大气污染防治工作取得实效。

一是调整优化产业结构和布局。研究建立各地区资源环境承载能力预警机制，严格控制高耗能、高排放项目。综合运用法律法规、产业政策、节能减排、安全生产等手段，着力化解产能严重过剩矛盾。加快淘汰落后产能，会同有关部门确保明年完成“十二五”淘汰任务。大力发展节能环保产业，制订重大节能、环保、资源循环利用等技术装备产业化工程实施方案。

二是推动能源结构清洁化。加快发展水电、核电、风电、太阳能、生物质能，推动分布式能源发展，切实解决可再生能源优先上网问题。控制煤炭消费量，制定重点区域煤炭消费总量控制方案。切实抓好天然气供应保障。做好油品品质提升工作。

三是大力推进节能减排。实施2014—2015年节能行动计划。实行能源消费总量和能耗强度“双控”考核，暂停未完成目标地区新建高耗能项目的核准和审批。强化节能评估审查，对能源消费增量超出控制目标的地区新上高耗能项目，实行能耗等量或减量置换。推进工业、建筑、交通和公共机构等重点领域节能，深入开展万家企业节能低碳行动，加快重点用能单位能耗在线监测系统建设。积极推行能效领跑者制度，建立和实施节能量交易制度。加强能效标准制（修）订工作，完善节能监察执法机制，依法查处违法用能行为。

四是积极推行清洁生产。组织编制《国家清洁生产推行规划》，大力推广清洁生产先进技术，实施清洁生产改造。

五是大力推进生态文明建设。尽快研究推进生态文明建设的制度建议。开展国家生态文明先行示范区建设，探索生态文明建设有效模式。

六是综合运用多种手段形成组合拳。加大中央预算内资金支持，引导社会加大节能减排和防治大气污染治理投入。深入推进资源性产品价格改革，发挥差别电价、惩罚性电价作用，落实脱硫、脱硝和除尘电价政策，推行居民用电、用水、用气阶梯价格。

七是加强与地方和部门协调合作。加强节能减排综合协调，做好节能减排的部署安排、组织实施、监督检查等。支持配合环保等部门加强大气污染防治工作，形成合力。加强中央与地方的沟通协作。

八是动员全社会参与。深入推进节能减排全民行动，动员全体社会成员积极主动参与节能减排、防治雾霾。办好全国节能宣传周等主题活动。引导消费者购买和使用节能绿色产品、节能省地型住宅。倡导简约适度、绿色低碳、文明健康的生活方式和消费模式，践行绿色低碳交通出行，反对各种形式的奢侈浪费。

（解振华：时为国家发展和改革委员会副主任，2013年12月10日在全国发展改革系统加强节能减排促进大气污染防治工作电视电话会议上的讲话）

在中国循环经济协会成立大会上的讲话

解振华

生态文明建设是我国经济社会发展的重大战略部署，是实现中华民族伟大复兴中国梦的必然选择。党的十八大将生态文明建设纳入中国特色社会主义事业“五位一体”总体布局，十八届三中全会从完善体制机制上作了进一步部署，要求加快建立生态文明制度，推动形成人与自然和谐发展现代化建设新格局。这些重大决策和部署，是针对我国发展过程中资源约束趋紧、环境污染严重、生态系统退化、发展不可持续作出的治本之策。我们要认真学习贯彻落实，以改革的精神，坚决破除生态文明建设方面体制机制的弊端，努力开创生态文明建设新局面。

循环发展是生态文明建设的重要途径，是以提高资源产出率为目标，以“减量化、再利用、资源化”为原则，以低消耗、低排放、高效率为基本特征的经济增长模式和资源利用方式，实质是解决资源永续利用和源头减少污染问题。近年来，我国循环经济从理论到实践取得了重大进展，制定并实施了循环经济促进法、循环经济发展战略及近期行动计划，开展循环经济试点示范，中央财政设立了循环经济专项资金，组织开展园区循环化改造、“城市矿产”示范基地建设、餐厨废弃物资源化利用，推进再制造产业化发展，出台了投融资支持政策，发布一批循环经济典型模式案例等。在试点示范基础上，形成规划指导、政策支持、法规规范、工程支撑、技术进步、传播推广等工作思路，推动循环经济在各层面和生产、流通、消费各环节的发展。同时，我国也涌现出一批技术、管理先进的循环经济企业，成为循环经济的主力军。如格林美公司以电子废弃物与报废汽车循环利用为主体，从电子废弃物中回收金、银、钴、钨等资源，旨在打造覆盖我国主要城市的城市矿产资源产业群。浙江宁波金田公司每年从废弃金属、电器中回收再生铜45万吨制成铜制品，相当于大型铜矿一年的产量。据有关行业协会统计，2012年我国废钢铁、废有色金属等八大品种再生资源回收总量约1.6亿吨，节能1.7亿吨标准煤，减少废水排放112.7亿吨、二氧化硫排放374.6万吨、固体废弃物排放33.9亿吨。其中再生铜产量约为275万吨，占我国铜产量的45%。另外，2012年农业秸秆综合利用量达6亿多吨，餐厨废弃物综合利用量达110多万吨。中国的循环经济实践充分表明，通过发展循环经济，可以实现资源利用可循环、经济发展可持续的良性互动。发展循环经济大有可为，大有作为。

同时，我们必须清醒地认识到，循环经济理念尚未在全社会得以普及，法规约束力不强，配套政策不完善，技术创新能力不足，统计、服务等基础能力薄弱。循环经济规模有待扩大、水平有待提高，实现“十二五”资源产出率提高15%的目标，难度很大。我们要进一步健全法规标准、完善经济政策、加强管理监督、加快技术创新、强化基础能力，推动循环经济做大做强。

中国资源综合利用协会自成立以来，在资源综合利用政策研究、技术推广、宣传培训等方面做了大量卓有成效的工作，促进了产业发展。今天，中国综合利用协会更名为中国循环经济协会，是时代发展的要求，是循环经济理念和实践的深化。党的十八届三中全会要求，适合由社会组织提供的公共服务和解决的事项，交由社会组织承担。希望在新的历史阶段，循环经济协会更好地发挥政府的参谋助手作用，发挥政府与企业联系的桥梁和纽带作用，发挥贴近市场、服务企业的优势，为发展循环经济提供政策、技术等方面支撑。为此，提出四点希望：

一是加强政策研究。围绕循环经济发展、生态文明建设、新型城镇化等重大问题，开展深入的调查研究，积极向有关部门建言献策。二是做好政策、技术的传播推广。搭建政府与企业、企业之间沟通渠道，通过展览展示、论坛培训、座谈交流、技术推介、案例传播等，宣传循环经济政策和技术，广泛凝聚社会共识，督促行业抓好有关政策的贯彻落实。三是服务企业。要加强与企业的沟通交流，及时总结反映行业企业存在的共性问题，维护行业企业合法权益。四是加强自律和内部管理，提高能力和水平，把中国循环经济协会打造成在国内外具有重要影响力的品牌协会。作为循环经济主管部门，国家发改委要充分发挥协会作用，给予大力支持。

我们从事的事业伟大而崇高，既利当前、又利长远。我想用习近平总书记在武汉视察循环经济企业时的讲话与大家共勉：“变废为宝、循环利用是朝阳产业。垃圾是放错位置的资源，把垃圾资源化，化腐朽为神奇，是一门艺术，你们要再接再厉”。我们要按照习近平总书记的要求，再接再厉，促进循环经济做大做强，为建设生态文明、建设美丽中国作出更加积极的贡献。

（解振华：时为国家发展和改革委员会副主任，2013年11月30日）

走新型工业化道路　推进工业绿色低碳发展

苗圩

党的十八大作出了大力推进生态文明建设的战略部署，首次将生态文明建设写进了党章，明确提出要树立尊重自然、顺应自然、保护自然的生态文明理念，坚持生产发展、生活富裕、生态良好的文明发展道路。这对我国工业发展提出了新的更高要求。工业能源消耗占全社会的70%以上，因此，推进生态文明建设，工业是重点也是难点。

一、生态文明建设对工业发展提出了新要求

从国内外发展实践看，工业化是一个发展中大国不可逾越的发展阶段。如果不走西方发达国家传统工业化的老路子，就要在总结和借鉴世界主要工业国家工业化模式和实践经验的基础上，顺应世界经济科技发展潮流，选择确定适合中国国情的工业化发展道路。

（一）走新型工业化道路是中央作出的重大战略决策

党的十五届五中全会首次提出走新型工业化道路。党的十六大明确提出，要走出一条科技含量高、经济效益好、资源消耗低、环境污染少、人力资源优势得到充分发挥的新型工业化路子。党的十七大要求，坚持走中国特色新型工业化道路，发展现代产业体系，大力推进信息化与工业化融合，促进工业由大变强，并把中国特色新型工业化道路作为中国特色社会主义道路的重要组成之一。党的十八大进一步强调，坚持走中国特色新型工业化、信息化、城镇化、农业现代化道路，推动信息化和工业化深度融合、工业化和城镇化良性互动、城镇化和农业现代化相互协调，促进工业化、信息化、城镇化、农业现代化同步发展。

按照中央提出的战略要求和目标，走新型工业化道路，要坚持把经济发展建立在科技进步的基础上，带动工业化在高起点上迅速发展，培育战略性新兴产业；坚持注重经济发展的质量和效益，优化资源配置，提高投入产出效率和经济回报，提高工业增加值率；坚持更加注重资源节约和环境保护，提升节能环保技术水平，提高能源资源利用效率，突破能源资源约束，强化污染防治、保护生态环境，使工业经济与生态建设和谐发展；坚持以质取胜的战略方针，为社会提供能够引导消费、满足需求、质量优良的产品和服务，提高市场竞争力；坚持以人为本，加大就业，提高劳动者素质，充分发挥人力资源优势，注重改善民生，保障劳动者生命和健康安全；坚持信息化与工业化融合发展，协调推进工业化、城镇化和农业农村现代化，发展现代服务业。

（二）生态文明建设要求工业加快绿色低碳转型发展

我国在工业化进程中一直高度重视资源节约和生态环境保护工作，提出了一系列战略措施和要求。“十二五”规划明确指出，要继续把节能减排作为经济社会发展的约束性指标，实施能源消耗强度和总量双控制。十八大明确要求，必须把生态文明建设放在突出地位，努力建设美丽中国。坚持节约资源和保护环境的基本国策，坚持节约优先、保护优先、自然恢复为主的方针，着力推进绿色发展、循环发展、低碳发展，形成节约资源和保护环境的空间格局、产业结构、生产方式、生活方式。这就要求工业必须加快实现绿色低碳转型发展。

目前，我国仍处在工业化中期，工业占国民经济相当大的比重，是消耗资源和产生排放的主要领域。通过近年来努力，工业能效有了提升，清洁生产逐步实施，环境保护进一步强化，但总体上工业能耗和排放总量仍过大。2012年，工业能耗总量高达约26亿吨标准煤，我国制造业产值与美国相当，但能耗是美国的2.5倍。工业的主要污染物化学需氧量（COD）、二氧化硫排放量仍然占全国的40%和85%左右。因此，形成节约资源、保护环境的产业结构、生产方式首先要求工业调整优化结构，建立投入低、消耗少、产出高、效益好的两型工业结构，要求工业改变传统的高投入、高消耗、高污染生产方式。

另一方面，工业是为全社会提供技术装备产品的产业，能否生产绿色环保的产品，能否为农业、建筑等其他产业提供节能环保技术、装备等，直接影响到相关产业的节能环保水平。因此，工业绿色低碳发展是生态文明建设的重要内容，工业的绿色低碳发展水平直接影响甚至制约生态文明进程。

（三）正确认识工业发展与节能减排的关系

工业化进程是一个大量消耗钢铁、建材、能源的过程，因此，要正确认识我国工业绿色低碳发展与资源消耗、污染增加的关系。

第一，要正确认识工业发展面临的资源消耗持续增长压力。有人提出，要限制“两高一资”行业的发展，跳过重化工业阶段，直接进入工业化后期，但这基本上是不可能做到的。

工业化必然伴随着城镇化的发展。城镇化的推进离不开基础设施、住房、各种生产经营用房的建设以及城市交通的发展，这又必然要求巨大的物质资源投入。从世界先行工业化国家的发展历程来看，工业化、城镇化发展就是一个大量消耗钢铁、建材、能源的过程。以钢铁为例，在人均GDP达到10000美元（2000年价格）以前，钢铁产量将持续增长；过了10000美元之后，英美等先行国家人均钢铁产量开始明显下降，日本的拐点则是出现在17500美元之后。拐点出现的时间基本在城镇化达到高峰前后。

我国还处于工业化中期，在一个拥有13亿人口的发展中大国，无论是从小康社会人民物质文化生活的需要来说，还是从完成工业化所必须消耗的资源能源来看，即使是使用目前国际最先进水平的技术，对各种重化工产品的需求规模也是前所未有的。目前，我国人均钢铁蓄积量大概在4吨左右，远低于工业化国家8-10吨的人均水平。如果按照现有人口和钢材增速计算，考虑5%的折旧更新，大概要到“十三五”初期才能达到8吨的水平。从现实来看，钢铁、水泥、电解铝等“两高一资”行业还要发展。如果自己不发展，单纯从国外进口这些物资，全球都无法满足我们的需要，因此，关键是怎么发展。2012年，我国钢材产量为9.5亿吨，居世界第一，约占全球产量一半，比排名第2到第5的产量总和还要多。类似产品中，我国水泥约占全球产量57%、电解铝约占45%、平板玻璃约占50%，这些都是城镇建设、基础建设必需的主要原材料。

通过这几年努力，“两高一资”行业节能减排已经取得了很大成绩，比如我国电解铝单位产品电耗已经达到世界先进水平（2011年已下降到13900千瓦时/吨左右）；水泥新型干法生产工艺普及率已达80%以上；钢铁行业也实现了连铸连轧，大幅降低了各项物耗、能耗指标。可以说，这些“两高一资”行业目前的潜力已经不是很大。今后要从主要抓六大高耗能行业向全部行业扩展，从主要抓生产过程节能向抓生产过程和高耗能产品并重转变。一方面，加快向一些单位产品消耗水平还比较高的行业拓展。比如多晶硅产品，尽管光伏产业是清洁能源的重点方向之一，但是太阳能电板的制造却是耗能大户，也推动了我国近年来电子信息制造业能耗较快增长。另一方面，要更加关注工业产品节能。从2012年开始，我们围绕如何通过推广高强度钢筋减少建筑行业钢材消耗开展了专门研究，并联合住建部建立了推广应用高强钢筋协调机制，修订了相关建筑标准，出台了推广使用的具体指导意见。在满足建筑设计强度要求的前提下，用高强钢筋替代目前大量使用的335兆帕级螺纹钢筋，平均可节约钢材12%以上，可有效减少建筑物的钢材消耗量。

第二，要正确认识应对气候变化不断加大的国际压力。目前我国已经超越美国成为全球最大的二氧化碳排放国，在国际气候变化谈判中面临着很大的压力。实际上，碳强度目标与能耗强度目标高度一致，碳强度目标降低主要依靠节能和能源结构变化，在能源结构变化不大的情况下，完成了能耗强度目标就完成了碳强度目标。因此，控制碳排放的重点在节能，潜力和成本优势也在节能。作为一个负责任的发展中国家，我国政府庄严承诺，到2020年我国单位国内生产总值二氧化碳排放比2005年下降40％-45％，“十二五”规划进一步将全国单位国内生产总值二氧化碳排放下降17%列入约束性指标。

二、促进工业绿色低碳发展的主要任务

“十二五”期间，国家继续把节能减排作为国民经济和社会发展的约束性指标，而且还增加了考核指标，单位国内生产总值能源消耗、二氧化碳排放分别降低16％和17%，化学需氧量、二氧化硫排放分别减少8%，增加氨氮、氮氧化物排放总量要求，分别减少10%。面对国家战略任务和约束性指标要求、工业发展内在需要以及国际竞争环境的倒逼压力，“十二五”期间，工业和信息化部将坚持把节能减排作为走新型工业化道路的硬任务，把节能减排作为衡量工业转型升级成效的硬指标，把节能环保作为工业发展方式转变和工业转型升级的出发点和落脚点，以调整结构、节能减排为抓手，加快推进工业绿色低碳发展。

一是着力按照“淘汰高能耗高排放落后生产能力、利用先进适用技术改造现有生产能力、以高能效更清洁环保标准建设新建生产能力”的原则，推动按关小建大、等量置换、减量置换的原则，把新增产能布局与淘汰落后产能紧密结合，将产能过剩与节能减排紧密结合，加快工业结构的优化调整和升级；二是以“两型”企业、园区建设为抓手，推进资源节约型、环境友好型工业体系建设，特别是在国家4批231家新型工业化产业示范基地基础上，按照循环经济理念规划设计，推动企业集聚化发展，构建上下游结合的产业链条；三是进一步抓好节能降耗、清洁生产、绿色制造，加快向节约、清洁、低碳、高效生产方式转变；四是大力发展节能环保产业，为全社会提供节能环保技术装备、技术解决方案以及绿色低碳、生态环保的产品。

我们希望通过努力实现三个方面的目标：一是力争通过实施能源总量控制，促进能源利用技术革命，大幅度提升能源利用效率，在基本实现工业化的同时，实现工业能源消费总量达到峰值，力争在2020年后工业能耗实现“零增长”。二是大幅度提升我国的资源生产率，能源、水资源、矿产资源、土地等的产出效率要向发达国家看齐。三是大幅度提高资源循环利用率。把钢、铜、铝、铅等主要原材料的循环利用指标作为工业循环发展的重要目标，明确各行业资源循环利用的目标任务、发展导向和重点，分门别类建立资源循环利用体系，力争主要有色金属、钢铁循环再生比重首先达到50%。

根据工业化进程和消费结构升级的需求，推进工业绿色发展，重点要抓好以下几个方面的任务：一是要切实抓好工业结构优化调整，抑制产能过剩盲目扩张，加快淘汰落后产能，推进产业转移和集聚发展。二是大力推进节能降耗技术进步和技术创新，积极加强节能减排技术改造，强化技术应用示范推广，充分利用信息技术推进节能减排。三是切实加强节能降耗管理，强化重点用能企业节能降耗管理，发挥标准的引领、约束、指导作用，推动完善节能降耗经济政策。四是加快发展循环经济，发挥好循环经济重大工程示范引领作用，推动加快建立循环型工业体系，切实推进工业固废综合利用示范基地建设，加快实施资源再生、再制造战略。五是全面推行清洁生产，集中力量研发、示范和推广一批行业关键共性技术，建立工业产品生态设计标准和机制，加强有毒有害物质替代，强化工业污染防治。六是加快节能环保产业发展，实施一批节能环保国家级示范工程，发展具有自主知识产权的重大节能环保技术装备，支持发展一批龙头企业，加强节能环保技术装备示范基地建设，支持节能环保绿色生态产品的市场推广。

三、推进工业绿色发展的几点思考

（一）落实企业主体责任

国家节能减排指标已经分解落实到各地方政府，但是企业的积极性没有调动起来。在这方面，应该参考借鉴安全生产的相关经验，政府主要负监管职责，企业承担任务的主体责任，这其中还要发挥好行业协会的作用。

目前政府和企业两者的节能减排责任没有区分得很清楚，企业的主体责任不突出。因此，要研究将节能指标分解落实到每一个企业，尽快建立企业层面绿色低碳发展的约束激励机制，对超额完成指标的企业予以奖励，对未能完成指标的企业予以惩罚，通过“奖先进、罚落后”，带动中间的一大批企业共同做好节能减排。

（二）大力推进科技创新和成果应用

绿色发展是人类社会发展理念和发展模式的一次重大变革，将催生大量新技术、新市场、新模式和新的制度安排，推动全球范围内技术更新换代和产业升级，其规模、深度和影响力，将不亚于人类社会曾经历过的蒸汽机、电力、信息等重大技术革命。

近来，各国都在绿色发展方面推出了新的科技创新计划，发达国家更是从国家战略高度制定了一系列促进新能源、新能源汽车等产业发展的战略、计划或行动。我国在这方面也采取了一系列措施，加大财政资金投入，鼓励企业研发新技术，推广应用绿色节能技术和产品，取得了一些成效。但实事求是地讲，绿色发展的核心技术大多掌握在发达国家手中，我们要加大自主创新力度，突破相关工艺技术。在节能减排、新能源等绿色发展领域，发达国家并非在所有方面都比我国有非常突出的技术优势，我国完全有可能在一些领域凭借技术储备、较完备的产业体系，以及国内市场容量大等优越条件取得竞争优势。

我们讲创新，往往都关注技术创新，实际上商业模式的创新对绿色发展也非常重要。以苹果公司为例，苹果iPhone、iPad等主打产品，采用“软件+硬件+内容+服务”的产业链垂直整合模式，通过苹果商店整合数以万计的软件程序开发者，实行苹果公司与软件开发者、电信运营商的收入分成，既满足了人们方便快捷的服务需求，也实现了相关利益方的共赢，颠覆了传统的Wintel垄断格局，改变了人们的消费习惯，对传统的报纸、杂志、书籍、电视、电影等都是颠覆性的创新，既节能，又减排（不用造纸、印刷、包装、递送等）。再比如，随着互联网技术业务加快普及应用，电子商务逐步成为国民经济新的增长点。2012年电子商务整体市场规模超过7万亿元。电子商务正逐步发展成为主流商业模式，未来线上销售可能不再是线下渠道的补充，反而是线下变成线上的补充，传统购物将只是线上购物之外的休闲体验。

同时，要重视高度加强信息技术推广应用。一方面，信息通信产业能够减少其自身二氧化碳排放强度。另一方面，信息通信技术的应用在促进其他行业绿色发展方面拥有巨大潜力。有关研究表明，随着技术进步，到2020年，信息通信行业碳强度下降超过60%；利用信息通信技术减排可以达到14-17亿吨，相当于全国2020年碳强度减排目标的13-18%。

（三）认真解决好人民群众关心的环境热点问题

近期，一系列环境污染问题引发了社会、群众和媒体的广泛关注。比如各地频发的血铅事件，其原因绝大部分是由于铅酸蓄电池生产、回收利用企业违规排放污染物。铅酸蓄电池成本低廉，是目前产量最大、用途最广的一种蓄电池。我国是最大的生产和出口国，70%-80%的铅用于铅酸蓄电池生产。目前，我国蓄电池生产、回收利用企业虽然很多，但规模普遍较小，超标排放、回收无序、再生利用不规范、卫生防护距离不足等导致污染危害问题非常突出，铅污染事件呈高发态势。美国与我国铅酸蓄电池行业产值相当，但只有不到300家企业，而我国有超过2700家的获得生产许可企业，还有不少没有铅酸蓄电池生产许可证的非法企业。还有，2013年初的空气污染事件，我国相当大一部分城市出现雾霾天气，PM2.5严重超标，北京地区PM2.5一度达700微克/立方米以上。究其根源，同我国燃煤为主的能源结构有关，同我国汽车尾气排放过多、排放不达标有关。以北京地区为例，机动车成为PM2.5的最大来源，约为25%，其次为燃煤和外来输送，各占20%左右。

针对铅污染问题，2011年以来，工业和信息化部会同有关部门采取了一系列措施，促进铅酸蓄电池和再生铅行业规范发展。2013年还将“涉铅行业绿色发展计划”作为工业节能与绿色发展专项行动的重要内容：一是严格实施行业准入管理，按照已发布的铅蓄电池、再生铅行业和即将修订发布的铅冶炼行业3个准入条件，全面实施行业准入管理；二是对达不到要求的落后产能予以淘汰；三是建设铅循环再生利用示范工程，形成200万吨规范化、规模化铅再生循环利用能力；四是配套建设铅酸蓄电池回收体系和机制，探索实行如押金等生产者责任延伸制度，推动铅再生循环利用比重提高到40%，形成全国铅资源循环利用体系。

针对汽车尾气排放问题，一是提高汽油标准。目前全国范围内汽油质量偏低，大部分地区仍使用国3标准，只有上海、广州、南京等少数地方执行国4标准。在全国范围内普及国4标准有助于降低汽车尾气中颗粒物的排放。二是积极推广节能与新能源汽车，实施节能与新能源汽车车船税优惠政策，建立完善汽车工业节能减排标准体系，开展公共服务领域示范推广、私人购买新能源汽车补贴试点。

（四）充分发挥市场机制，转变政府职能

第一，加快形成能够充分反映资源环境成本的要素价格体系。我国的商品价格改革已基本完成，但要素价格机制改革还没有到位，仍然受到各种政策的干预。扭曲的价格信号往往致使企业缺乏动力转变经营方式或改进技术工艺，进而造成了大量资源浪费和能效效率低下的情况。比如本世纪初，钢铁和电解铝等传统行业飞速膨胀，光伏、风电等新兴产业在近两三年也快速扩张，以至于形成了今天巨大的过剩产能。这些问题，在很大程度上正是“得益”于低廉的要素价格与环境成本。因此，我们要利用好市场经济规律，通过能源、矿产等资源要素的价格形成机制改革，倒逼企业树立资源环境成本理念，形成企业节能减排的内在动力。

第二，做好能源的调配工作。要更加注重因地制宜，发展适合当地的能源方式。比如，目前我国建了 批大规模的风电、光伏电场，主要分布在西部地区。一方面，这些地区大部分不缺电，产生的电能需要长距离输送到东部地区才能使用，电力转换层次较多，损耗较大。另一方面，当地电网的基础设施相对落后，项目连接入网的建设成本高昂，电网公司也由于担心风电、光伏发电对电网设施冲击的原因，部分还采取了限电措施。因此，尽管政府对这些项目给了相当大的优惠支持，但依然很多项目在建成后没有充分运行，项目投资收益不佳，能源利用效率也不高。全国类似这种情况很多，如何统筹规划，做好各种能源资源优化调配，大有可为。

第三，加快标准的制订实施。目前，我国工业用能指标体系是相对完善的。自2008年首批发布22项以来，能耗限额标准不断完善，涵盖的工业领域越来越多，现已经发布了粗钢、焦炭、水泥、铜冶炼、轮胎、化工产品等54个国家强制性单位产品能源消耗限额标准。这些标准的出台和实行，对行业节能减排、淘汰落后产能的促进作用非常明显。这几年来，大部分地区都利用这一标准体系，执行了惩罚性电价政策。通过对企业标准执行情况进行监督检查，对超标企业执行惩罚性电价，督促了一大批企业实施节能减排技术改造达标。但目前遇到的问题是，大部分能耗限额标准限定值及准入值偏低，特别是2008年发布的首批22项中粗钢、焦炭等，指标已相对滞后，不符合行业发展要求，也难以适应绿色发展的要求。对各行业的指标如何制定、制定多高等，还需要有关部门共同作进一步的研究。

推进工业绿色低碳发展是建设生态文明的必然要求，也是转变工业发展方式的根本途径。推进工业绿色低碳发展，是一项系统工程，不是一个部门所能独立完成的，需要各相关部门协同配合，各有关方面共同参与。工业和信息化部将加强与各地区、各部门沟通协作，为推动工业绿色低碳发展作出不懈努力。（苗圩）

（苗圩：工业和信息化部部长，2013年6月，原载《行政管理改革》）

走向生态文明新时代（节录）

周生贤

党的十八大以来，以习近平同志为总书记的党中央站在战略和全局的高度，对生态文明建设和生态环境保护提出一系列新思想新论断新要求，为努力建设美丽中国，实现中华民族永续发展，走向社会主义生态文明新时代，指明了前进方向和实现路径。

一、深刻认识生态文明建设的重大意义

习近平同志指出，建设生态文明，关系人民福祉，关乎民族未来。他强调，生态环境保护是功在当代、利在千秋的事业。要清醒认识保护生态环境、治理环境污染的紧迫性和艰巨性，清醒认识加强生态文明建设的重要性和必要性，以对人民群众、对子孙后代高度负责的态度和责任，真正下决心把环境污染治理好、把生态环境建设好。这些重要论断，深刻阐释了推进生态文明建设的重大意义，表明了我们党加强生态文明建设的坚定意志和坚强决心。

生态文明建设是经济持续健康发展的关键保障。习近平同志指出，良好生态环境是人和社会持续发展的根本基础。蓝天白云、青山绿水是长远发展的最大本钱。良好的生态环境本身就是生产力，就是发展后劲，也是一个地区的核心竞争力。目前，我国是世界上能源、钢铁、氧化铝等消耗量最大的国家。2012年，煤炭消费总量近25亿吨标准煤，超过世界上其他国家的总和；10大流域中劣Ⅴ类水质比例占10.2%。如果继续沿袭粗放发展模式，实现十八大确定的到2020年国内生产总值和城乡居民人均收入比2010年翻一番的目标，那么生态环境恶化的状况将难以想象，全面建成小康社会的奋斗目标也将化为泡影。在这个问题上，我们没有别的选择，必须大力推进生态文明建设，再造生态环境新优势，加快转变经济发展方式，努力提高经济增长的质量和效益。

生态文明建设是民意所在民心所向。习近平同志今年4月在海南考察时指出，良好生态环境是最公平的公共产品，是最普惠的民生福祉。头顶着蓝天白云，在清洁的河道里畅快游泳，田地里盛产安全的瓜果蔬菜……这些是人民群众对生态文明最朴素的理解和对环境保护最起码的诉求。今年以来，我国一些地方的雾霾天气、地下水等污染问题集中暴露，群众反映强烈。人民群众的向往，就是我们的奋斗目标。必须把生态文明建设放到更加突出的位置，着力在治气、净水、增绿、护蓝上下功夫，为人民群众创造良好的生产生活环境。

生态文明建设是党提高执政能力的重要体现。习近平同志指出，全党面临的一个重要课题，就是如何正确认识和妥善处理我国发展起来后不断出现的新情况新问题。人民群众对环境问题高度关注。我们党一贯高度重视生态文明建设，把环境保护确立为基本国策，把可持续发展作为国家战略。多年来，我们大力推进生态环境保护，取得显著成绩。面对可持续发展的时代潮流，面对绿色、循环、低碳发展的新趋向，面对人民群众对环境保护的期待和诉求，必须把生态文明建设作为增强党的执政能力、巩固党的执政基础的一项战略任务，持之以恒加以推进，不断抓出成效。

二、科学把握生态文明建设的根本要求

习近平同志结合新的实践需要，对推进生态文明建设提出了更加丰富、更加系统、更加明确的指导思想和总体要求，深刻回答了生态文明建设的若干重大理论和实践问题。

第一，作出生态文明建设总体部署。习近平同志指出："走向生态文明新时代，建设美丽中国，是实现中华民族伟大复兴的中国梦的重要内容。"他在中共中央政治局第六次集体学习时强调，推进生态文明建设，必须树立尊重自然、顺应自然、保护自然的生态文明理念，坚持节约资源和保护环境的基本国策，坚持节约优先、保护优先、自然恢复为主的方针，着力树立生态观念、完善生态制度、维护生态安全、优化生态环境，形成节约资源和保护环境的空间格局、产业结构、生产方式、生活方式。这是指导生态文明建设的总方向、总要求、总措施。我们必须坚定不移地朝着这个总方向努力，严格按照这个总要求进行部署，抓紧细化实化这个总措施，全面开创生态文明建设新局面。

第二，正确处理经济发展与环境保护关系。习近平同志提出"保护生态环境就是保护生产力，改善生态环境就是发展生产力"的理念，深刻揭示了经济发展与环境保护的辩证关系。实践证明，脱离环境保护搞经济发展是"竭泽而渔"，离开经济发展抓环境保护是"缘木求鱼"。经济发展决定人们的生活水平，生态环境决定人们的生存条件。要坚持保护优先方针，在保护中发展、在发展中保护。坚持以环境保护优化经济发展，利用好改善环境质量、增进民生福祉的倒逼机制，实行从严从紧的环境政策，把生态环境保护要求传导到经济转型升级上来。

第三，牢固树立生态红线观念。习近平同志强调，要牢固树立生态红线的观念。在生态环境保护问题上，就是要不能越雷池一步，否则就应该受到惩罚。这是对生态环境保护提出的新的更高要求。要结合贯彻落实《全国主体功能区规划》、《国务院关于加强环境保护重点工作的意见》，积极开展研究论证，尽快形成划定并严守生态红线的完整方案，抓好组织实施。

第四，探索环境保护新路。习近平同志强调，决不以牺牲环境为代价去换取一时的经济增长。用生态文明的理念来看环境问题，其本质是经济结构、生产方式和消费模式问题，决不走先污染后治理、牺牲环境换取经济增长的老路，要探索走出一条环境保护新路。我们既要借鉴西方发达国家治理污染的经验教训，又要结合我国国情和发展阶段，改革创新，用新理念新思路新方法来进行综合治理，发挥体制和制度优势，尽量缩短污染治理进程，以最小的资源环境代价支撑经济社会持续健康发展。

第五，着力解决损害群众健康的突出环境问题。习近平同志指出，要以解决损害群众健康突出环境问题为重点，坚持预防为主、综合治理，强化水、大气、土壤等污染防治，　　着力推进重点流域和区域水污染防治，着力推进重点行业和重点区域大气污染治理。我国面临的环境问题比世界上任何国家都要复杂，解决起来的难度比任何国家都要大，任务更加艰巨。我们既要打好攻坚战，取得阶段性成果，逐步改善环境质量，让人民群众看到政府的决心，看到环境问题解决的希望，也要做好打持久战的准备。

第六，完善生态文明建设制度体系。习近平同志指出，只有实行最严格的制度、最严密的法治，才能为生态文明建设提供可靠保障。再也不能简单以国内生产总值增长率来论英雄，要把资源消耗、环境损害、生态效益等体现生态文明建设状况的指标纳入经济社会发展评价体系，增加考核权重，使之成为推进生态文明建设的重要导向和约束。建立责任追究制度，对那些不顾生态环境盲目决策、造成严重后果的人，必须追究其责任，而且应该终身追究。这些要求，催人警醒，意味着我们党将以更大勇气和决心推进生态文明建设。

三、进一步明确生态文明建设的重点任务

习近平同志指出，要把生态文明建设融入经济建设、政治建设、文化建设、社会建设各方面和全过程。生态文明建设是一项复杂的系统工程，要按照系统工程的思路，强化党的领导、国家意志和全民行动。

一是从宏观战略层面切入，搞好顶层设计。生态文明建设是开创性事业，需要搞好顶层设计和整体部署，提出保障措施，形成节约资源和保护环境的空间格局、产业结构、生产方式、生活方式。制定实施生态文明建设目标体系和考核办法。加快实施主体功能区战略，整体谋划国土空间开发，构建科学合理的城市化格局、农业发展格局、生态安全格局，给自然留下更多修复空间。构建经济发展与资源消耗量、污染物排放量“脱钩”的经济模式，把节约环保的要求全面体现到经济发展的各个领域和每个环节。开展生态文明建设全社会行动，坚持走群策群力、群防群控的群众路线，构建政府、企业、公众共同参与的生态文明建设大格局。

二是立足再生产全过程，制定完善环境经济政策。生产、流通、分配、消费的各个领域，都不同程度地利用资源、影响环境，单独在某一个或几个方面推行环境保护，都难以从根本上解决生态环境问题。要将生态环境保护作为重要因子纳入相关税种设计，建立健全环境税收政策体系。按照谁开发谁保护、谁受益谁补偿的原则，推动建立开发与保护地区之间、上下游地区之间、生态受益与生态保护地区之间的生态补偿机制。建立更好地反映市场供求关系、资源稀缺程度和环境损害成本的资源性产品价格形成机制。继续深化绿色信贷、排污权有偿使用和交易等政策。

三是强化制度建设，构建有利于生态文明建设的激励约束机制。推动生态文明建设纳入法制化轨道。建立科学快捷的立、改、废程序，完善生态文明建设法律法规体系，强化环境执法监督管理，着力解决环保责任不落实、守法成本高、违法成本低等问题。开展区域联合执法、跨地区交叉执法，增强执法效能。加强日常监管和执法检查，对群众反映强烈的环境污染和生态破坏事件，严肃处理，尽快解决。继续开展整治违法排污企业保障群众健康环保专项行动。组织开展环境安全大检查，妥善处置突发环境事件。积极配合组织、监察等部门，扭转一些地方仍以国内生产总值挂帅、在发展中片面追求经济增长的现象。

四是发挥主阵地作用，用新思路新举措推动环境保护新发展。环境保护是生态文明建设的主阵地，要遵循代价小、效益好、排放低、可持续的基本要求，继续探索环境保护新路。首先，要以环境保护优化经济发展，促进经济转型升级。在当前经济形势下，要密切关注和从严控制“两高一资”、低水平重复建设和产能过剩项目，把环境保护作为稳增长、转方式、调结构的重要引擎和关键抓手，以环境容量优化区域布局，以环境管理优化产业结构，以环境成本优化增长方式，以环境标准推动产业升级。其次，以三项重点工作为突破口，改善环境质量。以细颗粒物（PM2.5）防控为重点，深化大气污染防治；以饮用水安全保障为重点，强化重点流域和地下水污染防治；以解决农村生态环境问题为重点，深入推进村镇环境连片整治和土壤污染治理。再次，以深化生态体制改革为动力，加快环境管理战略转型。以环境质量改善为目标导向，建立并完善适应生态文明建设新要求的环境管理体制，使环境管理从被动应对向主动防控转变，从控制局地污染向区域联防联控转变，从单纯防治一次污染物向既防治一次污染物又防治二次污染物转变，从单独控制个别污染物向多种污染物协同控制转变。

（周生贤：环境保护部部长，原载《求是》杂志 2013年9月）

发展绿色交通　共建美丽中国

杨传堂

党的十八大强调，着力推进绿色发展、循环发展、低碳发展，努力建设美丽中国，实现中华民族永续发展。交通运输是国民经济和社会发展的大动脉，是国家节能减排和应对气候变化的重点领域之一。加快推进绿色循环低碳交通运输发展，是加快转变发展方式、推进交通运输现代化的一项艰巨而紧迫的战略任务。

近年来，交通运输行业认真贯彻落实党中央、国务院的部署要求，不断强化政策引导，健全法规标准，加快科技创新，推进示范试点，注重宣传推广，初步形成了交通运输领域节能法规标准体系、政策支持体系、技术支撑体系、监督管理体系，节能减排与应对气候变化取得了积极成效，有力推进了资源节约型、环境友好型行业建设。同时，也要清醒地看到，交通运输发展方式总体粗放的局面尚未根本改变，基础设施布局不够合理，运输组织效率不高，土地、岸线、空域等资源利用效率总体偏低等问题还比较突出，推进绿色交通发展仍然任重道远。当前和今后一个时期，要切实将节约能源资源要求贯彻到交通基础设施规划、设计、施工、运营、养护、管理的各方面和全过程，确保到2020年基本建成绿色循环低碳交通运输体系，以绿色发展引领和推动科学发展。

第一，加快转变发展方式，为绿色交通发展奠定重要前提和基础。加快转变发展方式，是交通运输积极应对气候变化，实现绿色发展和可持续发展的重要前提。要处理好加快发展和绿色循环低碳发展的关系，既着眼于化解过去积累的矛盾和问题，又彻底摒弃“先污染、后治理”的发展模式，在坚持资源节约与保护环境的前提下，注重发展速度与质量、效益的有机统一。要按照优化布局结构、要素投入结构的方向和基本要求，更加注重优化交通基础设施结构、运输装备结构、运输组织结构和能源消费结构，更加注重提升行业监管水平，大力推进综合交通运输体系建设，充分挖掘结构性和管理性绿色循环低碳的发展潜力。

第二，加强科技创新，为绿色交通发展提供有力支撑。在利用高新技术降低消耗、提高能源资源利用效率方面，交通运输领域的潜力很大。要加强技术创新体系建设，推进交通运输节能环保先进适用技术与产品的推广应用，加快淘汰高能耗、高排放的老旧交通运输装备，提高新能源和可再生能源比重，为绿色发展和可持续发展提供坚强的科技支撑。要加快推进传统产业技术改造，加快发展现代物流业等新兴产业，推进交通运输信息化和智能化建设，全面提升交通运输产业技术水平和综合竞争力。

第三，加快完善体制机制，为绿色交通发展提供坚实保障。要正确处理绿色循环低碳交通运输发展中政府、企业和社会之间的关系，坚持政府引导与市场机制并举，形成政府主导、企业主体和公众参与的协同推进机制。交通运输行业要围绕“到2020年基本建成绿色循环低碳交通运输体系”的目标，强化目标责任制，实化抓手，建立健全节能减排工作考评考核制度，狠抓落实、一抓到底，切实推进绿色交通发展取得实质进展。要狠抓试点示范和专项行动，组织开展好低碳交通省区、城市试点和低碳港口、低碳公路、低碳航道等主题性试点，深入推进“车、船、路、港”千家企业低碳交通运输、重点用能企业绿色循环低碳交通运输等专项行动，积极打造一批绿色交通示范工程，推动全行业加快绿色交通发展步伐。

第四，加大教育宣传力度，为绿色交通发展营造良好氛围。加快推进绿色交通发展是一项系统工程，需要全行业和社会公众的共同参与。要将绿色循环低碳交通运输发展纳入重大主题宣传内容，结合“节能宣传周”、“低碳日”等活动，开展形式多样的宣传活动，让绿色交通理念走进千家万户。要积极培育绿色循环低碳交通运输文化，不断增强全行业绿色循环低碳发展意识，积极倡导公众采用公共交通、自行车、步行等绿色出行方式，使绿色循环低碳发展成为全行业和社会公众的自觉行动。

加快推进绿色循环低碳交通运输发展，既是一场攻坚战，也是一场持久战，每一位交通人都应勇于置身其中、善打硬仗。紧紧抓住机遇，改革创新，攻坚克难，在经历转型发展、绿色发展的阵痛之后，交通运输必将获得更加广阔的发展空间，必将为建设美丽中国作出新的更大贡献！

（杨传堂：交通运输部部长，《中国交通报》，2013年06月19日）

大力推进农业清洁生产 切实加强农业面源污染防治

张桃林

农业面源污染发生在农业和农村区域，没有明确排污口，主要借助降雨或排水将地表存留的有机物、肥料、农药等带入水体，引起水体污染。根据第一次全国污染普查公报，2007年全国农业源的化学需氧量（COD）排放达到1320万吨，占全国排放总量的43.7%，农业源总氮、总磷分别为270万吨和28万吨，占全国排放总量的57.2%和67.4%。这些数字说明当前我国农业面源污染问题比较严重，值得引起高度重视。需要说明的是，排放量不是入湖量，农业面源污染对于水体污染的实际贡献率，学术界还存在一定争议。

改革开放以来，我国农业农村经济取得长足发展，同时，农业（种植业、畜牧业和水产养殖业）的集约化程度也在不断提高，在这一过程中，客观上带来了化肥、农药、农膜等农用外部投入品使用量的增长以及畜禽粪便、秸秆等农业废弃物的增加。同时，由于我国城乡发展不平衡，农村公共卫生基础设施长期滞后，日益增多的农村生活垃圾、生活废水不能得到及时、有效处理。这些问题都给农村生态、农业生产、农民生活带来了负面影响。

近年来，农业部与相关部门一起，创新理念思路，坚持走“高产、优质、高效、生态、安全”的现代农业发展道路，大力推进农业清洁生产，积极发展循环农业，突出重点环节，有针对性地开展农业面源污染防治工作：

在化肥施用方面：自2005年开始，中央财政累计投入57亿元，推广测土配方施肥技术，目前已基本覆盖全部农业县，推广面积达12亿亩。截至2011年底，全国累计减少不合理施肥700多万吨。2006年开始，国家启动实施了土壤有机质提升补贴项目，鼓励和引导农民增施有机肥，减少化肥施用，改善农业生态环境。

在农药使用方面：一是消减高毒高风险农药。农药登记管理从注重有效性向更加注重安全性转变。登记试验表明对生态环境特别是水资源存在安全隐患的农药，一律不予登记。同时，加强对已登记农药使用的跟踪、安全性评价。从上世纪八十年代开始，陆续淘汰了六六六等33种高毒、高风险农药。2011年开始，在8个省（市）开展低毒生物农药示范推广补贴试点，调动农民使用低毒生物农药的积极性。二是推行统防统治、综合防治。为提高病虫防控效果、减少农药使用量，农业部制定了《关于推进农作物病虫害专业化防治的意见》，并加强行政推动，开展专业化统防统治行动，截至2011年底，完成统防统治面积6.5亿亩次，全国小麦、水稻等主要粮食作物专业化统防统治覆盖率达到15%。实践证明，实施专业化统防统治可减少农药使用量20%以上。三是提升科学用药水平。将安全用药知识培训普及纳入为农民办理的实事之一，逐年加大培训力度。如2011年我部举办安全用药培训班350期次，累计培训专业化统防统治从业人员、农药经销商、种植专业户等1.7万人次。经过多年持续不断的努力，目前，我国农产品农药残留监测合格率总体较高，如稻米和水稻达98%以上，蔬菜和水果也达95%以上。

在兽用抗菌药物（抗生素）使用方面：近年来，制定和实施了一系列兽用抗菌药物（抗生素）的监管措施。一是建立健全法规制度。2002年以来先后发布了《食品动物禁用的兽药及其他化合物清单》、《药物饲料添加剂使用规范》等。各省市区也加强了规章制度建设和落实工作。二是严格兽药行政审批。严格限制人用抗生素用于动物。2005年开展了兽药地方标准清理工作，并组织查处清缴活动，从源头上控制抗生素的生产品种和数量。三是强化用药监管。农业部每年组织实施兽药残留监控和兽药质量监督抽检计划。同时对残留超标样品实行严格的追踪再抽检制度和后续查处工作，加强了残留监管工作。四是制定残留标准。2002年发布了《动物性食品中兽药最高残留限量》。截至目前，已制定发布145个残留检测方法标准，可检测药物150余种，为开展残留检测提供了技术支持。五是推进健康养殖。从环境、饲养管理、饲料、兽药等方面进行标准化的规范管理，减少抗生素使用。去年农业部在全国认定了标准化养殖示范场1555个。

在畜禽粪便处理方面：针对规模化畜禽养殖带来的污染问题，2006年推动颁布实施《畜牧法》，对畜禽养殖场、养殖小区的建设、选址和养殖污染防治设施做出明确规定。加大畜禽养殖污染防治力度。2007-2011年，国家累计投入142亿元实施生猪、奶牛标准化规模养殖场（小区）建设项目。大力推动沼气建设，近年来加大了大中型沼气工程、养殖小区联户沼气在沼气总投资中的比重，2011年达27.8%。截止到目前，全国沼气用户达到4000万户，建成养殖场（小区）沼气工程7.2万处，年处理粪污16亿吨。

在农村生活环境治理方面：农业部门积极开展农村清洁工程示范建设。2005年以来，农业部在全国25个省

（区、市）建成农村清洁工程示范村1400多个，示范村的生活垃圾、污水、农作物秸秆、人畜粪便处理利用率达到90%以上。

我们将进一步加强部门间的合作，坚持从生产、生活源头抓起，转变农业农村生产生活方式，减少农业投入品使用量和污染物排放量，坚持“种养结合”，“生产、生活、生态”三位一体，标本兼治，整体推进。重点抓好以下工作：

一是进一步完善法律法规。有针对性地制定、完善和细化关于农业面源污染防治方面的法律法规。根据已有工作基础和面源污染防治工作要求，我部将积极推动、尽快颁布实施《畜禽养殖污染防治条例》和《农药管理条例（修订案）》。

二是持续加大投入和政策扶持力度。探索建立农业面源污染防治补偿机制，激励农民采用环境友好型的农业技术和农业生产资料，促进资源节约型技术和成果的转化应用；全面实施测土配方施肥技术补贴项目；扩大实施国家标准化畜禽示范场改造和国家级畜禽养殖标准化示范场项目；扩大低毒生物农药示范推广补贴试点，调动农民使用低毒生物农药的积极性；提高农村清洁工程实施标准，扩大实施范围；继续加强规模化养殖场（小区）大中型沼气工程建设。

三是加强农业面源污染监测能力建设。目前，由于缺乏全面的调查监测，防治措施缺乏针对性，需建立长期动态监测网络，就农业面源污染的产生机制、排放特征、迁移变化规律、防治技术及模式等方面进行系统研究和试验示范。

四是编制实施全国农业面源污染防治规划。从源头预防、过程控制和末端治理等环节入手，以畜禽养殖污染防治、节肥节药技术推广应用、农业废弃物资源化利用为重点，制定实施防治规划，优先在农业面源污染防治重点区域（粮食主产区、集约化养殖重点区、蔬菜及设施农业重点发展区）、重点流域，尤其是水源保护区周边，布局建设一批示范工程和综合防治示范区，分阶段、分区域推进农业面源污染防治。

五是积极推进农业清洁生产技术应用。加强研发推广，积极探索集污染防治与耕作制度改革、水肥管理等于一体的可持续的种养模式及配套技术体系；加强农机农艺结合，积极推广保护性耕作、精准化施肥等控源节能减排及低碳农业技术，推进畜禽粪便等有机物的资源化、循环化利用。在主要经济作物优势区域大力推行绿色防控，力争到“十二五”末，全国蔬菜、水果、茶叶病虫害绿色防控覆盖面达到播种面积的50%以上，绿色防控实施区域内化学农药使用量消减20%以上。

（张桃林：农业部副部长，2013年7月17日）

法律规章

“十二五”主要污染物总量减排考核办法

（国务院办公厅2013年1月5日批发　环境保护部会同有关部门制订）

第一条　为贯彻落实科学发展观，推进政府绩效管理，控制主要污染物排放，确保实现“十二五”主要污染物总量减排目标，按照《中华人民共和国环境保护法》、《国务院关于印发“十二五”节能减排综合性工作方案的通知》（国发〔2011〕26号，以下简称《方案》）、《国务院关于加强环境保护重点工作的意见》（国发〔2011〕35号）和《国务院关于印发节能减排“十二五”规划的通知》（国发〔2012〕40号）的有关规定，制定本办法。

第二条　本办法适用于对各省、自治区、直辖市人民政府和新疆生产建设兵团（以下称各地区）“十二五”期间主要污染物总量减排完成情况的绩效管理和评价考核。本办法所称主要污染物，是指《国民经济和社会发展第十二个五年规划纲要》确定实施总量控制的四项污染物，即化学需氧量、氨氮、二氧化硫和氮氧化物。

第三条　“十二五”主要污染物总量减排的责任主体是地方各级人民政府。各地区要把主要污染物排放总量控制指标层层分解落实到本地区各级人民政府，并将其纳入本地区经济社会发展规划，加强组织领导，强化绩效管理，落实项目和资金，严格执法监督，确保实现主要污染物总量减排目标。

第四条　各地区要按照《方案》的要求，确定主要污染物年度削减目标，制定年度减排计划，将减排任务分解落实到本地区各级人民政府及各职能部门。年度减排计划应于当年4月底前报送国务院环境保护主管部门和发展改革部门。

第五条　各地区负责建立本地区主要污染物总量减排统计体系、监测体系和考核体系，及时调度和动态管理主要污染物排放量数据、主要减排措施进展情况以及环境质量变化情况，建立主要污染物排放总量台账。

第六条　主要污染物总量减排考核内容主要包括三个方面：

（一）主要污染物总量减排目标完成情况。按照主要污染物总量减排统计办法、监测办法以及国务院环境保护主管部门制定的总量减排核算细则相关规定予以核定。依据各地环境质量变化情况验证减排工作成效。

（二）主要污染物总量减排统计监测考核体系的建设运行情况。监测体系建设运行情况依据国家重点监控企业名单核实主要污染物自动监测设备的建设和联网情况，以国务院环境保护主管部门污染源自动监控平台数据核实各地污染物自动监测设备运行情况和主要污染物监控数据传输有效率。统计体系和考核体系建设运行情况依据各地相关文件和抽查复核情况，以及绩效管理工作情况进行评定。

（三）各项主要污染物总量减排措施的落实情况。依据污染治理设施试运行或竣工验收文件、关闭落后产能时间、主要污染物总量减排目标责任书中重点项目的建成投运情况以及当地人民政府减排管理措施、计划执行情况等有关材料和统计数据进行评定。

第七条　对各地区落实年度主要污染物总量减排情况，由国务院环境保护主管部门所属区域环境保护督查机构进行核查督查，每半年一次。国务院环境保护主管部门于每年2月和8月，分别将各地区上一年度及本年度上半年主要污染物总量减排初步核算数据向国务院报告，经国务院审定后，向社会公布。

第八条　各地区于每年3月底前将上一年度本行政区域主要污染物总量减排情况的自查报告报国务院。国务院环境保护主管部门会同发展改革、统计和监察部门，对各地区上一年度主要污染物总量减排情况进行考核。国务院环境保护主管部门会同上述部门于每年5月底前将全国考核结果向国务院报告，经国务院审定后，向社会公告。主要污染物总量减排考核采用现场核查和重点抽查相结合的方式进行。出现下列情况之一的，认定为未通过年度考核：

（一）年度四项污染物总量减排目标有一项及以上未完成；

（二）重点减排项目未按目标责任书落实；

（三）监测体系建设运行情况未达到相关要求（污染源自动监控数据传输有效率75%；自行监测结果公布率80%和监督性监测结果公布率95%）。未通过年度考核的各地区人民政府应在1个月内向国务院作出书面报告，提出限期整改工作措施，并抄送国务院环境保护主管部门。

第九条　考核结果报经国务院审定后，交由干部主管部门，依照《关于建立促进科学发展的党政领导班子和领导干部考核评价机制的意见》、《地方党政领导班子和领导干部综合考核评价办法(试行)》、《关于开展政府绩效管理试点工作的意见》等规定,作为对各地区领导班子和领导干部综合考核评价的重要依据。对考核结果为通过的,国务院环境保护主管部门会同有关部门优先加大对该地区污染治理和环保能力建设的支持力度,并结合全国减排表彰活动进行表彰奖励。对考核结果为未通过的,实行“一票否决”制。国务院环境保护主管部门暂停该地区所有新增主要污染物排放建设项目的环评审批,撤消国家授予该地区的环境保护或环境治理方面的荣誉称号,领导干部不得参加年度评奖、授予荣誉称号等。由监察机关会同环保部门依照减排绩效管理的有关规定,实行通报批评、约谈、诫勉谈话等。对未通过且整改不到位或因工作不力造成重大社会影响的,由监察机关依照有关规定追究该地区有关责任人员的责任。

第十条 对在主要污染物总量减排考核工作中瞒报、谎报、弄虚作假的地区,予以通报批评;对直接责任人员依纪依法追究责任。

第十一条 各地区需报经国务院环境保护主管部门会同发展改革、统计部门审核确认后,方可向社会公布本地区年度(半年)主要污染物排放总量数据。

第十二条 中央企业主要污染物总量减排目标完成情况和政策措施落实情况的考核参照本办法执行。考核结果纳入中央企业负责人经营业绩考核体系。

第十三条本办法自印发之日起施行。

实行最严格水资源管理制度考核办法

(国办发〔2013〕2号　国务院办公厅2013年1月2日印发)

第一条　为推进实行最严格水资源管理制度，确保实现水资源开发利用和节约保护的主要目标，根据《中华人民共和国水法》、《中共中央国务院关于加快水利改革发展的决定》（中发〔2011〕1号）、《国务院关于实行最严格水资源管理制度的意见》（国发〔2012〕3号）等有关规定，制定本办法。

第二条　考核工作坚持客观公平、科学合理、系统综合、求真务实的原则。

第三条　国务院对各省、自治区、直辖市落实最严格水资源管理制度情况进行考核，水利部会同发展改革委、工业和信息化部、监察部、财政部、国土资源部、环境保护部、住房城乡建设部、农业部、审计署、统计局等部门组成考核工作组，负责具体组织实施。

各省、自治区、直辖市人民政府是实行最严格水资源管理制度的责任主体，政府主要负责人对本行政区域水资源管理和保护工作负总责。

第四条　考核内容为最严格水资源管理制度目标完成、制度建设和措施落实情况。

各省、自治区、直辖市实行最严格水资源管理制度主要目标详见附件；制度建设和措施落实情况包括用水总量控制、用水效率控制、水功能区限制纳污、水资源管理责任和考核等制度建设及相应措施落实情况。

第五条　考核评定采用评分法，满分为100分。考核结果划分为优秀、良好、合格、不合格四个等级。考核得分90分以上为优秀，80分以上90分以下为良好，60分以上80分以下为合格，60分以下为不合格。（以上包括本数，以下不包括本数）

第六条　考核工作与国民经济和社会发展五年规划相对应，每五年为一个考核期，采用年度考核和期末考核相结合的方式进行。在考核期的第2至5年上半年开展上年度考核，在考核期结束后的次年上半年开展期末考核。

第七条　各省、自治区、直辖市人民政府要按照本行政区域考核期水资源管理控制目标，合理确定年度目标和工作计划，在考核期起始年3月底前报送水利部备案，同时抄送考核工作组其他成员单位。如考核期内对年度目标和工作计划有调整的，应及时将调整情况报送备案。

第八条　各省、自治区、直辖市人民政府要在每年3月底前将本地区上年度或上一考核期的自查报告上报国务院，同时抄送水利部等考核工作组成员单位。

第九条　考核工作组对自查报告进行核查，对各省、自治区、直辖市进行重点抽查和现场检查，划定考核等

级，形成年度或期末考核报告。

第十条　水利部在每年6月底前将年度或期末考核报告上报国务院，经国务院审定后，向社会公告。

第十一条　经国务院审定的年度和期末考核结果，交由干部主管部门，作为对各省、自治区、直辖市人民政府主要负责人和领导班子综合考核评价的重要依据。

第十二条　对期末考核结果为优秀的省、自治区、直辖市人民政府，国务院予以通报表扬，有关部门在相关项目安排上优先予以考虑。对在水资源节约、保护和管理中取得显著成绩的单位和个人，按照国家有关规定给予表彰奖励。

第十三条　年度或期末考核结果为不合格的省、自治区、直辖市人民政府，要在考核结果公告后一个月内，向国务院作出书面报告，提出限期整改措施，同时抄送水利部等考核工作组成员单位。

整改期间，暂停该地区建设项目新增取水和入河排污口审批，暂停该地区新增主要水污染物排放建设项目环评审批。对整改不到位的，由监察机关依法依纪追究该地区有关责任人员的责任。

第十四条　对在考核工作中瞒报、谎报的地区，予以通报批评，对有关责任人员依法依纪追究责任。

第十五条　水利部会同有关部门组织制定实行最严格水资源管理制度考核工作实施方案。

各省、自治区、直辖市人民政府要根据本办法，结合当地实际，制定本行政区域内实行最严格水资源管理制度考核办法。

第十六条　本办法自发布之日起施行。

附件：1.各省、自治区、直辖市用水总量控制目标

2.各省、自治区、直辖市用水效率控制目标

3.各省、自治区、直辖市重要江河湖泊水功能区水质达标率控制目标

附件1：

各省、自治区、直辖市用水总量控制目标

单位：亿立方米

地区	2015年	2020年	2030年
北京	40.00	46.58	51.56
天津	27.50	38.00	42.20
河北	217.80	221.00	246.00
山西	76.40	93.00	99.00
内蒙古	199.00	211.57	236.25
辽宁	158.00	160.60	164.58
吉林	141.55	165.49	178.35
黑龙江	353.00	353.34	370.05
上海	122.07	129.35	133.52
江苏	508.00	524.15	527.68
浙江	229.49	244.40	254.67
安徽	273.45	270.84	276.75
福建	215.00	223.00	233.00
江西	250.00	260.00	264.63
山东	250.60	276.59	301.84
河南	260.00	282.15	302.78
湖北	315.51	365.91	368.91
湖南	344.00	359.75	359.77

广东	457.61	456.04	450.18
广西	304.00	309.00	314.00
海南	49.40	50.30	56.00
重庆	94.06	97.13	105.58
四川	273.14	321.64	339.43
贵州	117.35	134.39	143.33
云南	184.88	214.63	226.82
西藏	35.79	36.89	39.77
陕西	102.00	112.92	125.51
甘肃	124.80	114.15	125.63
青海	37.00	37.95	47.54
宁夏	73.00	73.27	87.93
新疆	515.60	515.97	526.74
全国	6350.00	6700.00	7000.00

附件2：

各省、自治区、直辖市用水效率控制目标

地区	2015年	
	万元工业增加值用水量比2010年下降	农田灌溉水有效利用系数
北京	25%	0.710
天津	25%	0.664
河北	27%	0.667
山西	27%	0.524
内蒙古	27%	0.501
辽宁	27%	0.587
吉林	30%	0.550
黑龙江	35%	0.588
上海	30%	0.734
江苏	30%	0.580
浙江	27%	0.581
安徽	35%	0.515
福建	35%	0.530
江西	35%	0.477
山东	25%	0.630
河南	35%	0.600
湖北	35%	0.496
湖南	35%	0.490
广东	30%	0.474
广西	33%	0.450
海南	35%	0.562

重庆	33%	0.478
四川	33%	0.450
贵州	35%	0.446
云南	30%	0.445
西藏	30%	0.414
陕西	25%	0.550
甘肃	30%	0.540
青海	25%	0.489
宁夏	27%	0.480
新疆	25%	0.520
全国	30%	0.530

注：各省、自治区、直辖市2015年后的用水效率控制目标，综合考虑国家产业政策、区域发展布局和物价等因素，结合国民经济和社会发展五年规划另行制定。

附件3　　各省、自治区、直辖市重要江河湖泊水功能区水质达标率控制目标

地区	2015年	2020年	2030年
北京	50%	77%	95%
天津	27%	61%	95%
河北	55%	75%	95%
山西	53%	73%	95%
内蒙古	52%	71%	95%
辽宁	50%	78%	95%
吉林	41%	69%	95%
黑龙江	38%	70%	95%
上海	53%	78%	95%
江苏	62%	82%	95%
浙江	62%	78%	95%
安徽	71%	80%	95%
福建	81%	86%	95%
江西	88%	91%	95%
山东	59%	78%	95%
河南	56%	75%	95%
湖北	78%	85%	95%
湖南	85%	91%	95%
广东	68%	83%	95%
广西	86%	90%	95%
海南	89%	95%	95%
重庆	78%	85%	95%
四川	77%	83%	95%

贵州	77%	85%	95%
云南	75%	87%	95%
西藏	90%	95%	95%
陕西	69%	82%	95%
甘肃	65%	82%	95%
青海	74%	88%	95%
宁夏	62%	79%	95%
新疆	85%	90%	95%
全国	60%	80%	95%

城镇排水与污水处理条例

（国务院总理李克强2013年10月2日签发）

第一章　总　　则

第一条　为了加强对城镇排水与污水处理的管理，保障城镇排水与污水处理设施安全运行，防治城镇水污染和内涝灾害，保障公民生命、财产安全和公共安全，保护环境，制定本条例。

第二条　城镇排水与污水处理的规划，城镇排水与污水处理设施的建设、维护与保护，向城镇排水设施排水与污水处理，以及城镇内涝防治，适用本条例。

第三条　县级以上人民政府应当加强对城镇排水与污水处理工作的领导，并将城镇排水与污水处理工作纳入国民经济和社会发展规划。

第四条　城镇排水与污水处理应当遵循尊重自然、统筹规划、配套建设、保障安全、综合利用的原则。

第五条　国务院住房城乡建设主管部门指导监督全国城镇排水与污水处理工作。

县级以上地方人民政府城镇排水与污水处理主管部门（以下称城镇排水主管部门）负责本行政区域内城镇排水与污水处理的监督管理工作。

县级以上人民政府其他有关部门依照本条例和其他有关法律、法规的规定，在各自的职责范围内负责城镇排水与污水处理监督管理的相关工作。

第六条　国家鼓励采取特许经营、政府购买服务等多种形式，吸引社会资金参与投资、建设和运营城镇排水与污水处理设施。

县级以上人民政府鼓励、支持城镇排水与污水处理科学技术研究，推广应用先进适用的技术、工艺、设备和材料，促进污水的再生利用和污泥、雨水的资源化利用，提高城镇排水与污水处理能力。

第二章　规划与建设

第七条　国务院住房城乡建设主管部门会同国务院有关部门，编制全国的城镇排水与污水处理规划，明确全国城镇排水与污水处理的中长期发展目标、发展战略、布局、任务以及保障措施等。

城镇排水主管部门会同有关部门，根据当地经济社会发展水平以及地理、气候特征，编制本行政区域的城镇排水与污水处理规划，明确排水与污水处理目标与标准，排水量与排水模式，污水处理与再生利用、污泥处理处置要求，排涝措施，城镇排水与污水处理设施的规模、布局、建设时序和建设用地以及保障措施等；易发生内涝的城市、镇，还应当编制城镇内涝防治专项规划，并纳入本行政区域的城镇排水与污水处理规划。

第八条　城镇排水与污水处理规划的编制，应当依据国民经济和社会发展规划、城乡规划、土地利用总体规划、水污染防治规划和防洪规划，并与城镇开发建设、道路、绿地、水系等专项规划相衔接。

城镇内涝防治专项规划的编制，应当根据城镇人口与规模、降雨规律、暴雨内涝风险等因素，合理确定内涝防治目标和要求，充分利用自然生态系统，提高雨水滞渗、调蓄和排放能力。

第九条　城镇排水主管部门应当将编制的城镇排水与污水处理规划报本级人民政府批准后组织实施，并报上一级人民政府城镇排水主管部门备案。

城镇排水与污水处理规划一经批准公布，应当严格执行；因经济社会发展确需修改的，应当按照原审批程序报送审批。

第十条　县级以上地方人民政府应当根据城镇排水与污水处理规划的要求，加大对城镇排水与污水处理设施建设和维护的投入。

第十一条　城乡规划和城镇排水与污水处理规划确定的城镇排水与污水处理设施建设用地，不得擅自改变用途。

第十二条　县级以上地方人民政府应当按照先规划后建设的原则，依据城镇排水与污水处理规划，合理确定城镇排水与污水处理设施建设标准，统筹安排管网、泵站、污水处理厂以及污泥处理处置、再生水利用、雨水调蓄和排放等排水与污水处理设施建设和改造。

城镇新区的开发和建设，应当按照城镇排水与污水处理规划确定的建设时序，优先安排排水与污水处理设施建设；未建或者已建但未达到国家有关标准的，应当按照年度改造计划进行改造，提高城镇排水与污水处理能力。

第十三条　县级以上地方人民政府应当按照城镇排涝要求，结合城镇用地性质和条件，加强雨水管网、泵站以及雨水调蓄、超标雨水径流排放等设施建设和改造。

新建、改建、扩建市政基础设施工程应当配套建设雨水收集利用设施，增加绿地、砂石地面、可渗透路面和自然地面对雨水的滞渗能力，利用建筑物、停车场、广场、道路等建设雨水收集利用设施，削减雨水径流，提高城镇内涝防治能力。

新区建设与旧城区改建，应当按照城镇排水与污水处理规划确定的雨水径流控制要求建设相关设施。

第十四条　城镇排水与污水处理规划范围内的城镇排水与污水处理设施建设项目以及需要与城镇排水与污水处理设施相连接的新建、改建、扩建建设工程，城乡规划主管部门在依法核发建设用地规划许可证时，应当征求城镇排水主管部门的意见。城镇排水主管部门应当就排水设计方案是否符合城镇排水与污水处理规划和相关标准提出意见。

建设单位应当按照排水设计方案建设连接管网等设施；未建设连接管网等设施的，不得投入使用。城镇排水主管部门或者其委托的专门机构应当加强指导和监督。

第十五条　城镇排水与污水处理设施建设工程竣工后，建设单位应当依法组织竣工验收。竣工验收合格的，方可交付使用，并自竣工验收合格之日起15日内，将竣工验收报告及相关资料报城镇排水主管部门备案。

第十六条　城镇排水与污水处理设施竣工验收合格后，由城镇排水主管部门通过招标投标、委托等方式确定符合条件的设施维护运营单位负责管理。特许经营合同、委托运营合同涉及污染物削减和污水处理运营服务费的，城镇排水主管部门应当征求环境保护主管部门、价格主管部门的意见。国家鼓励实施城镇污水处理特许经营制度。具体办法由国务院住房城乡建设主管部门会同国务院有关部门制定。

城镇排水与污水处理设施维护运营单位应当具备下列条件：

（一）有法人资格；

（二）有与从事城镇排水与污水处理设施维护运营活动相适应的资金和设备；

（三）有完善的运行管理和安全管理制度；

（四）技术负责人和关键岗位人员经专业培训并考核合格；

（五）有相应的良好业绩和维护运营经验；

（六）法律、法规规定的其他条件。

第三章　排　　水

第十七条　县级以上地方人民政府应当根据当地降雨规律和暴雨内涝风险情况，结合气象、水文资料，建立排水设施地理信息系统，加强雨水排放管理，提高城镇内涝防治水平。

县级以上地方人民政府应当组织有关部门、单位采取相应的预防治理措施，建立城镇内涝防治预警、会商、联动机制，发挥河道行洪能力和水库、洼淀、湖泊调蓄洪水的功能，加强对城镇排水设施的管理和河道防护、整治，因地制宜地采取定期清淤疏浚等措施，确保雨水排放畅通，共同做好城镇内涝防治工作。

第十八条　城镇排水主管部门应当按照城镇内涝防治专项规划的要求，确定雨水收集利用设施建设标准，明确雨水的排水分区和排水出路，合理控制雨水径流。

第十九条　除干旱地区外，新区建设应当实行雨水、污水分流；对实行雨水、污水合流的地区，应当按照城镇排水与污水处理规划要求，进行雨水、污水分流改造。雨水、污水分流改造可以结合旧城区改建和道路建设同时进行。

在雨水、污水分流地区，新区建设和旧城区改建不得将雨水管网、污水管网相互混接。

在有条件的地区，应当逐步推进初期雨水收集与处理，合理确定截流倍数，通过设置初期雨水贮存池、建设截流干管等方式，加强对初期雨水的排放调控和污染防治。

第二十条　城镇排水设施覆盖范围内的排水单位和个人，应当按照国家有关规定将污水排入城镇排水设施。

在雨水、污水分流地区，不得将污水排入雨水管网。

第二十一条　从事工业、建筑、餐饮、医疗等活动的企业事业单位、个体工商户（以下称排水户）向城镇排水设施排放污水的，应当向城镇排水主管部门申请领取污水排入排水管网许可证。城镇排水主管部门应当按照国家有关标准，重点对影响城镇排水与污水处理设施安全运行的事项进行审查。

排水户应当按照污水排入排水管网许可证的要求排放污水。

第二十二条　排水户申请领取污水排入排水管网许可证应当具备下列条件：

（一）排放口的设置符合城镇排水与污水处理规划的要求；

（二）按照国家有关规定建设相应的预处理设施和水质、水量检测设施；

（三）排放的污水符合国家或者地方规定的有关排放标准；

（四）法律、法规规定的其他条件。

符合前款规定条件的，由城镇排水主管部门核发污水排入排水管网许可证；具体办法由国务院住房城乡建设主管部门制定。

第二十三条　城镇排水主管部门应当加强对排放口设置以及预处理设施和水质、水量检测设施建设的指导和监督；对不符合规划要求或者国家有关规定的，应当要求排水户采取措施，限期整改。

第二十四条　城镇排水主管部门委托的排水监测机构，应当对排水户排放污水的水质和水量进行监测，并建立排水监测档案。排水户应当接受监测，如实提供有关资料。

列入重点排污单位名录的排水户安装的水污染物排放自动监测设备，应当与环境保护主管部门的监控设备联网。环境保护主管部门应当将监测数据与城镇排水主管部门共享。

第二十五条　因城镇排水设施维护或者检修可能对排水造成影响的，城镇排水设施维护运营单位应当提前24小时通知相关排水户；可能对排水造成严重影响的，应当事先向城镇排水主管部门报告，采取应急处理措施，并向社会公告。

第二十六条　设置于机动车道路上的窨井，应当按照国家有关规定进行建设，保证其承载力和稳定性等符合相关要求。

排水管网窨井盖应当具备防坠落和防盗窃功能，满足结构强度要求。

第二十七条　城镇排水主管部门应当按照国家有关规定建立城镇排涝风险评估制度和灾害后评估制度，在汛前对城镇排水设施进行全面检查，对发现的问题，责成有关单位限期处理，并加强城镇广场、立交桥下、地下构筑物、棚户区等易涝点的治理，强化排涝措施，增加必要的强制排水设施和装备。

城镇排水设施维护运营单位应当按照防汛要求，对城镇排水设施进行全面检查、维护、清疏，确保设施安全运行。

在汛期，有管辖权的人民政府防汛指挥机构应当加强对易涝点的巡查，发现险情，立即采取措施。有关单位和个人在汛期应当服从有管辖权的人民政府防汛指挥机构的统一调度指挥或者监督。

第四章　污水处理

第二十八条　城镇排水主管部门应当与城镇污水处理设施维护运营单位签订维护运营合同，明确双方权利义务。

城镇污水处理设施维护运营单位应当依照法律、法规和有关规定以及维护运营合同进行维护运营，定期向社会公开有关维护运营信息，并接受相关部门和社会公众的监督。

第二十九条　城镇污水处理设施维护运营单位应当保证出水水质符合国家和地方规定的排放标准，不得排放不达标污水。

城镇污水处理设施维护运营单位应当按照国家有关规定检测进出水水质，向城镇排水主管部门、环境保护主管部门报送污水处理水质和水量、主要污染物削减量等信息，并按照有关规定和维护运营合同，向城镇排水主管部门报送生产运营成本等信息。

城镇污水处理设施维护运营单位应当按照国家有关规定向价格主管部门提交相关成本信息。

城镇排水主管部门核定城镇污水处理运营成本，应当考虑主要污染物削减情况。

第三十条　城镇污水处理设施维护运营单位或者污泥处理处置单位应当安全处理处置污泥，保证处理处置后的污泥符合国家有关标准，对产生的污泥以及处理处置后的污泥去向、用途、用量等进行跟踪、记录，并向城镇排水主管部门、环境保护主管部门报告。任何单位和个人不得擅自倾倒、堆放、丢弃、遗撒污泥。

第三十一条　城镇污水处理设施维护运营单位不得擅自停运城镇污水处理设施，因检修等原因需要停运或者部

分停运城镇污水处理设施的，应当在90个工作日前向城镇排水主管部门、环境保护主管部门报告。

城镇污水处理设施维护运营单位在出现进水水质和水量发生重大变化可能导致出水水质超标，或者发生影响城镇污水处理设施安全运行的突发情况时，应当立即采取应急处理措施，并向城镇排水主管部门、环境保护主管部门报告。

城镇排水主管部门或者环境保护主管部门接到报告后，应当及时核查处理。

第三十二条　排水单位和个人应当按照国家有关规定缴纳污水处理费。

向城镇污水处理设施排放污水、缴纳污水处理费的，不再缴纳排污费。

排水监测机构接受城镇排水主管部门委托从事有关监测活动，不得向城镇污水处理设施维护运营单位和排水户收取任何费用。

第三十三条　污水处理费应当纳入地方财政预算管理，专项用于城镇污水处理设施的建设、运行和污泥处理处置，不得挪作他用。污水处理费的收费标准不应低于城镇污水处理设施正常运营的成本。因特殊原因，收取的污水处理费不足以支付城镇污水处理设施正常运营的成本的，地方人民政府给予补贴。

污水处理费的收取、使用情况应当向社会公开。

第三十四条　县级以上地方人民政府环境保护主管部门应当依法对城镇污水处理设施的出水水质和水量进行监督检查。

城镇排水主管部门应当对城镇污水处理设施运营情况进行监督和考核，并将监督考核情况向社会公布。有关单位和个人应当予以配合。

城镇污水处理设施维护运营单位应当为进出水在线监测系统的安全运行提供保障条件。

第三十五条　城镇排水主管部门应当根据城镇污水处理设施维护运营单位履行维护运营合同的情况以及环境保护主管部门对城镇污水处理设施出水水质和水量的监督检查结果，核定城镇污水处理设施运营服务费。地方人民政府有关部门应当及时、足额拨付城镇污水处理设施运营服务费。

第三十六条　城镇排水主管部门在监督考核中，发现城镇污水处理设施维护运营单位存在未依照法律、法规和有关规定以及维护运营合同进行维护运营，擅自停运或者部分停运城镇污水处理设施，或者其他无法安全运行等情形的，应当要求城镇污水处理设施维护运营单位采取措施，限期整改；逾期不整改的，或者整改后仍无法安全运行的，城镇排水主管部门可以终止维护运营合同。

城镇排水主管部门终止与城镇污水处理设施维护运营单位签订的维护运营合同的，应当采取有效措施保障城镇污水处理设施的安全运行。

第三十七条　国家鼓励城镇污水处理再生利用，工业生产、城市绿化、道路清扫、车辆冲洗、建筑施工以及生态景观等，应当优先使用再生水。

县级以上地方人民政府应当根据当地水资源和水环境状况，合理确定再生水利用的规模，制定促进再生水利用的保障措施。

再生水纳入水资源统一配置，县级以上地方人民政府水行政主管部门应当依法加强指导。

第五章　设施维护与保护

第三十八条　城镇排水与污水处理设施维护运营单位应当建立健全安全生产管理制度，加强对窨井盖等城镇排水与污水处理设施的日常巡查、维修和养护，保障设施安全运行。

从事管网维护、应急排水、井下及有限空间作业的，设施维护运营单位应当安排专门人员进行现场安全管理，设置醒目警示标志，采取有效措施避免人员坠落、车辆陷落，并及时复原窨井盖，确保操作规程的遵守和安全措施的落实。相关特种作业人员，应当按照国家有关规定取得相应的资格证书。

第三十九条　县级以上地方人民政府应当根据实际情况，依法组织编制城镇排水与污水处理应急预案，统筹安排应对突发事件以及城镇排涝所必需的物资。

城镇排水与污水处理设施维护运营单位应当制定本单位的应急预案，配备必要的抢险装备、器材，并定期组织演练。

第四十条　排水户因发生事故或者其他突发事件，排放的污水可能危及城镇排水与污水处理设施安全运行的，应当立即采取措施消除危害，并及时向城镇排水主管部门和环境保护主管部门等有关部门报告。

城镇排水与污水处理安全事故或者突发事件发生后，设施维护运营单位应当立即启动本单位应急预案，采取防护措施、组织抢修，并及时向城镇排水主管部门和有关部门报告。

第四十一条　城镇排水主管部门应当会同有关部门，按照国家有关规定划定城镇排水与污水处理设施保护范围，并向社会公布。

在保护范围内，有关单位从事爆破、钻探、打桩、顶进、挖掘、取土等可能影响城镇排水与污水处理设施安全的活动的，应当与设施维护运营单位等共同制定设施保护方案，并采取相应的安全防护措施。

第四十二条　禁止从事下列危及城镇排水与污水处理设施安全的活动：

（一）损毁、盗窃城镇排水与污水处理设施；

（二）穿凿、堵塞城镇排水与污水处理设施；

（三）向城镇排水与污水处理设施排放、倾倒剧毒、易燃易爆、腐蚀性废液和废渣；

（四）向城镇排水与污水处理设施倾倒垃圾、渣土、施工泥浆等废弃物；

（五）建设占压城镇排水与污水处理设施的建筑物、构筑物或者其他设施；

（六）其他危及城镇排水与污水处理设施安全的活动。

第四十三条　新建、改建、扩建建设工程，不得影响城镇排水与污水处理设施安全。

建设工程开工前，建设单位应当查明工程建设范围内地下城镇排水与污水处理设施的相关情况。城镇排水主管部门及其他相关部门和单位应当及时提供相关资料。

建设工程施工范围内有排水管网等城镇排水与污水处理设施的，建设单位应当与施工单位、设施维护运营单位共同制定设施保护方案，并采取相应的安全保护措施。

因工程建设需要拆除、改动城镇排水与污水处理设施的，建设单位应当制定拆除、改动方案，报城镇排水主管部门审核，并承担重建、改建和采取临时措施的费用。

第四十四条　县级以上人民政府城镇排水主管部门应当会同有关部门，加强对城镇排水与污水处理设施运行维护和保护情况的监督检查，并将检查情况及结果向社会公开。实施监督检查时，有权采取下列措施：

（一）进入现场进行检查、监测；

（二）查阅、复制有关文件和资料；

（三）要求被监督检查的单位和个人就有关问题作出说明。

被监督检查的单位和个人应当予以配合，不得妨碍和阻挠依法进行的监督检查活动。

第四十五条　审计机关应当加强对城镇排水与污水处理设施建设、运营、维护和保护等资金筹集、管理和使用情况的监督，并公布审计结果。

第六章　法律责任

第四十六条　违反本条例规定，县级以上地方人民政府及其城镇排水主管部门和其他有关部门，不依法作出行政许可或者办理批准文件的，发现违法行为或者接到对违法行为的举报不予查处的，或者有其他未依照本条例履行职责的行为的，对直接负责的主管人员和其他直接责任人员依法给予处分；直接负责的主管人员和其他直接责任人员的行为构成犯罪的，依法追究刑事责任。

违反本条例规定，核发污水排入排水管网许可证、排污许可证后不实施监督检查的，对核发许可证的部门及其工作人员依照前款规定处理。

第四十七条　违反本条例规定，城镇排水主管部门对不符合法定条件的排水户核发污水排入排水管网许可证的，或者对符合法定条件的排水户不予核发污水排入排水管网许可证的，对直接负责的主管人员和其他直接责任人员依法给予处分；直接负责的主管人员和其他直接责任人员的行为构成犯罪的，依法追究刑事责任。

第四十八条　违反本条例规定，在雨水、污水分流地区，建设单位、施工单位将雨水管网、污水管网相互混接的，由城镇排水主管部门责令改正，处5万元以上10万元以下的罚款；造成损失的，依法承担赔偿责任。

第四十九条　违反本条例规定，城镇排水与污水处理设施覆盖范围内的排水单位和个人，未按照国家有关规定将污水排入城镇排水设施，或者在雨水、污水分流地区将污水排入雨水管网的，由城镇排水主管部门责令改正，给予警告；逾期不改正或者造成严重后果的，对单位处10万元以上20万元以下罚款，对个人处2万元以上10万元以下罚款；造成损失的，依法承担赔偿责任。

第五十条　违反本条例规定，排水户未取得污水排入排水管网许可证向城镇排水设施排放污水的，由城镇排水主管部门责令停止违法行为，限期采取治理措施，补办污水排入排水管网许可证，可以处50万元以下罚款；造成损失的，依法承担赔偿责任；构成犯罪的，依法追究刑事责任。

违反本条例规定，排水户不按照污水排入排水管网许可证的要求排放污水的，由城镇排水主管部门责令停止违法行为，限期改正，可以处5万元以下罚款；造成严重后果的，吊销污水排入排水管网许可证，并处5万元以上50万元以下罚款，可以向社会予以通报；造成损失的，依法承担赔偿责任；构成犯罪的，依法追究刑事责任。

第五十一条　违反本条例规定，因城镇排水设施维护或者检修可能对排水造成影响或者严重影响，城镇排水设施维护运营单位未提前通知相关排水户的，或者未事先向城镇排水主管部门报告，采取应急处理措施的，或者未按照防汛要求对城镇排水设施进行全面检查、维护、清疏，影响汛期排水畅通的，由城镇排水主管部门责令改正，给予警告；逾期不改正或者造成严重后果的，处10万元以上20万元以下罚款；造成损失的，依法承担赔偿责任。

第五十二条　违反本条例规定，城镇污水处理设施维护运营单位未按照国家有关规定检测进出水水质的，或者未报送污水处理水质和水量、主要污染物削减量等信息和生产运营成本等信息的，由城镇排水主管部门责令改正，可以处5万元以下罚款；造成损失的，依法承担赔偿责任。

违反本条例规定，城镇污水处理设施维护运营单位擅自停运城镇污水处理设施，未按照规定事先报告或者采取应急处理措施的，由城镇排水主管部门责令改正，给予警告；逾期不改正或者造成严重后果的，处10万元以上50万元以下罚款；造成损失的，依法承担赔偿责任。

第五十三条　违反本条例规定，城镇污水处理设施维护运营单位或者污泥处理处置单位对产生的污泥以及处理处置后的污泥的去向、用途、用量等未进行跟踪、记录的，或者处理处置后的污泥不符合国家有关标准的，由城镇排水主管部门责令限期采取治理措施，给予警告；造成严重后果的，处10万元以上20万元以下罚款；逾期不采取治理措施的，城镇排水主管部门可以指定有治理能力的单位代为治理，所需费用由当事人承担；造成损失的，依法承担赔偿责任。

违反本条例规定，擅自倾倒、堆放、丢弃、遗撒污泥的，由城镇排水主管部门责令停止违法行为，限期采取治理措施，给予警告；造成严重后果的，对单位处10万元以上50万元以下罚款，对个人处2万元以上10万元以下罚款；逾期不采取治理措施的，城镇排水主管部门可以指定有治理能力的单位代为治理，所需费用由当事人承担；造成损失的，依法承担赔偿责任。

第五十四条　违反本条例规定，排水单位或者个人不缴纳污水处理费的，由城镇排水主管部门责令限期缴纳，逾期拒不缴纳的，处应缴纳污水处理费数额1倍以上3倍以下罚款。

第五十五条　违反本条例规定，城镇排水与污水处理设施维护运营单位有下列情形之一的，由城镇排水主管部门责令改正，给予警告；逾期不改正或者造成严重后果的，处10万元以上50万元以下罚款；造成损失的，依法承担赔偿责任；构成犯罪的，依法追究刑事责任：

（一）未按照国家有关规定履行日常巡查、维修和养护责任，保障设施安全运行的；

（二）未及时采取防护措施、组织事故抢修的；

（三）因巡查、维护不到位，导致窨井盖丢失、损毁，造成人员伤亡和财产损失的。

第五十六条　违反本条例规定，从事危及城镇排水与污水处理设施安全的活动的，由城镇排水主管部门责令停止违法行为，限期恢复原状或者采取其他补救措施，给予警告；逾期不采取补救措施或者造成严重后果的，对单位处10万元以上30万元以下罚款，对个人处2万元以上10万元以下罚款；造成损失的，依法承担赔偿责任；构成犯罪的，依法追究刑事责任。

第五十七条　违反本条例规定，有关单位未与施工单位、设施维护运营单位等共同制定设施保护方案，并采取相应的安全防护措施的，由城镇排水主管部门责令改正，处2万元以上5万元以下罚款；造成严重后果的，处5万元以上10万元以下罚款；造成损失的，依法承担赔偿责任；构成犯罪的，依法追究刑事责任。

违反本条例规定，擅自拆除、改动城镇排水与污水处理设施的，由城镇排水主管部门责令改正，恢复原状或者采取其他补救措施，处5万元以上10万元以下罚款；造成严重后果的，处10万元以上30万元以下罚款；造成损失的，依法承担赔偿责任；构成犯罪的，依法追究刑事责任。

第七章　附　　则

第五十八条　依照《中华人民共和国水污染防治法》的规定，排水户需要取得排污许可证的，由环境保护主管部门核发；违反《中华人民共和国水污染防治法》的规定排放污水的，由环境保护主管部门处罚。

粉煤灰综合利用管理办法

（国家发展和改革委、科学技术部、工业和信息化部、财政部、国国土资源部、环境保护部、住房和城乡建设部、交通运输部、国家税务总局、国家质量监督检验检疫总局2013年1月5日印发）

第一章 总 则

第一条　为节约资源、保护环境、发展循环经济，深入推进粉煤灰综合利用健康发展，根据《中华人民共和国循环经济促进法》、《中华人民共和国清洁生产促进法》、《中华人民共和国固体废物污染环境防治法》等有关法

律法规，制定本办法。

第二条 中华人民共和国境内粉煤灰的产生、储运、综合利用等活动，用本办法。

第三条 本办法所称粉煤灰是指:燃煤电厂以及煤矸石、煤泥资源综合利用电厂(以下称产灰单位)锅炉烟气经除尘器收集后获 得的细小飞灰和炉底渣。

第四条 本办法所称粉煤灰综合利用是指：从粉煤灰中进行物质提取，以粉煤灰为原料生产建材、化工、复合材料等产品，粉煤灰直接用于建筑工程、筑路、回填和农业等。

第五条 国家发展改革委负责全国粉煤灰综合利用的组织协调和监督检查工作，国务院有关部门负责各自职责范围内的相关工作。

地方各级资源综合利用主管部门负责本办法的贯彻实施和本行政区域的监督、管理和协调工作，有关部门负责各自职责范围内的相关工作。

相关行业协会、社会团体组织开展粉煤灰综合利用技术培训和交流，加强行业自律。

第六条 粉煤灰综合利用应遵循“谁产生、谁治理，谁利用、谁受益”的原则，减少粉煤灰堆存，不断扩大粉煤灰综合利用规模，提高技术水平和产品附加值。

第二章 综合管理

第七条 国家发展改革委会同国务院有关部门组织编制粉煤灰综合利用实施方案。各省级资源综合利用主管部门会同有关部门编制本行政区域的粉煤灰综合利用实施方案，并纳入地方经济社会发展规划，报国家发展改革委备案。

第八条 国家发展改革委会同科技部、工业和信息化部、财政部、国土资源部、环境保护部、住房城乡建设部、交通运输部、税务总局、质检总局等部门负责制订完善粉煤灰综合利用的相关政策、技术、产品导向目录和标准，组织开展粉煤灰清洁高效利用关键技术、设备的研发与产业化示范，推动粉煤灰在建筑、建材、化工等更多领域的广泛应用。

第九条 产灰单位须按照《中华人民共和国固体废物污染环境防治法》和环境保护部门有关规定申报登记粉煤灰产生、贮存、流向、利用和处置等情况，同时报同级资源综合利用主管部门备案。

地市级环境保护部门、资源综合利用主管部门负责统计和掌握本地区粉煤灰产生、贮存、流向、利用、处置等数据信息。各省(区、市)环境保护部门和资源综合利用主管部门应于每年6月底前，将本地区上年度统计数据报环境保护部和国家发展改革委。

第十条 新建和扩建燃煤电厂,项目可行性研究报告和项目申请报告中须提出粉煤灰综合利用方案，明确粉煤灰综合利用途径和处置方式。

综合利用方案中涉及粉煤灰存储、装运的设施和装备以及产灰单位自行建设粉煤灰综合利用工程的要与主体工程同时设计、同时施工、同时建成。

综合利用方案中涉及为其他单位提供粉煤灰的，用灰单位应符合国家产业政策且具备相应的处理能力。

第十一条 新建电厂应综合考虑周边粉煤灰利用能力，以及节 约土地、防止环境污染，避免建设永久性粉煤灰堆场(库)，确需建设的，原则上占地规模按不超过 3 年储灰量设计，且粉煤灰堆场 (库)选址、设计、建设及运行管理应当符合《一般工业固体废物 贮存、处置场污染控制标准》(GB18599-2001)等相关要求。

第十二条 产灰单位灰渣处理工艺系统应按照干湿分排、粗细分排、灰渣分排的原则进行分类收集，并配备相应储灰设施。已投运的电厂要改造、完善粉煤灰储、装、运系统，包括加工分选、磨 细和灰场综合治理等设施。

产灰单位既有湿排灰堆场(库)，应制订粉煤灰综合利用专项方案和污染防治专项方案，并报所在地市级资源综合利用主管部门和环境保护部门备案。新建电厂应以便于利用为原则，不得湿排粉煤灰。

堆场(库)中的粉煤灰应按环境保护部门有关规定严格管理。

第十三条 在堆场(库)提取粉煤灰，产灰单位应与用灰单位签订取灰安全及环保协议，产灰单位应对用灰单位从指定地点装运未经加工的粉煤灰(包括从湿排灰堆场(库)取灰点、电厂储装运 设施中取原灰)提供装载方便，并维护灰场和生产现场的安全。

第十四条 粉煤灰运输须使用专用封闭罐车，并严格遵守环境保护等有关部门规定和要求，避免二次污染。

第十五条 粉煤灰建材产品和利用粉煤灰或制品建造的道路、港口、桥涵、大坝及其他建筑工程，必须符合国家或行业的有关质量标准，质量技术监督部门和工程质量管理部门应依法监督管理。

第三章 鼓励措施

第十六条 鼓励对粉煤灰进行以下高附加值和大掺量利用:

(一)发展高铝粉煤灰提取氧化铝及相关产品;

（二）发展技术成熟的大掺量粉煤灰新型墙体材料；

（三）利用粉煤灰作为水泥混合材并在生料中替代粘土进行配料；

（四）利用粉煤灰作商品混凝土掺合料等。

第十七条 鼓励产灰单位对粉煤灰进行分选加工，生产的符合国家或行业标准的成品粉煤灰，可以适当收取费用，其收费标准根据加工成本和质量，由产、用灰双方商定。

鼓励产灰单位与用灰单位签订长期供应协议。

第十八条 用灰单位可以按照《国家鼓励的资源综合利用认定管理办法》有关要求和程序申报资源综合利用认定。符合条件的用灰单位，可根据国家有关规定，申请享受资源综合利用相关优惠政 策。

第十九条 鼓励在具备条件的建筑、筑路等工程中使用符合国 家或行业质量标准的粉煤灰及其制品。

第二十条 对粉煤灰大掺量、高附加值关键共性技术的自主创新研究，相关部门应给予一定支持。对获得国家和地方资金支持的粉煤灰综合利用项目，所在地区科技、投资、环保等部门要对项目 进展、资金使用、环境影响情况进行监督检查，并进行资源综合利 用效果的后评估。

第二十一条 各级资源综合利用主管部门应会同相关部门，根据本地区实际情况制定相应的鼓励和扶持措施。

第二十二条 相关部门、各级地方政府对在粉煤灰综合利用工作中有突出贡献的产灰、用灰、运灰、设计、科研和管理等单位及个人按规定予以表彰和奖励。

第四章 法律责任

第二十三条 新建电厂兴建永久性储灰场违反第十一条规定 的，由国土资源等部门监督其限期整改。对环境造成污染的，由环 境保护部门依法予以处罚。

第二十四条 任何单位及个人不得在灰场（库）非指定区域擅 自取灰，凡擅自取灰影响灰场（库）安全，造成财产损失或引发安 全事故的，有关部门要依法追究相关责任。

第二十五条 违反本办法第十四条、第十五条规定的，由环境 保护、质量技术监督等部门根据情节轻重及有关规定予以行政处罚，资源综合利用主管部门监督整改。

第二十六条 有关部门依照本办法及相关规定对单位、个人处以罚款和没收财物时，应遵守《中华人民共和国行政处罚法》相关规定，同时必须使用财政部门统一制发的罚没票据。

第五章 附 则

第二十七条 各省级资源综合利用主管部门应根据本办法，并结合当地实际情况，制定实施细则。

第二十八条 本办法自2013年3月1日起施行。原国家经贸委等六部门联合发布的《粉煤灰综合利用管理办法 》（国经贸节 [1994]14号）同时废止。

废旧轮胎综合利用行业准入公告管理暂行办法

（工信部节[2013]86号 工业和信息化部2013年3月14日印发）

第一章 总则

第一条 为加强废旧轮胎综合利用行业准入管理工作，规范行业发展秩序，提高废旧轮胎综合利用技术水平，依据《轮胎翻新行业准入条件》和《废轮胎综合利用行业准入条件》（以下简称《准入条件》），制定本办法。

第二条 工业和信息化部及各地方工业和信息化主管部门负责对符合《准入条件》的企业实行动态管理，相关行业协会负责协助做好公告管理工作。

第二章 申请和核实

第三条 申请准入公告的废旧轮胎综合利用企业，应当具备以下条件：

（一）具有独立法人资格；

（二）遵守国家有关法律法规，符合国家产业政策和行业发展规划的要求；

（三）符合《准入条件》中有关规定的要求。

第四条 符合本办法第三条所列条件的现有废旧轮胎综合利用企业可向所在地县级以上（含县级，下同）工业和信息化主管部门提出准入申请，并如实填报《轮胎翻新行业准入申请书》或《废轮胎综合利用行业准入申请书》（见附件1、2，以下简称《申请书》）。

企业申请准入公告应当提交以下材料，并对申请材料的真实性负责：

（一）《申请书》所列企业全部相关信息；

（二）企业法人营业执照副本复印件；

（三）项目建设审批、核准或备案相关文件复印件；

（四）项目建设土地审批文件复印件；

（五）项目建设环境保护审批文件和竣工验收文件复印件。

第五条　同一个企业法人拥有多个位于不同地址的厂区或生产车间的，每个厂区或生产车间需要单独填写《申请书》，并在申请准入审查时同时提交。

第六条　县级以上工业和信息化主管部门会同有关部门依照第三条、第四条有关要求，对申请公告企业的相关情况进行核实并提出具体审核意见，并经各省、自治区、直辖市工业和信息化主管部门审核后，于每年3月31日和9月30日前将符合准入条件要求的企业申请材料和审核意见报工业和信息化部。

第三章　复核与公告

第七条　工业和信息化部收到申请材料后，依据第三条、第四条有关要求，组织有关行业协会和相应专家对各地上报的申请材料进行复核和现场抽查核实，并经征求环境保护部意见后确定符合准入要求的企业名单。同一个企业法人拥有多个位于不同地址的厂区或生产车间必须均达到第四条有关要求。

第八条　经复核符合准入要求的企业，在工业和信息化部网站上进行公示（10个工作日）。对公示期间有异议的企业，工业和信息化部将组织进一步核实有关情况；对无异议的企业，每年6月30日和12月31日前以工业和信息化部公告方式予以发布。

第四章　监督管理

第九条　进入公告名单的企业要严格按照《准入条件》的要求组织生产经营活动。各省、自治区、直辖市工业和信息化主管部门及相关行业协会会同省级有关部门，对公告企业进行监督检查，并将监督检查结果于每年4月30日前报送工业和信息化部。工业和信息化部组织有关方面对公告企业进行抽查。

第十条　欢迎和鼓励社会监督。任何单位或个人发现申请公告企业或已公告企业有不符合《准入条件》和本办法有关规定的，可向工业和信息化部投诉或举报。

第十一条　有下列情况之一的，各省、自治区、直辖市工业和信息化主管部门要责令企业限期整改，对拒不整改或整改不合格的企业，报请工业和信息化部撤销其准入资格，并予以公告：

（一）不能保持《准入条件》要求的；

（二）报送的相关材料有弄虚作假行为的；

（三）拒不接受监督检查的；

（四）发生违反国家法律、法规和国家产业政策行为的；

（五）发生重大质量、安全生产和污染环境事故的。

被撤销公告资格的生产企业，经整改合格2年后方可重新提出准入申请。

工业和信息化部撤销公告资格应提前告知企业，听取企业的陈述和申辩。

第五章　附则

第十二条　本办法适用于中华人民共和国境内（香港、澳门、台湾地区除外）所有废旧轮胎综合利用企业。

第十三条　本办法由工业和信息化部负责解释。

第十四条　本办法自2013年5月1日起施行。

政策文件

中共中央国务院政策文件

中共中央关于全面深化改革若干重大问题的决定(节录)

(2013年11月12日中国共产党第十八届中央委员会第三次全体会议通过)

为贯彻落实党的十八大关于全面深化改革的战略部署，十八届中央委员会第三次全体会议研究了全面深化改革的若干重大问题，作出如下决定。

一、全面深化改革的重大意义和指导思想

(1)改革开放是党在新的时代条件下带领全国各族人民进行的新的伟大革命，是当代中国最鲜明的特色。党的十一届三中全会召开三十五年来，我们党以巨大的政治勇气，锐意推进经济体制、政治体制、文化体制、社会体制、生态文明体制和党的建设制度改革，不断扩大开放，决心之大、变革之深、影响之广前所未有，成就举世瞩目。

改革开放最主要的成果是开创和发展了中国特色社会主义，为社会主义现代化建设提供了强大动力和有力保障。事实证明，改革开放是决定当代中国命运的关键抉择，是党和人民事业大踏步赶上时代的重要法宝。

实践发展永无止境，解放思想永无止境，改革开放永无止境。面对新形势新任务，全面建成小康社会，进而建成富强民主文明和谐的社会主义现代化国家、实现中华民族伟大复兴的中国梦，必须在新的历史起点上全面深化改革，不断增强中国特色社会主义道路自信、理论自信、制度自信。

(2)全面深化改革，必须高举中国特色社会主义伟大旗帜，以马克思列宁主义、毛泽东思想、邓小平理论、“三个代表”重要思想、科学发展观为指导，坚定信心，凝聚共识，统筹谋划，协同推进，坚持社会主义市场经济改革方向，以促进社会公平正义、增进人民福祉为出发点和落脚点，进一步解放思想、解放和发展社会生产力、解放和增强社会活力，坚决破除各方面体制机制弊端，努力开拓中国特色社会主义事业更加广阔的前景。

全面深化改革的总目标是完善和发展中国特色社会主义制度，推进国家治理体系和治理能力现代化。必须更加注重改革的系统性、整体性、协同性，加快发展社会主义市场经济、民主政治、先进文化、和谐社会、生态文明，让一切劳动、知识、技术、管理、资本的活力竞相迸发，让一切创造社会财富的源泉充分涌流，让发展成果更多更公平惠及全体人民。

紧紧围绕使市场在资源配置中起决定性作用深化经济体制改革，坚持和完善基本经济制度，加快完善现代市场体系、宏观调控体系、开放型经济体系，加快转变经济发展方式，加快建设创新型国家，推动经济更有效率、更加公平、更可持续发展。

紧紧围绕坚持党的领导、人民当家作主、依法治国有机统一深化政治体制改革，加快推进社会主义民主政治制度化、规范化、程序化，建设社会主义法治国家，发展更加广泛、更加充分、更加健全的人民民主。

紧紧围绕建设社会主义核心价值体系、社会主义文化强国深化文化体制改革，加快完善文化管理体制和文化生产经营机制，建立健全现代公共文化服务体系、现代文化市场体系，推动社会主义文化大发展大繁荣。

紧紧围绕更好保障和改善民生、促进社会公平正义深化社会体制改革，改革收入分配制度，促进共同富裕，推进社会领域制度创新，推进基本公共服务均等化，加快形成科学有效的社会治理体制，确保社会既充满活力又和谐有序。

紧紧围绕建设美丽中国深化生态文明体制改革，加快建立生态文明制度，健全国土空间开发、资源节约利用、生态环境保护的体制机制，推动形成人与自然和谐发展现代化建设新格局。

紧紧围绕提高科学执政、民主执政、依法执政水平深化党的建设制度改革，加强民主集中制建设，完善党的领导体制和执政方式，保持党的先进性和纯洁性，为改革开放和社会主义现代化建设提供坚强政治保证。

(3)全面深化改革，必须立足于我国长期处于社会主义初级阶段这个最大实际，坚持发展仍是解决我国所有问题的关键这个重大战略判断，以经济建设为中心，发挥经济体制改革牵引作用，推动生产关系同生产力、上层建筑同经济基础相适应，推动经济社会持续健康发展。

经济体制改革是全面深化改革的重点，核心问题是处理好政府和市场的关系，使市场在资源配置中起决定性作用和更好发挥政府作用。市场决定资源配置是市场经济的一般规律，健全社会主义市场经济体制必须遵循这条规律，着力解决市场体系不完善、政府干预过多和监管不到位问题。

必须积极稳妥从广度和深度上推进市场化改革，大幅度减少政府对资源的直接配置，推动资源配置依据市场规则、市场价格、市场竞争实现效益最大化和效率最优化。政府的职责和作用主要是保持宏观经济稳定，加强和优化公共服务，保障公平竞争，加强市场监管，维护市场秩序，推动可持续发展，促进共同富裕，弥补市场失灵。

(4)改革开放的成功实践为全面深化改革提供了重要经验，必须长期坚持。最重要的是，坚持党的领导，贯彻党的基本路线，不走封闭僵化的老路，不走改旗易帜的邪路，坚定走中国特色社会主义道路，始终确保改革正确方向；坚持解放思想、实事求是、与时俱进、求真务实，一切从实际出发，总结国内成功做法，借鉴国外有益经验，勇于推进理论和实践创新；坚持以人为本，尊重人民主体地位，发挥群众首创精神，紧紧依靠人民推动改革，促进人的全面发展；坚持正确处理改革发展稳定关系，胆子要大、步子要稳，加强顶层设计和摸着石头过河相结合，整体推进和重点突破相促进，提高改革决策科学性，广泛凝聚共识，形成改革合力。

当前，我国发展进入新阶段，改革进入攻坚期和深水区。必须以强烈的历史使命感，最大限度集中全党全社会智慧，最大限度调动一切积极因素，敢于啃硬骨头，敢于涉险滩，以更大决心冲破思想观念的束缚、突破利益固化的藩篱，推动中国特色社会主义制度自我完善和发展。

到二0二0年，在重要领域和关键环节改革上取得决定性成果，完成本决定提出的改革任务，形成系统完备、科学规范、运行有效的制度体系，使各方面制度更加成熟更加定型。

十四、加快生态文明制度建设

建设生态文明，必须建立系统完整的生态文明制度体系，实行最严格的源头保护制度、损害赔偿制度、责任追究制度，完善环境治理和生态修复制度，用制度保护生态环境。

(51)健全自然资源资产产权制度和用途管制制度。对水流、森林、山岭、草原、荒地、滩涂等自然生态空间进行统一确权登记，形成归属清晰、权责明确、监管有效的自然资源资产产权制度。建立空间规划体系，划定生产、生活、生态空间开发管制界限，落实用途管制。健全能源、水、土地节约集约使用制度。

健全国家自然资源资产管理体制，统一行使全民所有自然资源资产所有者职责。完善自然资源监管体制，统一行使所有国土空间用途管制职责。

(52)划定生态保护红线。坚定不移实施主体功能区制度，建立国土空间开发保护制度，严格按照主体功能区定位推动发展，建立国家公园体制。建立资源环境承载能力监测预警机制，对水土资源、环境容量和海洋资源超载区域实行限制性措施。对限制开发区域和生态脆弱的国家扶贫开发工作重点县取消地区生产总值考核。

探索编制自然资源资产负债表，对领导干部实行自然资源资产离任审计。建立生态环境损害责任终身追究制。

(53)实行资源有偿使用制度和生态补偿制度。加快自然资源及其产品价格改革，全面反映市场供求、资源稀缺程度、生态环境损害成本和修复效益。坚持使用资源付费和谁污染环境、谁破坏生态谁付费原则，逐步将资源税扩展到占用各种自然生态空间。稳定和扩大退耕还林、退牧还草范围，调整严重污染和地下水严重超采区耕地用途，有序实现耕地、河湖休养生息。建立有效调节工业用地和居住用地合理比价机制，提高工业用地价格。坚持谁受益、谁补偿原则，完善对重点生态功能区的生态补偿机制，推动地区间建立横向生态补偿制度。发展环保市场，推行节能量、碳排放权、排污权、水权交易制度，建立吸引社会资本投入生态环境保护的市场化机制，推行环境污染第三方治理。

(54)改革生态环境保护管理体制。建立和完善严格监管所有污染物排放的环境保护管理制度，独立进行环境监管和行政执法。建立陆海统筹的生态系统保护修复和污染防治区域联动机制。健全国有林区经营管理体制，完善集体林权制度改革。及时公布环境信息，健全举报制度，加强社会监督。完善污染物排放许可制，实行企事业单位污染物排放总量控制制度。对造成生态环境损害的责任者严格实行赔偿制度，依法追究刑事责任。

国务院关于促进海洋渔业持续健康发展的若干意见（节录）

（国发〔2013〕11号2013年3月8日印发）

二、加强海洋渔业资源和生态环境保护

（五）大力加强渔业资源保护。严格执行海洋伏季休渔制度，积极完善捕捞业准入制度，开展近海捕捞限额试点，严格控制近海捕捞强度。加强濒危水生野生动植物和水产种质资源保护，建设一批水生生物自然保护区和水产种质资源保护区，严厉打击非法捕捞、经营、运输水生野生动植物及其产品的行为。完善海洋渔船管理制度，逐步减少渔船数量和功率总量。发展海洋牧场，加强人工鱼礁投放，加大渔业资源增殖放流力度，科学评估资源增殖保护效果。

（六）切实保护海洋生态环境。加强海洋生态环境监测体系建设，强化监测能力。严格控制陆源污染物向水体排放，实施重点海域排污总量控制制度。严格控制围填海工程建设，强化海上石油勘探开发等项目管理，加强渔业水域生态环境损害评估和生物多样性影响评价，完善和落实好补救措施。控制近海养殖密度，加强投入品管理，减少养殖污染。切实加强“三沙”（西沙、中沙和南沙）捕捞管理，保护生态环境。加强渔船油污、生活垃圾等废弃物排放管理，减少对近海、外海和远洋的环境污染。

国务院关于加快发展节能环保产业的意见（节录）

国发〔2013〕30号

一、总体要求

（一）指导思想。牢固树立生态文明理念，立足当前、着眼长远，围绕提高产业技术水平和竞争力，以企业为主体、以市场为导向、以工程为依托，强化政府引导，完善政策机制，培育规范市场，着力加强技术创新，大力提高技术装备、产品、服务水平，促进节能环保产业快速发展，释放市场潜在需求，形成新的增长点，为扩内需、稳增长、调结构，增强创新能力，改善环境质量，保障改善民生和加快生态文明建设作出贡献。

（二）基本原则。

创新引领，服务提升。加快技术创新步伐，突破关键核心技术和共性技术，缩小与国际先进水平的差距，提升技术装备和产品的供给能力。推行合同能源管理、特许经营、综合环境服务等市场化新型节能环保服务业态。

需求牵引，工程带动。营造绿色消费政策环境，推广节能环保产品，加快实施节能、循环经济和环境保护重点工程，释放节能环保产品、设备、服务的消费和投资需求，形成对节能环保产业发展的有力拉动。

法规驱动，政策激励。健全节能环保法规和标准，强化监督管理，完善政策机制，加强行业自律，规范市场秩序，形成促进节能环保产业快速健康发展的激励和约束机制。

市场主导，政府引导。充分发挥市场配置资源的基础性作用，以市场需求为导向，用改革的办法激发各类市场主体的积极性。针对产业发展的薄弱环节和瓶颈制约，有效发挥政府规划引导、政策激励和调控作用。

（三）主要目标。

产业技术水平显著提升。企业技术创新和科技成果集成、转化能力大幅提高，能源高效和分质梯级利用、污染物防治和安全处置、资源回收和循环利用等关键核心技术研发取得重点突破，装备和产品的质量、性能显著改善，形成一大批拥有知识产权和国际竞争力的重大装备和产品，部分关键共性技术达到国际先进水平。

国产设备和产品基本满足市场需求。通过引进消化吸收和再创新，努力提高产品技术水平，促进我国节能环保关键材料以及重要设备和产品在工业、农业、服务业、居民生活各领域的广泛应用，为实现节能环保目标提供有力的技术保障。用能单位广泛采用“节能医生”诊断、合同能源管理、能源管理师制度等节能服务新机制改善能源管理，城镇污水、垃圾处理和脱硫、脱硝设施运营基本实现专业化、市场化、社会化，综合环境服务得到大力发展。建设一批技术先进、配套健全、发展规范的节能环保产业示范基地，形成以大型骨干企业为龙头、广大中小企业配套的产业良性发展格局。

辐射带动作用得到充分发挥。完善激励约束机制，建立统一开放、公平竞争、规范有序的市场秩序。节能环保产业产值年均增速在15%以上，到2015年，总产值达到4.5万亿元，成为国民经济新的支柱产业。通过推广节能环保产品，有效拉动消费需求；通过增强工程技术能力，拉动节能环保社会投资增长，有力支撑传统产业改造升级和经济发展方式加快转变。

二、围绕重点领域，促进节能环保产业发展水平全面提升

（二）提升环保技术装备水平，治理突出环境问题。

示范推广大气治理技术装备。加快大气治理重点技术装备的产业化发展和推广应用。大力发展脱硝催化剂制备和再生、资源化脱硫技术装备，推进耐高温、耐腐蚀纤维及滤料的开发应用，加快发展选择性催化还原技术和选择性非催化还原技术及其装备，以及高效率、高容量、低阻力微粒过滤器等汽车尾气净化技术装备，实施产业化示范工程。

开发新型水处理技术装备。推动形成一批水处理技术装备产业化基地。重点发展高通量、持久耐用的膜材料和组件，大型臭氧发生器，地下水高效除氟、砷、硫酸盐技术，高浓度难降解工业废水成套处理装备，污泥减量化、无害化、资源化技术装备。

推动垃圾处理技术装备成套化。采取开展示范应用、发布推荐目录、完善工程标准等多种手段，大力推广垃圾处理先进技术和装备。重点发展大型垃圾焚烧设施炉排及其传动系统、循环流化床预处理工艺技术、焚烧烟气净化技术和垃圾渗滤液处理技术等，重点推广300吨/日以上生活垃圾焚烧炉及烟气净化成套装备。

攻克污染土壤修复技术。重点研发污染土壤原位稳定剂、异位固定剂，受污染土壤生物修复技术、安全处理处置和资源化利用技术，实施产业化示范工程，加快推广应用。

加强环境监测仪器设备的开发应用。提高细颗粒物（PM2.5）等监测仪器设备的稳定性，完善监测数据系统，提升设备生产质量控制水平。开发大气、水、重金属在线监测仪器设备，培育发展一批掌握核心技术、产品质量可靠、市场认可度高的骨干企业。加快大气、水等环境质量在线实时监测站点及网络建设，配备技术先进、可靠性高的环境监测仪器设备。

（三）发展资源循环利用技术装备，提高资源产出率。

提升再制造技术装备水平。提升再制造产业创新能力，推广纳米电刷镀、激光熔覆成形等产品再制造技术。研发无损拆解、表面预处理、零部件疲劳剩余寿命评估等再制造技术装备。重点支持建立10—15个国家级再制造产业聚集区和一批重大示范项目，大幅度提高基于表面工程技术的装备应用率。

建设“城市矿产”示范基地。推动再生资源清洁化回收、规模化利用和产业化发展。推广大型废钢破碎剪切、报废汽车和废旧电器破碎分选等技术。提高稀贵金属精细分离提纯、塑料改性和混合废塑料高效分拣、废电池全组分回收利用等装备水平。支持建设50个“城市矿产”示范基地，加快再生资源回收体系建设，形成再生资源加工利用能力8000万吨以上。

深化废弃物综合利用。推动资源综合利用示范基地建设，鼓励产业聚集，培育龙头企业。积极发展尾矿提取有价元素、煤矸石生产超细纤维等高值化利用关键共性技术及成套装备。开发利用产业废物生产新型建材等大型化、精细化、成套化技术装备。加大废旧电池、荧光灯回收利用技术研发。支持大宗固体废物综合利用，提高资源综合利用产品的技术含量和附加值。推动粮棉主产区秸秆综合利用。加快建设餐厨废弃物无害化处理和资源化利用设施。

推动海水淡化技术创新。培育一批集研发、孵化、生产、集成、检验检测和工程技术服务于一体的海水淡化产业基地。示范推广膜法、热法和耦合法海水淡化技术以及电水联产海水淡化模式，完善膜组件、高压泵、能量回收

装置等关键部件及系统集成技术。

（四）创新发展模式，壮大节能环保服务业。

扩大环保服务产业。在城镇污水处理、生活垃圾处理、烟气脱硫脱硝、工业污染治理等重点领域，鼓励发展包括系统设计、设备成套、工程施工、调试运行、维护管理的环保服务总承包和环境治理特许经营模式，专业化、社会化服务占全行业的比例大幅提高。加快发展生态环境修复、环境风险与损害评价、排污权交易、绿色认证、环境污染责任保险等新兴环保服务业。

培育再制造服务产业。支持专业化公司利用表面修复、激光等技术为工矿企业设备的高值易损部件提供个性化再制造服务，建立再制造旧件回收、产品营销、溯源等信息化管理系统。推动构建废弃物逆向物流交易平台。

三、发挥政府带动作用，引领社会资金投入节能环保工程建设

（一）加强节能技术改造。发挥财政资金的引导带动作用，采取补助、奖励、贴息等方式，推动企业实施锅炉（窑炉）和换热设备等重点用能装备节能改造，全面推动电机系统节能、能量系统优化、余热余压利用、节约和替代石油、交通运输节能、绿色照明、流通零售领域节能等节能重点工程，提高传统行业的工程技术节能能力，加快节能技术装备的推广应用。开展数据中心节能改造，降低数据中心、超算中心服务器、大型计算机冷却耗能。

（二）实施污染治理重点工程。落实企业污染治理主体责任，加强大气污染治理，开展多污染物协同防治，督促推动重点行业企业加大投入，积极采用先进环保工艺、技术和装备，加快脱硫脱硝除尘改造，炼油行业加快工艺技术改造，提高油品标准，限期淘汰黄标车、老旧汽车。启动实施安全饮水、地表水保护、地下水保护、海洋保护等清洁水行动，加快重点流域、清水廊道、规模化畜禽养殖场等重点水污染防治工程建设，推动重点高耗水行业节水改造。实施土壤环境保护工程，以重金属和有机污染物为重点，选择典型区域开展土壤污染治理与修复试点示范。加大重点行业清洁生产推行力度，支持企业采用源头减量、减毒、减排以及过程控制等先进成熟清洁生产技术，实施汞污染削减、铅污染削减、高毒农药替代工程。

（三）推进园区循环化改造。引导企业和地方政府加大资金投入，推进园区（开发区）循环化改造，推动各类园区建设废物交换利用、能量分质梯级利用、水分类利用和循环使用、公共服务平台等基础设施，实现园区内项目、企业、产业有效组合和循环链接，打造园区的“升级版”。推动一批国家级和省级开发区提高主要资源产出率、土地产出率、资源循环利用率，基本实现“零排放”。

（四）加快城镇环境基础设施建设。以地方政府和企业投入为主，中央财政适当支持，加快污水垃圾处理设施和配套管网地下工程建设，推进建筑中水利用和城镇污水再生利用。探索城市垃圾处理新出路，实施协同资源化处理城市废弃物示范工程。到2015年，所有设市城市和县城具备污水集中处理能力和生活垃圾无害化处理能力，城镇污水处理规模达到2亿立方米/日以上；城镇生活垃圾无害化处理能力达到87万吨/日以上，生活垃圾焚烧处理设施能力达到无害化处理总能力的35%以上。加强城镇园林绿化建设，提升城镇绿地功能，降减热岛效应。推动生态园林城市建设。

（五）开展绿色建筑行动。到2015年，新增绿色建筑面积10亿平方米以上，城镇新建建筑中二星级及以上绿色建筑比例超过20%；建设绿色生态城（区）。提高新建建筑节能标准，推动政府投资建筑、保障性住房及大型公共建筑率先执行绿色建筑标准，新建建筑全面实行供热按户计量；推进既有居住建筑供热计量和节能改造；实施供热管网改造2万公里；在各级机关和教科文卫系统创建节约型公共机构2000家，完成公共机构办公建筑节能改造6000万平方米，带动绿色建筑建设改造投资和相关产业发展。大力发展绿色建材，推广应用散装水泥、预拌混凝土、预拌砂浆，推动建筑工业化。积极推进太阳能发电等新能源和可再生能源建筑规模化应用，扩大新能源产业国内市场需求。

五、加强技术创新，提高节能环保产业市场竞争力

（一）支持企业技术创新能力建设。强化企业技术创新主体地位，鼓励企业加大研发投入，支持企业牵头承担节能环保国家科技计划项目。国家重点建设的节能环保技术研究中心和实验室优先在骨干企业布局。发展一批由骨干企业主导、产学研用紧密结合的产业技术创新战略联盟等平台。支持区域节能环保科技服务平台建设。

（二）加快掌握重大关键核心技术。充分发挥国家科技重大专项、科技计划专项资金等的作用，加大节能环保关键共性技术攻关力度，加快突破能源高效和分质梯级利用、污染物防治和安全处置、资源回收和循环利用、二氧化碳热泵、低品位余热利用、供热锅炉模块化等关键技术和装备。瞄准未来技术发展制高点，提前部署碳捕集、利用和封存技术装备。

（三）促进科技成果产业化转化。选择节能环保产业发展基础好的地区，建设一批产业集聚、优势突出、产学研用有机结合、引领示范作用显著的节能环保产业示范基地，支持成套装备及配套设备、关键共性技术和先进制造技术的生产制造和推广应用。加强知识产权保护，推进知识产权投融资机制建设，鼓励设立中小企业公共服务平台、出台扶持政策，支持中小型节能环保企业开展技术创新和产业化发展。筛选一批技术先进、经济适用的节能环保装备设备，扩大推广应用。

（四）推动国际合作和人才队伍建设。

六、强化约束激励，营造有利的市场和政策环境

（一）健全法规标准。加快制（修）订节能环保标准，逐步提高终端用能产品能效标准和重点行业单位产品能耗限额标准，按照改善环境质量的需要，完善环境质量标准和污染物排放标准体系，提高污染物排放控制要求，扩大监控污染物范围，强化总量控制和有毒有害污染物排放控制，充分发挥标准对产业发展的催生促进作用，推动传统产业升级改造。完善节能环保法律法规，推动加快制定固定资产投资项目节能评估和审查法，制定节能技术推广管理办法。严格节能环保执法，严肃查处各类违法违规行为，做好行政执法与刑事司法的衔接，依法加大对环境污染犯罪的惩处力度。认真落实执法责任追究制。加强对节能环保标准、认证标识、政策措施等落实情况的监督检查。加快建立节能减排监测、评估体系和技术服务平台。

（二）强化目标责任。完善节能减排统计、监测、考核体系，健全节能减排预警机制，强化节能减排目标进度考核，建立健全行业节能减排工作评价制度。将考核结果作为领导班子和领导干部综合考核评价的重要内容，纳入政府绩效管理，落实奖惩措施，实行问责制。完善节能评估和审查制度，发挥能评对控制能耗总量和增量的重要作用。落实万家企业节能量目标，加大对重点耗能企业节能的评价考核力度。落实节能减排目标责任制，形成促进节能环保产业发展的倒逼机制。

（三）加大财政投入。加大中央预算内投资和中央财政节能减排专项资金对节能环保产业的投入，继续安排国有资本经营预算支出支持重点企业实施节能环保项目。地方各级人民政府要提高认识，加大对节能环保重大工程和技术装备研发推广的投入力度，解决突出问题。要进一步转变政府职能，完善财政支持方式和资金管理办法，简化审批程序，强化监管，充分调动各方面积极性，推动节能环保产业积极有序发展。

（四）拓展投融资渠道。大力发展绿色信贷，按照风险可控、商业可持续的原则，加大对节能环保项目的支持力度。积极创新金融产品和服务，按照现有政策规定，探索将特许经营权等纳入贷款抵（质）押担保物范围。支持绿色信贷和金融创新，建立绿色银行评级制度。支持融资性担保机构加大对符合产业政策、资质好、管理规范的节能环保企业的担保力度。支持符合条件的节能环保企业发行企业债券、中小企业集合债券、短期融资券、中期票据等债务融资工具。选择资质条件较好的节能环保企业，开展非公开发行企业债券试点。稳步发展碳汇交易。鼓励和引导民间投资和外资进入节能环保领域。

（五）完善价格、收费和土地政策。加快制定实施鼓励余热余压余能发电及背压热电、可再生能源发展的上网和价格政策。完善电力峰谷分时电价政策，扩大应用面并逐步扩大峰谷价差。对超过产品能耗（电耗）限额标准的企业和产品，实行惩罚性电价。严格落实燃煤电厂脱硫、脱硝电价政策和居民用电阶梯价格，推行居民用水用气阶梯价格。

深化市政公用事业市场化改革，完善供热计量价格和收费管理办法，完善污水处理费和垃圾处理费政策，将污泥处理费用纳入污水处理成本，完善对自备水源用户征收污水处理费的制度。改进垃圾处理费征收方式，合理确定收费载体和标准，提高收缴率和资金使用效率。对城镇污水垃圾处理设施、“城市矿产”示范基地、集中资源化处理中心等国家支持的节能环保重点工程用地，在土地利用年度计划安排中给予重点保障。严格落实并不断完善现有

节能、节水、环境保护、资源综合利用的税收优惠政策。

（六）推行市场化机制。建立主要终端用能产品能效“领跑者”制度，明确实施时限。推进节能发电调度。强化电力需求侧管理，开展城市综合试点。研究制定强制回收产品和包装物目录，建立生产者责任延伸制度，推动生产者落实废弃产品回收、处理等责任。采取政府建网、企业建厂等方式，鼓励城镇污水垃圾处理设施市场化建设和运营。深化排污权有偿使用和交易试点，建立完善排污权有偿使用和交易政策体系，研究制定排污权交易初始价格和交易价格政策。开展碳排放权交易试点。健全污染者付费制度，完善矿产资源补偿制度，加快建立生态补偿机制。

（七）支持节能环保产业“走出去”和“引进来”。鼓励有条件的企业承揽境外各类环保工程、服务项目。结合受援国需要和我国援助能力，加大环境保护、清洁能源、应对气候变化等领域的对外援助力度，支持开展相关技术、产品和服务合作。培育建设一批国家科技兴贸创新基地。鼓励节能环保企业参加各类双边或国际节能环保论坛、展览及贸易投资促进活动等，充分利用相关平台进行交流推介，开展国际合作，增强“走出去”的能力。引导外资投向节能环保产业，丰富外商投资方式，拓宽外商投资渠道，不断完善外商投资软环境。继续支持引进先进的节能环保核心关键技术和设备。国家支持节能环保产业发展的政策同等适用于符合条件的外商投资企业。

（八）开展生态文明先行先试。在做好生态文明建设顶层设计和总体部署的同时，总结有效做法和成功经验，开展生态文明先行示范区建设。根据不同区域特点，在全国选择有代表性的100个地区开展生态文明先行示范区建设，探索符合我国国情的生态文明建设模式。稳步扩大节能减排财政政策综合示范范围，结合新型城镇化建设，选择部分城市为平台，整合节能减排和新能源发展相关财政政策，围绕产业低碳化、交通清洁化、建筑绿色化、服务集约化、主要污染物减量化、可再生能源利用规模化等挖掘内需潜力，系统推进节能减排，带动经济转型升级，为跨区域、跨流域节能减排探索积累经验。通过先行先试，带动节能环保和循环经济工程投资和绿色消费，全面推动资源节约和环境保护，发挥典型带动和辐射效应，形成节能减排、生态文明的综合能力。

国务院

2013年8月1日

国家发展改革委政策文件

国家发展改革委办公厅关于确定第二批再制造试点的通知

发改办环资[2013]506号

各省、自治区、直辖市及计划单列市、新疆生产建设兵团发展改革委（经委、经贸委、经信委），各有关行业协会，各有关单位：

为贯彻落实党的十八大提出的建设生态文明的战略要求，推进循环经济发展，实现再制造产业规模化、规范化发展，根据《国家发展改革委办公厅关于确定第二批再制造试点初选名单的通知》（发改办环资[2012]2009号）要求，我委会同有关部门组织专家对各地报送的实施方案进行了评审，原则同意北京奥宇可鑫表面工程技术有限公司等28家单位的实施方案，并确定为第二批再制造试点单位（具体名单及类型见附件）。现将有关事项通知如下：

一、试点总体安排

（一）细化实施方案。各再制造试点单位要对实施方案中各项工作任务进行分解落实，细化到时间节点和责任人，主要领导亲自负责，完善各项保障措施，加强对试点工作的指导协调。

（二）开展建设工作。各再制造试点单位要按照批复的实施方案开展各项工作，要加大投资力度，落实建设资金，提升技术装备水平，拓展再制造旧件回收渠道和再制造产品销售网络，尽快形成产业规模。项目建设要严格按照项目管理程序组织实施，做好建设项目的环境影响评价。

（三）申请验收公告。对实现再制造试点实施方案各项工作目标的试点单位，经省级循环经济发展综合管理部门审查确认后，向国家发展改革委提出验收申请。由我委会同有关部门组织专家进行验收。对验收通过的试点企业和产品，我委以公告形式对外发布。

二、试点期工作要求

（一）保障产品质量。各再制造试点单位要严格按照发展改革委等部门制定的《再制造单位质量技术控制规范（试行）》（发改办环资[2013]191号）的要求，建立从旧件回收、生产过程、销售渠道等各方面的产品质量控制体系，制定完善再制造生产标准和规范，加强先进适用技术推广应用，积极采用表面工程等技术，保障产品性能和质保期承诺不低于原型新品要求。

（二）分类探索推进。汽车零部件类的试点单位要结合原型新品生产，拓展旧件回收和再制造销售的渠道；旧件回收体系类的试点单位要与行业协会和再制造试点单位建立密切联系，探索适合国情的旧件信息平台，在法律法规范围内为再制造试点单位回收可再制造旧件；再制造专业技术服务和设备制造类的试点单位，要积极提升再制造技术，加强相关设备的产业化研发和制造。

（三）严格依法依规。各再制造试点单位要严格按照批复的实施方案和国家有关规定开展工作，不得超出批准的试点类型和范围。对发动机、变速箱开展再制造的，必须符合授权的规定，不得对未授权公司产品进行再制造，对擅自开展的将予以通报，情节严重的，撤销其试点资格；再制造试点单位中的报废汽车拆解企业应当按照国家规定，不得擅自对“五大总成”部件进行再制造，或将其交售给其他企业进行再制造；对开展转向系统等安全性零部件再制造的单位，其再制造产品进入市场前，必须通过与原型新品相同的强制性产品认证。

三、完善支持措施，切实加强管理

（一）加大支持力度。我委将对试点单位的重点工程、技术研发、旧件回收体系和资源循环利用项目建设给予必要的支持。各地要按照我委等四部门联合印发的《关于支持循环经济发展的投融资政策措施意见的通知》（发改环资[2010]801号）的要求，对再制造试点单位给予包括信用贷款在内的多元化信贷支持。国家优先将试点单位成熟的再制造技术、工艺和设备纳入国家鼓励的相关名录，将符合条件的再制造产品纳入国家再制造产品推广补贴的范围。

（二）完善保障措施。再制造产品应按法律规定在显著位置标识为再制造产品。汽车零部件再制造产品应标识国家发展改革委、工商总局发布的标志，其他类产品应当自行标注再制造标识，报省级循环经济发展综合管理部门

备案并向社会公开。国家将继续完善再制造标准体系，加强再制造旧件回收通用标准、再制造生产质量控制规范、发动机等重要零部件再制造标准等的制定。再制造领域的国家工程研究中心要通过开展技术指导、人员培训、信息交流等方式，加大对试点单位的技术支持力度。国家支持有关行业协会、社会组织为再制造试点单位提供咨询服务。

（三）开展宣传表彰。我委将及时总结凝练试点中发现的典型经验和做法，采取制作循环经济典型模式案例、召开现场会等方式进行宣传推广。对再制造试点中取得突出成绩的单位，国家将在循环经济工作先进单位评选中予以考虑。

各再制造试点单位应结合实际将再制造业务进行独立法人运营，以便数据统计及配套政策落实，并于每年度1月底将上年度再制造产品生产和销售种类、数量及试点中的问题建议报送我委（环资司）。各级循环经济发展综合管理部门要加强对再制造试点单位的监督管理，确保试点单位严格执行国家产业政策，环保法规标准和职业安全标准。我委将把各试点单位的承诺书在网站上进行公布，接受社会监督，并将会同有关部门不定期组织抽查，对达不到要求的，责令限期整改，经整改仍达不到要求的，取消再制造试点资格。

附件：第二批再制造试点单位名单

序号	单位名称	试点类型和范围
1	北京奥宇可鑫表面工程技术有限公司	再制造专业技术服务
2	北京首特钢报废机动车综合利用有限公司	发电机、起动机再制造
3	长城汽车股份有限公司	发动机再制造（长城汽车授权）
4	唐山瑞兆激光再制造技术有限公司	再制造专业技术服务
5	河北省物流产业集团有限公司	旧件逆向物流回收体系
6	哈飞工业集团汽车转向器有限责任公司	转向器再制造
7	沃尔沃建筑设备（中国）有限公司	发动机再制造（沃尔沃授权）
8	采埃孚销售服务（中国）有限公司	变速箱再制造（宝马、捷豹路虎授权）
9	上海孚美汽车自动变速箱技术服务有限公司	变速箱再制造（神龙汽车，长城汽车授权）
10	张家港富瑞特种装备股份有限公司	发动机再制造（东风朝柴，萍乡科尔授权）
11	玉柴再制造工业（苏州）有限公司	发动机再制造（玉柴集团，卡特彼勒公司授权）
12	江苏新亚特钢锻造有限公司	再制造专业技术服务
13	全兴精工集团有限公司	助力泵再制造
14	浙江再生手拉手汽车部件有限公司	发动机、变速箱再制造（吉利集团授权）
15	滁州市洪武报废汽车回收拆解利用有限公司	发电机、起动机再制造，旧件逆向物流回收体系
16	山东能源集团大族激光再制造有限公司	再制造专业技术服务
17	河南飞孟激光再制造有限公司	再制造专业技术服务
18	武汉法利莱切割系统工程有限责任公司	再制造专业设备生产
19	湖南机油泵股份有限公司	机油泵再制造
20	湖南博世汽车部件（长沙）有限公司	发电机，起动机再制造
21	江西江铃汽车集团实业有限公司	发动机再制造（江铃汽车授权）
22	广州市跨越汽车零部件工贸有限公司	转向器再制造
23	广东明杰零部件再制造有限公司	发电机，起动机再制造
24	陕西北方动力有限责任公司	发动机再制造（道依茨授权）
25	大连报废车辆回收拆解有限公司	发电机、起动机再制造
26	威伯科汽车控制系统（中国）有限公司	空压机再制造

关于印发循环经济发展专项资金支持国家循环经济教育示范基地建设实施方案的通知

发改办环资[2013]816号

各省、自治区、直辖市及计划单列市、新疆生产建设兵团发展改革委（经委、经贸委、经信委），教育厅（教委、局），财政厅（局），旅游局，各国家循环经济教育示范基地建设单位：

为加强循环经济理念宣传，推广循环经济典型模式，通过循环发展带动绿色发展和低碳发展，加快建设资源节约型、环境友好型社会，提高生态文明水平，国家发展改革委、财政部、教育部、国家旅游局制定了《循环经济发展专项资金支持国家循环经济教育示范基地建设实施方案》，通过"以奖代补"的方式，对国家循环经济教育示范基地进行奖励。现印发你们，请按照执行。

附件：《循环经济发展专项资金支持国家循环经济教育示范基地建设实施方案》

国家发展改革委办公厅
财政部办公厅
教育部办公厅
国家旅游局办公室
2013年4月3日

关于深化限制生产销售使用塑料购物袋实施工作的通知

发改环资[2013]758号

各省、自治区、直辖市及计划单列市发展改革委、物价局、教育委员会、工信厅、环保厅（局）、商务厅、工商局、质量技术监督局、机关事务管理部门、妇联：

《国务院办公厅关于限制生产销售使用塑料购物袋的通知》（国办发〔2007〕72号，以下简称"限塑令"）自2008年实施以来，各地区各部门积极贯彻落实，加强组织协调、出台配套政策、广泛开展宣传和监督检查，取得了较好的成效，为构建资源节约型、环境友好型社会，推动生态文明建设做出了积极贡献。2013年是"限塑令"实施五周年，为巩固和扩大已有成果，全面落实中央关于厉行勤俭节约的精神，现就进一步做好有关工作通知如下：

一、加大宣传力度，大力营造绿色消费氛围

（一）发展改革部门会同有关部门通过电视、网络、广播、报纸等媒体，采取多种形式大力宣传"限塑令"实施以来在节约能源资源、提升环保意识等方面取得的积极成效（宣传口径见附件），倡导绿色、低碳、节约的消费理念。

（二）教育部门要在中小学生节约教育和环境教育中宣传减少使用塑料购物袋等一次性制品，倡导中小学生在日常行为中坚持节约环保理念。

（三）商务部门、价格部门、工商部门组织商场、超市、集贸市场开展"限塑令"宣传活动，号召消费者自觉抵制超薄塑料购物袋，推动经营者自觉落实有偿使用制度。商务部门组织相关协会、企业发起减少塑料购物袋使用倡议活动。

（四）工业和信息化部门协调电信运营商在"限塑令"实施五周年期间向本地手机用户发送关于"限塑令"实施重要意义的温馨提示短信。

（五）机关事务管理部门要在"限塑令"实施五周年期间，组织公共机构开展"限塑令"宣传活动，倡导机关工作人员率先垂范，减少使用塑料购物袋。

（六）环保部门要结合"世界环境日"等活动大力宣传超薄塑料购物袋带来的环境问题，使消费者认清超薄塑

料购物袋的危害，使不用、少用塑料购物袋成为一种自觉行为。

（七）妇联组织通过城乡“妇女之家”等平台，采取丰富多彩、群众喜闻乐见的方式，宣传“限塑令”的重要意义以及白色污染对环境和人体健康的危害 ，倡导“拎起菜篮子”、“提起布袋子”。

二、加强执法，开展全面监督检查

（一）质检部门要加强对生产企业进行监督检查，在塑料购物袋生产集中的重点地区加大执法人力和物力的投入，对生产超薄等不合格塑料购物袋的违法行为进行严厉查处。

（二）工商部门要加强对塑料购物袋经营者和市场开办者的日常监管，依法严厉查处商品零售场所销售超薄等不合格塑料购物袋行为，以及向经营者销售超薄等不合格塑料购物袋的违法行为。

（三）价格部门要依法监督商品零售场所的经营者、开办单位或出租单位落实明码标价销售制度，对于违反有关价格行为和明码标价规定的，给予严厉查处。

（四）环保部门要会同发展改革、商务等有关部门根据《废塑料加工利用污染防治规定》相关规定，继续组织对废塑料加工集散地进行集中整治。

（五）有关部门要积极研究并妥善做好罚没超薄塑料购物袋的处理处置问题，杜绝二次污染现象。

三、修订相关法规，完善政策保障体系

（一）各有关部门研究完善塑料购物袋有偿使用的管理办法，解决“限塑令”实施中存在的突出问题，巩固实施成果。

（二）各地区要把“限塑令”落实情况作为全国环境保护模范城市、国家循环经济示范城市、诚信市场和文明集市等创建工作的重要内容。

（三）鼓励有条件的地区在执行“限塑令”的基础上，结合本地区实际情况制定实施细则或地方条例（办法），细化要求、提高标准，逐步探索“禁塑”的可行性。

四、有关工作要求

（一）各地区各有关部门要充分认识“限塑令”的重要意义，把实施好“限塑令”作为落实科学发展观、贯彻中央关于厉行勤俭节约的规定以及推动生态文明建设的具体抓手。

（二）各地发展改革部门要会同有关部门加强领导、周密部署、精心组织、抓好落实，建立起各司其职、各负其责、通力协作、密切配合的工作机制，确保各项措施落实到位。

（三）各地发展改革部门要会同有关部门认真总结“限塑令”实施情况，将好的经验做法、取得的成效以及存在的突出问题及时报国家发展改革委（资源节约和环境保护司）。

联系人：国家发展改革委环资司　　马维晨、岳高

联系电话：010-68505577　68505573(传真)

附件：“限塑令”实施以来的主要成效

国家发展改革委　教育部　工业和信息化部
环境保护部　商务部　工商总局
质检总局　国管局　全国妇联
2013年4月17日

附件：

“限塑令”实施以来的主要成效

“限塑令”自 2008 年发布后，得到了国内外的高度评价和消费者的积极响应。“限塑令”实施以来，塑料购物袋使用量和丢弃量明显减少，“白色污染”问题得到一定程度遏制。超市、商场的塑料购物袋使用量普遍减少了 2/3 以上，全国主要商品零售场所塑料购物袋使用量累计减少 670 亿个，累计减少塑料消耗100 万吨，相当于节约石油 600 万吨，约占大庆油田年产量的 1/6、可供 280 万辆汽车行驶一年，折合标准煤 850 多万吨，减少二氧化碳排放约 2000 万吨。“限塑令”的实施取得了阶段性成果，对于建设生态文明、节约能源资源、保护生态环境、应对全球气候变化发挥了积极作用。

关于加强农作物秸秆综合利用和禁烧工作的通知

发改环资[2013]930号

各省、自治区、直辖市、新疆生产建设兵团、黑龙江省农垦总局发展改革委、经信委（经委、经贸委、工信委）、农业（农机）厅（委、局、办）、环保厅（局）；广西壮族自治区林业厅：

2008年以来，各地区、各有关部门认真贯彻落实国务院办公厅《关于加快推进农作物秸秆综合利用的意见》（国办发[2008]105号）文件精神，明确分工，加强配合，建立农作物秸秆综合利用协调机制，形成了共同推进秸秆综合利用的良好工作格局，秸秆综合利用和禁烧工作取得一定成效。为进一步推进秸秆综合利用和禁烧工作，杜绝秸秆违法违规露天焚烧造成的资源浪费和环境污染问题。现将有关事项通知如下：

一、充分认识秸秆综合利用和禁烧工作重要性和紧迫性

近年来，部分地区秸秆随意丢弃和焚烧现象仍屡禁不止，造成资源巨大浪费，带来空气重度污染，严重影响交通安全，威胁广大人民群众生命财产安全。随着我国农村经济的快速发展，农民生活水平有了很大提高，原来用于取暖做饭的农作物秸秆出现了地区性、结构性的过剩，“十二五”秸秆综合利用和禁烧形势仍然十分严峻。同时，秸秆综合利用和禁烧工作存在地方政府重视不够、激励机制不健全、责任落实不到位、群众认识亟待提高等问题。这种状况如不及时改变，不仅制约农业农村经济可持续发展，还将影响粮食安全，乃至农村生态文明建设进程。

二、加强组织领导

各地要按照本地区《秸秆综合利用规划》提出的目标要求，切实转变工作思路，下大力气加大对秸秆收集和综合利用的扶持力度，抓好秸秆禁烧工作，采取“疏堵结合”、“以用促禁”的方式，加快构建政府主导、企业主体、农民参与的秸秆综合利用工作格局。地方各级人民政府要着力健全激励和约束机制，明确对本行政区域秸秆综合利用负总责、政府主要领导是第一责任人的工作要求，建立秸秆综合利用和禁烧目标责任制，并分解落实到相关部门，明确分工、落实责任，加强监管。落实目标任务,形成倒逼机制。各地要围绕机场周边、高速公路和铁路沿线、旅游景区等，划定并公布秸秆综合利用和禁烧重点区域，确保措施落实到位,杜绝秸秆随意焚烧现象。

三、加大政策支持力度

充分利用现有秸秆综合利用财政、税收、价格优惠激励政策，加大对农作物收获及秸秆还田收集一体化农机的补贴力度，提高还田和收集率，扩大秸秆养畜、保护性耕作、秸秆代木、能源化利用等秸秆综合利用支持规模；研究秸秆收储运体系建设激励措施；探索秸秆综合利用重点区域支持政策；研究建立秸秆还田或打捆收集补助机制，深入推动秸秆还田、养畜、秸秆代木、食用菌生产、秸秆固化成型、秸秆炭化等不同途径利用。加强秸秆综合利用能力建设，探索形成适合当地秸秆资源化利用的管理模式和技术路线，提高秸秆综合利用率，推动秸秆综合利用规模化、产业化发展。

四、严格执行相关标准

各地要根据本地区农业生产特点，抓紧制订并发布相关收获、留茬等作业及综合利用产品标准。

一是各地农业部门要针对本地区农作物种类，抓紧制定发布秸秆机械化还田作业标准并组织实施，严格控制秸秆留茬过高不得不焚烧的现象。

二是各地农业部门要建立农作物收获机械准入制度，所有收获机械必须配备秸秆粉碎或打捆相关设备；各地要按照农机补贴政策,把秸秆粉碎或打捆相关设备列入农机补贴目录。

三是有关部门要抓紧制定秸秆综合利用产品和技术的行业标准，促进产品、工艺和设备的标准化，不断推进秸秆综合利用水平。

五、强化禁烧监管

各地要尽快制定秸秆禁烧的法规，进一步明确相应的处罚措施，将禁烧与项目审批、大气污染物总量减排考核、农村生态创建、农村环保目标责任制考核挂钩，推动地方政府不断提高秸秆综合利用和禁烧工作力度。强化基层环保部门禁烧监管执法能力建设，开发建设基于卫星应用平台的禁烧监管信息系统，进一步加强秸秆禁烧监管。

六、加强舆论宣传

发挥新闻媒体对秸秆综合利用和禁烧的舆论引导及监督作用，大力宣传秸秆综合利用对于资源节约、保障粮食安全、农业可持续发展的重要意义，以及随意丢弃和焚烧对环境、交通安全和人体健康的严重危害，努力在全社会营造“焚烧秸秆害人害己，综合利用利国利民”的浓厚舆论氛围。开展秸秆综合利用对经济、社会发展和生态文明建设重要性的科普教育，使广大农户家喻户晓，秸秆综合利用和禁烧不是一家一户的小事情，引导教育农民群众转变观念，积极参与秸秆综合利用和禁烧工作。

特此通知。

国家发展改革委

农业部

环境保护部

2013年5月14日

关于印发再制造产品“以旧换再”试点实施方案的通知

发改环资〔2013〕1303号

各省、自治区、直辖市及计划单列市、新疆生产建设兵团发展改革委、财政厅（局），经信委（工信委、工信厅），商务厅（委、局），质量技术监督局，各再制造试点单位，各有关行业协会：

为贯彻落实循环经济促进法和国家“十二五”规划《纲要》精神，按照《循环经济发展战略及近期行动计划》（国发〔2013〕5号）的要求，支持再制造产品的推广使用，促进再制造旧件回收，扩大再制造产品市场份额，国家发展改革委、财政部、工业和信息化部、商务部、质检总局决定组织开展再制造产品“以旧换再”试点工作。为规范推进有关工作，特制定《再制造产品“以旧换再”试点实施方案》，现印发你们，请按照执行。

国家发展和改革委 财政部 工业和信息化部

商务部 国家质量监督检验检疫总局

2013年7月4日

附件：

再制造产品“以旧换再”试点实施方案

再制造是指将旧汽车零部件、工程机械、机床等进行专业化修复的批量化生产过程，再制造产品达到与原有新品相同的质量和性能。本方案所指的再制造产品是指境内旧品经过再制造过程并达到再制造要求，重新上市销售的产品。与制造新品相比，再制造可大幅节约能源、原材料和生产成本，降低污染物排放，有利于实现充分利用资源，保护生态环境的目的。

“以旧换再”是指境内再制造产品购买者交回旧件并以置换价购买再制造产品的行为。国家牵头选择汽车零部件等再制造产品，通过“以旧换再”的方式开展补贴推广试点，不仅有利于促进再制造旧件回收，拓展旧件来源，而且有利于扩大再制造产品影响，支持再制造产品市场推广，实现再制造产业规模化、规范化发展。

一、实施范围和补贴方式

再制造产品“以旧换再”试点推广工作遵循“手续简便、直接补贴、安全高效”的原则。

国家发展改革委、财政部会同工业和信息化部、商务部、质检总局将再制造试点企业生产的部分量大面广、质量性能可靠、节能节材效果明显的再制造产品纳入财政补贴推广范围。补贴种类由国家发展改革委、财政部会同工业和信息化部、商务部、质检总局确定，具体企业和产品型号采取公开征集方式确定。2013年，以汽车发动机、变速箱等再制造产品为试点，以后年度视实施情况逐步扩大试点范围。

对符合“以旧换再”推广条件的再制造产品，中央财政按照其推广置换价格（再制造产品销售价格扣除旧件回收价格，下同）的一定比例，通过试点企业对“以旧换再”再制造产品购买者给予一次性补贴，并设补贴上限。具体补贴比例、补贴上限和推广补贴数量在“以旧换再”推广企业资格公开征集公告中明确。中央财政对每类推广再制造产品的补贴，原则上不超过5年。

二、推广产品应具备的条件

（一）出厂再制造产品质量达到原型新品标准，具备由依法获得资质认定（CMA）的第三方检测机构（或原型产品制造授权方）出具的性能检测合格报告，产品合格证的质保期不低于原型新品；

（二）价格竞争力强，产品扣除旧件后的置换价格不超过原型新品的60%；

（三）节能节材效果良好，再制造产品的再制造率（按重量计）达到65%以上；

（四）质量性能可靠，再制造产品有明确的生产标准和规范，已发布国家标准的，应当执行不低于国家标准的生产标准；

（五）符合法律要求，使用明确的再制造产品标识；

（六）具有唯一可识别且不可消除涂改的物品编码等可追溯标识，外包装和本体上按要求加贴“再制造‘以旧换再’推广产品”标识和字样（见附件1）；

（七）公开征集公告规定的具体产品其他要求。

三、“以旧换再”回收旧件应具备的条件

（一）旧件来源须为消费者自用等清晰可查来源，符合国家法律法规要求，并有相关证明；

（二）交回旧件需与回收推广企业再制造试点验收公告目录公布产品的型号一致。

四、推广企业应具备的条件

（一）在中国大陆地区注册，具有独立法人资格

（二）在中国大陆地区具备独立再制造生产线并规模化生产；

（三）推广企业作为再制造产品质量的责任主体，应通过国家发展改革委或工业和信息化部组织的再制造试点验收及ISO9001质量体系认证，符合国家发展改革委、财政部、工业和信息化部、质检总局制定的《再制造单位质量技术控制规范》（发改办环资〔2012〕191号），售后服务网络完善，具有履行约定的生产及服务的能力；

（四）推广企业对再制造产品实行联单管理（格式样表见附件2），建立再制造产品销售及用户信息管理系统，能按要求提供相关信息；

（五）推广企业及其产品授权方应在特约经销商处设立特殊标志，并有义务向消费者明示再制造产品和国家补贴金额，保障消费者知情权；

（六）试点企业需签署“以旧换再”推广企业承诺书（格式见附件4），并向社会主动公开。

五、推广方式

再制造产品“以旧换再”工作由国家发展改革委、财政部会同工业和信息化部、商务部、质检总局组织实施，中央财政按照预拨和清算相结合的方式通过试点企业对“以旧换再”再制造产品购买者给予补贴。

（一）“以旧换再”试点企业的确定。国家发展改革委、财政部会同工业和信息化部、商务部、质检总局通过参照招标的公开征集方式确定再制造产品推广企业，签订推广承诺书，并向社会公布各推广企业再制造产品特约经销商名单、产品推广数量、中央财政补贴标准、试点企业承诺书等信息。

（二）试点企业再制造产品的销售。推广企业及其经销商对交回旧件的购买者，按照扣除中央财政补贴资金后的推广置换价格销售再制造产品，进行联单记录，同时按有关规定开具增值税发票。开具的增值税发票必须注明产品型号和数量。

（三）再制造产品推广数据的审核。循环经济发展综合管理部门、工业和信息化主管部门负责推广企业再制造产品推广数据（旧件回收数据、再制造产品销售数据，下同）的审核，推广企业对自身数据的真实性负责。每季度开始后的10个工作日内，推广企业汇总有关“以旧换再”推广情况（格式见附件3），报送所在地市级循环经济发展综合管理部门、工业和信息化主管部门、财政部门审核；每季度开始后的第1个月底前，推广数据经省级循环经济发展综合管理部门、工业和信息化主管部门、财政部门审核后上报国家发展改革委、工业和信息化部、财政部。

（四）“以旧换再”补贴资金的拨付。中央财政“以旧换再”补贴资金每年年初预拨到省，由试点企业所在地的市级财政部门在收到同级循环经济发展综合管理部门、工业和信息化主管部门审核结果后的10个工作日内拨付试点企业。每年3月底前，市级循环经济发展综合管理部门、工业和信息化主管部门、财政部门形成“以旧换再”再制造产品推广数量审核情况和补贴资金清算情况的报告，经省级循环经济发展综合管理部门、财政部门、工业和信

息化主管部门核实后逐级上报国家发展改革委、财政部、工业和信息化部。国家发展改革委、工业和信息化部会同财政部审核确认后，财政部清算年度补贴资金。

（五）“以旧换再”实施情况的动态监控。每个月第10个工作日前，试点企业将上个月再制造产品推广数据及收到补贴资金数据等直接报送国家发展改革委、工业和信息化部、财政部，三部门对各试点企业“以旧换再”实施情况进行动态监控。

六、监督管理

（一）各级循环经济发展综合管理部门、工业和信息化主管部门要监督推广企业按照有关要求开展相关工作。地方循环经济发展综合管理部门、工业和信息化主管部门要做好“以旧换再”旧件回收和再制造产品推广情况的核实工作。地方财政部门要确保将补贴资金按时足额发放到推广企业。各级商务部门要支持推广企业利用现有商业网络（定点销售网点、维修网点等）设立再制造产品专柜，利用逆向物流开展“以旧换再”工作；除有关法规禁止交易的产品以外，允许列入公告范围的再制造产品特约经销商开展涉及“以旧换再”相关的旧件收集工作。各级质量监督相关部门要按照职责分工依法查处再制造产品质量违法行为。

（二）地方循环经济发展综合管理部门、工业和信息化主管部门要设立再制造产品“以旧换再”推广活动监督举报邮箱，对收到群众反映的有关问题要及时核实，依法转相关部门处理，并及时向国家发展改革委、工业和信息化部、财政部等部门反馈。

（三）国家发展改革委、财政部会同工业和信息化部、商务部、质检总局将不定期组织开展再制造产品“以旧换再”推广专项核查。具体核查方案由国家发展改革委、财政部会同有关部门另行制定并组织实施。

（四）推广企业有下列情形之一的，国家发展改革委、财政部会同有关部门将视情节给予通报批评、扣减补助资金等处罚。情节严重的，由国家发展改革委、财政部会同有关部门公告取消企业再制造“以旧换再”推广资格。相关企业承担相应的法律责任，构成犯罪的，依法追究刑事责任。

1、提供虚假信息、骗取补助资金的；

2、推广产品的质量性能指标不符合原型新品质量标准要求或存在质量违法行为、发生质量安全事故的；

3、推广产品实际置换价格高于承诺推广价格的；

4、未按要求使用标识，或伪造、冒用标识，利用标识做虚假宣传，误导消费者的；

5、其他公开征集公告规定的违法违规行为。

（五）出具虚假报告和证明材料的相关机构，一经查实，依法承担相应法律责任。

（六）“以旧换再”再制造产品推广中央财政补助资金应当专款专用。任何单位不得以任何理由、任何形式截留、挪用。对违反规定的，按照《财政违法行为处罚处分条例》（国务院令第427号）等有关规定，依法追究有关单位和人员的责任。

本方案自发布之日起施行，由国家发展改革委、财政部、工业和信息化部、商务部、质检总局按职责分工负责解释。

关于组织开展国家循环经济示范试点单位验收工作的通知

发改环资[2013]1471号

各省、自治区、直辖市及计划单列市、新疆生产建设兵团发展改革委、环境保护厅（局）、科技厅（委、局）、工信厅（经信委）、财政厅（局）、商务厅（委、局）、统计局，各国家循环经济示范试点单位：

2005年和2007年，经国务院批准，国家发展改革委，原国家环保总局，科技部、财政部、商务部、统计局等六部委组织开展了两批国家循环经济示范试点工作，试点范围涉及重点行业（企业）产业园区、重点领域以及省市，共计178家单位。示范试点工作开展以来，各地及各试点单位高度重视，制定了发展循环经济的实施方案和规划，推动了技术进步和节能减排，促进了新兴产业发展，在各自领域探索循环经济发展路径和模式，取得了良好的经济社会环境效益，为建设资源节约型、环境友好型社会发挥了重要作用。

目前两批试点工作的试点期均已结束，根据《关于组织开展循环经济试点（第一批）工作的通知》（发改环资

[2005]2199）、《关于组织开展循环经济示范试点（第二批）工作的通知》（发改环资[2007]3420）等文件要求，将对各试点单位进行验收评估。通过验收，全面了解循环经济试点工作的推进情况，总结发展循环经济的成功经验，探索发展循环经济的不同途径，找出发展循环经济的瓶颈难点并提出解决思路，总结凝炼一批循环经济发展的典型模式。现将验收工作有关事项通知如下：

一、 验收范围、内容及标准

（一）验收范围

此次验收范围包括国家发展改革委正式批复实施方案（或规划）的循环经济试点单位。对实施方案目前仍未获得批复的试点单位（广东贵屿镇、江苏张家港扬子江冶金工业园、江西华春企业集团公司），试点资格自动取消，不参加此次验收。

（二）验收内容

国家发展改革委正式批复的实施方案（规划）落实情况，主要内容包括：

1、主要目标和指标的完成情况；

2、主要任务和重点工作的完成情况；

3、重点工程项目的完成情况，中央预算内投资支持项目的资金使用情况；

4、保障措施的实施情况及实施效果等；

5、存在的主要问题。

（三）验收标准

1、基本实现《实施方案》提出的目标，各项指标完成率达到80%以上，相关指标在试点期间有明显提升，并达到行业先进标准；

2、基本完成《实施方案》提出的主要任务和重点工作，《实施方案》中提出的重点项目完成率达到80%以上，达到设计产量和预期目标；

3、获得中央预算内投资支持项目的资金使用合理，审计未发现问题；

4、已成立循环经济领导组织机构，建立循环经济评价统计指标体系；

5、完成或超额完成上级下达的节能减排约束性目标；

6、试点园区、企业开展试点以来未出现重大环境事故。

达到或超过以上全部标准的单位确定为通过验收，未达到上述标准的不予通过验收。

二、验收方法、程序和后续政策

（一）验收方法

国家循环经济试点中省、直辖市和计划单列市由国家发展改革委、环境保护部、科技部、工业和信息化部、财政部、商务部、国家统计局等共同委托有关机构组织验收；其他各类试点单位委托各省（自治区、直辖市）循环经济发展综合管理部门、环保部门等7部门共同组织验收。国家发展改革委、环境保护部等7部委将对部分试点验收工作进行抽查。

（二）验收程序

1、单位自查。各试点单位进行自查，并于9月底向省级有关单位提交《国家循环经济试点单位自查报告》（报告内容格式见附件1）。各试点省、直辖市及计划单列市应向国家发展改革委、环境保护部等7部委提交自查报告。

2、组织验收。各省级循环经济发展综合管理部门、环境保护部门等7部门组织对试点单位进行验收，并于10月底前向国家发展改革委、环境保护部等7部委提交验收报告（报告内容格式见附件2）。各试点省、直辖市及计划单列市的评审验收，由国家发展改革委、环境保护部等7部委委托有关机构组织并提交验收报告。

3、复核公示。国家发展改革委、环境保护部等7部委将对各地及有关机构报送的验收报告进行复核，必要时将组织专家进行实地调研。对复核通过的单位，将进行网上公示，经公示无异议的，确定为通过验收。

未按时提交自查报告的试点单位确定为不通过验收。未通过验收以及在复核、公示发现问题的试点单位，视情况给予不超过6个月的整改期，到期仍未达到要求的，确定为不通过验收。

（三）验收公告

通过验收和未通过验收的试点单位名单，将以国家发展改革委、环境保护部等部门联合公告的形式对外公布。

（四）后续政策

通过验收的试点单位，可继续享受试点单位在投资、金融等方面的政策，并将在组织开展循环经济“十百千”示范行动、资源节约和环境保护重大示范项目和推荐循环经济工作先进单位中，在同等条件下予以优先考虑。取消试点资格或未通过试点验收的单位，不再享受国家循环经济试点单位的相关政策，不得再以国家循环经济试点单位名义开展工作。

三、有关要求

（一）加强领导。循环经济试点验收是深入推动循环经济发展工作的重要内容，有助于总结经验、发现问题、推广模式，促进循环经济形成较大规模。各级循环经济发展综合管理等部门要充分认识试点工作的重要性，分别明确一名负责同志组织落实，保障试点验收工作圆满完成。

（二）统筹协调。各地要根据验收工作总体安排，结合各自实际，统筹安排，认真抓好落实，保证试点验收工作取得实效。各试点单位要高度重视，周密安排，精心组织，以循环经济试点验收为契机进一步提高循环经济发展水平。各循环经济发展综合管理部门要会同环保、科技、工信、财政、商务、统计等部门共同组织实施，各部门间要加强配合，实现联动，共同协调解决试点验收中出现的问题。

（三）宣传推广。各地要及时总结此次验收中发现的好经验、好做法，总结凝炼一批可推广可复制的典型模式。各地循环经济发展综合管理部门要抓住宣传推广试点单位先进典型的有利契机，进一步调动各行业、各单位发展循环经济的积极性、主动性和创造性，把先进典型的宣传推广工作同发展循环经济的具体工作结合起来，推进循环经济取得更大进展。

附件：1、《国家循环经济试点单位自查报告》内容

2、《国家循环经济试点单位验收报告》内容

国家发展改革委
环境保护部
科学技术部
工业和信息化部
财政部
商务部
国家统计局
2013年7月30日

附件1：

《国家循环经济试点单位自查报告》内容

综述循环经济试点工作开展情况，与国家发展改革委批复的《实施方案》及批复要求等相关内容进行对比，重点对试点实施前后进行对比，总结循环经济试点工作成效及经验。主要应包含以下几方面内容：

一、试点单位基本情况简述；

二、试点提出的目标和指标完成情况：根据《实施方案》提出的目标和指标，逐一进行对比，并进行达标分析；若进行了调整，需进行说明（重要指标需附计算方法和原始数据）；节能减排约束性目标完成情况，需附上级分解指标部门的书面证明；

三、主要任务和重点工作的实施和完成情况：对照《实施方案》，阐述循环经济试点工作的开展情况、完成情况和效果分析（列举至少三项提升幅度较大的指标，能够突出试点工作重点和代表试点工作成效，并说明测算依据）；在实施过程中进行了调整的，需说明调整的理由、实施情况、取得的效果等；

四、重点项目的建设和完成情况：对照《实施方案》，阐述已完成项目的投资情况、运行情况和效果分析，尚未完成项目的进度情况、投资情况和原因分析；在实施过程中进行了调整的，需说明调整的理由、实施情况取得的效果等；

五、保障措施的执行情况：保障措施的制定和执行情况，效果分析；

六、近年来，随着循环经济工作的不断深入，除《实施方案》的内容外，开展的其他循环经济相关工作，获得

的其他省级以上荣誉，取得的成效等；

七、试点工作总体效果（效益）分析，是否完成或基本完成了《实施方案》提出的主要任务（或超出《实施方案》开展了更多的工作），达到或基本达到了预期目标（或超出《实施方案》取得了更好的结果），经济效益定量分析；

八、典型经验、存在的主要问题及意见和建议；

九、环保方面的证明材料。

附件2：

国家循环经济试点单位验收报告》内容试点工作概述

（一）简述试点单位情况。

（二）简述国家发展改革委批复本单位《实施方案》的时间及批复内容。

二、试点工作开展情况评价

（一）目标和指标的完成情况。对照批复的《实施方案》，逐一验核目标和指标

的完成情况，并加以说明。节能减排约束性目标完成情况，需附指标分解部门的书面证明。对未完成目标和指标，须重点说明。在哪些方面超过《实施方案》，取得了更佳的效果，也须进行阐述和说明。

（二）主要任务和重点工作的开展情况。对照批复的《实施方案》，简述主要任务和重点工作的实施和完成情况。若有内容调整，须重点说明。

（三）项目建设和完成情况。对照批复的《实施方案》，简述项目是否按计划、按规模、按内容实施；评价重点项目的实施和完成情况；分析项目的投资和效益情况，是否达到预期效果。

获得中央预算内投资支持项目的资金使用情况，须重点说明。

（四）保障措施的落实情况。对照批复的《实施方案》，简述试点单位制定的各项保障措施的执行情况，分析执行效果。

（五）开展的其他循环经济相关工作。

三、验收结论

综述循环经济试点工作实施的总体效果，并明确提出试点单位是否通过验收的结论。对通过验收的试点单位存在的问题，提出改进意见和建议；对未通过验收的试点单位，详细说明理由并提出整改意见和建议。

四、相关意见和建议

（一）循环经济试点工作的典型经验；

（二）进一步推动循环经济发展的意见和建议。

关于加大工作力度确保实现2013年节能减排目标任务的通知

发改环资[2013]1585号

各省、自治区、直辖市人民政府，国务院各部委、各直属机构：

为切实做好节能减排工作，确保完成2013年目标任务，并为实现“十二五”节能减排约束性目标奠定基础，经国务院同意，现就有关事项通知如下：

一、确保完成2013年节能减排工作任务目标

我国正处于工业化、信息化、城镇化、农业现代化快速发展的关键时期，能源资源需求刚性增长，资源环境约束日益突出。2012年，各地区、各部门按照党中央、国务院的决策部署，把节能减排作为调整经济结构、转变发展方式、推动科学发展的重要抓手，采取一系列政策措施，推动节能减排工作取得积极进展，全国单位国内生产总值能耗降低3.6%，二氧化硫、化学需氧量、氨氮、氮氧化物排放总量分别减少4.52%、3.05%、2.62%、2.77%，实现了全年目标。但是，当前节能减排的形势依然严峻，实现“十二五”节能减排目标任务更加艰巨。一是节能减排目标

完成进度滞后，要实现“十二五”目标任务，后三年年均单位国内生产总值能耗需降低3.84%，比前两年平均降幅高1.03个百分点，氮氧化物平均降幅需达到4%以上。二是今年以来，高耗能、高排放行业增长加快，能耗强度下降速度放缓，污染物排放增量压力加大。三是随着节能减排工作深入，政策机制不完善、基础工作薄弱等问题日益凸显。

党的十八大提出，要把生态文明建设放在突出地位，融入经济、政治、文化、社会建设各方面和全过程，努力建设美丽中国，实现中华民族永续发展。各地区、各部门要把思想和行动统一到中央的精神上来，切实增强全局意识、危机意识和责任意识，树立绿色、循环、低碳发展理念，以节能减排倒逼产业转型和发展方式加快转变，下更大决心，用更大气力，采取更加有力的政策措施，确保2013年全国单位国内生产总值能耗下降3.7%以上，二氧化硫、化学需氧量、氨氮、氮氧化物排放总量分别下降2%、2%、2.5%、3%，促进形成节约资源和保护环境的产业结构、生产方式、生活方式，加快生态文明建设。

二、强化节能减排目标责任

公告2012年省级人民政府节能目标责任现场评价考核和各地区主要污染物减排核查核算结果，并在主流媒体上发布，接受社会监督；将节能减排任务完成情况作为省级人民政府领导班子和领导干部综合评价考核的重要内容；对考核等级为未完成的地区，由国务院节能减排工作领导小组领导或授权约见提醒，督促考核等级为未完成的地区限期整改，并将各地整改情况汇总整理报国务院；做好节能减排形势分析，定期发布《各地区节能目标完成情况晴雨表》。各地区要强化考核结果的运用，兑现奖惩措施，着力解决节能工作的薄弱环节，及时对节能目标责任现场评价考核中发现的问题进行整改，整改情况纳入2013年节能考核范围；节能减排进度滞后、存在“前松后紧”趋势的地区，要重新调整今后3年的年度目标并进行相关工作部署；各地要定期发布本行政区域内各地（市）节能目标完成情况的晴雨表，加强预警和政策调控。（发展改革委、环境保护部、统计局会同有关部门负责）

三、调整优化产业结构

一是严控高耗能、高排放行业过快增长和产能严重过剩行业盲目扩张。严格节能评估审查和环境影响评价，对新上项目能源消费量增长过快的地区，暂缓高耗能项目能评审查。提高“两高”项目准入门槛，新上“两高”项目的能效、环保指标要达到国内同行业、同规模领先水平。严控“两高”行业新增产能，新、改、扩建项目实行产能等量或减量置换。继续严格控制“两高”产品出口，完善加工贸易禁止类和限制类目录，禁止高耗能、高排放和资源类产品加工贸易。加强项目管理，严禁核准产能严重过剩行业新增产能项目，坚决停建产能严重过剩行业违规在建项目。（发展改革委、环境保护部、财政部、工业和信息化部、商务部负责）

二是加快淘汰落后产能。结合做好化解产能过剩矛盾工作，以钢铁、水泥、电解铝、平板玻璃等产能严重过剩行业为重点，尽快将任务分解落实到具体企业并公告企业名单，加强监督检查，列入公告的落后设备（生产线）力争2013年9月底前全部关停，12月底前彻底拆除，不得转移。全年淘汰落后产能火电200万千瓦以上、炼铁263万吨、炼钢781万吨、水泥7345万吨、电解铝27.3万吨、煤炭4500万吨、焦炭1405万吨，做好对淘汰落后产能企业的现场检查验收和发布任务完成公告工作。健全落后产能退出机制，做好职工安置工作。（工业和信息化部、能源局、发展改革委、财政部、环境保护部、人力资源社会保障部负责）

三是调整优化能源结构。在做好保护生态和移民安置的前提下开工建设水电2000万千瓦以上，在确保安全的基础上开工建设核电335万千瓦，风电、太阳能电站装机规模分别达

到8000万千瓦、1600万千瓦。积极发展生物质能、地热能，大力推进天然气、页岩气、煤层气等勘探开发利用。支持工商企业、工业园区和大型公共建筑发展光伏发电系统，推进光伏发电示范区建设；开展以智能电网、物联网和储能技术为支撑的微电网示范工程。促进煤炭清洁利用，推广使用天然气、煤制气、生物质成型燃料等清洁能源。发展分布式能源。继续推进资源综合利用发电。（能源局、发展改革委、财政部、工业和信息化部、住房城乡建设部、国土资源部负责）

四是大力发展服务业和节能环保等战略性新兴产业。推进服务业规模化、品牌化、网络化经营，提高服务业在国民经济中的比重。推进高效锅炉、高效内燃机、半导体照明、绿色建材、烟气脱硫脱硝、机动车尾气高效净化等节能环保产品和装备发展，建设一批国家节能环保重大技术示范工程。支持在企业集聚区实施分布式能源供应、环保综合治理等基础设施集中建设和运营。抓好《国务院关于加快发展节能环保产业的意见》的贯彻落实，明确任务分工，落实工作责任，创造良好的产业发展环境，确保各项任务措施落到实处，务求尽快取得实效。（发展改革委、财政部、科技部、工业和信息化部、环境保护部负责）

四、加快实施节能减排重点工程

安排中央预算内投资和中央财政节能减排专项资金支持节能减排重点工程和能力建设。实施节能改造、节能技术产业化示范、节能产品惠民、合同能源管理推广、节能能力建设等节能重点工程，形成节能能力6000万吨标准煤。实施城镇污水垃圾处理设施及配套管网建设、重点流域水污染防治、重金属污染防治、重点区域大气污染防治、湖泊生态环境保护、规模化畜禽养殖场污染治理、脱硫脱硝等减排重点工程，新增城镇污水日处理能力800万吨，形成化学需氧量、氨氮年削减能力60万吨、6万吨；新增燃煤机组脱硫装机容量700万千瓦、脱硝装机容量1.5亿千瓦，对77条水泥生产线安装烟气脱硝设施，形成二氧化硫、氮氧化物年削减能力24万吨、160万吨。加强节能环保重点项目建设和运行监管，切实发挥工程措施作用。（发展改革委、财政部、环境保护部、工业和信息化部、住房城乡建设部、水利部、农业部、能源局、质检总局、科技部负责）

五、推动重点领域节能

开展城镇化过程中绿色发展问题研究。落实《绿色建筑行动方案》，实施绿色建筑行动，督促各地制定绿色建筑行动实施方案，明确目标任务，全年新建绿色建筑5000万平方米以上；推进绿色生态城区创建。完成北方采暖地区既有居住建筑供热计量和节能改造1.5亿平方米、夏热冬冷地区既有居住建筑节能改造1200万平方米。加强大型公共建筑用能管理，扩大能耗动态监测平台建设范围。开展第三批重点城市公共建筑节能改造。推动实施绿色照明工程，落实半导体照明节能产业规划。（发展改革委、财政部、住房城乡建设部会同有关部门负责）

深入开展万家企业节能低碳行动，加强万家企业节能目标责任评价考核，尽快公告2012年度考核结果，加大奖惩问责力度，对未完成目标的企业强制开展能源审计；落实能源利用状况报告制度，汇总分析万家企业能源利用状况，提出改进措施；在北京市、河南省和陕西省开展重点用能企业能耗在线监测系统建设试点。加强企业能源管理体系建设及评价工作，健全标准规范。研究推进能源管理师制度建设。实施工业能效提升计划和电机能效提高计划，推进电子信息制造业节能降耗。推进数据中心节能改造。支持中小企业节能减排。（发展改革委、工业和信息化部、国资委、住房城乡建设部、交通运输部、商务部、统计局、质检总局、能源局、人力资源社会保障部负责）

稳步推进低碳交通运输体系建设城市试点，抓好两批26个城市试点工作。开展19个绿色低碳交通城市、7条绿色低碳公路、3个绿色低碳港口创建等示范活动。深入推进981家交通运输企业开展低碳交通运输专项行动，强化目标考核，推广先进适用技术，推进清洁能源车船应用。发展城市步行、自行车出行系统。组织实施第三批12家运输企业甩挂运输试点，推进不停车自动交费系统（ETC）联网工程。推进内河船型标准化，推广内河船舶免停靠报港信息服务系统，推进靠港船舶使用岸电技术应用。强化铁路企业节能环保指标控制，继续提高电气化铁路及电力机车承担运输工作量比重，加快淘汰老旧机车。在15座机场推进桥载设备替代飞机辅助动力装置专项工作；继续优化航路航线，在开展缩短飞机地面滑行时间前期可行性研究基础上，选择1-3座机场进行试点。（交通运输部、铁路局、民航局、发展改革委、财政部、住房城乡建设部负责）

推进1000家节约型公共机构示范单位创建活动，加强节水型单位建设，在中央国家机关16个部门开展节约型办公区建设。在商业领域深入推进“百城千店”示范工程和绿色饭店创建活动。支持军队重点用能设施设备节能改造。推进省柴节煤炉灶炕升级换代，建设节能减排示范村。（国管局、发展改革委、财政部、商务部、农业部、总后勤部负责）

六、推进主要污染物减排

出台建设项目主要污染物排放总量指标管理办法，逐步推行主要污染物总量指标预算管理制度。加大细颗粒物（PM2.5）治理力度，把主要污染物排放总量指标作为环评审批的前置条件。推进大气污染联防联控，建立区域联防联控工作协调机制和监测预警应急体系。在京津冀、长三角、珠三角和山东城市群开展煤炭消费总量控制试点，加快清洁能源替代利用，加快燃煤锅炉、窑炉、自备燃煤电站的天然气改造。在19个省（区、市）的47个地级以上城市实施大气污染物特别排放限值。推进火电、钢铁、有色、炼油、建材等行业脱硫脱硝，对火电、钢铁、水泥、燃煤锅炉实施高效除尘改造，开展石化、化工、表面涂装、包装印刷等行业挥发性有机物治理，采取有效的经济手段加快淘汰运营类黄标车，全面供应符合国家第四阶段标准的车用燃油，加强扬尘污染防治。以制浆造纸、印染、食品加工、农副产品加工等行业为重点，继续加大水污染深度治理和工艺技术改造。深入推进湘江流域重金属污染治理、历史遗留重金属污染治理和无主尾矿隐患综合治理。加强农村环境综合治理，加大农业面源污染防治力度，因地制宜推进农村生活污水、垃圾处理设施建设，继续推广测土配方施肥、水产健康养殖，加快推进畜禽标准化规模养殖，推进农村清洁工程建设。着力抓好污水处理厂、造纸厂、畜禽养殖场、火电厂、钢铁厂、水泥厂和机动车

等“六厂（场）一车”减排措施落实，确保1545个重点减排项目按期保质建成投运。（环境保护部、发展改革委、工业和信息化部、住房城乡建设部、交通运输部、国土资源部、农业部、国资委、能源局负责）

七、大力发展循环经济

做好《循环经济发展战略及近期行动计划》宣传贯彻，编制循环经济年度推进计划。印发《关于加快发展农业循环经济的指导意见》、《关于促进生产过程协同资源化处理城市及产业废弃物的指导意见》。深化循环经济统计试点，发布国家层面资源产出率指标。继续开展循环经济“十百千”示范行动，2013年启动20个循环经济示范城市（县）、10个国家“城市矿产”示范基地、17个餐厨废弃物资源化利用城市试点和28个再制造试点，以及20个园区循环化改造。继续开展再生资源回收体系试点城市建设，建设分拣加工示范基地。开展消费者交回旧件并以置换价购买再制造产品的工作。完善老旧汽车淘汰和回收拆解体系，支持和培育回收拆解骨干企业，鼓励有条件地区建立区域性破碎示范中心。推进在工业生产过程中协同处理城市生活垃圾和污泥。深入推进清洁生产，编制国家清洁生产推行规划，发布清洁生产评价指标体系，加快重大清洁生产技术应用，建设一批清洁生产技术服务中心。发布《关于开展工业产品生态设计的指导意见》，选择汽车、电子等产品开展工业产品生态设计试点。开展铅循环利用体系建设试点。深入推进资源综合利用百个示范基地和百家骨干企业建设，新增粉煤灰等大宗固体废弃物综合利用能力1.6亿吨。编制实施赤泥、磷石膏等专项方案，开展工业固体废弃物综合利用基地建设试点，修订资源综合利用目录。推进墙体材料革新工作，完成183个城市限制粘土制品、397个县城禁止使用实心粘土砖任务。大力推进建筑废物和废旧路面材料再生利用。继续抓好农作物秸秆综合利用，加快秸秆收集储运体系建设，严格农作物秸秆焚烧监管。启动第三批国家级绿色矿山试点，推动首批40家矿产资源综合利用示范基地建设。全面落实最严格水资源管理制度，推进节水型社会建设，加快发展海水淡化产业。（发展改革委、财政部、国土资源部、工业和信息化部、环境保护部、住房城乡建设部、交通运输部、商务部、水利部、农业部负责）

八、加快节能减排技术和产品开发推广

发布实施《节能减排科技专项行动方案》，加强重点行业、领域和区域节能减排共性和关键技术开发、示范，推动实施节能减排科技专项，重点推动洁净煤利用、绿色建筑、电动汽车、太阳能工业热利用、太阳能发电等技术研发推广。出台节能技术推广管理办法，建立节能技术遴选、评定和推广机制。发布第六批重点节能技术推广目录及第二批循环经济技术、工艺设备名录，修订《国家鼓励发展的重大环保技术装备目录（2011年版）》，制定“十二五”期间国家鼓励的重大节水技术工艺装备目录、高用水行业淘汰技术目录。继续实施节能产品惠民工程，推广高效照明产品1.3亿只、节能汽车100万辆、高效电动机500万千瓦，推动超高效节能产品市场消费。调整鼓励进口目录，支持先进节能环保技术、设备和关键零部件进口。开展节能减排重大技术装备质量提升专项行动。开展城市能源计量建设示范活动。推行政府绿色采购，完善强制采购和优先采购制度，逐步提高节能环保产品在采购中的比重。（科技部、发展改革委、财政部、环境保护部、工业和信息化部、水利部、商务部、质检总局、国管局负责）

九、完善节能减排的经济政策

调整和完善成品油、天然气价格形成机制，严格落实差别电价、惩罚性电价、脱硫电价和脱硝电价政策，建立动态甄别和监管机制。落实居民用电阶梯价格，推行居民生活用水、用气阶梯价格和非居民用水超定额累进加价政策。实行差别化排污收费政策，提高污水、废气中主要污染物和重金属污染物排污费标准，推进垃圾处理收费方式改革，研究制定排污权交易价格管理规定。适当调整地表水、地下水水资源费征收标准，落实超计划超定额累进收取水资源费制度。清理规范资源类收费。完善矿山环境治理恢复保证金制度。

加强财政资金管理，提高使用效率，注重发挥财政资金的引导作用，促进形成持续稳定增长的资金投入机制；研究建立有利于促进地方实现节能减排目标任务的财政支持机制。扩

大节能减排财政政策综合示范范围，结合绿色城镇化和生态文明等重大战略部署，进一步加大政策集成力度。提高节能产品惠民工程推广产品补贴标准，对能效“领跑者”产品推广给予更高标准的补贴。梳理节能减排有关税收政策，推动落实合同能源管理项目和节能节水环保产品税收优惠政策。调整消费税范围和税率结构，研究将大量消耗能源资源、易造成环境污染的产品纳入征税范围。研究制定水泥、石化等非电行业脱硫脱硝激励政策。继续推行涉重金属等高环境风险企业环境污染强制责任保险制度。建立绿色信贷实施情况关键评价指标体系、绿色信贷统计制度，加强绿色信贷信息平台建设，提高节能环保企业和项目的融资能力。（发展改革委、财政部、环境保护部、国土资源部、工业和信息化部、水利部、人民银行、税务总局、法制办、银监会、保监会、能源局负责）

十、推行节能减排市场化机制

大力推动节能服务产业发展，积极落实合同能源管理项目扶持政策，加强政策培训，规范项目管理。深入推进“百项能效标准工程”，出台约50项高耗能产品能耗限额标准、产品能效标准。加快制定《乘用车企业产品平均油耗管理办法》。发布电冰箱、空调、洗衣机等终端用能产品能效“领跑者”目录。扩大能效标识产品目录，对配电变压器、抽油烟机等产品实施能效标识。拓宽节能产品认证范围，规范节能认证管理，研究建立绿色建材认证制度。改进发电调度方式，在坚持优先调度节能环保高效机组的基础上，逐步增加经济调度因素；鼓励余热余压发电及上网；加大可再生能源发电全额保障性收购力度，推行促进风电等可再生能源消纳的辅助服务补偿机制。在4个城市开展电力需求侧管理综合试点。研究推行节能量交易。积极推进排污权有偿使用和交易试点，出台排污权有偿使用和交易试点工作指导意见，制订排污权交易方案。（发展改革委、环境保护部、财政部、工业和信息化部、人民银行、税务总局、质检总局、能源局负责）

十一、强化节能减排管理监督

出台控制能源消费总量实施方案，建立控制能源消费总量工作协调机制，确定各地区总量控制目标，提出具体的考核实施办法、部门分工意见。严格主要污染物排放总量指标管理，把污染物排放总量指标作为项目环评审批的前置条件。根据中央转变发展方式监督检查总体安排，做好节能减排政策措施落实情况监督检查。对完成节能减排目标进度滞后、淘汰落后产能不力、节能减排形势严峻的地区，暂缓办理该地区高耗能、高排放项目的节能评估审查和环境影响评价。适时开展节能减排专项资金管理使用情况监督检查，重点查处并纠正骗取、套取以及截留、挤占、挪用节能减排资金等违法违规行为。开展电力调度交易监管，落实可再生能源发电全额保障性收购制度，研究推行发电权交易。继续加强对脱硫脱硝电价政策执行情况的监督检查。加强新建建筑执行节能标准的监管，鼓励有条件的地区制定实施更高水平的标准。开展民用建筑供热计量收费监督检查。组织开展重点用能单位能耗（电耗）限额标准执行情况检查、重点用能单位能源计量审查、在用工业锅炉能效测试。完善主要污染物减排监测体系，推动企业自行监测，规范监督性监测，加大污染源监测信息发布力度。推进环境监管能力标准化建设，提高污染源监测、机动车污染监控、农业源污染监测和减排管理能力。支持地方节能减排监察机构能力建设，提高节能减排执法能力。（发展改革委、环境保护部、财政部、监察部、工业和信息化部、住房城乡建设部、质检总局、能源局负责）

十二、开展节能减排全民行动

深入推进节能减排全民行动，组织开展政府绿色办公、节能减排家庭社区行动、企业行动、青年志愿者行动、青少年行动、巾帼环境友好使者行动、节约型军营行动等，减少使用一次性产品，抑制商品过度包装，限制使用塑料购物袋，积极倡导文明、节约、绿色、低碳的消费模式。组织好全国节能宣传周、低碳日、世界环境日、世界水日等主题宣传活动，加强日常宣传报道，充分发挥民间组织、志愿者的积极作用。支持循环经济教育示范基地创建工作。反对食品浪费，研究出台关于开展反食品浪费行动的通知，推动餐饮企业、单位食堂、公务接待用餐、家庭用餐、粮食收储运等各方面、各环节节约粮食。继续开展节能减排科普展览教育活动，在重点行业职工中开展节能减排达标竞赛活动，加强职工节能减排义务监督员队伍建设。（发展改革委、科技部、教育部、环境保护部、水利部、商务部、质检总局、国管局、新华社、总后勤部、全国总工会、共青团中央、全国妇联、中国科协会同有关部门负责）

各地区、各部门要把节能减排放在更加突出的位置，切实加强组织领导，认真履行职责，强化协调配合，深入推进节能减排各项工作，确保完成2013年节能减排目标任务。发展改革委要认真履行国务院节能减排工作领导小组办公室的职责，加强节能减排工作的综合协调和检查指导，组织推动节能工作，及时向国务院报告进展情况，提出意见和建议；环境保护部为主承担污染减排方面的工作。

国家发展改革委

2013年8月16日

关于组织开展循环经济示范城市（县）创建工作的通知

发改环资[2013]1720号

各省、自治区、直辖市及计划单列市、新疆生产建设兵团发展改革委（经委、经贸委、经信委）：

党的十八大做出推进绿色发展、循环发展、低碳发展，建设生态文明的战略部署。发展循环经济是推进生态文明建设、实现可持续发展的重要路径和基本方式。国家“十二五”规划《纲要》和《循环经济发展战略及近期行动计划》（国发[2013]5号）把实施循环经济“十百千”示范行动作为发展循环经济的重大行动，通过创建一批循环经济示范城市（县），打造城市发展的升级版。为落实这一任务要求，国家发展改革委决定组织开展循环经济示范城市（县）创建工作，现将有关事项通知如下：

一、总体要求和创建目标

（一）总体要求

按照大力推进生态文明建设的战略部署，以提高资源产出率为目标，根据自身资源禀赋、产业结构和区域特点，实施大循环战略，把循环经济理念融入工业、农业和服务业发展以及城市基础设施建设，在生产、流通、消费各环节推行循环型生产方式和绿色生活方式，构建覆盖全社会的资源循环利用体系，普及绿色循环文化，通过循环发展带动绿色发展和低碳发展，加快构建循环型社会，提高城市（县）环境友好水平、资源节约效益和新型城镇化质量。

（二）创建目标

到2015年，选择100个左右城市（区、县）开展国家循环经济示范城市（县）创建活动。创建城市（县）的循环型生产方式初步形成，率先构建起覆盖全社会的资源循环利用体系，各主要品种废旧商品回收率高于全国平均水平，城市建筑、交通和基础设施基本实现绿色化，生产系统与社会生活系统的循环化程度明显提高，绿色生活方式普遍推行，形成浓厚的绿色循环文化氛围，循环经济发展长效机制基本建立，循环型社会建设取得实质性进展，生态文明建设取得阶段性成果。通过创建，各创建城市（县）的资源产出水平提高幅度超出国家平均水平，节能减排的约束性指标完成情况优于上级政府分解指标。

二、主要任务

（一）构建循环型生产方式

全面推行清洁生产，加大节能、节水、节地、节材和农村节肥节药工作力度，提高工业废弃物、农业废弃物、林业“三剩物”利用水平和水资源利用水平，减少污染物排放。推动产业集聚发展，加大园区循环化改造力度，加强信息化管理，扩大基础设施共享，促进园区绿色、循环、低碳发展。优化产业带、产业园区和基地的空间布局，鼓励企业间、产业间建立物质流、资金流、产品链紧密结合的循环经济联合体，促进工业、农业、服务业等产业间共生耦合，形成循环链接的产业体系。培育战略性新兴产业，大力发展资源循环利用等节能环保产业。

（二）形成循环型流通方式

科学规划流通业布局，减少流通环节，发展多式联运，积极发展连锁经营、统一配送、电子商务等现代流通方式。提高仓储业利用效率和土地集约水平，建立以城市为中心的公共配送体系，优化城市配送网络，扩大统一配送和共同配送规模。发展绿色流通业，限制高耗能、高耗材产品流通，鼓励绿色产品采购和销售。加强零售批发业节能环保改造，倡导开展绿色服务。建立逆向物流体系，形成网络完善、技术先进、分拣处理良好、管理规范的再生资源回收体系，促进分散、难回收、价值低的再生资源回收。培育租赁业、旧货业发展。

（三）推广普及绿色消费模式

提高全社会的节约意识，培养公众节水、节纸、节能、节电、节粮的生活习惯，反对铺张浪费。推广节能节水产品、绿色照明产品、再生产品、再制造产品、循环文化创意产品以及风能、太阳能等新能源，减少使用一次性用品，加大限制过度包装、禁塑、淘汰白炽灯的力度，完成城市限粘、县城禁实任务。引导居民进行垃圾分类，倡导绿色低碳出行方式。提高绿色产品市场占有率，扩大绿色采购比例，政府机构率先垂范。

（四）推进城市建设的绿色化循环化

在城市改造和新区建设中充分体现资源环境承载能力，优化城市空间布局，完善功能分区，推进城市基础设施系统优化、集成共享。加强土地集约节约利用，优先开发空闲、废弃、闲置土地，加强存量土地再利用，扩大城区公共绿化面积。新建城区和旧城改造同步建设再生水管网，实现雨污分流。完善建成区道路衔接度，发展公共交通，提高道路的通行速度和便捷程度，实施道路路灯节能改造。新建建筑严格落实绿色建筑标准，大力推进已建公共建筑、居民住宅的建筑节能改造。发展分布式能源，扩大新能源和可再生能源的应用范围。

（五）健全社会层面资源循环利用体系

建设完善分类回收、密闭运输、集中处理、资源化利用的城市生活垃圾回收利用体系。开展餐厨废弃物、包装废弃物、园林废弃物等城市典型废弃物回收和资源化利用。深化生产系统和生活系统的循环链接。推动企业余能、余热在生活系统的循环利用，扩大中水、城市生活污水等应用范围，鼓励企业生产设施协同资源化处理城市废弃物，有条件的城市要科学规划建设理念先进、技术领先、清洁高效的静脉产业基地。

（六）创新发展循环经济的体制机制

加强循环经济发展的组织领导和动员，健全工作机制。建立循环经济统计指标体系和评价制度，搭建循环经济技术、市场、产品等公共服务平台和基础数据库。强化宣传，建设循环经济教育示范基地和绿色学校、社区，在中小学教育中普及绿色循环低碳理念。创新政策机制，基本形成循环经济发展的产业、投资、财税、价格、金融信贷等激励政策，建立起促进循环经济的环保监管、市场准入等“倒逼”机制。

（七）探索转型发展模式

结合自身主体功能定位、区域经济特点和资源环境禀赋，科学确定适应自身循环经济发展重点，发挥区域优势，突出地方特色，总结凝炼一批可推广复制的城市（县）循环经济发展典型模式，开展提高资源产出率自愿行动，建成一批智能型社区、循环型城区、循环文化示范区以及美丽城镇、美好乡村，以点带面，积极探索通过发展循环经济实现经济发展方式转变的途径和措施，切实发挥循环经济促进新型城镇化建设的作用。

申报城市（县）可根据各自资源环境特点和循环经济发展基础，提出各具特色的循环经济发展任务，作为创建示范城市（县）的努力方向和重要着力点。

三、组织实施

（一）申报主体

1、设区的市以及直辖市、计划单列市所辖的行政区可以开展示范城市创建，县、县级市可以开展示范县创建。暂不接受直辖市、计划单列市的整体申请，设区的市及下辖县（市）不能同时申报。

2、开展国家餐厨废弃物资源化利用试点、“城市矿产”示范基地、园区循环化改造示范试点、资源产出率统计试点的城市（县）在同等条件下可优先申报。

（二）申报条件

1、正式出台了循环经济发展规划、实施方案、行动计划或年度推进计划，有明确的发展循环经济组织协调机构或机制；

2、循环经济产业链条清晰，培育形成了循环经济产业或产业集聚区；

3、申请城市(县) 属于国家、省级循环经济示范试点中的城市（县）或国家循环经济典型模式案例，实施了循环经济重点项目，取得了良好的社会经济效益；

4、“十一五”期间的资源利用水平明显提高，超额完成节能减排约束性目标，“十二五”以来单位GDP能耗、主要污染物排放总量均完成年度和进度目标任务；

5、近3年未发生过重大环境污染事件。

（三）创建程序

1、提出申请。本着自愿的原则，由城市（县）人民政府逐级向省级循环经济发展综合管理部门提出创建申请，经联合初审后确定推荐名单。

2、编报方案。被省级循环经济发展综合管理部门推荐的城市（县）根据《循环经济示范城市（县）创建实施方案编制指南》（以下简称《指南》）要求编制实施方案，创建期限不少于3年且不超过5年。实施方案经各省级循环经济发展综合管理部门会同有关部门审核后，上报国家发展改革委（环资司）。

3、评审公示。国家发展改革委会同有关部门组织专家对各地报送的实施方案进行评审，必要时进行实地调研与现场核查。对通过评审的城市（县）进行网上公示。公示无异议的，国家发展改革委正式批复其实施方案，并确

定为循环经济示范城市（县）创建地区。

4、开展创建。各创建城市（县）按照批复的创建实施方案开展创建工作，加快重点工程和项目实施。

5、验收命名。实施方案创建期满后2个月内，创建城市（县）应当完成创建总结及自查报告并向省级循环经济发展综合管理部门提出验收申报，经审核通过后，向国家发展改革委提出申请，并附省级部门的审核报告。提前完成创建目标且创建时间不少于3年的城市（县），也可提出验收申请，但应说明理由。

国家发展改革委将制定国家循环经济示范城市（县）验收程序和标准，组织专家进行评估验收。验收方式包括听取汇报、查阅资料、现场核查、问卷调查、社会公示等。经审查符合条件的城市（县），将被正式命名为"国家循环经济示范城市（区）"、"国家循环经济示范县（市）"。验收不通过的，给予不超过6个月的整改完善期，到期仍不合格的，撤销其创建资格。

6、定期复查。国家发展改革委定期对"国家循环经济示范城市（县）"进行复查，并进行不定期抽查，复查或抽查不合格的，限期整改，经整改仍达不到要求的，撤消示范城市（县）称号。

四、完善政策措施

（一）加强资金支持

示范城市（县）创建实施方案内的建设内容符合中央预算内投资或循环经济发展专项资金支持条件的，在同等条件下给予优先考虑。

（二）创新金融政策

积极落实支持循环经济发展的投融资政策措施，鼓励有条件的地区利用社会资本设立循环经济产业（股权）投资基金和创业投资基金。积极支持创建地区符合条件的企业发行用于循环经济发展的债券。优先组织开展项目收益债券等债券创新品种试点。优先将创建地区循环经济项目纳入银企合作范围。鼓励国家开发银行等金融机构结合实际为示范创建地区制定系统性融资方案，引导社会资金投入循环经济领域。

（三）政策先行先试

对促进循环经济发展的各项创新性政策，国家将在创建地区率先试点。支持循环经济领域的国家工程研究中心等科研机构与创建地区开展深度合作。优先组织创建地区的循环经济相关管理人员进行培训，提高发展循环经济管理水平。各地要同步制订推进循环经济示范城市（县）创建工作的具体办法，明确相应的支持措施，一些创新政策也要在创建城市（县）先行试点，集中各类扶持鼓励政策，发挥政策组合拳效用，形成合力。

（四）开展宣传表彰

国家将及时总结凝炼示范创建中的典型经验和做法，采取媒体集中报道，制作循环经济典型模式案例资料、召开现场会等方式进行宣传推广。对示范创建中做出显著成绩的单位和个人，依法进行表彰。

各地循环经济发展综合管理部门要按本通知要求，将符合条件、基础较好、积极性强的地区向国家发展改革委进行推荐。2013年，每个省（自治区、直辖市、计划单列市）推荐的城市、县分别不超过1个（对于超报的地区，对其报送的实施方案均不予评审）。创建实施方案报送截止期为10月20日。

附件：循环经济示范城市（县）创建实施方案编制指南（试行）（略）

国家发展改革委

2013年9月4日

关于下载"国家城市矿产示范基地"标志式样的说明

各国家"城市矿产"示范基地：

为推动再生资源规模化、产业化发展，我委、财政部组织开展了国家"城市矿产"示范基地建设工程，并作为"十二五"循环经济重点工程，列入国家"十二五"规划纲要。

为统一规范示范标牌，我们组织制作了"国家城市矿产示范基地"标志式样（见附件），其中示范基地名称和时间以国家发展改革委、财政部批复文件为准。请各示范基地自行下载制作，并在适当位置标注。请你们加强宣传，为推动国家“城市矿产”示范基地建设和循环经济发展做出积极贡献。

国家发展改革委环资司　财政部经建司

2013年9月22日

关于印发国家生态文明先行示范区建设方案（试行）的通知

发改环资[2013]2420号

各省、自治区、直辖市发展改革委、财政厅（局）、国土资源厅（局）、水利厅（局）、农业厅（局）、林业厅（局）：

为认真贯彻党的十八大关于大力推进生态文明建设的战略部署，积极落实十八届三中全会关于加快生态文明制度建设的精神，根据《国务院关于加快发展节能环保产业的意见》（国发〔2013〕30号）中关于在全国范围内选择有代表性的100个地区开展国家生态文明先行示范区建设，探索符合我国国情的生态文明建设模式的要求，国家发展改革委联合财政部、国土资源部、水利部、农业部、国家林业局制定了《国家生态文明先行示范区建设方案（试行）》。现印发你们，请认真组织先行示范地区申报（本次申报以省级以下地区为主，每个省、自治区、直辖市申报不超过2个地区，并排出顺序，超过2个的不予受理），做好建设实施方案的编制工作，报经省级人民政府同意后，于2014年2月17日前，报送国家发展改革委（环资司）。国家发展改革委、财政部、国土资源部、水利部、农业部、国家林业局将根据各地申报情况，确定生态文明先行示范区建设第一批名单。

各地区可参照本方案，组织开展本地区生态文明先行示范区建设活动，为创建国家生态文明先行示范区打好基础。

附件：国家生态文明先行示范区建设方案（试行）

国家发展改革委
财　　政　　部
国 土 资 源 部
水　　利　　部
农　　业　　部
国 家 林 业 局
2013年12月2日

附件：

国家生态文明先行示范区建设方案（试行）

根据《国务院关于加快发展节能环保产业的意见》（国发〔2013〕30号）关于在全国范围内选择有代表性的100个地区开展国家生态文明先行示范区建设，探索符合我国国情的生态文明建设模式的要求，为做好国家生态文明先行示范区建设，制定本方案。

一、充分认识开展国家生态文明先行示范区建设的重要意义

建设生态文明，关系人民福祉、关乎民族未来。党的十八大对生态文明建设作出了战略部署，要求把生态文明建设放在突出地位，融入经济建设、政治建设、文化建设、社会建设各方面和全过程，努力建设美丽中国。十八届三中全会要求紧紧围绕建设美丽中国深化生态文明体制改革，加快建立生态文明制度，健全国土空间开发、资源节约利用、生态环境保护的体制机制，推动形成人与自然和谐发展现代化建设新格局。当前，我国生态文明建设总体滞后于经济社会发展，现有法律、制度、政策尚不适应生态文明建设的要求，落实不够严格，全社会生态文明意识也亟待加强。选取不同发展阶段、不同资源环境禀赋、不同主体功能要求的地区开展生态文明先行示范区建设，总结有效做法，创新方式方法，探索实践经验，提炼推广模式，完善政策机制，以点带面地推动生态文明建设，对于

破解资源环境瓶颈制约，加快建设资源节约型、环境友好型社会，不断提高生态文明水平，具有重要的意义和作用。

二、总体要求和主要目标

（一）总体要求。

把生态文明建设放在突出的战略地位，按照“五位一体”总布局要求，推动生态文明建设与经济、政治、文化、社会建设紧密结合、高度融合，以推动绿色、循环、低碳发展为基本途径，以体制机制创新激发内生动力，以培育弘扬生态文化提供有力支撑，结合自身定位推进新型工业化、新型城镇化和农业现代化，调整优化空间布局，全面促进资源节约，加大自然生态系统和环境保护力度，加快建立系统完整的生态文明制度体系，形成节约资源和保护环境的空间格局、产业结构、生产方式、生活方式，提高发展的质量和效益，促进生态文明建设水平明显提升。

（二）主要目标。

通过5年左右的努力，先行示范地区基本形成符合主体功能定位的开发格局，资源循环利用体系初步建立，节能减排和碳强度指标下降幅度超过上级政府下达的约束性指标，资源产出率、单位建设用地生产总值、万元工业增加值用水量、农业灌溉水有效利用系数、城镇（乡）生活污水处理率、生活垃圾无害化处理率等处于全国或本省（市）前列，城镇供水水源地全面达标，森林、草原、湖泊、湿地等面积逐步增加、质量逐步提高，水土流失和沙化、荒漠化、石漠化土地面积明显减少，耕地质量稳步提高，物种得到有效保护，覆盖全社会的生态文化体系基本建立，绿色生活方式普遍推行，最严格的耕地保护制度、水资源管理制度、环境保护制度得到有效落实，生态文明制度建设取得重大突破，形成可复制、可推广的生态文明建设典型模式。

三、主要任务

（一）科学谋划空间开发格局。加快实施主体功能区战略，严格按照主体功能定位发展，合理控制开发强度，调整优化空间结构，进一步明确市县功能区布局，构建科学合理的城镇化格局、农业发展格局、生态安全格局。科学划定生态红线，推进国土综合整治，加强国土空间开发管控和土地用途管制。将生态文明理念融入城镇化的各方面和全过程，分类引导不同主体功能区的城镇化进程，走以人为本、集约高效、绿色低碳的新型城镇化道路。

（二）调整优化产业结构。进一步明确产业发展方向和重点，加快发展现代服务业、高技术产业和节能环保等战略性新兴产业，改造提升优势产业，做好化解产能过剩工作，大力淘汰落后产能。调整优化能源结构，控制煤炭消费总量，因地制宜加快发展水电、核电、风电、太阳能、生物质能等非化石能源，提高可再生能源比重。严格落实项目节能评估审查、环境影响评价、用地预审、水资源论证和水土保持方案审查等制度。

（三）着力推动绿色循环低碳发展。以节能减排、循环经济、清洁生产、生态环保、应对气候变化等为抓手，设置科学合理的控制指标，大幅降低能耗、碳排放、地耗和水耗强度，控制能源消费总量、碳排放总量和主要污染物排放总量，严守耕地、水资源，以及林草、湿地、河湖等生态红线，大力发展绿色低碳技术，优化改造存量，科学谋划增量，切实推动绿色发展、循环发展、低碳发展，加快转变发展方式，提高发展的质量和效益。

（四）节约集约利用资源。加强生产、流通、消费全过程资源节约，推动资源利用方式根本转变。在工业、建筑、交通运输、公共机构等领域全面加强节能管理，大幅提高能源利用效率。推进土地节约集约利用，推动废弃土地复垦利用。实行最严格水资源管理制度，落实水资源开发利用控制、用水效率控制、水功能区限制纳污三条红线，加快节水改造，大力推动农业高效节水，建设节水型社会。加快建设布局合理、集约高效、生态优良的绿色矿山。大力发展循环经济，推动园区循环化改造，开发利用“城市矿产”，发展再制造，做好大宗固体废弃物、餐厨废弃物、农村生产生活废弃物、秸秆和粪污等资源化利用，构建覆盖全社会的资源循环利用体系。

（五）加大生态系统和环境保护力度。实施重大生态修复工程，推进荒漠化、沙化、石漠化、水土流失等综合治理。加强自然生态系统保护，扩大森林、草原、湖泊、湿地面积，保护生物多样性，增强生态产品生产能力。以解决大气、水、土壤等污染为重点，加强污染综合防治，实现污染物减排由总量控制向环境质量改善转变。控制农业面源污染，开展农村环境综合整治，加强耕地质量建设。加强防灾减灾体系建设，提高适应气候变化能力。

（六）建立生态文化体系。倡导尊重自然、顺应自然、保护自然的生态文明理念，并培育为社会主流价值观。加强生态文明科普宣传、公共教育和专业培训，做好生态文化与地区传统文化的有机结合。倡导绿色消费，推动生活方式和消费模式加快向简约适度、绿色低碳、文明健康的方式转变。

（七）创新体制机制。把资源消耗、环境损害、生态效益等体现生态文明建设的指标纳入地区经济社会发展综合评价体系，大幅增加考核权重，建立领导干部任期生态文明建设问责制和终身追究制。率先探索编制自然资源资产负债表，实行领导干部自然资源资产和资源环境离任审计。树立底线思维，实行最严格的资源开发节约利用和生态环境保护制度。在自然资源资产产权和用途管制，能源、水、土地节约集约利用，资源环境承载能力监测预警，生态环境损害赔偿、生态补偿、生态服务价值评价、分类差异化考核等制度建设，以及节能量、碳排放权、水权、排污权交易、环境污染第三方治理等市场化机制建设方面积极探索，力争取得重要突破。

（八）加强基础能力建设。强化生态文明建设统筹协调，形成工作合力，加强统计、监测、标准、执法等基础能力建设。申报地区可结合自身资源环境特点和生态文明建设基础，调整和增加体现地方特色的发展任务，作为建设先行示范区的努力方向。

四、组织实施

（一）申报条件。

1.对生态文明建设高度重视，将其放在突出的战略位置，突出生态文明建设与经济、政治、文化、社会建设的深度融合，重在文明建设，建立起推进生态文明建设的组织协调机制。

2.在体制机制建设、管理制度创新等方面进行了探索实践，具备一定先行示范的基础。鼓励与现行节能减排、循环经济、生态环保等生态文明相关试点示范相结合。

3.“十一五”期间完成节能减排、耕地保有量、森林覆盖率等资源环境类约束性目标，“十二五”以来单位GDP能耗、碳排放强度、主要污染物排放总量、万元工业增加值用水量完成年度和进度目标任务；近年来未发生重大环境污染或生态破坏事件。

4.认真落实全国主体功能区规划，在主体功能区建设方面取得一定成效并具有示范作用。

5.申报地区不局限于辖区范围大小，工作要有特色、亮点，具有辐射带动作用和推广价值。

（二）审核批准。

省、市、区、县自愿申报，有关地区也可按流域、区域等联合申报，编制《生态文明先行示范区建设实施方案》（以下简称《实施方案》）。本行政区域申报为生态文明先行示范区的，其下辖地区不再申报。

省级发展改革委会同财政、国土、水利、农业、林业等部门对申报地区《实施方案》进行论证，根据申报条件、建设目标体系（见附表）等对申报地区进行初步审查，报经省级人民政府同意后，上报国家发展改革委，同时抄报财政部、国土资源部、水利部、农业部、国家林业局。

国家发展改革委会同财政部、国土资源部、水利部、农业部、国家林业局等部门，组织专家对申报地区《实施方案》进行评审，在对通过评审的地区进行公示基础上，批复《实施方案》并确定为国家生态文明先行示范区。

（三）方案实施。

先行示范地区要对批复的《实施方案》作进一步完善深化，认真抓好各项工作落实，确保完成目标任务。国家发展改革委、财政部、国土资源部、水利部、农业部、国家林业局要加强对建设地区工作的指导，在政策、资金、项目等方面给予支持。对先行示范区建设，中央财政按照现有各项有关政策优先予以支持。

（四）考核评价。

国家发展改革委会同财政部、国土资源部、水利部、农业部、国家林业局等相关部门，定期组织专家对先行示范区开展监督检查和评估。建设期满后开展验收考核，验收考核不合格的，取消其建设资格。验收考核办法由国家发展改革委会同财政部、国土资源部、水利部、农业部、国家林业局等部门另行制定。

（五）总结推广。

总结生态文明建设的成功经验，凝练有效模式，树立先进典型，在全国范围内进行宣传推广

2012年万家企业节能目标责任考核结果公告

2013年　第44号

根据《关于印发万家企业节能低碳行动实施方案的通知》（发改环资[2011]2873号）和《关于印发万家企业节能目标责任考核实施方案的通知》（发改办环资[2012]1923号）要求，各省、自治区、直辖市和新疆生产建设兵团节能主管部门组织对本辖区内2012年万家企业节能目标完成情况进行了评价考核，并将考核结果报送我委。我们对各地报送的考核结果进行了汇总。现将2012年万家企业节能目标责任考核结果公告如下。

国家发展改革委公布的万家企业共16078家，2012年参加考核企业14542家；有1536家企业因重组、关停、搬迁、淘汰等原因未参加考核。参加考核企业中，3760家考核结果为“超额完成”等级，占25.9%；7327家考核结果为“完成”等级，占50.4%；2078家考核结果为“基本完成”等级，占14.3%；1377家考核结果为“未完成”等级，占9.5%。2011-2012年，万家企业累计实现节能量1.7亿吨标准煤，完成“十二五”万家企业节能量目标的69%。各地区万家企业节能目标完成情况见附件1，未完成节能目标企业情况见附件2。

2012年，参加万家企业节能目标责任考核的中央企业和单位共1338家。其中，612家考核结果为“超额完成”等级，占45.7%；524家考核结果为“完成”等级，占39.2%；87家考核结果为“基本完成”等级，占6.5%；115家考核结果为“未完成”等级，占8.6%。各地区中央企业和单位节能目标完成情况见附件3。

按照《国家发展和改革委员会办公厅关于印发万家企业节能目标责任考核实施方案的通知》（发改办环资[2012]1923号）要求，对节能工作成绩突出的企业（单位），各地区和有关部门要进行表彰奖励。对考核为未完成等级的企业，由所在地区节能主管部门组织进行强制能源审计，责令限期整改。未完成等级的企业一律不得参加年度评奖、授予荣誉称号，不给予国家免检等扶优措施，对其新建高耗能项目能评暂缓审批；在企业信用评级、信贷准入和退出管理以及贷款投放等方面，由银行业监管机构督促银行业金融机构按照有关规定落实相应限制措施；对国有独资、国有控股企业的考核结果，由各级国有资产监管机构根据有关规定落实奖惩措施。

附件：1、2012年各地区万家企业节能目标完成情况汇总表

2、2012年各地区未完成节能目标企业汇总表

3、2012年各地区中央企业和单位节能目标完成情况汇总表

国家发展改革委

2013年12月25日

2013年度各地区节能目标责任评价考核结果公布

根据节能法和国务院有关规定，国家发展改革委会同有关部门对全国31个省（区、市）2013年度节能和控制能源消费总量目标完成情况和措施落实情况进行了现场考核。经国务院审核同意后，正式公布评价考核结果。

2013年，北京、河北、上海3个省（市）考核结果为超额完成等级；天津、山西、内蒙古、辽宁、吉林、黑龙江、江苏、浙江、福建、江西、山东、河南、湖北、湖南、广东、广西、四川、贵州、云南、西藏、陕西、甘肃等22个省（区、市）考核结果为完成等级；安徽、海南、重庆、青海、宁夏等5个省（区、市）为基本完成等级；新疆因新上项目多、新增能耗大等原因为未完成等级。其中，对超额完成等级的、节能措施落实较扎实的北京、河北、上海、吉林、江西、山东、广东、四川、贵州等9个地区予以通报表扬。

按照国务院要求，各地区节能考核结果将作为地方党政领导班子和领导干部综合评价考核的重要依据，纳入国务院对地方政府绩效管理的重要内容。对考核等级为未完成的地区，按规定进行问责，相关负责人在考核结果公布后的一年内不得评选优秀和提拔重用，暂停该地区高耗能项目的能评审查；对考核等级为基本完成以及能源消费量超出控制目标的地区，严格节能评估审查，新上高耗能项目实行有条件审批。工业和信息化部政策文件

工业和信息化部政策文件

关于开展工业产品生态设计的指导意见（节录）

工信部联节〔2013〕58号

一、充分认识开展工业产品生态设计的重要意义

生态设计是按照全生命周期的理念，在产品设计开发阶段系统考虑原材料选用、生产、销售、使用、回收、处理等各个环节对资源环境造成的影响，力求产品在全生命周期中最大限度降低资源消耗、尽可能少用或不用含有有毒有害物质的原材料，减少污染物产生和排放，从而实现环境保护的活动。

生态设计是实现污染预防的重要措施。

生态设计是落实生产者责任延伸制度的要求。

生态设计是提升产品竞争力的迫切要求。

生态设计有利于绿色技术创新。

二、总体要求

（一）基本思路

树立源头控制理念，以产品全生命周期资源科学利用和环境保护为目标，以技术进步和标准体系建设为支撑，开展工业产品生态设计试点，建立评价与监督相结合的产品生态设计推进机制，通过政策引导和市场推动，促进企业开展产品生态设计。

（二）主要原则

——坚持试点先行。针对产品清洁生产现状，选择有代表性的产品开展生态设计试点，积累相关经验，逐步拓展产品范围，丰富评价内容，推动工业产品生态设计不断深化。

——坚持科技支撑。引导、支持企业和科研机构加大投入力度，开发一批关键共性清洁生产工艺技术和无毒无害或低毒低害原材料（产品），加大应用和推广力度，提升产品的生态设计水平。

——坚持企业主体。引导企业把开展生态设计作为提升产品竞争力、履行企业社会责任的重要措施，加强政策支持和引导，建立有利于企业开展生态设计的政策和市场环境。

（三）目标任务

到2015年，初步建立政策引导与市场推动相结合的工业产品生态设计推进机制。生态设计推进工作有序展开，制定一批产品生态设计标准；初步建立生态设计产品评价和监督管理机制；开展产品生态设计试点，发布生态设计产品评价结果清单；开发、应用和推广一批无毒无害或低毒低害原材料（产品）以及清洁生产工艺技术。

三、重点工作

(一)组织开展工业产品生态设计试点。综合考虑资源消耗、环境影响、清洁生产技术水平、社会关注度等因素，选择汽车、电子电器等产品，制定相应生态设计评价实施细则，开展生态设计试点工作。在试点工作基础上，积累、总结相关经验，逐步拓展评价内容和试点产品范围。

（二）编制重点产品生态设计标准。研究产品从设计到回收处理各环节的典型案例和共性经验，提出产品生态设计标准体系框架，组织编制产品生态设计通则。选择一批生产过程资源消耗大、污染物排放多、有毒有害物质含量高的重点产品，研究制定生态设计标准。

（三）建立产品生态设计评价监督机制。研究制定产品生态设计评价管理制度，逐步规范产品生态设计评价管理工作；推动开发基于生态设计标准的信息管理系统，提升支持产品生态设计水平评价与监督信息化水平；组建专家队伍，为评价和监管提供技术支持。

（四）夯实生态设计基础，推进技术开发应用。收集、分析重点产品的资源消耗和污染物产生、排放相关数据，逐步建立产品生态设计基础数据库；试行产品生命周期评价；研发一批生产、回收处理过程中有毒有害物质控制技术和易回收、可重复使用的绿色环保材料；推广易拆解、易分类的产品设计方案。

四、保障措施

（一）加强组织实施。加强部门间的协调配合，形成责任明确、共同推进的管理体制；地方各级工业和信息化、发展改革、环境保护主管部门要推动本地区企业积极开展工业产品生态设计；有关行业协会及科研院所要充分发挥自身优势，做好政策和技术咨询服务；企业应主动建立全流程生态设计管理制度，提高产品生态设计水平。

（二）完善鼓励措施。开展有毒有害原料（产品）替代，发布生态设计产品目录，研究建立优秀生态设计产品奖励机制，支持生态设计产品扩大社会影响、提高市场竞争力。研究制定支持企业开展产品生态设计的财税政策，优先考虑将有关产品列入政府采购名录，推动关键共性技术和产品的研发、应用与推广。优先支持对生态设计有重要促进作用的技术改造项目，加强与金融机构的信息沟通和对接，将相关项目列入绿色信贷支持计划。

（三）开展国际合作。跟踪国际贸易规则变化，按照平等互利的原则，推动产品生态设计评价标准及检验、检测、评价结果的国际互认，支持生态设计产品拓展国际市场。开展政府、企业、科研院所等各层面的国际交流，加强技术合作，不断提高我国工业产品生态设计水平。

（四）加强宣传教育。

工业和信息化部　国家发展改革委　环境保护部

2013年1月30日

关于有色金属工业节能减排的指导意见

工信部节[2013]56号

各省、自治区、直辖市及计划单列市、新疆生产建设兵团工业和信息化主管部门，中国有色金属工业协会，有关中央企业，相关单位：

为贯彻落实党的十八大关于加强生态文明建设的要求，促进工业文明与生态文明协调发展，推动有色金属工业提高能源资源利用效率、降低污染物产生和排放强度，实现绿色低碳循环发展，现就进一步加强有色金属工业节能减排工作提出如下意见：

一、充分认识有色金属工业节能减排的重要意义

有色金属工业是以开发利用矿产资源为主的基础原材料产业，也是我国能源资源消耗和污染物排放的重点行业之一。2011年我国有色金属工业能源消耗15138万吨标煤，约占全国能源消耗总量的4.39%。

“十一五”以来，有色金属工业节能减排取得显著成效，“十一五”期间行业万元工业增加值能耗下降19.6%，部分产品综合能耗达到世界先进水平。2011年，我国铝锭综合交流电耗下降到13902千瓦时/吨，比2006年下降了795千瓦时/吨，节电约144亿千瓦时。铜冶炼、铅锌冶炼、镁冶炼、稀土冶炼等金属品种综合能耗都大幅降低，重金属污染物、化学需氧量、二氧化硫等排放量都有不同程度下降，尾矿、冶炼渣等大宗固体废物综合利用水平不断提高。

但是，有色金属工业节能减排依然面临突出问题：

一是部分产品单耗与世界先进水平仍存一定差距。2011年我国铅冶炼综合能耗433.8千克标煤/吨，与国外先进水平300千克标煤/吨相比，仍然存在较大差距。

二是国内企业间能耗水平相差悬殊。我国电解铝综合交流电耗已处于世界先进水平，但是国内电解铝企业之间差距较大，最好的企业为13000千瓦时/吨左右，最差的企业为15000千瓦时/吨，相差2000千瓦时/吨。

三是重金属污染问题较为突出。有色金属工业的行业特征决定了其在生产过程中重金属污染物产生和排放量较大，铜冶炼、铅锌冶炼、镍钴冶炼、锡冶炼、锑冶炼和汞冶炼等重金属污染防治重点行业面临新增污染源防治与历史遗留污染解决的双重任务，工作难度和压力较大。

四是淘汰落后产能任务艰巨。尽管有色金属工业在淘汰落后生产能力方面已取得积极进展，但从整体上看，能源消耗高、环境污染大的落后生产能力在有色金属工业中仍占相当比例，尤其是铅锌冶炼行业，中小企业居多，淘汰落后产能任务仍十分艰巨。

五是固体废物综合利用水平偏低。2011年我国氧化铝产量3408万吨，占全球产量1/3以上，年产赤泥量已达

3000万吨左右。目前我国赤泥整体综合利用率不到4%，累积堆存量约2亿吨，预计到2015年，累计堆存量将达3.5亿吨。

有色金属工业作为我国用能较多行业，是工业领域节能减排的重点之一，其节能减排效果对完成我国“十二五”节能减排目标具有重要意义。加大有色金属工业节能减排力度，既是国家整体节能减排的战略需要，也是有色金属工业转变发展方式、走可持续发展道路的必然选择。

二、指导思想和主要目标

（一）指导思想

全面落实科学发展观，坚持走新型工业化道路，以提高资源利用效率和保护环境为核心，加大结构调整力度，加快推进技术进步，大力发展循环经济，全面提升清洁生产水平，强化管理，重点突破与整体推进相结合，扎实做好节能减排工作，推动资源节约型、环境友好型有色金属工业体系建设。

（二）主要目标

到2015年底，有色金属工业万元工业增加值能耗比2010年下降18%左右，累计节约标煤750万吨，二氧化硫排放总量减少10%，污染物排放总量和排放浓度全面达到国家有关标准，全国有色金属冶炼的主要产品综合能耗指标达到世界先进水平（主要金属品种节能减排目标见附件1）。

三、重点任务

（一）加快推动产业结构优化调整。按照国家政策要求的时间进度，坚决淘汰高能耗、高污染的落后生产能力，确保“十二五”期间淘汰电解铝落后产能90万吨，铜（含再生铜）冶炼80万吨，铅（含再生铅）冶炼130万吨，锌（含再生锌）冶炼65万吨。严格执行市场准入条件，加强对新建和改扩建项目的节能评估和审查，加大基于能耗限额标准的惩罚性电价等政策措施实施力度，抑制产能盲目扩张，禁止违规建设电解铝、铅冶炼等高能耗、高污染项目。引导有色金属冶炼企业向能源、资源富集地区转移，推动企业兼并重组，鼓励延长产业链并形成新的经济增长点。

（二）加强节能减排与资源综合利用关键技术研发。开发锌冶炼清洁生产新工艺，削减锌冶炼有害废渣的产生。研发赤泥大规模资源化利用技术，解决赤泥长期堆存问题。重点研究连续炼铜清洁生产技术、镁冶炼还原新工艺及节能减排技术、海绵钛生产节能技术、一步炼铅成套工艺技术、以低铝硅比铝土矿为原料生产氧化铝技术、离子吸附型稀土矿原地浸出氨氮无组织排放控制等一批重大、关键、共性的节能减排技术。

（三）推动节能减排先进适用技术应用示范。重点推广新型铝电解节能技术、铜冶炼先进熔池熔炼技术、铅冶炼液态高铅渣直接还原技术、新型蓄热竖罐还原炉炼镁技术，非皂化萃取分离稀土技术、高浓度氨氮废水资源化处理技术、锌精矿焙烧烟气净化除汞技术等一批先进适用的节能减排技术（详见附件2）。结合《有色金属行业节能减排先进适用技术目录》，组织实施一批二氧化硫、重金属污染物、氨氮污染物防治工程，有效降低能源消耗，减少有害气体、重金属和氨氮污染物排放。

（四）扎实推进有色金属再生循环利用。加快发展有色金属再生循环利用产业，提高再生有色金属利用水平，推动建立全国有色金属循环利用体系。2015年底前再生有色金属产量达到1200万吨，其中再生铜、再生铝、再生铅产量占当年铜、铝、铅产量的比例分别达到40%、30%、40%左右。再生有色金属产业技术装备水平大幅提升，产业布局和产品结构进一步优化。培育形成若干再生有色金属产业集聚发展的重点地区，其产能比重超过全国再生有色金属产能的80%。

（五）推动行业能效对标达标。积极指导、督促有色金属企业开展行业能效对标活动。组织行业协会不断完善行业能效对标信息平台和对标指标体系，扩大对标金属范围，定期发布主要产品能耗相关数据、先进节能减排与资源综合利用技术、最佳节能实践，引导企业提高能源资源利用水平。

（六）强化企业节能降耗管理。督促有色金属企业建立能源管理负责人制度，设立能源管理岗位，健全企业内部节能管理机构。组织开展能源管理体系认证试点工作，探索推进有色金属企业能源管理体系建设。组织有色金属企业开展能源审计，提出切实可行的节能降耗措施并加以实施。加强能源统计工作，督促企业按有关要求配备仪器仪表等计量设备。

（七）积极推行清洁生产。认真实施铜冶炼、铅锌冶炼清洁生产技术推行方案，组织编制和实施电解铝、氧化铝、稀土清洁生产推行方案和评价指标体系。切实提高有色金属企业清洁生产水平，降低污染物产生和排放强度。积极支持和鼓励有色金属大中型企业编制清洁生产规划，组织开展清洁生产审核，到2015年底，有色金属大中型企

业均达到国内先进水平。

（八）加强重金属污染防治。遵循源头预防、清洁生产、末端治理的全过程综合防控原则，针对汞、铅、镉、砷等重金属污染物产生的关键领域和环节，以重金属冶炼生产过程控制为重点，实施清洁生产技术改造，从源头消减汞、铅、镉、砷等污染物的产生量，降低末端治理难度和压力。重点支持重金属冶炼企业采用先进成熟的技术实施清洁生产技术改造、治污设施升级改造、污染源环境风险防控设施建设和污染治理项目等。

（九）切实加强赤泥综合利用。大力支持赤泥生产新型建筑材料技术、赤泥制备路基固结材料技术、低成本赤泥脱碱技术等综合利用共性关键技术研发攻关和产业化示范。建设拜耳法赤泥旋流分级综合利用、赤泥胶结充填料用于矿山充填、拜耳法高铁赤泥砂作为干法水泥生产的铁质原料、赤泥制备新型燃煤脱硫剂等一批具有带动效应的应用示范和推广示范项目。创建2至3个赤泥综合利用示范基地，形成多途径、高附加值赤泥综合利用发展格局。

（十）大力推广应用信息技术。利用有关政策重点加强大中型铜冶炼、铝冶炼（含氧化铝）、铅锌冶炼企业能源管理中心建设，对能源输配和消耗情况实施动态监测、控制和优化管理，不断加强能源的平衡、调度、分析和预测，实现系统性节能降耗。支持企业和行业协会建设基于企业能源管理中心的信息化监测平台，逐步建立统一的企业综合能耗及排放数据采集、传输、处理接口标准，构建有色金属行业互联互通的节能减排数据采集和信息监测平台。

（十一）开展资源节约型、环境友好型企业创建活动。选择一批有代表性的有色金属企业，开展“两型”企业创建试点工作。制定“两型”有色金属企业认定标准。积极总结先进典型经验，加强经验交流和推广，研究制定鼓励“两型”企业发展的具体政策，推动全行业向资源节约型、环境友好型发展模式转变。

四、政策措施

（一）建立健全节能减排工作管理体系。各级工业主管部门和相关企业要高度重视有色金属工业节能减排工作，按照国务院《“十二五”节能减排综合性工作方案》和本意见要求，结合本地区、本企业实际，制定节能减排专项方案，提出明确的发展目标、重点任务和有效措施。推进有色金属行业节能减排监测体系建设，定期组织节能减排形势分析。

（二）加大行业准入管理和淘汰落后产能工作力度。认真贯彻落实国家《产业结构调整指导目录（2011年本）》，严格执行铜冶炼、铝冶炼、铅锌冶炼、镁冶炼、再生铅等行业准入条件和相关有色金属产品能耗限额标准，按照国家节能减排约束性指标的有关要求，对各级工业主管部门和相关企业进行监督考核。加快研究制定有色金属工业改扩建项目节能评估审查办法，从严控制有色金属企业盲目扩张。定期公告淘汰落后产能涉及企业名单，进一步完善落后产能退出的政策措施和长效机制。

（三）修订完善节能减排标准体系。修订铜、铝、铅、锌、镁等冶炼产品能耗限额国家强制性标准，开展能耗限额标准宣贯。积极会同有关部门研究制定铜、铝、铅、锌等金属品种节能、环保设计规范，组织各地节能监察机构加强对各地区有色金属企业能耗限额标准执行情况的监督检查，开展有色金属企业国家强制性能耗限额标准、机电设备、能源计量器具配备、能源计量数据及使用、特种设备等专项检查活动。

（四）强化财政税收政策支持引导作用。围绕钨、锡、锑、钼、铟、稀土等优势战略金属资源，加快研究制定能充分反映资源价值的税费政策。加强对有色金属工业重大、关键、共性节能减排与资源综合利用技术研发的科技投入力度。研究制定支持再生有色金属产业发展、赤泥综合利用的相关财政税收政策。

（五）推动建设节能减排新机制。认定一批有色金属行业专业节能服务公司，组织开展能源审计、电力需求侧管理、合同能源管理、节能项目融资等一系列节能减排服务。探索建立有色金属企业节能减排自愿协议制度，研究制定对开展清洁生产审核、实施节能减排自愿协议的有色金属企业的相关激励措施。

附件：1. 主要金属品种节能减排目标（略）

2. 有色金属工业节能减排重点技术应用示范汇总表（略）

工业和信息化部

2013年2月17日

关于促进铅酸蓄电池和再生铅产业规范发展的意见

工信部联节[2013]92号

各省、自治区、直辖市人民政府：

近年来，我国铅酸蓄电池和再生铅行业快速发展，成为全球铅酸蓄电池生产、消费和出口大国。由于部分企业规模小、工艺技术落后，污染治理水平低，导致铅污染事件频发，严重威胁群众健康，影响社会稳定。为加强铅污染防治和资源循环利用，杜绝铅污染事件发生，促进铅酸蓄电池和再生铅行业规范有序发展，经国务院同意，提出以下意见。

一、总体要求

（一）明确发展目标。深入贯彻落实科学发展观，按照严格准入、强化监管、标本兼治的原则，加大产业结构调整力度，加强环境保护核查、行业准入和生产许可证管理，加大环境执法力度，健全政策法规和标准体系，有效控制铅排放，实现铅酸蓄电池规范生产、有序回收、合理再生利用。到2015年，废铅酸蓄电池的回收和综合利用率达到90%以上，铅循环再生比重超过50%，推动形成全国铅资源循环利用体系。

二、加快产业结构调整升级

（二）加大落后产能淘汰力度。把铅酸蓄电池和再生铅行业作为国家淘汰落后产能的重点行业，立即淘汰开口式普通铅酸蓄电池生产能力，并于2015年底前淘汰未通过环境保护核查、不符合准入条件的落后生产能力。禁止将落后产能向农村和中西部地区转移。鼓励有条件的企业进行兼并重组，促进产业升级，提高产业集中度。

（三）严格行业准入和生产许可管理。按照铅酸蓄电池和再生铅行业相关准入要求，对现有企业逐一进行审查，并向社会公告通过审查的企业名单。严格铅酸蓄电池生产许可管理，申请或重新核发生产许可证的企业，应当符合环境保护要求和行业准入条件；因不符合相关要求而被依法取缔关闭的，要注销其生产许可证。外贸企业出口的铅酸蓄电池应为具备有效生产许可证的企业生产的产品。研究建立再生铅行业生产许可管理制度。

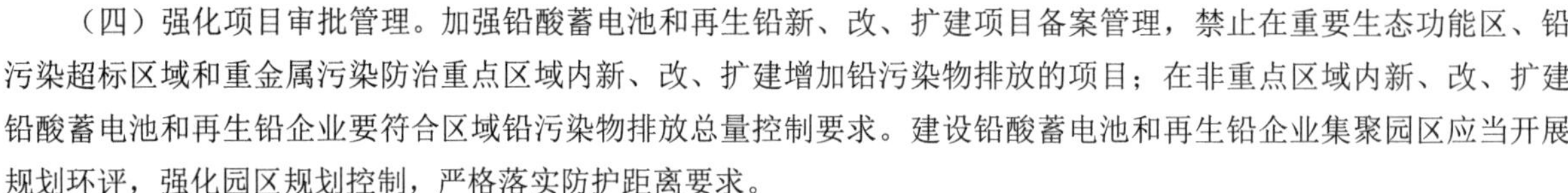

（四）强化项目审批管理。加强铅酸蓄电池和再生铅新、改、扩建项目备案管理，禁止在重要生态功能区、铅污染超标区域和重金属污染防治重点区域内新、改、扩建增加铅污染物排放的项目；在非重点区域内新、改、扩建铅酸蓄电池和再生铅企业要符合区域铅污染物排放总量控制要求。建设铅酸蓄电池和再生铅企业集聚园区应当开展规划环评，强化园区规划控制，严格落实防护距离要求。

（五）加快推行清洁生产。依法对铅酸蓄电池和再生铅企业实施强制性清洁生产审核，各省级环境保护部门会同发展改革部门、工业主管部门公布强制性清洁生产审核企业名单，每两年完成一轮清洁生产审核。指导和督促企业落实清洁生产方案，鼓励金融机构加大对企业清洁生产的信贷支持。

（六）推进行业技术进步。加强双极性密封电池、超级电池、泡沫石墨电池等新型铅酸蓄电池的技术研发，推广卷绕式、胶体电解质铅酸蓄电池技术。采用内化成、无镉化、智能快速固化室、真空合膏、管式电极灌浆挤膏等先进成熟工艺技术对现有铅酸蓄电池生产企业进行升级改造，开展铅酸蓄电池拉网式、冲孔式、连铸连轧式板栅制造工艺技术应用示范。加快废铅酸蓄电池规模化无害化再生关键技术装备的研发与应用。

三、加强环境执法监管

（七）强化环境保护核查和监管。开展铅酸蓄电池和再生铅行业环境保护专项核查，并向社会公告通过核查的企业名单。建立健全铅酸蓄电池和再生铅企业环境管理档案和信息管理体系。制定更加严格的铅酸蓄电池和再生铅行业重金属污染物排放标准。地方各级环境保护部门要定期对铅酸蓄电池和再生铅企业进行监督性监测，对企业周边环境开展经常性监测，对超标排放的企业要依法采取限期治理等措施，确保达标排放。对发生重特大铅污染事件的地区，要依法严肃追究有关人员的责任。

（八）规范企业环境行为。铅酸蓄电池和再生铅企业要落实有效的环境管理制度，建设完善的铅烟、铅尘、酸雾和废水收集、处理设施，并保证设施稳定运行和达标排放；要逐步安装铅在线监测设施并与当地环境保护部门联网，逐月报告日常监测情况。严格执行固体废物分类贮存、处置和危险废物转移联单等制度，含铅废渣、污泥等危险废物应按规定委托有资质的单位进行安全处置。要制定重金属污染事件应急预案，并定期开展应急培训和演练。加强职工劳动保护，健全血铅定期检查制度，改善工作场所环境，维护职工身心健康。

四、建立规范有序的回收利用体系

（九）落实生产者责任延伸制度。制定《废铅酸蓄电池回收利用管理办法》，提出落实生产者责任延伸制度的具体机制和操作办法，明确生产企业（进口商）的回收责任，督促企业在设计和制造环节充分考虑产品废旧回收时的便利性和可回收率。充分发挥市场机制作用，调动销售者、消费者参与回收利用的积极性。

（十）规范回收利用行为。依法规范个体商贩废铅酸蓄电池回收行为，严厉打击非法拆解和土法炼铅等行为。完善危险废物经营许可制度，鼓励生产企业通过其零售网络组织回收废铅酸蓄电池，支持生产企业、销售企业、专业回收企业和再生铅企业共建回收网络。加强对废铅酸蓄电池收集、储存、运输全过程的监管。支持规模化、规范化的铅再生利用示范工程建设。

五、加强政策引导和支持

（十一）加大财政资金支持力度。2012-2015年，中央财政淘汰落后产能奖励资金对全国范围内的铅酸蓄电池企业淘汰落后产能予以支持。加大中央财政清洁生产专项资金支持力度，重点支持符合准入条件、排放达标的企业运用先进节能环保技术改造现有生产能力。

（十二）落实税收优惠政策。继续对利用废铅酸蓄电池生产再生铅的企业，实行增值税即征即退50%的税收优惠政策。进一步研究完善再生铅行业鼓励政策，加大税收扶持力度。

六、加强组织实施

（十三）明确职责任务。地方人民政府对本行政区内的铅污染防治工作负总责，相关企业是铅污染防治的责任主体。国家建立由工业和信息化部、环境保护部、商务部、发展改革委、财政部等部门和相关协会参加的协调工作机制，统筹研究产业升级、行业准入、污染防治工作目标和计划、相关配套政策措施等，督促和指导地方相关部门开展工作。有关部门要各司其职，加强协调配合，共同推进铅酸蓄电池和再生铅行业规范发展。充分发挥行业协会的组织、自律、监督和协调作用。

（十四）加强信息公开和社会监督。各省级工业主管部门、环境保护部门要定期公布本行政区域内铅酸蓄电池和再生铅企业名单、厂址以及产能等情况，相关企业每年应向社会发布企业年度环境报告，公布污染物排放和环境管理等情况。加大对铅污染危害及防护常识的宣传力度，鼓励社会对企业违法行为进行监督与举报。

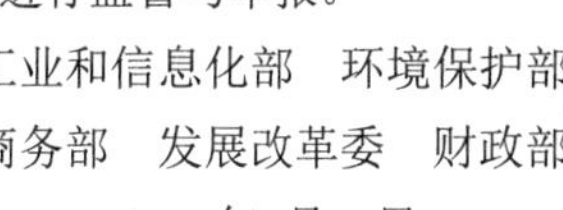

工业和信息化部　环境保护部

商务部　发展改革委　财政部

2013年3月12日

关于做好《再生铅行业准入条件》实施工作的通知

工信部联节[2013]210号

各省、自治区、直辖市及计划单列市、新疆生产建设兵团工业和信息化、环境保护主管部门：

为落实工业和信息化部、环境保护部等五部委《关于促进铅酸蓄电池和再生铅产业规范发展的意见》（工信部联节[2013]92号），做好《再生铅行业准入条件》（工业和信息化部 环境保护部公告2012年第38号）实施工作，现将有关事项通知如下：

一、严格执行新建再生铅项目准入标准

（一）严禁新建单系列生产能力在5万吨/年以下及采用坩埚熔炼、直接燃煤反射炉熔炼工艺的再生铅项目。各地区在规划建设再生铅项目时应按照《再生有色金属产业发展推进计划》（工信部联节〔2011〕51号）有关布局规划要求执行。

（二）严格按程序标准要求开展新建再生铅项目环评、能评工作。新建再生铅项目环境影响评价应由省级及以上环境保护部门审批；新建再生铅项目节能评估报告应依法通过有关部门审批。

（三）省级工业和信息化主管部门应会同环境保护部门对本地区在建的再生铅建设项目按照准入条件和环保核查要求进行评估审查。

二、做好现有再生铅企业准入公告管理

（四）为加快再生铅行业结构调整，促进产业优化升级，按照《再生铅行业准入公告管理暂行办法》（见附件）对再生铅行业所有生产企业实行准入公告管理制度。

（五）各再生铅企业应对照《再生铅行业准入条件》的各项要求，对本企业再生铅生产规模、生产工艺技术及装置、能源和原材料消耗、环境保护、安全生产等各项技术指标进行自查，并按要求将自查情况报企业工商注册登记所在地的省级工业和信息化主管部门。未达到准入条件要求的，要明确相应整改措施及达到准入条件的时间表。

（六）各省级工业和信息化、环境保护主管部门按照《再生铅行业准入公告管理暂行办法》于2013年底前完成所有再生铅企业准入条件核查工作，并将符合准入条件要求的企业名单及相关材料上报工业和信息化部、环境保护部。

（七）工业和信息化部、环境保护部将分批以联合公告的形式向全社会发布符合准入条件的企业名单。各省级工业和信息化、环境保护主管部门应加强对不符合准入条件要求企业的监督检查，推动优胜劣汰。

三、抓紧淘汰落后再生铅生产能力

（八）铅酸蓄电池和再生铅行业已列入落后产能淘汰范围。各地应根据《国务院关于进一步加强淘汰落后产能工作的通知》（国发〔2010〕7号）精神，按照淘汰落后产能工作要求，将落后再生铅生产能力列入淘汰名单予以淘汰。对1万吨/年以下再生铅生产能力，以及坩埚熔炼、直接燃煤的反射炉等工艺及设备，各地区应立即组织予以淘汰。2013年底以前，将3万吨/年以下的再生铅生产能力列入落后产能淘汰范围予以淘汰。

四、加强再生铅企业行业准入督导检查

（九）各省级工业和信息化主管部门应按照《再生铅行业准入条件》要求，负责对本地再生铅生产企业执行准入条件情况进行监督检查，积极发挥行业协会等中介机构作用，协助做好准入条件实施工作，加强行业协调和自律管理。

（十）工业和信息化部、环境保护部将组织力量，对再生铅企业准入条件实施执行情况定期进行督导检查，对未按规定执行的企业和地区予以通报批评和公开曝光。

（十一）工业和信息化部、环境保护部将准入公告抄送发展改革、财政、商务、税务、质检等有关部门，作为享受各类专项资金、优惠政策措施和核发生产许可证的参考依据。

附件：再生铅行业准入公告管理暂行办法（略）

工业和信息化部　环境保护部

2013年5月30日

关于公布清洁生产示范企业名单的通告

工信部节[2013]333号

各省、自治区、直辖市及计划单列市、新疆生产建设兵团工业和信息化主管部门，有关行业协会：

经各省（自治区、直辖市）工业主管部门推荐、行业专家评审，在聚氯乙烯等28个重点行业，从清洁生产制度建设、原材料优化调整、技术工艺创新和改造升级、产品生态设计、资源高效利用等方面，遴选出新疆天业（集团）有限公司等43家企业作为清洁生产示范企业，现予以公布。

希望清洁生产示范企业进一步贯彻落实《清洁生产促进法》，深入推行清洁生产，发挥示范引领作用，促进行业清洁生产水平持续提升。

附件：清洁生产示范企业名单（略）

工业和信息化部

2013年9月3日

关于公布机电产品包装节材代木示范组单位名单的通告

工信部节〔2013〕338号

各省、自治区、直辖市及计划单列市、新疆生产建设兵团工业和信息化主管部门，有关中央企业：

为加快推进机电产品包装节材代木工作,2011年，我部选择东方汽轮机有限公司等20个供需对接和物流循环两类试点工作组，进行了为期2年的机电产品包装节材代木试点工作。试点期内，试点组单位按照试点方案要求，密切配合，积极开展节材代木工作，达到预期效果。现试点期已经结束，经专家组验收，东方汽轮机有限公司等18个试点组达到了试点要求，作为机电产品包装节材代木示范组单位，现予以公布。

希望示范组单位再接再励，不断总结经验，进一步提高包装产品技术性能和质量、降低成本，加强节材代木包装产品的推广和应用，发挥引领示范作用，推动机电产品包装节材代木工作再上新台阶。

附件：机电产品包装节材代木示范组单位名单（略）

工业和信息化部
2013年9月6日

关于印发《重点工业行业用水效率指南》的通知

工信部联节〔2013〕367号

各省、自治区、直辖市及计划单列市、新疆生产建设兵团工业和信息化主管部门、水行政主管部门、统计局、节约用水办公室，有关行业协会，有关中央企业：

为落实国务院最严格水资源管理制度，提高工业用水效率，我们组织编制了《重点工业行业用水效率指南》（以下简称《指南》），现印发给你们。请结合本地区、本行业实际，按照《指南》要求，指导工业企业开展节水对标达标，加强节水技术改造，推进节水型企业建设。

工业和信息化部　水利部
国家统计局　全国节约用水办公室
2013年9月25日

工业和信息化部关于石化和化学工业节能减排的指导意见

工信部节[2013]514号

各省、自治区、直辖市及计划单列市、新疆生产建设兵团工业和信息化主管部门，中国石油和化学工业联合会，有关中央企业：

为贯彻落实党的十八大关于加强生态文明建设的战略部署，促进工业经济与生态环境协调发展，推动石化和化学工业提高能源资源利用效率、降低污染物产生和排放强度，促进绿色循环低碳发展，现就进一步加强石化和化学工业节能减排工作提出如下意见：

一、石化和化学工业节能减排形势严峻

石化和化学工业是我国国民经济的基础产业，也是能源资源消耗高和污染物排放量大的重点行业。“十一五”以来，石化和化学工业按照国家节能减排总体要求，加快产业结构调整步伐，积极推广节能环保新技术、新装备，不断加强企业能源和环保管理，全行业节能减排工作取得显著进展。炼油、乙烯、合成氨、烧碱、电石等重点产品单位综合能耗均有较大幅度下降，重点污染物减排任务均超额完成，部分企业能效指标居于世界先进水平。

但是，石化和化学工业能源资源消耗高、污染物排放量大的局面尚未得到根本改变。2012年全行业综合能源消费量4.73亿吨标准煤，约占全国工业能耗总量的18%；2011年全行业化学需氧量58.1万吨，排放废水43.9亿吨、二氧化硫231.1万吨、氨氮11.5万吨、氮氧化物98.3万吨，均位居工业行业前列。行业技术装备工艺水平参差不齐，企业间节能、清洁生产、综合利用等方面工作开展情况差距较大，部分企业单位产品能耗与国际先进水平差距较大，节能环保水平离生态文明建设的要求还有一定差距，行业可持续发展面临新的挑战。

为确保国家中长期节能减排约束性目标和能源消费总量控制目标顺利完成，石化和化学工业必须坚定不移走新型工业化道路，将发展方式转变到内生增长、创新驱动上来，进一步提高能源利用效率，积极推行清洁生产，大力发展循环经济，努力建设资源节约型、环境友好型企业。

二、指导思想和主要目标

（一）指导思想

全面贯彻落实党的十八大和十八届三中全会精神，坚持把石化和化学工业节能减排与产业转型升级、化解过剩产能相结合，加快形成转变行业发展方式的倒逼机制；坚持强化责任、健全法制、完善政策、加强监管相结合，建立健全激励和约束机制；坚持政府为主导、企业为主体、市场有效驱动、全社会共同参与的节能减排工作格局，大幅度提高能源利用效率，显著减少污染物排放，促进行业绿色循环低碳发展。

（二）主要目标

到2017年底，石化和化学工业万元工业增加值能源消耗比2012年下降18%，重点产品单位综合能耗持续下降，全行业化学需氧量、二氧化硫、氨氮、氮氧化物排放量分别减少8%、8%、10%和10%，单位工业增加值用水量降低30%，废水实现全部处理并稳定达标排放，水的重复利用率提高到93%以上，新增石化和化工固体废物综合利用率达到75%，危险废物无害化处置率达到100%。

三、重点任务

（一）优化调整产业结构，提高产品质量水平。继续做好淘汰落后产能工作，2015年底前，淘汰200万吨/年及以下的常减压装置（青海格尔木、新疆泽普装置除外），淘汰380万吨电石落后生产能力；积极推进炼化一体化和乙烯原料结构优化，提高资源利用效率；控制氮肥、磷肥、“三酸两碱”、电石等高耗能、大宗基础化学品的总量，淘汰或改造其中部分能耗高、污染重的产能和装置，提高新建项目的能效和环保门槛；在化工产业集聚区，通过集中建设热电联产机组逐步淘汰分散燃煤锅炉。大力发展高性能合成材料、新能源产业基础材料、高端专用化学品等技术含量和附加值高的产品，延伸产业价值链，提高石化和化学工业的精细化率。

（二）推动节能减排技术研发和推广。支持企业、科研院所建设技术创新平台，积极开展石化装置能量系统优化技术、化工固体废弃物资源化利用技术、高浓度难降解有机废水削减和治理技术等关键共性技术的研发攻关和应用示范。加快推广应用回收低位工艺热预热燃烧空气技术、高效清洁先进煤气化技术、低能耗水溶液全循环尿素生产技术、氧阴极低槽电压离子膜电解技术、电石炉和黄磷炉尾气净化综合利用技术、氮肥生产污水零排放技术、低汞触媒技术、盐酸脱吸技术等重点节能减排技术，编制推广方案，组织实施示范工程。

（三）加快低碳能源的开发利用，积极发展低碳技术。加快以页岩气、煤层气为代表的非常规低碳能源的勘探和开发步伐，突破水平井钻完井、储层多段压裂改造、页岩气含气量及储层物性分析测试等关键技术，推动能源结构优化和低碳化。大力支持以二氧化碳驱油技术、煤基多联产技术、二氧化碳作为碳源合成有机化学品技术等为代表的生产过程中二氧化碳产生少、好收集、可再利用的工艺技术装备的研发和推广应用。在合成氨、甲醇、电石、乙烯和新型煤化工等重点碳排放子行业中开展碳捕集和封存的示范项目。

（四）夯实节能减排管理基础。完善企业节能减排责任制度，督促重点用能企业和污染物排放企业建立能源管理体系和环境管理体系，鼓励有条件的企业积极开展能源管理体系和环境管理体系认证。加强石化和化工企业能源审计和能源统计工作，建立和完善石化和化学工业节能减排信息监测系统，抓好污染物排放在线监测和突发事件应急处置工作。加强企业节能减排能力建设，针对石化和化学工业生产特点，有计划、有步骤、有针对性地对企业节能环保管理人员、技术人员和重点岗位操作人员进行系统培训，使重点用能企业和污染物排放企业均具备专业化节能环保人员队伍。

（五）推动信息化和智能化建设。在炼油、乙烯、化肥、氯碱、电石、纯碱、无机盐、橡胶等子行业开展企业能源管理中心建设，对能源的购入存储、加工转换、输送分配、最终使用和回收处理等环节实施动态监测、控制和优化管理，实现系统性节能降耗。到2017年，石化和化学工业力争建设150个企业能源管理中心。鼓励产学研联合

开发石化和化学工业企业能源信息化、智能化管理技术和系统，逐步建立统一的企业综合能耗及排放数据采集、传输、处理接口标准，为构建石化和化学工业节能减排信息监测系统提供支撑。

（六）加强企业能效对标达标工作。完善石化和化学工业能效领跑者发布制度，定期发布合成氨、甲醇、烧碱、乙烯等产品的能效领跑者及其指标，制定石化和化学工业能效提升路线图计划，指导、督促石化和化工企业开展能效对标达标活动。组织行业协会不断完善能效对标信息平台和对标指标体系，总结并发布能效最佳实践案例，引导企业提高能源资源利用水平。

（七）落实大气污染防治计划，推进重点领域治污减排工作。重点做好石油化工、煤化工、农药、染料等污染物排放量较大子行业的污染防治。石油炼制企业的催化裂化装置都要安装脱硫设施。推进挥发性有机物污染治理，在石化行业实施挥发性有机物综合整治，完善涂料、胶粘剂等产品挥发性有机物限值标准，推广使用水性涂料，鼓励生产、销售和使用低毒、低挥发性有机溶剂，京津冀、长三角、珠三角等区域要于2015年底前完成石化企业有机废气综合治理。加强基础化学原料制造和涂料、油墨、颜料等行业重金属污染防治工作，减少重金属排放。推进磷矿石、磷石膏、电石渣、碱渣、硫酸渣、废橡胶等固体废物综合利用；加强与钢铁、建材企业合作，联合处置铬渣。

（八）全面推行循环经济和清洁生产。构建以企业为主体、市场引导和政府推动相结合的循环经济和清洁生产推行机制，在全行业推广硫酸、磷肥、氯碱、纯碱、农药、橡胶等子行业推进循环经济和清洁生产的成功经验。推广以煤电化热一体化为代表的共生耦合产业发展模式。加强对石化和化学工业的清洁生产审核，针对节能减排关键领域和薄弱环节，采用先进适用的技术、工艺和装备，实施清洁生产技术改造，到2017年重点行业排污强度比2012年下降30%以上。推进非有机溶剂型涂料和农药等产品创新，减少生产和使用过程中挥发性有机物排放。制修订氮肥、磷肥、农药、染料、涂料等重点子行业清洁生产技术推行方案和清洁生产评价指标体系，指导企业开展清洁生产技术改造和清洁生产审核。引导企业开展工业产品生态设计，尽可能少用或不用有毒有害物质，在农药等重点领域开展有毒有害原料（产品）替代，开发推广环保、安全替代产品。实施一批清洁生产示范项目，培育一批清洁生产示范企业，创建一批清洁生产示范园区。

（九）推进企业责任关怀行动。推广以资源节约、环境友好、安全健康、清洁生产为主旨的企业责任关怀行动，构建有中国特色的责任关怀体系，制定评价标准，探索评估认证方法，促进规范有序发展。把责任关怀与“健康、安全、环保”（HSE）工作紧密结合起来，深入开展责任关怀试点，大力宣传石化和化学工业责任关怀工作成效，树立责任关怀工作先进典型，提升石化和化学工业整体形象，增强企业社会责任意识，提高行业整体竞争力。

（十）加强行业节水工作。制定石化和化学工业高耗水产品、工艺、设备淘汰类目录。推动企业加强节水管理，重点用水企业制定和完善节水管理制度、规划，配备节水设施和器具。加快研发先进节水技术、设备、器具及污水处理设备，大力推广节水新技术、新工艺、新设备，加大节水技术改造资金投入。加快推进工业废水深度循环利用，开展废水“零排放”试点。到2017年，在石化和化学工业树立一批节水标杆企业。

（十一）开展资源节约型、环境友好型企业创建活动。选择一批有代表性的石化和化工企业，开展“资源节约型、环境友好型”企业创建试点工作。制定“资源节约型、环境友好型”企业认定标准。积极总结先进典型经验，加强经验交流和推广，研究制定鼓励“资源节约型、环境友好型”企业发展的具体政策，推动全行业向资源节约型、环境友好型发展模式转变。

四、政策措施

（一）强化监督管理。各级工业和信息化主管部门要进一步加强对重点用能企业和污染物排放企业的监督管理，建立和完善石化和化学工业节能减排统计、监测和考核体系，定期组织相关分析，开展预测预警工作。认真贯彻落实涉及石化和化学工业的产业政策，严格执行合成氨、电石、氯碱等行业准入条件。加快研究制定石化和化学工业项目节能评估和审查办法，从严控制大宗高耗能产品产能扩张。开展重点产品能耗限额标准实施情况督查行动，定期公告落后产能企业名单。

（二）完善节能减排机制和优惠政策。发展节能环保服务业，鼓励专业节能服务机构为石化和化工企业提供能源审计、节能减排工程、合同能源管理、节能项目融资等服务。研究出台能效领跑者激励机制和优惠政策。引导石化和化工企业积极开展电力需求侧管理、能源梯级利用等工作。研究支持石化和化学工业废弃物利用的优惠政策，完善废弃物管理体系，理顺废弃物来源渠道，鼓励废弃物专业化收集和处理。

（三）建设节能减排标准体系。制修订石化和化学工业节能减排技术的标准和规范。完善重点产品能耗限额标准体系、统计标准体系、审核和认证标准体系，制定尿素、乙烯、二甲醚等重点耗能产品的能耗限额标准，修订合成氨、烧碱等产品的能耗限额标准。推动制定石化和化学工业主要耗能设备效率测定与评价标准，不断完善石化和化学工业资源综合利用标准体系。继续做好重点产品清洁生产标准的制修订工作，编制重点耗能产品能效对标指南等技术标准。

（四）积极鼓励技术创新和技术改造。推动国家级石化和化学工业节能减排工程技术研究中心建设，建立跨部门、跨行业、产学研紧密结合的科技创新体系。加大新技术研发资金投入，开展行业共性关键技术的研发与工程应用。鼓励装备制造骨干企业提升制造水平，带动石化和化学工业产业升级和技术进步。加大技术改造工作力度，鼓励企业采用先进的环保技术装备，加快先进适用环保技术装备的产业化应用和推广。筛选一批对行业节能减排工作具有重要意义的节能减排技术，制定专项工程实施方案，会同相关部门给予政策支持。

（五）加强企业节能减排制度和能力建设。通过有针对性的引导政策和奖惩措施，充分调动企业的积极性，引导企业完善节能减排管理制度。鼓励重点用能企业开展企业内部能源计量在线监测和分析工作，提高企业的能源管理水平。深入开展企业能源管理负责人培训，引导企业建立和完善能源管理岗位的设置、职能、考核指标与方法、奖惩等制度。

（六）充分发挥行业协会等社会力量。相关行业协会要进一步做好节能减排政策建议研究、信息收集、统计分析等工作。鼓励行业协会和社会中介组织搭建节能减排技术和产品交流平台。发动社会各方面力量做好节能减排宣传工作，通过多种渠道广泛宣传国家节能减排的法律法规和政策，交流先进技术和管理经验，提高行业节能减排意识。

工业和信息化部

2013年12月23日

财政部政策文件

2013年老旧汽车报废更新补贴车辆范围及补贴标准公告

财政部商务部　2013年第70号

根据《财政部 商务部关于发布〈老旧汽车报废更新补贴资金管理办法〉的通知》（财建（2013）183号）等有关规定，现将2013年老旧汽车报废更新补贴车辆范围及补贴标准公告如下：

2013年1月1日—12月31日期间交售给报废汽车回收企业的，使用10年以上（含10年）且不到15年的半挂牵引车和总质量大于12000千克（含12000千克）的重型载货车（含普通货车、厢式货车、仓栅式货车、封闭货车、罐式货车、平板货车、集装箱车、自卸货车、特殊结构货车等车型，不含全挂车和半挂车），补贴标准为每辆车18000元人民币。

符合上述补贴范围的老旧汽车车主，可按有关规定，凭《老旧汽车报废更新补贴资金申请表》（在所在地老旧汽车报废更新补贴联合服务窗口领取，或从商务部网站下载）、《报废汽车回收证明》（三联）原件、《机动车注销证明》原件及复印件、有效身份证明原件及复印件、与车主同名的个人银行账户存折或单位账户开户证复印件等凭证申请补贴资金。

财政部

商务部

2013年10月24日

关于完善废弃电器电子产品处理基金等政策的通知

财综〔2013〕110号

各省、自治区、直辖市、计划单列市财政厅（局）、环境保护厅（局）、发展改革委、工业和信息化主管部门：

为促进废弃电器电子产品处理的规模化、产业化、专业化发展，提升行业技术装备水平，推动优质废弃电器电子产品处理企业（以下简称处理企业）做大做强，淘汰落后处理企业，根据《财政部 环境保护部 国家发展改革委 工业和信息化部 海关总署 国家税务总局关于印发＜废弃电器电子产品处理基金征收使用管理办法＞的通知》（财综〔2012〕34号）等规定，现就有关事项通知如下：

一、将已建成的优质处理企业纳入基金补贴范围

优质处理企业是指再生资源利用领域全国性龙头企业和电器电子产品生产大型骨干企业设立的处理企业，并具备下列条件：（一）具有国内领先水平的废弃电器电子产品拆解处理技术设备，具备持续的技术设备研发和创新能力；（二）具有废弃电器电子产品的无害化资源化深度处理能力，资源回收利用率和附加值高；（三）废弃电器电子产品处理的环境污染控制标准高；（四）企业管理规范，有完善的废弃电器电子产品回收处理信息管理系统，内部控制制度有效；（五）有稳定的废弃电器电子产品回收渠道；（六）企业诚信度高，社会信誉良好。

本通知发布前已建成但尚未纳入相关省（区、市）废弃电器电子产品处理发展规划（以下简称规划）的优质处理企业，可以向设区的市级环保部门申请废弃电器电子产品处理资格，并向财政部、环境保护部、发展改革委、工业和信息化部申请废弃电器电子产品处理基金（以下简称基金）补贴。

设区的市级环保部门对提出申请的优质处理企业资质情况进行审查，对符合条件的颁发废弃电器电子产品处理资格证书。财政部会同环境保护部、发展改革委、工业和信息化部对提出基金补贴申请的优质处理企业相关条件进行审核，并组织专家进行现场核查，对达到合格标准的，纳入基金补贴范围。

二、调整完善各省（区、市）废弃电器电子产品处理发展规划

对获得基金补贴的优质处理企业，由相关省（区、市）环保部门会同有关部门将其纳入本地区规划。本通知发布后新设立的优质处理企业申请废弃电器电子产品处理资格和基金补贴，必须先符合各省（区、市）规划的要求。

严格控制处理企业规划数量，优化处理企业结构。除将已获得基金补贴的优质处理企业纳入规划外，本通知发布前已经环境保护部备案的各省（区、市）废弃电器电子产品处理企业规划数量不再增加。各省（区、市）环保部门要会同有关部门通过修订本地区规划，淘汰技术设备落后、不符合环保要求、资源综合利用率低、缺乏诚信和管理混乱的企业，并将优质处理企业纳入规划。

合理核定处理企业的处理能力。设区的市级环保部门要切实规范废弃电器电子产品处理资格审查和许可管理，根据处理企业配备的关键处理设备（如CRT切割机）台数、以每天8小时工作时间为标准，并区分废弃电器电子产品类别，科学合理核定处理企业的处理能力，确保真实准确，不得虚增处理能力。凡不符合上述要求的，设区的市级环保部门要重新核定处理企业的处理能力，并按规定对其换发废弃电器电子产品处理资格证书。各省（区、市）环保部门要督促和指导设区的市级环保部门做好处理能力核定工作，并于2014年1月20日前将重新核定后的本地区处理企业的处理能力报环境保护部和财政部备案。

三、明确基金补贴企业退出规定

各级环保部门要会同有关部门通过现场检查、驻厂监管、重点抽查、委托专业机构审核、信息系统实时监控等方式，加强对处理企业拆解处理废弃电器电子产品的审核和环境执法监督。财政部会同环境保护部、发展改革委、工业和信息化部对处理企业进行综合评估。在审核监督和综合评估中发现处理企业有下列情形之一的，取消给予基金补贴的资格，并从相关省（区、市）规划中剔除：（一）存在违法经营行为的；（二）以虚报、冒领等手段骗取基金补贴的；（三）非法利用处置废弃电器电子产品拆解产物的；（四）自2014年起，经各级环保部门审核确认的废弃电器电子产品不规范拆解处理数量占其申报拆解处理总量连续两年超过5%的；（五）自2014年起，各类废弃电器电子产品年实际拆解处理量低于许可处理能力的20%的，以及资源产出率低于40%的。

四、全面公开废弃电器电子产品处理信息

各省（区、市）环保部门要在政府网站显著位置公开本地区处理企业规划数量、名称、处理设施地址、处理的废弃电器电子产品类别和能力等；按季度公开本地区处理企业完成拆解处理的废弃电器电子产品种类、数量，以及拆解产物和最终废弃物利用处置情况；及时公开本地区废弃电器电子产品拆解处理的环保核查和数量审核情况，以及处理企业接受基金补贴情况。环境保护部要在政府网站显著位置公开各省（区、市）处理企业规划数量、名称、布局、处理能力等；按季度公开各省（区、市）处理企业完成拆解处理的废弃电器电子产品种类、数量及审核情况；及时公开各省（区、市）处理企业接受基金补贴情况等。通过提高废弃电器电子产品处理信息透明度，更好地接受社会公众监督，营造公平市场环境，增强行业发展的自律性，促进行业持续健康发展。

财政部　环境保护部
发展改革委 工业和信息化部
2013年12月2日

环境保护部政策文件

“十二五”主要污染物总量减排统计办法

（环发[2013]14号　环境保护部　统计局　发展改革委　监察部2013年1月24日印发）

第一条　为确保“十二五”期间主要污染物排放量数据准确、及时、可靠，按照《中华人民共和国环境保护法》、《中华人民共和国统计法》、《国务院关于印发“十二五”节能减排综合性工作方案的通知》（国发〔2011〕26号）、《国务院关于加强环境保护重点工作的意见》（国发〔2011〕35号）和《国务院关于印发节能减排“十二五”规划的通知》（国发〔2012〕40号）等，制定本办法。

第二条　本办法所称主要污染物，是指《中华人民共和国国民经济和社会发展第十二个五年规划纲要》确定实施总量控制的四项污染物，即化学需氧量、氨氮、二氧化硫和氮氧化物。

环境统计污染物排放量包括工业污染源、城镇生活污染源及机动车、农业污染源和集中式污染治理设施排放量。化学需氧量和氨氮的排放量为工业污染源、城镇生活污染源、农业污染源和集中式污染治理设施排放量之和。二氧化硫排放量为工业污染源、城镇生活污染源和集中式污染治理设施排放量之和。氮氧化物排放量为工业污染源、城镇生活污染源、集中式污染治理设施和机动车排放量之和。

第三条　主要污染物排放量统计制度包括年报和季报。年报主要统计年度污染物排放及治理情况，报告期为1至12月，年报快报数据于次年1月31日前上报国务院环境保护主管部门。季报主要统计季度污染物排放及治理情况，报告期为1个季度，每个季度结束后15日内将上季度数据上报国务院环境保护主管部门。

第四条　统计调查按照在地原则，由市（地）、县级政府环境保护主管部门负责完成，并对各类污染源污染物排放量等数据进行审核汇总，经逐级审核、汇总、上报至国务院环境保护主管部门。

第五条　本办法所称的重点调查单位，是指环境统计发表调查的工业企业、规模化畜禽养殖场（小区）和集中式污染治理设施。

发表调查的工业企业是指主要污染物排放量占各地区（以地市级为基本单位）排污总量85%以上的工业企业；发表调查的规模化畜禽养殖场（小区）是指按环境统计报表制度划分标准确定的全部规模化畜禽养殖场（小区）；发表调查的集中式污染治理设施是指所有集中式污水处理设施、生活垃圾处理厂（场）、危险废物（医疗废物）集中处理（处置）厂。重点调查单位应与上年重点调查单位对照比较，每年动态调整一次，新增企业（不论试生产还是已通过验收，凡造成事实排污超过1个月以上的企业）均应纳入统计调查范围，以保证重点调查数据能够反映排污情况的总体趋势。

季报的调查范围为国家重点监控企业，按照国务院环境保护主管部门公布名单执行，每年动态调整。

第六条　工业污染源污染物排放量根据重点调查单位发表调查和非重点调查单位比率估算；城镇生活污染源污染物排放量根据城镇人口数、燃料消耗量等社会经济数据测算；农业污染源污染物排放量根据发表调查和产排污系数测算；机动车氮氧化物排放量根据分车型机动车保有量数据和排污系数测算；集中式污染治理设施污染物排放量根据发表调查统计。

第七条　重点调查单位中工业污染源污染物排放量采用监测数据法、物料衡算法或产排污系数法进行调查统计，优先使用监测数据法。省级、市（地）级政府环境保护主管部门的监测数据应及时反馈给县级政府环境保护主管部门。

监测数据法：主要污染物排放量为流量与排放浓度之积。监测数据法计算所得的排放量数据必须与物料衡算法、产排污系数法计算所得的排放量数据相互对照验证。

物料衡算法：主要适用于火电厂、工业锅炉、钢铁企业烧结（球团）工序二氧化硫排放量的测算，公式如下：

火电厂（工业锅炉）二氧化硫排放量=煤炭（油）消耗量×煤炭（油）平均硫分×转换系数×（1-综合脱硫效率）

钢铁企业烧结（球团）工序二氧化硫排放量=（铁矿石使用量×铁矿石平均硫分+固体燃料使用量×固体燃料平

均硫分）×转换系数×（1-综合脱硫效率）

综合脱硫效率以自动监测数据及投运率确定。

产排污系数法：主要适用于火电厂、工业锅炉、水泥厂氮氧化物排放量以及化学原料和化学制品制造、造纸、金属冶炼、纺织等行业主要污染物排放量的测算，公式如下：

火电厂（工业锅炉）氮氧化物排放量=煤炭（油、气）消耗量×产污系数×（1-综合脱硝效率）

水泥厂氮氧化物排放量=水泥熟料产量×产污系数×（1-综合脱硝效率）

综合脱硝效率以自动监测数据及投运率确定。

造纸企业化学需氧量（氨氮）排放量=机制纸及纸板（浆）产量×排污系数

印染企业化学需氧量（氨氮）排放量=印染布（印染布针织、蚕丝及交织机织物、毛机织物呢绒）产量×排污系数

第八条　非重点调查单位污染物排放量，以重点调查单位的排放总量作为估算的对比基数，采取“比率估算”的方法，即按重点调查单位排放总量变化的趋势（与上年相比排放量增加或减少的比率），等比或将比率略做调整，估算出非重点调查单位污染物排放量。

第九条　城镇生活污染源化学需氧量和氨氮产生量采用产污系数法测算，排放量为产生量减去经集中式污水处理设施处理生活污水形成的化学需氧量和氨氮去除量，去除量采用监测数据法确定。公式如下：

城镇生活污染源化学需氧量（氨氮）排放量=上年排放量+当年新增排放量-当年新增削减量

当年新增排放量=新增城镇人口数×化学需氧量（氨氮）综合产生系数×天数

城镇生活污染源二氧化硫排放量采用物料衡算法、氮氧化物排放量采用排污系数法测算。

集中式污染治理设施主要污染物排放量采用监测数据法测算。

第十条　农业污染源化学需氧量和氨氮排放量采用发表调查和产排污系数法测算，为畜禽养殖业、水产养殖业和种植业排放量之和。其中，畜禽养殖业化学需氧量和氨氮排放量为规模化畜禽养殖场（小区）和畜禽养殖专业户排放量之和。

规模化畜禽养殖场（小区）化学需氧量（氨氮）排放量=分类畜禽养殖数量×产污系数×（1-污染物去除率）

畜禽类别包括猪、奶牛、肉牛、蛋鸡、肉鸡。

水产养殖业（种植业）化学需氧量和氨氮排放量为围网养殖（种植）面积与排污系数之积。

第十一条　机动车氮氧化物排放量根据机动车类别及相应的保有量、排污系数测算。机动车类别包括微型、小型、中型和大型载客汽车，微型、轻型、中型和重型载货汽车，低速载货汽车及摩托车。

第十二条　重点调查单位环境统计数据由调查对象负责填报，企业名称、产品产量等信息要与统计调查基本单位名录库信息一致，按照环境统计规定和总量减排核查核算要求，如实填报污染物的产生、排放及相关信息，并配合环境保护主管部门进行数据审核。各级政府环境保护主管部门按照环境统计规定，通过资料审查、现场核查等方式对数据逐级审核汇总，如发现问题，应要求调查对象改正并重新填报。对于数据弄虚作假行为应依法追究责任。

第十三条　省级政府和新疆生产建设兵团环境保护主管部门要按照主要污染物总量减排核算方法（见附）的要求，对年报快报数据进行核算，核算结果与核算的主要参数一并上报国务院环境保护主管部门。国务院环境保护主管部门进行复核后，将结果通报各地。各地应根据实际情况并按照国务院环境保护主管部门核算结果对年报数据进行校核。核算方法中采用监察系数对污染物排放量计算结果进行校正，校正系数由国务院环境保护主管部门根据年度监测与监察情况另行确定。

第十四条　主要污染物总量减排统计调查与核算由各级政府环境保护主管部门组织实施，相关部门协调配合并按职责提供有关数据。对于各部门提供的数据，负责汇总的部门要严格执行保密规定，不得擅自发布。

第十五条　地方政府环境保护主管部门要加强对主要污染物排放量统计数据的分析应用，按季度编写减排统计专项报告，分析和预测总量减排形势，并上报上一级政府环境保护主管部门。

第十六条　各级人民政府应加强环境统计基础工作和能力建设，健全省、市、县三级环境统计体系，完善污染源排放档案和总量减排台账，更新统计调查基本单位名录库，推进环境统计标准化建设，开展标准化建设达标验收工作，环境统计工作经费应纳入同级政府财政预算并足额保障。

第十七条　本办法自发布之日起施行。

“十二五”主要污染物总量减排监测办法

（环发[2013]14号　环境保护部　统计局　发展改革委　监察部2013年1月24日印发）

第一条　为了准确核定主要污染物排放量，按照《中华人民共和国环境保护法》、《排污费征收使用管理条例》（国令第369号）、《国务院关于印发“十二五”节能减排综合性工作方案的通知》（国发〔2011〕26号）和《国务院关于加强环境保护重点工作的意见》（国发〔2011〕35号）的有关规定，制定本办法。

第二条　本办法所称的主要污染物总量减排监测（以下简称“减排监测”），是指对国家实施排放总量控制的化学需氧量、氨氮、二氧化硫和氮氧化物的排放状况和浓度水平开展监测，并进行计算、分析和评价的活动，包括为核定主要污染物排放量开展的污染源监测和为验证主要污染物总量减排工作成效开展的环境质量监测。减排监测采用自动监测与手工监测相结合的方式。

本办法适用于对排放主要污染物的工业企业、城镇污水处理厂等排污单位和规模化畜禽养殖场（小区）、机动车的监测（检测）管理。

第三条　排污单位应当按照国家或地方污染物排放（控制）标准，结合行业特点以及污染物总量减排工作的需要，制定自行监测方案，对污染物排放状况和污染防治设施运行情况开展自行监测和监控，保存原始监测和监控记录，建立废气、废水、固体废弃物产生量、处理处置量、排放量等台账。自行监测采用手工监测的，每日至少开展一次；采用自动监测的，按照相关规定执行。排污单位不具备开展自行监测能力的，应当委托有相应资质的监测（检测）机构进行监测。排污单位对自行监测数据的准确性和真实性负责。

排污单位应当按照规定设置符合规范和安全要求的废气、废水污染物排放口，保证监测人员操作安全。市（地）级政府环境保护主管部门负责对排污单位污染物排放口规范化建设情况进行检查、验收。

第四条　纳入国家重点监控企业名单的排污单位，应当安装或完善主要污染物自动监测设备，尤其要尽快安装氨氮和氮氧化物自动监测设备，并与环境保护主管部门联网。自动监测设备的监测数据应当逐级传输上报国务院环境保护主管部门。

尚未安装自动监测设备的，或已安装自动监测设备但未配置氨氮、氮氧化物自动监测仪器的，应当在2013年底前完成自动监测设备的安装和验收。对于生产状况不稳定，生产负荷低于50%的，可以提出申请适当延期。

已经安装自动监测设备的，应当建立和完善自动监测设备运行、维护管理制度，确保设备运行正常。因设备质量原因导致数据未通过有效性审核的，应当更换自动监测设备，并重新向环境保护主管部门申请验收。

其他排污单位自动监测设备的安装要求，按照所在地省级政府环境保护主管部门规定执行。

第五条　地方政府环境保护主管部门为监督排污单位的自行监测工作、污染物排放状况、自动监测设备和污染治理设施运行情况，应当开展监督性监测。监督性监测由县级政府环境保护主管部门负责，县级政府环境保护主管部门监测能力不足时，由市（地）级政府环境保护主管部门承担或由省级政府环境保护主管部门确定。排污单位应当根据监督性监测工作的需要提供相关工作资料和必要工作条件，不得拒绝、阻挠、拖延监督性监测工作的开展。

市（地）级政府环境保护主管部门负责国家重点监控企业的监督性监测，省级政府环境保护主管部门负责装机总容量30万千瓦以上火电厂的监督性监测，负责对脱硫脱硝设施进出口自动监测设备的数据开展有效性审核。国家重点监控企业的监督性监测每季度至少开展一次，监测数据共享使用，不得重复监测。

第六条　机动车环保检验机构应按照国务院环境保护主管部门的要求开展机动车环保检测业务，建立数据服务器，并与环境保护主管部门联网，实时上传机动车环保定期检验和环保检验合格标志数据。

市（地）级政府环境保护主管部门负责机动车环保检验机构的日常监督检查，每季度至少开展一次；省级政府环境保护主管部门负责对机动车环保检验机构检测线进行监督性监测，每年抽测比例不少于50%。检验机构加快安装自动检测设备，地级以上城市全面使用简易工况法进行检测，到2015年底前，机动车环保检验率（含免检车辆）达到80%。

第七条　地方政府环境保护主管部门负责机动车环保日常监测，主要包括停放地抽测和道路抽测。日常监测应采用国家或地方在用机动车污染物排放标准规定的方法进行，原则上应与当地环保定期检验方法一致。地方政府环境保护主管部门可以采用遥感、目测等方法筛选高排放车辆，进行道路抽测。

第八条　纳入各地年度减排计划且向水体集中直接排放污水的规模化畜禽养殖场（小区），应按本办法第三条要求，每月至少开展一次自行监测。纳入国家重点监控规模化畜禽养殖场名单的，应当安装化学需氧量和氨氮自动监测设备，并与环境保护主管部门联网。

第九条　县级以上政府环境保护主管部门应当对纳入年度减排计划的规模化畜禽养殖场（小区）开展监督检查，监督其污染物排放状况、排放去向、污染治理设施运行情况、废弃物综合利用情况等，监督检查每半年至少开展一次；对纳入年度减排计划且向水体集中直接排放污水的规模化畜禽养殖场（小区）开展监督性监测工作，监督其污染物排放状况、污染治理设施运行情况等，监督性监测每半年至少开展一次。

第十条　排污单位应当按照国务院环境保护主管部门的规定计算污染物排放量，在每月初的7个工作日内向环境保护主管部门报告上月主要污染物排放量，并提供有关资料。环境保护主管部门应当对排污单位每月报告的主要污染物排放量进行核定，并将核定结果告知排污单位。

对于安装自动监测设备且通过环境保护主管部门数据有效性审核的，以自动监测数据为依据计算、核定污染物排放量；

对于安装自动监测设备但未通过数据有效性审核的或未安装自动监测设备的，排污单位以手工监测数据计算污染物排放量，环境保护主管部门依据监督性监测数据进行核定。

对于不具备监测条件的，按照国务院环境保护主管部门规定的物料衡算、排污系数等方法计算、核定污染物排放量。

第十一条　地方政府环境保护主管部门应当加强环境空气、地表水、土壤等环境质量监测工作，满足总量减排工作需求，定期分析环境质量变化趋势，评估总量减排工作成效，每半年至少编写一期减排监测专项报告。总量减排环境质量监测工作与日常环境质量监测工作一并进行，不重复监测。

第十二条　减排监测应当遵守国务院环境保护主管部门发布的国家环境监测技术规范、方法和环境监测质量管理规定。

市（地）级政府环境保护主管部门负责对排污单位自行监测数据和县级政府环境保护主管部门监督性监测数据的质量监督管理工作，对手工监测开展质量考核和比对抽测，对污染源自动监测开展自动监测数据有效性审核。自动监测数据有效性审核按照国务院环境保护主管部门有关规定执行。

省级政府环境保护主管部门负责本行政区域内市（地）级政府环境保护主管部门监督性监测数据的质量监督管理工作。

国务院环境保护主管部门负责地方各级政府环境保护主管部门监督性监测数据的质量监督管理工作。

第十三条　各级政府环境保护主管部门应当建立完整的污染源基础信息档案和监测数据库，按季度逐级报送污染源监督性监测数据。一个季度内开展多次监督性监测的，应上报全部监测数据。自动监测设备必须连续稳定运行，确保数据准确有效。

第十四条　排污单位和规模化畜禽养殖场（小区）应当通过报刊、广播、电视、环境保护主管部门网站、排污单位网站、新闻发布会等便于公众知晓的方式，公布自行监测结果。其中，采取手工监测的，应当在每次监测完成后的次日公布监测结果；采取自动监测的，应当实时公布监测结果。

各级政府环境保护主管部门应当于每个季度结束后的15个工作日内，通过网站向社会公布监督性监测结果。

第十五条　各级人民政府应当加强减排监测体系能力建设，尤其要提高直接为总量减排提供支撑的污染源监督性监测能力和为验证减排成效而开展的环境质量监测能力及减排监测管理能力，推进环境监测机构和机动车污染监管机构标准化建设，开展标准化建设的达标验收工作，健全国家、省、市、县四级环境监测体系。

各级人民政府应将直接为减排监测、统计和考核服务的污染源监督性监测费用纳入同级政府财政预算并足额保障，中央财政对国家重点监控企业的监督性监测费用予以补助，确保各级政府环境保护主管部门做好减排监测，特别是氨氮、氮氧化物两项新增指标和畜禽养殖、机动车等新增领域的监测工作。地方财政可对规模化畜禽养殖场（小区）的自行监测予以补助。污染源监督性监测费用不得向企业收取。

第十六条　本办法自发布之日起施行。

关于执行大气污染物特别排放限值的公告

公告 2013年 第14号

为进一步加强大气污染防治工作，根据国务院批复实施的《重点区域大气污染防治“十二五”规划》（以下简称《规划》）的相关规定，在重点控制区的火电、钢铁、石化、水泥、有色、化工等六大行业以及燃煤锅炉项目执行大气污染物特别排放限值。现将有关事项公告如下：

一、执行地区

执行大气污染物特别排放限值的地区为纳入《规划》的重点控制区，共涉及京津冀、长三角、珠三角等“三区十群”19个省（区、市）47个地级及以上城市（详见附件）。

二、执行时间

（一）新建项目

位于重点控制区的六大行业以及燃煤锅炉新建项目执行大气污染物特别排放限值，具体要求如下：

1.对于排放标准中已有特别排放限值要求的火电、钢铁行业，自2013年4月1日起，新受理的火电、钢铁环评项目执行大气污染物特别排放限值；

2.对于石化、化工、有色、水泥行业以及燃煤锅炉项目等目前没有特别排放限值的，待相应的排放标准修订完善并明确了特别排放限值后执行，执行时间与排放标准发布时间同步。

（二）现有企业

“十二五”期间，位于重点控制区47个城市主城区的火电、钢铁、石化行业现有企业以及燃煤锅炉项目执行大气污染物特别排放限值；“十三五”期间将特别排放限值的要求扩展到重点控制区的市域范围，具体要求如下：

1.火电行业燃煤机组自2014年7月1日起执行烟尘特别排放限值；

2.钢铁行业烧结（球团）设备机头自2015年1月1日起执行颗粒物特别排放限值；

3.石化行业、燃煤锅炉项目待相应的排放标准修订完善并明确了特别排放限值，按照标准规定的现有企业过渡期满后，分别执行挥发性有机物、烟尘特别排放限值，执行时间与新修订排放标准的现有企业同步。

三、有关要求

（一）重点控制区内各级环保部门要严格按照大气污染物特别排放限值要求，审批所有新建项目，按照“三同时”制度进行管理，确保满足特别排放限值要求。

（二）现有火电、钢铁企业不能达到大气污染物特别排放限值要求的，应根据超标情况制订限期治理措施，确保在规定时间内达到特别排放限值要求。限期治理后仍不能达标的，应限产限排或关停，并按相关规定进行处罚。

附件：重点控制区范围

环境保护部

2013年2月27日

附件：

重点控制区范围

区域名称	省份	重点控制区
京津冀	北京市	北京市
	天津市	天津市
	河北省	石家庄市、唐山市、保定市、廊坊市
长三角	上海市	上海市
	江苏省	南京市、无锡市、常州市、苏州市、南通市、扬州市、镇江市、泰州市
	浙江省	杭州市、宁波市、嘉兴市、湖州市、绍兴市

区域名称	省份	重点控制区
珠三角	广东省	广州市、深圳市、珠海市、佛山市、江门市、肇庆市、惠州市、东莞市、中山市
辽宁中部城市群	辽宁省	沈阳市
山东城市群	山东省	济南市、青岛市、淄博市、潍坊市、日照市
武汉及其周边城市群	湖北省	武汉市
长株潭城市群	湖南省	长沙市
成渝城市群	重庆市	重庆市主城区
	四川省	成都市
海峡西岸城市群	福建省	福州市、三明市
山西中北部城市群	山西省	太原市
陕西关中城市群	陕西省	西安市、咸阳市
甘宁城市群	甘肃省	兰州市
	宁夏回族自治区	银川市
新疆乌鲁木齐城市群	新疆维吾尔自治区	

关于印发《空气质量新标准第二阶段监测实施方案》的通知

(环办[2013]30号)

各省、自治区、直辖市环境保护厅（局），新疆生产建设兵团环境保护局：

为做好《环境空气质量标准》（GB 3095-2012）（以下简称空气质量新标准）第二阶段（2013年）监测实施工作，我部制定了《空气质量新标准第二阶段监测实施方案》（见附件，以下简称《方案》），现印发给你们，请遵照执行。有关要求如下：

一、充分认识空气质量新标准第二阶段监测实施工作的重要性

2013年1月，我国部分地区出现大范围、长时间雾霾天气，一些大中城市空气质量明显下降，给人民群众生产生活带来严重影响，引起社会各界的高度关注。2012年第一阶段实施空气质量新标准的74个城市496个国控空气质量监测点位，及时按空气质量新标准监测并发布信息，在应对重污染天气、保护公众身体健康等方面，发挥了重要作用，经受住了严峻考验，受到社会各界的肯定和好评。

按照国务院批准的空气质量新标准“三步走”实施方案， 2013年，我部在全力巩固第一阶段监测实施工作基础上，组织开展空气质量新标准第二阶段监测实施工作，此项工作已纳入我部2013年重点任务，属于重中之重的工作。各地区要高度重视，确保第二阶段任务顺利完成，确保“十二五”末期实现国务院确定的空气质量新标准“三步走”目标，使空气质量监测与人民群众要求相适应。

二、加快空气质量新标准第二阶段监测实施工作进度

《方案》实施范围包括国家环保重点城市、模范城市在内共116个城市449个监测点位，并要求启动区域空气质量自动监测站和京津冀、长三角、珠三角共3个区域空气质量预警中心建设工作。

各省、自治区、直辖市环境保护厅（局）负责按照《方案》要求，组织开展辖区内空气质量新标准第二阶段监测实施工作。中国环境监测总站负责技术指导。2013年10月底前，第二阶段实施地区要按《方案》要求开展监测并发布数据。2014年年底前，2013年投资建设的区域空气质量自动监测站要开始运行。我部鼓励具备条件的地区提前实施。

近期我部将协调财政部下达2013年中央支持国家环境空气质量监测网建设的二期项目资金，主要支持地级城市国控空气质量监测点位新标准监测能力建设，县级环保模范城市的空气质量监测数据传输与网络化质控平台建设视情况予以补助。承担空气质量新标准第二阶段监测实施任务的地区应根据《方案》要求，积极筹措配套资金，加快工作进度，优先选取性价比高的监测仪器设备，按政府采购有关要求采购国产设备。各省、自治区、直辖市环境保护厅（局）自2013年6月起，每月10日前向我部上报本辖区上月工作进展及下月工作安排，我部将定期通报各地区工作进度，适时开展现场督查。

三、加强空气质量新标准第二阶段监测实施工作的组织领导

各地区要加强对空气质量新标准第二阶段监测实施工作的组织领导，认真贯彻落实，严格按照《方案》要求，制定工作计划，细化工作任务，明确责任人，加强业务培训。在确保空气质量新标准第一阶段监测点位稳定运行的基础上，保质、保量、如期完成第二阶段监测实施任务。

附件：空气质量新标准第二阶段监测实施方案（略）

环境保护部办公厅

2013年3月22日

关于公布《“十二五”主要污染物总量减排目标责任书》要求2012年完成的重点减排项目的公告

公告 2012年 第27号

受国务院委托，环境保护部与31个省、自治区、直辖市人民政府和新疆生产建设兵团，以及中国石油天然气集团公司、中国石油化工集团公司、国家电网公司、中国华能集团公司、中国大唐集团公司、中国华电集团公司、中国国电集团公司、中国电力投资集团公司等8家中央企业集团签订了《“十二五”主要污染物总量减排目标责任书》，要求加强领导，明确责任，落实措施，确保按期完成污染减排工作目标任务。现将2012年要求完成的重点减排项目名单予以公告（见附件）。各地方和有关企业应采取有效措施，确保列入名单的治理项目在2012年底前完成。各级环保部门要及时将项目要求及完成时限落实到位，并加大监督检查力度。对重点减排项目未按目标责任书落实的地区和企业，我部将根据《国务院关于印发“十二五”节能减排综合性工作方案的通知》（国发〔2011〕26号）第（三十七）条的规定，实行阶段性环评限批。请社会各界和新闻媒体予以监督。

附件：《“十二五”主要污染物总量减排目标责任书》要求2012年完成的重点减排项目名单（略）

二〇一二年四月十二日

京津冀及周边地区落实大气污染防治行动计划实施细则

（环发[2013]104号 环境保护部 发展改革委 工业和信息化部 财政部住房城乡建设部 能源局2013年9月17日印发）

京津冀及周边地区（包括北京市、天津市、河北省、山西省、内蒙古自治区、山东省）是我国大气污染最严重的区域。为加快京津冀及周边地区大气污染综合治理，依据《大气污染防治行动计划》，制定本实施细则。

一、主要目标

经过五年努力，京津冀及周边地区空气质量明显好转，重污染天气较大幅度减少。力争再用五年或更长时间，逐步消除重污染天气，空气质量全面改善。

具体指标：到2017年，北京市、天津市、河北省细颗粒物（PM2.5）浓度在2012年基础上下降25%左右，山西省、山东省下降20%，内蒙古自治区下降10%。其中，北京市细颗粒物年均浓度控制在60微克/立方米左右。

二、重点任务

（一）实施综合治理，强化污染物协同减排

1.全面淘汰燃煤小锅炉。加快热力和燃气管网建设，通过集中供热和清洁能源替代，加快淘汰供暖和工业燃煤小锅炉。

到2015年底，京津冀及周边地区地级及以上城(小区网 论坛)市建成区，除必要保留的以外，全部淘汰每小时10蒸吨及以下燃煤锅炉、茶浴炉；北京市建成区取消所有燃煤锅炉，改由清洁能源替代。

到2017年底，北京市、天津市、河北省地级及以上城市建成区基本淘汰每小时35蒸吨及以下燃煤锅炉，城乡结合部地区和其他远郊区县的城镇地区基本淘汰每小时10蒸吨及以下燃煤锅炉。

到2017年底，北京市、天津市、河北省、山西省和山东省所有工业园区以及化工、造纸、印染、制革、制药等产业集聚的地区，逐步取消自备燃煤锅炉，改用天然气等清洁能源或由周边热电厂集中供热。

在供热供气管网覆盖不到的其他地区，改用电、新能源或洁净煤，推广应用高效节能环保型锅炉。北京市、天津市、河北省、山西省和山东省地级及以上城市建成区原则上不得新建燃煤锅炉。

2. 加快重点行业污染治理。京津冀及周边地区大幅度削减二氧化硫、氮氧化物、烟粉尘、挥发性有机物排放总量。

电力、钢铁、水泥、有色等企业以及燃煤锅炉，要加快污染治理设施建设与改造，确保按期达标排放。到2015年底，京津冀及周边地区新建和改造燃煤机组脱硫装机容量5970万千瓦，新建和改造钢铁烧结机脱硫 1.6 万平方米；新建燃煤电厂脱硝装机容量 1.1 亿千瓦，新建或改造脱硝水泥熟料产能 1.1 亿吨；电力、水泥、钢铁等行业完成除尘升级改造的装机容量或产能规模分别不得低于 2574万千瓦、3325万吨、6358万吨。

到2017年底，钢铁、水泥、化工、石化、有色等行业完成清洁生产审核，推进企业清洁生产技术改造。 实施挥发性有机物污染综合治理工程。

到2014年底，加油站、储油库、油罐车完成油气回收治理。到2015年底，石化企业全面推行“泄漏检测与修复”技术，完成有机废气综合治理。到2017年底，对有机化工、医药、表面涂装、塑料制品、包装印刷等重点行业的559家企业开展挥发性有机物综合治理。

3. 深化面源污染治理。强化施工工地扬尘环境监管，积极推进绿色施工，建设工程施工

现场应全封闭设置围挡墙，严禁敞开式作业，施工现场道路应进行地面硬化。将施工扬尘污染控制情况纳入建筑企业信用管理系统，作为招投标的重要依据。

到2015年底，渣土运输车辆全部采取密闭措施，逐步安装卫星定位系统。各种煤堆、料堆实现封闭储存或建设防风抑尘设施。

加强城市环境管理，严格治理餐饮业排污，城区餐饮服务经营场所全部安装高效油烟净化设施，推广使用高效净化型家用吸油烟机。全面禁止秸秆焚烧。 推进城市及周边绿化和防风防沙林建设，扩大城市建成区绿地规模，继续推进道路绿化、居住区绿化、立体空间绿化。山西省、内蒙古自治区要强化生态保护和建设，积极治理水土流失，继续实施退耕还林、还草，压畜减载恢复草原植被，加强沙化土地治理。进一步加强京津冀风沙源治理和“三北”防护林建设。

（二）统筹城市交通管理，防治机动车污染

4. 加强城市交通管理。实施公交优先战略，加强步行、自行车交通系统建设，开展“无车日”活动，提高绿色交通出行比例。到2017 年底，北京市、天津市公共交通占机动化出行比例达到 60%以上。优化京津冀及周边地区城际综合交通体系，推进区域性公路网、铁路网建设，合理调配人流、物流及其运输方式；加快建设北京市绕城高速公路，减少重型载货车辆过境穿行主城区。

5. 控制城市机动车保有量。北京市要严格限制机动车保有量，天津、石家庄、太原、济

南等城市要严格限制机动车保有量增长速度，通过采取鼓励绿色出行、增加使用成本等措施，降低机动车使用强度。

6. 提升燃油品质。天津市、河北省、山西省、内蒙古自治区和山东省2013年底前供应

符合国家第四阶段标准的车用汽油，2014年底前供应符合国家第四阶段标准的车用柴油。北京市、天津市、河北省重点城市2015年底前供应符合国家第五阶段标准的车用汽、柴油，山西省、内蒙古自治区、山东省2017年底前供应符合国家第五阶段标准的车用汽、柴油。中石油、中石化、中海油等炼化企业要合理安排生产和改造计划，制定合格油品保障方案，确保按期供应合格油品。

加强油品质量监督检查，严厉打击非法生产、销售不合格油品行为，加油站不得销售不符合标准的车用汽、柴油。

7. 加快淘汰黄标车。到2015年底，北京市黄标车全部淘汰，天津市基本淘汰，河北省、山西省、内蒙古自治区和山东省淘汰 2005年底前注册营运的黄标车。到2017年底，京津冀及周边地区黄标车全部淘汰。

到2014年底，北京市、天津市、河北省、山西省和山东省地级及以上城市建成区全面实施“黄标车”限行。

8. 加强机动车环保管理。到2015年，北京市、天津市、河北省全面实施国家第五阶段

机动车排放标准，山西省、内蒙古自治区和山东省于2017年底前实施。

北京、天津、石家庄、太原、济南等城市实施补贴等激励政策，鼓励出租车每年更换高效尾气净化装置。

9. 大力推广新能源汽车。公交、环卫等行业和政府机关率先推广使用新能源汽车。北京、

天津、石家庄、太原、济南等城市每年新增或更新的公交车中新能源和清洁燃料车的比例达到60%左右。采取直接上牌、财政补贴等综合措施鼓励个人购买新能源汽车。在农村地区积极推广电动低速汽车(三轮汽车、低速货车)。

交通运输部政策文件

关于科技创新推动交通运输转型升级的指导意见（节录）

（交科技发[2013]540号　交通运输部2013年9月7日印发）

三、重点任务

（五）提高现代物流业发展水平。

深入开展多式联运、甩挂运输、滚装运输等先进物流组织模式研究，推动内河船型和货运车辆标准化，加快运输装备的技术升级，加强信息化建设，推进现代物流体系发展。运用传感技术、网络技术和数据处理技术，建立物流信息采集、处理和服务的信息交换共享体系，研发运用集装技术、单元化装载技术，提高物流作业效率和安全。完善物流标准化体系，加强适应现代物流发展的设施、装备、信息和服务等标准规范制修订工作，促进交通运输与物流服务深度融合，提高现代物流业发展水平。

（七）促进绿色循环低碳交通运输发展。

研究制定交通运输绿色循环低碳技术政策，及时发布技术、产品、工艺科技成果推广目录。组织实施交通运输资源能源节约、清洁和可再生能源利用、应对气候变化、生态保护、污染防治、环境事故应急处置等重大科技攻关和典型示范。推进标准规范和计量认证体系建设，积极培育技术服务体系，推动相关产业发展，充分发挥科技创新对绿色循环低碳交通运输发展的支撑引领作用。

（八）大力推动信息化智能化发展。

完善统筹协调、开放有序的信息化管理机制。加强商业模式创新，增强信息化发展的市场驱动力。积极促进物联网技术、云计算技术、大数据处理技术在交通运输领域的深度应用，加快北斗卫星导航系统的应用，加快城市交通智能化、路网运行与监测、数字航道等信息化工程建设，提高信息采集的广度和深度，提高数据质量，加强信息安全保障体系建设，加强信息资源交换共享，使行业信息化、智能化水平与信息技术发展同步，引领交通运输现代化。

农业部政策文件

关于开展“美丽乡村”创建活动的意见(节录)

农办科[2013]10号

各省、自治区、直辖市及计划单列市农业（农牧、农村经济）厅（委、局），新疆生产建设兵团农业局：

为深入贯彻党的十八大精神，落实2013年中央1号文件关于推进农村生态文明、建设美丽乡村的要求，我部决定从今年起组织开展“美丽乡村”创建活动。

一、充分认识开展“美丽乡村”创建活动的重要意义

（一）创建“美丽乡村”是落实党的十八大精神，推进生态文明建设的需要。党的十八大明确提出要“把生态文明建设放在突出位置，融入经济建设、政治建设、文化建设、社会建设各方面和全过程，努力建设美丽中国，实现中华民族永续发展”，确定了建设生态文明的战略任务。农业农村生态文明建设是生态文明建设的重要内容，开展“美丽乡村”创建活动，重点推进生态农业建设、推广节能减排技术、节约和保护农业资源、改善农村人居环境，是落实生态文明建设的重要举措，是在农村地区建设美丽中国的具体行动。

（二）创建“美丽乡村”是加强农业生态环境保护，推进农业农村经济科学发展的需要。近年来农业的快速发展，从一定程度上来说是建立在对土地、水等资源超强开发利用和要素投入过度消耗基础上的，农业乃至农村经济社会发展越来越面临着资源约束趋紧、生态退化严重、环境污染加剧等严峻挑战。开展“美丽乡村”创建，推进农业发展方式转变，加强农业资源环境保护，有效提高农业资源利用率，走资源节约、环境友好的农业发展道路，是发展现代农业的必然要求，是实现农业农村经济可持续发展的必然趋势。

（三）创建“美丽乡村”是改善农村人居环境，提升社会主义新农村建设水平的需要。我国新农村建设取得了令人瞩目的成绩，但总体而言广大农村地区基础设施依然薄弱，人居环境脏乱差现象仍然突出。推进生态人居、生态环境、生态经济和生态文化建设，创建宜居、宜业、宜游的“美丽乡村”，是新农村建设理念、内容和水平的全面提升，是贯彻落实城乡一体化发展战略的实际步骤。

二、准确把握开展“美丽乡村”创建工作的总体思路

（四）明确“美丽乡村”创建的目标要求。以科学发展观为指导，以促进农业生产发展、人居环境改善、生态文化传承、文明新风培育为目标，加强工作指导，从全面、协调、可持续发展的角度，构建科学、量化的评价目标体系，建设一批天蓝、地绿、水净，安居、乐业、增收的“美丽乡村”，树立不同类型、不同特点、不同发展水平的标杆模式，推动形成农业产业结构、农民生产生活方式与农业资源环境相互协调的发展模式，加快我国农业农村生态文明建设进程。

（五）把握“美丽乡村”创建的基本原则。

以人为本，强化主体。明确并不断强化乡村在创建工作中的主体地位，把农民群众利益放在首位，发挥农民群众的创造性和积极性，尊重他们的知情权、参与权、决策权和监督权，引导发展生态经济、自觉保护生态环境、加快建设生态家园。

生态优先，科学发展。按照人与自然和谐发展的要求，遵循自然规律，切实保护农村生态环境，展示农村生态特色，统筹推进农村生态人居、生态环境、生态经济和生态文化建设。

规划先行，因地制宜。充分考虑各地的自然条件、资源禀赋、经济发展水平、民俗文化差异，差别性制定各类乡村的创建目标，统筹编制“美丽乡村”建设规划，形成模式多样的“美丽乡村”建设格局，贴近实际，量力而行，突出特色，注重实效。

典型引路，整体推进。强化总结提升和宣传发动，向社会推介一批涵盖不同区域类型、不同经济发展水平的“美丽乡村”典型建设模式，发挥示范带动作用，以点带面，有计划、有步骤地引导、推动“美丽乡村”创建工作。同时，鼓励各地自主开展“美丽乡村”创建工作，不断丰富创建模式和内容。

三、切实抓好开展“美丽乡村”创建的重点工作

（六）制定“美丽乡村”目标体系。广泛组织开展调研，充分考虑不同区域类型和经济发展水平，从农村经济发展、农业功能拓展、农民素质提升、农业技术推广、乡村建设布局、资源开发利用、生态环境保护、乡村文化建设等方面，研究制定“美丽乡村”目标体系。

（七）组织“美丽乡村”创建试点。采取创建乡村申请，县级农业行政主管部门审核，省级农业行政主管部门复核，农业部审定的方式，2013-2015年，在全国选择产生1000个“美丽乡村”创建试点单位。基于不同资源条件、经济发展水平和产业类型等因素，今年上半年遴选300个左右基础条件较好、领导班子得力、创建愿望强烈、有望较快取得成效的乡村，先期开展工作，下半年再遴选700个左右。后两年全面开展创建工作。各地要因地制宜，制定工作方案，尽快组织实施。

（八）推介“美丽乡村”创建典型。按照客观公正、公开透明的原则，以群众参与、社会评选为主要方式，挖掘、评选一批“美丽乡村”建设典范，推出一批科技之星、沼气之星、环保之星、致富之星、文明之星和农民满意的农技人员等典型人物，发挥典型引路、示范带头的积极作用，依托新闻单位，加大宣传力度，扩大社会影响。开展“美丽乡村”典型模式收集与调研，总结提炼一批“美丽乡村”典型模式与技术体系，适时向社会推介发布。

（九）强化“美丽乡村”创建的科技支撑。针对目前农业资源与环境、农村能源发展中存在的制约因素和技术瓶颈，加大关键技术研发力度，加强农业科技合作交流与协同创新，尽快产出一批生态农业建设、农业面源污染防治、农产品产地污染修复、农业清洁生产等新技术、新成果。围绕“美丽乡村”创建需求，加快总结和筛选一批轻简、低耗、配套的实用技术模式，依托农技推广体系，推进技术成果进村入户，大力发展绿色、有机和无公害农产品，提高科技水平和产品附加值。扎实开展农民培训，在“美丽乡村”创建试点乡村全面开展农民培训，提高农民素质和务农技能，培育一批综合素质高、生产经营能力强、主体作用发挥明显，适应发展现代农业需要的新型职业农民。

（十）加大农业生态环境保护力度。在“美丽乡村”建设过程中，大力发展生态农业、循环农业，引导农民采用减量化、再利用、资源化的农业生产方式。实施农村清洁工程，推进人畜粪便、生活垃圾、污水等农村废弃物资源化利用，探索农村废弃物资源循环利用的新型农村清洁模式。加强农产品产地土壤重金属污染综合防治，加大农业清洁生产示范，推广一批节肥、节药、节水、节能的绿色农业生产技术，突出抓好畜禽养殖污染减排，防治农业面源污染。加大农业野生植物资源保护力度，切实做好外来入侵生物防治工作。

（十一）推动农村可再生能源发展。坚持“因地制宜、多能互补、综合利用、讲求效益”的方针，结合不同区域的资源禀赋、气候特点、经济条件、生活习俗，根据农民需求，集成推广农村沼气、省柴节煤灶、高效低排生物质炉、架空炕连灶、太阳能热水器、太阳灶、小型风电等技术和产品，系统解决炊事、采暖、洗浴、照明等需求，增加清洁能源供应，提升生活用能品位，保护和改善农村生态环境，推进农村生态文明建设。

四、大力加强开展“美丽乡村”创建的组织落实

（十三）加强组织领导。各级农业行政主管部门要提高认识，加强领导，切实把“美丽乡村”创建工作摆在农业农村经济工作的重要位置。农业部高度重视“美丽乡村”创建工作，由部领导挂帅，科技教育司牵头负责，联合有关司局和相关单位加强政策研究、综合协调、指标制定和技术指导等工作；地方农业行政主管部门要按照统一部署，明确工作职责，落实各项工作措施；要充分发挥农村基层组织作用，调动和鼓励他们积极开展创建活动，把工作落到实处。

（十四）创新工作机制。坚持从实际出发，围绕“美丽乡村”创建，深入调研分析新情况，科学把握新特点，创造性提出新思路，明确工作着力点。充分尊重基层和农民的首创精神，积极探索推进“美丽乡村”创建的新途径。创新机制，鼓励和引导企业、社会组织和个人支持和参与创建活动，努力使“美丽乡村”的创建理念融入并成为农村文化的重要组成部分，逐步形成“政府指导、目标引导、乡村主体、科技帮扶、项目带动、多方参与”的工作机制，凝聚强大工作合力，共同推进“美丽乡村”创建活动的深入实施。

（十五）抓好创建试点。在创建推进过程中，充分整合现有各类项目、资金、人才、技术资源，引导各方力量、多种资源积极参与创建活动，加强协调，形成合力。要及时总结交流经验，发现典型，树立不同模式的创建样板，充分发挥典型和样板的示范带动作用，放大“美丽乡村”创建活动的效应。

农业部办公厅
2013年2月22日

商务部政策文件

关于做好2013年再生资源回收体系建设工作的通知

各省、自治区、直辖市、计划单列市及新疆生产建设兵团商务主管部门：

为贯彻落实党的“十八大”会议关于“大力推进生态文明建设”的精神和《国务院办公厅关于建立完整的先进的废旧商品回收体系的意见》（国办发[2011]49号）等文件要求，做好2013年再生资源回收体系建设工作，现就有关事项通知如下：

一、健全工作机制，明确重点任务

（一）健全工作机制。各地要在当地人民政府的统一领导下，抓紧建立由商务主管部门牵头、有关部门参与的废旧商品回收工作机制（以下简称工作机制），形成工作合力。已经建立工作机制的地区，要充分发挥工作机制作用，加强部门协调，建立完善政策保障和行业管理等各项制度，有重点地开展工作。

（二）明确重点任务。2013年，我部将充分发挥废旧商品回收体系建设部际联席会议机制作用，从争取财税政策、开展重点品种回收模式试点、组织开展宣传等方面，深入推进再生资源回收体系建设。各地商务主管部门要结合本地实际，依托工作机制，制订本年度工作计划和实施措施，有重点地解决1至2个难点、焦点问题。

二、继续开展城市试点，积极培育回收龙头企业

（一）继续开展试点。根据国家“十二五”规划纲要要求，我部将完成80个废旧商品回收体系示范城市的创建工作。各地商务主管部门要继续按照有关文件精神和建设规范要求，积极开展省级再生资源回收体系建设试点，推动建设一批网点布局合理、管理规范，回收方式多元、重点品种回收率高的回收体系建设试点城市。对列入试点的城市，应及时总结经验，给予相关政策支持。我部将在省级试点工作基础上，适时开展试点城市评价工作。

（二）培育龙头企业。各地要继续加强回收行业龙头企业培育，以龙头企业为依托，通过政策支持，鼓励企业探索重点品种回收模式创新；同时在合理规划的基础上，建设一批分拣技术先进、环保处理设施完备、劳动保护措施健全的废旧商品回收分拣集聚区。各地应于2013年4月1日前，通过再生资源信息管理系统报送确定的重点联系企业基本情况。我部将对重点联系企业进行筛选，建立全国回收行业重点联系企业制度。

三、制订发展规划，强化统计标准工作

（一）加强规划实施。商务部起草的《再生资源回收体系建设中长期规划（2012-2020）》（以下简称《规划》），将于2013年上半年发布实施。各地商务主管部门要按照《规划》确定的产业布局和工作要求，结合实际，制订当地再生资源回收体系建设的中长期规划，以解决回收品种结构不合理、“市场失灵”、区域发展不协调等问题，指引和带动当地回收体系建设。

（二）强化统计标准工作。各地商务主管部门要进一步完善统计制度，以重点联系企业为依托，形成分品种、分地区的统计报表，建立覆盖多品种、多环节、全口径的统计体系，定期发布行业信息，指导行业发展。同时，各地商务主管部门要制订和宣传贯彻一批废钢铁、废有色金属、废纸、废塑料、废玻璃等重点品种的关键行业标准，带动回收体系标准化建设。

四、加强项目管理，确保项目成效

各地商务主管部门要加强对2009年以来中央财政资金支持的再生资源回收体系建设试点项目管理，于2013年4月1日前通过再生资源信息管理系统报送项目情况，并建立项目管理档案。对已建成项目，要切实加强绩效评价，做好项目跟踪问效；对在建项目，要加大督导力度，督促项目建设进展，认真组织项目评审及验收，确保验收合格后拨付资金；对2013年项目，应按照财政部、商务部下发的《中央财政促进服务业发展专项资金管理办法》要求，做好项目管理工作，着力打造立足长远、布局合理、运行高效的再生资源回收网络，创新流通领域节能减排模式。

五、围绕“五进”工程，加大宣传力度

各地商务主管部门应继续以绿色回收进社区、进高校、进机关、进商场、进园区（“五进”）为主题，组织开展特色鲜明的宣传活动。要结合实际，积极推进“五进”示范工程，通过多种形式大力宣传再生资源回收，引导广大群众积极参与，推动社会各界进一步把绿色回收理念转化为全民实际行动。

请各地商务主管部门按照要求，积极落实，有关情况请及时报我部（流通发展司）。

商务部办公厅
2013年3月15日

关于进一步加强再生资源回收体系建设项目管理工作的通知

为进一步加强再生资源回收体系建设项目管理，做好2013年项目安排，现将有关事项通知如下：

一、加强项目监督管理

各地商务主管部门应加强对本地再生资源回收体系建设项目的管理。在建项目，要通过再生资源信息管理系统（http://zszy.syggs.mofcom.gov.cn）定期上报项目建设进度，定期组织项目检查，加强动态督导；已经完工的项目，应认真组织项目评审及验收，确保项目建设取得实效。为加强对各地商务主管部门的指导，我部组织编写了《再生资源回收体系建设项目管理手册》（通过“再生资源信息管理系统”首页省市县登录-资金支持项目信息管理-项目资料下载），明确了项目管理流程和管理制度。各省级商务主管部门要根据《手册》制定本地项目管理制度。

二、做好2013年项目安排

根据《财政部关于下达2013年中央财政促进服务业发展专项资金的通知》（财建【2013】711号）要求，各省级商务主管部门可结合2013年再生资源回收体系建设重点，做好2013年项目安排。2013年项目要重点向四个方向倾斜：一是向公益性品种倾斜。对于靠市场机制难以发挥作用并带有公益性质品种的回收体系建设，要加大支持力度；二是向产业集聚倾斜。鼓励建设一批分拣技术先进、环保处理设施完备、劳动保护措施健全的再生资源回收分拣集聚区；三是向技术升级创新倾斜。鼓励企业加快技术升级改造和信息化建设，推广应用新技术、新工艺、新设备；四是向龙头企业倾斜。支持龙头企业开展连锁经营、特许经营。

三、加强对重点联系企业工作指导

经各地推荐，全国再生资源回收重点联系企业已达545家。各地商务主管部门要加强与重点联系企业的沟通交流，掌握行业发展情况，了解企业政策需求。要加强对重点联系企业的培育、指导和扶持，积极为企业提供法律法规、标准规划等政策咨询和指导，协调解决企业发展中的突出困难和共性问题，通过资金、税收等政策，支持企业做强做大。要以重点联系企业为依托，做好再生资源回收统计工作，逐步完善统计制度，扩大统计范围。2013年统计年报仍通过再生资源信息管理系统上报，各地商务主管部门要做好相关工作安排，保证数据及时准确上报。

四、及时总结和推广项目建设经验

各地商务主管部门要及时总结再生资源试点城市和区域性回收利用基地项目建设经验，对于具有创新性的回收模式、回收技术和回收设施要及时宣传和推广，对于试点城市和龙头企业的典型经验和先进做法，要及时形成信息上报。对于项目建设中发现的问题要及时通报，督促做好相关整改工作。各地2013年再生资源回收工作总结和各试点城市工作总结（含电子版）请于2013年12月6日前上报我部（流通发展司），项目建设进度表请同时在再生资源信息管理系统中上报。

商务部办公厅

关于进一步加强报废汽车回收拆解行业监督管理工作的通知

商办建函[2013]59号

各省、自治区、直辖市、计划单列市及新疆生产建设兵团商务主管部门：

2013年1月30日中央电视台“焦点访谈”栏目曝光了西安市两家报废汽车回收拆解企业出售报废汽车及其“五大总成”等违法行为。为进一步加强报废汽车回收拆解行业监督管理，深化专项整治工作，防止和杜绝类似事件再次发生，现就有关事项通知如下：

一、各地商务主管部门要进一步增强工作责任和紧迫意识，结合报废汽车专项整治行动，会同有关部门认真做好报废汽车回收拆解企业清理整顿“回头看”工作，配合商务部、工业和信息化部、公安部、交通运输部、工商总局和质检总局等6部门组成的督察组，做好专项整治督查，切实维护报废汽车回收拆解的正常秩序。

二、要重点对报废汽车回收拆解企业出售报废汽车及其“五大总成”、拼装车，倒卖报废汽车回收证明等违法行为加大打击力度，始终保持高压态势。对有倒卖报废汽车、拼装车违法行为的，一律提请工商部门吊销营业执照；对不具备有关要求、不按规定作业的，责令整改，暂停发放《报废汽车回收证明》；对允许其他企业或个人以本企业名义从事报废汽车回收拆解活动的，要予以清理整顿。同时，认真抓好已取缔、已处罚、责令整改企业的复查工作，防止死灰复燃。

三、各地商务主管部门要进一步加强报废汽车回收拆解行业管理，统筹规划，合理布局，完善回收服务网络，推动车辆收购合理定价。研究建立企业进入和退出工作机制，做好相关衔接，避免因本行政区域内企业停业整顿影响车主交车。引导企业加快建立诚实守信、合法经营的自律机制。积极推广联网视频监控系统，督促企业规范回收拆解行为。

四、各地商务主管部门要在地方人民政府的领导下，充分发挥报废汽车专项整治部门协作机制的作用，及时与公安、工商、交通运输等部门沟通协调，切实形成监管合力。要设立举报电话和电子邮箱，鼓励社会公众举报倒卖报废汽车、拼装车等违法行为。加大违法行为的曝光力度，对报废汽车回收拆解企业违法行为的查处结果，要及时向社会公布。

商务部办公厅

2013年2月2日

地方政策文件

江苏省政府关于进一步加快发展循环经济的意见（节录）

二、指导思想、基本原则和发展目标

（一）指导思想。

以邓小平理论、“三个代表”重要思想和科学发展观为指导，把发展循环经济作为建设生态文明、转变经济发展方式、调整经济结构的重要抓手，以提高资源产出率为目标，以“减量化、再利用、资源化，减量化优先”为原则，以构建循环型产业体系和绿色消费模式为重点，以城市、园区、企业为载体，以重点工程和重大示范行动为先导，以技术创新和制度创新为动力，推进企业循环式生产、园区循环式发展、产业循环式组合、资源循环式利用、社会循环式消费，形成覆盖全社会的资源循环利用体系，促进循环经济形成规模效应，加快建设资源节约型和环境友好型社会。

（二）基本原则。

1．坚持“减量化、再利用、资源化、减量化优先”相结合。坚持减量化优先，通过优化布局、调整结构、创新生产组织方式等手段，从源头上实现资源消耗减量；坚持再利用，通过构建覆盖不同领域、不同层面、不同环节的循环链条，尽可能实现资源闭路循环和集约高效利用；坚持资源化，通过对废弃物的再生利用，变废为宝、化害为利。把减量化、再利用、资源化、减量化优先紧密结合，实现经济增长与资源环境的有机统一。

2．坚持改造提升存量与管好建设增量相结合。坚持用循环经济标准对现有产业体系进行优化调整，对现有企业、园区和公共基础设施进行循环化改造，实施循环经济补链工程，促进动脉产业与静脉产业有机结合、协调发展。同时，坚持扩量与提质并重，对新建项目、企业和园区等经济增量，从规划、设计、施工、运营、管理等各环节全过程贯彻循环经济要求。通过提升改造存量与建好管好增量，努力实现经济社会的循环化发展。

3．坚持全面推进和示范引领相结合。大力发展循环经济，实现从试点示范向大规模推广转变、从以生产领域为主向生产和消费并重转变，从农业、工业、服务业各产业，从企业、园区、社会各层面，从生产、流通、消费各环节推进循环经济发展。注重从各行业、各层面总结、提练、推广循环经济发展的先进经验和典型模式，发挥示范引领作用，形成全方位、多层面的循环经济发展格局。

4．坚持技术创新和制度创新相结合。把技术创新作为发展循环经济的重要支撑，寻求关键共性技术的突破，促进资源由难循环向易循环转变、资源由低值利用向高值利用转变。加快制定促进循环经济发展的法规体系和政策措施，增强市场主体发展循环经济的内在动力，形成有效的激励和约束机制。

（三）发展目标。

根据全省“十二五”国民经济和社会发展规划纲要确定的总体发展目标及资源环境主要指标，我省“十二五”循环经济发展的主要目标是：

——资源产出率比“十一五”末提高15%；矿产资源总回收率和共伴生矿综合利用率分别达到45%和50%；单位地区生产总值二氧化碳排放下降19%，单位地区生产总值能耗下降18%；工业固体废物综合利用率达到98%左右；单位地区生产总值建设用地占用降低30%以上；单位工业增加值用水量降低25%，农业灌溉用水有效利用系数达到0.58；农作物秸秆综合利用率达到90%以上，规模养殖场禽畜粪便无害化处理及资源利用率达到85%；主要品种废旧商品回收利用率提高到70%以上。

——循环经济发展的组织领导和工作机制进一步健全，政策体系不断完善，循环经济的技术支撑体系和管理能力得到有效提升，循环型生产生活典型模式得到全面推广，全省纵向延伸、横向耦合、循环链接的绿色产业体系基本构建，全社会循环绿色发展的格局初步形成，政府引导、市场驱动、公众参与的长效机制基本建立。

三、促进循环经济全面发展

（一）促进循环型农业发展。

按照绿色生态低碳的理念进一步优化生产方式，大力发展土地利用集约化、化肥农药使用减量化、水资源利用高效化、废弃物利用资源化的循环型农业。大力推广生态农业模式和应用循环经济技术，实施生物节水、农艺节水和非常规水安全高效利用，促进节水型农业发展。全面推广测土配方施肥，积极使用有机肥或有机无机复（混）合肥，实施农药化肥减施工程，着力提高农药化肥利用率。结合农业结构调整，积极发展立体种养模式，促进土地集约化利用。实施农村户用沼气、大中型沼气工程和秸秆气化集中供气工程，加强秸秆综合利用，建立完善收贮运体系，形成布局合理多元化利用的产业格局。进一步拓展农业循环产业链，推广“种养加、农贸工”一体化、循环化的复合型农业。

（二）构建循环型工业体系。

以绿色低碳循环为导向，加快发展新能源、新材料、生物技术与新医药等战略性新兴产业，促进产业结构优化升级，通过结构优化实现资源能源消耗减量。要围绕石化、化工、钢铁、有色、装备制造、建材、纺织等资源能源消耗大的重点行业，在生产制造全过程推进“源头减量、过程控制、末端再生”的循环型生产方式，通过绿色设计、改善工艺流程、提高技术装备水平、淘汰落后产能等措施，从生产制造源头减少能源资源消耗与废弃物产生，实现物质资源循环利用、能源梯级利用、水的循环利用和废弃物高效利用与安全处置。进一步优化产业布局，推进产业循环式组合，构建跨地区、跨行业的共生耦合循环型工业体系，实现能源、矿产、水、建设用地等资源产出率大幅提高，工业过程废弃物综合利用率大幅提升。推进以预制装配式为主的建筑工业化来改造传统建筑业。通过建筑工业化，加快建筑业设计标准化、住宅产业化、装饰一体化、施工机械化、企业信息化进程。

（三）大力发展循环型服务业。

重点以资源能源消耗大的零售批发、住宿餐饮、交通运输、物流和旅游业为重点，推进服务主体生态化、服务过程清洁化、消费模式绿色化以及与其他产业耦合发展，切实增强服务业在引导城乡居民树立绿色低碳观念、转变消费模式方面的示范导向作用。大力发展为循环经济提供专业化服务的新兴产业，培育扶持一批提供资源节约、废弃物管理、资源化利用等一体化服务的循环经济专业性服务企业，为企业、园区提供外包式、嵌入式服务和整体解决方案，促进专业性循环经济服务机构与企业和园区生产流程的有效对接。建立循环经济信息和技术服务体系，鼓励发展循环经济咨询机构，为发展循环经济提供政策、法规、技术、管理、市场等方面的相关服务。

（四）推动园区循环化改造。

园区是我省经济发展的重要支撑，也是发展循环经济的重点领域。充分发挥园区作为企业集中布局、产业集聚发展的载体优势，按照布局优化、产业成链、企业集群、物质循环、创新管理、集约发展的要求，对全省园区进行循环化改造，促进不同产业、行业和企业的耦合发展，实现园区空间布局合理化、产业结构最优化、产业链接循环化、资源利用高效化、污染治理集中化、基础设施绿色化和运行管理规范化。到2015年，全省70%以上的国家级开发区和50%以上的省级开发区完成循环化改造，培育一批国家级和省级循环化改造示范园区。通过循环化改造，实现园区的主要资源产出率、土地产出率大幅度上升，固体废物资源化利用率、水循环利用率、生活垃圾资源化利用率显著提高，主要污染物排放量大幅度降低。

（五）全面推行企业清洁生产。

将清洁生产作为企业从源头和全过程控制污染物产生及排放的重要措施，切实降低资源消耗。出台关于推进清洁生产工作的意见，编制重点行业清洁生产推行方案，修订清洁生产审核办法，完善清洁生产评价指标体系，推广应用清洁生产技术。推进农业、工业、服务业领域清洁生产示范，实施清洁生产示范工程，开展企业清洁生产达标争先创优活动。加大清洁生产审核力度，实行清洁生产强制审核企业信息发布制度，积极引导企业开展自愿清洁生产审核。到2015年，全省主要行业重点企业基本达到清洁生产企业水平。

（六）完善再生资源回收体系。

按照“政府推动、市场运作、社会参与”的原则，完善回收网络，创新回收方式，促进回收与利用的有机衔接，建设城市社区和乡村回收站点、分拣中心、集散市场“三位一体”的再生资源回收体系，加快废旧商品分拣处理企业技术改造升级，提升分拣处理能力。在再生资源主要集聚区，支持建设一批集仓储、集散、加工利用、交易等功能为一体的再生资源集散市场。鼓励各类投资主体积极参与回收体系建设，培育规模化再生资源回收企业，有效整合提升传统回收网络，发展连锁经营，实现再生资源回收的标准化、规范化和社会化。进一步创新回收方式，支持运用信息技术手段，鼓励尝试押金回收、以旧换新、累计积分、超收返利等灵活多样的回收方式。大力推动生活垃圾分类回收体系建设，加快推进有害垃圾单独回收。

（七）促进资源再生利用产业化。

以矿产资源、产业废弃物和废旧资源为重点，推动资源循环高效利用。加强共伴生矿产资源及尾矿综合利用，建设绿色矿山。以产生量大的煤矸石、粉煤灰、工业副产石膏、冶炼和化工废渣、建筑和道路废弃物以及农作物秸秆等为重点，大力促进产业废弃物综合利用，建立一批大宗固废综合利用示范基地，培育一批骨干企业，开发一批资源综合利用新产品，促进废弃物就地消化、变废为宝。以机电设备、电线电缆、家电、汽车、铅酸电池、塑料、橡胶等重点“城市矿产”资源的循环利用为重点，推进示范基地建设、培育龙头企业，促进再生资源规模化利用。以汽车零部件、工程机械、办公信息设备产品再制造为重点，培育一批再制造示范企业。推进餐厨废弃物资源化利用和无害化处理，完善餐厨废弃物收运体系，加快先进模式和经验的推广，到2015年，各市、县（市）基本建立餐厨废弃物资源化利用和无害化处理体系，全省城市餐厨废弃物综合利用率达到40%。

（八）大力倡导绿色消费模式。

发展循环经济要进一步将生产和消费有机结合起来，倡导文明、节约、绿色、低碳消费理念，以绿色消费引导和促进绿色生产，加快循环型社会建设。围绕城乡居民重点消费领域，扩大绿色产品应用范围。实施绿色建筑行动方案，推进可再生能源与建筑一体化应用。大力发展公共交通，提倡使用节能环保型机动车。加大能效标识产品、节水标识产品、环境标识产品和低碳标识产品的使用推广力度。推行“以旧换再”行动计划，扩大再制造产品使用范围。深入开展“限塑”宣传，加大督查力度，不断巩固“限塑”成果。开展“反食品浪费”行动，在全省开展文明消费倡议行动。健全城市生活垃圾分类回收制度，完善分类回收、密闭运输、集中处理体系。减少过度包装和一次性用品的使用，开展绿色酒店、医院、学校、社区、商场创建活动。

四、加强法规建设和政策创新

（一）加快法规建设步伐。

贯彻落实《中华人民共和国循环经济促进法》，加快制定《江苏省循环经济促进条例》。根据新修订的《中华人民共和国清洁生产促进法》，制定《江苏省清洁生产促进条例》。加强《江苏省餐厨废弃物管理办法》的贯彻实施。发布鼓励、限制和淘汰的循环经济技术、工艺、设备与产品名录，强制使用再生水的行业（工艺段）名录及管理办法。建立生产者责任延伸制度，以生产包装物、电子电器、电池、办公设备等产品为重点先行试点，明确生产者回收责任制度，制定并落实抵押金管理办法。

（二）加快建立统计评价制度。

完善循环经济统计指标体系，建立循环经济统计核算制度。以资源产出率指标为核心开展基础统计工作，逐步加强对水、土地、矿产等资源和废水、废气、固体废弃物等方面的实物量及分布与流向的统计，完善统计核算方法，建立循环经济统计数据发布制度，切实将资源产出率作为反映循环经济发展成效的综合性指标。研究制定循环经济评价标准，出台相关指导性意见，逐步建立覆盖企业、园区和城市等多个层面的循环经济评价体系。

（三）完善标准体系。

进一步完善企业清洁生产的标准规范。制定再生资源拆解、利用规范。研究制定再制造产品、再利用产品和产业废弃物等循环经济产品标准。建立循环经济产品标识制度，完善强制性产品能效标识、再利用标识、节能建筑标识等，积极开展循环经济产品和低碳产品认证。引导企业开展环境管理体系和标志产品认证。

（四）加强规划指导。

编制《江苏省“十二五”循环经济发展规划》，明确“十二五”我省循环经济发展的目标、重点任务、重大工程和政策措施，并制定年度推进计划。根据《中华人民共和国循环经济促进法》，各市要编制本地区循环经济发展规划。已编制的市级循环经济规划，要加强与省“十二五”循环经济规划的衔接，必要时进行修编。各地、各有关部门编制区域规划、产业发展规划时，应设发展循环经济章节。

（五）加大财政支持力度。

省级财政要整合相关资金，加大对循环经济的投入力度，支持循环经济重点工程和示范项目，各市、县（市）人民政府也要加大财政资金扶持力度，促进循环经济发展。同时，政府加大采购对循环型绿色产品的支持力度。

（六）完善投融资政策。

强化固定资产投资新建和改扩建项目中循环经济的要求，固定资产投资项目可行性研究报告和申请报告要增加循环经济专项章节，不设循环经济章节的，投资主管部门不得审批核准和备案。积极引导银行等金融机构对循环经济示范园区、企业以及重点项目的融资支持，支持循环链条紧密的中小企业发行集合债券。支持和引导创业投资基金加大对循环经济项目的投入力度。

（七）完善税费政策。

充分发挥价格杠杆作用，对城市居民用电、用气、用水等产品实施累进加价制度。根据企业排放污染程度，实行环境价格差别定价政策。完善资源综合利用的税收优惠政策，落实列入国家鼓励目录的资源综合利用税收优惠政策。对循环经济示范企业，按规定落实固定资产投资加速折旧政策。落实资源性产品出口相关税收政策，限制“两高一资”产品出口。

（八）强化科技支撑。

各市、县（市）人民政府和省有关部门在相关科技计划和专项中，要加大对循环经济关键共性技术研发和产业化的支持力度，重点支持废物资源化利用技术以及可回收利用材料处理技术、再制造技术、“零排放”技术等关键技术和装备研发与产业化示范。支持在企业和有关单位建立相关研发机构。建立循环经济技术评定推广机制。

（九）深化国际交流合作。

积极引导外资投向新能源、新材料、生物技术与新医药等战略性新兴产业和城市矿产、再制造等循环经济新兴产业，鼓励符合条件的境外投资者参与重点行业循环化发展，参与循环经济重大示范工程的实施。鼓励企业充分利用国际创新资源，开展人才和科技国际交流合作，引进国外发展循环经济先进理念、技术和经验，“走出去”开展研发合作，促进产业向高端化发展，推动循环经济加快发展。鼓励企业利用循环经济国际展览、论坛等交流平台，广泛开展国际合作交流，不断拓展新的合作领域和空间。

五、切实加强组织领导和目标责任考核

（一）建立健全组织领导。

成立由省政府领导担任组长，省发展改革委牵头负责，省有关部门参加的发展循环经济领导小组，明确职责分工，健全工作推进机制，形成整体合力，切实加强组织领导。各地相应成立发展循环经济的组织领导机制，理顺和加强工作推进机制与政策体系。各地要结合实际，抓紧制定具体的贯彻落实措施。

（二）加强监督检查。

依据《中华人民共和国循环经济促进法》，建立发展循环经济的考核评价体系，加强对资源产出率等主要指标的分析评估和绩效考核，将发展循环经济纳入各市贯彻落实科学发展、转变经济发展方式目标考核体系之中，纳入政府绩效和国有企业业绩管理中，对工作不力的地区进行通报批评，对工作开展较好的地区予以表彰。

（三）实施循环经济示范工程。

循环经济工作要从试点向大规模示范推广转变，组织实施循环经济重点示范工程，重点推进循环经济示范城市和乡镇建设工程、循环型农业示范推广工程、园区循环化改造示范工程、循环型服务业示范工程、再制造产业化示范工程、“城市矿产”基地建设示范工程、餐厨废弃物资源化利用和无害化处理示范工程、资源综合利用示范基地工程、循环经济教育示范基地建设工程、资源循环利用技术推广工程等。“十二五”期间，全省建设10个循环经济示范城市和10个循环经济示范乡镇，培育20个循环化改造示范园区、100家循环经济示范企业。建设10个资源综合利用示范基地、20家综合利用示范企业、5个废旧资源回收体系示范城市、2个国家级“城市矿产”示范基地和15个省级示范基地、3至4家再制造示范企业和1至2个再制造产业集聚区、15个城市餐厨废弃物资源化利用及无害化处理示范城市，创建10个循环经济教育示范基地和10个循环经济重点技术平台建设示范工程。

（四）推广循环经济典型模式。

组织开展国家和省级第一批、第二批循环经济试点单位的评估考核，总结循环经济试点示范经验，凝练不同层面的循环经济典型模式，通过信息发布、经验交流、现场推广等多种形式，加大推广力度，力争使典型循环经济的模式和经验在同类型企业中得到广泛实施。

（五）广泛开展宣传教育。

切实加强能力培训，充分发挥党校、行政学院和高等院校培训力量的作用，加强对各级领导干部的培训。积极开展对园区、企业管理人员的培训，提高发展循环经济管理水平。把循环经济理念和知识纳入基础教育、高等教育和职业教育体系。切实发挥好循环经济教育示范基地的宣传教育作用。同时，运用广播电视、报刊杂志、互联网等媒体广泛宣传、普及循环经济知识，向社会公众宣传日常生活中节水、节电、节气和垃圾分类的知识与技巧。

江苏省人民政府
2013年1月28日

甘肃省2013年推进国家循环经济示范区建设工作方案（节录）

（甘肃省人民政府办公厅2013年3月27日印发）

为加快推进全省循环经济发展，确保实现《甘肃省循环经济总体规划》（以下简称《总体规划》）阶段目标任务，结合国务院印发的《循环经济发展战略及近期行动计划》（国发〔2013〕5号）（以下简称《行动计划》），制定本工作方案。

一、总体要求

深入贯彻省第十二次党代会精神，认真落实“3341”项目工程有关要求，坚持循环经济与富民行动相结合、《总体规划》与《行动计划》相结合、发展经济产业与省情相结合的原则，深入实施《总体规划》和《甘肃省循环经济总体规划实施方案》，着力打造循环经济示范区建设经济战略平台。以《行动计划》为指导，选择重点领域，依托大型骨干企业，实施重点项目，在各领域、各行业创建一批亮点突出的标志性示范工程，强化以点带面，加大示范典型推广力度，均衡推进循环型农业、工业、服务业和社会层面循环经济发展。完善政策法规和科技支撑等保障体系，健全统计指标和考核体系，加强现场观摩和实地评价，促进全省循环经济整体协调推进。

二、工作目标

基本建成金昌有色金属新材料循环经济基地，兰白石油化工、冶金有色循环经济基地和酒嘉清洁能源、冶金新材料循环经济基地，完成规划确定的基地建设目标任务的80%，其他4个基地完成规划确定的基地建设目标任务的60%以上。金昌、白银、陇西、华亭、武威黄羊5个国家园区循环化改造试点进度要达到50%以上。依托骨干企业、园区和产业基础，在对应区域初步打造形成9条循环经济产业链，其他7条产业链上的关键项目建设取得明显进展；创建60家省级示范企业；实施一批循环经济重点项目。重点地区、重点行业的工业领域初步形成企业小循环、园区中循环和社会大循环，构建以有色黑色金属为主的冶炼采矿业、以精深加工为主的石油化工业、以煤炭综合利用为主的煤电化工业、以农副产品中医药深加工为主的农畜产品加工业、新能源综合开发利用配套高载能等5大工业循环产业体系。培育形成一批农业龙头企业，带动农业领域形成种植—养殖—废弃物资源化的完整产业链，畜禽养殖废弃物、地膜、尾菜等农林废弃物回收利用率显著提高。社会领域重点完善再生资源和垃圾分类回收体系，在废旧电池、废旧电器、报废汽车回收利用等领域有所突破。具体发展目标见下表。

2013年甘肃循环经济发展目标

类　别	指　标	单　位	2013年	2014年	2015年
资源产出指标	资源产出率	元/吨	1288.7	1324.5	1379.1
	能源产出率	亿元/万吨	0.61	0.64	0.66
	水资源产出率	元/立方米	40	43.76	46.08
资源消耗指标	万元GDP能耗	吨标煤/万元	1.633	1.581	1.530
	万元GDP取水量	立方米/万元	258	232	217
	单位工业增加值用水量	立方米/万元	76	70	64
	农田灌溉水有效利用系数		0.52	0.53	0.53
	吨镍能耗	吨标煤/吨	3.597	3.594	3.590
	吨钢水耗	立方米/吨	5.55	5.35	5.20
资源综合利用指标	工业固体废物综合利用率	%	68.00	73.00	75.00
	工业用水重复利用率	%	93.80	94.50	95.00
	城市生活垃圾无害化处置率	%	60	85	100
	城市生活污水集中处理率	%	70	85	100
	秸秆综合利用率	%	75	80	85
	废旧地膜综合利用率	%	70	75	80

废物排放指标	工业固体废物处置量	万吨	2300	2400	2500
	工业废水排放量	万立方米	15320	15130	15000
	二氧化硫排放量	万吨	63.4	63.4	63.4
	化学需氧量排放量	万吨	39.66	38.5	37.6
	氨氮排放量	万吨			3.94
	氮氧化物排放量	万吨			40.7
其它指标	可再生能源占能源生产总量的比例	%	38.01	37.89	37.55
部分指标将结合国家《循环经济发展战略及近期行动计划》（国发〔2013〕5号）进行调整，具体以分解下达指标为准。按照国家要求，上半年摸清新增指标底数，下半年纳入考核。					

三、2013年主要任务

（一）开展中期评估，完善规划方案。省发展循环经济工作领导小组办公室牵头组织有关部门、机构,对《总体规划》近三年实施情况进行中期评估，总结已有政策和工作措施的落实情况、规划实施的进度和效果，提出对策建议。针对目前规划实施进展情况和存在的问题，结合《行动计划》和我省经济、产业特征，对总体规划的目标任务和指标体系进行科学评估和调整，进一步明确目标责任，确保到2015年底建成国家循环经济示范区。各市州、有关部门要根据《行动计划》制订和 完善各专项规划或实施方案。

（二）谋划重大项目，推动产业转型升级。以循环经济示范区建设为平台，围绕重点领域的转型跨越，发展产业集群，延伸产业链条，由有关部门、市州政府和重点企业向国家有关部委汇报衔接，争取国家在重大产业布局、项目资金补助、项目核准等方面给予支持，着力实施好一批具有支撑性和标志性的循环经济重大项目。特别是以生态安全为重点的生态保护与治理项目，以清洁能源及配套先进高载能产业为重点的河西清洁能源国家示范基地项目，以传统产业转型升级为重点的特色优势产业项目，以煤炭开采和深加工循环利用为重点的陇东煤电化工基地项目，以环境保护为重点的城镇化建设项目。

（三）突出重点行业，全面构建循环型工业体系。在重点行业大力实施企业清洁生产，强化系统节能降耗，提高资源综合利用水平，完善循环经济产业链，构建循环型工业体系。一是认真贯彻落实《甘肃省人民政府批转省发展改革委省环保厅关于进一步推进全省清洁生产工作意见的通知》（甘政发〔2013〕3号），尽快建立和完善清洁生产审核地方标准体系，出台强制性清洁生产审核评估、验收规范，大力抓好有色、钢铁、石油石化、化工和建材等重点行业清洁生产工作。二是在重点行业推广应用先进节能工艺技术和装备，加强过程能耗管理。有色行业重点推广新型阴极结构铝电解槽、低温高效铝电解、氧气底吹熔炼和闪速熔炼等技术和装备；钢铁行业重点推广连铸坯热送热装和直接轧制技术，加快淘汰落后高炉、转炉等；石油石化行业重点推广天然气分布式能源和大型液化天然气接收站冷能利用技术，提高天然气利用效率；化工行业重点推广先进煤气化、离子膜烧碱工艺、大型密闭式电石炉等技术和装备；加快燃煤锅炉（窑炉）改造，积极推广高效煤粉锅炉，培育相关装备制造产业。三是以白银市产业废物综合利用示范基地和金川公司、白银公司、酒钢集团、窑街煤电等4家企业为示范，加快煤炭、矿产、工业废渣、余热余压余气等资源综合利用。四是推广特色模式。充分发挥“金昌区域模式”和“白银公司模式”的示范引领作用，加快实施百万吨有色金属深加工、千万吨化工循环产业、千万千瓦级新能源开发和转化等工程，带动5个工业循环经济基地建设，初步打造形成有色与精细化工，冶金—资源综合利用—冶金化工—新材料等循环经济产业链。五是在全面落实《总体规划》的基础上，积极开展“3622”工程，即培育30个循环经济示范工业园区，培养60户循环经济示范企业，组织200户工业企业实施自愿清洁生产审核，组织200户以上重点用能企业开展能效对标达标活动。

（四）抓好重点工程，加强构建循环型农业体系。以实施农村能源建设，农业节水节肥节药示范，农业种植、养殖废弃物综合利用，废旧地膜回收利用，农村环境整治等5大工程为重点，着力推进种植业、畜牧业和工农业复合型循环体系。一是在继续做好农村沼气、太阳能等农村能源建设工程的基础上，开展太阳能和农村沼气互补利用示范工程。大力发展节约型种植业，重点推进张掖、武威、定西、甘南、临夏和陇南等地区老旧农业机械淘汰，在定西等地扩大旱作农业面积，扩大绿色防控和统防统治面积；做好国家地膜回收利用清洁生产示范项目申报工作，逐步推动地膜、灌溉器材、尾菜等的回收利用工作步入良性发展循环。二是广泛开展畜禽养殖清洁生产，深入推进

畜禽养殖废弃物和加工副产物及废弃物资源化利用。鼓励养殖与种植相结合，建设标准化畜禽养殖场、养殖小区、日光温室，积极开展以沼气为纽带的生态农业示范和种植养殖废弃物集中处理示范；重点在甘南州和临夏州推动畜禽血液、脏器、骨组织、皮毛绒等畜禽加工副产物综合利用，生物医药、保健品和生活用品等行业积极开展屠宰废水循环利用。三是充分发挥节水型工农业复合定西模式和天水高新农业模式的示范引领作用，培育一批农业领域龙头企业，打造养殖—沼气—种植—生态农业、畜产品—特色农副产品—农业废弃物、绿色食品等农业循环经济产业链。

（五）突破重点领域，大力构建循环型服务业体系。以推进旅游业、通讯服务业、零售批发业、餐饮住宿业和物流业服务主体绿色化、服务过程清洁化为重点，促进服务业与其他产业融合发展，引导人们树立绿色循环低碳理念，转变消费模式，加快构建循环型服务业体系。一是推进旅游景区建设和管理绿色化，引导低碳旅游和绿色消费，逐步在武威神州荒漠野生动物园、崆峒山景区、敦煌鸣沙山月牙泉景区开展循环型绿色旅游示范基地创建试点工作。二是推进绿色通讯基站建设，开展废旧通信产品回收，推广应用以自然冷热源和蓄电池温控为基础的空调升温启动技术，初步建立废旧手机、电池、充电器等通信产品的回收体系。三是推行零售批发业清洁生产，促进废弃物回收利用，推动现有商用建筑进行保温、隔热改造，开展废弃包装物、废弃食品、垃圾等分类回收。四是推进餐饮住宿业绿色化，倡导绿色服务，推动餐饮住宿业照明、空调、锅炉系统节能改造，使用节能节水产品，分类存放餐厨垃圾等。五是加快绿色仓储建设，提高物流运行效率。

（六）促进多元发展，全面构建循环型社会。加快完善再生资源和垃圾分类回收体系，推动再生资源利用产业化，实施绿色建筑行动和绿色交通行动，推行绿色消费，实施大循环战略，加快建设循环型社会。一是加强重点再生资源回收利用，不断推动再生资源回收体系建设。加快建设由社区乡镇回收站（点）、分拣中心、集散市场共同组成的“三位一体”的再生资源回收利用体系；做好废金属、废塑料、废玻璃、废纸等传统再生资源的回收利用；抓好兰州、武威2个国家级再生资源回收试点城市和酒泉、敦煌区域性大型再生资源回收利用基地建设，继续开展省级再生资源回收利用体系建设试点，支持已启动再生资源回收利用体系建设的市州积极争取列为国家示范城市；加强电子废物污染防治，将重点生产企业纳入实施清洁生产审核的重点企业名单并进行重点监管，完善电子废物回收渠道和网络，制定并落实电子废物综合整治方案和废弃电器电子产品处理规划；推进报废汽车和废旧电池等有害废物的回收。二是加大城镇污水、垃圾处理工程建设力度。重点开展生活垃圾无害化处理工程、建筑垃圾回收利用示范工程和城镇污水无害化处理工程,积极推进垃圾分类回收和生活垃圾焚烧发电资源化利用工程；积极推广兰州餐厨垃圾无害化处理资源化利用模式，逐步建立餐厨废弃物资源化利用体系，培育相关装备制造产业。三是推进既有建筑供热计量和节能改造，发展绿色建筑。推进以围护结构、供热计量、管网热平衡为重点的居住建筑节能改造，大力推进大型公共建筑和办公建筑采暖、空调、通风、照明等节能改造；重点推动党政机关、学校、医院以及影剧院、博物馆、科技馆、体育馆等建筑执行绿色建筑标准。四是加快建立旧件逆向回收体系，抓好重点产品再制造。规范建立专业化再制造旧件回收企业和区域性再制造旧件回收物流集散中心，积极利用现有再生资源回收网络，重点推进机动车零部件、机床、复印机、计算机服务器、墨盒及硒鼓等的再制造。五是实施大循环战略。搭建循环经济技术、市场、产品等公共服务平台，鼓励企业间、产业间建立物质流、资金流、产品链紧密结合的循环经济联合体，促进工业、农业、服务业等产业间循环链接、共生耦合，实现资源跨企业、跨行业、跨产业、跨区域循环利用。

（七）强化重点培育，发挥示范引领作用。加强节能、节水、清洁生产、工业“三废”和矿产资源综合利用、电子废物回收利用、污染防治、城市矿产、餐厨垃圾等重点项目的组织实施，从2013年开始，各部门要积极培育和创建省内示范工程、示范市县和示范企业（园区），并对口积极争取进入国家“十百千”示范行动行列。以列入国家资源综合利用“双百工程”的白银市产业废物综合利用示范基地为重点，创建3—4个矿产资源综合利用示范基地，争取2—3个列入国家60个示范；创建10项煤层气、煤矸石综合利用工程，争取2—3项列入国家30项示范。在10个已列入国家农业清洁生产示范的项目基础上，以废旧地膜和种植养殖废弃物综合利用为重点，创建30—40个地膜回收利用示范项目，争取20—25个列入国家示范；创建5—10个种植养殖废弃物及加工副产物综合利用示范工程，争取3—5个列入国家示范。创建2—3个再生资源回收体系示范城市，争取1—2个列入国家80个示范。制定、完善我省绿色建筑标准体系，提出对绿色建筑的激励政策，实施建筑节能示范工程。制订示范市县和企业（园区）认定标准，建立示范评价考核指标体系，在省内创建10—15个示范市县，争取3—5个列入国家100个示范。在省内创建60家示范企业、35个示范园区，争取30家左右企业和6—8个园区列入国家1000个示范。除上述国家示范重点外，省内以生活垃圾、建筑垃圾、林业“三剩物”等回收及综合利用和污水处理、清洁生产、电子废物污染防治、循环经济教育示范基地、节约型公共机构示范单位、循环型社区村镇、绿色学校、绿色交通、节能建筑和循环经济先进工作单位为重点，创建省级示范。

（八）完善制度政策，健全支撑保障体系。逐步健全行业制度体系，制订《甘肃省治理商品过度包装管理办法》、《甘肃省建筑垃圾回收利用管理办法》、《甘肃省生活垃圾回收利用管理办法》、《甘肃省餐厨垃圾回收利用管理办法》、《废弃电器电子产品回收处理管理办法》等规章。对照《行动计划》中提出的各项扶持优惠政策，进一步完善我省投资、价格收费、财政、税收、金融等方面的政策，加大落实力度。各有关部门按照职责分工，提出相应配套完善措施，对口积极争取国家相关部门支持。价格收费政策方面，研究减征实现废水“零排放”企业和园区污水处理费的政策，改革生活垃圾处理收费方式。财政政策方面，创新循环经济发展专项资金支持方式，研究鼓励再制造产品推广应用和强制回收产品、包装物的专项政策。税收政策方面，继续认真落实资源综合利用税收优惠政策，及时准确贯彻执行国家关于促进再生资源回收体系建设的税收政策。金融政策方面，鼓励银行业金融机构对循环经济重点项目和“十百千”示范工程给予包括信用贷款在内的多元化信贷支持，鼓励设立循环经济担保基金、循环经济产业（创业）投资基金，鼓励非公经济参与循环经济项目建设。

（九）完善统计指标，建立考核体系。按照《甘肃省循环经济总体规划实施考核办法》（甘办发〔2012〕8号）和《甘肃省循环经济统计管理办法》、《甘肃省循环经济统计实施方案》（甘循环领办〔2013〕1号），进一步健全完善统计指标和考核体系，加强业务培训，做好循环经济统计和评价考核工作。按照《行动计划》完善考核体系，试运行3个月，下半年全面展开。将循环经济纳入政府目标责任考核体系，完善问责和激励机制。加强监督检查，认真执行月上报、季分析、半年检查、年度总结的动态管理制度。各市州、各部门要紧紧围绕各自任务分工和2013年发展目标，制订本地区、本部门2013年发展循环经济工作方案或计划，并于2013年4月15日前报领导小组办公室。

（十）强化宣传教育，营造发展循环经济的良好社会环境。组织专家分批次、分重点不定期进行实地评价，对工作好的地区、行业和企业，要积极开展评优宣讲活动，并给予适当奖励。适时召开一次发展循环经济现场推进会，组织现场观摩、总结交流，通报中期评估情况，总结基地、开发区、产业链、示范企业等方面发展循环经济的有效模式。继续利用中央和省内新闻媒体，并通过举办循环经济宣传周、循环经济知识竞赛等活动以及利用公交车、出租车广告等户外传媒加大宣传力度，特别要加强对典型示范工程及其实施效果的宣传报道，营造发展循环经济的良好舆论氛围。在七大循环经济基地建立专业技术人员循环经济教育培训基地，充分利用各级行政学院和公务员培训中心的主渠道进行培训教育。在各级各类学校，每学期至少举办一次循环经济专题讲座。每年遴选、论证实施50期省级循环经济高级研修项目，实施循环经济知识普及培训20万人次。

规划方案

国务院关于印发循环经济发展战略及近期行动计划的通知

国发〔2013〕5号

各省、自治区、直辖市人民政府，国务院各部委、各直属机构：

现将《循环经济发展战略及近期行动计划》印发给你们，请认真贯彻执行。

国务院

2013年1月23日

循环经济发展战略及近期行动计划

前言

发展循环经济是我国的一项重大战略决策，是落实党的十八大推进生态文明建设战略部署的重大举措，是加快转变经济发展方式，建设资源节约型、环境友好型社会，实现可持续发展的必然选择。

近年来，各地区、各部门大力推动循环经济发展，循环经济理念进一步确立，产业体系逐步完善，发展水平不断提高，经济、社会和环境效益进一步显现。当前，我国已进入全面建成小康社会的决定性阶段，随着工业化、城镇化和农业现代化持续推进，我国能源资源需求将呈刚性增长，废弃物产生量将不断增加，经济增长与资源环境之间的矛盾更加突出，发展循环经济的要求更为迫切。

为指导和推动循环经济加快发展，实现“十二五”规划纲要提出的资源产出率提高15%的目标，国家编制了《循环经济发展战略及近期行动计划》，对发展循环经济作出战略规划，对今后一个时期的工作进行具体部署。各地区、各部门要从战略和全局的高度，充分认识加快发展循环经济的重要意义，落实工作责任，完善工作机制，加强协调配合，进一步加大工作力度，采取切实有效的措施，确保完成各项目标任务，全面提高生态文明水平。

第一章　现状与形势

第一节　“十一五”循环经济发展取得的主要成效

循环经济理念逐步树立。国家把发展循环经济作为一项重大任务纳入国民经济和社会发展规划，要求按照减量化、再利用、资源化，减量化优先的原则，推进生产、流通、消费各环节循环经济发展。一些地方将发展循环经济作为实现转型发展的基本路径。

循环经济试点取得明显成效。经国务院批准，在重点行业、重点领域、产业园区和省市开展了两批国家循环经济试点，各地区结合实际开展了本地循环经济试点。通过试点，总结凝练出60个发展循环经济的模式案例，涌现出一大批循环经济先进典型，探索了符合我国国情的循环经济发展道路。

法规标准体系初步建立。循环经济促进法于2009年1月1日起施行，标志着我国循环经济进入法制化管理轨道。公布实施了《废弃电器电子产品回收处理管理条例》、《再生资源回收管理办法》等法规规章，发布了200多项循环经济相关国家标准。一些地区制定了地方循环经济促进条例。

政策机制逐渐完善。深化资源性产品价格改革，实行了差别电价、惩罚性电价、阶梯水价和燃煤发电脱硫加价政策。实施成品油价格和税费改革，提高了成品油消费税单位税额，逐步理顺成品油价格。中央财政设立了专项资金支持实施循环经济重点项目和开展示范试点。开展资源税改革试点，制定了鼓励生产和购买使用节能节水专用设备、小排量汽车、资源综合利用产品和劳务等的税收优惠政策。完善了环保收费政策。出台了支持循环经济发展的投融资政策。

技术支撑不断增强。将循环经济技术列入国家中长期科技发展规划，支持了一批关键共性技术研发。实施了一批循环经济技术产业化示范项目，推广应用了一大批先进适用的循环经济技术。汽车零部件再制造技术已达到国际领先水平，废旧家电和报废汽车回收拆解、废电池资源化利用、共伴生矿和尾矿资源回收利用等一大批技术和装备取得突破。

产业体系日趋完善。产业废物综合利用已形成较大规模，产业循环链接不断深化，再生资源回收体系逐步完善，垃圾分类回收制度逐步建立，“城市矿产”资源利用水平得到提升，再制造产业化稳步推进，餐厨废弃物资源化利用开始起步。

“十一五”以来，通过发展循环经济，我国单位国内生产总值能耗、物耗、水耗大幅度降低，资源循环利用产业规模不断扩大，资源产出率有所提高，初步扭转了工业化、城镇化加快发展阶段资源消耗强度大幅上升的势头，促进了结构优化升级和发展方式转变，为保持经济平稳较快发展提供了有力支撑，为改变“大量生产、大量消费、大量废弃”的传统增长方式和消费模式探索出了可行路径。

表1 “十一五”时期循环经济发展情况

指标名称	单位	2005年	2010年	2010年比2005年提高（%）
能源产出率	万元/吨标准煤	1	1.24	24
水资源产出率	元/立方米	41.9	66.7	59
矿产资源总回收率	%	30	35	[5]
共伴生矿综合利用率	%	35	40	[5]
工业固体废物综合利用量	亿吨	7.70	16.18	110.1
工业固体废物综合利用率	%	55.8	69	[13.2]
主要再生资源回收利用总量	亿吨	0.84	1.49	77.4
主要再生有色金属产量占有色金属总产量比重	%	19.3	26.7	[7.4]
农业灌溉用水有效利用系数	-	0.45	0.5	11.1
工业用水重复利用率	%	75.1	85.7	[10.6]
秸秆综合利用率	%		70.6	

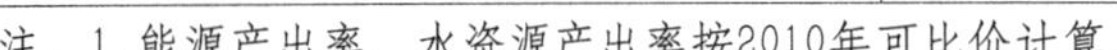

注：1.能源产出率、水资源产出率按2010年可比价计算。

2.主要再生资源包括废金属、废纸、废塑料、报废汽车、废轮胎、废弃电器电子产品、废玻璃、废铅酸电池等。（下同）

3.主要再生有色金属包括再生铜、再生铝、再生铅三种。（下同）

4.[ ] 内为提高的百分点。（下同）

同时必须清醒地看到，我国循环经济发展规模还有待扩大、发展水平有待提高，主要表现在：循环经济理念尚未在全社会得到普及，一些地方和企业对发展循环经济的认识还不到位；循环经济促进法配套法规规章尚不健全，生产者责任延伸等制度尚未全面建立；部分资源性产品价格形成机制尚未理顺，有利于循环经济发展的产业、投资、财税、金融等政策有待完善；循环经济技术创新体系和先进适用技术推广机制不健全，技术创新能力亟需加强；统计基础工作比较薄弱，评价制度不健全，循环经济能力建设、服务体系、宣传教育等有待加强。这些矛盾和问题已严重制约循环经济的发展，必须尽快加以研究解决。

第二节　循环经济发展面临的形势

资源约束强化。我国主要资源人均占有量远低于世界平均水平，加上增长方式仍较粗放，国内资源供给难以保障经济社会发展需要，能源、重要矿产、水、土地等资源短缺矛盾将进一步加剧，重要资源对外依存度将进一步攀升，可持续发展面临能源资源瓶颈约束的严峻挑战。

环境污染严重。我国环境状况总体恶化的趋势尚未得到根本遏制，重点流域水污染严重，一些地区大气污染问题突出，“垃圾围城”现象较为普遍，农业面源污染、重金属和土壤污染问题严重，重大环境事件时有发生，给人民群众身体健康带来危害。

应对气候变化压力加大。我国是最易受气候变化影响的国家之一，气候变化导致农业生产不稳定性增加，局部地区干旱高温危害严重，生物多样性减少，生态系统脆弱性增加。近年来，我国温室气体排放快速增长，人均排放量不断攀升，减排压力不断加大。

绿色发展成为国际潮流。近年来，为应对国际金融危机和全球气候变化的挑战，发达国家纷纷加快发展绿色产业，将其作为推进经济增长和转型的重要途径，一些国家利用技术优势，在国际贸易中制造绿色壁垒。在新一轮经济科技的竞争中，走绿色低碳循环的发展道路是必然的选择。

无论是从国内能源资源供给和生态环境承载能力看，还是从全球发展趋势和温室气体排放空间看，我国都无法继续靠粗放型的增长方式推进现代化进程。当前我国已进入全面建成小康社会的关键时期，也是发展循环经济的重要机遇期，必须积极创造有利条件，着力解决突出矛盾和问题，加快推进循环经济发展，从源头减少能源资源消耗和废弃物排放，实现资源高效利用和循环利用，改变“先污染、后治理”的传统模式，推动产业升级提升和发展方式转变,促进经济社会持续健康发展。

第二章　指导思想、基本原则和主要目标

第一节　指导思想

以邓小平理论、“三个代表”重要思想、科学发展观为指导，落实节约资源和保护环境的基本国策，围绕提高资源产出率，遵循“减量化、再利用、资源化，减量化优先”的原则，坚持统筹规划、重点突破、全面推进相结合，因地制宜、示范引领、推广普及相结合，制度创新、技术创新、管理创新相结合，政府推动、企业实施、公众参与相结合，健全激励约束机制，积极构建循环型产业体系，推动资源再生利用产业化，推行绿色消费，形成覆盖全社会的资源循环利用体系，加快转变经济发展方式，推进资源节约型、环境友好型社会建设，提高生态文明水平。

第二节　基本原则

强化理念，减量优先。推动全社会树立减量化、再利用、资源化的循环经济理念，坚持减量化优先，从源头上减少生产、流通、消费各环节能源资源消耗和废弃物产生，大力推进再利用和资源化，促进资源永续利用。

完善机制，创新驱动。健全法规标准，完善经济政策，充分发挥市场配置资源的基础性作用，形成有效的激励和约束机制，增强发展循环经济的内生动力。加强制度创新、技术创新、管理创新，提升循环经济发展水平。

改造存量，优化增量。对现有各类产业园区、重点企业进行循环化改造，提高资源产出率。产业园区、企业和项目要从规划、设计、施工、运行、管理等各环节贯彻循环经济的要求。按照自然资源开发利用和产品生产制造产业即动脉产业的特点，统筹对废弃物资源化利用相关产业即静脉产业进行合理布局，推动动脉产业与静脉产业协同发展。

示范引领，全面推进。在农业、工业、服务业各产业，城市、园区、企业各层面，生产、流通、消费各环节培育一批循环经济示范典型，全面推广循环经济典型模式，推动循环经济形成较大规模。

因地制宜，突出特色。根据主体功能定位、区域经济特点、资源禀赋和环境承载力等状况，科学确定各地区循环经济发展重点，合理规划布局，发挥区域优势，突出地方特色，切实发挥循环经济促进经济转型升级的作用。

高效利用，安全循环。提高资源利用效率，推动资源由低值利用向高值利用转变，提高再生利用产品附加值，避免资源低水平利用和“只循环不经济”。强化监管，防止资源循环利用过程中产生二次污染，确保再生产品质量安全，实现经济效益与环境效益、社会效益相统一。

第三节　主要目标

循环经济发展的中长期目标是：循环型生产方式广泛推行，绿色消费模式普及推广，覆盖全社会的资源循环利用体系初步建立，资源产出率大幅提高，可持续发展能力显著增强。到“十二五”末的目标（近期目标）是：主要资源产出率比“十一五”末提高15%，资源循环利用产业总产值达到1.8万亿元。

表2　“十二五”时期循环经济发展主要指标

指标名称	单位	2010年	2015年	2015年比2010年提高（%）
主要资源产出率提高	%			15

能源产出率	万元/吨标准煤	1.24	1.47	18.5
水资源产出率	元/立方米	66.7	95.2	43
建设用地土地产出率提高	%			43
资源循环利用产业总产值	万亿元	1.0	1.8	80
矿产资源总回收率	%	35	40	[5]
共伴生矿综合利用率	%	40	45	[5]
工业固体废物综合利用量	亿吨	16.18	31.26	93.2
工业固体废物综合利用率	%	69	72	[3]
主要再生资源回收利用总量	亿吨	1.49	2.14	43.6
主要再生资源回收率	%	65	70	[5]
主要再生有色金属产量占有色金属总产量比重	%	26.7	30	[3.3]
农业灌溉水有效利用系数	-	0.5	0.53	6
工业用水重复利用率	%	85.7	>90	[>4.3]
城镇污水处理设施再生水利用率	%	<10	>15	[>5]
城市生活垃圾资源化利用比例	%		30	
秸秆综合利用率	%	70.6	80	[9.4]
综合利用发电装机容量	万千瓦	2600	7600	192.3

注：1.主要资源产出率的资源核算品种包括：3种能源资源（煤炭、石油、天然气），9种矿产资源（铁矿、铜矿、铝土矿、铅矿、锌矿、镍矿，石灰石、磷矿、硫铁矿），木材和工业用粮。

2.主要资源产出率、能源产出率、水资源产出率、资源循环利用产业总产值按2010年可比价计算。

3.综合利用发电指煤矸石、煤泥、油母页岩等低热值燃料发电。

第三章　构建循环型工业体系

在工业领域全面推行循环型生产方式，实施清洁生产，促进源头减量；推进企业间、行业间、产业间共生耦合，形成循环链接的产业体系；鼓励产业集聚发展，实施园区循环化改造，实现能源梯级利用、水资源循环利用、废物交换利用、土地节约集约利用，促进企业循环式生产、园区循环式发展、产业循环式组合，构建循环型工业体系。到2015年，单位工业增加值能耗、用水量分别比2010年降低21%、30%，工业固体废物综合利用率达到72%，50%以上的国家级园区和30%以上的省级园区实施了循环化改造。

第一节　煤炭工业

推动煤矿绿色开采。根据资源赋存条件选择先进高效的开采技术，推广矸石充填、以矸换煤等即采即填技术工艺，鼓励采用保水开采、煤与瓦斯共采等开采方式，提高煤炭资源回采率。

推进煤系共伴生资源综合开发利用。加强煤系高岭土（岩）、油母页岩、硅藻土、石墨、膨润土、耐火土等共伴生矿综合利用，提高产品附加值。鼓励煤层气发电或将煤层气作为矿区、城市的生产生活用气。推动矿井水用于矿区补充水源和周边地区生产、生活和生态用水。

实施系统节能降耗。鼓励煤矿和选煤厂开展系统节能，淘汰老旧设备和选煤工艺，加强工序能耗管理，加大风机、水泵及选煤厂技术改造，加强洗煤废水循环利用，减少电耗、水耗和介质消耗。加大煤泥脱水技术的攻关力度，提高煤泥利用率。

推进矿区生态环境保护。鼓励利用矿区矸石对采空区进行填充，对沉陷区进行立体生态整治，利用矸石、灰渣等进行土地复垦，发展生态农业和旅游业等适宜产业。鼓励复垦土地的再利用。

构建煤基循环经济产业链。推进煤矸石、洗中煤、煤泥发电以及煤矸石制砖和生产水泥，构建煤—电—建材产

业链。推进煤制烯烃、煤制乙二醇、煤制合成氨等已纳入国家相关规划的示范项目建设，构建煤—焦—化等煤基多联产产业链。

到2015年，原煤入洗率达到60%以上，煤矸石综合利用率达到75%，煤层气（瓦斯）抽采利用率达到60%，煤层气发电装机容量超过285万千瓦，低热值煤炭资源综合利用发电装机容量达到7600万千瓦，矿井水综合利用率达到75%，土地复垦率达到60%。

第二节　电力工业

加强节能降耗。调整优化电源结构，淘汰落后小火电机组，提高火电机组技术装备水平。加大锅炉、风机、水泵等设备节能改造，推广等离子无油点火等节能技术，降低厂用电率。鼓励发展热电联产和热电冷三联供，严格实行“以热定电”。加快智能电网建设和电网节能技术改造，提高电网传输效率，有效降低线损。在有条件的地方鼓励将中水、海水等非常规水源作为冷却水。

推进粉煤灰、脱硫石膏综合利用。鼓励利用粉煤灰生产建材产品，推广粉煤灰在市政建设、筑路等工程中的应用，有序推进在高铝粉煤灰中提取氧化铝，支持粉煤灰经超细化加工作为造纸、橡胶等的填充材料。鼓励利用脱硫石膏生产纸面石膏板、高档装饰建材及改良盐碱土壤等。

支持可再生能源发电和资源综合利用电厂建设。加强准入监管，优先支持风能、太阳能、生物质能等可再生能源发电以及符合条件的煤层气、煤矸石、余热余压、垃圾等综合利用电厂并网发电。强化电力调度交易监管，推行节能发电调度，提高可再生能源和综合利用电厂发电量比例，促进区域间电力交易，减少“窝电”。推广分布式能源。

构建发电与相关产业的循环经济链。构建发电—粉煤灰—建材、筑路、建筑工程，发电—高铝粉煤灰—氧化铝，发电—脱硫石膏—建材及装饰材料，发电—余热—海水淡化—浓海水制盐—盐化工，煤矸石、垃圾、污泥—发电—灰渣—建材等产业链。

到2015年，火电平均供电煤耗降到325克标准煤/千瓦时，粉煤灰综合利用率达到70%，脱硫石膏综合利用率达到80%，生物质发电装机容量达到1300万千瓦。

第三节　钢铁工业

推进铁矿石资源综合开发利用。加强低品位矿产及难分选矿产综合利用。推动高磷铁矿、高硫铁矿中磷、硫等伴生元素的提取利用。推进铁尾矿伴生金属的高效提取利用、富铁老尾矿低成本再选和低铁富硅尾矿高值整体利用。鼓励利用尾矿砂生产建材、进行井下充填和开展生态环境治理等。

强化节能降耗。加快淘汰落后高炉、转炉等。推广连铸坯热送热装和直接轧制技术。优化烧结、球团生产工艺，提高精料水平。优化高炉炉料结构。推广干熄焦、干法除尘、烧结余热回收、干式压差发电（TRT）、高效喷煤、蓄热式燃烧、全燃煤气发电等技术。推动建立企业能源管理中心。

推动余热余压、固体废物和废水资源化利用。大力推广焦炉、高炉、转炉副产煤气回收利用和各工序余热余压发电，鼓励燃气蒸汽联合循环发电。鼓励转炉渣、含铁尘泥、氧化铁皮回炉烧结，利用高炉渣、转炉渣生产水泥等建材产品。推动利用焦油、焦炉煤气、粗苯等焦化副产品生产化工产品。鼓励建立企业内部水循环系统，对废水进行分质串级循环利用。

鼓励钢铁生产系统与社会生活系统循环链接。在有条件的地区，鼓励钢铁企业利用余热资源为城市供暖供热，利用再生水、矿井水、海水淡化水等非常规水补充新水。大力推动钢铁企业消纳铬渣、废塑料等废弃物。建立废钢回收体系，支持钢铁企业建设废钢加工配送基地。

构建钢铁行业循环经济产业链。构建焦化、冶炼—副产煤气、余热余压—发电，冶炼—废渣—建材，冶炼—含铁尘泥—烧结，炼焦—焦油、煤气—化工产品，冶炼—钢铁产品—废钢铁—电炉炼钢等产业链。

到2015年，吨钢综合能耗降到580千克标准煤，吨钢耗新水量降到4立方米，废钢回收利用量达到1.3亿吨，冶炼废渣综合利用率达到97%，重点钢铁企业焦炉干熄焦普及率达到95%以上。

第四节　有色金属工业

推进共伴生矿和尾矿综合开发利用。加强对低品位矿、共伴生矿、难选冶矿、尾矿等的综合利用。大力推进铜、钴、镍尾矿多元素与铅、锌、银多元素伴生矿的综合利用，推进低品位铝土矿浮选脱硅工艺技术优化，加快铝土矿高效选矿药剂开发，推进黄金尾矿硫化物深度分选及有价组分提取。加快开发和推广铜、镍、铅、锌、铝等矿产加压浸出、生物冶金等技术、工艺及设备。加强稀贵金属矿产资源和复杂难处理贵金属共生矿综合开发利用。

强化节能降耗。淘汰落后冶炼、加工等产能，大力推广先进适用技术和装备，优化生产工艺流程，强化节能管理。重点推广新型阴极结构铝电解槽、低温高效铝电解等先进节能工艺技术。推进氧气底吹熔炼技术、闪速技术等广泛应用。加快短流程连续炼铅、液态铅渣直接还原炼铅等技术开发和推广应用。鼓励热送热装、直接铸造。

推动冶炼废渣、废气、废液和余热资源化利用。推进从冶炼废渣中提取有价组分，从赤泥中提取回收铁、贵金属、碱等，从铜冶炼渣、阳极泥中提取稀贵金属，从铅锌冶炼废渣中提取镉、锗、铁等，从黄金矿渣和氰化尾渣中提取铜、银、铅等。推动冶炼废液的综合利用，从氧化铝母液回收镓、钪等，从电解液回收镍等。推动从冶炼废气中回收铅、锌、铜、锑、铋和硫、磷等。加强余热利用和冶炼废水循环利用。

推进废有色金属再生利用。淘汰再生金属落后产能，抑制低水平重复建设。推进再生铜、再生铝等再生金属高值利用，提高在有色金属产量中的比重。支持从废铅酸蓄电池提取废酸和铅等，从废镀锌钢板提取锌，从废感光材料提取银，从废催化剂提取铂族元素和稀土材料等，从废弃电子产品提取贵金属。支持利用境外可用作原料的废有色金属资源。

构建有色金属行业循环经济产业链。构建采选—尾矿—有价组分—冶炼—有色金属，冶炼—废渣—有色金属，冶炼—炉渣—建材，冶炼—尾气—磷、硫—化工产品，冶炼—余热—发电，冶炼—有色金属—再生金属—冶炼等产业链。

到2015年，铜冶炼综合能耗降到300千克标准煤/吨，铝锭综合交流电耗降到13300千瓦时/吨，赤泥综合利用率达到20%，工业用水循环利用率达到87%，主要再生有色金属产量达到1200万吨。

第五节　石油石化工业

加强油气资源综合开发利用。推广高效油气分离、原油稳定和伴生气处理、高效真空加热等技术，加强对非常规油气资源的开采回收，鼓励有条件的地区运用二氧化碳驱油技术，提高油气采收率。加强油田伴生气、酸性气体等回收利用，推动油砂、油页岩利用产业化发展，加强高含硫化氢天然气中硫磺的综合利用。大力推动天然气分布式能源和大型液化天然气（LNG）接收站的冷能利用，提高天然气利用效率。

加强节能降耗。原油开采环节全面实施抽油机、驱动电机节能改造，推广不加热集油技术和油田采出水余热回收利用技术。加快淘汰落后工艺设备。鼓励采用先进的节能环保技术和装备，重点推广优化换热流程、提高冷凝液回收率、优化中段回流取热比例、降低汽化率、增加塔顶循环回流换热等节能技术。

推动废渣、废气、废水资源化利用。鼓励从石油炼制废催化剂中提取钴、铑、钯等稀贵金属。加强炼制各环节余热余压的回收利用。鼓励采用自动点火系统，加强火炬气回收，探索利用火炬气发电。提高硫磺回收率。推动稠油产出污水等采油废水深度处理回用，以及石化废水分类处理利用。

构建石油石化行业循环经济产业链。构建油气开采—油砂、油页岩—炼油，炼化—废催化剂—稀贵金属，炼化—废气—硫磺—化工产品，炼化—废气—供热、发电，炼化—余热余压—发电等产业链。

到2015年，原油加工综合能耗降到86千克标准煤/吨，乙烯综合能耗降到857千克标准煤/吨，石油石化行业单位工业增加值用水量比2010年减少30%。

第六节　化学工业

推动磷、硫、钾等矿产资源综合开发利用。加强对中低品位磷矿、硫铁矿、硼铁矿、钾矿等资源的开发利用。推进磷矿中氟、碘，硫铁矿和硼铁矿中铁，盐湖中锂、钾、钠、硼、镁等伴生资源的综合利用。

推进节能降耗。合成氨行业实施“上大压小”淘汰落后产能，重点推广先进煤气化、节能高效脱硫脱碳、低位能余热吸收制冷等技术。烧碱行业要逐步淘汰隔膜法烧碱工艺，提高离子膜法烧碱工艺比重。纯碱行业重点推动蒸汽多级利用、变换气制碱技术，积极推广应用新型盐析结晶器和循环泵等。电石行业要加快采用大型密闭式电石炉，重点推广电石炉炉气利用、空心电极等节能技术。煤化工行业鼓励再生水、矿井水利用及余热回收发电。

推动“三废”资源化利用。纯碱行业重点推动氨碱废渣用于锅炉烟气湿法脱硫和蒸氨废液综合利用。氯碱化工行业重点推动利用电石渣生产水泥或用于脱硫，加强电石渣上清液回收利用以及电石炉尾气中一氧化碳、氢气综合利用。磷化工行业重点推动磷石膏制建材、分解制酸并联产水泥，黄磷炉尾气回收生产碳一化学品及热能回收利

用。硫化工行业重点推动利用硫酸生产废渣炼钢和生产水泥，加强余热回收利用。煤化工行业重点推进废渣用于生产水泥等建材产品，推广煤制烯烃水循环利用、碎粉加压气化含酚废水治理、中水回用、高浓盐水处理、低温余热利用、高温气体热利用等技术。

构建化学工业循环经济产业链。构建磷矿—磷肥—磷石膏—建材，磷石膏—制酸—废渣—水泥，磷矿—磷肥—尾气—磷酸，电石—聚氯乙烯—电石渣—水泥，合成氨—造气炉渣—建材，焦化—废渣—水泥等产业链。

到2015年，合成氨综合能耗低于1350千克标准煤/吨，烧碱（离子膜）综合能耗降到330千克标准煤/吨，电石综合能耗降到1050千克标准煤/吨，行业平均中水回用率达到90%，固体废物综合利用率达到75%。

第七节　建材工业

加强节能降耗。重点推进窑炉等热工设备节能改造。继续推广大型新型干法水泥生产线，推进水泥粉磨、熟料生产等节能改造。推广纯低温余热发电等窑炉余热梯级利用技术，推进玻璃生产线低温余热发电。加强粉尘回收利用。进一步扩大禁止生产和使用实心粘土砖范围。

动利废建材规模化发展。推进利用矿渣、煤矸石、粉煤灰、尾矿、工业副产石膏、建筑废弃物和废旧路面材料等大宗固体废物生产建材。在大宗固体废物产生量、堆存量大的地区，优先发展高档次、高掺量的利废新型建材产品。推动废玻璃、废玻纤、废陶瓷、废复合材料、废碎石及石粉等回收利用并生产建材产品。培育利废建材行业龙头企业。

发展绿色建材产品。鼓励发展绿色建材产品。重点加快发展节能玻璃、太阳能玻璃、复合多功能墙体材料、木塑复合材料等新材料。提高高标号水泥及高性能混凝土的应用比例，推进水泥及混凝土用量的减量化。

推进水泥窑协同资源化处理废弃物。鼓励水泥窑协同资源化处理城市生活垃圾、污水厂污泥、危险废物、废塑料等废弃物，替代部分原料、燃料，推进水泥行业与相关行业、社会系统的循环链接。

构建建材行业循环经济产业链。构建工业生产—废渣—建材，建筑废弃物、路面材料—建材，水泥、玻璃生产—余热—发电，水泥—粉尘—水泥，玻璃—废玻璃—玻璃，陶瓷—废陶瓷—陶瓷，石材—废碎石、石粉—人造石、砖，复合材料—废复合材料—复合材料等产业链。

到2015年，水泥熟料综合能耗降到112千克标准煤/吨，平板玻璃综合能耗降到15千克标准煤/重量箱，日用陶瓷综合能耗降到1110千克标准煤/吨，水泥生产线纯低温余热发电比例提高到70%以上，玻璃生产线余热发电比例提高到30%以上，新型墙体材料比重达到65%以上，水泥窑协同资源化处理废弃物生产线比例达10%。

第八节　造纸工业

推进节能降耗。淘汰小制浆、小造纸等落后产能。推广低固形物连蒸、低能耗蒸煮、新型高速纸机、纸板机等先进节能工艺设备。鼓励使用高得率木片磨浆系统。推广无元素氯漂白、氧脱木素等工艺。鼓励生产低白度纸和本色纸等清洁产品。

加强废物资源化利用。鼓励从制浆黑液中回收碱，利用黑液中的有机物发电，推动副产白泥用于生产水泥或氧化钙。推进造纸废水资源化利用，鼓励应用厌氧生化技术生产沼气，加强废水循环利用。鼓励利用树皮、锯木屑等备料工序剩余物、造纸废水处理污泥作为锅炉燃料。

推进造纸行业与上下游产业一体化发展。推进林浆纸一体化发展，鼓励利用林业速生材、间伐材、小径材、林竹“三剩物”及农作物秸秆等制浆。提高废纸回收利用率，积极推动新闻纸全部使用再生纸。

构建造纸行业循环经济产业链。构建制浆—黑液—白泥—水泥，制浆—黑液—白泥—氧化钙—碱—制浆，制浆—黑液—白泥—精制碳酸钙填料—造纸，纸浆—黑液等有机质—燃烧余热—热电—制浆、造纸，制浆、造纸—废液—沼气—热能、发电—制浆、造纸，制浆、造纸—固体废物—燃料—热电—制浆、造纸，废纸—制浆—造纸等产业链。

到2015年，纸及纸板综合能耗降到530千克标准煤/吨，纸浆综合能耗降到370千克标准煤/吨，纸浆、纸及纸板生产平均取水量降到70立方米/吨，废纸利用率达到72%。

第九节　食品工业

加强节能降耗。加快淘汰落后产能，加快推广节能、节水、节粮工艺技术和装备。优化生产工艺，实现生产过程中水和热的循环梯级利用。大幅度减少食品过度包装。

推进食品加工副产物和废弃物资源化利用。粮食加工行业重点推进利用稻壳、米糠、麦胚、麸皮等副产物生产稻壳碳、米糠油、米糠蛋白、玉米油、麦胚油、膳食纤维等。肉类、水产品加工行业重点推进利用皮毛、内脏、血液等副产物生产医药、生化产品等。发酵、酿酒行业重点推进利用酒糟、废液等进行无害化处理，将其作为生产饲料、有机肥料、生物质能等原料利用。制糖行业重点推进利用蔗渣发电、造纸、生产建材产品，利用废糖蜜制酒精等。饮料行业重点对果渣、茶渣等进行无害化处理，将其作为生产饲料或肥料的原料利用。加强废水循环利用。加强过期食品、召回食品的无风险资源化利用。

推动食品行业与上下游产业一体化发展。鼓励食品行业向上下游产业延伸，建立从原料生产到终端消费的全产业链，促进各环节有效衔接。推广以种植、养殖、加工一体化为特征的工农业复合型循环经济发展模式。

构建食品行业循环经济产业链。构建稻谷加工—稻壳—稻壳碳、生物质能，稻谷加工—米糠—米糠油、米糠蛋白，小麦加工—麦胚、麸皮—麦胚油、膳食纤维，肉类加工—皮毛、内脏、血液—医药、生化产品等，发酵/酿酒—酒糟、残渣—无害化处理—有机肥、饲料，发酵/酿酒—废液—沼气，甘蔗制糖—蔗渣—造纸、建材，蔗渣—发电—灰渣—无害化处理—有机肥，制糖—废糖蜜—酒精，水果蔬菜加工—果渣—饲料，茶叶加工—茶渣—无害化处理—肥料等产业链。

到2015年，食品行业单位工业增加值能耗、用水量分别比2010年降低16%、30%，食品工业副产品综合利用率提高到80%以上。

第十节　纺织工业

推进节能降耗。加快淘汰落后产能，加大工艺设备节能节水改造力度。推广应用高效节能电机和空调自动控制技术，优化能源系统。推广使用可生物降解浆料和清洁型气相导热油，从源头减少有毒有害物质的使用。印染行业全面推广高效短流程前处理工艺，以及冷轧堆染色、气流染色、数码喷印等印染加工技术。加快开发替代石油的生物质纺织纤维材料，鼓励利用废聚酯瓶、废旧丙纶等生产高附加值再生纤维，减少原生资源消耗。

加强废弃物资源化利用。鼓励进行废水循环利用和废水、废气热能回收利用。推动从印染废水中回收染化料、助剂，从印染废碱液中回收碱。鼓励利用化纤生产废气制酸。加强对生产废料、边角料的再利用。

推动废旧纺织品再生利用规范化发展。以废旧职业装再生利用为突破口，完善社会化废旧纺织品回收再利用体系。选择经济合理的废旧纺织品再生利用技术路线，推动废旧纺织品分类与安全环保加工处理，鼓励利用废旧纺织品生产建筑保温材料等产品。

构建纺织行业循环经济产业链。构建印染—废液—碱，化纤生产—废气—制酸，纺织—废水、废气—热能—纺织，纺织—边角料—纺织，纺织品—废旧纺织品—再利用产成品—纺织品，纺织品—废旧纺织品—保温材料，废弃聚酯—化纤—纺织品等产业链。

到2015年，纺织行业单位工业增加值能耗、取水量比2010年分别下降20%、30%，纺织纤维再利用总量达到800万吨。

第十一节　产业园区

按照“布局优化、企业集群、产业成链、物质循环、集约发展”的要求，推进新建、搬迁企业和项目园区化、集聚化发展，推动各类产业园区实施循环化改造，构建循环经济产业链，实现企业、产业间的循环链接，提高产业关联度和循环化程度，促进园区绿色低碳循环发展。到2015年，50%以上的国家级园区和30%以上的省级园区实施循环化改造。

构建园区循环经济产业链。根据物质流和产业关联性，对园区进行功能分区，合理布局企业、产业、基础设施及生活区。推进园区改造提升传统产业，培育发展战略性新兴产业，促进产业结构优化升级。重化工业要实现园区化发展，按照“横向耦合、纵向延伸、循环链接”的原则构建产业链,形成园区企业之间原料（产品）互供、资源共享的一体化。专业性产业园区要纵向延伸产业链。综合性产业园区要“补链”招商，促进产业横向耦合。工农业复合型产业园区要推进农副产品深加工利用，延长产业链，提高附加值。提高新建和搬迁改造园区的产业关联度和循环化程度。

推进园区资源高效循环利用。实施清洁生产，促进源头减量。推动园区内企业废物交换利用、废水循环利用、能源梯级利用、土地节约集约利用。推进园区生活污水再生利用，建设雨水收集利用设施，鼓励有条件的地区发展

海水淡化产业。大力发展清洁能源和可再生能源。鼓励专业化服务公司为园区废物管理提供“嵌入式”服务。

推行园区基础设施绿色化。对园区内供水、供电、供热、道路、通信等公共基础设施实施绿色化改造，促进共建共享、集成优化。加快园区污染物集中治理设施建设及升级改造，鼓励园区创新环境服务模式，积极推进污水、垃圾处理设施建设和运行专业化、社会化。

第四章 构建循环型农业体系

在农业领域加快推动资源利用节约化、生产过程清洁化、产业链接循环化、废物处理资源化，形成农林牧渔多业共生的循环型农业生产方式，加快农业机械化，推进农业现代化，改善农村生态环境，提高农业综合效益，促进农业发展方式转变。到2015年，农业灌溉用水有效利用系数达到0.53，秸秆综合利用率提高到80%，设施渔业养殖废水处理与综合利用率达80%以上，林业“三剩物”综合利用率达80%以上。

第一节 种植业

发展节约型种植业。加快淘汰老旧农业机械，推广使用节能型农业机械，推进抽水泵站节能改造，推广普及节能型太阳能蔬菜大棚。推广普及管道输水、膜下滴灌、水肥一体化等高效节水灌溉技术，支持旱作农业示范基地建设，加大旱作节水农业技术推广力度。大力推广测土配方施肥技术，科学使用化肥，鼓励农民增施有机肥，减少不合理化肥施用量。淘汰落后施药机械，推广使用高效、低毒、低残留农药。开展有机农产品基地建设。推进粮食生产全过程机械化，加快粮食烘干、仓储设施建设，减少粮食田间损失和仓储损耗。

推动农作物秸秆综合利用。因地制宜推广农作物秸秆饲料化、肥料化、基料化、原料化、燃料化等利用方式，重点推进秸秆过腹还田、腐熟还田和机械化还田，鼓励利用富含营养成分的花生、豆类等秸秆加工制作饲料，推广应用秸秆栽培食用菌，发展新型秸秆代木、功能型秸秆木塑复合型材，推广秸秆制沼集中供气、固化成型燃料等。

推动农田残膜、灌溉器材回收利用。建立政府推动、农户参与、企业实施的农田残膜、灌溉器材回收机制，形成使用、回收、再利用各个环节相互配套的回收利用体系。支持建设农田残膜、灌溉器材回收、初加工网点及深加工利用项目。

第二节 林 业

加强林竹加工业节能降耗。大力发展木材精深加工，严格控制木材粗加工项目。加快淘汰高耗能落后工艺、技术和设备，推动木材、竹材加工设备节能改造。

推动林竹废弃物资源化利用。鼓励利用采伐、造材、加工等林业“三剩物”和次小薪柴生产板材、培养食用菌等，鼓励对食用菌培养基进行再利用。推动利用竹业“三剩物”生产竹炭、活性炭、精制醋粉等产品以及进行延伸加工利用。

构建林业循环经济产业链。构建林业—“三剩物”、次小薪柴—板材，林业加工—木屑—食用菌—培养基—饲料、肥料，竹业—“三剩物”—竹炭、活性炭，竹业—“三剩物”—醋液—醋粉—药品、保健品，竹业—竹屑—型材，林竹—制浆—造纸等产业链。

第三节 畜牧业

推进畜禽养殖清洁生产。推进适度规模养殖，鼓励养殖与种植相结合，建设标准化畜禽养殖场，推广畜禽清洁养殖、雨污分流、干湿分离和设施化处理技术。支持深加工集成养殖模式，发展饲料生产、畜禽养殖、畜禽产品加工及深加工一体化养殖业。发展畜禽圈舍、沼气池、厕所、日光温室“四位一体”生态农业。

加强畜禽粪污资源化利用。鼓励利用畜禽粪便发展农村户用和集中供气沼气工程，鼓励利用畜禽粪便、秸秆、有机生活垃圾等多种原料发展超大型沼气工程。推广堆肥处理、工厂化生产有机肥、好氧发酵农田直接施用技术，促进养殖粪污资源化利用和无害化处理。

推动畜禽加工副产物和废弃物利用。鼓励利用畜禽血液、脏器、骨组织、皮毛绒、蛋壳等生产医药、保健品、生活用品等，提高畜禽加工附加值。支持开展屠宰废水循环利用。

构建农牧业循环经济产业链。构建畜禽粪便—沼气—发电，畜禽粪便—沼气—沼渣、沼液—无害化处理—肥料、农药—农林作物，畜禽加工—副产物—生化制品等产业链。

第四节 渔 业

推行设施渔业清洁生产。开展渔航更新改造，发展设施渔业及浅海立体生态养殖。推广使用优质良种和安全高

效配合饲料，集成标准化饲养、疫病防控、安全用药等关键技术，发展循环水节水养殖。科学确定养殖容量，合理控制养殖密度，实现养殖水域空间资源合理利用。鼓励利用稻田、盐碱地、采矿塌陷区发展水产养殖。

延伸渔业循环产业链。促进水产养殖业与种植业有效对接，实现鱼、粮、果、菜协同发展。鼓励利用鱼类、虾蟹、贝藻以及水产加工副产物，生产氨基酸、调味品、保健品等产品。推进老旧渔船及网具材料的综合利用。

第五节　工农业复合

推进种植业、养殖业、农产品加工业、生物质能产业、农林废弃物循环利用产业、高效有机肥产业、休闲农业等产业循环链接，形成无废高效的跨企业、跨农户循环经济联合体，构建粮、菜、畜、林、加工、物流、旅游一体化和一、二、三产业联动发展的现代工农复合型循环经济产业体系。大力推广农业循环经济典型模式，重点培育推广畜（禽）—沼—果（菜、林、果）复合型模式、农林牧渔复合型模式、上农下渔模式、工农业复合型模式等，提升农业综合效益。

第五章　构建循环型服务业体系

加快构建循环型服务业体系，推进服务主体绿色化、服务过程清洁化，促进服务业与其他产业融合发展，充分发挥服务业在引导人们树立绿色循环低碳理念，转变消费模式方面的积极作用。

第一节　旅游业

推进旅游业开发、管理、消费各环节绿色化，积极构建循环型旅游服务体系。

推进旅游景区建设和管理绿色化。加强旅游资源保护性开发，严格执行旅游项目环境影响评价制度，合理确定景区游客容量。设施建设要采用节能环保产品，积极利用可再生能源，配套建设污水再生利用、雨水收集、垃圾无害化处理系统。支持旅游景区使用节能环保交通工具，开发绿色旅游产品，科学设置垃圾分类回收装置，推进废弃物分类回收和资源化利用。

引导低碳旅游和绿色消费。大力倡导低碳旅游出行方式，在旅游景区加强生态科普宣传教育，传播绿色低碳理念，减少使用一次性用品，引导游客分类投放废弃物，自觉保护景区环境。

第二节　通信服务业

推进绿色基站建设。鼓励采用分布式基站网络结构。通过载波智能功效、智能调整等手段降低设备能耗。推广以自然冷热源和蓄电池温控为基础的空调升温启动技术，合理采用风光互补、分布式冷却系统以及电池组在线维护管理，实施传统基站节能改造。合理设计供电方案，推广应用绿色电源。

推进绿色数据中心建设。加快老旧设备退网，鼓励建设云计算、仓储式及集装箱式数据机房，推动广泛应用先进节能技术，加大节能改造力度，提高数据中心和机房的能源利用效率。

鼓励回收废旧通信产品。推动通信运营商回收基站中的废旧铅酸电池。依托通信运营商服务网点，探索采用押金制等方式建立废旧手机、电池、充电器等通信产品的回收体系，提高回收率。推进手机充电器、电池标准化工作。

到2015年，通信基站能耗比2010年降低25%，通信基站废旧铅酸蓄电池回收率达90%以上。

第三节　零售批发业

积极推行清洁生产。开展清洁生产审计、ISO14000环境管理体系认证。推动现有商用建筑进行保温、隔热改造并对采暖、制冷、通风、照明、冷藏等系统进行节能改造，采用自动控制扶梯等节能设备和技术。鼓励发展连锁经营、统一配送、电子商务等现代流通方式，运用物联网技术强化资源整合和供应链全程优化。

推进废弃物回收利用。鼓励零售批发企业对废弃包装物、废弃食品、垃圾等进行分类回收。鼓励批发零售企业采用以旧换新等方式回收废旧商品。严格执行“限塑令”，禁止销售、使用超薄塑料购物袋，落实塑料购物袋有偿使用政策。

推动绿色消费。充分发挥零售批发业连接生产和消费环节的桥梁作用，支持零售批发业采购节能环保产品，鼓励商贸流通企业开设绿色产品销售专区、专柜等，向消费者推介绿色产品，扩大绿色产品消费，带动绿色产品生产。积极培育租赁业、旧货业发展，促进产品再利用。

到2015年，营业面积在1万平方米以上的大型超市、百货店、专业店等零售业万元营业额能耗显著下降。

第四节　餐饮住宿业

推进餐饮住宿业绿色化。推动餐饮住宿业对照明、空调、锅炉系统进行节能改造，使用节能节水产品和无磷高

效洗涤剂，分类排放生活垃圾，分类存放餐厨废弃物。鼓励大型住宿餐饮企业建设具有集中加工、采购、贮存和配送功能的厨房。

倡导绿色服务。倡导减少使用一次性木筷、快餐盒以及客房一次性牙刷、剃须刀等用品。鼓励企业开设绿色客房并给予消费者相应优惠。鼓励餐饮企业实行分餐制，按照营养均衡的要求，适量配餐，提供科学合理的菜单及不同规格的盛具。

到2015年，餐饮住宿业单位增加值能耗明显降低，一次性用品使用率大幅降低。

第五节　物流业

提高物流运行效率。大力发展多式联运，促进多种运输方式合理分工运行，削减总行驶量。强化产地物流功能，实行“减量化”运输。支持建立以城市为中心的公共配送体系，优化城市配送网络，鼓励统一配送和共同配送。鼓励使用节能环保和新能源车辆。推广可多次利用的周转包装，支持托盘共用系统建设，实现包装物的梯级利用，加强对废弃包装物的回收和再生处理。

加快绿色仓储建设。合理规划和优化仓库布局，采用现代化储存保养技术，降低各类仓储损耗。完善仓储设施节能环保标准。规范有毒化学品、放射性物品、易燃易爆物品的仓储保管。支持仓储设施利用太阳能和其他清洁能源。支持建设绿色生态型物流园区。

到2015年，初步建立起低碳、循环、高效的绿色物流体系，物流设施能源利用效率明显提高，车辆空驶率稳步降低。

第六章　推进社会层面循环经济发展

加快完善再生资源和垃圾分类回收体系，推动再生资源利用产业化，发展再制造，推进餐厨废弃物资源化利用，实施绿色建筑行动和绿色交通行动，推行绿色消费，实施大循环战略，加快建设循环型社会。

第一节　完善再生资源回收体系

完善再生资源回收网络。加快建设城市社区和乡村回收站点、分拣中心、集散市场三位一体的回收网络。鼓励各类投资主体积极参与建设、改造回收站点，建设符合环保要求的专业分拣中心，逐步建设一批分拣技术先进、环保处理设施完备、劳动保护措施健全的废旧商品回收分拣集聚区。

健全生活垃圾分类回收体系。完善生活垃圾分类回收、密闭运输、集中处理体系，在社区及家庭推行垃圾分类排放。鼓励居民分开盛放和投放厨余垃圾，建立高水分有机生活垃圾收运系统，实现厨余垃圾单独收集、循环利用。

加强重点再生资源回收。落实有关优惠政策，做好废金属、废塑料、废玻璃、废纸等传统再生资源的回收，提高回收率。创新回收方式，强化监督管理，推进废电器电子产品、报废汽车、废旧轮胎、包装物、废旧纺织品的回收，推动废铅酸电池、废镉镍电池、废弃含汞荧光灯、废温度计、废弃农药包装物等有害废物的回收。

到2015年，构建起先进完整的再生资源回收体系，垃圾分类工作取得明显进展，主要品种再生资源回收率达到70%。

第二节　推动再生资源利用产业化发展

推动废旧机电产品、电线电缆、通信设备、汽车、家电、手机、铅酸电池、塑料、橡胶、玻璃等再生资源利用的规模化、产业化发展。到2015年，主要再生资源利用总量达到2.66亿吨，产值达到1.2万亿元，就业人员1800万人。

推进再生资源规模化利用。鼓励再生资源加工利用企业集聚发展，进行园区化管理。加快培育再生资源龙头企业，鼓励通过兼并、重组、联营等方式，加快行业整合力度，提高产业集中度。

推进再生资源高值化利用。加快淘汰落后生产工艺和技术设备，推动再生资源分选、拆解、破碎、加工利用技术和装备升级。支持再生资源利用企业延长产业链，加快形成覆盖分拣、拆解、加工、资源化利用和无害化处理等环节的完整产业链，着力加强深度加工利用，提高产品附加值。提高废弃电器电子产品、报废机动车、报废船舶等的拆解及利用水平。做好执法部门罚没产品的回收利用工作。

推进再生资源清洁安全利用。严格执行环保、安全、卫生、质量标准，推动再生资源利用企业建设完善的环保设施，规范再生资源拆解、利用行为，避免二次污染，确保生产环节清洁安全和再生利用产品质量安全。

第三节　发展再制造

建立旧件逆向回收体系。支持建立以汽车4S店、特约维修站点为主渠道，回收拆解企业为补充的汽车零部件回收体系。规范建立专业化再制造旧件回收企业和区域性再制造旧件回收物流集散中心。积极利用现有再生资源回收网络，回收计算机服务器、硒鼓、墨盒等易回收产品。开展消费者交回旧件并以置换价购买再制造产品（以旧换再）的工作，扩大再制造旧件回收规模。

抓好重点产品再制造。重点推进机动车零部件、机床、工程机械、矿山机械、农用机械、冶金轧辊、复印机、计算机服务器以及墨盒、硒鼓等的再制造，探索航空发动机、汽轮机再制造，继续推进废旧轮胎翻新。

推动再制造产业化发展。支持建设再制造产业示范基地，促进产业集聚发展。支持再制造企业加快技术升级改造。建立再制造产品质量保障体系和销售体系，促进再制造产品生产与售后服务一体化。鼓励专业化再制造服务公司为企业提供整体解决方案和专项服务。建立再制造旧件回收、产品营销、溯源等信息化管理系统。

到2015年，实现年再制造发动机80万台，变速箱、起动机、发电机等800万件，工程机械、矿山机械、农用机械等20万台套，再制造产业年产值达500亿元左右。

第四节　实施绿色建筑行动

推进既有建筑供热计量和节能改造。北方采暖地区以围护结构、供热计量、管网热平衡为重点，夏热冬冷地区以建筑门窗、外遮阳、自然通风为重点，加快实施节能改造。大力推进大型公共建筑和办公建筑采暖、空调、通风、照明等节能改造。

建建筑严格执行节能标准。严把设计关口，加强施工图审查，城镇建筑设计阶段100%达到节能标准要求。加强施工监管和稽查，确保工程质量和安全，施工阶段节能标准执行率达到95%以上。严格执行节能专项验收，达不到节能标准的不予通过竣工验收，强制进行整改。鼓励有条件的地区提高建筑节能标准。

发展绿色建筑。加强新区绿色规划，积极推进绿色建筑设计和施工。重点推动党政机关、学校、医院以及影剧院、博物馆、科技馆、体育馆等建筑执行绿色建筑标准。在商业房地产、工业厂房中推广绿色建筑，鼓励商品住宅装修一次到位，倡导简约适度装修。推动雨水收集和利用。

推进建筑废物资源化利用。推进建筑废物集中处理、分级利用，生产高性能再生混凝土、混凝土砌块等建材产品。因地制宜建设建筑废物资源化利用和处理基地。

“十二五”期间，北方采暖地区完成既有居住建筑供热计量和节能改造4亿平方米以上，夏热冬冷地区既有居住建筑节能改造5000万平方米以上，公共建筑和公共办公区建筑节能改造1.2亿平方米，新建绿色建筑8亿平方米。到2015年，城镇新建建筑15%以上达到绿色建筑标准要求。

第五节　构建绿色综合交通运输体系

基础设施建设环节体现循环经济要求。按照绿色循环低碳的要求，构建综合交通运输体系。统筹衔接各种运输方式，加快实现“零距离换乘”和“无缝化衔接”。合理布局铁路、公路、水路和机场基础设施，科学确定建设规模，系统提升土地、能源、水等资源的利用效率。新建机场、车站、码头严格执行建筑节能标准，充分利用自然光、太阳能等可再生能源，积极使用节能环保产品。鼓励再生利用道路沥青以及利用粉煤灰筑路、建桥等。

运营服务环节大力提高能源资源利用效率。引导采用绿色环保型交通工具，加快淘汰老旧机车、船舶。加快现有机场、车站、港口节能节水改造。提高电气化铁路比重，扩大新材料、新技术的应用，降低非牵引能耗。大力推广甩挂运输、不停车收费系统（ETC），推进船舶靠岸使用岸电技术改造，优化港口装卸工艺，减少二次搬运。优化航线网络结构，鼓励机场提供地面供电替代飞机自发电。

倡导绿色出行。完善城市交通系统，加强城市步行和自行车交通系统建设，加快发展轨道交通，推进不同公共交通体系之间以及市内公交系统与铁路、高速公路、机场等之间无缝衔接。引导居民外出多乘公共交通，少开私家车。在有条件的地区探索实行拼车出行，推广电话叫车、网络叫车，降低出租车空驶率。

到2015年，铁路、公路、水路、民航、邮政、城市轨道交通行业基础设施建设和运营服务环节的资源能源利用效率全面提高，污染排放得到有效控制。

第六节　推进餐厨废弃物资源化利用

建立餐厨废弃物资源化利用体系。推动建立规范的餐饮企业、单位食堂餐厨废弃物定点收集、密闭运输、集

中处理体系，逐步建立家庭厨余垃圾收运体系。支持餐厨废弃物资源化利用设施建设，鼓励利用餐厨废弃物生产沼气、生物柴油、工业油脂、有机肥等。加快餐厨废弃物资源化利用技术研发，不断优化技术工艺路线，加大推广应用力度。

强化餐厨废弃物管理。推动对城市餐厨废弃物收集、运输、处理实行许可或备案制。加大对餐厨废弃物资源化利用和无害化处理的监管，严厉打击用“地沟油”等餐厨废弃物生产食用油等违法行为。

到2015年，50%的设区城市初步实现餐厨废弃物分类收运和资源化利用，餐厨废弃物资源化利用能力达到3万吨/日。

第七节　推行绿色消费

树立绿色消费理念。推动全社会树立和践行文明、节约、绿色、低碳、循环的消费理念，引导节约消费、适度消费，反对铺张浪费。发扬勤俭节约的优良传统，摒弃讲排场、摆阔气、奢侈浪费的陋习，提高全社会节能、节水、节材、节粮意识。

倡导绿色生活方式。鼓励消费者购买和使用节能环保产品、节能省地住宅，减少使用一次性用品。鼓励自备购物袋，禁止使用超薄塑料购物袋。强化法规标准建设，限制企业对商品进行过度包装，引导消费者抵制过度包装商品。倡导绿色、环保、简约、实用的装修理念，抵制奢华、过度装修住宅。鼓励外出就餐适度点餐、餐后打包，婚丧嫁娶等红白喜事用餐从简操办。倡导生态旅游，杜绝随意丢弃垃圾，自觉进行垃圾分类。鼓励网上购物、视频会议、无纸化办公，珍爱野生动植物。

政府机构带头节约。政府机关要在节能、节水、节纸、节粮等方面率先垂范，切实建设节约型政府。强化政府绿色采购制度，严格执行强制或优先采购节能环保产品制度，提高政府采购中再生产品和再制造产品的比重。政府机关食堂完善用餐收费制度，健全公务接待用餐管理制度，避免政府机关食堂、公务接待用餐浪费。

第八节　实施大循环战略

在推动企业内部、园区内部、产业内部实行清洁生产和资源循环利用的基础上，遵循生态循环规律，实施大循环战略，推动产业之间、生产与生活系统之间、国内外之间的循环式布局、循环式组合、循环式流通，加快构建循环型社会，全面推进循环发展，实现资源利用可循环、环境容量可承载、经济发展可持续。

推进产业循环式组合。加强物质流分析和管理，科学规划，统筹产业带、产业园区和基地的空间布局，消除各种限制性障碍，打破地区封锁和部门利益，搭建循环经济技术、市场、产品等公共服务平台，鼓励企业间、产业间建立物质流、资金流、产品链紧密结合的循环经济联合体，促进工业、农业、服务业等产业间循环链接、共生耦合，实现资源跨企业、跨行业、跨产业、跨区域循环利用。中西部地区在承接产业转移时，要按照产业循环式组合的要求，推进产业集聚发展，合理布局建设项目，避免走先污染、后治理的老路。东部地区要通过推进产业循环式组合，促进产业结构优化升级。

促进生产与生活系统的循环链接。构建布局合理、资源节约、环保安全、循环共享的生产生活共生体系。推动生产系统的余能、余热等在社会生活系统中的循环利用，推动煤层气、沼气、高炉煤气和焦炉煤气等资源在城市居民供热、供气以及出租车等方面的应用，鼓励在有条件的地区发展煤层气公共汽车。推动中水在社会生活系统中的应用，提高城市生活污水在工业生产系统中的应用水平。完善再生水用于农业浇灌的标准，开展示范应用。推动矿井水用作生活、生态用水。推动沿海缺水地区利用海水淡化水作为企业生产和生活用水。推进钢铁、电力、水泥行业等生产过程协同资源化处理废弃物，将生活废弃物作为生产过程的原料、燃料。

推进资源循环利用国内外大循环。充分利用国内外两个市场、两种资源，不断增强经济社会发展的能源资源保障能力。加快转变对外经济发展方式，推进加工贸易转型升级，提升我国产业在全球产业分工中的价值。在实施“走出去”战略和对外援助时，把循环经济理念融入到规划、建设、施工、运行、管理等各环节，加强绿色循环低碳工程建设，树立我国负责任、注重可持续发展的大国形象。扩大再生资源进口种类和规模。严格再生资源进口监管，对沿海地区以进口再生资源加工利用为主的企业和项目实行圈区化管理，推进进口再生资源的清洁、安全和高效利用。

第七章　实施循环经济“十百千”示范行动

通过实施循环经济“十百千”示范行动，实现技术突破和管理创新，推动循环经济形成较大规模。

第一节　实施循环经济十大示范工程

资源综合利用示范工程。推动共伴生矿及尾矿、工业固体废物、道路和建筑废物综合利用以及非常规水源利用。建设60个矿产资源综合利用示范基地。建设8个煤系共伴生高岭土、铝矾土综合利用工程和30个煤层气、煤矸石、矿井水综合利用工程。建设30个黑色和有色金属共伴生矿及尾矿有价组分提取和综合利用工程。建设2-3个赤泥综合利用示范基地，3-5个高铝粉煤灰综合利用基地，实施一批冶炼废渣、化工废渣、脱硫石膏和磷石膏等工业副产石膏综合利用工程。建设6个建筑和道路废物资源化利用示范工程。建设20个海水淡化示范项目，20个雨水收集利用和再生水利用示范工程。

产业园区循环化改造示范工程。选择100家基础条件好、改造潜力大的国家级和省级开发区开展循环化改造示范。支持改造30个化工、纺织、制革等单一产业园区，推动延伸产业链；支持改造60个综合性园区和重化工集中的园区，推动产业间横向耦合、纵向延伸、循环链接；支持改造10个工农业复合型产业园区，推动农林产品及副产物深加工利用。通过示范，凝练和推广一批适合我国国情的园区循环化改造范式，提高园区主要资源产出率、土地产出率、资源循环利用率，基本实现“零排放”。

再生资源回收体系示范工程。建设80个左右网点布局合理、管理规范、回收方式多元化、重点品种回收率高的再生资源回收体系示范城市，规范建设100个废旧商品回收分拣集聚区，培育100个组织化规模化程度高、技术先进的龙头企业，推动一批商贸流通企业参与回收体系，促进再生资源交易和流通，提高再生资源回收率。

“城市矿产”基地建设示范工程。建设50个技术先进、环保达标、管理规范、利用规模化、辐射作用强的国家“城市矿产”示范基地，推动废钢铁、废有色金属、废塑料、废橡胶等再生资源集中拆解处理、集中治理污染、合理延伸产业链，促进“城市矿产”资源高值化利用和集聚化发展，切实解决再生资源利用中存在的经营分散、技术落后、利用水平低和二次污染等问题。

再制造产业化示范试点工程。建设5-10个国家级再制造产业示范基地，推动再制造业集聚发展。选择30家左右具有一定基础的汽车零部件再制造企业开展示范，重点支持建立发动机、变速箱等旧件回收、再制造加工、检测和质量控制体系。选择一批企业开展机床、工程机械、农业机械、矿山机械、办公用品等再制造试点。培育20家左右再制造专业化服务机构。

餐厨废弃物资源化利用和无害处理示范试点工程。选择100个城市开展餐厨废弃物资源化利用和无害化处理示范试点，支持回收利用体系和能力建设。通过示范试点，建立符合我国国情的覆盖餐厨废弃物产生、收集、运输、处理全过程的管理制度，健全标准和规范，完善工艺技术路线，实现餐厨废弃物安全、高效利用和无害化处理。

生产过程协同资源化处理废弃物示范工程。发挥建材、钢铁、电力等行业消纳废弃物的功能，培育60家左右协同资源化处理废弃物示范企业，消纳铬渣、污泥、生活垃圾、危险废物等。通过示范，推动建立相关技术标准和规范，探索建立企业与政府在协同资源化处理废弃物方面的合作机制。

农业循环经济示范工程。在13个粮食主产区、棉秆等单一品种秸秆集中度高的地区以及交通干道、机场、高速公路沿线等重点地区，实施秸秆综合利用试点示范工程。支持建设一批农产品加工副产物资源化利用、稻田综合种养植（殖）、畜禽粪便能源化利用、工厂化循环水养殖节水示范工程。结合富营养化江河湖泊综合治理，支持建设水上经济植物规模化种植示范工程。实施以农村生活、生产废弃物处理利用和村级环境服务设施建设为重点的农村清洁工程。

循环型服务业示范工程。选择100家左右管理水平较高的餐饮住宿企业开展绿色化改造示范工程。培育1000家零售业节能环保示范企业。选择一批物流企业开展绿色物流示范试点。选择一批旅游景区实施旅游业循环经济示范工程。通过实施示范工程，推动服务行业实行清洁生产，推行绿色服务模式，引导消费者建立绿色消费方式。

资源循环利用技术产业化示范推广工程。选择基础较好、技术力量较强的科研单位或大型企业，支持建设一批循环经济重点工程实验室、技术中心、工程研究中心和质量检测中心。加强源头减量、循环利用、再制造、零排放、产业链接等循环经济关键共性技术研发。构建产学研对接平台和科研成果产业化机制，建设一批资源循环利用技术产业化示范基地和示范项目，加大先进适用技术的推广应用力度。

第二节　创建百个循环经济示范城市（县）

选择100个左右城市（县），创建国家循环经济示范城市（县）。示范城市（县）要全面推行循环型生产方式和绿色消费模式，率先构建起覆盖全社会的资源循环利用体系，资源产出率提高幅度超出全国平均水平，通过发展

循环经济探索实现转型发展的道路。

第三节 培育千家循环经济示范企业（园区）

选择1000家骨干企业或园区，树立循环经济典型。示范企业（园区）的资源产出率、土地产出率、单位产值能耗、物耗、水耗、产业废弃物综合利用率、工业用水重复利用率等指标达到国内领先水平和国际先进水平。

实施循环经济“十百千”示范行动，以企业自主投资为主，国家和地方政府通过现有政策和资金渠道给予必要的资金支持。中央补助资金重点支持相关公益性基础设施、公共服务平台、重点项目、能力建设及关键共性技术产业化示范和推广应用。鼓励金融机构和社会主体将资金投向循环经济重大工程。鼓励企业通过自有资本、银行贷款、上市融资、发行债券等方式实施循环经济重大工程。

第八章 保障措施

第一节 完善经济政策

产业政策。落实《产业结构调整指导目录》、《外商投资产业指导目录》、《限制用地项目目录》和《禁止用地项目目录》。进一步提高高耗能、高耗水、高耗地、高排放行业准入门槛，严格节能、环保、土地、安全方面的约束。发布国家鼓励、限制和淘汰的技术、工艺、设备、材料和产品名录，再制造产品目录和限制生产、销售的一次性产品名录及管理办法。鼓励煤矸石、余热余压、垃圾和沼气等发电上网。研究制定在脱硫石膏产生量大的地区限制开采天然石膏的政策。保障符合国家产业政策和投资管理规定的循环经济项目用地。

投资政策。各级政府要将循环经济项目列为重点投资领域。加强固定资产投资项目资源循环利用管理，项目申请报告和可行性研究报告应包含循环经济相关内容。发挥政府投资的引导作用，吸引社会各类资金投向循环经济。

价格和收费政策。深化资源性产品价格改革，进一步发挥市场机制在资源性产品价格形成中的作用。推行城市居民生活用水阶梯式价格和非居民用水超定额累进加价制度。试行居民用电阶梯电价制度，完善电力峰谷分时电价政策，加大差别电价、惩罚性电价实施力度，完善鼓励煤矸石、余热余压、垃圾和沼气等发电的价格政策，试行脱硝价格政策。对污泥处理处置费用，研究实行纳入污水处理收费和财政补贴共同承担的政策。研究减征实现废水“零排放”企业和园区污水处理费的政策，严格执行对实现废水“零排放”的企业免征排污费的政策。研究鼓励生产过程协同资源化处理废弃物的价格政策。研究建立建筑垃圾排放收费制度，改革生活垃圾处理收费方式，提高征收率。研究建立餐厨废弃物处理收费制度。

财政政策。中央和省级人民政府依法设立循环经济发展专项资金，支持循环经济重大工程、重点项目及能力建设。创新循环经济发展专项资金支持方式，扩大财政资金的杠杆效应。落实并完善废弃电器电子产品处理基金征收补贴政策。研究鼓励再制造产品推广应用和强制回收产品、包装物的专项政策。加大新型墙体材料专项基金对发展新型墙体材料的支持力度。研究制定激励流通企业采购节能环保产品的政策。对已报废老旧农机并取得回收拆解证明的农民，优先给予农机购置补贴。对属排污费资金支持范围的循环经济类项目给予优先支持。国有资本经营预算要支持企业发展循环经济项目。建立对国家认定再生产品的推广机制。加大政府采购支持力度，优先采购节能节水环保产品和再生利用产品。

税收政策。继续落实和完善资源综合利用税收优惠政策。研究制定并完善促进再生资源回收体系建设的税收政策。研究完善减少使用一次性消费品的税收政策。对国内不能生产、国家鼓励引进的循环经济技术装备，在规定范围内减免进口关税。研究完善鼓励资源性产品进口的关税政策。积极推进环境税费改革。

金融政策。鼓励银行业金融机构对循环经济重点项目和循环经济“十百千”示范工程给予包括信用贷款在内的多元化信贷支持，创新信贷产品，拓宽抵押担保范围，完善担保方式。支持循环经济示范试点企业发行企业（公司）债券、项目收益债券、可转换债券和短期融资券、中期票据等直接融资工具。探索循环经济示范试点园区内的中小企业发行集合债券、集合票据。支持符合条件的资源循环利用企业申请境内外上市和再融资。鼓励设立循环经济创业投资基金，研究设立循环经济产业投资基金。各地要根据国家有关政策制定支持循环经济发展的配套投融资政策和实施方案。

第二节 健全法规和标准

加快法规建设。完善循环经济促进法相关配套法规规章，研究制定限制商品过度包装条例、循环经济发展专项资金管理办法、汽车零部件再制造管理办法、再制造旧件和再制造产品进出口管理目录及管理办法、强制回收的产品和包装物名录及管理办法、餐厨废弃物管理及资源化利用条例、农业机械报废回收办法等法规规章。加快修订报废汽车回收管理办法、商品零售场所塑料袋有偿使用管理办法。

建立健全标准和计量体系。加快制定可降解产品、再生利用产品、餐厨废弃物资源化产品、利废建材等产品标准和农业机械禁用及报废标准，完善节能、节水、资源综合利用产品标准。健全过度包装商品标准。制定生产过程协同资源化处理废弃物，再生资源回收、拆解、利用和再制造质量控制等相关规范。深化循环经济标准化试点工作。建立完善循环经济计量检测体系。

第三节　加强管理监督

实行生产者责任延伸制度。完善相关法律法规，建立生产者责任延伸制度，推动生产者落实废弃产品回收、处理等责任。落实废弃电器电子产品处理基金管理办法。研究建立强制回收产品和包装物、汽车、轮胎、手机、充电器生产者责任制。

加强循环经济管理。继续开展资源综合利用企业（产品）和资源综合利用电厂认定。开展循环经济项目、企业、园区认定试点。强化再生资源回收企业备案管理。对报废汽车、废弃电器电子产品拆解企业依法实行严格的资质管理。对资源消耗量和废物排放量大的重点企业实施动态跟踪管理。继续巩固“限塑”成果，适时研究扩大“限塑”范围。深入推进禁止生产和使用实心粘土砖工作。建立低效用地评价机制，规范推进农村建设用地和工矿废弃土地复垦利用。研究制定管理措施，在有条件使用再生水的地区限制将城市自来水作为城市道路清扫、城市绿化和景观用水。鼓励建设静脉产业园，对生活垃圾、餐厨废弃物、建筑废弃物、“城市矿产”等资源化利用和无害化处理实行园区化管理。

探索市场化管理机制。研究建立强制回收产品和包装物、重点再生利用产品、汽车零部件等再制造产品的标识管理制度。研究建立循环经济认证认可体系。鼓励专业化服务公司采用市场化模式对企业和园区进行循环化改造。研究试行手机、充电器、饮料瓶等废旧产品押金回收制度。

加强监督检查。组织开展循环经济促进法、清洁生产促进法、节约能源法等法律法规的执法监督行动。加强对地方政府、各类产业园区、企业落实循环经济政策措施情况的监督检查。组织开展国家循环经济相关名录执行情况的监督检查。加大对生产、销售过度包装商品行为的查处力度。严厉查处资源综合利用、再生资源拆解处理造成二次污染的企业。加强对再制造产品标识使用的监督检查，强化产品质量监管。

第四节　强化技术和服务支撑

加快共性关键技术开发。制定循环经济科技发展规划，在国家、地方科技计划（专项）中，加大对循环经济共性关键技术研发的支持力度。支持建立各类循环经济技术支撑机构。推动组建重点领域循环经济产业联盟，加强产学研用结合，共同研究解决循环经济关键和共性技术问题。引进、消化、吸收和再创新循环经济关键技术和装备。

加强技术装备产业化示范。实施循环经济技术产业化示范工程，重点支持共伴生矿和尾矿综合开发和回收利用、废物资源化利用、可回收利用材料、有毒有害原材料替代、再制造、再生资源高值利用、延长产业链和相关产业链接、“零排放”等关键技术和装备产业化示范。

加快先进适用技术推广应用。加强循环经济技术推广体系建设。建立循环经济技术遴选、评定及推广机制。发布国家鼓励的循环经济技术、工艺、设备名录。探索通过政府买断的方式对先进适用技术进行推广应用。实施循环经济“走出去”战略，加快具有竞争力的循环经济关键技术装备的出口。

健全循环经济服务体系。培育和扶持一批为发展循环经济提供规划、设计、建设、改造、运营的专业化服务公司。鼓励发展循环经济信息服务业。鼓励科研院所、行业协会等为企业提供循环经济技术、管理等咨询服务。鼓励构建全国性、区域性、行业性的废弃物逆向物流交易平台、交易中心或交易市场。鼓励建立循环经济产品、技术、装备等的展示、展览、交易平台。

第五节　建立循环经济统计评价制度

完善循环经济统计制度。健全循环经济统计指标体系，完善统计核算方法，建立统计核算制度和数据发布制度。建立健全循环经济统计调查制度，做好数据采集和分析工作。开展区域层面资源产出率统计试点。发布国家层面资源产出率指标。

建立循环经济评价体系。制定循环经济评价指标体系，把资源产出率作为评价循环经济发展成效的综合性指

标。研究制定循环经济示范城市（县）、园区、企业评价指标体系。研究建立区域循环经济发展成效评价机制，对发展循环经济成绩显著的单位和个人依法给予表彰和奖励。

加强统计能力建设。加强循环经济统计基础工作，各级统计部门要有人员负责循环经济统计，保障必要的工作经费。推动企业健全计量器具，完善统计台账，提高统计的准确性和及时性。

第六节　强化宣传教育和人才培养

加大宣传力度。组织开展形式多样的宣传培训活动，通过广播电视、报刊杂志、互联网、手机等多种途径普及循环经济知识，宣传典型案例，推广示范经验。新闻单位要加大循环经济公益宣传力度，在重要版面、重要频道、重要时段增加报道频次。鼓励开展各种形式的循环文化创意活动。在全国建设一批技术先进、管理规范、特征显著、教育示范作用强的循环经济教育示范基地。开展“反食品浪费行动”，推动餐饮企业、机关和企事业单位食堂、公务宴请、家庭等各方面节约粮食。

强化教育和人才培养。把循环经济理念和知识纳入基础教育、职业教育、高等教育相关课程，研究在高等学校、职业学校设置循环经济类专业。制定循环经济培训纲要，编制循环经济培训教材，实施循环经济培训计划。鼓励教材重复使用，降低循环利用成本。利用各级党校、行政学院和高等学校的培训力量，加强对各级领导干部、政府及企业管理人员的循环经济培训。

第七节　积极开展交流合作

积极开展国际交流与合作。加强与有关国际组织、政府在循环经济领域的交流与合作，研究和借鉴国际先进经验，鼓励从海外引进循环经济技术和管理等方面的高层次人才。将循环经济作为中国对外援助培训的重要内容，利用各种国际交流平台，宣传循环经济理念和模式。建设中日韩循环经济示范基地。

积极开展两岸三地交流与合作。加强与香港、澳门、台湾在循环经济领域的交流，开展人才、技术、项目的深度合作，不断拓展合作内容，创新合作方式，共同推动绿色发展。

第八节　加强组织领导

国务院建立健全发展循环经济组织协调机制，研究有关重大问题，部署重大任务，把握实施进度和效果，进行定期监督检查。各级人民政府和有关部门要切实履行职责，扎实开展工作，确保完成各项目标任务。

地方各级人民政府对本地区发展循环经济工作负总责，切实加强组织领导和统筹协调，建立相应的工作机制，抓紧编制实施本地区循环经济发展规划和年度推进计划，出台配套政策，明确任务分工，做到层层有责任，逐级抓落实。

国务院有关部门要按照职责分工做好相关工作，出台配套政策措施，加强协调配合，形成工作合力。充分发挥发展循环经济部际联席会议的作用，发展改革委要会同有关部门加强对计划实施的指导、支持以及监督和评估，制定实施全国循环经济年度推进计划，针对计划实施中出现的新情况新问题，适时提出解决办法，重大问题及时向国务院报告。

绿色建筑行动方案

发展改革委　住房城乡建设部

（国务院办公厅 2013年1月1日转发）

为深入贯彻落实科学发展观，切实转变城乡建设模式和建筑业发展方式，提高资源利用效率，实现节能减排约束性目标，积极应对全球气候变化，建设资源节约型、环境友好型社会，提高生态文明水平，改善人民生活质量，制定本行动方案。

一、充分认识开展绿色建筑行动的重要意义

绿色建筑是在建筑的全寿命期内，最大限度地节约资源、保护环境和减少污染，为人们提供健康、适用和高效的使用空间，与自然和谐共生的建筑。“十一五”以来，我国绿色建筑工作取得明显成效，既有建筑供热计量和

节能改造超额完成“十一五”目标任务，新建建筑节能标准执行率大幅度提高，可再生能源建筑应用规模进一步扩大，国家机关办公建筑和大型公共建筑节能监管体系初步建立。但也面临一些比较突出的问题，主要是：城乡建设模式粗放，能源资源消耗高、利用效率低，重规模轻效率、重外观轻品质、重建设轻管理，建筑使用寿命远低于设计使用年限等。

开展绿色建筑行动，以绿色、循环、低碳理念指导城乡建设，严格执行建筑节能强制性标准，扎实推进既有建筑节能改造，集约节约利用资源，提高建筑的安全性、舒适性和健康性，对转变城乡建设模式，破解能源资源瓶颈约束，改善群众生产生活条件，培育节能环保、新能源等战略性新兴产业，具有十分重要的意义和作用。要把开展绿色建筑行动作为贯彻落实科学发展观、大力推进生态文明建设的重要内容，把握我国城镇化和新农村建设加快发展的历史机遇，切实推动城乡建设走上绿色、循环、低碳的科学发展轨道，促进经济社会全面、协调、可持续发展。

二、指导思想、主要目标和基本原则

（一）指导思想。

以邓小平理论、“三个代表”重要思想、科学发展观为指导，把生态文明融入城乡建设的全过程，紧紧抓住城镇化和新农村建设的重要战略机遇期，树立全寿命期理念，切实转变城乡建设模式，提高资源利用效率，合理改善建筑舒适性，从政策法规、体制机制、规划设计、标准规范、技术推广、建设运营和产业支撑等方面全面推进绿色建筑行动，加快推进建设资源节约型和环境友好型社会。

（二）主要目标。

1.新建建筑。城镇新建建筑严格落实强制性节能标准，“十二五”期间，完成新建绿色建筑10亿平方米；到2015年末，20%的城镇新建建筑达到绿色建筑标准要求。

2.既有建筑节能改造。“十二五”期间，完成北方采暖地区既有居住建筑供热计量和节能改造4亿平方米以上，夏热冬冷地区既有居住建筑节能改造5000万平方米，公共建筑和公共机构办公建筑节能改造1.2亿平方米，实施农村危房改造节能示范40万套。到2020年末，基本完成北方采暖地区有改造价值的城镇居住建筑节能改造。

（三）基本原则。

1.全面推进，突出重点。全面推进城乡建筑绿色发展，重点推动政府投资建筑、保障性住房以及大型公共建筑率先执行绿色建筑标准，推进北方采暖地区既有居住建筑节能改造。

2.因地制宜，分类指导。结合各地区经济社会发展水平、资源禀赋、气候条件和建筑特点，建立健全绿色建筑标准体系、发展规划和技术路线，有针对性地制定有关政策措施。

3.政府引导，市场推动。以政策、规划、标准等手段规范市场主体行为，综合运用价格、财税、金融等经济手段，发挥市场配置资源的基础性作用，营造有利于绿色建筑发展的市场环境，激发市场主体设计、建造、使用绿色建筑的内生动力。

4.立足当前，着眼长远。树立建筑全寿命期理念，综合考虑投入产出效益，选择合理的规划、建设方案和技术措施，切实避免盲目的高投入和资源消耗。

三、重点任务

（一）切实抓好新建建筑节能工作。

1.科学做好城乡建设规划。在城镇新区建设、旧城更新和棚户区改造中，以绿色、节能、环保为指导思想，建立包括绿色建筑比例、生态环保、公共交通、可再生能源利用、土地集约利用、再生水利用、废弃物回收利用等内容的指标体系，将其纳入总体规划、控制性详细规划、修建性详细规划和专项规划，并落实到具体项目。做好城乡建设规划与区域能源规划的衔接，优化能源的系统集成利用。建设用地要优先利用城乡废弃地，积极开发利用地下空间。积极引导建设绿色生态城区，推进绿色建筑规模化发展。

2.大力促进城镇绿色建筑发展。政府投资的国家机关、学校、医院、博物馆、科技馆、体育馆等建筑，直辖市、计划单列市及省会城市的保障性住房，以及单体建筑面积超过2万平方米的机场、车站、宾馆、饭店、商场、写字楼等大型公共建筑，自2014年起全面执行绿色建筑标准。积极引导商业房地产开发项目执行绿色建筑标准，鼓励房地产开发企业建设绿色住宅小区。切实推进绿色工业建筑建设。发展改革、财政、住房城乡建设等部门要修订工程预算和建设标准，各省级人民政府要制定绿色建筑工程定额和造价标准。严格落实固定资产投资项目节能评估

审查制度，强化对大型公共建筑项目执行绿色建筑标准情况的审查。强化绿色建筑评价标识管理，加强对规划、设计、施工和运行的监管。

3. 积极推进绿色农房建设。各级住房城乡建设、农业等部门要加强农村村庄建设整体规划管理，制定村镇绿色生态发展指导意见，编制农村住宅绿色建设和改造推广图集、村镇绿色建筑技术指南，免费提供技术服务。大力推广太阳能热利用、围护结构保温隔热、省柴节煤灶、节能炕等农房节能技术；切实推进生物质能利用，发展大中型沼气，加强运行管理和维护服务。科学引导农房执行建筑节能标准。

4. 严格落实建筑节能强制性标准。住房城乡建设部门要严把规划设计关口，加强建筑设计方案规划审查和施工图审查，城镇建筑设计阶段要100%达到节能标准要求。加强施工阶段监管和稽查，确保工程质量和安全，切实提高节能标准执行率。严格建筑节能专项验收，对达不到强制性标准要求的建筑，不得出具竣工验收合格报告，不允许投入使用并强制进行整改。鼓励有条件的地区执行更高能效水平的建筑节能标准。

（二）大力推进既有建筑节能改造。

1. 加快实施“节能暖房”工程。以围护结构、供热计量、管网热平衡改造为重点，大力推进北方采暖地区既有居住建筑供热计量及节能改造，“十二五”期间完成改造4亿平方米以上，鼓励有条件的地区超额完成任务。

2. 积极推动公共建筑节能改造。开展大型公共建筑和公共机构办公建筑空调、采暖、通风、照明、热水等用能系统的节能改造，提高用能效率和管理水平。鼓励采取合同能源管理模式进行改造，对项目按节能量予以奖励。推进公共建筑节能改造重点城市示范，继续推行“节约型高等学校”建设。“十二五”期间，完成公共建筑改造6000万平方米，公共机构办公建筑改造6000万平方米。

3. 开展夏热冬冷和夏热冬暖地区居住建筑节能改造试点。以建筑门窗、外遮阳、自然通风等为重点，在夏热冬冷和夏热冬暖地区进行居住建筑节能改造试点，探索适宜的改造模式和技术路线。“十二五”期间，完成改造5000万平方米以上。

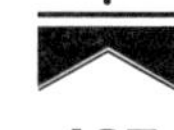

4. 创新既有建筑节能改造工作机制。做好既有建筑节能改造的调查和统计工作，制定具体改造规划。在旧城区综合改造、城市市容整治、既有建筑抗震加固中，有条件的地区要同步开展节能改造。制定改造方案要充分听取有关各方面的意见，保障社会公众的知情权、参与权和监督权。在条件许可并征得业主同意的前提下，研究采用加层改造、扩容改造等方式进行节能改造。坚持以人为本，切实减少扰民，积极推行工业化和标准化施工。住房城乡建设部门要严格落实工程建设责任制，严把规划、设计、施工、材料等关口，确保工程安全、质量和效益。节能改造工程完工后，应进行建筑能效测评，对达不到要求的不得通过竣工验收。加强宣传，充分调动居民对节能改造的积极性。

（三）开展城镇供热系统改造。

实施北方采暖地区城镇供热系统节能改造，提高热源效率和管网保温性能，优化系统调节能力，改善管网热平衡。撤并低能效、高污染的供热燃煤小锅炉，因地制宜地推广热电联产、高效锅炉、工业废热利用等供热技术。推广“吸收式热泵”和“吸收式换热”技术，提高集中供热管网的输送能力。开展城市老旧供热管网系统改造，减少管网热损失，降低循环水泵电耗。

（四）推进可再生能源建筑规模化应用。

积极推动太阳能、浅层地能、生物质能等可再生能源在建筑中的应用。太阳能资源适宜地区应在2015年前出台太阳能光热建筑一体化的强制性推广政策及技术标准，普及太阳能热水利用，积极推进被动式太阳能采暖。研究完善建筑光伏发电上网政策，加快微电网技术研发和工程示范，稳步推进太阳能光伏在建筑上的应用。合理开发浅层地热能。财政部、住房城乡建设部研究确定可再生能源建筑规模化应用适宜推广地区名单。开展可再生能源建筑应用地区示范，推动可再生能源建筑应用集中连片推广，到2015年末，新增可再生能源建筑应用面积25亿平方米，示范地区建筑可再生能源消费量占建筑能耗总量的比例达到10%以上。

（五）加强公共建筑节能管理。

加强公共建筑能耗统计、能源审计和能耗公示工作，推行能耗分项计量和实时监控，推进公共建筑节能、节水监管平台建设。建立完善的公共机构能源审计、能效公示和能耗定额管理制度，加强能耗监测和节能监管体系建设。加强监管平台建设统筹协调，实现监测数据共享，避免重复建设。对新建、改扩建的国家机关办公建筑和大型

公共建筑，要进行能源利用效率测评和标识。研究建立公共建筑能源利用状况报告制度，组织开展商场、宾馆、学校、医院等行业的能效水平对标活动。实施大型公共建筑能耗（电耗）限额管理，对超限额用能（用电）的，实行惩罚性价格。公共建筑业主和所有权人要切实加强用能管理，严格执行公共建筑空调温度控制标准。研究开展公共建筑节能量交易试点。

（六）加快绿色建筑相关技术研发推广。

科技部门要研究设立绿色建筑科技发展专项，加快绿色建筑共性和关键技术研发，重点攻克既有建筑节能改造、可再生能源建筑应用、节水与水资源综合利用、绿色建材、废弃物资源化、环境质量控制、提高建筑物耐久性等方面的技术，加强绿色建筑技术标准规范研究，开展绿色建筑技术的集成示范。依托高等院校、科研机构等，加快绿色建筑工程技术中心建设。发展改革、住房城乡建设部门要编制绿色建筑重点技术推广目录，因地制宜推广自然采光、自然通风、遮阳、高效空调、热泵、雨水收集、规模化中水利用、隔音等成熟技术，加快普及高效节能照明产品、风机、水泵、热水器、办公设备、家用电器及节水器具等。

（七）大力发展绿色建材。

因地制宜、就地取材，结合当地气候特点和资源禀赋，大力发展安全耐久、节能环保、施工便利的绿色建材。加快发展防火隔热性能好的建筑保温体系和材料，积极发展烧结空心制品、加气混凝土制品、多功能复合一体化墙体材料、一体化屋面、低辐射镀膜玻璃、断桥隔热门窗、遮阳系统等建材。引导高性能混凝土、高强钢的发展利用，到2015年末，标准抗压强度60兆帕以上混凝土用量达到总用量的10%，屈服强度400兆帕以上热轧带肋钢筋用量达到总用量的45%。大力发展预拌混凝土、预拌砂浆。深入推进墙体材料革新，城市城区限制使用粘土制品，县城禁止使用实心粘土砖。发展改革、住房城乡建设、工业和信息化、质检部门要研究建立绿色建材认证制度，编制绿色建材产品目录，引导规范市场消费。质检、住房城乡建设、工业和信息化部门要加强建材生产、流通和使用环节的质量监管和稽查，杜绝性能不达标的建材进入市场。积极支持绿色建材产业发展，组织开展绿色建材产业化示范。

（八）推动建筑工业化。

住房城乡建设等部门要加快建立促进建筑工业化的设计、施工、部品生产等环节的标准体系，推动结构件、部品、部件的标准化，丰富标准件的种类，提高通用性和可置换性。推广适合工业化生产的预制装配式混凝土、钢结构等建筑体系，加快发展建设工程的预制和装配技术，提高建筑工业化技术集成水平。支持集设计、生产、施工于一体的工业化基地建设，开展工业化建筑示范试点。积极推行住宅全装修，鼓励新建住宅一次装修到位或菜单式装修，促进个性化装修和产业化装修相统一。

（九）严格建筑拆除管理程序。

加强城市规划管理，维护规划的严肃性和稳定性。城市人民政府以及建筑的所有者和使用者要加强建筑维护管理，对符合城市规划和工程建设标准、在正常使用寿命内的建筑，除基本的公共利益需要外，不得随意拆除。拆除大型公共建筑的，要按有关程序提前向社会公示征求意见，接受社会监督。住房城乡建设部门要研究完善建筑拆除的相关管理制度，探索实行建筑报废拆除审核制度。对违规拆除行为，要依法依规追究有关单位和人员的责任。

(十)推进建筑废弃物资源化利用。

落实建筑废弃物处理责任制，按照“谁产生、谁负责”的原则进行建筑废弃物的收集、运输和处理。住房城乡建设、发展改革、财政、工业和信息化部门要制定实施方案，推行建筑废弃物集中处理和分级利用，加快建筑废弃物资源化利用技术、装备研发推广，编制建筑废弃物综合利用技术标准，开展建筑废弃物资源化利用示范，研究建立建筑废弃物再生产品标识制度。地方各级人民政府对本行政区域内的废弃物资源化利用负总责，地级以上城市要因地制宜设立专门的建筑废弃物集中处理基地。

四、保障措施

（一）强化目标责任。

要将绿色建筑行动的目标任务科学分解到省级人民政府，将绿色建筑行动目标完成情况和措施落实情况纳入省级人民政府节能目标责任评价考核体系。要把贯彻落实本行动方案情况纳入绩效考核体系，考核结果作为领导干部综合考核评价的重要内容，实行责任制和问责制，对作出突出贡献的单位和人员予以通报表扬。

（二）加大政策激励。

研究完善财政支持政策，继续支持绿色建筑及绿色生态城区建设、既有建筑节能改造、供热系统节能改造、可再生能源建筑应用等，研究制定支持绿色建材发展、建筑垃圾资源化利用、建筑工业化、基础能力建设等工作的政策措施。对达到国家绿色建筑评价标准二星级及以上的建筑给予财政资金奖励。财政部、税务总局要研究制定税收方面的优惠政策，鼓励房地产开发商建设绿色建筑，引导消费者购买绿色住宅。改进和完善对绿色建筑的金融服务，金融机构可对购买绿色住宅的消费者在购房贷款利率上给予适当优惠。国土资源部门要研究制定促进绿色建筑发展在土地转让方面的政策，住房城乡建设部门要研究制定容积率奖励方面的政策，在土地招拍挂出让规划条件中，要明确绿色建筑的建设用地比例。

（三）完善标准体系。

住房城乡建设等部门要完善建筑节能标准，科学合理地提高标准要求。健全绿色建筑评价标准体系，加快制（修）订适合不同气候区、不同类型建筑的节能建筑和绿色建筑评价标准，2013年完成《绿色建筑评价标准》的修订工作，完善住宅、办公楼、商场、宾馆的评价标准，出台学校、医院、机场、车站等公共建筑的评价标准。尽快制（修）订绿色建筑相关工程建设、运营管理、能源管理体系等标准，编制绿色建筑区域规划技术导则和标准体系。住房城乡建设、发展改革部门要研究制定基于实际用能状况，覆盖不同气候区、不同类型建筑的建筑能耗限额，要会同工业和信息化、质检等部门完善绿色建材标准体系，研究制定建筑装修材料有害物限量标准，编制建筑废弃物综合利用的相关标准规范。

（四）深化城镇供热体制改革。

住房城乡建设、发展改革、财政、质检等部门要大力推行按热量计量收费，督导各地区出台完善供热计量价格和收费办法。严格执行两部制热价。新建建筑、完成供热计量改造的既有建筑全部实行按热量计量收费，推行采暖补贴“暗补”变“明补”。对实行分户计量有难度的，研究采用按小区或楼宇供热量计量收费。实施热价与煤价、气价联动制度，对低收入居民家庭提供供热补贴。加快供热企业改革，推进供热企业市场化经营，培育和规范供热市场，理顺热源、管网、用户的利益关系。

（五）严格建设全过程监督管理。

在城镇新区建设、旧城更新、棚户区改造等规划中，地方各级人民政府要建立并严格落实绿色建设指标体系要求，住房城乡建设部门要加强规划审查，国土资源部门要加强土地出让监管。对应执行绿色建筑标准的项目，住房城乡建设部门要在设计方案审查、施工图设计审查中增加绿色建筑相关内容，未通过审查的不得颁发建设工程规划许可证、施工许可证；施工时要加强监管，确保按图施工。对自愿执行绿色建筑标准的项目，在项目立项时要标明绿色星级标准，建设单位应在房屋施工、销售现场明示建筑节能、节水等性能指标。

（六）强化能力建设。

住房城乡建设部要会同有关部门建立健全建筑能耗统计体系，提高统计的准确性和及时性。加强绿色建筑评价标识体系建设，推行第三方评价，强化绿色建筑评价监管机构能力建设，严格评价监管。要加强建筑规划、设计、施工、评价、运行等人员的培训，将绿色建筑知识作为相关专业工程师继续教育培训、执业资格考试的重要内容。鼓励高等院校开设绿色建筑相关课程，加强相关学科建设。组织规划设计单位、人员开展绿色建筑规划与设计竞赛活动。广泛开展国际交流与合作，借鉴国际先进经验。

（七）加强监督检查。

将绿色建筑行动执行情况纳入国务院节能减排检查和建设领域检查内容，开展绿色建筑行动专项督查，严肃查处违规建设高耗能建筑、违反工程建设标准、建筑材料不达标、不按规定公示性能指标、违反供热计量价格和收费办法等行为。

（八）开展宣传教育。

采用多种形式积极宣传绿色建筑法律法规、政策措施、典型案例、先进经验，加强舆论监督，营造开展绿色建筑行动的良好氛围。将绿色建筑行动作为全国节能宣传周、科技活动周、城市节水宣传周、全国低碳日、世界环境日、世界水日等活动的重要宣传内容，提高公众对绿色建筑的认知度，倡导绿色消费理念，普及节约知识，引导公众合理使用用能产品。

各地区、各部门要按照绿色建筑行动方案的部署和要求，抓好各项任务落实。发展改革委、住房城乡建设部要加强综合协调，指导各地区和有关部门开展工作。各地区、各有关部门要尽快制定相应的绿色建筑行动实施方案，加强指导，明确责任，狠抓落实，推动城乡建设模式和建筑业发展方式加快转变，促进资源节约型、环境友好型社会建设。

2013年工业节能与绿色发展专项行动实施方案

（工信部节[2013]95号　工业和信息化部2013年3月21日印发）

一、背景

党的十八大提出大力推进生态文明建设，着力推进绿色发展、循环发展、低碳发展，形成节约资源和保护环境的空间格局、产业结构、生产方式、生活方式。《国务院关于印发工业转型升级规划（2011-2015年）的通知》明确，把绿色低碳发展作为工业转型升级的重要方向和任务之一。贯彻落实党的十八大精神，实现“十二五”规划任务，要求加快推进工业节能降耗，加快实施清洁生产，加快资源循环利用，促进工业向节约、清洁、低碳、高效生产方式转变，推动工业转型升级。

结合工作实际和现有基础，选择电机、涉铅行业等重点领域和行业，通过开展2013年工业节能与绿色发展专项行动，在能效提升和绿色发展方面取得突破，探索工业节能与绿色发展的模式和实现途径，实现以点带面，带动工业节能与综合利用整体工作取得进展。

（一）电机是工业领域的主要耗电终端产品。综合系统匹配不合理、调节方式落后等因素，我国电机系统的运行效率比国外先进水平低十余个百分点。我国电机消耗工业用电总量的75%。电机能效每提高1个百分点，可年节约用电260亿度左右；初步估算，全国电机系统年节电潜力1300～2300亿度，相当于2～3个三峡电站的发电量。2012年以来，我们组织行业协会、有关专家等对电机能效提升有关问题进行了多次研究，完成了电机能效提升计划的制定工作。

（二）近年来，铅酸蓄电池、再生铅等行业铅污染事件频发，社会各界高度关注。我们组织对铅酸蓄电池生产、回收及再生铅行业有关情况进行了专题研究，提出了促进行业规范发展和铅污染防治的对策措施，起草了促进铅酸蓄电池和再生铅产业规范发展的意见，并经国务院同意。以涉铅行业为重点，进一步整顿、规范行业发展，是贯彻落实国务院“十二五”重金属污染综合防治规划的要求，是推进工业绿色发展的一项重要任务。

二、指导思想

以电机能效提升、涉铅行业绿色发展为抓手，组织动员全系统力量实施节能与绿色发展专项行动，细化实施方案，明确目标任务，加强政策引导，强化标准约束，开展监督检查，全面提升电机能效水平、促进电机产业升级，促进铅酸蓄电池、再生铅等涉铅行业规范发展，提高污染防治水平，推动行业绿色低碳转型。

三、主要目标

（一）力争推广、淘汰和节能改造电机及电机系统1亿千瓦，扩大高效电机市场份额，促进电机产品升级换代和产业升级，提高电机能效水平，实现全国工业用电节约1%（300亿度左右）。

（二）通过加强行业准入管理，扭转行业分散、混乱局面，提高原生铅冶炼、铅酸蓄电池生产和再生铅产业集中度，促进产业组织结构优化调整，加快实现铅酸蓄电池规范生产、有序回收、合理再生利用；探索铅酸蓄电池生产者责任延伸制度实施机制，建设一批铅再生循环利用示范工程，铅再生循环利用比重提高到40%，加快形成全国铅资源循环利用体系。

四、重点任务及工作安排

（一）实施电机能效提升计划

1.推广高效电机。充分利用中央财政节能产品惠民工程高效电机、风机、泵、压缩机等财政补贴政策，力争全年推广高效电机（风机、泵、压缩机）3000万千瓦；建设2-3个高效电机定转子冲片、绝缘材料等关键配套材料规模化生产示范工程，降低高效电机生产成本，提高高效电机的生产保障能力；对电机生产企业进行贯标核查，推动

企业转型生产高效电机产品。

2.淘汰低效电机。制订发布在用低效电机淘汰路线图，将淘汰低效电机目标任务分解落实到地方，年内淘汰低效电机4000万千瓦；制订《高耗能落后机电设备（产品）淘汰目录》（第三批），完善落后电机淘汰政策机制；指导列入国家节能低碳行动的万家企业尽快制定淘汰落后电机工作方案，明确淘汰时间，鼓励企业优先选用高效电机替换落后电机，开展淘汰低效电机专项监察。

3.实施电机系统节能技术改造。指导年耗电1000万千瓦时以上的重点企业制定电机系统节能改造方案，明确能效提升目标及主要任务；引导企业采用变频调速、变极调速、相控调压及先进适用的匹配技术对风机、泵、压缩机等电机系统进行节能改造；推动第三方节能服务公司以合同能源管理模式对工业园区、大企业集团电机集群进行改造。全年实现电机系统节能改造3000万千瓦。

4.实施电机高效再制造。建设一批电机高效再制造示范工程。选择上海市等基础条件好的省（市）开展电机高效再制造试点，探索通过“以旧换再”及再制造企业“大宗用户定向回购”模式，建立废旧电机回收体系，力争年内高效再制造电机达到300万千瓦；制订电机高效再制造标准、规范，加强检测、认证等基础能力建设。

5.加快高效电机技术研发及应用示范。筛选一批高效电机生产、设计、控制及系统匹配等领域的先进技术，发布先进适用技术目录；开展重大应用技术成果鉴定，组织开展应用示范；推动安全可靠的绝缘栅双极型晶体管（IGBT）等电力电子芯片及模块在电机节能领域的推广应用。

6.扩大对外交流与合作。通过与联合国开发计划署、国际铜业协会等国际组织的合作，加强电机能效提升基础能力建设；组织对地方工业和信息化主管部门、重点用电企业、电机企业等开展电机能效标准、电机系统节能改造技术方案、电平衡测试等方面培训；加强与国际电工技术委员会（IEC）等国际标准化组织机构合作，开展电机能效标准对标及互认；组织国内电机生产企业、有关机构参加全球电机能效峰会，发布中国电机能效提升计划，与欧美等进行电机技术、标准和能效提升政策交流。

（二）涉铅行业绿色发展计划

1.印发促进铅酸蓄电池和再生铅产业规范发展的意见。加强政策协调，会同相关部门按照分工方案抓好各项工作的部署落实。

2.实施铅酸蓄电池行业准入管理。严格执行《铅蓄电池行业准入条件》和《铅蓄电池行业准入公告管理暂行办法》，对新建、改扩建和现有铅酸蓄电池生产企业实施准入公告管理，联合环境保护部分批发布符合准入条件的企业名单公告；组织开展各地区行业主管部门以及骨干企业准入管理培训工作，加大准入管理实施力度；抓紧淘汰落后铅酸蓄电池生产能力，重点淘汰开口式、干式荷电、镉及砷含量超标以及经整改环保不达标的落后铅酸蓄电池生产能力。

3.实施再生铅行业准入管理。部署《再生铅行业准入条件》实施工作，严格执行准入条件，对新建再生铅项目严格准入和备案管理，严禁新建单系列生产能力在5万吨/年以下项目；对再生铅行业生产企业实行准入公告管理，联合环境保护部分批发布符合准入条件的企业名单；加快淘汰落后再生铅生产能力。

4.建设铅再生循环利用示范工程。组织实施《再生有色金属产业发展推进计划》，按照再生铅产业布局要求，利用技术改造等资金渠道，在全国支持符合准入条件要求的企业建设一批铅再生循环利用示范项目。

5.建设铅循环利用体系。选择部分省份开展铅酸蓄电池循环利用体系建设试点，探索铅酸蓄电池生产者责任延伸制度实施机制，建设回收体系。支持铅酸蓄电池、再生铅企业与专业回收公司联合试点，委托符合资质要求的专业回收公司提供废铅酸蓄电池回收服务。鼓励以再生铅企业为核心，依靠自身力量或依托电池生产商、销售商的成熟销售体系建立回收网络，开展电池回收业务。

五、进度要求

（一）电机能效提升计划

——发布《电机能效提升计划》。（3月）

——组织对电机生产企业进行贯标核查。（4月）

——将高效电机推广、低效电机淘汰、电机系统节能改造目标分解落实到地方。（5月）

——组织对重点用电企业开展高耗能落后电机设备专项监察。（4季度）

——组织实施高效电机及高效风机、泵、压缩机推广政策，淘汰落后低效电机，对重点用电企业进行技术培训，开展电平衡测试，开展电机系统节能技术改造和高效再制造试点。（全年）

（二）涉铅行业绿色发展计划

——按国务院批复意见，与有关部门联合印发促进铅酸蓄电池和再生铅产业规范发展的意见，部署落实有关任务。（3月）

——发布《关于做好〈再生铅行业准入条件〉实施工作的意见》。（4月）

——利用中央财政清洁生产资金渠道，支持铅酸蓄电池和再生铅企业实施清洁生产技术示范。（9月）

——实施铅酸蓄电池、再生铅行业准入管理，建设铅再生循环利用示范工程。（全年）

——按照淘汰落后产能工作总体部署，落实铅酸蓄电池和再生铅行业淘汰企业名单，利用中央财政淘汰落后产能专项资金，支持落后产能淘汰。（全年）

——推进铅资源循环利用体系建设。支持再生铅企业与汽车4S店、维修店、铅酸蓄电池销售网点、报废汽车回收公司等建立商业化的铅酸蓄电池回收模式；协调中国移动、中国电信、中国联通三家电信运营商，与试点省份铅酸蓄电池、再生铅企业签订铅酸蓄电池定向回收利用协议；批复试点地区铅酸蓄电池及再生铅回收体系建设实施方案。（全年）

六、保障措施

（一）利用节能产品惠民工程政策支持，推广高效电机及电机系统。

（二）加大财政资金支持力度。中央财政产业振兴和技术改造专项在项目评审及计划下达过程中将对电机系统改造、铅再生循环利用（铅酸蓄电池回收再利用）等项目予以优先考虑；中央财政清洁生产专项资金加大对铅酸蓄电池、再生铅清洁生产技术项目的支持；淘汰落后产能中央财政奖励资金支持淘汰铅冶炼、铅酸蓄电池、再生铅落后产能。地方工业和信息化主管部门充分利用节能减排、技术改造、中小企业等专项资金对专项行动给予支持。

（三）强化标准约束和监督检查。发挥强制性电机能效新标准、行业准入条件作用，开展电机能效新标准贯标活动，对铅酸蓄电池、再生铅实施准入管理。加强监督检查，组织开展能耗限额标准执行情况和高耗能落后电机淘汰、落后产能淘汰等专项督察。

（四）按照《关于促进铅酸蓄电池和再生铅产业规范发展的意见》，建立部门协调工作机制，分工落实有关任务。

（五）充分利用联合国开发计划署、国际铜业协会等国际机构的资金支持，加强方案论证、宣传培训、专家咨询等基础能力建设。

综合编

中国资源综合利用年度报告(2014)

国家发展和改革委员会

前言

为贯彻落实党的十八大精神，大力推进生态文明建设，促进循环经济发展，客观、全面反映我国各领域、各部门、各行业资源综合利用工作开展情况和取得成绩，国家发展改革委环资司组织有关方面编写本年度报告。

本报告汇总2013年以来，各部门组织开展的本领域资源综合利用工作情况，有关政策信息和数据得到了科学技术部(社发司)、工业和信息化部(节能司)、财政部(经建司、税政司)、国土资源部(规划司)、环境保护部(污防司)、住房城乡建设部(节能科技司、城建司)、交通运输部(规划司)、农业部(科教司)、商务部(流通业发展司)、国家税务总局(政法司)、国家质检总局(检验监管司)、国家统计局(能源司)、国家林业局(规财司)、国家能源局(科技司、煤炭司、新能源司)等单位的大力支持。

本报告发布截止到2013年的资源综合利用数据，有关行业发展情况和相关统计数据得到了中国循环经济协会、中国建筑材料联合会、中国电力企业联合会、中国纺织工业联合会、中国石油和化学工业联合会、中国矿业联合会、中国钢铁工业协会、中国有色金属工业协会、中国橡胶工业协会、中国磷肥工业协会、中国造纸协会、中国物资再生协会、中国再生资源回收利用协会、中国废钢铁应用协会、中国轮胎翻修与循环利用协会、中国煤炭加工利用协会等单位的大力支持。

一、我国资源综合利用总体情况

2013年以来，随着我国转变经济发展方式步伐加快以及国家促进资源综合利用发展各项相关政策的出台和落实，资源综合利用产业继续保持平稳健康发展态势，利用规模稳步增长，利用水平不断提升，资源环境效益进一步显现。

(一)综合利用规模逐步扩大

2013年，我国矿产资源利用水平总体较好，部分重点大中型露天煤矿、露天铁矿开采回采率达到95%以上，部分矿山铜矿、铅矿、锌矿等有色金属矿种的选矿回收率达到80%以上。工业固体废物综合利用量20.59亿吨，利用率达到62.3%。农作物秸秆年利用量约6.4亿吨。废钢铁、废有色金属、废塑料等主要再生资源回收总量达1.6亿吨，回收总值4817亿元，回收企业10万余家，行业从业人员1800多万人。主要再生有色金属产量占当年十种有色金属总产量的26.6%。

(二)综合利用技术水平不断提升

2013年，资源综合利用领域国家科技支撑计划、863计划共立项4项，安排国拨经费1.2亿元，全面推进资源综合利用科技创新体系建设。863计划项目典型尾矿资源清洁高效利用技术及装备研究与示范取得了多项技术突破,全尾矿废石骨料高性能混凝土预制件生产技术和全尾矿废石骨料预拌泵送混凝土生产技术取得关键突破并大范围推广应用。采用“预脱硅-碱石灰烧结法”利用高铝粉煤灰提取氧化铝20万吨/年示范项目达产。我国首条年产3000吨废旧服装再生切片生产线稳定运行。钒钛磁铁矿、铁-稀土多金属共伴生资源得到综合开发，废塑料、废橡胶、废旧金属等再生资源综合利用技术均取得产业化突破。

(三)综合利用效益显著增长

2013年，资源综合利用产值达到1.3万亿元。通过开展资源综合利用，减少固体废物堆存占地14万亩以上。全国煤矸石、煤泥等低热值燃料综合利用发电机组总装机容量达3000万千瓦。生物质发电装机规模达到850万千瓦，年发电量370亿千瓦时。水泥混凝土行业利用废渣量超过10亿吨。综合利用废钢铁、废有色金属等再生资源，与使用原生资源相比，可节约2.5亿吨标准煤，减少废水排放170亿吨、二氧化碳排放6亿吨、固体废弃物排放50亿吨。我国废旧纺织品综合利用量约为300万吨，相当于节约原油380万吨，节约耕地340万亩。充分利用国外资源，共进口废钢铁、废有色金属、废纸、废塑料等废物原料5514万吨，货值337亿美元。

二、矿产资源综合利用

2013年，我国主要矿产资源综合利用水平不断提升，矿产资源总回收率和共伴生矿产综合利用率稳步提高。矿产资源综合开发利用关键技术得到快速推广，重点矿山矿产资源开采回采率、选矿回收率和综合利用率(以下简称“三率”)逐步成为矿产资源开发利用的约束性指标。矿产资源节约与综合利用评价指标体系基本建立。

(一)共伴生矿产

1.共伴生矿产

2013年，我国部分矿山铜矿、铅矿、锌矿、镍矿、铝土矿、锑矿、钼矿、钨矿、锡矿等有色金属矿种的选矿回收率达到80%以上，其中大型矿山的选矿回收率达到85%。部分重点大中型露天煤矿、部分露天铁矿开采回采率达到95%以上。大中型矿产共伴生元素利用不断增多，金、银、硫、钼回收率分别达到66.7%、71.4%、76.7%和47.0%。

钒钛磁铁矿资源综合利用、铁-稀土多金属共伴生资源综合利用、镍铜多金属共伴生资源综合利用、锡和铅锌铟等复杂多金属共伴生资源综合利用、非金属矿资源高效综合利用等方面均取得技术研究和产业化突破，红土镍矿生产镍铁技术、中低品位高镁磷矿直接生产高浓度磷复肥及资源化利用关键技术取得进展。国土资源部组织实施《矿产资源节约与综合利用鼓励、限制和淘汰技术目录》，提高资源开发利用效率与水平。印发《关于推广先进适用技术提高矿产资源节约与综合利用水平的通知》，分两批公布了99项先进适用技术推广目录。首次将矿山企业合理开发利用矿产资源、“三率”情况纳入矿产开发利用年度检查内容。全国油气、煤炭、铁等重要矿产资源“三率”调查评价基本工作全面完成。

2.煤层气

2013年，我国煤层气(煤矿瓦斯)抽采量156亿立方米，利用量66亿立方米，分别同比增长10.6%和13.8%。其中，井下瓦斯抽采量126亿立方米、利用量43亿立方米，利用率达34.1%;地面煤层气产量30亿立方米、利用量23亿立方米，利用率达76.7%。截止到2013年年底,全国累计施工煤层气井15000口，形成产能85亿立方米，探明地质储量7000亿立方米。煤矿瓦斯用户近300万户，瓦斯发电装机容量130万千瓦，煤层气燃料汽车10000余辆。中低浓度瓦斯氧化利用成套技术、含氧煤层气液化LNG技术和低浓度瓦斯发电技术取得突破。

国务院办公厅印发了《关于进一步加快煤层气(煤矿瓦斯)抽采的意见》，针对制约煤层气抽采利用的突出问题，从加大政策扶持、完善体制机制、推进科技创新、强化组织协调等方面进一步明确了相关目标任务和政策措施。国家发展改革委发布了《煤层气产业政策》，明确了今后一个时期煤层气产业发展目标、规划布局、勘探开发生产、技术创新、资源协调开发等方面的政策导向。

(二)尾矿及废石

2013年，我国尾矿产生量16.49亿吨，同比增长1.73%，其中铁尾矿8.39亿吨，铜尾矿3.19亿吨，黄金尾矿2.14亿吨，其他有色及稀贵金属尾矿1.38亿吨，非金属矿尾矿1.39亿吨。尾矿综合利用量为3.12亿吨，同比增长7.96%，综合利用率为18.9%。截止到2013年底，我国尾矿累积堆存量达146亿吨，废石堆存量达438亿吨。

从尾矿中回收有价组分约占尾矿利用总量的3%，有价金属资源回收量超过1000万吨，生产建筑材料约占尾矿利用总量的43%，充填矿山采空区约占尾矿利用总量的53%，其他途径利用约占1%。

2013年，我国金属矿采矿废石总产生量为49.47亿吨，综合利用量为4.68亿吨，尾矿和废石综合利用年产值达到936亿元。有关方面开展尾矿资源高效利用技术研究，全国尾矿综合利用领域的发明专利共授权213项。在铁锰尾矿有价组分提取、有色金属尾矿有价组分高效分选回收、石墨尾矿有价组分回收、尾矿制备新型建筑材料等方面取得较大技术突破。完成尾矿大规模代替水泥原料用于制造水泥技术、锰尾矿硫酸和微生物联合浸出技术中试;铅锌尾矿回收铅、锌、硫、铁实验室研究取得突破。

国土资源部颁布了《关于铁、铜、铅、锌、稀土、钾盐和萤石等矿产资源合理开发利用“三率”最低指标要求(试行)的公告》，要求铁尾矿综合利用率不低于20%。国家安监总局等部门联合发布了《深入开展尾矿库综合治理行动方案》。有关部门颁布了《尾矿设施设计规范》(GB50863-2013)和《尾矿设施施工及验收规范》(GB50864-2013)等相关国家标准。

三、工业“三废”综合利用

2013年，我国工业固体废物利用量达20.59亿吨、利用率达到62.3%。粉煤灰、煤矸石、工业副产石膏等大宗固废资源综合利用规模稳步提高，资源综合利用产业结构进一步优化，产业集中度、规模化和规范化程度明显提高，科技创新取得一定成效。

(一)粉煤灰

2013年，我国的粉煤灰产生量约5.8亿吨，综合利用量4.0亿吨，综合利用率为69%。其中，用于生产水泥1.76

亿吨，占利用总量的44%;用于生产商品混凝土6400万吨，占利用总量的16%;用于生产墙体材料1.12亿吨，占利用总量的28%，用于筑路、农业和提取矿物等高附加值利用各占5%、3%和4%。

近年来粉煤灰综合利用不断向精细化、高技术化发展，综合利用量和利用率稳步增长，在我国东部部分经济发达地区出现粉煤灰供不应求局面。粉煤灰综合利用方式开始逐步从粗放型利用转变为集约型利用。以粉煤灰为主要原料作为胶结充填采矿的主要材料取得关键技术突破和产业化应用。高铝粉煤灰提取氧化铝及尾渣深度综合利用技术取得关键技术突破，为我国氧化铝行业开辟新的资源供给途径。2013年，国家发展改革委等部门联合颁布的《粉煤灰综合利用管理办法》正式实施，也是自1996年颁布该办法以来的首次修订。该办法进一步明确了粉煤灰综合利用管理体制，与现有法律法规体系进行了对接，清晰界定了粉煤灰的范围，增加了全过程管理的要求，对在新的形势下推动粉煤灰综合利用的有序健康发展产生积极作用。

(二)煤矸石

2013年，我国煤矸石产生量约7.5亿吨，综合利用量4.8亿吨，同比增长7.6%。煤矸石综合利用率为64%。煤矸石、煤泥等综合利用发电机组总装机容量达3000万千瓦，发电量超过1600亿千瓦时，年利用煤矸石、煤泥量1.5亿吨，占利用总量的32%；生产建材产品利用煤矸石5600万吨，占利用总量的12%；用于填坑筑路、土地复垦和塌陷区回填等途径的煤矸石量达2.6亿吨，占利用总量的56%。

目前，我国煤矸石累计堆放量约为45亿吨，规模较大的煤矸石目前，我国煤矸石累计堆放量约为45亿吨，规模较大的煤矸石山达2600多座。随着单机600MW超临界循环流化床发电机组的投入运行，为煤矸石、煤泥等综合利用发电机组高参数、大型化奠定了基础。135MW及以上单机容量煤矸石发电机组已占煤矸石发电总装机容量70%以上。构建了煤矸石发电-高铝粉煤灰深度脱硅-莫来石制备-白炭黑生产等特色资源化产业链。

国家发展改革委组织开展了《煤矸石综合利用管理办法》修订工作。国家能源局、财政部、国土资源部、环保部联合下发了《煤矿充填开采工作指导意见》，推动煤炭行业以矸换煤技术的推广和应用。

颁布实施了《煤矸石分类》（GB/T29162-2012）和《煤矸石利用技术导则》（GB/T29163-2012）标准。

(三)工业副产石膏

2013年，我国工业副产石膏产生量1.84亿吨，其中磷石膏7000万吨，脱硫石膏7550万吨，其他工业副产石膏3808万吨。工业副产石膏年综合利用量8830万吨，综合利用率达到48.1%。同比增长9.4%。其中磷石膏、脱硫石膏综合利用率分别达到27%和72%。

目前，工业副产石膏主要用作水泥缓凝剂和生产纸面石膏板，二者消耗量约占工业副产石膏总利用量的96%。工业副产石膏生产高强石膏、石膏机喷抹灰砂浆、石膏模盒及免煅烧胶凝材料等技术得到快速推广，市场增长较快。2013年，水泥生产利用工业副产石膏6000万吨，纸面石膏板行业利用工业副产石膏2430万吨，墙体材料生产利用工业副产石膏400万吨。

我国不同地域工业副产石膏综合利用情况差异较大。京津冀、珠三角及长三角等地区工业副产石膏综合利用率高，部分地区甚至出现供不应求的局面，而内蒙古、西南、西北等地区综合利用率相对较低，累计堆存量较大。由于我国不同地区磷矿成分变化较大，大型磷化工企业集中在西南地区等因素影响，导致磷石膏综合利用率远低于脱硫石膏综合利用率。

相关行业发布了《磷石膏安全处置及综合利用“十二五”实施方案》，提出了“十二五”期间磷石膏综合利用率达到30%，安全处置率超过90%的总体目标。编制了《脱硫石膏污染控制技术规范》和《磷石膏渣场污染防治技术指南》。起草了《烟气脱硫石膏》、《磷石膏土壤调理剂》等国家标准和《磷石膏砖》、《石膏模盒》和《GRG玻璃纤维增强石膏制品》等行业标准。

(四)冶炼废渣

1.钢铁行业冶炼废渣

2013年，我国钢铁行业冶炼废渣产生量约4.16亿吨，其中高炉渣2.41亿吨、钢渣1.01亿吨、含铁尘泥5960万吨、铁合金渣1390万吨。

2013年，我国冶金渣综合利用量为2.28亿吨，综合利用率为67%，同比增长6%。其中高炉渣综合利用率为82%，同比增长4%，钢渣综合利用率为30%，同比增长8%。钢铁行业冶炼废渣目前主要用于水泥、混凝土掺合料、路基料以及钢渣砖、透水砖、免烧砖、砌块等各种建材制品的生产。

钢铁企业积极推进冶炼废渣资源化利用工作，建立了国内首套全功能冶金除尘灰资源化装置。钢渣矿渣复合粉

的生产和应用取得关键技术突破，为钢渣大规模用于建筑领域减少水泥用量奠定了新的基础。全国重点大中型钢铁企业新增高炉渣和钢渣粉生产线90余条，年处理高炉渣、钢渣能力显著提高。

有关部门颁布实施了《钢铁渣粉》（GB/T28293-2012）、《钢渣复合料》（GB/T28294-2012）和《钢渣处理工艺技术规范》（GB/T29514-2013）等一系列冶金渣综合利用国家标准。

2.有色行业冶炼废渣

2013年，有色行业冶炼废渣产生量1.28亿吨，综合利用量2240万吨，综合利用率17.5%。赤泥产生量约为7300万吨，利用量约290万吨，利用率为4%左右。由于近年来铝土矿的品位降低，导致拜耳法赤泥的产生量逐年增加，目前我国赤泥的累计堆存量已达3亿多吨。铜渣、铅锌渣产生量分别为1240万吨、708万吨，基本得到综合利用。

环境保护部发布了《铅锌冶炼工业污染防治技术政策》。赤泥低成本处理及资源化利用关键技术及示范课题研究工作取得阶段性进展，年处理30万吨赤泥砂化脱水制备水泥铁质校正剂中试完成。利用燃煤锅炉酸性烟气对拜耳法赤泥进行脱碱取得初步突破。赤泥胶凝

材料、赤泥基多孔蜂窝材料、赤泥固硫剂、赤泥塑料等技术均取得技术突破。

(五)化工废渣

2013年，我国电石渣产生量2011万吨，综合利用率已达100%，主要用于生产水泥、碳化砖、粉煤灰砖、室内装饰材料等建材产品，近年来扩展到用于工业脱硫及生产碳酸钙、氯化钙、硫酸钙等化工产品。纯碱白泥利用量300万吨，利用率16%，主要用于工程土、锅炉脱硫剂、建筑材料等领域，保险粉残渣利用已进行中试。

2013年，我国铬盐废渣（含铬废渣、含铬铝泥、含铬芒硝）产生量90万吨，综合利用率100%，其中含铬废渣解毒后用于烧结炼铁、水泥矿化剂，含铬铝泥在厂区内生产铬粉，含铬芒硝用于生产硫化碱。黄磷渣产生量960万吨，综合利用率95%，主要用于生产水泥混合材、免烧砖、矿渣棉等。钡业生产废渣产生量48万吨，综合利用率20%左右。主要用于生产蒸压砖、水泥添加砖等。

(六)建筑垃圾

2013年，我国建筑垃圾产生量约为10亿吨，其中拆除建筑产生的建筑垃圾约7.4亿吨，建筑施工产生的建筑垃圾约为2.6亿吨。建筑垃圾综合利用量5000万吨，其中利用建筑垃圾年生产再生骨料等建材制品约3000万吨，其他用途约2000万吨。目前，我国建筑垃圾资源化利用率仅为5%。

我国北京、上海等20多个省市均已开展建筑垃圾资源化工作。吉林省、广州市、青岛市、昆明市、许昌市等省市相继出台了建筑垃圾综合利用的条例和规章。已建成并具备年生产能力在100万吨/年以上的生产线20余条。

交通运输部组织开展利用建筑垃圾生产粗细骨料和再生填料工作，规模化运用于路基填充、路面底基层、临时设施等高速公路建设过程，目前已在陕西省西咸北高速公路实施了建筑垃圾循环利用示范工程。相关行业颁布实施了《工程施工废弃物再生利用技术规范》(GB/T50743-2012)。

(七)废旧路面材料

2013年，我国国省道干线公路大中修工程年产生沥青路面旧料达1.8亿吨，水泥路面旧料达4000万吨，综合利用率约40%。

交通运输部印发了《关于加快推进公路路面材料循环利用工作的指导意见》，加快路面材料循环利用技术研发和推进沥青、水泥路面再生技术规模化应用。颁布了《厂拌热再生沥青混合料生产技术规范》（DB53/T507-2013）和《公路水泥混凝土路面再生利用技术细则》（JTG/TF31-2014）等行业标准规范。

(八)废水

2013年，全国新增矿井水利用量2亿立方米，矿井水利用量达44亿立方米/年，利用率达65%。全国新增海水淡化能力16万吨/日。全国工业废水排放量为209.8亿立方米，再生水广泛应用于工业用水、市政用水和景观用水。

国家发展改革委、国家能源局印发了《矿井水利用发展规划》，强调了重点产煤矿区、大涌水量矿区和严重缺水矿区等重点矿区的矿井水利用工作，结合各地区矿井水资源及利用条件，提出了矿井水利用发展方向和重点。国家发展改革委公布海水淡化试点单位名单，深

圳市等8家单位和青岛市等2家单位分别被命名为第一批和第二批海水淡化试点单位。有关方面成立了国家海水淡化产业联盟。

(九)废气

1.钢铁行业废气

2013年，我国高炉煤气综合利用率达96.62%，同比提高1.39个百分点；转炉煤气综合利用率达99.94%，同比提高1.35个百分点，吨钢转炉煤气回收量102立方米，同比增长4.4%；焦炉煤气综合利用率达98.69%，同比降低0.76个百分点。

2.化工行业废气

2013年，全国黄磷尾气排放量约26亿立方米，利用率约50%。内燃式电石炉生产电石排放废气12亿立方米，其中密闭式电石炉产生的炉气全部得到综合利用。

3.二氧化碳

2013年，我国二氧化碳回收利用产能近1000万吨，参与回收的企业近300家。回收提纯的产品主要用于金属加工、注井采油、食品添加剂、化工产品加工等。

四、农林废物综合利用

2013年，我国农林废弃物综合利用量大幅上升，原料化、能源化技术得到较快发展。生物质发电装机容量达到850万千瓦，年发电量约370亿千瓦时，其中热电联产超过100万千瓦，生物质成型燃料年利用量约800万吨，折合标准煤约400万吨。

(一)秸秆

2013年，我国秸秆可收集量约8.3亿吨，综合利用量约6.4亿吨，综合利用率达77.1%。新增机械化秸秆还田面积3600万亩以上，新增秸秆粉碎还田机4.2万台、秸秆捡拾压捆机0.4万台。秸秆直接还田量约为2.4亿吨，占总量的28.7%。

国家发展改革委、农业部、环保部联合发布了《关于加强农作物秸秆综合利用和禁烧工作的通知》。农业部、财政部制定了《2013年土壤有机质提升补贴项目实施指导意见》。秸秆腐熟还田面积不断增加。积极开展秸秆压块成型、秸秆气化等秸秆生物质能源技术及其他技术，大力发展秸秆养畜。开展高粱秸秆酵、工农复合纤维类生物质废物处理与资源化研究。

(二)林业三剩物和次小薪材

2013年，我国林业三剩物及次小薪材产生量约为2.1亿吨，其中采伐剩余物约占15%、造材剩余物约占5%、木材加工剩余物约占50%，综合利用量为2亿吨，综合利用率达95%以上。主要用于造纸、生产人造板、养殖食用菌和生物质能源化利用等方面。林业剩余物能源化利用取得较大进展，现已形成以成型燃料、液体燃料、热电联产、气体燃料等为主的多元化格局。生物合成液体燃料先进技术取得重大突破，以灌木平茬物为燃料的林业生物质热电联产机组已投产运营，木质纤维素转化乙醇技术研发取得较大进展，年产5000吨生产示范线建成投产。

(三)畜禽养殖废弃物

目前，我国畜禽养殖废弃物年产生量约38亿吨，处理率约42%。2013年，通过中央预算内投资支持，建设户用沼气47.8万户、大中型沼气540处、养殖小区和联户沼气8520处、乡村服务网点7251处。全国新增农村沼气用户80万户左右。截止到2013年年底，全国沼气用户达4300万户，年处理畜禽养殖废弃物2亿吨左右，规模化沼气工程已发展到10万处，年可处理粪污17亿吨。

(四)海洋与水产品加工废物

2013年，我国海洋与水产品加工废物利用较快发展，产业技术应用和推广不断加快。利用海洋与水产品加工废物生产海鲜调味品、饲料等技术工艺日趋成熟，利用贝壳等废物生产高档陶瓷制品、工艺品技术得到快速发展。中外合作承担的“水环境污染、水产食品安全及废弃物综合利用技术研究”项目，在水产品加工废弃物的高值化加工利用技术、水产品及水体中重金属脱除关键技术方面取得重大突破。

五、再生资源回收利用

2013年，受全球经济发展低迷和国内经济增速放缓等影响，我国主要品种再生资源回收总量较上年略有降低，其中废塑料降幅最大，回收利用总值出现下降，再生资源回收行业效益有所下滑。

(一)废钢铁

2013年，我国废钢铁利用量达8570万吨，同比增长2%，其中钢铁企业自产废钢铁3850万吨，社会回收废钢铁4650万吨，进口废钢铁约380万吨。进口废钢铁主要集中在沿海地区，浙江省、江苏省和广东省废钢铁进口量约占全国进口总量的94%。2013年我国废钢铁利用量占当年粗钢产量的11%。

信部发布了《废钢铁加工行业准入条件》和《废钢铁加工行业准入公告管理暂行办法》，进一步规范和引导废钢铁利用发展。截止到2013年年底，准入企业达到93家，加工能力达到3000万吨以上。

废钢铁产业装备水平得到快速发展，现已建成1000马力功率以上废钢铁破碎生产线40余条，在全国范围内已形成与钢铁工业发展相适应的废钢铁加工配送工业化体系，建立起供需双赢的产业链并不断拓展。

(二)废有色金属

2013年，我国国内主要废有色金属回收量达687万吨，其中废铜117万吨、废铝295万吨、废铅150万吨、废锌125万吨。进口主要废有色金属实物量690.8万吨，其中含铜废料437万吨、含铝废料250万吨、含锌废料3.8万吨。

2013年，我国再生有色金属主要品种（铜、铝、铅、锌）总产量约为1073万吨，同比增长3.3%。其中再生铜275万吨，与2012年持平；再生铝520万吨，同比增长8.3%；再生铅约150万吨，同比增长7.1%；再生锌128万吨，同比下降11.1%。据有关行业协会测算，2012-2013年期间，与生产等量的原生金属相比，废有色金属回收利用相当于减少原生矿开采7.1亿吨。

近两年，我国废有色金属综合利用的技术水平明显提高，全自动化废金属预处理设备、先进的再生铜熔炼技术、再生铝双室反射炉技术、再生铅富氧熔炼技术、富氧燃烧等节能技术、高效收尘等环保技术已被多家企业采用，并取得了良好的经济和环境效益。完成了废易拉罐熔炼生产的铝合金铸锭的工艺的研发，建成年处理废铝易拉罐10000吨示范生产线。产业集中度稳步提高，年产能10万吨以上的再生铜企业达到6家，30万吨以上的再生铝企业5家。

工信部、环保部等部门联合发布了《再生铅行业准入条件》、《铝行业规范条件》和《关于促进铅酸蓄电池和再生铅产业规范发展的意见》等文件。

(三)废纸

2013年，我国废纸综合利用量为7301万吨。其中国内废纸回收利用量4377万吨，国内废纸综合利用率约为44.75%，进口各类废纸2924万吨，同比下降2.6%。

2013年，我国纸浆消耗总量达9147万吨。我国消耗废纸浆5940万吨，其中，利用

进口废纸制浆2379万吨，利用国内回收废纸制浆3561万吨。随着废纸制浆技术和装备的进步和普及，废纸浆消耗量已占到总纸浆消耗量的65%以上，成为我国造纸工业最主要的原料来源。

环境保护部组织制定了《造纸行业废纸制浆及造纸工艺污染防治可行技术指南（试行）》等指导性技术政策。有关方面颁布实施了《制浆造纸废水治理工程技术规范》（HJ2011-2012）行业标准，起草了《废纸分类等级检测规范》相关标准。有关行业协会发布了《废纸回收分类及贸易指南（2013）》。

(四)废塑料

2013年，我国废塑料综合利用量为2154万吨，同比下降13.5%。其中国内废塑料回收量为1366万吨，同比减少14.6%。进口量为788万吨，同比减少11.2%。

废塑料再生利用新技术、新产品得到持续开发利用。国内首条拥有自主知识产权的利用焦炉处理废塑料生产线正式投产，实现了废塑料的无害化处理与资源化利用。开展了废旧高分子产品方面研究，在塑料精准识别分离、废旧塑料再利用等方面获得关键技术和知识产权。建成3条废弃高分子制备工程材料示范生产线，部分生产线已建成投产。废塑料制品已广泛应用于园林美化、室外装饰等。

环境保护部、国家发展改革委、商务部联合发布了《废塑料加工利用污染防治管理规定》，环境保护部发布了《进口废塑料环境保护管理规定》。

(五)废旧纺织品

2013年，我国纺织行业纤维加工总量4850万吨，其中棉纤维810万吨，化纤3902万吨，其他天然纤维138万吨。2013年我国废旧纺织品产生量约2000万吨。其中，化纤1377.7万吨，占废旧纺织品总存量约68%，棉纤维562万吨，占废旧纺织品总存量约28%，其他天然纤维67.6万吨，占比4%左右。废旧纺织品综合利用量约为300万吨，相当于节约原油380万吨，节约耕地340万亩。

纯涤类废旧纺织品综合利用实现产业化应用，成为全球最大的再生涤纶产业。研发成功“废旧纺织品-纤维剥离-除尘与一次消毒-纤维复合配比-热熔成形或针刺成形-半成基材”物理法生产技术，建成年利用5万吨废旧纺织品生产汽车内饰和空调外壳生产线。成功研发了利用废旧纺织品生产墙体保温材料和建筑装修材料技术。成功引进国外“废旧纺织品-碎片、颗粒物-再生DMT-再生PET-涤纶纤维”化学法循环生产工艺，建设形成年利用3万吨废旧衣物、年产2.5万吨化学纤维的生产规模。

（六）废旧木材

2013年，我国各类废旧木材产生量约为7000万吨，折合材积9000万立方米，综合利用率达到70%以上，主要用于木质人造板、木塑复合材料、纸浆制造等。

（七）废旧轮胎

2013年，我国废旧轮胎产生量约1000万吨，其中翻新轮胎约1400万条，再生橡胶产量约380万吨，胶粉产量约25万吨，用于生产改性沥青15万吨。废旧轮胎综合利用已成为与天然橡胶、合成橡胶并列的橡胶资源渠道。

国家863计划项目《废旧高分子产品回收利用技术与示范》中“高稳定性、高掺合比废轮胎活化胶粉改性道路沥青关键技术”和“胶粉热塑性弹性体及其防水材料制备关键技术”取得重大进展，实现废轮胎胶粉在改性沥青和防水卷材领域的高附加值应用。完成2000吨/年热塑性弹性体生产线和100万平方米/年热塑性弹性体防水卷材生产线建设方案的确定，并建成10万吨胶粉改性沥青生产线。“废旧橡胶连续动态脱硫及制备子午线轮胎技术”取得突破，开展了废橡胶常压脱硫及其在子午线轮胎胎面橡胶中的应用研究。

工业和信息化部颁布了《轮胎翻新行业准入条件》、《废轮胎综合利用行业准入条件》，公布废旧轮胎综合利用行业准入企业名单（第一批）。商务部组织制定了《废轮胎回收体系建设规范》。截至2013年，我国从事废旧轮胎资源综合利用企业已达1000余家，初步形成了以旧轮胎翻新、废轮胎生产再生橡胶、橡胶粉等三大业务为主的废旧轮胎综合利用工业体系。

（八）废矿物油

2013年，我国润滑油表观消费总量为841万吨，废矿物油产生量为588万吨，年利用量200万吨左右。其中，根据全国持危险废物经营许可证单位统计情况，全国危险废物经营单位共利用处置废矿物油103.7万吨。

目前，废矿物油主要用于生产再生润滑基础油和燃料油，随着企业设备技术升级和新建厂投产。采用全加氢工艺处理废油技术生产再生油品质量达到国家3类油标准。

（九）废弃电器电子产品

2013年，我国电视机理论报废量为3850万台，同比增加108.7%；电冰箱理论报废量1279万台，同比增加37.7%；洗衣机理论报废量1265万台，同比增加19.7%；房间空调器理论报废量1830万台，同比增加2.7%；微型计算机理论报废量3206万台，同比增加20.9%；“四机一脑”总计约11430万台，同比增加38.3%。

财政部、环保部、国家发展改革委、工信部、海关总署、国家税务总局联合发布《废弃电器电子产品处理基金征收使用管理办法》、《关于完善废弃电器电子产品处理基金等政策的通知》及其他配套措施。截止到2013年年底，分三批共确定了覆盖27个省份的废弃电器电子产品处理基金补贴企业91家，发放首批废弃电器电子产品处理补贴6.3亿元。基金补贴企业“四机一脑”的回收和处理规模迅速扩大，拆解处理量从2012年的1009.5万台增加到2013的4308.9万台，拆解重量从15.6万吨增加到81.3万吨，拆解产出物资源价值从22.4亿元增加到100.1亿元。

（十）生活垃圾和城镇污水

1.生活垃圾

2013年，全国设市城市生活垃圾清运量为1.72亿吨，无害化处理能力为49.3万吨/日，无害化处理率为89.0%。2013年，城市生活垃圾无害化处理量1.54亿吨、其中卫生填埋1.05亿吨、焚烧处理4634万吨、堆肥等其他处理268万吨。目前，我国垃圾焚烧发电装机容量达280万千瓦，年发电量约135亿千瓦时，年利用垃圾量3300多万吨。

在垃圾综合利用技术方面，支持开展生活垃圾生物制气项目的开发，在国内高含水量高有机物生活垃圾处置预处理保障体系等方面取得突破，研制出堆肥反应器沼气脱硫装置和全制动沼气内部微氧脱硫装置，臭气排放在线监测与智能控制平台建设初具规模。新型生物脱硫中试装置在已有的沼气工程中试验，取得了良好的运行效果，通过开展试点示范，大力推广水泥窑无害化协同处置和资源化利用生活垃圾，已有30多条水泥窑生产线开展了协同处置技术改造。

2.城镇污水

截至2013年年底，我国城镇污水设施处理能力已达到1.49亿立方米/日，再生水利用量达38.6亿立方米。城镇污水处理厂产生污泥约2500万吨，年利用污泥约580万吨。其中堆肥利用污泥380万吨，利用污泥制建材200万吨。

国务院颁布了《城镇排水与污水处理条例》，明确了污水再生利用、污泥资源化利用的有关要求，印发了《国务院关于加强城市基础设施建设的意见》，提出到2015年设市城市生活垃圾无害化处理率达到90%左右、城镇污水处理设施再生水利用率达到20%以上的总体目标。住房城乡建设部颁布了《生活垃圾卫生填埋处理技术规范》

（GB50869-2013）国家标准和《餐厨垃圾处理技术规范》（CJJ184-2012）行业标准，制订了《城镇污水再生利用技术指南》。交通运输部对污染物排放不达标、不能满足环保要求的已建高速公路服务区，组织开展了服务区水资源循环利用试点工程，提高水资源循环利用水平。启动9项高速公路服务区水资源循环利用试点工程。

(十一)报废汽车

2013年，我国报废汽车回收量为135万辆，同比增加22.7%；摩托车52.61万辆，同比增加136%，拆解重量为274.4万吨，同比增长10.2%。

目前，全国报废汽车回收拆解企业主要集中在北京、天津、上海、河北、广东等地。年回收量超过1万辆的企业数从2012年的3家增加到2013年的12家，同比增长300%。截至2013年，全国获得拆解资质企业数量达到576家，同比增加5.5%，报废汽车回收网点已覆盖全国70%以上的县级行政区域。六、资源综合利用政策体系建设2013年，围绕落实“十二五”资源综合利用目标任务，我国加强了资源综合利用领域重大战略研究和顶层设计，进一步完善资源综合利用管理体制和工作机制，积极探索适合资源综合利用产业发展的新思路、新措施、新模式。

六、资源综合利用政策体系建设

2013年，围绕落实“十二五”资源综合利用目标任务，我国加强了资源综合利用领域重大战略研究和顶层设计，进一步完善资源综合利用管理体制和工作机制，积极探索适合资源综合利用产业发展的新思路、新措施、新模式。

(一)完善顶层设计，强化规划指导

国务院及有关部门相继印发了《“十二五”国家战略性新兴产业发展规划》、《“十二五”节能环保产业发展规划》、《矿产资源节约与综合利用“十二五”规划》、《循环经济发展战略及近期行动计划》、《关于加快发展节能环保产业的意见》等文件，在充分分析我国资源综合利用发展所取得的成效以及当前面临形势的基础上，提出了资源综合利用的中长期目标。国家发展改革委组织编写了《产业废弃物资源化利用实施方案》，纳入战略性新兴产业发展规划。

国家发展改革委会同有关部门发布了《煤炭工业发展“十二五”规划》、《页岩气发展规划（2011-2015）》、《钒钛资源综合利用和产业发展“十二五”规划》、《海水淡化产业发展“十二五”规划》等。国家能源局制定了《生物质能发展“十二五”规划》，商务部组织起草了《再生资源回收体系建设中长期规划（2014-2020）》，资源综合利用政策体系得到进一步完善。

(二)优化配套措施，增强支撑能力

继续加大对资源综合利用各项优惠政策落实力度，财政部、国家发展改革委开展了《资源综合利用企业所得税优惠目录（2008年版）》修订工作，印发《资源综合利用电厂审核认定细化要求》和《资源综合利用电厂认定申报范本》，不断完善资源综合利用认定制度。安排中央预算内投资支持尾矿、煤矸石、粉煤灰、冶炼渣和化工废渣、建筑和道路废物、农作物秸秆等大宗固体废物综合利用项目，形成利用能力1.7亿吨/年。商务部会同财政部利用中央财政服务业发展专项资金支持再生资源回收体系建设，支持试点城市新建和改扩建51550个网点、341个分拣中心、63个集散市场，同时支持了123个再生资源回收加工利用基地建设。国土资源部、财政部继续推进首批40家矿产资源综合利用示范基地建设，2012-2013年度安排中央财政资金67亿元，拉动企业投入350多亿，在突破资源综合利用产业化技术、创新办矿模式、提高资源利用效率等方面进展显著。

国家发展改革委发布实施《煤炭矿区总体规划管理暂行规定》，要求矿区总体规划设计文件和规划评估报告，应包括与煤伴生资源、煤层气、矿井水和煤矸石等资源综合开发利用方案等内容。近两年共批复25个矿区总体规划，均对矿区资源综合利用提出明确要求。国土资源部出台了《进一步规范矿产资源补偿费征收管理的通知》，全面实行补偿费征收与开采回采率挂钩，充分发挥补偿费征收政策的引导和调节作用，激励矿山企业提高开发利用水平。国家发展改革委出台《关于完善垃圾焚烧发电价格政策的通知》，利用价格杠杆促进垃圾焚烧发电产业健康发展。财政部、国家发展改革委、能源局联合印发了《可再生能源电价附加补助资金管理暂行办法》，对可再生能源电价进行全面的资金补助，进一步激励对可再生能源发电并网收购。

(三)加强技术驱动，规范行业发展

国家发展改革委会同有关部门对《产业结构调整指导目录（2011年本）》有关条目进行了调整，强化通过结构优化升级实现节能减排的战略导向。工信部发布了《工业固体废物综合利用先进适用技术目录（第一批）》、《再生资源综合利用先进适用技术目录（第二批）》，积极开展工业固废相关领域先进适用技术推广应用。国土资源部印发了《关于推广先进适用技术提高矿产资源节约与综合利用水平的通知》，对先进适用技术的推广工作做了全面部署，分两批公布了99项先进适用技术。

国家发展改革委印发《关于开展“十二五”城市城区限制粘土制品县城禁止使用实心粘土砖工作的通知》，部署城市限粘、县城禁实工作，下达第一批183个“限粘”城市，397个“禁实”县城名单，进一步培育和拓宽新型利废墙材的市场。

(四)深化试点建设，发挥示范作用

继续推进各类试点示范建设工作，促进产业集聚和产业链发展。国家发展改革委深入推进第一批国家资源综合利用“双百工程”24个示范基地和26家骨干企业建设，启动了循环经济示范城市（县）创建工作，首批确定19个城市和21个县作为国家循环经济示范城市(县)。继续推进重点行业低碳技术创新及产业化示范工程建设，启动了煤炭、电力、建筑、建材行业低碳技术创新及产业化34个示范工程建设，累计建设了54个示范工程。国家发展改革委、财政部确定了两批17个国家“城市矿产”示范基地，累计达39个，新增再生资源加工能力3566万吨。国家发展改革委、财政部、住房城乡建设部会同环境保护部、农业部确定了两批33个餐厨废弃物资源化利用和无害化处理试点城市，累计确定了66个试点城市，新增餐厨废弃物处理能力550万吨/年。国土资源部确定183家、239家矿山为第二批、第三批国家级绿色矿山试点单位（累计459家），初步形成煤炭、石油、有色、冶金、化工矿产和建材非金属的绿色矿山建设标准。商务部开展了再生资源回收体系建设试点工作，分3批确定90个城市试点。工业和信息化部部开展12个工业固体废物综合利用基地建设试点，会同安监总局组织开展尾矿综合利用示范工程。

突出重点狠抓落实 推进工业循环经济与综合利用

工业和信息化部节能与综合利用司

一、2013年综合利用与循环经济工作取得明显成效

2013年，工业节能与综合利用工作坚持以科学发展观为指导，认真贯彻落实十八大、十八届三中全会精神以及部党组工作部署，以推动工业绿色发展为目标，以节能与绿色发展专项行动为抓手，坚持分类指导、重点推进，坚持技术进步、标准引领，坚持探索创新、示范带动，节能降耗、清洁生产、循环经济和资源综合利用等各项工作取得明显成效。

（一）狠抓专项行动，实施电机能效提升和涉铅行业绿色发展计划

2013年，按照部工业转型升级专项行动统一部署，作为部里的6个专项行动之一，工业节能与绿色发展专项行动计划以电机能效提升和涉铅行业绿色发展为重点。一年来，我们协调和动员相关部门机构和各方资源，认真做好专项行动的组织实施。电机能效提升方面，确立了工作目标和实施路线图，与质检总局联合发布了《电机能效提升计划（2013-2015年）》，提出用3年时间，组织和动员全系统力量，统筹政策引导，标准约束、监督检查等行政手段和市场化运作机制，围绕电机生产、应用、回收、再制造等环节，全面推进提升电机能效，推动电机产业转型升级。

涉铅行业绿色发展方面，一是出台规范行业发展的指导意见。经国务院同意，会同环保、商务、发改、财政等部门联合印发《关于促进铅酸蓄电池和再生铅产业规范发展的意见》，明确了工作重点，落实了职责任务。二是建立了8部门协调工作机制，明确分工，研究推进铅酸蓄电池回收利用管理办法、回收基金方案等制定工作，召开专题座谈会向涉铅企业较多的近20个省市工业、环保主管部门及重点铅酸蓄电池、再生铅企业宣贯行业规范发展要求。三是完善了铅酸蓄电池、再生铅行业准入条件及配套制度，协同推进环保核查与准入管理，组织有关地方及企业开展准入申报工作。四是以园区为依托，启动铅资源循环利用体系试点，加快研究提出和推动实施铅酸蓄电池生产者责任延伸制度的相关基金、押金方案。

（二）坚持分类指导，突出抓好重点行业和重点领域节能减排

一是继续加强重点行业节能减排指导。先后组织研究和发布了有色金属工业、石化和化学工业、通信业节能减排指导意见，加上之前已经出台的钢铁、水泥行业和中小企业节能减排指导意见，已经初步形成了涵盖主要高耗能行业和重点领域的节能减排政策文件体系。会同有关部门发布了《关于开展工业产品生态设计的指导意见》，推进产品生态设计。

（三）坚持示范带动，继续推进试点示范平台拓展

一方面，继续抓好清洁生产技术示范工程建设。全年累计利用中央财政专项资金11亿元，支持了97个工业企业能源管理中心示范项目、95个清洁生产技术示范项目建设。研究制定“资源节约型、环境友好型”企业评价标准和认定程序，组织召开了石化行业“两型”企业创建经验交流会，总结“两型”企业发展模式。此外，还进一步拓展试点示范。在28个重点行业中遴选公布了43家清洁生产示范企业。印发《内燃机再制造推进计划》，组织40余家单位开展5大示范工程建设，发布第三批《再制造产品目录》。会同发展改革委组织开展国家低碳工业园区试点，印发《甲醇汽车试点技术数据采集管理办法》，启动上海、山西、陕西两省一市甲醇汽车试点，参与试点的甲醇汽车已达7个型号。

（四）坚持技术进步，抓好节能减排技术应用推广

一是按照国家推进战略性新兴产业发展的统一部署，编制完成了重大节能技术与装备产业化工程、重大环保技术装备与产品产业化工程、重要资源循环利用工程实施方案。二是继续发布节能减排先进计划导向目录。会同水利部组织编制《国家鼓励的工业节水工艺技术装备目录》，引导提升工业水效和节水技术水平。发布《工业固体废物综合利用先进适用技术目录（第一批）》，推广工业固废综合利用技术。评选出服务信誉好、拥有自主技术产品和取得良好业绩的70家节能服务公司，推荐给工业和通信企业。三是组织开展重大科技成果鉴定。组织对湖北劲牌有限公司酿造清洁生产工艺进行科技成果鉴定，推进白酒行业清洁生产技术进步。四是加强重点行业关键共性清洁生产技术的推广应用。组织编制京津冀及周边地区、丹江口库区及上游等重点区域（流域）清洁生产水平提升计划，

汞削减、铅削减和高毒农药替代清洁生产重点工程实施计划，以及稀土行业清洁生产技术推行方案等，加大重点流域区域和重点行业污染防治和清洁生产推行力度。

（五）坚持标准引领，继续推进标准体系建设和标准贯彻实施

加快推进行业标准、国家强制性标准制修订工作，强化标准的贯彻落实。会同水利部、国家统计局、全国节约用水办公室发布《重点工业行业用水效率指南》，确定火力发电、钢铁、纺织、造纸、石油和化学工业、食品和发酵6大高耗水行业40多种主要工业产品（工序）取水量先进值、平均值、准入值和限定值指标，指导企业用水效率对标达标和评价。组织编制内燃机等行业再制造技术标准，积极争取国家标准委支持，完善几点产品再制造标准体系。

（六）坚持探索创新，推进节能减排政策机制建设

重点围绕3个方面开展政策机制创新的研究和探索工作。继续完善行业准入管理机制。联合环境保护部印发了《关于做好〈再生铅行业准入条件〉实施工作的通知》，进一步完善了再生铅行业准入管理制度框架。有序实施废钢铁加工、轮胎翻新、废轮胎综合利用等行业准入，在相关行业产生积极影响。组织研究起草《高耗水行业用水效率评估审查管理办法》，加强工业用水约束机制研究，拟对缺水地区建设高耗水工业项目开展用水效率评价和审查。

（七）加强协作交流，促进国内国际沟通合作

一方面，进一步加强部门间协作，实现合作共赢，服从和服务于工作大局，凝聚各方共识，聚焦社会关切，主导和参与了一系列政策文件起草和政策协调工作。积极参与《大气污染防治行动计划》编制工作，研究制定相关任务分工及落实方案，参与编制《关于加快发展的重大环保技术装备目录（2011年版）》，制定促进重型柴油车实施国四排放标准等政策措施，配合有关部门研究《环境保护专用设备企业所得税优惠目录》。

另一方面，积极推动国际交流合作，取得丰硕成果。与联合国工业发展组织共同举办了第三届绿色工业大会，来自57个国家和地区的政府代表、专家学者、企事业单位代表共600余人出席了会议，大会产生了积极影响，广泛传播了工业绿色发展理念。在中美商贸联委会框架下，与美国商务部共同举办了第三届中美再制造对话，利用上海临港产业区国家机电产品再制造产业示范园这一平台，加强企业间再制造技术、政策和发展经验交流。组织召开了中欧工业能效与减排工作组第四次会议。

经过全系统的共同努力，2013年工业节能减排工作取得了显著成效。全国规模以上企业单位工业增加值能耗比上年预计下降4.9%，基本完成5%的预期年度目标；全国万元工业增加值用水量预计下降至70立方米（2010年价）、全年降幅超过8%；大宗工业固体废物综合利用率预计提高约2个百分点。

二、2014年工作思路和主要工作安排

（一）认真组织实施功率绿色发展专项行动

重点抓好三方面工作：一是组织开展工业绿色低碳转型城市试点工作。要在昨天座谈会的基础上，尽快修改完善工业绿色低碳转型城市试点总体方案，在全国选择5个左右重化工业城市开展试点，指导编制、皮肤工业绿色低碳转型城市试点方案，明确城市转型的目标任务和路径，突出改革创新，强化政策引导、标准约束和市场推动，探索工业绿色低碳转型发展的模式和途径。二是要抓好京津冀及周边地区清洁生产水平提升计划实施，组织相关地区的钢铁、水泥、化工、石化、有色金属冶炼等重点企业开展清洁生产技术改造，为改善区域大气环境质量做出贡献。

（二）全面推进工业节能降耗

扎实推进工业节能。进一步做好工业锅炉系统、变压器内燃机等终端用能产品能效提丌工作，落实内燃机节能减排指导意见，事实内燃机能效提升重点工程，发布工业锅炉系统节能减排行动计划、变压器能效提升计划、推广锅炉、变压器等节能技术及产品。继续推进重点用能行业开展能效水平对标达标活动，不断提升能效水平。强化标准约束，会同有关部门实施好百项能效标准推进工程，编制《电石、铁合金能耗限额标准贯彻实施方案（2014-2015年）》，开展以节能标准促进“两高”行业过剩产能退出试点。组织编制和发布高耗能落后几点设备淘汰目录和先进节能技术装备产品目录，开展落后机电设备淘汰情况的监督检查。继续推进企业能源管理智能化，组织编制重点行业企业能源管理中心实施方案，开展绿色数据中心建设。推进国家低碳工业园区试点，启动工业碳排放前期研究，在总结第一批试点经验的基础上，研究扩大甲醇汽车试点范围。

组织实施工业节水技术标准提升计划。一是要切实提升节水技术装备水平。尽快发布国家鼓励的工业节水工艺技术装备目录，组织推广应用；加快组织编制钢铁、造纸等高耗水行业落后用水工艺装备淘汰目录，实施强制性淘汰。二是要提高重点企业用水效率标准。加快组织评审步伐，尽快发布重点行业用水效率标竿企业和标竿指标，深入推进钢铁、石化等4个重点行业节水型企业创建工作，制修订部分行业取水定额标准，推动出台取水定额国家

标准，制订石油化工、味精等行业节水型企业评价国家标准，扩大节水型企业创建范围。三是要研究推进基于取（用）水定额标准的惩罚性水价政策，明确政策思路和方案。积极研究和组织起草《工业节水管理办法》，加快建立工业节约用水约束机制。四是要组织各地区尤其是缺水地区，加快创新工业节水技术改造的政策思路，编制节水技术推广实施方案，引导实施一批对行业有重大影响和突出效果的关键技术产业化示范工程项目。

（三）大力推进节能环保产业发展

要以节能环保示范工程和重大技术装备为核心，切实推进节能环保产业发展。一是要结合国家节能减排重点和高耗能、高污染行业节能减排需要，组织实施节能环保国家级示范工程建设。尽快提出示范工程建设工作方案，加强与有关部门协商，部署启动。在示范工程基础上，深入研究提出节能环保技术装备推广的政策和机制，发挥示范工程引领作用，从根本上带动节能环保产业发展。二是要加快发展一批重大节能环保技术装备。选择一批技术水平先进、工艺路线清晰、节能环保效果突出、推广意义重大、具有行业代表性的技术装备，提出一批绿色发展重大工程项目，实施产业化示范；继续组织编制发布节能、环保、综合利用技术装备目录，会同有关部门发布《国家鼓励发展的重大环保技术装备目录》。三是要加强对新型工业化产业示范基地中节能环保装备基地的指导，重点支持、培育建设形成若干个节能环保产业园区。四是要积极筹办中国节能环保技术装备交易展，落实与联合国工业发展组织合作具体方案，支持节能环保企业“走出去”。

（四）实施清洁生产水平提升计划，务实推进工业领域大气污染防治

以落实大气污染防治计划为重点，组织编制工业领域落实国务院《大气污染防治行动计划》的具体实施方案，重点抓好4个方面工作：一是实施重点区域工业企业清洁生产水平提升计划。除了要做好京津冀及周边地区重点工业企业清洁生产水平提升计划外，要编制钢铁、建材、有色、化工等重点行业清洁生产技术推行方案，指导“三区十群”工业主管部门编制实施清洁生产水平提升计划。二是开展高效清洁用煤重点技术试点示范和推广应用，建设一批焦化、煤化工、工业煤炉清洁化高效用煤技术试点示范工程，推进煤炭清洁高效利用，减少煤炭使用量。三是组织实施汞削减、铅削减、高毒农药替代清洁生产重点工程实施计划。开展清洁生产技术产业化示范，优先支持行业重大关键共性清洁生产技术攻关和产业化应用。编制重点区域、重点流域和产业集聚区清洁生产水平提升计划，指导企业开展绿色改造，促进改善重点区域大气环境质量、重点流域水环境质量和重点行业清洁生产水平。四是实施“双百”工程，编制发布百个清洁生产示范案例，开展百家工业企业产品生态设计试点，探索建立我国产品生态设计的激励机制和推行模式，引导工业污染防治从末端治理向全生命周期控制转变。

（五）继续推进工业循环经济和资源综合利用

以战略性稀贵金属、有色金属、钢铁等行业为重点，组织实施一批资源再生利用示范工程，推进资源循环利用体系建设。继续推进废钢铁加工、废旧轮胎综合利用等再生资源行业准入管理。加强环保核查、行业准入与许可证更新发放政策之间的衔接，实施好再生铅企业准入公告，促进铅酸蓄电池和再生铅行业规范发展。在区域铅资源循环利用体系建设试点探索的基础上，努力研究推进铅酸蓄电池回收基金制度研究和设计。

以提升大宗工业固废资源综合利用率为目标，重点推进工业固体废物综合利用基地建设试点和综合利用示范工程建设。推动大宗工业固废综合利用基地建设取得实质性进展，加快梳理12个基地建设试点地区试点工作现状，努力搭建服务平台，提供技术、融资、合作方引进等不同解决方案。推动实施一批资源综合利用示范工程，重点推进赤泥、磷石膏、锰渣等难利用大宗工业固体废物综合利用，联合国家安全生产总局实施好尾矿综合利用示范工程建设。

继续推进重点领域再制造产业规模化发展，进一步扩大再制造试点示范领域和范围，开展逆向物流体系建设试点，加强再制造集聚区及示范园建设。积极推进废旧电机、内燃机、机床、工程机械等机电产品再制造及流程工业机械装备在役再制造。完善再制造行业管理和再制造产品认定制度，积极推进再制造产品认定制度与优惠扶持政策、再制造产品和旧件进出口监管等政策的互动。

（六）切实推进工业绿色低碳转型政策机制改革创新

进一步完善基于能耗标准的惩罚性电价政策机制。要组织各地区认真落实好电解铝行业阶梯电价政策，开展电解铝企业电耗核查，加强与价格主管部门衔接配合，实施对超电耗标准企业用电加价政策。要将惩罚性电价政策实施范围由电解铝扩大到水泥、平板玻璃等行业，加强与发展改革委等部门的协调配合，尽快拿出政策方案。积极组织研究节能减排财政政策改革思路，加快提出“能效之星”、能效“领跑者”、能源管控中心建设财政支持政策思路和改革方向。开展绿色工业发展和低碳工业园区评价指标体系研究，指导各地推进工业绿色发展和低碳工业园区建设。

大力发展循环经济 推动环境保护与生态建设

环境保护部科技标准司

2013年中，环境保护部在环境保护工作中高度重视循环经济发展，推进环境保护与生态文明建设。

一、《大气污染防治行动计划》强调全面推行清洁生产，大力发展循环经济

认真贯彻落实习近平总书记、李克强总理的指示精神，在张高丽副总理的直接领导和重要指导下，环境保护部会同有关部门共同编制《大气十条》，提出十条35项具体措施，着重强化细颗粒物（PM2.5）为重点的大气污染防治。中央政治局常委会听取了汇报，国务院常务会进行了审议，2013年9月10日国务院印发实施。

《大气污染防治行动计划》提出，加大综合治理力度，减少多污染物排放。全面推行清洁生产。对钢铁、水泥、化工、石化、有色金属冶炼等重点行业进行清洁生产审核，针对节能减排关键领域和薄弱环节，采用先进适用的技术、工艺和装备，实施清洁生产技术改造；到2017年，重点行业排污强度比2012年下降30%以上。推进非有机溶剂型涂料和农药等产品创新，减少生产和使用过程中挥发性有机物排放。积极开发缓释肥料新品种，减少化肥施用过程中氨的排放。

《行动计划》提出，大力发展循环经济。鼓励产业集聚发展，实施园区循环化改造，推进能源梯级利用、水资源循环利用、废物交换利用、土地节约集约利用，促进企业循环式生产、园区循环式发展、产业循环式组合，构建循环型工业体系。推动水泥、钢铁等工业窑炉、高炉实施废物协同处置。大力发展机电产品再制造，推进资源再生利用产业发展。到2017年，单位工业增加值能耗比2012年降低20%左右，在50%以上的各类国家级园区和30%以上的各类省级园区实施循环化改造，主要有色金属品种以及钢铁的循环再生比重达到40%左右。

环保部认真贯彻落实，联合有关部门印发《京津冀及周边地区落实大气污染防治行动计划实施细则》，与31个省（区、市）签订大气污染防治目标责任书。中央财政新增设立大气污染防治专项资金，首批安排50亿元支持北京、天津、河北等五省（区、市）大气污染治理。继续安排6.4亿元支持12个重点城市燃煤锅炉烟尘治理。启动实施“清洁空气研究计划”。在贯彻落实《大气十条》的同时，抓紧编制《清洁水行动计划》和《土壤环境保护和污染治理行动计划》。

二、发展循环经济，扎实推进主要污染物减排

强化考核严格问责。国务院办公厅转发“十二五”总量减排考核办法，我部会同有关部门印发减排统计和监测办法。对未通过减排年度考核或目标责任书重点项目未落实的3省（区）、3个企业集团和6个城市实行环评限批，对43家企业挂牌督办、责令限期整改。年度减排任务全面完成，尤其是氮氧化物有望下降3.5%以上，排放量首次降至2010年减排基数以下。

2013年，认真贯彻落实《“十二五”节能减排综合性工作方案》、《国家环境保护“十二五”规划》和《节能减排“十二五”规划》，严格主要污染物总量减排核查监管。842个造纸、印染等重点项目实施废水深度治理及回用工程；12724个畜禽规模养殖场完善废弃物处理和资源化利用设施，化学需氧量、氨氮去除效率分别提高7个和27个百分点。进一步提高火电机组脱硫设施达标率，对3400万千瓦现役火电机组脱硫设施实施增容改造；新增钢铁烧结机烟气脱硫设施2.36万平方米；各地煤改气工程新增用气量26亿立方米，替代原煤490万吨，减少二氧化硫排放量3.9万吨；石油炼制行业催化裂化烟气脱硫工程进展明显，18套、3150万吨催化裂化装置新建脱硫设施；2.03亿千瓦现役火电机组拆除脱硫设施的烟气旁路，综合脱硫效率由82%提高到90%以上；严厉打击脱硫设施运行弄虚作假等行为，罚没电价款4.4亿元，追缴二氧化硫排污费近1亿元。出台实施脱硝电价；脱硝设施建设取得突破性进展，全年新增脱硝机组2.05亿千瓦，5.7亿吨水泥熟料产能新建脱硝设施；电力行业氮氧化物排放量下降11%；淘汰老旧机动车183万辆。全面开展水泥行业氮氧化物排污收费稽查，加强污染源在线监测装置现场端安装、运行维护的检查。

强力推进工程减排。全年新增城镇污水日处理能力超过1400万吨；1.9亿千瓦燃煤机组建成脱硝设施，脱硝机组比例超过50%；500万千瓦燃煤机组脱硫设施实施增容改造，燃煤电厂脱硫机组比例超过90%；1.5亿千瓦现役机组拆除烟气旁路，取消烟气旁路火电机组比例达37%；新型干法水泥脱硝比例达60%。

2013年，全国化学需氧量、氨氮、二氧化硫和氮氧化物均实现主要污染物总量减排年度目标。

2013年，废水主要污染物化学需氧量排放总量为2352.7万吨，比上年下降2.9%；氨氮排放总量为245.7万吨，比上年下降3.1%。

2013年，废气中主要污染物二氧化硫排放总量为2043.9万吨，比上年下降3.5%；氮氧化物排放总量为2227.3万吨，比上年下降4.7%。

完善政策形成合力。脱硝电价由每千瓦时0.8分提高到1分，实施除尘电价每千瓦时0.2分。全国排污权有偿使用和交易金额累计超过30亿元。各地累计投入40多亿元用于畜禽规模养殖污染治理。

三、进一步强化固体废物、城市生活垃圾的处理与回收利用

2013年，《全国危险废物和医疗废物处置设施建设规划》确定的危险废物集中处置设施建设项目建成41个，医疗废物集中处置设施建设项目建成253个。推动落实《“十二五”危险废物污染防治规划》，启动危险废物专项整治工作，继续推动实施《危险废物经营许可证管理办法》，继续开展危险废物规范化考核，开展“进口固体废物专项整治”行动，加强与有关国家之间关于废物越境转移控制的信息交换和联合查证合作，阻止19批次固体废物向中国非法出口。发布《关于下放和加强进口废五金类废物加工利用企业认定工作的通知》、《关于完善废弃电器电子产品处理基金等政策的通知》，制定出台《进口废塑料环境保护管理规定》。启动生活垃圾分类、存量垃圾治理示范工作，推动城市生活垃圾分类和存量治理。

2013年，全国工业固体废物产生量为327701.9万吨，综合利用量（含利用往年贮存量）为205916.3万吨，综合利用率为62.3%。2013年全国工业固体废物产生量327701.9万吨，综合利用量205916.3万吨，处置量82969.5万吨。

2013年，全国设市城市生活垃圾清运量为1.73亿吨，无害化处理能力为49.3万吨/日，无害化处理量为1.54亿吨，无害化处理率为89.0%。

2013年，环境保护部与国家新闻出版广电总局继续推进绿色印刷工作。继对中小学教科书实施绿色印刷之后，环境保护部与国家新闻出版广电总局、工信部和国家认监委共同推进票据绿色印刷工作。全国中小学教科书实施绿色印刷的数量超过70%，7.8亿多册实现了绿色印刷；北京、上海、河北三地秋季教科书实现了绿色印刷全覆盖。全国370家企业通过了绿色印刷认证。环保油墨、预涂膜等环保技术的应用大幅提高，噪声、粉尘排放降低；设备能耗降低10%。

四、加快“生态文明建设示范区”和“国家生态工业示范园区建设”，推动循环经济发展

经中央批准，环保部组织开展的“生态建设示范区”正式更名为“生态文明建设示范区”。集中体现了中央对充分发挥环境保护在生态文明建设中主阵地作用的高度重视。生态文明建设示范区是现阶段大力推进生态文明建设的重要载体和有效途径。中央批准更名后，我部印发《关于大力推进生态文明建设示范区工作的意见》，发布《生态文明建设试点示范区指标》，新增第五批、第六批共72个生态文明建设试点。全国已有海南、黑龙江、安徽等16个省（区）开展生态省（区）建设，1000多个市（县）开展生态市（县）建设，建成国家级生态市（县）55个、国家级生态乡镇2986个。

2013年，国家生态工业示范园区建设示范试点工作稳步推进。全年共有江苏常州钟楼经济开发区、江阴高新技术产业区、沈阳经济技术开发区、上海张江高科技园区、宁波经济技术开发区、上海闵行经济技术开发区等6个园区通过了国家生态工业示范园区建设协调领导小组办公室组织的验收，被命名为国家生态工业示范园区。共有南京江宁经济技术开发区、盐城经济技术开发区、连云港经济技术开发区、广东东莞生态产业园区、浙江杭州湾上虞工业园区、长春经济技术开发区、长春汽车经济技术开发区、江苏武进经济开发区、上海市青浦工业园区、昆山高新技术产业开发区、赣州经济技术开发区、乌鲁木齐经济技术开发区等12个园区的生态工业园区建设规划通过了国家生态工业示范园区建设领导小组办公室组织的专家论证。

截止到2014年3月，已有26个园区被正式命名为国家生态工业示范园区，58个园区获批开展国家生态工业示范园区建设。在这84个园区中，按照类型划分：行业类园区12个，占总数的14.3%；综合类园区71个，占总数的84.5%，其中国家级高新技术产业开发区21个，国家级经济技术开发区42个（其中苏州工业园区、广州开发区、上海漕河泾新兴技术开发区含国家经济技术开发区和国家级高新技术产业开发区），国家级保税区2个，环保产业园1个，省级工业园区8个；静脉产业类园区1个，占总数的1.2%。

五、进一步发挥环境保护优化经济发展作用

强化环评管理。完成西部大开发战略环评，启动中部地区发展战略环评。我部共批复项目环评文件241件，涉

及总投资1.9万亿元；其中民生工程、基础设施、生态环保等项目106个，约占总投资的64%。对不符合要求的32个项目退回报告书、不予审批或暂缓审批，涉及总投资1184亿元。

推进环评审批改革。制定《环境影响评价审批改革和职能转变方案》。对基础设施类和环境影响较小的25项建设项目，下放环评文件审批权限。印发《关于切实加强环境影响评价监督管理工作的通知》，强化全过程监管。深化事业单位环评机构改革，103家改革试点单位中47家完成改制，16家退出环评市场。

抓好环境标志标准制定，完善环境标准体系。发布国家环保标准135项，现行有效国家环保标准达1499项。对重点控制区火电、钢铁、石化、水泥、有色、化工等六大行业以及燃煤锅炉项目执行大气污染物特别排放限值。继续加强环境标志标准编制工作，2013年，修订发布了《环境标志产品技术要求轻型汽车》等4项环境标志产品标准。目前，我国发布现行有效的环境标志产品标准有96项，按国家产品分类标准，覆盖了300多个产品品目。

继续推动环境标志产品认证健康发展，截至2013年底，通过中国环境标志产品认证的企业近2467家，有效证书2785张，产品规格型号超过14万个，年产值超过1000亿人民币。

六、更加突出源头预防和生态保护

积极推进生态红线划定工作。在内蒙古、江西、广西和湖北4省区开展生态红线划定技术试点。启动第二批10个省（区）环境功能区划编制试点。江苏印发生态红线区域保护规划，在全国率先将全省国土面积的22.2%划定为生态红线区域。

加强水质良好湖泊保护。国务院常务会议审议通过《水质较好湖泊生态环境保护总体规划》。中央投入资金16亿元，新增试点湖泊27个。中央财政整合设立江河湖泊生态环境保护专项，2014年将重点支持15个湖泊，每个湖泊年度投资金额达2～3亿元。

不断强化生态环境保护。落实生物多样性保护战略与行动计划。国务院印发《国家级自然保护区调整管理规定》，新建国家级自然保护区21处。印发《关于加强国家重点生态功能区环境保护和管理的意见》，开展生态保护全过程管理试点。

推动建立生态补偿机制。2013年国家重点生态功能区转移支付资金达423亿元，范围扩大到492个县。对其中452个县域的监测评价显示，2010～2012年生态环境质量得到改善的31个，占6.9%；保持基本稳定的412个，占91.1%。继续推进新安江流域跨界水环境补偿试点，三年累计安排资金9亿元。

七、持续推进重点流域海域和农村污染防治

深化重点流域海域水污染防治。开展《重点流域水污染防治规划（2011～2015年）》实施情况考核，截至2012年底，治污工程项目已完成26.9%。2013年，七大水系监测的577个国控断面中，Ⅰ～Ⅲ类水质断面占66.7%，劣Ⅴ类占10.8%，分别比2012年上升2.6个百分点，下降1.5个百分点。

中央财政安排60亿元专项资金，支持农村环境综合整治，选择江苏、宁夏两省（区）进行拉网式全覆盖连片整治试点。积极落实国务院办公厅《近期土壤环境保护和综合治理工作安排》，印发《土壤环境保护和综合治理方案编制指南》，制定目标责任书和考核办法。

八、2014年重点任务

（一）全力推进三项重点工作。

兴业之举在于抓重点。大气、水体、土壤污染治理，是国务院确定的本届政府环境保护三项重点工作。我们必须以壮士断腕的决心和气魄，打好污染治理的攻坚战和持久战。

深化大气污染防治。当前和今后一个时期，要深入落实《大气十条》各项政策措施，尤其是突出抓好京津冀及周边地区大气污染治理这一重中之重。

组织实施第三阶段空气质量新标准监测，推动京津冀及周边地区、长三角、珠三角等重点区域空气质量联动监测，抓好空气质量预报和重污染天气预警体系建设。推动地方政府建立重污染天气应急管理体系，落实应急管理措施。

强化水污染防治。加快编制《清洁水行动计划》并组织实施，重点是保护饮用水水源地、生态良好湖泊等高功能水体，消灭劣Ⅴ类等污染严重水体。加强饮用水环境安全保障，开展集中式饮用水水源地和规划考核断面水质监测。进一步落实《全国农村饮水安全工程“十二五”规划》。推进重点流域水污染防治，配合做好南水北调中线通水工作。深入贯彻《水质较好湖泊生态环境保护总体规划》，有序推进湖泊休养生息。坚持陆海统筹，进一步强化海洋环境保护。督促华北六省（市）及相关部门落实《华北平原地下水污染防治工作方案》，重点治理重金属和有

机物污染。推进全国地下水基础环境状况调查评估。

推进土壤污染治理。土壤污染来源广泛，成因复杂。要编制《土壤环境保护和污染治理行动计划》并组织实施。启动全国土壤污染状况详细调查和土壤环境保护工程第一批重点项目，积极推进土壤污染治理与修复。深化农村“以奖促治”政策，进一步扩大农村环境连片整治范围。推进省（区）农村环境连片整治全覆盖试点，提高农村环保专项资金效益。健全农村环境综合整治目标责任制。抓好《畜禽规模养殖污染防治条例》宣传贯彻工作。

（二）毫不放松抓好主要污染物总量减排。

污染减排任何时候都不能有一丝一毫的懈怠。全国化学需氧量、二氧化硫减排进展超过预期，氨氮减排进度与时间进度基本同步，而氮氧化物后两年需年均削减4.8%左右，才能完成“十二五”减排目标，今后两年减排任务艰巨。

2014年确定的年度减排任务是：与2013年相比，二氧化硫、化学需氧量和氨氮排放量分别减少2%，氮氧化物排放量减少5%。要强化减排目标责任制，严格考核减排目标完成情况。指导督促各地和中央企业编制年度减排计划，分解落实2014年度减排任务和“六厂（场）一车”重点工程措施，全面推进1379个目标责任书项目顺利完成，力争新增城镇污水日处理能力1000万吨、烧结机烟气脱硫1.5万平方米、燃煤机组脱硝1.3亿千瓦，淘汰黄标车300万辆以上。加快出台《燃煤发电机组环保电价及环保设施运行监管办法》、《排污许可证管理办法》等文件，完善重点行业排放标准。推进农业源减排、黄标车和落后产能淘汰。

着重从三个方面抓好今年的污染减排工作。第一，认真总结“十一五”以来污染减排工作经验，加大改革力度，实现管理对象由目前以企业为主向以地方政府为主转变。第二，突出以“六厂（场）一车”为减排重点，督促国有企业带头落实减排任务，切实履行社会责任。第三，继续改进污染减排工作方式和方法，充分调动国家和地方两个积极性。

（撰稿：刘婷，国家环保部科技标准司技术处）

2013年中国再生资源回收利用

商务部流通业发展司

一、我国再生资源回收利用概况

截止到2013年底，我国废钢铁、废有色金属、废塑料、废轮胎、废纸、废弃电器电子产品、报废汽车、报废船舶等八大类别的主要再生资源回收总量约为1.60亿吨，同比下降0.2%。其中，降幅最大的是废塑料，同比下降14.6%；增幅最大的废弃电器电子产品，同比增长38.3%。

2013年，八大品种再生资源回收总值为4817.1亿元，同比下降11%。其中废塑料降幅最大，同比下降15.9%，废弃电器电子产品增幅最大，同比增长22%。

二、主要做法和措施

发展循环经济已成为世界主要国家指导经济和科技发展的重大战略，我国也将节能环保产业列为国家战略性新兴产业的重要内容，其中，再生资源回收也是重点工程之一。近年来，商务部按照建设两型社会的总体要求，积极推进再生资源回收体系的建设，回顾2013年，我国再生资源回收体系建设主要取得了以下几方面成效：

（一）支持力度不断加大

近年来，各级政府对再生资源回收体系的建设给予大力支持。在标准制定方面，根据中央财政支持的项目内容，商务部发布实施了回收站点、分拣中心和回收利用基地建设管理方面的行业标准，作为项目管理和验收的依据。另外，各地政府积极配套相应的财税优惠政策，打造多渠道的融资平台，建设良好的管理、物流等配套服务体系，把再生资源回收利用产业作为当地支柱产业。如永康市对再生资源龙头企业减免各类工商税费，汨罗市财政在再生资源工业园基础设施建设和直接支持企业生产经营方面光投入这些年就有20多个亿。

（二）回收模式不断创新

一批龙头企业依托或整合原有的网络，深入社区、学校、机关及企事业单位，成为回收体系的主力军；回收企业与生产企业积极对接，逐步探索和完善这种产业共生的模式；还有很多城市形成以回收站点为基础，分拣中心为依托、集散市场或者区域性的基地为核心，点面结合、三位一体的再生资源的回收模式。如深圳格林美公司在武汉、荆门市回收体系建设中，将三级回收网络、逆向回收等理念运用到实践中，构建了全社会共同参与的回收模式。

（三）技术水平不断提高

在龙头企业的带动下，传统的再生资源的回收分拣和处理工艺都得到了迅速提升，一些处理加工技术和装备已经达到了世界的先进水平。比如说青岛新天地集团，他们不光进行废弃的电器电子产品的拆解，从中提取贵金属、塑料，同时，他们还自己研制这种分拣的装备，同样的效果，价格比从日本、德国进口的要便宜至少一半以上。所以，应当说达到了世界先进水平。

（四）经营方式不断发展

部分回收企业通过连锁经营的方式，在居民社区设立了统一管理、经营规范的回收站点，改变了过去走街串巷、散兵游勇式的回收方式，规范了回收行业秩序；上海市推出“阿拉环保卡”，方便市民在全市700个自助回收箱完成自助废弃物交售；青岛新天地公司在山东设立固体废物信息交换中心，整合回收热线、信息系统和回收站点，形成客户交投、信息交换、废品回收、在线监控于一体的网络服务平台。

三、主要成效

2013年回收利用再生资源与利用原生材料的能耗、物耗和污染物排放相比，都有明显节能、降耗、减排的效果，共节能17272.5万吨标准煤，占全国总能耗量37.5亿吨标准煤的4.6%，减少废水排放1120136.7万吨，减少二氧化硫排放377万吨，减少固体废弃物排放357550.9万吨。其中，废纸的节能减排贡献最大，节能6914.3万吨标准煤，减少废水排放512166.2万吨；废轮胎的节能减排贡献最小，节能84.3万吨标准煤，减少废水排放7025.4万吨。

再生资源回收，有利于增加就业岗位，带动经济社会发展。目前，我国再生资源回收企业已达10多万家，从业人员约为1800万人。截止到2013年底，已有3批共90个城市列入试点，运用中央财政服务业发展专项资金，支持试点城市新建和改扩建51550个网点、341个分拣中心、63个集散市场，同时支持了123个再生资源回收加工利用基地建设。北京、上海等试点城市推动自助废弃物交售、回收热线等新型回收模式。再生资源回收体系的建设对于增加就业岗位，带动经济社会发展意义重大。

四、今后主要任务

随着我国工业化、城镇化进程加速和人民生活水平的不断提高，产品更新换代周期缩短，再生资源数量增长加快。但是由于我国再生资源回收体系尚不完善，不仅影响废物回收与利用，而且极易造成环境污染，因而建立完整先进的回收、运输、处理、利用再生资源回收体系已成为我们当前的主要任务。

2014年我国再生资源回收体系建设需要做好以下几项工作：

（一）进一步完善基础性工作

一是以规划促进发展。编制出台《再生资源回收体系建设中长期规划》，明确未来几年再生资源回收体系建设的目标、主要任务，明确分拣中心等产业集聚区的规划布局，推动再生资源回收利用产业化发展，为循环经济发展提供保障和支持。同时，指导各地做好规划实施工作，并结合各地实际，出台本地规划。二是以法律、法规和标准促进发展，完善再生资源回收管理制度，加大现有行业标准的贯彻落实力度，适当增加强制性标准的比例；制定再生资源回收利用目录，建立再生产品分类、分拣加工作业、回收污染控制技术、再生产品质量等方面标准，引导行业规范化发展。

（二）逐步提高行业组织化程度

推广现代企业制度和先进营销方式，通过连锁经营、特许经营等方式，推动再生资源回收企业组织方式创新。以分拣加工环节为重点，通过标准、试点和示范等多种形式，支持和培育一批专业化或综合性分拣加工龙头企业。以这些企业为主体，规范整合前端的拾荒人员，提高行业组织化和规模化。在有条件的地区试点建设一批布局合理、产业集聚、分拣技术先进、环保处理设施完备、劳动保护措施健全的专业化或综合性回收分拣集聚区。

（三）加大关键技术的研发及推广

引进和应用先进的分拣设施设备，是提高企业效率、降低人工成本、提高产品质量和附加值的必由之路。鼓励企业利用先进适用技术改造、提升传统回收利用企业，推动开发适合国情、具有自主知识产权的再生资源分拣、加工、处理利用等专业化技术和设备；加大企业信息化建设力度，鼓励企业利用信息管理系统，加强对企业的管理，支持再生资源处理利用技术研发、示范和推广。

（四）加强再生资源信息平台建设

一是积极构建跨行业、跨地区的再生资源行业信息平台，通过收集、整理，为企业和行业发展提供周全、细致的服务，促进全市再生资源流通规范化和现代化发展；二是通过集中分析处理经营过程中的各种信息，达到合理配置、资源共享；三是利用信息网络平台，加快建立再生资源回收行业统计指标体系，准确把握行业的经营、管理和发展情况，进一步密切行业与政府、企业的联系。

（五）开展低值品种回收体系建设

我国正处于生态文明建设的关键时期，废玻璃、废电池、废节能灯等低值品种的回收将成为今后回收利用的重点。目前废玻璃瓶罐主要是通过零散分拣或流通企业、回收站点进行回收；废铅酸电池主要依靠维修、更换站点回收；废节能灯主要有两种回收途径，流通企业通过“以旧换新”或是部分地区采用流动站点进行回收。针对废玻璃、废电池、废节能灯等特殊品种，我们要探索自动回收设施布点与专业物流相结合的回收模式，探索借助再生资源交易平台，实现面向全社会的第三方回收模式。

（撰稿：崔燕，中国物资再生协会）

发展农业循环经济 促进农业可持续发展

农业部科技教育司

2013年，农业部按照建设资源节约型、环境友好型社会要求，遵循“减量化、资源化、再利用”的循环经济理念，以保护农业资源、减少投入品使用、推进农业废弃物资源化利用为手段，大力推进农业发展方式转变，有效破解农业可持续发展的资源环境约束，农业生态文明建设取得积极成效。

一、加强农业生物资源保护

（一）推进农业野生植物保护与利用

2013年在全国27个省（区、市）对列入《国家重点保护野生植物名录》的野生猕猴桃、野莲、野生兰花、野生麻黄等近400个物种（含变种）进行本底调查，拍摄图像资料近10000份，对615个分布点进行了定位和信息采集。2013年在福建首次发现野生柑橘的分布，在广西贺州市发现2个野生白毛茶居群，在来宾市发现1个野生白牛茶居群，发现野生大豆两处新的原生境分布点；在海南新发现2属8种兰科植物，在宁夏发现稀有兰科植物裂瓣角盘兰，进一步丰富了我国野生植物资源数据库。2013年抢救性收集农业野生植物资源4371份，对中华重楼、野生荞麦等物种进行了异地栽培，同时，进一步加强优异资源和基因的鉴定评价与开发利用，有效地维护了我国的生物多样性。新建野莲、野大豆、雪莲、肉苁蓉等11个物种的农业野生植物原生境保护点14处，新增保护面积13971.3亩。截至2013年，在27个省（区、市）158个县级行政区开展原生境保护，保护面积达27.89万亩，保护物种27科39属45种。

（二）开展水生生物资源保护

2013年，农业部下发了《关于进一步规范水生生物增殖放流活动的通知》，要求各地贯彻党的十八大关于大力推进生态文明建设的战略部署，进一步推进增殖放流活动取得实效。2013年，农业部与4个省份联合开展了重大增殖放流活动，各地组织活动1945次；落实中央财政增殖放流转移支付项目资金3.2亿元，带动全国共投入增殖放流资金10.07亿元，放流重要水生生物苗种和和珍稀濒危特种达336.5亿尾（只），有效促进了渔业资源恢复、渔业增效和渔民增收。2013年，新建国家级水生生物自然保护区2处，国家级水生生物自然保护区数量达到22处；新建国家级水产种质资源保护区60个，国家级水产种质资源保护区总数达到428个，进一步提升了资源保护效果。2013年，海洋伏季休渔大局总体稳定。其中，黄渤海区44066艘渔船、东海区53283艘渔船、南海区26008艘渔船实现休渔。2013年，根据休渔管理实际，统筹资源养护、渔政管理和渔民承受能力，农业部决定从下一年度起，将黄渤海区刺网休渔期调整为3个月。农业部还通告了《海洋捕捞准用和过渡渔具最小网目尺寸制度》和《禁用渔具目录》，为规范捕捞渔具管理，控制捕捞强度，推动渔业可持续发展提供了依据。

（三）大力推进草原保护建设

2013年是我国草原保护建设事业不断发展进步的一年，全国天然草原鲜草总产量达105581.21万吨，较上年增加0.59%；折合干草约32542.92万吨，载畜能力约为25579.2万羊单位，均较上年增加0.48%。全国23个重点省（区、市）鲜草总产量98333.37万吨，占全国总产量的93.14%，较上年增加0.41%；折合干草约30781.70万吨，较上年增加0.41%；载畜能力约为24204.09万羊单位，较上年增加0.45%，草原生产力水平进一步提高，草原生态环境不断改善。一是实施草原生态保护补助奖励机制政策。2013年，中央安排草原生态保护补助奖励资金159.46亿元，继续在内蒙古、新疆、甘肃、青海等13省区实施草原生态保护补助奖励机制。按照目标、任务、责任、资金“四到省”和任务落实、补助发放、服务指导、监督管理、建档立卡“五到户”的基本原则，对牧民实行草原禁牧补助、草畜平衡奖励、牧民生产资料补贴等政策措施。目前，13省区的草原补奖政策落实情况总体较好，各项补奖任务和资金有效落实到了草场和牧户，取得了显著的生态、经济和社会效益。二是实施草原保护建设工程。2013年，在内蒙古、四川、甘肃、宁夏、西藏、青海、新疆、贵州、云南、黑龙江及新疆生产建设兵团实施退牧还草工程，中央财政投入20亿元资金，建设草原围栏393.2万公顷，对严重退化草原实施补播129.1万公顷，建植人工饲草地8.8万公顷，建设舍饲棚圈8.55万户。在北京、天津、山西、河北、陕西实施京津风沙源草地治理工程，中央投资4.25亿元资金，治理草原15.48万公顷，建设牲畜棚圈93.75万平方米，为农牧民配置饲草料加工机械18025台（套）。在四川、西藏、甘肃、青海、新疆及新疆生产建设兵团实施游牧民定居工程，中央投入19亿元资金，帮助5.48万户牧民实现定居。在湖北、湖南、广西、重庆、四川、云南、贵州实施岩溶地区石漠化综合治理试点工程，治理草原

1.23万公顷，建设棚圈44.1万平方米，建设青贮窖8.1万立方米，配置饲草料机械11725台套。三是加强草原执法监督。2013年，全国各类草原违法案件发案19185起，立案18767起，结案18462起，结案率为98.4%；其中，提起行政复议或行政诉讼的案件30起，移送司法机关处理的案件279起。全年草原违法案件共破坏草原15312.1公顷，买卖或者非法流转草原3937.2公顷。与上年相比，2013年草原违法案件总数有所上升，全年发案数量较上年增加533起，增加2.9%；立案数较上年增加了707起，上升了3.9%；立案率为97.8%，较上年提高1个百分点，结案率为98.4%，较上年提高0.6个百分点。破坏草原面积为15312.1公顷，较上年增加了7303.8公顷，增加了91.2%。

二、推广应用清洁型农业生产技术

（一）推广普及测土配方施肥

2013年，中央财政投入7亿元，支持2463个项目县（场、单位）实施测土配方施肥补贴项目，项目覆盖到54万个村、免费为1.9亿农户提供测土配方施肥技术服务，技术推广面积14亿亩以上，引导1258家肥料企业参与配方肥生产供应，推广应用配方肥900万吨（折纯）以上，推广应用面积6亿亩，为全国粮食连续第十年增产、农民持续增收和农业节能减排做出了重要贡献。据统计，与农民习惯施肥相比，2013年测土配方施肥示范区小麦、水稻、玉米分别增产5.8%、5.1%、6.2%，一般每亩减少不合理施肥量1-2公斤（折纯），亩均节本增收超过35元。果树、蔬菜等园艺作物测土配方施肥技术推广取得突破，示范区亩均节本增收80元以上。全国减少不合理施肥150多万吨（折纯），据专家测算相当于节约燃煤400万吨、减少二氧化碳排放量约1000万吨，节能减排效果明显。

（二）开展保护性耕作技术示范推广

2013年，中央资金投入3.3亿元，建设保护性耕作技术推广和工程建设项目县（团、场）123个。截至2013年，在黄土高原一年一熟区、西北干旱绿洲农业区、华北一年两熟区、东北垄作区、内蒙古农牧交错区、南方水稻种植区，共建设保护性耕作技术推广和工程建设项目县（团、场）856个。我国保护性耕作技术推广面积不断扩大，由一年一熟区推广到一年两熟区，由北方地区推广到西南季节性旱作区，由小麦/玉米轮作区逐步推广到稻（油）/麦轮作区，由主要粮食作物推广到其它经济作物和牧草的种植，保护性耕作面积达到1.16亿亩。各地保护性耕作试验及其效果监测表明，保护性耕作具有显著的节本增效、减少土壤侵蚀、保护农田、缓解沙尘天气危害、改善生态环境等多种效果。保护性耕作可减少油耗10-20%，1.16亿亩保护性耕作，年可节省燃油13.9-26.7万吨；亩保护性耕作可减少风蚀量500千克，1.16亿亩保护性耕作地可减少农田风蚀5800万吨，减少扬尘1392万吨以上；1.16亿亩实施保护性耕作的农田可减少排放471.6-981.9万吨。

（三）开展渔业节能减排技术试验示范

2013年，农业部继续通过组织实施渔业节能减排项目，推进渔船和水产养殖节能减排技术试验示范和推广，开展节能减排宣传培训和研究，工作取得了新的进展和成效。一是渔船节能减排产品技术推广取得新进展。2013年，由辽宁、江苏、浙江和山东省渔业主管部门完成了玻璃钢渔船、标准船型设计和建造示范船工作。辽宁、山东省共示范建造玻璃钢海洋捕捞、养殖作业及管理渔业船舶62艘，比钢质渔船，玻璃钢渔船水动力效率提高10-20%，节省燃油10%以上。江苏省完善了3种标准化渔船船型设计，推广建造标准化渔船131艘，与旧船相比，主机节约燃油10%，平均每艘渔船节约燃油10吨。山东省还推广渔船节能环保型机械设备267台（套），节约燃油5000吨以上，减少氮氧化物排放量1万吨、硫氧化物排放量约0.5万吨和二氧化碳的排放量10万吨。浙江省进行了标准化渔船船型海上实船示范生产，与同类型渔船同作业条件比，节省燃油11%-12.5%。二是完善推进水产养殖节能减排试验示范。2013年，山西省、福建省完成了淡水池塘网箱自动清污、流水养殖技术和对虾、“四大家鱼”池塘循环水养殖模式等示范，取得明显节能节水效应。山西省完成了多套池塘自动清污设备的制作和清污设备改造，实施了池塘养殖示范，示范池塘比普通池塘产量提高50%以上。福建省开展了南美白对虾、“四大家鱼”池塘改造示范，实施了气动循环水养殖技术、微孔增氧养殖技术、池塘生物膜低碳养殖新技术、人工湿地模式循环水养殖等水产养殖节能、节水和减排技术集成示范，示范面积100亩，实现节水80%，节能50%。三是开展渔业节能减排技术研究。开展了全国小型渔船标准化船型优化论证，选择山东、重庆两省（市）试点开展小型渔船船型标准化，开展了尺度、型线、布置、结构、设备等方面优化论证，优选出37个标准化渔船船型，同时开展了电力推进、柴油—液化天然气双燃料应用于渔船的技术标准和规范研究工作。四是开展渔业节能减排技术宣传活动。2013年，各地渔业主管部门通过举办各类培训班、现场指导、发放技术资料等方式，深入到渔村、渔港，对捕捞生产者、基层渔业管理人员、水产技术推广骨干、水产养殖技术人员和水产养殖户进行渔业节能减排知识和技术培训，全年共培训4200余人次，发放技术资料8300余册（份），推广普及了渔业节能减排技术，促进提高了渔业节能减排意识。

（四）大力发展农村清洁能源

2013年，全国农村能源建设成效显著，农村沼气发展迅速，沼气数量稳步增长、功能不断拓展、服务体系日益完善。目前，全国沼气用户已达4329.77万户，沼气工程10万处，年总产气量157.84亿立方米；农村太阳能热水器推广面积达到7294.57万平方米、太阳房2445.55万平方米，太阳灶226.44万台；推广省柴节煤炉灶炕1.73亿台，还开展了秸秆沼气集中供气、秸秆气化和秸秆固化成型示范。通过这些技术的推广，年节能能力相当于1.07亿吨标准煤，可减排二氧化碳2.47亿吨。农村能源建设取得了显著的经济、社会和生态环境效益，受到社会各界的广泛关注和农民群众的普遍欢迎，已经成为发展低碳农业、推动农村生态文明建设和创建“美丽乡村”的重要抓手。

三、推进农业废弃物资源化利用

（一）开展畜禽废弃物综合利用

畜禽养殖污染治理是农业面源污染防治的关键，我部以推进标准化规模养殖和加强畜禽养殖废弃物综合利用为抓手，不断强化政策扶持和激励引导，统筹兼顾畜牧业发展和环境保护，加快转变畜牧业生产方式。一是推动出台《畜禽规模养殖污染防治条例》。为加强规模养殖污染监督与治理，积极配合国务院法制办开展《畜禽规模养殖污染防治条例》的编制工作，推动《条例》于2014年1月1日起正式施行。条例的出台有效推动畜禽规模养殖污染防治工作的法制化和规范化，对于现代畜牧业加快转型升级、增强可持续发展能力将起到积极的推动作用。二是加大畜禽标准化规模养殖的扶持力度。“十二五”以来，国家累计投入100亿元实施生猪、肉牛肉羊标准化规模养殖场（小区）建设和“菜篮子”畜产品生产扶持项目，支持规模养殖场进行标准化改造，重点加大畜禽贮粪池、排粪污管网等的建设力度，提高废弃物处理和综合利用水平。三是开展标准化示范创建活动。继续深入开展畜禽养殖标准化示范创建活动，加强示范引导，推进标准化生产，规范畜禽养殖行为。2011-2013年共新创建标准化示范场1842个，示范场总数达到3397个，示范带动周边养殖场户发展适度规模养殖，确保主要畜产品自给率不降低。

（二）推进农作物秸秆资源化利用

2013年，国家发展改革委、农业部、环境保护部下发了《关于加强农作物秸秆综合利用和禁烧工作的通知》〉（发改环资〔2013〕930号）。根据《通知》要求，农业部大力推进秸秆资源肥料化、饲料化、原料化、基料化、燃料化利用，取得了积极成效。据农业部和国家发展改革委2013年组织各地开展的秸秆综合利用中期评估结果，目前我国主要秸秆可收集量约8.1亿吨，利用量约6.0亿吨，综合利用率达到74.1%，在秸秆可收集量较2008年增加1.23亿吨的情况下，秸秆综合利用率提高了5.4个百分点。其中，秸秆肥料化利用量达到约2.1亿吨，占秸秆可收集量的25.6%，提高了10.75个百分点；秸秆代木等原料化利用量0.34亿吨，占秸秆可收集量的4.2%，提高了1.87个百分点。固化成型燃料年产量约600万吨。

（三）开展农田残膜回收与资源化利用

2013年，继续安排中央财政资金2亿元，在新疆、甘肃、陕西、山西、内蒙古、河北、山东、黑龙江、吉林和辽宁等10个省（区）80个县市，实施地膜回收利用农业清洁生产示范项目，新增残膜加工能力6.15万吨，构建地膜回收加工体系，积极解决农业生产过程中农业废弃物不合理处置、利用所造成的环境污染等问题。积极推动地方农田残膜回收与资源化利用工作，甘肃省颁布《甘肃省废旧农膜回收利用条例》，自2014年1月1日起施行，新疆出台了《2013-2020年新疆维吾尔自治区农田废旧地膜污染综合治理规划》，分别设立了省级财政专项，对标准地膜使用给予补贴，支持企业和农民开展地膜回收与资源化利用，实施全区域农田残膜污染防治。

（四）实施农村清洁工程示范建设

2013年，农业部继续在北京、河北、山西等20余省份建设农村清洁工程示范村100处，全国累计建成农村清洁工程示范村1600多个。开发了一系列较为成熟的生活垃圾、污水、人畜粪便处理工艺与配套设备，开展田园清洁、家园清洁和村级公共清洁等设施建设，将人畜粪便、生活垃圾和污水、作物秸秆进行无害化处理和资源化利用。通过农村清洁工程建设，部分示范村农田化肥、农药减施在20%以上，秸秆资源化利用率达80%以上，生活污水资源化处理利用率、农田废弃物收集率和人畜粪便处理利用率均达90%以上，有效减缓了农业面源污染，大大美化了农村环境，成为建设“美丽乡村”的重要抓手。

典型案例

黑龙江农垦北安管理局现代循环农业产生巨大裂变效应

近年来，黑龙江农垦北安管理局以“有机循环，蝶舞北安”为主题，用现代循环经济原理构建全新的产业结

构、生产方式和生活理念，形成了秸秆能源转化、有机种养和加工废弃物利用等模式，解决了玉米秸秆、禽畜粪便和加工废弃物的再生利用问题，收到了提高农业产值、增加农户收入和改善农村生态环境等多重效果。

一、利用秸秆生产清洁燃料和食用菌基料

东北地区大量的农田废秸秆被焚烧或废弃，既浪费了资源又污染环境。在黑龙江农垦北安管理局，以往难以处理的秸秆、稻壳等农业废弃物，通过循环改造，都变成了清洁燃料、基料和肥料等。

在尾山农场燃气站，秸秆经过处理变成了燃气，输送到居民家中，与使用液化气相比每月每户可节约45元，除为居民提供生活燃气外，还为小区供暖，供暖面积达2万多平米。2013年尾山农场利用玉米秸秆固体成型燃料烘干粮食1万多吨。秸秆是清洁能源，平均含硫量不到千分之四，远低于煤百分之一的平均含硫量，利用秸秆作清洁能源，可以减少大气污染。

秸秆还用来做种植蘑菇的基料。赵光农场的食用菌种植基地，2013年生产40万袋蘑菇消耗了440吨秸秆。秸秆栽培食用菌后，废渣回田下地，是良好的有机肥，减少了生产成本，还实现了清洁无污染。

二、利用牧业废弃物发展有机产业

近年来，黑龙江农垦北安管理局养殖业蓬勃兴起,仅奶牛存栏就已经达到5万头。在产生经济效益的同时,也造成了环境污染，成为困扰养殖业持续发展的难题。黑龙江农垦北安管理局在牧业废弃物利用方面进行了有益尝试，让废弃物循环到经济产业体系中，变废为宝。

赵光农场饲养奶牛10000头，每年产鲜牛粪10万吨，利用牛粪养殖蚯蚓，蚯蚓可以用来饲喂蛋鸡，生产出的蚯蚓鸡蛋在市场最高价每斤能卖到5元以上。另外，蚯蚓吃完牛粪可以生产出有机肥，还田再生产出有机农作物。同样是奶牛大场的长水河农场，把牛粪当作招商优势，引资建设了一家有机肥造粒厂，利用畜禽粪便生产高效有机肥。工厂年处理牛粪5万吨，生产2000吨高效有机肥，用于农场的有机种植。红星农场近几年种植有机作物亩效益比常规作物高100元至150元。畜禽粪肥产业链的拉动，每年可消化北安管理局现有存栏5万头牛的50万吨牛粪，生产有机肥30万吨，产蚯蚓鸡蛋3.27万吨，增加产值6.6亿元，利润3亿元。

三、利用工业废弃物延长产业链条

随着农产品加工业的快速发展，农产品加工的废弃物也大量产生，成为破坏环境的污染物。黑龙江农垦北安管理局以优化资源利用方式为核心，以提高资源利用效率、降低废弃物排放为目标，利用高新技术手段进行再利用，不仅可以延长产业链条，增加农产品的附加值，而且大大降低了环境污染的风险。

在北大荒二龙山薯业公司，随着马铃薯收获结束，迎来了新一轮的加工季。跟以往不同的是，这家公司2013年的产品储存库中多了一样新产品——马铃薯汁水蛋白。马铃薯蛋白质为完全蛋白质，其中赖氨酸和色氨酸的含量都高于一般谷类作物。他们投资1.5亿元上了马铃薯汁水蛋白提取项目，在生产马铃薯汁水蛋白的同时，工业废水经过有机物的分离、提取变成可以直接进行农田灌溉的无污染水。他们还通过有机肥加工项目，对薯业公司另一大废料——薯渣进行循环利用。通过畜禽粪便和薯渣发酵做成有机肥，每年生产有机肥5万吨。

（撰稿：闫成、曹子祎 、韩允垒、强少杰、陈明全、黄涛、于秀娟、王国占、陈建光、 黎光华，农业部科技教育司资源环境处）

煤炭行业循环经济

中国煤炭工业协会

一、2013年煤炭行业发展概况

2013年，煤炭行业认真贯彻党的十八大和十八届三中全会精神，以提升煤炭工业发展的科学化水平为主攻方向，加快转变发展方式，推进结构调整，开展生态文明矿山建设，构建节约发展、绿色发展、循环发展、低碳发展、安全发展格局，煤炭行业平稳运行，为国民经济平稳较快发展提供了有力支撑。

1、煤炭工业发展理念得到进一步提升。

面对国内外宏观经济形势以及我国煤炭短期供需宽松、结构性过剩与长期总量不足的矛盾，全行业更加注重科学发展。煤炭行业提出了“一个深化，五个推进，六个转变”，推进行业改革发展的总体工作要求。“一个深化”就是全面深化煤炭行业改革；“五个推进”：一是推进煤炭生产和利用方式变革，二是推进煤炭结构调整和转型升级，三是推进生态文明矿区建设，四是推进煤炭科技创新发展，五是推进煤炭行业文化建设；“六个转变”：一是实现从不完全市场化到完全市场化转变，二是实现劳动密集型向两化融合、人才技术密集型转变，三是实现煤炭产品从燃料向原料与燃料并重转变，四是实现生产销售原煤向销售商品煤、洁净煤转变，五是实现数量、速度型向质量、效益型转变，六是实现以大幅度降低安全生产事故为重点向提高职业健康保障程度转变。上述工作思路将对今后一个时期打造煤炭工业升级版，提升煤炭工业发展的科学化水平产生重要影响。

2、煤炭结构调整取得成效，生产结构不断优化。

2013年全国煤炭产量36.8亿吨，比上年的36.5亿吨增长0.8%。全国煤矿数量1.2万处，比2010年减少3000多处。其中年产120万吨以上的大型煤矿850多处，比2010年增加190处，产量占全国总产量的比重达到65%左右，比2010年提高7个百分点（其中千万吨级煤矿50处，产量占全国的17%左右）。建成安全高效矿井（露天）406处，产量占全国的三分之一左右。

企业兼并重组取得进展。河南煤化集团与义马集团重组成立河南能源化工集团，山西焦煤重组山西省焦煤集团。全国整顿关闭煤矿770余处，技改提升小煤矿490余处，兼并重组小煤矿610处，累计淘汰落后产能2亿多吨。

3、生产集中度进一步提高。

14个大型煤炭基地产量34亿吨左右，超过全国总产量的90%。神华、中煤、同煤、山东能源、冀中能源、陕西煤业化工、河南能源、山西焦煤等8家煤炭企业原煤产量超过亿吨，占全国总产量的37%左右。开滦、潞安、兖矿、华能、阳泉、中电投、淮南、晋城等11家企业产量超过5000万吨，占全国总产量的19%左右。煤炭产量居前4位的企业合计产量占全国比重达到25%左右，同比增加2.5个百分点；前10家企业合计煤炭产量占全国比重达到40%左右，同比增加6个百分点。

4、煤炭与相关产业融合发展。

煤炭电力融合规模扩大，全国煤炭企业参股、控股电厂权益装机容量接近1.7亿千瓦，约占全国电力装机容量的13.6%。煤化工产业已形成一定规模，全国煤制油产量147万吨左右，形成煤制气装置产能27亿立方米，煤制烯烃产能276万吨左右，煤制乙二醇产能90万吨左右。

5、煤炭市场化改革取得新进展。

国务院办公厅“关于深化电煤市场化改革的指导意见”得到全面实施，取消了重点合同，实现了电煤价格并轨。国家行政审批制度改革，取消了煤炭生产许可证和煤炭经营许可证，激发了市场活力。全国建成31家区域性煤炭市场交易中心，煤炭市场交易体系建设取得重要进展。

6、煤炭科技创新体系不断完善。

全行业新增国家工程实验室1个，国家能源重点实验室1个；累计建成国家重点实验室13个，国家工程实验室7个，国家工程研究中心6个，国家能源研发中心3个，国家能源重点实验室4个，国家级企业技术中心19个。以企业为主体，市场为导向，产学研用相结合的科技创新体系逐步完善，搭建了协同创新的科技平台。

7、循环经济发展取得新成果。

煤炭洗选加工能力不断增强，原煤入选能力达到23.5亿吨，入选量22.14亿吨，入选率60.2%。我国自行研制和具有自主知识产权的大型三产品重介质旋流器普遍用于新厂建设和老厂技术改造；复合干法选煤技术，被广泛推广应用并走出国门；用于粗煤泥分选的干扰床分选机，大型重介浅槽分选设备、大型自动化快开压滤机、大型旋流微泡浮选柱、大型分级破碎机、大型磁选机、大型振动筛等关键洗选设备大多替代进口并开始出口。

煤炭行业废弃物资源综合利用稳步发展。煤矸石综合利用主要途径包括煤矸石发电、生产新型建材、井下充填置换煤炭、充填塌陷区、填沟筑路、提取有益矿产等，利用率达到64.1%，比上年有所提高。煤矸石等低热值燃料发电装机容量突破3000万千瓦，比2010年增加400万千瓦，利用低热值燃料约1.5亿吨，相当于回收近5000万吨标准煤。矿井水利用量44亿立方米，利用率65%。

矿井水水源、乏风源热泵余热利用技术得到进一步推广应用。煤矿瓦斯抽采及利用水平不断提高。全国煤层气（煤矿瓦斯）抽采量156亿立方米，利用量66亿立方米。其中，煤矿井下瓦斯抽采量126亿立方米，利用量43亿立方米，抽采利用率34.1%；地面煤层气产量30亿立方米，利用量23亿立方米。煤矿瓦斯利用范围扩大，低浓度瓦斯氧化、发电等一批瓦斯综合利用技术相继得到示范应用。

二、一批与煤炭循环经济相关的政策文件陆续出台

1、2013年1月，国务院印发了《循环经济发展战略及近期行动计划》。该文件包括了煤炭工业“十二五”循环经济发展规划主要目标和重点工作。

到2015年，煤炭工业循环经济发展主要目标是：原煤入洗率达到60%以上，煤矸石综合利用率达到75%，煤层气（瓦斯）抽采利用率达到60%，煤层气发电装机容量超过285万千瓦，低热值煤炭资源综合利用发电装机容量达到7600万千瓦，矿井水综合利用率达到75%，土地复垦率达到60%。

重点工作：一是推动煤矿绿色开采；二是推进煤系共伴生资源综合开发利用；三是实施系统节能降耗；四是推进矿区生态环境保护；五是构建煤基循环经济产业链。实施包括煤系共伴生高岭土、煤矿瓦斯、煤矸石、矿井水综合利用工程在内的一批资源综合利用示范工程。

2、2013年1月，由国家能源局、财政部、国土资源部、环境保护部联合印发《煤矿充填开采工作指导意见》。实施充填开采，是实施绿色开采的重大举措。不仅可以减少井下采空区水、瓦斯积聚空间，降低采空区突水、瓦斯爆炸、有害气体突出、浮煤自燃等事故发生可能性，提高矿井安全保障程度；还可充分回收“三下”压煤和边角残煤，延长矿井服务年限；拓展了大宗消化利用煤矸石、粉煤灰的途径，减轻煤炭开采对地表的影响，减少耕地占用和矿区村庄搬迁，保护和改善矿区生态环境，促进资源开发与生态环境协调发展。

3、2013年1月，国家发展改革委、国家能源局联合印发《矿井水利用发展规划》。《规划》提出，到2015年逐步建立较完善的矿井水利用法律法规体系、宏观管理和技术支撑体系，实现矿井水利用产业化。全国煤矿矿井水排放量达71亿立方米，利用量54亿立方米，利用率提高到75%，新增矿井水利用量18亿立方米，加上非煤矿山新增矿井水利用量约5亿立方米，全国新增矿井水利用量约23亿立方米。

4、2013年3月，财政部、国土资源部联合印发《矿产资源节约与综合利用专项资金管理办法》。该专项资金重点支持提高矿产资源开采回采率、选矿回收率和综合利用率，低品位、共伴生、难选冶及尾矿资源高效利用，以及多矿种兼探兼采和综合开发利用，包括煤炭及共伴生资源综合利用。重点支持煤炭煤层气、煤铝的综合开发利用；特厚煤层、缺煤地区极薄和中薄煤层、特殊稀缺煤种及煤系伴生高岭土资源的综合开发利用，以矸换煤、绿色开采等。

5、2013年6月，全国人大常委会通过关于修改《中华人民共和国煤炭法》的决定，删除了涉及煤炭生产许可证和经营许可证的相关条款。7月，《煤炭生产许可证管理办法》被废止。12月，国家发改委取消煤炭生产许可证核发和设立煤炭经营企业审批。存续多年的煤炭生产许可证和煤炭经营许可证正式退出历史舞台。

6、2013年8月，国务院印发《关于加快发展节能环保产业的意见》。该意见提出通过创新引领，服务提升，推行市场化新型节能环保服务业态。包括落实相关支持政策，推动粉煤灰、煤矸石、建筑垃圾、秸秆等资源综合利用产品应用；落实财政奖励、税收优惠和会计制度，支持重点用能单位采用合同能源管理方式实施节能改造，开展能源审计和“节能医生”诊断，打造“一站式”合同能源管理综合服务平台；加快发展生态环境修复、环境风险与损害评价、排污权交易、绿色认证、环境污染责任保险等新兴环保服务业。

7、2013年9月，国务院印发《大气污染防治行动计划》，确定了10项大气污染防治具体措施，提出全面整治燃煤小锅炉，加快推进“煤改气”、“煤改电”、集中供热等清洁生产工程。提出加快调整能源结构，控制煤炭消费总量，到2017年煤炭占能源消费总量比重降低到65%以下，原煤入选率达到70%以上，京津冀、长三角、珠三角等区

域力争实现煤炭消费负增长。

8、2013年9月，国务院办公厅印发《关于进一步加快煤层气（煤矿瓦斯）抽采利用的意见》。提出在加强煤层气开发利用管理、完善煤层气价格和发电上网政策、推进科技创新等6方面加大工作力度。该《意见》以及2月份国家能源局发布的《煤层气产业政策》等文件，对保障煤矿安全生产、开发利用新兴能源，优化能源结构、保护生态环境具有重要意义，促进了煤层气（煤矿瓦斯）产业加快发展。

9、2013年11月，国务院办公厅印发《关于促进煤炭行业平稳运行的意见》，提出坚决遏制煤炭产量无序增长；切实减轻煤炭企业负担，加快推进煤炭资源税从价计征改革；加强煤炭进出口环节管理，鼓励优质煤炭进口，禁止高灰、高硫劣质煤炭的生产、使用和进口等要求。

10、2013年12月，国家发改委公布第6批重点节能技术目录，在总共29项中，煤炭行业2项，分别是“超低浓度煤矿乏风瓦斯氧化利用技术”和“皮带机变频能效系统技术”。此外，还包括“变频优化控制系统节能技术”、“分布式能源冷热电联供技术”等一批与煤炭企业实际应用相关技术。

三、煤炭行业循环经济开展情况

1、深入推进绿色矿山建设。

2013年4月，国土部公布第三批国家级绿色矿山试点单位名单，全国239家中煤炭行业86家。加上前两批试点单位，煤炭行业列入国家级绿色矿山试点单位名单的共161家。

2013年6月在中国平煤神马集团召开“全国煤矿煤焦化产业绿色发展现场会”。会议以“建设绿色煤焦化、发展煤基多元产业、促进煤炭清洁高效转化”为主题，总结推广平煤集团等企业的典型经验，促进了行业绿色发展和结构调整。煤炭环境保护工作已经从末端治理、以污染物达标排放为主，向从源头治理、加强过程控制、减少大气污染排放、治理生态环境方面转变，涌现出一批经济效益好、环境污染少、社会评价好，环境效益突出的典型企业。

以矸换煤、井下充填开采技术得到推广和应用，部分企业形成了“采煤不见煤、排矸不提矸、排水不见水、采煤不烧煤”的绿色发展模式。

2、国家首批低碳技术创新及产业化示范项目启动。

2013年7月，国家发改委办公厅复函同意各地报送的煤炭、电力、建筑、建材行业低碳技术创新及产业化示范项目申请，将该批项目列入国家高技术产业发展项目计划及投资计划。这批项目中涉及煤炭行业11项，包括：山东新巨龙能源有限责任公司、冀中能源峰峰集团梧桐庄煤矿、中煤平朔集团公司三家的绿色煤矿建设成套技术创新及产业化示范工程；大同煤业集团公司、淮南矿业（集团）公司两家的千万吨级高效综采关键技术创新及产业化示范工程；神华神东煤炭集团公司人柳塔矿及锦界矿的矿井排水、乏风水源热泵技术创新及产业化示范工程；冀中能源股份公司的煤矿乏风源和矿井水水源热泵供暖制冷技术创新及产业化示范工程；山西瑞阳煤层气公司的含氧煤层气液化5万吨/年LNG技术创新及产业化示范工程；胜利油田胜利动力机械集团有限公司的乏风瓦斯氧化成套技术创新及产业化示范工程；淄博淄柴新能源有限公司的煤矿乏风瓦斯氧化利用关键技术创新及产业化示范工程以及陕西彬长新生能源有限公司的通风瓦斯（乏风）发电技术创新及产业化示范工程。以上11项工程国家共补助资金2.4亿元。

3、煤炭行业两化融合发展步伐加快。

2013年1月，工信部公布国家级信息化和工业化深度融合示范企业（2012）名单，在总共218家企业中，煤炭企业入选7家，分别是开滦（集团）有限责任公司、阳泉煤业（集团）有限责任公司、兖矿集团有限公司、中煤平朔集团有限公司、中国平煤神马能源化工集团有限责任公司、淮北矿业（集团）有限责任公司、山西焦煤集团有限责任公司。此外，13个煤炭行业项目入选国家级电子商务集成创新试点工程。信息化和工业化深度融合成为煤炭工业走新型工业化道路的必然选择。

4、生态文明矿山建设开始起步。

为认真贯彻落实党的十八大和十八届三中精神，更好地推动煤炭行业生态文明建设，2013年5月中国煤炭加工利用协会煤矿生态建设分会成立，并召开成立大会。

中国煤炭工业协会、中国煤炭加工利用协会印发了“关于开展矿区生态文明单位创建活动的通知”（中煤协会综合[2013] 168号]，结合煤炭行业实际，制定了“创建生态文明煤矿评定条件及考核办法（试行稿）”。生态文明煤矿创建活动试点示范开始启动。一批煤炭企业积极开展生态文明煤矿创活动。协会组织专家深入山西三元煤业有限公司、山西长治王庄煤业有限责任公司进行试点评定，授予该两个单位“生态文明煤矿”称号，为煤炭行业开展生态文明煤矿建设试点进行了探索和积累经验。

2013年10月20日，中国煤炭加工利用协会召开第六届会员代表大会，选举产生了以吕英为理事长的新一届理事会领导机构。会议决定对近年来在发展循环经济、煤炭洗选加工与转化，节能环保、生态矿山建设等方面作出成绩的75家会员单位授予“优秀会员单位”称号。

5、推动煤炭深加工产业健康发展。

为推动煤炭工业转型升级，促进现代煤化工产业科学、有序发展，2013年4月在山东泰安召开“2013中国煤炭深加工产业发展论坛”，6月在北京召开“现代煤化工产业发展高层专家座谈会”，深入研究探讨了煤炭高效开发利用的思路、途径和发展前景。12月，中国煤炭工业协会和中国煤炭加工利用协会联合起草印发了《关于促进煤炭工业现代煤化工产业健康发展的指导意见》。截止2013年，煤炭行业已陆续建成一批百万吨级煤直接液化、16万吨级煤间接液化，煤制甲醇、煤制烯烃、煤制天然气等大型示范装置。2013年8月20日，伊犁庆华55亿立方米/年煤制天然气项目一期13.5亿立方米/年工程竣工投产。我国煤炭由燃料向清洁高效利用和煤基化工原材料并举转变战略已经启动，将为煤炭工业转型发展带来较大的发展空间。

6、煤电一体化助推循环经济深入发展。

由淮南矿业集团和浙江省能源集团共同投资组建的淮浙煤电有限责任公司，双方各占50%股权，建设一座年产600万吨煤矿和4*60万千瓦电厂。目前煤矿和电厂一期2*60万千瓦机组已投产。形成了按照现代产权制度建立，煤电上下游产业相互融合，具有循环经济特色的“煤电一体化淮南模式”。其显著特点是：煤炭就地转化，煤电优势互补，体制机制创新，管理效能提高；市场风险减小，和谐发展共赢。

2013年，由原山西煤炭运销集团与山西国际电力集团合并重组成立的晋能公司，在产业布局上作出规划，建设包括40座煤矿、9座电厂的热电联产项目，最大限度发挥产业聚集效应，煤电一体化迈出实质性步伐。该公司还将进一步开展热电冷联产、煤矿瓦斯、矿井水、电厂粉煤灰、脱硫石膏等废弃物综合利用，延伸产业链，推动循环经济深入发展。

（撰稿：朱建荣，中国煤炭加工利用协会）

2013～2014年石油和化工行业循环经济

中国石油和化学工业联合会

一、2013～2014年石油化工行业发展概况

2013年在国际经济复苏缓慢，国内经济增速放缓的形势下，我国石油和化学工业运行总体平稳，生产增长稳中加快。2013年，我国石油化工和化学工业增加值累计同比增长8%，占全国工业增加值的13.23%（其中化学工业增加值同比增长12.2%）；主营业务收入12.94万亿元，同比增长8.94%，其中化工8.11万亿元，增长12.88%；利润8402.7亿元，同比增长5.64%，其中化工4339.9亿元，增长12.23%，而去年同期分别为下降0.66%和4%；亏损企业3225家，同比下降0.43%，亏损额下降12.53%。

2014年，整个国家宏观经济是复杂多变的，但是石油和化工行业克服经济下行压力，基本上实现了稳中有进的总体目标。2014年1～11月，石油和化工行业规模以上企业29137家，行业增加值继续保持增长，同比增幅8.3%；行业主营业务收入12.79万亿元，同比增长6.3%；利润总额7390.2亿元，同比下降4.9%，分别占全国规模工业主营收入和利润总额的13.0%和13.1%；上缴税金8810.6亿元，增长8.4%，占全国规模工业税金总额的20.8%；完成固定资产投资2.03万亿元，增长10.0%，占全国工业投资总额的11.0%；资产总计11.47万亿元，增幅10.4%；进出口贸易总额6181.4亿美元，增长5.1%，占全国进出口贸易总额的15.9%。

表1 2013～2014年石油化工和化学工业主要产品产量（万吨）

产品名称	2013年	2014年（1～11月）	1～11月同比±%
原油加工	47857.6	45540.9	4.7
乙烯	1622.5	1578.1	4.7
合成氨（无水氨）	5745.3	5233.0	-1.9
氮肥（折含N100%）	4927.5	4331.1	-2.1
精甲醇	2878.5	3385.5	26.7
烧碱（折100%）	2854.1	2903.5	8.5
离子膜法烧碱	2448.5	2450.3	8.2
纯碱	2429.4	2303.2	5.5
电石	2234.2	2293.2	11.7

注：1. 单位产品综合能耗中电力按当量值0.1229kgce/kWh折算。

2. 数据来源：中国石油和化学工业联合会。

2013～2014年，我国石油和化学工业原油加工、烧碱、纯碱、电石及乙烯等主要产品产量平稳增长（如上表所示）。除此之外，2014年1～11月份，原油产量1.92亿吨，同比增长0.4%；天然气1112.6亿立方米，增长6.7%；化肥6401.1万吨，增长-0.1%，其中氮肥、磷肥和钾肥分别增长-2.1%、1.8%和11.7%；农药332.8万吨，增长1.7%；初级形态塑料6334.6万吨，增长10.7%；合成纤维单体2078.1万吨，增长6.3%；轮胎外胎产量10.17亿条，增长7.0%。

2013年，我国石油化工和化学工业整体效益有所改善。基础化工原料利润943.1亿元，同比增长18.7%，比上半年提高13.8个百分点，其中无机酸、无机碱和无机盐逐步企稳，同比增速比上半年分别提高21.2、88.8和20.6个百分点。有机化学原料、农药、橡胶制品和专用化学品延续较快增长势头，利润分别为568.9亿元、229.3亿元、593.1亿元和1120.1亿元，分别增长26.8%、30.8%、21.9%和16.2%。但肥料制造依然延续低迷行情，利润384.9亿元，下降19.2%，其中，氮肥、磷肥、钾肥分别下降51.4%、30.9%和46.4%。

石油化工和化学工业行业进出口呈现“稳中有增”的特点。2013年全年行业进出口总额6414亿美元，同比增长2.6%，贸易逆差2898.9亿美元，下降0.15%。全行业进口4656.5亿美元，增长1.7%，其中进口原油2.82亿吨，增长4.1%，对外依存度为57.4%，比去年提高1个百分点。全行业出口1757.6亿美元，增长5%，其中化工行业出口1458.4亿美元，增长4.2%；橡胶制品出口金额478.9亿美元，增长9.2%，增幅比上年提高6.4个百分点，占全行业的27.2%；农药、合成纤维聚合物出口额分别增长31%和27.3%。化肥（实物量）出口量增长7%，出口额下降14.1%。

投资结构继续优化，经济增长结构得到进一步改善。2013年全年，石油和化学工业完成固定资产投资2.0万亿元，同比增长19.1%。全行业新开工项目11720个，增长3%，与去年同期相比下降3个百分点。化工行业完成1.41万亿元，增长14.6%，为近年来的最低值，无机酸、无机碱和磷肥等一些过剩行业投资持续回落。在经济增长结构方面，资源类产品比重呈现持续下降，技术类产品保持上升的趋势。2013年化工行业主营业务收入占全行业的比重达62.7%，同比提高3个百分点，创历史新高；有机化工原料、橡胶制品和专用化学品利润占化工的比重分别为13.1%、13.7%和25.8%，分别同比提高了2.8、1.1和1个百分点，而无机化学原料、化肥占比分别同比下降0.94和3.9个百分点。此外，反式异戊橡胶、甲醇制芳烃、大型煤气化炉等关键技术和装备取得突破，先进高分子材料、高端复合材料、功能材料等增速明显快于行业平均水平。

综合分析近两年行业发展情况，我国石油化工和化学工业还面临几个突出问题。一是部分行业产能过剩矛盾依然突出，据行业协会统计，2013年，甲醇、聚氯乙烯、烧碱、尿素开工率约为60%、65%、75%和80%。甲醇、聚氯乙烯价格长期低位，烧碱(片碱)、尿素价格同比分别下降18.4%和13.4%。另外，一些化工新材料、精细化学品在技术取得突破后，产能增幅过猛，出现了新的过热的趋势。二是行业经济运行成本高位运行，2013年以来，尽管煤炭等部分原料价格较低，但人工、电力、运输、环保等成本上升，导致行业总体成本高位运行，拉低了行业利润率。三是高端化工新材料、特种新型专用化学品仍处于“研发多、应用少”的阶段，自给能力的提高需要较长过程。如，在高性能纤维领域，GQ3522、GQ4522碳纤维虽已实现产业化，但由于工艺技术不完善，产品生产成本高，而高强中模和高模碳纤维亟待实现高水平产业化。在工程塑料领域，聚碳酸酯自主开发的万吨级技术虽已获得突破，但在生产成本、产品质量等方面仍难与国外领先企业竞争，聚酰亚胺、聚芳酯、全氟橡胶等投资力度不够，产品开发与应用滞后。

二、2013～2014年石油和化工行业发展循环经济所做的主要工作

2013～2014年，为推动石油和化工行业循环经济的发展，各级政府部门、行业组织和企业采取了多种措施，开展了大量卓有成效的工作。

（一）建章立制，制订法律法规和政策文件

2013年1月23日，国务院印发了《循环经济发展战略及近期行动计划》，其中石油石化工业、化学工业作为发展循环经济的重要行业列入其中，并提出了具体要求。

对于石油石化工业，一是要加强油气资源综合开发利用。推广高效油气分离、原油稳定和伴生气处理、高效真空加热等技术，加强对非常规油气资源的开采回收，鼓励有条件的地区运用二氧化碳驱油技术，提高油气采收率。加强油田伴生气、酸性气体等回收利用，推动油砂、油页岩利用产业化发展，加强高含硫化氢天然气中硫磺的综合利用。大力推动天然气分布式能源和大型液化天然气（LNG）接收站的冷能利用，提高天然气利用效率。二是要加强节能降耗。原油开采环节全面实施抽油机、驱动电机节能改造，推广不加热集油技术和油田采出水余热回收利用技术。加快淘汰落后工艺设备。鼓励采用先进的节能环保技术和装备，重点推广优化换热流程、提高冷凝液回收率、优化中段回流取热比例、降低汽化率、增加塔顶循环回流换热等节能技术。三是要推动废渣、废气、废水资源化利用。鼓励从石油炼制废催化剂中提取钴、铑、钯等稀贵金属。加强炼制各环节余热余压的回收利用。鼓励采用自动点火系统，加强火炬气回收，探索利用火炬气发电。提高硫磺回收率。推动稠油产出污水等采油废水深度处理回用，以及石化废水分类处理利用。四是要构建石油石化行业循环经济产业链。构建油气开采—油砂、油页岩—炼油，炼化—废催化剂—稀贵金属，炼化—废气—硫磺—化工产品，炼化—废气—供热、发电，炼化—余热余压—发电等产业链。到2015年，原油加工综合能耗降到86千克标准煤/吨，乙烯综合能耗降到857千克标准煤/吨，石油石化行业单位工业增加值用水量比2010年减少30%。

对于化学工业，一是要推动磷、硫、钾等矿产资源综合开发利用。加强对中低品位磷矿、硫铁矿、硼铁矿、

钾矿等资源的开发利用。推进磷矿中氟、碘，硫铁矿和硼铁矿中铁，盐湖中锂、钾、钠、硼、镁等伴生资源的综合利用。二是要推进节能降耗。合成氨行业实施“上大压小”淘汰落后产能，重点推广先进煤气化、节能高效脱硫脱碳、低位能余热吸收制冷等技术。烧碱行业要逐步淘汰隔膜法烧碱工艺，提高离子膜法烧碱工艺比重。纯碱行业重点推动蒸汽多级利用、变换气制碱技术，积极推广应用新型盐析结晶器和循环泵等。电石行业要加快采用大型密闭式电石炉，重点推广电石炉炉气利用、空心电极等节能技术。煤化工行业鼓励再生水、矿井水利用及余热回收发电。三是要推动“三废”资源化利用。纯碱行业重点推动氨碱废渣用于锅炉烟气湿法脱硫和蒸氨废液综合利用。氯碱化工行业重点推动利用电石渣生产水泥或用于脱硫，加强电石渣上清液回收利用以及电石炉尾气中一氧化碳、氢气综合利用。磷化工行业重点推动磷石膏制建材、分解制酸并联产水泥，黄磷炉尾气回收生产碳一化学品及热能回收利用。硫化工行业重点推动利用硫酸生产废渣炼钢和生产水泥，加强余热回收利用。煤化工行业重点推进废渣用于生产水泥等建材产品，推广煤制烯烃水循环利用、碎粉加压气化含酚废水治理、中水回用、高浓盐水处理、低温余热利用、高温气体热利用等技术。四是要构建化学工业循环经济产业链。构建磷矿—磷肥—磷石膏—建材，磷石膏—制酸—废渣—水泥，磷矿—磷肥—尾气—磷酸，电石—聚氯乙烯—电石渣—水泥，合成氨—造气炉渣—建材，焦化—废渣—水泥等产业链。到2015年，合成氨综合能耗低于1350千克标准煤/吨，烧碱（离子膜）综合能耗降到330千克标准煤/吨，电石综合能耗降到1050千克标准煤/吨，行业平均中水回用率达到90%，固体废物综合利用率达到75%。

这个文件时指导今后几年石油和化工行业发展循环经济工作的纲领性文件，在推动行业循环经济发展方面起到了巨大的作用。

2013年12月31日，工业和信息化部发布了《石化和化学工业节能减排的指导意见》。意见提出“全面推行循环经济和清洁生产。构建以企业为主体、市场引导和政府推动相结合的循环经济和清洁生产推行机制，在全行业推广硫酸、磷肥、氯碱、纯碱、农药、橡胶等子行业推进循环经济和清洁生产的成功经验。推广以煤电化热一体化为代表的共生耦合产业发展模式。加强对石化和化学工业的清洁生产审核，针对节能减排关键领域和薄弱环节，采用先进适用的技术、工艺和装备，实施清洁生产技术改造，到2017年重点行业排污强度比2012年下降30%以上。推进非有机溶剂型涂料和农药等产品创新，减少生产和使用过程中挥发性有机物排放。制修订氮肥、磷肥、农药、染料、涂料等重点子行业清洁生产技术推行方案和清洁生产评价指标体系，指导企业开展清洁生产技术改造和清洁生产审核。引导企业开展工业产品生态设计，尽可能少用或不用有毒有害物质，在农药等重点领域开展有毒有害原料（产品）替代，开发推广环保、安全替代产品。实施一批清洁生产示范项目，培育一批清洁生产示范企业，创建一批清洁生产示范园区”。

在地方层面，不少地方政府也出台“十二五”循环经济发展规划，其中，绝大部分涉及到了石油和化工行业。山东省政府批准发布了《山东省“十二五”循环经济发展规划》，提出要精心打造包括石油加工和化工行业在内的十二个重点工业循环经济发展模式。对于石油加工工业循环经济发展模式，要“强化石油和天然气开采业等上游产业与石油加工业的联系，鼓励催化、裂化与气体分离装置接续成龙，燃料油和化工产品复合成网，建立石油——烯烃——化工新材料特色产业链，重点培育石油——三苯——深度化工产品（医药、农药、染料中间体、涂料）、石油——对二甲苯——对苯二甲酸聚酯切片（PET）——化纤产品、石油——邻二甲苯——苯酐及其下游增塑剂产品链”，“建立催裂化烟气——余热回收、催裂化烟气——煤气生产——合成氨，以及废水的深度处理与高效回用等产业链，丰富和拓展石油加工工业循环经济发展模式”；对于化工行业要“鼓励高附加值、高技术含量的化工产品的研发与生产，重点提升化学材料的技术层次，优化农药、化肥等化工产品的品种结构，拓展新型精细化工产品品种，纵向延伸产品产业链”，“发展以劣质煤和煤矸石为原料的煤气化多联产技术。加快推广以高纯镁盐和化学肥料为主产品的苦卤综合利用工艺，提高资源利用效率。加强生产过程中的能量梯级利用和水资源的循环利用，降低物质消耗。强化化学工业与有色金属、建材、冶金、纺织印染、造纸等产业的横向链接，构建化学工业循环经济发展模式”。陕西省人民政府发布了《陕西省“十二五”循环经济发展规划》，规划中特别提到了建设陕北能源化工循环经济基地，“以陕北大型煤炭基地，煤电基地，煤化工基地和长庆、延长油气基地的国内综合能源基地开发总布局为基础，积极构建陕北大型煤炭示范基地，现代煤化工综合利用基地等七大循环经济基地”，稳步提高煤、油、气等一次能源产出率，深入实施煤电一体化、煤化一体化、油炼化一体化和煤炭生产与煤机制造一体化，“四个一体化”的战略布局，构建特色循环经济产业链，大力发展资源综合利用项目，提升资源综合利用水平和效益。”在这个规划的指导下，以榆林靖边化工园区为代表的一批大型石油和化工循环经济园区项目得到迅速建设，陕北正在形成重型能化一体化循环经济区域。

这些法规和政策的出台，有力的加强了政府对于石油和化工行业发展循环经济的指导力度，为全行业循环经济工作指明了方向。

（二）调整产业产品结构，提高资源综合利用水平

2013～2014年，石油和化工行业产业产品结构调整步伐明显加快，产业链整合和延长效果明显，有效的提高了资源综合利用水平。数据显示，产业链长、技术含量和附加值较高、市场前景看好的产品产量增长较快，在行业中所占比重大幅上升。从上游能源生产领域看，页岩气、煤层气、煤制气等非常规油气产量大幅增长，所占比重持续攀升。2013年，天然气产量占油气比达到32.8%的历史新高，比上年提高1.5个百分点。炼油领域，成品油结构发生明显变化。汽、煤油在生产和消费中的占比持续增加，2013年的产量比重分别达到33.2%和8.5%，比上年提高1.6和1个百分点。在下游化工领域，新材料、新技术、新型煤化工等产品产量快速增长。2013年，合成材料产量增幅达到9%，在主要化工产品中占比超过21%，同比分别提高2和1个百分点；有机化学品增幅7.3%，占主要化工产品的比重近12%，同比提高1.2和0.5个百分点。我国现代煤化工行业发展稳步前行，煤化工技术也不断取得新的突破，为形成以煤炭为龙头的能源化工产业循环经济链提供了坚实基础。煤气化技术国产化进程稳步推进，以航天炉为代表的具有自主知识产权的气化炉技术正在行业内得到广泛认可，与国外引进技术“水土不服”的情况相比，国产气化炉更加“接地气”。另外，在工艺路线方面也进行了新的尝试和探索，如煤制芳烃和煤-油混炼新技术的首次尝试，煤制乙二醇全流程打通并生产合格产品，以及焦油加氢煤炭分质利用新工艺等，这些工艺路线的尝试和探索，都为我国现代煤化工行业发展积累了宝贵的经验。

在大力整合和延长产业链的同时，石油和化工行业继续淘汰落后产能。在《产业结构调整指导目录（2011）》、《产业结构调整指导目录（2013）》的指导下，明确行业准入条件，淘汰落后产能，提高新建企业规模等措施，使我国石油和化学工业产业落后产能淘汰步伐明显加快，集中度有较大提高。目前，总体来看，我国石油和化学工业达到经济规模的大、中型企业的产能约占总产能的70-80%，新建装置整体达到国际先进水平。2011-2014年，全行业淘汰了大量单台炉容量小于12500 千伏安的电石炉及开放式电石炉、高汞催化剂（氯化汞含量6.5%以上）和使用高汞催化剂的乙炔法聚氯乙烯生产装置。

（三）大力推广石油和化工企业进园区，推进石油和化工园区循环经济试点示范

建设石油和化工循环经济园区已成为行业发展的一种重要战略方式，成为政府和企业的共识。建设石油和化工循环经济园区有以下几个方面的优越性。一是有利于推动地区经济的结构调整，实现地区经济可持续发展；二是有利于招商引资，快速提升行业的装备和技术水平，培育和提升产业竞争力；三是有利于实施循环经济建设，实现资源的合理利用；四是有利于污染物的综合治理，实现经济效益和社会效益的和谐提高。

2013～2014年，石油和化工行业循环经济园区建设取得了较大进展。目前，化工企业基本上都已经位于园区中。据不完全统计，80%以上的新建石油和化工园区采用循环经济方式进行产业路线设计和建设，70%以上的存量石油和化工园区采用循环经济理念指导其改造工作。在几年时间内，行业出现了一批新的典型循环经济园区。其中最有特色的园区是陕西延长石油集团靖边化工园区。

陕西延长石油集团靖边化工园区是国内最新建成的煤油气盐一体化循环经济园区。靖边能源化工园区启动项目是按照陕西省委、省政府“大区域谋划、大产业构建、大集团引领、大项目推进”战略和“三个转化”的总体要求，确定以煤炭、油田气、渣油为主要原料，建设的大型甲醇、甲醇制烯烃项目以及烯烃下游产品装置。它将最大限度地利用当地资源，生产合成材料和有机化工产品，形成油气煤盐资源综合利用特色园区和生态型循环经济、节能减排示范园区。一期项目主要包括180万吨甲醇、150万吨渣油催化热裂解(DCC)、60万吨DMTO、60万吨聚乙烯、60万吨聚丙烯等5套主装置及配套公用工程。后续建设150万吨甲醇、MTP及后加工项目，研究建设MTBE、丁烯-1分离、OCT、石脑油加氢、油浆延迟焦化等多套装置。规划到三期时，园区将建设成为年产值超过千亿元的综合能源

化工基地。靖边化工园区是全球第一家以煤、油、气为原料的综合性、大型化、资源综合利用且以节能减排与循环经济为突出特征的新型产业集群园区。

园区项目打破了传统的煤化工、气化工和石油化工的单一模式，实现了多种资源的优势互补和优化配置，提高了资源利用效率，努力开创陕北生态脆弱地区发展新型工业的新路子。通过煤炭、渣油、干气、甲烷、氢气等的优化组合和工艺路线的优化设计，大幅提高了资源利用效率。园区资源利用率比国际先进水平高8.86%，比国内先进水平高17.55%，比国内一般水平高28.27%。此园区核心产品之一甲醇的收率较大提高，吨甲醇综合能耗降低至37.03GJ，比国内外先进水平的煤制甲醇装置能耗低23.8%，年节约标煤约103万吨。同时，园区利用了先进的空气冷却技术和排放水处理装置，每小时返回到生产系统的回用水达到943吨，新鲜水用量比国内先进水平低60%，年节水1000余万立方米。园区实现了污染物末端治理向污染预防和生产全过程控制的转变。这一转变最大限度地实现了“三废”的资源化再生利用，大幅减少了二氧化碳排放。根据权威机构的测算，与同等规模的单一煤制甲醇制烯烃项目相比，园区每年可减排二氧化碳435万吨、废水148万吨、废渣27万吨、二氧化硫755吨。

此外，在7平方公里的园区中，还配套设计、建设雨水回收装置和浇灌系统，把雨水与装置深度处理后的废水加以储存和利用，作为园区绿化及沙生湿地的调剂水源，大力实施植树造林和荒漠绿化工程，推动当地生态与经济可持续发展，为生态脆弱地区发展能源化工探索出一条新路子。

（四）积极推动循环经济技术创新和应用工作

科技创新和技术进步对于石油和化学工业实施循环经济有着巨大的推动作用。近年来，大量的节能减排、循环经济技术被开发和推广。例如，昊华骏化集团为破解化工生产过程中的“三废”治理难题，大力实施了氮肥生产能量优化及资源综合利用标志性工程，通过自主创新或引进先进技术，建成了一批节能减排和循环经济改造项目，做到了系统能量的整体优化，对废物的综合回收利用，既保护了环境，又大幅度降低了生产成本。先后建立了污水处理系统、废气处理系统、废渣处理系统。先后实施了提升固定床气化工艺、造气炉体改造、DCS系统优化改造、集中式余热回收等一批典型的节能减排和循环经济项目。目前，该公司已经形成合成氨——尿素——三聚氰胺——三聚氰胺尾气联产纯碱氯化铵；合成氨——硝酸——硝基复合肥；甲醇——CO——醋酸；甲醇——甲胺——DMF；醋酸——DMAC等较为完善的五大产业链条，循环经济模式架构已初具格局。中国中化集团十分重视节能减排先进技术的推广应用。山东肥业实现了产量增加29%而生产过程无废水排放，中化涪陵在产量大幅增加的同时，COD排放量降低17.5%。氯碱行业推广的干法乙炔技术，有效地解决了电石渣浆污染、占地问题，实现了乙炔的连续生产，提高了装置的自动化和安全性，该项技术已在全国推广38套。低汞触媒技术是氯碱行业污染减排的重大突破，使触媒氯化汞含量由原来的10%以上降到6%以下，汞的消耗量和排放量也大幅度下降。此外，盐酸合成炉尾气回收、氯资源二次利用等一系列创新技术的应用，使氯碱行业的能源消耗和污染物排放都有显著下降，促进了行业的可持续发展。

三、2013～2014年石油和化工行业发展循环经济的典型子行业、企业和园区

（一）宁波石化工业园区投入巨资，进行循环化改造

宁波石化经济技术开发区入选2014年国家园区循环化改造示范试点后，相关财政补助资金已下达。根据计划，今后3年，园区将投资80亿元用于22个循环化改造项目。宁波石化区循环化改造将重点围绕副产物综合利用、产业链延伸、关键链接、污染物零排放、资源共享设施建设、能量阶梯利用、园区内污染集中防治设施建设及升级改造等七大类项目展开，并将重点实施物质流、资源流、能源流、信息流循环化改造，推进企业内小循环、产业链中循环、区域间大循环，最终形成更高水平的“四链、双环、一优化”循环经济网络体系。

其中“四链”是补链延伸完善石化产业的四大产业链，即烯烃、芳烃两条主导链和石化副产综合利用、副产/基础化工两条副产链，提高资源综合利用率和资源产出率。“双环”是着力构建物料资源环和水资源环，基本形成园区内的闭路循环，构建起资源——产品——污染排放——再生利用的资源循环流动模式，有效减少“三废”排放，促进减量化和再利用。“一优化”是推进能源梯度利用和使用结构优化，明显提高能源利用水平，提高能源产出率。

到2017年，园区可直接新增工业总产值535亿元，新增工业增加值139亿元。同时，废物资源再利用、物流管网

优化、污染物减排、能源高效利用、污染物集中处理等一批项目的实施，将节约成本，产生可观的间接效益。

（二）焦化行业大力发展循环经济，提升行业整体效益

焦化产业以煤炭深度加工和循环利用为核心，以高效率、低能耗为特征，以焦化产品——再生资源——循环利用为路径，使生产的相关资源(煤、炼焦产品、焦炉煤气等)得以优化利用，形成新的经济增长模式。节约能源资源，扩大炼焦煤资源及焦炉煤气资源化利用，是炼焦行业节能降耗必须解决的课题。

2013～2014年，在焦化市场不景气的大环境下，一些焦化企业走循环经济的路径，以副补主，取得了明显的经济效益。中国平煤神马集团就是一个典型的例子。平煤神马集团拥有1600万吨/年焦化产能，尼龙66、工程塑料、尼龙工业丝等产量居世界前列，现已形成煤焦化完整的产业链条。其延伸化工产品产值占到整个焦化产业的70%，利润的200%，企业所有的利润点均在化工产品生产上。山西也不乏这样的企业。山西焦煤60万吨/年烯烃投产后，山西焦化可实现焦化产值比4：6，企业的整体抗风险能力得到大大提升。

陕西黑猫焦化公司利用焦炉煤气生产甲醇，甲醇产生的废气和弛放气生产合成氨，合成氨解析气供给焦炉加热，置换出的焦炉煤气用来生产甲醇、合成氨，空分装置所产生的氧气用于生产甲醇、氮气用于生产液氨，形成一个独具特色的闭路循环，无任何废弃物产生，实现了资源利用的最大化，年可节约近40万吨标煤。陕西龙门煤化工公司把节能窍门锁定在炼焦炉烟道的废气上，因其中含有一定量的氮气、二氧化碳气。目前，氮气用于合成氨、二氧化碳气制取尿素的项目已进入实施阶段。

（三）山东新和成打造绿色化工

自2013年以来，山东新和成化工公司投入近5000多万元用于新建、升级环保设施。其中2013年度投入2100万元用于热电分公司烟气排放再提高治理工程，引进了国内最先进的电石渣脱硫工艺、潍坊市内第一家建设烟气脱硝工艺。2014年，为进一步削减污染物排放，该公司在2月份拆除了原20t/h“三废”锅炉，大幅度削减氮氧化物和二氧化硫排放，同时投资3000余万元引进两种先进的废气处理技术。其一是投资2500万元在山东省化工行业率先引进RTO处理车间尾气项目，不仅使有机物去除率高达99.5%以上，而且采用进口检测仪表，响应速度快，安全系数高，回收尾气自氧化时产生的热值还得到了利用。

（四）金昌化工企业固废综合利用成效显著

金昌市甘肃重要的化工生产基地和能源基地，2013~2014年，政府通过强有力的政策，狠抓化工企业工业固废综合利用工作，取得了显著成效。据最新统计，2014年全市工业固废综合利用量达到293万吨，比“十一五”末增长138万吨，翻了一番。2014年，金昌市先后重点实施了30万吨PVC项目、110万吨铜渣再选、镍阳极泥综合利用、1万吨白烟灰综合利用、磷石膏综合利用、10万吨无机纤维、电石渣水泥熟料等一大批技术含量高、辐射带动能力强的固废综合利用重点项目，不仅使工业固废综合利用水平大幅提升，而且培育了新的经济增长点。目前，全市冶炼废渣、粉煤灰、炉渣的综合利用率已分别达到42%、84%和99.8%。

（五）潜江经济开发区园区初具规模

经过2013～2014年的建设，湖北省潜江经济开发区园区循环经济产业网络现已初步形成，企业产业关联度达到85%，每年为企业净增效益过亿元。潜江经济开发区园区成功入选国家园区循环化改造示范试点，成为湖北省唯一入选园区。

2013～2014年潜江经济开发区围绕盐卤、石油、煤炭及矿产资源的综合利用，在实现盐化工、石油化工、煤化工、基础化工自身循环化发展的基础上，以不同化工产业体系间产品流、废物流、能量流的构建为抓手，打造资源循环利用体系，盐油煤一体化化工产业模式已初具雏形。其中，华润化肥作为全国首批中小氮肥零排放试点企业，通过技术改造与工业用水平衡管理，全年节水150万立方米，实现水资源自我平衡。依靠完善的管道供应网络，永安药业实现牛磺酸主体原料100%就地取材与管道输送，生产成本较国内同类企业降低30%以上。仙桥化学依托盐化工产业体系，开展副产品综合利用，实现每年增收700多万元，其下游企业则年节约运输成本800万元以上。远达化工对硫酸生产矿渣开展综合利用，通过磁选，分离的铁矿石供钢铁厂，矿渣供水泥厂用作原料，年新增利税1500万元。

（六）广西多个化工循环经济园区建成

2013~2014年，广西加快探索循环经济发展方式，已小有成效。在石化、稀土、再生资源利用、电力等工业领域，现已初步形成了各类循环型产业链、循环型产业园和示范基地，重点化工企业实现了磷酸、磷铵、氟化铝装置废水、废稀硫酸等全部回收循环利用，硫铁矿渣作为资源回收利用，磷石膏渣大部分回收利用，废旧轮胎循环利用、再生资源循环利用初具规模。

磷化工是广西的重要支柱产业，近年来，由防城港市统筹规划、广西磷化工行业协会牵头建设的大西南临港工业园热法磷酸循环经济产业园已经逐步建成，防城港已成为目前广西最大的磷酸生产基地和全国最大的磷酸出口基地。在园区内的所有企业，都按循环经济理念进行了节能减排大改进，对硫化氢废气进行回收处理、对尾气进行提高回收利用率的技改，对含磷废水进行回收循环利用，对含砷泥渣进行统一保管回收处理。正是这些措施的有机结合，形成了防城港磷化工产业园区循环经济系统的总体结构，实现了工业园区循环经济的可持续发展。

广西田东石化工业园区也着力提高园区产业关联度，加快构建石油化工、氯碱化工、多品种氧化铝、资源综合利用、天然气化工五大产业链，使园区循环经济建设换挡提速。目前，已实施石油和化工项目30多个，总投资超过100亿元。按照循环经济的思路，园区内的田东石化总厂有限公司确定了“油头化尾”的产业发展路线，到2015年将建成年加工原油300万吨、成品油120万吨、沥青30万吨、润滑油30万吨、乙丙烯30万吨等综合加工和生产能力的新型石油化工产业基地。这些项目可互供原料和产品，上下游协同发展，构建起可持续健康发展的循环经济圈。

广西德天化工循环股份有限公司是生产硫酸、钛白粉、饲料级硫酸锰、饲料级硫酸亚铁和脱硫石膏等系列产品的重点化工企业，是广西崇左市工业企业中发展循环经济最有代表性、且有较好基础的企业之一。近年来，该公司大力开展资源综合高效利用和节能减排工作，具有明显的循环经济减量化、再利用、资源化、无害化产业特征，已初步形成循环经济产业链。目前，该公司正在加紧打造“节能减排，环境友好；清洁生产，循环经济”的资源节约型化工企业。

柳州市也加快推进化工循环经济工业园建设，加快化工产业集聚步伐。该市依托柳化二基地、鹿化公司打造化工循环经济产业园，重点推进年产20万吨烧碱和20万吨聚氯乙烯二期、10万吨双氧水一期等系列项目工程建设，形成现代化工产业群，从而带动和吸引大企业、大项目落户园区，并引导园内企业发展市场容量大、科技含量高、附加值高的化工系列产品。

四、今后一段时期内石油和化工产业循环经济发展前景展望

（一）石油和化学工业循环经济发展面临的问题

我国石油和化学工业循环经济发展面临的问题主要有两个，一是石油和化工行业整体工艺技术水平落后，发展循环经济的技术支撑体系还不完善。目前，在整个石油和化学工业体系中，高新技术产业所占比重偏低，传统产业仍居主导地位。目前，我国石油和化工经济总量位居世界前列，但拥有自主知识产权的先进成套技术很少，出口产品大多是低档的初级原料，而且以重污染、高耗能为代价。从化工行业的状况看，大批高能耗、高物耗、高污染的落后工艺和设备还在运行；环保投入少，设施落后，生产过程缺少控制；资源再生、能源回收利用技术较少，产品深度开发力度小。虽然有了一批比较成熟的能源节约、清洁生产和“三废”综合利用的新工艺和新技术，但总体上讲数量比较少，水平也比较低，特别是缺乏关键共性技术，难以形成发展循环经济的有力支撑。二是结构不合理，行业发展与资源、环境的矛盾十分突出。据统计，目前石油和化工行业炼油、乙烯、氮肥、纯碱、烧碱、电石、黄磷等高耗能产业的能耗，约占行业总能耗的60%。这些高耗能产业，单位产品能耗与国外平均水平比都有较大的差距，在消耗大量能源的同时，又产生大量的“三废”，给环境造成严重的危害。产业结构、产品结构和能源消耗结构的不合理造成的巨大浪费和环境压力，进一步加剧了行业发展与资源环境的矛盾。

（二）石油和化工产业循环经济的发展前景与政策建议

1、促进清洁生产技术的开发和应用

在实施循环经济时最重要环节之一是推广清洁生产技术。我国还是一个发展中国家，整体工业技术水平比发达国家的水平相差数十年。我国目前最重要的任务是在保护生态环境的前提下，努力发展生产，增强国家的综合经济实力。而实现经济和环境双赢的唯一途径是清洁生产。在推行循环经济中一定要突出大力推行清洁生产，积极采用清洁生产技术，既高速度发展经济，又减小对生态环境的影响，遏制生态环境恶化的趋势。

对于氮肥行业，应采用先进的水煤浆气化、干粉煤气化、灰熔聚粉煤气化等技术替代固定层气化装置，或替代以油和天然气为原料的合成氨生产装置，调整原料结构，从根本上降低氮肥生产成本，减少环境污染；对于磷肥行业，要大力推广磷石膏渣综合利用技术，如磷石膏制硫酸联产水泥、磷石膏制建材等；对于氯碱行业，要继续鼓励离子膜法烧碱的发展，积极推广干法乙炔技术，电石渣废液治理要大力推广电石渣制水泥，电石渣上清夜回用于生产技术；对于纯碱行业，纯碱生产的蒸氨废渣要采用废清夜综合利用制氯化钙和再制盐，废液晒盐或掺兑晒盐，废渣制钙镁多元复合肥，废渣制工程土，蒸氨废渣制水泥或建筑胶凝材料，废渣制脱硫吸收剂，废渣制抹灰砂浆等技术进行处理；对于铬盐行业要推行无钙焙烧工艺，逐步淘汰有钙焙烧工艺；对于染料行业，一是用先进的化工机械来装备染料行业；二是采用清洁生产技术，如相转移催化技术、金属化合物催化技术、分子筛催化技术等；三是开发新的染料商品剂型，以满足用户在自动化和环保等方面的要求，如可发低粉尘的颗粒型染料和液体染料；对于农药行业，要开发低毒、可降解的新品种，开发生物杀虫剂、除草剂等；对于橡胶工业，要大力推广动态脱硫法再生胶生产技术和废旧轮胎的常温粉碎技术。

2、继续建设以石油和化学工业为核心的大型工业园区

建议相关部门按照循环经济理念来建立化工园区。这是解决资源环境发展矛盾的理想模式。一是通过采取措施规范石油和化工园区管理，引导园区按照循环经济模式进行规划、建设和改造。石油和化工园区的建设要通过对区内产品项目、公用辅助、物流运输、环境保护和管理服务的整合，做到专业集成、投资集中、资源集约、效益集聚。二是积极探索总结园区循环经济实践模式，园区建设除要求入园企业物料、废物实现内部循环外，还要促进园区内上下游企业之间副产品或废产物的相互利用，通过企业间的物质集成、能量集成和信息集成，形成产业间的代谢和共生耦合关系，使一家工厂的废气、废水、废渣、废热、废弃物式副产品成为另一家化工厂的原料和能源。使园区内形成必要的生产循环，以减少浪费，有效提高企业和企业之间资源循环利用和污染综合防治的水平，大大提高经济效益。三是要组织经验交流，积极开展咨询服务，不断提高园区技术水平和管理水平，促成园区各个企业共享资源和互换副产品的产业组合形式，形成园区实现物质闭环循环、能量多级利用的模式，逐步实现公用辅助一体化、物流运输一体化、环境保护一体化和管理服务一体化。四是要制定严格的石油和化工园区环境保护政策。在石油和化工园区的发展过程中，有一部分石油和化工园区的环境治理工作没有跟上，园区内和园区周围地区的环境污染严重，甚至成为当地居民和有关部门冲突的导火索。有关部门需要制定严格的化工园区环境保护政策，采取切实可行的措施来促使石油和化工园区的负责部门改善园区的环境。五是要鼓励和支持吸引中小企业入驻的石油和化工园区。中小型石油和化工企业本身的资金限制，很难独自建立起一套生产的基础设施，如供气、供暖、“三废”处理等。

（撰稿：李永亮，中国石油和化学工业协会产业发展部）

2013年废钢铁循环利用

中国废钢铁应用协会

发展循环经济是我国的一项重大战略决策，是落实党的十八大推进生态文明建设战略部署的重大举措，是钢铁工业实现可持续发展的必然选择。

冶炼—钢铁产品—废钢铁—电炉炼钢的产业链是钢铁行业循环经济产业链中重要的一环。电炉—废钢铁短流程炼钢是世界钢铁工业发展的潮流。

废钢铁是载能节能，减排降碳，可无限循环的铁素资源，是目前唯一可代替铁矿石炼钢的大宗绿色钢铁原料。与铁矿石炼钢相比，用废钢铁炼钢：可节约能源60%，节水40%；可减少86%二氧化碳等气体的排放，减少76%废水的排放，减少72%冶金固体废弃物的排放（不含尾矿）。

废钢铁是再生资源回收利用数量最多，价值最高的品类，年产值在3000亿元左右，占总回收利用量50%以上。

我国是钢铁大国，也是废钢铁循环利用的大国。但是，近几年废钢比只有11—13%，2012年世界钢铁工业平均废钢比为36.8%，美国、欧盟的废钢比则分别达到69,6%和55.7%。

随着我国钢铁积蓄量的不断增长，我国废钢铁资源量也在以每年300—500万吨的速度增加。目前，我国钢铁积蓄量已突破60亿吨，估算产出可循环利用的废钢铁资源量在1.6亿吨左右，为钢铁工业提升废钢比创造了有力条件。

协会本着致力于行业的发展为会员办实事的精神，大力推进废钢铁“十二五”规划的实施，为打造废钢铁加工配送体系建设，增加废钢铁循环利用量，实现废钢铁的精料供应，促进钢铁企业摆脱铁矿石进口的依赖,为降低碳排放做贡献。

2013年废钢铁市场低迷运行态势，对废钢铁产业的发展带来很大冲击。重点钢铁企业废钢铁循环利用量下滑的局面未能扭转，废钢铁加工企业产能无法全部释放，经营成本升高，一些企业面临生存的危机。在困境中全行业积极应对诸多不利因素，努力推进废钢铁加工配送体系建设，废钢铁产业保持了持续发展的势头。

一、树立信心努力工作，在逆势中促进废钢铁产业发展

1.积极推动行业准入，行业规范成果显著

2012年底《废钢铁加工行业准入条件》出台，为中国废钢铁产业的发展带来新的动力。协会把落实准入，加快行业规范作为一项重要工作，全力配合工信部宣传文件精神，协助相关企业按标准进行新建和改建、扩建工作，并组织企业搞好准入申报。

在2013年一季度和7月下旬，协会受工信部委托组织了专家小组分两批到现场检查验收，到年底已有93家废钢铁加工企业跨进准入门槛。废钢铁产业的面貌发生了根本的变化。

2.推进产业链延伸，实现同步共赢发展

近两年来协会秘书处一直把废钢铁加工配送中心和示范基地的基础建设与规范化管理作为一项主要工作来抓。

2013年协会先后为19家企业授予废钢铁加工配送示范基地和中心的牌匾，全国挂牌企业已达60家，其中，废钢铁加工配送示范基地30家；废钢铁加工配送中心30家。他们的共同特点是，管理规范，设备先进，质量可靠，信誉度好，真正实现了从单一的废钢堆料场到现代化的废钢铁产品工厂化的转变，并与大型钢铁企业建立起长期稳固供货渠道，形成若干供需产业链。重庆西部再生资源回收有限公司与五家国有大型钢企签订了常年供销合同；天津钢管集团公司与内蒙、河北及周边10多家废钢加工、配送企业形成稳固的保产供料基地；朝阳议通与鞍钢鞍凌公司、马鞍山华成与马钢股份有限公司、湖北兴业与武钢金资公司、丰立集团与沙钢集团都建立起互惠共赢的供需关系。

3.积极反映诉求，争取政策扶持。

2011年国家财政部税务总局157号文件关于对废钢铁回收系统先征后返税收政策停止以后，协会多次走访国家相关部委，积极反映会员企业的诉求。就钢铁企业和废钢铁加工配送企业所面临的税负过重的严峻形势和小钢厂两头不开票、偷漏税，与规范钢铁企业争夺废钢铁资源的现象，建议国家出台相应政策，支持规范废钢铁加工企业发展，遏制社会废钢铁灰色交易的蔓延。

协会秘书处会同中国物资再生协会、再生资源回收利用协会和拆船协会一道，多次召开座谈会，并联合向国家部委打报告，反映意见提出建议。

两会期间，还联系人大代表和政协委员提出废钢税收政策和节能减排方面的议案和提案。这些议案和提案都批转到国家相关部委待落实。

为了促使国家税收政策的尽快出台，协会秘书处先后召开6次各种形式座谈会，走访、调研、考察30多家钢铁企业和废钢铁加工配送企业，起草各种调研报告、方案建议10余份。到目前为止，这项工作还在进行中，基础工作和实施方案都已上报财政部。

2013年针对进口废钢申报审批权限的变化和企业的关注，10月15日，协会秘书处与废钢贸易工作委员会一起在北京召开进口废钢座谈会，有17家企业近30名代表参加。国家环保部和工信部的领导到会，向大家讲解进口废钢审批权限下放在国务院未审批前和审批后的做法和注意事项。同时还介绍了近期环保部与海关总署开展绿篱行动的情况。与会代表还提出一些具体问题与环保部固废管理中心的同志进行了交流和探讨。

4.承担国家课题任务，发挥行业协会作用。

2013年协会会同中国金属学会废钢铁分会积极配合中国工程院进行“黑色金属矿产资源的可持续开发和综合利用”课题研究，探索黑色矿产资源循环利用的现状、技术及前景。今年协会还承担了国家工信部的“废钢铁综合利用政策研究”项目，研究适合当前行业情况及发展的可行性政策方案，并开发废钢产业信息管理系统。组织相关企业完成了工信部《废不锈钢》行业标准的起草和申报工作。按时完成了社科院“中国循环经济发展报告”，发改委“中国循环经济年鉴”，商务部“中国再生资源行业发展报告”，中国钢铁协会“中国钢铁工业年鉴”等刊物中关于年度废钢铁产业发展情况文稿的撰写工作。

5.履行协会章程，多渠道提供交流平台

2013年协会组织各项活动，为会员提供交流信息平台。2013年5月上旬在重庆召开的“第六届中国金属循环应用国际研讨会暨五届二次会员大会”，8月中旬在鞍山召开的“2013冶金渣工作会议和冶金钢渣深度处理高效利用先进技术经验交流会”，9月中旬在西安召开的“2013年全国废钢铁统计信息工作会议暨废钢铁加工行业准入培训班”。这三次会议都是在企业生产经营面临严重亏损、经济形势最为困难的条件下召开的。但会员企业积极参与，会议的效果得到认可。

2013年5月24日，协会组织20余家会员企业参加了国际回收局BIR在上海召开的“2013年BIR国际会议及展览”。中国废钢铁应用协会副会长、中钢炉料有限公司总经理孙建生代表中国废钢铁应用协会在大会上做了演讲。

6.强化协会基础工作，促进废钢产业深化发展。

2013年协会废钢统计、协会网站、杂志等方面的服务工作，发挥了自身特有的功能，为会员企业的发展和政府的宏观决策提供了及时有价值的信息资料。从年初开始，协会就着手筹备分支机构的成立和换届工作。继2012年底成立了协会还原铁工作委员会以后，2013年5月份成立了协会专家委员会，同时对废钢铁加工委员会和废钢铁贸易工作委员会进行了换届选举。8月份又实施了冶金渣工作委员会的换届。这些分支机构的建立与换届，必将推进协会各项工作的顺利进行，带动整个废钢铁产业的健康发展。

产业文化是废钢铁产业发展的助力剂，著名画家、雕塑家徐国华创作的20余件废钢铁雕塑作品先后在北京、青岛进行巡回展出，2013年还受邀赴美国参加废钢雕塑的创作。废钢铁加工配送中心、示范基地，冶金渣生产线，现代化废钢加工设备等模型和图片都展示出会员企业的精神风貌与创新成果。

《中国废钢铁产业发展蓝皮书》已于2013年出版发行。

全国第一台用废钢雕塑而成的蒸汽机车于2013年1月份在山东邹平玉玺工业园落成剪彩。

二、2013年废钢铁产业运行概况

2013年废钢铁产业受外部环境的影响，运行状况十分困难。许多废钢铁加工企业在市场需求不旺的情况下，全力应对产能下降，效益下滑，濒临亏损的负面冲击，被迫调整经营策略，维持企业运行。

(一)2013年废钢铁循环利用情况

1．2013年钢铁工业增速回升，效益略有好转

2013年全国粗钢产量77904万吨，同比增长7.5%；生铁产量70897万吨，同比增长6.2%；钢材产量106762万吨，同比增长11.4%。钢铁工业产能的不断释放，促使钢铁产量持续增加。

2006—2013年我国粗钢产量统计表　　单位：万吨

年份 类别	2006	2007	2008	2009	2010	2011	2012	2013
产量	41915	48929	51234	57707	63874	69481	72445	77904
增长量	6591	7014	2305	6473	6167	5607	2964	5459
（%）	18.7	16.7	4.7	12.6	10.7	8.8	4.3	7.5

2013年大中型钢铁企业实现利润228.86亿元，同比扭亏为盈。钢铁行业总体经济效益比2012年略有好转，但盈利水平较低。

2．2013年全国炼钢废钢铁消耗总量同比增加

根据协会统计资料，2013年全国炼钢消耗废钢铁8570万吨，比2012年的8400万吨增加170万吨，增幅2%。全国炼钢废钢铁综合单耗110KG/T，同比下降7KG/T。其中转炉废钢铁单耗67KG/T，同比下降2KG/T；电炉废钢铁单耗559KG/T，同比下降43KG/T。

2006—2013年我国炼钢废钢铁平均消耗统计表　　单位：万吨

年份 类别	2006	2007	2008	2009	2010	2011	2012	2013
综合单耗（KG/T）	160	140	144	145	138	133	117	110
环比增减量（KG/T）	-18	-20	4	1	-7	-5	-16	-7
炼钢废钢比（%）	16	14	14.4	14.5	13.8	13.3	11.7	11
转炉单耗（KG/T）	79	75	82	76	81	80	69	67
环比增减量（KG/T）	-12	-4	7	-6	5	-1	-11	-2
电炉单耗（KG/T）	548	549	546	658	640	623	602	559
环比增减量（KG/T）	-108	1	-3	112	-18	-17	-21	-43

2013年炼钢废钢铁消耗，“总量增加。单耗下降”的走势仍在延续。重点钢铁企业废钢铁循环应用量下降的局面并未彻底扭转，实现多吃废钢，精料入炉的目标任重道远。

2013年钢铁企业无法摆脱低价格低效益的困扰，尽管废钢铁价格一再下降，仍未能唤起钢厂多用废钢铁的积极性，继续把少用废钢铁作为降低成本的一项重要措施。短流程的电炉企业采用热铁水代替废钢铁炼钢，已成为主流趋势。

2006—2013年重点钢铁企业电炉热铁水消耗情况

年份类别	2006	2007	2008	2009	2010	2011	2012	2013
热铁水（KG/T）	425	416	436	484	498	499	560	571
生铁块(KG/T)	120	107	90	105	72	62	76	57
合计（KG/T）	545	523	526	589	570	561	636	628

2006—2013年进口铁矿石情况

年份 类别	2006	2007	2008	2009	2010	2011	2012	2013
数量（万吨）	32632	28309	44366	62778	61864	68608	74355	81941
价格（美元/T）	61.4	88.2	136.2	79.9	128.4	163.8	128.6	129

3.2013年废钢铁资源有所增长

2013年企业自产废钢铁3850万吨，比同期增加200万吨，增长5.5%；社会采购废钢铁4650万吨，比同期增加230万吨，增长5.2%；进口废钢铁补充380万吨，比同期增加10万吨，增长2.7%。2013年废钢铁总资源量8880万吨，扣除调出废次材170万吨，增加库存140万吨，其余用于炼钢消耗。

2006—2013年我国废钢铁资源平衡情况表　单位：万吨

类别 年份	废钢铁消耗量	废钢铁资源构成				
		企业自产量	社会采购量	进口补充量	废次材调出量	库存变化量
2006	6720	2750	3980	340	310	40
2007	6850	2780	4230	120	270	10
2008	7200	2860	4200	260	220	-100
2009	8310	3040	4580	1020	200	130
2010	8670	3300	5190	440	160	100
2011	9100	3560	5080	510	200	-150
2012	8400	3650	4420	370	150	-110
2013	8570	3850	4650	380	170	140

2013年废钢铁资源量同比增长，为粗钢产量的增长提供了一定保障，是废钢铁加工企业和钢厂在困境中积极努力共同开创的成果，扭转了2012年废钢铁消耗负增长的不利局面

4. 2013年我国进口废钢同比减少

2013年全国进口废钢446万吨，比同期减少51万吨，降幅10. 3%。进口废钢铁主要来源于日本261万吨，美国118万吨，分别占进口总量的58. 5%和26. 5%。

2006—2013年我国进口废钢统计表　单位：万吨

年份国家和地区	2006	2007	2008	2009	2010	2011	2012	2013
总量合计	539	339	359	1369	585	677	497	446
其中:美国	114. 9	21. 2	57. 5	489. 9	171. 3	278	107	118
日本	110. 7	50. 6	72. 6	446. 4	268. 2	233	308	261
哈萨克斯坦	61. 9	37. 9	30. 5	17. 6	10. 9	8. 7	4. 5	3. 9
俄罗斯	24. 1	6. 9	3. 8	10. 7	7. 3	8. 6	1. 3	1. 7
澳大利亚	47. 9	27. 9	5. 8	66. 8	19. 1	40. 5	19	16. 6
吉尔吉斯斯坦	8. 9	1. 3	2. 7	2. 4	2. 8	4. 4	1, 5	0. 09
朝鲜	3. 2	2. 8	1. 4	3. 7	1. 4	—	0. 3	0. 1
德国	9. 9	3. 8	1. 3	10. 4	3. 5	1. 9	2. 1	0. 6
加拿大	1. 5	1. 9	1. 9	9. 1	3	2. 7	1. 3	2. 6
中国香港	42. 5	53. 4	131. 7	154. 5	37. 2	30	16. 8	20. 1
中国台湾	7. 4	4. 1	2. 3	6. 5	2. 8	1, 4	2. 0	0. 7

2006—2013年我国进口不锈废钢统计表

年份类别	2006	2007	2008	2009	2010	2011	2012	2013
进口量（万吨）	21. 8	40. 6	30. 8	37	9. 4	12. 8	8. 7	2. 3
价格（美元/T）	1233	1677	2780	2211	1565	2060	1770	1340

我国进口废钢集中在沿海地区，其中浙江省进口216. 8万吨，江苏省进口183. 2万吨，广东省进口19. 1万吨，三省约占全国进口总量的94. %。

进口废钢铁的减少，一是由于国内钢铁企业废钢铁消耗量的缩减，二是国外废钢铁价格居高不下，2013年进口

普通废钢铁平均价格虽然低于同期，但与国内同类废钢铁价格差距较大，进口企业必然减少国外废钢铁的采购。

5.2013年国内外废钢铁市场价格走低

（1）2013年国内废钢铁价格呈下滑趋势。受钢材市场不景气的影响，2013年废钢铁价格虽然出现过小幅震荡，但总体是下行走势，其特点是上半年降幅大于下半年，与同期价格走势相逆而行，下半年价格在一定范围的稳定性是近年来少见的。

以重型废钢铁平均采购价为例，一季度平均价格为2840元/T，二季度平均价格2600元/T,环比下降240元/T,降幅8.5%；三季度平均价格2560元/T，环比下降40元/T,降幅1.5%；四季度平均价格2540元/T，环比下降20元/T,降幅0.8%。2013年全年平均价格2640元/T，比2012年下降380元/T,降幅12.6%。

炼钢生铁一季度平均价格2910元/T，二季度2780元/T,环比下降130元/T，降幅4.5%；三季度平均价格2670元/T，环比下降110元/T，降幅4%；四季度平均价格2670元/T，与三季度持平。2013年全年平均价格2750元/T，比2012年下降380元/T,降幅12.1%。

（2）进口废钢价格近几年首次出现下跌。2013年进口普通废钢平均到岸价577美元/T，比同期下降21美元/T，降幅3.5%。全年12个月中有7个月同比下降，降幅在1.4%—18.7%。

2013年我国进口废钢统计表

月份	进口数量（万吨）			其中：普通废钢进口数量（万吨）			普通废钢价格（美元／T）		
	2012	2013	比较	2012	2013	比较	2012	2013	比较
1	42.1	49	6.9	39.8	48.1	8.3	579	526	-53
2	37.6	40.6	3	35.5	39.7	4.2	625	558	-67
3	49.3	38	-11.3	47.6	37	-10.6	576	619	43
4	53.9	55.9	2	51.7	54.7	3	577	562	-15
5	50.8	34.1	-16.7	49	33.1	-15.9	607	623	16
6	46.1	38.4	-7.7	44.9	37.7	-7.2	580	549	-31
7	40.9	28.2	-12.7	39.5	27.5	-12	602	642	40
8	39.2	33.6	-5.6	37.8	32.9	-4.9	559	580	21
9	29.8	28.8	-1.0	28.9	28.2	-0.7	635	626	-9
10	27.1	32.3	5.2	26.1	31.6	5.5	678	551	-127
11	31.2	36.2	5	29.9	35.4	5.5	686	576	-110
12	49.4	31.4	-18	47.9	30.2	-17.7	546	564	18
合计	497.4	446.4	-51	478.7	436	42.7	598	577	-21

2009-2013年普通废钢进口价格统计表　　单位：美元/T

年份	2009	2010	2011	2012	2013
价格	346	496	580	598	577
比较	-	150	84	18	-21

2013年进口废钢价格一改近几年的持续涨势，反映出不仅国内废钢铁市场陷入不景气状态，全球废钢铁市场也开始走向盘整时期。

但国内外价格还处于“倒挂”状态，促使企业减少了进口废钢数量。

（二）全球废钢循环利用处于平稳运行期

2012年全球粗钢产量15.47亿吨，同比增长1.2%。中国粗钢产量7.2亿吨，为全球粗钢总量的46.3%。2012年全球消耗废钢铁5.7亿吨，与2011年基本持平，废钢消耗与粗钢的增长不同步。2012年中国废钢铁消耗的下降是影响世界废钢比的一个重要因素。

2005—2012年全球炼钢金属料消耗情况表

类别年份	2005	2006	2007	2008	2009	2010	2011	2012	2012（中国）
粗钢产量（亿吨）	11.44	12.47	13.46	13.41	12.35	14.32	15.29	15.47	7.2
转炉钢产量（亿吨）	7.48	8.20	9.01	8.90	8.63	9.87	10.65	10.74	6.6
电炉钢产量（亿吨）	3.65	3.95	4.16	4.09	3.44	4.11	4.49	4.52	06
电炉钢比（%）	31.9	31.7	30.9	30.5	27.9	28.7	29.4	29.2	9
生铁量（亿吨）	8.0	8.80	9.61	9.49	9.33	10.34	10.35	11.05	6.65
铁钢比（%）	69.9	70.6	71.4	70.8	75.5	72.2	67.7	71.4	92.0*
废钢量（亿吨）	4.62	5.0	5.4	5.3	4.4	5.3	5.7	5.7	0.84
废钢比（%）	40.4	40.1	40.1	39.5	35.6	37	37.3	36.8	11.7
直接还原铁量（万吨）	5700	6000	6700	6800	6400	7000	7200	7300	200
直接还原铁比（%）	5.0	4.8	5	8.1	5.2	4.9	4.7	4.7	0.03
金属料消耗总量（亿吨）	13.19	14.4	15.68	15.47	14.37	16.34	16.77	17.48	7.51
金属料单耗（KG/T）	1153	1155	1165	1154	1164	1141	1097	1130	1043*

近几年世界废钢循环利用量处于平稳时期，2010年至2012年三年间，炼钢废钢比徘徊在37%左右。2012年美国消耗废钢6170万吨同比增长9.1%，土耳其消耗废钢3240万吨同比增长5.1%；欧盟消耗废钢9410万吨同比降低6%，日本消耗废钢3550万吨同比降低4.6%，俄罗斯消耗废钢2010万吨同比降低4.4%，中国消耗废钢8400万吨同比降低7.7%。

2010～2012年，世界废钢贸易维持在亿吨以上，环比变化幅度较小。

世界主要国家和地区废钢出口情况　　单位：万吨

年份/国家	2005	2006	2007	2008	2009	2010	2011	2012
美国	1300	1398	1664	2171	2244	2056	2437	2140
欧盟	924	1008	1057	1280	1579	1900	1881	1921
日本	758	765	645	534	940	647	544	846
俄罗斯	1265	980	786	513	120	239	404	435
加拿大	310	314	410	408	479	515	483	425
澳大利亚	130	—	150	171	193	164	175	225
南非	40	—	75	127	114	122	144	163

世界主要国家和地区进口废钢情况　　单位：万吨

年份国家	2005	2006	2007	2008	2009	2010	2011	2012
土耳其	1332	1101	1714	1742	1567	1919	2146	2242
韩国	681	562	689	732	780	809	863	1013
印度	491	336	301	458	534	464	618	818
中国	1014	539	339	359	1369	585	677	497
中国台湾	342	446	542	554	391	536	533	496
美国	384	481	369	357	299	378	400	371
欧盟	791	729	514	481	327	365	371	341
加拿大	160	150	144	167	141	223	191	234

印度尼西亚	—	—	126	190	148	164	252	194
马来西亚	—	—	369	229	168	229	205	182
泰国	—	—	181	314	132	128	188	170

（三）2013年废钢铁加工配送体系建设情况

国家《“十二五”钢铁工业发展规划》指出：加快建立适应钢铁工业发展要求的废钢循环利用体系。依托符合环保要求的国内废钢加工配送企业，重点建设一批废钢加工示范基地，完善加工回收配送产业链，提高废钢加工技术装备水平和废钢产品质量。

2013年尽管废钢铁市场运行遇到较大的困难，但废钢铁产业规范化发展的步伐并未停步，在全行业的积极努力下积极应对，迎难而进，废钢铁加工配送体系建设又迈向一个新台阶。

1．准入企业队伍不断扩大，产业规模逐步增加

2012年底国家工信部发布《废钢铁加工行业准入条件》以来，在2013年上半年已有44家废钢铁加工企业跨入准入行业的门槛，为行业的规范化发展树立了典范，引领废钢铁企业坚定科学发展理念。在各级政府的扶助和大力支持下，克服各种困难，积极创造条件，按准入标准建设、改造自身企业，提升企业整体素质，发展势头不减。到2013年底又有49家废钢铁加工企业在工信部网上公示，准入企业达到93家，加工能力已达到3000万吨以上。中国废钢铁产业的面貌发生很大变化

2．提高废钢铁企业规模，打造废钢铁龙头企业

“十五”末期，协会积极引导废钢铁加工企业规范发展，向规模化、产品化、区域化的产业目标迈进。适时制定了《中国废钢铁应用协会加工配送中心和示范基地标准》，组织企业创建新型的废钢铁加工配送体系。到2013年底已有60家废钢铁加工企业被协会授予废钢铁加工配送中心和示范基地的称号，其中有17家企业是在2013年度获得称号的。这些企业绝大部分已跨入国家行业准入门槛，见证了协会积极配合政府部门规范废钢铁产业健康发展的显著成果。对提升加工企业规模，打造行业的龙头企业提供了有力的条件。扩大企业规模，提高产业的集中度，将提升企业在市场的抗风险能力，增强产业链中的话语权。

3．加快废钢铁信息平台建设，提升协会服务水平

2013年，废钢铁电子信息管理平台建设工作取得新进展。协会积极组织相关技术人员完善信息平台的功能，满足对准入企业日常动态管理的需要，为相关政府机构对企业实施日常业务管理提供完整的信息资料。并积极与区域和企业大型电商网络合作，如重庆再生资源交易中心与协会共同打造服务平台，为会员企业提供发展商机。信息化的管理将促进加工企业提高内部管理，规范健康发展，提升行业的运行水平。

4．装备水平继续提高，促进设备制造业发展

近年来，我国废钢铁产业装备水平提高较快。形成了工厂化以机械加工为主的生产方式，废钢铁破碎生产线和大型剪切机引领废钢铁产业装备的发展方向。到2013年底，被协会授予废钢铁加工配送中心和示范基地的60家企业，已配置1000马力功率以上的废钢铁破碎生产线40余条，大中型门式剪切机30余台。呈现出国内设备为主导，中外合资、国外设备为辅的格局。湖北力帝和江苏华宏，成为国内废钢铁破碎机和各类型号剪切机、打包机的龙头企业。废钢铁防辐射检测设备和装载设备的应用不断增加。

（四）2013年钢铁渣开发利用情况

“十二五”以来，在钢铁产量不断增加的情况下，钢铁渣年产生量已超过3亿吨。加快钢铁渣的开发利用，减轻环境压力成为钢铁行业的一项重大任务。2013年钢铁企业扎实贯彻党的十八大关于加快推进生态文明建设的要求，加大钢铁渣综合利用的力度，取得新的成效。

2013年钢铁渣产生量3.42亿吨，比2012年增加0.28亿吨。其中高炉渣2.41亿吨，比同期增加0.2亿吨；钢渣1.01亿吨，比同期增加0.08亿吨。

2013年钢铁渣开发利用量2.23亿吨，综合利用率65%。比2012年增加约4个百分点。其中高炉渣利用率82%，同比增长4个百分点；钢渣利用率25%，同比增加3个百分点。

2013年钢铁渣综合利用率有所提高，但要在后两年实现“两部委”‘十二五’规划综合利用率70%和75%的目标，时间紧难度大，特别是钢渣的开发利用，需要全行业继续努力，用创新技术突破难点，加快步伐大幅度提升利用率，尽早实现“零排放”的目标。

钢铁渣的开发利用要依靠政府部门的大力扶助和支持，产品的推广应用需要国内水泥，建筑等相关行业的支持和参与。

2013年钢铁渣利用途径及所占产生量的比例

种类	主要利用途径	利用量(万吨)	占渣产生量比例(%)
高炉渣	矿渣粉	13630	56.5
	水泥混合材	5472	22.7
	慢冷渣碎石	690	2.8
	合计	19792	82
钢渣	钢渣粉	864	8.6
	钢渣水泥	170	1.7
	硅酸盐水泥配料	630	6.2
	钢渣砖及道路材料	221	2.2
	钢渣返回烧结矿配料	647	6.4
	合计	2532	25

（五）废钢铁产业在困境中为建设“两型”社会作出贡献

废钢铁是节能环保的铁素资源，社会对废钢铁代替铁矿石炼钢重要意义的认知不断深化。在原生资源日趋枯竭的趋势下，废钢铁的循环利用不仅是对炼钢资源的补充，更重要的是助力生态环境的改善，是从源头上践行节能减排的根本措施。

1．多吃废钢铁，减少“三废”排放

2013年消耗8570万吨废钢铁，等于减少约3.7亿吨铁矿石的投入。

与铁矿石炼钢相比，用8570万吨废钢铁炼钢，可减少8570万吨原煤的消耗；减少约1.3亿吨新水的消耗。

废钢铁炼钢减排效果明显，2013年减少约1.4亿吨CO2排放；减少约1.6亿吨废水排放；减少约2.6亿吨固体渣排放，少占用土地1.3亿亩。

2．钢铁渣综合利用变废为宝

2013年钢铁渣的开发利用取得新进展，高炉渣和钢渣的利用率

同比分别增长4个百分点和3个百分点。我国近几年钢铁渣的产生量已突破3亿吨，加快其综合利用是一项长期艰巨的任务。2013年钢铁渣开发利用2.23亿吨，减少土地占用1.12亿亩。

2013年钢铁渣综合利用于水泥行业的材料约2亿吨，节省石灰石2.2亿吨，节省粘土质原料3600万吨；节电120亿KW.h;节省煤耗2420万吨；减少约1.6亿吨CO2的排放。

2013年钢渣中回收做返回烧结矿配料647万吨，减少了铁矿粉的投入。

（六）积极反映企业诉求，争取国家政策支持

近几年废钢铁产业陷入低谷局面由多种因素造成，国家税收政策的变化，对废钢铁的循环利用带来冲击。2011年政府部门取消废钢铁返税的优惠政策，恰是世界经济危机持续动荡，国内经济减速运行，钢铁工业在亏损边缘徘徊的时期，新生的废钢铁产业面临巨大的压力。协会从2011年开始，以锲而不舍的精神，奔波于政府相关部门，积极反映企业的诉求，力争国家对废钢铁产业给予税收政策支持，帮助企业渡过难关，推动产业健康发展。

1．2013年1月21日，组织部分企业和相关协会，，在山东玉玺炉料有限公司研讨废钢铁的税收政策方案，确定了最佳的建议方案向政府有关部门申报。

2．2013年4月8日协会同其他三家协会，参加财政部召开的税收政策座谈会，积极反映产业困境，提出废钢铁税收方案建议，并呼吁尽快出台优惠政策。

3．“两会”期间，积极联系行业内人大代表和政协委员提出议案和提案，反映废钢铁产业存在的问题，建议政府出台优惠政策，支持废钢铁产业的发展，解决企业的困难。

4。6月初协会牵头联合中国物资再生协会等三家协会，共同起草了《关于申请给与废钢加工配送企业税收优惠政策的报告》，上报财政部等相关部门，再次反映企业诉求，期盼政府部门早日落实。

三、2013年废钢铁产业发展存在的主要问题和建议

2013年在钢铁工业严峻形势的影响下，废钢铁产业的困境无明显改变，废钢加工企业面临生存和发展的考验。

1．由于重点钢铁企业减少废钢铁消耗，废钢铁回收加工企业的经营规模缩减，产能无法全部释放，经济效益下滑，总体废钢铁的回收加工量减少，挫伤了废钢铁加工企业的积极性，对废钢铁行业的规范化建设带来不利影响；

2．财税157号文件税收优惠取消，增加了废钢铁回收加工企业的运营成本，尽管废钢铁价格呈下滑趋势，但目前废钢铁与生铁的性价比，不利于钢厂多用废钢铁；

3．社会上不规范钢厂、小回收采用的“两不开票”的灰色交易模式还在运作，纳税与不纳税或少纳税的不对等的现实条件，使规范的钢铁企业和废钢铁回收加工企业在市场竞争中处于劣势，造成优质的废钢铁资源流向的不合理，国家税收的流失及带来建筑市场的安全隐患。

几点建议：

1．建议政府有关部门参照财税〔2011〕115号文有关条款，给符合废钢铁加工行业准入的企业实行即征即退70%增值税的优惠政策，扶助废钢铁产业的发展；

2．建议对利废企业多用废钢铁给予差别电价，减免环保费用、节能基金补贴等项政策，鼓励钢厂多用废钢铁，少用铁矿石；

3．给予符合废钢铁加工行业准入条件的企业进口废钢资质，增加废钢铁资源渠道，扩大废钢铁的循环利用量；

4．尽快把冶金渣产品纳入国家免税产品目录，调动企业开发利用冶金渣的积极性。

（撰稿：刘树洲，中国废钢铁应用协会 ）

2013年橡胶行业循环经济

中国橡胶工业协会

2013年，世界经济仍处于危机后的恢复期，总体态势趋于稳定。欧洲经济走出衰退将增强全球经济的增长动力，但需要高度关注美国量化宽松政策退出对美国经济复苏的影响和对新兴经济体的冲击。同时，国际市场竞争将更加激烈，各种形式的贸易保护主义将更加突出，行业面临的贸易摩擦会不断增多。

从国内看，我国经济增长已进入从高速到中高速的换挡期，经济下行的压力仍然存在。但是，中央坚持稳中求进的工作总基调，完善调控方式手段，强化经济发展方式转变的内生动力，加快经济结构调整优化，依靠科技创新，推动产业向价值链中高端跃进，将给橡胶行业创造了转型升级、可持续发展的环境和条件。

橡胶行业经济运行情况，一行业经济运行整体平稳，高性能产品增长较快。二行业利润小幅上升，艰难困境有所改变。三市场走势波动，产品价格重心下移。四行业出口有增有减，总体呈现微增长，见表1。

表1 2012-2013年全国主要橡胶制品生产情况

产品名称	2012年	同比增长	2013年	比上年增长
轮胎/亿条	4.7	3.07	5.29	12.5
其中：子午胎	4.14	4.02	4.76	14.9
全钢子午胎	0.95	4.5	1.07	12.6
子午化率/%	88.09		88.98	
摩托车胎/亿条	1.7	6.25	1.85	8.82
自行车胎/亿条	3.5	-7.9	3.0	-14.3
电动自行车胎/亿条	1.8	2.1	2.1	16.7
输送带/亿平方米	4.8	14.3	5.2	8.3
其中:强力输送带	3.8	21	4.2	12
V型带/亿A米	21	10.5	22	4.8
胶管/亿B米	12	9.1	13	8.3
其中:钢丝编织胶管	2.4	20.0	3.5	45.8
胶鞋产量/亿双	15.9	9.7	15	-5.7
安全套/亿只	70	2.9	71.3	1.9
橡胶外科手套/亿副	17	6.3	16.5	-2.9
橡胶其它手套/亿副	15	7.1	15.2	1.3
O型密封圈/亿个	45	15.6	46.90	4.23
汽车减震制品/亿个	143	-16.9	150	4.9
出口汽车橡胶配件产量/亿个	259	-15.6	289	11.5
再生胶/万吨	350	16.67	380	8.57
胶粉/万吨	40	11.11	50	25

一、废橡胶综合利用行业基本情况

2013年，中国废橡胶综合利用行业的基本格局：依然以生产再生胶为主，适度发展硫化橡胶粉和胶粒直接应用，加大再生胶、胶粉的深加工力度，大力推广预硫化轮胎翻新。

中国废橡胶综合利用新时期使命：以环境保护为目标，利用橡胶再生资源为目的。中国是世界上最大的橡胶消费国，但也是一个橡胶资源非常匮乏的国家，天然橡胶80%、合成橡胶46%依赖进口，见表2。将废旧轮胎等废橡胶

固体废弃物生产胶粉、再生胶，解决废旧橡胶带来的环境污染，将其成为可利用的橡胶再生资源，对保护环境，缓解生胶资源匮乏和短缺，是保障我国橡胶工业科学发展的必然选择。2007～2013年橡胶消耗量见表2，2007～2013年废旧轮胎利用主要产品及处理量，见表3。

表2 2007～2013年中国橡胶消耗量（万t）

年份 项目	2007年	2008年	2009年	2010年	2011年	2012年	2013年
天然橡胶	235	253	270	300	320	345	420
增长/%	11.9	7.7	6.7	11.1	6.67	7.81	21.7
合成橡胶	270	297	318	345	370	385	410
增长/%	12.5	10.0	7.1	8.5	7.25	4.05	6.49
合计	505	550	588	645	690	730	830
增长/%	12.2	8.9	6.9	9.7		5.8	13.7

表3 2007～2013年中国废旧轮胎利用主要产品及处理量（万t）

年份 项目	2007	2008	2009	2010	2011	2012	2013
再生胶	195	245	250	270	300	350	380
增长/%	14.7	25.6	2.0	8.0	11.1	16.7	8.6
硫化橡胶粉	25	25	25	30	36	40	50
增长/%	13.6	0	0	20.0	20.0	11.1	25
合计	220	270	275	300	336	390	430
增长/%	14.5	22.7	1.85	9.1	12.0	16.07	10.26
处理废旧轮胎	264	324	330	396	403.2	468	516
废旧轮胎产生量	660	740	765	860	970	1018	1080
占比/%	40.0	43.8	43.1	46.0	41.6	46.0	47.8

废旧轮胎和再生胶的循环利用作为发展橡胶工业循环经济的重要载体和有效支撑，是中国橡胶工业战略性新兴产业的重要组成部分，胶粉除少量直接应用和沥青改性，绝大部分用于生产再生胶。多年来，再生胶产业在我国废旧轮胎加工处理方面占有非常重要的位置，成为目前废旧轮胎回收处理的主要方式，更是从根本上缓解橡胶资源和环境约束的重要措施。2013年再生胶利用率，见表4。

表4 2013年再生胶利用率

行业分类		消耗量/%	数量/万t
轮胎		30.00	114.00
非轮胎		70.00	266.00
其中	力车胎	40.00	152.00
	胶管胶带	15.00	57.00
	胶鞋	5.00	19.00
	橡胶制品	10.00	38.00

从2013年对46家会员企业统计分析来看，全国再生胶、硫化橡胶粉总产量同比（下同）增长了24.87%；销售量同比增长了23.78%；工业总产值同比增长了27.52%；产品出口交货值同比增长了8.40%；工业增加值同比增长了26.20%；销售收入同比增长了30.09%，产销两旺，实现利润比上年增长了11.89%%；实现利税总额比上年增长了29.81%。

2013年再生胶销售收入、产量以及硫化橡胶粉产量前10名企业别见表5～表7，2013年再生胶及硫化橡胶粉主要经济指标完成情况见表8和表9。

再生胶、硫化橡胶粉作为处理废旧橡胶的主要途径，在天然橡胶由年初1.8万元/t多降到目前不足1.4万元/t，降幅达20%，通用型丁苯橡胶、顺丁橡胶价格在1.1万元～1.2万元/t左右徘徊，降幅达到30%的情况下，再生胶、硫化橡胶粉销售形势依然看好。硫化橡胶粉的直接应用也得到了较大的发展，全员劳动生产率（人）增长20.09%，显示了装备向节能高效型发展，产业向量化规模化发展的优势；但也应该看到企业应收账款增长88.58%；产成品库存增长8.53%，说明行业的竞争更加激烈，企业生存与发展依然面临新的挑战，提高新形势下的稳中求进已经成为关键。据不完全统计，2013年全国完成再生胶、硫化橡胶粉产量430万t，其中再生胶完成380万t、硫化橡胶粉完成50万t。

表5 2013年再生胶销售收入前10名企业

排名	企业名称	销售收入/万元
1	南京金腾橡塑有限公司	104827.90
2	南通回力橡胶有限公司	89678.56
3	江西国燕高新材料科技有限公司	43595.28
4	福建环科化工橡胶集团有限公司	39941.16
5	唐山兴宇橡塑工业有限公司	37300.00
6	莱芜市福泉橡胶有限公司	36374.00
7	京东橡胶有限公司	30164.09
8	安徽宏磊橡胶有限公司	29055.50
9	金轮橡胶（海门）有限公司	26990.00
10	浙江杭园特种橡胶有限公司	18556.00

表6 2013年再生胶产量前10名企业

序号	企业名称	产量/t
1	南京金腾橡塑有限公司	170708.00
2	南通回力橡胶有限公司	139740.74
3	唐山兴宇橡塑工业有限公司	103600.00
4	莱芜市福泉橡胶有限公司	79413.00
5	京东橡胶有限公司	74844.32
6	福建环科化工橡胶集团有限公司	66401.09
7	江西国燕高新材料科技有限公司	61627.22
8	金轮橡胶（海门）有限公司	45577.00
9	安徽宏磊橡胶有限公司	38661.00
10	湖北宏鄂远橡塑环保科技有限公司	34590.00

表7 2013年胶粉产量前10名企业

序号	企业名称	产量/t
1	南通回力橡胶有限公司	47537.14
2	安徽宏磊橡胶有限公司	38661.00
3	清远结加精细胶粉有限公司	33207.00
4	湖北宏鄂远橡塑环保科技有限公司	29662.00

5	山东舜合胶业有限公司	26400.00
6	广西远景橡胶科技有限公司	26031.90
7	泸州市万发橡胶厂	17474.00
8	邵阳市黑宝石橡胶厂	15067.00
9	江阴市台联超细胶粉有限公司	10395.00
10	丹东市富润橡胶有限公司	10316.00

表8 2013年再生橡胶主要经济技术指标完成情况

项目	2013年	2012年	同比/%
工业总产值（按现行价）/万元	344811.93	273844.71	25.92
其中：再生胶产值//万元	227089.45	182327.16	24.55
工业销售产值（按现行价）/万元	363440.9	292969.05	24.05
产品出口交货值（现价）/万元	13037.87	12696.16	2.69
工业增加值/万元	85126.75	68461.18	24.34
再生胶产量（合计）/t	462462.79	384464.85	20.29
其中：通用型再生胶产量/t	302256.18	262355.75	15.21
特级再生胶产量/t	90744.04	70111.96	29.43
特种再生胶产量/t	69462.57	51997.14	33.59

表9 2013年我国硫化橡胶粉主要经济技术指标完成情况

项目	2013年	2012年	同比/%
胶粉产量（合计）/t	352538.34	272062.57	29.58
产品销售率/%	96.18	97.03	-0.88
应收账款/万元	108055.62	57300.95	88.58
产成品库存（按现行价）/万元	16020.09	14760.66	8.53
产品销售收入/万元	689767.22	530241.3	30.09
实现利润总额/万元	40986.41	36632.25	11.89
实现利税总额/万元	110645.73	85237.16	29.81
全员劳动生产率（人）/万元	86.48	72.02	20.09

据对46家会员企业统计排列，南京金腾橡塑有限公司、南通回力橡胶有限公司、唐山兴宇橡塑有限公司等10家再生橡胶生产企业产量占全国总产量21.45%以上。

二、国家鼓励，政策支持

2013年2月22日国家发展改革委发布《战略性新兴产业重点产品和服务指导目录》公告，废橡胶、废塑料再生利用，包括废轮胎常温粉碎及常压连续再生橡胶技术和成套设备、废轮胎胶粉改性沥青成套装备、废轮胎整胎切块破碎机等均被列入资源再生利用目录，废橡胶再生利用再次被提升到国家支持、鼓励的战略性新兴产业。

2013年3月14日，工信部印发[2013]86号《废旧轮胎综合利用行业准入公告管理暂行办法》的通知。废旧轮胎综合利用行业首次有“许可证”，行业门槛将被提高，小打小闹和无序发展将进入历史。

2013年4月8日，我国首次发布《中国资源综合利用年度报告（2012）》，显示2011年我国废旧轮胎产生量约1000万吨，无害化利用率约60%，其中翻新轮胎约1600万条，再生胶产量约300万吨，胶粉产量约30万吨，占世界产量75%以上的再生胶作为主导产品再次成为中国特色。

2013年8月1日，国务院颁布《关于加快发展节能环保产业的意见》文件，将推动生产者落实废弃产品回收、处理等责任：健全污染者付费制度，建立生产者责任延伸制度。

三、发挥行业协会作业，积极开展工作

2013年6月20日，央视《来自唐山的污染报告》对玉田县窝洛沽镇无视环境保护，不规范、脏乱差废橡胶利用家庭作坊，给当地带来严重的空气和水质污染，威胁当地村民生命安全的影响报道。26日，中国橡胶工业协会专家受邀到玉田，就该县废旧橡胶综合利用产业环保转型，如何发展提供指导和帮助，并提出了《玉田县废旧橡胶综合利用产业转型升级发展规划方案》。

2013年9月1～7日，曹庆鑫受邀代表中国橡胶工业协会前往日本，就废旧轮胎循环利用进行政策研修。并就赴日研修向国家发改委、中国社会科学院和日本专家提供了《关于制定青岛废旧轮胎管理办法的初步构思》，建议我国启动生产者责任延伸制。

2013年10月17日，协会与天津橡胶工业研究所合作，完成了国家发改委、环保部、工信部下达的《再生橡胶行业清洁生产评价指标体系》（征求意见稿），形成上报稿报国家部委。

2013年11月21日，在国家环保部与石化联合会汇报《橡胶工业污染防治技术政策》项目的实施方案，通过专家对开题报告论证。

四、协会引导，行业自律

为使再生橡胶满足“产品安全、使用安全”的要求，再生胶化学含量指标符合欧盟REACH法规重金属、多环芳烃限量规定，宣传制定再生橡胶行业自律标准必要性，为淘汰有毒有害煤焦油软化剂，为环保型再生橡胶的生产与使用提供依据。对企业再生橡胶通过SGS、普尼、华测等检测机构检测，推出莱芜福泉、南通大华、唐山兴宇、南京金腾等11家企业生产的环保型再生胶入围协会推荐品牌。

为了加大对淘汰煤焦油的宣传力度，5月8日启动了制定中国橡胶工业协会《环保型再生橡胶行业自律标准》程序。在全行业开展征集申请“环保型再生橡胶”自律标准的参与单位并推荐参与人员，以及征集关于“环保型再生橡胶”自律标准内容的建议和内容。制定再生胶行业自律标准，淘汰煤焦油的工作在有条不紊进行。

2013年1月份开始，就装备、助剂、工艺等升级转变，展开行业调研。通过调研，推出符合国家产业政策要求，符合产业发展需要的2013～2014年度淘汰“小三件”，改变废轮胎粉碎工艺：淘汰煤焦油，使用环保型助剂：改变再生胶脱硫工艺，采用常压连续环保脱硫工艺三大任务目标，对引导企业落实“安全、高效、环保、节能”起到积极作用。

为了维护国家环境安全，实现党的“十八大”报告中“建设美丽中国”的承诺。环境保护部、海关总署、质检总局正式建立起国家及地方层面固体废物进口管理和执法信息沟通与共享机制，通过共享机制，加强执法联动。国家海关同时实施了“绿篱行动”，依据国家《禁止进口固体废物目录》予以严查严管。不让废旧轮胎等洋垃圾进入中国，基本实现了国门神圣，严禁废旧轮胎进口对我国产生污染侵犯。

五、企业转型，绿色发展

我国虽然85%的废轮胎处理依然使用“小三件”，但改变废轮胎粉碎的技术装备已引起行业的关注，多家企业都选择了国家推荐的轮胎破碎粉碎设备。

中国橡胶工业协会组织专家对广州市联冠机械有限公司提供给福建省奥翔体育塑胶有限公司使用的3E废旧轮胎常温全自动制取胶粒生产线，进行现场考评。

在广州番禺召开的“2013全国废轮胎常温粉碎技术高峰论坛”上，明确淘汰“小三件”，改变废轮胎粉碎工艺；制定环保型再生胶行业自律标准，淘汰煤焦油；改变再生胶高温高压脱硫工艺，采用常压连续脱硫工艺的2013～2014年度行业三大任务目标，对产业清洁工艺、安全装备和环保产品进行方向引导。

无锡市万丰橡胶厂新厂区年产万t常压连续脱硫丁基再生橡胶生产线，通过了专家组对生产线试运行环境质量的评估。上海肖友橡胶有限公司“5000t废旧轮胎绿色联动常压环保生产线”通过专家组现场考核。

目前，都江堰市新时代、山东金山、平陆康乐开发的“硫化橡胶粉常压连续脱硫成套设备”在国内得到近百家企业应用，还被引进到泰国、越南、韩国、新加坡、马来西亚、印度、加拿大、葡萄牙、法国、美国等国家的再生橡胶和塑化胶粉生产应用中。

同时，江西国燕、上海肖友、江阴迈森、山东新东岳、莒县东盛、台州中宏、青岛科技大学等多家企业和院校已展开对“硫化橡胶粉常压连续脱硫成套设备”的进一步完善，其环保、安全的脱硫方式以及便于再生橡胶粉碎、脱硫和压延精炼联动化的全过程结合，在行业中已经得到普遍认知。

六、保持行业绿色稳步发展

随着国内废旧轮胎的回收价格在继续走低，跌幅达到50%以上。随着人工、财务等成本的提高，再生胶价格依然维持现状，1吨天然胶价格可以购买3吨再生橡胶的历史已经重现，再生橡胶产品作为橡胶工业循环经济特色的微利特性产品，在橡胶工业的应用拥有绝对优势。

财政部根据调研和各方面反映，对现行资源综合利用增值税优惠政策进行了梳理，将启动对再生胶等再生资源产品增值税按一定比例即征即退的优惠政策。在国家产业政策指导下，引导无害化回收环保型利用理念，确保在“绿色、安全、高效、环保、节能”的实施中得到稳定健康发展，实现“十二五”再生胶产能由“十一五”的1100万t达到1700万t，硫化橡胶粉产量由127万t提高到300万t的橡胶再生资源目标。

中国废橡胶综合利用行业正处于一个装备向安全节能、工艺向程控联动、产品向绿色环保深度转型，是中国橡胶工业由大国向强国转变制定具体措施的重要时期；强化保护环境与再生资源同行，自主创新、转型升级，节能环保、规范自律、保持行业绿色平稳发展；适应再生橡胶产品从关注物性指标向化学指标的转移。

当前，由于国内大量的废旧轮胎不能得到及时处理，引发废旧轮胎的回收价格继续走低，应引起相关部门的警觉。这种传统的回收方式如果不能从根本上颠覆，受到不公平待遇凸显出现的问题逐渐会浮出水面。只有通过国内外橡胶制品生产企业承担社会责任认识的提高，逐步理顺并承担废橡胶在回收方式上的责任，彻底改变无序和不规范回收方式，减少在回收过程承担的沉重税赋状况。推动我国生产者责任延伸制的建立，是与国际接轨、确保我国废旧轮胎回收与利用规范的保证，相信在全社会的关注、支持下，一定会得到根本改变。

随着中国橡胶轮胎、力车胎、管带、胶鞋、橡胶制品等橡胶产业平稳发展，

将增加对再生橡胶的需求，以及公路、和城市建设对胶粉的应用；中国每年又有千万吨废橡胶、废旧轮胎需要处理，种种迹象显示，中国废橡胶综合利用行业既有足够的废橡胶资源，又有稳定的再生胶、胶粉市场。分析预测，2014年，全国再生胶产量将达到410万t，增长7.89%；胶粉产量将达到55万t，增长10%。

（撰稿：曹庆鑫，中国橡胶工业协会废橡胶综合利用分会）

2013年拆船业循环经济

中国拆船协会

一、我国拆船业发展循环经济概况

2013年，全球经济复苏乏力，国内经济增速放缓，航运市场低迷，运力过剩，再加上技术准入和政策措施，运输船舶报废数量不减，而国内废钢市场则呈现需求疲软，价格一直震荡走低的态势。我国拆船业尽管拆解量保持一定的增长，但拆船物资严重积压，企业效益严重亏损。

据统计，2013年会员拆船企业（下称：拆船企业）共计成交国内外废钢船351艘，计250万轻吨，约合770万载重吨，轻吨量与上年基本持平，其中，进口废钢船286艘198万轻吨，轻吨位同比减少12.9%；国内废钢船65艘52万轻吨，轻吨位同比增加189.6%；废钢船贸易额超过50亿元人民币；拆船数量连续五年在高位运行，并继续保持世界拆船国前列地位。从经济效益来看，2013年受报废船价较高，国内钢材及废钢市场持续低迷等因素影响，拆船盈利能力继续下降。在拆船业总体经营亏损的情况下，全年循环利用了废钢铁、废有色金属等再生资源200余万吨，为国家发展循环经济和节能减排做出了贡献。

2013年成交并循环利用废钢船资源数量前十名企业：江阴市夏港长江拆船厂、江门市银湖拆船有限公司、江门市新会双水拆船钢铁有限公司、江门市中新拆船钢铁有限公司、靖江市新民拆船有限公司、舟山长宏国际船舶再生利用有限公司、靖江市敦丰拆船有限公司、大连船舶重工集团船务工程有限公司、江苏长荣钢铁有限公司、江苏苏恒海洋工程装备有限公司。

（一）循环利用大量废金属等再生资源

据测算，2013年拆船企业回收并循环利用金属资源预计225万吨，其中，回收利用拆船板材110万吨；拆船废钢101万吨；各类机电设备11万吨；有色金属2.2万吨。我国拆船业循环利用废金属资源已连续5年均在200万吨以上。

（二）为节能减排做出新贡献

废钢船经过规范拆解，可获得大量多规格、少杂质、无放射物的废钢、有色等再生资源。众所周知，废钢是电炉炼钢的主要原料。虽然按直接生产成本计算，废钢炼钢成本要高于生铁炼钢，但是与用铁矿石和生铁炼钢相比，用废钢铁炼1吨钢可减少近1.6吨碳排放，钢铁企业多用废钢，既有利于保护资源，又有利于节约能源、减少环境污染，社会效益和综合效益十分可观。据测算，与使用铁矿石相比，用废钢炼钢可节约能源60%、节水40%，减少排放废水76%、废气86%、废渣72%。换算成实物量每用1吨废钢可减少炼铁渣0.35吨，尾矿2.6吨，加上烧结焦化产生的粉尘，约减少3吨固体废物的排放。多“吃”废钢，具有较大的节能减排效果。

2013年，我国拆船行业回收循环利用了大量废钢等资源，并为国家节能减排做出了贡献。据测算，2013年拆船业回收的各类废钢资源约211万吨。拆船废钢如全部用于钢厂回炉炼钢，预计可为国家节约铁矿石665万吨，节约222万吨焦炭，减少2575万吨废水排放，减少1260万吨固体废弃物排放和5万吨二氧化硫排放。拆船业持续发展对我国环境保护和资源循环再利用具有重要意义。

（三）落实国务院“规范发展拆船业”指示精神

2013年，拆船行业认真贯彻落实《国务院关于印发循环经济发展战略及近期行动计划的通知》、《国务院关于印发船舶工业加快结构调整促进转型升级实施方案（2013-2015年）的通知》、《绿色拆船通用规范》和商务部等八部委《关于规范发展拆船业的若干意见》，中国拆船协会加强行业基本建设，在企业准入、废船贸易规范、企业信息管理等开展探索与研究，向理事会和政府部门提出意见和建议。截止2013年底，拆船企业通过ISO9001质量管理体系、ISO14001环境管理体系和OHSMS18001职业健康与安全管理体系认证有25家；共有37家拆船企业被交通运输部批准列为国内运输船舶拆解企业名单；基本完成第二批“绿色拆船企业”资格评审认定工作。

（四）倡导绿色拆船，扩大国际影响

中国拆船业的绿色发展，越来越得到国际社会的关注。2013年，一些国际组织、政府间组织、NGO以及专业机构表达访问中国拆船业的愿望。中国拆船协会审时度势，密切跟踪国际对拆船业关注的新变化，有的放矢地开展国际交流。

1. 接待欧洲非政府组织的来访。4月份，欧洲议会非政府组织拆船论坛（NGOShipbreakingPlatform）的代表团访问了中国拆船业，该代表团访问了夏港长江拆船厂、浙江宏鹰拆船有限公司等企业，对中国拆船企业的安全环

保拆解能力表示赞赏和肯定。

2．举办“欧盟拆船新法案信息说明会”。2013年10月，欧洲议会投票通过欧盟拆船法案。该法案要求所有悬挂欧盟船旗的船舶，须经欧盟认证符合条件并申请纳入“欧盟清单”的拆船厂拆解。11月，为促使法案尽早生效，欧盟委员会环境总司派员访问了中国拆船业，希望中国符合条件的拆船厂申请“欧盟拆船厂清单”。应欧盟驻华使团的要求，中国拆船协会利用在常州召开理事会机会，举办了“欧盟拆船新法案信息说明会”。欧盟委员会环境总司废物管理处官员在会上向中国企业介绍了欧盟拆船新法案，访问了部分企业；中国拆船协会与欧盟代表团还就建立信息沟通机制、独立认证机构认定以及设立拆船基金等问题举行了会谈。

3．继续加强与有关国际组织和机构的交往。2013年间，协会还与日本海事协会（ClassNK）、波罗的海海事公会（BIMCO）和德国劳氏集团（GL）一直保持友好的联系与沟通，为促进绿色拆船做出了努力。

二、拆船业积极探索发展循环经济模式和新的安全环保项目

1．探索拆船业发展循环经济模式

拆船业一贯将废金属资源的循环再利用作为行业的重点工作。废钢船的拆解加工再利用符合“减量化、再利用、资源化”的基本原则，是发展循环经济的重要行业。

江门市新会双水拆船钢铁有限公司成立于1984年，是国内拆船历史悠久、循环利用废钢资源量较多、再制造产品种类较多、质量较好的重点拆船企业，同时是国家第一批发展循环经济试点单位。经过30年的发展，公司从单一的拆船企业已发展为集拆船、废钢加工铸造箱角、轧制型钢、生产无缝钢管和管桩端板于一体的综合型企业。目前公司具备生产集装箱箱角120万套/年、集装箱内角柱及各类规格型材20万吨/年、各种规格的无缝钢管10万吨/年能力；具备年拆解加工废钢船等各类再生资源100万吨/年的能力。深加工利用率为35%，近六年来为国家提供钢铁资源530多万吨，铜、铝等有色金属材料3.8万吨。2013年，公司充分利用拆船废钢大力发展循环经济，提高了废钢深加工率和附加值。全年拆解国内外废船30艘29.6万轻吨，获取可轧材废钢板约13万吨，废钢约12万吨，有色金属近0.3万吨，利用废钢生产了大量集装箱箱角、内柱和无缝钢管等延伸产品。该公司是业内最早通过ISO14001环境管理体系和OHSMS18001职业安全健康管理体系认证的单位；是首批三家获得4A级绿色拆船称号的企业之一；已通过广东省清洁生产审核验收；被授予“废钢铁加工配送中心示范基地”称号；2013年被首批批准为符合《废钢铁加工行业准入条件》和定点拆解国内老旧船舶和单壳油轮的企业。

江门市新会双水拆船钢铁有限公司作为拆船行业在国家发展循环经济中的试验田，其开展循环经济工作的实践和经验，对拆船业研究实施循环经济发展战略和基本模式将起到积极作用。

2．开展安全环保项目研究与推广

（1）防污漆去除研究。由于老旧船舶所用防污漆有近一半是含有滴滴涕（DDT）成分，而DDT是国际斯德哥尔摩公约首批受控物质，为消除拆船过程中含有DDT防污漆对环境的负面影响，2013年，我会员企业——舟山长宏船舶再生利用有限公司在国家环保部和有关机构指导下，开展了《拆船作业中有毒有害防污漆的安全及环境无害化管理示范》项目组织实施工作，取得初步成果。

（2）制冷剂回收研究与实施。为避免废船拆解制冷设备过程中可能发生氟立昂泄漏事故和杜绝随意排放等情况，中国拆船协会经过数年调研，并经国家环保部外经办批准，中国拆船协会积极承担了“废船氟利昂回收处理项日”研究课题。2013年，中国拆船业获得了联合国有关组织的资助。午内完成了回收设备的选型、招投标和设备分发等工作。

3.开展岗位培训。为规范废船拆解技术要求，做到关键岗位持证上岗。中国拆船协会与中国船舶工业安全生产培训中心共同举办了“第二期拆船业可燃性气体测试技术和动火作业审批资格”岗位培训班，来自34家企业的63名的管理岗位人员参加了此次培训，通过教员授课、教学互动、实操训练和考试等形式，使学员系统掌握相关专业知识和安全管理技能。培训班取得良好的效果。

4.继续加大环保投入。2013年，在拆船业面临较大经营困难的情况下，骨干拆船企业没有放松对安全、环保的投入，不断加强安全、环保意识，优化废钢船拆解技术和工艺，关注职工健康和劳动保障。据不完全统计，全年企业在环保安全、设施改造等方面投入了上千万元人民币。

三、拆船业发展循环经济的展望

拆船行业要实现规范、稳定和持续发展，应做好以下几方面工作。

（一）加强行业建设，实现规范发展。要认真贯彻落实国务院指示精神以及国家八部委《关于规范发展拆船业

的若干意见》，协助制订拆船业准入条件和相关行业标准，抓好产业定位，提升产业进步，全面实行废钢船规范拆解。

（二）强化行业自律，倡导绿色拆船，提高企业管理水平。要提高拆船业的循环利用率和节能减排能力；加大人员培训力度，提高队伍整体素质；强化拆船企业建立质量管理、环境管理和职业安全健康管理体系；落实《拆船业行规公约》要求，履行社会责任，建立行业诚信体系。

（三）研究拆船业的可持续发展。坚持发展循环经济理念，研讨并逐步确立拆船业发展循环经济的基本模式。

（四）积极推动拆船业发展循环经济。根据国家发改委《产业结构调整指导目录（2011年）》要求，研究开发拆船物资设备及零部件的深加工和再制造；确立考核拆船企业发展循环经济的指标体系；建设有利于拆船业发展的平台和网络体系；通过税收等经济杠杆，促进和鼓励拆船企业加大对下游产品的开发力度，加大国内外废船拆解物资的循环利用力度，提高废船资源的综合利用水平。

5.落实产业政策，淘汰落后拆船方式。要彻底淘汰落后的“废旧船舶滩涂拆解工艺”，抓紧技术改造，杜绝环境污染，推广绿色拆船工艺和规范，进一步提升拆船业的环保安全水平。

总之，拆船行业只有按照国家发展循环经济的方针和绿色发展的要求，苦练内功，积极有效应对国内外形势的变化和挑战，才能促进行业的稳定、健康和可持续发展。

（撰稿：管建军，中国拆船协会）

2013年中国循环经济综述

北京现代循环经济研究院

发展循环经济是节约资源、保护环境的基本途径，也是建设美丽中国、实现中华民族永续发展的必然要求。近年来，我国循环经济从理论到实践取得了重大进展，“十一五”期间，我国资源循环利用产业年产值超过了1万亿元，总产值年均增长率达到15%，超出国内GDP增长率4个百分点。

随着工业化、城镇化进程的加快，我国资源的刚性需求进一步加大，资源综合利用作为战略性新兴产业重要组成部分，重要意义突显。为贯彻落实党的十八大精神，大力推进生态文明建设，进一步促进循环经济发展，各地、各有关部门积极开展资源综合利用，利用规模逐步扩大，利用水平不断提升，资源环境效益进一步显现。2013年，我国资源综合利用产值达1.3万亿元，部分矿山有色金属矿种的选矿回收率达到80%以上，工业固废综合利用量达20.59亿吨，主要再生资源回收量达1.6亿吨，回收总值4817亿吨，其中主要再生金属产量占当年十种有色金属总产量的26.6%。通过开展资源综合利用，减少堆存占地14万亩以上。农作物秸秆年利用量约6.4亿吨，生物质发电装机规模达到850万千瓦，年发电量达到370亿千瓦时。废钢铁、废有色金属、废塑料等主要再生资源回收总量达1.60亿吨，废钢铁利用量占当年粗钢产量的11%，废纸浆消耗量已占到总纸浆消耗量的65%以上。再生资源回收企业数已达10万余家，行业从业人员达到1800多万人：事实凸显，3013年我国循环经济又获得重大进展。

一、强化政府主导，着力建立规划与政策机制体系

2013年4月8日，中共中央总书记、国家主席、中央军委主席习近平在海南博鳌与参加博鳌亚洲论坛2013年年会的企业家代表座谈时强调，我们确定了“两个一百年”的奋斗目标，中国将把推动发展的着力点转到提高质量和效益上来，下大力气推进绿色发展、循环发展、低碳发展。生态文明贵阳国际论坛2013年年会20日在贵阳开幕，中共中央总书记、国家主席习近平向论坛发来贺信。中共中央政治局常委、国务院副总理张高丽出席开幕式、宣读习近平的贺信并发表讲话。习近平在贺信中强调，走向生态文明新时代，建设美丽中国，是实现中华民族伟大复兴的中国梦的重要内容。中国将按照尊重自然、顺应自然、保护自然的理念，贯彻节约资源和保护环境的基本国策，更加自觉地推动绿色发展、循环发展、低碳发展，把生态文明建设融入经济建设、政治建设、文化建设、社会建设各方面和全过程，形成节约资源、保护环境的空间格局、产业结构、生产方式、生活方式，为子孙后代留下天蓝、地绿、水清的生产生活环境。

《中华人民共和国国民经济和社会发展第十二个五年规划纲要》专章规划“大力发展循环经济”，首次提出“提高资源产出效率提高15%”的目标；国务院印发《“十二五”节能减排综合性工作方案》，要求循环经济从六个方面突破。2011年8月31日，国务院印发《“十二五”节能减排综合性工作方案的通知》，要求循环经济从六个方面突破。2012年3月2日，工业和信息化部发布《大宗工业固体废物综合利用“十二五”规划》，3月21日，国家发展改革委、财政部联合发布《关于推进园区循环化改造的意见》，４月１３日，科技部、发展改革委、工业和信息化部、环境保护部、住房城乡建设部、商业部、中国科学院等联合制定的《废物资源化科技工程十二五专项规划》印发，4月19日，国家发改委、住建部、环保部联合印发的《“十二五”全国城镇生活垃圾无害化处理设施建设规划》，4月24日，住房和城乡建设部公布《“十二五”绿色建筑和绿色生态城区发展规划》。

2013年继续加强规划指引。1月23日，国务院发出《关于印发循环经济发展战略及近期行动计划的通知》（国发〔2013〕5号）。分析了现状与形势；提出了发展循环经济的指导思想、基本原则和主要目标。明确循环经济发展的中长期目标是：循环型生产方式广泛推行，绿色消费模式普及推广，覆盖全社会的资源循环利用体系初步建立，资源产出率大幅提高，可持续发展能力显著增强。到“十二五”末的目标（近期目标）是：主要资源产出率比“十一五”末提高15%，资源循环利用产业总产值达到1.8万亿元；创建构建循环型工业体系、构建循环型农业体系、循环型服务业体系，推进社会层面循环经济发展。

《行动计划》提出重要的抓手是实施“十百千”示范工程。“十”是十大工程，“百”是百个循环经济示范市县，“千”是千家循环经济示范企业和园区。其目的是在全国范围内推广循环经济典型模式，构建循环经济产业体系。“十”是指十大示范工程，包括：资源综合利用示范工程、产业园区循环化改造示范工程、再生资源回收体系示范工程、“城市矿产”基地建设示范工程、再制造产业化示范试点工程、餐厨废弃物资源化利用和无害处理示范试点工程、生产过程协同资源化处理废弃物示范工程、农业循环经济示范工程、循环型服务业示范工程、资源循环利用技术产业化示范和推广工程。

“百”是指百个循环经济示范城市（县），就是选择100个左右城市（县），示范在全部行政管辖范围内实现循环化发展，并与管辖区外实现物质流科学循环管理的模式与运行机制，示范城市（县）要全面推行循环型生产方式和绿色消费模式，率先构建起覆盖全社会的资源循环利用体系，资源产出率提高超出全国平均水平，探索实现经济发展模式向循环化转型发展经验。

“千”是指千家循环经济示范企业（园区），就是选择1000家不同行业不同类型的骨干企业或园区，在示范企业内部或园区范围内实现基于循环型基础设施建设的物质资源循环利用模式，使资源产出率、土地产出率、单位产值能耗、物耗、水耗、产业废弃物综合利用率、工业用水重复利用率等指标达到国内领先水平和国际先进水平。循环经济“十百千”示范行动，将以试点示范主体自主投资为主，各级政府通过现有政策和资金渠道给予必要的资金支持，重点支持相关公益性基础设施、公共服务平台、重点项目、能力建设、关键共性技术产业化示范及推广应用等。引导金融和投资机构投向循环经济重大工程。鼓励企业通过自有资本、银行贷款、上市融资、发行债券等方式实施循环经济重大工程。

《行动计划》提出了8个方面的保障措施。一是要完善国家促进循环经济政策，具体包括产业、投资、价格和收费、财政、税收、金融等方面的支持政策。二是健全法规和标准，完善《循环经济促进法》相关配套法规规章，研究制定限制商品过度包装条例、循环经济发展专项资金管理办法、汽车零部件再制造管理办法等，建立健全循环经济相关标准和计量检测体系。三是加强循环经济管理和监督，实行生产者责任延伸制度，加强循环经济管理，探索市场化管理机制，加强监督检查。四是强化循环经济技术和服务支撑，加快共性关键技术开发，加大技术装备产业化示范，加快先进适用技术推广应用，健全循环经济服务体系。五是建立循环经济统计评价制度，建立统计核算制度和数据发布制度，制定循环经济评价指标体系，把资源产出率作为评价循环经济发展成效的综合性指标，加强统计能力建设。六是强化循环经济宣传教育和人才培养，普及循环经济知识，宣传典型案例，推广示范经验，在全国建设一批循环经济教育示范基地，把循环经济理念和知识纳入基础教育、职业教育和高等教育相关课程。七是加强循环经济交流与合作，利用各种国际交流平台，创新合作方式，宣传循环经济理念和模式，建设中日韩循环经济示范基地，共同推动绿色发展。八是加强循环经济组织领导，国务院建立健全发展循环经济组织协调机制，研究有关重大问题，部署重大任务，把握实施进度和效果，进行定期监督检查。

10月2日，国务院总理李克强签署国务院令，公布《城镇排水与污水处理条例》，自2014年1月1日起施行。为促进污水再生利用，条例规定了以下六方面的内容：一是规定县级以上政府鼓励、支持城镇排水与污水处理科学技术研究，推广应用先进适用的技术、工艺等，促进污水的再生利用。二是将污水处理与再生利用作为地方城镇排水与污水处理规划的一项重要内容。三是规定地方政府应当依据规划，统筹安排再生水利用等设施的建设和改造。四是规定国家鼓励污水处理再生利用，工业生产、城市绿化、道路清扫、车辆冲洗、建筑施工以及生态景观等，应当优先使用再生水。五是规定地方政府应当根据当地水资源和水环境状况，合理确定再生水利用规模，制定促进再生水利用的保障措施。六是将再生水纳入水资源统一配置，地方政府水行政部门应当依法加强指导。

经国务院批准，国家发展改革委发出了《关于加大工作力度确保实现2013年节能减排目标任务的通知》，明确要求大力发展循环经济，并提出了具体任务，即：做好《循环经济发展战略及近期行动计划》宣传贯彻，编制循环经济年度推进计划。印发《关于加快发展农业循环经济的指导意见》、《关于促进生产过程协同资源化处理城市及产业废弃物的指导意见》。深化循环经济统计试点，发布国家层面资源产出率指标。继续开展循环经济“十百千”示范行动，2013年启动20个循环经济示范城市（县）、10个国家“城市矿产”示范基地、17个餐厨废弃物资源化利用城市试点和28个再制造试点，以及20个园区循环化改造。继续开展再生资源回收体系试点城市建设，建设分拣加工示范基地。开展消费者交回旧件并以置换价购买再制造产品的工作。完善老旧汽车淘汰和回收拆解体系，支持和培育回收拆解骨干企业，鼓励有条件地区建立区域性破碎示范中心。推进在工业生产过程中协同处理城市生活垃圾和污泥。深入推进清洁生产，编制国家清洁生产推行规划，发布清洁生产评价指标体系，加快重大清洁生产技术应用，建设一批清洁生产技术服务中心。发布《关于开展工业产品生态设计的指导意见》，选择汽车、电子等产品开展工业产品生态设计试点。开展铅循环利用体系建设试点。深入推进资源综合利用百个示范基地和百家骨干企业建设，新增粉煤灰等大宗固体废弃物综合利用能力1.6亿吨。编制实施赤泥、磷石膏等专项方案，开展工业固体废弃物综合利用基地建设试点，修订资源综合利用目录。推进墙体材料革新工作，完成183个城市限制粘土制品、397个县城禁止使用实心粘土砖任务。大力推进建筑废物和废旧路面材料再生利用。继续抓好农作物秸秆综合利用，加快秸秆收集储运体系建设，严格农作物秸秆焚烧监管。启动第三批国家级绿色矿山试点，推动首批40家矿产资源综合利用示范基地建设。全面落实最严格水资源管理制度，推进节水型社会建设，加快发展海水淡化产业。“通知”同时将上述任务、分解落实到国家发展改革委、财政部、国土资源部、工业和信息化部、环境保护部、住房城乡建设

部、交通运输部、商务部、水利部、农业部负责。

按照党中央、国务院部署，国家各部委、各地区大力推进循环经济发展。2013年3月，国家发改委环资司会同农业部科教司在河南省郑州市、江苏省南京市分别召开十三个粮食主产省（区）农作物秸秆综合利用规划中期评估座谈会。听取粮食主产省（区）农作物秸秆综合利用规划实施进展情况，研究提出秸秆综合利用目标完成倒逼机制和下一步工作措施，确保各地农作物秸秆综合利用规划顺利实施。4月13日，科技部、发展改革委、工业和信息化部、环境保护部、住房城乡建设部、商务部、中国科学院联合发出《关于印发“废物资源化科技工程十二五专项规划”的通知》，指导和推进全国废物资源化科技创新，支撑资源节约型和环境友好型社会建设。5月14日国家发展改革委、农业部、环境保护部发出《关于加强农作物秸秆综合利用和禁烧工作的通知》（发改环资[2013]930号），要求加强组织领导，加大政策支持力度，严格执行相关标准，强化禁烧监管。10月12日，工业和信息化部关于印发《内燃机再制造推进计划》的通知（工信部节〔2013〕406号），推动内燃机再制造产业规模化、规范化发展，促进内燃机工业形成循环型生产方式和消费模式。10月30日，国家发展改革委解振华副主任带队赴浙江省诸暨市调研浙江富源再生资源有限公司废旧军服综合利用示范项目建设情况，并召开座谈会，听取有关单位关于推进我国废旧纺织品综合利用工作的经验介绍，就存在的问题和政策建议，与有关单位负责同志进行了深入探讨，研究部署下一步工作。

国务院及有关部门还相继印发了《“十二五”国家战略性新兴产业发展规划》、《“十二五”节能环保产业发展规划》、《矿产资源节约与综合利用“十二五”规划》、《关于加快发展节能环保产业的意见》等文件，在充分分析我国资源综合利用发展所取得的成效以及当前面临形势的基础上，提出了资源综合利用的中长期目标。国家发展改革委组织编写了《产业废弃物资源化利用实施方案》，纳入战略性新兴产业发展规划。国家发展改革委会同有关部门发布了《煤炭工业发展“十二五”规划》、《页岩气发展规划（2011-2015）》、《钒钛资源综合利用和产业发展“十二五”规划》、《海水淡化产业发展“十二五”规划》等。国家能源局制定了《生物质能发展“十二五”规划》，商务部组织起草了《再生资源回收体系建设中长期规划（2014-2020）》，资源综合利用政策体系得到进一步完善。

二、继续推进各类试点，发挥示范作用，促进产业集聚和产业链发展

（一）总结、验收两批国家循环经济示范试点工作

2005年和2007年，经国务院批准，国家发展改革委，原国家环保总局，科技部、财政部、商务部、统计局等六部委组织开展了两批国家循环经济示范试点工作，试点范围涉及重点行业（企业）产业园区、重点领域以及省市，共计178家单位。示范试点工作开展以来，各地及各试点单位高度重视，制定了发展循环经济的实施方案和规划，推动了技术进步和节能减排，促进了新兴产业发展，在各自领域探索循环经济发展路径和模式，取得了良好的经济社会环境效益，为建设资源节约型、环境友好型社会发挥了重要作用。2013年7月30日，国家发展改革委、环境保护部、科学技术部、工业和信息化部、财政部、商务部、国家统计局发出《关于组织开展国家循环经济示范试点单位验收工作的通知》（发改环资[2013]1471号），对包括国家发展改革委正式批复实施方案（或规划）的循环经济试点单位，进行验收评估。通过验收，全面了解循环经济试点工作的推进情况，总结发展循环经济的成功经验，探索发展循环经济的不同途径，找出发展循环经济的瓶颈难点并提出解决思路，总结凝炼一批循环经济发展的典型模式。

（二）启动循环经济示范城市（县）创建工作

2013年9月4日，国家发展改革委发出《关于组织开展循环经济示范城市（县）创建工作的通知》（发改环资[2013]1720号），到2015年，选择100个左右城市（区、县）开展国家循环经济示范城市（县）创建活动。创建城市（县）的循环型生产方式初步形成，率先构建起覆盖全社会的资源循环利用体系，各主要品种废旧商品回收率高于全国平均水平，城市建筑、交通和基础设施基本实现绿色化，生产系统与社会生活系统的循环化程度明显提高，绿色生活方式普遍推行，形成浓厚的绿色循环文化氛围，循环经济发展长效机制基本建立，循环型社会建设取得实质性进展，生态文明建设取得阶段性成果。通过创建，各创建城市（县）的资源产出水平提高幅度超出国家平均水平，节能减排的约束性指标完成情况优于上级政府分解指标。通过各省市区申报，组织专家评审、公示，12月31日，国家发展改革委确定北京市延庆县等40个地区为2013年国家循环经济示范城市（县）创建地区。

为把循环经济示范城市（县）真正打造成发展循环经济的典型，做到可衡量、可评价、可推广，创建工作以提高资源产出率为核心，从社会经济发展水平、资源产出水平、减量化、再利用和资源化、污染减量及效果、基础设施与生态环境、绿色消费、循环文化、保障条件等9个方面，制定了包含41个建设评价类别、67项具体评价内容的指标体系。这些指标涵盖经济、文化、社会建设各方面和全过程，按照这些指标创建，不仅可以把循环经济示范城

市（县）打造成全国循环经济发展的示范，也将为生态文明建设做出典范。这项工作的全面展开，标志着我国循环经济工作重心由点（企业、园区）、线（重点行业）为重点，向点、线、面全面推进的战略调整。

（三）推进再制造产业规模化、规范化发展

为贯彻落实党的十八大提出的建设生态文明的战略要求，推进循环经济发展，实现再制造产业规模化、规范化发展，根据国家发展改革委等部门印发的《关于推进再制造产业发展的意见》（发改环资[2010]911号）和《关于深化再制造试点工作的通知》（发改办环资[2011]2170号）的要求，结合再制造试点工作进展和验收总结情况，国家发展改革委、财政部、工业和信息化部、质检总局组织制定了《再制造单位质量技术控制规范（试行）》，2013年1月29日，国家发展改革委办公厅、财政部办公厅、工业和信息化部办公厅、质检总局办公厅颁发实行。2013年2月27日，国家发展改革委办公厅发出《关于确定第二批再制造试点的通知》（发改办环资[2013]506号），原则同意北京奥宇可鑫表面工程技术有限公司等28家单位的实施方案，并确定为第二批再制造试点单位。《通知》要求保障产品质量，分类探索推进，严格依法依规，完善支持措施；各级循环经济发展综合管理部门要加强对再制造试点单位的监督管理，确保试点单位严格执行国家产业政策，环保法规标准和职业安全标准。国家发改委将把各试点单位的承诺书在网站上进行公布，接受社会监督，并将会同有关部门不定期组织抽查，对达不到要求的，责令限期整改，经整改仍达不到要求的，取消再制造试点资格。10月12日，工业和信息化部发出《关于印发《内燃机再制造推进计划的通知》（工信部节〔2013〕406号），推动内燃机再制造产业规模化、规范化发展，促进内燃机工业形成循环型生产方式和消费模式。

国家发展改革委、财政部、工业和信息化部、商务部、质检总局等五部门还于2013年7月4日发布了《关于印发再制造产业“以旧换再”试点实施方案的通知》，正式启动再制造产品“以旧换再”试点工作。《通知》对推广企业、产品及旧件回收提出了严格的条件，并对“以旧换再”试点企业的确定、试点企业再制造产品的销售、再制造产品推广数据的审核、“以旧换再”补贴资金的拨付、“以旧换再”实施情况的动态监控等推广方式提出了要求。同时强调，推广企业及其经销商要按规定开具增值税发票。在试点工作中，各推广企业须严格执行税收管理有关规定，如发现销售推广再制造产品有偷税、漏税的，将按有关规定处理。

为推动再制造，经国家发改委批准，2013年9月，组织了由政府指导、企业积极参与并广泛深入民众的“北京—西藏行”大型活动。途径河北、河南、陕西、甘肃、青海等地，15天约五千公里的实际道路行驶，从东到西，沿途开展的宣传汽车零部件再制造及推进循环经济发展的系列活动。

（四）继续推进各领域、各产业试点

继续推进重点行业低碳技术创新及产业化示范工程建设，启动了煤炭、电力、建筑、建材行业低碳技术创新及产业化34个示范工程建设，累计建设了54个示范工程。国家发展改革委深入推进第一批国家资源综合利用“双百工程”24个示范基地和26家骨干企业建设。国家发展改革委、财政部确定了两批17个国家“城市矿产”示范基地，累计达39个，新增再生资源加工能力3566万吨。国家发展改革委、财政部、住房城乡建设部会同环境保护部、农业部确定了两批33个餐厨废弃物资源化利用和无害化处理试点城市，累计确定了66个试点城市，新增餐厨废弃物处理能力550万吨/年。国土资源部确定183家、239家矿山为第二批、第三批国家级绿色矿山试点单位（累计459家），初步形成煤炭、石油、有色、冶金、化工矿产和建材非金属的绿色矿山建设标准。商务部开展了再生资源回收体系建设试点工作，分3批确定90个城市试点。工业和信息化部部开展12个工业固体废物综合利用试点，会同安监总局组织开展尾矿综合利用示范工程。

三、坚持技术创新，发挥技术驱动作用

国家发展改革委会同有关部门对《产业结构调整指导目录（2011年本）》有关条目进行了调整，强化通过结构优化升级实现节能减排的战略导向。工信部发布了《工业固体废物综合利用先进适用技术目录（第一批）》、《再生资源综合利用先进适用技术目录（第二批）》，积极开展工业固废相关领域先进适用技术推广应用。国土资源部印发了《关于推广先进适用技术提高矿产资源节约与综合利用水平的通知》，对先进适用技术的推广工作做了全面部署，分两批公布了99项先进适用技术。2013年1月，农业部农村司在广州召开“十二五”国家科技支撑计划“循环农业科技工程”项目检查交流会。会议交流汇报了项目的总体设计思路、主要进展情况以及18个课题总体设计思路和2012年开展的主要工作和研究进展情况。循环农业科技工程是为了发展资源节约型、环境友好型现代农业以及农业节能减排的重大科技需求，在“十一五”基础上继续组织实施的重大科技支撑计划项目，2012年初启动。该项目体量大、参加单位多，通过一年的实施，项目全面部署核心试验区、示范区和各项研究与示范任务，在农业废弃物高效循环利用关键技术、不同模式物能循环调控与减排技术等方面取得了良好进展，在循环模式集成创新上取得重要突破。4月13日，科技部、发展改革委、工业和信息化部、环境保护部、住房城乡建设部、商务部、中国科学

院联合发出《关于印发“废物资源化科技工程十二五专项规划”的通知》，指导和推进全国废物资源化科技创新，支撑资源节约型和环境友好型社会建设。9月7日交通运输部发出《关于科技创新推动交通运输转型升级的指导意见》（交科技发[2013]540号），要求到2020年，形成开放协调、充满活力的创新发展体制机制，行业创新能力得到新提高，行业创新发展取得新成效。努力在工程建养、运输服务、安全应急、绿色循环低碳交通和信息化等领域共性关键技术研究取得一批国际领先、实用性强的自主创新成果，推动交通运输转型升级，行业科技进步贡献率达到60%。

北京首创垃圾填埋气制液化天然气。垃圾资源化处理是垃圾处理的方向，以垃圾填埋气为原料制取清洁燃料是国内填埋气资源化利用的新举措，具有环保和节能的双重效应。北京首创垃圾填埋气制液化天然气。近年来，北京市着力提升垃圾资源化利用的比例，加大相关技术研发应用，在全国率先研发出垃圾填埋气制液化天然气。该关键技术的创新点主要是：一是采用自主研发的新型高效填埋气收集工艺，强制将填埋气“吸”入厌氧集气罐。二是采取一整套完整的以垃圾填埋气为原料制取清洁燃料的技术路线，建成了填埋气年处理规模560万标方的示范工程。三是在填埋气体深度净化等关键技术方面取得了重要突破，实现对原料气中多重杂质组分的深度脱除、甲烷的回收率不低于95%，制成的清洁能源产品符合国家相关标准，实现了真正意义上的变废为宝。

四、优化配套政策措施，制定规范、法规，增强支撑能力

循环经济发展需要政策措施、规范与法规支撑。循环经济发展过程也是制度创新过程。循环经济促进法》于2009年1月1日起施行，标志着我国循环经济进入法制化管理轨道。在此前后，公布实施了《废弃电器电子产品回收处理管理条例》、《再生资源回收管理办法》等法规规章，发布了200多项循环经济相关国家标准。2012年2月29日，十一届全国人大常委会第二十五次会议表决通过了《全国人民代表大会常务委员会关于修改〈中华人民共和国清洁生产促进法〉的决定》。

在此前后，公布实施了《废弃电器电子产品回收处理管理条例》、《再生资源回收管理办法》等法规规章，发布了200多项循环经济相关国家标准。

在既往的基础上，2013年继续加大各项优惠政策、规范、法规的制定和落实力度。财政部、国家发展改革委开展了《资源综合利用企业所得税优惠目录（2008年版）》修订工作，印发《资源综合利用电厂审核认定细化要求》和《资源综合利用电厂认定申报范本》，不断完善资源综合利用认定制度。安排中央预算内投资支持尾矿、煤矸石、粉煤灰、冶炼渣和化工废渣、建筑和道路废物、农作物秸秆等大宗固体废物综合利用项目，形成利用能力1.7亿吨/年。商务部会同财政部利用中央财政服务业发展专项资金支持再生资源回收体系建设，支持试点城市新建和改扩建51550个网点、341个分拣中心、63个集散市场，同时支持了123个再生资源回收加工利用基地建设。国土资源部、财政部继续推进首批40家矿产资源综合利用示范基地建设，2012-2013年度安排中央财政资金67亿元，拉动企业投入350多亿，在突破资源综合利用产业化技术、创新办矿模式、提高资源利用效率等方面进展显著。

国家发展改革委发布实施《煤炭矿区总体规划管理暂行规定》，要求矿区总体规划设计文件和规划评估报告，应包括与煤伴生资源、煤层气、矿井水和煤矸石等资源综合开发利用方案等内容。近两年共批复25个矿区总体规划，均对矿区资源综合利用提出明确要求。国土资源部出台了《进一步规范矿产资源补偿费征收管理的通知》，全面实行补偿费征收与开采回采率挂钩，充分发挥补偿费征收政策的引导和调节作用，激励矿山企业提高开发利用水平。国家发展改革委出台《关于完善垃圾焚烧发电价格政策的通知》，利用价格杠杆促进垃圾焚烧发电产业健康发展。财政部、国家发展改革委、能源局联合印发了《可再生能源电价附加补助资金管理暂行办法》，对可再生能源电价进行全面的资金补助，进一步激励对可再生能源发电并网收购。

2013年1月29日，国家发展改革委办公厅、财政部办公厅、工业和信息化部办公厅、质检总局办公厅联合发出《关于印发再制造单位质量技术控制规范（试行）的通知》。2月17日，商务部部长陈德铭主持召开第74次部务会议，会议审议并通过了《旧电器电子产品流通管理办法》。会议指出制定出台《管理办法》，有利于加强对旧电器产品的流通管理，规范旧电器电子产品市场秩序，维护相关当事人合法权益，更好地促进行业健康发展。2月27日国家发展改革委办公厅《关于确定第二批再制造试点的通知》明确要求，必须严格依法依规。各再制造试点单位要严格按照批复的实施方案和国家有关规定开展工作，不得超出批准的试点类型和范围。对发动机、变速箱开展再制造的，必须符合授权的规定，不得对未授权公司产品进行再制造，对擅自开展的将予以通报，情节严重的，撤销其试点资格；再制造试点单位中的报废汽车拆解企业应当按照国家规定，不得擅自对“五大总成”部件进行再制造，或将其交售给其他企业进行再制造；对开展转向系统等安全性零部件再制造的单位，其再制造产品进入市场前，必须通过与原型新品相同的强制性产品认证。5月30日，工业和信息化部、环境保护部关于做好《再生铅行业准入条件》实施工作的通知（工信部联节〔2013〕210号），要求严格执行新建再生铅项目准入标准，做好现有再生铅企业准入公告管理，抓紧淘汰落后再生铅生产能力，加强再生铅企业行业准入督导检查。

一些地方也制定了循环经济促进条例、规章。2006年7月1日，《深圳特区循环经济促进条例》实施，成为我国第一个关于专门循环经济的条例。之后，2010年10月1日，《大连市循环经济促进条例》实施。2011年12月1日陕西省颁布实施了全国第一部省级循环经济地方性法规《陕西省循环经济促进条例》。2012年3月28日，甘肃省十一届人大常委会第二十六次会议审议通过了《甘肃省循环经济促进条例》，于2012年6月1日起正式施行。2012年3月28日，甘肃省十一届人大常委会第二十六次会议审议通过了《甘肃省循环经济促进条例》，于2012年6月1日起正式施行。2012年10月1日，《山西省循环经济促进条例》实施。12月26日，厦门制定《厦门市再生资源回收体系建设专项资金管理暂行办法》，设专项资金用于扶持再生资源的回收利用，建成一个城市再生资源回收体系。

青岛市作为国家首批资源综合利用"双百工程"唯一的建筑废物综合利用示范基地，制定了建筑废物综合利用实施方案，提出到2015年，建筑废物综合利用率超过50%，年利用量达到1000万吨，实现资源综合利用年产值10亿元的目标。为加快示范基地建设，全面提高资源综合利用水平，经山东省人大常委会批准，青岛市人大常委会公布了《青岛市建筑废弃物资源化利用条例》，自2013年1月1日起施行。2012年11月1日青岛市第十五届人民代表大会常务委员会第五次会议通过，2012年11月29日山东省第十一届人民代表大会常务委员会第三十四次会议批准，2012年11月29日青岛市人民代表大会常务委员会公告公布，自2013年1月1日起施行。

与此同时，有关部门还出台了一系列贯彻落实节约资源和保护环境的产业政策，绿色信贷、绿色保险、绿色电价、生态补偿、排污收费、绿色贸易、排污权交易等也开展了尝试。

总起来来看，2013年我国循环经济取得了重大进展，贯彻实施了循环经济促进法和各种相关规范、法规，制定并实施《循环经济发展战略及近期行动计划》，开展循环经济多种试点示范，中央财政设立了循环经济专项资金，组织开展园区循环化改造、"城市矿产"示范基地建设、餐厨废弃物资源化利用，推进再制造产业化发展，出台了投融资支持政策，发布一批循环经济典型模式案例等。在试点示范基础上，形成规划指导、政策支持、法规规范、工程支撑、技术进步、传播推广等工作思路，推动循环经济在各层面和生产、流通、消费各环节的发展。同时，我国也涌现出一批技术、管理先进的循环经济企业，成为循环经济的主力军。循环经济已经成为我国新的经济增长点，生态文明建设的重要路径和方式。

但我们也应当看到我国循环经济发展还在路上，面临不少问题，市场在配置资源中还没有达到决定性作用，推动循环经济发展的外在动力和内在利益机制还没有真正形成，还一些地方和企业存在"叫好不叫座"现象。一是认识方面。一些地方和部门对发展循环经济的重要战略意义和紧迫性认识不足，消费者对循环经济产品的接受度也不高。二是利益方面。企业在经济活动中要追求利润最大化。一些企业之所以不愿意按照循环经济的原则行事，主要在于其利润不能最大化，利益无法保证，存在"循环经济不经济"问题和现象。三是法律法规方面。目前，我国循环经济法律还不够细化和配套；有关资源环境的法律法规中虽然体现了某些循环经济的内容，但总体而言相关法缺位的情况还比较严重。

因此，推进我国循环经济向前发展，需要我们形成政府引导、市场驱动、企业主体、全社会共同参与的长效机制和大气候。当前，尤其应在以下几方面着力。一是进一步完善循环经济发展政策体系。深化资源性产品价格和税费改革，理顺价格体制，建立反映市场供求和资源稀缺程度、体现生态价值和代际补偿的资源有偿使用制度和生态补偿制度，让市场完全充分地反映出自然资源的成本；形成循环经济发展的激励机制，对采用清洁生产工艺和资源循环利用的企业在税收减免、财政补贴、信贷优惠等方面给予支持，保证其产品的市场竞争力；通过政策调整，使循环利用资源和保护生态有利可图，使企业和个人对生态环境保护的外部效益内部化。二是加大科研力度，为循环经济发展提供有力的技术支撑。贯彻循环经济的减量化、再利用和资源化原则，必须依靠科学进步，依靠先进的处理和转化技术、先进设施设备的开发和更新。在这方面，除了国家组织实施科技重大专项、突破重大技术瓶颈外，还应重点支持科研机构和企业进行有关节约资源、保护环境的技术研究开发和推广应用，促使科研机构和企业成为主力军。三是持续广泛开展循环经济宣传教育，扩大公众参与度。发展循环经济需要社会的广泛参与。循环经济既然属于经济范畴，就要适应市场规律，只有消费者愿意选择循环经济产品，才能形成绿色、低碳消费市场，引导企业发展循环经济。为此，要进一步加大宣传教育力度，使广大消费者树立资源节约型价值观和消费观，养成节约资源的生活习惯和消费行为。

科技支撑

关于印发再制造单位质量技术控制规范（试行）的通知

发改办环资[2013]191号

各省、自治区、直辖市及计划单列市、新疆生产建设兵团发展改革委、经贸委（经信委、经委、工信委、工信厅）、财政厅（局）、质量技术监督局，各有关行业协会、有关再制造试点单位：

根据国家发展改革委等部门印发的《关于推进再制造产业发展的意见》（发改环资[2010]911号）和《关于深化再制造试点工作的通知》（发改办环资[2011]2170号）的要求，结合再制造试点工作进展和验收总结情况，国家发展改革委、财政部、工业和信息化部、质检总局组织制定了《再制造单位质量技术控制规范（试行）》（以下简称《规范》），现印发你们，请认真贯彻执行。

附件：再制造单位质量技术控制规范（试行）

国家发展改革委办公厅
财政部办公厅
工业和信息化部办公厅
质检总局办公厅
2013年1月29日

电机能效提升计划（2013－2015年）(节录)

（工业和信息化部　国家质量监督检验检疫总局2013年6月10日印发）

（四）实施电机高效再制造

目标：累计实现高效再制造电机2000万千瓦。

主要任务：

建设电机高效再制造示范工程。在批准建设上海电科电机科技有限公司“国家电机高效再制造示范工程”的基础上，继续支持基础条件好、具有一定规模优势的再制造企业建设一批电机高效再制造示范工程。

开展电机高效再制造试点。选择上海市、安徽省、陕西省、湖南省、江西省等工业基础较好、技术实力较强、具有一定规模优势的省（市），开展电机高效再制造试点。试点地区加快编制试点工作方案，明确地方支持电机高效再制造的政策措施。2015年底前，建立较完善的废旧电机回收体系，完成关键技术研发及产业化示范。

建立废旧电机回收机制和体系。一是建立废旧电机定点回收机制，探索各种形式的“以旧换新”实施机制，推动废旧电机回收企业与电机高效再制造及拆解企业建立合作模式，确保回收的旧电机仅用于再制造高效电机或者进行拆解，不再回流进入二级市场。二是建立废旧电机定向回收体系，支持再制造企业以大宗用户定向回购等方式回收废旧电机。2015年前，试点地区形成年5000万千瓦废旧电机的回收能力。

加强电机再制造基础能力建设。制订电机高效再制造的产品标准、设计与应用规范。加强再制造电机与负载匹配技术研究，再制造产品质量控制、工艺及装备制造能力和检测能力建设，再制造前的节能诊断、技术咨询和再制造后的现场安装、现场测试、节能评估。组织开展电机高效再制造产品认定，提高再制造电机可靠性和安全性（见表6）。

表6 电机再制造基础能力建设主要任务

时间	项目	主要内容	依托单位
2013－2015年	技术研究	再制造设计与拖动负载特性的匹配技术研究、再制造变极调速电机定子绕组设计技术研究、再制造变极调速电机定子绕组接线控制装置研究、再制造电机降低定子铜耗、机械损耗和杂散损耗的技术研究	上海电科电机科技有限公司、国家高电压计量站
2014年底前	标准体系建设	1、产品标准：制修订YX3系列高效率三相异步电动机技术条件、YSFE2系列风机水泵专用高效率三相异步电动机技术条件、YX系列高压高效三相异步电动机技术条件、YDT系列变极双速高压三相异步电动机技术条件等 ； 2、工艺和检验规范：旧件检测与评估规范、绿色环保拆解工艺规范、再制造产品名牌标识及包装要求规范；再制造产品质量控制规范； 3、现场实施规范：针对不同设备和连接方式的旧电机拆卸现场操作规范、再制造高效电机安装调试操作规范； 4、针对不同设备的现场能效测试方法。	上海电机系统节能工程技术研究中心有限公司、全国旋转电机标准化技术委员会、全国防爆电气设备标准化委员会防爆电机标准化分技术委员会
2013－2015年	检测能力建设	用于拆解特殊装备的研究与制造；再制造产品检测能力；现场能效测试装置、电机系统能效评估专家系统	第三方电机能效计量检测机构、中国电器工业协会防爆电机分会、上海电科电机科技有限公司、安徽皖南电机股份有限公司、西安西玛电机股份有限公司、湘潭电机股份有限公司
2013－2015年	产品认定	建立再制造高效电机产品认证体系：建立认证机构、确认检验机构、制订认证实施细则、开展产品认证。	相关认证机构、检验机构、研发机构和再制造示范企业

工业循环经济重大示范工程（第一批）

序号	示范工程名称	实施主体	主要建设内容	循环经济关键技术工艺	标志性目标及成效	适用范围	建设时间
1	天津北疆电厂“发电-海水淡化-浓海水制盐-固废综合利用-土地节约整理”循环经济示范工程	天津国投津能发电有限公司 天津长芦汉沽盐厂有限责任公司 天津华泰龙淡化海水有限公司	主要建设内容包括4×1000MW超超临界燃煤发电机组、50万吨/天海水淡化装置及配套建设浓海水制盐及盐化工、粉煤灰综合利用等工程。 一期工程已建成2×1000MW超超临界发电机组、10万吨/天海水淡化装置、30万方/年粉煤灰加气混凝土砌块生产线、浓海水制盐综合利用工程、淡化水送出工程。	(1)电厂发电采用目前最先进的“高参数、大容量、高效率、低污染”超超临界发电技术。 (2)利用海水作为发电机组的循环冷却水，并利用电厂低品位抽汽和余热，进行海水淡化；淡化水供电厂自用并外送进入滨海新区市政管网。 (3)充分利用海水淡化后浓海水排入周边盐场制盐；制盐母液进一步分离，提取溴素、氯化钾等盐化工产品。 (4)综合利用电厂灰渣、脱硫石膏生产建筑砌块、石膏建材等。 (5)将传统原海水滩晒制盐方式该为浓海水制盐，节约大量滩晒盐田用地。	本工程形成以发电和海水淡化为核心的“电-水-盐-建-地”一体化集成发展的循环经济产业链，成为电力行业循环经济发展的“北疆模式”，是一个集成创新的循环经济技术示范典范。 示范工程实现浓盐水变废为宝，“吃干榨净”，实现全厂淡水资源零开采和废水零排放，避免浓盐水对海洋环境的污染；火电厂发电副产品及废弃物全部被利用为海水淡化、制盐、建材生产的能源或原料。 示范工程实现资源产出率0.0872万元/吨、能源产出率为0.1254万元/吨标煤、工业固体废物全部综合利用、COD零排放、节约整理土地22平方公里。	适用于沿海缺水地区建设火电厂和同步建设制盐及盐化工工程，对沿海电厂建设和沿海地区通过海水淡化解决淡水资源紧缺难题具有借鉴指导意义	一期工程已于2007年7月至2009年12月建成
2	安徽淮北临涣工业园“煤-焦-化-电-建”循环经济示范园区	淮北矿业（集团）有限责任公司 安徽淮北临涣工业园管委会	建设集煤炭洗选、煤焦化及副产品深加工、矸石发电、粉煤灰综合利用等一体化发展的循环经济产业示范园。 主要建设内容包括入洗能力1600万吨/年的选煤厂，440万吨焦炭和40万吨焦炉煤气制甲醇的焦化厂、总装机容量4×300MW煤泥矸石电厂、30万吨煤焦油深加工厂、8万吨粗苯加氢精制厂；配套建设2.4亿块煤矸石砖厂、200万吨水泥粉磨站、20万吨/天矿井水处理及回用厂以及甲醇、苯、焦油的后续产品精细化工加工项目。 一期工程已建成1250万吨/年入洗能力、220万吨/年焦炭、联产20万吨/年甲醇、2×300MW循环流化床锅炉汽轮发电机组、8万吨/天矿井水资源利用、2×6000万标块煤矸石多孔烧结砖、200万吨/年水泥粉磨站。	(1)采用“筛分-破碎-重选-浮选-浓缩-脱水”工艺技术对原煤进行洗选。 (2)引进焦炉气转化工艺包生产甲醇，大幅度降低转化炉点火温度，提高转化效率和热利用率。 (3)采用A/A/O工艺技术处理焦化废水，用作选煤补充水。 (4)采用先进的煤泥泵送系统；对锅炉主要部位使用的耐磨耐火材料进行优化改进设计；利用高效预热器有效降低预热器漏风率。 (5)梯级利用水资源。 (6)煤矸石多孔烧结砖技术。 (7)采用先进的挤压联合水泥粉磨工艺技术。	本工程形成“煤-焦-化-电-建”的循环经济产业链，以煤炭洗选、煤焦化联产甲醇为核心，延伸产业链条对副产品进行深加工，综合利用矸石进行发电，综合利用粉煤灰等生产砖和水泥，对水进行梯级循环利用。 矿井水利用率72%。矿井水排放量1057万吨，排放废水环保达标率100%。COD排放减排244吨，减排率达到24.3%。煤矸石利用率86%。	适用于大型煤炭洗选、焦化、发电、建材产业联合发展的循环经济工业园区	2005年至2015年，一期工程已于2010年建成
3	河北盛华化工氯碱循环经济示范工程	河北盛华化工有限公司 北京金隅集团有限责任公司	主要建设内容包括60万吨/年离子膜烧碱、60万吨/年PVC树脂（含20万吨/年特种功能型合成新材料）及配套自备热电站（汽轮发电机组配三台260吨/小时循环流化床锅炉）、20万吨/年电石、200万吨/年利用电石渣制水泥、1亿块/年利用电石渣和粉煤灰生产蒸压砖等工程。 一期工程已建成20万吨/年烧碱、20万吨/年PVC树脂（含20万吨/年特种功能型合成新材料）及配套2×25MW自备热电站；20万吨/年电石；200万吨/年利用电石渣制水泥一期；1亿块/年利用电石渣和粉煤灰生产蒸压砖。	(1)采用悬浮法生产聚氯乙烯树脂。 (2)采用先进的降膜蒸发和片碱生产装置生产离子膜烧碱，采用膜过滤的盐水精制技术及膜法脱硝工艺取代传统的钡法除硫酸根工艺。 (3)以石灰石为原料制取高活性石灰，再以石灰和焦炭为原料，通过连续无渣法电热化学反应制取电石。 (4)以电石渣为原料，采用预分解新型干法工艺生产水泥熟料；以电石灰、粉煤灰、磷石膏为原料，采用HF1100千吨全自动液压墙体压砖机，生产蒸压粉煤灰砖。	本工程构建“化-电-建”循环经济产业集群，充分利用生产过程产生的废水、废液、废渣、废气和余热，实现液体、气体、固体和余热的循环利用。 充分利用烧碱装置开停车及事故状态的氯气，用碱液吸收后进行综合利用；对生产过程中的废水、废液进行综合利用，实现液体循环；氯乙烯工段解析出的过量氯化氢气体送入混合脱水工序后循环利用；蒸发片碱工序蒸发单元实现蒸汽循环利用，提高热利用率；聚氯乙烯生产过程中产生的电石渣65.4万吨/年和自备热电站产生灰渣15.8万吨/年，全部用于生产水泥和粉煤灰砖。	适用于以氯碱为龙头的大型化工产业园区	2010年4月至2015年12月，一期工程已于2011年12月建成
4	新疆天业“干法乙炔-电石渣干法水泥”循环经济示范工程	新疆天业（集团）有限公司	建设以干法乙炔40万吨/年聚氯乙烯生产为主，配套110万吨/年电石渣新型干法水泥熟料生产装置。	(1)采用连续、安全、稳定运行的干法乙炔技术替代传统的湿法乙炔工艺技术，减少因水溶解带来的乙炔溶解损失，同时实现节水效果以及湿电石渣烘干造成的能源消耗。 (2)采用新型电石渣干法水泥技术，利用生产过程产生的电石渣作为原料生产水泥。 (3)电石炉气送至电厂及烧碱装置替代燃煤和天然气使用。	本工程形成“PVC-水泥联产”的产业链接特色，是国内第一套大规模工业化运行的干法乙炔及配套的新型电石渣干法水泥装置。 通过采用干法乙炔技术，解决乙炔化工生产过程废渣造成的环境污染，同时将废渣转化为水泥生产原料。与国内传统工艺相比，乙炔反应过程中水资源消耗降低90%以上、电石渣水泥能耗降低30%、电石渣等各类废渣综合利用率100%。	适用于电石法聚氯乙烯企业和其它乙炔化工领域	已于2009年1月至2010年12月建成
5	广西德天化钛白粉生产循环经济示范工程	广西德天化工循环股份有限公司	以硫酸产品作为钛白粉生产原料，中高温余热回收后发电供钛白粉生产用电，产生的蒸汽用于钛白粉、硫酸锰及硫酸亚铁系列产品的生产。 主要建设内容包括5万吨/年钛白粉生产线，20万吨/年硫磺制硫酸及中高温热回收利用、钛白废酸生产1.5万吨/年的饲料级硫酸锰、钛白固体废弃物（七水硫酸亚铁）生产3万吨/年饲料级硫酸亚铁、10万吨/年复合磷肥、废水处理车间废渣生产5万吨/年脱硫石膏、硫酸锰废渣制砖（3000万块/年）等生产线，配套废水深度处理、硫酸低温热回收等工程。 一期工程已建成2万吨/年钛白粉生产线，20万吨/年硫磺制酸及高温热回收利用、1.5万吨/年饲料级硫酸锰、3万吨/年饲料级硫酸亚铁和5万吨/年脱硫石膏等项目。	(1)年产20万吨硫磺制硫酸中高温热回收技术，将生产过程产生的热量吸收转化为蒸汽后回收利用。 (2)用钛白废酸和低品位锰矿为原料生产硫酸锰。 (3)对废水处理车间处理合格的废水进行深度处理，制成生产用去离子水。 (4)硫酸低温余热回收利用。	本工程形成钛白粉生产废酸、废水、废渣综合利用的循环经济产业链。 硫磺制硫酸中高温热回收，替代原有5台燃煤锅炉产汽，年节能达2.6万吨标煤，同时减少燃煤所产生的二氧化硫；全部回收利用钛白废酸（浓度20%）6万吨/年用于生产硫酸锰，利用钛白粉固体废弃物生产硫酸亚铁；锰渣制砖项目可利用硫酸锰生产的废渣4万吨/年；将中性废水、含酸废水和废酸进行深度处理，每年减排COD592吨，SS153吨，BOD260吨，生产废水基本实现“零排放”。	适用于硫酸法钛白粉生产领域	2008年至2015年，一期工程已于2010年建成

序号	示范工程名称	实施主体	主要建设内容	循环经济关键技术工艺	标志性目标及成效	适用范围	建设时间
6	大屯煤电"一纵五横"循环经济示范工程	大屯煤电（集团）有限责任公司	建设以煤为主，"煤、电、铝、运"一体化发展的循环经济产业链。"一纵"为"煤-电-铝"，"五横"包括"煤矸石、煤泥-发电"、"矸石-充填复垦"、"粉煤灰-防灭火材料"、"粉煤灰、灰渣-建材"、"矿井水、生活污水-中水回用"五条横向耦合共生链条。 煤炭开采能力895万吨/年，建设4座选煤厂和2套动筛系统，对原煤进行洗选加工，洗选产生的煤泥、煤矸石等副产品全部回收用作坑口循环流化床机组发电，坑口电厂发电机组装机总容量为444MW。 主要建设内容包括微山湖大堤加固及复垦、无压重介洗选技术改造、大屯选煤厂末矸回收技术改造、矸石热电厂煤泥管道工程、废水资源化研究及示范工程、热电机组热能利用工程、铝业公司烟气余热热媒炉系统研发与应用、粉煤灰砖厂建设工程等。建设年产8000万块高掺量粉煤灰蒸压砖项目，年利用坑口电厂的粉煤灰10万吨、炉渣3万吨；直接将粉煤灰用于四个矿井下注浆防灭火，年利用粉煤灰10万吨；原煤开采产生废矸石用于加固微山湖大堤，湖堤防洪能力由10年一遇提高到50年一遇；将微山湖底的泥浆吹填到采煤塌陷区覆地造田，已累计复垦土地6581亩。	(1)改进边角煤、薄煤层开采工艺，应用特殊条件下轻型放顶煤技术、综放工作面端头支架，采区煤炭回收率达到81%以上，部分工作面回采率达到90%。 (2)采用振动筛分级、选碎机破碎、跳汰机粗选、无压重介洗煤等技术，对原煤充分进行洗选加工。 (3)采用煤泥脱水与煤矸石、中煤和劣质煤等低热值燃料掺混发电技术，开发煤泥管道泵送直供循环流化床锅炉燃烧发电技术、洗煤厂末矸回收利用技术，提高坑口电厂对煤泥、煤矸石等洗煤副产品的利用量。 (4)应用高效矿井水净化设备处理工艺技术、矿井水及生活污水深度处理后作为电厂冷却水及锅炉补充水工艺技术、生活污水处理后回用于洗煤生产技术。 (5)利用粉煤灰胶体注浆技术，解决粉煤灰离析沉淀难题，将粉煤灰用于煤矿井下注浆防灭火，年利用粉煤灰替代黄泥15万吨，并采用粉煤灰砖生产技术。 (6)电解铝生产烟气余热发电及取代热媒炉技术、发电厂热电联产技术。 (7)采用微山湖大堤加固技术及湖泥吹填复垦造田技术。	本工程构建"一纵五横"循环经济产业体系。建成后可全部回收利用洗选产生的煤泥、煤矸石等副产品；年利用矿井水量达800万立方米；年利用再生生活污水300多万立方米。 经无害化处理的生活污水，回用作洗煤循环补充水，使精煤浮选抽出率提高3.26%；经二级生化与深度处理后的中心区生活污水用于矸石电厂循环冷却水与锅炉补水。	适用于煤炭生产与洗选加工、发电、电解铝生产领域	已于2006年至2010年建成
7	衡阳建滔"化工-建材"循环经济示范工程	衡阳建滔化工有限公司	对氯碱生产过程的废水、废气和废渣进行综合利用，形成烧碱、盐酸、液氯、聚氯乙烯、双氧水、氯化石蜡、元明粉、水泥等完整的循环经济产业链。 主要建设内容包括建设一套膜法脱硝装置、一套冷法脱硝装置及一套热法年产2万吨元明粉生产线。建设一套烟气制纯碱装置，年产3000吨纯碱，建设三套双氧水生产装置，综合利用氢气年产双氧水18万吨，建设一套120万吨/年电石渣水泥装置，改建一套6万吨/年离子膜烧碱装置。配套建设烧碱装置区内的废水集中回收、回用系统，乙炔发生上清液的处理及回用系统，聚氯乙烯母液处理系统和双氧水废水处理站及废水回用系统。	(1)采用纳米膜法及冷法脱硝取代传统的化学法脱硝生产元明粉，降低了资源的消耗，同时避免了废渣污染。 (2)废水综合处理技术，包括烧碱废水回用于采卤、上清液用于淡盐水脱氯及废水中和、聚氯乙烯装置母液处理回用、双氧水废水处理后回用于乙炔发生等，实现全部废水闭路循环。 (3)利用锅炉烟气与废碱液制纯碱，既解决了盐水精制的纯碱问题，节约了资源，同时又减少了锅炉烟气中二氧化碳和二氧化硫的排放。 (4)采用蒽醌法生产双氧水，实现盐水电解多余氢气的高效利用。 (5)利用新型离子膜对阴阳离子的高度选择性，改造烧碱生产线，降低烧碱生产的电耗和综合能耗。	本工程形成烧碱、盐酸、液氯、聚氯乙烯、双氧水、氯化石蜡、元明粉、水泥等完整的循环经济产业链，实现了资源和废弃物充分的综合利用。 根据各生产工艺过程中废水成分特点，经适当处理回用，综合废水经中水循环站处理后回用于乙炔生产，烧碱、聚氯乙烯等单位产品的新鲜水耗分别降至3.6吨/吨和2.8吨/吨，远低于国家清洁生产一级标准的6.0吨/吨和9.0吨/吨，实现废水"零排放"。	适用于氯碱、聚氯乙烯行业	已于2006年至2010年建成
8	亿利资源集团能源化工循环经济示范工程	亿利资源集团有限公司 上海华谊集团 唐山冀东水泥集团 中国神华集团	建设以煤炭开采、煤矸石发电和特种聚氯乙烯树脂、树脂高端加工、木塑混合新材料、硅材料等新材料，以及工业废渣、废水回收利用的循环经济产业园区。 主要建设内容包括40万吨/年聚氯乙烯和40万吨/年离子膜烧碱、利用煤炭开采（1000万吨/年）产生的煤矸石发电（4×200MW）、高端门窗和复合新材料、硅材料等项目。配套废渣、废水、废气的处理和综合利用项目包括废污水处理与回用、利用电石渣等工业废渣生产水泥、电厂粉煤灰综合利用，可生产水泥120万吨/年。 一期工程已建成40万吨/年聚氯乙烯、40万吨/年烧碱 、4×200MW煤矸石发电，以及废污水处理与回用等项目。	(1)配置适合燃烧煤矸石及劣质煤的循环流化床锅炉进行煤矸石发电技术。 (2)废污水处理与回用技术。 (3)利用电石渣、炉渣、粉煤灰等工业废渣，采用干法粉磨及新型干法熟料煅烧工艺生产水泥技术。 (4)多晶硅制造采用先进流化床技术。	本工程形成"煤-电-化-材"循环经济产业链，通过园区废污水的治理和回用，每年减少从黄河取用新鲜水1200万吨以上；年利用煤炭开采过程中产生的煤矸石148万吨，年利用煤矸石发电产生的粉煤灰85万吨、炉渣70万吨，年利用73万吨电石渣替代95万吨石灰石，年利用12万吨风积沙替代砂岩；利用废气余热烘干电石渣与原煤，废气的余热利用率达到90%以上。实现园区内废污水"零排放"、废渣全部深度回用和废气余热的高效利用。	适用于大型能源化工产业集聚区	2004年至2012年，一期工程已于2008年建成
9	冀中能源峰峰"煤-化-电"循环经济示范工程	冀中能源峰峰集团有限公司 河北峰煤焦化有限公司	主要建设内容包括4×42孔JN70-2型焦炉一座及化产回收装置和干熄焦系统，"焦化（200万吨）-煤气制甲醇（20万吨）-干熄焦-余热发电-脱硫制酸生化污水处理"循环利用工程，煤矸石发电自用工程。 一期工程已建成投产2×72孔TJL4350D型捣固焦炉一座及化产回收装置，形成"焦化（100万吨）-煤气制甲醇（10万吨）-余热发电（6MW）"产业链；生化污水处理工程，年处理184万吨废水的焦化酚氰废水处理站及深度处理回用水系统。	(1)采用高压氨水喷射及导烟车工艺技术。 (2)采用超滤+纳滤焦化废水深度处理技术，对处理达到国家二级标准的焦化废水进行进一步处理，处理后水质达到1级A类出水指标，处理合格的废水作为公司生产用水补充水源使用。 (3)采用余热发电技术，最大限度地利用过程气的余热，提高整个装置的热效率。 (4)焦炉煤气制甲醇技术。 (5)采用湿接触法制酸工艺，过程气在转化前不需脱水；转化器采用高活性的湿式转化催化剂；制酸工艺过程无废液外排，三氧化硫采用冷凝成酸工艺，尾气中硫氧化物、氮氧化物排放浓度低于国家排放标准；安装氮氧化物脱除装置，脱除率超过95%。	本工程通过焦炉煤气制甲醇实现了焦炉煤气100%利用，减少煤气排放1.7亿立方米。利用甲醇副产驰放气燃烧生产蒸汽发电，年发电4320万度，减少二氧化硫排放150吨/年。废水处理后水质达到1级A类出水指标，废水回用每年可节约用水184万吨，减少COD排放量92吨。	适用于百万吨以上大规模焦化企业	2005年12月至2015年12月，一期工程已于2007年建成
10	宁波万华异氰酸酯循环经济示范工程	宁波万华聚氨酯有限公司	建设以煤为源头，主要辅助原材料光气、甲醛、氢气、硝酸产业链；以盐为源头，实现异氰酸酯（MDI）废盐水、副产氯化氢的综合利用，打造上下游一体化异氰酸酯制造基地。 主要建设内容包括以产品MDI为中心，构建以苯为基本原料的主产品链，将园区2×30万吨/年的MDI装置技术升级改造至120万吨/年，提升产能和产品质量的同时，使MDI制造单位能耗同比下降20%以上。新建100万吨/年废盐水回收循环利用装置和10万吨/年的氯化氢催化氧化制氯节能减排装置，实现副产品的综合利用。 一期工程已建成并达到80万吨/年MDI生产规模。	(1)新型光气化反应制MDI关键技术，使光气化反应效率提升1倍，综合节能28%。 (2)大型MDI超重力强化缩合反应关键技术，使缩合反应进程加快1倍，杂质含量减少30%，工序节能20%。 (3)MDI废盐水循环利用关键技术，使废盐水回收循环利用，实现MDI-氯碱上下游产业链循环经济，清洁生产。 (4)副产氯化氢催化氧化制氯节能减排关键技术，实现MDI副产氯化氢氧化制氯氯资源"闭路循环"。	本工程以异氰酸酯（MDI）装置为中心，配套苯胺、甲醇、烧碱、一氧化碳、氯气等上游原料，配置电厂、氯碱厂、煤盐码头、液体化工码头及存贮罐区等公用工程，在工业园区内形成循环产业链。 实现MDI主体装置产品单耗，相比一期工程（技改前）下降20.8%；年回收100万吨MDI废盐水，节省工业用盐20万吨，工业用水80万吨，并减排COD约130吨；年循环利用10万吨副产氯化氢，年节约用电2.9亿千瓦时，为社会间接减排废水492万吨/年；通过园区能量集成和梯级利用，实现万元工业增加值能耗从2.4吨标煤降为2吨标煤，下降20%；实现工业废水排放达标率均为100%，再生水资源回用率达到65%以上，水资源利用率达98%以上；实现工业固体废物处理率（含处置）为100%，烟尘控制区覆盖率均为100%，危险废物处理率均为100%。	适用于化工新材料行业	2006年至2012年12月，一期工程已于2011年11月建成

序号	示范工程名称	实施主体	主要建设内容	循环经济关键技术工艺	标志性目标及成效	适用范围	建设时间
11	安徽新中远化工低品位硫资源综合利用循环经济示范工程	安徽新中远化工科技有限公司	建设50万吨/年低品位硫铁矿采浮选工程，将低品位硫铁矿（平均品位15.6%）经过浮选成含硫超过46%的高品位硫铁矿，同时选出伴生的铜。 主要建设内容包括高品位硫铁矿进行高温焙烧生产硫酸（24万吨/年），硫酸用于生产高浓度磷铵（20万吨/年），硫酸生产过程中产生的大量热能用于磷铵烘干浓缩及余热发电（6MW）使用。利用硫酸废渣生产氧化铁球团（10万吨/年），作为钢铁厂生产原料。建设一条年产2亿块标砖生产线，将硫铁矿尾矿和磷铵生产的大量固体废物磷石膏用于制砖，年利用30万吨磷石膏。	(1)选矿采用"一粗两精一扫中矿返回"工艺，提高硫矿回收率。 (2)制酸采用沸腾焙烧高硫品位硫精矿，中压余热锅炉回收高温热能发电，干法收尘，带电除尘的稀酸洗封闭净化和五段转化两转二吸工艺。 (3)磷铵生产采用新型单槽双区反应结晶器作为萃取反应槽设备，及"外环流氨化反应器-双效（或两效三体）料浆浓缩-喷雾流化干燥"工艺。 (4)通过优选原材料优化"磷石膏改性剂"配比，利用"磷石膏改性剂"与原状二水磷石膏等辅料制砖综合利用磷石膏。	本工程形成"低品位硫铁矿-制酸-余热发电-制肥-建材"循环经济产业链。硫精矿回收率达到92%，硫原矿回收率100%，硫资源回收率100%，年节约标煤5万多吨，减少二氧化碳排放约13万吨，减少二氧化硫排放1500多吨，单位磷铵万元产值综合能耗为0.463，磷石膏等固体废弃物实现"零排放"。	适用于低品位硫铁矿资源综合高效循环利用企业	2008年至2014年，一期工程已于2010年建成
12	铜陵有色低金高硫含砷难选资源铜高效回收以及冶炼固体废物综合利用循环经济示范工程	铜陵有色金属集团控股有限公司	构建从伴生资源回收到固废回收利用上下游有机衔接的循环经济产业链。 建设年处理24万吨复杂硫精矿系统，达产后年产硫酸20万吨，精制氧化砷1.2万吨，从烧渣中回收铜1200吨，金6吨，银24吨，硫酸烧渣12万吨（含铁48%），硫酸烧渣作为铁系颜料生产的原料，焙烧余热用于发电，蒸汽送至碳酸二甲酯生产作为热源。 建设年处理0.8万吨铜阳极泥的稀贵金属冶炼厂、年处理1.2万吨炼铜烟灰的综合回收工厂、年处理210万吨熔炼渣的资源回收工厂、能力30万吨/年的转炉渣处理工厂各一座，回收利用铜冶炼过程中产出的炼渣（210万吨/年）、转炉渣（30万吨/年）、烟灰（1.2万吨/年）、阳极泥（0.6-0.8万吨/年）中的含铜、金、银、硒、铅、铋、锑、铁等有价金属。 一期工程已建成4000吨/年铜阳极泥处理能力，98万吨/年熔炼渣综合回收能力，30万吨/年转炉渣资源综合回收利用系统。	(1)采用两段焙烧脱砷技术回收砷，含铁硫酸烧渣作为铁系颜料产品生产的原料，回收的铜进入有色金属产业链进行深加工。 (2)采用国际上先进的铜阳极泥资源综合回收利用技术，采用常压及高压浸出+kaldo炉火法精炼和烟气硒回收+金银精炼+粗硒精制工艺路线。 (3)铜冶炼烟灰综合回收利用工程采用铜陵有色同江西理工大学合作开发的"三段浸出-浸出液综合处理"工艺路线。 (4)采用选冶联动的方法处理铜熔炼渣，回收其中的铜，并副产BMT-1A系列高效复合净水剂；采用渣包缓冷-碎矿筛分-磨矿、选别-精矿脱水工艺，回收利用铜转炉渣资源。 (5)冶炼废渣、污酸处理废物、污水等主要废弃资源的循环利用技术。	本工程实现资源综合利用和能量梯级利用，以硫资源和铜资源为基础，耦合化工、有色、建材等行业。项目的主要物质消耗指标均低于行业现状值：原料5.2吨/万元、标煤2.1吨/万元、新水180吨/万元。环境指标良好，工业废水排放降低6.3%、工业废气二氧化硫排放降低3%、固废物排放降低12%、余热蒸汽利用率提高5%。	适用于铜冶炼生产能力10万吨以上的大中型铜冶炼企业	2007年10月至2014年12月，一期工程已于2009年建成
13	上海宝钢固废利用循环经济示范工程	上海宝钢 上海宝钢磁业有限公司 宝钢磁业（江苏）有限公司	对冷轧产生的固体废弃物氧化铁红和锌渣进行深加工循环利用，制成节能产品软磁铁氧体料粉和磁芯供应市场，实现固体废弃物的综合利用。 主要建设内容包括建设4万吨/年软磁铁氧体料粉生产规模，5000吨/年磁芯生产规模。在上海市宝山区建设一条2.2万吨/年软磁铁氧体料粉生产线，5000吨/年磁芯生产线，在江苏海门海宝工业园区建设1.8万吨/年软磁铁氧体料粉生产线。	(1)软磁铁氧体料粉生产工艺，同时采用干法工艺和湿法工艺。干法工艺采用中央控制系统，实现干法工艺的自动化连续式生产；湿法生产线在预烧前采用湿式超细研磨技术，预烧后采用多极研磨技术，实现高端锰锌铁氧体料粉大批量稳定生产。 (2)磁芯生产线对窑炉采用了多项节能措施，如保温棉替代原用的保温砖、改进氮窑内部结构等。	本工程可彻底解决随着钢铁主业规模扩张带来的氧化铁红和锌渣成为环境负担的问题。项目建成后，年综合利用氧化铁红约4万吨，年综合利用锌渣约3200吨。	适用于钢铁行业及磁性材料生产行业	已于2008年1月至2011年12月建成
14	北京水泥厂水泥生产协同处理城市废弃物循环经济示范工程	北京水泥厂有限责任公司	利用水泥窑（2000吨/日）协同处理城市污水厂污泥、垃圾焚烧厂飞灰和污染土等废弃物，协同处置危险废物约3万吨/年，综合利用废渣约15万吨/年。 实施低温余热发电改造，回收余热用于热电联供。	(1)废弃物分类利用技术。 (2)采用环保安全技术，确保废弃物处置的连续和稳定，避免废弃物焚烧过程中二噁英的产生。 (3)废弃物预处理及利用系统，将收集来的具有热值的工业废弃物经过多级破碎后从窑头多通道燃烧器喷入窑内焚烧，可替代燃料，节约煤炭；将污泥、工业垃圾、废漆渣、废液等多种废物破碎混合后制成浆状，通过柱塞泵喷入窑内，替代原料。 (4)污泥干化处置和废水处理回收等技术。	本工程实现水泥熟料煅烧技术与废弃物处置技术的有机结合。对其他企业产生的废矿物油、污水厂污泥、垃圾焚烧厂飞灰、污染土、废油墨等废弃物进行科学处置，实现社会资源大循环。能源产出率提高33.1%，单位工业增加值用水量下降17.5%，工业固体废弃物综合利用率达到100%，污水实现"零排放"。	适用于中等以上城市周边的水泥生产企业协同处理城市和工业废弃物	已于2005年至2006年建成
15	铜陵海螺水泥生产协同处理生活垃圾循环经济示范工程	安徽铜陵海螺水泥有限公司	建设4条干法熟料生产线，生产能力为2.9万吨/日，配套两套余热发电机组，分别为1.63万千瓦和3.05万千瓦，利用新型干法窑生产线的生料预分解和高温煅烧工艺处理生活垃圾，建设一条300吨/日的生活垃圾处理系统。	(1)采用先进的城市生活垃圾预处理技术，将垃圾预处理方式由破碎分解法改为气化炉法，减少垃圾筛分过程中恶臭无组织排放和消除垃圾渗滤液对环境的影响。 (2)利用新型干法窑生产线的生料预分解和高温煅烧工艺处理生活垃圾。 (3)从源头上减少二噁英产生所需的氯源，通过高温焚烧、在预热器系统内用碱性物料吸附、利用生料中硫分的抑制作用、建立烟气处理系统等措施，有效控制二噁英的产生。	本工程实施后，二噁英类浓度值检测为0.024ngTEQ/m3，远低于国家《生活垃圾焚烧污染控制标准》（GB18485-2001）中二噁英类浓度限值（0.1ngTEQ/m3），对水泥窑协同处理生活垃圾过程二噁英的控制有较好的示范作用。	适用于水泥窑协同处理生活垃圾	已于2008年10月至2010年3月建成
16	湖北华新水泥窑协同处置污泥循环经济示范工程	华新水泥（宜昌）有限公司	建设2条2500吨/日水泥熟料新型干法水泥生产线，熟料生产能力200万吨/年，水泥生产能力350万吨/年，配套建设10.5MW纯低温余热发电。 配套改造建设污泥处置系统封闭性厂房，污泥泵送设备，污泥接收料仓，输送管线，废水回用系统，窑尾烟室进料装置等。	采用污泥初级处置技术，在水泥窑内高温负压工况下煅烧处置含水率≤85%污泥，系统负压100-200Pa，焚烧温度范围1100℃—1600℃。物料与气体在高温停留的时间相对较长，气体停留时间4秒以上，物料停留时间超过30分钟，有利于有机污染物的彻底分解。脱水污泥直接入窑煅烧，使污泥处理过程中无洒漏。	本工程实现污泥处理过程中无洒漏、零排放，相比其它焚烧处置方式能耗要低，综合处置成本低，可操作性强，环境绩效明显。吨污泥煤耗约120千克，远低于焚烧炉焚烧能耗；污染物排放达到GB4915—2004《水泥厂大气污染物排放标准》，GB8978—96《污水综合排放标准》一级。污泥处置成本208元/吨。	适用于城市污水厂的脱水污泥处置	已于2008年建成
17	广州越堡水泥生产协同处置污泥循环经济示范工程	广州越堡水泥有限公司	建设7000吨/日水泥熟料生产能力，年产水泥300万吨；建设一座城市生活污水污泥干化处置中心，利用水泥窑无害化、资源化处置城市污水处理厂污泥（含水率80%），日处理污泥600吨。	(1)采用新型干燥工艺系统。 (2)利用窑尾废气余热将含水率80%的污泥烘干至含水率小于30%的半干污泥。 (3)利用水泥窑系统焚烧处理污泥。	本工程实现水泥窑规模化、自动化、一站式协同处置城市污泥，处理污泥20万吨/年，约替代1万吨标煤/年。	适用于城市周边新型水泥干法生产企业	已于2008年至2010年建成

序号	示范工程名称	实施主体	主要建设内容	循环经济关键技术工艺	标志性目标及成效	适用范围	建设时间
18	广东西樵纺织基地循环经济示范工程	广东西樵纺织产业基地有限公司 南海江南发电有限公司 南海长海发电有限公司 佛山市南海西樵鑫龙水处理有限公司	建设纺织循环经济产业基地，纺织工业固体废弃物统一收集、分类、处理，纺织企业生产所需的蒸汽统一供应，电厂粉煤灰、灰渣统一回收处理，污水统一收集、处理和回用。 主要建设内容包括670吨/小时燃水煤浆供热锅炉配套75MW抽汽背压式汽轮发电机组，满足纺织基地平均608吨/小时的用气需要；建设处理能力12万吨/天的污水处理厂和450亩人工湿地，满足纺织基地及附近企业的排污处理需要，经人工湿地处理的废水达到地表水三类标准；发电厂利用纺织企业含碱污水替代锅炉烟气脱硫碱液，综合利用污水处理厂污泥。 一期工程已建成一台130吨/小时燃水煤浆供热锅炉和配套脱硫设施及供气管网，污水处理能力达到6万吨/天，人工湿地150亩。	(1)通过热电联产，在满足园区纺织企业庞大用热需求的基础上，实现能源的梯度利用，同时对锅炉污染物进行综合治理。 (2)水循环利用技术，纺织基地排放污水统一经污水处理厂处理得到中水，部分回用于纺织基地的印染和服装企业，部分回用于热电厂的循环冷却水；印染和服装企业的含碱废水集中输送到热电厂作锅炉烟气脱硫用碱液。 (3)人工湿地净化废水技术，废水经人工湿地处理可达到地表水III类水标准，除回用外，其余排入内河涌，改善内河涌水质。	本工程通过上下游产业联合、优化整合，实现区域内物质循环利用、废物综合利用，形成循环经济产业链。工业固体废弃物综合利用率超过82%，工业用水循环利用率超过43%，中水回用率超过30%，万元GDP能耗低于1.6吨标煤，万元工业增加值能耗低于1.9吨标煤。	适用于纺织企业聚集的工业园区	2009年至2013年，一期工程已于2009年建成
19	荆州纺织印染产业集约化发展循环经济示范工程	荆州开发区发展总公司 国电长源荆州热电有限公司 香港中环水业有限公司	主要建设内容包括2×300MW热电联产机组，统一为园区纺织、印染企业提供电力、蒸汽、热源；8万吨/天处理规模的污水处理厂，采用生化法集中处理园区废水，中水经进一步处理后用于热电厂的循环用水；热电厂的部分冷凝水补充到自来水厂，成为可直接利用的水资源；印染助剂化工企业与污水厂实行酸碱交换，减少了污染物排放；利用粉煤灰和干化污泥制造保温板等节能建材。 一期工程已建成2×300MW热电联产机组和3万吨/天污水处理能力。	(1)采用紧密纺、中高支转杯纺纱工艺和高智能型宽幅无梭织机等新技术。 (2)采用高效节水、节能型助剂和冷轧堆一步法、一浴法等新工艺。 (3)采用多效多级蒸发设备与技术处理印染的碱液、化纤的酸液。 (4)利用热电厂烟气余热，把热电厂的粉煤灰和污水处理厂的干化污泥制成保温板等新型节能建材。	本工程以水和蒸汽资源的循环利用为主线，园区热电厂、工业自来水厂、纺织印染污水处理厂、纺织印染企业、节能建材厂等多个关联企业协同发展的循环经济产业链。 资源产出率达到0.4亿元/万吨标煤，水循环利用率达到60%，固体废弃物综合利用率达到80%。	适用于纺织、印染企业集聚的工业园区	2007年5月至2012年12月，一期工程已于2010年建成
20	广西湘桂糖业甘蔗制糖循环经济示范工程	广西湘桂糖业集团有限公司	建设以甘蔗制糖为核心，制糖废水和锅炉余热循环利用、制糖滤泥生产生态有机肥、废糖蜜生产活性干酵母、酵母废水生化与深度处理及沼气回收发电等循环经济工程。 主要建设内容包括甘蔗总产量360万吨/年，年产白砂糖45万吨；利用制糖过程中产生的滤泥生产生态有机肥，年产微生物有机肥30万吨；利用废糖蜜生产活性干酵母3万吨/年，高核苷酸酵母抽提物8000吨/年；利用蔗渣9.5万吨/年，生产环保包装物15亿万件/年，蔗渣制浆白泥生产优质轻质碳酸钙；酵母废水生化处理并回收沼气发电及余热综合利用，制糖及其副产品加工废水经处理后全部用于糖料甘蔗种植的农灌用水。 一期工程已建成微生物有机肥13万吨/年，利用废糖蜜生产活性干酵母3万吨/年。	(1)利用糖蜜酒精废液、锅炉冲灰水、滤泥等废弃物生产生态有机肥。 (2)利用废糖蜜生产活性干酵母及高核苷酸酵母抽提物。 (3)采用中浓纸浆全无氯漂白技术（TCF），利用蔗渣浆生产绿色包装物。 (4)改进传统黑液回收苛化工段关键技术，利用蔗渣制浆白泥，在回收碱的同时直接生产出高附加值优质轻质碳酸钙。 (5)采用“预处理+上流式多级处理厌氧反应器（UMAR）+循环式活性污泥（CASS）系统+芬顿强氧化深度处理系统（UHOFe+JMF气浮）”技术，处理糖蜜酵母生产过程中排放的大量高浓度有机废水，同时回收沼气发电及余热综合利用。	以甘蔗制糖为核心，形成“甘蔗-制糖-废糖蜜-活性干酵母-废水-农灌-甘蔗”、“甘蔗-制糖-滤泥-生态有机肥-废水-农灌-甘蔗”、“甘蔗-制糖-蔗渣-环保包装物-废水-农灌-甘蔗”的循环经济产业链。 示范工程实现甘蔗制糖行业副产物的高效利用，废糖蜜利用率达到100%；滤泥与酵母废液利用率达到100%；蔗渣利用率达到100%；烟道气利用率30%；废水综合利用率达到100%；吨蔗电耗达到28度以下。	适用于甘蔗制糖行业	2010年1月至2014年12月，一期工程已于2010年8月建成
21	山东泉林纸业秸秆清洁制浆及废液资源化利用循环经济示范工程	山东泉林纸业有限责任公司	建设40万吨机制浆、50万吨机制纸、40万吨有机肥和24亿只食品包装盒生产能力，年处理30万吨秸秆。 主要建设内容包括以麦草秸为主要原料，建成4条单线生产能力5万吨/年的非木纤维浆生产线，年生产能力20万吨。以制浆过程产生的黑液为主要原料，建成8条单线生产能力5万吨/年绿色有机肥生产线，年生产能力40万吨。	(1)首创“高硬度制浆-机械疏解-氧脱木素”工艺技术，在化学草浆中运用氧脱木素技术，为后续的浆源白或精制本色浆创制奠定基础，同时降低中段水的污染负荷。 (2)采用草浆置换蒸煮技术，对热黑液在制浆过程中进行热处理，改善黑液粘度，提高黑液固形物含量，便于黑液后续处理。 (3)秸秆制浆黑液的主要有机成分为木素，木素生产有机肥用亚铵法取代碱法，黑液浓缩后的料液喷浆造粒。	本工程使草浆造纸清洁生产水平大大提高，使制浆过程纤维原料消耗量降低10%，蒸煮化学药品用量降低5%，总排口外排水COD60mg/l以下，生产本色浆时完全消除有机卤化物的产生，制浆废液生产有机肥，使黑液得到了有效的资源化利用，真正实现“秸秆还田”。	适用于草浆造纸领域	已于2007年1月至2011年12月建成
22	广东银洲湖纸业基地循环经济示范工程	中国轻工业长沙工程有限公司 广东银洲湖纸业基地管理委员会	主要建设内容包括各类纸和纸板的年产量578万吨；总装机容量900MW发电机组，敷设热电冷水四联供管线及配套设施；处理能力16万立方米/天的给水处理厂，21万立方米/天的污水处理厂；2条4500吨/天水泥熟料生产线及纯低温余热发电工程；造纸污水处理终端污泥综合利用项目。 一期工程已建成2×150MW机组抽汽改造工程，建成给水处理厂2座，总规模8万立方米/天。	(1)采用先进的废纸脱墨技术，90%以上的脱墨废纸浆（DIP）比例配抄新闻纸，低定量涂布纸的脱墨废纸浆配比提高到30%等。 (2)利用高档纸排出的浆渣生产瓦楞原纸。 (3)采用高白度、高得率、低能耗的制浆工艺设备，采用无元素氯（ECF）或全无氯（TCF）漂白技术。 (4)采用碱回收系统有效处理化学浆产生的废液并回收碱和蒸汽。 (5)采用新型填料及涂料回收技术。	本工程利用发电与造纸的关联性，以纸业为主带动上下游产业集中，构建“造纸-电-建”循环经济产业链。 单位产品（吨纸）能耗为535千克标煤，年节能降耗达30%，工业用水降低28%，工业用水重复利用率达76.7%，无工业废气排放，废水减排量约6000万m3/年，固体废弃物减排量约900吨/天，工业污染达标排放指标为100%。	适用于造纸行业及其相关产业	2007年至2012年，一期工程已于2010年建成
23	广东万峰废石料规模化优质高效利用循环经济示范工程	万峰石材科技有限公司	建设12条国际先进水平的废石料规模化优质高效利用生产线，年处理废石料22.6万吨，综合利用广东、广西等地石材开采场、石材加工园区、大型建筑工地的废石料，构建废弃物资源化利用循环经济产业链。	(1)利用高分子复合材料技术、无机胶凝材料、纳米改性技术、人造石保养修复液等关键技术。 (2)利用自动均化选料（废石料）机械系统。 (3)采用多重子色料单独混配和分布并依设计顺序复合成型技术。 (4)集成多种仿真手段的高仿真人造石制备系统。 (5)真空挤压成型工艺。	本工程工业固体废物综合利用率、工业用水重复利用率、工业废水排放达标处理率、生活污水处理率、危险废物处理处置率均达到100%，工业废水实现“零排放”。	适用于石材及相关行业	已于2011年1月至2012年12月建成

工业固体废物综合利用先进适用技术目录(第一批).

（工业和信息化部2013年3月28日印发）

一、尾矿、赤泥综合利用技术（6项）

编号	技术名称	技术简介	技术经济指标	技术应用情况及推广前景
1	尾矿渣制备高性能微晶玻璃技术	该技术以富含SiO_2的铁尾矿、钢渣、铬渣、钛尾矿等矿渣为主要原料，通过合理的组分设计，经熔铸成形、核化、晶化等热处理工艺制备高性能微晶玻璃。在其制备过程中还可同时消纳大量的粉煤灰、民用垃圾焚烧底灰、废玻璃等其他工业或民用废弃物。关键技术包括一次结晶连续生产技术、尾矿微晶玻璃制品大规模生产成套装备技术、离心铸造法生产微晶玻璃管材成型自动控制技术等。	该技术年处理铁尾矿、钢渣、铬渣、钛尾矿和粉煤灰3.5万吨。产品主要指标为：微晶玻璃管材：弯曲强度≥97%；压缩强度≥1200Mpa；耐碱度（20%NaOH）≥97%；耐酸度（1.84g/cm^3）≥98%；莫氏硬度9级；体积密度2.9-3.2g/cm^3；磨耗量≤0.04g/cm^2 使用温度200-700℃；抗弯强度≥180/Mpa；显微硬度9Gpa。总投资2.3亿元，其中设备投资1亿元，运行费用6000万元/年，设备寿命10年，经济效益15000万元/年，投资回报年限4年。	该技术已在包头市推广应用，突破了以尾矿、钢渣和粉煤灰为主要原料制备高性能微晶玻璃制品的若干关键技术，而且微晶玻璃管材代替耐磨合金管成本可降低50%，使用寿命可提高3-4倍。以微晶玻璃代替合金钢、铸石和陶瓷内衬管道的应用是一种发展趋势，具有推广意义。
2	粘土矿物尾矿高效综合利用技术	该技术以粘土矿物尾矿崩解技术为先导，采用高效解离分散机和新型分散药剂，优化粘土矿物尾矿的解离、分散工艺条件，研究粘土矿物尾矿减量化工艺技术及其共伴生矿物的分离和提纯技术，优化分离提纯工艺条件；目前正以高岭土尾矿为产业化对象，改进尾矿减量化工艺流程，优化并实施高岭土尾矿高效综合利用生产技术，并研究膨润土、凹凸棒石等粘土矿物的综合利用技术。	该技术年处理高岭土尾矿5万吨，生产线每小时可处理15吨尾矿，年产高岭土1.2万吨，硫铁矿0.8万吨，石英砂3万吨，建筑砌块15万立方米。总投资3840万元，其中设备投资1260万元，运行费用853万元/年，设备寿命20年，经济效益1461万元/年，投资回收年限3年。	该技术2010年8月投入运行，已建成一条尾矿处理能力5万吨/年，建筑砌块生产能力30万立方米/年的高效综合利用示范生产线，可回收24%的中低档高岭土，16%的多金属硫化矿和60%的石英砂。产品广泛应用于建筑、建材、冶金、环保等领域。可以推广应用到国内其它粘土矿物企业或行业中。

编号	技术名称	技术简介	技术经济指标	技术应用情况及推广前景
3	尾矿、高炉渣生产新型复合材料技术	该技术主要以白云鄂博共伴生矿二次选矿尾矿（固体废弃物，含有极少量稀土元素）为添加剂，消化高炉渣、铬渣、金矿渣等各类冶金渣和粉煤灰、建材废料、煤矸石等各类大宗固体废弃物，制备一系列极其耐磨、耐酸、耐碱、耐高温的新型复合材料。该材料既有金属相、陶瓷相又有玻璃相，同时又易制成管、板等各种型件。	该技术年可消耗尾矿、高炉渣 50 万吨。制成的新型复合材料性能指标为：抗折强度 192Mpa，耐酸度＞99%，耐碱度＞97%，莫氏硬度 9 级，耐磨性≤0.04g/cm^2，密度为 3.0～3.2 g/cm^2。	该技术利用固废为主要原料生产新材料制品，一方面替代天然矿产资源，避免了矿山开采所造成的环境破坏；另一方面变废为宝，消除了工业废渣对环境的污染。该技术可以利用各地矿渣及建筑垃圾为原料，制备性能更优异的耐酸碱、耐磨材料，且制品综合特性是其他材料难以具备的，具有极广的推广前景。
4	锰尾渣永磁综合分选及利用技术	该技术利用工业固体废物中不同物质磁化系数的差异，采用自主研发的永磁综合分选技术设备对工业固体尾矿渣进行有效物理分选，尤其对分选难度较大的弱磁性矿物可以进行有效分选，回收锰精矿。主要有以下特点：1.新型永磁材料及其组合工艺；2.技术产品磁场强度大、磁场梯度高；3.能耗低、无二次污染；4.分选方法及工艺特殊。尾渣经分选、去除重金属后作为原料，制备新型墙体材料。关键技术为永磁筒偏心内表面轴向分选方法”以及“永磁弧形槽偏心内表面轴向分选方法”等技术。	该技术年处理锰尾渣 15 万吨，年回收碳酸锰精矿 3 万吨，年产锰尾渣蒸压加气砌块 30 万立方米，碳酸锰精矿品位≥17%，蒸压加气砌块满足 GB11968-2006 标准。总投资 5020 万元，其中设备投资 3500 万元，运行费用 3600 万元/年，设备寿命 10 年，经济效益 7500 万元/年，投资回收年限 2 年。	该技术 2010 年 10 月在湖北投入运行，各项指标均达到设计要求。目前我国年产电解锰 150 万吨，产生锰尾矿渣 1200 万吨，该技术首次实现了碳酸锰尾矿渣的综合利用，预计市场需求将在 300 万吨/年，推广前景十分广泛。

编号	技术名称	技术简介	技术经济指标	技术应用情况及推广前景
5	废石料规模化优质高效利用技术	该技术以废石料为基本原料，以有机树脂和无机水泥为粘结剂，按一定的设计比例配比，经胶粘剂、固化剂、助剂等粘结，在常温下经抽真空挤压成型，再经切、磨、抛光、防护等后期处理制成优质全面高仿真天然石材，实现了工业生产过程中废石料的综合利用。关键技术为：1.胶凝材料改进技术。2.胚料改性技术。3.喷色成纹技术。4.真空振压花纹技术。5.石板预制压片技术。6.纳米改性表面处理技术。7.人造石养护材料和养护技术。8.专用系列产品生产工艺设备	该技术年处理废石料10万吨，年生产石材产品290万m^2，废石料掺入量≥80%，废石料利用率≥98%，产品主要性能指标：抗折强度≥15MPa，压缩强度≥80MPa，吸水率≤0.35%，光泽度≥70度，耐磨度≤500mm^3，莫氏硬度≥3；符合GD6566规定的A类要求。总投资10650万元，其中设备投资6650万元，运行费用19171万元/年，设备寿命10年，利润1645万元/年，投资回收年限6.5年。	该技术2009年4月投入运行，目前已经在行业内得到了初步的应用，市场占有率约为6%。预计到2015年市场占有率达到30%左右。随着市场占有率快速上升，可实现销售收入近1350亿元，实现利润近90亿元，同时该技术推广应用能够有效降低二氧化碳、二氧化硫及粉尘等污染物的排放，具有很好的环境效益。
6	拜耳法赤泥回收铁技术	该技术采用强磁选铁回收技术，从赤泥中回收铁。通过一条主要由隔渣筛、中磁机和两道高梯度磁选机组成的串级磁选工艺组成的选铁工业试验线，使用两台串级磁选机直接对氧化铝生产流程过程物料—洗涤赤泥浆中的铁进行选别、富集，使回收的铁精矿品位达55%以上，作为钢铁冶炼工业的原料。其磁选工艺用水采用生产赤泥洗水，磁选尾矿浆返回生产赤泥洗涤系统，不需要额外增加新水消耗。	该技术年处理赤泥250万吨，总铁回收率≥22%，铁精矿品位≥55%。总投资8406万元，其中设备投资4081万元，运行费用6250万元/年，设备寿命20年，经济效益5000万元/年，投资回收年限1.7年。	该技术2008年12月投入运行，从氧化铝生产赤泥中回收铁，不仅使赤泥变废为宝，具有明显经济意义；同时可减少赤泥的排放量，减少对环境的影响。我国的氧化铝产量大，赤泥排放量也大，该技术有很大的推广前景。

二、煤矸石、燃煤固废及工业副产石膏综合利用技术（5 项）				
编号	技术名称	技术简介	技术经济指标	技术应用情况及推广前景
7	煤矸石似膏体自流充填技术	该技术所采用的充填骨料为破碎到 5mm 以下的煤矸石颗粒，胶凝材料为硅酸盐水泥、粉煤灰和高效减水剂，加水后进行高速搅拌，形成质量浓度 50%左右的似膏体，沿充填钻孔和管道自流输送进行填充，关键技术为充填材料物化性能及优化配比、似膏体制备工艺技术、管道输送特性及输送技术和似膏体充填系统。	该系统每小时充填能力 110 立方米，年消纳煤矸石、粉煤灰共计 20 万吨，完成以矸换煤产量 18 万吨。利用该技术进行仰斜填充开采，保证了 100%的填充空间，密度达到 96%以上。充填体凝固后进行压力测试，7 天后达到 0.6Mpa，14 天后达到 1.0-1.2Mpa，30 天后达到 1.5-2.1Mpa。总投资 1786 万元，经济效益 3065 万元/年，投资回收年限 0.58 年。	该技术解决了煤矸石地面堆放氧化、自燃、扬尘对空气和水资源造成的污染、减少占用土地，又限制了岩层移动和地表下沉，提高了资源回收率，经济效益、社会效益和环境效益显著。可应用于各类矿山的充填采矿。
8	泵送矸石填充技术	该技术是将原生矸石在井下集中就地破碎，加入添加剂进行搅拌，然后以矸石输送泵为动力通过管道输送充填至采空区。将矸石直接装入 2.2 吨矿车，运至卸矸场卸至矸石仓，矸石经运输机转至破碎机，后转入搅拌机，再经过溜槽、输送泵、输送管充填至采空区。关键技术为充填所用输送泵、搅拌机、碎石机等设备。	该技术年充填矸石 25 万吨，以矸换煤产量 18 万吨。HBM80-16 型输送泵输送能力为 80-110m³/h，垂直输送 300 米，水平输送 1000 米。实行采空区矸石充填前地表下沉值为 480mm，地表下沉系数为 0.34；实行泵送管道似膏体充填后地表下沉值为 112mm，泵送矸石泥浆充填地表下沉系数为 0.08 左右，减沉效果达到 77%。总投资 560 万元，经济效益 406.85 万元/年，投资回报年限 1.37 年。	该技术可使薄煤层、地质构造复杂矿井实现矸石不升井、不上山，实现以矸换煤、绿色开采的目标，可应用于各类矿山充填采矿。

编号	技术名称	技术简介	技术经济指标	技术应用情况及推广前景
9	用粉煤灰制取活性炭技术	该技术采用摩擦电选和湿法浮选脱碳工艺，利用循环流化床锅炉产生的粉煤灰（CFB 粉煤灰）制取活性炭。首先采用摩擦电选工艺从粉煤灰中得到富炭灰，再加入捕收剂、起泡剂，采用高浓度湿法浮选脱碳工艺对富炭灰进行脱碳处理，得到精碳粉，再利用精碳粉制备活性炭。关键技术为 CFB 粉煤灰制备精碳粉工艺和精碳粉制备汽车专用活性炭技术。	该技术年处理 CFB 粉煤灰 120 万吨，年回收精炭 17 万吨，商品尾灰 45 万吨，制备活性炭 2 万吨。经摩擦电选和浮选联合作业回收炭的灰分<8%，发热量>7000kcal/kg，炭的回收率>75%。总产值 18360 万元，总投资约 23000 万元，设备投资约 13000 万元，运行费用 160 万元/年，设备寿命 20 年，经济效益 7000 万元/年，投资回收年限 3 年。	该技术已在福建省应用，可实现粉煤灰资源利用率达到 99%以上，且不排水、不排渣、不排气，达到零排放，不产生二次污染，具有显著的经济效益、社会效益和生态效益。
10	造气渣综合利用技术	造气渣是合成氨生产中造气工序排放的工业废渣，可燃物含量较高（25%～28%），但由于热值较低通常作为废弃物排放，且无法用作建筑材料。该技术是将造气渣全部送至热电循环流化床锅炉掺烧，解决循环流化床锅炉掺烧造气渣的点火困难、返料器 U 型阀堵灰、床体耐火材料冲刷严重、飞灰含碳量高及省煤器磨损快等问题，使循环流化床锅炉掺烧造气渣易于调节，运行稳定。关键技术为床体耐火材料防冲刷技术、返料器 U 型阀防堵灰技术、飞灰含碳量控制及省煤器防磨技术。	该技术每年可利用造气系统中煤气炉产生的炉渣 17 万吨以及产生的造气渣、水洗渣、浮选精煤 1.6 万吨，将这些炉渣置入循环流化床锅炉中燃烧转化为蒸汽。锅炉热效率达到 86%以上，燃烧效率 98%以上。总投资 2830 万元，设备投资 558 万元，运行费用 236 万元/年，设备寿命 20 年，经济效益 2104 万元/年，投资回收年限 1.3 年。	该造气渣掺烧综合利用技术于 2009 年试验开发成功，找出了循环流化床锅炉额定负荷下最佳配比，使循环流化床锅炉掺烧造气渣易于调节，运行稳定。通过该技术的研发，为造气渣综合利用技术找到一条新的经济适用的工艺路线。

编号	技术名称	技术简介	技术经济指标	技术应用情况及推广前景
11	工业副产石膏生产纸面石膏板及其它新型建材技术	该技术以工业副产石膏为原料，制成建筑用石膏粉，用于制备纸面石膏板、粉刷石膏、建筑砂浆等墙体材料。首先将脱硫石膏通过烘干、静电除尘、集料后，进行煅烧脱去3/2个结晶水生产建筑石膏，再将该建筑石膏经球磨改性、均化、搅拌成型、湿板输送、切断、干燥等工艺后制成纸面石膏板，或以该建筑石膏为原料，加入砂子及掺合料制备成建筑用水泥粉刷石膏、砂浆等建筑材料。	该技术一条生产线的年处理工业副产石膏能力为50万吨，生产的纸面石膏板及建筑石膏符合GB/T9775-2008、GB/T9776-2008标准。总投资6637万元，设备投资3752.4万元，运行费用10467万元/年，设备寿命10年，经济效益13800万元/年，投资回收年限3.74年。	该技术已在山东、江西、重庆、广东等地30多家公司得到应用，产品已应用于万科、绿城、世博会非洲馆等建筑项目。2010年共消纳工业副产石膏750万吨，有效解决工业副产石膏二次污染问题，极具推广应用价值。
三、钢铁冶金工业固体废物综合利用技术（**8**项）				
12	钢渣综合利用技术	钢渣是钢铁企业炼钢过程中产生的废渣，一般含有7%～10%的废钢。该技术通过磁选后，回收其中90%的废钢，再将钢渣，脱硫渣等回收分类处理后作为建筑材料，最大限度的提高钢渣的利用率，主要工艺技术核心为：1.优化的钢渣磁选工艺；2.新型高效宽带带式磁选机；3.铁水脱硫渣的单独分类处理和磁选加工；4.铁水脱硫渣的余热回收技术；5.钢包精炼炉精炼渣压球技术；6.冶金渣中粉状含铁物料的开发利用技术。	该技术年处理转炉钢渣74万吨，脱硫渣13万吨，精炼渣10万吨，生产渣钢3.2万吨，精选粒铁6万吨，磁选粉30万吨以及5万吨压球产品。精选粒铁全品位大于90%，磁选粉品位达到42%，铁碳球全铁品位大于50%，总投资15000万元，其中设备投资3800万元，运行费用2600万元/年，设备寿命大于10年，经济效益7200万元/年，投资回收年限2.1年。	该技术2009年11月投入运行，运行情况良好，可有效加工处理钢渣资源，分类处理，避免了资源浪费，综合利用脱硫渣的热能，节约能源，可在各大钢厂中推广应用。全国按钢渣中未被回收的金属以5%计算，每年可回收1690万吨金属，总价值约169亿元。

编号	技术名称	技术简介	技术经济指标	技术应用情况及推广前景
13	超细钢渣粉生产改性S95级矿渣粉技术	该技术首先要制备比表面积大于600m²/kg的超细钢渣粉，再将超细钢渣粉、半水脱硫石膏和S95级矿渣粉三种混合搅拌，由于超细钢渣粉具有微集料效应，再加上高温煅烧的半水脱硫石膏能激发钢渣粉和矿渣粉的活性，促进钢渣粉和矿渣粉的水化反应进行，使得混合料强度增大，从而达到S95级矿渣粉的改性效果。关键技术为超细钢渣粉的制备技术和三种混合组分的最佳配比。	超细钢渣微粉生产线每小时处理钢渣30吨，入磨钢渣直径≤20mm，产品活性指数3d≥80%，7d≥85%，28d≥90%，比表面积≥600m²/kg，改性S95级矿渣粉生产线，每小时处理矿渣100吨，产品活性指数：3天可达到70-80%，7天可达到85-95%，28天后可达到100-115%，比表面积≥450m²/kg。总投资3850万元，其中设备投资1506万元，运行费用4137万元/年，设备寿命12年，利润3174万元/年，投资回收年限1.68年。	该技术2010年3月已在上海企业投入运行，改性矿粉产品在2010年销售达到6万吨，2011年达到20万吨。利用专利技术和国内的粉磨设备设计的生产线生产出的超细钢渣微粉，其技术和经济指标领先于国内外同行，凡钢铁生产所在地，国内外都可就地取材，就地生产和销售，前景看好。
14	熔融钢渣热闷处理及金属回收技术	该技术利用转炉钢渣回收反炼钢，并利用钢渣做建筑材料。主要过程为：将1650℃熔融钢渣直接倾倒在热闷装置中，装满后盖上盖喷水产生过饱和蒸汽，高温钢渣遇水冷却时，由于各矿相体积收缩产生应力不同而断裂。过饱和蒸汽向钢渣裂缝内扩散，产生的温度应力使钢渣破裂。热闷过程中，钢渣中的游离氧化钙、游离氧化镁发生水化反应，体积膨胀98%～148%，使钢渣粉化。	该技术3年来累计处理钢渣3100万吨，实现产值60多亿元。处理后的钢渣游离氧化钙（f-CaO）、游离氧化镁（f-MgO）充分消解，钢渣浸水膨胀率小于2.0%。钢渣粉化率大于60%（小于20mm的钢渣质量百分比），金属回收率高，钢渣铁品位大于85%，磁选粉铁品位大于60%，尾渣中金属铁含量小于2%。总投资24101.78万元，其中设备投资7732万元，运行费用6489万元/年，设备寿命大于10年，经济效益10134万元/年，投资回收年限4.5年。	该技术2008年9月投入运行，已先后应用推广至30家钢铁企业，比传统处理工艺多回收金属49.6万吨，折合人民币约7.43亿元。目前国内仍有70%以上的钢渣采用落后的钢渣热泼处理工艺，该技术的先进性和显著的经济效益具有极强的竞争力，市场前景广阔。

编号	技术名称	技术简介	技术经济指标	技术应用情况及推广前景
15	钢渣非金属磨料技术	该技术是利用钢渣替代自然资源作为非金属磨料。将液态高温钢渣经水淬急冷、破碎、磁选等工艺处理后得到一种高硬度、渣铁分离、稳定性好的钢渣，再将其加工成各种粒径规格、颗粒吸附物含量不大于 0.5%的非金属除锈磨料。其中 0.5-1.5mm 部分作为要求较高的特殊涂装用非金属磨料，除锈等级可以达到 Sa3.0 级。1.0-3.0mm 部分作为船舶制造与修理、钢结构、集装箱等非金属磨料，除锈等级可以达到 Sa2.5 级。	该技术年处理钢渣 60 万吨，年产值 5000 万元。钢渣非金属磨料使用规格：相应规格的筛分含量≥70%，粒径大于 3.15mm 的颗粒含量为 0，粒径小于 0.2mm 的颗粒含量≤5%；钢渣非金属磨料指标要求：表观密度 3.3～3.9×10^3 kg/m^3；莫式硬度≥6 级；含水率≤0.2%；电导率≤25mS/m；可溶性氯离子含量≤0.0025%；钢渣非金属磨料颗粒吸附物含量≤0.5%。总投资 1000 万元，其中设备投资 700 万元，运行费用 1380 万元/年，设备寿命 8 年，经济效益 520 万元/年，投资回收年限 2 年。	该技术 2005 年 1 月投入运行，已有 10 多家船舶制造及修理单位应用 25 万吨，除锈等级达到 Sa2.5 以上，循环次数可达 8 次以上，现场粉尘含量下降明显，得到使用单位一致认同，具有良好应用前景。
16	冶金渣返炼钢生产技术	冶金渣中的部分钢渣的物理、化学特性与转炉冶炼过程中需要加入的某些添加剂成分相近，经生产试验，这些冶金渣对转炉冶炼具有降低熔点，提前化渣的特性，且能替代部分冶炼辅料。将这部分钢渣分类回收、配比，再通过专门的投料装置投入转炉进行炼钢生产，可以替代部分冶炼熔剂和辅料。不仅可以使这类冶金固体废弃物成为炼钢次生资源，还可以实现冶金渣最大限度的循环利用。	按转炉 300 吨公称容量计算，该技术每炉平均添加冶金渣 2 吨，可替代 1 吨炼钢熔剂。每年利用量 10 万吨。实际使用中的冶金渣综合利用量为 60 万吨。冶金渣配比为：转炉 D 渣、铸余渣、脱碳渣按 6:3:1 或转炉 D 渣、铸余渣按 7:3；冶金渣粒径 10～100mm，含水量低于 2%；冶金渣 S、P 含量：S≤0.055％，P≤0.75％。总投资 300 万元，其中设备投资 240 万元，运行费用 350 万元/年，经济效益 700 万元/年，设备寿命 5 年，投资回收年限 0.5 年。	该技术 2005 年 8 月投入运行。已在钢转炉进行全钢种生产使用，转炉冶炼情况正常，各项技术指标均正常。不仅可以使这类冶金固体废弃物成为炼钢次生资源，还可以实现冶金渣最大限度的循环利用，为冶金渣的短流程应用开辟新的途径，可以向国内其它钢厂进行推广。

编号	技术名称	技术简介	技术经济指标	技术应用情况及推广前景
17	炼铁除尘灰综合利用技术	该技术采用浸出-蒸发结晶联合工艺除盐，通过添加助浸剂搅拌浸出炼铁除尘中的钾离子，经沉淀净化、浓缩蒸发、结晶提纯、干燥等过程，得到钾盐产品。滤渣经搅拌造浆进行磨矿和分级，浮选产出再生碳粉。浮选后的滤渣经“磁选—重选”联合工艺回收铁，之后加入还原剂、活化剂配料进入回转窑焙烧挥发收锌，剩余窑渣经混磨分级选出作为胶凝材料。	该技术年处理除尘灰 10 万吨，年销售收入为 8250 万元。主要产品为：年产含铁率 55.5%铁精矿 2.81 万吨，再生碳粉 3.43 万吨，氧化锌 0.7 万吨，钾盐 0.69 万吨，胶凝材料 3.65 万吨。其中再生碳粉中碳含量 65%，氧化锌中锌含量 50%，钾盐中氯化钾含量 95%。总投资 8505 万元，其中设备投资 2800 万元，运行费用 4383 万/年，设备寿命 20 年，经济效益 2687 万元/年，投资回收年限 3.2 年。	该技术 2010 年 10 月投入运行，应用情况稳定，可产出多种产品，使资源得到充分利用，为企业带来可观利润，同时减少了环境污染，极具推广价值。
18	硅系合金烟尘分离提纯活性二氧化硅微粉技术	该技术是用专利技术改造传统的除尘器，将传统的除尘器演变为“电炉烟尘净化、烟尘分离提纯粉体成套装置”，通过该装置从大量无组织排放的废弃烟尘中提取回收粉体新材料——活性二氧化硅微粉，并将活性二氧化硅微粉大量应用在建筑、建材、橡胶塑料、防火、耐火材料等行业中。关键技术为烟气净化、烟尘分离提纯粉体成套装置。	该技术每台装置年处理废弃烟尘灰 3000 吨，产品的检验指标 SiO_2≥90-96.0%；粉体平均粒径 0.225μm；比表面积 25000m^2/kg；含水率小于 1%；烧失量 1.8。总投资 3000 万元，其中设备投资 1600 万元，运行费用 265 万元/年，设备寿命 8 年，经济效益 1800 万元/年，投资回收年限 1.5 年。	该技术 2002 年 10 月投入运行，在上海、贵州、四川等地的合金厂进行电炉除尘系统的改造，为企业在粉体材料市场带来了销售收益。而且产品已大量应用在大型、特大型建筑工程项目，已有强劲的市场需求，该技术具有良好推广前景。

编号	技术名称	技术简介	技术经济指标	技术应用情况及推广前景
19	电解锰渣污染治理及综合利用技术	该技术采用“少量多次”洗涤原理，利用自主研发专利技术进行洗渣处理，当洗渣液的浓度提升到12g/L以上，将稀溶液快速蒸发浓缩制成电解锰液返回电解车间使用，或直接制成四氧化三锰、二氧化锰产品，或制成碳酸锰等产品出售。将洗渣处理后的剩余固体渣进行无害化处理用于水泥辅料。	该技术一条生产线年可处理电解锰渣2.4万吨，可制备6000立方米电解锰液，生产电解锰210吨，生产建筑材料1.5万立方米。合格液中含二价锰35～38g/L，含硫酸铵80g/L左右。总投资4500万元，其中设备投资2600万元，运行费用1100万/年，设备寿命15年，经济效益670万元/年，投资回收年限7.5年。	该技术2010年5月投入运行，已建成年处理电解锰渣2.4万吨的示范项目。我国目前电解锰全年产量在130万吨左右，新增900万吨左右的电解锰渣，加上历年堆积，目前已有数千万吨的电解锰渣，该技术可改变锰等重金属及氨氮对环境污染的现状，具有极大的推广应用前景。
四、有色冶金工业固体废物综合利用技术（7项）				
20	鼓风炉还原造锍熔炼清洁处置重金属（铅）废料技术	该技术主要用于从含铅重金属固废中富集回收重金属及贵金属。各种含铅等固体废弃物中的硫是以硫酸根或单质硫或复杂硫化物存在，在密闭熔炼过程中被碳分解、还原的同时与含氧化铁等造锍剂发生还原造锍反应，物料中的硫被以锍的形式固化下来，几乎不产生二氧化硫尾气，重金属及贵金属被还原富集综合回收。关键技术为将硫以锍的形式固化技术。	该技术年处理含铅重金属固废4万吨，床能力35吨/平方米，年综合利用粗铅产品10000吨，粗铅产品含：铅96%、金5克/吨、银2000克/吨、锑1.6%、铋1.2%、锡0.7%。总投资3200万元，其中设备投资850万元，运行费用425万元/年，设备寿命15年，经济效益1500万元/年，投资回收年限2.2年。	该技术2010年3月投入运行，整套工艺流程短、清洁、不再产生重金属危害，达到含铅等重金属危险固废的减量化、资源化、安全处置目的，推广前景看好，市场非常广阔。

编号	技术名称	技术简介	技术经济指标	技术应用情况及推广前景
21	银转炉渣湿法处理技术	该技术采用湿法工艺从银转炉渣中分离铋、铅、铜等金属材料。采用盐酸溶液浸出这些渣料，使铋和铜进入浸出溶液，而铅和银进入渣中，达到铋铜与铅银分离的目的。铅银渣送铅冶炼系统回收铅银，而浸出液经分步水解分别得到氯氧铋和氯氧铜，水解余下废液再返回浸出工序重复利用。氯氧铜作为炼铜原料出售给炼铜厂，氯氧铋经还原熔炼成粗铋再进一步精炼成精铋。关键技术为浸出工序及水解工序。	该技术年处理2000吨银转炉渣，综合回收精铋600吨，白银15吨、铜精矿150吨（铜含量）、电铅200吨。其中铋回收率95%,银回收率99%，铜回收率95%，铅回收率96%。产品精铋符合GB/T915-2010，铜精矿含铜大于30%。总投资2500万元，其中设备投资1300万元，运行费用900万/年，设备寿命8年，经济效益1800万元/年，投资回收年限3年。	该技术2007年8月投入运行，生产过程稳定，各种有价金属均得到分离回收，各项技术经济指标符合要求。具有对原料适应性强、金属回收率高、劳动作业条件好等优点。推广前景良好。
22	电解铝废料分离提纯技术	该技术将含有复杂成分的电解铝提纯，制得冰晶石、炭粉及碳铵等产品。通过湿式破碎、浮选、磁选，第一次去除铁和硅，分离得到碳粉和其余原料；将原料放入电炉，将氟化盐溶化，利用金属铝将废料中的有害杂质还原成单质金属态，沉淀于电炉底部，第二次除去铁和硅得到电解质。对电炉熔化系统得到的产品采用“酸法”工艺将氧化铝转化为冰晶石，并第三次除硅，同时获得副产品碳铵。关键技术为浮磁联合系统工艺、电炉系统、循环水系统等工艺技术。	该技术年处理6万吨电解铝废料，资源回收率可达到99%以上，可得到产品一级氟化盐（冰晶石），高品质碳粉（灰分1%～2%，粒度小于40目，含碳量大于95%，水分小于1%，比电阻小于20欧姆），同时得到副产品碳铵。总投资20000万元，其中设备投资6000万元，运行费用270万/年，设备寿命20年，投资回收年限4年。	该技术2010年5月投入运行，已在云南、贵州等地使用。对电解铝含氟废料进行环保型分离、提纯、合成，实现了资源的回收利用，对改善环境、资源的循环利用，促进经济增长方式的转变具有重要意义。

编号	技术名称	技术简介	技术经济指标	技术应用情况及推广前景
23	含锌炼铁烟尘综合利用技术	该技术将含锌尘泥转化为可用于后期应用的次氧化锌粉，并最终回收出锌、铟、铋等有色金属；含锌尘泥中的铁、碳、氯等物质则被转化为铁精矿、碳精粉、工业盐等工业原料；去除有害杂质后的废渣用于生产环保免烧砖；生产流程的余热可配套余热锅炉生产蒸汽用于湿法过程以实现节能。关键技术为火法富集—湿法分离多段集成耦合处理高炉炼铁尘技术。	该技术年处理高炉炼铁烟尘10万吨，年产出锌锭10000t，铅锭2000t，铟锭12t，铁精矿25000t。总投资7600万元，其中设备投资5800万元，运行费用1800万元/年，设备寿命10年，经济效益9000万元/年，投资回收年限1.5年。	该技术2005年投入运行，并逐步推广至昆明、上海、邯郸、攀枝花、武汉、张家港等地。彻底解决了炼铁高炉烟尘的重金属污染治理问题，实现钢铁企业所产高炉炼铁烟尘的资源化循环利用。
24	含硫铅渣生产粗铅、硫酸钠技术	该技术利用碳酸钠和氢氧化钠在化学助剂前提下，在液相条件下与铅渣中的硫酸铅反应，生成碳酸铅和氢氧化铅固体沉淀物，硫酸根离子与钠离子生成可溶性硫酸盐。液固分离后，滤液通过净化、浓缩、结晶、离心、干燥等操作得到副产品硫酸钠；固体滤饼就是无硫铅渣，无硫铅渣经过配料加入还原剂焦炭后于传统鼓风炉中在不高于900℃温度下被还原成粗铅，同时生成冰铜渣和水淬渣等物质。	该技术可年处理2万吨的含硫铅渣，脱硫率达到96.8%～98%，铅回收率98%。年产生粗铅产品6000吨，硫酸钠5600吨，其中粗铅含Pb量93.7%，Na_2SO_4纯度98.7%。总投资4620万元，设备投资1500万元，运行费用7008万元/年，设备寿命30年，经济效益1700万元/年，投资回收年限3.5年。	该技术2009年应用于生产，目前仅湖南、江西、湖北、广东省的含硫铅渣就不少于50万吨。此技术既可清除二氧化硫的污染，又可免除含硫铅渣的异地运输。

编号	技术名称	技术简介	技术经济指标	技术应用情况及推广前景
25	废旧镍铜、镍铁合金利用技术	该技术将废旧镍铜、镍铁合金进行净化，制得再生镍铜中间合金、镍铁中间合金。为获得成分均匀，纯净度高的中间合金，把经过配料的含镍废料、含铜废料等进行装炉熔炼，利用造渣脱硫，加脱氧剂脱氧，吹氩搅拌，还原精炼，喷粉脱磷，调整合金成分等一系列技术，使中间合金纯净化、成分均匀。关键技术为精确配料技术、脱硫脱氧技术，喷粉脱磷技术、吹氩搅拌去夹杂技术。	该技术年处理废旧合金 3 万吨，产品为再生镍铜中间合金、镍铁中间合金。产品检验指标：C≤2%，Si≤2%，Mn≤2%，Co≤0.3%，P≤0.035%，S≤0.05%。总投资 14400 万元，其中设备投资 4000 万元，运行费用 7900 万/年，产品销售收入 106800 万元/年，设备寿命 20 年，投资回收年限 3.8 年。	该技术 2008 年 10 月已在河北省投入运行。目前含有各种稀贵金属的废旧合金资源量巨大，该技术可使宝贵的资源得到充分利用，我国镍消费量每年约 50 万吨，而存储量仅有 800 多万吨，因此废旧镍资源的综合利用具有广阔发展空间。
26	利用含铜废弃物制备高纯亚微米超微细铜粉	该技术以含铜废弃物为原料，提取并制备硫酸铜或碱式碳酸铜，再采用硫酸湿法循环还原技术制备成高纯亚微米超微细铜粉。利用年产 10 万吨亚微米超微细铜粉生产线，研制出亚微米铜基精华油系列产品。关键技术为超微细铜粉粒径与形状控制技术、水解晶种与钛白增白技术及铜粉的抗氧化技术。	该技术年利用含铜废弃物 15 万吨以上，制备的硫酸铜或碱式碳酸铜最大日产量达 15 公斤以上，亚微米铜粉纯度达到 99.9%以上，粒子大小介于 0.1～5.0μm，粒径分布集中，粒子形状接近球形；无磁性，易分散；粒子结晶度大，抗氧化能力突出。	该技术成果推广具有重大意义：1.扩大应用领域，为节能减排、传统产业升级改造提供材料与技术支撑；2.通过超低品味含铜废物综合利用，缓解我国铜资源紧缺状况；3.提高成果转化水平和应用规模，提升我国铜冶炼水平。

五、建材及新材料工业固体废物综合利用技术（5项）				
编号	技术名称	技术简介	技术经济指标	技术应用情况及推广前景
27	废弃砼资源循环利用技术	该技术利用废弃砼破碎后得到的粗细骨料，用于制备路面、路基材料等。根据再生集料特性找出与再生集料水泥稳定碎石抗压强度、稳定性有关的因素，分析再生集料、天然集料和水泥组成的混合料作为基层时其回弹模量随着大、小主应力而变化的非线性特点，并进行工程应用，从而提出合适的基层材料类型及施工技术要求。关键技术为废弃砼的破碎筛分除铁技术和集料用于公路水泥稳定碎石基层技术。	该技术所用破碎机每天可以破碎500吨以上的废弃混凝土，年破碎量在50万吨以上，混凝土破碎后可以达到100%的利用率。粒径在2.36mm以下的再生石可以用于路边石、砌块及路面砖等部位，粒径在2.36mm以上的再生石可以用于混凝土、路基材料等部位。总投资1004万元，其中设备投资430万元，运行费用390万元/年，设备寿命10年，经济效益231万元/年，投资回收年限5年。	该技术2007年6月投入运行，再生集料水泥稳定碎石的施工在确保基层材料的性能和满足道路工程质量要求的同时，还可以实现废弃混凝土的再利用，一方面减少了固体废弃物的数量，另一方面，由于原材料的重复利用，减少了石料的开采，对于保护自然资源具有重要意义。
28	利用陶瓷废料生产干挂空心陶瓷板技术	该技术利用陶瓷废料、低质原料作为主要原料，通过原料破碎、配料、混合、挤出成形、干燥、烧成的工序，生产出一种空心陶瓷板技术。具体工艺流程为：原料破碎→配料→过筛→干混→湿混→真空练泥→陈腐→真空挤出成形→切坯→干燥→清灰→烧成→拣选→切割→入库。关键技术为坯体配方、挤出成形技术和坯体干燥技术。	该技术年利用废陶瓷1000吨，年产200万平方米的干挂空心陶瓷板产品。生产出的产品规格：400×1200×30mm；导热系数≤0.47w/m•k；陶瓷废料用量≥15%；产品合格率≥90%。产品主要理化性能按JC/T1080-2008《干挂空心陶瓷板》标准进行检验。总投资15000万元，其中设备投资10000万元，运行费用4500万元/年，设备寿命15年，经济效益20000万元/年，投资回收年限4年。	该技术2008年6月投入运行，属国内首创，填补了国内技术空白，为陶瓷行业提供了新工艺和新产品；其次该成果在低质原料和工业废渣的利用方面有较大的突破；另外干挂空心陶瓷板的研发成功为我国的建筑节能提供了一种新型建筑材料，它与其他材料一起构成外墙外保温体系。生产环节同高档瓷质砖相比节能可达20%左右，同时可节约大量优质原料，所以该产品的市场前景良好。

编号	技术名称	技术简介	技术经济指标	技术应用情况及推广前景
29	废旧玻璃生产无铅玻管技术	该技术是将主要成分为无铅玻璃和掺合多种金属残留物的废旧玻璃，经过掺比石英砂及各种化工原料，在玻璃窑炉中形成复杂的化学反应，制造成高科技无铅玻管。工艺路线：碎玻璃→清杂→清洗→粉碎→拌和→窑炉生产→成品。技术的关键点在于碎玻璃在窑炉中化学反应的控制。	该技术一条生产线年可处理碎玻璃6000吨，年产无铅玻管5000吨，产品符合RoSH标准。总投资2300万元，其中设备投资2000万元，运行费用1200万元/年，设备寿命10年，经济效益260万元/年，投资回收年限10年。	该技术2009年3月投入运行，废旧玻璃在无铅玻管生产中的应用技术有着巨大的市场前景，单就盐城市建湖县来讲，节能灯企业300多家，每年玻管需求量近8万吨以上，节能灯产业增加量占全县GDP的28.5%，销售达40亿元以上，将大幅带动无铅玻管的应用，市场前景看好。
30	固体废物生产复合增强纤维技术	该技术利用旧报纸、旧麻袋等废弃保温材料生产环保、可降解、无污染纤维。工艺流程为：先将原料进行切割，在通过离心机水洗除渣得竹纤维，并控制主纤维中渣球含量小于0.5-1%，加入麻纤维、木质纤维及云母粉或陶粉进行高速混合，混合后进行烘干，即得复合增强纤维。关键技术为：1.无机材料合成技术；2.植物纤维分解技术；3.功能性纤维技术。	该技术年利用废弃保温材料1.5万吨，主要原材料利用率为：1.边角岩棉板利用率90%；2.废旧报纸利用率90%；3.废旧麻袋利用率85%。电力能耗降低15%。总投资150万元，其中设备投资50万元，运行费用60万元/年，设备寿命3年，经济效益900万元/年，投资回收年限3年。	该技术2007年8月在南京投入运行，产品经数十家用户使用，处于国内行业领先水平。产品的市场占有量大、面广，规模化制造应用，前景广泛。

编号	技术名称	技术简介	技术经济指标	技术应用情况及推广前景
31	硅片线切割废砂浆再生技术	该技术利用线切割废液的杂质和碳化硅的物理化学性质不同，进行加速度分离和化学反应得到碳化硅，再依据碳化硅不同颗粒度重新进行调整；再经过适当的化学处理，强化碳化硅微粉的切割性能，从而得到理化指标与新品碳化硅相似的回收碳化硅成品。该技术的关键点在于通过多级固液分离、浮选机干燥等手段，将无毒无害的碳化硅及聚乙二醇基水溶性悬浮液混合物进行分选处理，将砂浆再生技术、工艺以及设备不断升级，以获得可再生循环使用的碳化硅微粉及悬浮液产品。	该技术年处理硅片切割砂浆 7.5 万吨，砂浆含量为：硅 40%、碳化硅 50%和金属 10%。碳化硅的粒度集中在 8-10 微米，硅的粒度集中在 1-3 微米，可将其中 95%以上的硅和碳化硅进行回收。总投资 28778 万元，其中设备投资 7980 万元，运行费用 7800 万元/年，设备寿命 10 年，经济效益 6600 万元/年，投资回收年限 3.5 年。	该技术 2008 年 12 月投入运行，在使用硅片生产企业则可以达到砂浆综合利用率达 75%的效果，节约生产加工成本 30%以上。硅片切割砂浆的循环利用已经成为全球所有硅片加工企业的大势所趋，至今为止已经没有硅片企业再将砂浆单独使用一次后就废弃，而是全部需要循环利用。
六、多种固废协同综合利用生产建材技术（3 项）				
32	新型半干法建通窑利用工业固体废物烧制水泥熟料技术	建通窑技术运用全新的窑体设计理念，完全利用工业固废，开发高饱和比、高硅率、低液相、多晶种、多尾矿等利废低排、保质低能耗的新配方，保证熟料的烧结性能，并组合创新智能自控系统，实现了窑内风量和上火速度的有效可控，同时改进预加水成球系统，改善窑内横截面积通风分布状况，并利用烟气调节控制，确保废渣配方熟料煅烧达到深暗火操作。形成了低环境负荷水泥生产工艺技术。关键技术为窑炉工艺技术的改进。	该技术一条生产线可年处理工业废渣 160 万吨，能用 100%工业废渣替代熟料原料，年生产水泥熟料 100 万吨，熟料产品 3 天强度可达到 32 兆帕，28 天强度达到 58 兆帕，均达到干法旋窑优等熟料标准。总投资 12000 万元，其中设备投资 5000 万元，运行费用 14000 万元/年，设备寿命 20 年，利润 6000 万元/年，投资回收年限 3 年。	该技术 2004 年 9 月投入运行，已在全国 17 个省试用，全国共有 90 多条生产线投入运行。该技术利用熟料生产工艺消纳工业固废，可以解决因工业废弃物造成的环境污染和占用土地问题，带动环境效益和经济效益，具有很好的推广前景

编号	技术名称	技术简介	技术经济指标	技术应用情况及推广前景
33	固体废弃物制作新型墙材技术	该技术是以粉煤灰、尾矿、炉渣以及建筑垃圾等固体废物为主要原料，添加生石灰、石膏及骨料等生产蒸压砖的节能环保技术。适用于不同的原材料体系及不同工艺配方，并可实现多次加压与排气，生产粉煤灰蒸压砖、灰砂蒸压砖等产品，各种坯体的成型质量高。关键技术为砖坯压制成型技术。	该技术每年可消纳粉煤灰约 10 万吨，尾矿砂约 14 万吨，年产 6000 万块粉煤灰标砖。产品符合标准 JC239-2001《粉煤灰砖》及 JC/T422-2007《非烧结垃圾尾矿砖》。总投资 965 万元，其中设备投资 719 万元，运行费用 1091 万元/年，设备寿命 8 年，经济效益 802 万元/年，投资回收年限 1.2 年。	该技术 2010 年 10 月投入运行，已在 40 余家企业推广使用，生产线运行正常。国内对新型墙材生产技术及装备需求旺盛。该技术装备可以减少废弃物堆放占用土地，生产的新型墙材也可代替传统粘土砖使用，同时该技术生产过程比传统粘土砖生产过程节能 30%-50%，具有很好的市场前景。
34	工业废渣粉料计量与控制系统	该技术基本原理为：(1)计量原理：基于科里奥利力学原理，通过测量物料匀速转动的测量盘时产生的力矩而获得被测粉煤灰等工业废渣粉料流量大小的信号；（2）系统原理：针对粉煤灰等工业废渣粉料自身的材料特性，从系统工程角度出发，将粉料掺量控制与其关联的工艺系统作为一个具有特定功能的有机整体，对粉煤灰等工业废渣特性、储存、输送、助流、给料等进行全方位计量和控制。关键技术为工业废渣粉料掺量控制和与其关联的工艺系统。	目前该技术装备每年计量及控制的工业废渣粉料总量至少 3000 万吨以上。 设备主要技术指标和技术特点如下：1、量程范围达到 1000m³/h；2、计量准确度优于±0.5%；3、控制精度优于±1.0%；4、允许物料水分＜3%；5、允许物料粒度≤3mm；6、可实现在线标定功能；7、耐磨测量盘等易损件使用寿命可达 3 年以上；8、在线通过式连续计量；9、计量过程为全密封状态，无环境污染；10、解决了大流量粉体物料稳定给料技术难题。以年产百万吨水泥生产企业外掺粉煤灰混合材为例，在没有准确计量与控制装备情况下，水泥企业化验室一般按减比例控制(减量达 3～5%)控制外掺量。应用于本技术成果，保证了企业可以	目前已销售 470 余套设备，已在 100 余条新型干法水泥熟料生产线和粉磨站上广泛运用，并出口巴西、越南等国家。产品配套程度占市场 10%左右，在水泥粉磨站、混凝土搅拌站、老厂改造领域存在市场空间，有广泛应用前景。

编号	技术名称	技术简介	技术经济指标	技术应用情况及推广前景
			根据熟料标号，按照国家标准上限控制粉煤灰掺加量，若按增加1%粉煤灰外掺量计算，仅此一项，每年即可为企业带来70万元直接经济效益（一般粉煤灰同熟料粉每吨差价在70元以上）。单台设备投资约25万元，投资回收年限仅0.4年。由于成果使用寿命长，易损件价格低，大大节省了企业长期运行成本。	
七、石化及化工固体废物综合利用技术（**6**项）				
编号	技术名称	技术简介	技术经济指标	技术应用情况及推广前景
35	废润滑油生产再生基础油技术	该技术主要是靠不同物质分子运动平均自由程的差别实现分离。当废润滑油沿加热板流动并被加热，轻、重分子会逸出液面而进入气相，由于轻、重分子的自由程不同，因此，分子从液面逸出后移动距离不同，则轻分子达到冷凝板被冷凝排出，而重分子达不到冷凝板沿混合液排出。这样，可将基础油从废润滑油中分离出来，再通过络合脱氮、低温吸附技术进行精制，生产出合格再生基础油。关键技术为热管式分子蒸馏技术及脱氮剂、吸附剂合成技术。	2万吨/年废润滑油再生基础油项目建设期为2年，投产当年生产负荷设定为85%，次年达到100%，以后每年均按100%生产负荷计，产出润滑油基础油16400吨及副产品3000吨。润滑油基础油产品满足中石化“Q/SHR001-95润滑油基础油”标准要求。总投资7963.04万元，经济效益2079.29万元/年，投资回报年限5.12年。	由于国内基础油的不足，而消费需求大幅增长，预计2015年国内基础油需求量为1030万吨，缺口将超过220万吨。此技术生产的再生基础油成本较低，具有明显价格优势。

编号	技术名称	技术简介	技术经济指标	技术应用情况及推广前景
36	废弃油脂制备生物柴油成套技术	该技术利用废弃油脂经脱杂、酸炼、脱胶、水洗、沉降、干燥脱水和过滤后制得精制油，利用催化剂使精制油与甲醇进行酯交换反应，生成脂肪酸甲酯。反应过程中对未反应的甲醇回收循环利用，并将生成的甲酯处理后得到混合粗甲酯，再利用三塔连续真空精馏方式分离混合粗甲酯，得到燃料油、生物柴油、棕榈酸甲酯、重油。关键技术为油脂改性均质化预处理技术、新型化学助剂脱胶技术、高压电场脱水技术、两步酸催化的生物柴油合成技术、有机酸催化生物柴油合成技术及混合甲酯三塔连续精馏分馏技术。	该技术年处理废弃油脂 20 万吨，成品收率达到 95%；成品酸值达到 0.5mgKOH/g 以下，混合脂肪酸甲酯的精确分离精度达到 99%。总投资 6.4876 亿元，经济效益 2.25 亿元/年，投资回收年限 3 年。	该技术 2009 年应用于生产。此技术突破了原有技术对原料利用率低、成本高、选择性强的技术难题；解决了酸值与产品收率存在矛盾的问题和因原料变化而造成生物柴油质量变化的难题。使生物柴油的品质、附加值和产量得到极大提升，为拓展生物柴油的应用领域、开发生物柴油产业链奠定坚实的基础。
37	丙烯酸及酯类废油资源化处理技术	该技术可从丙烯酸及酯类废油中高效提取丙烯酸和酯类产品，回收率达到 85%以上。首先对产生的废水进行技术处理产出水渣浆，再输送到燃烧炉前进入雾化燃烧器，在二次空气的混合下进行燃烧。产生的延期温度高达 1200℃，对其收集再利用。关键技术在于自主研发的丙烯酸及丙烯酸酯类废油回收装置，PCC-250 型化工残渣处理焚烧炉和资源化处理方法。	该技术年综合利用丙烯酸废油 12000 吨；丙烯酸酯废油回收率≥85%；丙烯酸酯转化率≥98%；产品丙烯酸丁酯含量≥99.5%；裂解废渣焚烧率≥99%；焚烧热能回收利用率达到 100%，三废排放达标率 100%。总投资 5680 万元，经济效益 1520 万元/年，投资回收年限 6 年。	该技术 2005 年应用于生产，年处理丙烯酸及酯类废油 1.2 万吨，年产值 1 亿元，此技术解决了丙烯酸及酯类废油对地表水和地下水的污染问题，实现了资源的有效利用。具有推广意义。

编号	技术名称	技术简介	技术经济指标	技术应用情况及推广前景
38	精对苯二甲酸（PTA）残渣资源综合利用技术	该技术采用热水溶解、固液分离、精馏等集成技术，从 PTA 化工残渣中分离出醋酸、苯甲酸、对苯二甲酸等化工产品，总的产品回收率可达 60%左右，其余废渣进入免助燃焚烧炉进行焚烧处理，产生的热能通过有机热载体炉或蒸汽锅炉回送到资源化利用装置再利用，产生的烟气经过净化后达标排放，并从富集灰渣中提取钴、锰等贵金属。关键技术为高效固液分离技术、灰渣中提取钴锰等贵重金属技术等。	该技术年利用 PTA 残渣 3 万吨，生产的苯甲酸、对苯二甲酸等化工产品 18000 吨。产品质量达标率≥98%，排放烟气(包括二噁英)优于国家标准 GB18484-2001。总投资 4500 万元，经济效益 2800 万元/年，投资回收年限 3 年。	该技术 2008 年应用于生产。此技术填补了国内空白，我国 PTA 产能已超过 1200 万吨/年，残渣产生量约 20 万吨/年，该技术可使 PTA 残渣得以充分利用。具有推广价值。
39	废弃四氯化碳生产四氯乙烯技术	该技术利用废弃的四氯化碳与天然气、氯气在反应温度为 600℃和反应压力为 0.3Mpa 的条件下进行反应生产粗品四氯乙烯，再经过脱氢、精馏、中和、干燥等工序得到高品质四氯乙烯。技术的关键在于生产控制指标和工业化装置的改进。	该技术年处理废弃四氯化碳达到 5000 吨，年产四氯乙烯 7000 吨，产品中四氯乙烯主含量 99.99%，水分 50PPm，酸度 1PPm，游离氯 0.1PPm，pH 值在 6.5～7.5 之间，色度≤5。总投资 1.0573 亿元，经济效益 2400 万元/年，投资回收年限 4.5 年。	该技术 2007 年应用于生产，该技术特别适用于甲烷氯化物生产厂家，可彻底解决副产四氯化碳的出路问题，同时产生较好的经济效益。

编号	技术名称	技术简介	技术经济指标	技术应用情况及推广前景
40	碱回收白泥生产轻质碳酸钙技术	该技术利用从纸浆造纸碱中回收的白泥制备轻质碳酸钙。基本原理为：利用压滤机去除原绿液软杂质、解絮机解絮细化白泥并保持其基本粒度结构、旋振筛去除石灰硬杂质、碱炉烟道气碳化过量灰等，使碱回收白泥达到商品轻质碳酸钙的性能指标和使用要求。关键技术为滤液玉滤，预挂洗碱，旋振筛分，炉气碳化和解絮细化等工艺。	该技术一条生产线年处理白泥6万吨，回收率可达100%。生产的碳酸钙产品指标为：细度：500目，白度：90%，D98粒径：28μm，D50粒径：5 μm，沉降体积：2.4 ml/g，325目筛余物：0.3%，pH值：8.5～9.5，盐酸不溶物：0.3%，游离碱：0.05%，残碱：0.3%，尘埃度：0.1mm^2/g，磨耗值：2.5mg。总投资：1530万元，其中设备投资：1410万元，运行费用：810万元/年，设备寿命15年，经济效益：690万元/年，投资回收年限2.2年。	按照目前国内已配套运行的200条碱回收生产线推算，每年的白泥产量就接近200万吨。如果能全部配套碱回收白泥制备轻质碳酸钙项目，每年至少能消除近200万吨的白泥二次污染，压缩200万吨工业碳酸钙的开采和生产，减排15万吨的二氧化碳，相当于节省14个亿的原材料消耗，同时还能节约5个多亿的生产成本。
八、废橡胶、废塑料、废纸综合利用技术（**4**项）				
41	废橡胶处理及综合利用技术	该技术利用废旧橡胶生产再生橡胶，主要技术包括“废轮胎自动化成套处理技术”和“橡胶再生常压高温连续脱硫技术”。前者技术是将原有条形刀硬质合金堆焊结构组成的破碎磨面，改为网状环绕形破碎结构，该结构分为三个梯形区域：粗碎区、中碎区和细碎区，可任意调整胶粉细度。并通过磁选、分选一次性100%分离出高品质精细胶粉、钢丝、纤维。后者技术是用管道流动床，取代压力罐，采用变频无极调速和数显控温，从而达到稳定、优质的产品质量。 从而制备出再生橡胶。	该技术年处理废旧橡胶53425吨，年产再生橡胶41096吨，年产值达到34241万元。橡胶再生常压高温连续脱硫工艺技术达到国标GB/T13460-1992再生橡胶优级品指标，符合特技轮胎再生橡胶的性能。总投资6886万元，经济效益2311万元/年，投资回收年限2.63年。	此技术已经在四川省、浙江省得以应用。四川省项目2010开始运行，年处理废橡胶1000吨，年产值481万元。浙江省项目2010年开始运行，年处理废橡胶3100吨，年产值1443万元。此设备技术能耗低，投资回报率高。整个生产过程无味、无污水、无废气、无废渣。

编号	技术名称	技术简介	技术经济指标	技术应用情况及推广前景
42	废橡胶生产稳定型橡胶沥青技术	该技术利用废旧橡胶制作橡胶沥青。其原理为胶粉吸收沥青中的芳香分而膨胀，软化，沥青中的芳香分减少，导致沥青粘度增大，沥青和橡胶粉的界面逐渐模糊，生成一种高弹性凝胶状物质，形成整体性能明显优于基质沥青的复合胶结材料。	该技术年回收处理废轮胎3万吨，全部用于生产橡胶改性沥青，沥青混合料的针入度、软化点、粘度、弹性恢复等各项性能指标稳定，具有不离析、不沉淀、可储存、可长距离运输等特点。产品成品储存时间在90天以上，常温弹性恢复大于70%，177℃表观粘度要小于2.0Pa.S。总投资2000万元，经济效益500万元/年，投资回收年限5年。	该技术已在厦门海沧区投入使用，利用废旧轮胎橡胶粉作为改性剂制作的橡胶沥青性，能有效延缓路面反射裂缝，具有降低路面噪音等效果，而且废橡胶粉的价格远低于目前常用的改性剂，使废旧橡胶粉改性沥青路面也迎来了发展机遇。
43	纸塑铝复合包装废弃物分离技术	该技术采用渗透软化剂和缓腐蚀剂法纸塑分离工艺、铝塑分离工艺，将不可降解铝塑纸复合包装废料有效、彻底地分离，并充分利用分离出的材料，制成再生纸浆、再生聚乙烯、再生铝屑等。既能保证产品有较高的质量，又能提高原材料的综合回收率，降低原材料的使用成本。	该技术年处理8万吨复合包装材料，其中包括3万吨纸塑复合材料，5万吨铝塑复合材料。年产再生纸浆1.8万吨、再生塑料（颗粒）4万吨、再生铝屑0.4万吨。总投资14000万元，其中设备投资6549.19万元，运行费用4000万元/年，设备寿命5-10年，经济效益5245万元/年，投资回收年限5.86年。	该技术已经连续运行多年。渗透软化剂和缓腐蚀剂法具有成本低、污染小、能耗低、操作容易、药剂可循环使用等特点，工艺、配方可推广至国内各纸塑铝复合包装回收材料生产上。

编号	技术名称	技术简介	技术经济指标	技术应用情况及推广前景
44	废纸脱墨浆生产超薄包装纸	该技术使用80%自制废纸脱墨浆生产12g/m²超薄包装纸，利用公司脱墨车间自制的废纸脱墨浆与进口针叶木商品浆板按一定配比，并通过工艺流程调整和工艺技术的改造，使用新型化学品等技术，研发生产超低定量的薄型包装纸。关键技术为脱墨工艺、漂白工艺、废纸脱墨浆与针叶木浆分开打浆工艺等。	该技术年处理废纸20万吨，生产的包装纸指标如下：纸张定量：12.0g/m²；紧度：0.50g/cm³；裂断长：2.37km；撕裂度：71.5mN；白度：89.4%；（0.3～1.0）mm²尘埃度：36；其中（0.3～1.0）mm²黑色尘埃：4；大于1.0～2.0 mm²的尘埃度：0；水分：6.9%。各项质量指标除纸张定量外，完全达到14g/m²薄页包装纸的要求。总投资：3800万元，其中设备投资3200万元，设备寿命8年，经济效益21786万元/年，投资回收年限0.2年。	该技术目前已经在福建省投产，形成年产3万吨到6.7万吨的生产能力。市场销售情况为：产量占福建省产量60%以上，约占国内市场的12%。市场准入门槛比较高，竞争对手少，市场前景看好。
九、制革工业固体废物综合利用技术（**3** 项）				
45	铬泥生产铬鞣剂技术	该技术通过水解方法去除铬泥中大部分与铬盐结合的有机物，再通过氧化方法去除残余的有机物，然后通过碱度和浓度调整得到具有良好鞣性的铬鞣剂，干燥后得到铬粉产品，该产品可以代替商品铬粉用于制革生产。水解产生的蛋白液经过改性后可以制成用于制革的复鞣剂，回用于制革生产。关键技术为铬泥中杂质蛋白的去除和铬盐鞣性的恢复技术。	该技术年处理铬泥废弃物2000吨，利用率达到99.9%以上，年产铬鞣剂和复鞣剂800吨；总投资60万元，其中设备投资40万元，运行费用40万元/年，设备寿命20年，经济效益400万元/年以上，可节约240万元/年的危废物处理费用，投资回收年限0.2年。	该技术已经在福建省、江苏省、山东省和浙江省近十家企业得到应用。综合利用产品为铬鞣剂和复鞣剂，该技术既节约了危废物填埋的成本，又节约化工材料，为制革厂带来良好的经济效益，具有很好的市场前景。

编号	技术名称	技术简介	技术经济指标	技术应用情况及推广前景
46	利用铬革屑生产再生纤维革技术	该技术采用湿法开纤方法对铬革屑进行处理得到皮革纤维绒，再使用水力解纤得到真皮纤维的水分散液，然后通过染色加脂和混胶，得到真皮纤维浆料并使用连续生产线进行持续铺网、滤水、真空脱水、挤水、微波干燥、烘干后得到再生真皮纤维革坯，革坯经过熨压、磨革、移膜和压花后得到再生真皮纤维革产品。关键技术为铬革屑的湿法开纤、水力解纤、染色加脂和成型整理技术。	该技术年处理5000吨铬革屑废弃物，再生利用率达到99.9%以上，年产纤维革产品量3000吨。总投资1000万元，其中设备投资400万元，运行费用1000万元/年，设备寿命20年，经济效益500万元/年，投资回收年限2年。	该技术已经投入生产近两年，在河北省已建成年处理能力10000吨的铬革屑生产线。将铬革屑制备成为再生纤维革产品，既节约了危废物填埋的成本，又具有良好的经济效益，市场前景良好。
47	制革废渣生产制革用蛋白填料技术	该技术利用保毛脱毛工序产生的废牛毛、鞣制前产生的废灰碱皮渣和鞣制后产生的含铬废皮渣为原料，运用酶降解及化学方法对废毛和废皮渣进行一系列预处理、水解、改性后再经浓缩干燥制成蛋白填料，用于制革的复鞣填充。	该技术年处理制革废毛1700吨、废灰碱皮渣800吨、含铬废皮渣500吨，生产制革用蛋白填料共约800吨。蛋白质填料中的蛋白质≥70%，水分10～15%，pH值6～7。总投资3000万元，其中设备投资1000万元，运行费用200万元/年，设备寿命7年，经济效益800万元/年，投资回收年限5年。	该技术2008年4月投入运行，两年的生产期间，共处理制革废渣2140吨，利用制革废渣生产制革复鞣用蛋白填料600吨，减少化学需氧量（COD）产生量430吨，减少总氮产生量58吨。整体技术具有国际领先水平，环境效益、经济效益和社会效益显著，推广应用前景广泛。

十、其他有机固体废物综合利用技术（5项）

编号	技术名称	技术简介	技术经济指标	技术应用情况及推广前景
48	剑麻渣提取剑麻皂素技术	该技术将剑麻渣用压榨机榨取汁液，汁液在发酵池中发酵，过滤掉发酵物中水分并在低温干燥得到麻膏，将麻膏在酸性条件下水解，水解物钙化后进行乙醇回流提取，将提取液脱色并加入适量助剂后浓缩结晶，得到剑麻皂素初品，初品重结晶得到剑麻皂素产品。关键技术为采用密闭体系降低乙醇的消耗，优化传统纯化工艺等。	该技术年处理剑麻麻渣20万吨，年产剑麻皂素100吨。剑麻皂素质量分数85%～100%，熔点196℃～206℃，澄清透明，外观呈白色粉末或晶体，乙醇消耗量≤10T。总投资：2200万元，其中设备投资1260万元，运行费用：600万元/年，设备寿命10年，经济效益4200万元/年，投资回收年限3年。	该技术已建立完成年产100吨剑麻皂素水解和提取车间。由于皂素市场前景好，薯蓣（黄姜）资源过度开发，已面临枯竭，而利用剑麻皂素、番麻皂素等合成部分药物工艺要比薯蓣皂素更简单容易，因此剑麻皂素的市场前景看好。
49	果皮果渣提取果胶联产辛弗林技术	该技术将果皮果渣粉碎后进入洗渣反应釜，经高温洗脱后废水进入树脂吸附塔，固体进入萃取反应釜，再次经过高温萃取，得到含果胶的液体，经降膜浓缩后，加入提取液，经卧螺离心机固液分离，糊状物经喷雾干燥得到果胶半成品，进一步粉碎包装后为成品果胶。提取液经蒸馏塔回收酒精，残液会同洗渣废水进入树脂吸附塔，吸附后经洗脱、三效降膜蒸发器浓缩后，经喷雾干燥过筛制成辛弗林成品。萃取后果渣经加工处理形成生物质燃料供锅炉燃烧。	该技术年处理新鲜果皮果渣25万吨，年生产果胶300吨，辛弗林100吨，生物质燃料12000吨。果胶产品胶凝强度达到180°（±5°），总半乳糖醛酸≥89.5%，反应收率可达到13%以上；辛弗林含量≥98%，反应收率达到5%以上。总投资4745万元，其中设备投资2358万元，运行费用8739万元/年，设备寿命15年，经济效益530.6万元/年，投资回收年限9.6年。	该技术实现了“资源—产品—再生资源”的物质循环流程，所有原料和能源都在这个循环中得到合理利用。对促进我国果业现代化发展起到带头作用，体现出典型的绿色循环经济特征。

编号	技术名称	技术简介	技术经济指标	技术应用情况及推广前景
50	无害化处理废弃酒糟工艺技术	该技术对废弃酒糟进行链式资源化开发利用，生产复糟酒、蒸汽和白炭黑。首先在废糟中加入糖化酶进行糖化，然后再加入固体酵母进行发酵，发酵结束后出窖蒸馏制酒，使其残淀<7%；再将废糟经烘干送至采用室，利用室燃与层燃相结合的燃烧技术的特种酒糟锅炉生产蒸汽。燃烧后含碳量<10%的灰渣在95℃下与氢氧化钠溶液反应，经冷却、洗涤得水玻璃后，继续升温熟化，在42℃下加入稀硫酸熟化，90℃加入硫酸升温至95-100℃熟化，最后经冷却、洗涤、干燥、研磨得白炭黑。关键技术为先糖化、后发酵固态酿酒技术、废糟作燃料生产蒸汽技术、低压液相法生产白炭黑技术等技术。	该技术年处理废酒糟50万吨，年产复糟酒15000吨、锅炉蒸汽90万吨、白炭黑5000吨。产品符合HG/T3061～3073-1999标准。环保过滤烟尘控制在200mg/m³以下。总投资43000万元，其中设备投资30660万元，运行费用1800万元/年，设备寿命20年，经济效益38900万元/年，投资回收年限10年。	该技术1999年6月投入运行，正常运行12年，形成废弃酒糟链式综合利用技术及产业链，实现了对废弃酒糟的充分利用。
51	固废制备生物质颗粒设备技术	该技术采用平模生物质颗粒机制备颗粒，以农林三剩物、工业固体废物为生产原料，将经过烘干或晾晒，水分在13%左右的原料通过重力喂送至主机，压辊转动压缩，将原料完全压入模具，在生产过程中不使用任何添加剂、粘合剂，在设备制料室完成生物质原料热裂解过程、将压入模具的原料物理固化，在物理固化过程中，自然成型颗粒。从而解决了环模压缩过程中直接挤出而没有固化成型过程所生产出的颗粒结构疏松、抗碎性差、不能充分燃烧的问题。	以年产4.5万吨生物质固体成型燃料为例，年回收利用工业固体废物、农林三剩物15万吨，每年为国家节约标准煤10万吨，减少大量的二氧化碳、二氧化硫排放量。总投资1500万元，其中设备投资950万元，设备寿命5年，经济效益3600万元/年，投资回收年限7.9年。	该设备技术于2010年5月投入运行，可使工业固体废物、农林三剩物等得到综合利用，制备节能环保清洁燃料，用途广泛，既可作为可再生能源替代燃煤、汽油、柴油等，又可作为原材料制作竹炭。随着全球范围的大力倡导“低碳生活”，生物质燃料推广应用前景广泛。

编号	技术名称	技术简介	技术经济指标	技术应用情况及推广前景
52	工业有机剩余物节能环保处理及资源化技术	该技术利用先进的机械设备对高含水量的木薯酒糟渣、淀粉渣、糖厂滤泥、工厂化养殖禽畜粪便等工业有机剩余物进行脱水，使其达到生物发酵的起始水分要求，再结合生物好氧发酵技术，对脱水后的有机剩余物直接进行槽式动态好氧发酵，依靠有机剩余物自身的生物质能，在发酵腐熟过程中，实现物料干燥，最终实现有机剩余物资源化为有机原料。技术核心是高效机械脱水技术和高效槽式动态好氧发酵技术。	（1）脱水设备技术指标：处理含水量85-90%有机剩余物的能力为8万吨/年，压滤后含水量60%的有机剩余物产量3-5吨/小时，产品耗电2-3度/吨；（2）发酵技术指标：处理含水量60%的有机剩余物能力为4万吨/年，单机处理得到发酵腐熟含水量30%的有机原料2万吨/年，耗电20度/吨。总投资560万元，其中设备投资397万元，运行费用526万元/年，设备寿命12年，经济效益239万元/年，投资回收年限3年。	该技术于2010年9月投入运营，能够与排放企业的生产线直接对接，可将大批量工业有机剩余物实现规模化、多元化和清洁化利用。在避免二次污染的同时，还能大幅降低废渣处理成本，经济效益显著，具有广阔的市场推广前景和价值。

国家重点节能技术推广目录（第六批）

（国家发展改革委2013年12月30日印发）

序号	技术名称	适用范围	主要技术内容	典型项目					目前推广比例（%）	预计 2015 年			
				适用的技术条件	建设规模	投资额（万元）	节能量（tce/a）	减排量（tCO_2/a）		该技术在行业内的推广比例（%）	总投入*（万元）	节能能力（万tce/a）	碳减排能力（万tCO_2）
1	超低浓度煤矿乏风瓦斯氧化利用技术	煤炭行业	针对矿井乏风瓦斯风排量巨大、浓度低、难以利用的特点，以蓄热逆流氧化反应技术为基础，利用煤矿乏风瓦斯氧化床和热量回收设备，回收利用低浓度矿井乏风及瓦斯。	有稳定的乏风瓦斯气源，瓦斯浓度大于0.3%	5台60000m^3/h乏风氧化装置	7000	10080	285314	<1	5	130000	21	115
2	皮带机变频能效系统技术	煤炭行业	通过安装在皮带机上的料流传感器和PLC智能网络系统，监测胶带上运送煤炭的情况，结合变频技术，实现多台电机运行时的功率平衡，最大程度降低皮带机的无功损耗，提高皮带输送机的整体运行效率。	矿山、煤炭、冶金、化工、建材、粮食、运输等行业的皮带输送机	200万t产能煤矿用皮带输送机变频控制系统	300	12000	31680	<10	40	6000	30	79

*注：总投入指2011—2015年期间，推广率达到预计比例时，投入的资金总量。（下同）

序号	技术名称	适用范围	主要技术内容	典型项目					目前推广比例（%）	预计 2015 年			
				适用的技术条件	建设规模	投资额（万元）	节能量（tce/a）	减排量（tCO_2/a）		该技术在行业内的推广比例（%）	总投入*（万元）	节能能力（万 tce/a）	碳减排能力（万 tCO_2）
3	大型供热机组双背压双转子互换循环水供热技术	电力行业供热机组	供热工况运行时，机组使用动静叶片级数相对减少的高背压低压转子，凝汽器运行高背压（30 kPa～45kPa），排汽温度提高至 80℃左右，利用循环水供热；非采暖期，再将原设计的低压转子恢复，排汽背压恢复至 4.9kPa，机组全年综合运行效率得到了较大提高。	适合在供热负荷需求较大的地区使用	135MW 机组双背压双转子互换循环水供热技术改造	5875	48659	128460	6	10	150000	90	237
4	回转式空气预热器密封节能技术	电力行业火力发电	利用转子热端径向自补偿间隙密封片和基于压力监测的自动漏风回收技术降低了空气预热器的漏风率，提高了锅炉系统的效率，降低了供电煤耗。	已安装回转式空气预热器的 300MW～1000MW 超临界、超超临界火力发电机组	2×640MW 火力发电机组的回转式空气预热器	500	5150	13596	5	10	10000	10	26

序号	技术名称	适用范围	主要技术内容	典型项目					目前推广比例（%）	预计 2015 年			
				适用的技术条件	建设规模	投资额（万元）	节能量（tce/a）	减排量（tCO_2/a）		该技术在行业内的推广比例（%）	总投入*（万元）	节能能力（万tce/a）	碳减排能力（万tCO_2）
5	燃气轮机值班燃料替代技术	钢铁行业CCPP应用领域	通过对燃汽轮机燃烧系统的模拟，建立合理的燃烧模型，扩大了燃气轮机运行所需燃料热值的范围，利用高炉煤气替代焦炉煤气，减少了检修次数，提高了整体循环的效率，降低了氮、硫氧化物排放量。	钢铁企业已建的CCPP系统	3×50 MW燃气—蒸汽联合循环发电系统	870	14704	38818	5	20	22781	47	124
6	冶金余热余压能量回收同轴机组应用技术	钢铁行业余热余压能量回收	煤气透平与电动机同轴驱动高炉鼓风机组技术（BPRT），是把高炉煤气的余压余热转化为机械能的节能装置。	400 m^3～5000m^3的干式或湿式中大型高炉系统	2座1060m^3高炉余压系统改造	3000	27149	67682	30	50	100000	90	237
			烧结余热能量回收驱动技术（SHRT），是利用烧结余热产生的蒸汽驱动烧结主抽风机，使烧结余热汽轮机、烧结主抽风机以及同步电动机同轴串联布置，形成烧结余热与烧结主抽风机能量回收三机组。	130m^2～400m^2 冶金烧结等中大型烧结机	328m^2烧结机改造	5000	13824	36495	3	20	200000	40	105

序号	技术名称	适用范围	主要技术内容	典型项目					目前推广比例（%）	预计 2015 年			
				适用的技术条件	建设规模	投资额（万元）	节能量（tce/a）	减排量（tCO_2/a）		该技术在行业内的推广比例（%）	总投入*（万元）	节能能力（万tce/a）	碳减排能力（万tCO_2）
7	高辐射覆层技术	钢铁行业	在蓄热体表面涂覆一层发射率高于基体的覆层，以提高蓄热体热吸收及热辐射效率，进而减少加热时间，降低排烟温度，提高热风炉入口风温，降低燃料消耗。	在已建或在建高炉热风炉、焦炉企业应用	$5500m^3$高炉4座热风炉和2座预热炉的格子砖改造	807	18777	49571	8	20	38900	65	143
		石化行业	利用高发射率节能材料，增加衬里反射辐射热和炉管吸收能力，提高加热炉的热利用率，减少燃料消耗。	化工加热炉	100万t/a延迟焦化炉耐火衬里及管道	520	2700	7128	15	30	20000	11	29
8	粗铜自氧化还原精炼技术	有色金属行业 铜冶炼	通过鼓入惰性气体搅拌粗铜液，创造反应动力学条件，增强粗铜液中自身氧和杂质接触机会，直接利用粗铜液中自身氧和杂质反应，达到一步脱杂除氧目的，取消了传统火法炼铜的氧化还原作业过程，实现了节能减排。	各种传统火法精炼炉	两台630吨大型阳极炉改造	1200	39393（以年产40万吨阴极铜规模计）	100000（以年产40万吨阴极铜规模计）	20（年产20万吨阴极铜以上企业）	50（年产20万吨阴极铜以上企业）	18750	54	143

序号	技术名称	适用范围	主要技术内容	典型项目					目前推广比例（%）	预计 2015 年			
				适用的技术条件	建设规模	投资额（万元）	节能量（tce/a）	减排量（tCO_2/a）		该技术在行业内的推广比例（%）	总投入*（万元）	节能能力（万tce/a）	碳减排能力（万tCO_2）
9	新型蓄热竖罐还原炉炼镁技术	有色金属行业 镁冶炼	通过模块化还原炉体设计，研制出新型竖式还原罐，实现了机械化装料、取镁和自动化排渣系统，降低了单位产品能耗。	利用皮江法炼镁的企业	年产 1 万 t 结晶镁	2463（不含还原罐）	18000（与蓄热横罐还原炉相比）	47520	<1	20	93594	68	215
10	石化企业能源平衡与优化调度技术	石化行业	采用能源产耗预测、能源管网模拟、能源多周期动态优化调度等核心技术实现石化企业多能源系统（燃料气、氢气、蒸汽、电力、水系统等）的优化调度和运行，提高能源管控一体化水平和能源利用效率。	企业具有 DCS 系统，主要能源计量数据传输到 DCS 系统	2000 万 t/a 原油炼制能力企业的 37 套装置及其能源系统优化改造	1500	10370	27376	10	30	225000	160	422

序号	技术名称	适用范围	主要技术内容	典型项目					目前推广比例（%）	预计2015年			
				适用的技术条件	建设规模	投资额（万元）	节能量（tce/a）	减排量（tCO_2/a）		该技术在行业内的推广比例（%）	总投入*（万元）	节能能力（万tce/a）	碳减排能力（万tCO_2）
11	新型水泥预粉磨系统节能技术	建材行业水泥生产线	采用料床粉磨原理，利用施加于磨辊的辊动及运行产生的剪切力，对料床中的物料产生高效碾磨，再通过后续的自流振动筛进行分级，使得进球磨机粒径控制在2mm以下，并对球磨机内部衬板、隔仓及分仓长度和研磨体级配进行了优化改进，从而有效降低系统粉磨电耗。	水泥生产线球磨机粉磨改造	年产60万t水泥粉磨生产线	280	1470	3880	<1	20	450000	80	211
12	浮法玻璃炉窑纯氧燃烧装备技术	建材行业浮法玻璃生产线	开发了纯氧燃烧喷枪及其配套系统，实现燃烧产生的火焰温度呈梯度分布，辐射能力增加，燃烧更充分，传热效率提高，实现了产品单位能耗的降低。	有稳定氧气来源的浮法玻璃生产线	600t/d浮法玻璃生产线	625	4200	11090	3	10	21000	13	33

序号	技术名称	适用范围	主要技术内容	典型项目					目前推广比例（%）	预计 2015 年			
				适用的技术条件	建设规模	投资额（万元）	节能量（tce/a）	减排量（tCO_2/a）		该技术在行业内的推广比例（%）	总投入*（万元）	节能能力（万 tce/a）	碳减排能力（万 tCO_2）
13	建筑陶瓷薄型化节能技术	建材行业陶瓷工业	大规格陶瓷薄板生产技术。采用特制的陶瓷薄板成型装备，包括双活塞大吨位压机，无模腔布料系统，小辊距辊道窑，高效薄板抛光磨边线等，通过控制原料配方组成和烧成制度来生产超薄陶瓷。在保证生坯强度的基础上，把砖坯的厚度降低到 3.5mm～5mm 左右，实现节材节能的目的。	适用于湿法制浆，喷雾干燥，半干压成型，辊道窑烧成的新建陶瓷砖生产线	年产薄型瓷质砖 100 万 m^2	1500	1962	5180	＜1	10	190000	20	53
			超薄陶瓷砖工业化生产技术。通过控制原料配方组成和烧成制度来生产超薄陶瓷。在保证生坯强度的基础上，把砖坯的厚度降低到 4.5mm-6mm 左右。超薄砖由于薄，传热快而均匀，烧成温度和周期可以降低和缩短，这样就使烟气中的有害物质降低 20%-30%。生产超薄陶瓷使用的原料比原来减少 40%-60%，能源使用可以节约至少 30% 左右。	现有或新建陶瓷砖生产线	年产薄型陶瓷砖 800 万 m^2	500	10000	26400	＜1	20	195000	100	264

序号	技术名称	适用范围	主要技术内容	典型项目					目前推广比例（%）	预计 2015 年			
				适用的技术条件	建设规模	投资额（万元）	节能量（tce/a）	减排量（tCO_2/a）		该技术在行业内的推广比例（%）	总投入*（万元）	节能能力（万 tce/a）	碳减排能力（万 tCO_2）
14	全自动连续煮糖技术	轻工行业制糖工业	采用全自动连续煮糖罐代替现有间歇煮糖罐，连续煮糖罐内糖膏液位低，循环好，加热蒸汽压力低，减少了制糖过程的蒸汽用量，实现煮糖过程的连续化和自动化，解决我国糖厂间断煮糖生产波动大、不稳定的问题。	甘蔗糖厂或甜菜糖厂传统煮糖工艺改造	甘蔗糖厂 12000t/d 生产线	1820	6060	16000	2	40	100000	33	87
15	热泵的双级增焓提效技术	轻工行业民用及商用制热需求场所	将压缩过程从一次压缩分解为两次压缩，增加了闪蒸器和一级节流装置，通过减小每一级的压比，增加二级的冷媒吸气量，提高低温环境下的制热能力和高温环境下的制冷能力，从而解决低温制热能力差、高温制冷能效低的问题。	空调和空气能热水器	居民小区 432 套住宅热水器改造	346	560	1478	<1	5	780000	90	238

序号	技术名称	适用范围	主要技术内容	典型项目					目前推广比例（%）	预计 2015 年			
				适用的技术条件	建设规模	投资额（万元）	节能量（tce/a）	减排量（tCO_2/a）		该技术在行业内的推广比例（%）	总投入*（万元）	节能能力（万 tce/a）	碳减排能力（万 tCO_2）
16	玻璃瓶罐轻量化生产技术	轻工行业日用玻璃	优化玻璃配方，优化瓶型设计，提高窑炉自动化控制水平和精度，提高玻璃液熔化质量和均匀度，使用良好材质的玻璃模具和压吹法行列式制瓶机等降低相同容积（盛装量）玻璃瓶的重量，减少了原材料和能源消耗。	非承压型玻璃瓶罐生产	年产 10 万 t 轻量化酱油瓶	12000	5500	14520	3	20	400000	20	53
17	基于感应耦合的无极荧光照明技术	轻工行业照明场所	根据电磁感应耦合放电原理，电磁场能量以感应方式耦合到灯泡内，使灯泡内的气体被击穿，形成等离子体，受激原子返回基态时，产生紫外线，激发灯泡内壁荧光粉发出可见光，相对于由电能变成热能再变成光能的传统发光原理，减少了热能损耗，并且灯泡显色性高，可替代高压钠灯或金卤灯，具有降低功率，节约电能的作用。	工矿、场馆、道路、隧道等领域的照明	8 条道路共 5164 套用于新建道路照明的灯具	6800	990	2614	3	10	550000	180	475

序号	技术名称	适用范围	主要技术内容	典型项目					目前推广比例（%）	预计 2015 年			
				适用的技术条件	建设规模	投资额（万元）	节能量（tce/a）	减排量（tCO_2/a）		该技术在行业内的推广比例（%）	总投入*（万元）	节能能力（万 tce/a）	碳减排能力（万 tCO_2）
18	超低浴比高温高压纱线染色机节能染整装备技术	纺织行业印染行业纱线、棉纱、羊毛、化纤、等织物染色	研发设计超低浴比高温高压纱线染色机，采用离心泵和轴流泵的三级叶轮泵和短流程冲击式脉流染色技术，实现超低浴比（1：3）高效率染色，节省热水，节约了加热用蒸汽，解决了传统染色机浴比大、能耗高、排放大等问题。	纱线染色机改造	31 台超低浴比（1：8 以上）高温高压纱线染色机技术改造	3410	14300	37750	1	15	90000	150	400
19	磁悬浮离心式鼓风机技术	通用机械行业 污水处理	将鼓风机叶轮直接安装在电机轴延伸端上，转子垂直悬浮于主动式磁性轴承控制器上，不需要增速器及联轴器，实现由高速电机直接驱动，由变频器来调速的单级高速离心式鼓风机，减少机械损耗，提高风机效率，节约电能。	石油石化、化工、环保、冶金、纺织、污水处理的行业等涉及新建或改造鼓风机	污水站 8 台磁悬浮离心式鼓风机改造	350	857	2260	<1	5	100000	26	69

序号	技术名称	适用范围	主要技术内容	典型项目					目前推广比例（%）	预计 2015 年			
				适用的技术条件	建设规模	投资额（万元）	节能量（tce/a）	减排量（tCO_2/a）		该技术在行业内的推广比例（%）	总投入*（万元）	节能能力（万tce/a）	碳减排能力（万tCO_2）
20	两级喷油高效螺杆空气压缩机节能技术	通用机械行业 空气压缩机领域	采用两级压缩，一方面降低了每一级的压比，提高了容积效率，另一方面油气混合物在一级排气进入二级吸气前，可充分混合，起到级间冷却的作用，进而提高了压缩机的能效。	新建空气压缩机	1 台 250kW 压缩机改造	52	126	332	<1	6	140000	120	317
21	变频优化控制系统节能技术	电力、冶金、机械等行业	根据计算机模糊控制理论，自动适时监测电机、变频器和负载的运行情况，并根据专家库系统进行运行寻优，使三者达到最佳匹配，达到节电和减少谐波污染的效果。	已安装变频装置的风机、水泵系统	煤化工锅炉系统 5 台风机，总功率 1900kW	500	700	1848	5	10	21340	11	29

序号	技术名称	适用范围	主要技术内容	典型项目					目前推广比例（%）	预计2015年			
				适用的技术条件	建设规模	投资额（万元）	节能量（tce/a）	减排量（tCO_2/a）		该技术在行业内的推广比例（%）	总投入*（万元）	节能能力（万tce/a）	碳减排能力（万tCO_2）
22	节能铜包铝管母线技术	通用机械行业 电网、石油、化工、矿山、冶炼、钢铁、水泥等所有需要电能的用户	根据不同导体集肤效应不同，将原有铜排或铜管母线制作成铜包铝管结构，管子外侧是集肤效应强的铜，内侧是集肤效应小的铝，一方面节约了铜材；另一方面，实现电流的合理分布，降低母线的阻抗，减少了线损。	额定电压1kV～35kV挤包绝缘电力电缆及附件	2900m铜包铝管母线改造	960	1098	2898	10	30	200000	30	79
23	智能真空渗碳淬火技术	通用机械行业 齿轮、轴承、轴等机械零件的渗碳及淬火等热处理工艺	把信息化和自动化智能控制引入真空渗碳工艺，实现自动检测和精细化控制，提高了工件渗碳品质，减少了热能及辅料的添加。	有渗碳热处理工艺需求的企业应用	装炉量150kg～200kg真空渗碳设备炉	30	29	388	<1	15	54000	10	26
24	锅炉燃烧温度测控及性能优化系统技术	通用机械行业	锅炉在线监测装置及经济运行系统以先进的监测技术和设备准确采集相关数据，以煤-风-温度的合理匹配为基础，优化锅炉燃烧，提高锅炉效率，降低锅炉煤耗。	各种负荷的燃煤发电机组	2×300MW机组	492	4100	10824	<1	10	30000	28	74

序号	技术名称	适用范围	主要技术内容	典型项目					目前推广比例（%）	预计2015年			
				适用的技术条件	建设规模	投资额（万元）	节能量（tce/a）	减排量（tCO_2/a）		该技术在行业内的推广比例（%）	总投入*（万元）	节能能力（万tce/a）	碳减排能力（万tCO_2）
25	分布式能源冷热电联供技术	建筑行业大型楼宇建筑	用能建筑就近建设能源站，采用天然气作为主要能源发电，发电机产生的高温烟气通过换热器及吸收式制冷机给建筑物供热（冷），从而实现能的源梯级利用，综合能源利用率最高可达85%，同时可减少NOx，SO_2等污染物的排放。	1．有较为稳定的冷热负荷及电负荷；2．有稳定可靠的天然气供应；3．有相应的场地可供建设	15.1万m^2的建筑物热电冷联供	5550	1302	3437	<1	10（大型商用建筑）	150000	96	253
26	基于实际运行数据的冷热源设备智能优化控制技术	建筑行业	采用人工智能神经网络技术，基于历史数据和实时数据，使用神经网络算法建立能耗设备在不同的干扰量下的非线性动态模型，在保证系统正常运行，并满足负荷要求、空气质量等级要求下，对系统实时监控和动态调节，合理分配能源，提高耗能设备的能源利用效率。	大型公共建筑的节能改造	15.8万m^2商业建筑的中央空调系统及换热站改造	110	320	845	<1	10	300000	32	84

序号	技术名称	适用范围	主要技术内容	典型项目					目前推广比例（%）	预计 2015 年			
				适用的技术条件	建设规模	投资额（万元）	节能量（tce/a）	减排量（tCO_2/a）		该技术在行业内的推广比例（%）	总投入*（万元）	节能能力（万 tce/a）	碳减排能力（万 tCO_2）
27	分布式水泵供热系统节能技术	建筑行业建筑供热	分别在锅炉房内设一级主循环泵，在各换热站设二次循环泵，结合气候补偿器提供的数据，对供热系统运行的水力曲线进行实时调整，减少一级主循环泵的输送能耗，同时有效降低锅炉的运行压力，确保系统的优化运行，满足在不同工况下的运行调节要求。	区域燃煤锅炉房集中供热系统改造	供热面积 111.3 万 m^3 的燃煤锅炉热力系统改造	115	1277	3371	<1	10	112500	100	264
28	基于人体热源的室内智能控制节能技术	建筑行业	采用基于人体热源侦测技术的智慧管理及自动控制技术对建筑单元内照明、插座及空调实施基于节能理念的自动控制。控制组件包括控制器、数码控制面板、红外控制器、人体侦测/照度传感器、温湿度传感器等。	对于新建建筑采用有线方式；对于既有建筑宜采用无线控制方式	建筑面积 15196m^2	65.8	110	290	<1	10	40000	142	375

序号	技术名称	适用范围	主要技术内容	典型项目					目前推广比例（%）	预计 2015 年			
				适用的技术条件	建设规模	投资额（万元）	节能量（tce/a）	减排量（tCO_2/a）		该技术在行业内的推广比例（%）	总投入*（万元）	节能能力（万 tce/a）	碳减排能力（万 tCO_2）
29	通信用耐高温型阀控式密封电池节能技术	通信行业	集成耐腐蚀的三元合金及晶界工程技术、氢氧辅助复合技术和独创的耐高温刚性高分子 ABS 材料技术，研发的耐高温型阀控式密封电池额定工作温度由 25℃提高到 35℃。因此，可将基站空调启动温度设定值提高 10℃，大幅降低空调运行时间，减少空调电耗。	全年平均温度高于 25℃的室内基站；最高温度不超过 75℃的户外基站	C 网通信基站，基站功率 3000kW ～ 5000kW	1.8	1.4	3.8	＜1	20	500000	60	158

2013年国家先进污染防治示范技术名录

序号	技术名称	工艺路线	主要技术指标	适用范围
一、城镇污水、污泥处理技术				
1	“微生物法源头减量+调质深度脱水+资源化焚烧”污泥处理处置技术	该技术先在污水处理过程中投放筛选出的功能菌株降解有机物，从源头上使污泥减量，水处理产生的污泥经调质深度脱水后利用自行研发的导热油烘干机进行干化，干化的热媒为导热油，导热油的热量来自污泥焚烧产生的热量，烘干过程中产生的水蒸汽用来加热除盐水，回收热能。	污泥可减量95%以上，每吨污泥可利用热量约相当于29.2kg标煤。焚烧炉膛温度高于850℃，烟气停留时间约5s，灰渣体积仅为污泥的10%左右，产生的烟气经烟气净化系统后，达标排放。该技术无二次污染产生，能量可自持平衡。	适用于市政及工业污水污泥的处理处置。
2	城市污水厂污泥热解法稳定化处理技术	该技术采用以水热处理为核心的污泥处理组合工艺，先通过水热处理将难脱除的细胞水转化为自由水，难降解的大分子有机物水解为小分子；再经重力浓缩和机械脱水，使泥饼含水率降低至50%；最后采用厌氧发酵法处理脱水废液产生沼气、回收热能。	污泥减容率大于90%，进料污泥含水率90%～95%，出料污泥含水率约50%，呈半干化状态，可直接焚烧。	适用于城市污水厂污泥处理。
3	分级分相厌氧消化技术	污水处理厂污泥（含水率约80%）与经过预处理的餐厨垃圾调配后，采用高温水解酸化、中温甲烷两级反应，产生沼气和消化污泥，消化污泥脱水后可进行土地利用，脱水后的滤液经化学沉淀除磷等处理达标后排入管网。	有机物降解率约70%，每吨污泥沼气产量约100～120m³，产生的沼气可用于发电。	适用于市政、工业污泥、餐厨垃圾和粪便等有机固体废弃物的处置和综合利用。

序号	技术名称	工艺路线	主要技术指标	适用范围
4	水蚯蚓原位消解污泥技术	该技术依据生态学原理延长食物链，在城镇污水处理系统好氧生化段接种水蚯蚓，利用食物链中水蚯蚓的捕食作用，在污水处理产生污泥的过程中，通过物质、能量转换消解污泥，实现污泥减量。	污泥过程减量 50%～80%（以 80%含水率的泥饼计），出水 COD 低于 60mg/L，BOD_5 低于 20mg/L。	适用于城镇生活污水的处理。
二、高氨氮工业废水处理技术				
5	有机废水碳氮硫同步脱除技术	该技术采用生物技术对废水进行碳氮硫同步脱除，并回收单质硫。利用自养和异养微生物的联合作用实现生态强化反硝化和脱硫，并利用自养微生物将含硫化合物转化为单质硫。	进水 COD 2000～15000mg/L、硫酸盐 1000～3000mg/L、氨氮 200～1000mg/L 时，出水 COD 低于 120mg/L、硫酸盐低于 40mg/L、氨氮低于 20mg/L；COD 去除率大于 99%、硫酸盐去除率大于 98%、氨氮去除率大于 95%。	适用于制药、化工等重污染行业高浓度含硫含氮有机废水的生物处理，水量 500～10000m^3/d。
6	好氧生物脱氮技术	该技术采用脱氮性能优异的异养硝化/好氧反硝化脱氮菌对废水进行好氧脱氮处理，在反应过程中硝化和反硝化脱氮并存。曝气池内脱除有机物、氨氮、总氮同步进行，可承受更高的有机物和氨氮负荷。	废水 COD_{Cr} 为 2500mg/L、氨氮为 700mg/L 时（需 COD/N≥3.5 以上），可以稳定、高效运行；平均去除率：COD_{Cr} 大于 90%，氨氮大于 99%，总氮大于 90%，可满足 GB 19431-2004 要求。进入好氧生物脱氮反应过程的污水 C/N 比值大于 4；污泥回流比一般为 60%～100%，保证生化池中污泥浓度在 3～6g/L；推流式反应池内循环回流比一般为 200%～400%。	适用于食品发酵行业的废水处理。
7	曝气生物流化床废水深度处理技术	该技术在曝气生物流化床工艺中采用 NC-5ppi 型专用生物载体，微生物与载体的自固定化技术将微生物固定在载体上，可同时去除有机物和氨氮。	当进水 COD_{Cr} 200mg/L，BOD_5 150 mg/L，SS 200mg/L，NH_3-N 30mg/L 时；出水 COD_{Cr} 低于 20mg/L，BOD_5 低于 5mg/L，SS 低于 10mg/L，氨氮低于 1mg/L。	适用于化工、制药、电镀、制革、煤化工、畜禽养殖等行业废水深度处理及城市中水回用。

序号	技术名称	工艺路线	主要技术指标	适用范围
8	机械压缩-离子交换垃圾渗滤液处理技术	该技术采用“机械压缩（MVC）-离子交换（DI）”工艺处理垃圾渗滤液。应用降膜喷淋蒸发原理，通过热交换和蒸汽压缩实现连续稳定蒸发。冷凝液的热量可回收用于预热。MVC 产生的蒸馏水经由离子交换除氨后可达标排放。	出水达到 GB 16889-2008 中表 2 或表 3 的限值，浓缩液要求小于 10%。	适用于垃圾渗滤液处理。
9	高效节能汽提脱氨技术	该技术在汽提精馏氨氮废水处理技术的基础上，利用两级汽提脱氨塔，氨氮废水处理量的 55%和 45%分别送入 I 效汽提脱氨塔和 II 效汽提脱氨塔气提脱氨，I 效汽提脱氨塔塔顶冷凝器与 II 效汽提脱氨塔塔底再沸器合二为一，可实现系统蒸汽热量的梯级利用。	氨氮废水处理蒸汽单耗约 100kg/t 废水，蒸汽单耗降低 40%～45%。可以将氨氮以 15%～20%浓氨水或 90%以上浓氨气的形式或硫酸铵形式从氨氮废水中回收。出水氨氮低于 15mg/L（最低＜5mg/L）。	适用于石化、制药、农药、轻工、冶金、煤化工、垃圾处理等行业和领域的氨氮废水处理。
10	焦化废水超磁树脂净化深度处理技术	该技术将特种磁性树脂流动床工艺与超磁分离技术有机结合，实现焦化生化尾水的深度处理。特种磁性树脂可催化加速水溶性有机污染物吸附，吸附后的特种磁性树脂用超磁分离技术分离后进行再生，并循环使用。	当进水 COD≤150mg/L、色度 80～100 倍、总氮 40～60mg/L 时，出水 COD 低于 70mg/L、色度无检出、总氮低于 20mg/L，出水可稳定达到 GB 8978-1996 要求。	适用于焦化行业低浓度生化尾水中水溶性有机污染物的深度处理，尤其适用于现有焦化废水处理系统的升级改造。
三、其他工业废水处理、回用与减排技术				
11	新型人工分子筛水处理技术	该技术使用粉煤灰制备的人工分子筛，可将污水中铵离子吸附脱除并解吸回收，污水处理后可回用，氨经浓缩可作为化肥。	在相同工艺条件下，新型人工分子筛的铵离子交换容量是天然分子筛的 150 倍，铵离子选择系数达 95%～99%，氨氮去除率达 95%～99%，处理每吨市政污水的运行成本不超过 0.1 元。	适用于低浓度（NH_3-N≤100mg/L）含氨氮污（废）水的脱氮处理。
12	牛仔服洗磨污水净化再生回用技术	该技术将吸附、精细过滤和固液分离 3 个工序合并设计在一个一体化处理装置内，水力停留时间 30min。	当原水 COD 200～400mg/L、色度 50～250 倍时，处理后出水 COD 30～50mg/L、色度低于 10 倍。系统节水率可达 80%。	适用于牛仔服洗磨加工企业洗磨污水再生回用。

序号	技术名称	工艺路线	主要技术指标	适用范围
13	氯碱化工废水处理技术	该技术针对北方氯碱厂水质较硬、盐较高等特点，采用“调节隔油＋气浮＋活性炭＋反渗透”处理工艺，注重膜前预处理，保证反渗透的运行效果，反渗透产水可达到脱盐水补水水质。	原水硬度 1000mg/L 时，出水可降至 150mg/L；出水可回用于氯碱工业生产，废水回用率达80%。	适用于氯碱化工（无机酸碱）废水处理。
14	膜法浓缩、回收氰化钠技术	该技术采用膜分离工艺回收浓缩废水中的氰化钠等污染物，达到一定浓度后回收使用。	氰化钠原液浓度 2 g/L，透析后出水水质与自来水相当，可供冷冻行业生产使用，浓缩液浓度为 10 g/L，浓缩倍数 2.5～5 倍。	适用于金属冶炼行业。
15	有毒有机工业废水吸附法处理及回收技术	该技术根据废水中污染物特性，设计了海绵状高分子吸附材料，然后采用该海绵状高分子吸附材料处理含有毒有机污染物的工业废水。	海绵状高分子吸附材料对高浓度疏水性有毒有机物的吸附容量大于 10g/g；吸附树脂重复使用 100 次后，其吸附容量仍可达初期饱和吸附量的 70%以上。在工业废水中进行一次吸附处理的效果：进水中苯乙烯浓度 200ppm，苯酚浓度 200ppm，乙酸乙酯浓度 4000ppm；经一次吸附处理后苯乙烯浓度降至 50ppm，苯酚浓度降至 30ppm，乙酸乙酯浓度降至 200 ppm。	适用于化工等行业高浓度有毒有机废水的处理。
16	天然复合矿物在印染废水处理中的应用技术	该技术以天然矿物，如膨润土、硅藻土、稀土尾矿、沸石、铝矾土、粉煤灰、麦饭石、电气石尾矿等为主要原料，按一定的比例混合复配，制成粉末状天然复合矿物水处理剂和颗粒状天然复合矿物颗粒滤料，该材料具有絮凝、吸附、离子交换等功能，适用于印染废水的辅助处理。在印染废水中投加该水处理剂处理后再用天然复合矿物颗粒滤料过滤。沉淀污泥经收集、脱水、高温活化后可重复使用。	该技术可将纺织印染废水处理至生产回用要求。水处理剂投加量约为 1‰～3‰，反应时间为 0.5～1h，沉淀时间为 2～4h。滤料粒径为 4～6mm，滤速为 36m/min，反冲洗周期为 7 天。当进水 COD 2500～3500mg/L，SS 140～170mg/L，NH_3-N 5～40mg/L 时；出水 COD 30～50mg/L，SS 8～10mg/L，NH_3-N 1～4mg/L。	适用于纺织染整废水处理及回用等。

序号	技术名称	工艺路线	主要技术指标	适用范围
17	油田废水回收利用技术	该技术耦合了气动超声与气浮、磁吸附、平板超滤膜技术处理油田废水，可实现油回收、水回注。气动超声波的振动、空化和气体搅拌作用，使微米或纳米级磁性吸附剂很好地分散在含油废水中，同时破乳与吸附的耦合使微米或纳米级磁性吸附剂易于分散在污水中，使油易于回收。	可回收油田废水中约95%的石油，去除废水中约90%的乳化油和分散油。当进水含油量为30～120mg/L，SS为30mg/L时；出水含油量低于2mg/L，SS低于1mg/L。	适用于油田废水资源化利用和钢铁、化工行业中废水除油。
18	环保型循环冷却水处理技术	该技术采用高级氧化还原技术，有效破坏生物膜，起到杀菌、阻垢和缓蚀等作用，可替代传统化学药剂处理循环冷却水。	处理后污垢热阻小于3.44×10^{-4}·m^2K/W，腐蚀率小于0.075 mm/a（碳钢），细菌总数低于1×10^3个/mL，生物粘泥低于3 mL/m^3，浊度低于5NTU，pH 7.0～9.0，总铁浓度低于1.0mg/L。	适用于敞开式工业循环冷却水系统。
四、除尘、脱硫、脱硝技术				
19	移动极板静电除尘技术	该技术利用移动电极实现对高比电阻、超细粉尘的收集，并采用钢丝刷等特殊清灰装置实现对容易二次扬尘、高黏度的粉尘清灰。该技术前级电场采用固定式阳极板，振打清灰；末级电场采用移动式阳极板，旋转刷清灰，防止产生反电晕、二次扬尘，提高除尘效率。	处理后烟气出口粉尘浓度低于30mg/Nm^3，除尘效率达99.8%。	适用于大容量火电机组长期稳定运行的情况。
20	镁质材料行业资源循环利用技术	该技术采用先进浮选工艺实现低品位菱镁矿资源升级使用，滚笼筛筛分技术结合炉窑工艺的系列改造实现粉矿碎矿的分级利用；通过设立煤气站结合煅烧工艺升级、多管旋风子加脉冲布袋等除尘综合措施，解决了菱镁矿煅烧过程中的粉尘/烟尘污染问题，实现粉尘/烟尘的回收利用。	电熔炉烟尘排放低于200mg/m^3，部分企业可达到50mg/m^3以下。	适用于菱镁矿集中地区及类似矿区污染治理。

序号	技术名称	工艺路线	主要技术指标	适用范围
21	湿式静电除雾技术	该技术将湿法脱硫后的烟气进入电场荷电区，烟气中的酸雾和气溶胶颗粒荷电后在电场力作用下不断被驱向阳极后去除。	各种有害气体（SO_3、SO_2、HCl、HF、NH_3等）、微细粉尘和重金属等所形成的气溶胶的去除率达99%，酸雾去除率达95%，水雾浓度低于10mg/Nm^3。	适用于湿法脱硫烟气后处理。
22	烧结机循环流化床烟气脱硫技术	该技术采用干态消石灰粉脱硫剂，通过在脱硫反应塔中部喷水，脱除烟气中的二氧化硫。脱硫后的烟气进入布袋除尘器中，脱除颗粒物后排入大气，颗粒物经过再循环系统返回到脱硫反应塔中循环利用。	钙硫比为1.2时，脱硫效率可达90%以上，粉尘排放量低于30mg/m^3。	适用于烧结机烟气脱硫。
23	脱硝催化剂载体二氧化钛产业化技术	该技术以硫酸法钛白粉生产的偏钛酸为原料，制备脱硝用催化剂载体。主要流程包括前处理、硫酸处理、载入活性组分、凝胶化、过滤、干燥煅烧、超细粉碎、包装等环节。	生产的载体二氧化钛为锐钛型结晶度，比表面积控制在90±10 m^2/g，晶粒尺寸小于20nm。	适用于电力、水泥、化工、冶金、汽车等高温燃烧烟气的氮氧化物处理。
24	低氮燃烧与选择性非催化还原脱硝（SNCR）组合技术	在水泥窑分解炉采用分级燃烧方式降低氮氧化物（NOx）的基础上，以分解炉膛为反应器，以液氨、氨水或尿素作为还原剂，将其喷入分解炉内的高温区域（850℃～1100℃），还原剂迅速热分解成NH_3并与烟气中的NOx进行选择性反应，生成氮气和水，去除烟气中的NOx。	采用分级燃烧技术，NOx产生量减少20%以上，组合采用SNCR技术后，烟气中氮氧化物浓度低于500 mg/Nm^3，综合氮氧化物减排效率大于50%，SNCR脱硝系统氨逃逸浓度应低于8mg/m^3。	适用于新型干法水泥窑的氮氧化物减排。
25	低氮燃烧与选择性催化还原脱硝（SCR）组合技术	在水泥窑分解炉采用分级燃烧以降低氮氧化物（NOx）的基础上，将烟气引入SCR反应器，并在反应器入口喷入液氨、氨水或尿素等作为还原剂，使之与烟气中的NOx在催化剂的作用下化合，生成氮气和水，去除烟气中的NOx。	采用分级燃烧技术，NOx产生量减少20%以上，组合采用SCR技术后，总体NOx减排效率大于85%，烟气中NO_x浓度低于200mg/Nm^3，SCR脱硝系统氨逃逸浓度应低于5mg/m^3以下。	适用于新型干法水泥窑的氮氧化物减排。

序号	技术名称	工艺路线	主要技术指标	适用范围
26	炉内射流组合低氮燃烧技术	该技术通过炉内射流组合使相关区域三场（温度场、速度场和浓度场）特性在空间和过程尺度上差异化，形成利于防渣、低 NO_x、稳燃的燃烧状态。	对于燃用贫煤、烟煤、褐煤的机组，该技术可将 NO_x 排放量降低 35%以上，在燃用烟煤时，能实现 NO_x 排放量小于 300mg/Nm^3，同时实现锅炉防渣和高燃尽率。	适用于燃煤发电机组和热电联产机组。
五、工业废气治理、净化及资源化技术				
27	“醇性油墨+吸附回收+溶剂分离” VOCs 治理技术	该技术使用醇性(无苯无酮)油墨，然后采用活性炭吸附回收装置吸附回收废气中的有机物，吸附剂再生后，含水的混合溶剂通过精馏装置进行分离得到高纯溶剂。	回收装置的回收率大于 90%。	适用于采用凹版印刷工艺的包装印刷行业 VOCs 治理。
28	“漆雾净化+活性炭吸附+回收利用” VOCs 治理技术	该技术首先净化废气中的漆雾，再利用活性炭吸附回收废气中的有机物，吸附饱和的活性炭床切换进行脱附，脱附下来的混合气体经冷凝分离后回收有机溶剂。	回收装置的回收率大于 90%。	适用于集装箱喷涂行业中 VOCs 的治理。
29	家具行业有机废气治理技术	当有机物浓度大于 200mg/m^3 时，采用吸附浓缩工艺对有机物进行浓缩，浓缩以后的高浓度有机物再进行催化燃烧处理；当有机物浓度小于 200mg/m^3 时，采用“水基吸收+低温等离子体”技术进行净化。	当有机物浓度大于 200mg/m^3 时，吸附净化率达到 90%以上，催化燃烧效率达到 95%以上；当有机物浓度小于 200mg/m^3 时，处理装置的净化效率达 70%以上。	适用家具生产企业的有机废气治理。
30	低温等离子体处理有机废气净化技术	该技术中有机废气先经旋流除尘苔将大颗粒及溶于水的物质先喷雾下来，再经除雾器将水雾分离后进入等离子净化器处理，最后由引风系统抽出排放。	低浓度（小于 300 mg/m^3）有机废气的净化效率大于 70%，臭味净化效率大于 80%。	适用于轻工、化工、制药、印刷、皮革、家具、汽车、喷涂等行业的有机废气处理。

序号	技术名称	工艺路线	主要技术指标	适用范围
31	铝电解槽烟气除尘脱硫脱氟一体化治理技术	该技术针对同时治理电解铝行业烟气中 SO_2 和氟化物的需要，在氨法脱硫过程中，洗涤吸收塔吸收 SO_2 的同时将 F^- 吸收后溶解在系统内硫酸铵溶液中，F^- 离子和 NH_4^+ 形成氟化铵，硫铵工序中硫酸铵晶粒稠厚分离，氟化铵溶解在分离出来的硫酸铵溶液中，将硫酸铵稠厚分离的液体进行脱氟处理，脱氟产物冰晶石及氧化铝粉尘一起过滤回收，送电解铝厂循环利用，脱硫产生的 $(NH_4)_2SO_3$、NH_4HSO_3 直接催化氧化得化肥硫酸铵，有效利用资源，实现烟气 SO_2 和氟化物一体化治理及废弃物资源化利用。	当原始浓度 SO_2 浓度 400 mg/Nm³，氟化物浓度 5mg/Nm³时，治理后 SO_2 低于 50mg/Nm³，氟化物低于 3mg/Nm³。脱硫效率大于 95%，脱氟效率大于 80%，烟气排放 SO_2 浓度低于 50mg/Nm³，F^- 浓度低于 3mg/Nm³。吨 SO_2（含脱氟）处理成本低于 420 元。	适用于铝电解行业烟气治理。
六、固体废物综合利用、处理处置及土壤修复技术				
32	常压盐溶液法利用钙基湿法副产品制备 α－半水石膏技术	该技术将脱硫石膏经计量后通过原浆制浆系统，与特制的 Ca、K、Mg 混合制成一定浓度的石膏原浆，送至反应釜内，以蒸汽外加热的形式，控制反应釜反应温度在 95℃左右，当釜内石膏浆液电导率达到一定数值后，得到 a-半水石膏浆液，经脱水后干燥洗磨得成品。	产品符合 GB 5483-85 要求。	适用于脱硫石膏综合利用。
33	脱硫石膏资源化利用技术	该技术根据脱硫石膏综合利用要求，优化了电厂工艺参数：石灰石纯度大于 90%、烟气飞灰含量低于 50mg/m³、pH 5.5～6.5、液气比 11～15L/m³；不掺入添加剂、不干燥直接制成脱硫石膏，用作水泥缓凝剂。采用双筒回转窑生产脱硫建筑石膏。	脱硫建筑石膏达到《建筑石膏》质量要求，生产的粉刷石膏、石膏砌块也达到标准要求。	适用于脱硫石膏综合利用。

序号	技术名称	工艺路线	主要技术指标	适用范围
34	电子废弃物处理及资源化技术	该技术将电子废弃物经人工拆解、破碎分离后，利用磁选、风选、电选等技术，有效回收和利用热塑性塑料和热固性塑料、有色金属、钢铁等材料。	热塑性塑料和热固性塑料、有色金属、钢铁等材料回收率分别大于90%、95%、98%。	适用于电子废弃物处理。
35	工业含盐固体废物的处理技术	该技术将含盐固体废物中的易挥发或易降解的胺、酚、醚等有机物高温分解去除，回收工业盐并用于氯碱生产。	分解温度 470～490℃；物料停留时间 4～6h。产品盐总氮小于 20ppm，总磷小于 5ppm，有机杂质总量小于 0.5%。	适用于化工行业每年副产 1000～200000 吨含盐固体废物的企业或地域的工业含盐固体废物的处理。
36	木薯渣饲料资源化技术	该技术从细菌和真菌中筛选出能降解木薯渣中纤维素的菌株，经过物理和化学等多种方式诱变处理后作为生产菌种，将木薯渣转化为饲料原料。	处理后的木薯渣氨基酸含量提高，含赖氨酸约 0.9%、蛋氨酸约 0.8%、苏氨酸约 0.54%。	适用于农副产品加工的糟渣处理。
37	危险废物新型回转窑热解气化多段焚烧处置技术	该技术采用回转窑为热解一燃室，尾部配置高温二燃室。回转窑物料适应性广泛，预处理要求低，高温二燃室可以保证尾气中的未燃尽的废气得以充分燃烧，同时二燃室中半流化旋转碎渣系统可以使固体残渣中未燃尽的物料进一步破碎燃烧，降低残渣的热灼减率。	残渣热灼减率低于 1.5%，二噁英类物质排放浓度低于 0.1ngTEQ/Nm^3。	适用于工业、医疗固体危险废弃物焚烧处置。
38	生活垃圾焚烧飞灰药剂稳定卫生填埋技术	该技术将焚烧厂飞灰装入飞灰槽罐车后，直接运输至填埋坑，用车载空气压缩机产生压缩空气，通过管道将飞灰送入专门设计的混合器，混合器的另一入口联接药剂液管道，药剂由液压泵提供一定的压力，灰、液经混合器喷射而出，利用二者速度差，产生吸附作用，并起到充分混合效果，混合料直接进入填埋坑，然后进行摊平、压实作业。	较传统飞灰处置技术可节约三分之一的填埋库容。	适用于垃圾焚烧飞灰的处理，配套装置处理能力 20～40t/h。

序号	技术名称	工艺路线	主要技术指标	适用范围
39	沼气发酵废弃物处理技术	该技术利用离心式固液分离机使沼气发酵废弃物固液分离，固体部分沼渣可进行堆肥，液体部分沼液经沉淀后进入滴灌施肥系统。通过三级过滤沉淀系统，解决管道阻塞问题，实现沼液滴灌施肥。	污染物消减率达 90%以上，其中 BOD、COD、总氮、总磷消纳率达 90%以上。	适用于周边有蔬菜种植园区的畜禽养殖场大中型沼气站。
40	秸秆清洁制浆及其废液资源化利用技术	该技术以农作物秸秆为原料，经切断、筛选除尘、置换蒸煮、黑液提取、疏解+氧脱木素、洗涤筛选、无元素氯漂白或精制本色的主要工艺过程制浆，制浆废液经蒸发浓缩、养分调配、喷浆造粒制成木素有机肥料。	秸秆清洁制浆及其废液资源化利用。	适用于秸秆富产区。
41	农田土壤中残留农药的微生物降解和修复技术	该技术采用在农药污染土壤中添加高效菌剂的方法，强化微生物的降解作用，降低土壤中农药残留，提高农产品品质。	对农田耕作层土壤（0～20cm）中农药(含滴滴涕和六六六）的降解率约 90%。使用该菌剂，每亩成本约需 100 元，同时可减少农产品污染。	适用于受农药污染的农田土壤。
42	多氯联苯污染土壤的生态修复技术	利用植物-微生物制剂联合修复技术，辅以调理剂和生态调控手段，实现土壤中多氯联苯（PCBs）污染的原位修复。该技术工艺包括：中和调控修复、土壤耕作修复、紫花苜蓿修复和苜蓿放压绿肥修复四个阶段。	使污染土壤的 pH 值从 4 调节至 6 以上，基本满足植物的生长要求；污染土壤中的 PCBs 总量可从 0.5～1.0mg/kg 下降至 0.1mg/kg 以下，PCBs 平均去除率大于 85%。以工程修复 600 亩计算，工程费用约 360 万元。	适用于受多氯联苯污染农田土壤。
43	土壤中挥发性有机污染物的气相抽提和生物通风修复技术	该技术采用气相抽提+生物通风工艺原位修复工艺去除土壤中的挥发性有机污染物。前期土壤中污染物含量较高时，采用气相抽提，后期土壤中污染物含量较低时，采用生物通风。	抽提井深 2m，抽提流量 Q=28m^3/h，中试单组份污染物（正己烷）连续抽提操作 90h，污染物浓度可由 450mg/m^3 下降至 6.5mg/m^3。抽出尾气中的污染气体可通过化工吸附解析处理和活性碳去除。在 200m^3 处理规模上，投资约 2 万元，运行费约为 5500 元。	适用于受挥发性有机污染物污染的不饱和区砂质土壤。

序号	技术名称	工艺路线	主要技术指标	适用范围
44	多环芳烃污染土壤生物堆修复技术	将受污染土壤经预处理后堆放成垛（条），然后通风、补水、提供营养物和添加剂，强化土著微生物的好氧降解过程，加速土壤中多环芳烃的降解。主要工艺过程包括：土壤破碎、筛分、含水量调节、pH 调节、碳氮比调节、孔隙度调节等。	运行周期 3～6 个月，土壤中典型多环芳烃化合物苯并(a)芘浓度可从 20mg/kg 下降到 1.3mg/kg 以下，降解率达到 80%，单批处理量可达 600m^3。修复后土壤可用于道路底基、工业用地土壤、垃圾填埋场封场中层覆盖土资源化利用。处理 9600 m^3 污染土壤，投资成本约为 160 万元，运行费用为 70 万元。	适用于受多环芳烃污染的土壤。
七、重金属污染防治技术				
45	砷污染地区饮用水处理技术	该技术采用砂滤+吸附+纳滤组合工艺处理高砷饮用水，在去除砷的同时，云除钙、镁等二价离子，降低饮用水的硬度。	出水砷含量低于 10μg/L。投资成本约为 1500 元/吨水，运行费用约 1.7 元/吨水。	适用于砷污染地区饮用水除砷处理。
46	砷铜混合有色冶炼废水处理技术	该技术可使重有色金属冶炼产生的含砷废水资源化，其创新点为：二段中和除杂，回收石膏和重金属；可制备亚砷酸铜，并用于铜电解液净化；可制备三氧化二砷产品；亚砷酸铜经 SO_2 还原、硫酸氧化浸出回收硫酸铜循环利用，有效去除废水中的砷、铜。	产品三氧化二砷纯度可达 95%，砷总回收率大于 85%。	铜、铅、锌、锑、金、银等冶炼行业以及农药、化工行业的含砷废水处理。
47	膜法分离回收重金属处理与资源化利用技术	电镀废水按镀种分别收集，通过投加碱性物质生成重金属（镍、铬、铜、锌）碱式盐，直接采用高通量微滤膜，或采用超滤或反渗透分离膜，回收重金属。	出水中各种重金属离子含量达到 GB 18918-2002 和GB 21900-2008 的要求，回收的重金属纯度达标。	适用于电子、电镀等行业废水处理。

序号	技术名称	工艺路线	主要技术指标	适用范围
48	火法有色冶炼烟尘中砷、铜、铅、锌及稀贵重金属分离去除资源化回收技术	该技术利用脱硫副产品液体 SO_2 脱除有色冶炼烟尘中的砷，烟尘脱砷后，再回收有价及稀贵金属。工艺流程：烟尘硫酸浸出→电积脱铜→浓缩结晶粗硫酸锌→液体 SO_2 还原沉砷→压滤除砷（砷进一步提纯加工）→母液返浸出；浸出渣采用熔炼炉还原熔炼，得到粗铅、铅冰铜等副产物；粗铅电解，产出电铅和铅阳极泥，再进一步提取阳极泥中的金、银；采用湿法工艺提取烟尘中的铟。	砷回收率大于 60%，铜回收率大于 75%，锌回收率大于 80%，铅富集率大于 98%。	适用于处理铜铅锌等重有色金属冶炼烟尘，回收有价金属。
49	铜冶炼烟灰等废弃物湿法处理技术	该技术以铜冶炼过程中产出的铜转炉烟灰、倾动炉高锌烟灰、黑铜渣浸出渣和电解废酸等危险废物为原料，采用三段浸出、萃取、溶液净化、合成、置换等全湿法处理工艺，得到硫酸铜溶液、活性氧化锌、三盐基硫酸铅、精铟和氧化铋等产品，实现了铜冶炼烟灰中铜、锌、铅、铟、铋的回收及砷的无害化处理。	铜、锌、铅、铟、铋回收率分别达到 93%、86%、85%，60%、82%，砷固化率达 80%；生产废水处理达到 GB 25467-2010，回用率达 75%；可减少约 65%危险废物堆存。	适用于铜冶炼烟灰中重金属的回收和砷的无害化处理。
50	电解锰废渣混合重金属离子碱性固化稳定化技术	该技术采用化学固化/稳定化处理方法，通过添加石灰和添加剂，将电解锰渣中的可溶性金属离子转化为不溶性物质，将渣中铵盐转化为氨气并加以回收，实现电解锰渣的无害化。	处理后锰渣中可溶性锰离子的固化率为97.47%，氨氮去除率达 90%。其它 16 种元素（如砷、镉、硒、铬、汞等）也均在《固体废物鉴别标准-浸入毒性鉴别》（GB 5085.3-2007）限值以下。	适用于电解锰行业。
51	废旧电池资源化利用技术	该技术采用溶剂萃取-固相合成法处理废旧电池，包括预处理、浸出、除杂、前驱体合成、电池材料制备等工序。通过采用高效的废旧电池拆解及破碎技术、多技术复杂溶液分离和直接材料化工艺，分离废旧电池中的钴、镍和其他杂质金属，得到高纯度的钴镍化合物、硫酸盐溶液或镍合金产品，经深加工后制备成镍钴锰锂等电池材料。	废旧电池中的钴、镍、锰的综合利用率大于 98%。	适用于废旧电池及含铅废物处理。

序号	技术名称	工艺路线	主要技术指标	适用范围
52	旋流电解回收镍铜冶炼废渣中有价金属技术	该技术以各种含铜废酸为浸出剂，对黑铜渣浸出，浸出液经两次压滤、精密过滤，返旋流电解工序生产标准阴极铜，产品剪切、压平后入库。电积后液一部分返硫酸浸出工序回用。	电积后液含铜 8g/L、砷 10g/L，金属回收率达 98%。	适用于镍铜冶炼废渣中有价金属资源化。
53	镍、铬重金属混合污泥的镍铬分离与回收技术	该技术采用酸浸出—沉淀—离子交换层析法回收不锈钢酸洗废水污泥中的镍铬金属，其主要工艺路线为：废水站污泥→化浆池→酸溶池→压滤机→碱反应池→沉淀池→离子交换系统→提纯塔→硫酸镍。	铬的提取率大于 78%，镍的提取率大于 88%。	适用于冶金行业的不锈钢酸洗废水污泥和电镀行业电镀废水污泥的处理。
54	砷氰混合金矿尾矿浆处理技术	该技术采用 Cotl's 酸氧化法砷氰分离去除与资源化循环利用工艺。对黄金尾矿浆进行酸化曝气，将炼金尾矿中分离出的氰化氢气体重新转化为氰化钠并加以回收和再利用，同时将尾矿浆中的砷污染物进行转化回收。其技术关键是发生效率高的节能型酸化氧化发生器。	硫氰酸去除率大于 99%，再生氰化物回收率大于 91%，砷排放浓度低于 0.5mg/L。	适用于黄金湿法冶炼行业金矿尾矿的处理。
55	砷、铜、铼混合湿法有色冶金污泥处理技术	该技术对含砷硫化物采用加压氧化法进行浸出，控制温度和氧分压，砷、铜、铼等元素浸出进入溶液，经 SO_2 还原后，得到三氧化二砷结晶，结晶后溶液进入铼酸铵、硫酸铜生产工序，富集铋的浸出渣进入氧化铋生产工序。同时回收三氧化二砷、硫酸铜、氧化铋及铼酸铵等产品。	砷、铜浸出率大于 98%，浸出渣砷含量低于 0.5%、铜含量低于 0.1%。	适用于含砷硫化物的无害化处理。
56	萃取法铬渣清洁处置与资源化金属回收技术	含钒铬渣经无卤钠化焙烧、浸出、结晶分离、深度除杂、钒铬萃取分离、沉钒等工段，实现废渣中钒和铬的分离和资源化。	钒、铬萃取回收率大于 95%，98%以上铬渣可转化为产品。	适用于冶金、化工等行业含钒铬渣的综合利用。

序号	技术名称	工艺路线	主要技术指标	适用范围
57	废弃线路板及含重金属污泥（渣）的微生物法重金属回收技术	该技术将废弃线路板粉碎或含重金属污泥（渣）溶解预处理，再经过微生物浸出，从非金属材料中回收环氧树脂和玻璃纤维，浸出液进行金属提取，残渣为一般固体废弃物，可用作建材。	废弃线路板或含重金属污泥中金属回收率大于98%，每吨废弃电路板处理成本1500～2000元。	适用于废弃电路板和含重金属污泥（渣）处理。
58	新型氨性蚀刻液再生循环技术	该技术采用溶剂萃取-电解还原法对蚀刻废液进行再生处理。该工艺采用萃取剂对蚀刻液中的铜离子进行萃取，实现铜的无损分离，萃余液经膜处理、组分调节，恢复蚀刻功能后返回蚀刻生产线使用，最后利用电解法对萃取后的电解液进行电积，得到高附加值的副产品-阴极铜，整体工艺能够实现闭路循环。	蚀刻液回收利用率达到100%，再生蚀刻液合格率达到100%，阴极电解铜含铜量大于99.95%。	适用于蚀刻液的回收处理。
59	控氧干馏法回收废触媒中氯化汞技术	该技术利用活性炭焦化温度比氯化汞升华温度高的原理，设计了一套氮气保护干馏法废触媒回收氯化汞装置，工艺过程全封闭。该技术将干燥的废触媒置于密闭的可旋转调温的炉中，物料中的氯化汞变为蒸汽，经气体抽出装置抽出，强力冷却成固体颗粒进行回收。水、气在系统内循环，氯化汞基本实现全部回收。	处理后触媒中氯化汞含量小于0.3%。	适用于电石法聚氯乙烯（PVC）生产中废汞触媒回收与再生。
60	金属涂装前处理技术	该技术作为磷化物和低镀铬钝化剂的替代品，采用“无磷化成”工艺，利用氟锆酸水解反应在金属表面形成一层化学性质稳定的氧化物，从而获得性能良好的金属皮膜，提高涂料附着力并延长金属的耐蚀时间。主要工艺路线为：工件→脱脂→水洗→“无磷化成”→水洗→水洗（纯水）→干燥→喷漆（粉）。	该皮膜剂中铅含量低于10mg/kg、镉含量低于10mg/kg、汞含量低于10mg/kg、六价铬含量低于10mg/kg，不含硝酸盐、磷酸盐。	适用于金属板材表面涂装前处理。

序号	技术名称	工艺路线	主要技术指标	适用范围
61	稀土硫化物颜料的制备技术	该技术利用稀土氧化物和硫源（包括气态或固态硫源）高温反应，制备相应的稀土硫化物颜料。该技术包括固态硫源分解法和完全固态硫源技术，前者通过分解法得到硫源气体，然后制备稀土硫化物，后者完全无需气体参与，全程固态反应。	采用该技术生产的稀土硫化物颜料中铅含量低于10mg/kg、镉含量低于10mg/kg、汞含量低于10mg/kg、六价铬含量低于10mg/kg。	适用于颜料生产行业清洁生产技术改造。
62	无氰无甲醛酸性镀铜技术	该工艺可替代高污染、剧毒的氰化镀铜工艺，解决了传统酸性镀铜工艺化学置换铜层影响结合力的技术难题，并突破了钢铁管状工件不能镀酸铜的禁区。在酸性（pH 1.0～3.0）条件下，可在钢铁、铜、锡基体上直接电镀铜，也可在非金属（塑料）基体上进行化学镀铜，更适合于替代复合镀层电镀中的铜锡合金和乳白铬工艺。该技术工艺稳定、操作简便、结合力好、电流效率高、沉积速度快，质量可靠、电镀成本低。镀液中不含氰化物、甲醛及强络合剂等有毒有害成分，生产中无有毒、有害气体挥发逸散。	沉积速度：0.3～0.6μm/ min，结合力达到GB 5933和QJ 479-96要求，镀层硬度HV 200—240。其他技术指标如深镀能力、抗蚀性能、电流效率等均优于传统的氰化镀铜技术。	适用于在钢铁、铜、锡等金属基质工件上直接镀铜。
63	分子键合重金属污染土壤修复技术	该技术是一种重金属稳定化技术，分子键合稳定剂可以和存在于污染物中的以不稳定形态存在的重金属反应，生成多种稳定的化合物，降低了重金属的环境风险。该技术关键是分子键合稳定剂和处理对象的原位或异位混合。	重金属的浸出削减率高于90%。	适用于重金属污染土壤（污泥）的处理。
64	重金属污染农田的超富集植物-经济作物间作修复技术	该技术在砷、铅、镉等重金属污染农田土壤上将超富集植物蜈蚣草与经济作物（桑树、甘蔗或苎麻）进行间作。间作的超富集植物可以去除土壤中的重金属，促进甘蔗、桑树和苎麻的生长，减少其重金属积累，提高产量和品质。另一方面，间作的经济作物可以促进蜈蚣草对重金属的吸收，提高修复效率。	收获后，桑树的桑叶用于养蚕、甘蔗用于制生物汽油、苎麻可直接使用，蜈蚣草放入焚烧炉中焚烧，焚烧温度控制在600～800℃，焚烧处理量为60kg/h，在焚烧过程中加入固砷剂，使烟气达标排放。间作蜈蚣草使甘蔗体内As含量由0.99mg/kg下降到0.65mg/kg；使桑叶As含量由0.26mg/kg下降到0.22mg/kg；同时，增加蜈蚣草体内的As含量，由25.5mg/kg提高到30.9mg/kg。	适用于重金属污染农田修复。

序号	技术名称	工艺路线	主要技术指标	适用范围
八、工业清洁生产技术				
65	氧化还原法铬盐清洁生产技术	该技术通过铬铁矿与钾碱在气液固三相反应器中与空气反应，使铬以铬酸钾形式得到分离，铬渣用于生产脱硫剂。铬酸钾用氢气还原生产氧化铬，实现钾碱的循环回用。	铬回收率大于98%;资源综合利用率大于90%。	适用于生产规模大于1万吨/年的铬盐生产。
66	色谱法提取柠檬酸技术	该技术用热水作洗脱剂、以树脂色谱分离技术替代现行的钙盐法生产柠檬酸，避免了二氧化碳废气、硫酸钙等废渣排放；废糖水循环发酵，可循环回用200次以上。	柠檬酸收率大于98%，固定相利用率提高2～5倍，降低生产成本10%～15%，产品浓度提高5%～15%。	适用于有机酸生产行业。
67	干法乙炔制备技术	该技术用略多于理论量的水，以雾态喷在电石粉上使之水解，生产乙炔。提高了生产安全性，工艺水循环使用。生产密闭进行，无废气排放。	反应温度气相为90～93℃，固相为100～110℃，水与电石的比例约为1.2：1，电石水解率大于99%，电石渣含水率低，乙炔收率大于98%。无须沉降和压滤处理，节省投资和占地面积，年产10万t聚乙烯，节约成本约800万元。	适用于电石法聚氯乙烯生产行业。
68	蛋白质纤维微悬浮体染色技术	该技术采用特制的微悬浮体化助剂，使微悬浮体的染料颗粒达到纳米级，可大大提高对纤维的吸附能力。	提高固色率10%～30%，缩短染色时间1/3～1/2，减少染料用量10%左右。	适用于毛用活性染料、酸性染料、中性染料及酸性络合染料对蛋白质纤维的染色加工。
69	涤纶织物的无助剂免水洗染色技术	该技术使用微胶囊化分散染料，配合专用的染料萃取器，对传统的高温高压染色工艺和设备实施改造，缩短了聚酯纤维制品染色工艺流程。	染色用水单耗下降70%，热能消耗降低1/3。	适用于对疏水性纤维（涤纶、锦纶）及涤/棉等混纺织物的染色加工。
70	氧化白液制备技术	该系统的反应器上部为二段填料塔，白液进入二段填料顶部，通过反应器均匀喷洒在填料层，白液从上向下流动，氧气从氧化白液连接部分向上流动，二者产生液相反应，生成氧化白液，代替外购碱，降低碱的成本并更好地控制系统碱平衡。	成本仅为外购碱的50%，白液回收前硫化度为20%～30%，氧化白液硫化钠含量低于1.5g/L。	适用于制浆造纸行业氧化白液的制备。

序号	技 术 名 称	工 艺 路 线	主 要 技 术 指 标	适 用 范 围
71	煤矿井下采煤工作面环保单体支柱防锈技术	该技术采用多元素合金沉积法对煤矿采煤工作面用于支护的单体液压支柱进行防锈处理，代替传统的乳化液防锈。工作介质采用清水后，防止了乳化液在支柱回收时排入采空区而污染地下水。	按全年生产 120～150 万根计算，采用该技术，生产成本提高 3600～4500 万元，但节约乳化剂费用 1.4～2.1 亿元。	适用于煤矿井下采煤工作面用于支护的单体液压支柱的防锈处理。
72	制革行业氨氮减排技术	该技术通过在脱灰软化工序中采用无氨脱灰剂和无氨软化剂，减少该工序废水中 95%以上的氨氮；通过在复鞣加脂工序中采用无氨氮或低氨氮材料，减少该工序废水中 90%以上的氨氮；通过对预浸水和浸灰工序废水进行吹脱处理，减少该工序废水中 80%以上的氨氮。	可以减少制革废水中 80%以上的氨氮，使制革综合废水中氨氮降到 50mg/L 以下。	适用于制革行业。
73	酸雾低排放电池化成装置	该技术采用铅蓄电池内化成工艺，电池充电过程中，电解液在系统内不断循环，把化成产生的热量和气体带走，可增大充电电流，从而化成时间大大缩短，同时产生的酸雾可以在系统内部处理。该化成工艺在封闭系统内进行，循环酸电解液和产生的酸雾都保持在系统内而不会逸出到环境中。	排出气体含硫酸量不大于 $1mg/m^3$。	适用于铅蓄电池生产行业。
74	铅蓄电池极板制造清洁生产技术与装备	该技术采用一体化铅炉将铅合金熔融后，用连铸连轧技术及设备制造出连续铅带，然后将连续铅带制备成板栅，经连续涂膏、干燥、分片码垛制造成极板。	产生的含铅污泥等铅量约为 7.2g/kvAh，比传统重力浇铸工艺减少约 37%。	适用于铅蓄电池制造行业。
75	环保型金属表面成膜技术研究及推广应用	该技术在洁净的金属表面形成一层类似磷化晶体的超薄有机涂层替代传统的结晶型磷化保护层，能在金属表面形成分子间力很强的 Si-O-Me 共价键（Me=金属），与金属表面和塑粉、油漆涂层形成很强的附着力。	减少五金制造行业磷、锌、铬、硝酸根、亚硝酸、氨氮和重金属排放。	适用于化工行业。

序号	技术名称	工艺路线	主要技术指标	适用范围
九、噪声与振动控制技术				
76	阻尼弹簧浮置板轨道隔振技术	该技术以阻尼弹簧隔振技术为基础，采用大荷载阻尼弹簧隔振器和浮置板道床工艺技术相结合进行隔振处理。	阻尼弹簧浮置板轨道隔声装置的隔振效果大于25dB，每个阻尼弹簧隔振器的承载能力为30～80kN，隔振系统阻尼比为0.05～0.08。隔振效果可达昼间70dB，夜间67dB的要求。采用该技术的轨道隔振工程费约0.6～0.75万元/m。	适用于城市轨道交通的隔振。
77	阵列式消声技术	该技术采用规格一致的柱状吸声主体和框架支撑结构组成的消声器，吸声体可以在消声器的宽度和高度方面灵活调整，可有效提升低频和高频段降噪效果、减小系统阻力损失，还可提高生产效率，方便运输和贮存。	消声器从传统片式改为阵列式后，阻力系数从4.1降为2.3，风机耗能显著减少。	适用于地铁隧道通风空调和大型建筑风道的通风消声。
十、监测检测技术				
78	水体藻类原位荧光快速监测技术	该技术根据藻类活体激发荧光光谱的特征对淡水藻类进行分类，通过光谱的拟合实现对绿色藻、蓝色藻和棕色藻浓度的分类测量，该方法集成了光信号调制技术、荧光信号检测技术和计算机技术。	藻类测量种类为3种(绿藻、蓝藻、棕藻)、测量范围为0～100μg/L、测量灵敏度为0.1μg/L。	适用于环境监测、饮用水安全监测。
79	气态污染物傅立叶红外自动/在线监测技术	该技术利用傅里叶变换监测在红外光谱区具有吸收峰的气态污染物，通过便携或在线，或者采集样品或开放光路进行监测分析。	检测污染物10～20种，监测范围为50～500m，动态范围响应为ppb级到ppm级，检测精度优于5%，响应时间小于3min，分辨率小于4/cm。	适用于固定污染源监测。
80	固定污染源排放烟气汞（气态）在线监测技术	烟气经稀释探头采样、高温管线传输，在汞价态转换器中将离子态的汞转化为元素汞，转换后的采样气进入汞荧光分析仪，在汞荧光分析仪中通过冷蒸汽原子荧光光谱技术（CVAFS）测定烟气中元素汞（Hg^0）和气态总汞（Hg^T）的浓度。	监测成份：元素汞（Hg^0）、离子汞（Hg^{2+}）、气态总汞（Hg^T）；测量范围：0.1～500μg/m^3；检出限：0.1μg/m^3量级；响应时间：180～360s；伴热管线：温度180℃，PFA，最长100米；样气接触材料：PTFE、PFA或者惰性不锈钢；工作温度：-20～50℃。	适用于燃煤电厂、市政、医疗废物焚烧炉，各类金属熔炼炉、水泥厂等烟气排放现场的元素汞(Hg^0)、离子汞（Hg^{2+}）、气态总汞（Hg^T）的在线监测。

序号	技术名称	工艺路线	主要技术指标	适用范围
81	在线脱硝监测技术	该技术采用稀释抽取采样分析法，稀释后的样气通过采样管线正压传送到 NO_X 自动监测仪器或 NO_X-NH_3 自动监测仪器测量浓度。	测量主要参数包括 NO、NO_2、NO_X、NH_3 和 O_2，系统稀释比为 50～250，零点漂移小于±2.5%F.S.，量程漂移小于±2.5%F.S.，响应时间小于 200s，示值误差小于±5%F.S.。	适用于电厂、供热、钢铁、冶金、水泥和化工等行业氮氧化物的在线监测。
82	氮氧化物非分散红外在线监测技术	该技术利用非分散红外检测原理，通过被测气体对红外光谱的吸收，得出被测气体浓度。	量程 50～2000ppm，重复性±0.5%F.S.，零点漂移为±1.0%F.S.。NH_3 测量量程为 0～100mg/m^3，零点漂移小于±1% F.S.。	适用于电厂、供热、钢铁、冶金、水泥和化工等行业氮氧化物的在线监测。
83	紫外差分法氮氧化物在线监测技术	该技术利用紫外差分原理测 NO_X，利用半导体激光吸收光谱技术原理测 NH_3。	紫外差分原理测 NO_X：量程（0～300～5000）ppm，线性误差小于±1%F.S.，响应时间小于 2s。半导体激光吸收光谱技术原理测 NH_3：量程（0～5～10）ppm，响应时间小于 1s，线性误差小于±1%F.S.，重复性误差小于±1%F.S.。	适用于电厂、供热、钢铁、冶金、水泥和化工等行业氮氧化物的在线监测。
84	在线 VOC 监测技术	该技术运用气相色谱（GD/FID/PID）、气相色谱/质谱（GC/MS）的原理，实现对大气中挥发性有机物的连续采样和测量，并进行定性定量分析，形成整套具有自主知识产权的大气中挥发性有机物在线监测系统。	CO_2量程 0～1000ppm；零点漂移 ±0.1ppm/d，量程漂移 ±2.0%F.S./d。CH_4量程 0～100ppm 或 0～1000ppm；线性小于 1%。O_3 线性±1.0%F.S.；零点漂移小于±1.0%F.S./d 。	适用于环境空气质量监测、污染源现场监测、工况企业过程控制，以及气象、科研、化工园区、居住场所气体监测。
85	红外-紫外法在线温室气体监测技术	该技术利用红外和紫外吸收测量原理，通过被测气体对红外或紫外光谱的吸收，得到 CO_2、O_3 等气体的监测数据。	CO_2量程 0～1000ppm，零点漂移±0.1ppm/d，量程漂移±2.0%F.S./d。CH_4量程为（0～100）ppb 或（0～1000）ppb，线性小于 1%。O_3 线性±1.0%F.S.，零点漂移小于±1.0%F.S./d。	适用于环境空气监测研究、工业过程控制及各种科研领域环境大气温室气体的监控。

序号	技术名称	工艺路线	主要技术指标	适用范围
86	在线温室气体监测技术	该技术采用半导体激光气体 CO_2 分析仪测定 CO_2，气相色谱法 CH_4、非 CH_4 总烃分析仪测定 CH_4、非 CH_4 总烃。	半导体激光气体 CO_2 分析仪：量程（0～2000）ppm 或 0～100%VOL，响应时间小于 1s，线性误差小于 ±1%F.S.，重复性误差小于 ±1%F.S.；气相色谱法 CH_4、非 CH_4 总烃分析仪：检出限甲烷 0.1ppm、非甲烷总烃 50ppb，可选量程甲烷 0.1～10ppm 或 0.1～1000ppm、非甲烷总烃 0.05～100ppm，分析周期 30s，重现性±1%F.S.。	适用于排气管中 CO_2、CH_4、非 CH_4 总烃分析，大气中 CH_4、非 CH_4 总烃分析。
87	气相色谱-质谱联用重金属检测技术	采用四极杆质谱技术，保留了被测物谱图的完美匹配性及定量的稳定性；同时又克服了传统的 GC/MS 中真空泵对环境要求苛刻的局限性，可检测纳克/升（ppt）范围的化学物质。	检测元素范围为 Al～U，绝对检测下限为（0.1～10）ng（铅、镉、汞、铬、镍、砷）；浓度检测下限为（0.1～10）ng/m^3（元素同上，采样时间小于 1h）；准确度 Er 为±20%（元素含量>100ng）；重复性小于 4%（浓度大于 500ng/m^3）。	适用于水体、土壤中重金属的检测。
88	气相色谱-质谱联用应急检测技术	采用离子阱质量分析器，具有时间串联多级质谱功能，能有效地抵抗复杂基质的干扰；特有的低热容气相色谱（LTM-GC）技术、电子压力控制模块（EPC）和多阶程序升温技术构建成具有高稳定度和检测重复性的高性能小型色谱单元；实现色谱柱的快速程序升温，缩短分析时间、改善分析性能；专门的脉冲式内离子源技术（PIIS）提高质谱的灵敏度，自动增益控制（AGC）功能使仪器具有 6 个数量级的动态范围。	最快扫描频率为 10000Hz；质量范围为（15～55）amu；多级质谱：MS^N，N 大于 3；单次分析时间小于 10s（单质谱模式），单次分析时间小于 15min（色谱-质谱联用模式）。	适用于环境应急监测、公共安全、公安刑侦、军队防化、食品安全现场检测。

序号	技术名称	工艺路线	主要技术指标	适用范围
89	空气中重金属（颗粒态）在线监测技术	该系统基于卷膜带采样方式，通过滤膜过滤、富集空气颗粒物中的重金属污染物，采用 XRF 技术快速、无损分析滤膜中过滤的重金属污染物含量 M，用质量流量计记录通过滤膜的气体体积 V，将两者相除（C=M/V），即可得到大气中 Pb、Cr、Hg（气态 Hg、颗粒态 Hg）、Cd、As 等 26 种重金属污染物的含量。	测量范围：0～100μg/m^3；检出限：ng/m^3 量级；采样分析时间：10～300min 可选。	适用于工业污染区、城市居民区等大气颗粒物中的重金属污染物在线监测。
90	烟气中重金属（颗粒态）在线监测技术	烟气经过高温采样后，通过滤膜过滤，将颗粒态及所含金属元素富集在滤膜上，用 XRF 分析仪检测滤膜上富集的金属污染物元素含量 M，同时用流量计记录通过滤膜的烟气体积 V，两者相除（C=M/V）即可得到烟气中重金属污染物的含量信息（单位：μg/ m^3）。	测量范围：0.1μg/m^3～2000μg/m^3；检出限：0.1μg/m^3 量级；采样分析时间：10～120min 可选。	适用于燃煤电厂、水泥厂、工业锅炉、垃圾焚烧炉及各类金属熔炼炉等烟气中重金属在线监测。

2013年国家鼓励发展的环境保护技术目录

序号	技术名称	工艺路线	主要技术指标	适用范围
一、城镇污水、污泥处理及水体修复技术				
1	A^2/O 城市污水处理技术	该技术采用分离池型的反应池，单独设立缺氧池（除磷时还应设厌氧池）及好氧池，并采取内部循环的混合液回流、鼓风微孔曝气或射流曝气方式。	COD 去除率大于 85%，BOD_5 去除率大于 95%，氨氮去除率大于 90%，总氮去除率大于 75%，SS 去除率大于 95%。	适用于 5～150 万 m^3/d 生活污水和与其水质类似的工业废水处理。
2	氧化沟活性污泥法污水处理技术	该技术采用环形廊道反应池和延时曝气，曝气设备可采用鼓风微孔曝气方式，也可以采用表面曝气方式。	COD 去除率大于 85%，BOD_5 去除率大于 95%，氨氮去除率大于 90%，总氮去除率大于 75%，SS 去除率大于 95%。	适用于大中型生活污水和与其水质类似的工业废水处理。
3	序批式活性污泥法污水处理技术	该技术在一个或多个带有选择器、平行运行且在反应容积可变的池子中完成生物降解和泥水分离过程。每次工艺操作按进水/曝气→进水/沉淀→滗水→闲置（视具体运行条件而定）进行，在曝气阶段完成生物降解，在非曝气阶段完成泥水分离，在滗水阶段出水并排出剩余污泥。	COD 去除率大于 85%，BOD_5 去除率大于 95%，氨氮去除率大于 90%，总氮去除率大于 75%，SS 去除率大于 95%。	适用于 2～10 万 m^3/d 生活污水和与其水质类似的工业废水处理。
4	交替式活性污泥法生活污水处理技术	该技术采用 UNITANK 工艺，三池之间水力连通，每池都设有曝气系统，边池设有出水堰及剩余污泥排放口，作为曝气池和沉淀池交替运行。通过调整系统的运行，形成好氧、厌氧或缺氧条件，以适应不同处理目标的要求。	COD 去除率 80%～90%，氨氮去除率 85%～90%，总磷去除率大于 80%。出水 COD 低于 60mg/L，氨氮低于 8mg/L。	适用于中小型城镇生活污水和与其水质相近的工业废水的处理。

序号	技术名称	工艺路线	主要技术指标	适用范围
5	好氧生物流化床污水处理技术	该技术采用内循环三相生物流化床工艺，填充高强度轻质载体以降低流化过程的动力消耗，采用迷宫式载体分离器结构保证载体的年流失率小于 10%，进水有机负荷 5～15kgCOD/kgMLSS。	COD 去除率 80%～90%，出水 COD 低于 60mg/L，氨氮低于 8mg/L。	适用于工业园区集中式污水处理和中小城镇生活污水处理。
6	水解+生物流化床污水处理技术	该技术采用“膨胀水解+生物流化床”，生物流化床分成厌氧、缺氧和好氧三格，生物流化床中好氧工艺为活性污泥法与生物膜法组合工艺，好氧段添加悬浮填料。	COD 去除率大于 85%，氨氮去除率大于 85%，总氮去除率大于 70%，总磷去除率大于 80%。	适用于城镇污水处理。
7	生物移动床深度脱氮除磷技术	该技术中原水经厌氧池、缺氧池、好氧池，生化反应后进入沉淀池，完成沉淀后排出。该技术兼备了活性污泥工艺和生物接触氧化工艺两者的优点，在生化池中加入高效改性生物膜载体，通过搅拌或曝气使载体在水中均匀流动，载体上的微生物与水中的污染物充分接触，分解污水中有机污染物。	COD 去除率大于 85%，BOD_5去除率大于 95%，SS 去除率大于 95%，氨氮去除率大于 95%，总氮去除率大于 75%，总磷去除率大于 80%。	适用于市政污水和与其水质类似的工业废水处理。
8	膜生物反应器污水处理技术	该技术采用内置超滤膜或微滤膜的生物反应器（曝气池），反应器由生物单元和膜分离单元组成，在生物反应池和膜单元之间形成水力循环，保证生物单元具有较高的污泥浓度。生物单元出水经膜的高效截留作用，实现固液分离。	当进水 COD 1000mg/L，氨氮 22mg/L 时；出水 COD 低于 50mg/L，氨氮低于 5mg/L。COD 去除率约 95%，BOD_5去除率约 99%，浊度去除率约 99%，氨氮去除率约 75%。	适用于生活污水深度处理、小区中水回用。
9	高效生物曝气滤池用于污水回用技术	污水进入生物絮凝池后，经沉淀去除大部分 SS 和有机污染物，再经高效曝气生物滤池和消毒处理后排放。通过改善后续高效曝气生物滤池的工况条件、降低负荷。	出水满足城镇杂用水或循环冷却系统补充水的水质要求。	适用于城镇生活污水处理及回用。

序号	技术名称	工　艺　路　线	主 要 技 术 指 标	适 用 范 围
10	导流曝气滤池用于污水回用技术	该技术通过合理设计，将接触氧化生物过滤区、污泥回流区和曝气生物过滤区整合成一套装置，经预处理的污水先从顶部进入装置中心的接触氧化生物过滤区完成一级处理，污泥依靠重力作用进入装置底部的污泥回流区，清液自下而上通过装置四周的曝气生物过滤区完成二级处理。	COD 去除率大于 95%、BOD_5去除率大于 92%、氨氮去除率大于 93%、总磷去除率大于 80%。	适用于城镇生活污水处理及回用。
11	电吸附除盐污水回用技术	该技术中原水通过提升泵进入精密过滤器去除 10μm 以上的残留固体悬浮物和沉淀物后，进入电吸附（EST）模块，水中溶解性盐类被吸附在电极上，从而净化水质。	原水电导率为 1000～3000s/cm 时，系统除盐率为 60%～90%，稳定产水率为 75%～85%；使用寿命≥10 年；耗电量为 1～2kWh/m^3；制水成本≤1 元/吨。除了可以选择性除盐，同时对废水中的痕量有机物和氨氮污染物也有较好的去除效果。可根据电压调节来控制除盐率在 60%～90%范围内变化。	适用于市政及工业（冶金、化工、电子、电力、制药、纺织、造纸）含盐污水处理。
12	悬挂链曝气污水处理成套技术	该技术采用经防渗处理的土地结构作为一体化生物处理反应器，悬浮富氧曝气机或悬浮曝气链为充氧设备，形成曝气池中多级 A/O 交错的污水处理单元，在保证脱氮除磷效果的前提下使能耗降到最低。	与常规活性污泥工艺相比，可降低工程投资40%以上， SS 去除率大于 87%，COD 去除率大于 80%，BOD_5 去除率大于 83%，总磷去除率大于 65%，氨氮去除率大于 75%。用于城镇污水处理时，出水 COD 低于 60mg/L，BOD_5低于 20 mg/L，SS 低于 20 mg/L，氨氮低于 8mg/L ，总磷低于 0.5 mg/L。	适用于城镇生活污水及啤酒、食品加工等行业废水的处理。
13	超磁分离水体净化技术	该技术在废水中投加磁粉、混凝剂、助凝剂，形成以磁粉为核心的絮体，再利用磁性材料将废水中的磁性絮体分离出来，实现水体的净化。磁粉回收循环利用。	SS 和总磷去除率大于 95%。	适用于含悬浮物浓度高的污水处理。

序号	技术名称	工 艺 路 线	主 要 技 术 指 标	适 用 范 围
14	污泥高压隔膜压滤脱水技术	该技术在浓缩后的污泥中加入化学药品使污泥改性，改性后的污泥先打入高压隔膜压滤机过滤腔室内，然后用高压离心泵将水打入隔膜滤板腔室，对污泥进行隔膜压榨。滤板压紧、过滤、隔膜压榨、滤板拉开、卸料、滤布清洗等过程均实现了自动化控制。	当进料污泥含水率为 90%～98%时，出料污泥含水率低于 60%，出料呈半干化状态。	适用于市政污泥，印染、造纸、电镀、食品等行业废水污泥的脱水及处置。
15	污泥加钙干化深度脱水技术	该技术将生石灰按一定比例与脱水泥饼均匀掺混形成碱性环境，结合反应放出热量形成的高温环境，达到杀菌、降低含水率、钝化重金属及改变污泥性质的效果。经加钙稳定干化处理后的污泥可作为填埋场覆盖土、建筑材料或土壤改良剂。	污泥经处理后含水率低于 60%、特征粒径 Φ10mm 的比例大于 80%、杀菌率大于 99%、烧失量减少 30%。	适用于污水处理厂污泥的稳定化处理。
16	污泥干化和清洁焚烧技术	该技术采用低压余热蒸汽作为热源，通过螺旋回转式污泥干化机，将污泥从含水率 80%左右干化至含水率 50%以下。干化后污泥通过给料机送入污泥焚烧炉。采用石英砂作为炉内的惰性流化介质。污泥焚烧后的飞灰通过尾部除尘装置收集。	实现污泥从含水率约 80%干化至含水率 50%以下。	适用于市政污水处理、造纸、印染、制革过程中产生的污泥处理。
17	污泥高温好氧发酵与生态利用技术	该技术采用好氧发酵技术，综合考虑污泥好氧发酵周期、腐熟度、能耗、运行成本等指标，分别设定发酵初、中、后期三阶段的曝气参数（曝气量、曝气时间、曝气频率），提高堆肥效率。	堆肥周期夏季10d、冬季15d以内；发酵后污泥含水率低于35%，各项指标符合污泥稳定化和粪便无害化要求，可用于园林绿化、植被恢复、回填土等。	适用于污水处理厂污泥资源化处理。
18	污泥自动化堆肥综合利用技术	该技术采用自动控制生物堆肥工艺，对污泥好氧高温发酵过程温度、氧气等参数进行实时在线监测和计算机自动测控，优化了堆肥过程中的温度和氧气调控，实现工业化自动生产有机肥产品或有机-无机复合肥原料。	处理后污泥含水率为40%，减容1/3，堆肥过程始终处于好氧状态，避免排放恶臭气体和招引蚊蝇，利于厂区的清洁卫生和环境安全。处理后污泥可用于园林绿化、植被恢复等。	适用于污水处理厂污泥资源化处理。

序号	技术名称	工艺路线	主要技术指标	适用范围
19	水生植物法湖泊生态修复技术	该技术通过水生植被种类筛选与定植技术，促使水生植物恢复，重建湖泊生态系统。在高氮、高磷、低透明的条件下，逐步恢复以沉水植物为主的水生植被。	当原水质总氮 11.0mg/L，总磷 1.6mg/L 时，治理后水中总氮 6.0mg/L，总磷 0.6mg/L，氮、磷去除率分别大于 30%和 60%。	适用于城市景观水体和自然湖泊生态系统的恢复。
二、高氨氮工业废水处理技术				
20	垃圾渗滤液处理技术	该技术采用“厌氧预处理+膜生物反应器+膜深度处理（NF 或 RO）”工艺，利用厌氧反应器去除渗滤液中的高浓度有机物，采用膜生物反应器强化氨氮和可生化有机物的去除，最后利用反渗透或纳滤分离无法生物降解的污染物。少量浓液返回系统。	出水达到 GB 16889-2008 中表 2 或表 3 的限值，连续运行一年后反渗透回收率仍大于 75%。	适用于垃圾填埋场和焚烧厂渗滤液处理。
21	气流封闭循环法处理氨氮废水技术	该技术采用常温碱化吹脱脱氨技术，工艺流程为“废水预碱化+氨吹脱+氨气吸收”。利用酸性吸收液对吹脱尾气进行氨吸收，设置封闭式吹脱气体循环装置，将吸收过氨氮的吹脱尾气封闭循环到吹脱塔，以有效减少吹脱废气外排量。	处理后氨氮低于 15mg/L。	适用于石油化工、化肥、纺织等生产和使用含氮有机物或含氨氮物质的行业，规模为 10～200t/h 的废水处理。
22	焦化废水微生物处理技术	该技术采用设立预曝气池和投加 HSBEMBM 微生物菌剂的方法处理焦化废水。HSBEMBM 微生物菌剂包含 40 多个菌属的 100 余种微生物，对焦化废水有较好的适应性。	当原水COD 3000～5500 mg/L、氨氮 150～450 mg/L、挥发酚 600～1000 mg/L、氰化物 10～50 mg/L时，经处理后出水COD低于100 mg/L、氨氮低于10 mg/L、挥发酚和氰化物均低于0.5 mg/L。	适用于焦化废水处理。
23	高浓度难降解有机工业废水处理技术	该技术以典型的高浓度难降解有机工业废水为处理对象，开发了结合“叠片展开式蜂窝状微生物载体技术”、“厌氧缺氧高效搅拌技术”、“填料生物膜－活性污泥复合技术”和“曝气池泡沫控制和消除技术”的高浓度复合生化反应器。	该技术中的生物载体使用前为半圆形叠片，使用时现场展开成球，展开前后的体积比约为1：13～17，大幅度降低了包装、运输和仓储费用，其比表面积高达500m^2/m^3 以上，为同类产品的2～5 倍。采用该技术可处理COD不高于5000mg/L的难降解有机废水，COD容积负荷约为1.5kgCOD/(m^3·d)。	适用于焦化、聚甲醛、化工等难降解有机废水处理及回用。

序号	技术名称	工 艺 路 线	主 要 技 术 指 标	适 用 范 围
24	高效微生物处理制革废水技术	该技术在制革废水处理系统中植入了高效微生物，工艺为传统 AO 工艺。	当原水 COD 5000mg/L，氨氮 200～300mg/L，总氮 300～400mg/L，BOD 2500mg/L，SS 2500mg/L 时；出水 COD 100mg/L，氨氮 1mg/L，总氮 40mg/L，BOD 30mg/L，SS 50mg/L；COD 削减率 98%，氨氮削减率 99%，总氮削减率 87%，BOD 削减率 92%，SS 削减率 94%。	适用于制革、高浓度氨氮废水处理。
25	三维过电位电解-高效复合微生物处理难降解工业废水技术	该技术采用“三维过电位电解+固定化微生物”的 A/O 生物处理工艺。三维过电位电解在保证良好的电催化活性的前提下具有较好的稳定性和耐腐性。	单位污染物去除能耗 0.8kWh/kgCOD，电极材料的年腐蚀率约为 0.04%，COD 平均去除率 35%；再经高效生物处理，出水 COD 浓度可低于 100mg/L，凯氏氮去除率 30%～50%，CN^-的去除率 40%～60%。	适用于制药行业和储罐行业难降解废水处理，规模通常在 10000m^3/d 以下。
26	马铃薯淀粉废水提取蛋白综合利用技术	该类技术采用凝聚法或生物发酵法，从马铃薯淀粉加工废水中提取蛋白饲料。	提取蛋白后的废水 COD 可降低 75%（COD 1500～5000 mg/L），氨氮可降低 60%，SS 可降低 95%，为废水的后续处理奠定了基础。年产 5000t 淀粉的工厂，可生产蛋白液 25000t，饲料蛋白 50t，微生物制剂 100t，蛋白提取率大于 90%。凝聚法废水停留时间 6～8h，温度-5℃以上（冬季），变性剂投加量 20～30g/t 废水。生物发酵法发酵时间为 4d，饲料蛋白含量 35%。	适用于淀粉年产量在 5000～30000t 企业的马铃薯淀粉废水综合利用。
27	厌氧颗粒污泥床废水处理技术	该技术采用厌氧颗粒污泥悬浮床反应器，针对不同的进水水质，培养具有特定功能的自固定化颗粒污泥或固定在颗粒载体上的厌氧生物膜，在高效厌氧反应器内处理淀粉废水等中、高浓度工业有机废水。	对于高浓度易降解有机废水，在设计条件下厌氧反应器负荷可达 40 kgCOD/(m^3·d)；对于难降解有机废水，负荷可达 15 kgCOD/(m^3·d)，在 10～12℃温度范围内，负荷大于 8 kgCOD/(m^3·d)。产生的沼气可用于发电。	适用于玉米淀粉及各类中、高浓度工业有机废水的处理。

序号	技术名称	工 艺 路 线	主 要 技 术 指 标	适 用 范 围
三、其他工业废水处理、回用与减排技术				
28	糖蜜酒精废液直接浓缩焚烧技术	该技术利用耐热渗透酵母菌以间接加热蒸馏的方式生产糖蜜酒精，并对糖蜜酒精废液进行回用，可提高废液排放浓度，减少废液量，使每吨酒精产生9t 20°Bx 的废液。将废液浓缩到 60°Bx（低位热值 7000J/kg）后焚烧，可实现浓缩工艺的能量自给。	焚烧炉渣的钾含量达 15%，可用于制造复合有机肥或加工成硫酸钾。	适用于酿造、酒精、制糖、造纸、食品等行业高浓度有机废液的处理。
29	高浓度有机废水浓缩燃烧发电技术	该技术将高浓度有机废水蒸发浓缩，然后直接喷射进生物质锅炉中燃烧（不需添加任何辅助燃料），产生的蒸汽进入汽轮机发电机组发电。	从发电机组出来的蒸汽用于生产工艺和废水浓缩，在废水浓缩过程中的汽凝水全部回用于生产。	适用于酿造、酒精、制糖、造纸、食品等行业高浓度有机废液的处理。
30	杀菌剂废水处理技术	该技术以“电化学氧化+MBR”为核心工艺，电化学氧化预处理有效提高废水可生化性，配合 MBR 处理杀菌剂废水，出水可回用。	特制的钛基纳米管电极能耗低、运行成本低、选择性强，氧化电压 5～8V，电流密度 15mA/cm^2，氧化时间 0.5～4h。	适用于高浓度、生物难降解工业有机废水的处理。
31	高效脱氮、低产泥污水处理技术	该技术由水解预处理、同步硝化反硝化、优势菌、食物链动物捕食等技术集成，形成高效生物膜反应器。	进水 COD 1000mg/L、氨氮 50mg/L 时，COD 去除率大于 90%，氨氮去除率大于 80%，总氮去除率大于 70%。产泥率为常规方法的 15%～25%，可实现污泥基本全部回流。	适用于中低浓度有机废水的处理和分散型中小规模的污水处理。
32	石化工业废水处理技术	该技术采用“水解+A/O”工艺处理石化废水。水解采用一孔一点的布水方式，布水均匀，并能在水解池中形成高浓度酸化污泥床，出水进入 A/O 单元再进行生化处理。	当进水 COD 1000mg/L、氨氮 30mg/L、BOD_5 200mg/L 时，经处理后出水 COD 100mg/L、氨氮 1mg/L、BOD_5 10mg/L。	适用于 500～100000m^3/d 的石油化工、化工等行业污水处理。
33	改进型高效折板厌氧反应技术	该技术是在折流厌氧反应器（ABR）的基础上，根据屠宰、制药废水的特性，对 ABR 的配水、隔室宽度、填料筛选和安装位置进行改良和优化，增设中间池，在中间池进行沉淀和预曝气，将沉淀污泥回流。	容积负荷在处理屠宰废水时为 6.0kgCOD/（m^3·d），在处理中药制药废水时为 4.5 kgCOD/（m^3·d），HRT 在 18～24h 之间，COD 去除率85%～87%，与UASB相比，投资节省30%。	适用于屠宰、制药废水的处理。

序号	技术名称	工　艺　路　线	主 要 技 术 指 标	适 用 范 围
34	内循环厌氧反应器污水处理技术	该反应器由通过内循环装置组合在一起的上、下两个反应室构成，废水进入反应器后，大部分有机物在下反应室被消化，下反应室产生的沼气进入提升管可使发酵液被提升至气液分离器，发酵液分离后又返回下反应室，从而形成发酵液的连续循环。	COD 去除率为 60%～70%，容积负荷可达 55～60kgCOD/(m^3·d)；上反应室在相对低的负荷下运行，其 COD 去除率为 60%～85%，占总去除 COD 的 20%～30%。当进水 COD_{Cr} 为 2000～8000mg/L，SS 低于 3000mgL 时；出水 COD_{Cr} 低于 450mg/L，SS 低于 20mgL。	适用于酒精、果汁、啤酒、酵母、柠檬酸等行业的废水处理。
35	庆大霉素废水处理技术	先分别采用加药絮凝和气浮的方法对庆大霉素废水和麦白废水进行预处理，回收丝蛋白和溶媒。采用“UASB+SBR”工艺处理混合废水，将内循环三相流化床和拼装搪瓷罐应用于制药废水，有效进行 SBR 反应池程序控制。	当进水 COD 为 20000～30000mg/L，BOD_5 为 6000～10000mg/L，SS 为 500～8000mg/L 时；出水 COD 低于 150mg/L，BOD_5 低于 50mg/L，SS 低于 80mg/L。	适用于微生物发酵生产庆大霉素等抗菌素企业的废水处理。
36	印染废水生物处理-高效澄清-过滤组合处理技术	该技术采用“调节＋厌氧水解＋A/O（生物活性炭法）＋高效澄清池＋过滤”组合工艺处理综合印染废水。	当进水pH 9、COD 500mg/L、总氮 40mg/L、氨氮 30 mg/L、总磷 3mg/L、色度 100倍时，出水pH 7.4、COD 50mg/L、总氮 7.5mg/L、氨氮 0.25mg/L、总磷 0.05mg/L、色度 16倍。	适用于印染废水深度处理。
37	印染废水生产回用技术	该技术对印染废水进行清污分流后，采用“水质水量调节+生化处理+混凝沉淀+过滤+活性炭吸附+软化+出水回用”工艺，对染色残液及初次漂洗水进行处理，处理后出水回用于生产。	中和调节停留时间约 4.5h，生化系统水力停留时间约 4h，沉淀池表面负荷 2.4m^3/(m^2·h)，过滤滤速 7m/h，软化器滤速 20m/h。	适用于印染行业废水处理及回用。
38	印染废水集中处理技术	该技术采用“调节+水解酸化+好氧生物处理+化学处理”工艺。	出水水质 pH 6.5～8.5、COD 40～70 mg/L、BOD_5 8～12 mg/L、SS 10～20 mg/L、色度 5～10 倍，削减率均大于 80%，污泥经脱水后外运。	适用于印染行业废水处理及回用。
39	缫丝废水回用及余热回收利用技术	该技术采用“调节池+加压生化+生物过滤+生物炭吸附（再生）+回用”工艺流程。处理缫丝废水等低浓度易降解废水，并回收利用废水中的余热。	处理 COD 120～150mg/L 的缫丝废水，废水中 70%的余热可回收利用，废水回用率大于 90%。	适用于印染行业缫丝废水处理及回用。

序号	技术名称	工艺路线	主要技术指标	适用范围
40	染料废水处理及回用技术	该技术对硫酸浓度8%～10%及以上的染料母液和中间体的酸性废水进行四级多效浓缩，浓缩到硫酸浓度为40%～50%后，有机杂质可析出；过滤除杂后，过滤液中加入氯化纳置换出氯化氢，制成工业盐酸、氯磺酸和硫酸钠。	硫酸钠纯度达到98%，可用于染料生产作添加剂，结晶母液可循环回用，废渣采用焚烧处理。	适用于含低浓度硫酸的印染废水综合利用。
41	化纤碱减量废水综合处理技术	该技术提取化纤碱减量废水中的对苯二甲酸，对其粗品进行规模化生产利用，大幅削减废水的有机负荷，保障后续废水处理达标。	苯二甲酸提取率85%～90%，总回收率65%～70%。	适用于化纤碱减量废水中对苯二甲酸的回收利用。
42	钢铁企业综合污水处理及回用技术	该技术将钢铁企业综合污水经药剂软化、絮凝、澄清、过滤、杀菌处理后，去除大部分COD、SS、油类、硬度。一部分直接回用，一部分经膜处理脱盐后，与滤后水混合并控制含盐量，回用于工业循环水。技术关键点为具有自主知识产权的多流向强化澄清池（表面负荷10～15m^3/（m^2.h）、反渗透脱盐及回用水含盐量控制技术。	以日处理10万t污水厂计，吨水投资约1200元，吨水运行费用约0.42元。	适用于钢铁工业废水处理。
43	涂装工业废水处理技术	该技术以“混凝沉淀+水解酸化+SBR”工艺处理涂装废水，沉淀池表面负荷10m^3/（m^2·h），水解酸化停留时间8h，SBR负荷0.1～0.2kgBOD_5/（kgMLSS·d），污泥浓度3～4g/L。	当进水COD_{cr}≤2000mg/L，BOD_5≤650mg/L，PO_4^{3-}≤70mg/L，Zn^{2+}≤15mg/L，SS≤200mg/L，石油类≤60mg/L时；出水COD_{cr} 44mg/L，BOD_5 14.8mg/L，PO_4^{3-} 0.16 mg/L，Zn^{2+}≤0.75 mg/L，SS 24.3mg/L，石油类3.7 mg/L。	适用于涂装工业（汽车制造、电器制造）废水处理。
44	火电厂烟气脱硫废水处理技术	该技术采用“氧化+pH调节+混凝反应+沉淀分离”的工艺路线。处理量2～40m^3/h，混凝剂投加量30～50mg/L、金属离子沉淀剂投加量0.2～0.5mg/L、絮凝剂投加量0.2～0.5mg/L、pH 9～10。	各项污染物的削减率：悬浮物大于99%、COD大于50%、氟化物大于50%；出水汞离子低于0.05mg/L。	适用于烟气脱硫废水处理。

序号	技术名称	工　艺　路　线	主 要 技 术 指 标	适 用 范 围
45	制革废液中铬盐的循环利用技术	该技术通过单独分流收集、过滤（除去固形物杂质）、碱沉淀铬盐、过滤回收铬泥、再生等工序，将制革含铬废液中的铬盐回收并制备具有良好鞣制性能的铬鞣剂，回用于制革生产，回收铬盐后的清液回用于浸酸工序。	制革废液中铬盐的回用率大于 99%。	适用于皮革生产行业含铬废液处理及回用。
46	三元复合驱采油污水深度处理与回用技术	该技术在保留油田现有处理工艺的基础上，采用“$UV/O_3/H_2O_2$＋膜过滤”工艺对三元复合驱采油污水进行深度处理，有效降解污水中的聚合物 PAM 和表面活性剂等，对污水中的悬浮物和细微颗粒进行较彻底的清除。	深度处理后水质可达到油田回注水要求，对岩芯渗透率的伤害程度低于 30 %。	适用于三次采油作业产生的三元复合驱采油污水处理。
47	双膜法浓水循环中水回用技术	该技术是中空纤维多孔膜和反渗透膜的组合膜处理技术，原水先经中空纤维多孔膜过滤掉部分污染物，再进入具有浓水在线增压回流和双向进水功能的反渗透膜，其中浓水在线增压回流功能利用了回流浓水的余压，双向进水功能使膜组件的两端可换用，进一步提高膜的抗污染能力。	反渗透系统脱盐率大于 95%。	适用于印染、电镀、皮革、钢铁等工业废水深度处理及回用。
48	难处理工业废水双膜法处理及回用技术	该技术为“预处理+超滤+反渗透”组合工艺，废水经预处理后通过袋式过滤器（过滤精度为 50～100μm）去除水中较大颗粒的悬浮物，之后进入超滤装置过滤，然后采用卷式抗污染高脱盐率反渗透膜组件进一步处理后达标回用。	总硬度去除率大于 99%，总碱度去除率大于 98%，氯离子去除率大于 98%，电导率削减率大于 97%，总溶固去除率大于 98%。	适用于冶金、化工等行业的难处理工业废水再生回用。
四、除尘、脱硫、脱硝技术				
49	600MW 等级燃煤电厂锅炉袋式除尘技术	该技术对大型袋式除尘器进行结构优化，采用长袋及低压脉冲喷吹，降低了设备阻力。	烟尘捕集效率大于 99.8%，设备阻力小于 1200Pa，烟尘排放浓度低于 $30mg/m^3$。	适用于600MW及以下燃煤电厂锅炉烟气粉尘治理。

序号	技术名称	工　艺　路　线	主 要 技 术 指 标	适 用 范 围
50	高炉煤气袋式除尘技术	该技术采用袋式除尘系统。除尘系统采用组合式筒体分筒离线清灰技术，具备在线检修功能，减少了占地面积和设备重量。	出口烟尘排放浓度低于 10mg/m^3，除尘效率大于 99.9%，滤袋使用寿命大于 3 年。	适用于高炉煤气除尘。
51	大型密闭电石炉气干法除尘技术	该系统主要由回热式冷却器、火星捕集器、布袋除尘器、风机等组成。系统通过回热式冷却器、混风阀及冷却变频风机等设备的自动控制将炉气温度控制在 220～260℃之间，采用密封防爆技术防止 CO 泄漏。	系统运行稳定，漏风率小于 0.01%，出口粉尘排放浓度低于 10mg/m^3。	适用于 2.55×10^{4}KVA 及以上密闭电石炉除尘。
52	电袋复合除尘技术	该技术将电除尘和布袋除尘两种除尘技术有机地结合，前端电除尘阻力小，能够去除 70%～80%的粉尘，减少后端袋式除尘的过滤负荷，提高了去除效率。	除尘效率达 99.9%，排尘浓度低于 30mg/m^3，设备阻力 1000Pa，过滤速度 1.2m/min，滤袋寿命大于 4 年。	适用于电力、建材、冶金等行业燃煤锅炉烟气除尘，特别适用于现役机组除尘系统改造和工业炉窑除尘。
53	第四代“OG”法转炉烟气净化及煤气回收技术	该技术将经初步冷却的烟气通过冷却塔喷水冷却并除去大颗粒灰尘，再经过第四代“OG”环隙除尘器除去细小粉尘。净化的烟气经过煤气引风机，合格的煤气（CO 含量大于 35%，O_2 含量小于 2%）通过三通阀切换，经水封逆止阀、V 型阀被输送到气柜，不合格的烟气通过烟囱，经点火燃烧后放散。	与传统的湿法除尘相比，除尘系统的阻力下降 20%～25%，水耗下降 30%，粉尘排放浓度从 150mg/m^{3}下降到 50mg /m^3，其主要技术参数为：处理烟气量 10000～300000m^3/h，阻力小于 2000Pa，设备的整体泄漏率小于 0.5%，除尘效率大于 99.95%。	适用于炼钢转炉煤气净化回收系统。
54	煤粉工业锅炉清洁燃烧及烟气污染控制技术	该技术采用旋流快速点火煤粉燃烧器，实现宽煤种低氮稳定燃烧，燃烧过程为分级分段燃烧。烟气污染控制技术以循环流化床为基础，采用干态消石灰粉脱硫剂，通过在脱硫反应塔中喷水脱除烟气中的 SO_2。脱硫后的烟气部分回到塔体中，部分进入布袋除尘器中，颗粒物被布袋除尘器收集后，大部分经过再循环系统返回到脱硫塔中循环利用。	该技术燃烧效率大于 88%，烟尘排放低于 30mg/m^3，加装烟气脱硫设施后 SO_2 排放低于 100mg/m^3，NO_X 排放低于 350mg/m^3。	适用于燃煤工业锅炉烟气污染控制。

序号	技术名称	工 艺 路 线	主 要 技 术 指 标	适 用 范 围
55	燃煤工业锅炉烟气袋式除尘湿法脱硫技术	该技术为负压袋式除尘正压湿式脱硫烟气净化技术，对锅炉烟气的净化采用一级袋式除尘，有效去除烟尘；除尘后烟气进入二级脱硫系统进行湿法脱硫，有效去除 SO_2 和粉尘。	除尘效率大于 99%，脱硫效率大于 90%，系统阻力小于 2200Pa。	适用于 20t/h 以上的燃煤工业锅炉除尘脱硫。
56	白泥-石膏法烟气脱硫技术	该技术以电石渣、造纸白泥为脱硫剂，采用湿法工艺对造纸行业等工业锅炉进行烟气脱硫。通过对石膏浆液采用沉降分离、旋流器旋流分离等技术，降低石膏浆液中胶状物的比例，提高石膏脱水性能；控制塔内分区 pH 值，去除抑制氧化的还原性物质，提高氧化率和副产石膏的品质。	脱硫效率大于 90%；白泥的资源化利用率大于 90%，脱硫副产物氧化率大于 95%，脱硫石膏纯度大于 90%，钙硫比小于 1.03。	适用于周边有白泥来源的燃煤烟气脱硫。
57	废碱渣（液）烟气脱硫技术	该技术一级处理用电除尘，二级处理用印染废水脱硫，印染废水经预处理去除杂质后，与烟气中的 SO_2 在脱硫塔中反应，生成亚硫酸钠和硫酸钠，达到脱硫除尘的目的。	脱硫效率可达 95%以上、液气比小于 4、脱硫装置电耗小于 20kW/10t 锅炉、系统阻力小于 950Pa。	适用于周边有印染废水来源的燃煤工业锅炉或热电联产锅炉烟气脱硫。
58	烧结烟气资源回收铁法脱硫技术	该技术以废铁屑、钛白粉副产亚铁盐或酸洗钢板废液为脱硫剂，在氧气存在条件下，利用铁离子不断的氧化还原循环实现催化氧化脱除 SO_2，在脱硫的同时生产聚合硫酸铁水处理剂。	SO_2 原始浓度 500～4000mg/Nm^3，处理后浓度 20～200mg/Nm^3；脱硫率可达 85%以上；脱硫副产物为聚合硫酸铁；脱硫副产物回收率大于 95%；脱硫副产物性能满足 GB 14593-2006 要求。	适用于冶金、化工等行业。
59	大型冲天炉除尘脱硫一体化技术	该技术利用冲天炉高温烟气加热空气作为燃烧空气，换热后的烟气进入湿法喷淋一级除尘脱硫，再进入净化器进行二级除尘脱硫后排向大气。	烟气处理前粉尘 500mg/m^3，SO_2 1300mg/m^3；处理后粉尘浓度低于 30mg/m^3，SO_2 浓度低于 40 mg/m^3。脱硫效率可达 95%以上。	适用于冲天炉除尘脱硫。
60	烟气循环流化床干法脱硫技术	该技术以消石灰粉为吸收剂，将其喷入脱硫吸收塔内，并通过吸收剂的内外多次循环，实现高效脱硫，脱硫后气体中的固体颗粒物通过布袋除尘器收集可进一步综合利用。系统没有废水产生，系统烟道和设备无需防腐。	SO_2 脱除率可达到 85%以上，并可有效脱除 HCl、HF；脱硫装置阻力小于 1500Pa。	适用于 300MW 及以下机组烟气脱硫。

序号	技术名称	工 艺 路 线	主 要 技 术 指 标	适 用 范 围
61	燃煤电厂氨法烟气脱硫技术	该技术以一定浓度的氨水或液氨作吸收剂，与烟气发生反应产生亚硫酸铵，亚硫酸铵在吸收塔内氧化生成硫铵溶液并经离心分离、蒸发浓缩，得到固体硫酸铵。	脱硫效率大于95%，脱硝效率大于20%，氨逃逸浓度低于8mg/m^3。	适用于具有氨吸收剂来源、燃料硫含量大于1.5%的热电联产锅炉和电站锅炉的烟气脱硫。
62	钢铁冶炼炉渣烟气脱硫技术	该技术用钢渣作为脱硫剂，SO_2与经磨细的钢渣浆液在脱硫塔中反应，生成物经氧化后排往沉淀池，经沉淀压滤后的脱硫副产物用于盐碱地的改良。	脱硫效率可达到95%以上、脱硫渣水分小于20%。	适用于工业窑炉、燃煤锅炉、有色冶炼炉的烟气脱硫。
63	SCR 燃煤锅炉烟气脱硝技术	该技术通过在锅炉省煤器和空气预热器之间安装脱硝反应器，在催化剂的作用下，喷入的反应剂（通常为氨气）与燃煤烟气中的氮氧化物反应生成氮气和水，氨气可来自液氨蒸发、尿素分解、氨水等。	脱硝效率60%～90%，系统氨逃逸质量浓度控制在8mg/m^{3}以下。	适用于燃煤发电锅炉的烟气脱硝。
64	燃煤锅炉烟气SNCR脱硝技术	该技术将还原剂（NH_3或尿素）喷入一定温度条件下（800~1100℃）的烟气中，与其中的NO_x发生反应，生成氮气和水。SNCR工艺不需催化剂。	脱硝效率30%～40%，氨逃逸率小于8mg/m^3。	适用于煤粉燃烧发电锅炉烟气脱硝。
65	低氮燃烧技术	该技术利用分级燃烧原理，将燃烧用风分为一、二次风，减少煤粉燃烧区域的空气量（一次风），提高燃烧区域煤粉浓度，形成富燃料区，以降低燃料型NO_x的生成。	燃用烟煤的机组NO_x排放浓度可控制在300mg/m^{3}以下；燃用贫煤的机组NO_x排放浓度控制在400mg/m^{3}以下。	适用于四角切圆和对冲燃烧方式的煤粉燃煤锅炉。
66	焦炉烟气净化技术	该技术在焦炉装煤、出焦两个环节，将烟气导入除尘地面站系统中，经袋式除尘器除尘后排入大气。除尘器回收的粉尘送到储灰仓中。	烟尘捕集率大于95%，烟尘净化率大于99%，经处理后的烟尘含尘浓度低于50 mg/m^3。	适用于钢铁和炼焦行业焦炉烟气净化。
67	铅蓄电池行业铅粉机尾气治理技术	该技术用负压风机将铅粉吸进集粉器内，再经过36袋脉冲除尘器除尘，经除尘后的气体进入风机后送入高效滤筒除尘器，除尘后再进入二级风机或直接排放。	铅粉机尾气铅排放可降至0.35 mg/m^{3}或更低。	适用于铅酸蓄电池行业及铅冶炼行业。

序号	技术名称	工艺路线	主要技术指标	适用范围
68	四英寸电磁脉冲阀喷吹技术	该技术通过产品驱动装置的改进设计提高产品的开关性能，合理的产品内部流道设计，可使产品的执行机构达到最协调的启闭性能，从而获得更优的流通能力，降低产品的压力损失，不仅提高了喷吹清灰效果，而且降低了能耗。	产品核心指标为：①良好的开关性能：200ms脉冲宽度下开启到峰值时间 30ms，峰值到关闭时间 40ms，阀门开启到关闭总用时 285ms；②流通能力：Kv=242.35/Cv=282.82；③使用寿命：喷吹 100 万次；④外形及安装尺寸与传统 3 寸脉冲阀一样；⑤喷吹量：200ms 电脉冲宽度、0.3MPa 喷吹压力条件下 775NL(传统 3 寸脉冲阀为 450NL)；⑥袋底清灰压力：200ms 电脉冲宽度、0.3MPa 喷吹压力条件下 2417Pa(传统 3 寸脉冲阀为 2003Pa)。	适用于大型袋式除尘器和电袋复合除尘器。
69	袋式除尘器用滑动阀片式电磁脉冲阀	该技术采用滑动阀片替代传统的橡胶膜片。由高分子材料制成的滑动阀片中心设有直线轴承，套在阀盖中心的空心轴上，空心轴内设置压缩弹簧，滑动阀片设有滑动环用以调节滑动阀片与阀体内壁的间隙。滑动阀片设有若干节流孔，使后气室压力均稳定上升。在电信号作用下滑动阀片依靠两个气室压力差及弹簧的作用在阀的气腔内前后移动，实现电磁脉冲阀的开启和关闭。	阀片式电磁脉冲阀具有更大的开度，开启压力具有更快的上升速率。气脉冲波形更符合滤袋清灰要求。	适用于袋式除尘器。
70	三维非对称微孔结构聚苯硫醚针刺毡滤料制备技术	该技术使不同细度的聚苯硫醚纤维在工作截面呈梯度分布，并在滤料的面层引入异形纤维，组成三维非对称结构，有利于提高过滤效率，降低除尘器的运行能耗。	该技术具有表层微孔化、过滤效率高、易清灰、运行阻力低及表层过滤等特点，除尘效率大于99.9%。进行烟气除尘治理，除尘器出口粉尘浓度可控制在 30mg/Nm^3 以下。工业炉窑除尘器入口浓度最高可达 1000g/Nm^3，出口粉尘浓度可控制在 30mg/Nm^3 以下，甚至 10mg/Nm^3 以下，并可有效过滤 PM_{10}、PM_5 甚至 $PM_{2.5}$ 等超细粉尘，过滤效率达 99.99%。	适用于燃煤锅炉、工业炉窑的新建袋式除尘器或电除尘器改袋式除尘器。

序号	技术名称	工 艺 路 线	主 要 技 术 指 标	适 用 范 围
71	电除尘用高频高压整流技术	该技术利用国产超微晶材料自主开发了一种高频高压整流装置，采用三相供电及高低压一体化结构。	输出直流平均电流为0.4～2A，输出直流平均电压为60～80kV，输出直流功率为24～160kW，有利于提高除尘效率。	适用于电除尘高压控制。
五、工业废气治理、净化及资源化技术				
72	蓄热式有机废气热力焚化技术	该技术将待处理的有机废气引入蓄热室的陶瓷介质层，废气经过直接热交换升温后进入氧化室，使废气中的VOC氧化分解为CO_2和H_2O，并将热量“贮存”到蓄热体后排放。	热交换效率大于90%，VOC净化率达95%。	适用于较低浓度的有机废气净化。
73	挥发性有机物吸附浓缩-催化氧化组合净化技术	该技术是一项吸附浓缩和催化氧化组合净化工艺，低浓度有机废气首先经过吸附床吸附，然后利用低流量热空气流进行解吸，解吸后产生的高浓度废气进入催化燃烧器氧化分解。利用燃烧后产生的热量加热解吸空气，运行费用低。	废气净化效率大于95%。	适用于大风量、浓度小于1500mg/m^{3}的多种VOCs有机废气处理。
74	生阳极车间沥青烟气净化技术	该技术利用生产原材料焦粉或无烟煤粉尘为吸附剂，吸附混捏成型过程中产生的沥青烟气，吸附后的物料可以直接返回工艺中使用。整套系统循环操作，无二次污染和物料的对外转运。设置自动灭火系统提高系统的安全性。	沥青烟气排放浓度低于20mg/m^3，粉尘浓度低于10mg/m^3，焦油浓度低于5mg/m^3。	适用于冶金行业烟气净化。
75	黄磷尾气回收利用技术	该技术采用变温变压吸附黄磷尾气中的一氧化碳，利用羰基合成技术生产甲酰胺等系列产品。	净化后黄磷尾气中磷、硫、砷、氟化物杂质含量小于1ppm，一氧化碳回收率大于85%。	适用于黄磷生产企业尾气治理。
76	“吸附回收+处理回用”VOCs治理技术	该技术先利用活性炭吸附回收废气中的有机物，然后通过曝气对含有机物的回收液进行提纯后回用于生产。	回收装置的回收率大于95%。	适用采用干法复合工艺的包装印刷行业VOCs治理。

序号	技术名称	工艺路线	主要技术指标	适用范围
77	双介质阻挡放电等离子体工业异味废气处理技术	该技术通过双介质阻挡电离方式产生等离子体，在外加电场的作用下，放电产生的大量携能电子轰击污染物分子，使其电离、解离和激发，使大分子污染物变成简单小分子，或有毒有害物质转变为无毒无害或低毒低害物质。	耗电约 2W/m^3气体，对恶臭污染物如胺类、苯系物等的去除效率较高，异味去除率大于70%。	适用于石油化工、制药、垃圾厂、皮革厂、食品厂、香精料厂等行业产生的异味气体的处理，规模在1000～100000m^3/h 之间。
78	油气回收技术	该技术采用双罐交替吸附真空脱附，用汽油淋洗回收并循环净化。处理能力 100～2000m^3/h。	油气原始浓度 800～1200 g/m^3，经处理后气体排放浓度 5～20 g/m^3， 回收率大于 98%。	适用于汽油储油库汽油转运过程中所产生的油气净化。
79	恶臭气体微生物治理技术	该技术采用废气生物净化技术，将废气引入带有填料的生物滴滤床或生物过滤床，废气中的污染物被附着在填料中的微生物消化分解。	设计空床停留时间小于 20s，H_2S、恶臭去除率大于 90%。	适用于恶臭气体的治理。
80	硫酸工业废气酸洗净化技术	该技术将沸腾炉出口的烟气经过余热锅炉、旋风除尘器、电除尘器后，进入两级洗涤器进行降温除尘，最后烟气进入电除雾器除去酸雾。第一级洗涤器排出的稀酸经斜管沉降器固液分离后循环使用，第二级洗涤器排出的稀酸经板式换热器移走热量后循环使用。电除雾排出的稀酸和第二洗涤循环系统多余稀酸串入第一洗涤循环系统，由斜管沉降器固液分离后，一部分循环使用，一部分经脱气塔吸收后外排。	酸洗净化产生的污水量仅为水法净化的1/100～1/80，污水处理达标后排放。	适用于硫铁矿制酸和有色金属冶炼、石化工业产生的含硫废气的治理。
81	喷浆造粒污染烟气治理技术	该技术采用文丘里洗涤、喷淋塔洗涤、气溶胶静电处理等多级处理技术，用于喷浆造粒尾气（富含VOC_S和$SVOC_S$气溶胶烟气污染物）的处理。	有机物去除效率大于 95%，各处理单元气体流速分别为：文丘里约 43m/s，喷淋塔约2.2m/s，气溶胶约 0.6m/s。	适用于发酵行业、制药行业、肥料行业、饲料等行业烟气治理。
82	铝电解烟气净化技术	该技术采用干法氧化铝吸附原理处理电解铝过程中产生的氟化物。	电解烟气中氟化物排放浓度低于 1mg/m^3，粉尘排放浓度低于 5mg/m^3。对于年产 30 万 t 的电解企业，每年可多回收约 100t 的氟化盐。	适用于冶金行业烟气净化。

序号	技术名称	工艺路线	主要技术指标	适用范围
六、固体废物综合利用、处理处置及土壤修复技术				
83	氰化尾渣资源化技术	该技术利用铅锌硫化矿物的浮选特性，从氰化尾渣回收铅锌混合精矿，实现选矿过程的清洁生产和尾水低排放。混合浮选技术主要以电化学为基础，通过在矿浆中添加“Y0+硫酸铜”组合活化药剂，增加铅锌硫化矿物的可浮性。	铅锌总回收率约 90%。	适用于年处理矿石量 5 万 t 以上、含有多金属矿石(铜、铅、锌)的黄金开采行业的氰化尾渣处理。
84	废润滑油的环保再生技术及装置	该技术采用高速离心并沉降的方法对废润滑油进行预处理，预处理后的废润滑油通过“恒温擦膜薄膜蒸发器”进行再生，由于该蒸发器可连续进行热量补偿，并且具有在相对较低的温度下使废润滑油汽化的能力，可保证废润滑油在汽化过程中不裂解，保持润滑油良好的热稳定性。润滑油蒸汽经过分馏装置按馏程和馏出温度的不同，按照设定进入不同的收集器中，得到不同组分的再生润滑油基础油。	再生润滑油色度较浅，铜片腐蚀小于 1 级，倾点低于-5℃，闪点高达 250℃，粘度好，收率高于 95%，重质油裂化比例小。	适用于石油化工行业。
85	碱回收白泥污染控制及资源化技术	该技术通过在碱回收苛化工段中增加石灰和苛化绿液，深度净化，提高白泥（碳酸钙）的纯度和白度，达到造纸过程中所加填料碳酸钙的质量要求，回收草浆白泥。	生产的含水沉淀碳酸钙经烘干后碳酸盐不溶物大于 97%，pH 为 9～11，筛余物（325 目）小于 0.5%，白度高于 88%。	适用于碱回收白泥的综合利用。
86	啤酒废酵母利用技术	该技术是将啤酒废酵母经酶解等工艺生产 4 种单核苷酸，或经除杂除苦后，采用胞壁溶解酶和磷酸二酯酶实现破壁自溶，生产粗产品酵母精，细胞壁残渣则利用酶膜反应器制备甘露糖蛋白及水溶性葡聚糖。	啤酒废酵母降解率大于 80%，产品纯度大于 95%。	适用于啤酒废酵母综合利用与处理。
87	啤酒麦糟资源化开发和利用	该技术利用酶技术和膜分离工艺从麦糟中提取功能性膳食纤维和蛋白质作为食品配料，并采用挤压改性技术开发麦糟膳食纤维方便食品。	膳食纤维回收率大于 90%（以干基计）。	适用于啤酒麦糟资源化利用。

序号	技术名称	工　艺　路　线	主 要 技 术 指 标	适 用 范 围
88	丢弃酒糟无害化、效益化处理技术	该技术采用 $2000m^3$ 大窖，以酿酒丢弃酒糟为原料，加入糖化酶和固体酵母生产复糟白酒；生产复糟白酒后的丢糟经烘干后作为锅炉燃料生产蒸汽；燃烧后的酒糟灰再采用沉淀法（低压液相法）生产水玻璃，进而生产白炭黑。酿酒丢弃酒糟资源化、减量化、无害化，实现固态酿酒清洁生产。	工艺过程中产生的废水和粉尘经处理后达标排放。废弃酒糟供环保锅炉燃烧生产蒸汽。除尘器收集的稻壳灰供白炭黑车间作为生产原料。白炭黑车间生产主要污染物是废弃的稻壳灰，供附近村民用作肥料。	适用于白酒酿酒行业丢弃酒糟处理。
89	制革固体废弃物资源化利用技术	该技术以废皮屑为原料，制造固化单宁和固化金属离子吸附材料，可分别用于工业废水中有毒重金属离子的吸附和无机阴离子、染料、有机物等的吸附。	固化单宁对汞的吸附容量大于200mg/g，对铅的吸附容量大于110mg/g，对镉的吸附容量大于 75mg/g；固化锆对三种酸性染料(DY11、AY11 和 RB19)的平衡吸附量分别为407.2mg/g、387.9mg/g 和 364.9mg/g；固化铁对氟、磷、砷和六价铬等无机阴离子的平衡吸附容量达到 50～100mg/g。对初始浓度在100mg/L 以下的含毒重金属、无机阴离子、染料及多酚有机物工业废水，经上述吸附材料处理后均可达到 GB 8978-1996 要求。	适用于制革废物资源化利用。
90	屠宰厂、皮革厂废弃物生产蛋白质技术	该技术利用自主生产的复合蛋白酶，将屠宰场、肉联厂、皮革厂生产的废弃物、啤酒厂生产的酵母泥、淀粉加工厂废水提取物经过加工生产蛋白质系列产品。剩下的骨渣、肉渣、皮渣作为饲料添加剂，油作为化工原料；生产废水经处理后回收用于生产，清洗设备、生产场及原料的用水经分离沉淀，沉淀污泥作肥料使用。	原料中蛋白质的提取率分别约为：动物骨 13%、边皮料 10%、杂碎肉 6%、皮粉 15%、酵母泥 5%、马铃薯淀粉生产废水中粗蛋白 1.12%。	适用于屠宰厂、皮革厂生产的废弃物的处理。
91	废碱焚烧中熔融碳酸钠固体回收技术	该技术采用“汽液动雾化+饱和溶液载送”组合工艺，回收废碱液中的粗碳酸钠产品。	污水中碳酸钠排放削减率大于 99%。	适用于环己酮生产排放的含碳酸钠废水处理。

序号	技术名称	工艺路线	主要技术指标	适用范围
92	钢渣热闷自解处理技术	该技术利用钢渣余热产生饱和蒸汽，高温饱和水蒸汽热闷可使钢渣消解粉化，稳定性良好。回收的废钢返回冶炼，用低能耗磨机将钢渣尾渣磨细成钢渣粉等量取代10%～30%水泥配制混凝土使用。	钢渣中废钢回收率大于98%，尾渣中金属含量小于1%，粉尘和污水排放量少。钢渣粉比表面积大于420m^2/kg，吨产品主机电耗低于32kWh。	适用于冶炼钢渣处理。
93	生活垃圾焚烧处理系统技术	该技术采用炉排炉结构使垃圾充分燃烧，并利用垃圾焚烧产生的余热，通过汽轮机发电转化为电能。灰渣送去填埋处理，烟气经半干式烟气处理装置除去有害气体和粉尘后排放。喷雾塔、除尘器收集下来的飞灰与烟气处理系统的残余物收集到灰仓，经固化后按照危险废物管理规定安全处置。	单台处理能力300t/d以上，炉膛设计确保烟气在850℃的停留时间大于2s，二噁英类物质排放浓度低于0.5ngTEQ/Nm^3。	适用于低位热值大于5000kJ/kg的城镇生活垃圾焚烧处理。
94	填埋场气体燃烧发电技术	该技术采用数学模型对填埋气体产生量及收集量进行预测，设计出适用于新建、正在运行和封场垃圾填埋场的填埋气体导排井、集气管网、排水井、监测井、抽气风机、燃烧器、发电机组等，将填埋场气体收集、处理、燃烧发电。	经预处理后的填埋气通入装机容量为500kW以上的沼气内燃机组燃烧发电。	适用于填埋量大于300t/d的垃圾填埋场。
95	沼气利用技术	该技术先通过变压吸附将甲烷气体和其他气体分离，再经预处理系统对其进行脱水、脱硫、多级过滤等，保证系统和设备的安全稳定运行，最后经脱氧、深度脱硫、深度干燥等处理。	产品气中CH_4浓度稳定保持在90%左右，最高可超过94%。	适用于规模不小于100Nm^3/h的沼气利用工程。
96	填埋场气体制取汽车燃料技术	该技术采用常压多胺法净化填埋场气体，收集的填埋沼气经煤气风机加压后进入净化塔，在净化塔内，填埋沼气与吸收液进行化学反应。吸收液经解吸后循环利用。	填埋气中CO_2含量从37%降到2%以下，CH_4含量从50%提高到95%以上。净化后的气体性能同二级天然气，经过加压至25MPa，可送汽车加气站。	适用于城市生活垃圾填埋沼气净化利用。

序号	技术名称	工艺路线	主要技术指标	适用范围
97	医疗废物非焚烧处理技术	该技术采用高温蒸汽、微波或其组合消毒技术处理医疗废物，实现医疗废物的消毒、灭菌和毁形。	繁殖体细菌、真菌、亲脂性/亲水性病毒、寄生虫和分枝杆菌的杀灭对数值大于6，枯草杆菌黑色变种芽孢（B. subtilis-ATCC 9372）的杀灭对数值大于4。	适用于10t/d以下的医疗废物集中处置。
98	含油污泥过热蒸汽喷射处理技术	该技术将高温蒸汽（0.3MPa）与含油污泥碰撞，油分和水分被瞬间蒸出，与固体颗粒一起进入旋风分离器，在旋风作用下实现蒸汽和固体颗粒的分离，蒸汽冷却后可直接回收原油，固体颗粒进入残渣罐内作为制砖原料或掺入煤粉作为燃料。	对油水含量为90%的污泥，其污染物削减率90%，残渣含油量小于1%。	适用于油田、化工企业等产生的含油污泥。
99	工业危险废物焚烧处理技术	该技术采用分系统进料的方式将工业危险废物送入回转窑处理系统，废物在一燃室的温度约为850～950℃，二燃室的燃烧温度高于1100℃，烟气停留时间大于2s。高温烟气经余热利用后采用“烟气急冷、干式脱酸+活性炭吸附+袋式除尘+湿式洗涤+烟气再加热”的烟气处理工艺。另外，该技术进料系统设置了两级封闭门，实现上料口不漏烟，并配备自动控制和监测系统，可对主要工艺参数自动控制。	焚毁去除率大于99.99%，残渣热灼减率小于5%。	适用于工业废物（包括皮革）、危险废物（包括农药）及医疗废物，可同时处理固态、半固态、液态、气态等不同相态的废物，适用于日处理规模10～100t的装置。
100	精对苯二甲酸残渣资源化利用技术	该技术采用热溶解法、固液分离、蒸馏和精馏等集成技术，通过优化工艺参数和操作过程实现精对苯二甲酸残渣资源化综合利用，提取醋酸、苯甲酸、对苯二甲酸等化工产品。燃烧过程产生的热能可综合利用，并实现钴、锰等金属回收利用。	产品回收率大于70%，对于不能回收的残渣采用高温焚烧处理，温度达1100～1300℃，实现焚毁去除率大于99.99%。	适用于精对苯二甲酸（PTA）残渣资源化处理及综合利用。
101	焦化有机固体废物综合利用技术	该技术将来自焦化厂的有机固体废物按照一定比例混合后与炼焦煤定量配料，配制成预成型均混料送入高压成型机制得炼焦用型煤产品，与炼焦配煤混合入炉炼焦。	年消纳处理焦化有机固体废物4000t，生产型煤50000t，全部供给焦化厂焦炉炼焦。	适用于焦化废物（焦油渣、酸焦油、生化污泥等）综合利用。

序号	技术名称	工 艺 路 线	主 要 技 术 指 标	适 用 范 围
102	糠醛厂固体废弃物综合处理技术	该技术利用特殊菌种，将糠醛工业废渣和糠醛废水直接自然高温堆肥，使低劣品味的糠醛工业废渣和高浓度的糠醛废水转化成为环境友好型的有机肥料。	在不添加任何化学材料的条件下，使糠醛废渣的 pH 值由 2 转变成约 7 的近中性堆肥，堆肥前后糠醛废水和废渣中可溶性 COD 含量的去除率大于 90%。	适用于以玉米芯为主要原材料生产糠醛的工厂。
103	PCBs、农药等污染土壤的间接热脱附处置技术	该技术将污染土壤预处理后，在高温（＞500℃）条件下负压抽提（＞0.01MPa）使污染物热脱附。污染气体部分经除尘后通过湿法洗涤，洗涤后气体经过滤、冷凝、吸附等处理，洗涤废水经中和、沉降、固液分离后循环利用，对固态污染物进行异地焚烧处置。	土壤中 PCBs 和农药去除率可达到 99.8%。	适用于受到 PCBs 和农药污染土壤的处理。
104	石油污染土壤生态修复技术	该技术在自然温度下，采用以植物—微生物联合为主、辅以物理化学措施的生态修复技术体系原位修复耕层土壤（0～20cm）；利用固定化外源微生物的保护机制，辅以合理的作物品种、种植结构、污染物活化及农田管理措施强化石油污染土壤处理效果，实现生态修复。	通过耕作方式和种植结构的调整措施，蓖麻、豆科植物大豆、草木樨的降解率高于常规大田作物玉米，土壤中石油类污染物在第一个生长季中可得到 35%左右的降解。采取固定化微生物强化修复后，土壤中石油类污染物在第一个生长季中的降解率即可达 55%～70%，平均在 60%以上。固定化菌剂接种量为土壤体积的 1%～2%。	适用于石油污水灌区的土壤生态修复。
七、重金属污染防治技术				
105	镀镍废水资源化技术与设备	该技术采用离子交换法处理镀镍废水，选用对镍离子选择性较高的树脂，树脂再生后循环利用。废水经处理后可回清洗槽重复使用，洗脱得到的硫酸镍经净化后可回镀槽使用或通过其他途径实现镍资源的循环利用。该技术和设备可从镍离子浓度低于100mg/L的废水中提取镍，实现废水回用。	镍回收率达90%以上，镍回收液浓度56g/L，水的回用率达70%以上，设备处理能力为1.5m^3/h，出水满足GB 21900-2008要求。	适用于涉及镀镍工艺的企业。

序号	技术名称	工 艺 路 线	主 要 技 术 指 标	适 用 范 围
106	电镀废水处理及回用技术	该技术通过超滤、反渗透和离子交换组合工艺，提取电镀废水中的重金属离子，重新应用于电镀生产过程。	重金属回收率大于 95%，综合废水处理回用量大于 75%，出水满足 GB 21900-2008 要求。	适用于电子、电镀企业废水的处理。
107	低含铜废液减排处理技术	该技术采用旋转阴极直接电解沉积工艺，通过加入特殊的铜沉积添加剂，电解回收废水中铜，并获得电解铜板；处理后废液可回用于印制电路板厂脱膜显影废液的酸化处理。	电解回收废水中 99%以上的铜，并获得纯度大于 99.8%的电解铜板。	适用于线路板制造行业。
108	电絮凝水处理技术	该技术具有电解氧化还原、絮凝气浮功能，可以氧化有机物、分离重金属氢氧化物絮团，实现降解有机物、去除重金属的目的。	污染物原始浓度范围：铜 30～150mg/L，铬 10～80mg/L，砷 10～30mg/L，铅 10～50mg/L，镍 20～80mg/L；采用技术后的污染物浓度范围：铜 0.1～0.5mg/L，铬低于 0.001mg/L，砷低于 0.001mg/L，铅低于 0.001mg/L，镍 0.01～0.2mg/L。电解停留时间 20～90s，总停留时间不超过 1h。设备占地是化学法的 20%。铅、镉、锌的去除率大于 95%，污泥产生量约为化学法的 40%。	适用于金属表面加工业及电镀、有色金属冶炼业废水的处理。
109	电解锰企业末端废水达标排放技术	电解锰企业的末端废水经预处理后，用高选择性吸附材料回收废水中的铬，然后用沉淀法分离废水中的锰和镁，最后用高选择性吸附材料回收废水中剩余的锰，出水达标排放。	当进水 Mn^{2+} 为 2000 mg/L，Cr(VI) 为 300 mg/L 时；出水 Mn^{2+} 低于 2mg/L，Cr(VI) 低于 0.5mg/L。锰和铬的回收率均大于 97%，回收的锰、铬可直接回用于主体生产工艺。	适用于电解锰行业铬、锰、氨氮污染防治。
110	电解锰工艺废水减排技术	该技术在电解锰阴极板出槽—后处理—入槽过程中，通过刷沥减少电解液和钝化液挟带实现污染物减量，电解液回收入电解槽，钝化液回收入钝化工序，废水全部回用于制液，实现全过程自动化控制，消除了电解锰废水中锰、铬、氨氮污染。	清洗用水量削减 80%；废水中锰和铬(VI)的回收率均大于 97%，高浓度氨氮废水可全部回用。	适用于电解锰行业铬、锰、氨氮污染防治。

序号	技术名称	工艺路线	主要技术指标	适用范围
111	有色金属冶炼废水深度处理技术	该技术采用“节水优化管理-分质处理回用-末端废水处理回用”的集成技术。	处理后出水水质满足 GB 50050-2007 要求。	适用于有色金属冶炼企业废水处理及回收利用。
112	矿山废水膜处理技术	该技术将选矿废水先后经机械过滤器、纤维球过滤器、活性碳过滤器、精密过滤器除去油质、浮选剂和一些难处理的悬浮物，再用高压泵加压进入反渗透膜处理系统。	出水可用于选矿新水源，浓水含有重金属，经回收后循环用于选矿。	适用于矿山采选废水和尾矿库废水处理。
113	集成膜分离技术处理含铬、镉类重金属废水	该技术采用“分级处理、逐级深化”的设计原理，集成微滤、纳滤、反渗透等多种膜技术，并通过优化整合用于电镀废水深度处理和单镀种废水在线回用处理。	该技术在进一步提高出水水质情况下，运行能耗为普通单一反渗透技术的 40%。废水回用率大于 60%。出水达到 GB 21900-2008 要求。	适用于电子、电镀等行业废水处理
114	高浓度泥浆法处理重金属废水技术	该技术采用高浓度泥浆法（HDS），向重金属废水中加入石灰浆调整 pH 值，然后加入絮凝剂，在浓密池中进行固液分离，清水回用或排放，部分底浆返回反应池，污泥不需浓缩直接压滤。	当进水 Cu 19mg/L，Pd 2mg/L，Cd 0.5mg/L，As 4mg/L 时；出水 Cu 0.11 mg/L、Pd 0.08mg/L、Cd 0.02mg/L、As 0.3mg/L。与常规石灰法（LDS）处理重金属污水相比，该技术处理能力提高 1～2 倍，排泥体积减小，运行费用减少 10% 以上，管道结垢现象明显改善。	适用于有色金属（矿山、冶炼、加工）废水处理。
115	铅酸蓄电池行业废水治理技术	该技术通过在废水中投加碱性药剂使重金属生成氢氧化物沉淀，并投加 PAFS 混凝剂增强污泥凝结沉淀，后再经沉淀、过滤、吸附等工艺去除污水中的铅、镉等重金属。	当进水总铅 5～15mg/L，总镉 2～3mg/L 时；出水总铅 0.2～0.3mg/L，总镉 0.05～0.1mg/L。出水铅离子的去除率大于 96%，镉离子的去除率大于 95%。	适用于铅酸蓄电池及铅冶炼行业废水处理。
116	干法废蓄电池资源化利用技术	该技术将废旧铅蓄电池通过破碎分选、铅膏脱硫、短窑密闭燃烧和铅基合金深度脱氧等工序，进行资源化回收处理。	铅回收率大于 95%，锑回收率大于 90%。	适用于废蓄电池处理。

序号	技术名称	工　艺　路　线	主 要 技 术 指 标	适 用 范 围
117	重金属废水深度处理及资源回收技术	该技术在常规电化学技术基础上发展了包括立式电化学反应器、反冲洗系统、通风式电絮凝系统、内电解技术、梯形极板、自动控制系统等的电化学重金属废水深度处理技术。	当进水 As 低于 100 mg/L，Pb 低于 50 mg/L，Cr 低于 50 mg/L，Hg 低于 10mg/L，Ni 低于 50 mg/L，Cd 低于 50 mg/L，Cr^{6+}低于 50mg/L，Zn 低于 500 mg/L；出水 As 低于 0.3mg/L，Pb 低于 0.5mg/L，Cr 低于 1.5mg/L，Hg 低于 0.01mg/L，Ni 低于 0.5mg/L，Cd 低于 0.05mg/L，Cr^{6+}低于 0.3mg/L，Zn 低于 1.5mg/L。重金属去除率大于 99%。	适用于采矿、金属冶炼、电镀、化工等行业的重金属废水深度处理。
118	重金属废水电化学处理技术	该技术利用电化学水处理方法，通过直接和间接的氧化还原、凝聚絮凝、吸附降解和协同转化等综合作用，去除重金属废水中的重金属离子、硝酸盐、有机物、胶体颗粒物、细菌、色度、嗅味和其他多种污染物，尤其对重金属和 COD 具有优良的去除效果。	废水中六价铬、总铬、COD、镍、锌、铜、氰化物、镉等指标可以达到 GB 21900-2008 中表 2 或表 3 要求。	适用于冶金、电镀、电子、电池、皮革制造等行业的重金属废水处理。
119	冶炼烟气洗涤废酸处理技术	该技术采用硫化剂与烟气洗涤废酸中砷、铜等重金属离子反应，生成难溶的硫化物沉淀，实现砷、铜等重金属离子的脱除。通过对硫化反应进行精确控制，可选择性的回收铜和砷。	铜和砷的去除率均大于 98%。	适用于冶炼烟气洗涤废酸中重金属的处理。
120	预脱硫-电解沉积全湿法废蓄电池铅回收技术	废旧铅蓄电池经解体分离、填料破碎、栅板—铅膏分离、栅板熔铸合金、铅膏脱硫滤液蒸发结晶、滤液浸出等工序，再利用不溶阳极电解沉积最终得到电铅产品。	硫以硫酸钠形式进入溶液，总硫回收率大于 98%；废铅膏通过电解沉积方式直接生产电铅，铅总回收率大于 97%；处理过程中无烟气排放。	适用于废蓄电池处理。
121	含铬废渣湿法（酸溶）解毒处置技术	该技术将含铬废渣湿法球磨至 200 目以上，依次进行水浸、酸溶、六价铬清液分离、还原解毒、pH 值调节、沉降熟化和固液分离等工序。	铬渣浸出液中总铬和六价铬的削减率大于 90%，可回收部分氢氧化铬。	适用于化工、冶金行业含铬废渣。

序号	技术名称	工　艺　路　线	主　要　技　术　指　标	适　用　范　围
122	氧气底吹熔炼—鼓风炉还原炼铅工艺	该技术将硫化铅精矿、溶剂、少量煤粉混合制粒后加入氧气底吹炉，生成一次粗铅和含铅达 40%的氧化渣。氧化渣还原产生二次粗铅和炉渣，含 SO_2 的烟气用于制酸。	铅回收率大于 97%，硫捕集率大于 99%，铅、银回收率提高 1%～2%。	适用于铅冶炼。
123	低汞触媒技术生产工艺	将溶解彻底的氯化汞溶液注入密闭的浸渍灌后加入活性炭，当氯化汞溶液中氯化汞浓度低于 0.3%（质量百分比）时，浸渍残液进入密闭水池，吸附氯化汞的活性炭颗粒进入干燥塔，在 110℃的热空气下干燥至恒重，用于干燥的气体进入防腐且密闭的冷却塔除水后循环利用。	低汞触媒使用前后氯化汞含量变化为 6%到 4%；使用低汞触媒，可以将汞的使用量减少约 50%，排放量降低 75%。	适用于氯碱行业汞触媒生产。
124	代替铅、铬颜料的复合铁钛粉防锈涂料生产及应用技术	该技术利用纳米二氧化钛（TiO_2）和纳米二氧化钒（V_5O_2）和磁化铁（Fe_3O_4）合成复合铁钛粉，复合铁钛粉制备溶剂性、水溶性涂料，增强了涂料膜附着力和防锈性能。主要工艺路线为：（铁钛粉+树脂+填料+助剂+溶剂）→混合→分散→调漆→包装→防锈涂料。	采用该技术生产的涂料可以部分替代含铅、铬等重金属颜料的涂料，价格约 70 元/kg，远低于性能相当的其他涂料（20～50 美元/kg）。	适用于工业涂料（军工与民用）的防锈底漆。
125	复合重金属污染场地土壤修复技术	该技术针对重金属污染土壤的特点，在对污染土壤进行分类的基础上，对重度污染场地的土壤（该土壤浸出毒性大于危险废物浸出毒性）进行清挖，送危险废物填埋场填埋处置；对中度污染土壤采取固化/稳定化方式处理，处理后采取防渗措施集中封存于场区地下；对轻度污染土壤表面采取稳定、吸附层药剂进行铺设隔离、表层稳定化。	土壤经修复后达到GB 15618-1995 中Ⅲ级标准（40mg/kg 以下）。处理成本：重度污染土壤约 1200 元/m^3，中度污染土壤约 120 元/m^3，轻度污染土壤稳定隔离层铺设约 40 元/m^2。	适用于复合重金属污染土壤的修复。
126	赤泥堆场生态修复技术	该技术通过选择适宜的、抗逆性好的植被品种，对赤泥堆场进行生态修复。该技术不需要覆土，实施无土植被恢复，人工改善基质。	植被覆盖率大于 80%，减少 85%以上的水土流失和扬尘，可显著减少流域水体、土壤的酸碱、重金属污染。	适用于同类尾矿库及类似废弃物堆场的治理。

序号	技术名称	工艺路线	主要技术指标	适用范围
127	砷污染土壤的植物修复技术	该技术是在污染土壤上种植超富集植物蜈蚣草，通过农艺措施，促进生物有效性砷被蜈蚣草吸收，从而去除土壤中的砷污染物。收割的蜈蚣草进行安全焚烧，焚烧后的少量灰渣采用安全填埋方式进行处置。	土壤砷污染物的去除率为 10%～15%，修复 1 万 m^2 含砷 80mg/kg 的砷污染土壤需历时 5 年，总投资 4.5 万元。土壤经修复后达到 GB 15618-1995 中III级标准（40mg/kg 以下）。	适用于土壤砷污染修复。
八、工业清洁生产技术				
128	锅炉烟气净化硫酸钙型卤水技术	该技术采用“石灰—芒硝—CO_2 净化卤水技术”净化硫酸钙型卤水，可以利用制盐锅炉烟气中 CO_2 和制盐母液中芒硝作为净化卤水的原料，既降低锅炉烟气中 CO_2 和制盐母液对环境的污染，又可降低生产成本。	年产 60 万 t 装置，每年可减排 CO_2 5000t、SO_2 4000t；吨制盐降低成本 15～20 元；年节能约 1.35 万 t 标煤。	适用于制盐行业，60～100 万 t/年卤折盐卤水净化。
129	绿色电镀技术	该技术采用生化除油、电解除油自动控制、薄膜阳极及离子交换系统处理钝化液等技术集成，可大幅度降低电镀生产废水中 COD、锌、铁等污染物排放量。	COD 削减 85%，锌削减 65%，提高换槽周期（从 1 月提高到 12 月），工艺用电量小于传统工艺的 30%，电流效率提高 50%，生产过程不产生氰化物，钝化药品使用寿命比传统工艺延长 3 倍，减少 70%以上钝化液排放。	适用于五金电镀行业的清洁生产。
130	湿法磷酸生产用水多次串级循环使用技术	该技术在湿法磷酸生产中将工艺水经过 5～7 次的串级和循环使用，实现节约用水和减少排污。工艺水逐级由轻污染到重污染，最后转变成磷酸。	与传统的湿法磷酸生产相比，工艺水消耗从 7～11m^3/tP_2O_5 减少到 3～4m^3/tP_2O_5，污水排放量从 1.5～2.0m^3/tP_2O_5 减少到几乎全部回用，30 万 t/年的磷酸装置可减少污水排放量 45～60 万 m^3/年。	适用于磷酸生产工艺的节水改造。
131	冷冻法处理卤水中硫酸盐技术	该技术在卤水代盐生产烧碱工艺中，将富集硫酸盐的高芒母液与原卤混合后进行冷冻，经沉降分离出十水芒硝，可去除卤水中的硫酸根离子。分离出的十水芒硝再经蒸发、干燥得元明粉，实现排放废物的综合利用。	生产能力 15 万吨/年的烧碱企业，年应用卤水 80 万立方，副产元明粉 1.1 万吨，减排含硫酸钡盐泥 8 万立方。	适用于用卤水或部分卤水制碱的氯碱企业。

序号	技术名称	工艺路线	主要技术指标	适用范围
132	氮肥企业低排放清洁生产技术	该技术采用洗涤回收技术，将尿素造粒塔尾气中的尿素粉尘含量从 100mg/m^3 以上降到 30mg/m^3 以下，氨含量由 50 mg/m^3 以上降到 10mg/m^3 以下。采用大型吹风气余热集中回收技术、三废流化混燃技术、全燃渣循环流化床锅炉、循环流化床锅炉等回收造气吹风气、合成放空气、弛放气、造气炉渣、煤灰、无烟煤末、煤矸石等的余热，副产 3.8MPa 及以上压力等级蒸汽。蒸汽先发电后供生产使用，实现能量的梯级利用。	每生产 1t 合成氨可副产 3.8MPa、350℃蒸汽约 2000kg，发电约 220 kWh。减少造气炉渣排放量约 200kg，减少吹风气中 CO 排放量约 150 m^3。锅炉炉渣用于生产水泥等建材。	适用于采用自然通风造粒塔的尿素企业，以及以无烟煤为原料，采用固定床间歇式制气工艺的氮肥企业。
133	氮肥生产污水减排及资源化技术	该技术将反渗透脱盐水作为循环水系统的补充水，在保证循环冷水水质的前提下，大大提高循环水的浓缩倍数，使循环冷却水做到基本不排放。吨氨循环冷却水排放量可由 10～50m^3减至 2m^3 以下。该技术与清洁生产工艺改造、闭路循环改造、末端治理回用和在线监测管理相结合，可实现氮肥企业的生产污水全部回用和废水的低排放。	每生产 1t 氨可约减排氨氮 3.4kg、COD7kg、氰化物 0.05kg、SS10kg、石油类 0.5kg、挥发酚 0.01kg、硫化物 0.05kg，节约用水 10～50t。	适用于氮肥企业废水处理和回用。
134	尿素工艺冷凝液低压水解技术	该技术利用低压蒸汽，将尿素生产产生的工艺冷凝液中的氨、尿素水解解析出来，生成氨和二氧化碳，然后再返回系统中生成尿素，减少氨氮的排放。	处理前氨 0.07%（重量），尿素 1.15%（重量），处理后氨低于 5ppm，回收率大于 99%，尿素低于 5ppm，回收率大于 98%，回收的氨和尿素可以减少吨尿素的氨耗约 3～5kg。	适用于化工厂、氮肥生产企业废水处理。
135	还原靛蓝生产中氨气回收再利用技术	该技术将反应过程中压力在 0.25MPa，温度 230℃状态下间歇式排放的氨气经过降温冷却、过滤、干燥、压缩后形成氨液，再作为原料用于生产。	约 80%的废氨气可回收再利用，有效降低大气污染，同时降低生产成本。	适用于精细化工行业氨气回收再利用。
136	有机颜料生产中二乙二醇浓缩再利用技术	该技术采用压滤机将捏合物料打浆水回收，用蒸发器浓缩、离心机固液分离，降低了污染物排放，同时回收利用二乙二醇。	使二乙二醇从年排放 850t/$t_{产品}$降低到年排放 42kg/$t_{产品}$；污水中 COD 的含量由 2000mg/kg 降低到 150mg/kg。	适用于精细化工行业二乙二醇回收再利用。

序号	技术名称	工艺路线	主要技术指标	适用范围
137	染料废水膜法处理及回用技术	该技术在染料生产过程中，采用膜处理工艺代替原盐析和压滤工艺，提高染料的回收率，并对滤后水进行催化氧化、pH 调节、沉淀和膜处理。	当进水 COD10000～20000mg/L，$BOD_5$2000～3000 mg/L，色度 50000～100000，含盐量 15～20%时；出水 COD180mg/L，$BOD_5$30mg/L，色度 80 倍，含盐量 1%～2%，达到工业用水的水质要求。约减少精盐用量 1.5t/t 染料，降低生产成本约 1.2 万元/t，处理成本为每 t 废水约 12 元，比传统喷雾干燥工艺节约近 90%。	适用于染料生产行业的清洁生产。
138	染料清洁生产技术	该技术采用纳滤膜处理工艺和浓缩液喷雾干燥工艺进行染料后加工，削减固体废物和废水量。	喷雾干燥设备主要参数：塔径 6m、塔高 49m、进口温度 220℃、出口温度 85℃、水分蒸发量 1100kgH_2O/h；纳滤膜设备主要参数：分子量为 350、面积为 800m^2、通透量为 1.1～2.0t/h。	适用于染料生产行业的清洁生产。
139	蜡染行业皂化松香回收利用技术	该技术将蜡染花布洗蜡后产生的皂化松香类悬浮颗粒先用涡凹气浮分离，再经过脱色除杂提纯后再回用于生产。工艺流程：蜡染皂化蜡废水→加酸中和→涡凹气浮分离→晾晒脱水（或加热脱水）→与溶剂混合→静置分层（萃取）→蒸发溶剂→脱色除杂后的松香→回用于生产。	松香回收提纯率可达 95%。	适用于印染行业中的蜡染企业皂化松香的回收利用。
140	数码喷射印花技术	该技术将花样图案输入计算机，由微压电式喷嘴把专用染料喷到纺织品上，形成所需图案。	染料用量仅为传统的 40%，仅有 50%被洗掉，耗水量节约 60%。当进水水质为 COD1100mg/L、$BOD_5$150 mg/L、pH9 时；处理后出水 COD40mg/L、$BOD_5$15mg/L、pH7.5。	适用于印染行业印花工序的清洁生产。
141	泡沫染整技术	该技术通过机械方法，利用空气对高浓度染料和助剂进行稀释，形成细微并可控制的精确气泡，通过 PLC 控制均匀施加于织物上，渗透到纤维织物表面或一定深度范围，再通过烘干等工艺完成染色或整理。	水耗节省约 50%。	适用于纺织品印染企业的清洁生产。

序号	技术名称	工 艺 路 线	主 要 技 术 指 标	适 用 范 围
142	高温高压气流染色技术	该技术采用空气动力学原理，通过高压离心风机产生的高速气流经喷嘴雾化染液，喷向织物着色，并带动其运行，浴比仅为1:4。	染色相同条件的等重织物，与传统的溢流喷射染色机相比，可节省助剂（盐、碱）50%以上，耗水量节省50%，节省蒸汽45%～50%，且染色时间缩短约15%，污染物排放量可减少50%。	适用于纺织印染行业的清洁生产。
143	棉针织冷堆前处理技术	该技术结合针织布结构松弛的特点，提出了松式浸液、平式堆置、无张力蒸洗工艺，即“浸处理液+堆置（25℃ 4h）+短蒸（98℃ 10min）+连续平洗”。	与传统前处理工艺相比，用水由30～40t/t降至15t/t，COD由2000～4000mg/L降至1800～2000mg/L。	适用于年产印染针织布不低于3000t针织印染行业的清洁生产。
144	竹浆高效高白度清洁漂白技术	该技术采用氧气和过氧化氢为主要漂白剂取代全氯漂白剂，通过活化处理，提高过氧化氢漂白效果。	漂后浆白度达到85%ISO。与传统的全氯漂白比较，有效氯用量减少70%、AOX产生量减少70%、清水用量减少60%、漂白废水排放量减少60%。	适用于造纸行业纸浆漂白生产线的新建和旧全氯漂白生产线的改造。
145	纸浆生物助漂技术	该技术采用木聚糖酶AU-PE89进行纸浆助漂。木聚糖酶AU-PE89只降解木聚糖而不能使纤维素分解，它在碱法制浆的高温和碱性环境下有效，在降解木聚糖的同时破坏LCC联接，有利于这部分木素的脱除；此外，木聚糖酶通过水解部分被吸回的木聚糖使残余木素暴露出来，使得化学药品易与残余木素发生作用，从而达到脱除木素的目的。	降低漂白化学品15%～50%，漂白段污水COD总量下降15%～35%。	适用于碱法麦草浆、碱法苇浆、碱法蔗渣浆、碱法杨木浆、硫酸盐桉木浆、硫酸盐马尾松等制浆工艺的清洁生产。
146	啤酒清洁生产技术	该技术采用“低压煮沸+动态煮沸+循环煮沸”工艺，缩短麦汁煮沸时间30%～50%。低压或常压回收麦汁煮沸产生的二次蒸汽；热麦汁冷却过程采用真空蒸发技术回收瞬间真空产生的二次蒸汽。将回收二次蒸汽的热量用于预热麦汁或作为热水用于投料、洗涤等。	与常压煮沸相比，减少蒸汽用量30%～60%。对于年产30万t冷麦汁的糖化生产线，每年减少原煤消耗量约2200t，减排SO_2约5t、烟尘约0.5t，并减少约7000 t二次蒸汽直接排入大气。	适用于啤酒厂糖化工艺的清洁生产。

序号	技术名称	工　艺　路　线	主 要 技 术 指 标	适 用 范 围
147	酿酒底锅黄水生产乳酸及乳酸钙技术	该技术充分利用酿酒底锅黄水中的有机酸、残糖、残淀等有益成分，运用现代生物工程技术接种黄水中的乳酸菌发酵，再经过中和、沉降、结晶、干燥酸解、除杂、真空浓缩等工序，生产乳酸和乳酸钙，提取乳酸和乳酸钙后的废水再进入废水站处理。	生产出的乳酸和乳酸钙符合国家食品标准，生产成本分别为 5800 元/吨和 5000 元/吨。提取乳酸和乳酸钙后废水浓度从 100000mg/L 降至约 6000mg/L。	适用于酿酒底锅黄水的预处理。
148	低效应低电压铝电解节能减排技术	该技术为无阳极效应铝电解 PFC 减排工艺技术、无效应铝电解 PFC 减排控制技术、电解槽突发效应早期诊断及预警技术、外部限电情况下无阳极效应控制技术、非效应 PFC 抑制技术、低电压最佳极距判断技术及低电压生产工艺条件与能量平衡调控技术的集成，通过降低效应系数降低 PFC 排放和能耗、降低槽电压直接降低能耗，应用新型槽控制体系，减少非效应 PFC 排放量。	该技术应用后平均槽效应系数为 0.03 次/槽·日，全行业年节电 5 亿 kWh，减少 500 万 t/a 当量的二氧化碳排放量。	适用于电解铝技术改造。
149	环形套筒窑环保型石灰煅烧技术	该技术具有特殊的环形结构和拱桥结构，在运行时窑内形成微负压环境，废气在排放前经过二次除尘，有效控制粉尘排放。该技术可以使用低热值煤气作为燃料，燃烧效率高，减少石灰石的消耗，减少 CO 和 SO_2的排放。	废气除尘前烟尘浓度 1200～1500 mg/m^3，除尘后烟尘排放浓度低于 $20mg/m^3$，SO_2 排放低于 $20mg/m^3$，CO 燃烧前体积含量为 56%，燃烧后为 0.01%，废气烟气黑度 1 级，噪音低于 86dB(A)，电耗小于 26kWh/t，热耗小于 4000kJ/kg 石灰。	适用于钢铁、有色金属、电石等行业环形套筒窑的烟气治理。
150	高效清洁多元钨合金新型表面处理技术	该技术采用 Ni-W-P 合金电镀工艺，属于合金诱导共沉积，镍元素全部进入镀层，产生的二氧化碳、氧气不会造成环境污染。镀液表面被大量泡沫所覆盖，难于被产生的气体带走；镀液中积累的 Na_2SO_4 达到较高浓度而影响电镀效率时，降温结晶使其析出，并以重结晶法提纯后作为副产品另作他用，母液中的少量硫酸镍等返回主镀槽加以利用。柠檬酸参与反应后的最终产物是水和二氧化碳。	该技术中镀液不含铬和氰化物，生产中无三废排放，无污泥产生。	适用于金属制品表面处理。

序号	技术名称	工艺路线	主要技术指标	适用范围
151	“真空镀—有机涂”复合镀层技术	该技术以真空镀为核心，用“有机底涂层—真空镀层—有机面涂层”取代传统电镀的“镍—铜—铬金属镀层”。	消除了六价铬离子，能耗减少 33%～50%，水耗减少约 85%，镍、铜使用量降至零，铬的使用量减少约 80%。	适用于电镀和表面处理行业。
九、农村污染治理技术				
152	改良一体化氧化沟生活污水处理技术	该技术采用底部相通的四个同心环组成的一体化自回流多级生化处理装置，由内自外分别为厌氧区、缺氧区、好氧区和沉淀区，污水在厌氧区停留约 1h、缺氧区约 2h、好氧区约 6h，沉淀区的污泥借重力作用下沉到好氧区，无需使用污泥回流泵。	装置的 COD 和 BOD_5 削减率大于 85%，COD 排放浓度低于 40mg/L，BOD_5 排放浓度低于 20mg/L。	适用于 1000～30000 t/d 的农村生活污水处理。
153	农村生活污水一体化处理技术	该技术由圆筒形结构的钢混管件和钢制罐体组装成型，采用厌氧—好氧法处理生活污水，厌氧区投放填料利于微生物附着挂膜，同时在厌氧段和好氧段投加高效菌种，使其对污水降解能力比普通活性污泥效果提高 20%～30%。	出水 COD 低于 45mg/L、BOD_5 低于 8mg/L、SS 低于 10mg/L，对氨氮、COD、浊度的去除率均大于 90%。	适用于 1000～30000 t/d 的农村生活污水处理。
154	高负荷地下渗滤污水土地处理技术	该技术由隔油沉淀、水量调节、高负荷地下渗滤床（上流式人工湿地）三个单元组成。高负荷地下渗滤单元的水力负荷约 0.5t/（m^2·d），分为多个功能结构层，地表可做为花园绿地、停车场使用。其运行方式为间歇布水，落干时通风。	当进水 COD 100～300mg/L、氨氮 20～40 mg/L 、总磷 2～5mg/L 、SS 50～150 mg/L 时，经该系统处理后的出水 COD 30～50mg/L、氨氮 5～15 mg/L 、总磷 1～2 mg/L 、SS 10～20 mg/L，可用作绿化用水及生活杂用水。	适用于农村低浓度生活污水处理。
155	人工湿地污水处理技术	该技术采用预处理（A/O 工艺）与人工湿地处理系统组合。针对北方冬季特点进行抗寒保温设计，使污水处理设施在低温条件下仍可正常运行。	出水可达到 GB 18918-2002 一级 B 标准。	适用于村镇、农村生活污水处理，以及河道的水质改善。

序号	技术名称	工艺路线	主要技术指标	适用范围
156	多功能农村生活污水人工湿地处理技术	该技术采用以沸石为填料的潜流人工湿地，辅以厌氧生物滤池作为预处理形成生活污水处理系统。原水首先经过格栅进入厌氧生物滤池，然后出水进入人工湿地进行深度处理。	当进水 COD_{Cr} 低于 160mg/L,BOD_5 低于 130mg/L,SS 低于 125mg/L 时；出水 COD_{Cr} 低于 40mg/L,BOD_5 低于 20mg/L,SS 低于 15mg/L。	适用于村镇、农村生活污水处理，以及河道的水质改善。
157	农村生活污水垂直流芦苇床人工湿地处理技术	该技术在一定长宽比和底面坡度的洼地中分层填充不同填料，污水通过管道自填料上层向下层沿缝隙流动，在床体表面可种植成活率高、抗水性强的水生植物芦苇形成污水处理系统。污水经过植物根系吸收、沉淀、吸附、微生物降解作用去除其中的氮、磷、有机物和悬浮物等污染物。	当进水总磷低于 6mg/L、氨氮低于 50mg/L、COD 低于 300mg/L 时，SS 低于 150mg/L 出水水质可达 GB 18918-2002 一级 B 标准。	适用于村镇、农村生活污水处理，以及河道的水质改善。
158	畜禽粪污厌氧产沼处理技术	该技术采用囊式厌氧反应器，利用自身空间实现三相分离、储存沼气、厌氧消化于一体，施工简便（挖掘土方池，安装囊式结构），可将反应器容量建到 10 万立方米以上。	适应中温和低温运行，COD 去除率大于 90%，BOD_5 去除率大于 85%，产沼气量 0.3m^3/kgCOD。	适用于畜禽养殖粪便、污泥消化处理。
159	软体沼气发生装置、沼气贮气袋厌氧处理畜禽粪污技术	该技术采用高强度、高弹力涤纶丝网布和双面涂刮橡塑改性增强树脂，通过高周波自动控温控压熔接工艺，制成弹性软体沼气发生装置、贮气袋，代替传统沼气发生池，具有施工快、可折叠、自重轻、可二次移动等特点。	人畜粪便经该装置消化分解后，COD 去除率 80%～85%，BOD_5 去除率 85%～90%，根据处理量的不同，可并联、串联成 300～5000m^3 的装置，8m^3 的软体沼气发生池建池费用 600 元，装置费用 1800 元。	适用于畜禽养殖粪便、污泥消化处理。
160	畜禽养殖场粪污处理和利用技术	该技术将固、液分别处理。液体经厌氧（UASB 或 USR）降解/发酵后，产生的沼气存入贮气柜；沼液作为液体有机肥料利用或经过好氧生物处理后排放；沼渣和固体粪便高效堆肥。	堆肥时间通常为 5～7d，USR 厌氧反应器内水力停留时间通常为 7～10d，COD 负荷 8～10kg/（m^3·d）；UASB 反应器 COD 负荷 2～5kg/m^3·d。氨氮、总氮去除率分别达 95%和 90%。	适用于规模化畜禽养殖场粪污和废水的处理。

序号	技术名称	工艺路线	主要技术指标	适用范围
161	蚯蚓生物消解床处理畜禽粪便技术	利用蚯蚓生物消解床将畜禽粪便转化为蚓粪和蚯蚓活体。	每亩消解床年处理粪便200～250t，年产蚯蚓3～4t，蚓粪70～110t。与畜禽粪便相比，蚓粪物理性质得到明显改善，容重减少，含水率降低，体积减少30%。年经济效益可达2万元/亩以上。	适用于中小型畜禽养殖场粪便处理及资源化利用。
162	猪场粪污生物发酵舍处理技术	该技术在舍中铺上锯末、谷壳、米糠和洛东酵素混合成垫料（发酵床），养殖粪污水进入垫料内，垫料中的微生物将粪尿降解、消化，使废物减量化并资源化，实现了清洁生产。	无粪尿和污水外排；猪场无污水排放，垫料可用于生产有机肥料。	适用于畜禽养殖业
163	水产生态养殖技术	该技术在养殖池塘中央底部增设引水口和引水通道，在池塘堤坝边增建短程平流沉淀槽，将池塘中央底部养殖废水引至沉淀槽，有机物沉淀下来，上层养殖水沿池塘坝内斜坡形成薄层水流，经太阳光照射净化后，返回养殖池塘再利用，沉淀污泥可制生物肥料。	系统COD平均去除率为25%，SS去除率为80%，硝态氮去除率为10%～25%，亚硝态氮去除率为20%～45%，溶解性磷酸盐去除率为40%～50%。	适用于热带、亚热带海水或淡水养殖业。
164	生物质能源化利用技术	该技术利用农业废弃物（树枝、木屑等）为原料，经过常压、高温无氧热解（热解温度为400～800℃），得到优质可燃气、木炭、木焦油和木醋液。	每吨原料可产300m^3可燃气（热值大于15000kJ）、300kg木炭（热值大于30000kJ）、50kg木焦油、220kg木醋液。	适用于农业废弃物处理。
165	用于污染控制和资源回收的源分离负压排水技术	该技术利用低于大气压的管道压力单独收集粪、尿和生活杂排水，避免粪尿被稀释与其它废水混合，以降低处理难度。收集的粪、尿污水经稳定化处理后作为肥料，分离后的杂排水简单处理后作为景观水体的补给水或绿化、灌溉用水使用。	采用负压排水（负压管网的工作压力为0.4～0.7bar），系统的节水效果明显，与传统混合排放相比，室内排水的总量减少约1/3。	适用于村镇生活污染治理。

序号	技术名称	工 艺 路 线	主 要 技 术 指 标	适 用 范 围
十、噪声与振动控制技术				
166	大型发电厂环境噪声综合治理技术	该技术采用隔声、消声、吸声等综合降噪措施，对燃气、燃油、燃煤发电厂和热电厂的各项高噪声设备进行声源识别。	对高压排气噪声、吹管噪声和主机设备空气声隔离降噪 30dB 以上。	适用于各种燃气、燃油、燃煤发电厂和热电厂的环境噪声综合治理。
167	双曲线冷却塔噪声控制技术	该技术利用声学和空气动力学原理，采用在冷却塔进风口周围设置大型通风消声装置的降噪措施。在获得良好降噪效果的同时保证冷却塔的热工性能。	阻力系数 1.0～1.5，设计插入损失 10～20dB(A)，厂界及敏感点达到 GB 12348-2008 和 GB 3096-2008 的相关标准限值。	适用于双曲线冷却塔淋水降噪。
168	双曲线自然通风冷却塔噪声控制技术	该技术在冷却塔上加吸声遮阳板，加强了隔声屏障的作用，并将隔声屏障整体做成圆弧状，扩大声影区，增强隔声效果。	厂界及敏感点达到 GB 12348-2008 和 GB 3096-2008 的相关标准限值。	适用于各种规模形式的双曲线自然通风冷却塔噪声治理。
169	道路声屏障材料、结构及其应用技术	该技术采用不同类型和参数的声屏障治理噪声污染，其材料、结构（包括隔声量、吸声性能、面密度）应满足不同声屏障插入损失设计和不同环境条件的使用要求。	当道路声屏障的传声损失 TL 为 20～30dB，由声透射引起的插入损失的降低量为△Lt 时，TL－△Lt 大于 10dB；当声屏障的道路一侧附加吸声结构时，所使用的吸声材料的吸声性能应具有全天候功效，特别是应不受雨水、潮湿、粉尘条件的影响；3～6m 高的声屏障，其声影区内的降噪效果应为 5～12dB。	适用于道路交通噪声污染治理。
170	直流输电工程大型换流站噪声综合治理技术	该技术根据直流输电工程大型换流站噪声特点，自主创新开发了大型平波电抗器噪声控制设备、大型换流变压器噪声控制设备和低噪声电抗器。	装置外 3m 处，噪声插入损失约 15dB。	适用于大型输送变电换流站环境噪声污染治理。
171	室内低频噪声和固体声污染控制设备及集成控制技术	该技术采用以低频噪声和固体声分析识别技术为基础的高效低频隔振器件、隔振基础等各类隔振系统，控制室内噪声。	隔振效率在宽频带大于 95%，采用集成控制技术，可以使室内低频噪声（200Hz 以下）和固体声降低 10dB 以上。	适用于城市民用建筑和公共建筑的低频噪声和固体声污染控制。

序号	技术名称	工 艺 路 线	主 要 技 术 指 标	适 用 范 围
十一、监测检测技术				
172	水中重金属在线监测技术	连续自动采集水样并对水样进行处理，采用电化学或光度分析法对处理后的样品进行定量分析，如镉、铅、砷、锌、铜、镍、六价铬、钴、锰、汞等重金属。	系统具有自动校准功能，性能指标应达到：准确度，小于±10%；重复性，小于±5%；24 小时零点漂移，小于±5%；24 小时量程漂移，小于±5%；取样测量周期，小于 30min。	适用于固定污染源和地表水中重金属监测。
173	简易瞬态工况（质量法）排放检测系统	该技术使用涡结流量计和氧气稀释比计算瞬态测试过程中每秒废气排放体积，通过气体分析仪采集逐秒数据，并和气体流量数据在时间上进行对齐，来计算逐秒的污染物排放质量（g/s），最后计算总的污染物排放质量结果，并发送至主机，计算得出每种污染物每公里的排放质量。	技术误判率低于 5%，能基本反映车辆实际行驶的排放特征。	适用于机动车尾气检测。
174	烟气水分在线监测技术	该技术运用阻容法原理，采用在线扩散方式，可以长期在线监测烟气的含湿量。	温度测量范围为 0～180℃，水分测量范围 0～40vol%，响应时间小于 3s。	适用于电力、钢铁、石化、水泥等固定污染源烟气排放的在线监测。
175	填埋场防渗层渗漏检测预警系统	该技术通过对填埋场、固体废物暂存库防渗层进行在线检测，及时发现防渗层渗漏并进行后期处理。该技术解决了填埋场防渗层渗漏点的定位问题，根据模型计算定位漏洞位置。	漏洞定位精度低于 50cm，检出率大于 95%。	适用于垃圾填埋场、固体废物暂存库、景观、河道防渗层渗漏在线检测。
176	重金属污染的应急监测与环境风险评估技术	该技术集重金属现场原位监测、全球定位系统(GPS)和地理信息系统（GIS）、空间制图和风险评价系统于一体，实现污染场地的现场原位快速监测和环境风险评价。	在现场应用时，可快速监测重金属浓度和甄别高污染风险区域，并实时生成可视化的土壤重金属浓度空间分布图。该技术可以在 3min 之内同时原位分析十几种污染元素的含量，每天可以检测 200～500 个样、3000～6000 项次，比传统分析方法的速度至少提高 100 倍以上。	适用于重金属污染的快速现场监测与风险评价和预警，及固体废物、土壤和沉积物的环境污染事故监测。

地方循环经济

2013年北京市循环经济

北京市发展和改革委员会

一、循环经济各项指标名列全国前列

1.能效水平居全国省级地区首位。2013年，北京市万元地区生产总值能耗同比下降4.86%，能源消费总量7354万吨标准煤，成为全国唯一连续8年完成年度目标的省级地区，万元GDP能耗绝对值全国最低。

2. 资源综合利用水平实现新跨越。据初步统计，近三年本市认定企业资源综合利用产值725亿元，减免税额54.6亿元，消纳各类废石、废渣等废弃物约1.4亿吨。生活垃圾产生量连续三年下降，资源化率提高到45%。

3.环境污染防治压力有效缓解。四类主要污染物排放量连续三年下降，大气主要污染物浓度稳步下降，全市污水处理率达到83%。全市林木覆盖率达到55.5%，人均公共绿地面积达到15.5平方米，绿色空间更加亲民。

二、循环经济重点工作取得积极成效

（一）以服务业清洁生产试点城市建设为契机，推动全市清洁生产工作

制定发布《北京市清洁生产管理办法》，进一步理顺管理机制，完善了清洁生产审核要求，强化了清洁生产项目实施，增加了清洁生产绩效评估。发布实施服务业清洁生产三年行动计划，整体推进318家服务业单位清洁生产。制定2013年清洁生产工作计划，会同有关部门启动108家工业企业清洁生产审核（其中：强制性审核企业38家），完成50家企业清洁生产审核阶段性验收。编制医疗机构、学校与科研院所、住宿和餐饮业等10大领域清洁生产审核指南及清洁生产评价指标体系，组织编制服务业清洁生产工作手册。加快推动建立部门联席会议、专家指导、信息反馈等服务业清洁生产工作机制，多方协作，合力推进试点建设。结合不同领域特点，提出各领域清洁生产工作方向及重点，引导企业全过程实施清洁生产实施方案和项目。

（二）加强园区循环化改造，推动产业结构升级与城业融合发展

试点推进国家园区循环化改造工作，以提高资源产出率为目标，按照“布局优化、产业成链、企业集群、物质循环”的要求，加快北京经济技术开发区建设国家园区循环化试点。编制完成《北京经济技术开发区园区循环化改造示范试点实施方案》，并通过国家发展改革委审核，重点推进能源高效利用、雨水综合利用、废弃物回收等项目建设。制定印发循环化改造试点示范建设工作安排，明确了财政资金支持政策、资金监管及项目检查评估考核要求。以此试点为契机，探索园区循环化改造推广模式，对规划新建的产业园区，支持物质循环链条上下游企业集中布局，实现土地集约利用、废物交换利用、能量梯级利用，减少废物排放。支持以龙头企业为核心的同类产业集群布局，实现同类废弃物的集中排放，促进规模化回收利用和集中处理。

（三）着力推广绿色消费，提高城市废弃物资源化水平

争取获批建设鲁家山国家城市固废资源化利用基地，基地规划集中布局生活垃圾、餐厨垃圾、“城市矿产”等固体废物处理和资源化利用项目，实现基地内能源资源的梯级利用和循环利用。预计2017年建成运营后，实现各类固废处理能力285万吨/年，年固废再生利用产品产值近20亿元。建设国家城市矿产示范基地，核准批复废旧电器回收体系建设工程、废旧家电处置扩产改造工程、废旧饮料瓶一级回收建设工程、废聚酯瓶分拣工程、废旧塑料回收再利用工程等5个项目。推进国家再制造试点，促进一批企业实现废弃物的综合利用，年消减固体废弃物5000万吨。严格市场监管，深化“限制过度包装”和“限塑”措施，倡导绿色商务生活，在酒店餐厅推行定量点餐消费等措施。进一步扩大“节能产品进超市”活动影响力，超市门店由11家增加到16家，苏宁、国美、大中三大家电连锁企业均参与节能超市活动，门店（含网站）已覆盖全市7个区县。

（四）大力发展资源循环利用产业，培育新的经济增长点

重点培育节能环保技术服务、生态工程咨询服务等循环经济服务产业。培育、扶持一批实力雄厚、具有核心技术，具备系统设计、设备成套、工程施工、调试运行和管理服务能力的循环经济专业服务机构。倡导企业实施绿色

产品设计和生产，着重考虑产品在整个生命周期的资源环境属性，使产品具有可维护、可重复利用、低能耗、低污染的特性。建立首都经济圈固废处理与再生资源利用产业发展联动工作机制，探索推进京津冀循环经济产业合作，有序建设面向周边省市的大型静脉物流基地，探索推进京津冀区域合作的静脉产业园区建设，拓展固体废物消纳处理空间。

（五）加强推广交流，强化政府对循环经济工作试点引导

深化循环经济示范试点，总结第一批循环经济试点经验，推广农业废弃物资源化利用、工业废弃物协同处置和综合利用等发展模式；继续探索农业废弃物零排放生产模式、区域能源梯级利用消费模式，不断延伸产业链条，发挥试点的示范引导和辐射带动作用。加强循环经济信息交流，大力推动"城市矿产"典型企业宣传推广，本市首家电子垃圾绿色回收、绿色交易、环保处理综合网络服务平台——香蕉皮网站于2013年6月正式上线运营，启动"绿纽扣计划"进校园行动，在全市中小学校铺设智能回收机约500台。推进德清源循环经济教育示范基地建设，开展形式多样的循环经济宣传培训，引导和激励社会公众积极参与循环经济建设，促进循环经济理念深入人心。

（撰稿：费景耀，北京市发展和改革委员会资环处）

2013年天津市循环经济

天津市发展和改革委员会

2013年，我市在市委、市政府的领导和各区县、各部门的共同努力下，按照国家发展改革委的统一部署和要求，把发展循环经济作为推进生态文明建设、实现可持续发展的重要途径，精心组织，加大力度，推动全市循环经济产业体系进一步完善，循环型社会建设水平不断提高，国家循环经济示范试点城市建设取得新进展，为我市转变经济发展方式、建设美丽天津奠定了良好基础。

一、将发展循环经济纳入美丽天津建设总体部署

8月，天津市委、市政府印发《美丽天津建设纲要》，把发展循环经济纳入美丽天津建设总体部署，要求大力发展循环经济，全面推广泰达、子牙、北疆、临港、华明等循环经济模式，构建覆盖全社会的资源循环利用体系，建成子牙国家“城市矿产”示范基地，建设一批工业、农业循环经济示范区，以化工、冶金、电子、建材等行业为重点，培育一批循环经济试点企业，打造20条特色突出的循环经济产业链，继续完善以城市社区和乡镇为基础的再生资源回收利用体系和垃圾分类回收制度。全面推进资源节约集约利用，提高资源利用效率和效益。按照《美丽天津建设纲要》，我市全面启动美丽天津一号工程，即清新空气、清水河道、清洁村庄、清洁社区以及绿化美化“四清一绿”工程。

依照清新空气行动方案，到2017年我市50%以上的国家级、30%以上的市级园区要实施循环化改造。为此，我市制定了《推进园区循环化改造的实施意见》，把园区循环化改造列为近期循环经济发展的重点任务，明确对基础条件好、产业链条清晰、改造潜力大的园区给予必要的政策资金支持，引导园区优化产业结构，实现绿色循环低碳发展。2013年，我市启动了首批市级园区循环化改造示范试点申报工作。今后4年，我市将加快实施循环化改造工程，分期分批对各类开发区实施循环化改造，每年支持若干个基础条件好、改造潜力大的国家级、市级园区实施循环化改造，确保完成美丽天津建设确定的园区循环化改造目标。

二、深化示范试点建设，提高循环经济发展水平

（一）着力推进国家循环化改造示范试点园区建设

天津经济技术开发区按照国家批复的园区循环化改造实施方案，推进重点项目实施，及时落实补贴资金，确保中央财政资金尽快发挥效益，试点工作取得良好进展。依据《天津市国家园区循环化改造示范试点管理办法》，制定了《天津开发区循环化改造实施细则》，细化了规范项目管理、严格专项资金使用、加强项目考核等要求。进一步完善地方配套政策，修订了《天津经济技术开发区节能降耗、环境保护重点鼓励项目名录》，加大了对再生水管网、地源热泵、烟气脱硝、有机废气治理、资源综合利用等一批有利于循环化改造目标完成项目的支持力度。目前，国家园区循环化改造专项资金支持的东海碳素炭黑尾气发电及脱硫、金耀生物园循环化改造、再生水管网拓展及膜系统改造等项目正在建设中，进展情况良好。积极实施产业共生项目，围绕电子通讯、装备制造、生物医药、食品饮料、石化产业等支柱产业构建与完善区域循环经济产业链网，还搭建了聚苯乙烯废物资源产业共生链。截至2013年底，已有248家企业加入区域产业共生网络，完成99组废物对接，实现减少约98.1万吨废物填埋量，增加收入1.58亿元。同时，积极推进循环经济技术推广基地建设，主体建设已基本完工。

（二）加快推进国家“城市矿产”示范基地建设

子牙循环经济产业区积极推动再生资源产业体系和配套基础设施建设，不断增强园区综合实力。一是延伸优化循环经济产业链条。以新能源新材料及精深加工等产业为突破口，深圳格林美、中能集团等一批大型产业项目签约落地。年内累计竣工投产项目20个。二是继续实施“专家引进和人才培养战略”。完成科技型中小企业认定162家，符合科技小巨人标准的企业17家。国家863计划“废旧高分子产品回收利用技术与示范”项目完成中期检查。天津子牙循环经济产业区再生资源数据库完成验收。成功举办第三届全国稀贵金属及电子废弃物综合利用科技创新高层论坛等专题论坛。三是加快教育示范基地建设。子牙国家循环经济教育示范基地试运行一年来，建设了基地培训服务中心和循环经济展厅，建成了集农业观光、有机养生、农业实践于一体的综合性农业循环产业基地，并依托

废旧家电处理、精深加工等企业建设了多条工业观光通道，积极为社会公众和青少年循环经济实践创造条件，年接待游客1万余人。7月，子牙循环经济产业区通过了国家发展改革委、教育部、财政部、国家旅游局四部委组织的现场考核验收。四是子牙循环经济产业区经国家发展改革委、外交部、财政部同意，成为全国获准开展中日韩循环经济示范基地前期工作的三个园区之一，已完成基地实施方案的编制上报工作。

（三）积极推进餐厨垃圾资源化利用和无害化处理试点

针对试点城区坐落津南又覆盖全市其他部分区县的特点，摸索出“津南试点，全市联动”方式，有效推动了相关试点工作的开展。一是加强收运能力建设。在全市部分区县2100余个单位设置收集容器，购置餐厨垃圾专业运输车辆100余台，运输能力达到300吨/日以上，满足处置能力需要。最大日收运量160吨。二是加强业务技能培训，建立了150余人的专业收运队伍，实现全天收运和日产日清。三是加强中转站点建设。在全市建设了7个中转站点，合理分配、调整收运能力。四是加强监管能力建设。计划在2015年建成生活垃圾无害化处理设施信息化监管平台，对全市生活垃圾处理设施实现在线监管。五是推进油水分离装置和隔油池安装。在津南区餐饮单位油水分离装置和隔油池已设置40余家的基础上，正制定进一步推动的实施方案。六是加快处置设施建设。天津碧海环保技术咨询服务有限公司是全市唯一获得“餐厨废弃物收集运输处置特许经营权”的企业，项目已基本具备每天300吨的处置能力，实际日均处理量130吨左右。

（四）成功申报国家海水淡化产业发展示范试点

国家发展改革委《关于公布海水淡化产业发展试点单位名单（第一批）的通知》将滨海新区确定为全国海水淡化试点园区，北疆发电厂列为淡化水供水试点企业。目前，我市在滨海新区重点布局发展海水淡化与综合利用工程及装备制造业，截至2013年底，天津市海水淡化装机规模已达到31.6万吨/日，居全国首位。北疆电厂作为国家循环经济、海水淡化产业发展首批试点单位，首创“发电-海水淡化-浓海水制盐-土地节约整理-废物资源化再利用”五位一体循环经济模式，20万吨/日海水淡化装置于2013年全部建成投产。

三、提升规划政策引导作用，夯实循环经济发展基础

（一）强化规划引导

一是完成循环经济专项规划中期评估。按照国家和我市“十二五”规划中期评估要求，对《天津市循环经济发展“十二五”规划》开展了中期评估，完成评估报告。“十二五”以来，通过发展循环经济，我市单位生产总值能耗、水耗等进一步降低，资源产出率得到提高，4大类、14项指标总体完成情况良好。二是完成秸秆综合利用规划中期评估。按照国家发展改革委和农业部要求，完成天津市农作物秸秆综合利用规划中期评估报告。三是完成国家试点验收与自查。按照国家发展改革委等七部委要求，我市组织开展了国家循环经济示范试点园区、企业的验收工作，并完成《天津市国家循环经济示范试点城市自查报告》，上报国家有关部委。

（二）加强资金支持

我市继续发挥市级发展循环经济专项资金的支持引导作用，对技术、工艺先进，利用各类废弃物延伸循环经济产业链，具有显著经济社会效益的循环经济项目，给予了资金支持。我市的恩比蛋白废猪血提取蛋白项目、物产化轻物流园项目、道成废旧汽车发电机回收处理项目等循环经济项目，以及津南污水处理厂配套进出水管网工程、津南再生水厂配套输水管网工程、北塘地区再生水工程、大港生活区城市废水深度处理回用项目等污水垃圾处理设施建设项目，获得了中央财政资金支持，对于加快项目建设、发挥效益起到了积极推动作用。

四、推动农业循环经济发展，加快形成绿色消费模式和生活方式

（一）深入开展农业固体废弃物资源化利用

2013年，全市新增农村户用沼气1780户，养殖小区沼气工程20处，农村沼气服务网点35处。截至2013年底，全市已累计建成农村户用沼气4.87万户，处理规模化养殖场粪污的大中型沼气工程20处，养殖小区沼气工程375处，秸秆沼气集中供气工程3处，乡村服务网点195个，已有6万余户农村人口的生产生活用上了沼气。各类模式沼气工程年产沼气2200万立方米，年可替代标煤1.6万吨。以沼气建设为纽带拉动了养殖业、种植业等产业发展，带动了农业循环经济发展。

（二）积极构建农业循环经济产业链

以项目建设为抓手，引导区县大力发展农业循环经济，初步形成了种植业主导区域、养殖业主导区域、种植业养殖业综合区域、旅游观光农业区域、海水鱼养殖区域、花卉产业主导区域等六条典型生态循环产业链。

（三）探索农业循环经济有效模式

依托各区县农业生态园区，探索形成“稻田立体种养”、“稻蟹立体种养-食用菌-畜禽养殖-有机肥”、秸秆沼气循环利用、林下循环经济（林-菌-禽-肥）、“生猪饲养-果蔬种植-淡水养殖-废弃物处理”（猪-沼-鱼-果）结合型、“养殖-沼气-肥料-种植”（农-牧-沼-蟹-肥）结合型、“农-牧-沼-鱼-菌-肥”结合型、“种-养-餐-沼”结合型观光农场、全封闭循环水海水鱼养殖、名优花卉节能设施产业化生产等十种较为成熟的循环农业模式。筛选出这些针对不同经济条件地区和农业主导产业的实用技术和模式并加以推广，对转变我市农业发展方式，推进新农村建设具有重要的现实意义。

五、加强国际交流合作，拓宽循环经济发展深度广度

为落实天津市和北九州市签署的《天津市发展改革委及环保局与北九州市环境局关于循环经济及建设低碳社会合作备忘录》，进一步加强两市在循环经济建设领域的交流，共享合作项目成果，两市进行了多次交流和研讨，并于2013年在北九州成功举办了“北九州市-天津市促进循环经济合作论坛”。天津绿天使再生资源有限公司与日本绿环科技株式会社共同签署了开展废旧塑料项目合作的备忘录。

（撰稿：唐弢 、苏静，天津市发展和改革委员会环资气候处）

2013年河北省循环经济

河北省发展和改革委员会

2013年，河北省省委、省政府认真落实国家关于发展循环经济的工作部署，紧紧抓住京津冀协同发展的重大机遇，把发展循环经济作为建设生态文明的重要内容，作为推动绿色、低碳、循环发展的重要途径，明确思路、完善制度、强化抓手，循环经济发展取得明显成效。截至年底，全省能源产出率为0.86万元/吨标准煤，同比提高4.88%。

一、 加强顶层设计

一方面，加快循环经济立法，完善法规体系。研究起草了《河北省循环经济促进条例（草案）》，从管理制度、减量化、再利用和资源化、激励措施等方面对发展循环经济有关事项作出了明确规定，特别将设立循环经济专项资金和建立循环经济目标考核制度纳入条例，进一步强化循环经济在经济社会发展中的地位和作用。另一方面，将循环经济纳入京津冀协同发展战略规划。起草了《河北省推进京津冀协同发展生态环境保护方案（建议稿）》，将区域循环经济和生态文明列为重点工程专项，谋划实施园区循环化改造、资源综合利用、城市矿产基地、焦炉煤气制天然气、再制造、餐厨废弃物资源化利用等重点工程，并分别列出了到2015年、2017年、2020年达到的目标和实施效果。

二、大力调整结构

一是严控新上高耗能项目。认真执行固定资产投资项目节能评估审查制度，严格实行能耗增量控制，要求各地所有新上项目能耗必须锁定在控制指标以内。对拟建的没有能耗增量来源的、单位增加值能耗高于当地单位GDP能耗的、单位产品能耗达不到国内先进水平的项目，一律不予通过节能审查，一律不予核准或备案。2013年省级节能评估审查项目28个、登记110个。

二是强力淘汰落后产能。采取打“组合拳”方式，通过给予经济补偿，严格执行环保、安全法律法规并辅之以目标责任管理等行政手段，促使企业早淘汰、快淘汰。全年分别淘汰落后炼铁产能586万吨、炼钢产能788万吨、焦炭产能355万吨、平板玻璃产能1488万重量箱、水泥产能1716万吨、造纸产能136.34万吨，关停小火电机组33.65万千瓦，提前一年完成国家下达我省的“十二五”淘汰落后产能任务。

三是主动化解过剩产能。将钢铁落后产能高炉标准由国家规定的400立方米及以下提高到450立方米以下，转炉标准由30立方米及以下提高到40立方米及以下，采取加强监管、严惩重罚等措施倒逼过剩产能退出市场。2013年11月24日，组织化解过剩产能“周日行动”，在唐山、邯郸、承德三个设区市集中拆除了8家企业的10座高炉、16座转炉，一次性压减炼铁产能456万吨、炼钢产能680万吨。2013年12月27日，在石家庄开展压减水泥产能集中行动，拆除18家企业19台磨机、1座旋窑，压减水泥产能940万吨、熟料产能21万吨。2013年，六大高耗能行业增加值增长6.7%，比规上工业增速低3.3个百分点；占全省规模以上工业的比重为41.4%，较2012年下降2.8个百分点。

四是培育壮大战略性新兴产业。坚持无中生有、有中生新相结合，出台《关于加快培育发展战略性新兴产业的意见》、《关于进一步加快发展节能环保产业的十项措施》，重点培育新能源、新一代信息、节能环保等八个战略性新兴产业，深入推进新能源及应用示范工程、信息产业升级工程等八大重点工程。2013年，规模以上高新技术产业增加值达到1385亿元，同比增长14.2%。

五是加快发展现代服务业。制定加快发展服务业指导意见，加强“营改增”税收政策落实，谋划建设23个省级现代物流产业聚集区和一批文化、旅游、电子商务、服务外包等园区，构筑钢铁、煤炭和农产品三大交易平台，推动服务业快速发展。2013年，服务业增加值突破万亿大关，达到10039亿元，占GDP比重为35.5%，比上年提高0.2个百分点。

三、狠抓节能降耗

一是分解目标。按照均衡推进的原则，合理分解各设区市、省直管县（市）2013年万元GDP能耗降低率、万元GDP能耗累计降低率、能源消费增量控制指标。督导各设区市、省直管县（市）将省下达的节能目标分解落实到各县（市、区）和重点企业，建立起纵向到底、横向到边，一级抓一级、层层抓落实的节能目标责任体系。二是动员

部署。省长张庆伟主持召开省节能减排工作领导小组会议，审议通过年度目标分解方案、全省工作要点及2012年考核结果。2013年9月27日，省委、省政府召开大气污染防治行动动员大会，把节能减排作为重点内容之一，进行再动员、再部署。三是督导考核。坚持规模以上用能月分析、全省节能目标完成情况季通报制度，对进度滞后、难度较大的设区市、省直管县（市）给予帮助指导，促其按期完成目标任务。开展设区市和“双三十”单位2012年节能目标责任评价考核，分别以省委、省政府文件通报了“双三十”单位和设区市2012年节能减排目标考核结果。对获得2012年度节能先进市的唐山、石家庄等4个市颁发奖牌；对获得2012年度节能优秀等次的涉县、浅野水泥等38个“双三十”单位颁发奖牌。2013年，全省单位GDP能耗为1.158吨标准煤，同比下降4.73%，累计下降14.17%，完成进度为82.02%。

四、实施重点工程

一是组织四大行业攻坚。抓住占全省燃煤53%、大气污染物排放量60%的钢铁、水泥、电力和玻璃四大行业，开展大气污染治理攻坚行动。省政府出台了《河北省钢铁水泥电力玻璃行业大气污染治理攻坚行动方案》，召开了专题工作会议。各市谋划实施余热余压利用、节能技术改造项目78项，总投资77.56亿元，年可形成节能能力244万吨标准煤。二是加大项目谋划实施力度。围绕提高资源利用效率，开展谋划项目专项行动，指导省、市、县三级节能监察机构，深入企业挖掘项目，帮助企业谋划实施好项目、大项目，并积极争取国家资金支持。2013年争取国家资源节约、环境保护及污水垃圾处理设施建设专项资金18.56亿元，支持227个项目建设。其中争取国家节能技改财奖项目27个，资金2.7亿元，居全国第3位。石家庄、唐山市被列为第三批国家节能减排综合示范市，争取资金4.5亿元。同时省级财政安排节能专项资金1.25亿元，支持项目110个。三是强化能源消费总量控制。依据年度节能目标和GDP增速，分解下达各设区市、省直管县能耗增量控制目标，督导其层层分解各县（市、区）和重点企业能耗、电耗限定指标并落实到月，对增速过快地区下达预警通知，对增速过快企业采取调控措施。根据国家《控制能源消费总量工作方案》要求，制定《河北省“十二五”控制能源消费总量工作方案》，已征求各设区市、省直管县及省直有关部门意见。2013年全省能源消费增速3.04%，低于国家下达我省“十二五”年均3.8%增速0.76个百分点。

五、开展试点示范

一是实施3255循环经济示范工程。努力培育3个循环经济示范市、20个示范县（市、区）、50家示范园区和50家示范企业，督导示范单位落实省发展改革委批复的循环经济发展规划或实施方案，依托各地优势产业确定发展导向，推进钢铁、电力、石化、建材多产业关联发展，工农业复合发展，多元化工一体化发展和再生资源产业化发展，示范推广唐山动脉产业与静脉产业协调发展，承德经济与环境相协调、人与生态相和谐发展，邱县种养加一体化、工农业复合发展，磁县上下游纵向成链、多产业关联共生的循环经济发展模式。

二是推进餐厨废弃物资源化利用和无害化处理试点城市建设。石家庄市政府专门成立了石家庄市餐厨垃圾废弃物资源利用化和无害化处理领导小组，统筹负责餐厨废弃物资源化利用和无害化处理政策、规划的制定，协调解决工作中的重大问题，在市内五区、高新区等区（县）初步建立了餐厨管理处置专职执法队伍，确定了餐厨垃圾资源化利用运营单位，完成了项目选址、可研等项目前期工作，预计日处理餐厨垃圾300万吨。

（撰稿：黄建梅、袁业，河北省发展和改革委员会环资处）

2013年山西省循环经济

山西省发展和改革委员会

2013年，按照省委省政府关于循环经济工作的总体部署，省发改委会同各级各部门，围绕年度目标责任考核，加强制度法规建设，协调督查重大项目进展，深化发展循环经济工作，圆满完成各项任务。

一、2013年主要工作情况

（一）支持园区循环化改造

向国家推荐并通过努力争取，由国家发展改革委和财政部以发改办环资〔2013〕2197号文，确定将太原市不锈钢产业园区列为国家循环化改造示范试点，财政部、国家发展改革委根据园区循环化改造实施方案，综合考虑园区循环化改造项目投资计划，共同确定给予园区循环化改造的中央财政补助资金额，财政部、国家发展改革委按照补助金额的50%下拨启动资金。同时，利用省煤炭可持续发展基金，对“中煤金海洋循环工业园区、忻州煤化工循环经济园区等循环经济试点园区的基础设施建设予以重点支持。

（二）完善法律法规

基本编制完成《山西省循环经济促进条例解读》，梳理了需要补充出台的政策名录，包括重点废弃物利用财政补贴办法和循环经济标准化认证办法等。编制了《继续推进循环经济试点省建设2013年专项工作实施方案》，着重提出了年度总体目标，推进举措、责任分解和保障措施。

（三）扎实推进循环经济试点工作

一是国家级试点层面，按照国家发展改革委等七部委下发的《关于组织开展国家循环经济示范试点单位验收工作的通知》要求，组织省有关部门对6个国家循环经济示范试点单位实施循环经济试点验收工作，同时逐步完善我省作为国家循环经济试点省的自查报告，以备验收。二是按照国家发改委《关于组织开展循环经济示范城市（县）创建工作的通知》要求，完成“一市一县”创建工作实施方案的评审及申报工作，我省晋城市和孝义市成功获批国家循环经济示范城市（县）创建地区。三是省级试点层面，继续推进循环经济“一县一企”试点工作深入进行，督促第三批循环经济试点企业完成实施方案的编制及评审工作，同时对第一、二批循环经济试点企业组织制定循环经济试点企业评估方案和循环经济示范企业认定办法，组织专家对前两批循环经济试点企业开展评估检查，总结凝练一批循环经济发展的典型模式。

（四）加大循环经济项目的支持力度

全年省煤炭可持续发展基金共安排山西正和环保建材有限公司固体废弃物资源化利用生产线建设工程等46个循环经济项目16300万元，向国家争取下达中央预算内资金12715万元，对朔州市晋源新技术开发节能粉煤灰有限公司年产2亿块蒸压粉煤灰砖和30万立方米加气混凝土项目等20个循环经济项目予以支持。

二、2014年循环经济工作重点和思路

我省循环经济发展的总体战略要以资源型经济转型为主攻目标，围绕推进综改试验区建设，贯彻落实《山西省循环经济促进条例》，通过优化产业布局、推进资源节约利用、推进废弃物综合利用、做强做细循环经济产业链，按照循环经济规划确定的方向，着力推进循环经济项目建设，初步建成以循环经济为特色的可持续发展模式。

（一）推进园区循环化建设和改造

以国家园区循环化改造试点太原不锈钢产业园区为重点，鼓励园区建立资源集成、能源集成、水系统集成、信息集成等基础设施建设。加强园区循环经济共性技术和关键技术的开发和应用，鼓励园区引入补链企业，开展增环补链项目建设，完善园区内企业之间产品和副产品的链接利用。通过循环化改造，实现园区的主要资源产出率、土地产出率、固体废物资源化利用率、水循环利用率、生活垃圾资源化利用率显著提高，主要污染物排放量降低。

（二）抓好循环经济示范试点工作

继续推进我省循环经济试点建设各项工作，组织指导“国家循环经济示范城市（县）”晋城市和孝义市开展循环经济示范城市（县）的创建工作，加快重点工程和项目实施。组织推进国家资源综合利用“双百工程”建设，积极申报资源综合利用示范基地和骨干企业。

（三）加快推进粉煤灰资源综合利用

编制全省粉煤灰综合利用规划并上报国家，积极争取得到国家优惠政策及资金支持，推进实施一批重大项目，着力提升粉煤灰利用技术水平，拓宽利用领域，提高固废综合利用率。

（四）加快推进秸秆综合利用

按照国家发改委、农业部部署，编制全省秸秆利用实施方案，提出相关政策措施，规划布局并加快推进重点项目建设，着力提高全省秸秆综合利用率。

（五）协调推进循环经济重大项目建设

围绕省政府下达的循环经济重大项目建设推进任务，协调推进兴县循环经济园区规划批复及项目建设，争取早日使项目落地。

（撰稿：侯秉让、魏巍，山西省发展和改革委员会资环处）

2013年内蒙古自治区循环经济

内蒙古自治区发展和改革委员会

内蒙古自治区以科学发展观为指导，认真贯彻落实《中华人民共和国循环经济促进法》、《中华人民共和国清洁生产促进法》、《中华人民共和国节约能源法》和《国务关于加快发展循环经济的若干意见》等法规文件精神，以节能减排、应对气候变化、清洁生产、资源综合利用等工作为核心，围绕清洁能源输出基地、现代煤化工生产示范基地、有色金属生产加工和现代装备制造等新型产业基地、绿色农畜产品生产加工输出基地、旅游文化基地等五大基地建设，坚持持续发展、转型发展、协调发展、和谐发展，牢筑我国北方重要生态安全屏障、祖国北疆安全稳定屏障，打造我国向北开放的重要桥头堡和充满活力的沿边开发开放经济带。在推进经济发展过程中始终贯彻“减量化、资源化、再利用”理念，积极构建企业内部、企业之间的循环发展，推动不同行业、产业之间的产业链条的延伸和耦合，促进产业“集中、集约、集聚、集群”发展，加快发展循环经济，形成了一大批依托产业集聚群、优势产业链的“企业发展、园区建设、整体经济”的循环经济发展模式。循环经济发展取得积极成效。

一、循环发展得到有效驱动，节能降碳工作取得双优

国家下达内蒙古“十二五”期间单位国内生产总值二氧化碳

排放在2010年基础上下降16%，年均下降3.43%；单位国内生产总值能耗在2010年基础上下降15%，年均下降3.2%。自治区人民政府按照国家要求，向盟市人民政府进一分解了节能降碳目标任务，落实目标责任，形成一级抓一级，层层抓落实的工作格局。通过加强组织领导，落实评价考核制度，着力淘汰落后产能，突出抓好重点领域节能，强化节能监管，全区节能和控制温室气体排放工作取得积极成效。2013年，全年我区单位GDP能耗、单位GDP碳排放强度下降4.57%和7.91%，两项指标均可超额完成年度目标任务。经国家考核认定，2013年内蒙古二氧化碳强度目标和能耗强度目标考核评价等级为“双优秀等级”。

二、完善政策措施，加强宏观指导

为加强对全区发展循环经济工作的宏观指导，全面推进循环经济深入发展。自治区印发实施了《内蒙古自治区“十二五”循环经济发展规划》。着力构建循环型工业体系、循环型农业体系和循环型服务业体系，推动社会层面循环经济发展。重点实施10项重点工程，打造培育呼和浩特、包头、鄂尔多斯等7个工业循环经济基地，以及河套—土默川平原等5个现代农牧业循环经济基地和现代物流基地等3个服务业循环经济基地，在企业、园区和社会各层面积极开展循环经济实践，力争到2015年建立起较为完善的循环经济发展体系。出台了《内蒙古自治区固定资产投资项目节能评估审查暂行办法》和《内蒙古自治区固定资产投资项目节能评估验收办法》，强化节能评估和审查。建立健全成员单位会商工作机制，及时发布节能晴雨表，加强分析预警，指导节能降碳工作。

三、加快产业结构调整，促进经济转型提质

2013年，自治区党委、政府把着力调整产业结构作为提高我区经济增长质量和效益的核心内容之一。加快研究探索绿色低碳发展路径及由高碳向低碳发展的思路，加快转变经济发展方式，逐步由资源型经济向非资源型经济发展。加大产业结构调整力度，以重点行业和领域为突破口，抓好存量的改造升级和增量的示范带动作用，加快培育新兴产业，努力提高第三产业和高新技术产业比重。认真落实国家关于加快服务业发展若干政策措施，加强规划和产业政策引导，把发展服务业作为产业结构优化升级的重点，抓紧完善相关配套政策，明确行业发展重点及支持方向，认真清理限制服务业发展的不合理规定，逐步形成有利于服务业发展的产业政策体系。旅游、物流、金融、电子商务等现代服务业发展速度较快，全年旅游业总收入增长18%金融机构新增贷款超过新增存款47.6亿元。交通运输、住宿餐饮等传统服务业增速不同程度回落，全年公路货运量14.3亿吨，增长14.4%。

2013年，全区实现生产总值16832.38亿元，按可比价格计算，增长9%。其中，第一产业增加值1599.41亿元，增长5.2%；第二产业增加值9084.19亿元，增长10.7%；第三产业增加值6148.78亿元，增长7.1%。全区生产总值一、二、三产业比例为9.5：54.0:36.5，其中第三产业比重较2012年增长1个百分点。

四、发展可再生能源，优化能源结构

依托丰富的风能资源、太阳能资源，加大新能源和可再生能源开发力度，调整优化能源结构。为进一步转变

能源生产和供应方式，落实保障首都、服务华北、面向全国的清洁能源输出基地建设的决策部署，自治区人民政府编制出台了《内蒙古自治区清洁能源输出基地产业发展规划》。同时，积极落实《内蒙古自治区“十二五”风电发展及接入电网规划》、《关于推进我区风能电企业整合重组减少主体的指导意见》、《内蒙古风能资源开发利用管理办法实施细则》等政策制度。2013年，风电、光伏发电量占总发电量的10.3%，增长30.8%。风电等效利用2067小时，较去年增加244小时，超过全国平均水平200小时。2013如何内蒙古非化石能源消费占一次能源消费总量的4.7%，比上年提高0.6个百分点。在电力消费结构中，风电、水电、太阳能、生物质发电占18.5%，较2012年提高2.8个百分点，相当减少二氧化碳排放550万吨。煤炭消费占能源消费总量的比重为82.1%，较2012年下降0.4个百分点，相当于减少二氧化碳排放210万吨。

五、发挥引领带动作用，推进试点示范建设

为贯彻实施《循环经济发展战略及近期行动计划》，积极实施循环经济“十百千”工程，推进生态文明建设。2013年，自治区发展循环经济领导小组制定了循环经济示范城市（县）创建工作方案编制大纲和评价大纲，组织开展了创建工作。经自治区人民政府同意，乌海市、霍林郭勒市、托克托县确定为自治区第一批循环经济示范城市（县）。并争取到国家将乌海市、霍林郭勒市列为国家循环经济示范城市（县）创建范围。积极推进园区循环化改造，提高园区综合竞争力，实现园区绿色、循环、低碳发展。2013年将内蒙古鄂托克经济开发区棋盘井工业园区列为国家园区循环化改造试点园区。积极推动餐厨垃圾资源化利用和无害化处理，2013年将赤峰市列入国家第三批餐厨垃圾资源化利用和无害处理试点城市。积极推广循环经济先进经验，发挥引领示范作用。2013年，内蒙古庆华集团有限公司被国家确定为“全国循环经济工作先进单位”，内蒙古山路集团被确定为国家循环经济教育示范基地。

六、加强延链补链，形成典型模式

近年来，国家和自治区不断加大对发展循环经济的投入，内蒙古煤炭深加工产业循环经济链条不断延伸，形成一批循环经济发展典型模式与案例。自治区“依托资源、但不依赖资源”，以煤为基，努力提高煤炭附加值，大力发展以煤为主的循环经济，以“煤-电-用”一体化为方向的煤炭深加工产业链条不断向下游延伸。初步形成了 “企业发展、园区建设和整体经济”（点-线-面）循环经济发展模式、 “煤炭—电力—化工、煤炭—炼焦—化工、煤炭—电力—特色冶金”一体化煤炭循环经济发展模式、 “煤炭—电力—铝及铝后加工”循环经济发展模式”的有色循环经济发展模式和 “稀土采选—冶炼分离—新材料及应用”的稀土循环经济发展模式。为内蒙古发展循环经济奠定了坚实的基础。

七、应对气候变化深入推进，循环发展增添新动力

为深入推进应对气候变化工作，促进低碳发展。自治区印发实施了《内蒙古自治区“十二五”应对气候变化规划》。确定了调整产业结构、优化能源结构、逐步构建低碳产业体系、促进低碳消费、增加碳汇、增强适应气候变化能力的重点任务，积极探索具有地区特色的低碳发展道路，有效控制温室气体排放。一方面夯实工作基础，加强能力建设。2013年自治区统计局、发展改革委联合下发了《内蒙古自治区应对气候变化统计工作方案》，完善了能源、工业、农牧业、废弃物、林业及土地利用等领域的统计调查制度，建立了应对气候变化统计指标体系。另一方面抓好重点工作。一是加快重点产业、重点领域低碳技术推广和产业化示范工作力度。2013年呼伦贝尔市低碳城市试点工作方案获得国家发展改革委批复。内蒙古乌海经济开发区、内蒙古鄂托克经济开发区、赤峰红山经济开发区入选国家低碳工业园区试点名单（第一批）。赤峰市、鄂尔多斯市等盟市也相继开展了低碳社区建设。从生产、流通、消费各环节贯彻低碳理念，践行低碳发展。二是内蒙古以风能为重点，积极推进清洁发展机制项目工作，推进绿色低碳循环发展。截至2013年底，内蒙古共有375个清洁发展机制(CDM)项目获得国家发展改革委批准，其中有344个项目在联合国获得注册，161个项目获得签发“经核证的减排量”(CER)。预计年减排量达到5466万吨二氧化碳当量。三是广泛开展应对气候变化区域合作。参加由英国政府战略规划基金（SPF）资助的“省市级实施气候变化战略能力建设”；参与中英瑞“中国适应气候变化项目”（ACCC），针对气候变化对农业、水资源、草地畜牧、灾害、人体健康的影响，探索适应气候变化的手段和政策措施开展相关研究活动，加强气候变化对粮食生产、畜牧业、沙漠化、湿地、水资源等影响的分析评估研究。

八、加强宣传引导，倡导循环发展理念

按照国家发改委等14部门《关于2013年全国节能宣传周和

全国低碳日活动安排的通知》要求，于6月15日至21日，围绕“践行节能低碳，建设美丽家园”主题，在全区范围内开展了节能宣传周和低碳日活动。充分发挥广播电视、报纸、刊物等媒体的舆论导向和监督作用，全方位、

多角度普及节能低碳知识，推广高效节能低碳技术和产品，宣传绿色、循环、低碳的生产、生活和消费模式。组织了“节能宣传进社区”、“绿色出行日”、“低碳体验日”、节能技术推广会、节能培训班、家庭低碳达标示范等活动，动员社会各界参与低碳生活，树立勤俭节约理念。此外，积极引导广大农牧民正确认识低碳环保的迫切性，宣传农村牧区沼气建设在应对气候变化中的重要作用，增强农牧民节能低碳意识。活动期间，播出节能减排新闻50余条，节能减排公益广告200多条，电台发稿200多篇，专题采访20人次，发放各类宣传材料30万份，制作展板320块，发放环保购物袋5000个，发送短信300万人次。

内蒙古将根据经济发展现状、自然资源禀赋、区位条件、生态环境状况以及战略定位等要素，把建设环境友好型、资源节约型社会作为加快转变经济发展方式的重要着力点，完善投改政策和财税政策继续向发展循环经济方向倾斜。强化科技支撑体系建设，加快共性关键技术的开发应用、推进产学研一体化，引进、消化、吸收和创新循环经济关键技术和装备；加强循环经济统计基础工作，健全循环经济统计指标体系，做好资源产出率的统计核算工作；培育一批循环经济试点示范企业、园区和城市，大力发展循环经济，强化资源节约集约利用，逐步建立低投入、高产出、低消耗、少排放、能循环、可持续的循环绿色经济发展体系。构建循环型工业体系、农牧业体系、服务业体系和循环型城市与社区。基本形成公众参与循环型发展的社会氛围。

（撰稿：陈大岭，内蒙古自治区发展和改革委环资处）

2013年吉林省循环经济

吉林省发展和改革委员会

发展循环经济，是建设资源节约型、环境友好型社会，提高生态文明水平，实现经济绿色转型和可持续发展的必由之路。在国家发展改革委的大力支持下，在省委、省政府的正确领导下，我省积极发展循环经济，在振兴东北老工业基地的过程中，全面融入循环经济理念，大力开展资源节约和综合利用，积极推行清洁生产，充分发挥资源优势和技术优势，优化产业结构和产业布局，改变传统的经济发展方式，有力地促进了全省经济、社会、环境的协调发展，使吉林经济步入又好又快的发展轨道。

一、循环经济工作开展情况

2013年以来，全省通过落实目标责任，强化监管、实施重点工程等手段，循环经济工作取得了积极进展，有效推进了全省资源节约和环境保护工作。2013年，通过全省上下的共同努力，我省单位GDP能耗同比下降6.03%；主要污染物化学需氧量、氨氮、二氧化硫、氮氧化物同比下降3.34%、2.85%、5.45%、2.66%；单位GDP二氧化碳排放同比下降6.08%。回顾2013年循环经济工作取得的成效，主要表现在七个方面：

一是严格落实目标责任制,积极推进节能减排。严格落实目标责任制，印发了《吉林省人民政府关于全省2013年节能目标的通知》（吉政明电[2013]3号），将节能目标任务分解落实到各市（州）、省直有关部门。开展国家2012年度节能目标责任评价考核迎检工作，国家评定我省为超额完成等级。开展2012年度各市（州）节能目标责任和控制温室气体排放目标责任评价考核工作，在吉林日报上公布了考核结果。积极发展节能环保产业，印发了《吉林省人民政府关于“十二五”期间节能环保产业发展的意见》（吉政发[2013]9号）。开展万家企业节能低碳行动，举办了全省万家企业节能低碳行动培训班，建立了能源利用状况报告网上填报系统。开展了2012年万家企业节能目标责任评价考核及节能监察暨“能效之星”评定工作，全面推进了节能减排工作进程。

二是深化试点示范，推进“两型”社会建设。开展循环经济统计试点，完成了对吉林市资源消耗的统计汇总。积极推进吉林高新循环经济产业园区国家“城市矿产”示范基地建设，获得国家补助资金5000万元。加快餐厨废弃物资源化利用和无害化处理试点城市建设，长春市被国家列为第三批试点城市。实施园区循环化改造示范，吉林市化工园区被国家列入2013年试点园区。开展了国家循环经济示范城市（县）的申报工作，吉林市被列为国家循环经济示范城市，并对2005年以来国家第一批、第二批循环经济试点单位进行了考核验收。开展农业清洁生产示范，桦甸、梨树等7个县（市）被国家列为农业清洁生产示范试点，获得国家补助资金950万元。开展资源综合利用产品认定，对符合条件的41户企业、53个产品进行了认定。开展“禁实”、“限塑”工作，印发了《关于2012年度“禁实”工作抽查情况的通报》、《关于深入开展“限塑”工作的通知》和《关于开展2013年度“限粘”“禁实”工作专项检查的通知》。开展了秸秆综合利用规划中期评估和延边州“双百工程”基地建设。开展工业、城市节水工作，全面推进了节水型社会进程。

三是严格执行能评制度，合理控制能源消费总量。开展节能评估文件量化评价工作，印发了《吉林省发展和改革委员会关于开展固定资产投资项目节能评估文件量化评价工作的通知》。开展能评联合审查，对52个市（州）、县（市）能评工作开展情况进行了逐一审核，并将审核情况进行了通报。今年，共办理省级节能审查497件，其中：节能评估报告书77件，节能评估报告表36件，节能登记表384件，审核能源消费总量274.47万吨标煤，节约能源消耗12.56万吨标煤。积极协调国家发展改革委，做好我省上报项目的节能评估和审查工作，长春轻轨3号线一期工程、白城长安机场等重点项目的能评文件及时、顺利通过国家审查，保障了项目按期开工建设。

四是加快资金投入，实施重点节能减排工程。安排省专项资金7200万元，对全省158个生态环境、节能减排、循环经济、生态文明及应对气候变化项目进行了支持。争取到了近7个亿的国家资金支持。重点项目建成后，年可节约标煤8.44万吨、利废90.05万吨，新增污水处理能力24.5万吨/日，污水管网391公里，垃圾无害化处理能力2950吨/日，垃圾转运能力5126吨/日。加强项目监督管理，配合省财政厅开展了我省2011年至2012年资源能源节约利用支出科目资金的审计，落实了审计整改意见，收回违规项目的中央预算内资金，保障国家资金安全。

五是加强政策指导，推进环境基础设施建设。加强垃圾焚烧设施建设指导，编制实施了《生活垃圾焚烧处理设施建设规划（2013-2020年）》，印发《加快推进生活垃圾焚烧处理设施建设的意见》。创新工作思路，组织相关市县同国内外知名的生活垃圾焚烧处理企业进行了对接。加快项目建设进度，辽源市1200吨/日垃圾焚烧发电项目主体完工，通化市800吨/日生活垃圾焚烧发电项目进入施工准备阶段。继续推进城镇污水、垃圾处理设施建设，一批污水管网、重点镇污水处理设施、生活垃圾转运设施项目开工建设，全省城市污水集中处理率达到83%，生活垃圾无害化处理率达到72%，同比分别提高了3个和2个百分点。推进重点流域工业点源污染治理，完成了17个重点流域工业点源污染治理项目前期工作，长春吉粮天裕生物工程有限公司污水深度处理与中水回用工程获得国家资金支持。

六是加强基础能力建设，积极应对气候变化。全面落实2013年温室气体减排目标，制定了《吉林省“十二五”单位GDP二氧化碳排放降低目标考核体系实施方案》。开展低碳试点建设，吉林市被确定为国家第二批低碳试点城市。开展了吉林省东丰县低碳工业产业园、吉林省金州鹭鹭湖低碳农业产业园、长春高新技术产业开发区都市低碳旅游示范区等省级试点建设。开展省级温室气体排放清单的编制，完成了2010年省级温室气体清单编制，启动了2012年温室气体排放清单编制工作。编制印发了《吉林省应对气候变化规划（2013-2020年）》。开展中德应对气候变化能力建设项目，在长春市举办了两期应对气候变化业务培训班。开展应对气候变化重大战略和问题的研究，《吉林市低碳城市试点战略研究》、《吉林粮食主产区黑土地保护治理适应试点示范治理工程研究》获得国家清洁发展机制基金350万元。《道路交通低碳发展模式与政策创新研究》等4个项目通过了国家初审。开展CDM项目的申报工作，已有38个项目获得联合国CDM执行理事会的签发，项目年可实现CO2减排880万吨。

七是加强基础调研分析，完善大气污染防治工作。结合我省大气污染防治现状，针对国家大气污染防治十条措施对我省国民经济和社会发展的影响、机遇和挑战进行了分析，形成调研报告上报了省委、省政府。制定了《吉林省落实大气污染防治行动计划实施细则（代拟稿）》。针对2013年10月份我省出现的严重雾霾天气，分析了雾霾形成的原因及我省大气污染源构成及治理情况，提出了下步工作措施和建议。同时，根据省政府安排，制定了《吉林省生物质利用规划》、《吉林省工业结构调整、产业升级防治污染规划》及《“气化吉林”防治大气污染规划》，通过减少秸秆焚烧、促进产业结构升级和推进清洁能源利用等措施，减少大气污染物排放。

二、推进循环经济的主要做法

（一）加强组织领导，为循环经济发展提供保障

省委、省政府把循环经济摆上重要的议事日程，切实加强对发展循环经济工作的组织领导，成立了吉林省应对气候变化及节能减排工作领导小组，办公室设在省发展改革委，负责综合、协调、调度节能减排，发展循环经济等日常工作。省政府每年年初召开节能减排，发展循环经济工作会议，落实任务，明确分工，强化责任。“十一五”以来，各市州、各部门协同一致，共同推进，确保了我省循环经济工作的顺利开展。

（二）落实目标责任制，实现循环经济有序发展

按照《国务院关于加快发展循环经济的若干意见》和《循环经济促进法》要求，将发展循环经济，推进节能减排纳入到节能减排目标责任考核当中，并面向全省各市州进行了分解落实。同时，按照《吉林省“十二五”节能减排综合性实施方案》，出台了《吉林省“十二五”节能减排综合性实施方案部门分工》，明确了各部门在推进节能减排、发展循环经济工作的重要任务，形成了各部门、各地区协同工作、共同推进的工作局面，确保了我省循环工作的有序开展。

（三）坚持示范引领，加快循环经济发展进程

通过国家及省循环经济试点工作，推进一批循环经济试点示范工程建设，根据全省的资源和产业特点，以新能源、高新技术、装备制造、交通、建筑、农业等产业为重点，发展高技术含量、高效益、低消耗、低污染的产品和产业，提高资源产出率，提升市场竞争力，建成有效运行的绿色、低碳的循环型产业体系。以试点单位为基础，积极构建循环产业链条，围绕主导产业延伸发展相关产业和产品，实现产业链的横向耦和、纵向闭合和区域整合，提高经济效益和环境效益，提升产业发展水平。

（四）积极发展高新技术，提高循环经济的发展水平

我省依靠科技优势，人才优势，积极开展科技攻关、科技推广。重点研究开发适应市场需求的节能、节水、延长产业链条、清洁生产、废弃物再生利用等技术，并使众多节约资源、能源、环境治理的科技项目转化为生产力，推动了循环经济的发展。

三、2014年循环经济重点工作任务

2014年，将继续以科学发展观为统领，以转变经济发展方式为主线，坚持降低能源消耗强度与控制能源消费总

量相结合，坚持加强环境保护与推进生态建设相结合，进一步落实目标责任、优化产业结构、推进技术进步、加强监督管理、实施重工程、加大宣传，逐步形成有效的激励和约束机制，提高资源利用效率，减少污染物排放，确保实现年度目标任务，努力实现全省科学发展、绿色发展、可持续发展。

（一）目标安排情况

2014年，安排全省单位GDP能耗同比下降2%；单位GDP二氧化碳排放量同比下降2.5%；主要污染物化学需氧量同比下降1.5%、氨氮同比下降2.0%、二氧化硫保持在在2013年水平、氮氧化物同比下降2.0%；单位工业增加值用水量同比下降6%左右。

（二）重点工作任务

1.建立健全政策法规，扎实推进节能减排。严格落实目标责任制，将2014年节能目标任务分解落实到省直有关部门、各市（州）政府和有关企业。开展2013年度各市（州）人民政府节能目标责任评价考核工作。协调省法制办等部门，制定出台我省节能条例（修改版）。开展节能评估和审查，出台项目能评竣工验收办法。积极推行合同能源管理节能新机制，继续举办节能服务公司与用能企业参加的项目对接会，利用评价考核、“对标”等手段，提高各地对合同能源管理工作重视程度和用能企业实施改造的积极性。加强重点用能单位监管，开展万家企业节能目标责任评价考核、能源利用状况报告填报、节能监察以及能耗“对标”等工作。实施节能产品惠民工程，重点做好高效稀土永磁电机、1.6升及以下小排量汽车、高效照明产品的组织申报、推广工作，提高节能产品的市场占有率。

2.深化试点示范，积极发展循环经济。加快推进吉林高新循环经济产业园区“城市矿产”示范基地建设，力争年内废旧电机回收制造节能电机、报废汽车机械化拆解、废钢材加工配送等6个项目全部建成。全面推进餐厨垃圾资源化利用和无害化处理试点城市建设，争取长春市餐厨垃圾试点城市国家补助资金，开工建设长春市200吨/天、延吉市100吨/天餐厨垃圾处理厂，完善收运体系建设。开展吉林化工园区循环化改造试点建设，推进丙烯晴废液生产硫酸铵、炭黑废水回收利用、钢厂副产煤焦油深加工等重点项目建设。开展循环经济试点创建工作，组织省内基础较好的地区、企业积极申报国家各项循环经济示范试点。开展四平联合收割机零部件再制造试点建设。全面推进电力、化工、钢铁、农业等领域清洁生产，完善清洁生产指标体系，开展重点示范项目建设。

3.开展资源综合利用，创建节水型社会。围绕“矿产资源”、“产业三废”、“再生资源”等重点领域，推进延边州“双百工程”示范基地建设。开展资源综合利用认定工作，对全省符合资源综合利用税收优惠政策条件的综合利用企业进行分批认定审批，帮助企业享受税收优惠政策。开展全省“限粘”、“禁实”检查工作。按照《我省禁止销售和使用一次性不可降解塑料袋、塑料餐具规定》，开展限塑专项检查。同时，待省内聚乳酸生产线投产后，利用资金补助、税收优惠等政策手段，引导相关企业探索塑料制品的新型替代品，组织相关企业开展技术、产品经验文流会，确保限塑工作的有效开展。加快工业、城市、农业节水技术改造，全面创建节水型社会。

4.加大环境基础设施建设，提高生态环境质量。根据国家“十二五”城镇污水垃圾处理设施建设规划的中期评估情况，加快建制镇污水处理设施、污水管网、污水升级改造、生活垃圾焚烧发电、垃圾中转设施项目前期工作进度，落实建设资金，加快项目建设，尽快形成实物工作量。全面推进《重点流域水污染防治规划（2011-2015年）》中工业点源项目建设，加快项目前期工作，争取国家资金支持。

5.加强项目监督管理，实施重点节能减排工程。加强项目储备，完善前期工作。2014年，重点实施吉林市污水管网等污水处理设施项目31个、辽源垃圾发电等垃圾无害化处理设施项目29个、辉南县辉发城造纸厂污水处理等工业污染防治项目32个、长春餐厨垃圾处理等循环经济项目24个、延吉铁南供热粉煤灰砌块等资源综合利用项目16个、四平市华亿换热器等节能项目37个、合同能源管理项目25个，总投资110亿元，年度计划投资53亿元。项目实施后，新增污水处理能力42万吨、垃圾无害化处理能力4470万吨、垃圾转运能力7270吨、污水管网1030公里、减排COD 4万吨，综合利用粉煤灰、餐厨垃圾、废旧机电设备等资源80万吨，节能40万吨、节水100万吨，经济效益环境效益明显。同时，加强项目监督管理，组织1-2次“十二五”环资项目建设进展情况检查，协调解决项目建设中出现的问题，对完工项目进行验收。

6.落实减碳目标任务，积极应对气候变化。采取有效措施减少二氧化碳排放，确保完成二氧化碳减排指标。做好接受国家2013年控制温室气体排放目标责任评价考核的各项工作，开展2013年各市（州）人民政府二氧化碳减排指标的考核工作。全面落实《国家适应气候变化战略》，启动“吉林粮食主产区黑土地保护治理适应试点示范工程”建设。开展低碳试点工作，重点抓好国家、省级低碳试点建设，支持鼓励有条件的市、县、产业园区和社区开展低碳试点创建工作，积极申报国家低碳工业园区试点。完成2012年温室气体清单编制工作。利用国家清洁发展机

制基金，开展好应对气候变化重大战略和问题的研究，加强温室气体统计核算体系建设。开展应对气候变化培训工作，完成中德应对气候变化能力建设合作项目培训试点工作。加强应对气候变化的宣传工作，利用“全国低碳日”等形式，普及应对气候变化的科学知识，宣传绿色低碳发展的理念，营造良好氛围。

7. 加快发展节能环保产业，推进大气污染防治。加快发展节能环保产业。按照《国务院关于加快发展节能环保产业的意见》以及《吉林省“十二五”期间发展节能环保产业的意见》确定的重点工作任务，制定年度具体推进方案，重点加快高效电机、新能源汽车、半导体照明等节能环保技术研发和产业化示范，建设“城市矿产”示范基地，推进园区循环化改造，实施重点节能环保工程，扩大节能环保产品市场消费，完善相关配套措施，使其成为全省经济新的增长点。推进大气污染防治，落实国务院《大气污染防治行动计划》，开展燃煤锅炉治理、机动车尾气治理、秸秆禁燃治理、城市扬尘治理等专项治理行动。同时，推进产业结构调整、“气化吉林”及生物质利用进程。采用疏堵结合的方式，从源头控制大气污染物排放，改善全省空气质量。

（撰稿：吕继辉、许亮，吉林省发展和改革委员会资源节约和环境保护处）

2013年黑龙江省循环经济

黑龙江省发展和改革委员会

2013年，黑龙江省低碳发展在国家发改委的指导帮助下，在省委、省政府的正确领导下，加快绿色低碳与循环经济发展，取年新的成效。经过不懈努力，2013年我省单位GDP能耗为0.953吨标准煤/万元，比上年下降4.3%，比年度下降3.5%的目标超额完成了0.8个百分点，比全国平均水平多降0.6个百分点，实现全年节约能源594.6万吨标准煤。2013年全省能源消费二氧化碳排放总量为31506.42万吨，节约能源594.6万吨。

一、绿色低碳循环发展主要工作情况

2013年是我省低碳与循环发展承上启下的一年。按照国家部署要求，全省积极贯彻落实党的十八大精神，积极构建生态文明在内的“五位一体”经济工作新格局，强化以强化节能减排为发力点、以优化能源结构为手段、以生态文明建设为突破、以绿色低碳循环发展为方向，积极推进产业结构调整，不断加大淘汰落后产能力度，推动经济发展方式加快转变，低碳发展总体工作不断得到加强。

（一）加强组织领导，完善政策法规及节能标准体系建设

为切实加大全省循环低碳工作推进力度，黑龙江省于2007年9月成立了省政府主要领导为组长、省直有关部门主要负责人为成员的黑龙江省循环低碳工作领导小组。领导小组办公室设在省发展改革委。为推动低碳工作开展，编制了《黑龙江省循环低碳规划》，研究提出了“十二五”期间全省循环低碳工作基本思路，下发了《黑龙江省“十二五”控制温室气体排放工作方案》（黑政发〔2012〕57号），制定了《黑龙江省绿色建筑行动实施方案》，发布了《黑龙江省农村居住建筑节能设计标准》、《HS-ICF外墙外保温建筑节能体系技术规范》、《节能日光温室建造规范点》、《燃式发动机在用汽车排气污染物排放限值及测量方法（稳态加载工况法）》等5项节能减排地方标准和节能日光温室建造规范、民用建筑太阳能热水系统应用技术规范2项地方标准，《工业企业能源计量数据采集系统技术规范》地方标准通过审定，“供热系统能量平衡测试系统研究”和“水平衡测试方法研究”2项成果已成功推广应用。

（二）提高能源利用效率，控制温室气体排放

通过采取多种节能措施，努力优化用能结构，提高用能效率，进而实现控制温室气体排放目标。

一是落实目标责任制，将能耗下降指标纳入经济社会发展目标综合评价考核体系，下发年度节能减排目标和实施方案，明确各市地、各行业节能减排年度目标计划和责任分工，实行严格问责和“一票否决”制。组织开展了各市地节能减排专项督查和年度节能减排目标完成情况预考核，将督查结果通报各市地，落实了各级政府领导班子的节能责任。

二是加强重点企业和重点领域节能管理。制定实施了《全省工业节能降耗实施方案》，开展了对重点用能单位的专项能源监察审计，对超能耗（电耗）限额标准用能的企业实施了惩罚性电价等措施；对新建建筑执行节能标准情况实施闭合式管理；在全省交通运输行业开展“车、船、路、港”低碳运输专项行动，组织实施节能减排示范项目；将公共机构节能纳入了目标责任制考核；组织开展农村能源节约和新能源开发利用。

三是推广节能新技术、新产品，推行节能新机制。组织编制了《黑龙江省重点节能减排技术（产品）推广目录》，实施节能减排技术产业化示范项目，开展“节能产品惠民工程”、节能灯推广、家电汽车以旧换新，制定了关于加快推行合同能源管理、促进节能服务产业发展的意见。

四是推进重点工程建设。组织推进了节能重点、污染物减排、循环经济、扩宽节能减排融资渠道等一系列重点工程建设，带动了全社会能效水平的提高。

五是优化产业结构，淘汰落后产能。加快编制节能环保产业发展规划，制定了电力、水泥、钢铁、焦炭等淘汰落后产能任务并分解落实到市、县和有关企业。炼铁、玻璃、造纸、酒精等行业均已提前完成落后产能淘汰任务。

六是加大监管检查力度，积极推进火电机组发电权有偿交易，加快推进可再生能源并网。设立了全省公共机构节能监管专门机构，开展了重点用能单位专项能源监察审计。

（三）降低化石能源消费占比，优化能源消费结构

2013年，我省研究提出了降低全省煤炭消费比重的具体措施，通过积极推进有条件地区煤改气重点工程建设，加快高效能源利用装备的研发、生产和推广应用，进一步加大了煤炭洗选加工和应用比例，降低煤炭能源消费比重，全年煤炭占能源消费总量比重下降约0.5个百分点，扭转了煤炭能源消费占比连年上升的趋势。同时，通过加快发展非化石能源，2013年新能源和可再生能源发电上网电量达到113亿千瓦时，比上年增加31亿千瓦时，相当于

地方低碳271节约标准煤102万吨，减排二氧化碳265万吨。全省新能源与可再生能源装机规模达到534万千瓦，占全省电力装机容量的22%。经努力，全省能源消费结构得到进一步优化，为实现温室气体排放控制目标奠定了基础。

（四）推进生态建设，改善生态环境

我省拥有国家两大天然林区之一的大小兴安岭林区，湿地、草原面积辽阔，是众多珍稀物种的生长栖息地，在维护国家生态安全方面承担着重要责任。2013年，全省以继续贯彻落实《大小兴安岭林区生态保护与经济转型规划》为工作重点，以国家重点生态工程建设为依托，保持了造林绿化良好发展态势，年度完成造林316.79万亩，完成年度任务的101.54%，其中，人工造林完成134.48万亩、封山育林完成182.31万亩（均超额完成计划目标）；绿化村屯2383个，绿化道路4000公里，完成义务植树6150万株，城乡环境得到进一步改善。

在林业碳汇方面，积极推进中国绿色碳基金示范项目建设，完成绿色碳基金中国石油示范林造林913亩，成立了黑龙江省林业碳汇计量监测中心，开展了全省森林碳汇专项调查，建立了森林碳汇基础数据库。在加快林区转变经济发展方式方面，大小兴安岭林区三次产业结构调整到36：27：37，非传统木材生产增加值占生产总值比重超过60%。在推进低碳试点建设方面，大兴安岭于2013年，被国家批复为低碳试点城市，伊春市纳入国家低碳发展宏观战略研究试点。

（五）加大农业投入，增强气候变化适应能力

2013年，为了利用气候升高带来的农业生产有利条件，进一步提高黑龙江省粮食生产能力，保障国家粮食安全，黑龙江省组织实施了以农机化、水利化、水稻大棚育秧、科技支撑、中低产田改造和土地保护整理为重点的千亿斤粮食产能工程，开工建设了尼尔基引嫩扩建一期工程、三江平原大型灌区工程以及西山、桃山二期等重点水源工程，建设了北部地区麦豆轮作、“绥庆北”200万亩优质粳稻等现代农业示范区。截止到2013年，全省初步改造中低产田470 万亩以上，新增旱涝保收田510万亩以上，农业综合机械化程度达到89%，全省粮食总产量实现连续增长，2013年，全省四大粮食作物产量5864万吨，居全国首位。在国家发改委的支持下，黑龙江省两大平原农业建设部分内容纳入了国家适应气候变化总体战略，为进一步探索黑龙江省农业适应气候变化能力建设创造了有利条件。

（六）强化能力建设，积极参与国际合作

为加强低碳循环发展的业务能力，提高对气候变化活动意识，黑龙江省开展多种形式的能力建设活动，加大对外宣传力度，提高循环低碳和循环发展工作的影响力。

一是开展多种形式的学习培训。省直机关工委开设了 “循环低碳大讲堂”，先后举办了以“气候变化与防灾减灾”和“关注气候变化”为主题的专题学习报告会，提高了省直机关干部对气候变化问题的认识。各部门共同开展了全省节能宣传周活动和能源短缺体验活动，对节能先进单位、企业和成果给予表彰奖励。各地也积极开展形式多样的循环低碳科普宣传，使各级领导干部、管理人员和社会公众对气候变化的认识活动有了较大提高。

二是积极开展课题研究，做好基础性工作。组织科研院所开展了《黑龙江省循环低碳规划》、《黑龙江省温室气体排放清单》编制工作和实施适应气候变化试点示范工程研究。

三是积极促进清洁发展机制项目合作。一方面努力推进政府主导型项目合作，针对黑龙江森林大省的实际，围绕实施天保工程和生态功能区建设，组织有关地市谋划造林CDM项目，通过哈洽会的平台，积极与外国政府和有关组织探讨政府间的合作。另一方面，扩大宣传，举办了CDM管理能力建设项目地区研讨会等培训活动，增进地方政府部门和企业对清洁发展机制的了解，鼓励实施商业性CDM开发。建立了CDM项目储备库，为摸清全省项目建设底数，加强项目运行监管奠定了良好基础。

2013年，尽管我省控制温室气体排放工作取得阶段性进展，但我们也清醒的认识到，“十二五”我省处正处于跨越式发展的重要战略机遇期，随着全省经济社会发展工作重点的深入推进与落实，工业化和城镇化进程将不断加快，居民消费结构的升级，以及能源需求呈刚性增长，下阶段，低碳发展将面临诸多困难：产业结构优化调整任务繁重，高耗能的传统产业比重大，高新技术产业规模相对较小，现代服务业对经济发展支撑能力不足；以煤为主的能源消费结构短期内不会得到根本性转变，天然气和水电资源开发水平不高，清洁能源和可再生能源使用比例低，

热电联产供热规模不高，以冬季取暖为主的生存性碳排放比重大，可压缩空间较小，这都对控制温室气体排放产生不利影响。

二、下一步工作设想

根据国家低碳工作整体部署，结合龙江实际，我省将重点开展以下几方面的工作：

一是按照国家统一部署，根据黑龙省经济发展的实际情况，研究推进碳排放强度考核工作，做好“十二五”控制温室气体排放工作方案的贯彻落实，将二氧化碳排放目标责任分解到各地市和部门，建立健全排放统计核算体系，形成有效的工作推进机制，及时发现并协调解决重大问题，确保完成“十二五”温室气体排放控制目标。

二是深入推进能耗总量控制和碳排放强度进一步下降。在继续降低单位产出能源消耗的同时，对于用能量大、增长快、单位能耗产出效益低的高耗能行业和重点项目，以及能源总量大、增长快的市（地）、县（区）及园区等，加大总量控制力度，抑制不合理用能需求。以结构节能为根本，通过控制高耗能产业进入和淘汰落后产能，减少经济增长对能源需求的压力。进一步加大节能技术改造的力度，不断提高能源管理水平，挖掘节能潜力。以能耗标准体系建设和对标达标为抓手，切实提高能源利用效率。

三是推进低碳和循环试点示范。进一步完善大兴安岭地区低碳发展示范区建设思路，推进低碳循环示范区建设。支持伊春市开展低碳发展宏观战略研究工作。抓好循环园区、社区发展试点工作。

四是扎实推进碳排放交易试点工作。按照国家相关管理办法要求，研究制定我省碳排放交易管理实施细则，包括配额分配方案、交易规则、核查办法和操作手册等配套制度。按照国家统一部署，建设本省碳排放交易平台及碳排放配额登记注册系统，完善碳排放电子报送系统，适时启动试点交易。同时，组织开展相关行业碳排放基准研究，研究建立部分行业重点排放因子监测体系，研究制定非试点行业（领域）温室气体排放核算和报告方法，开展重点排放单位碳排放报告工作。

（撰稿：尹中华，黑龙江省发展和改革委员会环资处）

2013年上海市循环经济

上海市发展和改革委员会

2013年是"十二五"规划实施承前启后的关键之年，在市委、市政府领导的正确引领下，上海以十八届三中全会精神为指导，紧紧围绕实现"四个率先"、建设"四个中心"和现代化国际大都市的总体目标，充分利用生态文明建设的重大战略机遇，按照减量化、再利用、资源化的国际通行原则，坚持开发节约并重、节约优先的方针，着力推进能源资源节约和环境优化保护，在《上海市循环经济发展"十二五"规划》的实施和循环经济发展方面取得了显著成效，全市循环经济工作步入全面深化发展的新阶段。

一、2013年循环经济工作进展

（一）节能减排工作取得显著成效

2013年，全市单位生产总值综合能耗比2012年下降4.32%，超额完成年初确定的目标，"十二五"前三年生产总值综合能耗累计下降率15.01%，已完成"十二五"目标进度的81.94%。能耗总量方面，全市能源消耗净增341.62万吨标准煤，低于425万吨标准煤的控制目标；"十二五"前三年全市能源消耗累计增量约698万吨标准煤，实际年均增速2.07%，低于国家下达的年均增速2.7%控制目标。得益于如下几个方面工作的顺利开展，节能减排领域成效显著。

1.　落实目标责任，加强考核制度

为确保完成2013年全年节能目标，上海市政府印发了《上海市2013年节能减排和应对气候变化重点工作安排》（沪府发[2013]21号），在明确全市年度目标任务的基础上，进一步将节能目标合理分解到各领域和各区县。市发展改革委会同市统计局按季度发布全市节能目标"晴雨表"，及时督促相关领域和区县加快完成节能目标。

为推进落实目标任务，上海还加强了节能减排考核制度的建设。市发展改革委会同相关部门对17个区县2012年节能目标完成情况和节能措施落实情况进行了现场评价考核。考核结果（沪发改公告[2013]3号）于2013年8月向社会公布，接受社会监督，并同步抄送市委组织部、市公务员局等部门，作为对领导班子绩效考核的重要内容之一。

2. 淘汰落后产能，优化产业结构

2013年11月，上海市政府印发实施《上海市清洁空气行动计划（2013-2017）》（沪府发[2013]83号），进一步严格产业节能环保准入，明确提出制定严于国家要求的产业准入目录。

上海制定了比国家标准更严、范围更广的劣势企业和落后产能淘汰政策，并推动滚动提升。2013年，共启动实施"三高一低"调整项目680项，超额完成全年调整500项的年度目标，减少能耗量超过60万吨标准煤。目前，全市铁合金、平板玻璃生产、电解铝、皮革鞣制整行业退出，铅蓄电池、砖瓦企业进行了专项调整，外环线内传统纺织印染企业调整完成，水泥生产企业整合到8家，工业区块外危险化学品企业累计关停、搬迁390家，其中88%生产企业调整完成；嘉定南翔等12个成片区域实施了专项调整。

3. 实施重点工程，提高能效水平

工业领域，颁布《关于进一步加大力度推进燃煤（重油）锅炉和窑炉清洁能源替代工作的实施意见》(沪府办发[2013]66号），加快实施燃煤锅炉清洁能源替代，全年共替代或关停燃煤（重油）锅炉和窑炉1036台；组织了两批节能技改重点项目的申报，71个项目符合条件，总投资额5.76亿元，节能量约23.7万吨标煤。建筑领域，获得绿色建筑标识的建筑245万平方米，完成既有公共建筑节能改造281万平方米，实现可再生能源建筑应用428万平方米，落实装配整体式住宅101万平方米。交通领域，推进公交、长途、货运黄标车更新淘汰，支持清洁能源和新能源公交车推广应用93辆，鼓励本市道路运输领域应用LNG等替代能源;拆解老旧船舶4317总吨；扩大"ETC"使用覆盖率，统一ETC车道设置位置，实行"ETC"通行费优惠政策，提高ETC通行效率；实施加装飞机机翼翼梢小翼等技改项目，实施使用桥载电源和地面电源车等替代使用航空煤油的辅助动力装置（APU）。能源领域，有序推进风电开发，崇明、长兴、老港等陆上风电基地建设深入推进，全市风电装机达到32万千瓦；积极发展分布式光伏，宝钢50兆瓦光伏项目等一批项目建成投产，全市光伏装机达到170兆瓦，松江工业区列入国家首批18个分布式光伏示范区之一。生活领域，继续推广节能产品，全市共有51家企业的85项节能产品列入本市《节能产品推广目录》，市场

销售额近200亿元；推进实施节能产品惠民工程，共向国家推荐节能家电、工业四大类节能产品八个批次；组织开展“家电产品节能领跑榜项目”，鼓励企业开发生产高于现行能效标准的产品，不断提升用能产品的能效水平。

4. 开发节能技术，加大推广应用

2013年，上海重点支持前沿技术、产业支撑技术和产业化综合示范工程三大类型、九个专题共50余项科技项目，投入政府支持资金1.91亿元。重点围绕超导材料、燃料电池、分布式供能、超导电机、海上风电、大容量储能、IGCC关键部件国产化制造等，开展共性技术和关键技术研究。在强化政府引导的同时，充分调动和鼓励企业、社会对科技的投入，提升清洁能源、可再生能源和节能环保技术国产化水平和市场竞争力。

在加强技术研发投入的同时，上海还注重节能技术的产业化示范和推广应用。一是加快大宗固废综合利用专项推进，推动宝钢冶金渣固废综合利用示范基地建设和城建物资建筑废弃物信息化示范平台建设；二是大力推广高效节能技术和装备，重点推广应用高效电机及拖动设备、工业变频设备、余热余压利用装备、新型热电联产集中供热技术等；三是开展新能源汽车推广工作，发布了三批6个符合条件的新能源汽车产品目录，新进入国家节能与新能源汽车示范推广应用工程推荐目录的车型13个（上海企业累计进入推荐目录的车型已达54个，全年完成投资30亿元），加快配套设施建设，全年累计完成12个充换电站、1800个充电桩的建设。

5. 利用市场机制，发挥市场作用

积极推行合同能源管理。一是支持合同能源管理项目，201个项目得到支持，年节约8.2万吨标准煤。二是做好节能服务机构备案和分类管理，53家企业成为国家第五批备案节能服务公司。目前，全市已有备案企业337家，其中，国家备案192家，上海备案145家。正在组织企业申报国家第六批备案节能服务公司。三是开展合同能源管理绿色融资活动，全年两次举办合同能源管理未来收益权百亿绿色融资银企对接活动，协调中国银行上海分行等13家银行承诺在“十二五”期间以未来收益权质押形式为合同能源管理项目提供总额130亿元绿色信贷，全年对接成功100多个项目，融资约10亿元；在节能领域建立合同能源管理各方信用评价体系，建立备案节能服务公司、用能单位、金融机构、第三方审核机构信用报告，为合同能源管理项目提供全面和全程的信用评价。

探索开展碳排放交易试点与节能量交易相衔接。启动碳排放交易试点，完成191家碳排放交易试点企业碳排放初始盘查核算和全市2011至2012年温室气体清单编制工作。出台《上海市碳排放管理试行办法》（沪府令[2013]10号）及配额分配方案、交易规则等配套制度，并于2013年11月底正式启动交易。同时，组织开展碳排放交易试点与节能量交易衔接的探索研究。

6. 强化监督检查，加大执法力度

加大节能监察力度，通过上海市能效监控平台，对663家重点用能单位按月度开展了能效监控;根据59项国家和地方能耗限额标准，对62家重点用能单位的能耗限额标准执行情况和重点用能行业落后产能淘汰情况进行了监督检查；开展能源消费预警预测，按月度监控17个区县和24个工业集团能源消费情况和节能目标完成进度，落实五大高载能集团减量措施；组织开展本市年用能量5万吨标煤以上工业和通信业重点用能单位能源审计工作；在夏季用电高峰阶段，对商场、写字楼、宾馆等公共建筑空 调温度控制情况进行专项监察，并督促其对空调系统进行维护、清洗和节能改造。

加强质量技术执法监督，以酒类、茶叶、保健食品、化妆品等商品为重点监管对象，开展限制过度包装专项监督检查，全市共抽查1120批次商品，查出并依法处理183批次过度包装商品。以高耗能、高污染生产许可证企业、节能减排相关产品为监管重点，共受理涉及“三高”产品企业申请81次，不予行政许可15家，注销企业137家。开展了照明用自镇流荧光灯、电热水器、车用汽柴油等54种节能减排产品的监督抽查，共抽查1320家企业的1873批次产品，合格1745批次。

7. 重视基础工作，完善能力建设

制定实施高耗能产品能耗限额标准。开展《上海市节能地方标准体系》研究，为节能和环境地方标准体系不断完善奠定基础；狠抓标准制订，2013年全年发布节能减排领域地方标准51项，内容泛及重点用能产业单位产品能源消耗限额、资源综合利用、土壤保护、节能管理等.各部分，涵盖工业、建筑、交通和服务等各个领域。

加强重点企业能源计量工作。持续开展计量检查，督促重点用能单位计量器具配备，树立先进典型推广能源计量管理先进经验，有效提升本市重点用能单位的能源计量意识和计量器具配备水平。深入推进国家能源计量中心（上海）建设，实现了对全市570家重点用能单位关口电能表和燃气表的数据采集。深化开展能源计量审查，根据国家质检总局制定的《重点用能单位能源计量审查规范》，对全市100余家重点用能单位开展能源计量审查。开展

能源计量评估，全年共完成48家用能单位的能源计量评估，帮助企业找到了能源计量工作中存在的问题，进一步节能挖潜。

加强能耗在线实时监测能力建设。加强公共建筑能耗在线监测。全市“1+17+1”的建筑能耗监测平台已初具规模。目前，全市共有541栋建筑接入市级平台；市级机关和区县分平台建设基本完成，约有800余栋建筑接入区级平台；市区两级平台的日常数据已实现自动传输。加强能耗在线监测系统的顶层设计，整合工业、建筑、交通等重点用能单位、重点用能建筑的能耗信息，建立全市统一、数据共享的能源利用状况“大数据”平台，为深化节能管理提供支持。

加强节能统计能力建设。健全完善能源统计制度和指标体系，围绕完善能源统计制度，不断夯实能源统计基础工作。一是完成全市、分区县、主管单位能耗核算工作，确保核算数据真实可信；二是在国家统计局新的核算方法基础上，通过能源弹性系数等指标，进一步加强对核算结果的评估，进一步提高分季度的全市能耗核算以及分区县、主管部门的节能指标核算质量；三是继续加大统计监测力度，以全市重点用能企业为重点，加强跟踪监测，进一步加强能源统计分析。

8．加大宣传力度，动员社会参与

连续第五年参加“地球一小时”活动。3月23日，上海市政府响应世界自然基金会的号召，正式宣布加入2013年“地球一小时”活动，并启动“城市生活乐享低碳”2013年上海市民低碳行动系列活动。

继续广泛深入开展“节能减排全民行动”，市政府办公厅转发了由市发展改革委、市委宣传部等17个部门研究制订的《上海市2013年市民低碳行动方案》（沪府办发[2013]16号），并组织开展以“城市生活，乐享低碳”为主题的市民低碳行动，重点聚焦“农、食、住、行、用”五个方面，倡导一些“简单、易行、实践性强”的低碳行为，促进全社会加快形成更加健康、环保、时尚的低碳生活方式。

市经济信息化委等部门联合举办2013年节能宣传周系列活动，全市共开展288项各类节能宣传主题活动。市总工会召开节能减排专项立功竞赛推进会，对职工节能减排先进成果予以表彰；联合东方卫视录制了专题节目《劳动最光荣——绿色出行（上下班的N种方式）》节目。市妇联通过媒体、微信等方式，分层分类开展低碳生活、源头减量、垃圾分类知识宣传；坚持以“绿色星期六资源回收日”活动为抓手，依托“绿色账户”，组织社区垃圾分类培训；开展以“小手牵大手环保家家行”项目，带动儿童和家庭广泛参与。原市建交委组织33家交通企业参与“车、船、路、港”千家企业低碳交通运输专项行动。

（二）提升农业循环经济发展水平

1．深入推进秸秆综合利用

2013年，为进一步防治农作物秸秆焚烧污染，引导鼓励企业和农户推进秸秆综合利用，市发展改革委会同市农委、市环保局、市财政局等研究制订了第二轮“实施秸秆综合利用的扶持政策”。在延续原有对秸秆还田、资源化利用等项目和利用量补贴政策之外，更进一步明确了秸秆禁烧的责任分工，要求加强“三夏”、“三秋”期间秸秆禁烧监督和巡查力度，并引入第三方核查机制，加大对发现火点的资金扣减力度。据统计，2013年全市机械化还田总面积为247.23万亩次，全市秸秆综合利用率约为89%，比2012年提高了3个百分点；除还田外的秸秆综合利用达到10.07万吨，比2012年提升近37%。2013年，市区扶持资金为1.2亿元，其中市级补贴资金逾9000余万元。

2．推动规模化养殖场减排

2013年，根据国家环保部对农业源污染减排要求，市政府出台了“规模化畜禽养殖场污染减排工程实施方案”。今年共开展了39个规模化畜禽养殖场污染减排项目建设，至11月底，工程建设已基本完成，进入调试运行阶段。从2011年至今，已累计建成投运58个减排项目，基本完成“十二五”农业源减排计划的63%。其中，2011—2012年建成项目，实现年减排COD1545吨，氨氮41吨，2013年建成的项目实现新增减排量COD2580吨，氨氮260吨实现减排量。同时，因地制宜的推进畜禽场污染减排和粪尿的能源化、资源化利用，包括推进标准化畜禽养殖场的建设和改造，对分散型中小养殖场实施片区式沼气工程项目等，有效改善养殖场环境，提升畜禽粪尿资源化利用，使周边农户也用上了清洁能源，实现了较好的环境、经济和社会效益。

3．实施农业节水节肥工程

在蔬菜和西甜瓜和水果等经济作物上开展节水节肥技术示范，应用滴灌、渗灌、漫灌技术，优化用肥结构，大幅提高肥料利用效率，达到节水节肥增效的效果。全年实施水肥一体化2万多亩。与此同时，本市化肥农药总量使用水平不断下降，氮化肥亩均减少1.5kg，肥料利用率提高两个百分点。依靠科学预测预报和绿色防控技术，粮油

作物打药次数平均减少0.5-1次，用药量亩均减少30克，全市稻田减少商品用药236.4吨。蔬菜生产用药次数平均减少1次，全年每亩菜地农药有效量减少48.6克/亩，进一步巩固了农药减量的成果。

（三）工业固废利用能级不断提升

坚持以“保增长、调结构、促转型”为指导思想，坚持以废弃物“减量化、无害化、资源化”为原则，通过政策激励、市场导向、技术创新、全社会参与等多项措施并举，不断增强上海市固体废弃物安全处置及资源综合利用推进力度，扩大利用规模，增加科技投入，完善政策措施，取得了显著的经济效益、社会效益和环境效益。

1. 资源化率稳步提高

2013年，本市粉煤灰产生量为521.6万吨，通过作为商品混凝土、砂浆、水泥混合材料生产过程中的掺合料，实现综合利用粉煤灰520.1万吨，综合利用率为99.7%，较2012年提高1.4个百分点；本市脱硫石膏产生量为114.1万吨，通过作为水泥辅料或生产建筑石膏，实现综合利用脱硫石膏113.6万吨，综合利用率为99.6%，较2012年提高1.2个百分点；本市冶炼渣产生量为1164.32万吨，通过作为水泥原料、混凝土掺合料、混凝土骨料，实现综合利用冶炼渣1149.79万吨，综合利用率为98.8%，与2012年综合利用率基本持平。

2. 政策文件及时出台

为贯彻国家发改委等10个部委《粉煤灰综合利用管理办法》（2013年第19号令）文件精神，进一步加强对本市粉煤灰综合利用管理工作，6月14日，上海发布了《关于进一步加强本市粉煤灰综合利用管理工作的通知》（沪建市管[2013]84号），提出调整资源综合利用的统计工作、规范商品粉煤灰质量检验合格证、强化商品粉煤灰生产企业质量管理、建立商品粉煤灰生产企业诚信体系四大方面的工作任务。并修改完善了《上海市商品粉煤灰质量检验合格证》和《上海市商品粉煤灰产品出厂质量跟踪单》两个附件。

3. 管理工作不断强化

组织开展了2013年全市商品粉煤灰生产企业质量管理动态检查。市市场管理总站建材科、水泥协会、检测机构派员共同组成了检查组，随机对14家取得本市建设工程材料备案证明的商品粉煤灰生产企业的台账资料、现场管理、产品质量等方面进行了全面检查。从检查情况看，大多数企业的台帐较为齐全、规范，现场管理也比较有序。产品质量是这次抽检的主要部分，检测机构严格按照抽样规定，从成品库抽取样品，随车带回去对相关技术指标进行检测。检测结果显示,全部抽样产品的检验指标均符合国家标准的要求，情况良好。

（四）积极推进生活垃圾分类减量

2013年，生活垃圾分类减量工作继续坚持“规划引领、政府主导、市场运作、社会参与”的基本思路，坚持远近统筹、有序推进，促进生活垃圾分类减量“技术、政策、社会”系统建设，继续强化“舆论导向、行为导向、目标导向”，在市、区两级分减联办的共同努力下，实际日均产生量为17518吨。截至11月底，全市新增生活垃圾分类减量场所达到5163个，其中居住区2093个，机关288家，企事业单位939家、菜场390个、学校1363所、公园90座，覆盖居民户数约205万户。

1. 做实技术系统

生活垃圾减量工作稳步推进。以提高湿垃圾运输和处理水平为目标，推进分类运输和处理系统建设，湿垃圾单独收运处置系统逐步建立，全市湿垃圾处置能力已超1300吨/日，进入湿垃圾处置系统的集贸菜场垃圾和居民区厨余垃圾日均达1015吨。大分流体系不断完善。全年共有24.27万吨厨余垃圾实行专项收运处置；促进一般工业垃圾从生活垃圾处置系统中剥离；配合市民政局完善中心城区废旧衣物回收网络布局，形成回收工作方案。生活垃圾分类覆盖面不断拓展，以“3+2”整区域推进为重点，在浦东、静安、长宁、徐汇、奉贤等五个已创和争创文明城区，及其他区至少一个街镇基本实现生活垃圾分类的整区域覆盖。同时，探索专项垃圾分流处置系统建设，包括打通专业处置利用企业和区县回收单位的纵向联系，以利用带回收，开展废旧玻璃、废旧服装、电子废弃物专项回收体系建设；研究废旧荧光灯管专项回收处理试点方案，目前已形成初步方案，计划在长宁、宝山两区部分街道，以及全市100个机关和企事业单位、100幢商务楼、200个商场销售终端等先行开展废旧荧光灯管专项收集和处理等工作。

2. 做强政策系统

推进既有政策有效落实。推进实施生活垃圾节能减排专项补贴政策，落实“以奖代补”激励机制。对各区2011年生活垃圾分类减量补贴资金进行了绩效评价，同时为完善补贴政策提供了依据。加强法规体系建设。顺利完成了《上海市促进生活垃圾分类减量办法（草案）》的编写工作，完成生活垃圾分类减量指导手册、生活垃圾分类收运标准等一系列法规配套文件的起草工作，并举办了《上海市促进生活垃圾分类减量办法》立法听证会。以制定和修订标准为突破口，逐步实现生活垃圾分类减量的标准化管理。原市建交委修订了住宅设计标准，新建全装修住宅配置厨余垃圾粉碎机纳入修订后的标准；市绿化市容局对湿垃圾加工产物标准和施用操作技术规程进行了研究。根据重新明确的单位生活垃圾收费管理办法，鼓励各区县因地制宜，激发社会单位参与垃圾分类减量，制定相应的单位生活垃圾收费减免标准。

3. 做深社会系统

一是完善机制。房管部门指导试点小区建立了居委、物业联手的工作机制，落实了保洁员“二次分拣”及考核奖励机制等；二是持续宣传。继续推进“绿色星期六——资源回收日”活动，全市拓展绿色家园1863家，覆盖场所3805个。三是创新模式。以绿色账户为载体，建立“分类有积分，积分可兑换，兑换可获益”的上海垃圾分类激励模式。在静安、松江、黄浦等区的部分居住区开展了绿色账户试点工作，通过试点，“上海模式”初见成效。四是筹备民办非企业单位，2013年6月份以来，由上海市废弃物管理处和中国银行上海市分行共同发起，筹备民办非企业单位，为绿色账户年内进一步试点和今后可持续运行提供组织和后台支撑。

（五）全面推动循环经济试点示范工作

1. 认真开展国家循环经济试点验收工作

2013年，国家发展改革委、环保部、科技部、工信部、财政部、商务部和国家统计局等七部委联合下发了《关于组织开展国家循环经济示范试点单位验收工作的通知》（发改环资[2013]1471号），要求对2005年和2007年组织开展的两批国家循环经济示范试点工作进行验收。

上海市政府高度重视，认真对照要求，组织了对上海化学工业区、上海市莘庄工业区、宝山钢铁股份有限公司、伟翔环保科技发展（上海）有限公司、上海新格有色金属有限公司等五家试点单位的验收工作：一是研究制定工作方案，市发展改革委会同市环保局、市科委、市经信委、市财政局、市商务委和市统计局等部门认真研究了相关验收标准、方法程序，经充分协商，制定了上海市验收工作方案，确定了各部门职责分工。二是指导各试点单位开展自查自评，向本市5家国家循环经济示范试点单位传达了《通知》的精神，要求各家单位对照原实施方案开展自查自评工作，并编制完成自查报；三是对试点单位开展第三方评价。委托第三方机构对试点单位工作进行了初审，包括对试点单位逐一进行了现场踏勘，组织专家对照原试点实施方案和验收要求逐项进行了对比、分析和论证，形成了第三方验收建议；四是开展部门会审，形成初步验收意见。市发展改革委会同市环保局、市科委、市经信委、市财政局、市商务委和市统计局等部门根据试点单位自查情况、第三方评估意见以及专家初审建议，围绕试点工作完成情况（包括目标指标、主要任务和重点工作、重点项目以及保障措施的完成情况）、试点实施效果、试点的示范性和试点过程中存在的问题等方面，对本市5家循环经济试点单位的试点实施情况进行了会审，最终形成一致意见上报国家。

此外，上海还对自身“十一五”期间开展循环经济的各项工作进行了梳理和总结，并形成了自查报告。

2. 积极争取国家中央预算投资资金支持

根据国家要求，上海积极组织申报国家资源节约和环境保护2013年中央预算内投资备选项目。经过政府部门初审、专业机构评估以及综合平衡和认真遴选，申报单位5家。项目总投资5亿元，其中拟申请2014年中央预算内投资4200万元。

3. 稳步推进本市生态工业示范园区创建

2013年，上海配合国家三部委完成对本市张江高新技术产业开发区和闵行经济技术开发区创建国家生态工业示范园区的现场技术核查和青浦工业园区创建规划的专家论证工作。市环保局会同市商务委、市科委、市经济信息化委和张江高新区管委会共同推进上海市生态工业（产业）园区的创建工作，目前已完成星火开发区、南汇工业园区的创建规划专家论证，并发文批复同意创建。将力争尽快完成对张江和闵开发国家生态工业示范园区建设的现场验收工作和上海市工业综合开发区创建市级生态工业园区的规划论证工作。

（六）全面实施环保三年行动计划

2013年，上海把防治固体废物污染作为维护人民健康，保障环境安全和发展循环经济，建设资源节约型、环境友好型社会的重要策略之一。紧密结合滚动实施上海市环保三年行动计划，积极推进固体废物综合利用工作，取得了明显成效。工业固体废物综合利用率、危险废物和医疗废物无害化处置率达到规划控制要求。

1. 强化危险废物的源头管理工作

经过一年多的努力，上海危险废物信息化管理完成了从区域试点到全面铺开的转变，形成了“17个区县+2个管委会”的危险废物管理格局，市区两级环保部门的联动机制日趋完善。市环保局始终以危险废物信息化管理为抓手，自2013年4月起全市所有危险废物重点监管单位的管理计划备案、转移联单、应急预案等管理内容通过网络申报、统计、汇总，有效的提升了危险废物的管理效率，发挥了危险废物转移实时追踪的功能，有效降低转移环节的风险。上海市区两级环保部门累计开展了4000余家产生单位信息化申报操作培训，通过危险废物属地化、信息化管理的推动，危险废物监管覆盖面不断完善，监管力度不断加大。未来将继续推进危险废物信息化管理系统（二期）建设，计划引入电子标签、物联网RFID识别等智能功能。

2. 提升危险废物无害化处置能力

按照本市环保三年行动计划和“十二五”固体废物污染防治规划的总体要求，2013年，完成了上海化工区集惠环保污泥扩建处置工程、老港飞灰填埋专区建设项目并投产运行，有效的保障了全市危险废物的安全处置。此外，继续推进嘉定、青浦、临港等区域化危险废物处理处置设施建设，进一步提升危险废物处理行业专业化水平。

3. 大力推进电子废弃物循环利用

一方面，加快推进电子废物回收体系建设。上海先后将电子废物回收体系建设列入本市政府实事工程，环保三年行动计划以及城市生活垃圾分类减量的重点项目和工作。本市环保部门积极配合商务部门推进回收网络体系建设，积极培育新锦华“在线收废”、金桥再生资源平台“阿拉环保”等专业回收模式和平台。另一方面，搭建回收处理的循环链条，建立对接机制。环保部门配合商务、绿化市容部门，积极搭建平台，推动回收企业和处理企业对接，确保再生资源回收体系回收的大件电子废物和生活垃圾源头分类减量分流出来的小件电子废物进入环保处置系统。

（七）不断强化循环经济管理能力

1. 深入研究相关支持政策

一是修订完善市级循环经济发展专项扶持政策。《上海市循环经济发展和资源综合利用专项扶持办法》（以下简称“《办法》”）自2009年开始实施，五年来安排补贴资金共计11860万元，扶持了54个示范项目，较好地促进了上海资源节约型和环境友好型城市的建设，有效推动本市循环经济发展和资源综合利用工作。随着《上海市循环经济发展“十二五”规划》的出台，本市循环经济发展面临新的要求，《办法》需根据新形势作进一步修订完善。2013年，市发展改革委会同相关部门对煅烧脱硫石膏、建筑废弃物、废旧衣物、废玻璃、电子废弃物等领域进行了调研，并对领域内重点企业项目运营情况进行分析，在此基础上，对《办法》中的支持范围和方式、项目要求、补贴标准和申报流程等方面提出了修订意见，经征求相关委办意见，形成了《上海市循环经济发展和资源综合利用专项扶持办法（修订稿）》。二是出台区域的循环经济发展专项。2013年9月，上海化学工业区设立了上海化学工业区循环经济发展和资源综合利用专项并颁布了配套的扶持政策实施细则。三是研究并修订了《上海市可再生能源和新能源专项资金扶持办法》、《上海市光伏发电项目管理暂行办法》，通过加大扶持力度、简化审批程序、加强行业管理等措施，进一步推进上海非化石能源发展。

2. 加大专项资金扶持力度

2013年，上海继续支持了一批工业、农业、城建等领域废弃物资源化利用项目，扶持资金近2000万元，带动企业投入近1.1亿元，项目对于原生矿产资源的替代约44万吨；安排清洁生产扶持资金2000余万元，对前期实施清洁生产审核并通过验收的项目给予支持；安排生活垃圾分类和减量化试点扶持资金7000余万元，对2012年区县生活垃圾分类工作给予支持；对各类新建节能居住建筑和既有建筑改造项目落实市级财政补贴6654万元。经核算，2013年上海市级财政下达12批资金使用计划，实际安排节能减排专项资金20.9亿元，超过年初预算4.9亿元，比2012年实际支出增加5.1亿元。

3. 落实税收优惠支持政策

2013年，上海积极落实国家有关所得税、增值税税收优惠政策，大力促进节能环保产业发展。本市设立专门的环境保护节能节水项目认定机构，落实国家税收优惠政策。一是设备退税，认定2013年度（第一批）专用设备企业10家。二是项目退税，2013年度第一批项目共有3个。三是资源综合利用项目退税，共认定104家资源综合利用企业，其中新认定26家，复审78家，减免增值税3.8亿元，减免所得税0.7亿元。

二、2014年循环经济工作打算

2014年，上海将步入循环经济全面深化发展的新阶段，并重点推进如下工作：

（一）继续全面推进重点地区规划建设

积极研究深化老港地区循环经济功能，谋划老港固废综合利用基地转型，深入探索适合环境特点和城市发展需求的模式，力争建成“环境整洁、空气干净、示范效应显著的现代化新型固废综合处理和环境综合利用示范点基地。加快临港国家再制造示范基地建设，积极推动“国家机电产品再制造产业示范园”落户临港产业区，吸引上海新孚美、三立（厦门）、青岛新天地等一批国内技术领先的再制造企业入驻。推进宝山宝钢地区建设宝山循环经济园区，推动钢渣建材等资源综合利用功能和循环经济服务业功能在园区的集聚。继续推进国家和本市“生态园区”创建工作，充分发挥其示范引领作用；开展实施工业园区（开发区）循环化改造，推动各类园区完善废物交换利用、能量分质梯级利用、水分类利用和循环使用。开展低碳试点示范，推进低碳社会建设，深入推进虹桥商务区、崇明县、长宁虹桥地区、临港地区、原卢湾区中南部、徐汇滨江地区、金桥出口加工区、奉贤南桥新城等第一批低碳发展实践区开展试点工作。

（二）继续做好各类国家示范试点工作

积极协调推进国家“城市矿产”示范基地、“国家餐厨废弃物资源化利用和无害化处理试点备选城市”、“国家循环经济教育示范基地”、“国家汽车零部件再制造试点”等国家示范试点项目的建设。

（三）继续抓好节能减排清洁生产工作

上海将围绕“打造绿色园区新模式，开创工业节能新局面”的工作主题，以绿色产业园区建设为核心，以实施重点示范工程为着力点，强化技术标准支撑，研究完善政策举措，促进绿色发展、循环发展、低碳发展。一是通过开展重点节能工程、完善能源管理体系、推进能效对标达标、完善能效监控体系、强化专项节能监察等举措，实现工业能效的提升；二是通过大力推进清洁生产、大力推进资源综合利用、实施工业园区循环化改造、及时应对气候变化等方法，实现工业领域循环经济发展的提速；三是通过促进节能环保产品消费、健全合同能源服务领域诚信体系、推广合同能源管理融资模式、大力发展节能服务业、开展节能环保产业园区示范等工作，实现节能环保产业的健康快速发展。

（四）继续推进节水节地节材相关工作

节水方面，落实最严格水资源管理制度，深入推进节水型社会建设，加强节约用水长效管理，推进城市生活节水重点工程，推进一批大用水户实时监管点建设，创建一批节水型园区、企业、学校和小区，进一步完善上海市节水型社会建设评价指标体系及考核办法。

节地方面，严格控制新增建设用地规模，积极盘活存量土地资源，土地开发强度控制在39%以内，加强用地节地责任考核，在控制性详细规划中严格落实集约用地要求。

节材方面，继续推进适度包装，加大限制商品过度包装的监督检查力度；减少使用塑料购物袋，减少宾馆、饭店等一次性用品使用；积极推进学校、机关、餐饮饭店等开展“光盘行动”。

（五）继续推进生活垃圾分类和减量化

不断加强基础能力提升，加快生活垃圾分类与相关标准的衔接，加快《上海市促进生活垃圾减量办法》的研究制定等工作，将在强化清洁生产、绿色流通、绿色消费和绿色办公等源头减量措施的基础上，通过规章明确本市垃圾分类标准，建立生活垃圾分类减量责任人制度、分类减量激励机制等。依托生活垃圾分类试点和源头减量工作推进，全面落实《上海市再生资源回收管理办法》，健全“再生资源”回收体系，试点开展废旧灯管、废旧服装等废旧物资回收利用。以“绿色账户”为载体，探索构建前台操作、平台管理、后台支撑的再生资源回收利用“上海模式”。

（六）探索循环经济信息化发展新路径

为全面分析循环经济领域发展现状、及时反映行业发展趋势、正确引导政府管理决策、使资源获得最有效配置，提升政府经济社会管理能力水平，上海将研究在市级层面建立统一的废弃物回收和资源化利用信息统计平台。通过信息统计平台、信息数据渠道和配套管理制度的建设工作，整合散落在各政府机关、企事业单位、社会组织中的循环经济相关数据信息数据，实现上海在循环经济领域精细化、科学化、智能化的政府管理。

（撰稿：沈洁、陈峰磊，上海发展和改革委员会资源节约和环境保护处）

2013年江苏省循环经济

江苏省经济和信息化委员会

一、主要概况

2013年，全省上下认真贯彻落实党的十八大关于生态文明建设的方针和党中央、国务院决策部署，坚持把节能减排和发展循环经济作为促进经济发展方式转变、推动产业转型升级和建设生态文明的重要举措，扎实推进各项重点工作落实，取得明显成效。2013年，全省万元地区生产总值能耗为0.546吨标准煤/万元，比2012年下降4.16%，超额完成了下降3.9%的年度目标，完成五年目标进度65.2%，超额完成国家要求的进度目标。全省规模以上工业单位增加值能耗为0.78吨标准煤/万元，比2012年下降6.35%，“十二五”前3年累计降低18.78%，为完成全省单位地区生产总值能耗降低率目标提供了有力支撑。2013年全省万元地区生产总值用水量为84.3立方米，较上年下降17.3%，单位工业增加值用水量为19立方米，与上年基本持平，主要节水指标位居全国先进水平。工业固体废弃物综合利用率达到96%以上，远高于全国平均水平。全省主要污染物化学需氧量、二氧化硫、氨氮和氮氧化物排放量分别比2012年削减4.8%、6.5%、5.2%和15%，超额完成年度减排任务，削减比例高于全国平均水平。

二、主要做法和举措

（一）加强节能减排综合协调

严格落实节能目标责任。下达2013年度各市节能目标，分解部门节能目标任务；对省辖市政府开展2012年节能目标责任评价考核，对完成2012年度全省节能目标作出较大贡献的10个省辖市政府和30家工业企业进行表彰；按季发布各市节能目标完成情况晴雨表，对能耗增长过快和完成目标进度滞后的地区及时发出预警。

（二）推进节能环保产业加快发展

制定起草《关于加快发展节能环保产业的实施意见》，在全国率先印发实施。加强重点领域发展情况分析、跟踪和研判，全面开展半导体照明产业调查，就规避上游LED芯片产能过剩风险提出政策措施建议，省政府领导给予充分肯定。研究制定《关于加快半导体照明产业发展若干意见》，亦请省政府印发实施。运用省级节能专项资金支持垃圾焚烧烟气净化技术及核心装备、工业炉窑脱硝技术及成套装备等一批节能环保产品产业化、规模化项目。2013年节能环保产业主营业务收入同比增长20%以上。

（三）扎实推进节能重点工程实施

一是深入推进节能改造。大力组织实施电机系统、锅炉（窑炉）、余热余压利用、能量系统优化、绿色照明、交通节能等节能改造，省级以上280个重点项目建成投运，新增节能能力200多万吨标准煤。实施重点用能设备精细化改造战略，按照国家明确的在用低效电机淘汰路线图，对年耗电1000万千瓦时以上的4000多家工业企业在用电机状况开展调查摸底，制定出台《全省电机能效提升3年行动实施方案（2013-2015》。

二是积极推进能耗监控体系建设。省级能效监测分析平台建成投运，在中天钢铁、兴澄特钢、永钢集团能源管控中心示范项目投入运行的基础上，又启动了井神盐业、索普化工、新世纪盐化等一批企业能源中心示范项目建设。

三是加快构建节能服务体系。以推行合同能源管理为重点，加快发展节能服务业，全省新获得国家备案的节能服务公司77家，合计已达189家，实施重点合同能源管理项目51个，实现节能量约9万吨标准煤，分别比上年增长130%和50%。

四是大力推广高效节能产品。与苏州市政府联合举办第七届中国苏州国际节能环保产品与技术展览会，推进节能环保新技术新产品供需对接，宣传解读节能产品惠民工程工业类产品的推广政策，推动高效节能家电和高效节能电机、容积式空气压缩机、通风机、清水离心泵、配电变压器等推广应用。2013年我省共推广高效照明产品530万只、节能家电640多万台，位列全国前茅。

（四）进一步加强工业等重点领域节能管理

一是进一步健全完善节能标准体系。启动编制炭黑、造纸等11项严于国家的产品能耗限额标准。“十二五”以来，我省已公布实施《棉纱单位产品可比综合电耗限额及计算方法》等25个能耗限额地方标准。

二是推进重点用能单位能源管理体系建设。制定实施千企能源管理体系推进计划，编制发布能源管理体系建设效果评价指南，组织市县节能管理部门及重点用能企业（单位）开展专题培训，推动千企按照《能源管理体系要求》（GB/T 23331）建立能源管理体系。2013年共有180多家企业初步建立能源管理体系，19家企业已通过第三方机构认证。

三是联手推进建筑等非工领域节能。会同有关部门研究制定《江苏省绿色建筑行动实施方案》，省政府已印发全省实施。以开展示范单位创建为载体，深入推进公共机构节能，129个单位通过省级创建验收，39个单位通过国家级创建工作验收。四是深入开展节能专项执法。制定下达2013年专项节能执法计划，组织全省各级节能监察机构对800多家年耗能5000吨标准煤以上的涉限企业、1000多家年耗电3000万千瓦时以上企业、150家非工用能单位及14家锅炉（电机）制造企业开展专项节能执法检查，对2012年度及2013年上半年主要产品能源消耗状况实施能源监察审计，对用能设备和工艺情况进行排查，对执行法律、法规情况进行监督检查，查处一批超限额标准用能和违规使用国家明令淘汰用能设备的单位。

（五）大力推进工业循环经济发展

以建设“两型”工业体系为目标，以源头减量、废弃物资源化、再制造产业化等为重点，强化示范培育，不断探索发展工业循环经济的有效实践形式。无锡前程木业节材代木试点工作已通过国家考核验收，南京田中机电再制造有限公司已通过国家再制造复印机的产品认证，张家港富瑞特种装备股份有限公司等三家企业被国家列为第二批再制造试点单位。推进废弃物资源化，2013年全省工业固体废弃物综合利用率预计约96%，共认定资源综合利用企业772家，减免增值税约20亿元、所得税2.7亿元。推进清洁生产达标创先，灵谷化工（宜兴）、金东纸业（镇江）、江山农化等3家企业被工信部命名为国家级清洁生产示范企业，沙钢集团等10家企业被授予首批省级清洁生产先进企业称号。以农药、化工、电子等行业源头减量、有毒有害原料（产品）替代为重点，大力实施清洁生产技术推广应用。无锡新大中薄板非金属复合钢板等9个项目列入国家清洁生产推广和应用示范计划，共获得中央财政补助资金4840万元，项目数及资金额均名列全国第一。

三、2014年目标和重点

全省单位GDP能耗比2013年降低3.6%，单位工业增加值能耗降低4.5%；单位工业增加值水耗降低5.6%；工业固体废弃物综合利用率稳定在95%以上；节能环保产业主营业务收入增长20%以上。

（一）严格落实节能目标责任

制定实施《2014-2015年全省节能行动实施方案》，推动出台有关配套政策措施。分解落实13个省辖市2014年节能目标及省有关部门节能工作任务，指导督促各地逐级分解落实节能工作目标任务，强化工业、建筑、交通运输和公共机构等重点领域节能工作。进一步完善节能预警、考核和监管机制，严格落实奖惩措施。

（二）严控高耗能行业增长

贯彻落实省政府《关于化解产能过剩矛盾的实施意见》，严禁建设新增过剩产能项目，对未通过能评、环评审查的项目，有关部门不得审批、核准、备案。严格执行《省政府关于进一步加强节能工作的意见》，将固定资产投资项目对区域能耗水平影响作为节能评估审查的重要内容，严格实施节能评估审查制度，对节能目标完成进度滞后、被列入一级、二级预警的地区，落实高耗能项目限批、暂缓接电等约束性规定。

（三）更大力度实施节能改造。

突出工业和交通运输、公共机构等重点领域，冶金、化工、建材、纺织、电力、轻工等主要耗能行业及重点耗能企业，做好项目储备，利用省级节能专项资金并积极争取中央财政奖励资金支持，引导企业加大投入，大力组织实施锅炉（窑炉）、电机系统、余热余压利用、能量系统优化等节能改造，深挖节能潜力。通过实施节能改造，力争全年实现节能能力200万吨标准煤。

（四）大力推进节能技术推广应用

围绕低品位余热利用、高效换热、燃烧技术和新型高效电机应用等，组织实施节能技术应用示范项目，带动一批节能共性关键技术推广应用。严格落实用能设备能效控制措施，将用能设备能效等级纳入固定资产投资项目节能评估和审查内容，新建高耗能项目用能设备须达到一级能效标准，其它新、扩、改建项目必须采用二级以上能效用能设备。推动重点用能设备能效提升，实施电机能效提升3年行动计划，采取政策激励、节能执法、差别电价等综合措施，推进在用低效电机淘汰和高效电机推广。2014年底，淘汰1998年底前出厂的Y系列低压三相异步电动机50万千瓦，推广高效节能电机50万千瓦。

（五）大力推进节能服务体系建设

大力推行合同能源管理，鼓励公共机构、大型公建及重点用能单位采用合同能源管理方式实施节能改造，开展能源审计和“节能医生”诊断。引导和推动节能技术和管理水平高、经济实力强的大型重点用能单位及技术优势突出的节能产品生产制造企业，组建专业化节能服务公司，提供专业化节能服务。2014年通过合同能源管理模式实施节能改造实现节能10万吨标准煤。

（六）深化电力需求侧管理

探索新的电能服务商业模式，指导苏州市做好电力需求侧管理城市综合试点工作，年内完成降低电力负荷45万千瓦及1000家企业参与试点，以点带面提升全省电能管理智能化水平和社会化功能。进一步完善优化省电能管理公共服务平台功能，提高运维能力和应用水平，力争年内接入平台用户2000户。加强节能发电调度，全年以高效大机组替代小机组发电150亿千瓦时以上，节能55万吨标准煤。

（七）更富成效推进重点耗能企业能效提升

继续启动编制一批产品能耗限额标准，不断完善节能标准体系，倒逼重点耗能企业能效水平持续提升。深入推进千企节能低碳行动，以“千企”年度节能目标考核、能源管理体系建设和能效对标达标活动为抓手，夯实节能管理微观基础，加快构建重点用能单位节能长效机制。50%的“千企”按照GB/T23331要求建立能源管理体系，2014年实现节能400万吨标准煤。组织开展重点用能单位专项能源监察审计，对单位产品能耗超过国家和省限额标准、违规使用国家明令淘汰的落后用能设备的，执行惩罚性电价和差别电价。

（八）推进能源智慧化管理

做好省级能效平台运行维护，支持无锡、苏州、盐城等地对重点耗能企业实施能耗在线监测。推进企业能源智慧化管理，以钢铁、建材、化工、轻工等行业为重点，推进重点耗能企业能源管控中心建设，对能源的购入存储、加工转换、输送分配、最终使用和回收处理等环节实施动态监测、控制和优化管理。推进用能设备智能化改造，利用信息化技术对主要耗能设备、工艺流程实施数字化、网络化和智能化改造，提升能源利用效率。

（九）大力推进绿色制造

突出重点，落实措施，进一步扩大绿色制造和工业循环经济规模。

一是全面推动制造业绿色化改造。以节能、节水、节材、废弃物资源化、有毒有害物质减量（替代）为重点，推动实施一批绿色化改造项目，实现工艺流程再造。

二是推进再制造试点示范。以汽车零部件、内燃机、办公信息设备再制造为主体，培育一批具备对成套处理装备进行研发、设计、制造并具有一定规模的装备制造企业，打造苏州、无锡、南京再制造产业基地，以点带面，全面推动。

三是加强工业绿色设计。综合考虑资源消耗、环境影响、清洁生产技术水平、社会关注度等因素，选择汽车、电子电器等产品，开展生态设计试点工作并逐步拓展试点产品范围。推广易拆解、易分类的产品设计方案及一批生产、回收处理过程中有毒有害物质控制技术和易回收、可重复使用的绿色环保材料。

四是开展低碳工业园区试点。选择2—3家基础较好、减排潜力较大的工业园区，探索形成产业高度聚集、地区行业特色鲜明、碳生产力高的园区低碳发展新模式。五是开展示范创建。培育一批资源节约型、环境友好型企业和循环经济示范园区。

（十）推进工业污染物减排

围绕大气和水环境污染等突出问题，多措并举，推动工业污染防治。推动结构减排，制定标准更高的落后产能淘汰政策，建立提前淘汰落后产能激励机制，继续淘汰一批相对落后和低端产能。围绕工业大气、水污染物削减，深入推进清洁生产达标创先，以电子、化工、火电、造纸、电镀、印染等行业为重点，组织500家企业开展自愿性清洁生产审核，创建20家清洁生产先进企业，有序推进源头减量、减毒、清洁能源替代、废水减量和资源化利用改造，树立一批清洁生产技术推广应用示范项目。

（十一）扎实推进节能环保产业加快发展

重点围绕贯彻落实省政府《关于加快发展节能环保产业的实施意见》，协同有关部门，推进产业转型发展、创新发展。编制节能环保装备产品推广目录及省内产品技术典型应用案例，推动节能环保装备产品升级换代。以国际先进水平、国内领先水平和节能减排前沿技术为重点，围绕当前节能减排重点领域，在工业窑炉锅炉节能改造、电机系统节能、能量系统优化、余热余压利用、节约和替代石油、交通运输节能、数字化能源管理、余热余压回收利用、高效照明、脱硫脱硝除尘改造、重点行业持久性有机物污染治理、涉重废水、有机废水及地下水污染治理、土壤治理及修复试点、污泥处理综合利用等方面，有重点的支持一批产业化规模化项目和应用示范工程实施。

（撰 稿：韩兵祥，江苏省经济和信息化委员会节能处）

2013年山东省循环经济

山东省经济和信息化委员会

2013年，山东省各级各部门及广大企业认真贯彻落实国家及省关于发展循环经济、促进清洁生产的法律法规，按照省委省政府的总体工作部署，扎实做好各项工作，全省循环经济与清洁生产工作取得积极成效，超额完成年度目标任务。2013年万元GDP能耗达到0.78吨，比2012年下降4.48%，全省综合利用工业固体废物8931万吨，工业固体废物综合利用率达到83.57%。全省1222家单位通过清洁生产审核验收，清洁生产咨询服务机构达到90家。

一、大力发展循环经济

（一）推进园区循环化改造

一是组织编写《循环经济理论与法规》，对全省65家循环化改造的园区负责人进行了培训，明确园区循环化改造的方法和步骤，提高对循环化改造的认识，增强工作的积极性和主动性。二是组织专家对园区循环化改造实施方案进行评审论证，印发了《关于修改园区循环化改造实施方案的通知》，组织25家园区修改完善实施方案。会同省财政厅印发了《关于同意山东明水经济技术开发区等19个园区循环化改造实施方案的批复》，要求有关市每半年上报工作进展情况。三是充分利用循环经济技术改造现有工业园区，东营经济技术开发区和临沂经济技术开发区被列为国家示范试点，获国家补助资金23150万元。

（二）设立循环经济专项资金

印发《2013年山东省循环经济专项资金项目申报指南的通知》（鲁经信循字〔2013〕156号），组织专家对项目进行了评审论证。在各市推荐和专家论证的基础上，确定富美科技集团有限公司年再制造600万支硒鼓项目、山东鑫泉医药有限公司年生产600吨DM项目等12个项目，为2013年度山东省循环经济示范工程，补助财政资金1000万元。会同省财政厅印发了《山东省循环经济专项资金绩效评价暂行办法》，要求各市加强循环经济专项资金管理，强化项目监管，提高资金使用效益。对2012年循环经济资金支持项目和国家示范试点项目建设情况进行督查，配合审计厅对循环经济专项资金支持项目进行了审计。

（三）抓好国家循环经济教育示范基地建设

会同省教育厅、省财政厅、省旅游局印发《关于组织推荐循环经济教育示范基地备选单位的通知》（鲁经信循字〔2013〕278号），在全省遴选一批循环经济特征明显、教育示范意义显著的循环经济教育示范基地备选单位，并择优向国家推荐。按照《国家循环经济教育示范基地管理规定（暂行）》要求，会同省教育厅、省财政厅、省旅游局对中国重汽集团济南复强动力有限公司申请国家循环经济教育示范基地授牌的有关材料进行了初审，形成了《关于申请中国重汽集团济南复强动力有限公司国家循环经济教育示范基地授牌的请示》（鲁经信循字〔2013〕233号），并通过国家评估验收，获财政补助资金200万元。

（四）开展再制造产业调查

印发《关于对全省再制造产业发展情况进行调查的通知》（鲁经信循字〔2013〕226号），对全省废旧汽车零部件、工程机械、工业机电设备、机床、矿采机械等再制造进行调查摸底。据不完全统计，我省具有一定规模的再制造企业共39家，再制造产品涉及汽车零部件、轮胎、工程机械、办公信息设备等行业80余个，全省再制造企业共再制造汽车发动机1.78万台，工程机械1120台，硒鼓702万支，耐磨防腐油管7830吨，抽油杆130万米，翻新轮胎21.9万条，废钢再制造16502吨。实现利润21.9亿元。

（五）做好循环经济示范城市（县）创建工作

循环经济示范城市（县）的创建工作是国家“十二五”规划《纲要》和《循环经济发展战略及近期行动计划》确定的循环经济“十百千”示范行动中的重要内容。按照国家发改委部署，我省认真组织循环经济示范城市（县）创建工作，经各市初审，专家论证，确定潍坊市、新泰市为国家循环经济示范城市（县）创建单位，推荐上报国家发改委，并获批准。

（六）优选公布100家循环经济示范单位

按照《山东省循环经济发展“十二五”规划》要求，会同山东省住建厅、商务厅、农业厅、教育厅、旅游局等

部门在工业、农业、服务业范围内组织推荐循环经济示范单位，以鲁经信循字〔2013〕507号文件印发了《关于组织推荐全省循环经济示范单位的通知》，经各市初审，在专家论证的基础上，公布了100家示范带动作用显著的循环经济示范单位。

（七）组织开展国家循环经济示范试点验收工作

转发国家发展改革委《关于组织开展循环经济示范试点单位验收工作的通知》（发改环资〔2013〕1471号），在全省范围内开展循环经济示范试点验收工作。对照试点单位和试点市实施方案中所列主要目标、主要任务、工作重点、保障措施的落实情况，展开全面自查工作并形成自查报告。省经济和信息化委会同省环保厅、商务厅、统计局等有关部门分别牵头组成验收组，通过实地查看、听取汇报等形式，对试点单位进行验收评估，全面了解循环经济试点工作的推进情况，总结并推广发展循环经济的先进适用技术和典型经验。

（八）推进餐厨废弃物资源化利用和无害化处理试点工作

抓好两批国家试点城市实施方案的落实，按照国家要求，会同山东省住建厅等部门，抓好潍坊市等国家第一、二批试点市的餐厨废弃物资源化利用和无害化处理工作，确保项目尽快竣工，按时建成达产，带动全省餐厨废弃物资源化、无害化利用工作深入开展。同时，做好第三批国家试点市实施方案的修改完善等工作。济南市餐厨废弃物资源化利用和无害化处理试点城市已获得国家批复，中央财政拨付4800万元补助资金，相关工作正在有序进行。

二、深入实施清洁生产

（一）加大审核力度，提升清洁生产审核质量

以鲁经信循字〔2013〕118号、324号公布了共1048家拟实施清洁生产审核的单位名单，要求各市重视清洁生产审核工作，将其作为实施节能减排、建设生态山东的重要举措。同时，严把审核质量。按照《山东省清洁生产审核验收暂行办法》的要求，适时组织对企业实施清洁生产审核的效果进行评估验收。全省共有1222家单位通过了清洁生产审核。其中，自愿性审核单位857家，强制性审核单位365家。

（二）重视技术创新，推广清洁生产先进技术

10月份，会同环保厅组织开展了清洁生产先进技术推荐评审工作。经企业申报、各市推荐和专家评审，全省有15项拥有自主知识产权的清洁生产先进技术被列入《山东省清洁生产技术指南》，在全省进行推广。

（三）加强政策扶持，加快清洁生产项目建设

按照工信部《关于申报2013年工业清洁生产示范项目的通知》要求，上报了经专家论证通过的工业清洁生产示范项目，争取中央财政清洁生产专项资金的支持。工信部下达资金补助（奖励）14个项目，其中应用示范项目13个、推广示范项目1个。23项技术得到推广应用，获国家补助资金9110万元。省财政厅拿出2000万元专项资金，对20个清洁生产示范项目进行补助。

（四）开展专项治理，实施清洁生产重点工程

按照工信部办公厅《关于申报汞削减、高毒农药替代清洁生产工程备选项目的通知》要求，组织各市筛选上报10个大幅削减汞使用量和回收汞资源、大幅削减有毒有害物质产生量的项目。按照工业和信息化部《关于开展京津冀及周边地区工业企业清洁生产水平提升计划编制工作的通知》要求，实施了大气污染防治重点工程。优选了47个有助于改善大气环境质量的项目，向工信部申报。

（五）树立典型，发挥示范引领作用

按照《工业和信息化部办公厅关于推荐重点行业清洁生产示范企业的通知》部署，山东泉林纸业有限责任公司等4家企业被工信部确定为清洁生产示范企业。在全省组织开展了清洁生产先进案例征集工作，编制了《山东省清洁生产先进案例》。在兖州召开全省造纸行业清洁生产现场经验交流会，推广了太阳纸业推行清洁生产的好经验和好做法，参观了太阳纸业化学机械浆废水零排放、制浆造纸固废资源化利用两个国家应用示范项目，引导造纸行业清洁生产上台阶、提水平。

（六）开展审核培训，提高清洁生产人员素质

围绕全年清洁生产审核目标任务，分别在济南、威海、临沂、济宁举办六期清洁生产审核师培训班，全省各市清洁生产管理部门、相关企业和咨询服务机构的部分同志共1021人（次）参加培训，经考试合格的获得“山东省清洁生产审核师培训合格证书”。

三、积极开展资源综合利用

（一）认真落实国家关于鼓励资源综合利用的税收优惠政策

分四个批次对申报资源综合利用产品的企业进行了审核，认定了385家企业的433个产品为资源综合利用产品，76家电厂的113台发电机组为资源综合利用机组，我省资源综合利用企业达到1100家，促进了我省综合利用产业规模的不断扩大。2013年，全省资源综合利用产业实现产品产值509.04亿元，同比增长10.32%，利用工业固体废物8931.35万吨，同比增长6.88%，工业固体废物综合利用率达到83.57%，企业利废能力不断增强。

（二）着力抓好重点领域再生资源利用管理

认真落实省政府领导批示，贯彻工业和信息化部等部门《关于促进铅酸蓄电池和再生铅产业规范发展的意见》，结合我省实际，提出具体落实意见（鲁经信循字〔2013 〕460号）。落实工业和信息化部《废旧轮胎综合利用行业准入公告管理暂行办法》（鲁经信循字〔2013 〕186号），推荐4家企业申请列入废旧轮胎综合利用行业准入公告。落实工业和信息化部《关于印发废钢铁加工行业准入公告管理暂行办法》，推荐8家企业申请列入废钢铁加工行业准入公告。积极做好《再生铅行业准入条件》实施工作（鲁经信循字〔2013〕390号），推动我省再生铅产业规范发展。加强再生资源综合利用技术的总结推广，推荐4家企业的4项技术列入国家《再生资源综合利用先进实用技术目录》，在全国予以推广应用。

（三）加强资源综合利用统计信息管理

组织全省资源综合利用企业填报统计报表，按季度进行统计分析，及时掌握全省资源综合利用产业发展动向，为制定有关政策提供决策依据。按季度通报各市报表报送情况，及时解决报表报送过程中出现的问题，采取有效措施，确保统计数据的准确和及时。加强对现行资源综合利用税收优惠政策的研究，对政策执行中存在的问题，提出意见和建议，配合财政税务部门做好资源综合利用税收优惠目录的修订工作。

（四）加强资源综合利用认定管理

认真贯彻落实群众路线教育实践活动宗旨精神，切实为基层和企业办实事，结合我省资源综合利用认定工作实际，在充分征求各市及有关企业意见的基础上，研究修订了我省资源综合利用利用认定有关事项，印发了《关于进一步明确资源综合利用认定有关要求的通知》（鲁经信循字〔2013〕525号），简化了认定程序，减少了申报材料，减轻了企业负担。

（五）积极做好“两型企业”创建工作

2010年，工信部组织开展了资源节约型和环境友好型企业创建工作，我省有12家企业列为“两型”企业创建试点。组织有关企业按照批复的“两型”企业创建试点实施方案的要求，积极推进“两型”企业创建有关工作，确保试点任务和目标的如期完成。在9月份工信部召开的《石油和化工行业资源节约型环境友好型企业创建现场经验交流会》上，我省有两家企业在大会上进行了经验交流。

（撰稿：卢玥，山东省经济和信息化委员会循环经济与清洁生产处）

2013年江西省循环经济

江西省发展和改革委员会

发展循环经济是落实科学发展观的重大举措，是促进资源节约与环境保护的重要途径。“十二五”规划纲要坚持把建设资源节约型、环境友好型社会作为加快转变经济发展方式的重要着力点，突出强调要树立绿色、低碳发展理念，大力发展循环经济。2013年初，国务院印发《循环经济发展战略及近期行动计划》，将循环经济上升到更高的高度。

近年来，江西紧紧围绕建设富裕和谐秀美江西的总体要求，以鄱阳湖生态经济区建设为龙头，把发展循环经济作为建设生态文明的重要抓手，率先进行了许多富有开创性的探索，培育了一批循环经济的典型，积累了较为丰富的循环经济实践经验，有力推动了科学发展、进位赶超、绿色崛起进程。

一、发展循环经济的主要措施

（一）加强组织领导，落实目标责任

一是完成国家对省政府2012年度节能考评工作，考评结果由国家统一公布。二是完成节能减排目标责任考评。对全省11个设区市进行了节能减排目标责任考评，并向社会公告了2012年度各设区市节能减排目标完成情况。三是在省市县三层面建立健全了循环经济组织机构，做好规划、指导、协调、评估、考核工作，明确分工及其责任，逐级抓好落实，形成合力强势推进。健全了节能统计、监测和考核体系，定期发布全省及各设区市单位地区生产总值（GDP）能耗公报。

（二）突出抓好重点领域循环经济试点示范

2013年新增鹰潭(贵溪)铜产业循环经济基地列入第四批国家“城市矿产”示范基地，新增赣州经济技术开发区列为国家循环化改造示范试点园区，新增赣州市列为第三批餐厨废弃物资源化利用和无害化处理试点城市。按照国家要求对江铜集团、萍乡市、江西永修云山经开区等3家国家循环经济试点单位完成验收工作；抓好省级循环经济试点，新增南昌市、吉安市、樟树市、江锂、赣西电煤等五家省级循环经济试点单位，大力支持全省108家省级循环经济试点单位推进项目建设；争取到贵溪市列入全国首批循环经济示范城市（县）；选择23家循环化基础条件较好、改造潜力大的园区开展省级园区循环化改造试点。抓好新余、贵溪建设国家“城市矿产”示范基地，推动鹰潭高新区、赣州经开区建设国家级循环化改造示范试点园区，推进南昌、赣州建设国家餐厨垃圾资源化利用和无害化处理试点城市，充分发挥示范带头作用。

（三）推进重点循环经济工程建设

重点加快实施十大重点节能工程、重点行业烟气脱硫工程、节能环保能力建设工程。推进100个节能示范项目新开工建设，抓好150个已开工的国家重点节能项目尽快达产达标，充分发挥节能效益。推进污水垃圾处理设施及污水配套管网建设，加快大型城镇污水处理厂收集管网建设；加紧推进县级污水处理厂及其配套管网建设运行。

（四）健全政策法规规划

一是修订实施《江西省实施〈中华人民共和国节约能源法〉办法》。该办法已由省第十二届人大常委会第五次会议于2013年7月27日修订通过，并于2013年10月1日起正式施行。二是配合省政府办公厅制定出台《加快发展我省节能环保产业十二条政策措施》。三是编制发布了十个规划。编制发布了《江西省节能减排“十二五”专项规划》、《江西省环境保护“十二五”规划》、《江西省循环经济发展“十二五”规划》、《江西省节能环保产业“十二五”规划》、《江西省城镇生活污水处理及再生利用设施建设“十二五”规划》、《江西省城镇生活垃圾无害化处理设施建设“十二五”规划》、《萍乡市资源枯竭城市转型发展规划（2013-2020年）》、《景德镇市资源枯竭城市转型发展规划（2013-2020年）》、《新余市资源枯竭城市转型发展规划（2013-2020年）》、《大余县资源枯竭城市转型发展规划（2013-2020年）》等规划。四是衔接并做好了《江西省节能环保产业发展规划（2013-2017年）》修编工作。

（五）加强重点监督检查

配合做好加大工作力度确保实现2013年节能减排目标任务调研工作。结合中央和省委有关要求，对于节能减排

任务完成进度滞后的设区市进行了专项调研，重点督查城镇污水处理厂建设运行情况、火电脱硫机组烟气旁路取消工作、钢铁烧结机脱硫、火电机组和水泥熟料生产线脱硝工程建设情况，发现问题及时整改，力求各项政策措施落实到位。

二、循环经济发展的主要成效

（一）节能目标进度完成顺利

（1）万元GDP能耗。2013年，全省万元生产总值能耗达到0.591吨标准煤，同比下降3.6%、超额完成年度目标任务，“十二五”前三年累计下降12%，目标完成进度75%，超过时间进度。

（2）能源消费总量。2013年，省统计局初步统计全省能源消费总量为7673万吨标准煤，2010—2013年，全省年均新增能源消费总量为465万吨标准煤。

（二）减排目标基本赶上进度

2013年，全省化学需氧量、二氧化硫、氨氮、氮氧化物排放总量分别同比下降1.85%、1.76%、2.45%和1.16%，均超额完成国家下达的年度减排目标任务，“十二五”前三年分别累计下降5.49%、6.16%、5.98%和2.03%，分别完成“十二五”减排任务的94.58%、82.11%、61.03%和29.38%，前三个指标完成进度赶上甚至超过时间进度，最后一个指标（氮氧化物排放总量）完成进度超过全国平均完成进度。

三、2014年工作打算

（一）构建循环型产业体系

大力发展循环型工业，提高资源产出率，重点推进钢铁、有色、煤炭、建材、纺织、中药、竹木加工等行业的循环发展，推进永修云山开发区、江西铜业集团、新余钢铁集团等国家级和省级循环经济示范园区、试点企业建设；推动汽车零部件、矿山机械、家用电器等领域再制造产业规模发展，培育一批再制造产业示范基地和示范企业。着力发展循环型农业，积极推广“猪—沼—果”、“秸秆—食用菌—有机肥—种植”等循环经济典型模式，建设一批循环型生态农业示范园。加快发展循环型服务业，推进服务主体绿色化、服务过程清洁化，促进旅游、通信、零售批发、餐饮、物流等产业融合发展、绿色发展。

（二）构建再生资源循环利用体系

推动煤矸石、粉煤灰、冶炼废渣等工业废弃物、建筑废弃物、生活废弃物以及农林废弃物等资源的再生利用。推进废旧电子电器、废旧金属、废橡胶、废纸等再生资源规模化利用。健全城市生活垃圾分类回收网络，积极开展餐厨废弃物资源化利用和无害化处理，建立健全餐厨废弃物产生登记、定点回收、集中处理、资源化产品评估、认证及监督管理体系，不断优化技术路线，提高资源化利用和无害化处理水平。加强再生资源循环利用技术研发、引进工作，重点推进废弃塑料、节能灯、废电池等循环利用。

（三）完善循环经济示范推广体系

全面推进循环经济示范企业、示范园区和示范城市建设，探索循环经济产业联盟、共建基地建设，完善示范推广体系，实现循环经济发展由试点向示范推广的转变，形成“企业小循环、园区中循环、社会大循环”的循环经济发展格局。推进“车船路港”低碳交通运输专项行动，建立循环、高效、低碳的绿色物流体系，组织开展节约型机关、绿色学校、绿色医院、绿色商场、绿色社区、绿色家庭等创建活动，大力建设资源节约型和环境友好型社会。

（四）实施循环经济重大试点示范工程

继续推进新余全国节能减排财政政策综合示范城市和新余钢铁再生资源产业基地、鹰潭（贵溪）铜产业循环经济基地国家级“城市矿产”示范基地建设。建设好贵溪市国家循环经济示范城市，积极推进吉安市、丰城市、樟树市等创建国家循环经济示范城市（县）。加快南昌、赣州国家级餐厨废弃物资源化利用和无害化处理试点城市建设，支持新余、抚州、萍乡、上饶、九江等市申报国家级试点城市。支持萍乡、南昌申报全国节能减排财政政策综合示范城市。支持鹰潭高新区、赣州经济开发区、南昌高新区、井冈山经济技术开发区等建设国家循环化改造示范园区，到2017年，实现全省60%以上的国家级园区和40%以上的省级园区实施循环化改造。

未来一个时期，江西着力推进循环经济发展，不仅是加快转变经济发展方式、缓解资源环境瓶颈约束的转型之策，还是加快鄱阳湖生态经济区建设、率先探索生态与经济协调发展的题中之义，更是迈出科学发展、进位赶超、绿色崛起新步伐的必由之路。

（撰稿：洪小波、杨巍、张南娇、刘建军、方欣、王锐、胡晓，江西省发展和改革委员会资源节约和环境保护处）

2013年湖南省循环经济

湖南省发展和改革委员会

2013年，省委、省政府认真贯彻党的十八大关于生态文明建设的战略部署，坚持把循环经济作为实现转型发展、建设“两型社会”的重要途径，切实加强领导，完善工作机制，突出重点领域，抓好试点示范，循环经济各项工作取得积极进展。

一、2013年主要工作及成效

1、强化宏观政策，工作机制逐步完善。组织市州发改委及全省循环经济示范试点单位，认真学习《循环经济发展战略及近期行动计划》（国发〔2013〕5号）。根据国家精神，将正在编制的《湖南省循环经济发展“十二五”规划》，及时调整为《湖南省循环经济发展战略及近期行动计划》，在多次组织召开部门、市州、园区及企业代表的座谈会，广泛征求各方意见后，9月中旬组织专家对文稿进行了评审，并根据专家的意见进行了修改完善，年底已上报省政府审定。同时，组织开展全省再生资源产业发展的调研和座谈会，形成《湖南省再生资源产业发展规划（2012-2017）》初稿，并征求了各市州和省直有关部门的意见。

2、争取政策支持，示范试点不断拓宽。一是积极申报国家示范试点。2013年，全省组织5家单位申报国家循环经济示范试点，全部获批。其中，长沙（浏阳、宁乡）再制造示范基地获批全国首批、也是目前仅有的2个国家级再制造产业示范基地之一。岳阳绿色化工产业园纳入国家第二批循环化改造示范试点园区，湘潭市获批国家第三批餐厨废弃物资源化利用和无害化处理试点，娄底市、资兴市通过全国循环经济示范城市（县）公示。目前，我省有13个地区、园区和企业列入国家示范试点。二是及时组织考核验收。会同经信、环保、财政、科技、商务和统计等部门，对我省列入国家第一批、第二批循环经济示范试点的6家单位开展了现场验收工作，通过对目标指标、主要任务、重点工作、项目建设和保障措施等五个方面完成和落实情况的现场考核，6家单位均通过验收，对全省循环经济发展起到了积极示范作用。三是开展全省示范试点。2013年，在县（市）、园区、企业等层面，组织开展了全省循环经济示范试点。各市州共推荐申报10个县（市）、24家园区、120家企业拟作为省循环经济试点示范单位，参照国家模式，结合我省循环经济发展实施，按县（市）、园区、企业分别制定了实施方案的评分细则。在组织专家预审的基础上，于4月、8月，会同省财政、环保、统计、农业等省直有关部门，再次组织专家对各申报单位的实施方案进行了评审，有8个县（市）、15家园区和39家企业列入全省第一批循环经济试点示范单位。

3、突出重点领域，产业发展快速推进。重点是抓好5个领域的试点示范：一是“城市矿产”基地。承办了全国“城市矿产”示范基地建设现场会，汨罗和永兴被评为全国循环经济工作先进单位，再生资源产业发展的“湖南模式”获得国家肯定。全省再生资源年回收量达500万吨、年加工利用能力达270万吨。二是再制造基地。长沙（浏阳、宁乡）国家再制造示范基地已聚集了30家再制造企业，年再制造产业实现总产值近25亿元。三是园区循环化改造。松木经济开发区形成了盐卤化工、精细化工、新材料和新能源为主的支柱产业，完成工业总产值61亿元，同比增长22%。工业固体废物的综合利用率由2010年的81%上升到2013年的96%，区内企业产业链关联度达到62%，园区的废渣、废水、废汽、废热实现了互相循环利用。四是餐厨废弃物处理。长沙市日收运处理量达300多吨，基本覆盖了该市大中型餐饮单位，衡阳、湘潭市的重点项目建设顺利推进。五是资源综合利用。娄底市、湘潭高新区共有近170家资源综合利用支撑企业，年综合利用各类产业废物数量达3700万吨，总产值达120亿元。全省农作物秸杆利用、林业“三剩物”和畜禽粪便综合利用等农业循环经济发展迅速，稀贵金属回收工艺达到国际先进水平，机床、机械及洗车零部件再制造技术国内领先，全省资源循环利用产业产值突破800亿元。

二、2014年工作思路

2014年，将认真贯彻国家《循环经济战略及近期行动计划》，按照国家和省委、省政府统一部署，加强统筹协调，强化政策设计，狠抓措施落实，全面推进我省循环经济工作。

一是加强宏观规划指导。及时跟踪衔接，争取尽快出台《湖南省循环经济战略及近期行动计划》。在做好文件解读和宣传的同时，认真抓好战略行动计划的实施， 确保全省循环经济工作有序推进。

二是突出体制机制建设。推进《湖南省循环经济促进条例》立法，研究制定餐厨废弃物处置等管理办法和实施细则并推动落实，建立资源产出率统计体系。

三是推进再制造产业发展。大力扶持国家级长沙（浏阳、宁乡）再制造示范基地发展，支持引导我省工程机械、轨道交通等传统优势产业利用国家“以旧换再”政策，按照再制造的理念进行设计、生产和销售。

四是做好循环经济推广工作。重点推进衡阳松木工业园、长沙再制造示范基地、岳阳绿色化工产业园等3个国家级园区循环化改造试点和15个省级园区循环化改造试点建设，大力推进以娄底、资兴等2个国家级试点为代表的循环经济试点示范城市（县）建设。

（撰稿：聂仁孝，湖南省发展和改革委员会环资处）

2013年广西壮族自治区循环经济

广西壮族自治区发展和改革委员会

2013年是我区攻坚克难、砥砺奋进的一年。面对错综复杂的形势，全区各级各部门全面贯彻落实党的十八大精神，坚持稳中求进的工作总基调，把发展循环经济作为稳增长、调结构、促改革、惠民生的重要抓手，大力发展涵盖主要产业领域具有循环经济特征的产业链、产业园、产业基地，不断提高循环发展和资源化利用水平，推进生态文明建设。

一、主要成效

一是资源利用水平稳步提高，2013年全区万元GDP能耗比2010年降低10.4%（0.7414吨标准煤），万元工业增加值用水量比2010年下降29.8%，工业固体废物综合利用率达到64%，农村户用沼气池入户率超过50%，农田灌溉水有效利用系数达到0.438；二是生态环境保护与治理成效显著，化学需氧量、氨氮、二氧化硫排放量同比分别下降2.68%、1.90%、6.38%，氮氧化物排放量同比上升1.21%，城镇生活污水处理率和生活垃圾无害化处理率均达到了75%以上，重要江河水功能区水质达标率达到96.1%，列入2013年国家第一批32个市县“限粘”、“禁实”目标任务全部完成。

二、主要做法和措施

（一）加强循环经济宏观指导

编制印发《广西循环经济发展“十二五”规划》，明确我区循环经济发展定位、思路、布局和重点任务。出台《广西壮族自治区绿色建筑行动实施方案》，大力发展绿色建筑。出台《广西取水工程或者设施验收办法》，抓好取水工程及设施竣工验收，合理核定许可水量。制定《广西壮族自治区再生资源回收管理实施细则》，加强对全区再生资源回收经营活动统筹、协调、管理。起草《广西循环经济发展实施方案》，将规划目标任务和重点项目逐项分解到各级各部门，明确职责分工。组织修订《广西主要工业行业循环经济评价指标体系》等标准规程。

（二）稳步实施循环经济“十百千”示范行动

一是加快资源综合利用“双百工程”项目建设，柳钢（集团）公司利用工业废渣年产120万吨矿渣粉、200万吨水泥粉磨站项目建成投产，每年可回收利用高炉渣260万吨，转炉钢渣24万吨；鱼峰水泥废弃物工业化处理研究中心基本建成。

二是推进产业园区循环化改造试点建设，钦州港经济技术开发区国家循环化改造示范园区获得2000万元补助（启动）资金，《钦州港经济技术开发区循环化改造示范项目资金管理办法》已起草完成，组织广西鹿寨经济开发区申报国家循环化改造示范试点并获得国家发展改革委、财政部审批同意。

三是推动“城市矿产”示范基地建设，研究起草《关于加快建设城市矿产示范基地的实施意见》等政策措施，加快梧州再生资源循环利用园区国家“城市矿产”示范基地建设，该园区目前已累计开发5000亩，入园项目79个，企业64家，其中20家企业已建成投产，培育玉林龙潭进口再生资源加工利用园区“城市矿产”示范基地。

四是大力发展再制造产业，玉柴机器股份有限公司汽车零部件再制造试点项目完成整改任务，于2013年11月通过国家发展改革委专家组的考察验收。

五是推进餐厨废弃物资源化利用和无害化处理试点建设，南宁市餐厨废弃物资源化利用和无害化处理厂竣工试运行，梧州市餐厨废弃物资源化利用和无害化处理项目获得国家补助资金468万元并已完成招投标工作，柳州、百色、北海等市正在开展试点前期工作。

六是积极创建循环经济示范城市（县），梧州市、田东县、富川瑶族自治县已获得自治区人民政府批复同意为自治区级循环经济示范市（县），梧州市、田东县申报国家循环经济示范城市（县）通过国家发展改革委组织的专家评审。

七是培育循环经济示范企业，完成广西来宾永鑫小平阳糖业有限公司、广西东亚扶南精糖有限公司、柳州化学工业集团公司的现场考核验收工作，并授予“自治区工业循环经济示范企业”称号。

（三）建设重点循环经济示范园区

一是梧州再生资源循环利用园区完成投资41.77亿元，实现工业总产值153亿元，实现市本级财政收入1.875亿元，具备了120万吨/年的再生资源规模化处理能力。

二是贺州华润循环经济示范区建设进展顺利，华润（贺州）电厂一期、华润（富川）水泥一期、华润雪花啤酒（广西）一期项目建成投产，初步形成以电力、水泥、啤酒为核心循环经济产业链，主要固体废物综合利用率达到100%。

三是玉林龙潭再生资源循环利用园区（一期）已完成投资约2亿元，建成25000多平方米的标准厂房及配套设施，年产28万吨PET纤维深加工项目、进口废钢配送中心及园区道路建设正加快推进，污水处理厂和固废处理场项目施工图已完成，海关监管区、联检大楼及配套设施已进入施工图设计阶段。

四是田东石化工业园区特色石油化工产业已具备100万吨/年原油加工能力，新型氯碱化工产业已形成20万吨/年烧碱产能，入园企业达58家。

（四）构建循环型产业体系

工业方面，在28家自治区工业循环经济试点单位和133家制糖、电解铝、火电、新型干法旋窑水泥企业组织开展2012年度循环经济实施情况评估考核；农业方面，因地制宜推广节能型农业机械、农作物秸秆饲料化、肥料化等利用方式，推动农田残膜、灌溉器材回收利用。开展“清洁养殖”专项活动，推广大型沼气工程达标排放等5种养殖技术模式，建立示范点899个。大力发展生态一体化循环种植技术，提高土地综合产出率及效益。

（五）加强循环经济技术开发

2013年投资财政资金约5000万元重点组织实施循环经济与节能减排技术研究与示范项目72项。组织申请拜尔法赤泥回收铁技术等三项资源综合利用技术列入国家《工业固体废物综合利用先进适用技术目录（第一批）》。

（六）深入开展循环经济宣传推广工作

开展广西2013年节能宣传周和低碳日活动等，推广循环经济理念，把节约资源、回收利用废弃物等活动变成全体公民的自觉行为，引导形成绿色消费、文明消费、节约使用、循环利用的消费模式和生活方式。组织贺州华润循环经济示范园区申报国家循环经济教育示范基地，顺利通过国家初审。自治区发展改革委等7部门组织对广西贵糖（集团）股份有限公司、广西河池市南方有色冶炼有限责任公司国家循环经济试点单位进行验收，认真总结经验、发现问题、推广模式，促进循环经济形成较大规模。

三、2014年循环经济工作要点

一是完善循环经济政策法规。尽快印发《广西循环经济发展实施方案》，落实部门分工。开展《广西壮族自治区实施〈中华人民共和国循环经济促进法〉办法》立法研究和起草工作。

二是促进园区和区域循环发展。组织编制并协调实施园区循环化改造，创建国家低碳工业园区试点。积极组织创建国家生态文明先行示范城市和循环经济示范城市，整合支持措施，综合施策，加快梧州市、田东县第一批国家循环经济示范城市（县）及玉林市、富川县生态文明先行示范区建设。

三是推进循环经济示范试点建设。加快推进梧州国家“城市矿产”示范基地，钦州港经济技术开发区、鹿寨经济开发区国家级园区循环式改造试点，柳州市资源综合利用“双百工程”，南宁市、梧州市餐厨废弃物资源化利用及无害化处理试点等示范试点项目建设。

四是推进资源综合利用。组织编制赤泥等综合利用方案，适时申报国家第二批资源综合利用“双百工程”。开展资源综合利用产品（工艺）、电厂（机组）的认定。推进墙体材料革新工作，大力发展节能、节地、利废的新型墙体材料。抓好农作物秸秆综合利用。继续推进国家节水型城市和节水型社区建设。

五是培育循环经济示范企业。开展工业循环经济示范企业（园区）、工业循环经济先进企业（园区）评审认定，培育自治区大宗工业固体废物综合利用示范企业。总结循环经济示范试点经验做法，推广循环经济典型模式，努力促进循环经济形成较大规模。

（撰稿：唐志杨，广西壮族自治区发展改革委环资处）

2013年海南省循环经济

海南省发展和改革委员会

2013年，海南省把发展经济与资源节约、环境保护紧密结合起来，积极推进循环经济发展，在减量化、资源化和再利用方面不断取得新成效，为转变经济发展方式和全面推进海南国际旅游岛建设提供了支撑。

海南省经济稳中求进，2013年实现地区生产总值3146.46亿元，同比增长9.9%，三次产业结构由24.9：28.2：46.9调整为24.0：27.7：48.3，第三产业增加值的比重上升了1.4个百分点。2013年，全省万元GDP能耗同比下降4.15%；二氧化硫排放量为3.2万吨，比2012年下降5.9%，氮氧化物排放量为10.0万吨，比2012年下降3.1%，化学需氧量排放量为19.4万吨，比2012年下降1.5%；能源产出率比2012年增加0.06亿元/万吨标准煤，土地产出率7.63万元/公顷。

一、主要成效

（一）减量化方面

节能降耗取得新成效。2013年全省万元GDP能耗下降到0.641吨标准煤（按2010年价格计算），比2012年下降4.15%，超额完成了下降2%的年度节能目标。全省能源消费总量为1777.26万吨标准煤，同比增长5.29%。

污染物减排得到有效控制。全省化学需氧量排放量为19.4万吨，比2012年下降1.5%，氮氧化物排放量为10.0万吨，比2012年下降3.1%，二氧化硫排放量为3.2万吨，比2012年下降5.9%，全省化学需氧量、氨氮、二氧化硫、氮氧化物控制在年度计划之内。

节水、节地和节材取得新进展。2013年，全省万元农业灌溉水有效利用系数为0.554，比去年提高7.2%，城市污水再生利用率从2.2%提高至3%。2013年全省新型墙体材料行业发展步伐不断加快，应用比例不断上升，全省主要城市新型墙体材料应用比例达到或接近100%，有效地节约和保护了粘土资源。2013年全省利用废弃的林木三剩物和次小薪材30多万立方，减少采伐总量，节约林业资源。

（二）资源化和再利用方面

各类大宗工业固体废物综合利用量和综合利用率均有显著提高。粉煤灰、煤矸石、尾矿贫矿、工业副产石膏的综合利用率快速增长。其中粉煤灰和工业副产石膏的利用量超过了产生量，并逐步消化库存粉煤灰（湿灰）和从岛外购进部分工业副产石膏，工业固体废物综合利用开始走上了规模化发展道路。2010-2013年，工业固体废物年综合利用量达到2600多万吨，其中2013年，年综合利用工业固体废物量达到750多万吨，工业固体废弃物综合利用率达到85%以上。

各种资源再利用稳步推进。一是废水、污水回收再利用得到重视，工业企业和酒店宾馆采用先进适用技术、工艺和设备，建设串联用水和循环用水系统，加强了废水和污水处理和再利用，提高了水资源的重复利用率。二是可再生能源的利用取得良好成效，全省新增8550户户用沼气、100处小型沼气工程、18处大中型沼气工程项目及40个乡村服务网点建设；省级已建成太阳能热水系统建筑应用示范面积约1400万平方米。

二、主要措施

我省推进循环经济发展的主要措施有：

（一）加强规划、政策引导。

完成《海南省节能减排综合示范试点实施方案》、《海南省循环经济发展规划及近期行动计划》，促进我省循环经济工作的有序开展。印发《海南省2013年节能行动计划》和《海南省“十二五”能源消费总量控制工作方案》，明确节能目标和主要任务。修订《海南省合同能源管理财政奖励资金管理暂行办法》。制定出台宾馆酒店能耗限额标准。实施居民阶梯电价和高于国家标准的差别电价政策。

（二）调整优化产业结构。

2013年，海南三次产业结构由24.9：28.2：46.9调整为24.0：27.7：48.3，第三产业增加值得比重上升了1.4个百分点。一是服务业提质升级取得新进展，观澜湖、海棠湾、电影公社等一批重点旅游项目相继竣工或有力推进，免税购物政策放宽，全年接待过夜游客3672.51万人次，增长10.6%；实现旅游收入428.56亿元，增长13.0%，

三亚农商银行等5家银行开业，新设立小额贷款公司12家，保险业保费增速居全国第二位，金融业增加值同比增长16.0%。二是加快发展高新技术产业，微软、惠普等项目正式落户，新增省级高新技术企业28家，战略性新兴产业产值比上年增长17.9%。三是淘汰落后产能，2013年，我省从海南国际旅游岛建设实际出发，指定范围更宽、标准更严的淘汰落后产能目标任务，继续淘汰了5条造纸生产线，产能4.55万吨。

（三）深入挖掘节能潜力。

1.绿色照明示范工程。按照《海南省建设绿色照明示范省总体方案》，“十二五”以来，全省累计改造市政路灯月11万盏（套），基本完成路灯节能改造任务。2013年重点推进公共机构和公共建筑绿色照明节能改造，各公共机构共完成高效照明产品改造40万只，推广使用LED灯6.6万只。

2.可再生能源利用示范工程。截止2013年，全省清洁能源发电装机容量共计204.1万千瓦，占全省发电装机容量的40.36%；可再生能源发电装机容量共计129.9万千瓦，占全省发电装机容量的25.63%。其中：气电74.22万千瓦、水电79.65万千瓦、风电30.27万千瓦、光伏发电16.46万千瓦、生物质发电3.5万千瓦。在建水电6.24万千瓦、风电8.88万千瓦、光伏发电14.2万千瓦、生物质发电12.9万千瓦，共42.2万千瓦。另外，2013年新建户用沼气8550户、养殖小区沼气工程100个、大中型沼气工程18个，简称海口沼气新能源示范项目一期工程。省财政安排2000万元太阳能热水系统建筑应用专项补助资金，省级已建成太阳能热水系统建设应用示范面积约1400万平方米。

3.蓄能型集中供冷示范工程。积极推进三亚亚龙湾国家推广冰蓄冷技术宣传示范基地建设；亚龙湾冰蓄冷区域供冷站供冷用户不断增加，供冷面积达28万平方米。另外15个蓄能型集中供冷站完成前期备案手续。同时，研究制定加快蓄能型集中供冷产业发展的意见和蓄能型电价政策。

4.节能技改工程。2013年省财政安排节能专项资金6200万元，重点支持中海化学能量系统优化等7个节能改造项目和三亚生活垃圾焚烧发电厂等2个综合利用项目，计划总投资5.4亿元，项目完成后可实现年节能量2.4万吨标准煤、节约用水720万立方米，年处理生活垃圾21万吨、新增上网电量7534万千瓦时。

5.推广节能技术和产品。举办2013年海南节能（建筑）技术及产品推广展示会，组织发布我省第一批节能技术产品推广目录。推广节能灯100万只、高效节能家电64.9万台、汽车5.4万辆、变压器2万千伏安。海南威特电气集团有限公司88个高效变压器产品列入国家节能产品惠民工程推广目录。

6.大力开展公共机构节能。2013年全省公共机构人均综合能耗同比下降4.03%，单位建筑面积能耗下降3.3%，人均用水量同比下降4.06%，完成了年度节能目标。年内有27家单位列入国家第一批节约型公共机构示范单位创建名单，目前国管局已初步确定21家创建单位通过评价验收。

（四）强化治理，减少污染排放。

加强固体废弃物管理。2013年投资4.2亿元，建成垃圾卫生填埋场1座，三亚、东方、定安等市县完成垃圾转运站建设35座；在建垃圾处理设施5个，转运站42座。严格落实危险废物规范化季度巡查制度，抽取危险废物重点监管单位开展现场核查，全年危险废物规范化检查合格率达到82.0%。加强危险废物跨省转移监管，规范使用固定编号危险废物转移联单，依法受理省内企业4批共1670吨危险废物的跨省转移处置。推动危险废物集中处置设施建设，开展危险废物利用、处置设施专项整治工作，提高安全处置水平。依托固体废物管理信息系统，开展石化、金矿采选冶、医药等行业56家企业危险废物申报登记工作，掌握主要危险废物的产生、处置现状，为科学制定危险废物污染防治对策提供依据。

推动工业废气污染治理。计划安排的华能东方电厂2#机组以及昌江华盛、华润、儋州金路等4条水泥生产线脱硝项目已建成投运，华能海口电厂8#机组已完成旁路铅封，启动脱硝改造工程建设。关闭2家砖厂、1台燃煤发电机组(海口电厂7#机组)，大力推动大气污染防治。

开展生活污水和农业污染治理。2013年共铺设生活污水管网305公里，完成了管网建设“三年行动计划”的72.8%，全省36座城镇污水集中处理率达到76%，平均负荷率达74.9%。海口污泥综合利用示范中心项目完成了初设及概算批复。开展了137家畜禽养殖场污染治理，其中107家通过了环境保护部年度考核核查认定。

加强机动车监督管理。强化新车注册、省内外转移、年度检验、报废注销、淘汰拆解等工作，多部门联合开展上路检测和执法查处。共核发机动车年检环保标志39.6万张，同比增长5.6%。出动警力201人次，开展路检78次，送达注销车辆预先告知书71615份，查处报废车上路违法行为151起。海口、三亚继续实行“黄标车”区域限行管理。强制推行油品升级，10月20日起省内全面供应、销售国IV标准车用汽油、柴油。

（五）深化资源综合利用。

推进资源综合利用认定。完成了中国石化海南炼油化工有限公司等18家企业（项目）资源综合利用考核、评审和认定，帮助企业落实综合利用税收优惠政策，引导和促进企业深入开展资源综合利用。据测算，18家企业（项目）年共消化处理工业废渣200多万吨、废气300多亿立方，三剩物、次小薪材30多万立方，可享受资源综合利用税费优惠7000多万元。

推行清洁生产。2013年共对橡胶、制糖、制药、水泥等行业的28家企业开展清洁生产审核和验收，产生清洁生产方案442项，方案实施后年可节水约31万吨，节能约1.8万吨标准煤。

（六）加强宣传推动。

组织开展2013年海南省节能宣传周和低碳日活动，紧扣“践行节能低碳，建设美丽家园”宣传主题，于2013年6月15日至21日（6月17日低碳日）组织开展了一系列节能低碳宣传活动，取得了良好的宣传效果。围绕节能减排宣传这一主题，组织企业参加科技活动月开幕现场的技术产品展示、专题开展新型墙体材料展品展示、组织印发节能技术产品推广案例、促进重点行业和领域的节能活动等。举办重点用能单位节能培训班，组织召开全省电机能效提升计划、循环经济发展及蓄能型集中供冷推进节能减排等培训会议，提升各市县节能主管部门、相关企业节能工作能力。

三、典型单位

（一）海南炼油化工有限公司。项目设计原油加工能力800万吨/年。企业在优化加工工艺和提高油品质量的同时，采取措施，加强废弃资源的回收利用，极大地提高了原油加工效率。包括通过燃料气降硫优化、空气预热器改造、降低散热损失等有效措施，提高加热炉效率，降低能耗和减少烟气排放量；通过完善管理制度、优化操作条件，实现精细化管理，减少污水处理系统受冲击程度和频次，保证现有污水处理装置连续稳定地运行；利用大型炼油厂硫分布和硫传递模型，加强管理，对硫分布和产品硫含量进行预测，指导原油配置和装置生产调整，提高硫资源回收率；回收利用H2S废气生产工业硫磺；回收利用工艺过程中多余的中压蒸气进行发电；针对现有含盐污水生化处理系统运行中存在的缓冲能力小、流程短等问题，拟增上含盐污水深度处理项目，对处理合格后的含盐污水，新上双膜（超滤+反渗透）工艺处理设施，深度处理后全部回用至除盐水系统。炼油综合能耗由设计值的84.8千克标油/吨下降到2012年的55.98千克标油/吨，有三套装置在中石化炼油同类装置中重要指标名列前茅，达到全国领先水平，是全国炼油标杆企业。

（二）海南金海浆纸有限公司。现有100万吨制浆造纸生产能力，主要产品为化学漂白硫酸盐桉木浆。企业生产过程中，十分重视“三废”的处理和利用。在废水控制方面，分别采用碱回收系统等先进设备和生物处理技术，利用造纸过程产生的废液（黑液）进行处理发电，同时回收利用废水，使生产过程中排出的污水量减至最低程度。在废气控制方面，对烟气进行脱硫处理、脱尘处理和化学处理后排放，均远低于国家一级环保标准。在固体废弃物控制方面，综合利用粉煤灰、底灰、废砂以及木屑、木渣，充分利用各种废渣。2010-2012年，通过采取各种循环措施及节能减排措施，金海浆纸共利用黑液发电近30亿度、节约水资源消耗量863.6万吨，减排废水526.8万吨、化学需氧量474吨，综合利用污泥78.9万吨、粉煤灰及底灰30.5万吨、木屑及树皮77.8万吨，减排二氧化硫1556吨，创造良好的经济效益和环保效益。

（撰稿：唐俏瑜，海南省工业和信息化厅节能与资源综合利用处）

2013年四川省循环经济

四川省发展和改革委员会

2013年，四川全面贯彻落实十八大精神，把发展循环经济作为推进生态文明建设、实现可持续发展的重要途径，将其作为经济社会发展的一项重大战略任务常抓不懈。以减量化、再利用、资源化为主要目标，加大工作力度和政策措施落实力度，推动循环型农业、循环型工业、循环型服务业的互动发展，着力构建循环产业体系，不断深化循环经济示范试点，积极探索并推广循环经济典型发展模式，全面推进“美丽四川”建设进程，循环经济工作取得明显成效。

一、主要成效

节能目标超额完成。2013年，我省单位地区生产总值能耗下降4.92%，超年度目标2.42个百分点以上。“十二五”前三年累计下降15.48%，完成了国家下达我省下降16%目标任务的96.46%。国家公布我省纳入万家企业节能低碳行动的989家企业，实现节能628万吨标准煤，完成“十二五”总节能量目标的62%，超过目标进度要求。据测算，2013年我省单位地区生产总值二氧化碳排放下降5%左右，“十二五”前三年累计降低21.5%，也大大超过国家下达我省“十二五”减碳17.5%的目标。

减排目标基本实现。2013年，我省化学需氧量、氨氮、二氧化硫和氮氧化物排放量分别为123.20、13.70、81.65和62.41万吨，同比分别下降2.89%、2.62%、5.54%和5.30%，全面超额完成年度目标任务；前三项污染物分别比2010年下降6.97%、5.86%、11.92%，分别完成“十二五”目标的99.57%、68.14%和132.44%。

二、主要措施

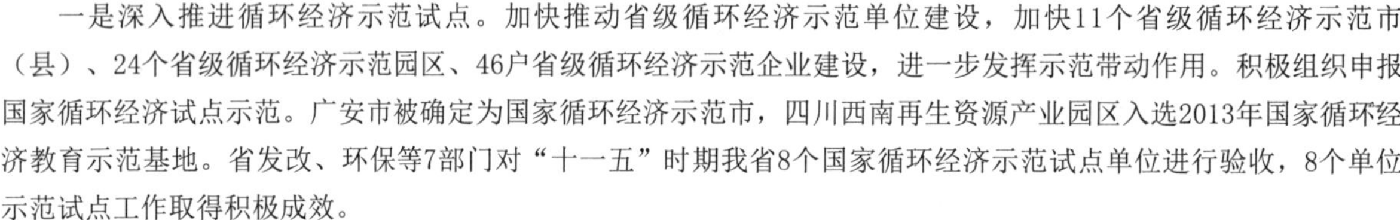

一是深入推进循环经济示范试点。加快推动省级循环经济示范单位建设，加快11个省级循环经济示范市（县）、24个省级循环经济示范园区、46户省级循环经济示范企业建设，进一步发挥示范带动作用。积极组织申报国家循环经济试点示范。广安市被确定为国家循环经济示范市，四川西南再生资源产业园区入选2013年国家循环经济教育示范基地。省发改、环保等7部门对“十一五”时期我省8个国家循环经济示范试点单位进行验收，8个单位示范试点工作取得积极成效。

二是加快推进“城市矿产”示范基地建设。坚持以“城市矿产”示范基地建设为重点，推进资源化利用，形成了内江、绵阳、成都等废塑料、废旧金属、废弃电子电器产品再生循环利用产业集聚区。国家首批“城市矿产”示范基地—四川西南再生资源产业园区项目建设进展顺利，一期已建成开业，二期工程正在加快建设。目前，园区已有入园企业12家，个体经营户120户，回收各类再生资源约115万吨，回收拆解废旧家电200多万台，实现销售收入40亿元。绵阳保和富山再生资源产业园已被列为国家第四批“城市矿产”示范基地。

三是加快实施园区循环化改造。组织开展全国园区循环化改造示范试点工作，广安经济技术开发区被纳入国家2012年园区循环化改造示范试点园区，目前正按照实施方案稳步推进，实施效果明显。积极支持达州经济开发区等申报国家循环化改造示范试点园区，编制完成了循环化改造实施方案，落实了循环化改造重点支撑项目。积极开展省级循环化改造示范试点园区建设，实施循环经济关键补链项目，建设共享基础设施和公共服务平台，提高资源综合利用水平。

四是加快推动“双百工程”建设。以攀枝花市、攀钢集团、川威集团等为重点，以攀枝花钒钛产业园区等为依托，通过突破技术瓶颈、延长产业链条、拓宽应用领域，实施资源综合利用重点项目，不断提高钒钛稀土资源综合利用水平，加快建设中国攀西战略资源创新开发试验区。积极推进国家资源综合利用“双百工程”示范基地和骨干企业建设工作，攀枝花市被确定为国家资源综合利用示范基地，攀钢集团、川威集团被确定为资源综合利用骨干企业。2013年，全省第一批“双百工程”建设项目已累计完成投资149.3亿元，初步形成了以钒钛资源综合循环利用为代表的矿产资源规模化循环利用。

五是抓好餐厨废弃物资源化利用和无害化处理试点。加快成都国家首批餐厨废弃物资源化利用和无害化处理试点城市建设，成都市出台了《厨废垃圾收运管理办法》，通过公开招标方式确定了餐厨废弃物资源化利用特许经营企业，制定了生物柴油标准及推广使用办法，处置设施建设进展顺利，收运体系正加快完善。推广成都市餐厨废弃

物资源化利用和无害化处理的成功经验，在自贡、南充、达州等地开展了餐厨废弃物资源化利用和无害化处理试点工作，推动建立和完善餐厨废弃物收集、运输和处理体系，推广应用资源化技术，建立健全管理制度，提高资源化利用率。

六是积极推动再制造领域循环化发展。根据国家发展改革委《关于推进再制造产业发展的意见》，结合我省实际，编制了《四川省再制造产业发展规划（2013-2017年）》，在汽车零部件、工程机械、机床、航天航空部件等再制造等领域。积极推进再制造产业试点，发挥对全省再制造产业和循环经济发展的示范带动作用。围绕提高资源利用效率，突出再制造产业化重点，完善支撑体系，实现再制造规模化、产业化发展。

七是加强生活垃圾回收体系建设。在成都市、德阳罗江县、南充阆中市、广安华蓥市、阿坝松潘县等开展城市生活垃圾分类回收体系建设试点，积极探索分类回收、密闭运输、集中处理体系建设，初步建立了“村收集、镇转运、县处理”的垃圾无害化处理模式。建成了成都九江等5座城市生活垃圾环保发电厂，推动了垃圾资源化利用产业发展。

八是大力推行清洁生产工程。组织实施1818家工业企业清洁生产审核，实施中高费清洁生产方案800余个。推进工业清洁生产试点示范，佳联印染等2家工业企业列为国家清洁生产示范企业，鼎吉光电等3家工业企业列为国家汞削减、高毒农药替代试点企业，惠美线业等7家企业纳入国家清洁生产示范。广元利州区等6个国家生猪清洁养殖示范县建设取得明显成效。在9个县9个村开展农村清洁工程示范建设，推广清洁生产技术。全省共推广测土配方施肥面积9916万亩，累计减少不合理施肥15.91万吨，回收农用残膜3万余吨，实施绿色防控面积4048万亩。

三、2014年循环经济工作要点

（一）全面推进循环经济示范试点

以示范试点为切入点，积极推进循环经济发展。强化对2014年国家“城市矿产”、餐厨废弃物资源化利用、“双百工程”、循环经济示范市（县）创建地区、国家循环经济教育示范基地等示范试点项目的组织申报工作。重点抓好示范基地和示范项目建设。总结经验做法，推广循环经济典型模式，以点带面，推进循环经济快速发展。

（二）抓好园区循环化改造工程

研究制定推进我省园区循环化改造的工作方案和政策措施，强化资金管理，抓好项目建设，加快推进广安经济技术开发区国家循环化改造示范试点园区建设，支持达州经济开发区等产业基础好、改造潜力大的园区开展园区循环化改造和低碳示范园区建设。

（三）大力推进秸秆资源综合利用

贯彻落实好国务院关于大气污染防治的部署，有效缓解秸秆焚烧带来的资源环境压力。结合我省各地种养殖业特点、秸秆资源的数量和品种、秸秆综合利用现状，以推进秸秆肥料化、饲料化、基料化、原料化和燃料化利用为重点，探索形成适合我省实际的秸秆资源化利用的管理模式和技术路线，加快推进秸秆综合利用规模化、产业化发展。

（四）加快推动重点区域重大项目建设

结合国家“稳增长、调结构、促改革、惠民生”的经济促进政策，认真组织筛选储备循环经济方面的资源节约和环境保护项目。同时，认真做好2014年中央预算内投资备选项目储备和申报工作，不断完善项目储备库建设。加快推进绵阳节能家电及资源综合循环利用、内江资源综合循环利用、达州—广安循环经济等节能环保产业集聚区的集群化发展。

（五）加大循环经济的宣传力度

继续深入开展节能减排全民行动和各专项行动，倡导文明、节约、绿色、低碳的生产方式、消费模式和生活习惯。加强舆论监督和对外宣传，组织好节能宣传周、世界水日、地球日等主题宣传活动，营造推进节能降耗循环利用的良好舆论环境和社会氛围。

四、四川省循环经济发展典型单位和项目

（一）成都市青白江区工业集中发展区

成都市青白江区工业集中发展区现有规划用地面积22.6平方公里，拟新增规划面积13.75平方公里，规划总面积36.35 平方公里。至2013年底，累计入驻签约工业企业226家，其中规模以上企业137家，完成工业总产值412.02亿元，同比增长30.65%，实现主营业务收入353亿元，工业增加值107亿元，工业增加值增幅13.7%，全口径税收10.1亿元，从业人员总数达7.75万余人。

园区是国家级循环经济试点园区，循环经济产业链发展较为成熟，基本构建形成川化股份公司、攀成钢钒公司、台玻成都玻璃公司、巨石公司等企业余热蒸汽、工业固体废物、工业废水、煤气、二氧化碳废气等内部循环体系，在冶金、建材、化工等产业链之间探索建立了比较成熟的循环经济合作模式，初步形成资源利用率大幅提高、废物最终处理明显减少、再生资源回收利用体系不断完善的良好局面。

2013年，园区单位工业增加值综合能耗预计3.047吨标煤/万元，单位工业增加值COD排放量0.84kg/万元，单位工业增加值SO2排放量7.78kg/万元，工业用水重复利用率94.9%；工业固体废物综合利用率99.9%，环境质量持续稳定改善。

（二）泸州老窖集团有限责任公司

泸州老窖集团有限责任公司是全国工业旅游示范点，四川省爱国主义教育基地、省级循环经济示范单位，同时泸州老窖旅游区是国家 AAAA 级旅游景区。企业位于四川省东南川渝黔滇结合部——泸州市，距省会成都市 267 公里，是四川突出南向、加强东向的区域性次级综合交通枢纽，交通网络发达，区位优势明显。企业循环经济产业链条较为完整，生产工艺技术和设备先进，循环经济特征明显。

公司创新打造循环经济的全产业链模式，通过“一、二、三产业的特色发展”形成联动，将产业发展、旅游、新城镇建设有机结合，带动区域发展。按照“生态循环经济产业”的发展模式，将酒庄建设与旅游项目、新农村、新城镇、循环产业项目等有机结合，打造高粱种植、生态养殖、纯粮固态酿造、农副产品加工、清洁能源、基酒存储和文化旅游于一体的综合发展区泸州老窖集团有限责任公司循环经济产业以酿酒业态为核心，扩展到各项产业链，从源头上减少污染物的产生，按照“减量化、再利用、资源化”原则，采取新工艺、新技术和现代化的设备设施生态转化方式处理，合理地设计高粱种植、生态养殖、纯粮固态酿造、农副产品加工、清洁能源、基酒存储和文化旅游七大业态，实现资源有序关联、规模对接，达到封闭循环和零污物排放。2013年，废水排放量36.4725万吨，废气排放量30800.655万标立方米，废水、废气全部达标排放；废渣排放量：煤灰4200吨、炉渣6546吨，全部综合利用变废为宝。年节水量为427991吨，占公司用水量13.85%；年节煤量422吨，占公司用煤量2.75%。

（撰稿：陈敬一，四川省发展和改革委员会资源节约和环境保护处）

2013年贵州省循环经济

贵州省发展和改革委员会

发展循环经济，走绿色、循环、低碳的可持续发展道路，既是我省筑牢长江、珠江上游生态屏障，保护国家生态安全的需要，也是实施工业强省，缓解资源环境约束，后发赶超、与全国同步小康的内在要求，全省上下牢牢把握坚守发展和生态两条底线，加快循环经济发展，转变发展方式，提高发展质量和效益，努力实现生态美、百姓富的有机统一。

一、循环经济发展概况

2013年，我省以发展循环经济作为推动建设全国生态文明先行示范区的重要抓手，加强循环经济机制创新，强化节约资源能源管理，从源头减少污染物排放，拓宽废弃物资源化、循环化利用途径，不断壮大循环经济发展规模，争取贵阳市白云经济技术开发区再生资源产业园区列为了国家第四批“城市矿产”基地、铜仁市列为国家第三批餐厨废弃物资源化利用和无害化处理试点城市、遵义市经济技术开发区列为国家2013年园区循环化改造示范试点园区，龙里县列为国家循环经济示范县，国家级循环经济示范试点由4个增加到了8个，认定六盘水市、台江经济开发区等一批省级循环经济示范城市、园区和企业，实施循环经济重点工程和重大项目141个，初步构建了企业、园区、县、市多类型、多层次循环经济体系，资源能源利用水平明显提高，环境得到持续改善，全省单位地区生产总值能耗、化学需氧量、氨氮、二氧化硫、氮氧化物排放总量同比下降3.91%、1.45%、1.41%、5.25%、1.11%。

二、发展循环经济的措施及成效

我省把发展循环经济作为一项重大战略，统筹谋划、重点突破，采取一系列强有力的政策措施，加快推动循环经济发展，积极探索转型升级、绿色发展的实现路径，培育新的产业。

（一）健全政策法规，保障循环经济健康持续发展

党的十八届三中全会提出加快生态文明制度建设，健全资源节约利用的体制机制，为保障循环经济持续健康发展明确了路径，我省着力夯实循环经济发展法治基础，健全循环经济发展制度，《贵州省节约能源条例》经省第十二届人大常委会第四次会议审议通过颁布实施，《贵州省固定资产投资项目节能审查专项资金管理暂行办法》、《贵州省循环经济基地（园区、企业）认定办法》、《贵州省园区循环化改造管理暂行办法》等政策措施相继出台，《贵州省循环经济促进条例》启动了立法调研和相关起草工作，法律制度逐步完善、约束力逐渐增强。编制印发《贵州省产业园区污水处理设施五年建设规划》、《贵州省“十二五”资源综合利用实施方案》、《贵州省绿色建筑行动方案》等，起草完成了《贵州省循环经济发展规划和年度推进计划（2013-2017）》，进一步加强了规划引领作用。开展《贵州省“十二五”发展循环经济和节能减排专项规划》、《贵州省“十二五”节能环保产业发展规划》、《“十二五”贵州省城镇污水处理及再生水利用设施建设规划》等规划中期评估工作，总结经验、查找问题，确保规划目标、政策措施落细落小落实。

（二）抓好重点工作，带动循环经济全面提升

——推进示范试点建设，发挥示范试点引领带动的作用。我省围绕资源产出率这一核心指标，紧密结合国家循环经济“十百千”示范行动，高标准、严要求，扎实推进贵阳市国家循环经济试点城市、餐厨废弃物资源化利用和无害化处理试点城市及资源产出率统计试点城市，贵阳经济技术开发区国家园区循环化改造示范试点园区、黔南州国家资源综合利用“双百工程”示范基地、遵义市国家餐厨废弃物资源化利用和无害化处理试点城市等建设工作，为发展循环经济探索出了不同类型、不同层次有效模式，提供了可复制、可借鉴、可推广的经验，其中贵阳市和贵州开磷集团入选《国家循环经济典型模式案例》，同时，实施示范试点建设，带来的经济、社会、环境效益突出。如黔南州国家资源综合利用“双百工程”示范基地建设一年来，实施重点项目12个，完成投资19亿元，增加就业岗位近1000个，实现产业废物综合利用451万吨，有效的拉动了社会资本投资、增加了就业供给、缓解环境污染。

——做好国家循环经济示范试点单位验收，示范试点建设回头看成效明显。为总结循环经济示范试点建设成果，发现不足，积累经验，我省成立由省发展改革委牵头7部门组成的省验收组，现场听取了各循环经济示范试点单位对批复实施方案落实情况的汇报，抽查了部分重点项目，核查了相关材料，对检查中发现的问题进行了询问，对实施方案落实情况进行了综合评议，总体来看，我省贵阳市、贵州瓮福（集团）有限责任公司、贵州开磷（集团）有限责任公司、贵州赤天化纸业股份有限公司、贵州茅台酒厂有限责任公司5家单位开展循环经济示范试点建设效果明显，贵州瓮福（集团）有限责任公司、贵州开磷（集团）有限责任公司形成了较为完善的磷化工循环经济产业链条，贵州赤天化纸业股份有限公司林、浆、纸一体化循环利用模式初步形成，贵州茅台酒厂有限责任公司酒

糟综合利用水平有较大提升，贵阳市构建八大循环经济产业基本完成，各示范试点单位较好的完成了实施方案提出的各项目标和工作任务，循环经济试点建设取得了积极成效，达到了预期目标。

——推动技术创新，夯实循环经济发展基础。共性关键技术的研发、示范推广是驱动加快循环经济发展、拓展循环经济发展空间的重要要素，我省通过组织实施一批具有规模效应、技术装备水平较高的粉煤灰、磷硫石膏、煤矸石等循环经济、资源综合利用重大示范项目，支持企业建立循环经济技术研发和产业化示范中心，大力推动循环经济先进实用技术装备开发和示范应用，推动循环经济发展核心技术创新突破，酸性废水资源综合利用技术、二水磷石膏和黄磷炉渣为主要原料的“一步法”生产新型高强耐水磷石膏砖的生产线和原料制备技术、磷化工全废料自胶凝充填采矿技术、资源化烟气脱硫技术、磷矿伴生资源的回收利用技术、昆虫和微生物技术资源化利用酒糟技术等一批自主创新技术在节约资源、较少污染等方面上取得了突破，获得了较好的经济、环境效益。

（三）宣传循环经济理念，营造全社会节约资源、保护环境的氛围

让全社会了解、认识、相信循环经济，共同参与、践行循环经济绿色、循环、低碳的理念，才能让循环经济从理念迅速变为行动，我省通过组织开展节能宣传周活动，采用展览展示、技术交流、现场体验等方式，以典型示范、岗位创建、合理化建议等多种形式，加强主题宣传，倡导全社会进一步把绿色、循环、低碳理念转化为全民行动；组织循环经济试点示范城市、产业园区、基地和企业参加第二届中国国际循环经济成果交易博览会，并荣获博览会优秀展示组织奖，促进了我省循环经济示范单位与其它地区、部门和企业的交流学习，开拓了发展循环经济的视野。宣传先进典型，推荐贵州赤天化纸业股份有限公司评为全国循环经济工作先进单位，并宣传先进单位发展循环经济好的经验和好的做法，循环经济理念逐渐融入日常工作、生活，循环经济得到迅速发展。

三、发展循环经济的经验

发展循环经济离不开国家高度重视和大力支持，也需要政策、项目、资金的落到实处、发挥实效，同时谋大事、议大事、抓大事，转变观念、创新工作方法也很重要。

（一）抓好机遇、谋划全局、力争新突破

发展循环经济是主动适应新常态的必然要求，新常态面临新挑战，也蕴含新机遇，我省抓住调结构、转方式，经济换挡提质的大好机遇，大力发展循环经济，抓好重大项目推进，培育新兴产业，与富士康科技集团、桑德集团等节能环保大型企业集团加强合作，签订了战略框架协议、全面合作协议，引入企业到我省投资建厂，富士康贵安新区节能环保产业园项目在我省落地，重点打造节能、环保和资源循环利用技术装备产业链，桑德集团在我省部分地区开展了重点工程建设，全省遵义海立水泵制造有限责任公司年产10万台高效节能全扬程新型潜水电泵产业化示范项目等一批技术实力强、装备水平高的环节能产业项目加快推进。同时，围绕节能环保产业，大力推进合同能源管理、污染物第三方治理等节能环保服务业的发展，提升节能环保产业软实力，推动新产业带来经济新增长、从点增长逐渐扩展到向面增长。

（二）转变政府职能，激发循环经济内生动力

发展循环经济企业是主体，政府引导、激活市场是关键，我省坚持企业为基，狠抓职能转变，强化服务意识。一面积极营造发展循环经济政策环境，调动企业发展循环经济的积极性，充分释放企业自身潜能，贵阳市公交集团在全市建设循环经济试点城市有利形势下，积极开展以天然气为燃料，替代汽、柴油的技术研发，大力实施燃油改燃气工程，改造公交车、出租车1850辆，减少汽车尾气排放5万吨，成为全国首家拥有“油改气”技术自主知识产权省会城市。一面加大投融资创新，激活市场环境，拓宽循环经济项目建设的资金渠道。资金投入不足是长期制约循环经济加快发展的一个短板，引入社会资本投入循环经济项目，建立政府和社会资本合作模式，不仅可以引入专业化的管理、运营方式，也有利于促进政府职能加快转变，完善财政投入及管理方式，弥补循环经济重大项目投入的不足。贵阳市日处理215吨餐厨废弃物资源化利用和无害化处理项目，总投资1.4亿元，在财政投入有限的情况下，采取特许经营方式，推动了项目建设。同时，我省铜仁市厨废弃物资源化利用和无害化处理项目等循环经济重大项目也在积极推进政府和社会资本合作模式，加快推进项目建设。

我省正处于工业化、城镇化加速发展期和调结构、转方式的攻坚期，面临着既要“赶”又要“转”的双重任务，加快发展和保护生态使命艰巨，我省将按照习近平总书记“既要金山银山又要绿水青山”的要求，加快构建覆盖全社会的资源循环利用体系，推进绿色、循环、低碳发展。

（撰稿：高伟，贵州省发展改革委环资处）

2013年西藏自治区循环经济

西藏自治区发展和改革委员会

2013年是实施“十二五”规划的关键一年，在国家有关部委的关心支持下，我区认真贯彻落实党的十八大、十八届二中、三中全会精神和中央第五次西藏工作座谈会精神，以“确保生态环境良好”和“建设美丽西藏”为新时期西藏生态环境建设的指导思想和重要任务，认真贯彻落实党中央、国务院关于循环经济工作的部署，始终把节能降耗作为调整经济结构、转变发展方式的重要抓手，把生态文明建设放在更加突出的地位，着力推进绿色、循环、低碳发展，循环经济工作取得新成效。

一、循环经济指标完成情况

2013年，我区单位地区生产总值能耗降低率为2.13%，累计下降率为6.27%，完成年度单位地区生产总值能耗降低率目标和“十二五”节能进度目标。根据自治区环境保护部门提供资料，全区废水污染物化学需氧量和氨氮排放量分别为25773吨和3193吨，废气污染物二氧化硫和氮氧化物排放量分别为4192吨和44306吨，上述四项主要污染物排放总量控制在国家环境保护部核定范围内。

二、循环经济工作开展情况

（一）大力开展节能降耗工作，提高能源资源利用效率

1.建立促进循环经济发展政策、法规。根据《国务院关于印发“十二五”节能减排综合性工作方案的通知》（国发〔2011〕26号）精神，为进一步推动我区“十二五”节能减排工作，促进资源节约型、环境友好型社会建设，确保实现全区“十二五”节能减排约束性目标，自治区编制印发了《西藏自治区“十二五”节能减排综合性工作实施方案》，将节能减排目标任务分解到各地（市）。同时，自治区节能减排领导小组办公室制定了《西藏自治区“十二五”节能减排综合性工作实施方案部门分工》，明确了各项任务具体责任部门，确保节能减排目标任务得到层层分解落实。

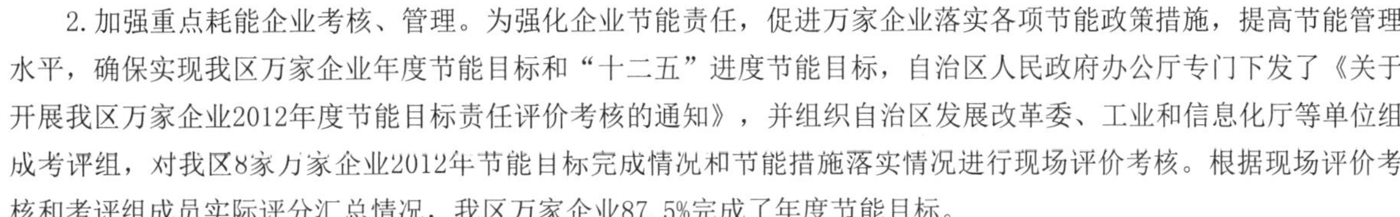

2.加强重点耗能企业考核、管理。为强化企业节能责任，促进万家企业落实各项节能政策措施，提高节能管理水平，确保实现我区万家企业年度节能目标和“十二五”进度节能目标，自治区人民政府办公厅专门下发了《关于开展我区万家企业2012年度节能目标责任评价考核的通知》，并组织自治区发展改革委、工业和信息化厅等单位组成考评组，对我区8家万家企业2012年节能目标完成情况和节能措施落实情况进行现场评价考核。根据现场评价考核和考评组成员实际评分汇总情况，我区万家企业87.5%完成了年度节能目标。

3.促进节能环保产业发展。根据《国务院关于加快发展节能环保产业的意见》（国发〔2013〕30号）精神，结合全区节能环保产业发展实际以及今后发展方向和重点，自治区起草了《西藏自治区加快发展节能环保产业实施方案》，明确了全区节能环保产业发展的主要目标和重点内容，该《方案》是我区“十二五”时期加快发展节能环保产业的纲领性文件。

4.逐步开展能源管理体系建设。根据国家发展改革委、国家认监委《关于加强万家企业能源管理体系建设工作的通知》（发改环资〔2012〕3787号）精神，要求万家企业逐步开展能源管理体系建设工作。截止目前，西藏高争建材股份有限公司邀请北京建联信认证中心对该公司能源管理体系（GB/T23331-2012）进行现场审核，并获得能源管理体系认证证书。

5.不断强化建筑节能。根据《国家发展改革委办公厅、住房城乡建设部办公厅关于报送绿色建筑行动实施方案的通知》（发改办环资〔2013〕533号）要求，为实现节能减排约束性目标，积极应对气候变化，我区深入贯彻落实科学发展观，结合城乡建设模式和建筑业发展方式，以及经济发展水平、资源禀赋、气候条件等，制定了《西藏自治区绿色建筑行动实施方案》，明确了抓好新建建筑节能工作、稳步推进既有建筑节能改造等五方面重点任务，提出了加强财政支持力度、完善体系建设等七方面保障措施。

6.加大高效照明产品推广工作。在国家有关部门的大力支持下，我区大力实施高效照明产品推广工作，顺利推广高效照明产品124.98万只，圆满完成了年度推广任务。按照节能灯平均寿命6000小时，光效是普通白炽灯5倍（企业提供），每度电0.5元进行计算，自治区推广的124.98万只节能灯可以节约6.35亿度电，减少电费支出3.17

亿元，节约能源消耗7.80万吨标准煤，节电效果明显，社会经济效益十分显著。

7.积极推进公共机构示范单位建设。2013年，自治区安排节能减排专项资金1459万元，相继对自治区党校等8家公共机构实施了节能改造，改造内容涉及太阳能路灯、太阳能集热供水、水源热泵供暖、外墙保温等，在全区公共机构中起到了良好的示范作用。

8.严格执行固定资产投资项目节能评估制度。为加强我区固定资产投资项目节能管理，依法严格固定资产投资项目节能审查,确保新上项目落实有关节能法规、标准，不断提高能源利用率，从源头上遏制能耗不合理增长，2013年自治区完成了拉萨市老城区保护工程等28份固定资产投资项目节能评估报告的审批和仁布县火车站配套公共设施房建项目等101份固定资产投资项目节能登记表备案工作，固定资产投资项目节能评估审查工作取得了较好的进展。

9.加大节能宣传、培训力度。我区围绕“践行节能低碳，建设美丽家园”活动主题，以“建设美丽中国，享受健康生活”、“思前，食后，厉行节约”、“青山绿水，清洁空气，我们一起努力”为宣传口号，顺利举办了2013年节能宣传周活动，为全区节能减排工作营造了良好的社会氛围。自治区发展改革委牵头举办了首期能源管理体系宣传贯彻培训班，全区30家年综合能耗3000吨标准煤以上的重点耗能企业的负责人及具体工作人员参加此次培训，进一步推进我区企业节能减排工作和能源管理体系建设工作的开展。

（二）强化生态保护和建设，加快环境基础设施建设

1.积极申报建设国家生态文明先行示范区。着力加强西藏生态环境保护、建设生态西藏、美丽西藏是党中央、国务院对西藏各族干部群众的重托，是大力推进生态文明建设的重大举措和重要抓手。根据国家发展改革委等六部委联合下发《关于印发国家生态文明先行示范区建设方案（试行）的通知》（发改环资〔2013〕2420号）精神，自治区人民政府高度重视全区生态文明建设，召开专题会议部署相关工作。自治区发展改革委、财政厅等部门按照建设方案的总体要求、主要目标和主要任务，结合西藏实际，突出西藏特点，组织编制西藏“两江四河”流域和4个地（市）国家生态文明先行示范区建设实施方案，经自治区人民政府同意后上报国家发展改革委审批，林芝地区和山南地区初步被确定为我区国家生态文明先行示范区（第一批）。

2.稳步推进环境基础设施建设。全力抓好涉及我区资源节约和环境保护规划建设项目前期工作，加快环境基础设施项目建设，逐步提高农户秸秆综合利用、重要生态功能保护、城镇生活垃圾无害化处理和城市污水处理能力，有效促进循环经济有序发展。截至2013年，农户秸秆综合利用项目和重要生态功能保护各项前期工作已完成，城市污水处理工程已完成“十二五”新增规划投资62%，城镇生活垃圾收集与处理设施项目完成“十二五”新增规划投资59%。

（三）编制循环经济规划，大力发展循环经济

1.编制实施循环经济规划。根据《国务院关于印发循环经济发展战略及近期行动计划的通知》（国发〔2013〕5号）和自治区政府领导批示精神，自治区编制完成《西藏自治区循环经济发展规划（2013-2020年）》（以下简称《规划》）。《规划》包括八大章三十八小节，主要内容为现状与形势、指导思想、基本原则和主要目标、构建循环经济体系、实施“六五三”示范行动及保障措施。《规划》提出了通过实施循环经济“六五三”示范行动，积极探索和推广循环经济发展模式，以点带面逐步形成循环经济产业体系。该《规划》是我区近两个规划期内首个指导循环经济发展的纲领性文件。

2.申报实施循环经济示范项目。结合我区“十二五”时期国民经济和社会发展规划纲要和“十二五”西藏经济社会发展目标任务，以及资源节约与环境保护工作开展实际，组织企业编制申报了农业循环经济、资源循环利用产业化和生物质资源综合利用开发等方面循环经济示范项目。

三、2014年工作重点

2014年是实施“十二五”规划各项目标任务决定性的一年，我区将紧紧围绕国家关于循环经济的工作部署，在自治区党委、政府坚强带领下，认真落实《自治区“十二五”节能减排综合性工作实施方案》和《西藏自治区循环经济发展规划（2013-2020年）》确定的循环经济发展各项目标任务，进一步加大循环经济工作力度，加快美丽西藏建设，确保西藏生态环境良好，2014年应着力做好以下工作：

（一）进一步提高思想认识，倡导绿色低碳循环发展

党的十八大将“生态文明建设”纳入中国特色社会主义事业的总体布局，融入到经济、政治、文化、社会建设各方面和全过程。中央第五次西藏工作座谈会将“确保生态环境良好”作为新时期西藏生态环境建设的指导思想和

重要任务，要把西藏建设成为国家重要的生态安全屏障，将西藏的生态文明建设提到极为重要的战略地位。自治区第八次党代会和区党委八届三次全委会提出“加强生态文明建设、建设美丽西藏”的明确要求。自治区党委、政府《关于建设美丽西藏的意见》提出一定要贯彻节约资源和保护环境的基本国策，正确处理经济发展和资源环境的关系，合理开发和有效利用自然资源，努力建设美丽西藏。我们必须从战略和全局的高度，把思想和行动统一到中央关于节约资源和保护环境的决策和部署上来，把资源节约和环境保护工作摆在更加突出的位置，大力倡导绿色低碳循环发展，确保我区生态环境良好。

（二）研究制定相关政策、法规，形成绿色低碳循环发展机制

全面落实《西藏自治区“十二五”时期节能规划》和《西藏自治区“十二五”节能减排综合性工作实施方案》，严格控制新建高耗能、高污染、高排放项目，禁止发展造纸、化工等重污染、高耗能的工业。大力发展可再生能源，推进太阳能、风能、沼气等能源利用以及可再生能源与建筑一体化的科研、开发和建设。实施《西藏自治区加快发展节能环保产业实施方案》，推进节能环保产业有序发展。实施《西藏自治区循环经济发展规划（2013-2020年）》，启动循环经济示范城市、园区创建工作，探索城市、产业、社会层面循环经济发展模式。编制林芝地区和山南地区《国家生态文明先行示范区实施方案》，加快生态文明先行示范区建设。加快促进循环经济发展相关法律法规和餐厨垃圾资源化利用相关规章制度建设。

（三）加大项目前期工作力度，形成稳定的投资增长机制

加快实施城镇污水垃圾处理建设、秸秆综合利用、生态功能区保护等“十二五”规划项目，敦促项目单位在尽快完善项目前置审批手续基础上，加快可研、初设报批进度，尽早完成项目前期工作，确保投资落实到位。加快实施资源节约和环境保护类项目建设，组织申报余热余压利用、建筑节能、交通运输节能、绿色照明等节能改造工程、循环经济示范推广工程和节能减排能力建设工程。争取逐年增加地方预算内节能减排专项资金安排额度，积极做好项目储备、遴选工作，充分发挥节能减排专项资金使用效益和项目示范效应。

（四）广泛持久开展宣传、培训，形成全民参与行动机制

组织开展好每年度的全国节能宣传周、低碳日宣传、能源紧缺体验、全国城市节水宣传周及世界环境日、地球日、水日宣传活动，充分利用新闻媒体广泛宣传绿色低碳和循环发展的重要性、紧迫性，宣传绿色低碳循环发展工作取得的阶段性成效和先进典型等，增强社会公众意识。继续组织全区各地（市）、各部门、各企事业单位以及社会团体，参与年度培训活动，切实提高从业人员节能环保业务素质。

（撰稿：索朗卓嘎 、罗永彬，西藏自治区发展和改革委资源节约和环境保护处 ）

2013年甘肃省循环经济

甘肃省发展和改革委员会

2013年，全省围绕落实省政府办公厅印发的《2013年推进国家循环经济示范区建设工作方案》，扎实推进各项目标任务，在组织实施项目，构建循环型农业、工业和社会三大循环体系，加快基地建设、产业链延伸完善和园区循环化改造，试点示范创建等方面都加大了工作力度，推动《甘肃省循环经济总体规划》实施取得了明显进展。

一、全省循环经济发展概况

（一）完成总体规划中期评估。制定了《总体规划中期评估工作方案》，邀请国务院发展研究中心、国家发展改革委宏观经济研究院、中国国际工程咨询公司等机构在循环经济领域的权威专家和西北师范大学、兰州煤矿设计研究院、省有色冶金协会、等省内科研院所的若干专家组成了评估专家组。通过深入调研和分析，客观评价了《总体规划》各项目标任务的完成进度，总结了成功的经验和做法，分析查找了存在的问题，制定了进一步推进规划实施的措施。历经6个多月，撰写完成了《甘肃省循环经济总体规划中期评估报告》，并已上报省政府和国家发展改革委。

（二）三大循环体系和五大载体建设进展顺利。以减量化优先为主要特征的循环型农业、以资源化和再利用为主要特征的循环型工业体系基本形成，以再生资源回收利用和生活废弃物处理为重点的循环型社会体系建设正在稳步推进。金昌、兰白、酒嘉3个循环经济基地已完成80%的建设任务，平庆、天水、张武定、甘临陇4个基地已完成50%的建设任务；金昌、白银、陇西、华亭、武威黄羊等5个被列为国家循环化改造示范试点园区已完成50%的改造进度，临夏经济开发区被列入2013年园区循环化改造示范试点；有色与精细化工等5条产业链已构建形成，石油化工-特色精细化工一体化等6条产业链基本构建形成，煤电化工等5条产业链处于培育链接阶段；认定了66家循环经济示范企业；分批组织实施了总投资2803亿元的循环经济重点项目2879个。

（三）积极创建示范试点工程。积极争取国家将金昌市和定西通渭县列入2013年国家循环经济示范市、县，争取金昌市列入全国低碳试点城市。兰州、武威2个国家再生资源回收体系建设试点城市进展顺利，酒泉回收利用基地项目完成70%以上建设任务，敦煌基地项目完成50%以上建设任务。完成了首批33家省级节约型公共机构示范单位的评价验收，启动了首批32家国家级和第二批省级节约型公共机构示范单位创建工作。积极推进获国家批准的9个苦咸水淡化再利用试点项目。创建了天水凯迪生物质电厂等林业“三剩物”综合利用示范工程。推动平凉崆峒山等3个景区绿色旅游示范基地创建活动。

（四）政策等支撑保障体系进一步完善

编制完成了《甘肃省绿色建筑行动实施方案》，出台了《甘肃省绿色建筑评价标准》。起草了《甘肃省治理商品过度包装管理办法》。设立了循环经济产业投资基金，一期5亿元已投入运营。

（五）初步建立了循环经济统计指标体系。我省被国家列为全国资源产出率统计试点省份，顺利完成了资源产出率统计试点相关工作。以资源产出率试点为契机，积极探索建立市州、部门、园区三个层次的循环经济统计评价考核体系，印发了《甘肃省循环经济统计管理办法》和《实施方案》，在全国率先建立了省级循环经济统计评价体系。

（六）宣传教育进一步强化。在省电视台滚动播出“节能低碳、绿色出行”公益广告。组织第23个节能宣传周活动和低碳宣传日、“4.22”地球日以及“6.5”世界环境日活动，利用第二届循环经济国际博览会、兰洽会循环经济展、“中国旅游日”、“敦煌行丝绸之路国际旅行节”等宣传活动。制定了2013年全省循环经济现场会筹备方案。在金昌市组织召开了中国甘肃国际循环经济博览会。

二、取得的成效

在党中央、国务院的关心支持下，在全省上下不懈努力下，我省发展循环经济取得了显著成效，使我省实现了经济效益、社会效益和环境效益三者的有机统一，为西部欠发达地区资源型省份可持续发展探索出了有益经验。

（一）发展循环经济为我省保持经济平稳健康发展、不断扩大经济总量提供了有力支撑。总体规划实施以来，我省循环经济项目投资年均达到602亿元，年均增幅54.74%，对全省固定资产投资增长的贡献率达到 37.55 %；七

大循环经济基地中已经完成80%建设任务的金昌、兰白、酒嘉3个基地的年均地区生产总值增速达到14.3%，高于全省平均增速2.39个百分点，2013年3个基地的GDP之和占全省经济总量的 53.66%；16条循环经济产业链中，已经形成或基本形成的有色与精细化工、冶金-资源综合利用-冶金化工-新材料等11条产业链的工业增加值年均增速达到13.6%，2013年11条产业链的工业增加值之和占全省工业增加值的73.3 %。近年来我省在国际金融危机持续发酵、国内经济下行压力逐年加大的情况下，保持了较快经济增速，其中发展循环经济提供了有力支撑。

（二）发展循环经济为我省提高资源能源利用效率、促进节能减排发挥了重要作用。与2005年相比，涉及资源产出的资源产出率、能源产出率和水资源产出率等3项指标分别比2005年提高305%、35%和116%，资源产出大幅提升；涉及资源消耗的万元GDP能耗、万元GDP取水量、单位工业增加值能耗、单位工业增加值用水量、吨镍能耗、吨钢水耗等6项指标分别比2005年下降26%、53%、35%、55%、10%和39%，农田灌溉水有效利用系数比2005年提高11%，资源消耗明显减少；涉及资源综合利用的废钢铁回收利用率和废有色金属回收利用率都达到100%。“十二五”前三年我省单位GDP能耗累计下降了10.87%，达到整个“十二五”节能约束性目标的71%，化学需氧量、二氧化硫、氨氮、氮氧化物四项主要污染物排放指标均控制在国家下达的约束性目标之内，环境质量持续得到改善，兰州市2013年空气质量优良天数比上年增加29天。

（三）发展循环经济为我省转变经济发展方式、加快产业转型升级注入了强劲动力。通过发展循环经济，延长产业链条、优化产品结构、提高资源能源利用效率，有效改善了我省原材料产业比重高、产品附加值低的产业现状，促进了经济结构优化和产业转型升级。自2009年以来，我省以年均7.74 %的能耗增长和0.28%的水耗增长支撑了11.91 %的经济增长，发展循环经济已成为我省经济社会持续健康发展的绿色引擎。

三、主要做法和经验

（一）高度重视，注重建立长效机制。省委、省政府多次召开会议研究部署全省循环经济发展工作，将发展循环经济作为我省重要的经济战略平台来打造，把循环经济项目纳入省委省政府“3341”项目工程整体推进。通过科学部署、合理安排，保证了自上而下工作目标和任务的一致性、同步性，对于我省发展循环经济、推进循环经济示范区建设起到了很好的引领指导作用。省委成立了循环经济示范区建设协调推进领导小组，所有市州及部分县区也都成立了发展循环经济领导小组，定期研究解决循环经济相关的重点、难点问题；市州政府、省直部门、重点企业明确了分管领导和责任部门，确定了联络员，建立了全省循环经济工作联络员制度，加强了组织领导和统筹协调；通过强化考核督查，形成了分工明确、紧密协作、重在落实的长效工作机制，有力的保障了规划各项目标任务的推进和落实。

（二）规划与计划相结合，注重细化落实。以《总体规划》为中长期指导，结合省情实际，因地制宜，印发了《甘肃省循环经济总体规划实施方案》和《甘肃省循环经济总体规划实施考核办法》，分年度制定工作计划，注重细化落实。在具体做法上，采取重点突破、挂牌销号的方法，将目标任务分解到市州和部门，明确责任主体，确保任务进度。组织各单位从省级、市州、部门、开发区、重点企业等不同层次编制实施了循环经济专项规划或方案，以及节能、节水、资源综合利用、污水垃圾、再生资源回收、秸秆利用等专项规划方案，从行业和区域等多个层面逐项推进，确保年年有进展，年年见实效。

（三）以项目谋划和建设为纽带，推动全省循环经济发展。始终将循环经济项目建设作为发展循环经济的重点任务，通过建立开放征集、动态更新的全省循环经济项目库，不断充实、完善列入总体规划的项目，形成了“谋划储备一批，开工建设一批，投产达效一批”的工作方式。围绕循环经济重点领域和薄弱环节，做好重大项目的谋划和实施，把循环化、可持续作为先决条件，重点引进实施关键补链、延链项目。项目实施有效带动了基地、园区、产业链和骨干企业等循环经济发展，成为全省经济发展的助推器。

（四）在重点领域开展试点示范，发挥典型引领作用。通过不断总结凝炼试点示范工程经验，在不同行业、不同领域探索出了七大循环经济典型模式，分别是区域发展金昌模式、工业企业白银公司模式、园区天水高新农业模式、张掖农业模式、节水型工农业复合定西模式、煤炭资源综合利用窑街煤电模式、城市餐厨垃圾资源再生利用兰州模式。其中，区域发展金昌模式、工业企业白银公司模式被列为国家循环经济典型模式在全国推广。通过对典型模式的宣传推广，充分发挥示范企业和示范工程的引领作用，以典型引路，全面推进，有效带动了重点领域循环经济的发展，为全面推动循环经济发展提供了宝贵的经验。

（五）着力构建完善的保障体系，为规划实施提供有力支撑。出台了9部与循环经济相关的地方性法规规章，使全省循环经济发展有法可依、有章可循。省上在财政困难的情况下设立了1.85亿元省级发展循环经济专项资金，

部分市州也设立了发展循环经济专项资金，强化了政府的引导推动作用。运用市场机制，设立了甘肃省循环经济产业投资基金，一期5亿元已投入使用。围绕《总体规划》中24项指标统计，印发实施了《甘肃省循环经济统计管理办法》和《统计实施方案》，在全国率先建立了省级循环经济统计和报送体系。逐步强化支持循环经济发展的政策措施，制定综合性政策13项，价格政策4项，财政政策2项，税收政策2项，对发展循环经济起到了重要的支撑保障作用。按照《甘肃省总体规划实施方案考核办法》，建立了严格的循环经济考核制度，每年对市州指标完成情况进行考核，对部门任务完成情况进行考核，并将考核结果纳入省政府目标责任考核体系，实行了严格的奖惩制度，确保各项目标任务落到实处。

（六）高度重视宣传教育，营造良好氛围。通过广播、电视、网络等宣传媒体，集中开展全方位、立体式的宣传教育，介绍政策法规，报道工作进展，宣传典型，弘扬先进，使循环发展理念在全社会广泛传播，营造了发展循环经济的浓厚氛围。通过召开全省循环经济现场会、举办和参加循环经济国际博览会、兰洽会等专题活动，积极开展经验交流和宣传推介。通过党校、行政学院、各类培训中心和中介服务机构开办培训班，在各级各类学校举办循环经济专题讲座，实施省级循环经济高级研修项目，对政府工作人员、企业、普通民众开展循环经济知识培训。通过宣传教育，使发展循环经济成为了全社会的自觉行为。

四、存在的问题

我省作为国家老工业基地，区域综合经济实力不强，人民生活水平比较低，生态环境脆弱，自然灾害频发，发展的任务相当繁重，一些制约我省发展的结构性矛盾尚未根本解决，循环经济基地基础设施建设滞后，特别是支持循环经济发展的资金投入和技术支撑严重不足，政策激励和约束机制不够完善，对进一步推进循环经济发展带来很大障碍。具体还存在以下几个方面的困难和问题。一是行业和区域发展不平衡，结构调整和产业升级进程缓慢；二是政策激励引导机制不健全，市场主导作用尚未充分发挥；三是关键技术创新突破和推广应用不够，科技支撑体系尚未形成；四是资金投入严重不足，关键补链项目和基础设施建设进度滞后；五是统计评价体系不完善，工作考核约束机制有待进一步健全。

五、建议

将我省循环经济已形成的“七大模式”提升到国家“一带一路”战略层面推广到周边战略合作国家，以化解我省过剩产能，落实“走出去”战略，实现经济发展的合作共赢。

（撰稿：闫军才，甘肃省发展和改革委员会资源节约和环境保护处）

2013年青海省循环经济

青海省发展和改革委员会

党的十八大把生态文明建设纳入中国特色社会主义事业五位一体总布局，提出发展循环经济，促进生产、流通、消费过程的减量化、再利用、资源化。加快转变经济发展方式，更多依靠节约资源和循环经济推动，不断增强长期发展的后劲。青海省全面贯彻落实国家发展循环经济的各项工作部署，依托资源优势，强化政策制定和落实，大力推进重点产业园区建设，不断提高经济发展的质量和效益，循环经济工作取得了较大进展。

一、循环经济发展概况和成效

2013年，省委、省政府坚决贯彻中央各项决策部署，牢牢把握科学发展主题和加快转变经济发展方式的主线，大力推进农业、工业、服务业及社会层面循环经济发展，不断增强经济发展的内生动力。

农牧业循环经济方面，实施了拉西瓦水库灌溉、现代农牧业示范区建设等一批基础设施建设及农牧业产业化示范项目。高原现代农牧业加快发展，粮食生产实现“八连增”，总产连续六年突破百万吨，特色作物种植比重不断提高，面积达到80%，新增枸杞、沙棘、核桃等种植面积38万亩。生态畜牧业水平持续提升，由数量扩张型向质量效益型加快转变，畜禽规模化养殖明显扩大。油菜、马铃薯、蚕豆、蔬菜、中藏药、特色果品、牛羊肉、奶牛、毛绒、饲草料等十大农牧特色产业体系不断壮大，农牧业综合生产能力显著提升。

工业循环经济方面，工业调整升级取得较大进展，一方面大力延伸产业链、培育新能源、新材料和特色轻工；另一方面组织实施一批重点节能技改和工程减排项目，以壮士断腕之举在电解铝、水泥、钢铁、铁合金等行业淘汰落后产能，传统产业改造升级力度加大，装备、轻工、高技术等产业分别增长35.7%、19.5%和22.9%。盐湖资源综合利用成效显著，以盐湖化工为核心，融合油气化工、煤炭综合利用、金属冶金、新能源、新材料、特色生物的产业体系框架初步形成。全省十大特色工业产业体系初具规模，新型工业化进程明显加快。

服务业循环经济方面，着力发展现代服务业，基本形成了金融、现代物流、科技服务、信息与中介、商贸餐饮、房地产、旅游、文化体育、社区服务和商务会展等十大重点服务业产业。加快推进“旅游倍增计划”，高原生态旅游业形成规模。电子商务、物流配送等现代服务业经营方式和新型业态开始向农村牧区延伸。2013年，实现旅游总收入158.5亿元，增长28.1%。现代物流业发展步入快车道，社会消费品零售总额达到544.1亿元，增长14.3%。

社会层面循环经济方面，西宁市、海东市等全省重点城市建立和完善了再生资源回收处理体系，对废旧家电、农业废弃物等进行回收处理和再生利用。西宁市餐厨废弃物收运处理体系已基本建成，在全国的示范带动作用显著。大力发展公共交通系统，倡导绿色出行。制定下发了《青海省绿色建筑行动实施方案》，全力推进既有居住建筑节能改造和可再生能源建筑应用。

全省重点产业园区水、电、路等配套基础设施不断完善，产业聚集度及资源综合利用效率不断提高。2013年，柴达木循环经济试验区、西宁经济技术开发区规模以上工业增加值分别为426.7亿元、250.8亿元，两个国家级循环经济试点产业园区占全省规模以上工业增加值的比重66.4%，已成为循环经济主战场和全省转变经济发展方式的领头羊，发挥了重要的示范带动作用。

二、循环经济领域主要做法、措施

（一）科学谋划循环经济发展

为贯彻落实省十二次党代会提出的建设国家循环经济发展先行区工作部署，组织编制《青海省建设国家循环经济发展先行区行动方案》，经省委、省政府印发实施。提出“三年强基础，八年创先行”两个阶段，全面构建循环型工业体系、循环经济型农业体系、循环型服务业体系，推进社会层面循环经济发展。到2015年，完成循环经济发展先行区总体布局、基本框架，以提高资源综合利用水平为重点，逐步完善循环经济产业体系，实现各项阶段性目标。到2020年，在更高起点、更高水平上推进国家循环经济发展先行区建设，产业布局科学合理，资源综合利用和产出率显著提高，循环经济规模不断扩大，成为发展主导模式，其他各项事业取得长足进步，建成国家循环经济发展先行区，并在试验区建设、资源综合利用、清洁能源、绿色发展、制度建设等五个方面为国家或同类地区树立典范。

（二）积极组织开展园区循环化改造工程

经过努力，在编制完成并上报《青海省柴达木循环经济试验区乌兰工业园区循环化改造示范试点实施方案》基础上，国家发展改革委、财政部确定乌兰工业园区为2013年循环化改造示范试点园区，争取中央补助资金4090万元。根据国家发展改革委办公厅、财政部办公厅《关于请报送循环经济工作有关情况的通知》要求，对园区循环化改造项目实施情况进行了监督检查，并及时提交了《青海省循环经济重点工程实施进展专题报告》。通过积极推动柴达木循环经济试验区循环化改造示范试点工程建设，实施一批园区配套基础设施及产业升级改造项目，有力促进了园区循环经济快速发展。

（三）继续加大循环经济资金支持

经过努力，2013年争取国家资源节约和环境保护项目6项，下达中央资金4050万元，实施了铁合金矿热炉纯低温余热发电、青海省节能监察总队能力建设等循环经济项目。省级循环经济专项资金安排下达10亿元，重点支持柴达木循环经济试验区、西宁经济技术开发区、海东工业园区等全省重点工业园区基础设施建设、产业项目升级改造等工作。通过资金的引导支持，有力推动了全省循环经济的快速发展。

（四）切实推进循环经济试点地区创建工作

为充分发挥省内各地区的特点和优势，推动农业、工业、服务业及社会层面循环经济全面发展，加快建设国家循环经济发展先行区。在各地申报、专家评审基础上，经省政府同意，筛选认定西宁市、海西州等15个地区为省循环经济试点地区。积极开展国家循环经济示范城市（县）申报工作，组织编制并上报《格尔木市国家循环经济示范县创建实施方案》，经过答辩、评审等程序，格尔木市被国家发展改革委确定为国家循环经济示范县。通过探索资源富集、环境脆弱地区发展循环经济的有效模式，将在全国发挥重要示范带动作用。

（五）全面完成国家循环经济试点产业园区验收工作

2005年、2007年，柴达木循环经济试验区、西宁经济技术开发区两个园区先后被确定为国家循环经济试点产业园区。按照《关于组织开展国家循环经济示范试点单位验收工作的通知》要求，经过园区自查、汇报答辩、专家评审等，两个园区通过了省级验收，并向国家发展改革委等7部委上报了验收报告。经过几年的建设，两个园区循环经济发展成效显著，为同类地区树立了典型，提供了示范。

（六）努力加强科技创新能力建设

围绕省政府确定的50个重大技术进步项目、工业“双百”行动，继续深入推进“123”科技支撑工程建设；依托海南国家生态畜牧业可持续发展实验区、海西国家循环经济可持续发展实验区和省级以上农业科技园，组织实施“1020”生态农牧业重大科技支撑工程；针对全省单位GDP能耗过高，节能减排压力大等问题，实施青海省“十二五”节能减排科技行动。着力加强科技创新平台和基地建设，组织实施了一批金太阳工程。盐湖化工、新能源、新材料、特色生物等循环经济领域科学研究、成果转化和推广能力不断增强，高新技术产业已成为拉动全省经济持续增长的重要力量，并成为推动经济转型升级的强劲驱动器。

（七）充分发挥重大项目的示范带动作用

以特色优势产业和工业园区建设为重点，充分依托循环经济重大项目的支撑和带动作用，全力推进项目建设。金属镁一体化、高纯氢氧化镁及镁砂、结构板材、特色生物资源深加工等一批项目有序推进，有力促进了资源产出率的提高。加大了基础设施建设，蓄积峡水利枢纽工程、格尔木至敦煌铁路、茶卡至格尔木高速公路、花土沟民用机场、格尔木-鱼卡-新疆哈密输变电工程等重大项目及重点产业园区水、电、路等配套基础设施建设工程加快推进，有力支撑了循环经济产业发展。

（八）着力开展招商引资工作

围绕循环经济发展，有针对性地制定招商引资方案，重点面向产业互补性强、关联度高的地区，面向国内外大企业、大集团，利用各种节会平台开展招商引资工作。2013年，通过积极参加“青洽会”、“西洽会”、“厦洽会”等各类投资贸易展会，柴达木循环经济试验区签约项目98项，签约金额506亿元。全力做好签约项目的跟踪落实工作，积极协助项目业主做好公司注册、方案比选、资源配置、项目融资等建前工作，推进签约项目落实建设条件，力争项目早日开工建设。

（九）深入推进餐厨废弃物处理和利用工程

在西宁市现有餐厨废弃物收运和处理体系基础上，通过收运和处理设施扩能、扩大收运和处理体系区域覆盖面、处理设施的技术工艺提升改造、居民区餐厨废弃物收运处理试点等工作，进一步提高了餐厨废弃物的收运和集

中处理能力。截止2013年年底，西宁市餐厨废弃物收运覆盖率达到90%以上，有效改善了城市卫生环境，保障了广大人民群众的身体健康。

（十）广泛开展宣传

2013年，通过各类媒体，大力宣传循环经济科普知识，引导全省人民群众深入了解循环经济的内涵，激发和调动各类企业、社会各阶层参与循环经济工作的积极性、主动性和自觉性，不断树立综合开发、有效配置、循环利用、永续发展的思想意识。通过积极努力，“减量化、再利用、资源化”的循环经济发展理念逐步深入人心，全省各部门、各单位及广大人民群众发展循环经济的意识不断增强。

三、存在的不足及下一步工作计划

青海省经济基础条件薄弱，尽管我们大力发展循环经济，推动产业转型升级，但目前来看依然存在以下问题。一是资源综合开利用程度低。青海省经济发展资源依赖程度高，工业、农业在较大程度上仍处于初级加工阶段，科技创新能力不足，产业链条短，产品附加值低，资源消耗偏大，严重制约了特色优势产业的更好更快发展。二是基础设施建设薄弱。全省区域面积大，经济总量小，支撑经济社会发展的基础设施建设投入不足，特别是相关工业园区水、电、路、管网等配套基础设施建设落后，影响了园区企业的入驻及长足发展，支撑全省经济建设的基础瓶颈显著。今后一段时期，循环经济工作要力争在调整经济结构、转变发展方式上取得新突破，着力推动绿色循环低碳发展。

（一）落实《青海省建设国家循环经济发展先行区行动方案》

按照省委、省政府印发的《青海省建设国家循环经济发展先行区行动方案》，细化分解任务目标，明确落实工作责任，有效推动循环经济发展先行区建设，制定《青海省建设国家循环经济发展先行区2014年工作要点》，确保开好头、起好步，为全面完成年度工作任务打下坚实基础。

（二）组织编制《青海省盐湖资源综合利用规划》

进一步梳理盐湖资源综合开发利用发展思路，加快编制《青海省盐湖资源综合利用规划》，并强化与国家发展改革委的汇报衔接，努力将盐湖资源综合开发利用上升为国家战略。

（三）全力抓好园区循环化改造工程

大力推动柴达木循环经济试验区内格尔木、德令哈、大柴旦、乌兰工业园区循环化改造工程实施，强化资金管理，抓好项目建设，切实发挥中央资金的引导作用。按照申报条件，积极争取将西宁经济技术开发区相关园区纳入园区循环化改造工程，促进西宁市循环经济加快发展。

（四）强化循环经济资金支持

按照省政府工作部署，做好省循环经济发展专项资金安排，重点支持园区基础设施、重大产业项目升级改造等，并加强管理，切实发挥好资金的引导和带动作用。做好2014年资源节约和环境保护项目的组织申报工作，推动实施一批节能、节水、资源综合利用项目。

（五）推动循环经济重大项目建设

继续推进金属镁一体化、结构板材、青藏高原特色生物资源深加工等循环经济重大产业项目实施，通过项目带动，切实提高经济发展的质量和效益。加快推动公路、铁路、民航、供电、供水等一批重大基础设施项目建设，加大园区配套基础设施建设，为循环经济产业发展提供有力保障。

（六）加大循环经济宣传力度

依托各类媒体，进一步加大循环经济宣传教育，使“减量化、再利用、资源化”的循环经济发展理念深入人心，引导全社会共同推动循环经济发展。

（撰稿：杨鑫光，青海省发展和改革委员会资源节约和环境保护处）

2013年宁夏回族自治区循环经济

宁夏回族自治区经济和信息化委员会

2013年，在自治区党委、政府的正确领导下，全区深入贯彻落实党的十八大及十八届三中全会精神，认真落实国家发展循环经济的工作部署，积极采取政策、法律、技术等措施，循环经济工作有序推进，取得了一定成效。

一、循环经济主要成效

（一）超额完成年度节能目标任务

2013年，全区综合能源消费量4860万吨标准煤，万元GDP综合能耗同比下降3.2%，超额完成年初确定的下降2%的节能任务。

（二）资源综合利用水平逐年提高

2013年，全区通过资源综合利用认定的企业达到45家，工业固体废弃物年综合利用量超过800万吨，资源综合利用率65%左右，比上年增加4个百分点。

（三）超额完成淘汰落后产能任务

2013年，共淘汰铁合金产能5.4万吨、电石17.1万吨、水泥38万吨、造纸5.8万吨、焦炭141.6万吨、碳化硅2.7万吨、烧碱8万吨、石灰氮2.1万吨、制革10万标张，涉及企业36家，减少能耗80万吨标准煤。

二、循环经济推进情况

（一）继续完善循环经济相关政策、法规

重新修订了《自治区资源综合利用管理办法》，以政府令颁布实施。会同有关部门重新修订了《自治区能耗限额目录》，产品限额由原来的37种增加到125种，范围由原来的工业1类增加到工业、商业、学校、交通运输等7类。制定了《自治区能源审计暂行办法》和《宁夏万家企业能源管理体系建设工作推进计划》，逐步建立起资源综合利用、产品能源监测、能源审计等政策法规。

（二）全力推进循环经济试点示范工程

积极推进国家发改委批复的石嘴山经济开发区和中宁工业园区循环化改造试点。着力推进高耗能存量企业发展电石化工产业链、铝镁产业链、焦炭产业链，提高产品附加值，增加单位资源产出率。完成了石嘴山市、宁东能源化工基地和金昱元化工集团有限公司三个国家循环经济试点验收工作。开展了自治区"两型"企业创建活动，共评选出自治区第一批创建资源节约型环境友好型企业13家。开展了自治区第三批循环经济试点单位评选，2个县、2个园区、12家企业确定为第三批循环经济试点单位。

（三）组织实施循环经济和资源节约与综合利用项目

2013年有9个节能财奖项目和33个资源节约和环境保护项目共获得国家扶持资金4.5亿元，年节约标准煤约80万吨，石嘴山经济开发区循环化改造获得国家扶持资金1.3亿元。2013年9月，中宁工业园区被确定为2013年国家循环化改造示范试点园区，这是继石嘴山经济技术开发区成为国家循环化改造示范试点园区后我区的第二个国家循环化改造示范试点园区。国家核定中宁工业园区循环化改造项目共17个，概算总投资11.15亿元，建设期限为五年。2个企业能源管理中心建设项目和1个清洁生产示范项目获工信部支持资金1455万元。自治区财政安排节能降耗专项资金9200万元，支持33个企业开展节能改造和发展循环经济。安排电力需求侧管理资金4500万元，专项支持11个企业开展节电改造。

（四）完善能耗监测预警调控和节能监察能力建设

建立了自治区工业运行监测系统和能源管理信息系统，逐月对地市、园区和重点企业能耗情况进行分析，加强能耗监测预警。按季度对各市能耗情况进行监测预警，并发布节能目标完成情况晴雨表，对能耗增长过快的地市适时预警，

制定整改措施，有效遏制了能耗过快增长。组织对57家重点耗能企业进行了专项节能执法监察，下达整改通知书12份，纠正了企业能源统计不规范、能源计量器具配备不达标、节能指标计算方法错误、节能管理制度不落实等问题。

（五）继续延伸循环经济产业链条

通过发展循环经济，全区初步形成了节能降耗、资源综合利用的循环经济发展模式。建立了“热电－烧碱－电石－PVC树脂－水泥联产”、“煤－电－电解铝－铝材深加工”、“煤－甲醇－醋酸－聚甲醛－烯烃”等一批循环经济产业链。大地化工有限公司按照循环经济“减量化，再利用，资源化”的理念，公司充分利用周边地区煤炭资源优势，提高资源综合利用率，实现了“煤矸石发电→大型密闭电石炉→尾气生产合成氨甲醇→电石生产PVA→电石渣生产水泥”闭路循环的清洁生产过程。

（六）大力推进再生资源回收利用工作

近年来，自治区商务厅按照“市场化动作，政策引导，社会参与”的思路，持续推进我区废旧商品回收利用体系建设，深挖“城市矿产”。银川市、石嘴山市先后被商务部确定为全国再生资源回收体系建设试点城市，灵武市再生资源工业园区被确定为废旧商品回收利用基地；宁夏亿能固体废弃物资源化开发有限公司等3家企业被确定为全国家电以旧换新实施企业，累计争取中央财政专项资金7600万元。2013年，吴忠市被确定为第四批国家再生资源回收利用体系建设试点城市，商务部拨付专项资金2000万元，年再生资源处理量可达150万吨以上。通过资金支持、项目带动，截至目前，全区已建成社区回收网点295个，分拣加工中心6个，集散市场3个的“社区回收网点、分拣加工中心、集散市场”三位一体的回收利用体系。中国再生资源开发有限公司、江苏托普集团等38家再生资源行业知名企业落户灵武再生资源循环经济示范区，实现产业投资22亿元。2013年底，投资上亿的银川市新的餐厨废弃物处理厂建成投运，日处理餐厨废弃物200吨，使银川餐厨垃圾将得到及时收运和全面处理。该厂除承担银川市餐厨垃圾处理外，还将承担石嘴山、吴忠的餐厨垃圾无害化处置。经过处理的餐厨垃圾将被转化为肥料、柴油和沼气。

（七）广泛开展循环经济宣传教育

成功组织了2013年节能宣传周，制定下发了2013年节能宣传周活动通知，制作了节能宣传画等，开展了形式多样，内容丰富的宣传活动，形成了更加浓厚的节能社会氛围。举办了节能展览、低碳交通行、节能校园行等节能宣传周系列活动，发送节能公益短信150万条。举办3期能源统计培训班、3期能源管理体系建设培训班和1期节能产品惠民工程核查培训班，参加培训700多人次。

三、下一步重点工作思路

一是继续完善政策法律法规。抓紧修订出台《宁夏回族自治区循环经济促进条例》，争取列入2014年自治区立法计划；完善宁夏回族自治区节能降耗行动计划，争取2014年初通过自治区人民政府同意，并印发实施；制定《自治区清洁生产审核机构管理办法》，编制《工业企业清洁生产审核报告编制技术规范》。

二是突出抓好循环经济试点示范。组织开展自治区第三批循环经济试点和“两型”企业创建工作，在各市、县（区）和重点园区、重点领域选定一批循环经济典型单位。积极推进国家批复的石嘴山经济开发区和中宁工业园区循环化改造试点。

三是加强技术研发和推广先进技术。加快建立与我区实际相适应的循环经济技术支撑体系，重点研究开发源头减量、再制造、资源节约和替代、清洁生产、节能减排的技术研究，为发展循环经济提供技术支撑。

四是加强循环经济项目的储备和前期工作。做好循环经济项目的收集、筛选工作，加强项目审核，选择技术先进、经济环境效益明显、条件成熟的项目进行储备并积极上报国家，并安排自治区专项资金给予支持，以项目建设带动全区循环经济发展。

五是加强宣传教育和培训。动员全社会各方面的力量，大力开展形式多样的节能、循环经济宣传活动，组织地方有关单位、重点耗能企业参加节能、循环经济和清洁生产宣传培训，大力宣传循环经济先进企业的经验做法，提倡有利于保护环境的生活方式，引导社会积极参与绿色消费活动，把循环经济理念深入社会各个角落，提高全社会对发展循环经济重大意义的认识。

（姚鑫：宁夏回族自治区经济和信息化委员会节能与综合利用处）

2013年新疆自治区循环经济

新疆维吾尔自治区发展和改革委员会

新疆自治区党委、人民政府高度重视发展循环经济，认真落实国家发展循环经济、开展资源节约、节能减排的工作部署，把发展循环经济作为我区牢固树立环保优先、生态立区理念，坚持资源开发可持续、生态环境可持续战略，推进生态文明建设的重要抓手。近年来，通达采取政策、法律、技术、宣传等手段措施，加快推进循环经济发展，并取得了一定成效。

一、循环经济主要指标基本情况

全区万元地区生产总值能耗1.888吨标准煤（初步核算数，以2010年可比价计算，2010年万元地区生产总值能耗1.5246吨标准煤），增长8.78%；万元地区生产总值电耗1954.33千瓦时，增长15.68%；规模以上工业万元增加值能耗3.94吨标准煤，增长12.32%。全区化学需氧量排放总量57.37万吨，下降0.99%；氨氮排放总量4.12万吨，下降1.66%；二氧化硫排放总量67.55万吨，增长1.88%；氮氧化物排放总量75.42万吨，增长7.02%。化学需氧量和氨氮排放量完成年度控制目标任务，二氧化硫和氮氧化物排放量未完成年度控制目标任务。工业固体废物综合利用率52%，增长3.7%；全区城市污水处理率89%，增长3.2%；城市生活垃圾无害化处理率92%，增长1.96%。

二、加强循环经济开展的主要工作

（一）加强循环经济协调领导机制的宏观管理。

加强宏观调控，充分发挥自治区循环经济工作领导小组作用。加强循环经济工作领导小组各成员单位的协调与沟通，各成员单位根据责任分工，各司其职，形成统一认识，明确任务，强化措施，加强协作，狠抓落实，形成协调配合、齐抓共管的局面，推进我区循环经济各项工作顺利开展。

（二）加强自治区循环经济试点管理。

循环经济是调整经济结构、转变经济发展方式、促进节能减排的重要抓手。按照规划先行，加强指导的原则，经提请自治区人民政府同意，印发了《自治区“十二五”循环经济发展规划》。强化自治区57家循环经济试点管理，组织试点单位实施资源高效利用和环境保护的发展模式，努力做到物尽其用。通过试点单位对发展各具特色的循环经济模式的实践探索，新疆天业公司、宝钢集团八一钢铁公司、中泰化学公司等企业循环经济模式已基本形成，并在节能降耗、减排增效、实现资源高效转化利用方面取得明显成效，起到了较好的示范带动作用。

（三）强化国家级循环经济试点工作。

加强南疆再生资源综合开发园区建设“城市矿产”示范基地、乌鲁木齐经济技术开发区循环经济改造、乌鲁木齐和克拉玛依市餐厨废弃物资源化利用和无害化处理等试点工程管理。国家再次预拨乌鲁木齐经济技术开发区循环经济改造资金7035万元，专项用于实施方案中关键补链项目和公共服务设施项目建设。库尔勒市被列入国家餐厨废弃物资源化利用和无害化处理试点城市，鄯善县被列入创建国家循环经济示范县。库尔勒市列入国家第三批餐厨废弃物资源化利用和无害化处理试点城市。对我区列入国家第二批循环经济示范试点的库尔勒经济技术开发区、中粮屯河股份有限公司、新疆有色工业（集团）稀有金属有限责任公司三家循环经济示范试点单位进行了验收评估。

（四）组织实施资源节约与综合利用及循环经济工程。

大力组织节能、节水、资源综合利用、循环化改造等重点工程，2013年，共争取中央预算内及国家财政奖励项目资金16.3亿元，支持了全区120多个节能技术改造、节能能力建设、节水、废旧资源综合利用、循环经济、农业清洁生产、垃圾污水处理等重点项目建设。推广节能新机制，我区有5家节能服务公司获得国家备案，组织上报了2012-2013年度11个财政奖励合同能源管理项目，年实现节能量43954吨标准煤。主要污染物减排按照“应关尽关、应治尽治”的原则，大力实施主要污染物减排工程。2013年，国家认定了我区实施的63个废水（化学需氧量和氨氮）减排项目、88个规模化畜禽养殖（化学需氧量和氨氮）减排项目、56个二氧化硫减排项目、48个氮氧化物减排项目。同时，提高环境准入条件，执行最严格的环境标准，加强新建项目管理，严把主要污染物总量指标。加强了减排统计、监测和考核体系建设。查处了一批污染治理设施不运行、超标排污等环境违法案件。加强乌鲁木齐区域大气污染防治工作，完成乌鲁木齐大气联防联控区20家企业搬迁整治工作，全面实施燃煤供热锅炉天然气改造工

程，空气质量优良率达86%。

（五）强化节能减排工作，提升循环经济发展水平。

一是突出抓好重点领域节能减排工作。工业领域加强石油、化工、有色、钢铁、电力等高耗能行业及重点用能单位节能管理，制定年度淘汰落后产能计划，并逐级分解落实，重点淘汰了火电、炼铁、炼钢、水泥等行业落后产能，共淘汰落后产能总量约545万吨，涉及9个行业共计32家企业。建筑领域强化新建建筑节能设计标准执行情况的监管，引导条件好的城市率先开展节能75%工作，加大既有居住建筑供热计量和节能改造力度，推进可再生能源在建筑上的应用，推行供热计量收费。截至2013年底，全区累计建成新建节能建筑1.95亿平方米，累计完成既有建筑节能改造7156万平方米，占全区具有改造价值既有建筑的43%，累计建设可再生能源应用建筑1800万平方米。交通领域加强节能型现代综合交通运输体系建设，加快发展城市公共交通，提高公共交通出行率，引导居民绿色出行。全面实施营运车辆燃料消耗量限值标准。淘汰黄标车、老旧机车，推行公路甩挂运输。推广混合动力、新能源汽车、替代燃料车等车型。公共机构领域加强大型公共建筑节能监管，对159栋建筑的水、电、暖、气进行改造，淘汰高耗能设备，合理配置并高效利用办公设施、设备。25家公共机构列入国家创建节约型公共机构示范单位。截至2013年底，对区级20家公共机构，11个地州17家公共机构进行了热计量改造，改造面积64.2万平方米，改造后供热节能率达28%以上。

二是强化万家企业节能管理。对万家企业2013年度节能目标完成情况进行了考核，审核了万家企业2013年度能源利用状况报告。列入国家重点监管的338家“万家企业”累计完成节能量390.6万吨标准煤，完成“十二五”节能目标的124%。着手研建了万家企业等重点用能企业能耗数据在线监测平台，推动重点用能企业能源管理体系建设。

三是严格执行节能评估审查制度。严格贯彻落实国家发展改革委《固定资产投资项目节能评估和审查暂行办法》及《新疆维吾尔自治区固定资产投资项目节能评估和审查暂行办法（修订稿）》要求，把节能评估及其审查意见作为项目审批、核准的前置性条件，项目备案的后置性必要附件，项目开工建设以及项目设计、施工和竣工验收的重要依据。严格执行国家单位产品能耗限额标准、产品能效标准、重点行业污染物排放标准，严把新建项目能源消费准入关。2013年，审查批复了89个固定资产投资项目节能报告书（表），审批1900个项目节能登记表。

（六）进一步完善和落实循环经济规章制度。

我区从规范节能评估、支持循环经济发展、促进清洁生产、加强万家企业节能管理、规范重点用能单位能源审计、强化节能评估机构管理、完善节能减排资金管理等多领域制定并出台10余项制度和办法，初步形成了科学规范的管理制度体系。加强制度建设，印发了《2013年节能减排工作重点》、《自治区“十二五”单位GDP能耗考核体系实施方案》、《自治区绿色建筑行动方案》和《自治区农业清洁生产示范项目管理暂行办法》等，对节能工作重点、节能考核、重点领域节能工作提出了明确要求。制定了《自治区实施〈中华人民共和国节约能源法〉办法》，已通过自治区人大常委会审议。制定高耗能产品能耗限额标准。制定了《烧碱单位产品能源消耗限额》、《合成氨单位产品能源消耗限额》、《吨钢综合能源消耗限额》、《聚氯乙烯单位产品能源消耗限额》、《轮胎单位产品能源消耗限额》、《纯碱单位产品能源消耗限额》、《卷烟单位产品能源消耗限额》等8项自治区地方标准，为加快推进循环经济发展提供了有力保障。

（七）积极鼓励和推进资源再生利用。

一是整合矿产资源，提高资源回采率。煤矿数从2005年的561个减少到2012年底的351个，建成了阿舍勒铜矿、罗布泊钾盐等矿业开发基地，固体矿石产量增加96 %。二是加强尾矿、共伴生矿产资源的综合回收利用。对开展矿产资源综合利用的企业，在投资、价格、税收、信贷等方面给予大力支持。三是积极回收利用可再生资源，提高资源利用水平。开展利用粉煤灰、炉渣生产粘土多孔砖、陶粒砌块，利用煤矸石、石灰石尾矿、硫酸渣等陶瓷地砖生产水泥等，减少污染物的排放，节约和替代其他资源。四是加强城市污水集中处理设施建设，对处理达标后的污水用于绿化和企业回用，提高水资源利用效率，节约新鲜水。五是积极开展农作物秸秆再利用，提高农作物秸秆综合利用水平。

（八）加大循环经济的宣传力度。

我区继续围绕“大力发展循环经济，加快建设节约型社会”这一主题，结合节能宣传周、世界水日、地球日、天山环保世纪等活动，采取新闻媒体采访、悬挂横幅、展版等多种形式，加大节能减排、循环经济宣传力度，全社会对发展循环经济重要意义的认识进一步提高，节约资源、保护环境正在变成全体公民的自觉行为，发展循环经济的良好社会氛围也正在形成。同时，绿色服务业，环境标志认证体系、绿色学校、绿色社区、政府绿色采购等发展循环经济的有效方式逐渐深入人心。

（撰稿人：马缨、黄宗亮，新疆维吾尔自治区发展和改革委员会环资处）

2013年新疆生产建设兵团循环经济

新疆生产建设兵团发展和改革委员会

2013年，按照兵团党委六届十一次全委（扩大）会议总体部署安排，围绕“两个率先、两个力争”奋斗目标，坚持“稳中求进、进中求快、又好又快”的总基调，兵团上下注重把中央精神与新疆和兵团实际相结合，在新疆自治区党委统一领导下，坚持加强党对经济工作的领导，坚持向改革要动力要红利，坚持问题导向推动改革发展，坚持把民生工作放在突出位置，坚持把促进职工多元增收作为倒逼机制推动发展，经济社会呈现良好发展态势。在实施优势资源转换战略，加快新型工业化、农业现代化和城镇化的进程中，大力发展循环经济和清洁生产，提高资源综合利用率，资源节约和环境保护工作取得一定成效。

一、加强循环经济调研，积极开展课题研究

为进一步促进兵团循环经济发展，使循环经济发展上台阶、上水平，2013年兵团加强了对循环经济工作的谋划和研究，突出重点，狠抓关键环节，找准突破口，确保循环经济成兵团经济持续健康发展的生命线。

一是深入基层开展兵团循环经济工作调研。2013年3—8月，兵团发改委对兵团所辖的11个师、5个市、42个团场、48个企业以及15个园区、两所大学进行了循环经济调研工作，同时开展了循环经济发展情况问卷调查工作。通过调研，对兵团循环经济发展现状、特点、存在的主要问题进行了深入了解，并针对进一步发展循环经济提出了针对性措施和建议，形成了调研报告。在深入师（市）、团场、企业、园区调研的基础上，形成了《兵团循环经济调研报告》。

二是配合国家发改委完成在兵团循环经济调研任务。2013年12月10-13日，国家发改委环资司副司长马荣一行4人，为总结评价循环经济发展成效，研究提出下一步推进措施，促进我国循环经济全面深入，专程赴石河子市，对国家循环经济示范试点单位——新疆天业（集团）有限公司开展了循环经济调研活动，到新疆天业（集团）有限公司生产一线，采取现场调研与座谈、问答结合、实地察看等方式相结合，围绕提高资源产出率、构建循环型生产方式及资源综合利用体系等，对新疆天业（集团）有限公司的生产模式、产业链、资源综合利用、资源产出率等情况进行了深入了解，认真分析。调研期间，与兵团发改委、八师、一师、四师、五师、六师、十师发改委及十余家企业进行座谈，进一步对兵团循环经济取得的成果有了全面了解和新的认识，对兵团全面发展循环经济工作成果给予高度肯定，并提出合理化建议。

三是完成兵团循环经济课题研究。为积极探索符合兵团实际的循环经济发展道路，促进兵团循环经济发展，缓解资源约束，从源头减少环境污染，确保兵团经济持续健康发展，把循环经济作为兵团经济发展的生命线，推进资源综合利用、循环利用，化解兵团经济快速发展与资源不足的矛盾，发挥示范引路，典型带动作用，鼓励、引导、促进兵团企业清洁生产、节约资源，加大废弃物资源综合利用，进一步提高资源回收再利用水平，使循环经济在兵团成规模、上水平。兵团发改委对近年来兵团在城市、园区、工业、农业等领域，涌现出的一批循环经济典型模式和经验，进行了总结梳理，完成了《兵团循环经济发展模式研究报告》课题研究，并荣获“2013年度兵团改革发展重点研究课题成果三等奖”。

二、建立长效机制，促进兵团循环经济发展

为促进兵团循环经济长远健康持续发展，兵团注重长效机制建立，加强了循环经济发展的一系列制度建设。

一是积极开展兵团循环经济“十百千”示范行动创建工作，为兵团循环经济发展奠定基础，拟定了《兵团循环经济发展近期行动计划》（初稿）。

二是结合十八大提出加强生态文明建设的要求，积极开展节能工作调研，针对节能工作，提出了“发展促节能、节能促发展”的工作思路建议，得到兵团领导肯定。

三是为促进兵团经济社会与生态文明协调发展，如期实现兵团率先在西北地区全面建成小康社会的目标，结合《兵团“十二五”节能减排综合性工作方案》，提出《兵团实现全面建设小康社会目标节能减排工作指导意见》（初稿）。

四是结合国家《“十二五”控制温室气体排放工作方案》，制定并出台《兵团“十二五”控制温室气体排放实

施方案》，推进兵团各级开展节能降碳工作，努力增加碳汇，加快形成以低碳为特征的产业体系和生活方式。

五是研究提出《兵团能耗等量置换方案》（初稿），从强化节能目标、加强用能管理、调整能源结构、严格能评审查等方面，探索兵团能源消耗“等量置换”或“减量置换”方式。

六是为进一步规范和加强财政奖励合同能源管理项目工作，加强对合同能源管项目的监督指导，提高兵团合同能源管理工作质量和水平，兵团发改委、财务局根据《兵团合同能源管理财政奖励资金管理暂行实施办法》，制定印发了“关于规范和加强兵团财政奖励合同能源管理项目工作有关事宜的通知”（兵发改环资发【2013】899号），从严规范合同能源管理工作程序。

七是按照《国务院关于加快发展节能环保产业的意见》要求，为加快兵团节能环保产业发展，初步提出兵团加快发展节能环保产业的实施意见（讨论稿）。

八是向兵团编办提交了建立兵团节能监管机构和节能服务中心的请示报告，为完善兵团节能管理、监督、服务“三位一体”的职能做出努力。

三、围绕循环经济发展，积极落实目标责任

一是完善《兵团“十二五”规划纲要实施考核评价办法》中单位生产总值能源消耗降低指标的评价方法，强化“十二五”规划实施考核评价。

二是为加快转变经济发展方式，推动生态文明建设，增加“主要能耗指标和污染物指标完成率”在兵团师（市）和团场经济社会发展争先进位活动指标体系中权重，将资源消耗、环境损害等指标的权重由2012年的5%提高到2013年的8%

三是对各师2012年单位生产总值能源消耗降低、单位生产总值二氧化碳排放降低等指标进行评价考核通报。截至2012年底，兵团纳入考核的“万家企业”有58家，2011-2012年实现节能量250914吨标准煤，完成“十二五”节能目标的52.5%，完成两年进度目标的131.2%。其中有18家企业提前完成“十二五”节能目标，12家企业未达到进度目标，28家企业未完成进度目标。

四是开展兵团城镇污水垃圾“十二五”规划中期评估。2013年7月，兵团发改委、建设局积极开展了兵团“十二五”城镇污水处理设施及再生利用设施建设规划、城镇生活垃圾处理设施建设规划的中期评估工作。

“十二五”以来，兵团城市、团场城镇建设排水管网1665公里，完成规划目标的74.5%，新建、改建城镇污水处理厂32座，新增污水处理能力18.24万立方米/日，完成规划目标任务的75.9%，累计完成投资额16.2亿元，完成目标任务的45.3%。新建城市生活垃圾无害化处理设施2座、师部城区生活垃圾收运设施4个、团场城镇生活垃圾无害化填埋处理设施6个。新增生活垃圾无害化处理能力794吨/日，完成规划目标任务的43.9%，新增收运设施转运能力213吨/日，完成规划目标任务的12.5%，累计完成投资5.15亿元，完成规划目标任务的69.8%。

五是开展农作物秸秆综合利用情况中期评估工作。根据《国家发改委、农业部办公厅关于开展农作物秸秆综合利用规划中期评估的通知》，兵团发改委、农业局组织开展了兵团“十二五”秸秆综合利用规划中期评估工作。通过评估，兵团“十二五”秸秆综合利用规划所列8项指标中，有3项提前完成，其中秸秆综合利用率、饲料转化利用率、棉杆粉碎性还田比例超过2012年中期目标，分别达到97.2%、16.8%、98%。另外，玉米杆还田比例、秸秆肥料化、工业原料化、燃料化和食用菌基料化利用率5项指标未完成2012年规划目标，实际指标为41%、81%、0.9%、1.2%和0.1%。兵团秸秆综合利用率达到97.2%，居于全国领先水平，提前完成国家提出的“2015年秸秆综合利用率达到80%以上”的目标。

四、为发展循环经济打基础，积极实施重点工程

2013年，落实中央预算内投资23070万元，比2012年增长77.7%，兵团本级配套节能减排专项资金2900万元，支持节能减排重点工程39个。其中：一是安排资金5100万元，支持伊力特煤化工有限责任公司2×25兆瓦焦炉尾气发电等节能重点项目10个，建成后可形成节能能力29.05万吨标准煤。二是安排资金16970万元，重点支持石河子市第二污水厂、二师铁门关市污水厂、图木舒克市垃圾卫生填埋场、十四师皮墨工业园区排水等城市（镇）及园区污水垃圾处理设施及污水管网工程项目23个，新增污水、垃圾日处理能力14.94万吨、244吨，新增污水管网204公里。项目实施后，年削减化学需氧量排放34587吨，削减二氧化硫排放1000吨，减少氮氧化物排放1200吨，解决了一批突出环境问题。三是安排资金3900万元，支持天业（集团）有限公司电石法聚氯乙烯合成用固汞催化剂产业化等循环经济、固体废物资源综合利用等重点项目6个，形成废物循环利用量23.89万吨、节水能力65万吨。重点工程的实施，为提高节能减排能力、推动技术进步、引导社会资金发挥了重要作用。

五、积极开展循环经济示范试点工作。

一是积极配合完成对天业循环经济教育示范基地的考核验收。2013年7月国家发改委、教育部、财政部、国家旅游局组织考核组对新疆天业（集团）有限公司等首批国家循环经济教育示范基地建设单位进行了现场考核验收，新疆天业（集团）有限公司获得“国家循环经济教育示范基地”荣誉。

二是积极组织对国家循环经济示范试点单位验收。2013年10月，根据国家发展改革委、环境保护部、科学技术部、工业信息化部、财政部、商务部、国家统计局《关于组织开展国家循环经济示范试点单位验收工作的通知》精神，兵团发改委等部门密切配合，对国家第一、二批循环经济示范试点单位新疆天业（集团）有限公司、石河子市循环经济示范试点工作进行了验收并上报国家有关部门。

通过开展循环经济示范试点，新疆天业（集团）有限公司的循环经济发展模式被确定为国家循环经济模式典型案例，新疆天业（集团）有限公司被授予全国循环经济先进单位、全国循环经济教育示范基地等荣誉称号，石河子市循环经济发展取得显著成效，为兵团其他城市提供了成功经验。

三是推进“双百工程”骨干企业建设。列入国家“双百工程”骨干企业的新疆天业（集团）有限公司2013年已实施5个项目，可新增资源年综合利用能力120万吨。

四是完成2005年清单编制试点工作。组织编制完成“兵团2005年温室气体清单”，为国家下达兵团年度温室气体排放量、实施“兵团应对气候变化方案”、分解各师温室气体排放量目标和建立统计体系提供重要基础依据。

五是组织兵团重点领域和重点企业推荐国家重点低碳技术，筛选出新疆农垦科学院“用甜高粱制备燃料乙醇关键技术研究”、兵团建工师雁池新型建材有限公司“水泥和混凝土中的复合矿粉”两项低碳技术上报国家。

六、突出重点，抓好循环经济关键领域发展

一是推进锅炉重点领域节能工作。2013年7月，根据兵团领导对“兵团发展改革委关于贯彻落实兵团领导对信息专报（第62期）批示精神的报告”，兵团发展改革委牵头组织工信、质监、建设环保部门有关人员，赴山东济南、内蒙古呼和浩特两地，围绕工业和城市集中供热锅炉节能改造进行了实地考察，向兵团上报了《关于赴山东内蒙两地考察锅炉节能技术改造情况报告及建议》，对两地锅炉节能改造取得的成功经验和对兵团锅炉节能改造工作进行了积极探索，对兵团进一步做好锅炉节能改造工作提出了对策建议。

二是开展绿色建筑示范行动。会同兵团建设局制定并以兵团名义下发了《兵团绿色建筑行动实施方案》，进一步推进兵团绿色建筑发展和节能减排工作，加快兵团城镇建设发展模式转型升级。

三是开展公共机构节能示范工作，选择开展兵团党委党校建筑节能综合改造、兵团建设局国家机关办公建筑和大型公共建筑节能监管体系和兵团机关事务管理局公共机构节能改造等建设，兵团11家单位被纳入国家公共机构节能试点示范单位。

七、加强节能评估审查和资源综合利用认证等工作

一是加强节能评估审查。严把新建项目能耗消费准入关，严防落后产能、落后工艺技术项目落户兵团，从源头上杜绝能源浪费，提高能源利用效率。组织有关师、节能评审机构有关人员参加国家发改委、国家节能中心举办的“固定资产投资项目节能评估和审查工作培训”。全年受理节能评估项目18个，出具审查意见18份，备案节能登记表94份，通过节能评估审查，核减能源消费量约10万吨标准煤。

二是做好资源综合利用项目(产品)的认证、换证审查工作。2013年会同兵团工信委积极落实资源综合利用鼓励政策，协助45家资源综合利用企业办理产品换证认证53项，享受增值税、所得税减免达3亿元以上，资源综合利用废弃物1100万吨。

三是配合国家国际谈判工作，完成了联合国气候变化多哈会议国家报告中“2011年以来新疆兵团应对气候变化的政策与行动”分报告，推动兵团应对气候变化工作的开展。

四是积极推进清洁发展机制项目初审，通过开展国际合作，有效促进可再生能源发展和节能降耗工作。2013年，完成十三师红星一牧场风电场一期49.5MW工程、红星一牧场风电场二期49.5MW工程2个清洁发展机制项目初审上报，可减排二氧化碳（当量）18万吨。

五是配合兵团金融办完成兵团发改委与兴业银行乌鲁木齐分行签署了《金融推进兵团生态文明建设战略合作协议》，通过探索兵团节能减排企业与银行间的合作模式，推动兵团生态文明建设。

八、加强基础能力建设，积极开展循环低碳行动基础性工作

一是根据国家发展改革委要求，组织申报《新疆兵团应对气候变化统计核算工作方案研究》等5个清洁发展机

制基金赠款项目，其中《新疆兵团应对气候变化统计核算工作方案研究》获国家中国清洁发展机制基金立项，对兵团应对气候变化统计核算体系建设起到积极作用。

二是积极推进政务公开，自觉接受社会对节能评估工作的监督，将固定资产投资节能评估审查程序由过去直接受理变为由兵团行政服务大厅受理，并在限期内完成。

三是建立兵团发改委资源节约和环境保护处廉政风险防控制度，设立18个廉政风险防控点，明确行政权力和廉政责任事项，确定工作流程和防控措施。

九、继续做好节能高效照明产品推广工作

为加大对节能产品惠民政策宣传力度，让节能产品切实应用到老百姓的生活中，兵团发改委积极开展高效节能产品政策的宣传及节能产品的推广工作，组织协调节能产品生产企业和有关单位开展节能灯现场活动，通过电视、广播、报刊等新闻媒介，向职工群众宣传和传递高效照明产品的各种信息，加大高效照明产品推广力度，2013年国家下达兵团高效照明（节能灯）推广计划50万只，通过兵团、师两级发改、财务等部门的积极合作，并与中标企业广东佛山照明有限公司共同努力，实际推广47.28万只，完成推广计划任务的94.57%，预计节电1.5亿千万时，折合标煤约5万吨。

十、加大宣传力度，提高全社会绿色循环低碳节能意识

一是加大循环经济宣传力度。发展循环经济是我国的一项重大战略决策，是落实党的十八大推进生态文明建设战略部署的重大举措，是加快转变经济发展方式，建设资源节约型、环境友好型社会，实现可持续发展的必然选择。为进一步促进兵团循环经济发展，把循环经济作为兵团经济发展的生命线，推进资源综合利用、循环利用，促进兵团优势资源转换战略的实施，实现跨越式发展，2013年兵团发改委加大了循环经济宣传力度，通过《兵团日报》开展了 “新兴产业链群：让经济‘循环’起来---天业集团发展循环经济示范样本”、“产业与家园和谐共生---兵团探索循环经济发展模式扫描”、“集群发展，从小循环迈向大循环---兵团加快发展循环经济路径探索”、“聚焦循环，让经济与生态协调发展”等4期系列文章报道，循环经济理念深入人心，形成了发展循环经济的舆论氛围。

二是积极组织开展节能低碳宣传周活动。围绕2013年全国节能宣传周和低碳日活动，会同机关事务管理局、财务局、建设环保局等部门筹办“践行节能低碳，建设美丽兵团”为主题的宣传展览，重点宣传各师、各部门推进绿色发展、循环发展、低碳发展的新举措、新进展、新成效，加大节能减排、应对气候变化政策、循环经济发展试点、示范等宣传力度，引导公众科学消费、绿色消费。同时，配合国家2013年应对气候变化主题展览，提供“人间奇迹：戈壁荒滩造绿洲”、“低碳发展：利用清洁能源造福兵团职工”两个主题共16张图片，展示兵团应对气候变化工作取得的成绩。

（撰稿：杨安民、高瑞，新疆生产建设兵团发展和改革委员会资源节约和环境保护处）

2013年大连市循环经济

大连市发展和改革委员会

2013年，是完成资源节约与环境保护“十二五”各项指标任务的关键一年。全市资源节约与环境保护工作以邓小平理论、“三个代表”重要思想和科学发展观为指导，认真贯彻落实党的十八大及十八届三中全会相关精神，紧紧围绕资源节约与环境保护基本国策，积极推进经济社会转型发展，全面推进生态文明建设，在加强宏观政策引导、推进节能减排、加快循环经济发展、加强生态环境保护、提高资源综合利用效率等方面开展了一系列扎实有效的工作，取得了显著成绩。

一、全面完成各项节能减排工作目标

2013年，全市资源节约和环境保护相关指标完成良好。预计，全市万元GDP能耗同比降低3.8%，万元工业增加值能耗下降4%；化学需氧量削减6.09%，氨氮削减5.77%，二氧化硫削减9.7%，氮氧化物削减10.16%。城市污水集中处理率为95%，城市生活垃圾无害化处理率为100%，污泥处理率达到100%。

二、强力推进节能减排，加快建设“两型”社会

（一）全面落实节能减排目标责任，加强考核工作

一是分解落实年度节能减排指标任务。为更好推进2013年度节能减排工作，市节能减排领导小组办公室印发了《大连市2013年节能工作和应对气候变化工作实施方案》及《减排任务分解文件》，将年度节能减排目标任务分解下达到各区市县政府、先导区管委会、市政府各有关委办局、重点耗能和排污企业。并将节能减排目标完成情况作为对领导班子和领导干部综合考核评价的重要依据，实行问责制和“一票否决”制。

二是组织节能减排年度目标责任考核。根据国家和省相关要求，市节能主管部门和减排主管部门分别以《大连市“十二五”单位GDP能耗考核体系实施方案》和《区市县“十二五”主要污染物总量减排考核办法》为指导，牵头组织市政府相关部门对全市各区市县、先导区2012年度节能减排目标任务完成情况进行了评价考核。经综合评定，金州新区和普兰店市（含普湾新区）成为我市2013年节能减排优胜地区，市政府根据《大连市节能减排资金管理暂行办法》的有关规定，对上述优胜地区分别给予了100万元的资金奖励。

三是建立了节能减排考核系统。为确保全市“十二五”以及今后一段时间内节能减排约束性目标的完成，使考核工作更加科学、便捷、有效，市发展改革委组织开展了《大连市节能减排目标责任评价考核体系研究》工作，在认真分析研究我市现行节能减排目标责任考核现状的基础上，科学提出了我市今后节能减排目标责任考核工作的指导思想、体系构建原则、体系架构和指标模型，该项研究成果已通过专家评审，并将应用于2013年度全市节能减排考核工作。

（二）严格执行能评制度

进一步严格落实固定资产投资项目节能评估和审查制度，从源头上控制高耗能项目建设，将固定资产投资项目节能评估和审查制度作为控制地区能源消费增量和总量的重要措施。2013年上半年，组织了第二批节能评估机构登记备案工作。目前，全市通过节能评估登记备案的咨询机构已达25家。2013年，全市全年完成的固定资产投资项目节能评估和审查工作达750项。项目能源消耗总量为297.98万吨标准煤，经过节能评估和审查，核减的能源消耗量达1.46万吨标准煤。

圆满完成2013年全国固定资产投资项目节能评估和审查工作培训。受国家发展改革委环资司及国家节能中心委托，市发展改革委承办组织了2013年全国固定资产投资项目节能评估和审查工作培训（北片），全国15个省及计划单列市发展改革委，中国国际工程咨询公司，部分节能评审机构、节能评估机构等单位共350多名代表参加了此次培训。

（三）不断强化重点领域节能管理

认真抓好工业领域节能。一是对我市列入国家万家企业名单的82家重点耗能企业实施了2012年节能目标责任考核。“十二五”前两年，我市万家企业累计实现节能量已达131.139万吨标准煤，占“十二五”期间节能总量目标的91.15%，超额完成节能量进度目标。预计全市万家企业可提前两年完成节能目标任务。二是认真落实《大连市节约能源监察和检测管理办法》，对102户重点用能企业实施了节能监察和检测，共出具《节能监察意见书》97份，提出监察建议意见413条，下达《限期整改通知书》21份，推进企业扎实做好节能工作。三是积极开展“节能

产品惠民工程”工业产品和高效照明产品的推广工作。2013年，共有11家企业总计申请补贴产品120台，补贴金额79.4万元，共推广高效照明产品109万只，创历年来新高。四是严格落实国家、省有关政策，加大落后产能淘汰力度。根据工信部《高耗能落后机电设备（产品）淘汰目录（第二批）》公告要求，组织对重点用能企业机电设备（产品）使用情况进行了大检查，共查出高耗能落后机电设备192台（套）；根据省淘汰落后产能工作协调小组要求，2013年，拆除2座机立窑和磨机（Φ3.0以下）4台，淘汰落后水泥产能70万吨，超额完成省政府下达的淘汰落后产能任务。

持续推进建筑领域节能。一是以市长令的形式颁布实施了《大连市民用建筑节能管理办法》，使我市节能工作在法规制度建设上得到了进一步加强。二是制定印发了《大连市绿色建筑实施方案》，确立了“十二五”期间，完成新建绿色建筑250万平方米，既有居住建筑节能改造600万平方米，公共建筑和公共机构办公建筑节能改造30万平方米的目标任务。三是全年新增节能建筑700万平方米，全市累计建成节能建筑已达8500万平方米，其中居住节能建筑达6200万平方米。四是启动了大规模既有居住建筑节能改造工作，按照《大连市既有居住建筑节能改造工作实施方案》要求，2013年完成了160万平方米改造任务。五是开展大型公共建筑能耗统计、审计工作，对我市36栋大型公共建筑进行了能耗统计，并按照《国家机关办公建筑和大型公共建筑能源审计导则》规定，对其中的15栋建筑进行了能耗审计，并将审计结果进行了公示。六是按表计量供热收费工作取得了一定进展，全市全年热计量收费面积达2036万平方米，其中，公共建筑1303万平方米，居住建筑733万平方米。

积极开展交通领域节能。一是按交通运输部《道路运输车辆燃料消耗量检测和监督管理办法》要求，严格执行道路运输车辆燃料消耗量限值标准和工作规范，全年共核查车辆7387台（不合格842台、合格6545台）。二是成功申报国家2013至2015年新能源汽车示范城市试点，积极推进节能与新能源汽车在交通行业中的推广与应用，目前，我市现有节能与新能源汽车已达2014台。三是积极淘汰高能耗、高污染的老旧营运车辆。全年更新老旧公交车和营运客货车辆6506台（辆）。四是着力推动港航业转型升级，积极探索甩挂运输节能方式。大连新海航运有限责任公司2013年完成甩挂运输量已达2000多箱，年节能量达9828吨标准煤，被省交通厅列为示范项目。

深化公共机构节能。一是管理体制进一步完善。市委、市政府高度重视公共机构节能工作，2013年在市政府办公厅设立公共机构节能处，全市公共机构节能工作形成了统一管理、分级负责、分工配合、相互协调的管理体系。二是严格规范公共机构节能工作。印发了《大连市公共机构节能工作管理办法》、《大连市公共机构节能考核办法》、《大连市公共机构节能联络员工作制度》和《大连市公共机构能源资源消费统计制度》等规章制度，保证了公共机构节能工作的有序开展。三是抓好“节约型公共机构示范单位”创建工作。根据国家、省有关部门要求，积极组织力量开展试点单位建设，努力形成以点带面，全面推进的工作格局，对申报单位的节能工作，市财力给予大力支持。

2013年我市公共机构人均能耗同比下降4.32%，单位建筑面积能耗同比下降3.65%，均完成了年度计划下降4%和3.2%的目标要求。

（四）进一步深化节能科技研发

一是围绕产业共性难点问题，整合优势资源，搭建节能减排创新联盟，聚力产学研协同创新，积极推进城市生态化公共照明与低碳建筑、污水源热泵与太阳能供暖等关键技术研发与集成示范。全年累计投入研发经费近1000万元。

二是积极发展新型节能玻璃钢渔船，针对我市现有小型木质渔船较多，且续航性差、航速低、能耗大等实际，大连獐子岛集团股份有限公司与日本雅马哈发动机株式会社联合成立了“獐子岛雅马哈（大连）玻璃钢船舶制造有限公司”，现已建成投产，预计到2015年产量将达1000艘以上。

（五）认真落实各项经济政策

一是积极落实相关价格政策。依据国家和辽宁省有关政策要求，2013年，全市收取差别电价的企业由2012年的9家增加至22家。二是认真落实国家相关财税政策。2012年，市国税局、地税局依据国家有关节能减排税收优惠政策，全年共为企业减免税额2.588亿元。三是积极落实节能服务财政奖励政策。截止2013年底，全市通过国家审核备案的合同能源管理服务企业已达30家。2013年，本市和外地节能服务企业在我市实施的合同能源管理项目,年节能量达2.7万吨标准煤。为加大市投资对节能服务项目的支持力度，2013年，市政府对节能服务项目国家奖励资金的配套比例调整为1:1。

（六）加强节能能力建设

一是修订完成了《大连市产业能效指导目录（2012年本）》，制定能耗限额标准和新建项目能耗准入限额，引导企业发展低消耗、高产出的战略性新兴产业。市节能监察支队在对重点用能企业实施节能监察工作中，已将能耗

限额标准执行情况作为节能监察工作的一项重要内容加以实施。

二是节能监察能力建设有了较大提高。获2012年节能机构监察能力建设中央预算内投资支持的市节能监察支队能力建设项目已完工并顺利通过验收。该项目共购置执法车辆2台，购置各种检测仪器、仪表184台（套）。

三是积极推进万家企业能源管理体系建设。市发展改革委、质监局联合印发了《大连市推进万家企业能源管理体系建设工作方案》，就万家企业能源管理体系建设的指导思想、基本原则、总体目标和时间安排等提出了明确要求。同时，为提高全市万家企业能源管理体系咨询机构指导与服务水平，市发展改革委组织了万家企业能源管理体系咨询机构培训。

（七）加大资金支持力度

一是积极争取国家、省专项资金支持。华能国际电力股份有限公司大连电厂“3、4#燃煤锅炉集中供热改造工程”等2个项目获得国家2013年节能技术改造财政奖励资金；大连远洋运输有限公司船舶效能管理项目获得交通运输部专项资金支持；大连因泰化工品物流有限公司“LNG车辆在道路运输中的应用”等2个项目获得交通运输部节能减排专项资金；大化集团有限责任公司合成氨副产低压蒸汽回收利用等5个项目获得辽宁省节能专项支持资金。

二是加大市投资支持力度。2013年，市投资安排专项资金，对全市现有的10吨以下燃煤供热锅炉实施拆炉并网。目前，拆并锅炉房107座，锅炉144台，新增集中供热面积750万平方米。2013年的节减排资金中，可节约标煤2.5万吨，减排氮氧化物4.1万吨、二氧化硫445吨、化学需氧量441吨，综合利用资源76.4万吨。

三、深入推进循环经济发展，着力构建循环型社会

（一）积极申报中日韩循环经济示范基地

大连循环产业经济区经层层选拔，被国家发展改革委、外交部、财政部确定为中日韩循环经济示范基地三个备选园区之一。根据三部委要求，组织大连循环产业经济区编制了大连循环产业经济区创建中日韩循环经济示范基地实施方案。市委市政府领导对园区申报工作十分重视。为确保申报成功，曹爱华常务副市长率队赴日韩推介大连循环产业经济区。拜访了日韩政界、企业界和学术界等多个知名机构和人士，并签署了16份合作协议，为大连循环产业经济区创建中日韩循环经济示范基地奠定了坚实基础。

（二）全力推进国家循环经济试点示范项目建设

一是完成了对部分国家循环经济试点单位的验收工作。依据国家发展改革委等7部委相关要求，组织了对国家第一批循环经济试点园区—大连经济技术开发区和第二批国家循环经济试点单位—松木岛化工园区的验收工作。通过验收，总结经验，推广试点单位建设模式。

二是积极组织申报国家循环经济试点。组织申报了国家园区循环化改造试点单位和循环经济示范市、县。大连经济技术开发区被国家发展改革委和财政部确定为园区循环化改造试点，中央财政下达专项资金支持开展园区循环化改造项目建设。

三是积极推进城市餐厨废弃物资源化利用和无害化处理试点工程建设。作为国家餐厨废弃物资源化利用与无害化处理试点城市，大连市积极推进餐厨废弃物资源化利用与无害化处理末端处理设施及回收和监管体系试点项目建设。目前，末端处理设施项目已完成了日处理餐厨废弃物100吨的生产线和餐厨废弃物收运体系项目建设，为“十二运”期间餐厨废弃物无害化处置提供了保障。为确保餐厨废弃物的有效收集，市政府出台了《大连市餐厨垃圾管理办法》。

四是积极推动再制造试点项目建设。配合国家发展改革委组织完成了对大众一汽发动机（大连）有限公司发动机再制造项目的验收工作。积极推进了国家再制造第二批试点单位—大连峰华汽车零部件再制造有限公司汽车零部件再制造项目的建设工作。

（三）加快推进再生资源利用产业集聚发展

一是大力推进国家“城市矿产”示范基地—大连国家生态工业示范园区（静脉产业类）开发建设。积极发挥园区开发建设领导小组办公室作用，协调解决了园区在开发建设中遇到的各种问题，组织召开园区建设领导小组办公室会议，贯彻落实市长办公会会议纪要精神。将各相关单位在园区建设方面承担的任务进行了明确分工，并确定了时间节点。截止目前，园区已通过环保部“圈区管理”验收，完成了4平方公里的动迁和填海，3平方公里基础设施，商务中心、海关、检验检疫区及27栋钢结构厂房建设。大力支持园区外配套基础设施建设。积极支持园区外配套项目和大郑新城建设，并安排市专项投资支持园区外配套基础设施和大郑新城建设。

二是积极推进再生资源回收体系建设。2013年8月，市政府办公厅印发了《大连市再生资源回收体系建设规划（2011-2020年）》。规划主要以规范、整合现有体系为主，初步建成覆盖城乡、布局合理的再生资源回收体系，将城市90%以上的回收人员纳入规范化管理，90%以上的社区设立规范的回收站点，90%以上的再生资源进入标准

化、专业化的回收站点、分拣配送中心，最终集中送至静脉产业园区拆解、加工利用。规划到2015年回收站点总量为1341个，2020年回收站点总量为1617个。

三是代市政府起草了《关于加快推进大连市再生资源产业集聚发展意见》。为推进再生资源加工利用产业健康、有序、集聚发展，更好的支持大连国家“城市矿产”示范基地—大连国家生态工业示范园区开发建设，根据市政府主要领导指示精神，《意见》主要明确了全市再生资源加工利用产业向大连国家生态工业示范园区搬迁集聚的的目标任务，政策措施。

（四）不断加强水资源节约

一是积极创建水生态文明城市。根据国家相关要求，积极组织水生态文明试点申报，成立了大连市水生态文明建设试点工作领导小组，全面启动了水生态文明建设工作。经积极争取，我市被水利部确定为全国“水生态文明城市建设”试点，《大连市水生态文明城市建设实施方案》通过了水利部组织的专家审查。

二是深入推进节水型社会建设。加强节水管理和制度建设，颁布实施了《大连市节约用水条例》。完成了全市及区市县万元GDP取水量降低率的考核。各领域节水取得新进展。2013年，万元工业增加值用水量达到12立方米，工业用水重复利用率达到93.89%，工业间接冷却水循环利用率98.79%，计划用水率达到95%，推广应用节水型卫生洁具6.9万套（件）；非常规水资源利用不断加强，2013年，海水直接利用量达到23.29亿立方米，海水淡化水量752.2万立方米，污水再生水利用9223.55万立方米；积极保护地下水源，组织实施了封井行动，2013年封闭地下水取水工程366眼，削减地下水取水量1426.78万立方米。

（五）积极推进建筑领域资源综合利用

一是新型墙体材料发展应用上了新台阶。2013年，完成新型墙体材料备案15项，对全市131家备案企业进行年检。以混凝土空心砌块为代表的新型墙体材料发展迅速，新型墙体材料年产量达到35.7亿标块，占墙体材料总量的83.8%。建设工程中新型墙体材料使用率达到82%。

二是粉煤灰综合利用工作稳步开展。截止到2013年底，粉煤灰产出量196万吨，实际利用194万吨，综合利用率达99%。大连升华能源公司在发电厂区内投资建设2座4万立方米储灰能力的钢板仓，1座已投入使用。目前大连市的粉煤灰干灰储灰能力达到32万吨。

（六）有效推进节约集约利用土地资源

加强对区市县节约集约利用土地水平考核，认真落实“十二五”单位GDP用地下降32%的责任目标。大力推进标准化厂房建设，满足中小企业用地需求，推动存量建设用地挖潜、低效地和工矿废弃地高效利用工作。严格执行国家和省市出台的各类建设用地标准，在预审和供应两个环节有保有压，保障科技含量高、附加值高、污染少、效益高的企业用地，抑制不符合新型工业化发展的用地，切实提高项目投资强度和土地利用效率。积极创建国土资源节约集约利用模范县（区），旅顺口区获此称号，另有6个区市县正组织申报。

四、加大环境保护力度，促进生态文明建设

（一）加快推进环保基础设施建设

为确保“十二五”环保基础设施规划任务的完成，2013年，市政府进一步加大对环保基础设施的支持力度，安排市专项资金支持了大郑镇污水处理厂及配套管网工程等环保基础设施。争取中央预算内资金，支持污水和垃圾处理设施建设项目建设。

（二）加大大气污染防治力度

一是全面实施蓝天工程建设。2013年，市政府出台了《大连市蓝天工程实施方案》，提出集中供热、挥发性有机物污染治理、机动车污染防治、工地扬尘治理等10项改善环境的重大举措。

二是强化机动车排气污染防治。《大连市机动车排气污染防治条例》于2014年1月1日正式实施。《条例》通过创设新制度、实施新举措、执行严标准等六大方面内容，全方位防治机动车排气污染，切实保护和改善全市大气环境。

三是建立环境空气重污染日应急指挥机制。成立了大连市环境空气重污染日应急指挥部，并在全省率先出台了《大连市环境空气重污染日应急预案》。根据空气污染程度，将空气重污染日分为重度、严重、极重污染日，依据空气污染可能造成的危害以及空气重污染日分级，将应急响应分为Ⅲ、Ⅱ、Ⅰ级，每级应急响应均明确了相应的健康防护措施、建议性措施和强制性措施。

（三）着力推进农村生态环境保护

积极推进农村连片整治工作。市发展改革委会同财政局、环保局、农委4部门联合编制了《大连市农村连片整治规划》，会同相关部门开展了大连地区村镇污水处理技术的研究工作，编制印发了《大连地区村镇污水处理技术指南（试行）》。

（四）加大水源地保护力度

为加强饮用水水源保护区的管理力度，提高饮用水水源水质，保障饮水安全，市政府出台了首部饮用水水源保护政府性规章—《大连市饮用水水源保护区污染防治办法》，对各级水源保护区内的禁止行为作出了详细规定，明确提出要将饮用水水源保护区污染防治工作纳入对有关区（市）县政府的绩效考核内容，建立饮用水水源保护区污染防治工作考核评价制度。

五、扎实做好应对气候变化工作，探索低碳发展之路

（一）开展应对气候变化基础研究

为摸清底数，更好的开展应对气候变化工作，市应对气候变化领导小组办公室印发了《大连市应对气候变化“十二五”规划暨2020年远景目标》，初步完成了“大连市温室气体排放综合管理系统”平台的搭建工作，并且通过了专家评审。

积极开展温室气体排放清单编制工作。市发展改革委组织编制的2005年、2008年、2010年及2011年《大连市温室气体排放清单》顺利通过省发展改革委专家组审查核定，为全市应对气候变化工作打下了坚实基础。

（二）加快能源结构调整

大力推进核电、风电等清洁能源建设。红沿河核电一期工程建设进展顺利。1号机组已正式并网，并投入商业运行；2号机组也已并网发电，正在试运行阶段；3、4号机组正抓紧安装施工。风电工作取得了新进展。《大连市海上风电厂规划》获得国家能源局批复同意。海上测风塔建设的各项准备工作已基本完成。截止2013年底，全市风电装机容量已达46万千瓦，且全部实现并网发电。太阳能开发利用成效显著。累计完成光伏发电总装机12.5兆瓦。积极组织三十里堡临港工业区、长兴岛临港工业区和中心城区三个区域申报国家新能源示范区，为全市太阳能资源的开发利用夯实基础。

积极推进农村新能源工程建设。2013年，全市新发展户用沼气工程1000个、大中型沼气工程50处、太阳能热水器2000台、太阳能暖房10万平方米、高效节能吊炕2万铺、生物质半气化炉2500台。据测算，2013年新发展的项目，年可生产沼气约100万立方米，年可节约1.7万吨标煤。

（三）提高全域碳汇能力

为有效增强我市全域碳汇能力，2013年，全市加快实施青山生态系统工程。建设完成了10项市级重点工程和799项县级重点工程。绿化各类道路600多条（段），长度2000多公里；绿化各类园区110个；绿化乡镇（街道）60个，绿化村屯（社区）158个；绿化流域面积20平方公里以上河流63条（段），长度158公里。

六、2014年资源节约和环境保护工作思路

2014年，是完成“十二五”各项任务指标的攻坚之年，我们将以十八大提出的加快推进生态文明建设为指导，紧紧围绕“开放引领、转型发展、民生优先、生态立市”的发展战略，以建设“富庶、美丽、文明大连”为目标，以资源的循环高效利用为核心，着力推进经济社会绿色、循环、低碳发展。

（一）指导思想

以节约资源，保护环境为主线，以优化资源利用方式、提高资源利用效率为核心，以技术创新和制度创新为动力，尽快形成“政府主导、企业主体、公众参与、法律规范、政策引导、科技支撑、市场运作”的运行机制，积极推进节能减排，切实加强环境保护，坚持绿色、循环、低碳发展，加快推动全市生态文明建设。

（二）主要节能减排指标实施计划

2014年全市万元地区生产总值能耗计划同比下降3.8%；万元工业增加值能耗计划同比下降3%；化学需氧量、二氧化硫、氨氮化合物、氮氧化物平均削减率计划为2%（最终以省政府下达的指标为准）。

（三）主要工作

1、强化节能减排考核

根据省政府下达给我市的“十二五”期间万元GDP能耗降低率和主要污染物削减率指标，在充分考虑各区市县经济发展水平、产业结构和节能减排潜力等因素的基础上，合理分解下达2014年各区市县、先导区节能减排约束性指标，修订完善节能减排目标责任评价考核办法，强化节能减排目标责任考核工作，严格奖惩措施和责任追究制度。确保节能减排工作完成进度与“十二五”时间进度同步。

积极推进万家企业节能低碳行动，加强指导，强化万家企业节能目标责任考核。

2、全面实施资源节约与环境保护相关专项规划

进一步加大《大连市循环经济发展“十二五”规划》、《大连市“十二五”能源节约规划》、《大连市城镇污

水及再生利用设施建设“十二五”规划》、《大连市生活垃圾无害化处理设施建设“十二五”规划》和《大连市再生资源回收体系建设规划》等专项规划的实施力度，加快推进各规划中重点任务的落实工作，加强对各专项规划实施情况的考核评估。

3、加快推进生态文明建设

一是逐步建立促进生态文明建设的体制机制。加强对全市生态文明建设工作的指导与协调，积极宣贯国家在生态文明建设方面的政策措施。二是加大生态文明改革力度，探索建立促进生态文明建设的制度体系，加强宣传教育力度，提高全社会生态文明意识。着力将生态文明建设融入社会建设、经济建设、文化建设的各个领域。

4、扎实推进资源节约工作

突出抓好工业、建筑、交通运输和公共机构等重点领域节能工作。加大对重点用能企业能耗的监管力度。加快实施重点节能改造、节能技术产业化示范、节能产品惠民等工程。严格实施固定资产投资项目节能评估和审查。指导推进全市万家企业建立能源管理体系。加快推进既有建筑节能改造工作，2014年计划完成280万平方米既有建筑节能改造。

重点加强工业和农业节水工作。坚持开源节流并重、节约为主的方针，以提高水的利用效率为核心，以企业为主体，加强科技进步和技术创新，加大结构调整和技术改造力度，全面提升工业节约用水能力和水平。加大农业节水工作力度。大力提高农业用水效率，鼓励和支持建设农业节水灌溉设施。提高再生水、海水和雨洪水资源利用效率。

5、积极推进循环经济发展

一是继续深入推进国家“城市矿产”示范基地—大连国家生态工业示范园区（静脉产业类）开发建设。积极迎接国家中期评估。加快推进现有再生资源拆解企业向园区搬迁。二是积极推进产业聚集区循环经济发展。大力推进大连经济技术开发区国家园区循环化改造项目建设，研究制定《大连市国家园区循环化改造试点资金管理办法》。组织大连市循环经济发展试点园区申报工作。三是积极推进循环经济示范市（县）创建工作，发挥循环经济示范市（县）的辐射带动作用，推动全市循环经济发展，着力构建循环型社会。四是以《大连市再生资源回收体系建设规划》为指导，加强再生资源回收管理，完善再生资源回收法规政策、措施和工作机制。探索适合大连市的生活垃圾分类回收方式，逐步建立生活垃圾分类回收制度。五是加快推进餐厨废弃物无害化处理和资源化利用试点城市建设。积极推动餐厨废弃物资源化利用和无害化处理项目建设，促进产业发展。

6、持续推进污染减排工作

认真抓好《大连市蓝天工程实施方案》落实工作，扎实做好重点任务分工，全面实施四大类共259项蓝天工程项目。积极落实《大连市机动车排气污染防治条例》，加快淘汰老旧车辆，组织开展城市机动车保有量、出行量调控政策研究。大力推行清洁生产。组织企业开展自愿清洁生产审核。积极争取国家清洁生产专项资金和省节能专项资金，协调市节能减排专项资金，支持企业实施清洁生产中、高费方案中的有关项目。积极组织开展“车、船、路、港”千家企业低碳交通专项行动。推广甩挂运输，推进物流发展，督导辽鲁陆海甩挂运输试点项目建设。

7、加大应对气候变化工作力度

一是根据国家要求编写《大连市适应气候变化规划》。二是着力提高森林碳汇能力，积极推进青山生态系统工程建设。三是继续推进农村能源生态建设，循序渐进提升农村新能源建设水平。四是加强应对气候变化能力建设。积极参加国家、省发展改革委组织的应对气候变化工作业务培训，适时组织全市应对气候变化工作培训。

8、认真开展“十三五”相关规划前期研究工作

启动节能减排、循环经济、应对气候、生态文明等“十三五”的前期研究，设定基本研究思路，确定各领域重点研究课题。着手总结“十二五”期间相关规划的实施情况，认真分析各领域“十三五”将面临的新形势、新问题，结合我市实际以及各领域的特点、研究提出“十三五”工作思路、目标及重点任务。

9、加强资源节约和环境保护宣传教育

利用广播、电视、报纸、网络等媒体，以“全国节能宣传周”、“中国城市无车日”、“六•五环境日”为依托，广泛宣传资源节约和环境保护基本国策，倡导节约型生产方式、消费模式和生活习惯，提高全社会节能、环保和循环经济意识；坚持正面宣传与舆论监督相结合，组织新闻媒体大力宣传先进典型，曝光反面案例，充分发挥舆论的引导和监督作用，把资源节约和环境保护纳入公益性宣传范围，为节能减排和环境保护工作又快又好推进营造良好的舆论氛围。

（撰稿：淮路枫，大连市发展和改革委员会资源节约和环境保护处）

2013年青岛市循环经济

青岛市发展和改革委员会

2013年是学习贯彻落实党的十八大精神的开局之年，青岛市委市政府始终坚持将发展循环经济作为推进生态文明建设、实现可持续发展的重要抓手，践行科学发展观，围绕提高资源产出率和破解资源环境制约的主题，完善相关政策，加快产业结构调整，创造性开展循环经济试点工作，实施循环经济重点领域项目建设，积极参与国际交流合作，加速构建循环经济产业体系，推动全市循环经济和清洁生产工作不断取得新进展，获得了较好的经济效益、社会效益和环境效益。

一、2013年循环经济发展主要工作

（一）《董家口区域循环经济发展总体规划》获国家发展改革委正式批复。董家口区域是山东半岛蓝色经济区提出建设的青岛西海岸新区的重要组成部分，适合发展以钢铁、装备制造、汽车等重工业为特色的临港产业，是山东半岛蓝色经济区发展临港产业、实现陆海统筹的重点区域，也是青岛市在“十二五”期间及未来更长时期内经济发展实现转方式、调结构的重要依托。为确保董家口区域在布局、开发和建设中最大限度地实现节约资源和保护环境，根据市政府有关要求，市发展改革委会同董家口经济区管委组织编制了董家口循环经济发展规划。经多次专家评审论证、修改完善，《董家口区域循环经济发展总体规划》于2013年11月获得国家发展改革委正式批复，批复中明确要求“把青岛董家口区域打造成为区域经济优化发展的典范”。董家口循环经济发展规划获批，标志着国家发展改革委对董家口区域以循环经济理念进行顶层设计，指导新开发区域规划建设，全面深入推进循环经济发展的充分肯定。

（二）实施点面结合深化循环经济示范工程，1区1园2企业列入国家级示范试点。一是青岛市被国家发展改革委列为第二批海水淡化产业发展试点城市，将努力打造国家级海水淡化装备制造基地，创建国家级海水淡化工程研究中心，基本确立全国海水利用领域科研中心、技术交流中心的地位。二是出台《市级支持循环经济发展补助资金管理办法》，支持引导全市循环经济重点项目建设，安排市级专项补助资金500万元，分别对废轮胎生产再生胶、废塑料循环利用等循环经济重点项目予以支持。组织编制《青岛市清洁生产园区建设意见》，结合青岛市实际，在国内率先提出了清洁生产园区建设内容、目标及路径，促进园区清洁生产发展。三是青岛经济技术开发区获批国家园区循环化改造示范试点中央财政补助资金2.129亿元，国家下达2013年补助资金8645万元。开发区循环化改造20个重点项目有序推进，已取得阶段性成效。胶南经济开发区被批准列入国家第二批园区循环化改造示范试点，获批中央财政补助资金5900万元将用于10个循环化改造重点项目建设。四是推进国家循环经济教育示范基地建设。在青岛啤酒二厂被确定为国家第一批循环经济教育示范基地的基础上，青岛新天地静脉产业园被确定为国家第二批循环经济教育示范基地。两企业正在按照实施方案的内容开展示范基地建设工作。五是开展再制造试点工作。积极推动威伯科汽车控制系统（中国）有限公司和青岛联合报废汽车回收有限公司等2家企业成功入选全国第二批再制造试点，进一步拓展了青岛市循环经济发展领域。

（三）实施资源综合利用示范带动，3个国家级资源综合利用示范工程建设成效明显。一是国家“城市矿产”示范基地项目全部落地建设，2013年，国际再生资源监管区建设用地顺利签约，废轮胎资源化利用、废矿物油处理、贵金属提取和工程技术研发中心4个项目可行性报告获批。二是国家建筑废物综合利用“双百工程”示范基地2个项目获得国家资金扶持，重点培育10家建筑废物综合利用企业，年处理能力超过1000万吨。国家发展改革委环资司和国家开发银行评审二局2013年9月16-18日对青岛市建筑废物综合利用“双百工程”示范基地建设进行专题调研，调研组对青岛市建筑废物综合利用工作给予了充分肯定。三是国家餐厨废弃物资源化利用城市试点建设取得实质性进展，2013年9月，餐厨废弃物资源化利用工程项目试运行，每年可处理餐厨垃圾7.3万吨，生产2000吨粗油脂和132万方天然气。2013年9月，山东省餐厨废弃物资源化利用和无害化处理现场经验交流会在青岛市召开，全省推广青岛市经验。

（四）创建全市循环经济信息交流平台，实现循环经济服务保障新突破。目前，青岛市有国家、省、市各级循环经济试点企业园区超过一百家，为充分整合全市循环经济试点资源，进一步加强循环经济管理工作，市发展改革

委着手开展了青岛市循环经济信息交流平台创建工作。信息交流平台已完成网站域名备案，各栏目设置功能基本实现，开始试运行。通过该信息交流平台，可以及时发布国家、省、市循环经济及节能相关政策法规和动态信息，集中展示青岛市循环经济试点单位先进做法，介绍青岛市循环经济先进技术装备和成果，为各试点企业提供废弃物资源的发布和供求信息，还可以收集、建立循环经济项目库，完善循环经济重点项目管理，为促进青岛市循环经济发展提供有力的信息服务支持和保障。

（五）园区和企业清洁生产齐抓共管，全市清洁生产工作取得良好成效。2013年青岛市突出抓好园区清洁生产建设一条主线、企业清洁生产审核一个层面、清洁生产示范项目建设一个重点，工作实现“线长、面广、点高”局面。全年完成120户企业清洁生产审核评估验收，其中自愿清洁生产企业100户。青啤股份、琅琊台集团、即发集团3个国家清洁生产示范项目，获得中央财政支持1850万元。创新开展园区清洁生产建设试点工作，10个园区开展清洁生产建设，其中5个完成评估验收。

加强全市清洁生产知识培训工作，全年培训企业500户以上。突出清洁生产专项资金引领作用，吸引各区、市建立清洁生产项资金，目前城阳区、崂山区、开发区等6个区市设立专项资金，总额500万元左右。创新工作方式，试点开展清洁生产园区建设。组织海尔（黄岛）产业园率先完成清洁生产建设整体验收，并组织召开全市清洁生产园区建设现场观摩会，海尔集团已确定2014年在其崂山、胶州的2个产业园开展清洁生产创建工作。同时，组织开展全市清洁生产园区创建试点工作。目前海尔开发区产业园、即发工业园、软控（胶州）装备产业园、城阳空港工业园、高新区北部工业园等5个产业集聚区成为首批清洁生产园区，年内全部完成评估验收。

（六）中日城市典型废弃物循环利用体系建设项目进展顺利。由国家发展改革委与日本国际协会机构合作的中日城市典型废弃物循环利用体系建设项目继续组织实施，2013年先后4次在青岛市组织召开了试点工作研讨会，来自国家发展改革委、日本国际协力机构、中国社科院等部门机构的专家学者与其他三个试点城市以及青岛市市直相关部门、院校和企业负责人进行研讨交流。对青岛市生活垃圾分类回收、废旧轮胎综合利用等课题开展了深入研讨分析与实地考察，在生活废弃物、餐厨废弃物和废旧轮胎综合利用的政策规划和工作路线图等方面形成阶段性成果，有力推进了青岛市餐厨垃圾和废旧轮胎的资源化利用试点工作。市发展改革委组织相关市直部门充分利用试点项目研讨会，邀请专家组对青岛市餐厨废弃物综合利用项目建设工作提出完善意见和建议，着眼生产实际，积极为项目解决设备和运行问题出谋划策。

二、2014年循环经济主要工作思路

（一）大力发展循环经济

1. 研究制定园区循环化改造管理办法，在重点推进青岛经济技术开发区和胶南经济技术开发区的园区循环化改造工作的同时，积极推动其它相关园区的循环化改造工作；及时调度，促进青啤二厂和青岛新天地有限公司的循环经济教育示范基地建设；有序推进汽车零部件再制造试点工作；组织符合条件的区市，争创国家循环经济示范区（市）；根据国家发展改革委有关批复意见，进一步推动董家口经济区循环经济发展规划的落实工作；组织筹办第三届中国国际循环经济成果交易博览会。

2. 大力推进“城市矿产”示范基地建设。以“城市矿产”示范基地为核心，优化资源循环利用产业空间布局，研究制定鼓励“城市矿产”发展壮大政策，加强行业整治和政策引导，打造全国一流研发团队和国内外有影响力的“城市矿产”技术服务平台，助推“城市矿产”示范基地尽快实现规模化和产业化发展。

3. 落实好国家“双百工程”示范基地项目建设。跟踪国家“双百工程”要求，落实鼓励政策，支持列入国家“双百工程”的项目建设，以骨干企业促示范基地建设，形成产业规模化发展。

4. 大力开展资源综合利用。用足、用好国家现有的资源综合利用税收优惠等鼓励政策，引导企业积极开展资源综合利用，重点加快工业固体废物、再生资源和农作物秸秆等各种废弃资源实现资源化利用。

（二）积极推进清洁生产

2014年，深化园区与清洁生产工作的结合，推广园区清洁生产建设，提升数量与质量；推行企业清洁生产审核和清洁生产示范项目实施，提高清洁生产整体水平。全市120户企业开展清洁生产审核，其中完成100户企业评估验收，5个园区完成清洁生产建设，争取工信部批准清洁生产示范项目1个以上、国家清洁生产示范企业2个以上。

重点工作：

1. 加速产业集聚区和清洁生产融合，推进清洁生产园区建设。一是加强清洁生产与产业集聚区建设的有机结合，在已认定的三级示范基地相关产业集聚区、享受资金支持的产业集聚区，推行清洁生产园区建设。二是组织专家重点对园区层面（企业间资源循环化改造，园区的空间布局、生产物资系统、给排水系统、能源系统、污染处理系统、公共配套系统优化改造以及园区基础设施运行优化）和园区企业层面（生态设计、绿色制造、废弃物综合利用）开展清洁生产审核，年内10个园区开展清洁生产建设，完成5个园区清洁生产建设。三是总结清洁生产园区建设经验，组织专家编制园区清洁生产建设指南，发布实施。

2. 强化宣传与政策引导，推行企业清洁生产审核。一是加强宣传和培训，年内召开市级和区市级清洁生产工作会议及培训会议，通报全市清洁生产示范企业，并授牌，营造清洁生产工作氛围；组织专家，对企业进行清洁生产知识培训活动，送知道进企业，发动企业自愿开展清洁生产审核。二是利用市清洁生产专项资金的扛杆作用，引导区、市按照《中华人民共和国清洁生产促进法》、《山东省清洁生产促进条例》要求，建立清洁生产专项资金，引导企业自愿开展清洁生产审核。三是加强清洁生产咨询服务机构管理，确保清洁生产审核质量，提高企业整体水平。

3. 以重点项目为带动，抓好重点项目建设。一是推进国家清洁生产重点项目建设，积极争取国家清洁生产示范项目资金支持，年内力争争取国家清洁生产示范项目1个以上。二是抓好市级清洁生产示范项目实施，重点抓好投资过千万元的项目实施。三是抓好资源节约型和环境友好型试点企业创建工作，加快试点方案实施，按计划完成创建工作。

（撰稿：李海燕，青岛市发展和改委员会节约能源办公室）

试点示范

循环经济示范试点名单

国家循环经济试点单位（第一批）

一、重点行业

（一）钢铁

鞍本钢铁集团　攀枝花钢铁集团有限公司　包头钢铁集团有限公司　济南钢铁集团有限公司　莱芜钢铁集团有限公司

（二）有色

金川集团有限公司　中国铝业公司中州分公司　江西铜业集团公司　株洲冶炼集团有限责任公司　包头铝业有限责任公司　河南省商电铝业集团公司　云南驰宏锌锗股份有限公司　安徽铜陵有色金属（集团）公司

（三）煤炭

淮南矿业集团有限责任公司　河南平顶山煤业集团有限公司　新汶矿业集团公司　抚顺矿业集团　山西焦煤集团西山煤矿总公司

（四）电力

天津北疆发电厂　河北西柏坡发电有限责任公司　重庆发电厂

（五）化工

山西焦化集团有限公司　山东鲁北企业集团有限公司　四川宜宾天原化工股份有限公司　河北冀衡集团公司　湖南智成化工有限公司　贵州宏福实业有限公司　贵阳开阳磷化工集团公司　山东海化集团有限公司　新疆天业（集团）有限公司　宁夏金昱元化工集团有限公司　福建三明市环科化工橡胶有限公司　烟台万华合成革集团有限公司

（六）建材

北京水泥厂有限责任公司　内蒙古乌兰水泥厂有限公司　吉林亚泰集团股份有限公司

（七）轻工

河南天冠企业集团公司　贵州赤天化纸业股份有限公司　山东泉林纸业有限公司　宜宾五粮液集团有限公司　广西贵糖（集团）股份有限公司　广东省江门甘蔗化工(集团)股份有限公司

二、重点领域

（一）再生资源回收利用体系建设

北京市朝阳区中兴再生资源回收利用公司　石家庄市物资回收总公司　吉林省吉林市再生资源集散市场　湖南汨罗再生资源集散市场　广东清远再生资源集散市场　深圳报业集团

（二）废旧金属再生利用

天津大通铜业有限公司　上海新格有色金属有限公司　河南豫光金铅集团有限责任公司　江苏春兴合金集团有限公司　深圳东江环保公司　广东新会双水拆船钢铁有限公司

（三）废旧家电回收利用

浙江省　青岛市　广东贵屿镇

（四）再制造

济南复强动力有限公司　北京金运通大型轮胎翻修厂

三、产业园区

天津经济技术开发区　苏州高新技术产业开发区　大连经济技术开发区　烟台经济技术开发区

河北省曹妃店循环经济示范区　内蒙古蒙西高新技术工业园区

黑龙江省牡丹江经济技术开发区　上海化学工业区

江苏省张家港扬子江冶金工业园　湖北省武汉市东西湖工业园区

四川西部化工城　青海省柴达木循环经济试验区

陕西省杨凌农业高新技术产业示范区

四、省市

北京市　辽宁省　上海市　江苏省　山东省　重庆市（三峡库区）　宁波市　铜陵市　贵阳市　鹤壁市

国家循环经济示范试点单位（第二批）

一、重点行业

（一）钢铁

宝山钢铁股份有限公司　太原钢铁（集团）有限公司　马鞍山钢铁股份有限公司

福建三钢（集团）有限责任公司　重庆钢铁（集团）有限责任公司

（二）有色

葫芦岛有色金属集团有限公司　广西河池市南方有色冶炼有限责任公司　云南铜业股份有限公司

云南锡业集团（控股）有限责任公司　新疆有色工业(集团)稀有金属有限责任公司

（三）煤炭

山西潞安矿业（集团）有限公司　内蒙古伊东煤炭集团有限责任公司　内蒙古庆华集团有限公司

铁法煤业（集团）有限责任公司　黑龙江龙煤矿业集团有限责任公司（鸡西分公司）

安徽皖北煤电集团有限责任公司

（四）电力

江苏宜兴协联热电有限公司　深圳南山热电股份有限公司

（五）化工

山西丰喜肥业（集团）股份有限公司　山西安泰集团股份有限公司　浙江巨化集团公司

广东云浮硫铁矿企业集团公司　云天化集团有限责任公司

（六）建材

江西华春企业集团公司　四川国栋建设股份有限公司

（七）造纸

湖南泰格林纸集团有限责任公司

（八）纺织（印染）

河北唐山三友集团化纤有限公司　青岛凤凰印染有限责任公司

四川宜宾丝丽雅集团有限公司　福建凤竹纺织科技股份有限公司

（九）机械制造

中钢集团西安重型有限公司

（十）农产品加工

内蒙古塞飞亚集团有限公司　江苏省南通鑫缘茧丝绸集团股份有限公司　山东菱花集团有限公司

山东香弛粮油有限公司　贵州茅台酒厂有限责任公司　中粮新疆屯河股份有限公司

（十一）农业（林业）

北京市密云县十里堡镇　黑龙江省望奎县望奎镇　安徽省阜阳市阜南县

河南省沈丘县付井镇　黑龙江伊春市朗乡林业局

二、重点领域

（一）再生资源加工利用基地

天津子牙工业园　河南省大周镇再生金属回收加工区　辽宁省沈阳市再生资源产业基地

江苏省吴江市再生资源回收利用有限公司　江苏中再生投资开发有限公司　安徽省界首市田营循环经济工业区

湖南省郴州市永兴县　陕西省西安市物资回收利用总公司

（二）再生金属回收利用

宁波金田铜业股份有限公司　山东金升有色集团有限公司　厦门钨业股份有限公司

（三）废电子、废轮胎、废电池回收利用

伟翔环保科技发展（上海）有限公司　青岛天盾橡胶有限公司　深圳市格林美高新技术有限公司

湖北金洋冶金股份有限公司

（四）包装物回收利用

盈创再生资源有限公司　四川绵阳长鑫新材料发展有限公司

三、产业园区（重化工集聚区）

天津市临港工业区　大连松木岛化工园区　吉林省四平循环经济示范区　上海莘庄工业园区　苏州工业园

扬州经济开发区　浙江绍兴滨海工业园区　福建泉港石化工业园区　江西永修云山经济开发区

湖北宜昌经济开发区　湖北武汉市青山区　湖南株洲市清水塘工业区　广州经济技术开发区

广东银洲湖纸业基地　海南省昌江循环经济工业区　四川成都市青白江工业集中发展区

重庆长寿化工产业园区　青海省西宁市经济技术开发区　宁夏宁东能源化工基地　新疆库尔勒经济开发区

四、省市

天津市　山西省　浙江省　河南省　甘肃省　青岛市　深圳市　邯郸市　阜新市　白山市　七台河市　淮北市　萍乡市　荆门市　榆林市　石嘴山市　石河子市

餐厨废弃物资源化利用和无害化处理试点城市（区）名单（第一批）

（国家发展改革委办公厅、财政部办公厅、住房城乡建设部办公厅二〇一一年七月十二日）

北京市（朝阳区）　天津市（津南区）　河北省石家庄市　山西省太原市

内蒙古自治区鄂尔多斯市　辽宁省沈阳市　吉林省白山市　黑龙江省哈尔滨市

上海市（闵行区）　江苏省苏州市　浙江省嘉兴市　安徽省合肥市

福建省三明市　江西省南昌市　山东省潍坊市　河南省郑州市

湖北省武汉市　湖南省衡阳市　广西壮族自治区南宁市　海南省三亚市

四川省成都市　重庆市（主城区）　云南省昆明市　贵州省贵阳市

陕西省宝鸡市　甘肃省兰州市　宁夏回族自治区银川市　青海省西宁市

新疆维吾尔自治区乌鲁木齐市　大连市　宁波市　青岛市

深圳市

国家“城市矿产”示范基地名单（第一批）

国家发展改革委　财政部

（二〇一〇年五月）

天津子牙循环经济产业园区　宁波金田产业园　湖南汨罗循环经济工业园　广东清远华清循环经济园

安徽界首田营循环经济工业园　青岛亲天地静脉产业园　四川西南再生资源产业园

国家“城市矿产”示范基地名单（第二批）

（国家发展改革委、财政部 二〇一一年九月 十三日）

1.上海燕龙基再生资源利用示范基地
2. 广西梧州再生资源循环利用园区
3. 江苏邳州市循环经济产业园再生铅产业集聚区
4. 山东临沂金升有色金属产业基地
5. 重庆永川工业园区港桥工业园
6. 浙江桐庐大地循环经济产业园
7. 湖北谷城再生资源园区
8. 大连国家生态工业示范园区
9. 江西新余钢铁再生资源产业基地
10. 河北唐山再生资源循环利用科技产业园
11. 河南大周镇再生金属回收加工区
12. 福建华闽再生资源产业园
13. 宁夏灵武市再生资源循环经济示范区
14. 北京市绿盟再生资源产业基地
15. 辽宁东港再生资源产业园

国家循环化改造示范试点园区名单

（国家发展改革委办公厅 、财政部办公厅二〇一一年十一月二十九日）

甘肃白银高新技术产业开发区
甘肃金昌经济技术开发区
甘肃陇西经济开发区
甘肃华亭工业园区
甘肃武威黄羊工业园区
青海柴达木格尔木工业园
青海柴达木德令哈工业园
青海柴达木柴旦工业园

汽车零部件再制造试点企业名单

国家发改委

（二〇〇八年三月二日）

一、汽车整车生产企业

中国第一汽车集团公司　安徽江淮汽车集团有限公司　奇瑞汽车有限公司

二、零部件再制造试点企业

上海大众联合发展有限公司（上海大众汽车有限公司授权）
潍柴动力（潍坊）再制造有限公司（潍柴动力股份有限公司授权）
武汉东风鸿泰控股集团有限公司（东风汽车公司授权）
广州市花都全球自动变速箱有限公司（东风悦达起亚汽车有限公司等授权）
济南复强动力有限公司（中国重型汽车集团有限公司授权）
广西玉柴机器股份有限公司
东风康明斯发动机有限公司
柏科（常熟）电机有限公司
陕西法士特汽车传动集团有限责任公司
浙江万里扬变速器有限公司
中国人民解放军第六四五六工厂

第二批再制造试点单位名单

国家发改委 2013年3月

1.北京奥宇可鑫表面工程技术有限公司　再制造专业技术服务
2.北京首特钢报废机动车综合利用有限公司　发电机、起动机再制造
3.长城汽车股份有限公司　发动机再制造（长城汽车授权）
4.唐山瑞兆激光再制造技术有限公司　再制造专业技术服务
5.河北省物流产业集团有限公司　旧件逆向物流回收体系
6.哈飞工业集团汽车转向器有限责任公司　转向器再制造
7.沃尔沃建筑设备（中国）有限公司　发动机再制造（沃尔沃授权）
8.采埃孚销售服务（中国）有限公司　变速箱再制造（宝马、捷豹路虎授权）
9.上海孚美汽车自动变速箱技术服务有限公司　变速箱再制造（神龙汽车，长城汽车授权）
10.张家港富瑞特种装备股份有限公司　发动机再制造（东风朝柴，萍乡科尔授权）
11.玉柴再制造工业（苏州）有限公司　发动机再制造（玉柴集团，卡特彼勒公司授权）

12.江苏新亚特钢锻造有限公司　再制造专业技术服务
13.全兴精工集团有限公司　助力泵再制造
14.浙江再生手拉手汽车部件有限公司　发动机、变速箱再制造（吉利集团授权）
15.滁州市洪武报废汽车回收拆解利用有限公司　发电机、起动机再制造，旧件逆向物流回收体系
16.山东能源集团大族激光再制造有限公司　再制造专业技术服务
17.河南飞孟激光再制造有限公司　再制造专业技术服务
18.武汉法利莱切割系统工程有限责任公司　再制造专业设备生产
19.湖南机油泵股份有限公司　机油泵再制造
20.湖南博世汽车部件（长沙）有限公司　发电机，起动机再制造
21.江西江铃汽车集团实业有限公司　发动机再制造（江铃汽车授权）
22.广州市跨越汽车零部件工贸有限公司　转向器再制造
23.广东明杰零部件再制造有限公司　发电机，起动机再制造
24.陕西北方动力有限责任公司　发动机再制造（道依茨授权）
25.大连报废车辆回收拆解有限公司　发电机、起动机再制造
26.威伯科汽车控制系统（中国）有限公司　空压机再制造
27.青岛联合报废汽车回收有限公司　发电机，起动机再制造
28.三立（厦门）汽车配件有限公司　发电机，起动机再制造

国家生态工业示范园区名单

序号	试点示范单位名称	批准时间	类型
1	苏州工业园国家生态工业示范园区	2008年3月31日	综合类（国家级经济技术开发区、国家高新技术产业开发区）
2	苏州高新技术产业开发区国家生态工业示范园区	2008年3月31日	合类（国家高新技术产业开发区）
3	天津经济技术开发区国家生态工业示范园区	2008年3月31日	综合类（国家级经济技术开发区）
4	烟台经济技术开发区国家生态工业示范园区	2010年4月1日	综合类（国家级经济技术开发区）
5	无锡新区国家生态工业示范园区	2010年4月1日	综合类（国家高新技术产业开发区）
6	潍坊滨海经济开发区国家生态工业示范园区	2010年4月1日	行业类（海洋化工）
7	上海市莘庄工业区国家生态工业示范园区	2010年8月26日	综合类（省级工业园区）
8	日照经济技术开发区国家生态工业示范园区	2010年8月26日	综合类（国家级经济技术开发区）
9	昆山经济技术开发区国家生态工业示范园区	2010年11月29日	综合类（国家级经济技术开发区）
10	张家港保税区暨扬子江国际化学工业园国家生态工业示范园区	2010年11月29日	综合类（国家级保税区）
11	扬州经济技术开发区国家生态工业示范园区	2010年11月29日	综合类（国家级经济技术开发区）
12	上海金桥出口加工区国家生态工业示范园区	2011年4月2日	综合类（国家级经济技术开发区）
13	北京经济技术开发区国家生态工业示范园区	2011年4月25日	综合类（国家级经济技术开发区）
14	广州开发区（含广州经济技术开发区、广州高新技术产业开发区）国家生态工业示范园区	2011年12月5日	综合类（国家级经济技术开发区、国家高新技术产业开发区）
15	南京经济技术开发区国家生态工业示范园区	2012年3月19日	综合类（国家级经济技术开发区）
16	天津滨海高新技术产业开发区华苑科技园国家生态工业示范园区	2012年12月26日	综合类（国家高新技术产业开发区）

17	上海漕河泾新兴技术开发区国家生态工业示范园区	2012年12月26日	综合类（国家级经济技术开发区、国家高新技术产业开发区）
18	上海化学工业经济技术开发区国家生态工业示范园区	2013年2月6日	行业类（化工，国家级经济技术开发区）
19	山东阳谷祥光生态工业园区国家生态工业示范园区	2013年2月6日	行业类（铜冶炼）
20	临沂经济技术开发区国家生态工业示范园区	2013年2月6日	综合类（国家级经济技术开发区）
21	江苏常州钟楼经济开发区国家生态工业示范园区	2013年9月15日	综合类（省级工业园区）
22	江阴高新技术产业开发区国家生态工业示范园区	2013年9月15日	综合类（国家高新技术产业开发区）
23	沈阳经济技术开发区国家生态工业示范园区	2014年1月10日	综合类（国家级经济技术开发区）
24	上海张江高科技园区国家生态工业示范园区	2014年3月20日	综合类（国家高新技术产业开发区）
25	宁波经济技术开发区国家生态工业示范园区	2014年3月20日	综合类（国家级经济技术开发区）
26	上海闵行经济技术开发区国家生态工业示范园区	2014年3月20日	综合类（国家级经济技术开发区）
1	国家生态工业（制糖）示范园区—贵港	2001年8月14日	行业类（制糖）
2	南海国家生态工业建设示范园区暨华南环保科技产业园	2001年11月29日	综合类（环保产业）
3	包头国家生态工业（铝业）建设示范园区	2003年4月18日	行业类（电解铝）
4	山东鲁北企业集团	2003年11月18日	行业类（盐化工）
5	抚顺矿业集团有限责任公司	2004年4月26日	行业类（矿山开采）
6	大连经济技术开发区	2004年4月26日	综合类（国家级经济技术开发区）
7	贵阳市开阳磷煤化工（国家）生态工业示范基地	2004年11月22日	行业类（磷煤化工）
8	郑州市上街区生态工业示范园区	2005年4月21日	行业类（氧化铝）
9	包头钢铁生态工业园	2005年12月8日	行业类（钢铁）
10	山西安泰集团	2006年5月18日	行业类（炼焦业）
11	青岛新天地静脉产业园	2006年9月11日	静脉产业类
12	福州经济技术开发区	2006年10月24日	综合类（国家级经济技术开发区）
13	绍兴袍江工业区	2006年12月4日	综合类（国家级经济技术开发区）
14	青岛高新技术产业开发区	2007年5月16日	综合类（国家高新技术产业开发区）
15	昆明高新技术产业开发区	2008年8月25日	综合类（国家高新技术产业开发区）
16	萧山经济技术开发区	2009年1月7日	综合类（国家级经济技术开发区）
17	南昌高新技术产业开发区	2010年4月1日	综合类（国家高新技术产业开发区）
18	温州经济技术开发区	2010年8月26日	综合类（国家级经济技术开发区）
19	西安高新技术产业开发区	2010年8月26日	综合类（国家高新技术产业开发区）
20	合肥高新技术产业开发区	2010年9月20日	综合类（国家高新技术产业开发区）
21	重庆永川港桥工业园	2010年11月4日	综合类（省级工业园）
22	郑州经济技术开发区	2010年11月4日	综合类（国家级经济技术开发区）
23	合肥经济技术开发区	2010年11月4日	综合类（国家级经济技术开发区）
24	东营经济技术开发区	2010年12月25日	综合类（国家级经济技术开发区）
25	南通经济技术开发区	2010年12月25日	综合类（国家级经济技术开发区）

26	株洲高新技术产业开发区	2010年12月25日	综合类（国家高新技术产业开发区）
27	宁波国家高新技术产业开发区	2010年12月25日	综合类（国家高新技术产业开发区）
28	太原经济技术开发区	2011年4月2日	综合类（国家级经济技术开发区）
29	南昌经济技术开发区	2011年4月2日	综合类（国家级经济技术开发区）
30	长沙经济技术开发区	2011年4月2日	综合类（国家级经济技术开发区）
31	武汉经济技术开发区	2011年10月10日	综合类（国家级经济技术开发区）
32	杭州经济技术开发区	2011年10月10日	综合类（国家级经济技术开发区）
33	贵阳经济技术开发区	2011年10月10日	综合类（国家级经济技术开发区）
34	南京高新技术产业开发区	2011年10月10日	综合类（国家高新技术产业开发区）
35	徐州经济技术开发区	2012年5月30日	综合类（国家级经济技术开发区）
36	常熟经济技术开发区	2012年5月30日	综合类（国家级经济技术开发区）
37	常州国家高新技术产业开发区	2012年5月30日	综合类（国家高新技术产业开发区）
38	广州南沙经济技术开发区	2012年5月30日	综合类（国家级经济技术开发区）
39	上海市北高新技术服务业园区	2012年9月3日	综合类（省级工业园区）
40	肇庆高新技术产业开发区	2012年9月3日	综合类（国家高新技术产业开发区）
41	青岛经济技术开发区	2013年2月5日	综合类（国家级经济技术开发区）
42	江苏省武进高新技术产业开发区	2013年2月6日	综合类（国家高新技术产业开发区）
43	天津港保税区暨空港经济区	2013年2月5日	综合类（国家级保税区）
44	沈阳高新技术产业开发区	2013年2月6日	综合类（国家高新技术产业开发区）
45	吴江经济技术开发区	2013年2月6日	综合类（国家级经济技术开发区）
46	淮安经济技术开发区	2013年2月6日	综合类（国家级经济技术开发区）
47	南京江宁经济技术开发区	2013年4月18日	综合类（国家级经济技术开发区）
48	盐城经济技术开发区	2013年4月18日	综合类（国家级经济技术开发区）
49	连云港经济技术开发区	2013年4月18日	综合类（国家级经济技术开发区）
50	广东东莞生态产业园区	2013年4月18日	综合类（省级工业园区）
51	浙江杭州湾上虞工业园区	2013年4月18日	综合类（省级工业园区）
52	长春经济技术开发区	2013年4月9日	综合类（国家级经济技术开发区）
53	长春汽车经济技术开发区	2013年4月9日	行业类（国家级经济技术开发区）
54	江苏武进经济开发区	2013年4月9日	综合类（省级工业园区）
55	上海市青浦工业园区	2013年12月20日	综合类（省级工业园区）
56	昆山高新技术产业开发区	2013年12月20日	综合类（国家高新技术产业开发区）
57	赣州经济技术开发区	2013年12月20日	综合类（国家级经济技术开发区）
58	乌鲁木齐经济技术开发区	2013年12月20日	综合类（国家级经济技术开发区）

循环农业示范市

农业部

（二〇〇八年）

河北省邯郸市　山西晋城市　辽宁阜新市　山东淄博市　河南洛阳市　湖北恩施市　湖南常德市
江西吉安市　广西桂林市　甘肃天水市

再生资源回收体系建设第一批试点单位

商务部

（二〇〇六年四月二十一日）

北京市（朝阳区中兴再生资源回收利用公司）　天津市
河北省石家庄市（石家庄市物资回收总公司）　山西省太原市
辽宁省沈阳市　吉林省吉林市（吉林市再生资源责任有限公司）　黑龙江省哈尔滨市　上海市
山东省济南市　江苏省南京市　浙江省宁波市　浙江省永康市　福建省福州市　江西省南昌市
河南省郑州市　湖北省武汉市　湖南省汨罗市（汨罗市团山再生资源市场）
广东省清远市（清远再生资源集散市场）　广西区南宁市　重庆市　四川省成都市　云南省昆明市
陕西省西安市（西安市物资回收利用总公司）　新疆维吾尔自治区乌鲁木齐市

再生资源回收体系建设第二批试点单位

商务部

（二〇〇九年六月二十四日）

一、城市（29个）

张家口市　大同市　赤峰市　铁岭市　长春市　佳木斯市　苏州市　杭州市　马鞍山市　三明市
景德镇市　临沂市　烟台市　潍坊市　漯河市　襄樊市　长沙市　广州市　海口市　内江市　遵义市
玉溪市　拉萨市　汉中市　兰州市　西宁市　银川市　库尔勒市　青岛市

二、集散市场（11个）

长春亿北再生资源集散市场　苏北再生资源集散市场　赣粤闽湘区域性再生资源集散市场
江门市嘉能再生资源回收市场　大连废旧金属集散交易市场　马鞍山再生资源集散市场
常州再生资源集散市场　山东德力西再生资源集散市场
浙江慈溪再生塑料产业基地　江西丰城市赣中再生金属集散市场
白银有色集团西北再生金属加工基地

地方试点名单

北京市

一、区县类

海淀区

延庆县

二、城镇类

昌平区马池口镇

房山区长阳镇

通州区西集镇

三、园区类

北京市朝阳区垃圾无害化处理中心

密云县水源保护区循环农业区

海淀区六里屯循环经济产业园

用友软件园

四、重点领域类

北京格林雷斯环保科技有限公司

北京恒通创新木塑科技发展有限公司

北京青龙河经济技术开发有限公司

北京奥宇可鑫表面工程技术有限公司

北京市华京源再生资源回收市场有限公司

五、企业类

北京太空板业股份有限公司

北京嘉捷博大汽车节能公司

北京燕京啤酒股份有限公司

北京归原生态农业发展有限公司

北京德青源农业科技股份有限公司

北京市琉璃河水泥有限公司

北京御香苑畜牧有限公司

北京古杉生物能源有限公司

北京神雾热能技术有限公司

密云冶金矿山公司

天津市

第一批

一、园区

天津经济技术开发区

天津子牙工业园

天津临港工业区

天津华苑产业区

二、企业

天津北疆发电厂

天津大通铜业有限公司

天津挂月集团有限公司

三、小城镇

天津东丽区华明示范镇

第二批

一、冶金

天津天铁冶金集团有限公司

天津荣程联合钢铁集团有限公司

天津友发钢管集团有限公司

二、化工

蓝星（天津）化工有限公司

天津市凯威化工有限公司

天津市腾飞化工总厂

天津联博化工股份有限公司

天津渤大硫酸工业有限公司

天津云海裕森科工贸有限公司天津长芦汉沽盐场有限责任公司

三、造纸

玖龙纸业（天津）有限公司

四、医药

天津市津康制药有限公司

五、水泥

天津市雍阳减水剂厂
六、食品
天津盘山啤酒厂
七、建筑
天津市津南区建设开发公司
八、建材
裕川建筑材料制品有限公司
九、环保
天津合佳威立雅环境服务公司
十、工业园区
空港加工区
十一、农业园区
天津市青水源生态循环农业示范园区
天津市超跃畜牧养殖有限责任公司
天津市凯润淡水养殖有限公司
天津市水高庄农业科技示范有限公司
宝坻区新开口镇循环农业园
台头镇万亩立体循环农业示范项目
静海县双塘镇西双塘村委会
宁河县农业局种猪场
十二、小城镇
蓟县许家台乡示范小城镇
蓟县邦均镇
天津市汉沽区茶淀镇孟家瞿村
十三、服务业
天津老板娘水产食品物流有限公司
天津市东丽湖地热开发有限公司

第三批

一、工业园区
天津华明工业园区
天津西青汽车工业区
天津中塘工业区
天津宝坻低碳工业区
天津专用汽车产业园
天津风电产业园
天津上仓酒业及绿色食品加工区
天津八里台工业区
天津宝坻节能环保工业区
天津医药医疗器械工业园
天津南港工业区
无暇街海河下游冶金工业循环经济示范区
二、农业园区
天津市益利来养殖有限公司
海林养殖场粪污综合利用一体化示范园区
天津济泰民农业科技发展有限公司
南海循环农业产业园
林海循环经济示范区
三、再生资源
天津同和绿天使顶峰资源再生有限公司
天津市国联报废机动车回收拆解有限公司
天津市华鑫达投资有限公司
天津宏宇盛华环保科技有限公司
TCL奥博（天津）环保发展有限公司
天津恒景再生合金材料有限公司
天津市东宝润滑油脂有限公司
泰鼎（天津）环保科技有限公司
天津东邦铅资源再生有限公司
四、环保
天津市花苗木服务中心
天津市市容环卫建设发展有限公司
天津碧海环保技术咨询服务有限公司
五、小城镇
静海团泊示范小城镇
蓟县玉石庄示范小城镇
六、服务业
特易购商业（天津）有限公司
盘山风景名胜区
七、生物质能源
天津市乔奇生物质炭化科技有限公司
八、造纸
天津广聚源纸业有限公司
九、水泥
天津振兴水泥有限公司
十、钢铁
天津钢管集团股份有限公司

河北省

一、城市

（一）地级市

石家庄市　邯郸市

唐山市　廊坊市

秦皇岛市

（二）县及县级市（区）

遵化市　平泉县

涞源县　武安市

邯郸市　峰峰矿区

张家口市察北管理区

二、重点行业

（一）钢铁

石家庄钢铁股份有限公司

邯郸钢铁集团有限责任公司

唐山钢铁集团有限责任公司

宣化钢铁集团有限责任公司

邢台钢铁有限责任公司

承德新新钒钛股份有限公司

（二）化工

河北沧州大化集团有限责任公司

河北盛华化工有限公司

河北粤华化工有限公司

唐山三友集团有限公司

河北华煜化工股份有限公司

河北景化化工有限公司

冀州市银海化肥有限责任公司

（三）煤炭

邯郸市紫山特钢集团有限公司

峰峰集团有限公司

开滦（集团）有限责任公司

（四）电力

国电河北龙山发电厂

（五）建材

冀东水泥股份有限公司

武安市新峰水泥有限公司

（六）轻工

秦皇岛骊骅淀粉股份有限公司

河北衡水老白干酿酒（集团）有限公司

张家口长城酿造（集团）有限责任公司

承德避暑山庄集团有限责任公司

（七）畜牧业

河北省景县津龙良种猪养殖有限公司

三、重点领域

大城县有色金属循环经济试点基地

京东橡胶股份有限公司再生橡胶利用

文安县再生资源回收利用基地

四、产业园区

沧州临港化工园区

石家庄循环经济示范产业基地

廊坊龙河循环经济示范园

保定高新技术产业开发区

秦皇岛经济技术开发区

河北省鸡泽县冀泽生态园

沧州阳光循环经济科技示范园

秦皇岛集发农业生态园

滦县司家营重化产业园

河北西柏坡发电有限责任公司

曹妃甸循环经济示范区

河北冀衡集团有限公司

山西省

一、试点市

长治市

运城市

二、试点县

清徐县

永济市

新荣区

朔城区

河曲县

介休市

交城县

平定县

高平市

潞城市

洪洞县

三、试点社区

太原市小店区亲贤社区

新荣区社区管理中心循环经济社区

朔州市禹丰社区

忻州市忻府区长征街办事处社区

吕梁市离石区凤山社区

晋中市榆次区东阳镇

运城市荟萃小区

阳泉市城区新华东街社区

长治市城区演武社区

晋城市城区泰昌社区

临汾市尧都区平阳社区

四、试点园区

太原不锈钢产业园区

同煤集团塔山工业园区

大同医药工业园区

交城经济开发区

太原高新技术产业开发区

武乡县蟠洪循环经济工业园区

金海洋工业园区

夏县庙前镇万亩高效生态农业示范园

山西凤凰山生态植物园区

侯马北方轻工城

五、试点企业

阳泉市南庄煤炭集团有限公司

山西沁新煤焦股份有限公司

山西焦化集团有限公司

山西安泰集团股份有限公司

山西东辉煤焦化集团有限公司

山西天脊煤化工集团有限责任公司

山西合盛工贸有限公司

晋城无烟煤矿业集团有限责任公司

太原化学工业集团有限公司

山西泰尔钢铁有限公司

山西闻喜银光镁业集团有限责任公司

临汾同世达实业有限公司

山西潞宝焦化有限公司

山西兰花煤炭实业集团有限公司

山西三佳煤化有限公司

山西阳泉铝业股份有限公司

平朔煤炭工业公司

山西锌业集团

偏关县晋电化工有限公司

山西省中阳荣欣焦化有限公司

美锦能源集团

高平市兴高焦化有限公司

山西华翔实业（集团）有限公司

山西三联技术产业集团有限公司

中国蓝星集团总公司

运城市鑫源骏达木业有限公司

山西古城乳业有限公司

内蒙古自治区

第一批
内蒙古亿利资源集团
内蒙古黄河工贸集团
内蒙古阿拉善经济开发区
棋盘井工业园区
通辽市科尔沁工业园区（含开鲁园区）
内蒙古托克托工业园区
第二批
中电投蒙东能源集团有限责任公司
乌海市君正科技产业集团公司
鄂尔多斯电力冶金股份有限公司
中盐吉兰泰盐化集团有限公司
华能伊敏煤电有限责任公司
赤峰大吉药业（集团）有限公司
巴彦淖尔紫金有色金属有限公司
内蒙古蒙牛乳业（集团）股份有限公司
内蒙古汇能煤化工工业园区
赤峰市喀喇沁旗锦山工业园区
包头稀土高新技术开发区
希望工业园区
丰镇高科技氟化学工业园区
锡林郭勒盟东乌旗乌里雅斯太工业园区
锡林郭勒经济技术开发区
第三批
赤峰市红山经济开发区
巴彦淖尔市青科乐工业园区
锡林郭勒盟多伦新型工业化化工区
锡林郭勒盟白音华能源化工园区
乌海市经济开发区乌达园区
内蒙古齐华矿业有限责任公司
通辽市霍林郭勒工业园区
内蒙古大唐国际（呼和浩特）资源综合利用基地
包头市石拐工业园区
内蒙古山路煤炭集团
第四批
鄂尔多斯市
包头土右旗新型工业园区
满洲里进口资源加工园区
内蒙古双欣资源集团有限责任公司
锡盟鑫泰生物制品有限责任公司
内蒙古太西煤集团股份有限公司
鄂尔多斯市乌审召化工项目园区
内蒙古蒙佳粮油工业集团有限公司
乌兰浩特工业经济开发区
内蒙古乌海化工股份有限公司
第五批
乌海经济技术开发区海南园区
内蒙古宜化化工有限责任公司
乌海黑猫炭黑有限责任公司
内蒙古克什克腾煤化工园区
赤峰市固体废物加工利用园区
内蒙古乌拉山化工有限责任公司
第六批
包头九原工业园区 内蒙古磴口工业园区
东方希望包头稀土铝业有限责任公司
巴彦淖尔市甘其毛都口岸加工园区
通辽梅花味精生物科技有限公司
乌海市海勃湾工业园区
巴林右旗大板煤电化基地（园区）
阿拉善左旗图腾化工有限公司
赤峰瑞阳化工有限公司
乌审旗纳林河化工项目区
内蒙古自治区第六批工业循环经济
试点示范园区（企业）名单
包头九原工业园区 内蒙古磴口工业园区
东方希望包头稀土铝业有限责任公司
巴彦淖尔市甘其毛都口岸加工园区
通辽梅花味精生物科技有限公司
乌海市海勃湾工业园区
巴林右旗大板煤电化基地（园区）
阿拉善左旗图腾化工有限公司
赤峰瑞阳化工有限公司
乌审旗纳林河化工项目区
第七批
内蒙古包头金属深加工园区
内蒙古包头铝业产业园区
科右中旗百吉纳工业循环经济园区
内蒙古伊东集团东兴化工有限责任公司
内蒙古星光煤炭集团鄂托克旗华鑫建材有限公司
内蒙古东达蒙古王集团有限公司风水梁产业园区
内蒙古维尔农业有限公司
乌拉特前旗工业园区
巴彦淖尔经济技术开发区
内蒙古汉森酒业集团有限公司
内蒙古德晟实业集团有限公司
内蒙古京海煤矸石发电有限责任公司
内蒙古晨宏力化工有限责任公司
内蒙古泰升实业集团有限责任公司
第八批
正蓝旗上都工业园区
镶黄旗工业园区
五原工业园区
呼伦贝尔岭东工业开发区
包头金山工业]园区
二连浩特边境经济合作区
乌海市华资煤焦有限公司
内蒙古源通煤化集团有限责任公司
内蒙古天宇创新投资集团
乌拉特后旗瑞丰铅冶炼有限公司
内蒙古星光煤炭集团有限责任公司
鄂尔多斯市万立再生资源综合利用有限责任公司
内蒙古鄂尔多斯资源股份有限公司。

辽宁省

一、重点行业

冶金　石化　电力　煤炭　建材　镁硼

二、重点城市

沈阳市　大连市

营口市　盘锦市

葫芦岛市

三、重点县（区）

瓦房店市　法库县

海城市　南芬区

振安区　黑山县

灯塔市　调兵山市

凌源市　大石桥市

四、重点园区

沈阳化学工业园区

大连长兴岛临港工业园区

抚顺李石生态工业园区

桓仁县农村高效能源示范区

东港经济开发区

锦州经济技术开发区

营口经济技术开发区

阜新城南工业园区

盘锦经济技术开发区

葫芦岛煤炭工业园区

五、重点企业

（一）冶金

大连金牛有限责任公司

鞍山宝得集团

抚顺新抚钢责任有限公司

北台钢铁（集团）有限责任公司

锦州沈宏集团公司

五矿营口中板有限责任公司

凌源钢铁集团

葫芦岛有色金属集团有限公司

（二）石化

沈阳化工股份有限公司

中石油大连石化分公司

大化集团有限责任公司

中石油抚顺石化分公司

中石油锦州石化分公司

营口三征有机化工股份有限公司

中国石化辽阳分公司

辽河石油勘探局

辽宁华锦化工集团有限责任公司

中石油锦西石化分公司

（三）电力

沈阳新北热电有限责任公司

华能大连电厂分公司

大连市热电集团有限公司

铁岭发电厂

（四）煤炭

沈阳煤业（集团）有限责任公司

阜新矿业集团

铁法煤业（集团）有限责任公司

丹东市海珠煤炭销售有限公司

（五）建材

辽宁工源水泥（集团）有限责任公司

本溪市福星现代建材有限公司

阜新大鹰水泥制造有限责任公司

朝阳华龙企业集团

（六）镁硼

海城西洋集团

辽宁中兴矿业集团有限公司

辽宁辽科东达化工有限责任公司

（七）轻工

中新印染有限责任公司

辽宁华福印染公司

（八）机械

沈阳重型机械集团有限责任公司

大连重工起重集团有限公司

（九）医药

东北制药集团有限责任公司

（十）再生资源

沈阳华瑞钒业有限公司

沈阳秋实物资回收有限公司

大连东达环境工程有限公司

大连东泰产业废弃物处理有限公司

兴城市中兴工业有限公司

凤城化工集团有限公司

辽阳统一企业有限公司

（十一）农业

丹东大鹿岛海兴集团公司

辽宁田园实业有限责任公司

辽宁乌兰山生物技术有限公司

盘锦鼎翔集团

（十二）其他

沈阳市奥德燃气有限公司

黑龙江省

一 试点企业

1 黑龙江省中再生资源开发有限公司

2 黑龙江建龙钢铁有限公司

3 黑龙江省双达电力设备集团

二 试点园区

4 鸡西市工业示范基地城子河工业园区

5 宾西经济技术开发区

6 五常市牛家园区

7 鹤岗市南山再就业产业聚集区

三 试点县（市）

8 塔河县

9 双城市

10 虎林市

上海市

一、区县

宝山区

青浦区

二、园区

上海金桥出口加工区

上海金山工业园区（金山第二园区块）

庄行综合试点站

老港固废综合处置与资源化基地

长江生态循环农业园区（长江农场）

上海实业东滩园区

三、企业

上海通用汽车有限公司

上海富士施乐有限公司

上海三菱电梯有限公司

上海烟草（集团）公司

绿色工艺编结有限公司

上海电子废弃物交投中心有限公司

金山区畜禽粪便处理中心

新金桥工业废弃物管理有限公司

国际会议中心

申瑞家具有限公司（宜家）

锦江金门大酒店

上海智慧广场

新世界股份有限公司

四、社区

同济大学

崇明县竖新镇前卫村

平和学校

万科朗润园

四平路街道

华帅大一附中

寿祥坊小区

江苏省

一、城市

（一）省辖市

南京市　无锡市　徐州市　苏州市

南通市　常州市　镇江市　扬州市

盐城市

（二）县级市

张家港市　常熟市　江阴市　丹阳市

海门市　泰兴市

二、产业园区

南京化学工业园区

南京经济技术开发区

苏州高新技术产业开发区

江苏扬子江国际冶金工业园

江苏扬子江国际化学工业园

昆山经济开发区

无锡高新技术产业开发区

宜兴环保科技工业园

常州高新技术产业开发区

常州东南经济开发区

南通经济技术开发区

江苏省镇江经济开发区

连云港市化学工业园区

宜兴市昌兴生态型循环农业园区

宝应湖有机农业开发园区

三、企业

（一）冶金

南京钢铁联合有限公司

宝钢集团上海梅山有限公司

江苏锡兴集团有限公司

江阴兴澄特种钢铁有限公司

江苏沙钢集团有限公司
常州市兴昌盛合金制品有限公司
南通宝钢新日制钢有限公司
江苏淮钢集团有限公司
（二）电力
江苏华电扬州发电有限公司
金坛加怡热电有限公司
铜山县新汇热电有限公司
宜兴协联热电有限公司
无锡益多环保热电有限公司
江苏太阳雨太阳能有限公司
南京绿色资源再生工程有限公司
（三）化工
中石化股份有限公司金陵分公司
中石化扬子石油化工股份有限公司
南京红宝丽股份有限公司
江苏北方氯碱集团
江苏灵谷化工有限公司
宜兴市军达化工厂
常熟市江河天绒丝纤维有限责任公司
双狮（张家港）精细化工有限公司
江苏华昌化工股份有限公司
苏州天马医药集团天吉生物制药有限公司
江苏福昌化工残渣处理有限公司
江苏盈天化学有限公司
江苏江东化工股份有限公司
江苏金坛康达有限公司
南通江山农药化工股份有限公司
江苏飞亚化学工业有限责任公司
南通醋酸纤维有限公司
南通文凤化纤有限公司
中石化仪征化纤股份有限公司
江苏联环药业集团有限公司
江苏群发化工有限公司
江苏扬农化工集团有限公司
宝胜集团有限公司
江苏丹化集团有限责任公司
江苏索普（集团）公司
镇江江南化工有限公司
洪泽银珠化工集团有限公司
江苏天士力帝益药业有限公司
江苏安邦电化有限公司
江苏淮河化工有限公司
金湖县国祥工贸有限公司
连云港海水化工有限公司
赣榆县金山化工有限公司
姜堰市化肥有限责任公司
江苏梅兰化工集团公司
江苏陵光股份有限公司
江苏江山制药有限公司
扬子江药业集团有限公司
大丰市劲力化肥有限公司
江苏永林油脂化工有限公司
盐城双昌化工有限责任公司
江苏绿陵化工集团有限公司
（四）轻工
江苏花厅酒业有限公司
东海粮油工业（张家港）有限公司
太仓新太酒精有限公司
江苏昆山协孚人革制品集团有限公司
苏州市相城区江南化纤集团有限公司
常熟市汽车饰件有限公司
鑫缘茧丝绸集团股份有限公司
江苏汤沟两相和酒业有限公司
盐城市华泰纸业有限公司
金东纸业（江苏）有限公司
泰州市东方印刷版材有限公司
江苏三泰啤酒有限公司
江苏洋河酒厂股份有限公司
江苏丝绢集团有限公司
（五）建材
南京三龙水泥有限公司
江南小野田水泥有限公司
中联巨龙淮海水泥有限公司
江苏胜阳实业股份有限公司
无锡海联橡塑五金制品有限公司
江阴泰山石膏建材有限公司
苏州天丰新型建材有限责任公司
中国高岭土公司
江苏华尔润集团有限公司
江苏大亚装饰材料有限公司
仪征市宏图新型建筑材料有限公司
江苏大盛板业有限公司
江苏太平洋玻璃有限公司
江苏太湖巨豪人造板有限公司
（六）再生资源
江苏春兴合金集团有限公司
江苏省物联再生资源有限公司
南京凯燕电子有限公司
南京金泽金属材料有限公司
徐州浩通新材料技术有限公司
江苏万宝铜业集团有限公司
苏州同和资源综合利用有限公司
怡球金属（太仓）有限公司
南通回力橡胶集团有限公司
（七）其他
徐矿集团公司
大屯煤电（集团）有限责任公司
无锡蓝海污泥处理有限公司
无锡华宏生物燃料有限公司
江苏船山矿业股份有限公司
涟水绿壮无公害农产品有限公司

浙江省

第一批

一、工业循环经济试点市

湖州市

台州市

嘉兴市

绍兴市

二、工业循环经济试点县（市、区）

杭州市萧山区

杭州市滨江区

宁波市镇海区

宁波市宁海县

温州市龙湾区

温州市乐清市

金华市永康市

衢州市龙游县

丽水市云和县

舟山市定海区

三、工业循环经济试点园区（块状经济）

杭州经济技术开发区

杭州建德大洋工业功能区（马目）

宁波再生金属资源加工园区（废旧金属再生利用）

宁波宁海工业园区

温州扶贫经济开发区

嘉兴工业区大桥产业组团（化工）

嘉兴桐乡市州泉工业区（化纤、橡胶等4个专业区块）

绍兴市袍江工业区（医药、建材、热电）

绍兴诸暨市山下湖镇珍珠产品加工园区

绍兴诸暨市大堂袜业产业区（袜业）

绍兴诸暨市店口镇循环经济试点区域（五金产业）

绍兴县绿色食品工业园区（食品）

金华市工业园区（冷轧、医药、化工）

金华东阳横店集团控股有限公司（电子、医化企业群）

湖州安吉县竹产业科技创业中心（竹制品、竹木机械）

台州市金属再生工业基地（废旧金属再生利用）

台州国家级浙江省化学原料药基地（临海区块）

衢州经济开发区东港工业园区（化工、造纸）

衢州龙游县经济开发区（化工）

衢州巨化片区循环经济实验区（巨化、市高新园区、开发区等）

丽水经济开发区水阁园区（合成革、革基布）

舟山海洋食品工业产业园区（水产加工）

四、工业循环经济试点企业

（一）杭州市

杭州卷烟厂

杭州胡庆余堂投资有限公司

佑康食品集团有限公司

浙江海穆钢铁服务有限公司

杭州欣达混凝土有限公司

杭州西湖啤酒朝日（股份）有限公司

正大青春宝药业有限公司

浙江省南都电源动力股份有限公司

杭州电化集团有限公司

杭州龙山化工有限公司

杭州高新（滨江）水务有限公司

浙江永泰纸业集团有限公司

杭州富春江化工有限公司

浙江鑫富生化股份有限公司

浙江蜂之语蜂业有限公司

杭州杭联热电有限公司

建德市大洋化工有限公司

浙江新安化工有限公司

淳安县千岛湖新安矿产有限公司

杭州锦江集团杭州大地环保有限公司

（二）宁波市

北仑发电有限公司

中华纸业有限公司

宁波阿克苏诺贝尔化学有限公司

宁波牡牛纸业有限公司

金轮集团

浙江杭州湾印染有限公司

宁波中集物流装备有限公司

奉化市茂森竹业有限公司

（三）温州

温州冶炼总厂

伟明集团有限公司

华仪电器集团有限公司

浙江圣雄皮业有限公司

金狮啤酒集团有限公司

（四）嘉兴

民丰特种纸股份有限公司

平湖景兴纸业
浙江新都水泥公司
嘉兴市芽芽水泥有限公司
浙江华友钴镍材料有限公司
浙江京马电机有限公司
嘉兴市富林化纤厂
嘉兴市振申绝热材料厂
浙江大华包装集团公司
海宁宝圆染化有限公司
嘉兴市中华化工有限公司
民丰集团秀州纸业有限公司
桐乡福利造纸厂
浙江振大水泥有限公司
（五）湖州
浙江超威电源有限公司
浙江美欣达印染集团股份有限公司
长兴金泉米业有限公司
浙江山鹰建材集团
德华集团控股股份有限公司
湖州狮王精细化工有限公司
升华集团控股有限公司
浙江五龙化工股份有限公司
安吉圣氏生物制品有限公司
浙江久立集团股份有限公司
浙江欧美环境工程有限公司
浙江长三角建材有限公司
湖州世纪清固体废物处置中心
浙江长广集团水泥分公司
（六）绍兴
浙江绿环橡胶粉体工程有限公司
浙江新和成股份有限公司
浙江蓝星科技有限公司
海亮集团有限公司
上峰集团有限公司
绍兴第二印染有限公司
绍兴爱德新型建筑材料有限公司
绍兴振亚纺织集团
绍兴新民热电
绍兴中成热电有限公司
浙江阮仕珍珠股份有限公司
浙江盾安集团有限公司
上虞热电有限公司
（七）金华
兰溪大明化工厂
浙江武义神龙浮选有限公司
浙江华莱氨纶有限公司
横店集团家园化工有限公司
浙江普洛化学有限公司
金华立信医药化工有限公司
义乌市义南纸业有限公司
浙江金华康恩贝生物制药有限公司
浙江兴达钢带有限公司
（八）衢州
浙江虎山集团有限公司
浙江江山化工股份有限公司
浙江龙游绿得农药化工有限公司
浙江绿源木业股份有限公司衢州分公司
衢州衢通废弃资源回收公司
江山虎霸集团
浙江红火实业集团有限公司
（九）舟山
舟山兴业有限公司
金鹰股份有限公司
（十）台州
台州发电厂
台州市椒江热电有限公司厂浙江联化科技股份有限公司
台州齐合天地金属有限公司
浙江仙居车头制药有限公司
浙江仙琚制药股份有限公司
浙江石梁啤酒有限公司
玉环县海洋化学生物有限公司
浙江佳诺水泥有限公司
浙江海正药业股份有限公司
浙江中环物资再生利用公司
（十一）丽水
浙江松寿堂中药有限公司
丽水市南平革基布有限公司
浙江利马革业有限公司
浙江众发实业有限公司
浙江奇尔茶叶有限公司
浙江宏庆祥铜业有限公司
燕京啤酒浙江丽水有限公司
浙江省云和县振鹏实业有限公司
浙江省坤骏纸业有限公司
浙江欧科木业有限公司
（十二）省属企业
杭州钢铁集团公司
巨化集团公司

第二批

一、工业循环经济示范园区名单

浙江衢州高新技术产业园区

浙江海宁经编产业园区

嘉兴南湖区凤桥镇工业园区

湖州经济技术开发区

浙江缙云工业园区

二、工业循环经济示范企业

浙江传化股份有限公司

浙江奥康鞋业股份有限公司

浙江苍南仪表厂

乐清市龙威电子有限公司

浙江顺泰木业有限公司

浙江华滨包装材料有限公司

温州庄吉集团工业园区有限公司

浙江乔治白服饰有限公司

正泰电器股份有限公司

康奈集团有限公司

浙江长城换向器有限公司

温州市爱好笔业有限公司

桐昆集团浙江恒盛化纤有限公司

永兴特种不锈钢股份有限公司

浙江特拉建材有限公司

浙江阿祥亚麻纺织有限公司

湖州白岘南方水泥有限公司

久盛地板有限公司

浙江瑞明节能门窗股份有限公司

长兴新城环保有限公司

湖州金騄印染实业有限公司

浙江永裕竹业股份有限公司

长兴新峰印染有限公司

湖州新峰木塑复合材料有限公司

湖州新远见木塑科技有限公司

浙江嘉化能源化工股份有限公司

浙江圣普新能源科技有限公司

平湖市广轮新型建材有限公司

嘉兴新嘉爱斯热电有限公司

海盐海利环保纤维有限公司

浙江双箭橡胶股份有限公司

桐乡南方水泥有限公司

桐乡中欣化纤有限公司

桐乡濮院协鑫环保热电有限公司

宏达高科控股股份有限公司

嘉兴协鑫环保热电有限公司

欣悦印染有限公司

海宁新光阳光电有限公司

浙江荣盛纸业股份有限公司

浙江新和成股份有限公司

绍兴市兆山建材有限公司

会稽山绍兴酒股份有限公司

达利丝绸（浙江）有限公司

绍兴至味食品有限公司

浙江精功新能源有限公司

绍兴中成热电有限公司

浙江金华康恩贝生物制药有限公司

浙江华川实业集团有限公司

浙江康恩贝制药股份有限公司

浙江英洛华磁业有限公司

义乌市双童日用品有限公司

浙江金圆水泥有限公司

浙江真爱时尚家居有限公司

浙江三鼎织造有限公司

金字火腿股份有限公司

浙江金大门业有限公司

江山市何家山水泥有限公司

浙江恒达纸业有限公司

浙江夏王纸业有限公司

龙游外贸笋厂有限公司

浙江华康药业股份有限公司

浙江舟富食品有限公司

浙江海鲲食品有限公司

舟山市越洋食品有限公司

浙江省舟山凯利水产有限公司

浙江金壳生物化学有限公司

浙江银河药业有限公司

浙江司太立制药股份有限公司

浙江圣达药业有限公司

新杰克缝纫机股份有限公司

开来丰泽实业（浙江）有限公司

浙江恒盛木业有限公司

玉环县清港电镀厂

浙江东方铜业有限公司

燕京啤酒（浙江丽水）有限公司

浙江和信玩具有限公司

安徽省

铜陵有色金属集团控股有限公司
淮南矿业（集团）有限责任公司循环经济试点
安徽丰原集团循环经济试点
马鞍山钢铁股份有限公司循环经济试点
安徽海螺集团公司循环经济试点
安徽山鹰纸业股份公司循环经济试点
安徽氯碱化工集团循环经济试点
合肥市城市循环经济试点
马鞍山市城市循环经济试点
芜湖市鸠江区循环经济试点
宁国市县级市循环经济试点
淮南市毛集区循环经济试点
界首市再生铅循环经济产业园试点
安庆市大观民营经济开发区循环经济产业园试点
合肥市庐阳循环经济产业园
临泉县“林、草、牧、沼、菌”农业循环经济试点
合肥市循环经济示范园区（肥东）
宿州市循环经济示范园
五河经济开发区沫河口工业区
安徽省阜阳循环经济园区
阜阳颍上循环经济园区
铜陵农业循环经济试验区
安徽池州东至香隅化工产业园
马鞍山市慈湖经济开发区
舒城县循环经济园

福建省

福建炼油化工有限公司
福建省三钢（集团）有限责任公司
厦门翔鹭化纤股份有限公司
柯达（厦门）有限公司
厦门华夏国际电力发展有限公司
紫金矿业集团股份有限公司
厦门钨业股份有限公司
福建省南纸股份有限公司
福建省青山纸业股份有限公司
福建石化集团三明化工有限责任公司
福建纺织化纤集团有限公司
厦门通士达照明有限公司
福建省东南电化股份有限公司
福建省南平嘉联化工有限公司
永安智胜化工有限公司
福建省邵武化肥厂
福建水泥股份有限公司炼石水泥厂
福建龙麟集团有限公司
福建建明建材集团三明市新型建材总厂
福建华意新型建材有限公司
泉州市建友新型墙材有限公司
泉州市泉堡新型墙材开发有限公司
厦门万里石板材有限公司
麦特（福建）新型建材有限公司
福建福人木业有限公司
福建省光泽沪千人造板制造有限公司
福建省建阳武夷味精有限公司
三明市环科化工橡胶有限公司
福建省圣农实业有限公司
厦门如意集团有限公司
森宝（龙岩）实业有限公司
福建凤竹集团有限公司
福建众和股份有限公司
福州华冠针纺织品有限公司
福建糖业股份有限公司
龙岩卓越新能源发展有限公司
福建省闽南能源发展有限公司
福建省平潭长江澳风电开发有限公司
福建省石狮热电有限责任公司
晋江创冠环保资源开发有限公司
福建省三安钢铁有限公司
福建宏玮鞋塑有限公司
石狮市华宝海洋生物化工有限公司
福建雪津啤酒有限公司
福建电气硝子玻璃有限公司
福建吴航不锈钢制品有限公司

屏南鑫磊晶体有限公司
龙海市多棱锯条有限公司
莆田市华港制油有限公司
莆田市三江化学工业有限公司
江西永修云山经济开发区
南昌高新技术产业开发区
江西丰城工业园区
江西信丰工业园区
江西黎川工业园区
江西宜黄工业园区
江西莲花工业园区

江西省

一、设区市（2个）

新余市
鹰潭市

二、县（市区）（10个）

丰城市
万年县
浮梁县
进贤县
德安县
井冈山市
新干县
瑞昌市
全南县
崇义县

三、工业园区（基地）（12个）

鹰潭（贵溪）铜产业循环经济基地
新余钢铁再生资源产业基地
赣州经济技术开发区
景德镇高新技术产业园
宜春经济开发区
湖口金砂湾工业园
樟树盐化工基地
新干县盐化工业城
宜黄工业园区
横峰工业园区
龙南经济技术开发区东江循环经济园区
奉新工业园区

四、企业（36个）

（一）省属企业（5个）

江西万年青水泥股份有限公司
江西稀有金属钨业控股集团公司
江西省再生资源有限公司
新余钢铁集团公司
赣能股份公司丰城电厂三期

（二）地方企业（31个）

赣州虔东稀土矿业有限公司
景德镇蓝资建材科技有限公司
江西金田铜业有限公司
江西赛维LDK太阳能高科技有限公司
江西宏宇能源发展有限公司
江西龙天勇有色金属有限公司
景德镇市焦化工业集团有限公司
新余市仙女湖建材集团
江西贵雅照明有限公司
江西新凌能源有限公司赣县（谱赛科）生物质沼气发电项目
景德镇市再生资源利用体系
江西晶安高科技股份有限公司
鹰潭兴业电子金属材料有限公司
上饶和丰铜业有限公司
江西飞宇竹业集团有限公司
江西雄鹰铝业股份有限公司
江西哈迪建材有限公司
江西四特酒有限公司
鹰潭信达投资有限公司
江西普盛实业有限公司
上饶市再生资源有限公司
江西自立资源再生有限公司
江西华电电力有限责任公司
江西中再生资源开发有限公司
江西利新橡胶有限公司
江西耀升工贸发展有限公司
杜阿特（赣州）表面材料有限公司
余干县东泰新型建材有限公司
上高县再生资源回收利用公司
贵溪同顺金属有限公司
江西洁良环保科技有限公司

山东省

一、城市

济南市　青岛市
淄博市　东营市
烟台市　潍坊市
济宁市　威海市
日照市　临沂市

二、园区

济南高新技术产业开发区
青岛畜牧科技示范园
青岛市市北区胶州湾新产业基地
淄博高新技术产业开发区
枣庄市经济开发区
枣庄市高新技术开发区
东营市经济开发区
烟台经济技术开发区
烟台资源再生加工示范区
山东潍坊滨海经济开发区
济宁高新技术产业开发区
泰安华丰循环经济工业园
威海经济技术开发区
日照经济开发区
山东鲁北高新技术开发区
德州晶华集团粉煤灰综合利用工业园
山东东阿工业园区
临沂高新技术开发区
临沂金升有色金属产业基地
菏泽交通集团工业园区

三、企业

（一）济南市
山东山水水泥集团有限公司
中国石油化工股份有限公司济南分公司
济南力诺玻璃制品有限公司
济南二机床集团有限公司
山东黄台火力发电厂
济南玫德铸造有限公司
济南市琦泉热电有限责任公司
济南化肥厂有限责任公司
山东明水化工有限公司
章丘日月化工有限公司
中国重型汽车集团有限公司
章丘华明水泥有限公司
济南市北郊热电厂
济南啤酒集团总公司
济南复强动力有限公司
济南佳宝乳业有限公司
山东建工集团公司
济南锅炉集团有限公司
济南卷烟厂
济南趵突泉酿酒有限公司

（二）青岛市
青岛碱业股份有限公司
青岛钢铁控股集团有限责任公司
青岛啤酒股份有限公司
海尔集团公司
华电青岛发电有限公司
山东黄岛发电厂
青岛琅琊台酒业集团股份有限公司
中国石化集团青岛石油化工有限责任公司
胶南易通热电有限责任公司
青岛胶南明月海藻工业有限责任公司
青岛热电集团有限公司
青岛新天地生态循环科技有限公司
青岛万福集团股份有限公司
青岛东方化工股份有限公司
青岛市城阳区金合养殖有限公司
青岛酒厂有限公司
青岛凤凰印染有限公司
青岛美高集团有限公司
青岛市宝荣水产科技发展有限公司
青岛港（集团）有限公司
青岛正大有限公司
青岛海晶化工有限公司
青岛华东葡萄酿酒有限公司

（三）淄博市
山东铝业公司
淄博矿业集团有限责任公司
中国石化集团齐鲁石油化工公司
山东玻璃总公司
山东东岳化工股份有限公司
山东博汇纸业股份有限公司
山东宝山生态建材有限公司
淄博嘉周热电有限公司

山东东佳集团有限公司
山东联合化工有限公司
山东鲁阳股份有限公司
山东瑞阳制药有限公司
淄博兰雁集团股份有限公司
山东贵和纸业集团有限公司
山东东大化学工业有限公司
南金兆集团有限公司
淄博科丰化工有限公司
淄博市周村同森木业有限公司
淄博博丰复合肥有限公司
淄博万昌集团有限公司
淄博市华联矿业有限责任公司
淄博市临淄鲁恒建材有限公司
（四）枣庄市
山东榴园新型水泥发展有限公司
鲁南中联水泥有限公司
兖矿鲁南化肥厂
枣庄八一水煤浆热电有限责任公司
枣庄华润纸业有限公司
华电国际十里泉发电厂
枣庄矿业集团有限责任公司
山东丰源煤电有限公司
山东大宗集团公司
山东鲁南牧工商联合公司
山东神工化工股份有限公司
（五）东营市
华泰集团有限公司
正和集团股份有限公司
万达集团股份有限公司
东营市天信纺织有限公司
山东利华益集团股份有限公司
山东垦利石化有限责任公司
山东石大科技集团有限公司
山东华星石油化工集团有限公司
山东海科化工有限公司
山东金岭集团公司
利津力能热电有限公司
东营胜动机械有限责任公司
山东胜通集团股份有限公司
东营鑫大地化工有限公司
东营方圆有色金属有限公司
山东德仕化工有限公司
（六）烟台市
烟台万华合成革集团有限公司
烟台氨纶集团公司
山东百年电力发展股份有限公司
龙口矿业集团有限责任公司
山东丛林集团公司
烟台鲁宝钢管有限责任公司
正海集团有限公司
招远金宝电子有限公司
山东玲珑橡胶公司
山东九发集团公司
烟台恒邦集团有限公司
烟台巨力化肥有限公司
烟台张裕集团有限公司
烟台绿环再生资源有限公司
烟台首钢东星（集团）公司
山东国大黄金股份有限公司
招金矿业股份有限公司金翅岭金矿
蓬莱市金冶纳米材料有限公司
蓬莱市海洋生物有限公司
蓬莱市黄金（集团）总公司
山东富尔达空调设备有限公司
山东黄金矿业股份有限公司新城金矿
（七）潍坊市
潍坊亚星化学股份有限公司
山东潍坊发电厂
山东恒联投资有限公司
山东晨鸣集团股份有限公司
山东省联盟化工集团有限公司
山东奥宝化工集团有限公司
潍坊钢铁集团公司
潍柴动力股份有限公司
山东海化集团有限公司
诸城市良丰化学有限公司
孚日家纺股份有限公司
山东昌邑石化有限公司
鲁丽集团有限公司
山东景芝酒业股份有限公司
潍坊新方矿业集团有限公司

寿光蔡伦申兴精细化工有限公司
山东乐化集团有限公司
山东青州云门酒业（集团）有限公司
山东省高密市天恒化工有限公司
颐中烟草（集团）有限公司青州卷烟厂
潍坊汇源实业有限公司
（八）济宁市
菱花集团公司
兖矿集团有限公司
山东里能集团有限公司
山东雪花生物化工股份有限公司
山东太阳纸业股份有限公司
山东鲁抗医药集团有限公司
山东金鲁城有限公司
山东华金集团有限公司
山东昊福集团有限公司
山东民生煤化有限公司
兖矿峄山化工有限公司
济宁矿业集团有限公司
济宁金威煤电有限公司
山东省微山湖矿业集团公司
济宁中银电化有限公司
山东如意科技集团有限公司
兖州银河橡塑集团有限公司
济宁碳素工业公司
山东凯赛里能生物高科技有限公司
（九）泰安市
新汶矿业集团有限责任公司
肥城矿业集团有限公司
山东泰和东新股份有限公司
泰山玻璃纤维股份有限公司
山东石横特钢有限公司
肥城阿斯德化工有限公司
山东飞达化工科技有限公司
山东惠普研石电力股份有限公司
山东岱银纺织集团股份有限公司
山东瑞星化工有限公司
泰山水泥集团有限公司
泰安华丰顶峰热电有限公司
泰安鲁珠水泥有限公司
山东鑫国煤电有限责任公司
泰开电器集团有限公司
山东泰山复合材料有限公司
泰山集团股份有限公司
肥城富源工贸公司
泰安海化新星肥业有限公司
泰安华泰建材有限公司
泰安华新石膏制品有限公司
（十）威海市
三角集团有限公司
华能威海发电有限责任公司
威海热电厂
山东蓝星玻璃集团有限公司
好当家集团有限公司
威海啤酒集团有限公司
威海恒信水泥工业有限公司
成山集团有限公司
威海市第二热电厂
天润曲轴有限公司
乳山市大业金矿
山东威高集团有限公司
文登市第二橡胶厂
山东鸿洋神水产科技有限公司
（十一）日照市
山东日照发电有限公司
日照钢铁控股集团有限公司
山东亚太森博浆纸有限公司
山东洁晶集团股份有限公司
山东日照焦电有限公司
五莲县阳光热电有限公司
海汇集团有限公司
日照鲁信金禾生化有限公司
山东尧王酒业集团有限公司
日照三木木业股份有限公司
山东宝山矿业有限公司
日照海通丝业有限公司
山东永发石业有限公司
山东日照酒业有限公司
（十二）莱芜市
莱芜钢铁集团有限公司
莱芜市泰山阳光电力有限公司
莱芜钢铁集团粉末冶金有限公司
新汶矿业集团有限责任公司鄂庄煤矿
莱芜市泰山阳光水泥有限公司
莱芜泰钢热电有限公司
莱芜钢铁华威工程有限公司
山东鲁碧建材有限公司
莱芜钢铁银山工业有限公司
（十三）临沂市
山东恒通化工股份有限公司

山东金沂蒙集团有限公司
山东阜丰发酵有限公司
山东沂州水泥集团总公司
山东临沂盛能集团股份有限公司
青援食品有限公司
山东省鲁洲食品集团有限公司
山东银麦啤酒股份有限公司
山东冠鲁工业集团公司
山东绿润食品有限公司
山东华丰集团公司
山东宏艺科技有限公司
山东新光股份有限公司
山东正义纺织集团有限公司
山东利丰集团有限公司
山东德利再生资源置业有限公司
泓达生物科技有限公司
山东清华同方鲁颖电子有限公司
临沂新程金锣肉制品有限公司
山东新时代药业有限公司
华盛江泉集团有限公司
沂水大地玉米开发有限公司
（十四）德州市
德州晶华集团有限公司
山东贺友集团总公司
德州沪平永发造纸有限公司
山东德齐龙化工集团有限公司
山东正大纸业有限公司
山东华鲁恒升集团有限公司
山东德棉集团有限公司
山东照东方纸业集团有限公司
华能国际电力有限公司德州电厂
禹城市兴达建材有限公司
山东通裕集团有限公司
山东龙力生物科技有限公司
山东华泰新材料有限公司
禹城福田药业有限公司
皇明太阳能集团有限公司
山东古贝春有限公司
希森三和集团有限公司
（十五）聊城市
山东泉林纸业有限责任公司
山东时风集团有限责任公司
山东凤祥有限责任公司
东阿东昌水泥有限公司
山东省高唐蓝山集团总公司
山东齐鲁味精食品集团有限公司
山东聊城热电有限责任公司
银河纸业有限责任公司
冠州集团股份有限公司
山东东阿阿胶股份有限公司
山东信发铝电集团有限公司
山东聊城鲁西化工集团总公司
阳谷祥光铜业有限公司
高唐县金兴人造板有限公司
山东新嘉华实业集团有限公司
山东科瑞特生物工程有限公司
临清三和纺织集团有限公司
山东三山集团有限公司
（十六）滨州市
山东鲁北企业集团总公司
山东西王集团有限公司
山东滨化集团有限责任公司
山东魏桥创业集团有限公司
山东京博石油化工有限公司
山东齐星集团有限公司
山东滨州渤海活塞股份有限公司
华纺股份有限公司
惠民县光明热电有限公司
山东香驰豆业集团有限公司
山东渤海油脂工业有限公司
山东众和新型墙材有限公司
滨州愉悦家纺有限公司
山东埕口盐化有限责任公司
山东沾化海明化工有限公司
山东省阳信金缘纺化有限公司
山东基德生态科技有限公司
山东万德酒业有限公司
山东珍贝瓷业有限公司
山东沾化海洋化工有限公司
山东明珠集团有限公司
（十七）菏泽市
山东菏泽发电厂
东明县石化集团有限公司
菏泽锦江环保能源有限公司
成武大地玉米开发有限公司
山东银香伟业集团有限公司
菏泽鲁宏水泥有限公司
青岛啤酒（菏泽）有限公司
单县有机化工有限公司
菏泽绿源食品有限公司

河南省

第一批

安钢集团

平煤集团

天冠集团

安阳化工

安阳高新技术产业开发区

三门峡湖滨农业生态园区

义马市

第二批

一、城市

三门峡市

巩义市

二、园区

沈丘付井镇农业产业发展区

大周镇再生金属回收加工区

淇县畜禽产业园区

上街区铝工业园区

新郑市煤炭综合开发区

鹤壁市山城区牟山工业集中区

桐柏碱硝化工产业园区

新乡（七里营）纸制品工业园

三、企业

（一）煤炭

鹤壁煤业（集团）有限责任公司

永城煤电集团有限责任公司永夏矿区

河南超越企业集团

（二）电力

郑州裕中能源有限责任公司

（三）冶金

伊川电力集团总公司

济源市金马焦化有限公司

河南济源钢铁（集团）有限公司

灵宝市金源矿业有限责任公司

灵宝豫赣多金属综合回收有限公司

（四）化工

中国神马集团有限责任公司

河南省中原大化集团有限责任公司

河南骏化发展股份有限公司

河南金鼎化工有限公司

河南省世纪金源化工有限责任公司

（五）建材

郑州新登企业集团有限公司

（六）制药

辅仁药业集团有限公司

河南天方药业股份有限公司

开封制药（集团）有限公司

（七）造纸漯河银鸽实业集团有限公司

（八）农产品加工

河南漯河双汇实业集团有限公司

北徐集团有限责任公司

（九）农业

河南省内乡县牧原养殖有限公司

河南省黄泛区实业集团（农业）

河南省花花牛集团

河南恒友牧业有限责任公司

灵宝市生源农业有限责任公司

（十）领域

郑州市污水净化有限公司

安阳市龙悦湾玉花苑住宅小区

湖北省

一、重点行业

（一）冶金

大冶有色金属公司

湖北新冶钢公司

鄂州吴城钢铁有限公司

（二）化工

湖北宜化集团有限责任公司（包括湖北楚星化工股份有限公司、枣阳化工工业有限公司、浠水县福瑞德化工有限责任公司）

湖北楚源精细化工集团股份有限公司

沙隆达集团公司

武汉有机实业股份有限公司

武汉青江化工股份有限公司

湖北省黄麦岭磷化工集团公司

宜昌兴发集团有限责任公司

湖北祥云化工股份有限公司

湖北洋丰股份有限公司

湖北三新磷酸有限公司

荆州市博尔德化学有限公司

湖北开元化工科技股份有限公司

利安隆生物化学有限公司

竹溪创艺皂素有限公司

潜江市仙桥化学制品有限公司
湖北益泰药业有限公司
（三）建材
葛洲坝股份有限公司水泥厂
华新水泥股份有限公司
湖北基立环保板材有限公司
（四）电力
鄂州发电有限责任公司
（五）轻工
华润雪花啤酒（武汉）有限公司
武汉远东绿世界集团有限公司
赤壁晨鸣纸业有限责任公司
安琪酵母股份有限公司
湖北稻花香集团
（六）汽车
东风汽车股份有限公司铸造分公司

二、重点领域

（一）废旧金属再生利用
湖北金洋冶金股份有限公司
荆门市格林美新材料有限公司
（二）再生资源回收利用体系建设
湖北衡德环保设备制造有限公司
湖北鑫丰再生资源有限公司
荆州市物资再生利用管理总公司
（三）产业园区
武汉市东西湖工业园区（国家第一批试点单位）
武汉市青山区环保产业基地
宜昌经济技术开发区三峡磷化产业区
荆门市高新技术产业开发区

四、市、县

荆门市
谷城县

湖南省

第一批

一、中央在湘和省属企业（6个）

湖南华菱湘潭钢铁有限公司、中盐湖南株洲化工集团有限公司、湖南省粮油食品进出口集团有限公司、湖南省湘维有限公司、湘潭电化集团有限公司、锡矿山闪星锑业有限责任公司

二、各市州企业（33个）

湖南金健米业股份有限公司
湖南安邦新农业科技股份有限公司
湖南盈成油脂工业有限公司
湖南果秀食品有限公司
江华县潇源农业开发有限责任公司
湖南绿色再生资源有限公司
湖南邦普循环科技有限公司
蓝思科技股份有限公司
湖南桑德静脉产业发展有限公司
湖南同力循环经济发展有限公司
湖南万容科技股份有限公司
汨罗市鑫祥碳素制品有限公司
湖南天洁纸业有限公司
岳阳市凯迪绿色能源开发有限公司
湖南景翌湘台环保高新技术开发有限公司
湖南三泰新材料股份有限公司
湖南省湘澧盐化有限责任公司
湘潭碱业有限公司
湖南张家界南方水泥有限公司
华新水泥(株洲)有限公司
中材株洲水泥有限责任公司
湖南省科辉墙材有限公司
湖南安雅达建材科技有限公司
益阳生力材料科技有限公司
湖南金龙国际铜业有限公司
江华坤昊实业有限公司
湖南金旺铋业股份有限公司
郴州雄风稀贵金属材料股份有限公司
郴州市金贵银业股份有限公司
湖南宇腾有色金属股份有限公司
郴州丰越环保科技股份有限公司
桂阳锐驰矿业有限责任公司
湖南东方矿业有限责任公司

第二批

湖南崎丰生物科技有限公司
永州市祥瑞生物科技有限公司
湖南恒惠食品有限公司
湖南鑫海环保科技有限公司
浏阳鼎力报废汽车回收有限公司
湖南仁发材料科技有限公司
益阳龙源纺织有限公司
会同县贤胜油业有限责任公司
岳阳市昱华玻璃制品有限公司
湖南大自然制药有限公司
湖南百加壹再生资源有限公司
娄底市森泰再生资源有限公司
湖南德农牧业有限公司

广东省

一、重点行业

（一）机电

广州丰田汽车有限公司

广汽丰田发动机有限公司

广东省海丰县机械工业总公司

广东风华高新科技股份有限公司

广东四会互感器厂有限公司

（二）轻工

广州珠江啤酒集团有限公司

青岛啤酒（珠海）有限公司

金威啤酒（东莞）有限公司

肇庆蓝带啤酒有限公司

广州珠江钢琴集团有限公司

广东志诚冠军集团有限公司

茂名市凯利环保热能设备有限公司

广州造纸集团有限公司汕头市龙湖区鑫隆纸类制品厂

广东鼎丰纸业有限公司

清远市威利邦木业有限公司

阳东绿源人造板有限公司

广州白云山制药股份有限公司

广州白云山化学制药厂

广东肇庆星湖生物科技股份有限公司海丰肉联厂

海丰县海发食品贸易公司

海丰县溢盛针织厂有限公司

佛山市南海稳德福无纺布有限公司

开平市花皇淀粉厂有限公司

广东省丰收糖业发展有限公司

广东大华糖业有限公司

安利（中国）日用品有限公司

荷力胜（广州）蜂窝制品有限公司

（三）能源

广州明珠C厂发电有限公司

广州保税区广保电力发展有限公司

广州红鹰能源科技有限公司

广州热力有限公司

广州大学城能源发展有限公司

广州市旺隆热电有限公司

广州恒运东区热力有限公司

（四）有色金属

兴宁市金雁电工有限公司

广东高要河台金矿

广东凌丰集团有限公司

（五）石油化工

中国石化股份有限公司茂名分公司

广州珠江轮胎有限公司

广州珠江化工集团有限公司广州制漆厂

广州市康明硅橡胶科技有限公司

珠海得米化工有限公司

广州市粤首实业有限公司

云浮市宝利硫酸有限责任公司

（六）建材

广东塔牌集团蕉岭县鑫达旋窑水泥有限公司

蕉岭县龙腾旋窑水泥有限公司

茂名市油城牌水泥有限公司

云浮市粤云新型石材有限公司

云浮市亨达利水泥制品有限公司

潮州绿环陶瓷资源综合利用有限公司

（七）钢铁

广东省韶关钢铁集团有限公司

广州珠江钢铁有限责任公司

联众（广州）不锈钢有限公司

广东省韶铸集团有限公司

（八）其他

广州广信江湾新城大酒店

广东省第二工人医院

二、重点领域

（一）再生资源回收利用体系建设

广州番禺绿由工业弃置废物回收处理有限公司

广州广汽丰绿资源再生有限公司

肇庆市鼎湖区莲花镇经济发展总公司

江门市长优实业有限公司

广州市万绿达物资回收有限公司

广州天河奥特农化新技术有限公司

东莞市方达环宇环保科技有限公司

广东建航电池连锁有限公司

（二）建筑节能

招商地产广州金山项目、广州世贸中心大厦、深圳振业城

（三）环保产业

东莞市博海环保资源开发有限公司

三、产业园区

广州开发区

东莞石龙（始兴）产业转移工业园

石龙信息产业园

广东银洲湖纸业基地

中山火炬高新技术产业开发区阳西工业园

肇庆市亚洲金属资源再生工业基地

佛山市南海国家生态工业示范园区

广东西樵纺织产业示范基地

四、区（县）

云浮市云安县

五、试点城市

广州

深圳

佛山

东莞

江门

汕头

广西壮族自治区

广西柳州钢铁（集团）公司
中铝广西分公司
广西鱼峰集团有限公司
柳州化学工业集团有限公司
南宁糖业股份有限公司
燕京啤酒（桂林漓泉）股份有限公司
广西八一（集团）有限责任公司
广西金河集团有限责任公司
南丹县吉朗矿冶有限责任公司
广西维尼仑股份有限公司
和来宾河西工业园区
南丹有色金属冶炼工业园区
北海市合浦东园家酒厂循环经济产业示范园

四川省

一、试点市

成都　绵阳
攀枝花　泸州
广安　内江

二、试点县

成都：邛崃市　金堂县　青白江区
绵阳：涪城区　江油市　三台县
德阳：绵竹市　什邡市
乐山：井研县　五通桥区
内江：威远县　隆昌县
眉山：洪雅县　彭山县
攀枝花：仁和区　西区
南充：顺庆区　蓬安县
资阳：简阳市　乐至县
雅安：名山县　天全县
遂宁：射洪县　船山区
自贡：富顺县
广安：广安区　岳池县
宜宾：翠屏区　长宁县
泸州：叙永县　龙马潭区
凉山州：冕宁县　甘洛县　盐源县
广元：剑阁县　苍溪县
达州：大竹县　万源县
巴中：通江县　南江县

三、试点企业

川化集团公司（化工）
攀钢集团成都钢铁有限公司（钢铁）
四川国栋建材集团有限公司（建材）
四川高宇集团有限公司（化工）
四川星河建材有限公司（建材）
四川天赐医药科技有限公司（化工）
安县纸业有限公司（轻工）
翰通生物能源有限公司（化工）
剑南春集团公司（轻工）
林辰实业集团公司（化工）
宏达股份有限公司（建材）
金路集团公司（化工）
广安发电有限责任公司（电力）
广能集团公司（煤炭）
爱众投资控股集团有限公司（化工、建材）
恒立化工有限公司（化工）
华威建材有限公司（建材）
银泰控投有限公司（建材）
川威集团公司（钢铁）
内江天科化工有限责任公司（化工）
长安化纤有限股份公司（化工）
五粮液集团公司（轻工）
宜宾天原公司（化工）
丝丽雅集团公司（化工）
泸州老窖集团公司（轻工）
合江蜀能电力有限责任公司
攀钢集团公司　（钢铁）
成洪磷化工有限责任公司（化工）
金象冶金化工股份有限公司（化工）

眉山丰华纸业有限公司（轻工）
中国南车集团资阳机车厂（机械）
四川省阆洲醋业有限公司（轻工）
达州钢铁集团公司（钢铁）
川投峨眉山铁合金（集团）有限公司（钢铁）
永丰纸业股份有限公司（轻工）
川沱曲酒股份有限公司（轻工）
普宁化纤科技有限公司（化工）
'美丰股份有限公司
宝兴微纳粉体有限公司（有色）
川北玻璃厂（化工）
南江矿业集团有限公司（有色）
宏旺实业有限公司（建材）
科瑞德新材料有限责任公司（有色）
鸿鹤化工股份有限公司（化工）
四川雪宝乳业公司
顺庆区农业开发有限公司
嘉陵区农业科技开发公司
岳池县九龙公司
万千集团公司
天华农业科技发展有限公司
德富隆实业有限公司
青川川珍实业有限公司
蒙顶山皇茶茶业有限公司

四、试点园区

（一）工业集中区
绵阳经济技术开发区（绵阳市）
遂宁城南工业集中区（遂宁市）
五粮液工业生态园区（宜宾市）
泸州老窖罗汉基地生态园区（泸州市）
隆昌县工业集中区（内江隆昌县）
华蓥市工业集中区（广安市）
自贡市工业集中区（自贡市）
眉山市工业集中区（眉山市）
（二）农业生态园区
绵阳科技城现代农业科技示范区（绵阳市）
成都金堂农业生态园区（成都金堂县）
敦煌科技农业生态园区（成都都江堰市）
龙泉驿区生态园区（成都龙泉驿区）
南充顺庆农业科技示范园区（南充顺庆区）
南充风垭农业科技示范园区（南充嘉陵区）
雁江农业生态示范园区（资阳市）
资中县农业生态示范园区（内江资中县）
岳池县农业生态示范园区（四川广安市）
罗江县天马山农业生态园区（德阳市罗江县）

重庆市

一、试点区县

涪陵区

二、试点园区

重庆经济技术开发区
永川工业园区（港口组团）

三、试点企业

重庆市涪陵榨菜（集团）有限公司涪陵区农工循环经济产业链、产品链
重庆桂楼食品股份有限公司涪陵区农工循环经济产业链、产品链
重庆三峡果业集团有限公司万州区农工循环经济产业链、产品链
重庆市太白酒厂万州区农工循环经济产业链、产品链
重庆业兴实业集团渝北酒厂渝北区农工循环经济产业链、产品链
南川市绿态丝厂南川区农工循环经济产业链、产品链
重庆天运生物液体燃料有限责任公司忠县农工循环经济产业链、产品链
铜梁县沙心生态食品有限公司铜梁县农工循环经济产业链、产品链
重庆星星套装门有限责任公司开县农工循环经济产业链、产品链
重庆石柱宏达畜产品有限公司石柱县农工循环经济产业链、产品链
中化重庆涪陵化工有限公司涪陵区工业废弃物综合利用
重庆长寿化工有限责任公司长寿区工业废弃物综合利用
重庆松藻煤电有限责任公司綦江县煤炭、电力、煤层气
重庆市邵新煤化有限公司梁平县煤炭、电力、煤层气
重庆同兴垃圾处理有限公司北碚区垃圾资源化发电
重庆拉法基水泥有限公司南岸区余热回收利用发电
重庆长江造型材料有限责任公司北碚区铸造废砂回收加工利用
重庆超科实业发展有限公司南岸区废旧橡胶回收加工利用
重庆顺搏铝合金有限公司璧山县废铝回收加工利用
双钱集团（重庆）轮胎有限公司双桥区橡胶制品

云南省

第一批

云锡集团（控股）有限责任公司
云南冶金集团总公司
云南铝业股份有限公司
昆明钢铁集团有限责任公司
云南铜业集团有限公司
云南铜业股份有限公司
云天化集团有限责任公司
云南煤化工集团有限公司
云维集团有限公司
临沧市晶莹糖业有限责任公司
祥云飞龙实业有限公司
云南云景林纸股份有限公司
云南省曲靖化学工业有限公司
云南省陆良化工实业有限公司
海燕橡胶有限股份公司

云南省发展工业循环经济试点示范企业名单

云南云冶锌业股份有限公司
昆明云内动力股份有限公司
昆明钢铁集团有限责任公司
云南铝业股份有限公司
昆明水泥股份有限公司
云南晋宁黄磷有限公司
云南磷化集团有限公司
昆明市东川骏明矿业有限责任公司
云南省四营煤矿
重庆北碚宏大集团公司嵩明造纸厂
云南铜业股份有限公司
国电阳宗海发电有限公司
云南白药集团股份有限公司
红云集团
云南南磷集团股份有限公司
云南省曲靖越钢集团有限公司
云南省东源铝业有限责任公司
云南驰宏锌锗股份公司
云南省曲靖化学工业有限公司
云维集团有限公司
曲靖珠源水泥有限公司
云南省陆良县远东水泥有限公司
云南省曲靖珠源纺织有限公司
云南陆良银河纸业有限公司
云南省恩洪煤矿
云南省富源矿厂云南省中安监狱
云南东源实业股份有限公司
玉溪市刘总旗活发钢铁厂
云南省玉溪化肥厂有限公司
云南盘桥磷电有限公司
云南澄江县德安磷化工有限责任公司
云南玉溪旭立电石有限责任公司
云南省玉溪市刘总旗水泥厂
云南易门意发玻璃有限公司
云南峨山矿冶（集团）有限责任公司
云南省玉溪市第一造纸厂
云南省玉溪市光华造纸厂
云南新平南恩糖纸有限责任公司
云南易门意达陶瓷有限公司
云南玉加宝人造板有限公司
云南玉溪万方天然药物有限公司
保山保盈金属硅厂
腾冲奕标水泥责任公司
云南保升龙糖业有限责任公司
云南省龙陵县康丰糖业有限责任公司
云南省昌宁恒盛糖业有限责任公司
云天化集团有限公司
昭通市昭电大龙洞电石厂
大关县寿星水泥有限责任公司
丽江黑白水电力股份有限公司冶炼厂
云南金鑫硅业有限公司
华坪县花椒坪煤焦有限责任公司
丽江玉峰水泥有限公司
云南省华坪县华月矿业有限责任公司
华坪县宏源煤焦有限责任公司
思茅市翠云区接力水泥有限公司
磨黑盐矿
云南云景林纸股份有限公司
普洱高密度纤维板有限责任公司
云南临沧鑫园锗业股份有限公司
云南省墨江县白糖厂
云县甘化有限公司
云南江川翠峰纸业有限公司双江华峰公司
临沧市晶莹糖业有限责任公司
云南省双江糖业有限责任公司
云南省楚雄滇中铝业有限公司
四川德胜集团楚雄钢铁有限公司
云南武定滇武水泥有限责任公司
云南锡业集团有限责任公司
云南建水县华通锰业有限责任公司
云南东风化工有限公司

开远一行电力氯碱化工有限责任公司
云南开远水泥股份有限公司
建水县贫矿富集有限公司
蒙自博发矿冶有限公司
云南红塔蓝鹰纸业有限公司
云南省红河糖业有限责任公司
云南建水糖业有限责任公司
砚山县东方永胜硅锰厂
云南壮山实业股份有限公司（建材）
云南木利锑业有限公司
云南华联锌铟股份有限公司
云南特安呐制药有限责任公司
云南文山斗南锰业有限责任公司
景洪锰合金厂
西双版纳勐养水泥有限责任公司
西双版纳普文糖厂
云南省黎明农工商联合公司糖厂
云龙县康亚华西电锌业有限公司
大理红山水泥有限责任公司
云南恒丰纸有限责任公司
大理啤酒(集团)有限责任公司
新希望云南邓川蝶泉乳业有限公司
祥云县飞龙实业有限责任公司
芒市硅厂
瑞丽市瑞鑫水泥有限责任公司
云南省德宏裕安龙江糖业股份有限公司
云南省陇川糖厂
兰坪县康华电解锌厂
迪庆开发区三利铁合金有限公司

陕西省

一、试点园区

西安经济技术开发区
韩城龙门生态工业示范区
神府经济开了区锦界工业园区
宝鸡高新技术产业开发区

二、试点企业

神东神华电力有限责任公司
陕西三秦能源有限公司
陕西正元粉煤灰综合利用有限责任公司
陕西龙门钢铁（集团）的限责任公司
陕西东岭集团股份有限公司
韩城黑猫焦化有限责任公司
汉中八一锌业有限责任公司
陕西旬阳鑫业矿业有限公司
青岛啤酒西安汉斯集团有限公司西安公司
蒲白矿务局
黄陵矿业有限公司
彬县煤业总公司
韩城黑猫炭黑有限公司
北元化工有限责任公司
陕西城化股份有限公司
榆林炼油厂
镇安县秀山水泥有限责任公司
陕西秦岭水泥（集团）有限责任公司
陕西福天宝科技有限公司
西安市物资回收利用总公司

甘肃省

第一批

试点城市

嘉峪关市
金昌市
武威市
白银市
兰州市西固区
平凉市崆峒区
试点园区
中科院白银高新技术产业园
天水农业高新技术示范园区
玉门建材化工园区
金昌市新材料工业园区
泾川县循环经济产业园区
甘肃武威工业园区
兰州高新技术产业开发区空港循环经济产业园
甘肃武威黄羊工业园区
甘肃永靖工业园区氯碱化工循环经济产业园

甘肃永靖精细化工循环经济产业园

试点企业

酒泉钢铁（集团）有限责任公司
酒钢集团宏达建材有限公司
嘉峪关市宏丰实业有限公司
白银有色集团有限公司
甘肃稀土集团有限责任公司
靖远煤业有限责任公司
国电靖远发电有限公司
白银金奇化工科技有限公司
中石油兰州石化分公司
甘肃祁连山水泥集团股份有限公司
腾达西北铁合金有限责任公司
窑街煤电有限责任公司
兰州连城铝业有限责任公司
中国铝业股份有限公司兰州分公司
甘肃东兴铝业有限公司
兰州大成自动化工程有限公司
西北永新涂料集团公司
甘肃驰奈生物能源系统有限公司
甘肃金轮再生资源开发有限公司
兰州市再生资源回收公司
永登宝瑞农业科技有限公司
夏河安多投资有限责任公司
玉门油田分公司
敦煌西域特种新材料股份有限公司
甘肃美利亚奥生物科技公司
甘肃刘化（集团）有限责任公司
金川集团有限公司
甘肃金昌化工（集团）有限责任公司
甘肃锦世化工有限责任公司
甘肃昆仑生化有限责任公司
甘肃雪晶生化有限责任公司
张掖市云鹏生物技术有限责任公司
甘肃山丹恒泰炉料有限责任公司
民乐福源化工有限责任公司
甘肃银河食品有限责任公司
甘肃省格瑞斯生物科技有限公司
华能平凉发电有限责任公司
华亭煤业集团有限责任公司
武威市全圣实业集团纸业有限责任公司
民勤县成瑞环保公司
甘肃宏鑫农业科技有限公司
甘肃效灵生物开发有限责任公司
嘉峪关大友企业公司
嘉峪关市聚鑫达实业公司
嘉峪关市丰园玻璃制品公司
甘肃紫轩酒业有限公司
嘉峪关市雄关天石水泥公司
嘉峪关市宏昇电热公司
嘉峪关市宏炎环保建材有限公司
酒钢吉瑞再生资源开发公司
甘肃银光化学工业集团公司
甘肃华鹭铝业公司
白银中天化工公司
甘肃银光聚银化工公司
甘肃大成金属公司
甘肃双赢化工公司
兰州西固热电公司
蓝星化工公司
兰州宏建建材集团有限公司
兰州金浦石化公司
方大炭素有限公司
甘肃鹏飞隔热材料公司
甘南州科瑞乳品开发有限公司
甘南燎原乳业有限公司
甘肃省华羚干酪素有限公司
临潭县建华水泥有限责任公司
中石油庆阳石化公司
庆阳通达果汁厂
庆阳环能建材有限公司
庆阳市德元建材有限公司
庆阳运通草业公司
甘肃宝徽实业集团有限公司
甘肃金徽酒业集团有限责任公司
甘肃成州矿冶集团公司
成县祁连山水泥有限公司
甘肃红川酒业公司
甘肃独一味生物制药股份有限公司
陇南市润基水泥有限公司
陇南市武都区海地煤矸石页岩砖有限公司
甘肃西脉新材料科技股份有限公司
甘肃祈连山药业公司
金塔西域阳光公司
酒泉同福化工公司
甘肃西部水泥公司
天水众兴菌业有限公司
天水长城果汁饮料有限公司
临夏州华安生物制品有限责任公司
甘肃海河曜美生物科技有限公司
镍都实业公司

甘肃瓮福化工有限责任公司
甘肃新川化工有限公司
金昌鑫华焦化有限公司
甘肃万众环保科技有限公司
金昌博瑞宏精细化工有限公司
张掖市有年金龙马铃薯雪花粉有限公司
华煤集团新安煤矸石制砖公司
静宁县恒达有限责任公司
平凉祁连山水泥有限公司
平凉海螺水泥有限公司
平凉新世纪建材有限责任公司
平凉天泰建材有限责任公司
青岛啤酒武威有限责任公司
太西煤集团民勤实业有限公司
甘肃威龙有机葡萄酒有限责任公司
古浪鑫淼精细化工有限公司
甘肃黄羊河集团有限责任公司
武威松树新型建材有限公司
甘肃皇台酒业股份有限公司
甘肃陇原中天生物工程有限公司
甘肃圣大方舟马铃薯变性淀粉有限公司
甘肃富民生态农业科技有限公司
中盐甘肃武阳盐化有限公司
甘肃扶正药业公司
陇西县清吉洋芋开发有限公司
甘肃海盛马铃薯科技有限责任公司
临洮苯日钦牡节能建材有限公司

第二批

嘉峪关大友企业公司
嘉峪关市聚鑫达实业公司
嘉峪关市丰园玻璃制品公司
甘肃紫轩酒业有限公司
嘉峪关市雄关天石水泥公司
嘉峪关市宏昇电热公司
嘉峪关市宏炎环保建材有限公司
酒钢吉瑞再生资源开发公司
甘肃银光化学工业集团公司
甘肃华鹭铝业公司
白银中天化工公司
甘肃银光聚银化工公司
甘肃大成金属公司
甘肃双赢化工公司
兰州西固热电公司
蓝星化工公司
兰州宏建建材集团有限公司
兰州金浦石化公司
方大炭素有限公司
甘肃鹏飞隔热材料公司
甘南州科瑞乳品开发有限公司
甘南燎原乳业有限公司
甘肃省华羚干酪素有限公司
临潭县建华水泥有限责任公司
中石油庆阳石化公司
庆阳通达果汁厂
庆阳环能建材有限公司
庆阳市德元建材有限公司
庆阳运通草业公司
甘肃宝徽实业集团有限公司
甘肃金徽酒业集团有限责任公司
甘肃成州矿冶集团公司
成县祁连山水泥有限公司
甘肃红川酒业公司
甘肃独一味生物制药股份有限公司
陇南市润基水泥有限公司
陇南市武都区海地煤矸石页岩砖有限公司
甘肃西脉新材料科技股份有限公司
甘肃祈连山药业公司
金塔西域阳光公司
酒泉同福化工公司
甘肃西部水泥公司
天水众兴菌业有限公司
天水长城果汁饮料有限公司
临夏州华安生物制品有限责任公司
甘肃海河曜美生物科技有限公司
镍都实业公司
甘肃瓮福化工有限责任公司
甘肃新川化工有限公司
金昌鑫华焦化有限公司
甘肃万众环保科技有限公司
金昌博瑞宏精细化工有限公司
张掖市有年金龙马铃薯雪花粉有限公司
华煤集团新安煤矸石制砖公司
静宁县恒达有限责任公司
平凉祁连山水泥有限公司
平凉海螺水泥有限公司
平凉新世纪建材有限责任公司
平凉天泰建材有限责任公司
青岛啤酒武威有限责任公司
太西煤集团民勤实业有限公司
甘肃威龙有机葡萄酒有限责任公司
古浪鑫淼精细化工有限公司

甘肃黄羊河集团有限责任公司
武威松树新型建材有限公司
甘肃皇台酒业股份有限公司
甘肃陇原中天生物工程有限公司
甘肃圣大方舟马铃薯变性淀粉有限公司
甘肃富民生态农业科技有限公司
中盐甘肃武阳盐化有限公司
甘肃扶正药业公司
陇西县清吉洋芋开发有限公司
甘肃海盛马铃薯科技有限责任公司
临洮苯日钦牡节能建材有限公司

第三批
中国铝业股份有限公司连城分公司
中国铝业股份有限公司兰州分公司
兰州科泰现代农业科技发展有限公司
兰州黄海机械铸造有限责任公司
兰州宏建建材集团有限公司
甘肃颐和新型材料有限责任公司
兰州牧工商有限责任公司
甘肃新明生物科技有限公司
甘肃华峰管业科技有限公司
兰州鑫源物资再生利用有限公司
兰州泓翼废旧电子产品拆解加工中心
兰州市利源报废汽车回收中心
武威荣华工贸有限公司
民勤县鼎盛新型建材有限公司
张掖市晋昌源煤业有限公司
张掖市奥林贝尔生物科技有限公司
民乐富源化工有限责任公司
甘肃博峰肥牛开发有限公司
肃北县博伦矿业开发有限责任公司
静宁县工业品纸箱制造厂
甘肃省昕农福农业科技有限责任公司
甘肃宏良皮业股份有限公司
白银万山稀贵金属科技有限责任公司
甘肃酒钢集团西部重工股份有限公司

宁夏回族自治区

第一批
一、试点城市
石嘴山市
二、试点产业园区
银川市望远工业园
三、试点企业
宁夏赛马实业股份有限公司
宁夏昌鑫新型建材有限责任公司
宁夏金昱元化工集团有限公司
宁夏沙湖纸业（集团）有限公司
宁夏万胜生物工程有限公司
宁夏贺兰山铁合金有限责任公司
神华宁夏煤业集团有限责任公司太西洗煤厂
神华宁夏煤业集团有限责任公司太西洗煤厂
宁夏中卫市万国企业有限责任公司

第二批
一、试点城市
平罗县　中宁县
二、循环经济试点园区
石嘴山工业园区　中卫美利工业园区
三、循环经济重点试点领域
宁夏房地产开发集团有限公司　宁夏供销社再生资源有限公司
四、循环经济试点单位
中电投宁夏青铜峡能源铝业集团有限公司　中冶美利纸业集团有限公司
神华宁夏煤业集团太西电力有限责任公司等23家

第三批
启元药业　大荣实业集团
紫金花纸业　昊丰伟业钢铁
兴平精细化工　银川热电
昊盛纸业　兴尔泰
博宇钢铁　中冶美利
伊品生物　房地产集团
太西电力　庆华煤化工
供销社　中节能
惠冶镁业　中卫美利区工业园
英利特化工　中宁县
平罗县　固原佳立淀粉
开元丰友化工　大地冶金
青铜峡铝业　鲁西化工
青铜峡水泥　石嘴山工业园区

新疆维吾尔自治区

一、试点园区

米东化工园区（化工乌昌地区）

石河子北化工园区（化工石河子市）

二、试点企业

新疆八一钢铁股份有限公司（钢铁乌鲁木齐市）

稀有金属有限责任公司（有色阿勒泰地区）

新疆阿希金矿（有色伊犁州）

艾维尔沟煤矿（煤炭乌鲁木齐市）

中国国电集团新疆红雁池发电有限责任公司（电力乌鲁木齐市）

新疆天山电力股份公司玛纳斯发电分公司（电力昌吉州）

中国石油天然气股份有限公司独山子石化分公司（化工克拉玛依市）

新疆中泰化学股份有限公司（化工乌鲁木齐市）

新疆天山水泥股份有限公司（建材乌鲁木齐市）

新疆青松建材化工（集团）股份有限公司（建材阿克苏地区）

新疆特变电工股份有限公司（机电昌吉州）

新疆众和股份有限公司（机电乌鲁木齐市）

新疆博湖苇业股份有限公司（轻工巴州）

新疆四方糖业有限责任公司（轻工伊犁州）

新疆天山纺织（集团）有限责任公司（纺织昌吉州）

新疆金纺纺织股份有限公司（纺织乌鲁木齐市）

新疆金业报废汽车回收（拆解）有限公司（贸易乌鲁木齐市）

新疆中太肉联有限公司（贸易克拉玛依市）

新疆制药厂（医药乌鲁木齐市）

新疆维吾尔药业有限责任公司（医药乌鲁木齐市）

宁波市

一、县（区）

宁海县　镇海区

工业园区：

浙江余姚工业园区

宁海临江开发工业园区

鄞州投资创业中心（园区）

宁波化工园区

二、乡镇（街道）

小曹娥镇　黄家埠镇

莼湖镇　强蛟镇

爵溪街道　云龙镇

集仕港镇　慈城镇

九龙湖镇　小港街道

三、企业

宁波舜江水泥有限公司

宁波华林橡胶工业有限公司

浙江华鑫化纤集团公司

浙江杭州湾纺织品有限公司

宁波众茂杭州湾热电有限公司

宁波华星轮胎有限公司

重啤集团宁波大梁山有限公司

宁波海山纸业有限公司

浙江东亚线缆有限公司

宁波万冠熔模铸造有限公司

宁波格兰特制冷设备制造有限公司

宁波国泰科技发展有限公司

宁波恒泰草制品有限公司

宁波雅戈尔日中纺织印染有限公司

宁波东海集团有限公司

金田铜业

宁波乐金甬兴化工有限公司

宁波德泰化学有限公司

申洲织造有限公司

宝新不锈钢公司

循环经济研究咨询机构

中国社会科学院
中国循环经济与环境评估预测研究中心

中国社会科学院中国循环经济与环境评估预测研究中心于2005年经中国社会科学院院务会议批准成立，是中国社会科学院直属的开放型学术交流与研究咨询机构，由中国社会科学院数量经济与技术经济研究所代管。

研究中心的基本任务是，适应党中央和国务院的宏观决策和地方发展需要，通过深入开展循环经济与环境保护的研究与学术交流，积极为党中央和国务院相关重大问题的科学决策提供调研分析和政策建议，面向各级政府和企事业单位建设生态文明，推进绿色、循环、低碳发展的需求，开展应用研究与规划咨询。几年来，中心承担了国家科技部“十一五”科技支撑计划“节水型区域工农复合循环经济关键技术集成研究与示范”、国家“十二五”循环经济专项规划”等一批国家级重大课题研究和政策咨询，为北京市、青海省西宁市、河南省鹤壁市、河北唐山市、山东省青岛市、广东省广宁县、山西省太谷县、甘肃省金昌市、内蒙古自治区东乌珠穆沁旗等数十个市县编制了循环经济示范试点实施方案和发展规划，为广西柳化集团、河北迁化集团、山东省广大日月集团、山西安泰集团、山西丰喜肥业（集团）、日照钢铁集团、河南宝舜集团、甘肃省张掖市科技产业园区、酒泉市经济技术开发区、青海柴达木盐湖化工园区、广州市经济技术开发区等数十家企业和工业园区进行了循环经济规划和循环经济试点示范实施方案的编制以及规划咨询。中国循环经济研究中心已经成为与各级政府、学术界、企业界和国际非政府组织研讨中国循环经济理论、实践与政策交流的平台，在推广普及循环经济发展模式、循环经济新技术推广扩散、进行循环经济方案设计、为各级政府和企业开展规划和政策咨询等方面做出了不懈努力。

研究中心领导和学者多次赴国外出席循环经济与环境、新能源等国际研讨会和学术交流活动，与日本、德国、美国、英国、加拿大、澳大利亚、韩国等多个国家的多家研究机构建立了学术交流关系，并承担了一系列对外合作项目。

《中国循环经济发展报告》是在国家发展和改革委员会资源节约和环境保护司的支持和指导下，由中国社会科学院中国循环经济与环境评估预测研究中心组织，各行业协会、相关研究机构和高校共同参与编写的中国首部循环经济发展国家层次的综合报告。《中国循环经济发展报告》立足于现实性和学术性相结合，在展示各行业、各领域循环经济主要工作和进展的同时，突出了发展报告的学术研究和评论特色，强调循环经济发展成效的评价，加强循环经济领域重大现实问题的分析和重要理论问题的研究，力图及时反映我国循环经济领域的最新研究成果。此外，发展报告还选择了若干循环经济的典型模式和典型企业加以介绍和分析，促进循环经济先进模式的推广。目前，《中国循环经济发展报告2009/2010》和《中国循环经济发展报告2011/2012》已经正式出版，《中国循环经济发展报告2013/2014》的编制工作也在加紧进行。在有关部门的大力支持下，《中国循环经济发展报告》将进一步强化对国内循环经济发展的引导和对外宣传功能，成为展示我国循环经济实践和理论发展的重要窗口。

中国循环经济与环境评估预测研究中心管理层
理事长：李平　主任：齐建国　秘书长：杨彤
联系方式：010-85195726 010-85195710 13261875713 13701172684
联系人：齐海英 杨彤
网址：www.csccee.org 邮箱：rccecass@163.com
地址：北京建内大街五号中国社科院1405房间 邮编：100732

贵阳市
大力推动循环经济发展 建设全国生态文明示范城市

2014年，贵阳市大力推动循环经济发展，建设全国生态文明示范城市。在经济高速发展同时，生态环境质量明显改善，全年空气质量优良天数超过86%，比2013年提高10个百分点。循环经济发展部分情况如下：

一、贵阳市正式通过国家循环经济试点示范单位验收

2006年贵阳市被国家发改委等六部委确定为全国第一批循环经济试点城市，多年来贵阳市大力发展循环经济，产业循环体系、城市基础设施体系以及生态保障体系不断优化，形成了经济欠发达的资源型城市通过发展循环经济，实现经济增长与资源环境协调发展的贵阳循环经济发展模式，同时也逐步形成以发展循环经济为特色的贵阳生态文明城市建设模式。

2014年11月，国家发展改革委、环境保护部、科学技术部、工业和信息化部、财政部、商务部、国家统计局联合发布2014年第19号公告，贵阳市、贵阳开阳磷化工集团公司上榜《通过验收的国家循环经济试点示范单位（第一批）名单》，其中贵阳市系西南地区唯一一家上榜地区（城市），也系全国唯一一家顺利通过验收的省会城市。

二、获得资源综合利用“双百工程”示范基地称号

2011年贵阳市获工信部“国家工业固体废物综合利用试点基地”以来，通过大力推进试点示范项目建设、技术应用推广，管理水平有了很大提高，综合利用率及利用量均有较大增长。按照国家发展改革委资源综合利用“双百

生态文明贵阳国际论坛2014年年会在贵阳召开

出席生态文明贵阳国际论坛2014年年会开幕式的领导、外宾和专家

工程”建设精神和要求，结合本地资源特点和区域优势，贵阳市成功申报并获得国家发改委资源综合利用“双百工程”示范基地称号。通过示范基地的建设，带动工业固废综合利用整体水平提升。

三、市级循环经济试点示范项目建设取得较好进展

市级循环经济专项资金支持项目共完成投资近9亿元，项目实施运行后年节约标煤5.56万吨，节水2.9万吨，减排二氧化碳12.06万吨，减排二氧化硫1527.4吨，处理废油6.6万吨，固体废弃物利用9.4万吨，废气利用302533立方米，废水重复利用量30万吨，减少垃圾82.12吨。

四、生态文明贵阳国际论坛2014年年会成功举办，有力推动了循环经济交流合作

论坛年会以“改革驱动，全球携手，走向生态文明新时代——政府、企业、公众：绿色发展的制度架构与路径选择”为主题，包含40余个主题论坛、10个闭门工作会、地方分论坛等近100场活动。党和国家领导人，外国政要和前政要、联合国相关机构及国际组织负责人，70多名台湾、香港嘉宾，120多名有关部委负责人，70多名知名专家学者和大学校长及院士，60多名省（市、区）负责人，100多名国内外知名企业负责人等共2000余名中外嘉宾出席论坛年会。特别是，李克强总理给2014年年会发来贺信，深刻阐述了生态文明建设的“中国理念”、“中国行动”、“中国倡议”，在与会者中引起强烈反响和广泛共鸣。李源潮副主席所作的《人类发展应与生态发展平衡共进》主旨演讲赢得参会者高度赞赏。埃塞俄比亚总统穆拉图，马耳他总理穆斯卡特，瑞士联邦议长格尔曼，俄罗斯总统办公厅主任伊万诺夫，瓦努阿图副总理利尼，澳大利亚前总理陆克文，泰国前副总理素拉杰，英国前副首相普雷斯科特等8位外国政要、前政要出席论坛，瑞士、马耳他、俄罗斯还派出重量级代表团参加论坛年会，联合国秘书长潘基文发来贺信，联合国副秘书长施泰纳发来祝贺视频。年会为国内外相关领导、专家提供了极好的参观学习交流平台，通过示范参观，参会嘉宾对贵阳市以循环经济建设为重点推进生态文明示范城市印象深刻。论坛共有194家国内外媒体、网站，1156名记者参会。利用论坛年会这个平台，一方面，展示了贵阳绿色发展的品牌形象。另一方面贵阳市与外界签订了一批循环经济战略合作和项目建设协议。

贵阳市花溪全景

内蒙古霍林郭勒市
以“霍林河模式”打造循环经济升级版

霍林郭勒是蒙语音译而来，意为美食之河，寓意富饶之地。位于锡林郭勒盟、兴安盟和通辽市“两盟一市”交界处，是一座“因煤而建、缘煤而兴”的新型能源工业城市。总面积585平方公里，总人口11万人，城市化率超过90%。区域内霍林河煤田（全国五大露天煤矿之一）储量119.2亿吨，资源优势突出，产业特色鲜明，发展潜力巨大，是国家亿吨级煤田生产基地、国家重要的铝产业基地、内蒙古东部和东北部地区重要的能源基地。

一、经济发展总体概况

近年来，霍林郭勒市委、市政府坚持以提高经济发展质量和效益为中心，牢固树立持续发展、转型发展、循环发展、和谐发展理念，围绕自治区“8337”发展思路，不断丰富、创新、发展“霍林河模式”，大力实施能源转化战略，构筑了以煤炭为基础、铝电为支撑的新型工业化发展格局，推动资源优势向经济优势转变，实现了自身优势与产业发展的高度融合、经济发展与社会发展的协调并进，开创了县域经济科学发展、跨越发展、和谐发展的新局面。所谓“霍林河模式”，是经内蒙古自治区巴特主席批示过的煤电用一体化模式，即：是以煤电铝联营为基础，用废弃的煤发电，用低成本的电吸引优质大用电产业，形成长产业链集群化发展的模式。经过多年不断的努力，2014年实现地区生产总值368亿元，公共财政预算收入30.48亿元，综合实力位居全国中小城市科学发展百强县（市）第80位，最具投资潜力中小城市百强县（市）第45位，列入自治区新型工业产业化示范基地、可持续发展实验区，列入全国首批21个创建国家级循环经济示范县（市）名单，列入国家首次界定的262个资源型城市、31个成长型城市之一。

二、循环经济发展现状

霍林郭勒市以“传统产业新型化、新兴产业规模化、支柱产业多元化”为要求，推动煤电铝产业向装备制造延伸，推动老工业基地向清洁能源基地转型，推动重要增长极向发展新高地迈进。通过狠抓转方式调结构，狠抓创新驱动，狠抓深化改革，狠抓民生保障，着力打造全国高载能产业低碳发展的创新区、循环经济的示范区（市）、全区电力市场化改革微电网示范工程的先行区、通辽市向北开放合作加工的中心区，全国新型工业化产业示范基地、

铝工业新材料基地和新型能源工业基地。

（一）煤-电-铝-铝深加工产业链。利用霍林郭勒市低热值劣质煤、煤矸石和疏干水发电，用低成本电生产高附加值电解铝，进一步发展普铝的纵深加工和高附加值产品，实现资源转换和增值，产品包括精铝、铝型材、铝板、铝箔、轮毂等。该种模式以霍煤鸿骏铝电公司最为典型。尤其在后续产业项目中，深加工企业直接使用铝电公司出厂的液态原铝，减少了铸锭损失和重熔损失，每吨原料可节省费用180元左右，主要是节省加热燃料费用、减少铝液的烧损、提高产品质量等。

（二）劣质煤-提质/干馏-煤化工产业链。以当地褐煤为原料，生产提质煤、焦油、焦炉煤气等化工产品，形成褐煤-提质煤、煤焦油、焦炉煤气-甲醇（发电）-二甲醚等产业链条。

（三）煤-电-硅产业链。利用周边丰富的硅石资源（主要是扎鲁特旗罕山硅石矿）和丰富的电力资源建立工业硅厂，发展工业硅、多晶硅、单晶硅、硅产品切片、太阳能电池组件等系列产品。

（四）粉煤灰和废渣综合利用产业链。利用电厂和园区其他企业排放的粉煤灰、炉渣等废料，生产复合水泥、空心砌块、路面彩砖、水泥管等产品，形成煤-电-粉煤灰-水泥、煤-电-粉煤灰、炉渣-建筑砌块等产业链条。

三、循环经济发展方向

霍林郭勒市发展循环经济、创建国家示范县的总体目标是：到2017年，按照“产业成链、企业集群、高效循环、创新管理、集约发展”的要求，广泛推行循环型生产方式，科学规划产业空间布局，建立覆盖全社会的资源循环利用体系，力争产业结构不断优化，资源利用效率明显提高，环境质量加快改善，绿色消费理念深入人心，可持续发展能力显著增强，将霍林郭勒市建设成为国内具有影响力的循环经济先进示范县。

（一）循环型产业体系基本形成。循环型工业、生态循环农业、循环型服务业加快发展，循环经济产业链条更加丰富和完善，循环经济体系更加充实，循环型产业发展模式广泛推广，工业、服务业循环经济的规模和领域进一步扩大，特色农业循环经济层次明显提高，形成特色鲜明、融合一体、互动发展的区域循环经济格局。力争到2017年，全市资源循环利用产业总产值达到130亿元。

（二）资源利用效率显著提高。循环经济科技支撑能力进一步增强，能源、水、土地、矿产等资源利用效率继续保持全国前列。到2017年，与2012年相比，全市资源产出率由4903元/吨提高到5736元/吨；能源产出率由7112元/吨提高到7246元/吨。

（三）再生资源利用水平地区领先。再生资源回收利用体系基本建成，资源化利用水平显著提升，工业废弃物、农业废弃物、城市建筑垃圾和生活垃圾综合利用水平迅速提高。到2017年，与2012年相比，全市工业固体废弃物综合利用率达由26%达到70%；工业用水重复利用率由87%达到92%；城镇污水处理设施再生水利用率由40%达到90%。

（四）实现科学合理的产业布局。以产业集聚区、工业循环经济示范园区建设为核心载体，循环经济发展空间布局实现优化，形成“一区五园”的空间布局总体格局，完成主要工业园区循环化改造。

（五）形成良好环境和氛围。形成推进循环经济发展的法律规章体系、政策保障体系、技术创新体系和管理体制机制框架。循环经济理念深入人心，公众资源节约意识进一步增强，实现绿色政府和绿色消费。

鹤壁市循环经济

近年来，鹤壁市坚持以发展循环经济为主抓手，积极探索资源型城市转型发展之路，持续加快产业结构调整和发展方式转变，取得了较好成效，延伸发展煤电化材、金属镁、工农复合三大循环经济产业链，创建了 30家市级循环经济试点企业、4家省级循环经济试点企业和3家省级循环经济试点园区，实施了总投资152亿元的142个循环经济重点项目，构建了较为完善的循环型工业、循环型农业、循环型城市三位一体循环经济体系。成功探索出了中小规模资源型城市循环经济发展模式，入选国家发改委《中国循环经济典型模式案例》。2013年11月，列入国家循环经济示范城市创建单位名单，2014年10月，又成功创建第三批国家节能减排财政政策综合示范市。

一、循环型工业体系

我市通过拉长产业链条、推动产业间相互衔接，全力构建煤电化材、食品加工、金属镁等循环经济产业链。围绕煤电、金属镁冶炼生产过程中产生的废弃物，建设了综合利用热电厂、煤矸石烧结砖和粉煤灰制品、煤层气发电、矿井水综合利用、电厂脱硫、煤矸石提取无机纤维、镁渣陶瓷滤料等项目，工业固体废弃物综合利用率达到93.5%。

二、循环型农业体系

依托淇县畜牧业发展优势，延伸和完善循环经济产业链，形成“一区多园”循环经济模式，即以淇县畜牧业作为整个循环区，构建了联发牧业猪—沼—肥—蔬循环示范园、大用鸡血、鸡骨、鸡毛等废弃物全利用示范园、永达畜禽粪便综合利用示范园。

依托浚县农业种植优势，大力推进秸秆、农产品加工废弃物利用，打造工农复合型循环产业体系。形成了秸秆多元化利用、以沼气为纽带的种养结合、农业种植及农产品深加工资源最大化利用等工农复合发展模式。

三、循环型城市体系

——完善城市污水和垃圾处理设施。目前，已建成污水处理厂4座，日处理污水能力16.5万吨，处理区域涵盖市区和两县城区。建成4个无害化垃圾处理场，日处理能力650吨。蔡庄生活垃圾填埋场填埋气发电项目建成运行。

——推进建筑节能与地热、太阳能等可再生能源在建筑中的应用。目前城市规划区内浅层地能建筑应用率达到35%，太阳能光热建筑应用率达到70%，市区新建建筑节能实施率保持100%。

鹤壁市湿地公园

鹤壁市体育馆利用地热太阳能光伏发电

鹤壁市公共建筑节能改造工程

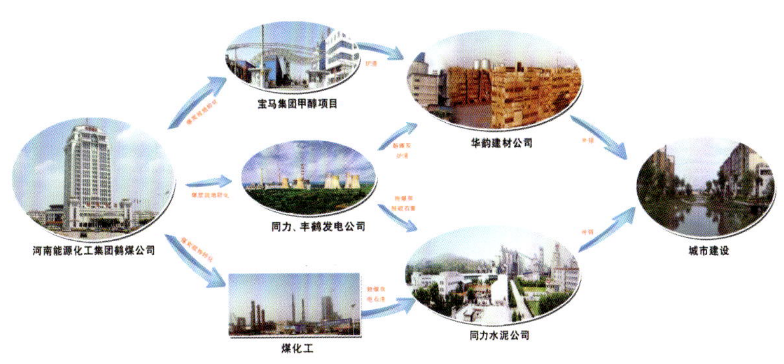

——大力发展林业，实施淇河生态保护，建设美丽鹤壁。近年来，鹤壁市扎实推进以淇河为龙头的生态城市和覆盖全域的林业生态体系建设，森林覆盖率提高到31.7%、高出全省8.7个百分点，城市空气质量优良率达82.2%，城市饮用水源地水质达标率达100%，主要生态环境指标处于全省先进水平，被确定为全国首批中美低碳生态试点市和省水生态文明建设试点市。

四、循环经济园区建设

——宝山循环经济产业集聚区：集聚区按照“工业上山、农民进城、林木绕园、循环生态”的发展理念，高起点、高标准规划建设。总规划面积17平方公里，重点发展煤炭、电力、化工、建材循环经济产业链，建成“纵向衔接、横向耦合、区内闭合”的循环经济产业示范区。

——中鹤生态农业示范基地（中鹤集团）：以中鹤集团为龙头，浚县王庄镇通过工业向产业园区集中、土地向农机合作社集中、人口向新城社区集中的“三集中”方式，依托浚县粮食集中产区的资源优势建设清洁原粮基地，推广普及管道输水、膜下滴灌、水肥一体化等高效节水灌溉技术，发展粮食精深加工，向农产品仓储、物流贸易拓展；引导农民土地有序流转，实现规模经营，适时推进小城镇建设，为务工农民建造新型社区。

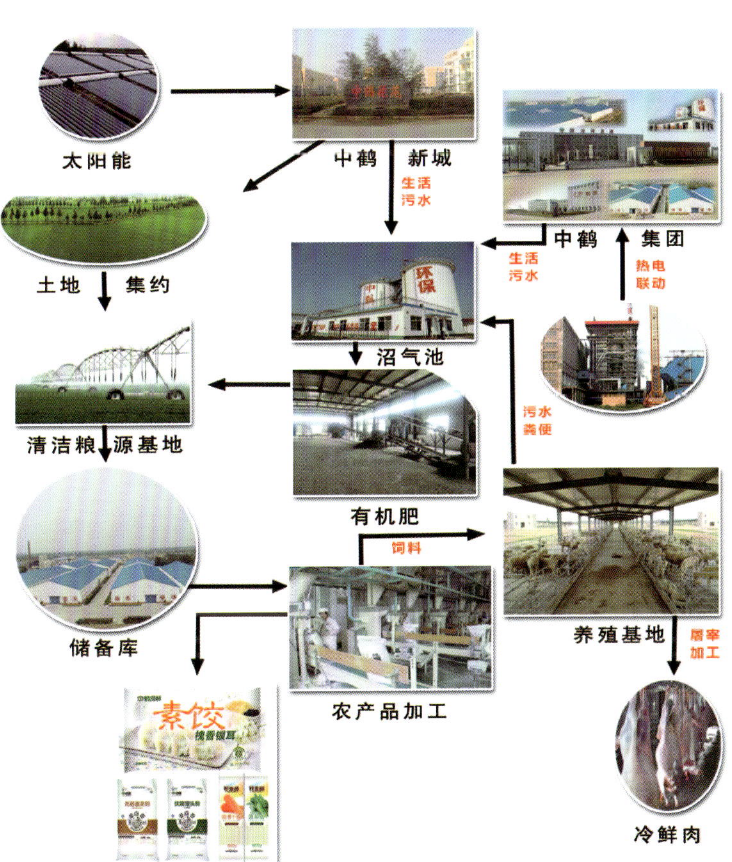

青岛市循环经济

2013年，青岛市委市政府始终坚持将发展循环经济作为推进生态文明建设、实现可持续发展的重要抓手，围绕提高资源产出率和破解资源环境制约的主题，完善相关政策，加快产业结构调整，创造性开展循环经济试点工作，实施循环经济重点领域项目建设，积极参与国际交流合作，加速构建循环经济产业体系，推动全市循环经济和清洁生产工作不断取得新进展，获得了较好的经济效益、社会效益和环境效益。

一、2013年11月，《董家口区域循环经济发展总体规划》获国家发展改革委正式批复，明确要求“把青岛董家口区域打造成为区域经济优化发展的典范”。

二、实施点面结合深化循环经济示范工程，1区1园2企业列入国家级示范试点。一是青岛市被国家发展改革委列为第二批海水淡化产业发展试点城市，将努力打造国家级海水淡化装备制造基地，创建国家级海水淡化工程研究中心，基本确立全国海水利用领域科研中心、技术交流中心的地位。二是出台《市级支持循环经济发展补助资金管理办法》，支持引导全市循环经济重点项目建设。三是青岛经济技术开发区获批国家园区循环化改造示范试点中央

财政补助资金2.129亿元，国家下达2013年补助资金8645万元，开发区循环化改造20个重点项目有序推进，已取得阶段性成效。四是推进国家循环经济教育示范基地建设。在青岛啤酒二厂被确定为国家第一批循环经济教育示范基地的基础上，青岛新天地静脉产业园被确定为国家第二批循环经济教育示范基地。五是开展再制造试点工作。积极推动威伯科汽车控制系统（中国）有限公司和青岛联合报废汽车回收有限公司等2家企业成功入选全国第二批再制造试点，进一步拓展了青岛市循环经济发展领域。

三、实施资源综合利用示范带动，3个国家级资源综合利用示范工程建设成效明显。一是国家“城市矿产”示范基地项目全部落地建设。二是国家建筑废物综合利用“双百工程”示范基地2个项目获得国家资金扶持，重点培育10家建筑废物综合利用企业，年处理能力超过1000万吨。三是国家餐厨废弃物资源化利用城市试点建设取得实质性进展，餐厨废弃物资源化利用工程项目试运行，每年可处理餐厨垃圾7.3万吨，生产2000吨粗油脂和132万方天然气。

四、创建全市循环经济信息交流平台，实现循环经济服务保障新突破。信息交流平台已完成网站域名备案，各栏目设置功能基本实现，开始试运行。

五、园区和企业清洁生产齐抓共管，全市清洁生产工作取得良好成效。全年完成120户企业清洁生产审核评估验收，其中自愿清洁生产企业100户。

六、由国家发展改革委与日本国际协会机构合作的中日城市典型废弃物循环利用体系建设项目组织实施的中日城市典型废弃物循环利用体系建设项目进展顺利，有力推进了青岛市餐厨垃圾和废旧轮胎的资源化利用试点工作。

青岛天盾橡胶有限公司轮胎再制造

青岛市餐厨废弃物处理项目

海林水务

青岛董家口循环经济区

青岛董家口循环经济区
QINGDAO DONGJIAKOU CIRCULAR ECONOMIC ZONE

青岛董家口循环经济区位于青岛市的西南部，处于京津冀和长三角两大都市圈中间地带和东北亚经济圈的中心位置，是青岛市率先启动的重点功能区。

经济区近规划了“一港、一城、三湾、四区”的空间布局（“一港”即董家口港，“一城”即董家口新城区，“三湾”即龙湾、琅琊台湾、棋子湾，“四区”即港区、临港产业区、新城区、旅游度假区），全力打造国家大宗干散货集散中心、国家重要的能源储运中心、区域性物流中心、国际大宗商品交易中心等“四大中心”，以及国家级精品钢铁基地、新材料基地、冷链物流基地、高端装备制造基地等“四大基地”。自2009年国家批复建设以来，已累计开发面积约50平方公里，累计完成投资600余亿元。2013年，完成货物装卸量7030万吨，实现地区生产总值100亿元，全口径工商税收5亿元。董家口区域签约投资亿元以上的重点项目113个，协议投资总额1520亿元。其中，产业类项目60个，投资总额约1000亿元。在港口规划的112个泊位中，已建成泊位21个，其中运营泊位11个，预计2014年货物吞吐量可突破1亿吨。

根据《青岛董家口区域循环经济发展总体规划》，董家口发展循环经济的重点任务主要是构建4大循环经济体系：行业（组团）内部循环经济体系、产业间循环经济体系、区域间循环经济体系、公用设施循环经济体系。

——行业（组团）内部循环经济体系。在组团或行业内部形成资源共享和废弃物综合利用的循环经济体系。在董家口临港产业组团、港口物流组团、商住组团和旅游度假组团分别建设循环经济体系，其中临港产业组团内的循环经济体系主要包括：钢铁产业循环经济体系；装备制造产业循环经济体系；新材料产业循环经济体系；物流产业循环经济体系。

——构建产业间循环经济体系。通过原料流、产品流、废物流、能流及水流等，将可共享资源和互换产品的上、中、下游产业集聚在一起，在不同产业集群间构建循环经济产业链，实现产业间的循环经济联动效应。主要以钢铁、新材料、装备制造、物流等主导产业为基础，配套发展热电联产、建材、海水淡化、再生水回用、再生材料、余热发电等产业，丰富和完善产业链条，将可共享资源和互换产品的上、中、下游产业集聚在一起，形成互相支持依存的企业群体，在不同产业集群间构建循环经济产业链，实现产业间的循环经济联动效应，形成一个由所有产业共同组成的循环经济体系。

——构建组团间循环经济体系。港口物流组团—临港产业组团间循环经济体系主要从LNG冷能利用，热电联产蒸汽、热水和电力供应，船舶零部件、港口机械零部件、燃料一站式供应、污水再利用等方面构建。港口物流组团—商住组团、旅游度假组团间循环经济体系主要从液化天然气用于餐饮、洗浴、分布式能源制冷和采暖等方面构建。临港产业组团—商住组团、旅游度假组团间循环经济体系主要从污水再利用，混合动力汽车、燃气汽车、电动汽车推广，垃圾发电，再生资源回收利用、余热利用等方面构建。

——构建公用设施循环经济体系。重点构建和推进“水电汽气”能源中心体系；水资源循环体系；再生资源回收网络体系和分拣体系；垃圾无害化处理与综合利用体系4大循环体系。

港区40万吨矿石码头

中石化山东LNG接收站

港区油气管廊

临港产业区新型建材企业

发展目标

董家口循环经济区经济区是青岛市发展蓝色经济的重要组成部分，是“再造一个青岛港、再造一个青岛经济总量”的主力军和中坚力量。在董家口开发建设伊始就确立了创建国家级循环经济示范区的目标，高标准编制了经济区循环经济发展规划，，建设资源利用效率领先的国家级循环经济示范区。2013年10月11日，《青岛董家口区域循环经济发展总体规划》通过专家论证，11月14日获国家发改委批准。2014年上半年，《青岛董家口区域循环经济发展总体规划实施方案》即将实施。

青岛德固特节能装备股份有限公司

公司董事长在2014年西班牙·世界炭黑会议上发表演讲

青岛德固特节能装备股份有限公司是一家集研发、生产、销售于一体的高新技术企业，公司始建于2004年，目前注册资本7500万人民币，公司现有职工300多人，本科以上学历人员有135人，双语工程师72人，高级工程师7人。

近年来，公司始终坚持走自主创新，产学研相结合的国际发展之路，逐渐形成了炭黑工程及专业装备、能源循环及再利用、特种节能环保装备、A级锅炉等几大系类产品，产品包括有：高温预热器、余热锅炉、大型回转式干燥设备、造粒设备、储热器等，主要应用于化工、石油、污泥焚烧、电站、冶金等行业。产品出口至美国、欧盟、印度、埃及、韩国、巴西等多个国家和地区，拥有全球销售网络及合作伙伴，是美国卡博特公司、印度博拉集团、美国理查德森、美国大陆炭公司、德国奥润、飞利浦、日本三菱、日本东海炭素等跨国公司的全球设备配套供应商。

公司有国家质量技术监督检验检疫总局颁发的A1/A2类压力容器设计、制造许可证，A级锅炉制造证书,压力管道特种设备安装改造维修许可证，美国ASME设计、制造许可证，法国BV ISO9001：2008质量体系认证，职业健康体系OHSAS180081：2007等。

公司已取得实用新型专利30项，已受理发明专利12项、实用新型4项。公司自主研发的世界首台超高温列管换热器，通过了专家的鉴定和客户的认可，填补了国内外炭黑烟气高温段（1050℃-720℃）热能回收利用技术空白，达到国内外领先水平。

公司先后取得“山东省节能环保示范企业”、“山东省炭黑节能装备工程技术研究中心”、“山东省专利明星企业”、“山东省企业技术中心”、“青岛市最具融资价值中小企业”、“青岛市创新型企业”、“青岛市民营科技企业”、“青岛市两化融合示范企业”、“青岛市著名商标”、“青岛市名牌产品”、“安全生产标准化三级企业”、“青岛市清洁生产单位’等荣誉称号，正在逐步走出一条独具特色的自主创新发展之路。

板式降膜蒸发器

特大件装备

高温空气预热器

府谷县循环经济：实现"金三角"向"绿三角"跨越升级

府谷县县委书记马治东在武家庄、碛塄调研农业农村工作时强调

府谷县县长辛耀峰县长在高寒岭杜松保护区调研植树造林工作

府谷县隶属于陕西省榆林市，位于陕北高原北端，陕、晋、蒙三省（区）交汇处，是国家规划的陕北能源化工基地和榆林"两区六园"的重要组成部分，被陕西省规划为煤电化载能工业园区。我县有煤炭等20多矿产资源和丰富的水资源，电力供应充足。煤炭已探明储量200亿吨；水资源总量5.91亿立方米，居榆林市各县区之首；高岭土矿探明储量3.71亿吨，居全国之首；铝矾土矿总储量约6.4亿立方米，为陕西省最大矿床；石灰岩储量5亿吨；铁矿储量1亿吨；耐火粘土储量535万吨；膨润土储量初步探明499万吨。

我县紧紧围绕"一县三区"的战略目标，以"四转四升"为转变方式，抓住省直管县、民营经济转型升级试验区和省级循环经济试点县的有利契机。2014年实现地区生产总值436.53亿元，固定资产投资150亿元，财政总收入69.68亿元，地方一般预算收入23.11亿元，实现我县经济社会平稳发展。

榆林市是全国第二批循环经济试点城市。近年来，府谷县按照国家发改委批复的榆林市循环经济试点实施方案，着力培育循环经济型企业、循环经济型工业园区和循环经济型产业，积极探索资源型城市可持续发展新路子，已被陕西省确定为省级循环经济试点县。

2005年以来，府谷县提出了转变发展方式，提升发展层次，引导企业走资源节约、循环发展的新型工业化道路的发展目标。通过发展循环经济和加强生态环境治理，府谷县改变了过去依靠产煤来带动经济发展的粗放方式，极大地提高了资源利用效率，改善了生态环境，初步实现了经济效益、社会效益和环境效益的有机统一。

一、主要做法

（一）加强领导，统筹做好规划编制工作

2006年，府谷县委、县政府提出了大力发展循环经济的战略目标。2007年，县上成立了发展循环经济节能降耗工作领导小组，由县长、常务副县长分别担任组长和副组长。制订颁布了《府谷县节能降耗"十一五"规划》、《府谷县单位GDP能耗考核体系实施方案》等文件。以循环经济理念为指导，先后编制了"四区八园三小区"规划，编制了《府谷县循环经济发展规划（2010-2015）》，并在《府谷县国民经济和社会发展第十二个五年规划纲要》中，明确提出了建设全国循环经济示范县的目标。2012年，县委、县政府再次提出，"府谷县要走新型工业化的发展道路，大力发展循环经济，不断延长产业链条，发展壮大民营经济”，编制完善府谷县循环经济“十二五”及中长期发展规划，为创建全国循环经济示范县奠定了基础。

（二）构建平台，着力打造循环经济示范园区

2006年以来，按照循环经济发展理念和“园区带动、项目支撑、产业奠基”的发展战略，规划了总面积58平方公里的清水川、皇甫川、郭家湾、庙沟门四大工业园区，精心打造煤炭开采及洗选、煤电、煤化工、载能工业及废渣综合利用循环经济产业链。随后，又规划了总面积32平方公里的庙沟门、高山、新窑等8个兰炭产业园，在园区内新上18条60万吨以上兰炭综合利用生产线，配套其它关联项目，实现资源综合利用。为改造提升地方传统产业，规划设置了东山、黄河、恒源三个工业小区。根据“四区八园三小区”的规划布局，逐步将现有规模小、布局分散的企业整合后对应摆放到集中区，做到增产、节能、降耗、减排同步推进，形成综合开发、相互配套、互相支撑的产业集群。

奥维乾元30万吨合成氨、52万吨尿素项目投产

（三）典型示范，全力培育循环经济企业

鼓励和支持企业围绕煤炭就地转化、工业废渣利用、余热发电、金属镁深加工等领域，引进和推广新工艺、新技术，利用接环补链的方式，实现由基础化工原料向精细化工延伸、由粗加工向精深加工转变、由初级产品向终端产品拓展，促进资源的优质高效利用。在政府引导、企业积极实践的基础上，涌现出了京府、昊田、奥维等一批循环经济示范企业。

(四)重点突破，大力发展现代特色农业

以深化农业结构调整为目标，规划了设施农业、立体农业、海红果和小杂粮四大农业园区（基地）。设施农业示范园区，以生态型无公害蔬菜生产为主攻方向，在墙头农业园区和皇甫川流域，重点发展以设施种植为主的现代农业、设施农业、四季农业；立体农业示范园区，以休闲型“红枣+种植（养殖）+其他”模式为主攻方向，充分利用碛塄农业园区的地理优势，重点发展红枣、蔬菜产业，围绕建设集生态、观光、休闲、旅游为一体的新型生态园区，并注重相关农业产业和项目的开发；海红果产业园区，充分发挥海红果特色产业优势，全面提升海红果栽培技术 水平和加工产品的科技含量，做大产业，做强品牌；小杂粮产业园区，打造“府谷黄米”知名品牌，并发展黄豆、绿豆、荞麦等优势产业。

（五）科技引领，积极推广循环经济关键技术

围绕国家能源化工基地建设，与国内高等院校、科研单位进行科技合作，开展循环经济及环境保护相关技术攻关及推广，主要包括：“提高府谷县煤炭资源回收率技术研究”、“府谷县煤炭资源减沉开采技术研究”等；府谷镁业集团镁节能多联产项目在金属镁还原车间横罐改竖罐技术和蓄热燃烧技术方面的创新改革，被陕西省科技厅列为“13115”科技创新项目；府谷京府煤化有限公司等大兰炭企业，把洗煤过程中生产的煤泥、煤矸石，兰炭生产过程中的荒煤气全部回收利用发电，生产电力和兰炭用于电石、硅铁等载能产品生产，形成初步闭合的企业内循环。

农业方面，在墙头镇墙头村、碛塄杨家庄村、武家庄镇高庄则村、孤山镇岳家寨等农业重点村推广了节水灌溉滴灌、喷灌设施90台（套），太阳能灭虫灯900台，节水日光温室大棚1000棚，有效提升了农业综合效益。

二、取得的主要成效

（一）形成了若干循环经济产业链，初步构建了循环经济产业体系

工业方面，煤炭、电力、化工、冶金、建材等五大支柱产业在节能减排、资源综合利用方面取得了初步成效，打造了煤矸石、煤泥—发电，煤—电—粉煤灰—建材，煤—兰炭—焦油—化工，煤—兰炭—煤气—发电，煤—兰炭—电石—金属镁—煤渣—建材等循环经济产业链，初步形成了煤电化冶建材一体化发展的格局。

农业方面，循环经济模式得到大力推广。武家庄高庄则新村利用养猪场的粪便生产沼气，沼气用于照明、取暖、做饭，沼液用于大棚蔬菜和生态农业施肥、施药。孤山镇李家洼村利用养鸡场的粪便发展大棚蔬菜和生态农业，形成“大棚养殖—猪（鸡）粪肥田—大棚种植”为一体的农村循环经济产业链。碛塄园区将县城的粪便集中拉运储存，在碛塄村、杨庄村建设无公害蔬菜基地。此外，绿色物流和生态旅游也逐步发展壮大，全县已初步构建了循环经济产业体系。

（二）实现了环境效益与经济效益的“双赢”

通过发展循环经济，促进了“十一五”节能减排目标的完成。“十一五”期间，府谷县单位地区生产总值能耗从3.13吨标煤下降到1.42吨标煤，二氧化硫累计消减6.69万吨，化学需氧量累计消减310吨。2014年，资源产出率达到642元/吨，工业固体废弃物综合利用率达到72%，工业用水重复利用率达到93%，农作物秸秆综合利用率达到85%。

企业发展循环经济取得了明显的环境效益和经济效益。恒源煤焦电化公司通过发展循环经济，年可节约原煤18.37万吨，降低电耗4067万度，减排工业废水44万立方米、二氧化硫1374吨。天龙镁业通过发展循环经济，年可节约原煤6万吨，减排固体废渣及粉尘1.58万吨，减排废水4万吨，节水5万吨，减排二氧化碳66吨，二氧化硫458吨，吨镁综合成本下降2000元，年增经济效益3000万元。

（三）涌现了一批循环经济先进典型

在政府大力推动下，府谷涌现了一批循环经济先进典型。恒源煤焦化有限公司以煤炭开发为起点，通过延长产业链和进行产品深加工，使上游废料成为下游原料，通过洗选精煤，生产优质工业新型冶金焦；利用洗煤过程中产生的煤矸石、煤泥、洗中煤，炼焦过程中产生的荒煤气为燃料发电，利用发电产生的炉渣、粉煤灰，生产水泥，并开发出焦油、甲醇、改质沥青产品等，做到了废物和资源的充分利用。

天龙镁业有限公司通过改进技术和对废弃物进行综合利用，将原煤生产成焦粉，焦粉用于生产硅铁，生产过程中原来排空燃烧的煤气回收和硅铁一起用于金属镁生产，金属镁生产过程中产生的镁粉回收用作工程垫土或生产空心砖，初步形成了煤炭开采、原煤洗选、机焦冶炼、环保发电、铁合金和有色金属生产为一体的循环经济产业链。

三、下一步发展循环经济的总体思路

今后，府谷县发展循环经济的指导思想是：以党的十八大提出的“大力推进生态文明建设，着力推进绿色发展、循环发展、低碳发展，形成节约资源和保护环境的空间格局、产业结构、生产方式、生活方式，从源头上扭转生态环境恶化趋势，为人民创造良好生产生活环境，为全球生态安全作出贡献”为政策方针，以转变经济发展方式为主线，以体制机制创新和科技创新为动力，以高效利用煤炭、矿产资源为核心，以循环型工业建设为龙头，以“四区八园三小区”建设为重点，带动循环型农业和服务业发展，打造资源高效利用、产业共生耦合、环境持续改善的能源化工循环经济基地，构建循环型产业体系和社会层面循环经济体系，提高全县生态文明水平，实现从“金三角”向“绿三角”的跨越升级。

未来一个时期，府谷县循环经济发展总体目标是：巩固现有循环经济发展成果，利用3-5年时间，进一步完善循环经济产业链，构建矿区煤炭产业循环经济体系，构建煤电冶化循环经济体系，构建矿区-园区-农业-生态循环经济体系，构建资源节约、环境友好的产业结构、增长方式和消费模式，形成资源循环式利用、企业循环型生产、社会循环式发展的格局，打造绿色能源化工基地，努力建设资源高效循环利用、生态环境良好、经济社会持续发展的国家循环经济示范县。

到2018年，打造煤炭、电力、化工、冶金、建材、煤电化冶建材一体化6大循环经济产业链，建设15个循环型工业园区、5个循环型农业基地、2个绿色物流园区、1个“城市矿产”基地，培育50家节约资源能源、保护生态环境的循环型示范企业，打造3大生态旅游景区，形成较为完善的循环型工业、农业、服务业产业体系，初步建成覆盖全县的再生资源回收利用体系，建立起循环经济政策支持体系、技术创新体系和激励约束机制。资源产出率、原煤入洗率、煤矸石综合利用率、粉煤灰综合利用率等重点循环经济指标达到国内同类地区先进水平。

四、主要任务

（一）推行循环型生产方式，构建循环型工业体系

1.在煤炭工业、煤化工及盐化工、电力工业、冶金工业、 建材工业等重点行业推进行业清洁生产。煤矿推进绿色开采，加强煤系共伴生矿开发，促进煤层气、矿井水、煤矸石综合利用。化工行业加强废渣综合利用和废气回收利用，推动含硫气体综合利用。电力工业充分利用褐煤、煤泥、煤矸石、煤层气、余热余压等发电，鼓励发展热电联产和热电冷三联供，加强电厂余热综合利用、粉煤灰、脱硫石膏综合利用、节水和废水循环利用，减少二氧化碳排放。冶金工业采选环节共伴生矿和尾矿的综合开发，淘汰装备落后的小型硅铁电炉，改造中型硅铁电炉，建设大型硅铁电炉。推广安全高效、能耗物耗低、环保达标、资源综合利用效果好的先进冶炼生产工艺和技术，强化从源头防控污染排放，加强余热利用、冶炼“三废”资源化利用。建材工业推广高固气比水泥悬浮预热预分解技术，利用窑炉低温余热发电，逐步禁止生产和使用实心粘土砖，大力推广散装水泥，发展利废建材和绿色建材。

府谷循环经济现代农业园

2.构建循环经济产业链。构建煤炭开采—原煤—精煤—兰炭、煤炭开采—原煤—发电、煤炭开采—共伴生矿—膨润泥和煤矸石—发电等的煤炭循环经济产业链；构建煤—兰炭—硅铁、煤—合成氨—尿素等以煤气化为核心的煤基多联产产业链，兰炭生产—煤气—金属镁/发

电、电石生产—电石炉气—烧石灰/发电等的化工循环经济产业链；构建发电—粉煤灰+炉渣—建材等的电力循环经济产业链；构建兰炭+硅石+钢屑—硅铁、硅铁+白云石—金属镁—镁合金及压铸件、金属镁生产—镁渣—免烧砖等的冶金循环经济产业链；构建粉煤灰+镁渣—免烧砖、粉煤灰+电石渣+赤泥—高标号水泥、农作物秸秆—木塑复合材料、生活垃圾/污泥—水泥窑炉—水泥等的建材循环经济产业链；培育煤—电—化、煤—电—建材、煤—电—冶炼—建材、煤—化—建材等跨行业循环经济产业链。形成以煤炭开采为龙头，集发电、化工、冶炼、建材于一体的循环经济产业链网，促进产业共生，打造府谷能源化工循环经济基地。

3.培育以循环经济为主要内涵的新兴产业。一是节能环保装备制造业。围绕煤炭采掘、能源化工建设发展配套装备制造业，促进府谷县煤炭、化工、电力、冶金、建材等主导产业提高能源利用效率，减少能源消耗和废弃物排放。二是资源循环利用产业。加大共伴生矿开发和大宗固废综合利用力度，开展再制造、餐厨废弃物资源化利用、“城市矿产”利用，促进产业化。三是加强煤系高岭岩、油母页岩等共伴生矿产资源的开发，探索利用煤系共伴生资源生产膨润土、聚合氧化铝、陶粒、特种硅铝铁合金、铝、硅系精细化工等高附加值产品，促进煤层气综合利用。四是加强煤矸石、粉煤灰、电石渣、镁渣、赤泥等大宗工业固废的综合利用。五是大力发展煤炭及其它矿产采掘装备、电力设备、冶金和建材设备、化工成套设备的再制造。六是餐厨废弃物资源化利用。七是推动报废机电设备、电线电缆、家电、汽车、手机、铅酸电池、塑料、橡胶等重点“城市矿产”的回收、拆解和回收，形成集中回收－加工－再生—深加工产业链，建设“城市矿产”基地。八是适度开发生物质能，发展生物质固化成型燃料，在规模化畜禽养殖场建设大中型沼气工程。

4.建设循环经济工业园区。按照“布局优化、企业集群、产业成链、物质循环、集约发展”的要求，构建园区循环经济产业链，促进园区绿色低碳循环发展，保护生态环境，打造循环型“七区八园”。

（二）推行循环型生产方式，构建循环型农业体系

加强农业节地、节水、节能、节种、节肥、节药、节粮，推进农业废弃物资源化利用、秸秆综合利用、农膜回收利用、畜禽粪污资源化治理、林业“三剩物”综合利用。推广以沼气利用为纽带的农业循环经济模式、坡地集雨节水模式、工农复合循环经济模式，做大做强四大农业循环经济园区（基地），发展现代特色农业，提升产业水平和效益。

（三）建设和完善再生资源回收利用体系

加快建设城市社区和乡村回收站点、分拣中心、集散市场三位一体的回收网络，采取“户分类、村集中、镇转运、县处理”的模式，实现垃圾集中收运处理。建立垃圾分类投放、分类收集、分类运输和分类处理的垃圾作业模式，将有毒有害垃圾、厨余垃圾、其它垃圾分类界定。建立建筑垃圾回收体系，在社区内开辟定点区域回收家庭装修垃圾，由小区物业代为管理，市政部门统一运输，逐步完善乡镇垃圾处理设施。建立餐厨废弃物回收体系，开展餐厨废弃物收集试点，建立餐厨废弃物产生登记、定点回收、集中处理、资源化产品评估以及监督管理体系，对餐饮单位、集体食堂、居民区等产生的餐厨废弃物进行单独收运和处理，建设餐厨废弃物资源化利用项目，改变餐厨废弃物无序化处理的现状。

（四）加强城乡水利设施和污水处理设施建设

加强坡地集雨设施建设，实施旧城区20条主干渠道雨污分流工程，促进雨水收集和利用。加强农田水利基础设施建设，提高农业灌溉效率。完善府谷城区污水管网体系，统筹建设污水管网、回用水管网、污泥处理设施。加快建设四大工业园区污水处理工程，有条件的乡镇建设污水处理厂。

五、保障措施

（一）严格组织实施

充分发挥政府在循环经济建设中的主导作用，成立以县委、政府主要领导任组长、各职能部门主要负责人为成员的循环经济领导小组。定期召开联席会议，及时部署和解决循环经济建设中的重大问题。强化工业经济、环保、科技、国土、住房、水务、农业、财政、税务、质检等部门的协调配合，建立起切实可行的协调工作机制。

（二）健全管理制度

建立生态补偿机制。

建立总量和强度“双控”制度。

建立循环经济统计、评价、考核制度。

加强监督管理。

（三）完善政策体系

加大财政支持力度。

设立府谷县循环经济发展专项资金。

落实税收优惠政策。严格产业准入。

完善价格政策。

推行居民生活用水阶梯式水价、居民用电阶梯电价。

拓宽融资渠道，鼓励社会资本进入循环经济领域。

府谷县城河滨绿色长廊

新疆天业（集团）有限公司

一、企业基本情况

新疆天业集团大楼

新疆天业集团是兵团大型国有企业，是兵团工业的支柱企业。拥有国家认定的企业技术中心、博士后科研工作站、国家节水灌溉工程中心、氯碱化工国家地方联合工程技术研究中心和院士专家工作站等企业高水平研发平台。拥有140万吨聚氯乙烯树脂、110万吨离子膜烧碱、260万吨电石、600万吨电石渣水泥、200万千瓦热电、20万吨1,4-丁二醇、25万吨乙二醇和600万亩节水器材生产能力，是中国产业配套完整、竞争力强、技术领先、循环经济特征明显的电石法聚氯乙烯龙头企业，也是世界最大的节水滴灌器材生产和推广企业。2013年企业总资产310亿元，实现销售收入245亿元。先后3次荣获国家科技进步奖，连续4年进入中国企业500强。先后被授予国家第一批循环经济试点企业、国家技术创新示范企业、全国循环经济工作先进单位、国家首批循环经济教育示范基地等荣誉称号。

二、天业集团循环经济主要特色

新疆天业立足新疆的优势资源，通过技术创新实现产业链的延伸，形成了国内第一套煤-电-电石-聚氯乙烯-电石渣水泥循环经济产业链，进一步发展下游塑料节水器材产业和高效农业，形成了特色鲜明、工农和谐发展的产业链大循环，成为区域绿洲经济发展的支柱。

在产业链大循环的基础上，不断突破技术瓶颈，实现废水、废气和废渣的资源化利用，构建了以废弃物资源化利用为核心的小循环体系，“三废”综合利用水平处于行业领先地位。在农业节水产业方面，突破了废旧滴灌带回

壮美的聚氯乙烯（pvc）厂区

天业膜下滴管

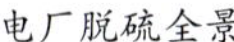
电厂脱硫全景

天山脚下的伟业

收再利用技术，建立了农业节水滴灌器材生产与回收一体化循环经济产业链，生产出了中国农民用得起的滴灌节水器材，推动了我国滴灌高效节水农业的大发展。循环经济发展模式使企业主导产品成本居于国内领先水平，不仅解决了环保问题，更成为企业提高核心竞争力的重要手段，具有巨大的推广价值。

三、循环经济工作已取得的主要成效及做法

新疆天业是国家循环经济第一批试点企业，重点工作围绕氯碱化工和节水器材核心主业，把循环经济贯穿于企业发展的全过程，提出了两个概念，一个是资源（石灰石、煤、原盐）——发电——电石——聚氯乙烯——节水器材——高效农业——食品加工——农业产业化的产业链大循环，另一个是废弃物资源化再利用为核心的小循环，即粉煤灰、电石渣—水泥、制砖—建筑。大、小循环的有机结合，上游企业的废物成为下游企业的原料，实现资源最有效利用。

“十二五”期间，在产业结构调整上，天业集团改变了单一发展产业格局，更加注重废弃物的高值利用。以乙炔化工和电石炉气化工利用为切入点，结合公司实际发展情况，2012年建成世界首套电石炉气制乙二醇和1,4-丁二醇装置，并在此基础上建设20万吨乙二醇和17万吨1,4-丁二醇项目，形成了电石炉气高值化利用与乙炔化工延伸发展、传统化工与新型化工有机结合的发展新格局。

1、“三废”循环增效益

在水资源综合利用方面，注重水资源梯级利用网络的建设。2006年，天业集团成功开发了干法乙炔、聚合母液水生化处理、含汞废酸深度解析、乙炔上清液闭式循环等节水新工艺。其中，聚合母液水COD去除率达到90%以上，处理后的母液水全部用作电厂冷却水，含汞废酸深度解析技术，实现了含汞废水的封闭式循环。以上节水技术的集中利用，每年实现节水800万方以上。

天业的基本思路，不仅要做到达标排放，更要注重回收利用，创造经济价值。在废气治理方面，通过变压吸附技术的集成创新，开发了氯乙烯尾气全回收技术，使氯乙烯尾气排放量下降了70%。废气综合回收利用网络的建立，改变了传统氯碱平衡，使聚氯乙烯综合能耗下降了10%，每年仅氯乙烯尾气回收就为企业创造直接经济效益5000万元以上；与浙江大学共同开发的大型热电机组电石渣烟气脱硫技术，以电石渣作为脱硫剂，脱硫效率达到95%以上，脱硫成本仅为国内传统工艺的50%，脱硫石膏全部回用于电石渣水泥生产，废渣利用率达到100%。

电石渣制水泥是天业循环经济产业链的突破与创新。2005年天业集团自主研发出先进的湿磨干烧工艺，并建成国内第一套年产35万吨熟料的电石渣水泥装置。2007年，天业集团率先在行业使用干法乙炔技术，同时建设年产120万吨熟料的电石渣新型干法水泥生产装置，与年产40万吨聚氯乙烯装置同步投产、满负荷运行，使天业成为国内第一家大规模运行干法乙炔装置、电石渣新型干法水泥装置的企业。目前，天业已经形成以电石渣、粉煤灰为主

电石渣水泥

天业1,4丁二醇、乙二醇厂区

天业节水器材生产线

科技示范——天业滴灌水稻

要固体废弃物的综合利用网络，每年获取的经济效益上亿元。

2、行业瓶颈技术汞污染防治取得突破性进展

随着国际禁汞条约的实施和我国汞资源的日趋枯竭，我国电石法聚氯乙烯发展面临巨大的挑战。天业集团以超前的战略眼光，率先实践，相继成功开发固汞触媒、含汞废酸深度解析、含汞废水深度处理和高效气相汞回收等关键技术，这些经工业实践的成套技术，成为国家聚氯乙烯清洁生产和汞污染防治重点鼓励推广的技术。2011年天业集团自行设计建设的3000吨/年低固汞触媒生产装置顺利投产，使天业集团百万吨聚氯乙烯装置率先在国内实现低汞化，为我国聚氯乙烯行业的汞污染防治工作提供了强大的技术支撑和政策支持。减量化是过程、无汞化是目标。在无汞触媒的开发上，天业集团更是不遗余力，建立了以企业为主体，国内多家院所共同参加的无汞触媒开发试验平台，部分研究成果已进入工业侧线试验阶段，整体研究水平处于国内领先。

3、节水滴灌技术大范围推广

天业集团将化工与节水农业两个产业紧密结合，形成了具有鲜明特色的工农业相结合的产业链。目前，新疆天业自主开发的成本低、性能好、农民用得起的膜下滴灌系统在全国累计推广面积达到6000万亩，并成功走向西亚多个国家。膜下滴灌技术取得成功，在很大程度上缓解了水资源短缺瓶颈，形成了工农业相互促进、和谐发展的新局面。

四、循环经济辐射带动效益明显

天业循环经济发展模式推动了国内聚氯乙烯、节水滴灌行业的可持续发展，引起社会各界的广泛关注。2011年在中国•新疆节能环保与能源工业技术博览会上，新疆天业变废为宝的脱硫石膏、粉煤灰蒸压砖、电石渣水泥等20余件环保产品以及农民用得起的节水滴灌器材，得到许多参会客商的赞许和青睐；同年天业集团助推的辽宁省1000万亩滴灌节水农业工程正式启动，天业《节水滴灌技术创新工程》获得国家科技进步二等奖、《电石乙炔法聚氯乙烯清洁生产关键技术集成与示范》获得中国石油和化学工业联合会科技进步一等奖；2013年《聚氯乙烯专用树脂系列产品的开发与产业化示范》获得国家科技进步二等奖，为推动农业节水及化工行业的技术进步和清洁生产做出了重要贡献。

天业集团从“十一五”中期开始坚持贯彻自治区、兵团党委实施优势资源转换战略和坚定不移走新型工业化道路的战略策略，用循环经济理念，构建氯碱化工新的发展模式，连续八年保持40%的经济增长速度，实现了企业又好又快发展。天业的发展实践证明，循环经济发展模式不仅可以从根本上解决环保问题，更成为企业提高核心竞争力的重要手段，具有巨大的推广价值和发展前景。“十三五”期间，天业集团将继续把企业循环经济工作作为企业发展的主要支撑来抓，一方面做好循环经济教育示范基地建设，严格按照国家相关要求，进一步完善各项工作任务，履行企业社会责任。另一方面，根据市场需求调整产品结构链，加大高附加值产品项目的开发建设力度，提升天业集团市场竞争力和抗风险能力，使公司走上一条“低消耗、低排放、高产出、高利润”、拥有自身特色的“绿色化工”之路。

（撰稿：张方英）

白银市循环经济

中共白银市委书记张智全、市长汪海洲在项目现场调研

白银市发改委主任王禄邦在企业调研循环经济

白银是国家首批“资源枯竭转型城市”和甘肃省循环经济试点示范城市。近年来，我市把发展循环经济提升到立市之本、兴市之基、强市之源的高度，坚持发展循环经济、转型升级、承接产业转移有机结合，成立了发展循环经济领导小组和循环型农业、工业和社会服务业三个工作推进组，建立了部门联席会议、地企协商、定期督查等机制，制定了考核办法和评价体系，从企业、园区、社会分层推进，形成了“资源能源循环利用、重点行业循环先行、产业发展协同共生、政府引导多元推动”的循环经济发展模式。

一是合理布局循环产业体系。紧紧抓住被列为全省循环经济试点市的机遇，把握国家产业政策扶持导向，按照生态化、循环化、特色化、集群化的要求，编制完成循环经济总体规划、工业集中区和生产力布局规划，确立了“优势工业先行，特色农业并进，社会循环推广”的发展路径，重点谋划了有色金属（稀土）深加工及新材料、化工、能源和先进高载能3个千亿元产业链，先进装备制造、陶瓷建材、农畜产品深加工、生物医药4个百亿元产业，打造5个产业基地，培育35户骨干企业，全面建设农业、工业、服务业和社会循环体系。规划项目265个，投资规模1377亿元。

二是延伸打造循环产业链条。围绕建设有色金属新材料、精细化工、复合型能源、农畜产品加工、再生资源5个专业循环经济产业基地，着力构建完善6大循环经济产业链。有色金属（稀土）深加工及新材料产业链，实施白银公司铜冶炼技术提升、锌资源综合利用、铜铝导体新材料和稀土公司功能材料等项目，形成了有色金属多元合金、超长冷凝管、超薄铜箔、核聚变绞缆等一批高附加产品。昌源化工重铬酸钠制取技术达到国际领先水平，长通超导电缆导体直供法国国际热核聚变试验堆和神舟系列飞船；郝氏炭纤维公司成为行业唯一全产业链企业，产能全国第一，2013年被列为省级工程技术研究中心。精细化工产业链，围绕银光公司TDI系列产品，配套刘化集团、北方三泰、阳明化工等企业，聚银公司、甘肃稀土、东方钛业等企业年利用银光公司盐酸、TDI、邻甲苯二胺、电石渣等产品和废渣46.15万吨。能源及先进高载能产业链，围绕建设火水风光发电互补的西部复合型能源基地，建成大唐、华电、中电投、中电国际等山地风电、光伏发电项目12个，热电联产、鸿泰铝业百万吨铝合金产业链等项目先后开工，全市发电总装机容量达到450万千瓦，其中风电46.45万千瓦、光伏发电9万千瓦。陶瓷建材产业链，寿鹿山日产4500吨水泥、宏达铝业10万吨铝型材项目建成，凯斯瓷业高档墙地砖项目正在建设；银光双银、金奇化工等企业利用粉煤灰、脱硫石膏、氟石膏等工业废渣生产蒸养砖、发泡保温板、油田固井减轻剂、纸面石膏板等产品，年消化废渣280万吨。装备制造产业链，培育尚德电机、甘肃亿维、甘肃容和、中集华骏等企业，初步形成风电叶片成套设备、矿用电器、高压线缆、专用车辆等产业。中科宇能风电叶片制造技术拥有该领域国内唯一自主知识产权。农副产品加工产业链，依托马铃薯良种繁育、大型养殖企业，形成了“良种繁育-淀粉粉渣-饲料加工-养殖-生物有机肥”等农牧互补产业链，建成熙瑞、枣旺、桔瑞、赛诺、杰康诺、东方瓜园等农产品加工企业，玉米淀粉复合酶为国内首创，酵母核心产品、菊粉等生产技术国内领先。2013年，3个千亿元产业链增加值164.93亿元，同比增长15.36%，占GDP比重35.5%；4个百亿元产业增加值19.44亿元，同比增长20.79%，占GDP比重4.18%。

银光化学工业集团公司TDI生产线

白银有色集团公司三冶炼厂ISP“三废”治理及资源化利用项目

三是引导培育循环骨干企业。发挥大中型企业集聚和扩散作用，10户重点企业入选省级循环经济试点示范企业。白银公司实施硬锌底铅提铟、露天低品位含铜废石综合利用、多金属矿尼尔森选金、渣还原造锍熔炼综合回收等项目，提高“四率一综”（矿石回收率、选矿回收率、冶炼回收率、加工成品率、综合利用水平），每年新增硫酸产量15万吨、铜500吨、铅锌4500吨，铜铅锌回收率分别达到97%、96%和98%以上，“白银有色”模式被国家列入循环经济60个典型案例。银光公司实施硫酸雾治理、TDI有机废渣焚烧、中水回用、锅炉脱硫除尘等项目，提高了三废综合利用水平。稀土公司实施冶炼尾气综合利用、稀土冶炼废水重金属污染防治、钕铁硼后处理切片、贮氢材料升级扩能改造项目，实现了有价元素回收利用。靖煤集团重组刘化集团，谋划煤制气项目，发展煤化工产业；推行瓦斯综合利用，建成西北首家总装机容量0.67万千瓦的瓦斯发电机组。

会宁康之源公司沼气工程

四是大力开展园区循环化改造。加快“园中园”建设，以高新区为龙头，构建总规划面积340平方公里的“一区六园”循环经济空间格局，规划建设稀土新材料产业园、生物经济园、西北再生资源产业基地等园中园。大力实施循环化改造，争取循环化改造资金1.63亿元，建设循环化改造项目19个，完成投资14.81亿元，高新区被列为国家首批循环化改造示范试点园区、国家知识产权试点园区。推动科技创新，科技企业孵化器一期5万平方米生物医药产业园建成投用，入孵企业52家，二期装备制造产业园建成5.3万平方米；中集华骏、甘肃稀土等4家企业被认定为国家知识产权优势企业，我市被列为国家知识产权试点城市、省级创新型试点城市和全国科技进步先进市。2013年，“一区六园”完成固定资产投资201.5亿元，实现技工贸总收入628亿元，同比增长31.1%；完成工业增加值198.9亿元，同比增长17%；累计开发土地82.46平方公里。

甘肃稀土公司氨氮废水处理回收线

五是切实推动资源循环利用。注重工业固体废弃物综合利用。先后实施了煤矸石、粉煤灰及脱硫石膏等综合利用项目，白银公司铜冶炼渣资源综合利用项目建成投产，年处理铜渣140万吨，回收铜2.2万

白银有色集团公司铜冶炼渣资源综合利用工程

靖煤集团洁能热电公司低浓度瓦斯发电项目

吨；贵金属综合利用项目试产成功，形成回收黄金15吨、白银500吨的产能。建成中材集团日产4500吨新型干法水泥项目，年消化采矿废石、粉煤灰、硫酸渣、氟石膏近100万吨。纸面石膏板生产线投产，年利用工业副产石膏12万吨。寿鹿山公司处置城市废弃物及工业废渣项目建成达产后，年可利用粉煤灰45万吨、硫酸渣8万吨。全市年消化利用工业固体废物800多万吨，工业固废综合利用率由66%提高到73%。实施生活垃圾等资源回收利用。建设12兆瓦生活垃圾焚烧发电项目，建成后日处理垃圾600吨。引进香港亿城实业公司投资建设危险废物资源化无害化集中处置中心，建成后年可回收处置废旧电池7万吨，回收塑料1.4万吨。实施了废旧塑料包装物回收再利用项目。城市生活垃圾无害化处置率达到74.34%。打造再生资源回收利用产业基地。建立社区再生资源回收市场6个，培育再生资源回收企业250个。实施废旧轮胎资源再生综合利用、外墙保温砌块资源综合利用等项目，年处理建筑垃圾20多万吨，建筑垃圾综合利用率由10%提高到60%以上。靖远县被列为甘肃省第一个国家可再生能源建筑应用示范县，白银公司被列为全国首批矿产资源综合利用骨干企业，我市被列为全国首批产业废物综合利用示范基地和全省再生资源回收体系建设试点城市。注重区域内外资源整合。白银矿田深部及外围寻找大型矿床实现重大突破，新增铜等多金属资源量约50万吨，被列为国家级整装勘查区。白银公司初步形成以白银、陇南为中心，辐射新疆、陕西、西藏、内蒙、云南5省区的资源开发格局，在南非黄金资源超过3000吨，成为年矿产金50吨的世界第八、中国第一的黄金优势企业。

六是着力构建“两型”社会。在城市，实施城市大气污染治理、城乡清洁能源、城乡安全饮水、城市环境治理“四大民心工程”，开展“五城联创”活动，推进大环境绿化，每年造林30万亩以上，全市森林覆盖率达到13.93%；谋划与中信集团合作，建设碳汇林基地；建成市区污水处理厂、垃圾处理场各5处，污泥处理工程正在建设，城市生活垃圾日处理能力678吨。在农村，发展节水、节肥、高效型农业，推广配方施肥402.6万亩、全膜双垄沟播131.13万亩、节水灌溉91.58万亩；发展以废旧农膜、秸秆、畜肥、沼气综合利用为核心的循环型农业，靖远、景泰、会宁三县被列为国家农业清洁生产示范项目区，建成废旧农膜回收企业23个，全市农膜回收利用率达到72.85%；靖远县被列为全省秸秆饲料化利用示范区，全市农作物秸秆综合利用率达到74.6%；尾菜处理利用率达到27.5%；建成户用沼气10万户、大中型沼气15个，年产沼气1400万立方米。在全社会，大力实施合同能源管理项目，引进北新集团建设新型材料房屋示范项目，推广财政补贴高效照明产品56万只；新建建筑施工阶段执行建筑节能强制性标准比例达到97%，完成既有居住建筑供热计量及节能改造60万平方米；建立了OA协同办公系统，实现政务、公文、邮件系统电子化。在企业，实施电厂脱硫脱硝、重金属污染治理等工业污染治理项目93个，完成投资34亿元；取缔关停不符合产业政策、污染严重的小企业，2013年淘汰落后产能138.1万吨，万元GDP能耗下降8.2%，万元工业增加值用水量下降5.35%，城区空气优良天数达到334天。

中国瓷都·德化
多产业共生县域循环经济发展模式

德化是个千年古县，是我国三大古瓷都之一，县域面积2232平方公里，常住人口28.22万。2013年全县实现GDP154.73亿元，公共财政总收入14.01亿元。作为全国最大的陶瓷工艺品生产和出口基地、“中国瓷都”、中国陶瓷历史文化名城，陶瓷产业已成为我县重要的支柱产业，全县共有陶瓷企业1400多家、从业人员近10万人。近年来，德化县以陶瓷优势主导产业为基础，大力发展循环经济，实现多产业共生绿色发展的县域循环经济发展模式，被列为全国12个区域循环经济典型模式案例之一，是福建省唯一列入国家循环经济典型模式示范的县。

一、构建“社会大循环，产业间、产业内、企业内大循环，废旧资源处理再生利用和绿色消费”的“1+3+1”循环经济模式。社会大循环：通过实施“大城关”发展战略，聚集各种生产要素，优先培育发展壮大陶瓷业，带动就业和三产的发展，全县城区人口19.6万人，城镇化水平达72.3%。产业间、产业内、企业内大循环：构建循环型产业体系，陶瓷、水电、林业、旅游业相互促进、良性循环。全县98%以上陶瓷企业使用电能、天然气等清洁能源，成为全国第一个无黑烟污染的陶瓷产区。实行废石膏、黄金尾矿等工业固废物再生利用、工业废水循环利用，大力发展“静脉产业”。企业广泛开展节能降耗和减排增效活动。社会废旧资源处置再生利用和绿色消费：加强污水处理厂、废旧物资回收交易中心等建设，推进城市生活垃圾减量化、资源化、无害化。

二、开展园区循环化改造，推动陶瓷产业转型升级。福建德化陶瓷产业园区2012年10月被国家发改委、财政部确定为国家循环化改造示范试点园区，园区总规划面积8.98平方公里，2013年园区陶瓷业产值占全县工业总产值的66.38%。通过对园区进行规划，优化园区产业布局，促进产业聚集和循环链接延伸，发展以企业为主体的循环经济，构建“瓷土加工—陶瓷—废渣、废石膏—再利用，陶瓷”、“尾矿—制釉—陶瓷”、“铁矿—尾渣—建材”等多条循环经济产业链，积极开展废水循环、余热、废物再利用，实现园区循环化改造“减量化、再利用、资源化”目标。

三、积极打造现代化绿色宜居城市。在《福建省主体功能区规划》中，德化县被划入重点生态功能区。德化以争创科学发展示范县和统筹城乡发展先行县为目标，以“中国瓷都•生态旅游宜居城市”为定位，把县城当成景区来规划设计和建设，凸显“山魂、水魄、瓷韵、人文”的城建理念，做大、做特、做优、做精“宜居县城”，把城市建在“森林中、浐溪旁、瓷海里和市民群众的心坎上”，推动科学发展、跨越发展、长远发展。德化县先后被评为全国绿化模范县、国家级生态县，森林覆盖率达77.7 %。县城城区环境空气质量接近国家一级标准，饮用水源水质达标率100%，生态环境质量位居全国第29位、福建省首位，被评为福建省最佳人居地、福建省最佳旅游目的地、中国最佳生态旅游县。

阳泉市

发展循环经济 促进产业转型

阳泉市位于山西省中东部，太行山中段西麓，地处太原、石家庄两个省会城市的中间位置，自古以来就是往来晋冀两省的咽喉要道，是京津冀协同发展区及沿海发达地区向内地辐射的重要通道。全市南北长约106公里，东西宽约42公里，土地总面积4558平方公里。现辖平定县、盂县和郊区、城区、矿区、经济技术开发区2县4区。总人口139.27万人。

一、循环经济发展现状

阳泉市作为资源型城市和能源工业基地，近年来贯彻国家和山西省的一系列循环经济发展的方针政策，循环经济理念进一步确立，产业体系逐步完善，特别是在工业固废综合利用、再生资源回收体系、“城市矿产”示范基地建设等重点领域取得突破。

全市根据产业废物特点、综合利用条件及综合利用相关产品的市场和技术等条件，重点开展煤矸石、粉煤灰、铝矾土废渣等产业废物的综合利用，不断提高产业废物的利用效率和科技水平，形成了一批以产业废物综合利用为主的新型墙体材料、水泥、冶金、新材料等新兴产业。特别是 “十二五”以来，煤矸石和粉煤灰的资源化利用进入了快速发展期，综合利用方式不断丰富，高端化利用有了重大突破，形成了产业废物综合利用的规模化发展格局。2014年，资源综合利用完成的工业总产值达到40亿元，工业固废综合利用率达到70%。

阳泉市整合现有再生资源回收渠道，加强废旧金属、废旧电池、废旧家电、废弃电子产品等再生资源的回收，基本建立起以社区回收站点为基础、分拣集散市场为核心、加工利用为目标的 “三位一体”再生资源回收网络体系，40%的社区设立了规范的回收站点，57%的再生资源已进入指定市场进行规范化的交易和集中处理。截止2014年底，阳泉市已有大中型再生资源龙头企业4家，废旧资源回收从业人员达到10000多人，建有固定回收站点60个、分拣中心2个、集散市场1个，年再生资源回收量约30多万吨，总价值近10亿元，再生资源回收利用率达到50%。

阳泉市大力推进“城市矿产”示范基地建设，其中，山西吉天利循环经济科技产业园被列为第三批国家“城市矿产”示范基地，该产业基地集报废铅酸电池、锂离子电池、七类废物、废钢等再生资源回收、交易、科研、深加工为一体，其建设的铅蓄电池循环产业链、锂离子电池等项目，使废旧铅蓄电池再制造成为规范化、规模化发展的产业。山西天元绿环科技有限公司作为“城市矿产”的领军企业，近年来实现了跨越式发展，建成了废旧电器回收处理和报废汽车回收拆解项目，年处理废旧电器150多万台、报废汽车3000多辆。

二、今后发展战略

1、优化空间布局：以建成全国重要的新型洁净能源基地、全国重要的新型材料及特色装备制造基地、山西省东部中心城市和交通枢纽、文化旅游休闲与生态宜居城市为城市性质定位，结合阳泉市主导产业发展布局和相关产业的关联情况，在空间上形成“一带两板块、三战略通道”循环经济发展布局。“一带两板块”是指南北向城镇发展经济带和市域中心（阳泉中心城区）、市域副中心（盂县县城）两大板块，是阳泉发展循环经济的区域内部协作分工布局，基本涵盖了阳泉市整个区域，形成了发展循环经济的空间格局。“三战略通道”指京津冀循环经济战略通道、大太原圈循环经济战略通道和晋北蒙中蒙西循环经济战略通道，是阳泉利用在晋东有利的区域优势，分别与北京、天津、河北、内蒙中西部以及省内的晋北区域、太原地区进行产业对接和资源整合，促进区域间循环经济合

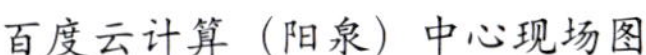
百度云计算（阳泉）中心现场图

天元集团新厂房现场图

作布局。

2、构建循环型产业体系：基于煤炭、铝土矿、石灰石等资源的开发及形成现有产业的基础上，重点构建五大产业体系：一是以煤为基、产业延伸的资源高效利用体系；二是铝资源开发利用的循环型产业体系；三是风能、太阳能等新能源开发利用体系；四是工农业复合循环经济产业体系；五是以生态旅游、物流为重点的服务业循环经济体系。促进企业间、产业间共生耦合，加大产业废物综合利用，形成资源高效利用的循环经济产业链，最大限度地减少资源浪费，促进环境保护。

3、构建园区化循环经济承载平台：阳泉市山地多、平地少，工业用地矛盾十分突出，必须通过节约土地解决用地矛盾，通过“退村入园”、“退城入园”等措施，优化工业布局，形成产业集聚区。重点推进阳泉市东城工业园、阳泉市中小企业园、郊区河底新材料工业园、平定县龙川工业园、平定新型工业园、盂县南娄-西小坪材料工业园、盂县牛村煤电化工业园、阳泉市鑫磊循环经济产业园等八个产业园区建设，促进能源、资源高效利用和基础设施共享，用循环经济构筑产业集聚区向工业园区发展的规范路径。

4、构建城市循环经济体系：围绕城乡一体化、中心城市、生态新城建设，推进“城市矿产”、废旧物资及废旧家电、废弃电子产品、绿色建筑、城市水系统、城市垃圾、餐厨废弃物、绿色消费等领域的循环经济建设，加快建设循环型社会。

5、完善循环经济机制体制：建立循环经济发展的长效机制，完善循环经济指标考评和考核体系。设立循环经济发展专项资金，每年市财政安排2000万元用于推进循环经济发展。开展循环经济标准化建设，建立能够涵盖全市循环经济建设管理和技术各层面的标准体系。

三、近期发展重点

近期重点实施循环经济八项示范工程：一是资源综合利用示范工程；二是产业园区循环化改造示范工程；三是再生资源回收利用示范工程；四是节能改造和新能源示范工程；五是节水示范工程；六是农业循环经济示范工程；七是循环型服务业示范工程；八是资源循环利用技术产业化示范推广示范工程。

百度云计算效果图

长寿经济技术开发区

长寿经济技术开发区于2010年11月由国务院批准升级为国家级经济技术开发区，其前身是2001年12月由重庆市政府批准成立的重庆（长寿）化工园区，2011年5月与晏家工业园区整合运行，先后被国家有关部委列为国家新型工业化化工产业示范基地，国家循环经济试点园区、国家循环化改造试点园区、国家化工新材料高新技术产业化基地、国家知识产权试点园区、资源综合利用“双百工程”示范基地，荣膺2014年“中国开发区”最具投资价值和最具发展潜力奖两项殊荣。

长寿经济技术开发区坚持集群发展、创新驱动、开放引领和生态发展的理念，践行循环经济和五个一体化发展模式，主导发展天然气化工、石油化工、新材料新能源、钢铁及金属压延、装备制造五大产业，致力于建设西部领先、国内一流、国际知名的经济技术开发区。已落户工业企业256家，其中世界500强企业19家，2014年实现销售收入689.5亿元，工业总产值715亿元，工业增加值193.45亿元，完成固定资产投资184亿元。

一、五大主导产业

天然气化工全国领先——天然气制乙炔、合成氨、甲醇羰基化制醋酸等装置技术达到世界先进水平， 形成天然气制乙炔、甲醇、氢氰酸、氯甲烷、合成氨及下游产品产业链，有以中国石化集团四川维尼纶厂为代表的数十家大型天然气化工企业。

钢铁及金属压延产业不断壮大——船板、锅炉板、压力容器板等已具有全国品牌优势，形成了涵盖冶炼及深加工的钢产业链，代表企业有重庆钢铁、浦项钢铁等。

新材料新能源产业蓬勃发展——已建成的MDI生产基地单条线产能全球最高，以MDI为龙头大力发展聚氨酯产业，形成聚氨酯、聚甲醛、玻璃纤维、生物柴油等产业链，代表企业有巴斯夫聚氨酯（重庆）有限公司、国际复合材料等。

重庆纽米新材料科技有限责任公司

装备制造产业基地逐步成型——初步建成特色鲜明的重型装备、汽车零部件及电子信息产业基地，代表企业有正新轮胎、小康汽车、环松科技等。

石油化工产业起步发展——重点发展炼化一体化、重油化工等项目，努力建成西部地区重要的石油化工研发与生产基地。

二、发展循环经济

长寿经济技术开发区坚持循环经济发展理念，大力实施循环经济，经过十多年的发展，探索出传统重化工产业新的发展模

中国石化集团四川维尼纶厂

式，为三峡库区积累了经济发展、资源节约和环境友好的示范经验。

重庆钢铁集团

构建循环经济产业链，实现资源高效利用——从企业小循环、园区中循环、社会大循环三个层面构建循环经济体系，构建了天然气化工、化工新材料循环经济产业链及副产物循环利用链，形成甲醇类、乙炔类、苯类等产品链，利用天然气制乙炔副产尾气制甲醇、甲醇和氯碱化工副产氯气制氯甲烷、甲烷氯化物副产氯化氢制三氯氢硅、副产氢气制合成氨、回收废弃炭黑渣制半补强炭黑等，主要衍生物有醋酸、醋酸乙烯、VAE乳液、聚乙烯醇、高强高膜纤维、MDI、四氯乙烯、R410A、橡胶轮胎等，特色副产物H_2、CL_2、CO及废弃物炭黑实现很好的循环利用，提高了整个园区的产业关联程度和循环经济效益。

构建能源梯级利用体系，能源消耗大幅降低——已建成2座热电中心集中供给入驻企业蒸汽，按照能量梯级利用标准，科学分析企业需求，提供不同压力的蒸汽，在企业内部实现能源小循环，通过公用管廊，对企业副产蒸汽进行统一收集，然后由热电中心统一调配供其他企业使用，实现蒸汽能源在经开区的梯级循环利用，热电中心富余电能直接供应开发区企业使用，有效降低单位国内生产总值能耗。

推行水资源循环利用，提高工业用水重复利用率——将生活污水进行回收处理后，用于化工企业的非饮用工业、园林、市政用水等领域，每年可减少向长江抽水2000万吨以上，通过将纺丝VHT项目废水改为循环水补充水回用，炭黑净化水改为PVA新醇解中和池稀释水回用，罐区喷淋水回收为循环水补充水等，减少工业取水总量800万吨以上，提高水资源的循环利用。

构建安全环保六维体系，实现可持续生态发展——安全环保六维体系包括协调一致的科学规划、科学严格的建设标准、专业配套的设施设备、健全有力的监管措施、安全可靠的风险防范、全面周到的责任关怀，通过编制区域性环境影响评价规划、安全规划和风险评估、循环经济实施方案，建设高标准的安全环保设施、“三废”集中处理设施、五级事故废水防控体系、完善的环保监测系统、联动响应救援系统，努力构建安全、环保、生态园区。

长寿经济技术开发区江南钢城

甘肃夏河安多循环经济示范区

夏河安多循环经济示范园区是国务院批复的甘肃省72个重点循环经济建设项目之一（国函[2009]150号），2011年被甘肃省人民政府授予“全省先进园区”称号，2012年被甘肃省工业和信息化委员会列为“甘肃省第一批循环经济示范园区”。夏河安多循环经济示范园区位于甘肃省甘南藏族自治州夏河县王格尔塘镇、麻当乡、曲奥乡境内，园区规划面积30平方公里，建设总投资45亿元。夏河安多投资集团有限公司为园区主要发起建设单位。

2009年12月17日，甘肃省工业和信息化委员会下达了《关于夏河安多循环经济示范园区产业发展规划的批复》。根据该《批复》意见，园区以新型建材产业园、畜产品加工园、清洁能源产业带为主业，园区科技开发中心为依托，通过实施循环经济重点项目，培育新型产业，延长产业链，提高资源利用效率和可持续发展能力，构建“两园、一带、一心”的总体产业布局。园区规划建设项目共25项，其中新型建材产业园投资16.92亿元，建设项目7项；畜产品加工园投资6.15亿元，建设项目7项，清洁能源带投资19.70亿元，建设项目5项；园区科技管理中心投资2.23亿元，建设基础设施项目6项。

园区项目全部建成后，可实现销售收入38.41亿元，利润7.99亿元，税金3.49亿元，出口创汇8500万美元。年可实现节能24.955万吨标准煤，减排二氧化碳102万吨，减排二氧化硫6030吨，综合利用固体废弃物100万吨，社会、经济、环境效益显著。

夏河安多畜牧产业园

项目规划总投资6亿元，占地面积2000亩，分二期建设：一期主要建设食品公司搬迁扩建项目、园区基础设施、园区公共服务平台项目、冷链物流中心、科研与产品展销中心、活畜交易中心、污水处理厂、2000吨熟肉制品、血液制品等项目；二期主要建设养殖基地、繁育基地、生化制品厂、饲草料厂、有机肥厂、工艺品加工厂等项目。通过建设万吨肉品加工基地、百万头只活畜交易中心等项目，努力建设成为甘、青、川、藏最大的高原特色畜产品精深加工基地。

2012年5月一期工程暨食品公司搬迁扩建项目动工建设，2013年底食品公司搬迁扩建项目实现建成调试、试运行。目前已累计完成总投资2.98亿元。其中：畜牧产业园搬迁扩建项目已完成形象进度100%，冷链物流项目完成95%，园区科研与展销中心完成63%，活畜交易市场完成65%，畜牧产业园基础设施完成75%，污水处理厂完成90%，2000吨熟肉制品完成50%，血液制品项目完成29%。建设夏河安多畜牧产业园对于保护自然环境、稳固高原生态屏障，加快发展、促进民生，利用牛羊资源解决与内陆贫富差距，加快草原经济优势的转化，实现甘南藏区经济、社会跨越式发展和长治久安具有重要意义。

夏河安多投资集团公司

夏河安多投资集团有限公司历经40多年的发展已成为甘南州工业经济重要支柱企业，经营范围涉及建材、清洁能源、畜牧产业开发，兼营房地产开发、技术咨询、金融、商贸流通等领域。集团公司现有员工1500人，总资产18亿元，资产负债率35%。集团旗下有夏河祁连山安多水泥有限公司、甘肃安多清真绿色食品公司、夏河安顺发电有限公司、甘南峡村电站有限公司、北京安多投资管理有限公司、兰州信荣水利水电技术咨询服务公司、夏河安多小额贷款有限公司、夏河安多建材制品有限公司、临夏安多园工贸有限公司、临夏安多清真绿色食品有限公司、夏河安多益华塑业公司、安多牧场（北京）餐饮管理公司、甘南安多磊鑫建材销售有限公司、临夏安多建材销售有限公司等20家控股、参股子公司。

安多公司“坚持以畜牧产业、清洁能源、新型建材为主线，以畜产品开发为重点，以金融、科技、电力、建材、旅游、文化产业为支撑，抓好产业基地建设，培育国家级产业化龙头企业，以市场为导向，依托科技创新，实施“两园一带一心”规划，延伸循环经济产业链，走多种经营具有安多特色的高起点、高标准、高质量、高效益，稳步推进的集团化上市公司的道路”的发展战略，连续多年来保持着良好的经济、社会和环境效益。先后荣获“全国五一劳动奖状”、“国务院扶贫开发重点龙头企业”、“全国少数民族特需品定点生产企业”“甘肃省五一劳动奖状”、“省纳税先进单位”、“甘肃省农业产业化龙头企业”“全省资源综合利用企业”、“甘肃名牌产品”、“甘南州重点保护企业”等160多项殊荣，2008年被甘肃省经济委员会认定为全省第一批循环经济试点企业，2009年被甘肃省工业和信息化委员会评为“全省发展循环经济先进单位”。

甘肃安多清真绿色食品有限公司

甘肃安多清真绿色食品有限公司隶属于夏河安多投资(集团)有限公司，是承担安多集团开发畜牧产业的专业全资子公司公司（旧厂区）总资产为15433万元。

2012年5月实施了甘肃安多清真绿色食品公司搬迁扩建项目，主要建设全自动化牦牛、藏羊肉屠宰、分割生产线，累计完成投资额为24821万元，于2013年11月底建成调试试生产，形成年屠宰加工牦牛、藏羊肉1万吨，冷链仓储能力1万吨。截止2013年12月31日，甘肃安多清真绿色食品有限公司（新厂区）总资产为27670万元。

公司新址位于甘南藏族自治州夏河县王格尔塘镇下滩村安多畜牧产业园，占地面积360亩，是藏区最大的定点屠宰企业之一。

公司主营产品为：安多牦牛系列精分割部位肉、甘加藏羊系列精分割部位肉、休闲系列熟食品。产品主要销往甘肃、陕西、宁夏、北京、天津、河北、辽宁、上海、广东等省市，覆盖东北、华北、华东、华南、西北等地区。已先后在北京、天津、上海、东北、内蒙、兰州、临夏、合作、夏河建立了销售网络体系，设立了品牌形象店和冷链物流配送中心，在全国抢占高端肉类产品市场。努力打造成“甘肃一流、藏区一流、西北一流、中国一流、世界一流”的食品加工企业。

公司是国家认定的“国务院扶贫开发重点龙头企业”、“全国少数民族特需品定点生产企业”、“甘肃省农业产业化龙头企业”，先后取得了“HACCP认证”、“ISO9001质量体系认证”、“无公害农产品认证”、“国际清真食品Halal认证”、“有机食品认证”等，产品荣获2008年北京奥运会推荐食品、2011年第十一届中国（北京）、2013年第十届中国（上海）国际有机食品和绿色食品博览会有机肉类产品有机牦牛、藏羊肉品金奖等。

产品优势：安多牦牛、甘加藏羊生长在天然无污染、高海拔的安多牧场，处于半野生的状态，安多系列肉品更加具有“珍稀动物产品”、“山珍野味”、“绿色食品”等特色；牦牛肉高蛋白、低脂肪、微量元素和维生素含量高，是名副其实的“补充体能的功能性食品”。

甘肃夏河安多循环经济园区示意图

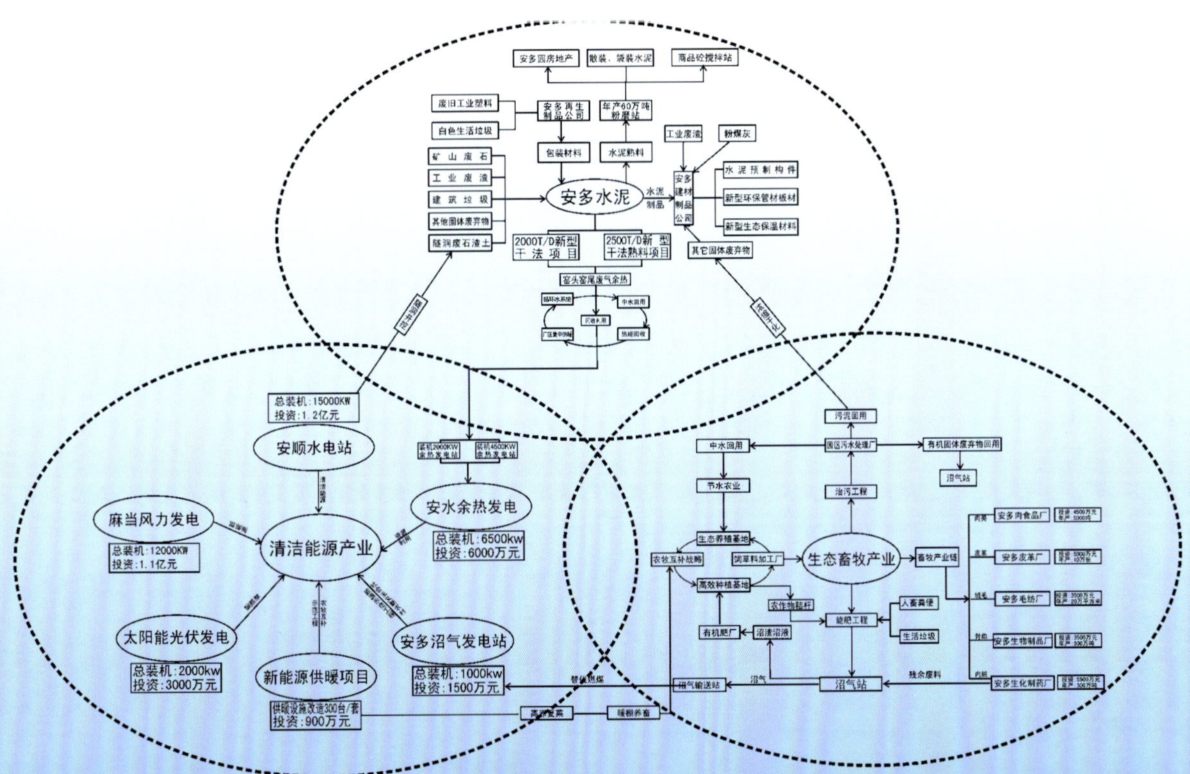

海南省洋浦经济开发区

洋浦经济开发区位于海南西北部的洋浦半岛，是邓小平同志亲自批示，国务院1992年批准设立的享受保税区政策的国家级开发区。2007年国务院批准在开发区内设立洋浦保税港区。2010年国家工信部将开发区列为“新型工业化产业示范基地（石油化工类）”，2014年国家发改委、财政部将开发区列为“国家循环化改造示范试点园区”。开发区批准面积30平方公里，规划面积120平方公里，已开发面积48.56平方公里。

建区20多年来，洋浦累计固定资产投资额774.14亿元，基本实现园区“七通一平”；港航物流、石化、油气储备、纸浆造纸迅猛发展，芳烃产业链已经打通，“一港三基地”初具规模，中国石化、中海石油、中国华信、国投集团、恒逸集团、中汇控股、山东高速、荷兰皇家孚宝集团、印尼金光集团、新加坡裕廊集团等国内外知名企业陆续在开发区落户。2013年，实现地区生产总值254亿元，约占全省的8%；规模以上工业总产值694亿元，约占全省的37%；规模以上工业增加值144亿元，约占全省的28%。截至2013年底，工商注册企业2763家，其中外资企业74家，工业企业66家。

按照海南省委省政府确立的洋浦“一港三基地”的产业定位：面向东南亚的航运枢纽、石油化工基地、石油储备基地、纸浆林一体化基地，近年来开发区做大做强主导产业、延伸产业链，逐步形成集聚效应，为建设国际旅游岛夯实了经济基础。目前，一港三基地产业框架初步建成，石油化工产业步入快速发展轨道。

石化产业。重点发展炼油及油品、芳烃、乙烯及石化下游产品加工产业。目前，已初步形成以大型炼油项目为龙头的炼油石化产业，成为国家首批新型工业化（石油化工类）产业示范基地之一。目前，油头规模正在扩张，芳烃产业链基本形成，烯烃产业链节点打通。

油气储备。重点发展商业储备、国家储备、中转交易业务及产业。充分发挥洋浦的区位、政策、港口、土地资源等优势，服务国家能源安全和南海开发战略，大力发展油气储备产业。目前，在建6个油气储备项目总规模超千万吨，总投资近300亿元。

港航物流。重点发展以石油、天然气为主的大宗能源物流、液体化学品中转业务及产业，建设以煤炭、矿石、木材、橡胶等为主的大宗散货物流和中转基地，发展以保税港区为依托的国际采购、配送、分销、中转等业务。目前，已建成洋浦港区和神头港区两个港区，货运泊位30个，其中万吨级以上泊位14个，最大为30万吨级原油码头，总吞吐能力为4500万吨（集装箱40万标箱），开通了琼越海上直航航线等15条内外贸航线。

洋浦经济开发区的发展理念为：利用国际、国内两种资源，大力发展资源、能源型加工工业，把洋浦建设成为我国重要的进口替代加工基地，进而延伸产业链，打造若干产业集群，发展高新技术产业，开拓国际市场，最终把洋浦建设成为我国重要的出口加工基地。在此基础上，洋浦经济发展规划和产业发展规划明确了“一港三基地”的发展定位，确定了“集中布局，上下游衔接，相关产业配套，环境友好，节约生产”的循环式发展思路，提出了打造“油气化工综合开发、林浆纸纸制品包装印刷、现代物流”三个主导产业集群的发展目标。

泉港石化工业区循环经济示范区

泉港石化工业区是福建湄洲湾石化基地先导区，是福建省发展石化产业的龙头地区。2007年成为“全国循环经济示范试点单位”，被中石化联合会命名的“中国石油化工（泉港）园区”，园区竞争力为“中国化工园区20强排名第八”。园区规划面积为29.6平方公里，建成面积为18.92平方公里，入驻石化企业28家。2013年实现石化产值673亿元，占全省石化工业产值35%左右。

园区一体化夜景

泉港石化工业园区自建立以来，始终坚持发展循环经济的理念。2007年，泉港石化园区被国家发改委、财政部等六部委列为第二批全国循环经济示范试点单位。从项目的立项、土地利用、节能减排降耗、资源高效利用、安全环保等多方面推进园区循环经济建设，初步形成结构合理的循环经济型产业体系和再生资源回收利用系统，初步建成以炼油乙烯为龙头，以有机原料、合成材料、精细化工、橡胶和塑料制品等石化产业链为特色的循环经济示范企业群，实现水、能源、土地等资源的集约高效综合利用。

目前园区通过产业链衔接，促使企业之间形成互为原料、互为市场，石油化工、氯碱化工、精细化工相结合，上下游一体化的产业链，实现了资源的合理配置。园区已实现循环化项目主要为：

（1）联合石化公司通过硫黄回收装置和氨精制装置，对废气进行脱硫处理，年产硫黄达20万吨；实施催化烟气能量回收技术，利用废气发电、供热，每小时可节省燃油2.6吨；（2）泉港协力二氧化碳公司建设了全省规模最大的二氧化碳精制项目，回收联合石化排放的二氧化碳尾气，年产6万吨纯度达99.99%液体二氧化碳，每年可减少3000立方米二氧化碳排放量。（3）湄洲湾氯碱工业公司利用原放空氢气生产1,4-丁二醇，年回收氢气2000吨；利用原烧碱装置产生的废碱、废氯气、废水生产次氯酸钠，年回收利用废碱4800吨、废氯气5400吨，减少碱性废水排放19000吨；引进日本生产环氧丙烷技术，每年回收丙烯450吨。（4）泉港恒河化工公司预计今年年底投产的年产4万吨碳酸二甲酯项目，通过新工艺，回收联合石化和周边地区企业排放的二氧化碳尾气进行提纯作原料，替代原本成本较高化工原料来生产碳酸二甲酯，不仅生产成本降低，而且生产过程不产生废弃物污染，有利于企业清洁生产。（5）东鑫石化投资5.67亿元建设了省内首套环己酮生产线，投资近2亿元建设一套污水处理和废气回收装置，不仅实现了污水达标处理，还通过回收处理生产出化工原料碳酸钠，使其成为泉港石化产业链中承上启下的重要一环。

园区将从构建循环经济产业链、积极开展节能降耗、强化资源高效利用、深入开展污染集中治理等措施，力求通过项目的建设，构建一个完整、高效的循环经济产业体系和支撑配套体系，全面完成园区循环化改造的目标。

园区按照国家循环化改造示范点园区的要求，按照减量化、再利用、资源化、减量化优先的要求，以炼化一体化为龙头，以石油化工、精细化工、合成材料为重点，以科技创新、技术创新与管理创新为动力，以高层次人才引进培养为支撑，以建设循环经济示范园区、骨干企业和重点项目为载体，强化节能降耗，构建循环经济产业链，形成具有泉港特色的循环经济发展模式，将泉港区石化工业园改造成为“经济持续发展、资源高效利用、环境优美清洁、生态良性循环”的循环经济示范园区。

模型公司泉港石化鸟瞰

福建联合石化公司10万吨专用油码头

污水处理厂

张家港经济技术开发区 国家再制造产业示范基地

张家港国家再制造产业示范基地位于张家港经济技术开发区北区围绕“产业兴区、项目立区、创新活区、富民强区”的方针，加快发展智能装备、再制造、电力电子等新兴产业和现代服务业，努力打造“新兴产业集聚地，生态文明典范区”。2013年，经开区实现地区生产总值699.7亿元，工业总产值1910.3亿元，入库税收99.5亿元，公共财政预算收入54.14亿元。获评“2013年中国十佳最具投资竞争力园区”。

张家港国家再制造产业示范基地开工建设

根据国家发改委于批复的《张家港国家再制造产业示范基地实施方案》，基地规划面积4.3平方公里，将着力构建逆向物流和旧件回收、拆解加工再制造、公共服务保障等“三大再制造示范体系”，重点发展汽车零部件、冶金设备、电子办公设备、再制造设备以及机床、模具、切削工具再制造等“五大主导再制造产品门类”。目前，基地产业规模已达20亿元，初步形成了以汽车发动机再制造为主，冶金设备、精密切削工具再制造为辅的产品体系，已集聚了富瑞特装、日本那智不二越、德国西马克技术、英国ATP、花都全球、正大富通等一批再制造骨干企业，其中富瑞特装列入国家发改委第二批再制造试点企业和国家工信部“十二五”内燃机再制造推进计划试点企业。基地被江苏省发改委列入2014年全省200只重点项目之一。

基地循环化改造实施方案获国家发改委、财政部批准为2014年园区循环化改造示范试点园区。基地循环化改造按照“一个核心、三个基础、三个着力点”的总体思路开展。即以再制造产业的发展为核心，构筑高层次的循环经济产业链，实现能源资源的高效利用；以基地公共基础设施、公共服务平台建设以及政策和管理体制创新为基础；以促进产业链耦合、空间布局优化和环境污染集中治理作为实施循环化改造的着力点。构建和延伸再制造产业链，做优做强五大主导再制造门类，稳妥推进九大公共服务平台建设，按照循环经济产业链条实现同类、关联项目的集中布局，大力推动已有项目与基地以及区域范围内项目的衔接，促进资源合理配置。基地循环化改造实施方案规划了计划总投资45.8亿元的17项公共服务平台类项目和关键再制造产业链项目，通过循环化改造，使基地在再制造产业得到快速发展的同时，资源产出、资源消耗、资源综合利用以及废物排放等全面达到国内领先水平。力争通过3-5年努力，基地产业规模达到300亿元，建成核心技术引领、产业特色鲜明、公共服务完善、运作模式先进，具有国际影响力、国内一流的国家再制造产业示范基地，为国内再制造产业基地绿色循环发展提供典型示范。

基地自己投入5亿多元，完成了民宅和非再制造企业的搬迁和道路、绿化、污水和雨水管网、电汽等配套设施的建设；投入1亿多元建成了1.3万平方米机械再制造、3.18万平方米电子办公设备再制造、7560平方米汽车零部件再制造厂房和9960平方米检测中心用房；再制造产业展示中心于今年5月底开馆；承办了“2014年第四届中国国际再制造峰会”，有150多家国内外知名的再制造企业和组织参会，期间，还举行了总投资约10亿元的5只项目集中开工和签约仪式；在谈的5～6个国内外知名的汽车零部件再制造项目已达成入驻意向；富瑞特装总投资13亿元的5万台汽车发动机再制造项目，其中一期1万台汽车发动机再制造项目预计年底前竣工投产。

富瑞特装、那智不二越、西马克技术再制造项目部份再制造产品

四川保和富山再生资源产业园

四川省保和富山再生资源开发有限公司建设的四川保和富山再生资源产业园是国家“城市矿产”示范基地，是四川省及绵阳市的重点项目，示范基地规划用地4900亩，总投资49.8亿元。项目涵盖了再生资源的回收、分拣、拆解、加工、再制造等从废品到产品的全过程，将建成“三大产业链”，即以废旧铜为主的铜加工产业链、以废旧轮胎为主的橡胶加工产业链、以废旧汽车拆解为主的汽车拆解及零部件修复加工产业链；“六大中心”，即再生资源集散交易中心、电子交易结算中心、商业配套服务中心、废旧钢铁加工配送中心、废铝加工配送中心、废旧塑料配送中心。

目前，三大产业链已具雏形。以废旧铜为主的铜加工再制造产业链，现已形成年加工再生铜15万吨，电线、电缆、铜配件等深加工产品4万吨的能力；以废旧轮胎为主的橡胶加工、再制造产业链，现已建成年产8万吨改性胶粉、年翻新废旧轮胎5万条的生产能力，目前正在向深加工领域扩展；以废旧汽车拆解为主的加工产业链，正在整合资源，拟建成年拆解5万辆报废汽车和各种零件修复加工100万件的能力。

“六大”中心正在形成。再生资源集散交易中心占地266亩，现已建成，可吸纳规模回收企业300户，为客户提供分拣、交易、仓储、物流场所；以金循环网站为交易平台、以三方支付为结算方式，以区域仓储加工基地为货物交割地的全国首家电子交易结算平台—金循环交易平台已上网营运；以配套产业服务为主的商业配套服务中心，以废钢铁、废铝、废塑料为主的加工配送中心建设正在启动。

园区现已建成面积851亩，已完成项目总投资19.43亿元，入驻企业21户，2014年实现销售收入57.8亿元，实现税收5.63亿元，为绵阳经济又好又快发展做出了突出的贡献。

新起点，新征程，新使命，新任务。四川保和富山再生资源产业园将持续致力于循环经济的建设和发展，积极倡导科技驱动创新，谱写更加辉煌壮丽的新篇章。

通信线揽

生产现场一角

再生铜杆

数据线揽

攀枝花东立化工有限公司

攀枝花东立化工有限公司地处攀枝花钒钛高新技术产业园区，是一家专注于废弃物综合利用，研究开发钛产业废弃物循环利用，走可持续发展道路的企业，是攀西地区唯一专业处理钛白企业、黄磷企业废弃物的科技环保型企业。

公司结合攀西地区硫酸法钛白的特点及自身优势条件，遵循“减量化、再利用、再循环”的3R原则，在硫铁矿制硫酸的生产线上，进行了绿矾资源化利用与产业示范研究。该研究利用硫铁矿制硫酸生产线，通过设备、工艺的优化，成功将硫酸法钛白生产过程中产生的副废产品绿矾（$FeSO_4 \cdot 7H_2O$）掺入硫铁矿原料混合焙烧以回收其中铁、硫元素制取氧化铁和硫酸，实现了绿矾经济、清洁、工业化综合回收利用。绿矾的掺烧量超过原料总量的70%，硫酸含量98%以上，氧化铁中TFe达到57%以上。凭借在化工领域所掌握的核心技术，攀枝花东立化工有限公司在废弃物综合利用领域中迅速崛起。

公司成立于2007年1月，注册资金1000万元，现有员工600余人，各厂区占地200余亩，总投资达2亿元。

2007年在攀枝花钒钛高新技术产业园区投资建设了10万吨/年硫酸亚铁综合处理装置。

2010年10万吨/年磷酸氢钙生产线建成投产，专注解决攀西地区废硫酸、磷矿粉等废弃物，公司于2012年通过ISO9001:2008质量管理体系认证；并于2012年3月获得“四川省循环经济重点推进单位”称号；

2013年6月，控股米易县安宁生物科技有限公司，并以此为平台通过技术服务与业务外包方式，与攀枝花东方钛业有限公司签订战略合作协议，利用对方年产46万吨硫酸装置帮助其处理12万吨/年钛白生产过程中产生的约50万吨绿矾。通过不断的技术攻关，克服技术难题，公司迅速成为攀西地区专业处理钛产业副废绿矾行业的领先企业。公司目前已建成10万吨/年和16万吨/年的两条示范生产线，具有显著的经济效益和社会效益，整体研究达到国内领先水平。目前公司已申报的专利技术有20项，其中2项发明专利，18项实用新型专利，其中已有14项实用新型专利取得授权，为企业的持续发展带来科技动力。

截止2014年8月，公司已累计处理绿矾约30万吨，带来直接和间接经济效益上亿元，更带来了广泛的生态和环保效益。

公司计划在“十二五期”期间年形成产值6亿元，税收1500万，年处理绿矾50万吨，解决就业1000余人，建设成为攀西地区最大的钒钛资源废弃物综合利用的大型企业集团。

展望未来，公司将以建设攀西国家级战略资源创新开发试验区为契机，以攀西钛资源硫酸法深加工发展过程中所掌握的再生资源循环利用核心技术为平台，聚集形成以钛硫结合、硫磷结合、硫铁结合、蒸汽回用为载体的四级生态循环全产业链，致力成为钛化工产业循环经济综合利用的价值典范。

武汉光谷蓝焰新能源：推广生物质热解多联产技术 实现废弃物综合利用

武汉光谷蓝焰新能源股份有限公司位于湖北省武汉市东湖国家高新开发区，是一家专业从事生物质资源化综合利用的企业。主要对以农林剩余物为主的城乡生物质资源，包括秸秆、禽畜粪便、污水污泥等进行减量化、无害化、资源化、能源化利用，生产工业级清洁能源及产品。业务涉及生物质热解高值化利用、生物质成型燃料、生物质集中供热以及大型沼气、污水污泥处理工程等，并承担国家绿色能源示范县项目建设。

一、生物质热解多联产技术概况

公司自2008年起与华中科技大学煤燃烧重点实验室联合研发了生物质热解多联产技术，并于2013年4月在鄂州建成示范基地进行工业化应用。将低品位的农林废弃物“吃干榨尽”，快速转化为高品位的能源和化工产品，实现炭、气、油的高效、高值化多联产，以及气、电、热多联供。

二、生物质热解多联产技术特点

技术通过了国家能源专家的评审，被认定为“处于国内领先水平，国际未见同类工艺技术”，“项目的建设和运营均可实现标准化、模块化和市场化”，“可为我国小城镇建设和新农村建设提供一个新的能源供应发展模式，为发展分布式能源站提供了一条较为可行的技术路线和生物质资源综合利用的新途径”。2013年7月22日，国家主席习近平视察鄂州示范基地说：“你们做了很好的探索。”2014年6月，该技术荣获联合国颁发的“全球可再生能源领域最具投资价值的领先技术蓝天奖”。

三、生物质热解多联产技术效益

以鄂州示范项目为例，建设3套炭气油热解多联产生产线，年处理农林废弃物5.3万吨，年产生物质炭1.3万吨、焦油1900吨、醋液9500吨，年产燃气1100万立方米，发电870万千瓦时，并为周边6000户农户供应清洁燃气。并建设年产5万吨的成型燃料生产线。达产后，项目效益显著：

经济效益——该项目每年供周边6000户农民用气、发电并网销售，产出的炭、焦油、醋液及成型燃料年销售额过亿元，净利润2000万元以上。并可直接为农民年增收约1590万元。创造就业岗位400多人。

能源效益——为周边6000户农户供气，利用剩余燃气热电联产，为周边社区供电、供热，实现居民炊事、取暖燃料清洁化。还可用于工业锅炉、窑炉改造，为之提供清洁的生物燃气。

环保效益：杜绝秸秆焚烧，治理大气污染，年转化秸秆5.3万吨，区域辐射30万亩。可从根本上杜绝秸秆露天焚烧现象。为工业锅炉、窑炉供气，也可从源头减少颗粒物等污染物的排放生。项目年可减少二氧化碳排放8.05万吨，减少二氧化硫排放596.3吨，减少烟尘排放30吨。

公司地址：武汉东湖新技术开发区佛祖岭三路29号 邮编：430205
联系电话：027-81800636 027-81309565
网址：www.whggly.com 邮箱：gglanyan@163.com

联合国颁发全球“蓝天奖”

热解装备实景

鄂州项目效果图

国家“再制造”试点单位

河北瑞兆激光再制造技术有限公司

河北瑞兆激光再制造技术有限公司，是一家集机电再制造技术研发、机电设备现场安装检修服务及机电设备修复和再制造服务为一体的高新技术企业。主要从事激光热处理、激光合金化、激光表面纳米强化、激光熔覆先进技术和大型机电设备再制造技术以及激光焊接材料的研发与应用。经营业务范围涉及河北、山东、江苏、内蒙古、辽宁等11个省市自治区。近三年来，在整体经济下行压力增大的形势下，公司主营业务收入、净利润、上缴税收仍分别保持了年均23%、30%和47%的幅度增长。2013年，主营业务收入达到15238万元，上缴税金740万元，被批准为国家第二批再制造试点单位、国家高新技术企业、河北省循环经济骨干企业、河北省非公百家示范企业,河北省企业技术中心。2014年，被评为河北省技术创新示范企业，河北省科技型中小企业。

公司从事合金材料与再制造技术的开发、转让、服务和咨询等业务。轴流风机、旋转轴、发电机组叶片等32项激光修复再制造技术，TRT等产品再制造技术居国内领先水平。在激光熔覆技术及熔覆材料研发等方面都取得了突破性进展，自主研发的耐高温磨损复合导位托辊的制备方法等7项技术成果，已获得国家发明专利，实现了在廉价基材的基础上制备具有特殊功能的合金层，形成性能优异的复合功能材料，大幅提升零部件的使用功能和使用寿命。

公司现拥有6000W激光成套设备、50吨高低速动平衡机、10000KW的电机试验平台、大型数控加工机床、数控铣床加工中心等设备106台套。新建技术研发与检验检测中心，建筑面积4860平方米，购置能谱分析仪、CS分析仪等研发与检验检测设备33台（套）；新建机械再制造和电机再制造等车间6510平方米。

循环经济发展状况

2009年以来已自主研发出耐高温磨损复合导位托辊的制备方法等7项新技术，并已成功获得国家发明专利授权7项。其中，TRT机组零部件激光熔覆用铁基合金粉末降低了合金熔点，便于激光熔覆，应用前景极其广阔；耐高温磨损复合导位托辊的制备方法工艺过程可控性强，节约大量贵重耐热不锈钢合金材料，具有价格低，生产率高等优点；激光宽带熔凝强化金属筛板，表面具有很高的硬度和优良的耐磨性，显著提高了金属筛板的使用寿命，金属筛板的强化方法具有处理速度快、硬化层深度大、工件变型小、不需要介质、生产率高、成本低、无污染等优点，经济效益显著。几种主要修复产品已形成企业标准，有些指标高于和严于国内同类产品激光修复的行业标准。

远景规划

根据公司中长期发展规划，争取三年内再提高50%的修复机组和零部件品种，五年内修复重量吨数达到6万吨，激光再制造产值达到5亿元。

重点扩展石油化工机械、机床、农用机械等三大领域的再制造服务业务，根据“一个目标、双轨运营、五项创新、六大板块”总体思路，全力推进机械再制造、电机再制造、机电工程安装与检修、物资回收再利用、物联网电子商务、文化传媒与咨询等六大板块实体建设，打造国内一流、世界领先再制造科技服务企业集团。未来五年，将在国内重点工业城市建立机电设备和再制造产品6S店，重点打造机电医院品牌，推行全托式、保姆式和医护式服务新模式，探索网络营销和服务模式，形成机电再制造完整的产业链，提高企业综合服务能力。

循环经济典型模式案例

大型机械设备及零部件激光修复与再制造项目——

大型机械设备及零部件激光修复与再制造是采用激光熔覆、激光表面强化，激光仿形熔铸，激光快速成型等先进激光加工技术，结合其它辅助修复技术，对各类型汽轮机、制氧机、烟气轮机、气体压缩机、轴流风机、高炉透平机、电机、大型轴类、齿轮、轧辊等高精度机电装备及其零部件，进行修复与再制造。同时结合各种激光工艺技术研发和特种合金材料研发，开展各种失效精密设备及零部件的检测、修复、组装和生产，以及技术转让、咨询和服务，同制造新品相比，可实现节约成本50%，节能60%，节约原材料70%以上，市场前景广阔。

张掖经济技术开发区
发展循环经济助推转型跨越

张掖经济技术开发区2013年3月被国务院批准为国家级经济技术开发区，规划总面积152.87平方公里，形成生态科技产业园、循环经济示范园、农产品产业园和煤化工产业园“一区多园”的发展格局。开发区坚持“减量化、再利用、资源化”的原则，大力发展循环经济，在资源节约型、环境友好型社会建设方面取得了显著成效，被确定为国家循环化改造示范试点园区、甘肃省循环经济示范园区、新型工业产业化示范基地、农业产业化示范基地，已成为全市工业经济的重要增长极和产业聚集地。

张掖开发区4万吨污水处理厂

一、高起点编制完成循环经济发展规划。开发区将发展循环经济、实施生态保护作为中长期发展战略，编制完成《循环经济发展规划》，明确以区域生态保护和环境综合整治为核心，拉伸循环经济产业链条，全力构建经济发展与环境相适应、资源利用最大化、废物产生最小化的循环经济发展体系，着力构建既适宜创业发展又适宜生产生活的良性发展格局，综合竞争力不断提升。

二、高标准建设循环经济示范园。规划建设张掖开发区循环经济示范园，重点发展电力能源、煤化工及煤炭资源综合利用、矿产品加工等产业。经过集中建设，示范园水、路、林、电、管相配套的格局和服务承载功能已具规模，已成为全市最具发展潜力和广阔发展前景的产业园区，跃居全市经济发展的重要平台和项目建设主阵地。

三、高层次创建循环化改造园区。为进一步提高资源产出率和资源综合利用率，有效降低资源消耗、废物排放指标，建立符合开发区实际的循环经济发展模式，着力打造特色农副产品加工循环经济基地，编制完成《张掖经济技术开发区生态科技产业园循环化改造实施方案》，被列为2014年国家循环化改造示范试点园区。

四、高质量配套完善基础设施。开发区多方筹措资金，规划建成项目集聚发展的中小企业创业园、先进制造业园和提升实力形象的国家城市湿地公园，并高标准配套完善了供水、供电、交通、通讯等基础设施，绿化覆盖率达35%以上，为循环经济产业链项目聚集搭建了良好平台，也使开发区承载服务功能和产业聚集效应不断凸显。

五、高水平开展生态环境保护。开发区生产型企业每年产生30多万吨固体废物，大部分进行了回收利用；开发区污水处理厂日处理能力为4万吨，二期4万吨也将在今年投入运行。开发区对企业严格落实废水排放监测制度及排污许可制度，对企业违规或超标排放行为及时查处，废水排放量大的企业建设了污水处理站，最大限度地实现了工业废渣、废水综合利用。

（图片提供：成林）

甘肃电投张掖发电公司

甘肃昆仑生化公司

甘绿集团甜椒生产线

北京现代循环经济研究院
竭诚为推进绿色循环低碳发展服务

北京现代循环经济研究院是国家工商和民政部门正式注册的从事绿色发展、循环发展和低碳发展的理论研究与实践推动的科研机构。国家发展和改革委员会重点联系单位，由北京市社会科学联合会主管。研究院的200多名研究团队人员主要来自钢铁、煤炭、有色、石化、农业、环保、建材、电力、航空、建筑、再生资源等领域，以及中国科学院、中国工程院、清华大学、北京大学等科技教育机构。其中两院院士、外籍院士21人，博士生导师40人。研究院2011年被北京市民政部门评估为4A级中国社会组织单位。

在“中国应对气候变化和低碳发展十大新闻发布会暨《中国低碳年鉴2011》首发式”上，国家发改委应对气候变化司司长苏伟致词

北京现代循环经济研究院以诚信为本、智力服务为宗旨，在循环经济和低碳发展中，竭诚为各级政府当“助手”，为企业、园区、城镇、乡村当“向导”。以智力优势和对实体经济的技术和管理优势为依托，开展循环经济、低碳发展和规划方案制定、项目咨询、技术推介、信息交流、理念宣传普及等服务。

北京现代循环经济研究院业务范围：以应用研究为主，重点设计制订适于绿色循环低碳经济发展的模式和规划方案、组织相关咨询、论证、评估；技术交流、经验推介以及组织大中型论坛、研讨会、讲座、学术报告等进行理论探讨和学术交流，沟通交流经验信息，普及相关知识；培育、引进、推广支持绿色循环低碳各种先进和适用技术；编著出版相关书刊。

组织和参与国家循环经济试点单位的试点方案制订和评审是研究院的主要业务之一，建院近10年来，先后承担完成了国家发改委和园区、企业委托的《钢铁企业发展循环经济模式研究》、《东营方圆有色金属有限公司循环经济试点实施规划》、《北京市产品包装现状分析与实施减量化、回收再利用、可循环的对策》、《广东清远国家循环经济试点实施方案》和《石家庄市再生资源回收利用体系国家循环经济试点实施方案》、《 山东东营市经济技术开发区有色金属为业规划》等20多个国家和省、市、园区、企业的循环经济、低碳经济重大课题研究、规划与方案制订。

研究院合作主办和承办了“首届再生资源与循环经济发展论坛”、“中国·武汉（青山）循环经济发展论坛”、“2012年“城市矿产”产业高峰论坛”等多个大型循环经济论坛和研讨会。

研究院先后编著出版了《循环经济要情》（250多期）、《循环经济要览》、《产业循环经济》（马凯主任作序）、《区域循环经济》（曾培炎副总理作序）、《人类共同的选择：绿色低碳发展》等书籍。2011年8月，研究院与中国循环经济发展中心共同创办了《中国现代循环经济》杂志（已编辑出版18期）。从2008年起承担由国家发改委解振华副主任主编的我国第一部大型循环经济典籍《中国循环经济年鉴》（已编辑出版2008、2009、2010、2011、2012、2013、2014共7卷）的编辑出版工作。从2011年开始，研究院承担由全国人大、全国政协、国务院十部委领导和主管司局、省区市发改委的支持下、国家发改委应对气候变化司指导编辑出版《中国低碳年鉴》（已出版2010、2011、2012、2013共5卷）的编辑出版工作。在国家发改委气候司等十部委指导下，北京现代循环经济研究院、《中国低碳年鉴》编委会和中国经济导报社等相继开展的“2010、2011、2012、2013、2014年中国应对气候变化和低碳发展十大新闻评选活动”，每次近100家媒体报道，产生了广泛影响，并写入由国务院新闻办组织发布的国家发改委《中国应对气候变化的政策与行动年度报告》中。

北京现代循环经济研究所承办的2012“城市矿产”产业高峰论坛

北京现代循环经济研究院编制的规划方案、编写、编辑出版的《中国循环经济年鉴》、《中国低碳年鉴》及有关杂志和书籍

地址：北京东城区北三环东路37号华世隆国际公寓B座410室
邮编：100029
电话：010-84110359/9310（年鉴编辑部）
传真：010-84110359/9310（年鉴编辑部）
http://www.riore.org E-Mail:riore@126.com

loudi

娄底市

科学发展 加速赶超 建设幸福娄底

创建国家循环经济示范城市

chuangjian guojia xunhuanjingji shifanchengshi

总体战略统领循环发展。以“科学发展，加速赶超，建设幸福娄底”总体战略不动摇，坚持新型工业化、城镇化、农业现代化和信息化“四化”协调并进不懈怠，加快推进六个“四年行动计划”，在循环发展进程中让人民得幸福、享实惠，努力实现经济总量、人均均量和运行质量“三量”齐升。

专项规划指导循环发展。研究编制了《娄底市创建国家循环经济示范城市实施方案》、《娄底“两型”产业发展规划》、《湘江流域（娄底）科学发展实施方案》、《娄底市老工业基地城市调整改造规划》、《孙水河流域综合治理规划》、《冷水江市资源枯竭城市转型规划》、《涟源市资源枯竭城市转型规划》等重点专项规划，为娄底市循环经济发展提供了宏观指导依据。

结构调整支撑循环发展。一是加快推进节能减排。积极推进涟钢冶金煤气回收利用发电改造、湖南宜化合成氨净化系统节能改造、华润（涟源）电厂及金竹山电厂机组优化升级等改造提升项目。鼓励企业余热余气余压发电，涟钢、冷钢、宜化和海螺等企业循环发电自备供电达65%以上。推进建立煤炭、钢铁、电力、建材、化工等传统产业的“资源—产品—废弃物—综合利用”循环发展模式。二是加快淘汰落后产能步伐。“十二五”以来，全市共淘汰落后产能项目28个，其中：水泥111.2万吨、铁合金10.4万吨、焦炭30万吨、炼铁8.5万吨、锌冶炼6万吨、铅冶炼1万吨，关闭“五小企业”152家。三是着力培育新兴产业。加快发展先进装备制造、新材料、新能源及电动汽车、生物产业、电子信息、节能环保、文化创意等七大战略性新兴产业，金华特种车辆、三泰新材、湘村黑猪、味菇坊菌业等高成长性产业发展较快。四是强力推进现代服务业。积极推进中国供销物流园、中国物流湘中综合物流园等现代物流产业项目。五是加快推进自然及文化旅游业。我市拥有2个国家级森林公园，16个省级森林公园；拥有蚩尤故里、曾国藩故居和紫鹊界梯田等自然人文景观。傩戏、花鼓戏、书画等民间文化享誉国内外。

项目建设助推循环发展。我市积极实施“城乡整治四年行动计划”、“绿色娄底四年行动计划”和“九大环保工程”，以“一山两厂三库四水”为重点，加强治理和修复，生态环境日趋改观。近十年来，加大整合淘汰力度，有色产业由229家整合到9家，煤炭产业由625家整合到246家，钢铁产业淘汰顺鑫钢铁等落后产能，建成了钢铁行业世界500强的涟钢、冷钢，水泥行业全部采用干法水泥工艺。加大了对锡矿山和涟邵矿区的生态修复，推进资水、涟水、孙水和水府庙及涟钢周边环境的综合治理。全面完成了“十一五”节能减排目标，“十二五”前三年节能减排超额完成省定我市的时序进度。

改革创新加速循环发展。一是出台《湖南省人民政府关于支持娄底市资源型城市转型发展的实施意见》，目前该实施意见已完成征求意见程序，预计10月即可正式出台。二是积极推动全市生态文明体制改革工作。研究出台了《娄底市生态文明体制改革实施方案》，在资源有偿使用、生态补偿、环保投融资体制等重点难点方面明确了改革措施与方向。

改善民生做实循环发展。大力推进“化解大班额四年行动计划”，切实解决读书难题；抓紧改造棚户区，切实解决矿区人民住房难题；积极扩大就业，切实解决低收入难题；深化医药卫生体制改革，切实解决看病难题；加大宣传力度，从娃娃抓起，全民参与，在全社会营造循环化发展氛围。

大事记

2013年中国循环经济大事记

一月

1月1日　国务院转发发展和改革委员会、住房和城乡建设部制订的《绿色建筑行动方案》。方案提出了“十二五”期间的主要目标：城镇新建建筑严格落实强制性节能标准，“十二五”期间，完成新建绿色建筑10亿平方米；到2015年末，20%的城镇新建建筑达到绿色建筑标准要求；既有建筑节能改造完成北方采暖地区既有居住建筑供热计量和节能改造4亿平方米以上，夏热冬冷地区既有居住建筑节能改造5000万平方米，公共建筑和公共机构办公建筑节能改造1.2亿平方米，实施农村危房改造节能示范40万套。到2020年末，基本完成北方采暖地区有改造价值的城镇居住建筑节能改造。

1月2日　国务院办公厅发出《关于实行最严格水资源管理制度考核办法的通知》（国办发〔2013〕2号）。明确国务院对各省、自治区、直辖市落实最严格水资源管理制度情况进行考核，水利部会同发展改革委、工业和信息化部、监察部、财政部、国土资源部、环境保护部、住房城乡建设部、农业部、审计署、统计局等部门组成考核工作组，负责具体组织实施。并附各省、自治区、直辖市用水总量控制目标；各省、自治区、直辖市用水效率控制目标各省、自治区、直辖市重要江河湖泊水功能区水质达标率控制目标。

1月5日　近期，国务院办公厅转发了《“十二五”主要污染物总量减排考核办法》。《考核办法》规定，总量减排的责任主体是地方各级人民政府，各地区要把主要污染物排放总量控制指标层层分解落实到本地区各级人民政府，确定年度削减目标，制定年度减排计划，建立本地区主要污染物总量减排统计体系、监测体系和考核体系。环境保护部会同发展改革、统计和监察部门，对各地区上一年度主要污染物总量减排情况进行考核，每年5月底前将全国考核结果向国务院报告，经国务院审定后，向社会公告。考核结果报经国务院审定后，交由干部主管部门，作为对各地区领导班子和领导干部综合考核评价的重要依据。

1月5日　《粉煤灰综合利用管理办法》（2013年第19号令）发布，自2013年3月1日起施行。

1月6日　工业和信息化部节能与综合利用司在北京召开了工业节能与综合利用领域标准化工作研讨会。会议总结了2012年工业节能与综合利用标准化工作，对工业节能与综合利用技术标准体系建设方案编制大纲进行了研讨，并对下一步工作进行了部署。

1月10日　电监会、工业和信息化部联合印发《关于进一步加强电力节能减排监管做好淘汰落后产能工作的通知》。《通知》要求，电力监管机构根据淘汰落后产能工作考核实施方案，监督供电企业依法做好停限电工作，按有关规定对违规供电的电力企业和个人追究责任；供电企业按要求对未按期拆除落后设备的企业实施停限电，对已完成淘汰落后产能任务的企业及时恢复供电；电力监管机构和工业和信息化主管部门加强协调配合和信息共享，加大对产品能耗限额标准、差别电价、惩罚性电价等执行情况的监督检查力度。

1月14日　环境保护部印发《关于进一步做好重污染天气条件下空气质量监测预警工作的通知》和《关于印发“十二五”主要污染物总量减排统计、监测办法的通知》。

1月15日～16日　国家发改委副主任解振华主持召开城镇化过程中绿色发展问题座谈会，听取了有关专家和部分城市负责同志对《关于城镇化过程中绿色发展问题及对策的报告》的意见和建议。中财办、国研室、发展研究中心、中国工程院、城市规划设计研究院和我委宏观院、城市和小城镇改革发展中心等7个单位的专家，以及天津、上海、深圳、青岛、厦门、武汉、成都、苏州等8个城市有关负责同志参加会议。建议加强顶层设计，把生态文明理念和原则全面融入城镇化的各方面和全过程，走集约、智能、绿色、低碳的新型城镇化道路，加快建设资源节约型、环境友好型社会。

1月16日　农业部农村司在广州召开“十二五”国家科技支撑计划“循环农业科技工程”项目检查交流会。会议交流汇报了项目的总体设计思路、主要进展情况以及18个课题总体设计思路和2012年开展的主要工作和研究进展情况。循环农业科技工程是为了发展资源节约型、环境友好型现代农业以及农业节能减排的重大科技需求，在“十一五”基础上继续组织实施的重大科技支撑计划项目，2012年初启动。该项目体量大、参加单位多，通过一年的实施，项目全面部署核心试验区、示范区和各项研究与示范任务，在农业废弃物高效循环利用关键技术、不同模式物能循环调控与减排技术等方面取得了良好进展，在循环模式集成创新上取得重要突破。

1月18日　国务院印发《国家环境保护“十二五”规划》（国发[2011]42号）。《规划》提出，“十二五”期间，要切实解决影响科学发展和损害群众健康的突出环境问题，加强体制机制创新和能力建设，深化主要污染物总量减排，努力改善环境质量，防范环境风险，全面推进环境保护历史性转变，积极探索代价小、效益好、排放低、可持续的环保新道路，加快建设资源节约型、环境友好型社会。到2015年，主要污染物排放总量要显著减少，实现化学需氧量、二氧化硫排放总量要在2010年基础上削减8%，氨氮、氮氧化物排放总量削减10%；城乡饮用水水源地环境安全得到有效保障，水质大幅提高，地表水国控断面劣V类水质的比例控制在15%以内，七大水系国控断面水质好于III类的比例达到60%，地级以上城市空气质量达到二级标准以上的比例达到80%以上；重金属污染得到有效控制，持久性有机污染物、危险化学品、危险废物等污染防治成效明显；城镇环境基础设施建设和运行水平得到提升；生态环境恶化趋势得到扭转；核与辐射安全监管能力明显增强，核与辐射安全水平进一步提高；环境监管体系得到健全。

《规划》要求，要加大经济结构调整力度，以化学需氧量和氨氮为重点，削减水污染物排放量，以二氧化硫和氮氧化物为重点，削减大气污染物排放量，深入推进主要污染物减排，促进绿色发展；要以解决饮用水不安全和空气、土壤污染等损害群众健康的突出环境问题为重点，加强综合治理，明显改善生态环境质量；要将核与辐射、重金属、危险废物、持久性有机污染物、危险化学品等作为防范环境风险的重点，着力解决工业化过程中环境安全保障问题，维护环境安全；要健全政府为主、统一标准与分级分区相结合的环境基本公共服务体系，促进均衡发展。环保投资需求要优先实施主要污染物减排、改善民生环境保障、农村环保惠民、生态环境保护、重点领域环境风险防范、核与辐射安全保障、环境基础设施公共服务、环境监管能力基础保障人才建设等8项环境保护重点工程，充分利用市场机制，形成多元化的投入格局，确保工程投资到位。要定期开展工程项目绩效评价，提高投资效益。

1月18日　环境保护部办公厅发出关于印发《2013年全国自然生态和农村环境保护工作要点》的通知（环办[2013]5号），着力推进生态文明建设，建设美丽中国，不断探索在发展中保护、在保护中发展的自然生态和农村环境保护新道路。

1月22日　工业和信息化部节能司在河南省郑州市召开全国工业节能与综合利用工作会议。各省工业和信息化部门主管工业节能与综合利用工作的代表共60余人参加会议。工业和信息化部节能与综合利用司周长益司长出席并作工作报告。会议对2012年及过去五年工业节能与综合利用工作进行了总结，研讨新形势下工作思路并对2013年具体工作做出部署。

1月23日　国务院发出《关于印发循环经济发展战略及近期行动计划的通知》（国发〔2013〕5号）。《行动计划》分析了现状与形势；提出了我国发展循环经济的指导思想、基本原则和主要目标。我国循环经济发展的中长期目标是：循环型生产方式广泛推行，绿色消费模式普及推广，覆盖全社会的资源循环利用体系初步建立，资源产出率大幅提高，可持续发展能力显著增强。到“十二五”末的目标（近期目标）是：主要资源产出率比“十一五”末提高15%，资源循环利用产业总产值达到1.8万亿元；创建构建循环型工业体系、构建循环型农业体系、循环型服务业体系，推进社会层面循环经济发展；实施循环经济十大示范工程，创建百个循环经济示范城市（县），培育千家循环经济示范企业（园区）。

1月24日　2013年全国环境保护工作会议在京召开。会议提出，全力完成主要污染物减排任务。2013年确定的减排任务是:与2012年相比，化学需氧量、二氧化硫排放量分别减少2%，氨氮排放量减少2.5%，氮氧化物排放量减少3%。要认真落实《国务院节能减排综合性工作方案》和《节能减排“十二五”规划》。严格考核各地年度总量减排目标完成情况，结果向社会公布。推行主要污染物总量指标预算管理制度，严控污染物新增量。着力抓好“六厂(场)一车”减排措施落实，确保今年1545个重点减排项目按期保质建成投运。完善部门协同推进减排机制。

同日　环境保护部印发《全国生态保护“十二五”规划》。规划目标是：到2015年，生态环境监管水平明显提高，重点区域生物多样性下降趋势得到遏制，自然保护区建设和监管水平显著提升，生态示范建设广泛开展，生态文明建设试点取得成效，国家重点生态功能区得到有效保护，生态环境恶化趋势得到初步扭转。

同日　环境保护部、国家统计局、国家发展和改革委员会、监察部联合印发了《“十二五”主要污染物总量减排统计办法》、《“十二五”主要污染物总量减排监测办法》。

《统计办法》规定，主要污染物排放量统计执行环境统计制度，分为年报和季报。《统计办法》明确了各类污染源排放量的统计原则及核算方法:工业源排放量根据重点调查单位发表调查和非重点调查单位比率估算；生活源排放量根据城镇人口数、燃料消耗量等社会经济数据测算；农业源排放量根据发表调查和产排污系数测算；机动车氮氧化物排放量根据分车型机动车保有量数据和排污系数测算；集中式污染治理设施排放量根据发表调查统计。《统计办法》还明确了主要污染物排放量核算的社会经济数据来源，并落实到相关部门。

《监测办法》规定，减排监测包括为核定主要污染物排放量开展的污染源监测和为验证主要减排工作成效开展的环境质量监测。排污单位应当制定自行监测方案，对污染物排放状况和污染防治设施运行情况开展自行监测和监控。纳入国家重点监控企业名单的排污单位，应当安装完善主要污染物自动监控设备，在2013年底前完成氨氮和氮氧化物自动监测设备的安装和验收。《监测办法》还明确提出，各级人民政府应将直接为减排监测、统计和考核服务的污染源监督性监测费用纳入同级政府财政预算并足额保障。

1月29日　工业和信息化部印发《关于公布第四批“国家新型工业化产业示范基地”名单的通知》（工信部规

〔2013〕23号），批准北京经济技术开发区数字电视产业园、天津临港经济区等46个单位为第四批“国家新型工业化产业示范基地。《通知》要求进一步做好自主创新和技术改造、“两化”融合、节能环保、安全生产、公共服务平台建设等方面的工作，按照园区重点产业发展方向，集约、高效、绿色发展。

1月29日　国家发展改革委办公厅、财政部办公厅、工业和信息化部办公厅、质检总局办公厅联合发出《关于印发再制造单位质量技术控制规范（试行）的通知》（发改办环资[2013]191号）。

1月30日　工业和信息化部、发展改革委、环境保护部发出《关于开展工业产品生态设计的指导意见》（工信部联节〔2013〕58号），引导企业开展工业产品生态设计，促进生产方式、消费模式向绿色低碳、清洁安全转变。

二月

2月5日　国家发展改革委副主任解振华主持召开国务院节能减排工作领导小组联络员会议，讨论2012年节能减排工作进展情况、2013年工作安排，以及绿色建筑行动方案部门分工。中宣部、教育部、科技部、工业和信息化部、监察部、财政部等32家领导小组成员单位的联络员参加了会议。

2月5日　工业和信息化部发出《关于进一步加强通信业节能减排工作的指导意见》（工信部节〔2013〕48号），明确了指导思想、基本原则，提出主要目标是，到2015年末，通信网全面应用节能减排技术，高能耗老旧设备基本淘汰，初步达到国际通信业能耗可比先进水平，实现单位电信业务总量综合能耗较2010年底下降10%；推进信息化与工业化深度融合，促进社会节能减排量达到通信业自身能耗排放量的5倍以上；新建大型云计算数据中心的能耗效率（PUE）值达到1.5以下；电信基础设施共建共享全面推进，数量上有提高、范围上有拓展、模式上有创新；新能源和可再生能源应用比例逐年提高。

2月6日　国务院办公厅印发《关于加强内燃机工业节能减排的意见》。《意见》提出，到2015年，节能型内燃机产品占全社会内燃机产品保有量的60%，与2010年相比，内燃机燃油消耗率降低6%－10%，实现节约商品燃油2000万吨，减少二氧化碳排放6200万吨，减少氮氧化物排放10%，采用替代燃料节约商品燃油1500万吨；培育一批汽车、工程机械用发动机等再制造重点企业；实现高效节能环保型内燃机主机及其零部件生产制造装备的国产化、大型化；建立内燃机产品节能减排政策法规和标准体系。

2月6日　环境保护部、商务部、科学技术部发出《关于同意天津港保税区暨空港经济区等5家园区建设国家生态工业示范园区的通知》（环发[2013]24号），批复同意天津港保税区暨空港经济区、沈阳经济技术开发区、沈阳高新技术产业开发区、吴江经济技术开发区和淮安经济技术开发区开展国家生态工业示范园区建设。

2月16日　国家发展改革委发出《关于发布“全国循环经济工作先进单位标志牌”式样的通告》，请各循环经济工作先进单位自行下载制作，并在适当位置标注。

2月17日　工业和信息化部发出《关于有色金属工业节能减排的指导意见》（工信部节[2013]56号）。《意见》明确，到2015年底，有色金属工业万元工业增加值能耗比2010年下降18%左右，累计节约标煤750万吨，二氧化硫排放总量减少10%，污染物排放总量和排放浓度全面达到国家有关标准，全国有色金属冶炼的主要产品综合能耗指标达到世界先进水平。

2月17日　环境保护部发出《关于印发“国家环境保护标准“十二五”发展规划”的通知》，强调环境保护标准是我部落实环境保护法律法规的重要手段，是支撑环境保护各项工作的基础。

2月17日　商务部部长陈德铭主持召开第74次部务会议，会议审议并通过了《旧电器电子产品流通管理办法》。会议指出制定出台《管理办法》，有利于加强对旧电器产品的流通管理，规范旧电器电子产品市场秩序，维护相关当事人合法权益，更好地促进行业健康发展。

2月26日　环境保护部、国家发展改革委、工业和信息化部、司法部、住房城乡建设部、工商总局和安全监管总局联合印发《关于2013年开展整治违法排污企业保障群众健康环保专项行动的通知》，决定2013年5月至11月在全国组织开展整治违法排污企业保障群众健康环保专项行动。

2月27日　国家发展改革委办公厅发出《关于确定第二批再制造试点的通知》（发改办环资[2013]506号），原则同意北京奥宇可鑫表面工程技术有限公司等28家单位的实施方案，并确定为第二批再制造试点单位

2月27日　环保部发布《关于执行大气污染物特别排放限值的公告》，决定在重点控制区的火电等六大行业以及燃煤锅炉项目执行大气污染物特别排放限值。

三月

3月2日至9日　中央组织部、国家发展改革委、环境保护部、国家林业局、国家行政学院联合举办推进生态文明建设专题研讨班。部分省（区、市）、副省级城市人民政府分管负责同志、中央国家机关有关部门分管负责同

志、重点骨干企业分管负责同志，以及部分地区发展改革、环保、林业部门负责同志、中央国家机关有关部门相关业务司局负责同志102人参加了研讨班学习。国务委员马凯在国家行政学院2013年开学典礼暨本次研讨班开班式上作了“大力推进生态文明建设”的主题报告，全面阐述了生态文明的内涵，推进生态文明建设的重要意义、重点任务和保障措施。

3月6日　环境保护部近日发布公告，将在重点控制区的火电、钢铁、石化、水泥、有色、化工等六大行业以及燃煤锅炉项目执行大气污染物特别排放限值。执行大气污染物特别排放限值的地区为纳入国务院批复实施的《重点区域大气污染防治“十二五”规划》的重点控制区，共涉及京津冀、长三角、珠三角等“三区十群”19个省（区、市）47个地级及以上城市。有关执行时间，新受理的火电、钢铁环评项目，自2013年4月1日起执行大气污染物特别排放限值。

3月上旬　国家发改委环资司会同农业部科教司在河南省郑州市、江苏省南京市分别召开十三个粮食主产省（区）农作物秸秆综合利用规划中期评估座谈会。听取粮食主产省（区）农作物秸秆综合利用规划实施进展情况，研究提出秸秆综合利用目标完成倒逼机制和下一步工作措施，确保各地农作物秸秆综合利用规划顺利实施。

3月15日　国家发展改革委副主任解振华主持召开部门协调会，研究《关于加快推进生态文明建设的意见》（代拟稿）修改及报送工作。财政部、国土资源部、环境保护部、国家林业局等有关司局负责同志参加会议。大家认为，起草《意见》并报请党中央、国务院审核印发，是贯彻落实十八大关于大力推进生态文明建设的重要举措，对于推进生态文明建设顶层设计、总体部署非常及时，具有重要意义。大家结合本部门实际提出了具体的修改意见和建议。

3月18～20日　由联合国区域发展中心等主办的“第四届亚洲3R区域论坛”于越南召开，共有30个国家出席。各国对我国探索循环经济发展典型模式做出的成绩予以肯定，提高资源产出率、实施园区循环化改造等具有中国特色的推动3R的举措和理念被普遍接受。

3月21日　工业和信息化部发出《关于印发<2013年工业节能与绿色发展专项行动实施方案>的通知》（工信部节[2013]95号），结合工作实际和现有基础，选择电机、涉铅行业等重点领域和行业，通过开展2013年工业节能与绿色发展专项行动，在能效提升和绿色发展方面取得突破，探索工业节能与绿色发展的模式和实现途径，实现以点带面，带动工业节能与综合利用整体工作取得进展。

主要目标是：（一）力争推广、淘汰和节能改造电机及电机系统1亿千瓦，扩大高效电机市场份额，促进电机产品升级换代和产业升级，提高电机能效水平，实现全国工业用电节约1%（300亿度左右）。（二）通过加强行业准入管理，扭转行业分散、混乱局面，提高原生铅冶炼、铅酸蓄电池生产和再生铅产业集中度，促进产业组织结构优化调整，加快实现铅酸蓄电池规范生产、有序回收、合理再生利用；探索铅酸蓄电池生产者责任延伸制度实施机制，建设一批铅再生循环利用示范工程，铅再生循环利用比重提高到40%，加快形成全国铅资源循环利用体系。

3月22日　国家发改委环资司、气候司组织召开2013年节能宣传周和低碳日活动座谈会。介绍并听取了各部门对《2013年全国节能宣传周和低碳日活动安排的通知》和《2013年“全国节能宣传周”活动实施方案》、《2013年“全国低碳日”活动实施方案》等文件的反馈意见和相关建议。

3月25日　环境保护部部长周生贤在京主持召开环境保护部常务会议，审议并原则通过《关于加强环境保护重点工作方案》。

3月28日　淘汰落后产能工作部际协调小组第四次会议在京召开。会议通报了协调小组成员变动情况，审定了2013年淘汰落后产能目标任务，研究部署了今年重点工作。工业和信息化部、发展改革委、监察部、财政部、人力资源社会保障部、国土资源部、环境保护部、农业部、商务部、人民银行、国资委、税务总局、工商总局、质检总局、安全监管总局、银监会、能源局等部际协调小组成员单位参加了会议，并通报了本部门2012年淘汰落后产能工作情况及2013年工作安排。

四月

4月1日　“第九届国际绿色建筑与建筑节能大会暨新技术与产品博览会”在北京国际会议中心召开。住房城乡建设部副部长、中国城市科学研究会理事长仇保兴主持开幕式。来自国内外的代表共3000余人参加了本次会议。在综合论坛上，仇保兴以“全面提高绿色建筑质量”为题作了主题演讲。在31个分论坛上，国内外专家将围绕绿色建筑的设计理论、技术与实践，既有建筑节能改造，供热计量改革，大型公共建筑节能，可再生能源在建筑中的应用等多个议题进行演讲。

4月3日　国家发展改革委办公厅、财政部办公厅、教育部办公厅、国家旅游局办公室发出《关于印发循环经济发展专项资金支持国家循环经济教育示范基地建设实施方案的通知》（发改办环资[2013]816号），明确通过“以奖代补”的方式，对国家循环经济教育示范基地进行奖励。

4月7日　中共中央总书记、国家主席、中央军委主席习近平在海南博鳌与参加博鳌亚洲论坛2013年年会的企业家代表座谈时强调，我们确定了“两个一百年”的奋斗目标，中国将把推动发展的着力点转到提高质量和效益上来，下大力气推进绿色发展、循环发展、低碳发展。

4月8～10日　中共中央总书记、国家主席、中央军委主席习近平在海南考察工作。习近平指出，保护生态环境就是保护生产力，改善生态环境就是发展生产力。良好生态环境是最公平的公共产品，是最普惠的民生福祉。青山绿水、碧海蓝天是建设国际旅游岛的最大本钱，必须倍加珍爱、精心呵护。他希望海南处理好发展和保护的关系，着力在“增绿”、“护蓝”上下功夫，为全国生态文明建设当个表率，为子孙后代留下可持续发展的“绿色银行”。王沪宁、栗战书和中央有关部门负责同志陪同考察。

4月上旬　国家发展改革委发布《中国资源综合利用年度报告（2012）》（以下简称《年度报告》），总结了2011年我国推进资源综合利用取得的主要成绩和开展的工作，这是我国首次发布较为全面系统的资源综合利用年度报告。《年度报告》分6章32节，从矿产资源、产业废物、农林废物、再生资源等4个方面介绍了我国资源综合利用推进情况和取得的成效。

4月15日　环境保护部发布2012年实施减排措施的规模化畜禽养殖场（小区）名单。

4月16日　环境保护部印发《〈全国主要行业持久性有机污染物污染防治“十二五”规划〉中期评估方案》。

4月17日　国家发展改革委教育部、工业和信息化部、环境保护部、商务部、工商总局、质检总局、国管局、全国妇联联合发出《关于深化限制生产销售使用塑料购物袋实施工作的通知》(发改环资[2013]758号)，指出 2013年是“限塑令”实施五周年，为巩固和扩大已有成果，全面落实中央关于厉行勤俭节约的精神，要进一步做好有关工作。

4月17日　环境保护部发布符合环保法律法规要求的铅蓄电池和再生铅企业名单（第一批）。

4月18日　住房和城乡建设部印发《“十二五”绿色建筑发展规划》。按照《规划》提出的具体目标，“十二五”时期，将选择100个城市新建区域（规划新区、经济技术开发区、高新技术产业开发区、生态工业示范园区等）按照绿色生态城区标准规划、建设和运行。2014年起，政府投资的党政机关、学校、医院、博物馆、科技馆、体育馆等建筑，直辖市、计划单列市及省会城市建设的保障性住房，以及单体建筑面积超过两万平方米的机场、车站、宾馆、饭店、商场、写字楼等大型公共建筑，将率先执行绿色建筑标准。同时，将引导商业房地产开发项目执行绿色建筑标准，鼓励房地产开发企业建设绿色住宅小区，2015年起直辖市及东部沿海省市城镇的新建房地产项目力争50%以上达到绿色建筑标准。此外，将完成北方采暖地区既有居住建筑供热计量和节能改造4亿平方米以上，夏热冬冷和夏热冬暖地区既有居住建筑节能改造5000万平方米，公共建筑节能改造6000万平方米；结合农村危房改造实施农村节能示范住宅40万套。

4月18日　环境保护部授予北京市昌平区十三陵镇等629个乡镇国家级生态乡镇的称号。

4月19日　环境保护部发布第一季度74个城市空气质量状况。结果显示，3月份，74个城市总体达标天数比例为54.4%，超标天数比例为45.6%，其中轻度污染占26.9%，中度污染占10.0%，重度污染占5.9%，严重污染占2.8%。首要污染物为PM2.5、PM10，其中PM2.5平均超标率为36.5%，PM10平均超标率为30.4%。与2月份相比，74个城市总体达标天数比例持平，重度污染和严重污染比例降低5.8个百分点。按照城市空气质量综合指数进行评价，唐山、石家庄、西安、成都、邢台、保定、西宁、邯郸、廊坊和太原的空气污染较重，本月的部分城市空气质量恶化与沙尘天气影响有关；海口、舟山、拉萨、福州、惠州、珠海、丽水、深圳、厦门和张家口的空气质量较好。

4月19日　环境保护部通报2012年全国环境质量概况，城市环境空气污染形势严峻，地表水总体轻度污染，环保重点城市集中式饮用水水源地水质保持稳定。国家环境监测网监测数据表明：2012年，城市环境空气中二氧化硫(SO2)、二氧化氮(NO2)、可吸入颗粒物(PM10)3项主要污染物平均浓度均有所下降，依据《环境空气质量标准》(GB3095－2012)对SO2、NO2和PM10进行评价，地级以上城市达标比例仅为40.9%。酸雨污染程度依然较重。地表水总体为轻度污染，环保重点城市集中式饮用水水源地达标水量218.9亿吨，水质达标率为95.3%。近岸海域总体为轻度污染。全国生态环境状况指数略有下降，但依然保持在“一般”水平。

4月22日　环境保护部发布2013年“六•五”世界环境日中国主题为“同呼吸共奋斗”，旨在释放和传递建设美丽中国人人共享、人人有责的信息，倡导在一片蓝天下生活、呼吸的每一个公民都应牢固树立保护生态环境的理念，切实履行好呵护环境的责任，自觉从我做起，从小事做起，尊重自然，顺应自然，增强节约意识、环保意识、生态意识，养成健康合理的生活方式和消费模式，激发全社会持久的环保热情，为改善空气质量、实现天蓝、地绿、水净的美丽中国而奋斗。

4月22日　环境保护部、国土资源部、住房城乡建设部、水利部共同印发《华北平原地下水污染防治工作方案》。提出到2015年，初步建立华北平原地下水质量和污染源监测网，基本掌握地下水污染状况，加强华北平原地下水重点污染源和重点区域地下水污染防治。到2020年，全面监控华北平原地下水环境质量和污染源状况，科学开展地下水污染修复示范，地下水环境监管能力全面提升，地下水污染风险得到有效防范。

4月22日 全国发展改革系统资源节约和环境保护工作会议在福州市召开，国家发展改革委副主任解振华出席会议并讲话，福建省人民政府苏树林省长出席会议并致辞。解振华强调，资源节约和环境保护工作是生态文明建设的主阵地、主战场，全系统的同志既要做好谋长远、打基础的工作，加强生态文明顶层设计和制度建设，又要坚决打好节能减排攻坚战，确保2013年单位国内生产总值能耗降低3.7%以上，二氧化硫、化学需氧量、氨氮、氮氧化物排放总量分别下降2%、2%、2.5%、3%，并从做好生态文明建设总体部署、推动城镇化过程绿色发展、推进消费模式加快转变，以及加强节能减排综合协调、强力推进节能降耗、大力发展循环经济、做好资源综合利用、解决突出环境问题、发展节能环保产业等方面进行了工作部署。

4月26日 财政部、商务部发出《关于印发“老旧汽车报废更新补贴资金管理办法”的通知》（财建[2013]183号），进一步规范老旧汽车报废更新专项补贴资金的管理和使用，鼓励老旧汽车报废更新。

4月27日 国家发展改革委、教育部、科技部、工业和信息化部、环保部、住房城乡建设部、交通运输部、农业部、商务部等联合发出《关于2013年全国节能宣传周和全国低碳日活动安排的通知》(发改环资[2013]827号)，决定今年6月15日至21日为全国节能宣传周，6月17日为全国低碳日，全国节能宣传周和全国低碳日活动的主题是“践行节能低碳，建设美丽家园”。

五月

5月4日 住房城乡建设部通报2013年第一季度全国城镇污水处理设施建设运行情况。全国设市城市、县累计建成城镇污水处理厂3451座，较2012年年底新增111座。省级考核前3名分别是北京市、山东省和天津市，36个大中城市考核前3名分别是西安市、昆明市和太原市。。

5月14日 中共中央总书记、国家主席习近平考察中新天津生态城指出，生态城要兼顾好先进性、高端化和能复制、可推广两个方面，在体现人与人、人与经济活动、人与环境和谐共存等方面作出有说服力的回答，为建设资源节约型、环境友好型社会提供示范。

5月14日 环境保护部向媒体通报，近日组织完成了2012年度各省、自治区、直辖市和八家中央企业主要污染物总量减排核查工作，并对《“十二五”主要污染物总量减排目标责任书》年度落实情况进行了检查。根据有关规定，分别对电力行业脱硝脱硫项目未按目标责任书落实、对污水处理设施未按要求建设运行、对脱硫设施不正常运行、监测数据弄虚作假的省区市及企业进行了处理。

5月14日 国家发展改革委、农业部、环境保护部发出《关于加强农作物秸秆综合利用和禁烧工作的通知》（发改环资[2013]930号），要求加强组织领导，加大政策支持力度，严格执行相关标准，强化禁烧监管。

5月15日 环境保护部公布《“十二五”主要污染物总量减排目标责任书》要求2013年完成的重点减排项目名单。5月17日，公布各地区2013年一季度节能目标完成情况晴雨表通过对各地区节能形势进行分析，

5月18日 俞正声出席以“加强国际合作，建设生态文明”为主题的太湖文化论坛第二届年会开幕式并讲话。他说，当今世界，气候变化、能源资源安全、生物多样性保护等全球性资源环境问题的挑战日益严峻，绿色发展、循环经济日益成为世界发展的重要趋势。

5月20日 为建立完善温室气体排放统计核算制度，加强应对气候变化统计工作，对于确保实现单位国内生产总值二氧化碳排放约束性目标，有效履行控制温室气体排放等国际义务具有重要意义。国家发展改革委、国家统计局发出《关于加强应对气候变化统计工作的意见的通知》（发改气候[2013]937号）。《意见》提出，建立应对气候变化统计指标体系，完善温室气体排放基础统计，建立健全应对气候变化统计管理制度，保障措施落实。明确了应对气候变化统计指标体系 （共5个大类，19个小类、36项指标）和国务院有关部门温室气体排放基础统计责任分工。

5月23日 交通运输部印发了《加快推进绿色循环低碳交通运输发展指导意见》，提出了“将生态文明建设融入交通运输发展的各方面和全过程”的新理念，对铁路、公路、水路、民航和邮政等整个交通运输行业的绿色循环低碳发展作出了统筹安排和总体部署，以“加快推进绿色循环低碳交通基础设施建设、节能环保运输装备应用、集约高效运输组织体系建设、科技创新与信息化建设、行业监管能力提升”为主要任务，实现交通运输绿色发展、循环发展、低碳发展。到2020年，基本建成绿色循环低碳交通运输体系。

5月23日 环境保护部印发《国家生态文明建设试点示范区指标（试行）》。

5月24日 中共中央政治局就大力推进生态文明建设进行第六次集体学习。中共中央总书记习近平在主持学习时强调，生态环境保护是功在当代、利在千秋的事业。要清醒认识保护生态环境、治理环境污染的紧迫性和艰巨性，清醒认识加强生态文明建设的重要性和必要性，以对人民群众、对子孙后代高度负责的态度和责任，真正下决心把环境污染治理好、把生态环境建设好，努力走向社会主义生态文明新时代，为人民创造良好生产生活环境。

5月30日 工业和信息化部、环境保护部关于做好《再生铅行业准入条件》实施工作的通知（工信部联节〔

2013〕210号），要求严格执行新建再生铅项目准入标准，做好现有再生铅企业准入公告管理，抓紧淘汰落后再生铅生产能力，加强再生铅企业行业准入督导检查。

5月31日　国家发展改革委环资司、北京市发展改革委在京举行以“减少白色污染、共建美丽家园”为主题的“限塑令”实施五周年宣传活动。教育部、工业和信息化部、环境保护部、商务部、工商总局、质检总局、国家机关事务管理局、全国妇联等国务院有关部门、北京市和朝阳区相关单位、环保组织、新闻媒体、团结湖街道有关同志出席活动。近200名社区居民踊跃参加了活动。

六月

6月4日　环境保护部发布《2012中国环境状况公报》。2012年全国化学需氧量排放量为2423.7万吨，氨氮排放量为253.6万吨，分别比上年减少3.05%、2.62%；废气中二氧化硫排放量为2117.6万吨，氮氧化物排放量为2337.8万吨，分别比上年减少4.52%、2.77%。总体保持平稳，形势依然严峻。

6月5日　2013年“6•5”世界环境日纪念大会暨“巾帼环境友好使者行动”启动仪式上，3336名使者携手巾帼环境友好使者再上征程。会前，出席会议的环境保护部副部长李干杰、全国妇联书记处书记范继英、共青团中央书记处书记汪鸿雁、中国邮政集团公司副总经理李丕征等领导和嘉宾共同参观了“青年暨巾帼环境友好使者展”。

6月5日　国家发展改革委、环境保护部、工业和信息化部为统一规范、强化指导，对已发布的清洁生产评价指标体系、清洁生产标准、清洁生产技术水平评价体系进行整合修编，组织编制的《清洁生产评价指标体系编制通则》（试行稿）发布，并自发布之日起施行。

6月14日　国务院总理李克强主持召开国务院常务会议，审议通过的《大气污染防治行动计划》（简称《大气十条》），提出了十条35项具体措施，包括减少污染物排放、推进产业结构优化升级、加快企业技术改造、调整能源结构、严格节能环保准入、发挥市场机制作用、健全环境法律法规体系、建立区域污染联防联控机制、妥善应对重污染天气、动员全社会力量参与大气保护行动等要求，扣响了向PM2.5污染宣战的“发令枪”，掀起了以防治大气污染为目标的全社会行动。

会议认为，当前必须突出重点、分类指导、多管齐下、科学施策，把调整优化结构、强化创新驱动和保护环境生态结合起来，用硬措施完成硬任务，确保防治工作早见成效，促进改善民生，培育新的经济增长点。会议确定了减少污染物排放、严控高耗能高污染行业新增产能、建立环渤海包括京津冀、长三角、珠三角等区域联防联控机制，加强人口密集地区和重点大城市ＰＭ２．５治理，构建对各省（区、市）的大气环境整治目标责任考核体系等防治工作十条措施。

会议指出，必须支持光伏产业走出困境并健康发展要在努力巩固国际市场的同时，用改革的办法，发挥市场机制作用，着力激发国内市场有效需求，推动产业创新升级。一是加强规划和产业政策引导，促进合理布局，重点拓展分布式光伏发电应用。二是电网企业要保障配套电网与光伏发电项目同步建设投产，优先安排光伏发电计划，全额收购所发电量。三是完善光伏发电电价支持政策，制定光伏电站分区域上网标杆电价，扩大可再生能源基金规模，保障对分布式光伏发电按电量补贴的资金及时发放到位。四是鼓励金融机构采取措施缓解光伏制造企业融资困难。五是支持关键材料及设备的技术研发和产业化，加强光伏产业标准和规范建设。六是鼓励企业兼并重组、做优做强，抑制产能盲目扩张。

6月16日　国务院以国发[2012]19号文件印发了《“十二五”节能环保产业发展规划》，提出的主要发展目标是：产业规模快速增长、技术装备水平大幅提升、节能环保产品市场份额逐步扩大、节能环保服务得到快速发展。力争到2015年，节能环保产业总产值达4.5万亿元，增加值占国内生产总值的比重为2%左右，节能环保产业产值年均增长15%以上，培育一批具有国际竞争力的节能环保大型企业集团。

6月17日　“2013年全国低碳日启动仪式暨应对气候变化主题展览”开幕式在北京首都博物馆举行，拉开了今年“全国低碳日”系列宣传活动的帷幕。国家发展改革委副主任解振华出席并发表主旨讲话。低碳试点城市代表北京市政府副秘书长朱炎和江苏省淮安市市长曲福田介绍地方的低碳经验。解振华指出，这一活动旨在深入各地开展应对气候变化和低碳宣传活动，寻找具有典型示范意义的人物和案例，广泛动员媒体、民间机构、企业、家庭、社区、学校等参与低碳行动。国家发展和改革委员会、北京市人民政府共同主办的“应对气候变化主题展览”开幕，并获得各方关注，联合国秘书长潘基文参观展览。

“低碳日”前后，围绕“美丽中国梦，低碳中国行”的活动主题，全国各地方举办了内容丰富、各具特色的公众参与活动。上海市近5万人参与践行低碳行动。重庆市开展了低碳日“进商圈”、“进机关”、“进校园”、“进企业”、“进社区”等“5个进”系列活动。海南省政府组织开展了“突出一个主题，配套六项活动”低碳宣传。山东、浙江等地方政府结合当地低碳发展工作实际，在“低碳日”期间通过举办展览、编制宣传手册、鼓励公众体验低碳生活等方式，大力宣传应对气候变化和低碳知识，倡导公众践行节能低碳理念。

6月20日　水利部发布《关于严格用水定额管理的通知》，强调进一步加强用水定额监督管理，切实将用水定额作为水资源论证、取水许可、计划用水等水资源管理手段的依据。要将用水定额作为节水评价考核的重要依据，鼓励企业内部按照先进用水定额进行考核管理。各地节水型企业（单位）创建必须依照国内先进用水定额进行评选，不符合先进用水定额的企业不得评选为节水型企业（单位）。

6月21日　工业和信息化部、环境保护部联合在湖北省襄阳市组织召开铅酸蓄电池和再生铅产业规范发展工作座谈会。

6月24日　受水专项领导小组组长、环境保护部部长周生贤委托，水专项第一行政负责人、环境保护部副部长吴晓青，住房和城乡建设部副部长仇保兴共同主持召开了水专项第八次领导小组会议。科技部、国家发展改革委、财政部、水利部、农业部、教育部、中科院、工程院等水专项领导小组成员单位代表出席了会议。会议听取了关于专项近期工作进展暨2014年度计划编制工作情况的汇报和关于专项2014年度计划内容的汇报。会议审议并原则通过了2014年计划。2014年度计划按照突出向重点流域聚焦，突出与重点流域水污染治理规划的紧密衔接，突出大集成、大示范和重大标志性成果产出，突出产业化任务部署等原则，拟立项54个课题，安排中央财政经费15.91亿元。其中，在三河、三湖、一江、一库和东江、洱海等重点流域，拟立项34个课题，中央财政经费预算9.26亿元，占2014年拟立项课题中央财政经费预算的58%；在重点流域(地区)的饮用水安全保障方面，拟立项7个课题。同时，拟立项12个产业化课题和1个专项集成课题。

七月

7月1日　财政部发出《关于发挥一事一议财政奖补作用推动美丽乡村建设试点的通知》（财农改[2013]3号），按照2013年全国一事一议财政奖补工作现场会要求，决定将美丽乡村建设作为一事一议财政奖补工作的主攻方向，从今年起启动美丽乡村建设试点。

7月3日　国务院办公厅发出《关于调整国家应对气候变化及节能减排工作领导小组组成人员的通知》，国务院决定对国家应对气候变化及节能减排工作领导小组组成单位和人员进行调整。国务院总理李克强任组长，国务院副总理张高丽、国务委员杨洁篪任副组长。国家应对气候变化及节能减排工作领导小组具体工作由发展改革委承担。

7月4日　国家发展和改革委、财政部、工业和信息化部、商务部、国家质量监督检验检疫总局发出《关于印发再制造产品“以旧换再”试点实施方案的通知》（发改环资〔2013〕1303号），决定组织开展再制造产品“以旧换再”试点工作。

7月10日　国家发展和改革委员会公布2013年上半年全国节能减排完成情况的有关数据。前5个月，规模以上工业能源消费量111183万吨标准煤，同比增长2.98%，增速较去年同期加快0.42个百分点；六大高耗能行业能源消费量5月、4月分别增长4.0%、4.6%。

7月11日　住房城乡建设部公布2013年度第八批绿色建筑评价标识项目，贵阳国际生态会议中心等17个项目获得绿色建筑评价标识。

7月12日　国务院总理李克强主持召开国务院常务会议，研究部署加快发展节能环保产业，促进信息消费，拉动国内有效需求，推动经济转型升级。

会议要求，加快发展节能环保产业，既要有政策支持，更要创新机制，鼓励引导社会资本包括民间资本积极参与。一要推动节能环保和再生产品消费。政府公务用车、公交车要率先推广使用新能源汽车，同步完善配套设施。到2015年，使高效节能产品市场占有率提高到50%以上。二要提升产业技术装备水平。推动高效锅炉、高效电动机等领域节能技术装备升级。加快大气、水、土壤等污染治理技术装备研发推广。加大关键共性技术攻关，提高自主创新能力。发展壮大合同能源管理等节能环保服务业。三要加快节能环保重点工程建设，完善污水管网等城镇环境基础设施，开展绿色建筑行动。四要营造有利的市场和政策环境，健全法规标准，完善价格、收费和土地政策。五是加大中央预算内投资和节能减排专项资金支持力度，继续安排国有资本经营预算支出支持重点企业实施节能环保项目。广泛开展国际交流和合作。

7月18　工信部发布2013年第一批淘汰落后产能企业的名单，包括炼铁、炼钢、造纸、水泥等19个工业行业，涉及的工业行业淘汰落后产能目标任务已分解落实到企业。工信部要求，在今年9月底前关停名单内的落后产能，确保在2013年年底前彻底拆除淘汰，并不得向其他地区转移。

7月20～21日　主题为“建设生态文明:绿色变革与转型——绿色产业、绿色城镇和绿色消费引领可持续发展”的“生态文明贵阳国际论坛2013年年会”在贵阳举行。中共中央总书记、国家主席习近平向论坛发来贺信。中共中央政治局常委、国务院副总理张高丽出席开幕式、宣读习近平的贺信并发表讲话。

习近平在贺信中对论坛年会的召开致以热烈祝贺。习近平表示，本次论坛凝聚了国际社会对生态文明建设的共同关注，相信论坛的成果必将为保护全球生态环境作出积极贡献。

习近平强调，走向生态文明新时代，建设美丽中国，是实现中华民族伟大复兴的中国梦的重要内容。中国将按照尊重自然、顺应自然、保护自然的理念，贯彻节约资源和保护环境的基本国策，更加自觉地推动绿色发展、循环发展、低碳发展，把生态文明建设融入经济建设、政治建设、文化建设、社会建设各方面和全过程，形成节约资源、保护环境的空间格局、产业结构、生产方式、生活方式，为子孙后代留下天蓝、地绿、水清的生产生活环境。

中共中央政治局常委、国务院副总理张高丽出席开幕式、宣读习近平的贺信并发表讲话。会议正式通过“2013贵阳共识”。瑞士联邦主席兼国防部长毛雷尔、多米尼克总理斯凯里特、汤加首相图伊瓦卡诺、泰国副总理兼商业部长尼瓦探隆、意大利前总理普罗迪等分别在开幕式上致辞。4000多位中外嘉宾应邀参加论坛本次年会。

7月23日　由环境保护部、国家发展和改革委员会、科学技术部、工业和信息化部、住房和城乡建设部、北京市人民政府联合举办的“第十三届中国国际环保展览会”在北京中国国际展览中心开幕。展出范围包括：大气污染防治、水污染防治、固体废物处理处置、环境监测、环境服务、环境友好以及资源综合利用等领域的技术和装备。20 个国家和地区的500 余家中外企业参展，展出总面积近3 万平方米。展会期间同期举办多种形式的会议交流活动，包括：中美环保产业论坛、PM2.5 污染防治技术交流会、环保产业重点领域技术创新交流会、环保产业政策报告与环境服务业发展研讨会，以及各种主题交流会、洽谈会等。

7月30日　国家发展改革委、环境保护部、科学技术部、工业和信息化部、财政部、商务部、国家统计局发出《关于组织开展国家循环经济示范试点单位验收工作的通知》（发改环资[2013]1471号），对包括国家发展改革委正式批复实施方案（或规划）的循环经济试点单位，进行验收评估。通过验收，全面了解循环经济试点工作的推进情况，总结发展循环经济的成功经验，探索发展循环经济的不同途径，找出发展循环经济的瓶颈难点并提出解决思路，总结凝炼一批循环经济发展的典型模式。

八月

8月1日　国务院发布《关于加快发展节能环保产业的意见》，提出了近三年促进节能环保产业加快发展的目标：到2015年，节能环保产业总产值要达到4.5万亿元，产值年均增速保持15%以上，产业技术水平显著提升，为实现节能减排目标奠定坚实的物质基础和技术保障。《意见》明确了当前促进节能环保产业加快发展的四项重点任务。一是围绕重点领域，促进节能环保产业发展水平全面提升。二是发挥政府带动作用，引领社会资金投入节能环保工程建设。三是推广节能环保产品，扩大市场消费需求。四是加强技术创新，提高节能环保产业市场竞争力。

8月1日　住房和城乡建设部发出《关于全国城镇污水处理设施2013年第二季度建设和运行情况的通报》：截至2013年6月底，全国设市城市、县累计建成城镇污水处理厂3479座，污水处理能力约1.46亿立方米/日。

8月2日　水利部发出《关于加快开展全国水生态文明城市建设试点工作的通知》。确定试点的主要任务应统筹考虑水生态文明建设各地区、各行业、各部门的相关工作和要求，重点围绕落实最严格水资源管理制度、优化水资源配置、构建江河湖库水系连通体系、加强节水型社会建设、严格水资源保护和水污染防治、推进水生态系统保护与修复、深化体制机制改革创新等方面提出，既要切实解决当地水资源、水环境、水生态存在的突出问题，又要突出地方特色，具有一定示范效应。

8月13日　工信部发布44家重点行业清洁生产示范企业名单，集中于钢铁、水泥、化工、发酵和造纸等重点行业领域。标志着《工业清洁生产“十二五”规划》进入实质性落实推进阶段。

《工业清洁生产“十二五”规划》提出，以示范带动工业清洁生产重点工程实施，到2015年，通过实施7大重点工程有效削减主要污染物产生量；重点行业70%以上企业达到清洁生产评价指标体系中的“清洁生产先进企业”水平；同时培育500家清洁生产示范企业。

8月14日　环境保护部发布《2013年上半年全国环境质量状况》的公告：一是，74个城市平均达标天数比例为54.8%，超标天数比例为45.2%。京津冀地区空气质量平均达标天数比例为31.0%，低于74个城市平均值23.8个百分点，重度污染以上天次占26.2%，高于74个城市平均值15.9个百分点，主要污染物为PM2.5。长三角地区空气质量平均达标天数比例为57.5%，高于74个城市平均值2.7个百分点，主要污染物为PM2.5。二是沙尘天气分8次21天影响我国西北、华北等地区。三是全国酸雨污染状况总体保持稳定。四是全国地表水总体为轻度污染。五是326个地级以上城市共监测906个集中式生活饮用水源地，取水总量为147.8亿吨，服务人口3.31亿，其中达标水量为143.8亿吨，占取水总量的97.3%。六是全国近岸海域总体水质一般，与上年同期持平。七是113个环保重点城市功能区噪声昼间达标率为90.6%，夜间达标率为68.4%。

8月16日　经国务院同意，国家发展改革委发出《关于加大工作力度确保实现2013年节能减排目标任务的通知》（发改环资[2013]1585号）。一、确保完成2013年节能减排工作任务目标。二、强化节能减排目标责任。三、调整优化产业结构。

四、加快实施节能减排重点工程。五、推动重点领域节能。　六、推进主要污染物减排。七、大力发展循环经济。八、加快节能减排技术和产品开发推广。九、完善节能减排的经济政策。

十、推行节能减排市场化机制。 十一、强化节能减排管理监督。十二、开展节能减排全民行动。

8月27日　国家发展改革委发出《关于调整可再生能源电价附加标准与环保电价有关事项的通知》（发改价格[2013]1651号）。通知明确，自今年9月25日起，将除居民生活和农业生产用电之外的其他用电可再生能源电价附加标准由每千瓦时0.8分钱提高到1.5分钱；将燃煤发电企业脱硝电价补偿标准由每千瓦时0.8分钱提高到1分钱；对烟尘排放浓度低于30毫克/立方米（重点地区20毫克/立方米）的燃煤发电企业实行每千瓦时0.2分钱的电价补偿。

8月29日　环境保护部发布2012年度全国主要污染物总量减排情况考核结果。经考核，31个省、自治区、直辖市和新疆生产建设兵团以及华能、大唐、华电、国电、中电投、神华六家中央企业均实现了2012年度各项主要污染物总量减排目标，通过年度考核；中石油未完成化学需氧量减排目标，中石化未完成氮氧化物减排目标，未通过年度考核。

8月30日　国家发改委节能司在烟台召开部分省市工业循环经济和再制造工作座谈会。总结了开展第一批工业循环经济重大示范工程及第一批机电产品再制造试点示范工作情况，研究部署启动第二批工业循环经济重大示范工程建设及进一步深化机电产品再制造试点示范的有关工作。

九月

9月4日　国家发展改革委发出《关于组织开展循环经济示范城市（县）创建工作的通知》（发改环资[2013]1720号）。确定到2015年，选择100个左右城市（区、县）开展国家循环经济示范城市（县）创建活动。创建城市（县）的循环型生产方式初步形成，率先构建起覆盖全社会的资源循环利用体系，各主要品种废旧商品回收率高于全国平均水平，城市建筑、交通和基础设施基本实现绿色化，生产系统与社会生活系统的循环化程度明显提高，绿色生活方式普遍推行，形成浓厚的绿色循环文化氛围，循环经济发展长效机制基本建立，循环型社会建设取得实质性进展，生态文明建设取得阶段性成果。通过创建，各创建城市（县）的资源产出水平提高幅度超出国家平均水平，节能减排的约束性指标完成情况优于上级政府分解指标。

9月5日至6日　由中国通信企业协会主办主题为“深度挖掘节能潜力，推进绿色通信发展”的第四届通信行业节能减排大会在北京召开。会议认为，要充分认识通信业节能减排的重要性，并对如何应对因互联网、云计算、移动互联网等新技术新业务蓬勃发展及通信网络规模快速扩张而导致通信业能源消耗呈现快速增长态势，更好的完成节能减排工作提出要求。会议对《关于进一步加强通信行业节能减排工作的指导意见》进行了解读和宣贯，强调要充分发挥信息通信技术优势，立足信息通信产业价值链，通过节能降耗、绿色环保新技术的全面应用，进一步深入推进并带动全社会、全行业节能减排工作。

9月9日　交通运输部印发《关于科技创新推动交通运输转型升级的指导意见》（交科技发[2013]540号），要求到2020年，形成开放协调、充满活力的创新发展体制机制，行业创新能力得到新提高，行业创新发展取得新成效。努力在工程建养、运输服务、安全应急、绿色循环低碳交通和信息化等领域共性关键技术研究取得一批国际领先、实用性强的自主创新成果，推动交通运输转型升级，行业科技进步贡献率达到60%。

9月10日　国务院发出《关于印发大气污染防治行动计划的通知》（国发〔2013〕37号），这是当前和今后一个时期全国大气污染防治工作的行动指南。《行动计划》提出奋斗目标：经过五年努力，全国空气质量总体改善，重污染天气较大幅度减少；京津冀、长三角、珠三角等区域空气质量明显好转。力争再用五年或更长时间，逐步消除重污染天气，全国空气质量明显改善。

具体指标：到2017年，全国地级及以上城市可吸入颗粒物浓度比2012年下降10%以上，优良天数逐年提高；京津冀、长三角、珠三角等区域细颗粒物浓度分别下降25%、20%、15%左右，其中北京市细颗粒物年均浓度控制在60微克/立方米左右。《行动计划》确定了十项具体措施，被称之为“国十条”。

《行动计划》提出，全面推行清洁生产。对钢铁、水泥、化工、石化、有色金属冶炼等重点行业进行清洁生产审核，针对节能减排关键领域和薄弱环节，采用先进适用的技术、工艺和装备，实施清洁生产技术改造；到2017年，重点行业排污强度比2012年下降30%以上。推进非有机溶剂型涂料和农药等产品创新，减少生产和使用过程中挥发性有机物排放。积极开发缓释肥料新品种，减少化肥施用过程中氨的排放。

《行动计划》提出，大力发展循环经济。鼓励产业集聚发展，实施园区循环化改造，推进能源梯级利用、水资源循环利用、废物交换利用、土地节约集约利用，促进企业循环式生产、园区循环式发展、产业循环式组合，构建循环型工业体系。推动水泥、钢铁等工业窑炉、高炉实施废物协同处置。大力发展机电产品再制造，推进资源再生利用产业发展。到2017年，单位工业增加值能耗比2012年降低20%左右，在50%以上的各类国家级园区和30%以上的各类省级园区实施循环化改造，主要有色金属品种以及钢铁的循环再生比重达到40%左右。

9月10日　财政部发出《关于调整可再生能源电价附加征收标准的通知》，自2013年9月25日起，将向除居民生

活和农业生产以外的其他用电量征收的可再生能源电价附加征收标准提高至1.5分钱/千瓦时。

9月10日　国务院总理李克强出席在“大连2013夏季达沃斯论坛”。在会见企业家代表时表示，中国不愿意也不能走“先污染后治理”的老路。我们过去的绿水青山是祖宗留下的，未来美丽的环境是子孙后代应当享受的，当代人要有责任感。同时，中国的基本国情除了人口多，还有就是环境承载能力脆弱。我们的人均耕地面积、人均水资源占有量，都远远低于世界平均水平。我们没有这个能力去继续走高投入、高排放乃至于高污染的路子。中国政府要坚定走绿色发展道路。同时，要铁腕出击来整治现有的污染，不再欠“新账”，并且要多还“老账”。

9月12日　北京市政府发布《北京市2013～2017年清洁空气行动计划》，以落实国务院发布的《大气污染防治行动计划》。包含八大污染减排工程、六大实施保障措施、三大全民参与行动，特点是目标难度高、措施力度大、实施部门多、任务分解细。其中，八大污染减排工程立足能源结构优化、产业绿色转型和城市精细化管理，重点实施压减燃煤、控车减油、治污减排、清洁降尘等；六大实施保障措施包含完善法规体系、创新经济政策、强化科技支撑、加强组织领导、分解落实责任、严格考核问责；三大全民参与行动体现企业自律、公众自觉、社会监督。

9月13日　为贯彻《中华人民共和国环境保护法》，防治环境污染，改善空气质量，保障人体健康和生态安全，促进技术进步，环境保护部发布《环境空气细颗粒物污染综合防治技术政策》的公告 2013年 第59号。

9月17日　环境保护部、发展改革委、工业和信息化部、财政部、住房城乡建设部、能源局发出《关于印发《京津冀及周边地区落实大气污染防治行动计划实施细则》的通知》（环发[2013]104号），加大京津冀及周边地区大气污染防治工作力度，切实改善环境空气质量。

9月18日　国务院总理李克强主持召开国务院常务会议，审议通过《城镇排水与污水处理条例（草案）》。会议指出，排水与污水处理是维系城镇“生命体”健康循环的重点环节，是提高新型城镇化质量的要件，与民生改善、环境保护和公共安全密切相关。要抓紧完善法规制度，加大依法建设和管理力度，将城镇排水与污水处理纳入法治轨道。会议原则通过《城镇排水与污水处理条例（草案）》。

9月24日　住房和城乡建设部办公厅、工业和信息化部办公厅联合印发《关于成立绿色建材推广和应用协调组的通知》，加强住房和城乡建设、工业和信息化部门协作，落实国家有关产业发展规划，加快在建筑行业推广应用绿色建材有关工作，推进建材工业转型升级。协调组组长仇保兴、苏波。

9月26日　环境保护部发布《铝电解废气氟化物和粉尘治理工程技术规范》等五项国家环境保护标准的公告。

9月29日　为界定我国公民环境与健康素养基本内容，普及现阶段公民应具备的环境与健康基本理念、知识和技能，促进社会共同推进国家环境与健康工作，环境保护部发布《中国公民环境与健康素养（试行）》的公告。

9月29日　工业和信息化部、国家发展和改革委员会发出《关于组织开展国家低碳工业园区试点工作的通知》（工信部联节〔2013〕408号），附件：国家低碳工业园区试点工作方案。总体思路和目标是：选择一批基础好、有特色、代表性强、依法设立的工业园区，通过试点建设，大力使用可再生能源，加快钢铁、建材、有色、石化和化工等重点用能行业低碳化改造；培育积聚一批低碳型企业；推广一批适合我国国情的工业园区低碳管理模式，试点园区碳排放强度达到国内行业先进水平，引导和带动工业低碳发展。到2015年，创建80个特色鲜明、示范意义强的国家低碳工业园区试点，打造一批掌握低碳核心技术、具有先进低碳管理水平的低碳企业，形成一批园区低碳发展模式。通过试点建设，大力使用可再生能源，加快钢铁、建材、有色、石化和化工等重点用能行业低碳化改造；培育积聚一批低碳型企业；推广一批适合我国国情的工业园区低碳管理模式，试点园区碳排放强度达到国内行业先进水平，引导和带动工业低碳发展。

十月

10月2日　国务院总理李克强签署国务院令，公布《城镇排水与污水处理条例》，自2014年1月1日起施行。为促进污水再生利用，条例规定了以下六方面的内容：一是规定县级以上政府鼓励、支持城镇排水与污水处理科学技术研究，推广应用先进适用的技术、工艺等，促进污水的再生利用。二是将污水处理与再生利用作为地方城镇排水与污水处理规划的一项重要内容。三是规定地方政府应当依据规划，统筹安排再生水利用等设施的建设和改造。四是规定国家鼓励污水处理再生利用，工业生产、城市绿化、道路清扫、车辆冲洗、建筑施工以及生态景观等，应当优先使用再生水。五是规定地方政府应当根据当地水资源和水环境状况，合理确定再生水利用规模，制定促进再生水利用的保障措施。六是将再生水纳入水资源统一配置，地方政府水行政部门应当依法加强指导。

10月6日　国务院发布《关于化解产能严重过剩矛盾的指导意见》（国发〔2013〕41号）。《意见》说，通过5年努力，化解产能严重过剩矛盾工作取得重要进展：产能规模基本合理。钢铁、水泥、电解铝、平板玻璃、船舶等行业产能总量与环境承载力、市场需求、资源保障相适应，空间布局与区域经济发展相协调，产能利用率达到合理水平。发展质量明显改善。兼并重组取得实质性进展，产能结构得到优化；清洁生产和污染治理水平显著提高，资源综合利用水平明显提升；经济效益实现好转，盈利水平回归合理，行业平均负债率保持在风险可控范围内，核心竞争力明显增强。长效机制初步建立。公平竞争的市场环境得到完善，企业市场主体作用充分发挥。过剩行业产能预警体系和监督机制基本建立，资源要素价格、财税体制、责任追究制度等重点领域改革取得重要进展。

《指导意见》根据行业特点，分别提出了钢铁、水泥、电解铝、平板玻璃、船舶等行业分业施策意见，并确定了当前化解产能严重过剩矛盾的8项主要任务：一是严禁建设新增产能项目，分类妥善处理在建违规项目。二是全面清理整顿已建成的违规产能，加强规范和准入管理。三是坚决淘汰落后产能，引导产能有序退出。四是推进企业兼并重组，优化产业空间布局。五是努力开拓国内有效需求，着力改善需求结构。六是巩固扩大国际市场，拓展对外投资合作。七是突破核心关键技术，加强企业管理创新，增强企业创新驱动发展动力。八是创新政府管理，营造公平环境，完善市场机制，建立长效机制。

10月8日　水利部、国家机关事务管理局、全国节约用水办公室联合印发了《关于开展公共机构节水型单位建设工作的通知》，决定在公共机构中开展节水型单位建设。《通知》明确，到2015年，50%以上的省级机关建成节水型单位。到2020年，全部省级机关和50%以上的省级事业单位建成节水型单位。《通知》要求，各地区公共机构要完善节水管理制度，强化节水日常管理，加快推广使用节水技术和设备，积极利用非常规水源，积极推进节水型单位建设。《通知》强调，水利部、国管局将节水型单位建设情况纳入相应考核工作。各地区水行政主管部门、公共机构节能管理部门、节约用水办公室要加强协调合作，充实工作力量，加强对本地区节水型单位建设工作的组织管理，充分利用各种媒体开展节水宣传，推广节水型单位建设经验。在安排资金和有关项目时，优先支持节水型单位建设，节水型单位建设的组织管理费用在水资源费中列支。

10月8日　环保部发布重点流域水污染防治专项规划2012年度考核结果的公告（公告　2013年　第62号）称：2013年3月24日至4月12日，环保部会同发展改革委、监察部、水利部、南水北调办等部门，分别对淮河（含南水北调东线）、海河、辽河、松花江、巢湖、滇池、黄河中上游、三峡库区及其上游、长江中下游等9个流域涉及的25个省（区、市）人民政府2012年度实施《重点流域水污染防治规划（2011-2015年）》和《长江中下游流域水污染防治规划（2011-2015年）》情况进行了考核。考核结果经国务院同意。总的来看，各省区市不断加大力度，强化措施，扎实推进，全力实施重点流域水污染防治专项规划，取得了积极进展。截至2012年底，《规划》治污工程项目已完成26.9%，水质考核断面中有78.1%的断面达标。淮河流域山东省、江苏省、安徽省，海河流域山东省、内蒙古自治区、河南省，辽河流域辽宁省，黄河中上游流域河南省，三峡库区及其上游流域重庆市，长江中下游流域江苏省、江西省、广西壮族自治区、安徽省、河南省2012年度《规划》实施情况好。

10月11日　河北省秦皇岛市在水一方小区的“被动式—低能耗住宅”示范项目顺利通过德国能源署和中国住房城乡建设部验收，标志着我国第一座被动式建筑建设成功。在水一方小区C区是中德合作“被动式—低能耗住宅”示范项目，总建筑面积80344平方米。通过围护结构的保温系统，使热量传导的损失和通风系统中的热损失最小化，并且取消了传统的采暖系统，年供暖能耗每平方米可节约30.53千瓦时，按我国目前执行的65%建筑节能标准推算，被动式低能耗建筑实际取得的节能效果相当于执行了92%建筑节能标准。目前，住房和城乡建设部正扩大试点，取得经验，推广被动式超低能耗绿色建筑技术。

10月12日　工业和信息化部关于印发《内燃机再制造推进计划》的通知（工信部节〔2013〕406号），推动内燃机再制造产业规模化、规范化发展，促进内燃机工业形成循环型生产方式和消费模式。

10月14～15日　由交通运输部道路运输司和德国国际合作机构（GIZ）联合主办的“绿色轮胎在道路运输中的应用”技术交流会在第八届中国（深圳）国际物流博览会期间举行。会议主题为“创新驱动，迎接道路运输行业轮胎运用的绿色挑战”。

10月15日　国家发展改革委办公厅发出《关于印发首批10个行业企业温室气体排放核算方法与报告指南(试行)的通知》（发改办气候[2013]2526号），供开展碳排放权交易、建立企业温室气体排放报告制度、完善温室气体排放统计核算体系等相关工作参考使用。10个行业企业温室气体排放核算方法与报告指南(试行)包括发电企业、电网企业、钢铁生产企业、化工生产企业、电解铝生产企业、镁冶炼企业、水泥生产企业、平板玻璃生产企业、陶瓷生产企业、民航企业。

10月18日　财政部经建司、发展改革委环资司公示2013年节能减排财政政策综合示范城市名单：石家庄市，唐山市，铁岭市，齐齐哈尔市，铜陵市，南平市，荆门市，韶关市，东莞市，铜川市。现予以公示。公示期为2013年10月18日—2013年10月24日。

10月25日　环境保护部公布2013年上半年各省自治区直辖市主要污染物减排情况，结果显示：2013年上半年全国化学需氧量排放总量1199.3万吨，同比下降2.37%；氨氮排放总量125.9万吨，同比下降2.15%；二氧化硫排放总量1056.9万吨，同比下降2.48%；氮氧化物排放总量1167.5万吨，同比下降3.02%。

10月30日　国家发展改革委副主任解振华带队赴浙江省诸暨市调研浙江富源再生资源有限公司废旧军服综合利用示范项目建设情况，并召开座谈会，听取有关单位关于推进我国废旧纺织品综合利用工作的经验介绍，就存在的问题和政策建议，与有关单位负责同志进行了深入探讨，研究部署下一步工作。

十一月

11月4日　国家新闻出版广电总局、环境保护部、工业和信息化部、国家认证认可监督管理委员会《关于票据票证实施绿色印刷的通知》（新出联[2013]9号），引导票据票证印刷企业逐步实施绿色印刷，鼓励印刷企业贯彻执行绿色印刷标准，推动票据票证印刷品实现绿色印刷。从2013年起，各地要开始在票据票证领域宣传推广绿色印刷；到“十二五”期末，政府采购的票据票证印刷品基本实现绿色印刷；引导和鼓励其他各类票据票证逐步实现绿色印刷。

11月7～9日　工业和信息化部与联合国工业发展组织联合主办的“第三届绿色工业大会”在广州召开。全国人大常委会副委员长陈昌智出席会议并致辞。工业和信息化部部长苗圩、副部长苏波，联合国工业发展组织总干事李勇，广东省省长朱小丹，国务院有关部门负责同志出席会议。近40个国家工业领域主管部门代表、国内外知名学者、各省区市工业和信息化主管部门负责同志、企业代表共500余人参加会议。本次会议主题为“加快建设绿色工业体系，促进工业与生态协调发展”，研讨会认为，发展绿色工业，要统筹协调工业化进程与资源环境的关系，坚持不断推进产业绿色转型，坚持以科技进步为支撑，坚持发挥企业的主体作用。会议期间，来自各联合国工业发展组织成员国政府代表、专家学者、优秀企业代表将围绕绿色工业政策、产业、技术、财经、园区等方面进行充分的交流讨论。

11月8日　“2013中国国际绿色创新技术产品展、第二届中国—太平洋岛国经济发展合作论坛”在广州举行。

11月11日　国务院总理李克强签署发布中华人民共和国国务院令（第643号）《畜禽规模养殖污染防治条例畜禽规模养殖污染防治条例》。

11月12日　国务院发出《关于印发全国资源型城市可持续发展规划（2013-2020年）的通知》（国发〔2013〕45号）第643号。规划目标：到2020年，资源枯竭城市历史遗留问题基本解决，可持续发展能力显著增强，转型任务基本完成。资源富集地区资源开发与经济社会发展、生态环境保护相协调的格局基本形成。转变经济发展方式取得实质性进展，建立健全促进资源型城市可持续发展的长效机制。

11月13日　为期3天的以“面向绿色发展的环境与社会”为主题的“中国环境与发展国际合作委员会2013年年会”在北京召开。中共中央政治局常委、国务院副总理、国合会主席张高丽出席开幕式。环境保护部部长、国合会执行副主席周生贤主持开幕式。国务院总理李克强14日下午在人民大会堂会见出席中国环境与发展国际合作委员会2013年年会的外方代表并座谈。李克强指出，中国新一届政府明确提出简政放权，为企业创造公平竞争的环境，落实污染防治和监管的措施，公开透明地治理污染，并更多依靠市场的力量加强对污染的治理。李克强强调，节能环保产业在中国拥有巨大市场，可以成为推动经济发展的支柱产业。我们鼓励民营和社会资本进入这一领域，也愿推动节能环保产品和相关基础设施建设更多走向世界，向各国开放。人类只有地球这一个家园，我们愿与各国加强国际合作，不仅交流思想，也包括加强技术和产业合作，共同推动生态文明建设。希望大家继续为中国的环境与发展事业提出宝贵建议。肯特等表示，中国近年来高度重视生态文明建设，致力于加强环境保护和绿色发展，污染治理取得积极成效。他们愿扩大与中方的合作，为中国和世界的绿色发展作出积极贡献。

11月15日　2013年11月12日中国共产党第十八届中央委员会第三次全体会议通过的中共中央《关于全面深化改革若干重大问题的决定　》公布。《决定》强调，加快生态文明制度建设　，必须建立系统完整的生态文明制度体系，实行最严格的源头保护制度、损害赔偿制度、责任追究制度，完善环境治理和生态修复制度，用制度保护生态环境。《决定》提出，健全自然资源资产产权制度和用途管制制度；健全国家自然资源资产管理体制；划定生态保护红线；探索编制自然资源资产负债表,对领导干部实行自然资源资产离任审计；实行资源有偿使用制度和生态补偿制度；改革生态环境保护管理体制。

11月18日　国家发展改革委、财政部、住房城乡建设部、交通运输部、水利部、农业部、林业局、气象局、海洋局印发《关于印发“国家适应气候变化战略”的通知》。

《战略》提出，要将适应气候变化的要求纳入我国经济社会发展的全过程，统筹并强化气候敏感脆弱领域、区域和人群的适应行动，全面提高全社会适应意识，提升适应能力，有效维护公共安全、产业安全、生态安全和人民生产生活安全。《战略》在充分评估了气候变化当前和未来对中国影响的基础上，提出了国家适应气候变化工作的指导思想和原则，提出适应目标、重点任务、区域格局和保障措施，为统筹协调开展适应工作提供指导。《战略》明确，将在适应气候变化工作应坚持“突出重点”、“主动适应”、“合理适应”、“协同配合”、“广泛参与”的原则。达到“适应能力显著增强”、“重点任务全面落实”、“适应区域格局基本形成”的主要目标。

同日　中国政府在华沙气候大会上正式发布由国家发展改革委等九部委联合制定的《国家适应气候变化战略》，受到参会代表和国际社会积极评价。这是中国第一部专门针对适应气候变化方面的战略规划,对提高国家适应气候变化综合能力意义重大。

11月21日　工业和信息化部、国家能源局公告2012年全国淘汰落后产能目标任务完成情况（2013年　第57号），2012年电力、煤炭、炼铁、炼钢等21个行业均完成了淘汰落后产能目标任务。全国共淘汰电力落后产能551.2万千瓦、煤炭4355万吨、炼铁1078万吨、炼钢937万吨、焦炭2493万吨、铁合金326万吨、电石132万吨、电解铝27万吨、铜（含再生铜）冶炼75.8万吨、铅（含再生铅）冶炼134万吨、锌（含再生锌）冶炼32.9万吨、水泥（熟料及粉磨能力）25829万吨、平板玻璃5856万重量箱、造纸1057万吨、酒精73.5万吨、味精14.3万吨、柠檬酸7万吨、制革1185万标张、印染325809万米、化纤25.7万吨、铅蓄电池（极板及组装）2971万千伏安时。

11月30日　中国循环经济协会成立。第九、十届全国人大常务委员会副委员长成思危出席成立大会并致辞，国家发展改革委员会副主任解振华、财政部副部长刘昆、工信部副部长苏波、环保部副部长翟青、科技部副部长刘燕华分别讲话。中国循环经济协会是经民政部批准，由原中国资源综合利用协会更名成立的跨地区、跨行业、全国性的社会组织，由国务院国资委管理，业务上接受国家发展改革委等部门指导。

十二月

12月2日　国家发展改革委、财政部、国土资源部、水利部、农业部、国家林业局印发《国家生态文明先行示范区建设方案（试行）》。总体要求：把生态文明建设放在突出的战略地位，按照 “五位一体”总布局要求，推动生态文明建设与经济、政治、文化、社会建设紧密结合、高度融合，以推动绿色、循环、低碳发展为基本途径，以体制机制创新激发内生动力，以培育弘扬生态文化提供有力支撑，结合自身定位推进新型工业化、新型城镇化和农业现代化，调整优化空间布局，全面促进资源节约，加大自然生态系统和环境保护力度，加快建立系统完整的生态文明制度体系，形成节约资源和保护环境的空间格局、产业结构、生产方式、生活方式，提高发展的质量和效益，促进生态文明建设水平明显提升。主要目标：通过 5年左右的努力，先行示范地区基本形成符合主体功能定位的开发格局，资源循环利用体系初步建立，节能减排和碳强度指标下降幅度超过上级政府下达的约束性指标，资源产出率、单位建设用地生产总值、万元工业增加值用水量、农业灌溉水有效利用系数、城镇（乡）生活污水处理率、生活垃圾无害化处理率等处于全国或本省（市）前列，城镇供水水源地全面达标，森林、草原、湖泊、湿地等面积逐步增加、质量逐步提高，水土流失和沙化、荒漠化、石漠化土地面积明显减少，耕地质量稳步提高，物种得到有效保护，覆盖全社会的生态文化体系基本建立，绿色生活方式普遍推行，最严格的耕地保护制度、水资源管理制度、环境保护制度得到有效落实，生态文明制度建设取得重大突破，形成可　复制、可推广的生态文明建设典型模式。主要任务：（一）科学谋划空间开发格局。（二）调整优化产业结构。（三）着力推动绿色循环低碳发展。（四）节约集约利用资源。（五）加大生态系统和环境保护力度。（六）建立生态文化体系。（七）创新体制机制。（八）加强基础能力建设。

12月2日　财政部、环境保护部、国家发展改革委、工业和信息化部发出《关于完善废弃电器电子产品处理基金等政策的通知》，将已建成的优质处理企业纳入基金补贴范围，调整完善各省（区、市）废弃电器电子产品处理发展规划，明确基金补贴企业退出规定，全面公开废弃电器电子产品处理信息。

12月10日　国家发展改革委组织召开全国发展改革系统加强节能减排促进大气污染防治工作电视电话会议，分析当前节能减排形势，动员部署明年加强节能减排促进大气污染防治工作，以确保完成“十二五”节能减排约束性指标，加快推进生态文明建设。国家发展改革委副主任解振华讲话。北京市、上海市发展改革委有关负责同志交流了加强节能减排促进大气污染防治的具体做法。

12月15日　全国发展和改革工作会议在京召开。国家发展改革委党组书记、主任徐绍史在会上作了题为“坚持稳中求进 锐意改革创新 促进经济持续健康发展和社会和谐稳定”的报告指出，2013年注重突出重点、有扶有控，推动经济结构转型升级。着力化解产能严重过剩矛盾，积极培育发展战略性新兴产业，加快服务业发展，促进区域协调发展，扎实开展生态文明建设。2014年要加快结构调整，推动产业转型升级。坚定不移地化解产能严重过剩矛盾，坚决遏制新增违规产能，多策并举优化存量产能，综合运用法律法规、产业政策、节能减排、安全生产、环保监管等手段，发挥价格杠杆的调节作用，加快淘汰落后产能。大力培育和发展战略性新兴产业，在完善机制、强化基础、培育产业上下工夫。促进服务业与制造业融合发展，推进服务业发展提速、比重提高。坚持绿色循环低碳发展，扎实推进生态文明建设。加快生态文明制度建设，建立生态文明建设目标评价考核体系。强力推进节能减排，强化目标责任制和问责制，加强重点领域节能减排和监管。大力发展循环经济，落实循环经济发展战略及近期行动计划。狠抓环境治理，落实和完善大气污染治理计划及配套政策，继续推进重点流域水环境综合整治工程。扎实做好应对气候变化工作。

12月16日　住房和城乡建设部发出《关于保障性住房实施绿色建筑行动的通知》，积极推进在保障性住房建设中实施绿色建筑行动，各地要本着经济、适用、环保、安全、节约资源的原则，统一规划，精心组织，分步实施。2014年起直辖市、计划单列市及省会城市市辖区范围内的保障性住房，同时具备以下条件的，应当率先实施绿色建

筑行动，至少达到绿色建筑一星级标准。

12月17日，农业资源环境保护工作会议在济南召开。会议总结了2013年全国农业资源环境保护工作，研究部署2014年全国农业资源保护工作。会议强调，农业资源环境保护重要性日益凸显，要推进农业面源污染防治取得新突破，加强污染防治顶层设计，积极推进农业清洁生产，突出抓好规模化畜禽养殖污染防治，切实做好农业面源污染监测工作，努力建设一批农业面源污染示范区；要努力探索农业生物资源保护新机制，进一步清晰野生植物保护工作思路，处理好资源保护与发展的关系、物种保护与开发利用的关系、保护点建设与管理维护的关系、政策要求与实际可行的关系，进一步加强外来入侵生物防控工作，开拓创新，分类施策；要坚持高举现代生态农业旗帜，按照习近平总书记的指示，加快构建适应高产、优质、高效、生态、安全农业发展要求的技术体系，重点推进现代生态农业技术体系建设、标准化建设、社会化服务体系建设，构建现代生态农业发展的政策保障机制；要协力推动美丽乡村创建工作，统一思想认识，围绕中心，服务大局，把“美丽乡村”创建作为重中之重，摆到突出位置，抓紧抓实抓好。

12月18日　环境保护部办公厅发出《关于印发“2013年第二批中央财政主要污染物减排专项资金项目建设方案”的通知》，要求按照减排专项资金及项目管理的有关规定，抓紧落实项目建设条件和地方配套资金，认真组织实施，按期完成建设任务。

12月18日　住房和城乡建设部、工业和信息化部发出《关于开展绿色农房建设的通知》（建村[2013]190号），大力推进生态文明建设的总体要求，加快推进“安全实用、节能减废、经济美观、健康舒适”的绿色农房建设，推动“节能、减排、安全、便利和可循环”的绿色建材下乡。

12月18日　国家能源局在石家庄召开电力企业大气污染防治专项监管工作启动会，对大气污染防治专项监管工作进行了部署安排，电力企业大气污染防治专项监管全面展开。此次专项监管重点包括：30万千瓦以下燃煤机组、企业自备电站脱硫脱硝除尘设施改造与投运情况；统调热电联产机组“以热定电”运行情况；煤改气、新建天然气热电联产项目气源落实情况等。专项监管工作主要分企业报送材料、工作组现场检查、落实整改等三个阶段开展，计划于2014年5月完成。

12月20日　国家发展改革委环资司、教育部基础一司、财政部经建司、国家旅游局规财司对2013年国家循环经济教育示范基地评审结果公示。国家发展改革委、教育部、财政部、国家旅游局委托专业机构组成专家组，对2013年国家循环经济教育示范基地申报单位进行了评审。评审专家组认为，河南大周镇再生金属回收加工区、贺州循环经济示范园区、铜川市董家河循环经济产业园、内蒙古山路能源集团有限责任公司、唐山中再生资源开发有限公司、四川西南再生资源产业园区、金升有色金属集团有限公司7家单位具备较好基础，建议开展教育示范基地建设。

12月25日　国家发展改革委发布《2012年万家企业节能目标责任考核结果公告》。国家发展改革委公布的万家企业共16078家，2012年参加考核企业14542家；有1536家企业因重组、关停、搬迁、淘汰等原因未参加考核。参加考核企业中，3760家考核结果为“超额完成”等级，占25.9%；7327家考核结果为“完成”等级，占50.4%；2078家考核结果为“基本完成”等级，占14.3%；1377家考核结果为“未完成”等级，占9.5%。2011-2012年，万家企业累计实现节能量1.7亿吨标准煤，完成“十二五”万家企业节能量目标的69%。各地区万家企业节能目标完成情况。2012年，参加万家企业节能目标责任考核的中央企业和单位共1338家。其中，612家考核结果为“超额完成”等级，占45.7%；524家考核结果为“完成”等级，占39.2%；87家考核结果为“基本完成”等级，占6.5%；115家考核结果为“未完成”等级，占8.6%。

12月27日　为贯彻落实国务院《大气污染防治行动计划》，通过制定、修订重点行业排放标准“倒逼”产业转型升级，环境保护部会同国家质检总局发布了《水泥工业大气污染物排放标准》（GB 4915-2013）、《水泥窑协同处置固体废物污染控制标准》（GB 30485-2013）及其配套的《水泥窑协同处置固体废物环境保护技术规范》（HJ 662-2013）等3项标准，以及《铅、锌工业污染物排放标准》等6项有色金属行业排放标准修改单，增设了大气污染物特别排放限值。

12月27日　全国工业和信息化工作会议在京召开。总结2013年工作，一是扩大内需促进工业平稳增长。二是推动工业结构调整。推动出台了化解产能严重过剩矛盾的指导意见，严禁新增产能，优化存量产能。加快淘汰落后产能进度，19个工业行业1569家企业的落后生产线已实现关停。落实“大气十条”，继续狠抓工业节能减排和清洁生产，单位工业增加值能耗和用水量分别降低4.8%和8%。

12月30日　国务院新闻办举行新闻发布会，介绍第二次全国土地调查主要情况和数据成果。调查显示，生态用地数据变化明显，生态承载问题日益突出。

二次调查数据显示，全国有564.9万公顷耕地位于东北、西北地区的林区、草原以及河流湖泊最高洪水位控制线范围内，还有431.4万公顷耕地位于25度以上陡坡，这996.3万公顷（将近1.5亿亩）耕地中，有相当部分需要根据国家退耕还林、还草、还湿和耕地休养生息等安排逐步调整；有相当数量耕地受到中、重度污染，大多不宜耕

种；还有一定数量的耕地因开矿塌陷造成地表土层破坏、因地下水超采，已影响正常耕种。

二次调查发现，全国因草原退化、耕地开垦、建设占用等因素导致草地减少1066.7万公顷；具有生态涵养功能的滩涂、沼泽减少10.7%，冰川与积雪减少7.5%；局部地区盐碱地、沙地增加较多，生态承载问题比较突出。

12月　国家发展改革委确定北京市延庆县等40个地区为2013年国家循环经济示范城市（县）创建地区。

为把循环经济示范城市（县）真正打造成发展循环经济的典型，做到可衡量、可评价、可推广，创建工作以提高资源产出率为核心，从社会经济发展水平、资源产出水平、减量化、再利用和资源化、污染减量及效果、基础设施与生态环境、绿色消费、循环文化、保障条件等9个方面，制定了包含41个建设评价类别、67项具体评价内容的指标体系。这些指标涵盖经济、文化、社会建设各方面和全过程，按照这些指标创建，不仅可以把循环经济示范城市（县）打造成全国循环经济发展的示范，也将为生态文明建设做出典范。这项工作的全面展开，标志着我国循环经济工作重心由点（企业、园区）、线（重点行业）为重点，向点、线、面全面推进的战略调整。

12月　全国平均雾霾日数创52年之最。据中国气象局称，2013年中国国平均雾霾日数为52年来最多。中国气象局应急减灾与公共服务司介绍，今年以来，全国平均雾霾日数为4.7天，较常年同期(2.4天)偏多2.3天，为1961年以来最多。其中，黑龙江、辽宁、河北、山东、山西、河南、安徽、湖南、湖北、浙江、江苏、重庆、天津均为历史同期最多。

12月　农业部正式启动“美丽乡村”创建活动，2013~2015年，在全国不同类型地区试点建设1000个天蓝、地绿、水净，安居、乐业、增收的“美丽乡村”。在美丽乡村建设过程中，加大农业生态环境保护力度。大力发展生态农业、循环农业，引导农民采用减量化、再利用、资源化的农业生产方式。实施农村清洁工程，探索农村废弃物资源循环利用的新型农村清洁模式。推动农村可再生能源发展，集成推广农村沼气、省柴节煤灶、高效低排生物质炉等技术和产品，推进农村生态文明。在城镇化快速推进的今天，“美丽乡村”建设对于改造空心村，盘活和重组土地资源，提升农业产业，缩小城乡差距，发展低碳农业，推进城乡发展一体化也有着重要意义。

数据资料

2013年国家统计局统计数据

（国家统计局提供）

一、经济社会主要指标

表1-1 东、中、西部及东北地区国民经济和社会发展主要指标（2013年）

指标	全国总计	东部地区		中部地区		西部地区		东北地区	
		绝对数	占全国比重(%)	绝对数	占全国比重(%)	绝对数	占全国比重(%)	绝对数	占全国比重(%)
自然资源									
土地面积(万平方公里)	960.0	91.6	9.5	102.8	10.7	686.7	71.5	78.8	8.2
人口									
年底总人口 （万人）	136072.0	51818.9	38.2	36084.7	26.6	36636.9	27.0	10976.3	8.1
劳动就业									
城镇单位就业人员 （万人）	18108.4	8892.1	49.1	3802.2	21.0	3918.8	21.6	1495.3	8.3
城镇登记失业率 （%）	4.05	3.0		3.4		3.5		3.8	
国民经济核算									
国内(地区)生产总值 （亿元）	568845.2	322258.9	51.2	127305.6	20.2	126002.8	20.0	54442.0	8.6
第一产业	56957.0	19893.6	34.9	15014.8	26.4	15700.8	27.6	6347.8	11.1
第二产业	249684.4	150996.1	49.2	66363.3	21.6	62356.5	20.3	27045.9	8.8
#工业	210689.4	134282.5	50.2	57888.4	21.6	51709.4	19.3	23634.0	8.8
第三产业	262203.8	151369.2	56.8	45927.6	17.2	47945.4	18.0	21048.4	7.9
人均国内(地区)生产总值 （元）	41908	62405		35357		34491		49606	
固定资产投资									
全社会固定资产投资总额（亿元）	446294.1	179097.6	40.6	105740.2	24.0	109260.9	24.8	46540.0	10.6
#房地产开发	86013.4	41520.8	48.3	16187.5	18.8	18997.1	22.1	9308.0	10.8
国内商业									
社会消费品零售总额 （亿元）	237809.9	124453.1	52.3	48588.9	20.4	42508.6	17.9	22259.0	9.4
对外贸易									
货物进出口总额 （亿美元）	41589.9	34826.9	83.7	2195.7	5.3	2775.5	6.7	1791.9	4.3

表1-1 东、中、西部及东北地区国民经济和社会发展主要指标（2013年）（续一）

指标	全国总计	东部地区		中部地区		西部地区		东北地区	
		绝对数	占全国比重(%)	绝对数	占全国比重(%)	绝对数	占全国比重(%)	绝对数	占全国比重(%)
出口额	22090.0	18055.3	81.7	1380.6	6.2	1779.3	8.1	874.9	4.0
进口额	19499.9	16771.6	86.0	815.1	4.2	996.2	5.1	917.0	4.7
财政									
地方财政收入（亿元）	69011.2	36752.6	53.3	12035.5	17.4	14444.9	20.9	5778.2	8.4
地方财政支出（亿元）	119740.3	47369.8	39.6	25495.0	21.3	35564.2	29.7	11311.4	9.4
物价									
居民消费价格指数（上年=100）	102.6	102.6		102.7		103.1		102.5	
农业									
主要农产品产量（万吨）									
粮食	60193.8	14606.3	24.3	17849.2	29.7	15987.6	26.6	11750.7	19.5
棉花	629.9	136.8	21.7	126.0	20.0	366.4	58.2	0.7	0.1
油料	3517.0	832.7	23.7	1510.9	43.0	956.7	27.2	216.7	6.2
工业									
主要工业产品产量									
原油（万吨）	20946.9	7928.0	37.8	556.6	2.7	6839.9	32.7	5622.3	26.8
水泥（万吨）	241613.6	85420.3	35.4	65665.7	27.2	77035.9	31.9	13491.8	5.6
粗钢（万吨）	77904.1	41985.4	53.9	16398.0	21.0	11562.2	14.8	7958.5	10.2
发电量（亿千瓦小时）	53975.9	21121.8	39.1	11835.2	21.9	17870.9	33.1	3147.8	5.8
交通运输业									
铁路营业里程（公里）	103145	24806	24.0	23230	22.5	39585	38.4	15523	15.1
公路里程（公里）	4356218	1076124	24.7	1177399	27.0	1737328	39.9	365370	8.4
#高速公路	104438	32079	30.7	28107	26.9	33843	32.4	10406	10.0
旅客周转量（亿人公里）	27571.7	7790.0	35.5	6795.6	31.0	5500.6	25.1	1828.7	8.3
货物周转量（亿吨公里）	168013.8	71014.5	48.5	35411.8	24.2	24310.1	16.6	15581.7	10.6

表1-1　东、中、西部及东北地区国民经济和社会发展主要指标（2013年）（续二）

指标	全国总计	东部地区		中部地区		西部地区		东北地区	
		绝对数	占全国比重(%)	绝对数	占全国比重(%)	绝对数	占全国比重(%)	绝对数	占全国比重(%)
邮电通信业									
邮电业务总量（亿元）	18432.2	9873.8	53.6	3348.8	18.2	3954.7	21.5	1255.0	6.8
教育									
普通高等学校									
学校数（个）	2491	969	38.9	659	26.5	610	24.5	253	10.2
本专科招生数（万人）	699.8	274.1	39.2	193.0	27.6	169.2	24.2	63.5	9.1
本专科在校学生数（万人）	2468.1	972.3	39.4	673.1	27.3	594.1	24.1	228.5	9.3
本专科毕业生数（万人）	638.7	257.8	40.4	180.0	28.2	143.8	22.5	57.2	8.9
卫生									
卫生机构数（个）	974398	315294	32.4	273133	28.0	309077	31.7	76894	7.9
#医院	24709	8595	34.8	5740	23.2	7900	32.0	2474	10.0
卫生技术人员（万人）	721.1	295.3	41.0	174.8	24.3	189.2	26.3	60.8	8.4
#执业(助理)医师	279.5	115.7	41.4	68.2	24.4	71.0	25.4	24.6	8.8
医疗机构床位数（万张）	618.2	223.4	36.1	161.5	26.1	176.8	28.6	56.4	9.1
#医院	457.9	172.0	37.6	113.6	24.8	126.7	27.7	45.5	9.9
人民生活									
城镇居民人均可支配收入(元)	26955	32472		22736		22710		22875	
农村居民人均纯收入（元）	8896	12052		8377		6834		9909	

注：本表中涉及分地区数据相加不等于全国总计的指标，在计算东、中、西和东北地区占全国的比重时，分母为31个省(区、市)相加的合计数。

表1-2 民族自治地方国民经济与社会发展主要指标

指标	总量指标						
	1990	1995	2000	2005	2010	2012	2013
人口与就业							
人口（万人）							
年底总人口	15296	16044	16818	17311	18531	18762	18316
#少数民族人口	6880	7232	7767	8239	8814	9003	9018
就业							
单位从业人员数（万人）	1543	1672	1733	1202	1297	1449	1464
宏观经济							
地区生产总值（亿元）		4901	7486	15706	38989	54079	59322
第一产业		1629	2022	3300	6198	8146	9037
第二产业		1747	2834	6419	18809	26550	28567
第三产业		1526	2629	5987	13982	19383	21708
人均地区生产总值（元）		3055	4451	8991	22060	30871	33003
固定资产（亿元）							
全社会固定资产投资总额		1444	2477	8358	29876	43675	52908
#国有单位	259.4	983	1553	3767	12046	15580	18516
财政（亿元）							
公共财政预算收入	166.7	248	476	1026	3257	5220	6101
公共财政预算支出	304.4	595	1173	3050	10512	16071	17461
产业							
农业							
耕地面积（万公顷）	1763	1508	2086	2033	2380	2375	2590
灌溉面积（万公顷）	764	838	936	1027	1156	1235	1653
农林牧渔总产值（亿元）		2537	3200	5349	10374	13631	17135
主要农产品产量							
粮食产量（万吨）	5373	5801	6381	7187	8308	9142	9580
棉花产量（万吨）	47	95	146	188	248	355	352
油料产量（万吨）	208	264	353	372	422	455	479
大牲畜年底头数（万头）	5286	5618	5566	6153	6068	5486	5368

表1-2　民族自治地方国民经济与社会发展主要指标（续一）

指　　标	总量指标						
	1990	1995	2000	2005	2010	2012	2013
羊年底头数　（万只）	11362	11906	13076	16391	14885	15131	15149
猪年底头数　（万头）	5668	7240	8201	8526	8141	8555	8511
工业							
主要工业产品产量							
布　（亿米）	7.4	6.9	5.0	3.5	3.6	2.1	1.7
机制纸及纸板　（万吨）	94	191	175	273	385	513	509
成品糖　（万吨）	223	240	498	678	907	1102	1283
原煤　（亿吨）	1.2	1.7	1.5	3.8	10.4	13.8	13.5
原油　（万吨）	1265	1610	2292	2833	3059	3230	3345
发电量　（亿千瓦小时）	739	1187	1712	3052	6730	8989	10451
粗钢　（万吨）	368	700	647	1846	4005	4019	4672
生铁　（万吨）	417	555	725	2087	4447	5140	5839
水泥　（万吨）	1958	4296	5703	10156	21653	31247	35513
建筑业							
建筑业企业人数　（万人）			132	142	194	196	218
建筑业总产值　（亿元）			754	1656	5203	6823	8021
施工房屋面积　（万平方米）			9232	15964	35052	49144	59673
竣工房屋面积　（万平方米）			5326	8072	15418	19199	12360
邮电运输							
铁路营业里程　（万公里）	1.31	1.70	1.43	1.69	2.12	2.37	2.52
公路通车里程　（万公里）	29	33	42	59	91	102	103
邮电业务总量　（亿元）	9	78	297	892	2456	1322	1527
邮路及农村投递线路							
总长度　（万公里）	88	107	110	110	127	161	190
国内商业							
社会消费品零售总额(亿元)	682	1692	2570	4874	11685	15930	17882
对外经济贸易							
进出口总额　（亿美元）			86	222	533	821	923
出口额			50	126	331	513	609
进口额			36	95	202	308	314

表1-2　民族自治地方国民经济与社会发展主要指标（续二）

指　　标	总量指标						
	1990	1995	2000	2005	2010	2012	2013
国际旅游							
国际旅游人数　（万人次）			269	467	820	1226	1436
旅游外汇收入　（亿美元）			8	13	30	45	58
金融							
金融机构各项存款（亿元）			7906	16324	46622	64118	72957
金融机构各项贷款（亿元）			6548	11300	30579	44517	52451
教育、文化、卫生							
教育							
在校学生数　（万人）							
普通高等学校	13.6	18.6	34.2	100.0	161.9	171.9	178.7
普通中学	610	632	873	1082	1050	1021	1000
普通小学	1853	1889	1886	1668	1536	1479	1438
专任教师数　（万人）							
普通高等学校	2.8	3.7	3.6	6.3	9.5	10.1	10.3
普通中学	41.5	41.5	47.9	61.1	67.4	69.3	68.7
普通小学	84.8	85.8	89.9	88.1	90.7	88.9	86.1
文化							
出版数量							
图书　（万册）	30166	42275	42310	41958	43099	54793	64114
杂志　（万册）	7866	7881	8332	10280	8276	12119	14583
报纸　（万份）	79120	94985	123277	169518	174848	187018	191760
卫生							
医院、卫生院数　（万个）	1.06	1.23	1.25	1.18	1.20	1.23	1.25
医院、卫生院床位（万张）	33.2	35.7	36.1	38.4	55.7	65.9	71.9
社会服务							
福利类收养单位床位数（万张）					27.3	33.9	
城镇社区服务设施数　（个）					6188.0	8829.0	
城乡最低生活保障人数（万人）					1907.4	2012.3	

表1-2 民族自治地方国民经济与社会发展主要指标（续三）

指标	指数(%)（2013为以下各年）						平均增长速度(%)		
	1990	1995 1990	2000	2005 1996	2010 1996	2012	1991-2013	1996-2013	2001-2013
人口与就业									
人口 (万人)									
年底总人口	119.7	114.2	108.9	105.8	98.8	97.6	0.8	0.7	0.7
#少数民族人口	131.1	124.7	116.1	109.5	102.3	100.2	1.2	1.2	1.2
就业									
单位从业人员数 (万人)	94.9	87.6	84.5	121.8	112.9	101.0	-0.2	-0.7	-1.3
宏观经济									
地区生产总值 (亿元)		736.6	477.6	274.4	125.4	110.5		11.7	12.8
第一产业		267.7	203.8	154.6	110.4	104.4		5.6	5.6
第二产业		1245.3	739.6	354.9	131.5	112.3		15.0	16.6
第三产业		703.5	437.5	254.9	123.1	109.6		11.4	12.0
人均地区生产总值 (元)		1080.4	741.4	367.0	149.6	106.9		14.1	16.7
固定资产 (亿元)									
全社会固定资产投资总额		3664.0	2136.0	633.0	177.1	121.1		22.1	26.6
#国有单位	7137.8	1884.3	1192.6	491.5	153.7	118.8	20.4	17.7	21.0
财政 (亿元)									
公共财政预算收入	3659.9	2459.1	1283.0	594.4	187.3	116.9	16.9	19.5	21.7
公共财政预算支出	5736.3	2934.2	1488.7	572.4	166.1	108.7	19.3	20.6	23.1
产　　业									
农业									
耕地面积 (万公顷)	146.9	171.7	124.1	127.4	108.8	109.1	1.7	3.0	1.7
灌溉面积 (万公顷)	216.3	197.2	176.6	160.9	142.9	133.8	3.4	3.8	4.5
农林牧渔总产值 (亿元)	4198.4	301.1	229.4	168.3	113.3	106.3	17.6	6.3	6.6
主要农产品产量									
粮食产量 (万吨)	178.3	165.1	150.1	133.3	115.3	104.8	2.5	2.8	3.2
棉花产量 (万吨)	749.9	372.6	241.0	187.5	141.9	99.4	9.2	7.6	7.0
油料产量 (万吨)	230.1	181.3	135.5	128.6	113.3	105.3	3.7	3.4	2.4
大牲畜年底头数 (万头)	101.6	95.6	96.4	87.3	88.5	97.9	0.1	-0.3	-0.3
羊年底头数 (万只)	133.3	127.2	115.9	92.4	101.8	100.1	1.3	1.3	1.1
猪年底头数 (万头)	150.2	117.6	103.8	99.8	104.5	99.5	1.8	0.9	0.3

表1-2　民族自治地方国民经济与社会发展主要指标（续四）

指标	指数(%)						平均增长速度(%)		
	(2013为以下各年)								
	1990	1995 1990	2000	2005 1996	2010 1996	2012	1991- 2013	1996- 2013	2001- 2013
工业									
主要工业产品产量									
布　(亿米)	23.6	25.3	34.9	50.0	48.1	84.5	-6.1	-7.3	-7.8
机制纸及纸板　(万吨)	541.4	266.5	290.4	186.7	132.2	99.3	7.6	5.6	8.5
成品糖　(万吨)	576.3	535.6	257.5	189.2	141.5	116.4	7.9	9.8	7.5
原煤　(亿吨)	1111.9	810.5	920.1	354.1	129.5	97.5	11.0	12.3	18.6
原油　(万吨)	264.5	207.8	146.0	118.1	109.4	103.6	4.3	4.1	3.0
发电量　(亿千瓦小时)	1414.6	880.8	610.3	342.4	155.3	116.3	12.2	12.8	14.9
粗钢　(万吨)	1268.4	667.8	722.0	253.0	116.6	116.2	11.7	11.1	16.4
生铁　(万吨)	1400.2	1052.6	805.5	279.8	131.3	113.6	12.2	14.0	17.4
水泥　(万吨)	1814	827	623	350	164	114	13	12	15
建筑业									
建筑业企业人数　(万人)			166	154	112	111			4
建筑业总产值　(亿元)			1063	484	154	118			20
施工房屋面积　(万平方米)			646.4	373.8	170.2	121.4			15.4
竣工房屋面积　(万平方米)			232.1	153.1	80.2	64.4			6.7
邮电运输									
铁路营业里程　(万公里)			176.7	149.3	118.8	106.5			4.5
公路通车里程　(万公里)	350.7	310.1	243.1	174.7	112.9	100.5	5.6	6.5	7.1
邮电业务总量　(亿元)						115.5			
邮路及农村投递线路									
总长度　(万公里)	216.3	178.2	173.8	173.5	150.2	118.0	3.4	3.3	4.3
国内商业									
社会消费品零售总额(亿元)	2622.8	1056.7	695.8	366.9	153.0	112.3	15.3	14.0	16.1
对外经济贸易									
进出口总额　(亿美元)			1077.5	416.6	173.0	112.4			20.1
出口额			1225.4	481.6	183.7	118.7			21.3
进口额			873.1	330.2	155.6	101.9			18.1
国际旅游									
国际旅游人数　(万人次)			533.7	307.4	175.1	117.0			13.7

表1-2　民族自治地方国民经济与社会发展主要指标（续五）

指标	指数(%)						平均增长速度(%)		
	(2013为以下各年)								
	1990	1995 1990	2000	2005 1996	2010 1996	2012	1991- 2013	1996- 2013	2001- 2013
旅游外汇收入　（亿美元）			768.1	453.0	193.3	127.6			17.0
金融									
金融机构各项存款　（亿元）			922.8	446.9	156.5	113.8			18.6
金融机构各项贷款　（亿元）			801.0	464.2	171.5	117.8			17.4
教育、文化、卫生									
教育									
在校学生数　（万人）									
普通高等学校	1313.8	960.6	522.4	178.7	110.4	104.0	11.8	13.4	13.6
普通中学	164.0	158.2	114.5	92.3	95.2	97.9	2.2	2.6	1.0
普通小学	77.6	76.1	76.2	86.2	93.6	97.2	-1.1	-1.5	-2.1
专任教师数　（万人）									
普通高等学校	368.4	278.8	283.5	163.7	108.9	102.5	5.8	5.9	8.3
普通中学	165.5	165.6	143.4	112.4	101.9	99.1	2.2	2.8	2.8
普通小学	101.5	100.3	95.7	97.7	94.8	96.8	0.1	0.0	-0.3
文化									
出版数量									
图书　（万册）	212.5	151.7	151.5	152.8	148.8	117.0	3.3	2.3	3.2
杂志　（万册）	185.4	185.0	175.0	141.9	176.2	120.3	2.7	3.5	4.4
报纸　（万份）	242.4	201.9	155.6	113.1	109.7	102.5	3.9	4.0	3.5
卫生									
医院、卫生院数　（万个）	117.8	101.0	99.7	105.2	104.1	101.6	0.7	0.1	-0.0
医院、卫生院床位　（万张）	216.5	201.3	199.0	186.9	129.0	109.1	3.4	4.0	5.4
社会服务									
福利类收养单位床位数（万张）									
城镇社区服务设施数　（个）									
城乡最低生活保障人数（万人）									

二、自然资源

表2-1 土地状况

项目	面积 （万平方公里）	占总面积（%）
总面积	960.00	100.00
#耕地	121.72	12.80
园地	11.79	1.24
林地	236.09	24.83
牧草地	261.84	27.54
其他农用地	25.44	2.68
居民点及独立工矿用地	26.92	2.83
交通运输用地	2.50	0.26
水利设施用地	3.65	0.38

注：本表数据来源于国土资源部，为2008年底数据。

表2-2 主要河流基本情况

名 称	流域面积 （平方公里）	河长 （公里）	年径流量 （亿立方米）
长 江	1782715	6300	9857
黄 河	752773	5464	592
松花江	561222	2308	818
辽 河	221097	1390	137
珠 江	442527	2214	3381
海 河	265511	1090	163
淮 河	268957	1000	595

注：本表数据由水利部提供，为2002年至2005年进行的第二次水资源评价数据。

表2-3 河流流域面积

流域名称	流域面积（平方公里）	占外流河、内陆河流域面积合计
合计	9506678	100.00
外流河	6150927	64.70
黑龙江及绥芬河	934802	9.83
辽河、鸭绿江及沿海诸河	314146	3.30
海滦河	320041	3.37
黄河	752773	7.92
淮河及山东沿海诸河	330009	3.47
长江	1782715	18.75
浙闽台诸河	244574	2.57
珠江及沿海诸河	578974	6.09
元江及澜仓江	240389	2.53
怒江及滇西诸河	157392	1.66
雅鲁藏布江及藏南诸河	387550	4.08
藏西诸河	58783	0.62
额尔齐斯河	48779	0.51
内陆河	3355751	35.30
内蒙内陆河	311378	3.28
河西内陆河	469843	4.94
准噶尔内陆河	323621	3.40
中亚细亚内陆河	77757	0.82
塔里木内陆河	1079643	11.36
青海内陆河	321161	3.38
羌唐内陆河	730077	7.68
松花江、黄河、藏南闭流区	42271	0.44

注：本表数据由水利部提供，为2002年至2005年进行的第二次水资源评价数据。

表2-4　主要矿产基础储量

项目		2013
石油	(万吨)	336732.81
天然气	(亿立方米)	46428.84
煤炭	(亿吨)	2362.90
铁矿	(矿石，亿吨)	199.17
锰矿	(矿石，万吨)	21547.74
铬矿	(矿石，万吨)	401.47
钒矿	(万吨)	909.91
原生钛铁矿	(万吨)	21957.03
铜矿	(铜，万吨)	2751.52
铅矿	(铅，万吨)	1577.91
锌矿	(锌，万吨)	3766.18
铝土矿	(矿石，万吨)	98323.53
镍矿	(镍，万吨)	253.53
钨矿	(WO3，万吨)	234.90
锡矿	(锡，万吨)	116.46
钼矿	(钼，万吨)	806.71
锑矿	(锑，万吨)	45.96
金矿	(金，吨)	1865.50
银矿	(银，吨)	37496.00
菱镁矿	(矿石，万吨)	120747.48
普通萤石	(矿物，万吨)	3680.27
硫铁矿	(矿石，万吨)	130194.08
磷矿	(矿石，亿吨)	30.24
钾盐	(KCl，万吨)	53491.55
盐矿	(NaCl，亿吨)	830.19
芒硝	(Na2SO4，亿吨)	52.07
重晶石	(矿石，万吨)	3986.07
玻璃硅质原料	(矿石，万吨)	191594.09
石墨	(矿物，万吨)	5347.72
滑石	(矿石，万吨)	9273.90
高岭土	(矿石，万吨)	49649.70

注：本表资料由国土资源部提供。其中，石油和天然气的数据为剩余技术可采储量(下表同)。

表2-5 分地区主要能源、黑色金属矿产基础储量（2013年）

地区	石油（万吨）	天然气（亿立方米）	煤炭（亿吨）	铁矿（矿石，亿吨）	锰矿（矿石，万吨）	铬矿（矿石，万吨）	钒矿（万吨）	原生钛铁矿（万吨）
全　国	336732.81	46428.84	2362.90	199.17	21547.74	401.47	909.91	21957.03
北　京			3.83	1.34				
天　津	3115.22	279.79	2.97					
河　北	26685.34	325.86	39.41	23.97	7.05	4.64	10.28	283.68
山　西			906.80	12.70	12.90			
内蒙古	8339.35	8042.54	460.10	20.99	567.74	56.29	0.77	
辽　宁	16411.23	169.46	28.33	56.25	1402.94			
吉　林	18326.64	756.35	10.03	4.52	0.40			
黑龙江	47311.25	1353.93	61.38	0.35				
上　海								
江　苏	3023.37	24.30	10.93	1.76			4.68	
浙　江			0.43	0.31			3.76	
安　徽	254.20	0.24	85.19	7.90	7.37		5.98	
福　建			4.33	3.24	135.13			
江　西			3.97	1.37			6.52	
山　东	33839.35	357.90	78.78	9.37				686.69
河　南	5037.37	72.09	89.55	1.41	0.82			0.51
湖　北	1303.70	48.79	3.23	6.05	749.57		29.37	1053.23
湖　南			6.61	1.79	1908.37		2.90	
广　东	13.85	0.50	0.23	1.06	75.23			
广　西	135.27	1.32	2.26	0.30	8441.54		171.49	
海　南	274.39	-3.45	1.19	0.95				
重　庆	278.43	2472.83	19.86	0.22	1712.64			
四　川	666.66	11874.38	55.74	26.60	100.04		576.19	19887.19
贵　州		6.39	83.29	0.13	4247.77			
云　南	12.21	0.80	60.10	4.13	1074.79		0.07	
西　藏			0.12	0.17		169.22		
陕　西	33712.64	6231.14	104.38	3.99	277.27		7.87	
甘　肃	21150.01	241.28	32.69	3.71	259.00	123.63	89.87	
青　海	6284.94	1511.79	12.17	0.03		3.68		
宁　夏	2313.96	294.40	38.47					
新　疆	58393.63	9053.88	156.53	4.56	567.17	44.01	0.16	45.73
海　域	49849.80	3312.33						

表2-6　分地区主要有色金属、非金属矿产基础储量（2013年）

地区	铜矿(铜,万吨)	铅矿(铅,万吨)	锌矿(锌,万吨)	铝土矿(矿石,万吨)	菱镁矿(矿石,万吨)	硫铁矿(矿石,万吨)	磷矿(矿石,亿吨)	高岭土(矿石,万吨)
全　国	2751.52	1577.91	3766.18	98323.53	120747.48	130194.08	30.24	49649.70
北　京	0.02							
天　津								
河　北	13.49	22.80	76.36	28.01	882.34	1142.84	1.94	58.30
山　西	158.23	0.46	0.17	15122.81		1058.11	0.81	160.20
内蒙古	400.27	508.02	962.32			16039.32	0.02	4814.68
辽　宁	30.22	10.43	44.83		104834.16	1272.11	0.81	536.93
吉　林	19.67	13.65	19.12		1.10	730.70		48.55
黑龙江	110.63	6.37	24.24			48.20		
上　海								
江　苏	3.60	25.88	42.44			608.84	0.13	167.65
浙　江	5.68	8.43	19.49			490.28		840.34
安　徽	168.12	10.91	13.61			14381.25	0.20	166.03
福　建	87.81	34.07	80.41			1106.97		5366.30
江　西	597.10	52.64	76.35			14886.00	0.61	3176.96
山　东	9.99	0.28	0.34	158.90	14793.49	3.18		335.98
河　南	11.14	57.80	47.52	14376.78		5991.87	0.02	4.70
湖　北	96.58	5.18	20.39	502.87		4722.08	7.70	460.43
湖　南	9.63	55.14	75.92	311.43		788.52	0.24	2015.42
广　东	30.62	128.55	228.58			16214.60		5408.55
广　西	3.33	25.98	106.13	46631.76		837.06		23605.60
海　南	3.52	6.62	16.96					1917.60
重　庆		5.56	18.34	6448.27		1453.10		
四　川	54.40	90.67	231.83	51.60	186.49	37726.98	4.55	56.10
贵　州	0.28	5.73	71.21	13204.97		5594.47	6.05	16.05
云　南	296.90	210.66	905.28	1485.24		4878.86	6.49	402.30
西　藏	274.36	46.91	13.99					
陕　西	19.45	30.65	73.20	0.89		108.30	0.06	81.10
甘　肃	152.65	77.55	313.66			1.00		
青　海	25.63	55.96	115.51		49.90	50.08	0.60	
宁　夏							0.01	
新　疆	168.20	81.01	167.98			59.36		9.93
海　域								

三、土地利用与生态

表3-1 分地区土地利用情况（2008年）

单位：万公顷

地　区	土地调查面　积	农用地	#园　地	#牧草地	建设用地	居民点及工矿用地	交通运输用　地	水利设施用　地
北　京	164.1	109.6	12.0	0.2	33.8	27.9	3.3	2.6
天　津	119.2	69.3	3.5	0.1	36.8	28.1	2.2	6.5
河　北	1884.3	1308.2	70.5	79.9	179.4	154.5	12.0	12.9
山　西	1567.1	1014.3	29.5	65.8	86.9	77.3	6.3	3.3
内蒙古	11451.2	9523.0	7.3	6560.9	149.2	123.9	16.0	9.3
辽　宁	1480.6	1122.8	59.6	34.9	139.9	115.9	9.2	14.8
吉　林	1911.2	1639.3	11.5	104.4	106.5	84.2	6.7	15.6
黑龙江	4526.5	3792.4	6.0	220.8	149.2	116.1	11.9	21.2
上　海	82.4	36.7	2.1		25.4	23.0	2.1	0.2
江　苏	1067.4	671.6	31.6	0.1	193.4	161.0	13.1	19.3
浙　江	1054.0	867.2	66.1		104.9	81.7	9.5	13.8
安　徽	1401.3	1119.0	33.9	2.8	166.2	133.4	10.1	22.7
福　建	1240.2	1073.1	62.9	0.3	64.7	50.7	7.9	6.1
江　西	1668.9	1416.4	27.8	0.4	95.4	67.5	7.5	20.5
山　东	1571.3	1156.6	100.7	3.4	251.1	209.3	16.3	25.5
河　南	1655.4	1228.1	31.4	1.4	218.7	188.3	12.2	18.2
湖　北	1858.9	1465.2	42.4	4.4	140.0	100.9	9.2	30.0
湖　南	2118.5	1789.8	49.0	10.4	139.0	108.8	10.4	19.8
广　东	1798.1	1489.1	100.8	2.7	179.0	145.7	12.1	21.1
广　西	2375.6	1786.6	53.9	71.6	95.4	71.0	8.8	15.5
海　南	353.5	282.3	53.2	1.9	29.8	22.3	1.4	6.1
重　庆	822.7	692.0	24.0	23.7	59.3	48.9	4.8	5.5
四　川	4840.6	4239.8	71.6	1371.1	160.3	136.6	13.5	10.2
贵　州	1761.5	1524.6	12.1	159.8	55.7	45.7	6.1	4.0
云　南	3831.9	3176.0	84.2	78.2	81.6	62.8	10.0	8.8
西　藏	12020.7	7760.6	0.2	6444.1	6.7	4.2	2.4	0.1
陕　西	2057.9	1847.8	70.6	306.4	81.7	71.0	6.6	4.0
甘　肃	4040.9	2387.9	20.0	1261.3	97.7	88.2	6.6	2.9
青　海	7174.8	4372.4	0.7	4034.7	32.7	24.7	3.2	4.8
宁　夏	519.5	417.4	3.4	226.4	21.2	18.6	1.9	0.7
新　疆	16649.0	6308.5	36.4	5111.4	124.0	99.3	6.3	18.4

表3-2　分地区森林资源情况

地　区	林业用地面积（万公顷）	森林面积（万公顷）		森林覆盖率（%）	活立木总蓄积量（万立方米）	森林蓄积量（万立方米）
			#人工林			
全　国	31259.00	20768.73	6933.38	21.63	1643280.62	1513729.72
北　京	101.35	58.81	37.15	35.84	1828.04	1425.33
天　津	15.62	11.16	10.56	9.87	453.98	374.03
河　北	718.08	439.33	220.90	23.41	13082.23	10774.95
山　西	765.55	282.41	131.81	18.03	11039.38	9739.12
内蒙古	4398.89	2487.90	331.65	21.03	148415.92	134530.48
辽　宁	699.89	557.31	307.08	38.24	25972.07	25046.29
吉　林	856.19	763.87	160.56	40.38	96534.93	92257.37
黑龙江	2207.40	1962.13	246.53	43.16	177720.97	164487.01
上　海	7.73	6.81	6.81	10.74	380.25	186.35
江　苏	178.70	162.10	156.82	15.80	8461.42	6470.00
浙　江	660.74	601.36	258.53	59.07	24224.93	21679.75
安　徽	443.18	380.42	225.07	27.53	21710.12	18074.85
福　建	926.82	801.27	377.69	65.95	66674.62	60796.15
江　西	1069.66	1001.81	338.60	60.01	47032.40	40840.62
山　东	331.26	254.60	244.52	16.73	12360.74	8919.79
河　南	504.98	359.07	227.12	21.50	22880.68	17094.56
湖　北	849.85	713.86	194.85	38.40	31324.69	28652.97
湖　南	1252.78	1011.94	474.61	47.77	37311.50	33099.27
广　东	1076.44	906.13	557.89	51.26	37774.59	35682.71
广　西	1527.17	1342.70	634.52	56.51	55816.60	50936.80
海　南	214.49	187.77	136.20	55.38	9774.49	8903.83
重　庆	406.28	316.44	92.55	38.43	17437.31	14651.76
四　川	2328.26	1703.74	449.26	35.22	177576.04	168000.04
贵　州	861.22	653.35	237.30	37.09	34384.40	30076.43
云　南	2501.04	1914.19	414.11	50.03	187514.27	169309.19
西　藏	1783.64	1471.56	4.88	11.98	228812.16	226207.05
陕　西	1228.47	853.24	236.97	41.42	42416.05	39592.52
甘　肃	1042.65	507.45	102.97	11.28	24054.88	21453.97
青　海	808.04	406.39	7.44	5.63	4884.43	4331.21
宁　夏	180.10	61.80	14.43	11.89	872.56	660.33
新　疆	1099.71	698.25	94.00	4.24	38679.57	33654.09

注：1.本表为第八次全国森林资源清查（2009—2013）资料。
　　2.全国总计数包括台湾省和香港、澳门特别行政区数据。

表3–3　造林面积

单位：公顷

年份 地区	造林总面积	按造林方式分			按林种用途分				
		人工造林	飞播造林	无林地和疏林地新封山育林	用材林	经济林	防护林	薪炭林	特种用途林
2000	5105138	4345008	760130		1218461	1350277	2430834	82338	23228
2001	4953038	3977324	975714		905518	1068540	2913538	45611	19831
2002	7770971	6896041	874930		898736	964211	5828810	59144	20070
2003	9118894	8432486	686408		1175812	797318	7087319	37070	21374
2004	5598079	5018885	579194		871132	456691	4210768	49966	9522
2005	3647942	3231556	416386		607547	337816	2678214	16074	8291
2006	2717925	2446122	271803		481629	403322	1824687	4837	3450
2007	3907711	2738521	118671	1050519	610367	478417	2790172	7993	20762
2008	5354387	3684913	154065	1515409	782109	850774	3697812	4020	19672
2009	6262330	4156293	226337	1879700	801317	1002555	4407654	23705	27099
2010	5909919	3872762	195948	1841209	809937	1110896	3943432	18887	26767
2011	5996613	4065693	196931	1733989	1019320	1218281	3688827	36805	33380
2012	5595791	3820704	136409	1638678	774398	1101053	3650842	41145	28353
2013	6100057	4209686	154400	1735971	1057558	1233676	3748409	24898	35516
北　京	45813	30871		14942		436	44737		640
天　津	5792	5792			618	1116	4058		
河　北	318737	238007	20001	60729	31127	45852	240298		1460
山　西	298796	240843	1732	56221	2267	83995	202872	9662	
内蒙古	805156	349624	78666	376866	8357	16489	777993		2317
辽　宁	237457	134459		102998	16899	26565	193993		
吉　林	112446	48448		63998	8255	136	104055		
黑龙江	124122	81512		42610	13491	1409	106778	4	2440
上　海	862	862				85	777		
江　苏	65258	64925		333	7848	11446	43923		2041
浙　江	42362	30310		12052	3266	9690	28856	224	326

表3–3　造林面积（续）

单位：公顷

年份 地区	造林总面积	按造林方式分			按林种用途分				
		人工造林	飞播造林	无林地和疏林地新封山育林	用材林	经济林	防护林	薪炭林	特种用途林
安　徽	172086	162488		9598	63164	40285	60790	716	7131
福　建	100185	100185			72977	9055	15081	272	2800
江　西	153368	141041		12327	86665	37867	28207	140	489
山　东	220473	219129		1344	32569	63604	122536		1764
河　南	253914	201208		52706	55701	41444	156769		
湖　北	246858	165652		81206	83439	58163	103083	112	2061
湖　南	349772	188680		161092	183884	36111	125879	2161	1737
广　东	139058	119083		19975	29986	5143	102917		1012
广　西	149875	133510		16365	89186	35510	24339		840
海　南	12829	12829			1888	8192	2103		646
重　庆	227883	152832		75051	60683	28605	133465	3447	1683
四　川	126191	67992		58199	31306	23961	70791		133
贵　州	340000	256253		83747	100000	144727	90000	4333	940
云　南	524334	467658		56676	61336	352109	110010	879	
西　藏	69629	30540		39089		1426	68203		
陕　西	343981	215732	54001	74248	8371	73744	261866		
甘　肃	174470	108377		66093		12514	156923		5033
青　海	152755	44397		108358		6868	145887		
宁　夏	101145	60695		40450		10118	91027		
新　疆	164450	115752		48698	4275	47011	110193	2948	23

注：2013年全国合计造林面积中包括军事管理区20000公顷退耕还林工程荒山荒地造林。根据造林技术规程(GB/T 15776–2006)，自2006年起将无林地和疏林地新封山育林面积计入造林总面积。

表3–4　分地区草原建设利用情况(2013年)

单位：千公顷

地　区	草原总面积	可利用草原面积	累计种草保留面积	当年新增种草面积	草原鼠害		草原虫害		草原火灾受害面积
					危害面积	治理面积	危害面积	治理面积	
全　国	392832.7	330995.4	20867.1	6915.3	36776.0	7585.3	15307.3	4641.3	35.3
北　京	394.8	336.3	19.6	18.2					
天　津	146.6	135.4	9.0	8.3					
河　北	4712.1	4085.3	626.0	147.7	392.0	236.9	443.3	256.0	
山　西	4552.0	4552.0	434.9	147.9	412.7	114.7	434.7	100.0	
内蒙古	78804.5	63591.1	4499.4	1926.4	4835.3	1310.2	6103.3	1522.7	30.7
辽　宁	3388.8	3239.3	725.5	366.8	277.3	193.0	296.0	143.3	
吉　林	5842.2	4379.0	663.6	263.3	396.7	268.7	290.7	125.3	0.8
黑龙江	7531.8	6081.7	462.1	195.9	615.3	128.0	469.3	102.0	0.1
上　海	73.3	37.3	47.7	41.3					
江　苏	412.7	325.7	115.3	70.5					
浙　江	3169.9	2075.2	55.0	30.5					
安　徽	1663.2	1485.2	233.0	132.3					
福　建	2048.0	1957.1	168.2	68.8					
江　西	4442.3	3847.6	235.8	150.4					
山　东	1638.0	1329.2	238.5	97.8					0.4
河　南	4433.8	4043.3	224.4	42.6					
湖　北	6352.2	5071.5	48.4	37.0					
湖　南	6372.7	5666.3	89.1	24.2					
广　东	3266.2	2677.2	18.3	0.3					
广　西	8698.3	6500.3	94.7	42.8					
海　南	949.8	843.3	2183.4						
重　庆	2158.4	1867.2	620.7	158.7					
四　川	20380.4	17753.1	974.9	315.7	3016.0	935.0	868.7	382.0	
贵　州	4287.3	3759.7	154.4	64.8					
云　南	15308.4	11925.6	856.3	136.9					
西　藏	82051.9	70846.8	2828.5	537.3	7410.0	157.3	9.3	5.3	0.2
陕　西	5206.2	4349.2	1560.9	826.4	648.0	208.5	352.7	63.3	0.2
甘　肃	17904.2	16071.6	732.9	281.9	4596.7	884.7	1390.7	302.7	1.7
青　海	36369.7	31530.7	1712.9	731.0	8718.7	1129.3	1654.7	443.3	
宁　夏	3014.1	2625.6	233.6	49.7	335.3	589.1	446.0	118.0	0.8
新　疆	57258.8	48006.8	1767.6	586.9	5122.0	1429.9	2548.0	1077.3	0.5

表3-5 分地区湿地面积

地 区	湿地面积（千公顷）	天然湿地					人工湿地	湿地面积占辖区面积比重（%）
			近海与海岸	河 流	湖 泊	沼 泽		
全 国	53602.6	46674.7	5795.9	10552.1	8593.8	21732.9	6745.9	5.56
北 京	48.1	24.2		22.7	0.2	1.3	23.9	2.86
天 津	295.6	151.1	104.3	32.3	3.6	10.9	144.5	23.94
河 北	941.9	694.6	231.9	212.5	26.6	223.6	247.3	5.04
山 西	151.9	108.1		96.9	3.1	8.1	43.8	0.97
内蒙古	6010.6	5878.8		463.7	566.2	4848.9	131.8	5.08
辽 宁	1394.8	1077.7	713.2	251.5	2.9	110.1	317.1	9.42
吉 林	997.6	862.9		223.5	112.0	527.4	134.7	5.32
黑龙江	5143.3	4953.8		733.5	356.0	3864.3	189.5	11.31
上 海	464.6	409.0	386.6	7.3	5.8	9.3	55.6	73.27
江 苏	2822.8	1948.8	1087.5	296.6	536.7	28.0	874.0	27.51
浙 江	1110.1	843.3	692.5	141.2	8.9	0.7	266.8	10.91
安 徽	1041.8	713.6		309.6	361.1	42.9	328.2	7.46
福 建	871.0	711.2	575.6	135.1	0.3	0.2	159.8	7.18
江 西	910.1	710.7		310.8	374.1	25.8	199.4	5.45
山 东	1737.5	1103.0	728.5	257.8	62.6	54.1	634.5	11.07
河 南	627.9	380.7		368.9	6.9	4.9	247.2	3.76
湖 北	1445.0	764.2		450.4	276.9	36.9	680.8	7.77
湖 南	1019.7	813.5		398.4	385.8	29.3	206.2	4.81
广 东	1753.4	1158.1	815.1	337.9	1.5	3.6	595.3	9.76
广 西	754.3	536.6	259.0	268.9	6.3	2.4	217.7	3.20
海 南	320.0	242.0	201.7	39.7	0.6		78.0	9.14
重 庆	207.2	87.7		87.3	0.3	0.1	119.5	2.51
四 川	1747.8	1665.6		452.3	37.4	1175.9	82.2	3.61
贵 州	209.7	151.6		138.1	2.5	11.0	58.1	1.19
云 南	563.5	392.5		241.8	118.5	32.2	171.0	1.43
西 藏	6529.0	6524.0		1434.5	3035.2	2054.3	5.0	5.35
陕 西	308.5	276.2		257.6	7.6	11.0	32.3	1.50
甘 肃	1693.9	1642.4		381.7	15.9	1244.8	51.5	3.73
青 海	8143.6	8001.0		885.3	1470.3	5645.4	142.6	11.27
宁 夏	207.2	169.5		97.9	33.5	38.1	37.7	4.00
新 疆	3948.2	3678.3		1216.4	774.5	1687.4	269.9	2.38

注：1.本表为中国第二次湿地调查资料。
2.全国总计数包括台湾省和香港、澳门特别行政区数据。

表3-6 分地区自然保护基本情况（2013年）

地 区	自然保护区个数(个)	#国家级	自然保护区面积(万公顷)	#国家级	自然保护区占辖区面积比重(%)
全 国	2697	407	14631.0	9403.9	14.8
北 京	20	2	13.4	2.6	8.0
天 津	8	3	9.0	3.8	8.0
河 北	44	13	70.7	25.5	3.7
山 西	46	7	110.5	11.7	7.1
内蒙古	184	27	1368.9	416.7	11.6
辽 宁	105	15	280.5	100.1	13.4
吉 林	44	19	243.0	109.3	13.0
黑龙江	226	33	680.6	291.2	15.0
上 海	4	2	9.4	6.6	5.2
江 苏	31	3	53.0	29.9	3.9
浙 江	33	10	19.9	14.7	1.6
安 徽	104	7	52.4	13.9	3.8
福 建	90	15	42.8	23.0	3.1
江 西	199	13	124.6	22.0	7.5
山 东	86	7	110.0	22.0	4.8
河 南	34	11	73.9	42.6	4.4
湖 北	70	15	101.9	35.6	5.5
湖 南	128	23	128.4	61.0	6.1
广 东	392	14	185.0	31.4	7.2
广 西	78	21	145.6	37.4	6.0
海 南	50	9	273.5	10.7	7.0
重 庆	57	6	84.5	27.7	10.3
四 川	167	29	897.8	292.4	18.5
贵 州	123	8	88.1	24.4	5.0
云 南	154	20	285.7	150.3	7.5
西 藏	47	9	4136.9	3715.3	33.9
陕 西	57	22	116.6	60.0	5.7
甘 肃	60	19	746.3	511.7	16.4
青 海	11	7	2176.5	2073.4	30.1
宁 夏	14	8	53.3	43.9	10.3
新 疆	31	10	1948.3	1193.1	11.7

表3–7　林业投资资金来源情况（2013年）

单位：万元

地　区	林业投资本年资金来源	上年末结余资金	本年资金来源						
				国家预算资金	国内贷款	债　券	利用外资	自筹资金	其他资金
全　国	37998294	689635	37308659	17263438	3855681	173	506374	13163683	2519310
北　京	1714149	50643	1663506	1540554				118543	4409
天　津	112535		112535	112535					
河　北	676512	9310	667202	448108	101948		2719	87752	26675
山　西	1101015		1101015	776415			740	323860	
内蒙古	1329341	2018	1327323	1236251		110	1631	70261	19070
辽　宁	1364450	4469	1359981	824360			2929	531068	1624
吉　林	706286	69555	636731	446300	22100		2450	113541	52340
黑龙江	1253997	4646	1249351	1119213	201			117892	12045
上　海	91043		91043	85376				147	5520
江　苏	1271007	23663	1247344	349891	1420		10384	867041	18608
浙　江	932304	21678	910626	562716	158004	60	6611	167388	15847
安　徽	957981	1358	956623	292788	87370		5478	543611	27376
福　建	2648719	1078	2647641	287793	2119326	3	182100	45922	12497
江　西	793124	253	792871	504343	50859		6474	135233	95962
山　东	2631186	826	2630360	760060	31647		12808	1539725	286120
河　南	1019382		1019382	110350	310000		3800	430000	165232
湖　北	681950	7189	674761	390356	63685		1905	190668	28147
湖　南	1611826	8945	1602881	702522	215705		5465	625279	53910
广　东	1037204	29681	1007523	893548	10211		5989	60152	37623
广　西	8365730	22904	8342772	435157	376650		207269	6104349	1219347
海　南	194494	36267	158227	142691				11351	4185
重　庆	457583		457583	441098	1998			8885	5602
四　川	1923299	27445	1895854	943066	54987		22762	602184	272855
贵　州	390000		390000	390000					
云　南	965697	128078	837619	647937	37370			75211	77101
西　藏	164920		164920	164920					
陕　西	1027321	7694	1019627	912937	6460		3400	64070	32760
甘　肃	788001	4126	783875	594938	138764		16811	17219	16143
青　海	252175	249	251926	233728	15320		2878		
宁　夏	196984	180	196804	152930	27893			11535	4446
新　疆	751128	151430	599698	410652	23763		1771	157661	5851
大兴安岭	439177	12160	427017	284953				142064	

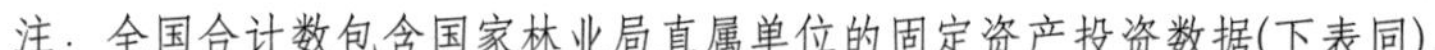
注：全国合计数包含国家林业局直属单位的固定资产投资数据(下表同)。

表3–8　林业投资完成情况（2013年）

单位：万元

地　区	本年完成投资	生态建设与保护	林业支撑与保障	林业产业发展	林业民生工程	其他投资
全　国	37822690	18705774	2216819	10776201	1868405	4255491
北　京	2071603	1811906	48073	54701	2807	154116
天　津	112535	104396	2568	2000		3571
河　北	676512	393974	34694	129335	30594	87915
山　西	1101015	952452	21694	9724	92212	24933
内蒙古	1500005	1046212	61108	11528	190992	190165
辽　宁	1363756	1207383	51640	53352	14951	36430
吉　林	606084	259454	91621	39674	132088	83247
黑龙江	1246000	696928	88295	8658	397123	54996
上　海	102636	94445	4965	1037		2189
江　苏	1255738	973963	89121	173581	11074	7999
浙　江	923541	516116	76856	172096	51798	106675
安　徽	983084	729153	47348	143169	7603	55811
福　建	2384170	553252	132465	1455869		242584
江　西	820201	351801	76694	148577	67097	176032
山　东	2700406	1308604	416100	865460	26775	83467
河　南	1019382	658534	32669	248036	3750	76393
湖　北	674917	330860	42950	176974	52548	71585
湖　南	1603967	675665	77559	619921	81435	149387
广　东	983675	699232	73357	20871	35618	154597
广　西	8283917	1250515	307564	5162743	218993	1344102
海　南	153080	92594	20724	7853	12806	19103
重　庆	474109	355200	34204	11503	14471	58731
四　川	1901917	712489	59752	838544	62951	228181
贵　州	390000	345969	13425	900	3020	26686
云　南	854863	493739	77968	58284	72798	152074
西　藏	166755	149535	6340	1454	2023	7403
陕　西	1012633	625860	29883	68122	63560	225208
甘　肃	784173	359383	42263	157491	47781	177255
青　海	268967	201321	11519	28708	2263	25156
宁　夏	186810	118161	7995	48964	2632	9058
新　疆	695760	424264	72392	50003	14386	134715
大兴安岭	393445	182059	6759	7001	152086	45540

四、能源

表4-1　能源生产总量及构成

年　份	能源生产总量（万吨标准煤）	占能源生产总量的比重（%）			
		原　煤	原　油	天然气	水电、核电、风电
1978	62770	70.3	23.7	2.9	3.1
1980	63735	69.4	23.8	3.0	3.8
1985	85546	72.8	20.9	2.0	4.3
1990	103922	74.2	19.0	2.0	4.8
1991	104844	74.1	19.2	2.0	4.7
1992	107256	74.3	18.9	2.0	4.8
1993	111059	74.0	18.7	2.0	5.3
1994	118729	74.6	17.6	1.9	5.9
1995	129034	75.3	16.6	1.9	6.2
1996	133032	75.0	16.9	2.0	6.1
1997	133460	74.3	17.2	2.1	6.5
1998	129834	73.3	17.7	2.2	6.8
1999	131935	73.9	17.3	2.5	6.3
2000	135048	73.2	17.2	2.7	6.9
2001	143875	73.0	16.3	2.8	7.9
2002	150656	73.5	15.8	2.9	7.8
2003	171906	76.2	14.1	2.7	7.0
2004	196648	77.1	12.8	2.8	7.3
2005	216219	77.6	12.0	3.0	7.4
2006	232167	77.8	11.3	3.4	7.5
2007	247279	77.7	10.8	3.7	7.8
2008	260552	76.8	10.5	4.1	8.6
2009	274619	77.3	9.9	4.1	8.7
2010	296916	76.6	9.8	4.2	9.4
2011	317987	77.8	9.1	4.3	8.8
2012	331848	76.5	8.9	4.3	10.3
2013	340000	75.6	8.9	4.6	10.9

注：电力折算标准煤的系数根据当年平均发电煤耗计算(下表同)。

表4–2 能源消费总量及构成

年 份	能源消费总量（万吨标准煤）	占能源消费总量的比重（%）			
		煤 炭	石 油	天然气	水电、核电、风电
1978	57144	70.7	22.7	3.2	3.4
1980	60275	72.2	20.7	3.1	4.0
1985	76682	75.8	17.1	2.2	4.9
1990	98703	76.2	16.6	2.1	5.1
1991	103783	76.1	17.1	2.0	4.8
1992	109170	75.7	17.5	1.9	4.9
1993	115993	74.7	18.2	1.9	5.2
1994	122737	75.0	17.4	1.9	5.7
1995	131176	74.6	17.5	1.8	6.1
1996	135192	73.5	18.7	1.8	6.0
1997	135909	71.4	20.4	1.8	6.4
1998	136184	70.9	20.8	1.8	6.5
1999	140569	70.6	21.5	2.0	5.9
2000	145531	69.2	22.2	2.2	6.4
2001	150406	68.3	21.8	2.4	7.5
2002	159431	68.0	22.3	2.4	7.3
2003	183792	69.8	21.2	2.5	6.5
2004	213456	69.5	21.3	2.5	6.7
2005	235997	70.8	19.8	2.6	6.8
2006	258676	71.1	19.3	2.9	6.7
2007	280508	71.1	18.8	3.3	6.8
2008	291448	70.3	18.3	3.7	7.7
2009	306647	70.4	17.9	3.9	7.8
2010	324939	68.0	19.0	4.4	8.6
2011	348002	68.4	18.6	5.0	8.0
2012	361732	66.6	18.8	5.2	9.4
2013	375000	66.0	18.4	5.8	9.8

表4-3 综合能源平衡表

单位：万吨标准煤

项　　目	1990	1995	2000	2005	2010	2011	2012
可供消费的能源总量	96138	129535	142605	232225	339687	362842	378690
一次能源生产量	103922	129034	135048	216219	296916	317986	331848
回收能		2312	1760	2939	5143		
进口量	1310	5456	14334	26952	55737	62262	66598
出口量(-)	5875	6776	9633	11448	8846	8447	7375
年初年末库存差额	-3219	-491	1097	-2436	-9262	-8959	-12381
能源消费总量	98703	131176	145531	235997	324939	348002	361732
在总量中：							
农、林、牧、渔、							
水利业	4852	5505	3914	6071	6477	6759	6784
工　业	67578	96191	103774	168724	232019	246441	252463
建筑业	1213	1335	2179	3403	5309	5872	6167
交通运输、仓储和							
邮政业	4541	5863	11242	18391	26068	28536	31525
批发、零售业和							
住宿、餐饮业	1247	2018	3048	4848	6827	7795	8546
其他行业	3473	4519	5762	9255	13681	15189	16581
生活消费	15799	15745	15614	25305	34558	37410	39666
在总量中：							
终端消费	94289	124252	139008	225690	305098	333127	344594
#工业	63239	89473	97597	158767	212631	231963	235763
加工转换损失量	2264	3634	2461	3823	10985	5691	7408
#炼焦	905		525	702	1480	1679	2578
炼油	326		781	1305	2054	2064	2222
损失量	2150	3289	4062	6483	8857	9183	9730
平衡差额	-2565	-1641	-2926	-3772	14748	14840	16958

注：1.电力、热力按等价热值折算,因此加工转换损失量中不包括发电、供热损失量。村办工业包括在工业中(下表同)。
2.进口量包括我国飞机、轮船在国外加油量;出口量包括外国飞机、轮船在我国加油量。

表4-4 石油平衡表

单位：万吨

项 目	1990	1995	2000	2005	2010	2011	2012
可供量	11435.0	16072.7	22631.8	32539.1	44178.4	45659.2	47864.7
生产量	13830.6	15005.0	16300.0	18135.3	20301.4	20287.6	20747.8
进口量	755.6	3673.2	9748.5	17163.2	29437.2	31593.6	33088.8
出口量(-)	3110.4	2454.5	2172.1	2888.1	4079.0	4117.0	3884.3
年初年末库存差额	-40.8	-151.0	-1244.6	128.8	-1481.2	-2105.0	-2087.6
消费量	11485.6	16064.9	22495.9	32537.7	43245.2	45378.5	47650.5
在消费量中:							
农、林、牧、渔、							
水利业	1033.6	1203.2	788.5	1451.7	1382.5	1466.3	1537.9
工 业	7321.6	9349.3	11248.5	14245.1	18148.8	18005.0	17673.0
建筑业	327.3	242.8	840.6	1502.2	2345.1	2521.8	2699.1
交通运输、仓储							
和邮政业	1683.2	2863.6	6399.0	10709.5	14870.3	16021.0	17838.634
批发、零售业和							
住宿、餐饮业	77.6	333.9	247.0	375.6	481.0	500.0	542.4
其他行业	757.8	1390.3	1635.9	1969.2	2556.7	2880.5	3067.8
生活消费	284.5	682.0	1336.5	2284.4	3460.8	3983.9	4291.6
在消费量中:							
终端消费	9304.7	13676.3	19950.1	29191.6	40303.7	42727.3	44953.9
#工 业	5180.4	7095.5	8860.0	11027.5	15367.8	15463.9	15100.2
中间消费							
(用于加工转换)	1630.4	2230.0	2352.9	3190.7	2747.1	2469.5	2514.6
发 电	1234.4	1358.5	1178.2	1602.0	459.1	319.8	292.4
供 热	356.3	399.9	427.0	407.6	593.1	525.7	493.5
制 气	39.7	51.6	25.9	14.4			
炼油损失量	295.8	420.1	721.9	1166.7	1604.8	1624.1	1728.7
损失量	254.7	158.6	192.9	155.4	194.4	181.7	182.0
平衡差额	-50.6	7.8	135.8	1.4	933.3	280.7	214.2

注：1.生产量为原油产量。

2.进口量包括我国飞机、轮船在国外加油量；出口量包括外国飞机、轮船在我国加油量。

表4–5 煤炭平衡表

单位：万吨

项　　目	1990	1995	2000	2005	2010	2011	2012
可供量	102221.1	133461.7	136794.5	226941.0	329772.0	360561.5	380033.2
生产量	107988.3	136073.1	138418.5	234951.8	323500.0	351600.0	364500.0
进口量	200.3	163.5	217.9	2617.1	16309.5	18209.8	28841.1
出口量(-)	1729.0	2861.7	5506.5	7172.4	1910.4	1465.8	927.5
年初年末库存差额	-4238.5	86.8	3664.7	-3455.4	-8127.2	-7782.5	-12380.4
消费量	105523.0	137676.5	141091.7	231851.1	312236.5	342950.2	352647.1
在消费量中：							
农、林、牧、渔、							
水利业	2095.2	1856.7	933.4	1513.8	1711.1	1756.6	1766.1
工　业	81090.9	117570.7	127806.7	215493.3	296031.6	326230.0	335714.7
建筑业	437.6	439.8	536.8	603.6	718.9	781.8	753.4
交通运输、仓储							
和邮政业	2160.9	1315.1	882.2	811.2	639.2	645.9	614.3
批发、零售业和							
住宿、餐饮业	1058.3	977.4	1314.6	1674.4	1969.9	2211.7	2362.0
其他行业	1980.4	1986.7	1161.0	1715.9	2006.6	2112.2	2283.2
生活消费	16699.7	13530.1	8457.0	10039.0	9159.2	9212.0	9153.4
在消费量中：							
终端消费	60205.9	66156.1	55913.1	75382.7	84350.9	86416.3	87055.7
#工　业	35773.8	46050.3	42628.0	59024.9	68146.1	69696.0	70123.2
中间消费							
(用于加工转换)	41257.8	69487.6	85178.6	156468.4	227885.6	256534.0	265591.4
#发　电	27204.3	44440.2	55811.2	103263.5	154542.5	175578.5	178531.0
供　热	2995.5	5887.3	8794.1	13542.0	15253.1	16834.2	20251.2
炼　焦	10697.6	18396.4	16496.4	33167.1	47150.4	52959.9	54068.4
炼油及煤制油					213.4	345.7	378.0
制　气	360.4	763.7	960.0	1277.0	1040.1	870.5	798.6
洗选损耗	4059.3	2032.8	3191.2	4982.1	9484.6	9723.4	11254.0
平衡差额	-3302.0	-4214.8	-4297.2	-4910.0	17535.5	17611.3	27386.1

注：生产量为原煤产量。

表4-4 电力平衡表

单位：亿千瓦小时

项　　目	1990	1995	2000	2005	2010	2011	2012
可供量	6230.4	10023.4	13472.7	24940.8	41936.5	47002.7	49767.7
生产量	6212.0	10077.3	13556.0	25002.6	42071.6	47130.2	49875.5
水　电	1267.2	1905.8	2224.1	3970.2	7221.7	6989.5	8721.1
火　电	4944.8	8043.2	11141.9	20473.4	33319.3	38337.0	38928.1
核　电		128.3	167.4	530.9	738.8	863.5	973.9
风　电					446.2	703.3	959.8
进口量	19.3	6.4	15.5	50.1	55.5	65.6	68.7
出口量(-)	0.9	60.3	98.8	111.9	190.6	193.1	176.5
消费量	6230.4	10023.4	13472.4	24940.3	41934.5	47000.9	49762.6
在消费量中:							
农、林、牧、渔、							
水利业	426.8	582.4	533.0	776.3	976.5	1012.9	1012.6
工　业	4873.3	7659.8	10004.6	18521.7	30871.8	34691.6	36232.2
建筑业	65.0	159.6	159.8	233.9	483.2	571.8	608.4
交通运输、仓储							
和邮政业	105.9	182.3	281.2	430.3	734.5	848.4	915.4
批发、零售业和							
住宿、餐饮业	76.2	199.5	418.7	752.3	1292.0	1503.1	1691.5
其他行业	202.4	234.2	623.2	1340.9	2451.8	2753.1	3083.6
生活消费	480.8	1005.6	1452.0	2884.8	5124.6	5620.1	6219.0
在消费量中:							
终端消费	5795.8	9278.9	12535.7	23233.8	39366.3	44300.2	46866.5
#工　业	4438.7	6915.3	9067.9	16815.2	28303.5	31990.9	33336.1
输配电损失量	434.6	744.5	936.7	1706.5	2568.2	2700.7	2896.2

表4-7 能源生产弹性系数

年 份	能源生产比上年增长（%）	电力生产比上年增长（%）	国内生产总值比上年增长（%）	能源生产弹性系数	电力生产弹性系数
1985	9.9	8.9	13.5	0.73	0.66
1990	2.2	6.2	3.8	0.58	1.63
1991	0.9	9.1	9.2	0.10	0.99
1992	2.3	11.3	14.2	0.16	0.80
1993	3.6	15.3	14.0	0.26	1.09
1994	6.9	10.7	13.1	0.53	0.82
1995	8.7	8.6	10.9	0.80	0.79
1996	3.1	7.2	10.0	0.31	0.72
1997	0.3	5.1	9.3	0.03	0.55
1998	-2.7	2.7	7.8		0.35
1999	1.6	6.3	7.6	0.21	0.83
2000	2.4	9.4	8.4	0.28	1.12
2001	6.5	9.2	8.3	0.79	1.11
2002	4.7	11.7	9.1	0.52	1.29
2003	14.1	15.5	10.0	1.41	1.55
2004	14.4	15.3	10.1	1.43	1.51
2005	10.0	13.5	11.3	0.88	1.19
2006	7.4	14.6	12.7	0.58	1.15
2007	6.5	14.5	14.2	0.46	1.02
2008	5.4	5.6	9.6	0.56	0.58
2009	5.4	7.1	9.2	0.59	0.77
2010	8.1	13.3	10.4	0.78	1.28
2011	7.1	12.0	9.3	0.76	1.29
2012	4.4	5.8	7.7	0.57	0.75
2013	2.4	7.5	7.7	0.31	0.97

注：国内生产总值增长速度按不变价格计算(下表同)。

表4–8 能源消费弹性系数

年 份	能源消费比上年增长（%）	电力消费比上年增长（%）	国内生产总值比上年增长（%）	能源消费弹性系数	电力消费弹性系数
1985	8. 1	9. 0	13. 5	0. 60	0. 67
1990	1. 8	6. 2	3. 8	0. 47	1. 63
1991	5. 1	9. 2	9. 2	0. 55	1. 00
1992	5. 2	11. 5	14. 2	0. 37	0. 81
1993	6. 3	11. 0	14. 0	0. 45	0. 79
1994	5. 8	9. 9	13. 1	0. 44	0. 76
1995	6. 9	8. 2	10. 9	0. 63	0. 75
1996	3. 1	7. 4	10. 0	0. 31	0. 74
1997	0. 5	4. 8	9. 3	0. 06	0. 52
1998	0. 2	2. 8	7. 8	0. 03	0. 36
1999	3. 2	6. 1	7. 6	0. 42	0. 80
2000	3. 5	9. 5	8. 4	0. 42	1. 13
2001	3. 3	9. 3	8. 3	0. 40	1. 12
2002	6. 0	11. 8	9. 1	0. 66	1. 30
2003	15. 3	15. 6	10. 0	1. 53	1. 56
2004	16. 1	15. 4	10. 1	1. 60	1. 52
2005	10. 6	13. 5	11. 3	0. 93	1. 19
2006	9. 6	14. 6	12. 7	0. 76	1. 15
2007	8. 4	14. 4	14. 2	0. 59	1. 01
2008	3. 9	5. 6	9. 6	0. 41	0. 58
2009	5. 2	7. 2	9. 2	0. 57	0. 78
2010	6. 0	13. 2	10. 4	0. 58	1. 27
2011	7. 1	12. 1	9. 3	0. 76	1. 30
2012	3. 9	5. 9	7. 7	0. 51	0. 77
2013	3. 7	7. 5	7. 7	0. 48	0. 97

表4-9 按行业分能源消费量（2012年）

行　业	能源消费总量（万吨标准煤）	煤炭消费量（万吨）	焦炭消费量（万吨）	原油消费量（万吨）
消 费 总 量	361732.01	352647.07	39373.04	46678.92
农、林、牧、渔、水利业	6784.43	1766.12	57.48	
工业	252462.78	335714.65	39262.62	46559.52
采掘业	21176.92	27760.18	250.86	1074.08
煤炭开采和洗选业	12339.12	26163.30	65.41	
石油和天然气开采业	3807.89	477.89		1050.41
黑色金属矿采选业	1842.98	200.86	125.54	0.01
有色金属矿采选业	1180.82	112.06	13.81	
非金属矿采选业	1217.00	619.99	46.10	
开采辅助活动	483.92	184.17		23.66
其他采矿业	305.20	1.91		
制造业	205667.69	132542.86	39003.74	45482.98
农副食品加工业	2750.55	1753.25	11.52	0.07
食品制造业	1621.32	1296.99	1.90	
酒、饮料和精制茶制造业	1180.09	736.99	0.97	0.01
烟草制品业	247.42	62.98		
纺织业	6357.01	2065.59	3.08	
纺织服装、服饰业	861.09	228.41	2.69	0.05
皮革、毛皮、羽毛及其制品和制鞋业	574.23	79.50	0.80	0.10
木材加工和木、竹、藤、棕、草制品业	1152.64	421.05	0.37	0.17
家具制造业	199.41	34.09	3.79	
造纸和纸制品业	3846.14	4523.89	0.51	0.10
印刷和记录媒介复制业	400.03	32.08	0.33	0.01
文教、工美、体育和娱乐用品制造业	280.46	26.70	4.67	0.01
石油加工、炼焦和核燃料加工业	18115.44	36450.25	73.65	42413.38
化学原料和化学制品制造业	36995.54	17777.12	2604.78	3060.77
医药制造业	1608.63	813.45	1.62	0.02
化学纤维制造业	1558.00	699.72	0.70	
橡胶和塑料制品业	3897.14	812.77	4.12	0.04
非金属矿物制品业	29400.92	24814.00	756.74	7.78
黑色金属冶炼和压延加工业	59668.10	30296.16	33704.06	0.01
有色金属冶炼和压延加工业	14829.01	6411.06	564.04	0.23

表4–9　按行业分能源消费量（2012年）（续一）

行　业	能源消费总量（万吨标准煤）	煤炭消费量（万吨）	焦炭消费量（万吨）	原油消费量（万吨）
金属制品业	3854.34	360.08	104.25	0.01
通用设备制造业	3465.89	268.85	858.92	0.03
专用设备制造业	1781.84	430.70	45.41	0.04
汽车制造业	2760.67	577.98	185.01	0.07
铁路、船舶、航空航天和其他运输设备制造业	1149.54	236.45	12.33	0.01
电气机械和器材制造业	2329.07	491.00	17.90	0.07
计算机、通信和其他电子设备制造业	2666.75	245.44	2.40	
仪器仪表制造业	311.26	30.73	4.17	
其他制造业	1616.47	539.82	0.50	
废弃资源综合利用业	107.36	14.42	20.04	
金属制品、机械和设备修理业	81.35	11.35	12.47	
电力、煤气及水生产和供应业	25618.17	175411.61	8.02	2.46
电力、热力生产和供应业	23809.24	174273.38	0.49	2.46
燃气生产和供应业	693.64	1074.57	7.49	
水的生产和供应业	1115.29	63.66	0.04	
建筑业	6167.37	753.41	6.31	
交通运输、仓储和邮政业	31524.71	614.26	0.09	119.40
批发、零售业和住宿、餐饮业	8545.86	2362.00	6.66	
其他行业	16580.77	2283.19	1.94	
生活消费	39666.09	9153.44	37.93	

表4–9　按行业分能源消费量（2012年）（续二）

行　业	汽油消费量（万吨）	煤油消费量（万吨）	柴油消费量（万吨）	燃料油消费量（万吨）	天然气消费量（亿立方米）	电力消费量（亿千瓦小时）
消 费 总 量	8140.90	1956.60	16966.05	3683.29	1463.00	49762.64
农、林、牧、渔、水利业	192.86	1.19	1335.50	1.98	0.64	1012.57
工业	581.06	32.04	1747.70	2241.69	946.75	36232.21
采掘业	58.02	2.64	631.77	16.44	139.50	2391.90
煤炭开采和洗选业	16.33	2.16	215.21	0.92	7.48	879.14
石油和天然气开采业	14.24		63.41	13.27	122.94	396.81
黑色金属矿采选业	6.32	0.03	112.98	0.04	0.03	438.42
有色金属矿采选业	8.04	0.41	35.36	0.05		327.82
非金属矿采选业	5.32	0.04	65.78	0.16	0.54	224.23
开采辅助活动	7.69		139.01	2.00	8.51	28.56
其他采矿业	0.08		0.02			96.92
制造业	489.14	29.37	1037.70	2202.55	572.72	26822.46
农副食品加工业	31.08	0.12	50.83	4.67	1.62	526.15
食品制造业	10.48	0.03	22.62	5.59	6.10	220.97
酒、饮料和精制茶制造业	8.58	0.01	13.90	3.18	3.43	155.76
烟草制品业	0.86		3.36	0.97	1.74	51.22
纺织业	16.89	0.12	20.20	8.80	2.15	1448.70
纺织服装、服饰业	17.03	0.41	20.85	2.81	0.87	198.42
皮革、毛皮、羽毛及其制品和制鞋业	7.94	0.21	8.69	3.35	0.17	151.03
木材加工和木、竹、藤、棕、草制品业	7.47	0.08	14.32	0.17	0.35	264.08
家具制造业	5.28	0.05	7.68	0.32	0.68	45.83
造纸和纸制品业	9.05	0.09	20.71	7.18	4.14	579.00
印刷和记录媒介复制业	6.18	0.08	6.18	0.70	0.98	107.12
文教、工美、体育和娱乐用品制造业	7.71	0.23	9.38	1.46	1.65	64.11
石油加工、炼焦和核燃料加工业	40.82	0.21	20.87	1308.09	98.89	594.92
化学原料和化学制品制造业	42.72	3.56	97.63	501.52	250.34	3936.15
医药制造业	11.38	0.27	13.63	3.35	5.01	257.25
化学纤维制造业	1.10		2.41	6.46	2.20	329.53
橡胶和塑料制品业	24.71	0.14	29.28	10.95	3.82	1024.57
非金属矿物制品业	33.16	4.69	260.67	231.15	68.72	2951.26
黑色金属冶炼和压延加工业	13.89	0.22	89.92	7.88	33.12	5220.52
有色金属冶炼和压延加工业	7.71	2.35	55.94	63.77	26.05	3819.08

表4–9　按行业分能源消费量（2012年）（续三）

行　业	汽油消费量（万吨）	煤油消费量（万吨）	柴油消费量（万吨）	燃料油消费量（万吨）	天然气消费量（亿立方米）	电力消费量（亿千瓦小时）
金属制品业	22.88	1.33	38.83	7.34	7.32	1037.58
通用设备制造业	39.23	2.71	44.09	1.51	7.26	699.90
专用设备制造业	24.88	0.35	34.53	1.06	6.55	388.42
汽车制造业	37.63	0.96	45.01	1.58	14.01	586.63
铁路、船舶、航空航天和其他运输设备制造业	9.24	8.34	37.66	9.26	10.73	232.15
电气机械和器材制造业	27.96	0.46	32.41	4.05	5.97	613.64
计算机、通信和其他电子设备制造业	13.92	0.31	19.71	3.19	6.88	765.87
仪器仪表制造业	4.97	0.20	5.09	0.36	0.54	81.14
其他制造业	1.84	0.02	3.77	0.29	0.67	437.98
废弃资源综合利用业	0.64	0.01	3.58	1.28	0.20	20.27
金属制品、机械和设备修理业	1.91	1.81	3.95	0.26	0.57	13.23
电力、煤气及水生产和供应业	33.90	0.03	78.23	22.70	234.52	7017.84
电力、热力生产和供应业	27.76	0.03	74.17	22.51	225.02	6566.61
燃气生产和供应业	2.64		2.33	0.19	9.32	108.90
水的生产和供应业	3.50		1.73		0.18	342.33
建筑业	286.87	7.89	518.01	27.05	1.26	608.40
交通运输、仓储和邮政业	3753.03	1787.09	10727.03	1383.94	154.51	915.37
批发、零售业和住宿、餐饮业	200.06	28.64	229.00	8.69	38.69	1691.49
其他行业	1460.51	74.17	1444.72	19.94	32.88	3083.64
生活消费	1666.52	25.58	964.09		288.27	6218.96

表4–10　能源加工转换效率

单位：%

年　份	总效率	发电及电站供热	炼　焦	炼　油
1983	69.93	36.94	91.18	99.16
1984	69.16	36.95	90.08	99.17
1985	68.29	36.85	90.79	99.10
1986	68.32	36.69	90.63	99.04
1987	67.48	36.75	90.46	98.81
1988	66.54	36.34	90.77	98.76
1989	66.51	36.74	90.30	98.57
1990	66.48	37.34	91.28	90.19
1991	65.90	37.60	89.90	98.10
1992	66.00	37.80	92.70	96.80
1993	67.32	39.90	98.05	98.49
1994	65.20	39.35	89.62	97.48
1995	71.05	37.31	91.99	97.67
1996	70.19	36.63	94.07	97.46
1997	69.76	35.89	94.01	97.37
1998	69.28	37.09	94.97	96.41
1999	69.25	37.04	96.13	97.51
2000	69.04	37.36	96.21	97.32
2001	69.34	37.63	96.48	97.92
2002	69.04	38.73	96.63	96.71
2003	69.40	38.83	96.13	96.80
2004	70.91	39.46	97.55	96.43
2005	71.55	39.87	97.57	96.86
2006	71.24	39.87	97.77	96.86
2007	70.77	40.24	97.56	97.17
2008	71.55	41.04	97.75	97.17
2009	72.01	41.73	97.38	96.63
2010	72.83	42.43	96.44	96.86
2011	72.32	42.44	96.41	97.01
2012	72.43	43.01	94.60	97.02

表4-11 平均每天能源消费量

能源品种	1990	1995	2000	2005	2009	2010	2011	2012
合计 （万吨标准煤）	270.4	359.4	397.6	646.6	840.1	890.2	953.4	991.0
煤炭 （万吨）	289.1	377.2	385.5	635.2	810.5	855.4	939.6	966.2
焦炭 （万吨）	18.9	29.4	29.6	68.8	87.3	92.3	104.6	107.9
原油 （万吨）	32.2	40.8	58.0	82.4	104.5	117.5	120.5	127.9
燃料油 （万吨）	9.2	10.2	10.6	11.6	7.8	10.3	10.0	10.1
汽油 （万吨）	5.2	8.0	9.6	13.3	16.9	18.9	20.3	22.3
煤油 （万吨）	1.0	1.4	2.4	3.0	3.9	4.8	5.0	5.4
柴油 （万吨）	7.4	11.8	18.6	30.1	37.7	40.1	42.8	46.5
天然气 （亿立方米）	0.4	0.5	0.7	1.3	2.5	2.9	3.6	4.0
电力 （亿千瓦小时）	17.1	27.5	36.8	68.3	101.5	114.9	128.8	136.3

表4-12 生活能源消费量

能源品种	1990	1995	2000	2005	2009	2010	2011	2012
合计 （万吨标准煤）	15799	15745	15614	25305	33843	34558	37410	39666
煤炭 （万吨）	16700	13530	8457	10039	9122	9159	9212	9153
煤油 （万吨）	105	64	72	26	19	19	24	26
液化石油气 （万吨）	159	534	858	1329	1496	1457	1607	1635
天然气 （亿立方米）	19	19	32	79	178	227	264	288
煤气 （亿立方米）	29	57	126	145	166	167	146	137
热力 （万百万千焦）	8972	12637	23234	52044	67000	67410	70044	77608
电力 （亿千瓦小时）	481	1006	1452	2885	4872	5125	5620	6219

表4–13 人均生活能源消费量

年 份	平均每人生活消费能源（千克标准煤）	煤 炭（千克）	电 力（千瓦小时）	煤 油（千克）	液化石油气（千克）	天然气（立方米）	煤 气（立方米）
1983	106.6	127.7	13.4	1.2	0.6	0.1	1.5
1984	113.5	134.9	15.3	1.4	0.6	0.4	1.6
1985	126.7	148.7	21.2	1.2	0.9	0.4	1.3
1986	127.3	148.3	23.2	1.3	1.1	0.6	1.3
1987	132.1	152.1	26.4	1.2	1.1	0.7	1.6
1988	141.0	159.1	31.2	1.1	1.2	1.4	1.6
1989	139.3	152.4	35.3	1.1	1.4	1.5	2.4
1990	139.2	147.1	42.4	0.9	1.4	1.6	2.5
1991	139.0	143.0	47.2	0.8	1.8	1.6	3.2
1992	134.2	126.9	54.9	0.7	2.1	1.8	4.4
1993	133.5	123.2	62.5	0.6	2.5	1.5	4.6
1994	129.3	109.5	72.7	0.6	3.2	1.7	6.3
1995	130.7	112.3	83.5	0.5	4.4	1.6	4.7
1996	120.5	83.0	87.7	0.5	5.9	1.7	6.4
1997	119.3	77.2	98.6	0.5	6.2	1.7	8.9
1998	119.0	73.1	104.2	0.6	6.9	1.9	9.7
1999	121.8	69.9	108.6	0.6	6.8	2.1	9.3
2000	123.7	67.0	115.0	0.6	6.8	2.6	10.0
2001	127.2	66.1	126.5	0.6	6.7	3.3	9.4
2002	134.0	65.7	138.3	0.3	7.6	3.6	9.8
2003	153.4	69.9	159.7	0.3	8.6	4.0	10.2
2004	175.7	75.4	184.0	0.2	10.4	5.2	10.7
2005	194.1	77.0	221.3	0.2	10.2	6.1	11.1
2006	211.8	76.6	255.6	0.2	11.1	7.8	12.7
2007	233.8	74.1	308.3	0.1	12.4	10.9	14.1
2008	240.8	69.1	331.9	0.1	11.0	12.8	13.9
2009	254.2	68.5	365.9	0.1	11.2	13.3	12.5
2010	258.3	68.5	383.1	0.1	10.9	17.0	14.5
2011	278.3	68.5	418.1	0.2	12.0	19.7	10.9
2012	293.8	67.8	460.4	0.1	12.1	21.3	10.2

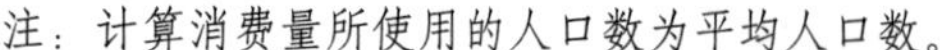
注：计算消费量所使用的人口数为平均人口数。

表4-14　分地区电力消费量

单位：亿千瓦小时

地　区	1995	2000	2005	2010	2012	2013
北　京	261.74	384.43	570.54	809.90	874.28	913.11
天　津	178.99	234.05	384.84	645.74	722.48	774.49
河　北	602.68	809.34	1501.92	2691.52	3077.99	3251.19
山　西	399.16	501.99	946.33	1460.00	1765.79	1832.35
内蒙古	186.83	254.21	667.72	1536.83	2016.76	2181.90
辽　宁	622.81	748.89	1110.56	1715.26	1899.88	2008.46
吉　林	267.60	291.37	378.23	576.98	637.00	653.85
黑龙江	409.38	442.28	555.85	747.84	827.91	845.20
上　海	403.27	559.45	921.97	1295.87	1353.45	1410.60
江　苏	684.80	971.34	2193.45	3864.37	4580.90	4956.62
浙　江	439.59	738.05	1642.31	2820.93	3210.55	3453.05
安　徽	288.97	338.93	582.16	1077.91	1361.10	1528.07
福　建	261.28	401.51	756.59	1315.09	1579.50	1700.73
江　西	181.21	208.15	391.98	700.51	867.67	947.11
山　东	741.07	1000.71	1911.61	3298.46	3794.55	4083.12
河　南	571.48	718.52	1352.74	2353.96	2747.75	2899.18
湖　北	414.99	503.02	788.91	1330.44	1507.85	1629.75
湖　南	374.76	406.12	674.43	1171.91	1346.51	1423.09
广　东	787.66	1334.58	2673.56	4060.13	4619.41	4830.13
广　西	220.77	314.44	510.15	993.24	1153.85	1237.74
海　南	32.00	38.37	81.61	159.02	210.85	232.02
重　庆		307.61	347.68	626.44	723.76	813.26
四　川	582.85	521.23	942.59	1549.03	1830.70	1948.95
贵　州	203.70	287.78	486.97	835.38	1046.72	1126.27
云　南	223.71	273.58	557.25	1004.07	1315.86	1459.81
西　藏				20.41	27.76	30.65
陕　西	239.68	292.76	516.43	859.22	1066.75	1152.22
甘　肃	241.06	295.33	489.48	804.43	994.56	1073.25
青　海	69.02	109.10	206.56	465.18	602.22	676.29
宁　夏	92.38	136.17	302.88	546.77	741.79	811.18
新　疆	119.67	182.98	310.14	661.96	1151.50	1539.75

注：2000年及以后为电力企业联合会数据。

表4–15　发电装机容量

单位：万千瓦

年份	发电装机容量	火电	水电	核电	风电	太阳能发电	其他
2000	31932	23754	7935	210	34		
2001	33849	25301	8301	210	38		
2002	35657	26555	8607	447	47		
2003	39141	28977	9490	619	55		
2004	44239	32948	10524	696	82		
2005	51718	39138	11739	696	106		
2006	62370	48382	13029	696	207		
2007	71822	55607	14823	908	420		
2008	79273	60286	17260	908	839		
2009	87410	65108	19629	908	1760	3	3
2010	96641	70967	21606	1082	2958	26	3
2011	106253	76834	23298	1257	4623	212	19
2012	114676	81968	24947	1257	6142	341	20
2013	125768	87009	28044	1466	7652	1589	8

注：本表数据根据中国电力企业联合会统计数据整理。

表4-16　平均每万元国内生产总值能源消费量

年　份	万元国内生产总值能源消费量（吨标准煤/万元）	万元国内生产总值煤炭消费量（吨/万元）	万元国内生产总值焦炭消费量（吨/万元）	万元国内生产总值石油消费量（吨/万元）	万元国内生产总值原油消费量（吨/万元）	万元国内生产总值燃料油消费量（吨/万元）	万元国内生产总值电力消费量（万千瓦小时/万元）
国内生产总值按1980年可比价格计算							
1980	13.20	13.36	0.94	1.92	2.02	0.67	0.66
1981	12.37	12.60	0.82	1.94	1.82	0.59	0.64
1982	11.84	12.23	0.76	1.57	1.66	0.54	0.63
1983	11.36	11.82	0.71	1.44	1.56	0.49	0.61
1984	10.59	11.20	0.66	1.29	1.38	0.43	0.56
1985	10.10	10.74	0.62	1.21	1.25	0.37	0.54
1986	9.78	10.40	0.63	1.18	1.24	0.36	0.55
1987	9.39	10.06	0.62	1.12	1.16	0.34	0.54
1988	9.06	9.68	0.59	1.08	1.09	0.32	0.53
1989	9.07	9.68	0.60	1.08	1.09	0.32	0.55
1990	8.90	9.51	0.62	1.04	1.06	0.30	0.56
国内生产总值按1990年可比价格计算							
1990	5.32	5.69	0.37	0.62	0.63	0.18	0.34
1991	5.12	5.45	0.35	0.61	0.61	0.17	0.34
1992	4.72	4.93	0.34	0.58	0.57	0.15	0.33
1993	4.40	4.59	0.33	0.56	0.52	0.14	0.32
1994	4.12	4.31	0.31	0.50	0.47	0.12	0.31
1995	3.97	4.16	0.32	0.49	0.45	0.11	0.30
1996	3.69	3.83	0.32	0.48	0.43	0.10	0.29
1997	3.40	3.44	0.27	0.48	0.43	0.09	0.28
1998	3.16	3.13	0.27	0.46	0.40	0.09	0.27
1999	3.03	3.00	0.23	0.45	0.41	0.08	0.26
2000	2.89	2.80	0.22	0.45	0.42	0.08	0.27
国内生产总值按2000年可比价格计算							
2000	1.47	1.42	0.11	0.23	0.21	0.04	0.14
2001	1.40	1.35	0.11	0.21	0.20	0.04	0.14
2002	1.36	1.30	0.11	0.21	0.19	0.03	0.14
2003	1.43	1.40	0.12	0.21	0.19	0.03	0.15
2004	1.50	1.46	0.13	0.22	0.20	0.03	0.15
2005	1.49	1.47	0.16	0.21	0.19	0.03	0.16
国内生产总值按2005年可比价格计算							
2005	1.28	1.25	0.14	0.18	0.16	0.02	0.13
2006	1.24	1.22	0.13	0.17	0.15	0.02	0.14
2007	1.18	1.15	0.12	0.15	0.14	0.02	0.14
2008	1.12	1.08	0.11	0.14	0.14	0.01	0.13
2009	1.08	1.04	0.11	0.13	0.13	0.01	0.13
2010	1.03	0.99	0.11	0.14	0.14	0.01	0.13
国内生产总值按2010年可比价格计算							
2010	0.81	0.78	0.08	0.11	0.11	0.01	0.10
2011	0.79	0.78	0.09	0.10	0.10	0.01	0.11
2012	0.76	0.75	0.08	0.10	0.10	0.01	0.11

表4-17 农村水电建设和发电量、农村用电量

年 份 地 区	本年完成投资额（万元）	年末发电设备容量（千瓦）	#本年新增发电设备容量	在建电站规 模（千瓦）	#当年新开工电站规模	发电量（万千瓦时）	农村用电量（亿千瓦时）
1978							253.1
1980							320.8
1985							508.9
1990	348848	13978100	791000			4181100	844.5
1991	476529	14942700	1009100			4066800	963.2
1992	594081	15728195	964769	4170000		4818494	1106.9
1993	792747	16622781	995124	9600000		5841049	1244.9
1994	1020937	17566675	1163873	10500000		5771834	1473.9
1995	1321689	18721073	1207854	10760000		6316247	1655.7
1996	1442828	20095552	1408342			6496723	1812.7
1997	1452004	21771773	1780352			7221270	1980.1
1998	1585787	23390300	1741631			7560916	2042.2
1999	1833853	25562760	2344285	8717000	386000	7715124	2173.4
2000	2220993	27487791	2060127	7459500	2384000	8755014	2421.3
2001	2133741	28787476	1714454	3547500	1462800	9490187	2610.8
2002	2393195	31044576	1883648	5680800	1419000	10366868	2993.4
2003	3006249	34157792	2702834	10850143	6385500	10966512	3432.9
2004	3762995	38655048	4363322	16652425	5362090	11045527	3933.0
2005	4343826	43090145	4964672	17727677	4284511	13571702	4375.7
2006	4604296	47196651	6403520	20650424	4501575	14835889	4895.8
2007	5117926	53855597	6578193	20944545	4498420	16346041	5509.9
2008	4568884	51274371	4194106	21239258	3787365	16275902	5713.2
2009	4563240	55121211	3807072	12890100	2194445	15672471	6104.4
2010	4398453	59240191	3793551	13700560	2425973	20444256	6632.3
2011	4243988	62123430	3277465	10309266	1585709	17566867	7139.6
2012	3671548	65686071	3399616	9947388	1658258	21729246	7508.5
2013	3457047	71186268	2460601	9477045	1357859	22327712	8549.5
北 京		42920				2714	48.5
天 津		5000				1265	69.2
河 北	5732	385308	3600	34840	4910	53396	616.4
山 西	8754	185891	11850	65610		34093	99.8

表4-17　农村水电建设和发电量、农村用电量（续）

年　份 地　区	本年完成投资额（万元）	年末发电设备容量（千瓦）	#本年新增发电设备容量	在建电站规模（千瓦）	#当年新开工电站规模	发电量（万千瓦时）	农村用电量（亿千瓦时）
内蒙古		93475	140	9900		16780	59.6
辽　宁	3837	427373	39160	24165	19780	121072	394.8
吉　林	47633	514520	16020	259170	19865	175052	48.2
黑龙江	22979	294425		113220		95629	67.0
上　海							874.4
江　苏		41107				5039	1801.9
浙　江	25237	3900471	70055	102075	46870	961125	904.9
安　徽	31193	1031035	28980	31570		226471	138.4
福　建	70528	7315815	22235	36570		2506563	346.7
江　西	39241	3065626	98370	180650	27400	867572	90.9
山　东		83972				11867	471.4
河　南	7866	479492	14890	12600		76926	305.4
湖　北	239633	3373583	140281	378210	48800	730672	130.1
湖　南	211999	5860837	155069	278805	24305	1853617	118.6
广　东	40941	7258195	94540	122765	39965	2375370	1234.8
广　西	239597	4184546	147264	423265	2300	1265028	68.4
海　南	800	396200	15110	57590	25200	130435	9.6
重　庆	156694	2204009	125435	584630	50060	494747	76.1
四　川	717129	10290616	424335	2614459	11700	3912582	163.5
贵　州	286223	2968370	193579	765666	65780	783632	61.9
云　南	654338	10564212	494000	1975970	615070	3456015	82.4
西　藏	47908	301719	3918	14400	52714	85956	1.1
陕　西	103500	1224527	49090	402955	77340	335248	113.0
甘　肃	291502	2270258	187110	409470	1500	796950	50.4
青　海	31334	882985	23760	232020	400	358711	4.5
宁　夏		5440				1800	13.8
新　疆	172450	1421441	101810	346470	223900	548424	83.9
水利部		112900				42961	
直属							

注：本表由水利部农村水电及电气化发展局提供。农村水电是以小水电为主体，直接为农村经济社会发展服务的水电站及其供电网络。

2013年农村水电统计数据与全国第一次水利普查数据进行了校核，有关数据作了相应调整。

五、气候变化与自然灾害

表5-1 主要城市平均气温(2013年)

单位：摄氏度

城 市	1月	2月	3月	4月	5月	6月	7月	8月	9月	10月	11月	12月	年平均
北京	-4.7	-1.4	6.2	12.6	21.9	23.8	27.4	27.3	20.7	13.6	6.3	0.1	12.8
天津	-4.7	-1.2	5.9	12.0	21.5	24.5	27.0	27.7	21.2	13.9	6.3	-0.7	12.8
石家庄	-4.2	-0.4	8.7	13.8	22.2	24.9	27.3	27.9	21.4	14.7	8.1	1.7	13.8
太原	-5.1	-0.8	7.9	12.0	20.4	22.7	23.3	23.6	17.8	11.6	3.6	-3.2	11.2
呼和浩特	-10.9	-6.0	2.3	8.0	18.0	20.6	21.5	20.6	15.1	7.8	-1.5	-8.1	7.3
沈阳	-14.2	-8.8	-0.5	6.5	19.1	22.5	25.1	24.3	17.6	9.4	1.6	-8.1	7.9
长春	-17.4	-13.5	-4.3	4.1	17.9	21.3	23.7	22.6	16.4	8.3	-0.8	-11.2	5.6
哈尔滨	-21.1	-16.4	-7.4	4.4	17.9	21.4	23.9	22.5	15.8	7.0	-2.6	-14.0	4.3
上海	4.6	6.8	11.0	15.3	21.3	24.1	32.0	31.0	25.0	20.0	13.4	6.1	17.6
南京	3.0	5.5	10.8	16.0	21.7	24.3	30.5	30.8	23.6	18.4	12.1	4.7	16.8
杭州	4.5	7.0	12.3	16.9	23.0	24.8	32.3	31.3	25.0	19.3	13.6	6.3	18.0
合肥	2.8	5.9	11.9	17.0	22.5	25.3	30.2	31.1	23.6	18.3	11.4	3.6	17.0
福州	10.6	12.7	15.1	17.4	22.9	26.7	29.8	29.6	26.8	22.9	17.8	12.0	20.4
南昌	5.6	8.0	14.1	17.5	24.0	26.9	30.9	31.6	25.7	20.8	14.8	7.8	19.0
济南	-1.6	1.9	9.3	14.2	22.1	25.7	27.6	28.6	22.7	16.4	8.2	1.8	14.7
郑州	-0.5	3.1	11.0	16.0	22.8	27.0	29.1	30.1	23.5	17.2	9.7	3.6	16.1
武汉	2.9	5.9	12.9	17.1	22.1	26.1	30.6	30.6	22.9	18.2	11.4	4.5	17.1
长沙(望城)	6.0	7.4	14.9	18.0	23.6	28.0	32.6	32.0	24.3	20.6	14.4	8.5	19.2
广州	13.3	17.3	19.2	20.6	25.3	27.6	27.4	27.5	26.5	22.9	19.0	11.9	21.5
南宁	12.1	16.0	21.0	22.2	26.1	27.7	27.9	27.7	25.4	22.5	19.2	11.0	21.6
海口	18.2	21.2	23.8	25.1	27.8	28.3	27.8	27.9	27.0	25.3	22.8	16.9	24.3
重庆(沙坪坝)	8.3	11.9	17.9	20.3	22.5	27.9	31.5	30.5	23.4	19.7	14.7	9.3	19.8
成都(温江)	5.3	9.3	15.7	17.7	21.2	24.5	25.8	26.5	20.8	17.6	12.0	6.0	16.9
贵阳	4.2	8.7	14.3	14.8	18.9	22.3	24.0	23.1	19.5	14.9	11.7	4.9	15.1
昆明	8.8	14.9	15.8	17.8	19.8	21.2	20.8	19.9	18.2	14.6	12.8	7.6	16.0
拉萨	-0.3	2.9	6.3	9.1	13.1	17.1	16.8	15.9	13.6	8.7	3.8		8.9
西安(泾河)	0.8	4.5	13.0	16.1	21.7	27.3	27.4	28.3	22.7	16.9	8.4	2.1	15.8
兰州(皋兰)	-8.9	-2.0	7.0	11.3	16.1	20.0	19.9	21.0	14.3	9.3	-0.2	-8.3	8.3
西宁	-8.7	-3.2	4.4	8.9	12.3	16.3	16.9	18.2	11.4	6.7	-2.0	-8.3	6.1
银川	-5.5	-0.7	9.0	13.1	19.7	23.1	24.4	24.4	17.5	11.3	2.7	-4.5	11.2
乌鲁木齐	-10.3	-10.1	5.5	12.4	16.6	21.5	23.6	22.8	17.5	11.4	0.2	-6.8	8.7

注：从2004年1月份开始成都站被温江站替代、兰州站被皋兰站替代；从2006年1月份开始重庆被沙坪坝站替代、西安站被泾河站替代(以下相关表同)。

表5-2　主要城市平均相对湿度（2013年）

单位：%

城　市	1月	2月	3月	4月	5月	6月	7月	8月	9月	10月	11月	12月	年平均
北京	61	51	45	39	47	71	71	69	68	60	42	40	55
天津	67	59	48	42	47	65	71	67	68	63	52	55	59
石家庄	71	69	44	45	53	68	74	68	73	66	45	47	60
太原	53	52	40	40	43	61	78	70	69	63	51	46	56
呼和浩特	59	40	35	33	32	51	69	67	59	50	52	51	50
沈阳	72	64	60	58	55	65	78	80	75	77	66	68	68
长春	72	64	60	58	50	63	73	74	59	61	62	69	64
哈尔滨	71	67	67	59	54	67	76	76	64	68	69	76	68
上海	70	75	65	57	71	77	58	63	74	72	67	69	68
南京	71	79	63	51	70	78	67	66	74	69	65	64	68
杭州	76	81	67	56	69	78	51	58	74	73	68	65	68
合肥	79	84	71	62	79	84	79	74	79	73	73	70	76
福州	72	79	73	71	81	80	69	72	69	60	70	63	72
南昌	81	90	79	77	78	81	68	64	71	61	70	54	73
济南	68	66	41	43	56	61	77	65	60	49	49	46	57
郑州	60	64	43	42	52	52	66	54	55	49	50	45	53
武汉	78	87	75	70	80	81	72	69	83	76	81	73	77
长沙(望城)	77	87	70	70	72	69	51	54	72	59	68	58	67
广州	73	80	85	90	89	84	86	87	83	72	75	65	81
南宁	83	87	78	82	83	79	81	82	83	73	76	77	80
海口	82	85	78	81	83	80	84	84	87	78	83	75	82
重庆(沙坪坝)	72	73	59	61	73	66	59	59	80	81	87	84	71
成都(温江)	75	73	64	70	74	76	84	78	83	82	80	79	77
贵阳	83	86	73	81	80	78	74	77	79	77	81	76	79
昆明	66	46	50	51	65	68	79	79	78	80	74	75	68
拉萨	15	23	27	40	42	47	60	53	56	50	27	21	38
西安(泾河)	45	69	40	48	60	52	73	63	64	59	67	57	58
兰州(皋兰)	49	42	26	27	51	58	71	63	72	57	57	59	53
西宁	42	41	28	36	56	61	73	67	74	62	60	62	55
银川	43	28	24	24	38	49	57	51	58	48	45	52	43
乌鲁木齐	79	80	62	50	40	45	42	44	40	49	75	89	58

表5-3　主要城市降水量（2013年）

单位：毫米

城　市	1月	2月	3月	4月	5月	6月	7月	8月	9月	10月	11月	12月	全年
北京	3.0	3.4	10.7	5.5	23.6	91.0	235.6	118.6	71.1	16.4	0.2		579.1
天津	4.4	5.6	11.5	2.2	3.8	99.1	103.1	62.3	88.7	25.6	3.2	2.0	411.5
石家庄	8.4	4.7	2.4	27.7	18.3	97.9	168.7	59.9	108.9	7.9	3.5		508.3
太原	2.3	1.5		33.7	13.1	90.3	167.6	55.6	102.5	14.2	6.5		487.3
呼和浩特	5.2		3.6	1.9	7.8	96.0	192.6	144.0	97.3	9.0	7.2		564.6
沈阳	4.1	24.8	18.5	55.1	19.2	51.7	216.3	176.3	106.4	96.3	17.0	2.4	788.1
长春	8.5	31.2	14.7	57.5	36.6	191.0	153.1	121.7	32.7	51.5	30.9	7.1	736.5
哈尔滨	2.1	16.5	8.8	10.8	73.5	86.4	198.0	125.7	31.5	58.2	18.3	3.7	633.5
上海	22.8	81.5	58.1	72.5	117.7	183.5	102.1	111.5	61.1	291.7	20.4	50.5	1173.4
南京	17.8	69.9	42.9	22.8	110.1	172.6	229.6	115.5	67.0	22.4	17.2	10.6	898.4
杭州	41.0	94.0	109.0	97.3	117.7	337.2	8.8	209.8	49.4	331.0	32.6	93.1	1520.9
合肥	18.5	66.6	38.1	25.3	137.6	86.6	305.5	66.0	118.6	9.1	17.1	4.2	893.2
福州	3.7	44.3	103.7	122.0	244.4	196.5	72.9	139.5	53.3	3.0	64.0	90.2	1137.5
南昌	26.9	110.1	238.5	203.0	190.1	366.9	83.1	30.5	26.7	11.1	89.2	55.7	1431.8
济南	15.4	18.5	4.4	11.3	68.5	64.9	384.3	100.3	12.8	20.5	33.9	1.2	736.0
郑州	5.2	8.0	6.5	28.2	112.5	15.2	45.1	63.9	9.8	26.3	32.5		353.2
武汉	22.4	43.9	90.1	145.7	153.9	256.6	316.2	136.0	207.8	5.6	54.6	1.4	1434.2
长沙(望城)	23.4	95.0	128.4	195.9	319.0	153.8	7.6	62.5	116.8	4.9	120.5	27.1	1254.9
广州	3.8	8.0	174.2	282.8	300.6	228.2	318.9	395.5	231.0	5.0	42.2	105.2	2095.4
南宁	17.0	26.4	82.2	148.5	138.6	198.0	265.3	271.2	128.5	17.6	211.2	64.8	1569.3
海口	6.4	18.7	50.6	140.0	248.3	121.3	273.0	231.2	448.6	263.8	149.3	115.8	2067.0
重庆(沙坪坝)	9.3	29.0	3.4	114.8	126.6	241.6	81.1	62.6	194.5	91.0	56.8	16.2	1026.9
成都(温江)	1.2	4.7	7.6	42.2	99.0	182.1	525.5	228.3	196.2	27.1	21.8	7.6	1343.3
贵阳	11.4	17.3	37.9	43.6	224.2	191.7	26.4	123.7	81.6	53.2	45.9	31.4	888.3
昆明	9.6	0.8	7.5	9.9	113.3	78.5	155.9	153.9	70.7	168.6	8.0	28.0	804.7
拉萨			1.5	17.2	30.8	129.8	164.4	120.3	62.1	38.4	0.7		565.2
西安(泾河)	0.9	12.4	5.5	19.3	139.6	27.0	119.3	30.5	23.1	14.5	31.8		423.9
兰州(皋兰)	0.8	2.5		9.8	30.6	40.3	65.7	36.0	62.4	2.9	3.5	1.0	255.5
西宁		1.3	0.9	18.6	67.6	68.1	74.5	107.9	54.9	10.5	6.7	2.6	413.6
银川	0.5			5.8	37.6	22.5	33.5	12.2	32.7	4.0			148.8
乌鲁木齐	7.1	11.7	13.2	69.2	27.1	31.3	23.3	29.2	12.7	16.6	44.5	15.0	300.9

表5-4　主要城市日照时数（2013年）

单位：小时

城　市	1月	2月	3月	4月	5月	6月	7月	8月	9月	10月	11月	12月	全年
北京	138.9	159.6	213.1	264.2	244.8	132.4	216.4	223.8	164.8	203.9	201.2	208.0	2371.1
天津	116.4	145.2	216.2	250.4	239.3	154.9	183.7	206.3	164.9	212.7	183.2	182.0	2255.2
石家庄	83.6	67.9	149.2	224.1	178.9	119.0	138.8	219.5	113.2	106.2	173.4	143.0	1716.8
太原	206.4	159.8	243.8	269.5	251.3	218.6	184.8	260.8	183.1	240.6	204.1	204.3	2627.1
呼和浩特	174.2	202.4	253.8	257.1	265.7	209.9	230.9	224.7	215.3	238.0	171.3	186.5	2629.8
沈阳	170.7	199.9	202.3	207.2	266.8	213.6	231.1	168.2	207.7	179.7	168.4	174.0	2389.6
长春	118.1	181.1	223.3	218.6	272.3	234.5	227.0	207.8	235.3	176.8	164.1	137.5	2396.4
哈尔滨	94.1	166.5	218.9	202.3	240.7	151.7	195.1	163.7	230.1	158.5	106.2	95.7	2023.5
上海	112.9	78.0	154.2	207.5	156.4	65.5	254.3	241.5	174.0	138.2	147.2	135.0	1864.7
南京	136.4	98.5	172.9	222.3	168.7	160.4	263.4	260.3	176.8	210.9	171.0	155.3	2196.9
杭州	81.4	38.7	130.1	162.6	167.6	79.2	289.7	213.2	127.1	128.4	142.1	105.4	1665.5
合肥	91.7	83.6	178.2	212.0	162.3	167.0	239.9	228.7	141.0	189.2	152.4	125.4	1971.4
福州	80.9	56.0	137.3	90.8	91.6	137.4	248.9	196.7	141.9	181.6	111.1	104.2	1578.4
南昌	100.1	28.8	132.6	108.0	158.3	193.7	305.2	278.0	176.5	202.1	183.4	167.4	2034.1
济南	148.4	120.0	221.1	246.9	227.5	220.3	165.5	275.2	173.4	234.2	188.5	187.0	2408.0
郑州	93.9	82.7	166.6	224.3	178.8	176.3	144.8	251.4	130.2	166.8	172.9	136.9	1925.6
武汉	128.5	55.8	142.1	174.0	156.0	200.5	287.5	281.7	165.5	192.3	142.6	166.0	2092.5
长沙(望城)	89.3	27.4	131.1	113.0	149.5	225.6	377.6	281.9	156.5	182.0	155.9	159.9	2049.7
广州	121.1	61.7	80.5	40.3	66.0	160.6	165.7	151.7	167.1	222.9	152.0	193.3	1582.9
南宁	13.3	53.0	123.5	99.2	135.7	200.9	184.8	173.5	145.3	168.6	130.4	191.6	1619.8
海口	47.1	69.3	131.0	112.5	199.5	232.1	215.9	200.9	120.5	173.1	74.3	149.5	1725.7
重庆(沙坪坝)	35.0	45.7	102.3	135.6	115.1	186.7	213.2	209.2	80.9	74.7	7.7	7.6	1213.7
成都(温江)	65.3	51.2	148.1	129.1	123.6	108.5	85.4	168.9	38.4	78.2	59.6	72.5	1128.8
贵阳	39.9	66.1	116.2	85.7	117.5	171.4	160.5	148.5	117.8	105.1	51.5	50.5	1230.7
昆明	223.8	279.3	281.3	272.4	234.8	212.1	127.3	175.2	155.3	135.6	237.7	177.7	2512.5
拉萨	268.4	247.7	241.9	228.1	254.6	263.7	224.8	281.3	244.7	251.3	279.4	260.9	3046.8
西安(泾河)	171.9	90.8	207.5	233.9	171.4	256.9	123.3	260.5	171.1	191.4	146.7	165.1	2190.5
兰州(皋兰)	202.9	199.2	249.8	268.4	233.9	238.5	164.3	270.0	189.2	215.7	179.8	189.2	2600.9
西宁	221.7	229.7	289.6	250.1	233.4	235.6	158.3	246.0	188.9	239.7	189.8	177.8	2660.6
银川	200.4	166.5	216.1	281.4	274.6	241.5	235.8	257.0	219.3	230.0	177.7	193.2	2693.5
乌鲁木齐	165.8	157.7	259.1	270.7	329.8	325.0	354.8	317.4	306.6	281.0	195.3	105.4	3068.6

六、水资源与废水处理

表6-1 水资源情况

年份 地区	水资源总量 (亿立方米)				人均水资源量 (立方米/人)
		地表 水资源量	地下 水资源量	地表水与地下 水资源重复量	
2000	27700.8	26561.9	8501.9	7363.0	2193.9
2001	26867.8	25933.4	8390.1	7455.7	2112.5
2002	28261.3	27243.3	8697.2	7679.2	2207.2
2003	27460.2	26250.7	8299.3	7089.9	2131.3
2004	24129.6	23126.4	7436.3	6433.1	1856.3
2005	28053.1	26982.4	8091.1	7020.4	2151.8
2006	25330.1	24358.1	7642.9	6670.8	1932.1
2007	25255.2	24242.5	7617.2	6604.5	1916.3
2008	27434.3	26377.0	8122.0	7064.7	2071.1
2009	24180.2	23125.2	7267.0	6212.1	1816.2
2010	30906.4	29797.6	8417.0	7308.2	2310.4
2011	23256.7	22213.6	7214.5	6171.4	1730.2
2012	29526.9	28371.4	8416.1	7260.6	2186.1
2013	27957.9	26839.5	8081.1	6962.7	2059.7
北京	24.8	9.4	18.7	3.4	118.6
天津	14.6	10.8	5.0	1.2	101.5
河北	175.9	76.8	138.8	39.8	240.6
山西	126.6	81.0	96.9	51.4	349.6
内蒙古	959.8	813.5	249.3	103.0	3848.6
辽宁	463.2	420.3	139.4	96.5	1055.2
吉林	607.4	535.2	160.2	88.0	2208.2
黑龙江	1419.6	1253.3	381.5	215.2	3702.1
上海	28.0	22.8	8.2	3.0	116.9
江苏	283.5	202.3	97.2	16.0	357.6
浙江	931.3	917.3	207.3	193.3	1697.2
安徽	585.6	525.4	144.5	84.3	974.5
福建	1151.9	1150.7	337.6	336.3	3062.7
江西	1424.0	1405.3	378.4	359.7	3155.3
山东	291.7	191.1	172.3	71.7	300.4
河南	213.1	123.1	147.1	57.2	226.4
湖北	790.1	756.6	251.3	217.8	1364.9
湖南	1582.0	1574.3	382.1	374.5	2373.6
广东	2263.2	2253.7	532.5	523.1	2131.2
广西	2057.3	2056.3	478.1	477.1	4376.8
海南	502.1	496.5	119.5	113.9	5636.8
重庆	474.3	474.3	96.4	96.4	1603.9
四川	2470.3	2469.1	607.5	606.4	3052.9
贵州	759.4	759.4	235.6	235.6	2174.2
云南	1706.7	1706.7	573.3	573.3	3652.2
西藏	4415.7	4415.7	991.7	991.7	142530.6
陕西	353.8	331.5	118.5	96.2	941.3
甘肃	268.9	262.2	138.9	132.2	1042.3
青海	645.6	629.5	290.8	274.7	11216.6
宁夏	11.4	9.5	22.1	20.2	175.3
新疆	956.0	905.6	560.2	509.8	4251.9

表6-2 供水用水情况

年份 地区	供水总量（亿立方米）	地表水	地下水	其他	用水总量（亿立方米）	农业	工业	生活	生态	人均用水量（立方米/人）
2000	5530.7	4440.4	1069.2	21.1	5497.6	3783.5	1139.1	574.9		435.4
2001	5567.4	4450.7	1094.9	21.9	5567.4	3825.7	1141.8	599.9		437.7
2002	5497.3	4404.4	1072.4	20.5	5497.3	3736.2	1142.4	618.7		429.3
2003	5320.4	4286.0	1018.1	16.3	5320.4	3432.8	1177.2	630.9	79.5	412.9
2004	5547.8	4504.2	1026.4	17.2	5547.8	3585.7	1228.9	651.2	82.0	428.0
2005	5633.0	4572.2	1038.8	22.0	5633.0	3580.0	1285.2	675.1	92.7	432.1
2006	5795.0	4706.8	1065.5	22.7	5795.0	3664.4	1343.8	693.8	93.0	442.0
2007	5818.7	4723.9	1069.1	25.7	5818.7	3599.5	1403.0	710.4	105.7	441.5
2008	5910.0	4796.4	1084.8	28.7	5910.0	3663.5	1397.1	729.3	120.2	446.2
2009	5965.2	4839.5	1094.5	31.2	5965.2	3723.1	1390.9	748.2	103.0	448.0
2010	6022.0	4881.6	1107.3	33.1	6022.0	3689.1	1447.3	765.8	119.8	450.2
2011	6107.2	4953.3	1109.1	44.8	6107.2	3743.6	1461.8	789.9	111.9	454.4
2012	6141.8	4963.0	1134.2	44.6	6141.8	3880.3	1423.9	728.8	108.8	454.7
2013	6183.4	5007.3	1126.2	49.9	6183.4	3921.5	1406.4	750.1	105.4	455.5
北　京	36.4	8.3	20.0	8.0	36.4	9.1	5.1	16.3	5.9	173.9
天　津	23.8	16.2	5.7	1.8	23.8	12.4	5.4	5.1	0.9	164.7
河　北	191.3	43.1	144.6	3.6	191.3	137.6	25.2	23.8	4.7	261.7
山　西	73.8	33.2	36.1	4.5	73.8	43.1	14.9	12.3	3.5	203.8
内蒙古	183.2	91.4	88.9	2.9	183.2	132.5	23.6	10.7	16.4	734.7
辽　宁	142.1	78.4	60.0	3.7	142.1	90.8	22.8	23.4	5.1	323.8
吉　林	131.5	86.9	44.0	0.6	131.5	88.8	26.5	12.3	3.9	478.0
黑龙江	362.3	194.9	167.4		362.3	308.3	34.0	17.1	3.0	944.8
上　海	123.2	123.1	0.1		123.2	16.3	80.4	25.7	0.8	513.9
江　苏	576.7	567.4	9.3		576.7	301.9	220.1	51.4	3.2	727.3
浙　江	198.3	194.6	2.5	1.2	198.3	91.9	58.8	42.5	5.2	361.4
安　徽	296.0	260.9	33.4	1.8	296.0	162.1	98.4	31.5	4.0	492.6
福　建	204.8	197.7	6.5	0.7	204.8	95.7	75.0	30.9	3.2	544.6
江　西	264.8	255.3	9.5		264.8	175.7	60.1	26.9	2.1	586.8
山　东	217.9	124.9	86.9	6.1	217.9	149.7	28.9	33.3	6.1	224.5
河　南	240.6	101.0	138.8	0.7	240.6	141.7	59.4	33.4	6.1	255.7
湖　北	291.8	282.6	9.2		291.8	159.6	92.4	39.4	0.4	504.1
湖　南	332.5	314.8	17.7		332.5	195.3	94.4	40.0	2.9	498.9
广　东	443.2	425.6	15.9	1.7	443.2	223.7	119.6	94.8	5.2	417.3
广　西	308.2	295.9	11.6	0.7	308.2	209.4	57.4	38.3	3.0	655.6
海　南	43.2	40.0	3.1	0.1	43.2	32.3	3.8	6.9	0.2	484.5
重　庆	83.9	82.2	1.6	0.1	83.9	24.6	40.4	18.1	0.8	283.7
四　川	242.5	219.7	16.4	6.4	242.5	139.4	58.3	40.1	4.7	299.7
贵　州	92.0	90.0	1.9	0.1	92.0	48.2	27.0	16.0	0.7	263.4
云　南	149.7	143.7	4.8	1.2	149.7	102.7	25.3	20.5	1.3	320.4
西　藏	30.3	26.8	3.5		30.3	27.6	1.7	1.0		978.2
陕　西	89.2	54.6	33.5	1.1	89.2	58.1	13.8	15.1	2.3	237.3
甘　肃	122.0	90.9	29.4	1.6	122.0	99.2	13.1	7.9	1.8	472.9
青　海	28.2	24.3	3.8	0.1	28.2	22.8	2.9	2.3	0.2	490.0
宁　夏	72.1	66.4	5.6	0.2	72.1	63.4	5.0	1.6	2.0	1108.6
新　疆	588.0	472.2	114.7	1.2	588.0	557.7	12.8	11.7	5.8	2615.4

注：1.生态用水仅包括部分河湖、湿地人工补水和城市环境用水。

2.2012年起，生活用水量中的牲畜用水量调整至农业用水量中。

表6-3 分地区废水中主要污染物排放情况（2013年）

地区	废水排放总量（万吨）	废水中主要污染物排放量						废水中主要污染物排放量					
		化学需氧量（万吨）	氨氮（万吨）	总氮（万吨）	总磷（万吨）	石油类（吨）	挥发酚（吨）	铅（千克）	汞（千克）	镉（千克）	六价铬（千克）	总铬（千克）	砷（千克）
全国	6954433	2352.72	245.66	448.10	48.73	18385.3	1277.3	76112.0	916.5	18435.7	58291.5	163117.7	112230.0
北京	144580	17.85	1.97	3.13	0.40	50.4	0.5	201.0	0.6	17.4	321.3	438.1	15.1
天津	84210	22.15	2.47	3.61	0.44	118.2	1.8	101.0	5.7	2.6	132.9	355.8	12.6
河北	310921	130.99	10.71	36.10	3.93	897.5	27.5	346.6	3.6	28.9	2589.4	5401.0	89.5
山西	138030	46.13	5.53	8.29	0.78	985.0	621.1	191.7	11.3	784.6	141.6	242.8	197.5
内蒙古	106920	86.32	5.12	15.50	1.25	947.8	241.5	3746.9	94.2	536.9	37.3	152.5	6071.6
辽宁	234508	125.26	10.33	20.35	2.68	958.6	8.1	247.0	12.8	42.7	236.7	682.3	246.7
吉林	117703	76.12	5.47	12.87	1.57	341.3	5.7	161.6	5.9	28.9	59.5	134.0	590.5
黑龙江	153090	144.73	8.77	26.52	2.54	290.4	6.5	39.2	1.7	4.2	98.7	115.0	28.3
上海	222963	23.56	4.58	1.56	0.18	622.4	3.0	173.7	11.8	12.7	1073.2	2443.7	68.3
江苏	594359	114.89	14.74	17.41	1.82	1319.5	40.5	1128.7	15.8	28.3	4009.4	8869.8	237.6
浙江	419120	75.51	10.75	9.38	1.06	747.4	7.3	555.3	7.4	220.2	8795.0	18684.7	292.7
安徽	266234	90.27	10.33	18.61	1.97	758.6	6.3	1550.0	7.6	131.8	272.8	714.6	4827.1
福建	259098	63.90	9.09	9.64	1.25	515.3	2.0	3117.0	14.3	317.2	3096.5	11425.5	1430.5
江西	207138	73.45	8.88	10.66	1.26	737.3	15.8	5716.5	79.5	1983.6	17196.7	17563.8	9364.5
山东	494570	184.57	16.15	56.53	6.20	531.0	39.2	913.6	18.2	1054.0	514.0	7849.2	2401.4
河南	412582	135.42	14.42	41.65	4.75	1231.9	140.6	4054.9	19.3	964.9	890.6	30091.2	1207.0
湖北	294054	105.82	12.49	19.39	2.32	1009.4	19.0	2624.3	32.0	540.8	9053.0	9924.0	6110.0
湖南	307227	124.90	15.77	22.07	2.38	585.0	19.5	24318.6	234.7	6746.9	1025.0	11366.9	42572.3
广东	862471	173.39	21.64	19.37	2.49	648.9	12.6	2564.6	29.7	366.9	5178.8	22181.2	1048.6
广西	225303	75.94	8.10	11.60	1.36	265.2	12.9	6301.9	108.1	1075.9	154.6	1780.4	8291.0
海南	36156	19.44	2.26	3.07	0.39	8.7		5.9	0.4	1.8		123.5	2.1
重庆	142535	39.18	5.22	5.38	0.63	337.2	9.5	95.2	0.6	5.1	218.8	428.4	36.9
四川	307648	123.20	13.70	28.74	3.17	641.4	3.5	1137.3	12.7	84.5	734.8	1835.2	2084.2
贵州	93085	32.82	3.83	4.38	0.44	437.4	0.3	265.7	20.3	26.9	30.6	63.9	486.9
云南	156583	54.72	5.80	7.66	0.74	373.6	2.7	6248.4	10.6	1210.1	19.3	117.6	8161.5
西藏	5005	2.58	0.32	0.58	0.04	0.6		2.6	0.1	0.5		1.0	8943.0
陕西	132169	51.93	5.96	9.56	0.83	662.7	2.7	1449.3	27.2	566.4	224.2	1665.2	708.0
甘肃	64969	37.91	3.92	4.74	0.38	295.2	2.8	8068.4	94.7	1289.5	415.1	6144.6	4286.2
青海	21953	10.34	0.97	0.72	0.06	342.4	1.3	631.3	8.7	299.5	6.8	13.2	1480.1
宁夏	38528	22.19	1.71	2.74	0.21	153.4	6.9	19.1	5.2	2.4	125.9	241.6	52.8
新疆	100720	67.24	4.65	16.21	1.20	1571.9	16.0	135.0	21.8	59.6	1639.0	2067.1	885.4

表6–4　主要城市废水中主要污染物排放情况（2013年）

城　　市	工业废水排放量（万吨）	工业化学需氧量排放量（吨）	工业氨氮排放量（吨）	城镇生活污水排放量（万吨）	生活化学需氧量排放量（吨）	生活氨氮排放量（吨）
北　京	9486	6055	330	134991	89868	14189
天　津	18692	26215	3339	65469	84886	15671
石家庄	25753	39802	5702	34769	6831	2364
太　原	4085	4089	294	18315	11333	3244
呼和浩特	2082	10543	631	11931	17957	2834
沈　阳	8533	9159	809	34711	25895	14027
长　春	5482	11670	1384	20797	32006	6970
哈尔滨	4487	6914	1055	33636	86227	14093
上　海	45426	25503	1934	177210	173181	40322
南　京	25291	21697	1283	52336	62535	13337
杭　州	39186	31947	1373	53902	39650	8060
合　肥	6018	7898	387	42108	47131	6342
福　州	4682	5190	405	32268	67654	9509
南　昌	10602	11479	1596	33466	37879	6060
济　南	8596	5413	380	29788	30317	4982
郑　州	11835	11978	562	48646	26947	8477
武　汉	18814	15163	1402	66521	90092	12733
长　沙	4049	13499	456	43000	59931	8656
广　州	21391	22664	1389	135179	106077	17442
南　宁	9752	23954	1298	26696	62244	7944
海　口	825	858	51	11120	6341	3799
重　庆	33451	51534	3266	108937	218601	36211
成　都	10524	12321	801	99860	102595	13144
贵　阳	2262	6993	293	21774	26324	4490
昆　明	4808	8115	266	48882	4840	4543
拉　萨	378	312	27	2114	7927	994
西　安	7771	21615	1632	32672	62906	10675
兰　州	4909	4446	2723	14043	32806	4977
西　宁	2798	15759	591	7660	16332	3496
银　川	6194	16726	2741	13922	3026	2618
乌鲁木齐	4889	5950	666	18816	13709	4613

表6–5　全海域未达到第一类海水水质标准的海域面积（2013年）

单位：平方公里

项　目	第二类水质海域面积	第三类水质海域面积	第四类水质海域面积	劣于第四类水质海域面积
总　计	143620	47160	36490	15630
渤　海	33400	9060	12920	2930
黄　海	34810	16010	10590	4710
东　海	52850	13640	8600	5790
南　海	22560	8450	4380	2200

七、废气排放及处理

表7-1　分地区废气中主要污染物排放情况（2013年）

单位：万吨

地　区	二氧化硫	氮氧化物	烟(粉)尘
全　国	2043.92	2227.36	1278.14
北　京	8.70	16.63	5.93
天　津	21.68	31.17	8.75
河　北	128.47	165.25	131.33
山　西	125.54	115.78	102.67
内蒙古	135.87	137.76	82.21
辽　宁	102.70	95.54	67.06
吉　林	38.15	56.05	32.02
黑龙江	48.91	75.16	72.25
上　海	21.58	38.04	8.09
江　苏	94.17	133.80	50.00
浙　江	59.34	75.30	31.97
安　徽	50.13	86.37	41.86
福　建	36.10	43.83	25.94
江　西	55.77	57.04	35.63
山　东	164.50	165.13	69.67
河　南	125.40	156.56	64.13
湖　北	59.94	61.24	35.95
湖　南	64.13	58.82	35.87
广　东	76.19	120.42	35.40
广　西	47.20	50.43	20.95
海　南	3.24	10.02	1.80
重　庆	54.77	36.20	19.12
四　川	81.67	62.43	29.60
贵　州	98.64	55.73	30.13
云　南	66.31	52.37	38.69
西　藏	0.42	4.43	0.68
陕　西	80.62	75.89	53.77
甘　肃	56.20	44.29	22.66
青　海	15.67	13.23	17.38
宁　夏	38.97	43.74	23.06
新　疆	82.94	88.69	75.59

表7-2 主要城市废气中主要污染物排放情况（2013年）

单位：吨

城　　市	工业二氧化硫排放量	工业氮氧化物排放量	工业烟(粉)尘排放量	生活二氧化硫排放量	生活氮氧化物排放量	生活烟尘排放量
北　　京	52041	75927	27182	34967	13638	28258
天　　津	207793	250646	62766	8959	5221	18400
石 家 庄	176469	200301	99806	9564	2802	6635
太　　原	88880	96018	37003	33396	6738	26727
呼和浩特	96190	131665	48822	4257	665	3763
沈　　阳	130672	83348	60425	14389	5154	15276
长　　春	57246	95190	72970	7344	1545	7919
哈 尔 滨	65987	85515	82323	50012	22985	80792
上　　海	172867	262346	67174	42947	23474	6451
南　　京	110665	109693	65256	1750	400	1000
杭　　州	82021	67283	40243	633	335	135
合　　肥	41483	70311	42387	2710	130	3188
福　　州	76043	72284	43483	1279	169	547
南　　昌	40756	18597	11413	641	58	254
济　　南	81118	72969	47117	26087	3629	8355
郑　　州	106123	134120	33828	11975	1780	9150
武　　汉	96222	95612	20020	5720	1416	1001
长　　沙	21173	15951	19545	2366	153	2946
广　　州	65589	57164	16660	663	276	214
南　　宁	33045	34797	20950	8748	1068	4631
海　　口	1798	86	1149	11	17	5
重　　庆	494415	247905	179842	53261	4487	4401
成　　都	52040	44411	21452	4891	2109	661
贵　　阳	70603	30450	24233	35493	1753	5530
昆　　明	102842	68213	57366	5263	970	328
拉　　萨	930	2016	538	678	40	199
西　　安	69103	34917	15893	23831	10951	14012
兰　　州	72148	79915	40109	7413	1950	1088
西　　宁	71839	53280	52765	7129	1419	4793
银　　川	92369	84321	27170	5697	1237	3016
乌鲁木齐	74216	113803	52441	6691	1425	4920

表7-3 环保重点城市空气质量情况（2013年）

城市	二氧化硫年平均浓度（μg/m³）	二氧化氮年平均浓度（μg/m³）	可吸入颗粒物(PM10)年平均浓度（μg/m³）	一氧化碳日均值第95百分位浓度（mg/m³）	臭氧(O³)日最大8小时第90百分位浓度（μg/m³）	细颗粒物(PM2.5)年平均浓度（μg/m³）	空气质量达到及好于二级的天数（天）
北京	26	56	108	3.4	188	89	167
天津	59	54	150	3.7	151	96	145
石家庄	105	68	305	5.7	173	154	49
太原	80	43	157	3.4	148	81	162
呼和浩特	56	40	146	4.1	104	57	213
沈阳	90	43	129	3.2	139	78	215
长春	44	44	130	2.1	127	73	230
哈尔滨	44	56	119	2.2	72	81	239
上海	24	48	84	1.6	158	62	246
南京	37	55	137	2.1	138	78	198
杭州	28	53	106	1.9	155	70	212
宁波	22	44	86	1.7	137	54	277
温州	23	51	94	1.9	147	58	252
嘉兴	30	47	94	2.1	173	68	214
湖州	29	52	111	1.8	180	74	192
绍兴	38	49	105	1.9	133	71	240
金华	34	41	99	1.9	164	70	195
衢州	36	37	94	1.4	134	68	248
舟山	10	22	58	1.1	122	33	319
台州	17	34	82	1.8	154	53	266
丽水	19	32	69	1.2	143	49	297
合肥	22	39	115	1.8	101	88	180
福州	11	43	64	1.2	73	36	343
厦门	20	44	62	1.2	136	36	336
南昌	40	40	116	1.8	122	69	230
济南	95	61	199	3.1	190	110	79
青岛	58	43	106	2.0	115	67	259
郑州	59	52	171	4.9	109	108	134
武汉	33	60	124	2.1	161	94	161
长沙	33	46	94	2.3	134	83	196
广州	20	52	72	1.5	156	53	259
深圳	11	40	61	1.6	123	40	325
珠海	13	37	59	1.5	128	38	319
佛山	32	53	83	1.6	167	52	247
江门	27	33	77	2.1	164	51	261
肇庆	28	38	85	2.1	167	54	249
惠州	16	29	59	1.3	150	38	310
东莞	23	45	65	1.4	172	47	263

表7-3　环保重点城市空气质量情况（2013年）（续）

城　　市	二氧化硫年平均浓度（μg/m³）	二氧化氮年平均浓度（μg/m³）	可吸入颗粒物(PM10)年平均浓度（μg/m³）	一氧化碳日均值第95百分位浓度(mg/m³)	臭氧(O³)日最大8小时第90百分位浓度（μg/m³）	细颗粒物(PM2.5)年平均浓度(μg/m³)	空气质量达到及好于二级的天数(天)
中　　山	19	42	66	1.4	164	48	267
南　　宁	19	38	90	1.7	125	57	275
海　　口	7	17	47	1.0	106	27	342
重　　庆	32	38	106	1.5	163	70	207
成　　都	31	63	150	2.6	157	96	139
贵　　阳	31	33	85	1.3	101	53	278
昆　　明	28	40	82	2.0	121	42	329
拉　　萨	9	22	64	2.0	143	26	341
西　　安	46	57	189	4.5	132	105	157
兰　　州	33	35	153	2.2	92	67	193
西　　宁	48	41	163	3.3	102	70	216
银　　川	77	43	118	2.7	107	51	249
乌鲁木齐	29	61	146	5.9	116	88	184

注：2013年数据根据全国74个执行新环境空气质量标准(GB3095—2012)的城市统计结果计算。

表7-4　按地区类别及路边情况划分的大气质量(2013年)

单位：微克／立方米

地区类别及路边	全年平均大气污染浓度			
	二氧化硫	二氧化氮	总悬浮粒子	可吸入悬浮粒子
市区①	13	63	65	47
新市镇②	12	51	61	47
郊区③	13	11	-	49
路边④	11	120	75	57

注：①包括葵涌、中西区、深水　、观塘、东区及荃湾。
②包括大埔、沙田、元朗及东涌。
③包括塔门。
④包括铜锣湾、中环及旺角。

表7–5 分地区城市生活垃圾清运和处理情况（2013年）

地区	生活垃圾清运量（万吨）	无害化处理厂数（座）	#卫生填埋	#焚烧	#其他	无害化处理能力（吨/日）	#卫生填埋	#焚烧	#其他
全国	17238.6	765	580	166	19	492300	322782	158488	11030
北京	671.7	24	17	4	3	21971	12371	5800	3800
天津	200.0	10	6	4		10500	6200	4300	
河北	585.3	30	25	3	2	12345	9185	2600	560
山西	394.6	21	15	5	1	10140	6630	3280	230
内蒙古	350.1	24	23	1		11333	9833	1500	
辽宁	927.1	27	24	2	1	20446	18066	1780	600
吉林	485.4	16	13	3		10123	7283	2840	
黑龙江	581.9	20	16	2	2	11849	10709	500	640
上海	735.0	13	5	4	4	20530	11230	6300	3000
江苏	1202.7	49	27	22		40723	17253	23470	
浙江	1123.3	59	27	30	2	42932	15779	26803	350
安徽	455.9	25	20	5		14202	10252	3950	
福建	551.8	26	12	13	1	16480	4780	11200	500
江西	339.0	17	17			9085	9085		
山东	1007.4	58	44	13	1	32237	19837	11800	600
河南	805.6	43	39	4		23277	19327	3950	
湖北	745.8	36	26	10		22539	12539	10000	
湖南	616.8	31	30	1		17368	16768	600	
广东	2092.1	61	40	21		59189	37844	21345	
广西	302.3	20	18	2		8891	8291	600	
海南	125.3	9	6	3		3880	2230	1650	
重庆	349.8	14	12	2		8174	4574	3600	
四川	750.7	40	34	6		19498	14278	5220	
贵州	248.4	13	13			7393	7393		
云南	324.1	20	14	6		8316	2916	5400	
西藏	24.1								
陕西	437.3	16	15		1	13136	12986		150
甘肃	272.8	12	12			3155	3155		
青海	74.1	4	4			1470	1470		
宁夏	106.0	7	7			2780	2780		
新疆	352.3	20	19		1	8338	7738		600

表7–5 分地区城市生活垃圾清运和处理情况（2013年）（续）

地 区	无害化处理量（万吨）	#卫生填埋	#焚 烧	#其 他	粪 便清运量（万吨）	粪便无害化处理量（万吨）	生活垃圾无害化处理率（%）
全 国	15394.0	10492.7	4633.7	267.6	1682.4	677.8	89.3
北 京	667.0	489.9	97.8	79.2	220.7	195.5	99.3
天 津	193.6	112.2	81.3		30.9	14.2	96.8
河 北	487.4	367.1	95.2	25.1	81.7	16.3	83.3
山 西	346.8	204.9	135.5	6.5	76.3	0.7	87.9
内蒙古	327.5	304.5	23.0		82.8	13.1	93.6
辽 宁	812.2	726.8	63.5	21.9	98.1	17.0	87.6
吉 林	295.3	207.6	87.7		66.8	37.2	60.9
黑龙江	316.6	296.0	9.7	10.9	153.2	27.5	54.4
上 海	665.8	419.0	170.0	76.7	222.0	63.8	90.6
江 苏	1171.0	432.6	738.3		81.7	42.3	97.4
浙 江	1117.0	471.0	646.0		69.4	58.5	99.4
安 徽	450.5	346.9	103.6		24.8	4.6	98.8
福 建	541.7	192.8	335.8	13.1	3.9	2.8	98.2
江 西	316.2	316.2			12.9	6.3	93.3
山 东	1002.0	546.8	435.5	19.7	136.3	59.1	99.5
河 南	725.4	607.8	117.6		48.3	12.1	90.0
湖 北	636.9	294.8	342.1		19.4	8.1	85.4
湖 南	592.3	569.3	23.1		3.4	0.2	96.0
广 东	1770.3	1200.4	569.9		94.4	46.9	84.6
广 西	291.5	281.7	9.8		10.0	2.5	96.4
海 南	125.2	61.8	63.4		0.9		99.9
重 庆	347.8	234.4	113.4		64.6	26.2	99.4
四 川	713.0	512.2	200.8		20.2	4.6	95.0
贵 州	229.1	229.1			4.1		92.2
云 南	284.0	113.3	170.8		15.9	5.7	87.6
西 藏							
陕 西	421.8	417.1		4.7	15.6	6.2	96.4
甘 肃	115.4	115.4			19.4	4.7	42.3
青 海	57.6	57.6			2.0		77.8
宁 夏	98.0	98.0			2.7	1.6	92.5
新 疆	275.1	265.4		9.8	0.3	0.3	78.1

表7–6　按种类划分的日均产生的固体废物量

单位：吨（每日计）

种　类	2009	2010	2011	2012
于堆填区弃置的固体废物				
都市固体废物①				
家居废物②	6015	6135	5973	6286
商业废物③	2319	2352	2360	2260
工业废物④	629	627	663	732
小计	8963	9114	8996	9278
整体建筑废物①⑤	3121	3584	3331	3440
特殊废物⑥	1243	1119	1131	1127
总计	13326	13817	13458	13844
已回收都市固体废物⑦	8716	9872	8272	5909

注：①都市固体废物包括运往弃置设施的家居废物、商业废物及工业废物，但不包括建筑废物及已回收都市固体废物。

②家居废物包括使用后的住宅固体废物，以及由公共洁净服务收集的废物。

③商业废物包括所有类型的商业活动产生的固体废物。

④工业废物包括由工业活动产生的固体废物，但不包括化学废物及建筑废料。自2007年开始，运往堆填区处置并包括在工业废物类别的废弃混凝土已被重新归类于整体建筑废物，有关的数量已从工业废物类别中扣除。

⑤建筑废物包括由建筑及拆卸活动所产生的废物，但不包括可运往公众填土区作填海用途的物料。在堆填区弃置的整体建筑废物包括来自建筑地盘的建筑废物，以及在建筑地盘以外设立的混凝土配料厂和水泥/砂浆生产厂所产生的废弃混凝土。

⑥特殊废物包括弃置于堆填区的动物尸体、屠房废物、报废货物、滤水厂及污水处理后的污泥、污水处理厂的隔滤物、禽畜废物、医疗废物及化学废物。

⑦都市固体废物回收后会在本地或香港以外地方循环再造。

八、城市建设

表8-1 全部地级及以上城市数(2013年)

单位：个

地 区	合 计	按城市市辖区年末总人口分组					
		400万以上	200-400万	100-200万	50-100万	20-50万	20万以下
全部地级及以上城市	290	14	33	86	103	52	2
北 京	1	1					
天 津	1	1					
河 北	11		2	2	6	1	
山 西	11		1	1	7	2	
内蒙古	9			3	3	3	
辽 宁	14	1	1	2	9	1	
吉 林	8		1	1	3	3	
黑龙江	12	1		2	7	2	
上 海	1	1					
江 苏	13	1	7	4	1		
浙 江	11	1	2	3	4	1	
安 徽	16		2	7	5	2	
福 建	9		1	3	1	4	
江 西	11		1	2	5	3	
山 东	17		5	8	4		
河 南	17	1		7	7	2	
湖 北	12	1	1	3	5	2	
湖 南	13		1	4	6	2	
广 东	21	2	3	9	5	2	
广 西	14		1	6	4	3	
海 南	3			1	1		1
重 庆	1	1					
四 川	18	1		11	6		
贵 州	6		1	1	2	2	
云 南	8		1		3	3	1
西 藏	1					1	
陕 西	10	1		2	6	1	
甘 肃	12		1	2	3	6	
青 海	2			1		1	
宁 夏	5			1		4	
新 疆	2		1			1	

注：本表为公安部的户籍人口数(下表同)。

表8-2　省会城市和计划单列市主要经济指标（2013年）

城市名称	年　末 总人口 （万人）	地区生产总值 （当年价格） （亿元）				客运量 （万人）
			第一产业	第二产业	第三产业	
北　京	1316	19500.6	161.8	4352.3	14986.4	71056
天　津	1004	14370.2	188.5	7276.7	6905.0	29518
石家庄	1003	4863.7	488.7	2359.5	2015.5	13573
太　原	367	2412.9	38.6	1052.1	1322.2	5530
呼和浩特	234	2710.4	134.7	866.7	1708.9	3230
沈　阳	727	7158.6	321.6	3698.9	3138.0	24483
大　连	591	7650.8	477.6	3892.0	3281.2	13293
长　春	753	5003.2	332.0	2658.7	2012.5	11866
哈尔滨	995	5017.0	587.1	1743.9	2686.0	13191
上　海	1432	21602.1	129.3	8027.8	13445.1	19117
南　京	643	8011.8	204.6	3450.6	4356.6	15616
杭　州	707	8343.5	265.4	3662.0	4416.1	36409
宁　波	580	7128.9	276.3	3741.7	3110.8	26354
合　肥	712	4672.9	247.2	2583.8	1842.0	40107
福　州	655	4678.5	402.3	2133.6	2142.6	19524
厦　门	197	3018.2	26.0	1434.8	1557.4	14813
南　昌	510	3336.0	157.2	1850.5	1328.3	11758
济　南	613	5230.2	284.7	2053.2	2892.2	12739
青　岛	774	8006.6	352.4	3641.4	4012.8	27428
郑　州	919	6201.9	147.0	3470.5	2584.4	38643
武　汉	822	9051.3	335.4	4396.2	4319.7	29620
长　沙	663	7153.1	294.6	3947.0	2911.6	37922
广　州	832	15420.1	228.9	5227.4	9963.9	89269
深　圳	310	14500.2	5.2	6296.8	8198.1	201722
南　宁	724	2803.5	349.9	1110.9	1342.7	8394
海　口	163	904.6	58.1	217.0	629.5	45538
重　庆	3358	12656.7	1016.7	6397.9	5242.0	171388
成　都	1188	9108.9	353.2	4181.5	4574.2	124059
贵　阳	379	2085.4	81.5	848.6	1155.3	60430
昆　明	547	3415.3	169.7	1537.1	1708.5	17387
拉　萨	60	304.9	11.7	107.6	185.6	1124
西　安	807	4884.1	217.8	2117.7	2548.7	38289
兰　州	369	1776.3	49.1	820.4	906.7	4837
西　宁	227	978.5	36.1	514.5	427.9	5402
银　川	173	1289.0	55.4	688.6	545.0	4042
乌鲁木齐	263	2202.9	26.3	875.1	1301.4	5427

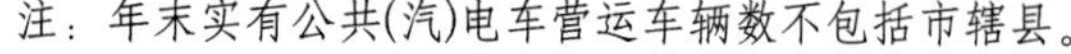

注：年末实有公共(汽)电车营运车辆数不包括市辖县。

表8-2 省会城市和计划单列市主要经济指标（2013年）（续一）

城市名称	货运量（万吨）	公共财政收入（万元）	公共财政支出（万元）	固定资产投资总额（万元）	城乡居民储蓄存款年末余额（万元）	在岗职工平均工资（元）	年末邮政局（所）数（处）
北　　京	25865	36611097	41736563	69826696	229043566	93960.0	918
天　　津	50322	20790716	25492061	100910313	76123070	68820.0	850
石 家 庄	35893	3151233	5229442	41862462	41575970	43712.0	205
太　　原	15342	2473261	3191090	16707390	33079851	51161.0	140
呼和浩特	17971	1820177	2948353	15048258	14146189	48797.0	107
沈　　阳	21491	8009997	8812817	63839125	47654786	52389.0	209
大　　连	40557	8501646	10835360	64781048	44837717	58946.0	235
长　　春	9574	3818178	6329668	32575210	31071578	52220.0	202
哈 尔 滨	11138	4022808	7097811	49400101	35935628	47150.0	352
上　　海	91352	41095087	45286106	56441312	211856900	91453.0	544
南　　京	29099	8313076	8509085	50937800	48832900	66222.0	181
杭　　州	30734	9452020	8557370	42638732	63397531	64958.0	269
宁　　波	36145	7928080	9398939	34229529	45623634	63362.0	280
合　　肥	39131	4386226	6308885	46854411	23557723	54177.0	177
福　　州	19540	4539690	5338424	38342181	32966518	53420.0	232
厦　　门	15739	4905996	5167402	13372572	19501009	61754.0	90
南　　昌	10534	2919097	4193652	28968649	20511635	46892.0	157
济　　南	17763	4820722	5193190	26383337	32677800	55840.0	215
青　　岛	31318	7889313	10142273	50278649	41405946	55334.0	217
郑　　州	29307	7236091	8161571	44002102	44753233	45066.0	238
武　　汉	44529	17306543	11228838	59745272	51174300	53684.0	268
长　　沙	27862	5366331	7018238	45933871	34829700	56215.0	254
广　　州	88289	11418044	13861349	44545508	124966918	73678.0	244
深　　圳	29617	17312618	16908280	25010091	92893700	77721.0	797
南　　宁	32358	2562469	4183976	24326855	23211576	49806.0	193
海　　口	12168	867324	1319978	6493348	10620955	45058.0	58
重　　庆	97404	16932438	30622648	110607443	96223099	50962.0	1684
成　　都	43328	8985395	11617542	65010801	81515890	84724.0	460
贵　　阳	21281	2772077	3936020	30303811	18271371	50654.0	184
昆　　明	28173	4507534	5857610	29315032	33552805	51119.0	301
拉　　萨	689	501616	1319166	3302334		69403.0	44
西　　安	50119	5019751	7298119	50552171	53570459	54388.0	279
兰　　州	10531	1244956	2423426	13168629	20215573	49424.0	146
西　　宁	3273	671138	2075698	9052938	9725048	176560.0	222
银　　川	15277	1345999	2205311	11319781	10152220	56565.0	97
乌鲁木齐	20135	3019047	3532024	12715924	18963048	56680.0	181

注：年末实有公共(汽)电车营运车辆数不包括市辖县。

表8–2　省会城市和计划单列市主要经济指标（2013年）（续二）

城市名称	年末固定电话用户数（万户）	社会消费品零售总额（万元）	货物进出口总额（万美元）	年末实有公共(汽)电车营运车辆数（辆）	剧场、影剧院（个）	普通高等学校在校学生数（人）	医院、卫生院（个）	执业(助理)医师（人）	工业废水排放量（万吨）
北　京	868.0	83751191	42994170	23592	272	589234	647	85819	9486
天　津	353.0	44704286	12852818	9670	29	489919	482	32059	18692
石家庄	162.0	19723521	1399873	4552	20		394	27059	27753
太　原	126.0	12814594	916349	2824	19	378728	244	18913	4085
呼和浩特	81.0	11423591	159856	3643	14	229258	155	5394	2082
沈　阳	269.0	31860936	1432870	5510	45	383543	314	23392	8533
大　连	253.0	25265048	6882277	5037	6	276275	216	17487	26154
长　春	183.0	19700410	2041649	4724	30	401823	299	18464	5482
哈尔滨	258.0	27282938	654323	5990	80	492382	446	22372	4487
上　海	869.0	80520011	44139809	16717	116	504771	629	46250	45400
南　京	306.0	35317285	5575728	6946	54	807450	208	20662	25291
杭　州	335.0	35311732	6507102	8249	60	471820	301	29686	39186
宁　波	298.0	26357078	10032895	4454	48	148954	219	19949	19666
合　肥	177.0	14808408	1818971	3854	41	443401	481	16353	6018
福　州	214.0	26817155	3142949	4310	31	318343	230	16880	4682
厦　门	174.0	9745064	8409432	3880	5	152546	53	8669	27256
南　昌	127.0	11327693	972233	3484	9	520148	181	11369	10602
济　南	180.0	27433506	956606	4652	25	727227	255	22752	8596
青　岛	236.0	29868133	7791217	6179	40	300246	285	24113	10641
郑　州	243.0	25864155	4274948	5745	14	747637	317	20471	11837
武　汉	294.0	39166000	2175181	7594	115	966438	242	27767	14700
长　沙	195.0	28019735	989253	4157	16	573447	279	22936	4049
广　州	552.0	68828473	11888848	13010	54	983051	253	39694	22558
深　圳	490.0	44335936	53735903	30590		82401	119	25358	12012
南　宁	109.0	14508367	442117	2710	18	441524	205	17772	9752
海　口	62.0	4900518	513951	1624	9	146231	65	6454	824
重　庆	580.0	45997683	6870410	12088	12	707610	1502	55221	33450
成　都	412.0	37528793	5058494	10176	21	701701	724	45861	10524
贵　阳	102.0	7856629	631806	2286	5	325347	243	12719	2262
昆　明	164.0	17022979	1742216	4877	7	386097	365	22128	4808
拉　萨	21.0	1441086	320515	317	4	19059	274	1661	333
西　安	305.0	25480235	1798246	8128	49	752682	381	23885	8973
兰　州	86.0	8438727	405671	2696	18	464824	165	11349	4910
西　宁	66.0	3174604	124115	1885	9	63918	109	7003	2798
银　川	51.0	3480615	241065	1942	12	92469	92	6429	6194
乌鲁木齐	147.0	9700498	779767	4149	4	146066	167	13100	4889

注：年末实有公共(汽)电车营运车辆数不包括市辖县。

表8-3 城市公用事业基本情况

本表各项指标按全社会范围计算。

项 目	1990	1995	2000	2010	2012	2013
城市建设						
城区面积 (平方公里)	1165970	1171698	878015	178692	183039	183416
建成区面积 (平方公里)	12856	19264	22439	40058	45566	47855
城市建设用地面积 (平方公里)	11608	22064	22114	39758	45751	47109
城市人口密度 (人/平方公里)	279	322	442	2209	2307	2362
城市供水、燃气及集中供热						
全年供水总量 (亿立方米)	382.3	481.6	469.0	507.9	523.0	537.3
#生活用水	100.1	158.1	200.0	238.8	257.2	267.6
人均生活用水 (吨)	67.9	71.3	95.5	62.6	62.7	63.3
用水普及率 (%)	48.0	58.7	63.9	96.7	97.2	97.6
人工煤气供气量 (亿立方米)	174.7	126.7	152.4	279.9	77.0	62.8
#家庭用量	27.4	45.7	63.1	26.9	21.5	16.8
天然气供气量 (亿立方米)	64.2	67.3	82.1	487.6	795.0	901.0
#家庭用量	11.6	16.4	24.8	117.2	155.8	185.4
液化石油气供气量 (万吨)	219.0	488.7	1053.7	1268.0	1114.8	1109.7
#家庭用量	142.8	370.2	532.3	633.9	608.1	613.1
供气管道长度 (万公里)	2.4	4.4	8.9	30.9	38.9	43.2
燃气普及率 (%)	19.1	34.3	45.4	92.0	93.2	94.3
集中供热面积 (亿平方米)	2.1	6.5	11.1	43.6	51.8	57.2
城市市政设施						
年末实有道路长度 (万公里)	9.5	13.0	16.0	29.4	32.7	33.6
每万人拥有道路长度 (公里)	3.1	3.8	4.1	7.5	7.7	7.8
年末实有道路面积(亿平方米)	10.2	16.5	23.8	52.1	60.7	64.4
人均拥有道路面积 (平方米)	3.1	4.4	6.1	13.2	14.4	14.9
城市排水管道长度 (万公里)	5.8	11.0	14.2	37.0	43.9	46.5
城市公共交通						
年末公共交通车辆运营数(万辆)	6.2	13.7	22.6	38.3	43.2	46.1
每万人拥有公交车辆 (标台)	2.2	3.6	5.3	11.2	12.1	12.8
出租汽车数 (万辆)	11.1	50.4	82.5	98.6	102.7	105.4
城市绿化和园林						
城市绿地面积 (万公顷)	47.5	67.8	86.5	213.4	236.8	242.7
人均公园绿地面积 (平方米)	1.8	2.5	3.7	11.2	12.3	12.6
公园个数 (个)	1970	3619	4455	9955	11604	12401
公园面积 (万公顷)	3.9	7.3	8.2	25.8	30.6	33.0
城市环境卫生						
生活垃圾清运量 (万吨)	6767	10671	11819	15805	17081	17239
粪便清运量 (万吨)	2385	3066	2829	1951	1812	1682
每万人拥有公厕 (座)	3.0	3.0	2.7	3.0	2.9	2.8

注：1.2006年以前“城区面积”为“城市面积”。

2.计算人均和普及率指标所使用的人口数2006年以前为城市人口，2006年起为城区人口与城区暂住人口之和，以公安部门的户籍统计和暂住人口统计为准。

表8-4 分地区城市建设情况（2013年）

地 区	城区面积（平方公里）	建成区面积（平方公里）	城市建设用地面积（平方公里）	本年征用土地面积（平方公里）	城市人口密度（人/平方公里）
全 国	183416.1	47855.3	47108.5	1831.6	2362
北 京	12187.0	1306.5	1504.8	34.9	1498
天 津	2334.5	747.3	736.4	41.1	2843
河 北	6477.9	1787.2	1651.5	28.9	2483
山 西	2998.8	1040.7	972.7	25.9	3526
内蒙古	8355.9	1206.2	1187.5	16.6	1059
辽 宁	13973.9	2386.5	2407.6	105.4	1663
吉 林	3596.3	1344.0	1264.0	40.3	3135
黑龙江	2765.7	1758.4	1763.7	19.9	4922
上 海	6340.5	998.8	2915.6	35.5	3809
江 苏	14307.6	3809.6	3874.5	175.2	2016
浙 江	10991.7	2399.2	2413.2	140.5	1818
安 徽	5852.0	1777.3	1763.2	137.4	2359
福 建	4298.7	1263.2	1175.0	86.9	2570
江 西	2113.5	1151.4	1086.2	97.6	4542
山 东	21635.3	4187.5	3828.3	100.1	1361
河 南	4658.0	2289.1	2143.6	41.4	4982
湖 北	7348.7	2006.7	2062.1	108.3	2505
湖 南	4312.2	1505.0	1444.7	64.4	3317
广 东	16136.5	5232.1	4000.6	84.7	3066
广 西	6103.6	1153.6	1099.4	102.0	1543
海 南	1265.0	296.0	288.1	5.1	1946
重 庆	6133.9	1114.9	920.6	81.5	1847
四 川	6432.9	2058.1	2003.7	75.9	2900
贵 州	1828.3	695.4	600.7	12.5	3406
云 南	3337.3	935.8	790.7	66.5	2415
西 藏	339.0	120.3	111.1		1820
陕 西	1555.0	915.0	885.0	21.5	5541
甘 肃	1450.1	726.7	657.8	36.3	3916
青 海	559.8	157.4	149.4	7.1	2924
宁 夏	2106.2	420.7	356.7	6.8	1253
新 疆	1620.2	1064.9	1050.5	31.8	4361

表8-5　分地区城市供水情况（2013年）

地　区	年末供水综合生产能力(万立方米/日)	年末供水管道长度(公里)	全年供水总　量(万立方米)			用水人口(万人)	人均日生活用水量(升)
				#生活用水	#生产用水		
全　国	28373.4	646413	5373022	2676463	1617412	42261.4	173.5
北　京	2554.5	32581	187477	131134	27806	1825.1	196.9
天　津	453.5	13411	78631	34479	30794	663.7	142.3
河　北	887.8	15207	170173	73751	63945	1606.3	125.8
山　西	434.6	9176	84037	42116	30754	1037.8	111.2
内蒙古	378.1	10290	71578	30283	28153	851.2	97.5
辽　宁	1320.2	33118	278710	107811	98206	2295.0	128.7
吉　林	730.8	10608	107419	46084	30392	1058.2	119.3
黑龙江	798.1	13207	145192	56598	58701	1299.4	119.3
上　海	1124.0	36217	319072	169254	54228	2415.2	192.0
江　苏	2902.6	75988	489286	220130	194884	2875.2	209.8
浙　江	1675.5	49298	304982	140214	115966	1997.4	192.3
安　徽	1074.0	20450	161140	82388	49071	1358.5	166.2
福　建	721.9	15889	159302	72510	47974	1098.4	180.9
江　西	444.5	13524	103480	59569	16066	938.1	174.0
山　东	1701.9	43944	331898	144835	140888	2940.8	134.9
河　南	1047.3	19954	188711	82258	73100	2138.6	105.4
湖　北	1336.6	27794	261815	141705	61030	1807.3	214.8
湖　南	991.0	18208	190166	108712	39456	1385.3	215.0
广　东	3496.5	92361	815410	425963	208926	4822.0	242.0
广　西	684.2	15196	161657	79096	61948	903.4	239.9
海　南	152.2	3680	40835	19700	6983	242.1	222.9
重　庆	491.2	10619	104996	61313	25977	1090.5	154.0
四　川	871.4	24832	195829	120879	40645	1711.8	193.5
贵　州	240.7	7845	51339	32158	7315	578.2	152.4
云　南	350.1	8672	72147	37454	15477	789.1	130.0
西　藏	34.0	856	11953	7206	1726	59.8	330.0
陕　西	370.8	6175	88990	54500	20432	831.6	179.5
甘　肃	372.1	4974	55059	27602	20790	531.9	142.2
青　海	95.0	2081	24564	10632	9467	162.2	179.6
宁　夏	145.1	2117	29174	13454	11541	254.7	144.7
新　疆	493.3	8142	87999	42675	24772	693.0	168.7

表8–6 分地区城市燃气情况（2013年）

地区	人工煤气生产能力（万立方米/日）	管道长度（公里）			全年供气总量			用气人口（万人）		
		人工煤气	天然气	液化石油气	人工煤气（万立方米）	天然气（万立方米）	液化石油气（吨）	人工煤气	天然气	液化石油气
全国	2284.2	30467	388473	13437	627989	9009904	11097298	1943.0	23783.4	15102.0
北京			19650	414		989484	472980		1398.6	426.5
天津			14963	184		281885	49490		651.0	12.7
河北	88.1	3216	11767	326	71058	244012	183591	180.9	1059.0	342.2
山西	51.7	4355	6064	386	56556	233051	74399	101.8	768.7	145.6
内蒙古	164.0	507	5990	217	3500	104732	69174	40.2	458.7	278.9
辽宁	335.6	5567	12426	670	59264	97745	495244	573.6	1021.2	639.4
吉林	80.0	1858	5872	88	16575	85834	181420	179.0	423.9	428.1
黑龙江	122.8	772	7213	22	8443	111136	218023	89.5	672.6	402.8
上海	347.4	2962	23156	516	59346	690885	397314	112.4	1447.3	855.5
江苏	38.0	270	50187	906	3940	765869	700765	9.0	1906.6	956.6
浙江	1.8	112	22813	3106	500	230091	821658	4.3	840.1	1149.6
安徽			15380	259		199095	619620		975.9	351.5
福建	8.0	310	7008	198	2927	112446	277846	19.9	346.9	725.4
江西	117.3	1180	7115	160	36049	56127	223399	32.2	429.8	450.9
山东	12.9	345	36672	759	9210	610755	484287	28.0	2085.8	819.1
河南	226.1	1051	16591	19	60052	288625	227208	43.1	1307.5	551.8
湖北			17815	267		285324	361641		1106.2	644.0
湖南		440	10167		2765	199746	195167	32.0	639.8	643.1
广东			21778	4309		1231702	3889033		1380.3	3412.9
广西	10.6	450	2859	85	4533	22234	309475	46.8	241.8	592.8
海南			1952	18		25280	91151		110.8	122.0
重庆			13501			324336	87922		955.2	99.5
四川	511.0	564	28368	201	165003	590236	183581	50.0	1492.1	130.8
贵州	102.0	2948	854	135	23788	16078	71027	126.6	129.4	210.1
云南	10.0	3048	828	111	40535	2286	196004	247.7	37.8	290.9
西藏			552			127500	20394		5.0	18.9
陕西			9335			238667	32732		712.9	94.9
甘肃	10.8	400	1900		1722	134044	73971	17.8	275.7	162.0
青海			1035			118969	5366		123.1	15.6
宁夏		42	3674		132	210854	18444	3.2	177.7	54.2
新疆	46.0	71	10986	81	2090	380880	64973	5.0	602.1	73.8

表8-7　分地区城市集中供热情况（2013年）

地　区	供热能力		供热总量		管道长度		供热面积（万平方米）
	蒸　汽（吨/小时）	热　水（兆瓦）	蒸　汽（万吉焦）	热　水（万吉焦）	蒸　汽（公里）	热　水（公里）	
全　国	84362	403542	53242	266462	12259	165877	571677
北　京	300	38585	168	33960	44	11192	54591
天　津	3717	21572	1827	11284	566	17423	32897
河　北	6975	27441	5599	17730	1052	10002	50220
山　西	1291	23068	942	16699	56	7424	39826
内蒙古	767	33729	671	22367	164	8401	39020
辽　宁	12787	68631	6521	43494	1357	30493	92109
吉　林	1536	40576	387	21660	231	16425	42823
黑龙江	4874	42296	2433	32978	423	16384	53804
上　海							
江　苏							
浙　江	8039	85	9648	1	1195		7710
安　徽	4305	182	3071	40	563	15	2329
福　建							
江　西							
山　东	25211	39722	14441	25459	4107	28042	75721
河　南	6008	8568	3010	3843	1444	3239	15152
湖　北	1874	278	963	49	221	10	1745
湖　南							
广　东							
广　西							
海　南							
重　庆							
四　川							
贵　州		239		130		36	190
云　南							
西　藏							
陕　西	4118	8902	2142	4643	550	1210	15963
甘　肃	224	14069	245	12205	112	4260	15437
青　海		348		290		179	451
宁　夏	396	8252	153	4322	26	3052	8236
新　疆	1940	26997	1021	15308	150	8087	23452

表8-8 分地区城市市政设施（2013年）

地　区	年末实有道路长度（公里）	年末实有道路面积（万平方米）	城市桥梁（座）	城市排水管道长度（公里）	城市污水日处理能力（万立方米）	城市道路照明灯（千盏）
全　国	336304	644155	59530	464878	14652.7	21995.5
北　京	7931	13884	2200	13505	401.0	241.7
天　津	6933	12440	809	18644	261.6	293.9
河　北	12632	29304	1361	15869	516.8	672.7
山　西	6649	13614	587	6676	179.8	467.0
内蒙古	8223	17418	369	11208	171.4	855.1
辽　宁	16244	28091	1682	16420	825.1	1557.7
吉　林	8388	15344	717	9607	262.1	611.9
黑龙江	12102	17899	1029	9583	676.2	585.5
上　海	4865	9932	2335	18809	784.6	509.8
江　苏	36975	66970	13357	62194	1606.5	2876.6
浙　江	18777	35633	9508	33501	802.6	1343.2
安　徽	12287	27070	1390	21891	600.2	766.2
福　建	7808	14799	1777	12289	461.5	650.2
江　西	6865	14652	607	10573	230.4	574.1
山　东	37821	74646	4769	46025	872.2	1687.5
河　南	11236	26843	1250	18297	537.8	796.1
湖　北	17502	29180	1875	20030	581.9	562.3
湖　南	10911	19735	743	12050	499.2	621.7
广　东	36762	64864	8018	36090	1760.6	1927.3
广　西	7342	14631	677	8309	642.2	592.1
海　南	2144	4608	154	3357	86.4	165.2
重　庆	6221	12723	1244	9497	253.8	324.7
四　川	11866	24700	2123	19519	444.0	881.8
贵　州	3118	5967	537	5260	188.5	367.7
云　南	5229	9906	665	6064	233.7	386.8
西　藏	407	814	10	546	5.0	19.8
陕　西	5802	12698	643	6767	250.2	604.2
甘　肃	3796	7958	393	3881	166.5	243.0
青　海	902	1785	126	1391	34.2	113.8
宁　夏	2040	4964	151	1362	83.5	211.5
新　疆	6527	11086	424	5660	233.3	484.3

表8-9 分地区城市公共交通情况（2013年）

地区	年末公共交通车辆运营数（辆）	公共汽、电车	轨道交通	运营线路总长度（公里）	公共汽、电车	轨道交通	公共交通客运总量（万人次）	公共汽、电车	轨道交通	出租汽车（辆）
全国	460970	446604	14366	577581	575173	2408	8254548	7162676	1091872	1053580
北京	27590	23592	3998	20153	19688	465	804775	484306	320469	67046
天津	10296	9670	626	13603	13460	143	160927	136490	24437	31940
河北	17498	17498		19647	19647		202727	202727		49792
山西	8957	8957		14655	14655		156364	156364		34906
内蒙古	6721	6721		11123	11123		108685	108685		38120
辽宁	21387	20929	458	22215	22074	141	435633	403782	31851	79607
吉林	11253	10873	380	12910	12855	55	171378	164143	7235	55096
黑龙江	15591	15525	66	14999	14982	17	238156	236759	1397	62699
上海	20207	16717	3490	24391	23824	567	521676	271048	250628	50612
江苏	33380	32710	670	50876	50742	134	489637	439512	50125	49501
浙江	25518	25230	288	43797	43749	48	330597	321359	9238	35449
安徽	13023	13023		11068	11068		211012	211012		37833
福建	12414	12414		17030	17030		227004	227004		19391
江西	7733	7733		11291	11291		130511	130511		12854
山东	35031	35031		51412	51412		411311	411311		59080
河南	18920	18770	150	18171	18145	26	266157	266092	65	45483
湖北	17536	17134	402	16427	16355	72	356217	328874	27343	34394
湖南	14010	14010		13764	13764		271882	271882		24973
广东	54659	52189	2470	89133	88696	437	1040821	743710	297111	65315
广西	7611	7611		9733	9733		138161	138161		15249
海南	2670	2670		4022	4022		43756	43756		5594
重庆	11382	10680	702	17142	16972	170	261391	221342	40049	17096
四川	22127	21815	312	19975	19927	48	380254	360895	19359	33142
贵州	5454	5454		5300	5300		139265	139265		15266
云南	8605	8533	72	15126	15086	40	150294	149918	376	17580
西藏	382	382		963	963		8001	8001		1354
陕西	11750	11468	282	8783	8738	45	250732	238542	12190	22684
甘肃	5359	5359		4969	4969		110711	110711		20687
青海	2083	2083		1979	1979		41760	41760		7119
宁夏	3192	3192		5342	5342		41664	41664		13189
新疆	8631	8631		7583	7583		153091	153091		30529

表8–10 分地区城市绿地和园林(2013年)

地 区	城 市 绿地面积 (公顷)	#公园绿地	公 园 (个)	公园面积 (公顷)	建成区 绿化覆盖率 (%)
全 国	2427221	547356	12401	329841	39.7
北 京	68438	23223	245	13294	47.1
天 津	23196	7279	91	2030	34.9
河 北	76045	22609	476	15602	41.2
山 西	36347	11821	204	8159	40.0
内蒙古	49333	14951	220	11539	36.2
辽 宁	120514	25708	347	12877	40.2
吉 林	38390	13284	173	5280	31.4
黑龙江	75064	16478	321	9516	36.0
上 海	124295	17142	158	2222	38.4
江 苏	256263	40413	842	18707	42.4
浙 江	127927	24852	1068	15165	40.3
安 徽	83910	17223	312	10843	39.9
福 建	57613	13891	529	10906	42.8
江 西	49239	13553	297	8378	45.1
山 东	193647	49518	733	29466	42.6
河 南	80753	22226	290	11443	37.6
湖 北	71622	19936	317	10680	38.1
湖 南	53483	12857	209	9038	37.6
广 东	411978	78857	3258	66775	41.5
广 西	69870	10812	183	7626	37.7
海 南	14423	3068	48	1824	42.1
重 庆	48123	20436	278	10123	41.7
四 川	88894	20908	524	12204	38.4
贵 州	34026	7104	63	4528	34.5
云 南	34906	8514	626	6166	37.8
西 藏	3649	557	64	640	18.1
陕 西	33853	10138	173	4320	40.2
甘 肃	21166	6677	104	3649	32.1
青 海	4772	1581	29	949	31.2
宁 夏	21919	4621	69	2114	38.5
新 疆	53562	7119	150	3778	36.4

注：公园绿地面积包括综合公园、社区公园、专类公园、带状公园和街旁绿地。

表8-11 分地区城市市容环境卫生情况（2013年）

地区	清扫保洁面积（万平方米）	生活垃圾清运量（万吨）	粪便清运量（万吨）	市容环卫专用车辆设备总数（台）	公共厕所（座）	
						#三类以上
全国	646014	17238.6	1682.4	126552	122541	90138
北京	14234	671.7	220.7	9797	5563	5563
天津	10098	200.0	30.9	2482	1193	757
河北	24614	585.3	81.7	4331	6540	3895
山西	14659	394.6	76.3	4141	3370	1464
内蒙古	17171	350.1	82.8	2568	4291	1596
辽宁	35713	927.1	98.1	5743	5500	1810
吉林	13831	485.4	66.8	4878	3959	979
黑龙江	20283	581.9	153.2	5633	6455	2017
上海	17385	735.0	222.0	5237	6223	4470
江苏	52029	1202.7	81.7	9865	10438	8597
浙江	34699	1123.3	69.4	6167	7962	6316
安徽	24081	455.9	24.8	2765	3122	2579
福建	15585	551.8	3.9	2505	3078	3058
江西	11721	339.0	12.9	1157	1905	1456
山东	82996	1007.4	136.3	9645	5733	4876
河南	25540	805.6	48.3	3777	7089	6383
湖北	23456	745.8	19.4	6423	4759	3818
湖南	17296	616.8	3.4	3151	3312	2827
广东	75126	2092.1	94.4	10975	9631	9255
广西	12927	302.3	10.0	3097	2156	2052
海南	6535	125.3	0.9	869	457	419
重庆	10989	349.8	64.6	1915	2093	1747
四川	21020	750.7	20.2	3970	5404	4381
贵州	5300	248.4	4.1	1987	1280	1046
云南	13713	324.1	15.9	3731	2534	2065
西藏	1739	24.1		156	285	160
陕西	14515	437.3	15.6	2515	3285	3173
甘肃	7298	272.8	19.4	1531	1367	1097
青海	2430	74.1	2.0	424	651	280
宁夏	6716	106.0	2.7	1051	671	587
新疆	12315	352.3	0.3	4066	2235	1415

表8-12 分地区城市设施水平（2013年）

地　区	城市用水普及率(%)	城市燃气普及率(%)	每万人拥有公共交通车辆(标台)	人均城市道路面积(平方米)	人均公园绿地面积(平方米)	每万人拥有公共厕所(座)
全　国	97.56	94.25	12.78	14.87	12.64	2.83
北　京	100.00	100.00	24.39	7.61	12.72	3.05
天　津	100.00	100.00	18.99	18.74	10.97	1.80
河　北	99.85	98.35	12.62	18.22	14.05	4.07
山　西	98.14	96.10	9.90	12.88	11.18	3.19
内蒙古	96.23	87.93	8.57	19.69	16.90	4.85
辽　宁	98.77	96.15	11.19	12.09	11.06	2.37
吉　林	93.84	91.43	10.21	13.61	11.78	3.51
黑龙江	95.46	85.58	12.62	13.15	12.11	4.74
上　海	100.00	100.00	12.11	4.11	7.10	2.58
江　苏	99.69	99.59	14.15	23.22	14.01	3.62
浙　江	99.97	99.80	14.64	17.83	12.44	3.98
安　徽	98.40	96.14	10.99	19.61	12.47	2.26
福　建	99.42	98.85	12.65	13.40	12.57	2.79
江　西	97.73	95.10	9.15	15.26	14.12	1.98
山　东	99.85	99.58	13.54	25.34	16.81	1.95
河　南	92.16	81.98	9.07	11.57	9.58	3.05
湖　北	98.19	95.09	11.56	15.85	10.83	2.59
湖　南	96.86	91.93	10.80	13.80	8.99	2.32
广　东	97.47	96.89	13.08	13.11	15.94	1.95
广　西	95.91	93.50	9.42	15.53	11.48	2.29
海　南	98.38	94.59	11.48	18.72	12.47	1.86
重　庆	96.25	93.09	11.57	11.23	18.04	1.85
四　川	91.76	89.68	14.59	13.24	11.21	2.90
贵　州	92.86	74.86	9.60	9.58	11.41	2.06
云　南	97.92	71.53	11.61	12.29	10.56	3.14
西　藏	96.95	38.62	7.70	13.19	9.04	4.62
陕　西	96.52	93.75	16.27	14.74	11.77	3.81
甘　肃	93.68	80.22	10.36	14.02	11.76	2.41
青　海	99.08	84.76	14.47	10.90	9.66	3.98
宁　夏	96.51	89.08	13.19	18.81	17.51	2.54
新　疆	98.08	96.37	14.35	15.69	10.08	3.16

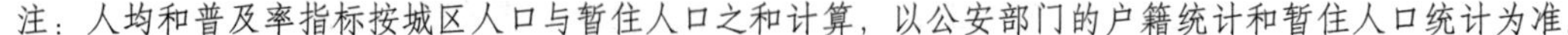

注：人均和普及率指标按城区人口与暂住人口之和计算，以公安部门的户籍统计和暂住人口统计为准。

表8–13 分地区县城市政公用设施水平(2013年)

地区	人口密度(人/平方公里)	人均日生活用水量(升)	用水普及率(%)	燃气普及率(%)	建成区供水管道密度(公里/平方公里)	人均道路面积(平方米)	建成区排水管道密度(公里/平方公里)
全国	1771	119.06	88.14	70.91	9.97	14.86	7.63
北京							
天津	1908	88.86	100.00	100.00	12.09	15.56	9.47
河北	1924	116.81	95.01	83.28	8.23	20.65	7.25
山西	3390	84.02	96.02	68.67	11.31	13.73	8.28
内蒙古	549	79.53	88.74	74.63	9.27	21.18	6.60
辽宁	1488	100.00	84.95	74.99	12.42	10.67	5.48
吉林	2889	110.55	77.36	69.08	10.81	8.62	5.78
黑龙江	2623	80.54	78.42	46.08	9.08	11.69	4.98
上海							
江苏	1910	131.35	99.31	97.61	14.44	18.35	11.11
浙江	912	149.35	99.38	98.59	22.78	19.36	13.75
安徽	1815	120.50	90.76	80.51	10.54	17.32	9.35
福建	2279	158.96	96.85	95.14	12.21	12.72	9.53
江西	4404	114.63	93.53	81.10	9.61	16.32	8.85
山东	1160	121.38	97.34	90.53	7.99	22.73	8.93
河南	2423	118.81	65.51	37.04	5.73	13.00	6.89
湖北	3018	125.64	90.57	72.96	8.45	14.10	6.57
湖南	3789	141.81	90.96	77.65	10.41	12.72	8.47
广东	1040	149.28	86.46	79.95	15.56	10.13	6.38
广西	1094	158.53	88.24	76.23	10.19	12.90	8.09
海南	2866	156.52	94.44	92.22	6.05	21.06	4.84
重庆	1923	108.51	90.02	90.62	13.34	9.76	12.49
四川	1118	137.14	83.06	70.04	10.20	10.26	7.47
贵州	1780	102.95	83.19	39.04	7.63	8.19	4.65
云南	3745	109.79	87.22	44.98	11.94	11.52	9.17
西藏	2253	196.84	58.38	30.26	3.76	10.14	2.11
陕西	3752	84.80	88.23	68.91	6.49	12.07	6.13
甘肃	4473	65.18	89.09	48.80	8.22	12.31	5.26
青海	1783	102.97	93.95	23.11	8.83	13.56	4.25
宁夏	2745	87.95	84.56	70.98	7.19	32.33	5.56
新疆	3082	112.50	92.41	76.93	9.48	17.21	5.50

表8-13　分地区县城市政公用设施水平(2013年)(续)

地　区	污水处理率(%)	污水处理厂集中处理率	人均公园绿地面积(平方米)	建成区绿化覆盖率(%)	建成区绿地率(%)	生活垃圾处理率(%)	生活垃圾无害化处理率
全　国	78.47	76.25	9.47	29.06	24.76	82.34	66.07
北　京							
天　津	87.09	87.09	11.92	40.75	35.20	76.31	76.31
河　北	90.25	90.21	10.10	34.74	30.16	85.91	73.61
山　西	85.81	85.61	10.27	35.75	29.43	46.45	39.96
内蒙古	83.98	83.98	15.75	27.39	23.37	84.09	80.90
辽　宁	89.50	89.50	8.80	17.90	15.90	80.28	55.57
吉　林	72.59	72.59	7.94	24.88	20.92	81.40	41.17
黑龙江	59.07	59.07	9.57	19.63	16.19	24.83	17.59
上　海							
江　苏	77.80	73.48	10.81	40.26	37.31	98.48	76.15
浙　江	84.30	80.62	11.96	38.12	34.57	99.67	98.79
安　徽	91.77	89.90	9.66	31.51	25.50	94.94	78.79
福　建	80.30	78.24	12.77	41.29	37.78	97.23	87.27
江　西	66.89	66.89	13.60	40.66	36.46	99.22	37.07
山　东	93.60	93.19	14.58	38.77	32.70	99.00	99.00
河　南	76.31	76.31	5.49	16.37	12.74	76.74	76.74
湖　北	72.77	66.43	7.42	24.28	20.12	71.83	47.79
湖　南	83.53	82.72	7.40	28.74	24.72	96.29	88.10
广　东	73.95	65.18	9.79	32.05	28.32	81.62	39.58
广　西	80.04	75.42	7.64	29.40	24.47	90.11	84.74
海　南	72.17	72.17	9.33	32.52	27.62	98.30	98.30
重　庆	94.98	94.98	13.92	39.73	35.90	99.25	99.25
四　川	65.55	59.50	8.39	30.82	26.77	82.29	69.74
贵　州	68.56	68.56	3.82	14.26	9.12	54.28	30.72
云　南	66.40	65.53	7.79	27.52	23.92	93.89	77.76
西　藏	1.35	1.35	2.46	7.48	6.51	5.05	
陕　西	79.55	79.55	8.04	27.58	23.05	84.74	77.91
甘　肃	41.17	41.17	6.94	16.15	11.88	88.55	56.21
青　海	34.14	34.14	4.13	13.65	9.49	92.18	47.09
宁　夏	52.80	44.10	10.68	24.14	16.78	70.95	11.02
新　疆	70.05	57.31	10.24	29.03	26.09	78.30	30.55

表8–14　分地区建制镇市政公用设施水平(2013年)

地　区	人口密度(人/平方公里)	人均日生活用水量(升)	供水普及率(%)	燃气普及率(%)	人均道路面积(平方米)	排水管道暗渠密度(公里/平方公里)	人均公园绿地面积(平方米)	绿化覆盖率(%)	绿地率(%)
全　国	4947	98.58	81.73	46.44	12.26	6.75	2.37	15.42	8.64
北　京	4139	102.31	85.43	57.32	13.92	7.13	5.27	21.97	12.77
天　津	4219	88.70	94.93	66.95	16.25	6.45	1.21	18.19	7.46
河　北	4582	65.82	81.59	37.44	10.84	2.67	0.52	9.60	4.38
山　西	5240	72.98	86.57	14.28	12.48	5.12	0.91	20.17	8.03
内蒙古	3185	75.77	60.38	15.80	10.23	1.99	1.58	9.43	4.46
辽　宁	3726	81.34	72.27	29.92	12.24	3.96	1.14	10.62	3.17
吉　林	3880	76.10	73.25	20.90	10.83	1.99	0.94	5.45	2.13
黑龙江	3680	66.04	81.83	18.88	15.34	2.14	1.16	5.31	2.32
上　海	4914	144.82	91.56	85.39	10.25	4.41	2.13	16.26	10.92
江　苏	5714	103.07	96.38	84.73	17.65	9.84	5.84	25.75	18.69
浙　江	4925	123.06	78.55	52.62	13.18	6.97	2.29	14.10	9.05
安　徽	4933	99.79	68.69	43.94	11.32	6.94	3.28	19.62	11.39
福　建	6239	115.13	87.49	62.73	12.59	6.16	7.14	25.18	16.26
江　西	5081	111.41	67.62	36.56	10.60	5.51	1.56	9.93	5.35
山　东	4335	74.31	90.50	56.67	17.19	7.21	4.64	24.93	15.44
河　南	5530	81.50	74.68	7.38	10.46	4.34	1.70	21.60	4.31
湖　北	4856	99.20	84.43	40.94	9.88	5.58	0.92	14.74	7.57
湖　南	4950	102.10	70.16	33.11	9.05	4.37	0.87	10.80	6.06
广　东	5098	140.21	85.93	68.28	13.61	19.77	2.60	15.11	9.71
广　西	6997	106.21	85.31	70.22	11.37	7.84	0.43	8.55	4.02
海　南	3846	101.08	85.85	75.98	13.47	5.02	2.49	21.22	13.41
重　庆	6882	93.98	91.65	53.65	8.24	7.05	0.66	9.11	5.08
四　川	5248	92.45	78.49	45.20	9.90	5.60	0.63	7.95	3.84
贵　州	5016	91.96	82.62	12.73	8.95	4.14	0.29	10.39	4.04
云　南	6001	88.10	83.88	13.58	8.68	4.66	0.82	5.96	3.77
西　藏									
陕　西	4986	57.59	75.92	17.22	9.06	4.35	0.54	7.48	2.94
甘　肃	4311	53.91	72.19	5.30	11.65	2.69	0.56	6.75	3.10
青　海	4585	73.96	55.37	16.67	9.53	2.28	1.87	10.78	6.27
宁　夏	3557	80.61	66.96	21.12	12.89	4.71	0.56	6.26	3.10
新　疆	3071	78.92	83.90	14.60	20.89	2.31	1.30	15.41	11.38

表8-15　分地区乡市政公用设施水平(2013年)

地　区	人口密度(人/平方公里)	人均日生活用水量(升)	供水普及率(%)	燃气普及率(%)	人均道路面积(平方米)	排水管道暗渠密度(公里/平方公里)	人均公园绿地面积(平方米)	绿　化覆盖率(%)	绿地率(%)
全　国	4471	82.81	68.24	19.50	12.11	3.57	1.08	12.72	5.27
北　京	6058	67.56	94.30	80.58	5.24	4.69	0.44	21.50	12.68
天　津	3046	84.03	95.28	35.69	11.11	2.03	0.02	24.30	0.24
河　北	4186	63.90	63.43	20.29	11.06	1.51	0.40	9.25	3.41
山　西	4544	63.70	82.85	10.34	13.00	3.46	1.10	19.30	7.77
内蒙古	2871	56.56	50.36	10.66	10.29	0.83	1.94	7.64	3.45
辽　宁	3782	78.60	49.19	10.23	14.33	2.73	0.40	9.27	2.02
吉　林	3206	75.36	48.35	10.21	14.35	1.34	0.35	5.34	2.49
黑龙江	3119	64.35	73.76	10.86	21.48	1.30	0.53	5.64	2.48
上　海	4345	101.10	99.02	99.02	20.22	12.61	7.98	37.25	28.29
江　苏	5101	111.81	95.67	78.05	15.91	7.57	4.32	23.81	14.96
浙　江	5431	116.27	80.36	44.19	14.15	7.49	1.19	12.18	6.76
安　徽	4477	94.63	59.40	39.10	12.55	4.90	3.55	19.72	11.42
福　建	6720	108.10	86.38	57.02	13.95	7.23	7.21	26.10	13.89
江　西	4827	106.60	61.23	31.64	12.23	6.25	1.24	10.53	5.76
山　东	4315	71.92	84.79	34.18	15.72	6.51	1.40	17.16	8.05
河　南	5551	73.84	66.26	4.19	10.94	4.32	1.01	21.14	4.13
湖　北	4125	98.98	76.98	27.28	10.10	4.39	0.84	10.88	5.25
湖　南	4086	102.59	53.58	23.17	9.74	3.40	0.48	11.73	5.34
广　东	3520	151.43	74.05	52.03	16.07	9.04	1.49	20.35	4.80
广　西	7258	97.80	83.26	52.84	10.16	6.41	0.48	10.84	5.97
海　南	2731	85.43	91.14	75.18	18.82	3.55	1.29	32.11	19.91
重　庆	5749	84.96	79.01	23.80	11.32	7.26	0.57	9.40	5.07
四　川	4508	77.67	64.74	16.94	9.49	3.75	0.07	6.78	1.66
贵　州	4302	86.78	79.23	6.45	10.36	2.65	0.44	10.45	4.19
云　南	5299	91.10	79.18	10.55	10.10	4.81	0.38	5.68	2.89
西　藏									
陕　西	4231	54.76	65.91	4.81	9.96	3.25	0.26	4.94	2.12
甘　肃	3763	50.81	49.42	3.21	13.20	2.30	0.32	9.41	3.43
青　海	5100	75.42	40.80		11.50	0.52		5.98	2.41
宁　夏	3789	58.32	72.90	17.74	14.13	4.08	0.17	9.04	3.89
新　疆	2907	73.81	77.68	5.18	23.47	0.80	1.38	16.34	11.41

九、固体废物与生活垃圾处理利用

表9–1　分地区固体废物处理利用情况（2013年）

单位：万吨

地　区	一般工业固体废物产生量	一般工业固体废物综合利用量	一般工业固体废物处置量	一般工业固体废物贮存量	一般工业固体废物倾倒丢弃量	危险废物产生量	危险废物综合利用量	危险废物处置量	危险废物贮存量
全　国	327701.94	205916.33	82969.49	42634.16	129.28	3156.89	1700.09	701.20	810.88
北　京	1044.12	904.46	140.16			13.22	5.79	6.81	0.63
天　津	1592.11	1582.44	9.67			11.81	3.53	8.29	
河　北	43288.78	18356.16	23428.61	1846.99		64.50	38.75	25.45	0.31
山　西	30520.46	19814.58	8186.93	2748.91		19.49	14.20	5.14	0.20
内蒙古	20080.59	9984.08	8296.08	2233.40	1.37	117.70	59.35	26.64	31.90
辽　宁	26759.45	11742.28	11289.33	3883.11	9.05	104.64	76.63	39.75	5.39
吉　林	4591.13	3711.69	521.55	521.51		74.03	39.39	34.65	
黑龙江	6094.49	4144.87	419.46	1557.47		22.58	4.36	17.68	0.57
上　海	2054.49	1995.35	57.99	5.18	0.04	54.31	28.76	25.64	0.39
江　苏	10855.87	10501.86	286.79	197.14		218.09	107.34	109.17	3.76
浙　江	4299.58	4091.13	176.63	49.47		104.68	31.97	70.99	4.33
安　徽	11936.74	10461.71	1373.65	933.04		55.84	48.91	11.33	0.28
福　建	8535.17	7543.88	962.29	51.21	0.05	21.23	7.13	9.24	4.92
江　西	11518.19	6430.98	397.18	4738.01	1.84	44.17	36.43	7.40	1.20
山　东	18172.44	17134.43	787.57	436.08	0.03	509.07	442.42	61.82	8.79
河　南	16270.08	12465.81	3470.37	449.88	0.01	59.27	42.15	17.10	0.05
湖　北	8180.61	6196.28	1645.64	411.54	0.80	59.63	30.50	19.90	9.94
湖　南	7805.68	5010.85	1964.33	888.24	0.60	284.29	242.85	20.79	29.07
广　东	5911.84	5023.74	731.76	168.88	1.56	133.12	74.22	58.64	0.59
广　西	7675.64	5424.94	1608.50	1198.23	0.38	96.23	79.70	6.72	14.95
海　南	414.89	271.24	46.10	97.55		2.38		2.24	0.24
重　庆	3161.80	2695.41	415.12	78.66	11.48	46.68	32.78	13.23	1.03
四　川	14006.62	5780.47	5300.70	3106.51	7.15	41.72	15.91	25.40	0.69
贵　州	8194.05	4159.92	1606.57	2470.27	19.22	35.78	26.90	5.24	3.80
云　南	16039.97	8413.87	4833.79	2862.72	48.86	193.76	98.16	28.70	69.24
西　藏	361.52	5.49	25.71	345.62					
陕　西	7491.10	4758.46	1621.81	1130.68	0.24	30.34	9.57	11.90	9.21
甘　肃	5907.22	3299.79	1858.81	767.81		30.72	8.49	13.78	10.28
青　海	12377.39	6797.90	7.22	5602.46	0.09	399.85	69.66	8.10	325.04
宁　夏	3276.85	2397.89	612.69	292.04		5.09	3.93	0.27	0.89
新　疆	9283.05	4814.37	886.48	3561.56	26.50	302.67	20.31	9.21	273.21

表9-2 主要城市固体废物处理利用情况(2013年)

单位：万吨

城市	一般工业固体废物产生量	一般工业固体废物综合利用量	一般工业固体废物处置量	一般工业固体废物贮存量
北京	1044.12	904.46	140.16	
天津	1592.11	1582.44	9.67	
石家庄	1558.32	1533.65	21.88	63.33
太原	2632.13	1435.76	1020.59	178.70
呼和浩特	875.65	407.69	461.24	6.71
沈阳	790.93	733.09	132.53	50.69
长春	606.02	604.77	1.25	
哈尔滨	574.53	539.22	35.31	
上海	2054.49	1995.35	57.99	5.18
南京	1697.01	1555.24	21.00	129.08
杭州	687.48	647.92	37.71	2.67
合肥	1024.10	955.17	7.78	62.36
福州	809.63	763.65	43.60	5.27
南昌	224.23	219.08	4.40	
济南	932.39	920.43	11.49	0.47
郑州	1548.72	1138.85	377.46	33.22
武汉	1384.14	1409.00	7.88	10.29
长沙	100.56	86.91	10.19	4.35
广州	555.56	528.88	21.93	4.96
南宁	396.32	375.87	20.20	1.03
海口	6.41	6.00	0.41	
重庆	3161.80	2695.41	415.12	78.66
成都	533.35	525.35	8.44	
贵阳	1104.37	515.96	594.87	5.09
昆明	3319.12	1412.80	1841.13	76.89
拉萨	278.84	5.49	24.94	263.72
西安	254.85	244.10	8.73	2.02
兰州	624.57	608.17	14.75	1.66
西宁	538.14	555.77	3.75	8.85
银川	685.69	581.30	59.36	45.03
乌鲁木齐	1127.51	988.11	139.39	0.01

十、环境污染治理投资

表10—1 环境污染治理投资

指标	2009	2010	2011	2012	2013
环境污染治理投资总额(亿元)	5258.4	7612.2	7114.0	8253.5	9516.5
#城镇环境基础设施建设投资	3245.1	5182.2	4557.2	5062.7	5223.0
#燃气	219.2	357.9	444.1	551.8	607.9
集中供热	441.5	557.5	593.3	798.1	819.5
排水	1035.5	1172.7	971.6	934.1	1055.0
园林绿化	1137.6	2670.6	1991.9	2380.0	2234.9
市容环境卫生	411.2	423.5	556.2	398.6	505.7
工业污染源治理投资	442.6	397.0	444.4	500.5	867.7
当年完成环保验收项目环保投资	1570.7	2033.0	2112.4	2690.4	3425.8
环境污染治理投资总额占国内生产总值比重(%)	1.54	1.90	1.50	1.59	1.67

注：城镇环境基础设施建设投资中增加了县城基础设施建设投资。

表10–2　工业污染治理投资完成情况

年份 地区	工业污染治理 完成投资(万元)					
		治理废水	治理废气	治理固体废物	治理噪声	治理其他
2000	2347895	1095897	909242	114673	13692	214390
2001	1745280	729214	657940	186967	6424	164734
2002	1883663	714935	697864	161287	10464	299113
2003	2218281	873748	921222	161763	10139	251408
2004	3081060	1055868	1427975	226465	13416	357336
2005	4581909	1337147	2129571	274181	30613	810396
2006	4839485	1511165	2332697	182631	30145	782848
2007	5523909	1960722	2752642	182532	18279	606838
2008	5426404	1945977	2656987	196851	28383	598206
2009	4426207	1494606	2324616	218536	14100	374349
2010	3969768	1295519	1881883	142692	14193	620021
2011	4443610	1577471	2116811	313875	21623	413831
2012	5004573	1403448	2577139	247499	11627	764860
2013	8676647	1248822	6409109	140480	17628	860608
北　京	42768	8428	31732		35	2573
天　津	148366	6436	74491		25	67414
河　北	511769	59637	440113	513	130	11376
山　西	555609	43014	416619	22519	593	72863
内蒙古	626746	53677	477779	27484	101	67706
辽　宁	276908	25596	237364	1426	549	11971
吉　林	93731	9485	81643	988	8	1606
黑龙江	206988	17509	184619	1193		3668
上　海	52077	7809	19056	216	275	24720
江　苏	593776	102501	456160	16534	461	18120
浙　江	576645	150634	312508	547	1035	111921
安　徽	413195	19127	204807	102	146	189013
福　建	383964	139471	209778	7700	572	26443
江　西	155192	32334	104202	462	25	18169
山　东	843493	101281	701240	2775	5768	32430
河　南	439720	48112	349729	22011	185	19683
湖　北	251745	15873	216673	1700	52	17447
湖　南	233655	53022	143636	3764	56	33176
广　东	324634	43912	262342	2725	509	15146
广　西	183218	66235	110217	540	276	5950
海　南	35094	572	28497			6025
重　庆	78880	6399	71856		44	581
四　川	188392	29791	148926	1407	2216	6052
贵　州	195562	22867	170472	198	543	1483
云　南	238930	35224	163633	8768	3115	28190
西　藏	9889	8450	466	845	15	113
陕　西	417562	60626	321029	2300	851	32755
甘　肃	182144	21783	138315	400		21647
青　海	30456	2985	27174			297
宁　夏	165486	18947	138889	5176	6	2469
新　疆	220054	37086	165143	8187	38	9600